《工商管理经典译丛》

出版说明

随着中国改革开放的深入发展，中国经济高速增长，为中国企业带来了勃勃生机，也为中国管理人才提供了成长和一显身手的广阔天地。时代呼唤能够在国际市场上搏击的中国企业家，时代呼唤谙熟国际市场规则的职业经理人。中国的工商管理教育事业也迎来了快速发展的良机。中国人民大学出版社正是为了适应这样一种时代的需要，从 1997 年开始就组织策划《工商管理经典译丛》，这是国内第一套与国际管理教育全面接轨的引进版工商管理类丛书，该套丛书凝聚着 100 多位管理学专家学者的心血，一经推出，立即受到了国内管理学界和企业界读者们的一致好评和普遍欢迎，并持续畅销数年。全国人大常委会副委员长、国家自然科学基金会管理科学部主任成思危先生，以及全国 MBA 教育指导委员会的专家们，都对这套丛书给予了很高的评价，认为这套译丛为中国工商管理教育事业做了开创性的工作，为国内管理专业教学首次系统地引进了优秀的范本，并为广大管理专业教师提高教材甄选和编写水平发挥了很大的作用。据统计，本丛书现已成为目前国内管理院校和企业培训中采用率最高、影响最大的引进版教材。其中《人力资源管理》（第六版）获第十二届“中国图书奖”；《管理学》（第四版）获全国优秀畅销书奖。

进入 21 世纪后，随着经济全球化和信息化的发展，国际 MBA 教育在课程体系上进行了重大的改革，从 20 世纪 80 年代以行为科学为基础，注重营销管理、运营管理、财务管理到战略管理等方面的研究，到开始重视沟通、创业、公共关系和商业伦理等人文类内容；并且增加了基于网络的电子商务、技术管理、业务流程重组和统计学等技术类内容。另外，管理教育的国际化趋势也越来越明显，主要表现在师资的国际化、生源的国际化和教材的国际化方面。近年来，随着我国 MBA 和工商管理教育事业的快速发展，国内管理类引进版教材的品种越来越多，出版和更新的周期也在明显加快。为此，我们这套《工商管理经典译丛》也适时更新版本，增加新的内容，同时还将陆续推出新的系列和配套的案例教材、教学参考书，以顺应国际管理教育发展的大趋势。

本译丛入选的书目，都是世界著名的培生教育出版集团、美国麦格劳-希尔教育出版公司、圣智学习出版公司、约翰威立出版公司等权威出版机构畅销全球的工商管理教材，被世界各国（地区）的著名大学商学院和管理学院所普遍选用，是国际工商管理教育界最具影响力的教科书。本丛书的作者，皆为美国管理学界享有盛誉的著名教授，他们的这些教材，经过了美国和世界各地数千所大学和管理学院教学实践的检验，被证明是论述精辟、视野开阔、资料丰富、通俗易懂，又具有生动性、启发性和可操作性的经典之作。本译丛的译者，大多是国内各著名大学的优秀中青年学术骨干，他们大都曾留学欧美，在长期的教学研究和社会实践中积累了丰富的经验，具有较高的翻译水平。

本丛书的引进和运作过程，从市场调研与选题策划、每本书的推荐与论证、对译者翻译水平的考察与甄选、翻译规程与交稿要求的制定、对译者质量的严格把关和控制，到版式、封面和插图的设计等各方面，都坚持高水平和高标准的原则，力图奉献给读者一套译文准确、文字流畅、从内容到形式都保持原著风格的工商管理精品图书。

本丛书参考了国际上通行的MBA和工商管理专业核心课程的设置，并充分兼顾了我国管理各专业现行通开课与专业课程设置，以及企业管理培训的要求，故适应面较广，既可用于管理各专业不同层次的教学，又可供各类管理人员培训和个人自学使用。

为了本丛书的出版，我们成立了由中国人民大学、北京大学、中国社会科学院等单位专家学者组成的编辑委员会，德高望重的袁宝华同志、黄达教授和中国人民大学校长纪宝成教授，都给了我们强有力的支持，使本丛书得以在管理学界和企业界产生较大的影响。许多我国留美学者和国内管理学界著名专家教授，参与了原著的推荐、论证和翻译工作，原我社编辑闻洁女士在这套书的总体策划中付出了很多心血。在此，谨向他们致以崇高的敬意并表示衷心的感谢。

愿这套丛书为我国MBA和工商管理教育事业的发展，为中国企业管理水平的不断提升继续做出应有的贡献。

中国人民大学出版社

译者序

在加里·德斯勒教授的这本《人力资源管理（第12版）》中文翻译版定稿出版之际，我心中颇有感慨。15年前，我还在中国人民大学劳动人事学院攻读博士学位，时任劳动人事学院副院长的彭剑锋老师把我引荐给中国人民大学出版社，由我和吴雯芳研究员共同翻译德斯勒教授编写的这本教材的第6版。当时，编写教材和翻译英文教材在我们眼中还是一件很神圣的事情，所以能有幸参与一本教材的翻译工作，还是觉得很兴奋的。无论如何，真要感谢彭剑锋老师这位敢于大胆起用新人的伯乐，这次翻译工作最终成为我人生道路上的一次重要转折，此后我逐渐下定决心去研究更为微观和具体的人力资源管理问题，而不再继续沿着当时已经攻读了十年的经济学道路走下去。

在那个时候，中国刚刚引入市场经济没几年，企业几乎还没有什么人力资源管理的概念，更不要说现代人力资源管理的理念和技术了，所以在翻译这本教材的第6版时，颇费心思，对很多英文概念、原理的表述都要琢磨很久，遇到一些无法通过直译来表达其含义的内容时，只能通过一遍一遍地细细体会其中的滋味来慢慢揣摩合适的译法，真好似参禅悟道的那种状态。不过，也正是这样一个逼着自己去仔细品味和琢磨的过程，才使我对人力资源管理这个学科的内涵和思想有了更深的理解，同时也更加着迷。今天回过头来看，当初那段在没有任何压力和功利的情况下安安静静、不急不躁地点滴积累的日子，为我日后从事人力资源管理的教学、科研以及管理咨询实践打下了坚实的基础。在当今这个极其功利和浮躁的社会，那段能够让一位学子从容和沉静地体会学术之美的时光显得尤为难能可贵。

在《人力资源管理（第6版）》1999年刚刚上市时，市面上只有为数不多的两三本国外人力资源管理教材的中译本，所以，我们翻译的这本教材在上市后借助中国人民大学出版社在人文社会领域的优势地位，迅速成为国内很多大学商学院的MBA教材，这一版教材被连续重印十几次，并于2002年荣获第十二届中国图书奖。2005年，我们两位译者再次联手翻译了《人力资源管理（第9版）》，德斯勒教授自1978年以来一直不断修订和完善的这本优秀人力资源管理教材的中译本继续引起读者的热捧。2009年，德斯勒教授再次到访中国，约我在北京西苑饭店面谈了一次，极力邀请我继续承担这本教材的翻译工作。由于对这本书有着特殊的感情，我爽快地答应老先生我会尽力做好他的第12版。

第12版一如既往地受益于德斯勒教授严谨的写作态度和流畅的表达风格，全书不仅进一步丰富和完善了整体知识体系和结构，而且及时更新了所有的案例和数据，同时还介绍了人力资源管理理论和实践领域的一些最新进展情况，使读者既能够把握人力资源管理的基本学科内容，同时还能够感受到一些时尚和未来的气息。在这一新版本中，最值得一提的是以下几个方面的新特点：第一，增加了循证人力资源管理的内容，并且几乎在每一章中都设立一个专栏来讲解应当如何运用数据、事实等证据进行人力资源管理决策以及提高人力资源管理实践的有效性，而不是靠拍脑袋的方式想当然地实施人力资源管理。这种基于证据的人力资源管理思想将会对提升企业人力资源从业人员的管理水平以及改善人力资源管理效果起到非常积极的作用。第二，将 2008 年以来波及全球的经济危机对人力资源管理的影响纳入讨论范围，在很多章中都增加了“在充满挑战的时代管理人力资源”专栏，展示了管理者在充满挑战的当前时代应当具备哪些技能才能更好地完成人力资源管理的任务。第三，增加了“创业型企业中的人力资源管理”一章（第 18 章）内容，专门讲述了创业型企业可能遇到的各种独特的人力资源问题，并提供了一些中小企业可以利用的人力资源管理资源以及变通性地解决问题的途径，这部分内容很好地适应了越来越多的人会创办自己的小企业这样一种新时代的特点，对正在创办以及即将创办小企业的读者来说具有重要的借鉴价值。

在本书的翻译过程中，考虑到原版的内容非常丰富，翻译版篇幅可能会过长，出版社请我同德斯勒老先生商量能否在原书的基础上做适当的删减，比如，在翻译版中不再保留适用于美国的关于公平就业机会的那一章（第 2 章）以及关于集体谈判和劳资关系的那一章（第 15 章），老先生认真考虑了我们的建议并明确表达了他的意见，即可以对表格、文字、案例等内容做适度删减，但是不建议删减原书的整章内容，理由是：中国的很多企业都正在实施全球化战略，让读者了解美国的劳工法律以及集体谈判制度是非常重要的，这有利于中国企业在实施“走出去”的战略时不至于由于忽略这些在国际上常见的人力资源管理问题而蒙受损失甚至导致经营失败。另外，德斯勒教授还特别强调了关于人力资源管理中的伦理、道德和公平对待的内容（第 14 章）以及关于员工职业安全与健康的内容（第 16 章）。根据本人的经验，这两部分内容往往是我们学习人力资源管理的学生最容易忽略的内容，因为大家通常认为这两章的内容与人力资源管理的核心领域关系不大，但德斯勒教授却对这两章特别加以强调，这一点让我印象非常深刻。我想这是因为人力资源管理的技术和实践最终都来源于组织的人力资源管理价值观，如果基本的价值观和理念有问题，人力资源管理的工具和实践就会失去指南，在遇到很多棘手的人力资源管理问题时就无法做出决断，而这一点恰恰是中国企业在很多人力资源管理问题上犯错误的根源。

我的几位研究生在我提供的第 9 版译稿的基础上，帮助我将第 12 版的初稿整理了出来，其中柴茂昌负责第 1，6，9，11，16 章，贾蔷负责第 3，5，7，8，15 章，罗先莉负责第 13，14，17 章，王孟负责第 4，10 章，牛喆负责第 18 章以及目录、附录、序言等。我的另外一位硕士研究生江文（现在已经成了我的博士研究生）帮助我对初稿进行了第一次统校工作。感谢学生们的辛勤劳动使我的工作量得以大大减轻，但我仍然本着对读者负责任的态度认真地对全部文稿进行了逐字校阅，以尽可能减少在翻译中可能出现的失误或瑕疵。

最后，拜托使用本书的每一位读者，如果大家在阅读过程中发现存在任何翻译不当或不便理解之处，敬请与本人联系，我们会尽快做出完善和更正，力争为读者提供更为准确、优雅和可读的人力资源管理译著，共同提高中国各类组织的人力资源管理水平。

我的联系方式是：

通信地址：北京市海淀区中关村大街 59 号，中国人民大学公共管理学院组织与人力资源研究所，邮编：100872

办公电话：010-62519357　电子信箱：liuxin@mparuc. edu. cn

刘　昕

前 言

《人力资源管理》以非常可读易懂的方式向学习人力资源管理课程的学生、实践中的管理人员，阐述了完整而全面的人力资源管理基本概念以及技术方法。随着这一新版本的出版，作者比第一次出版此书时更加强烈地意识到，所有的管理者——不仅仅是人力资源管理者——在工作中都需要对人力资源管理或人事管理的原理和技术有清楚的了解。由于所有的管理者都需要完成与人事有关的工作，作者在出版《人力资源管理（第 12 版）》时，并非仅仅以那些将来会成为人力资源管理者的学生为对象，而是面向所有学习管理学的学生。本书将继续关注管理者在从事与人力资源相关工作时需要运用到的各种实用知识。如果您读过第 11 版，就会发现，第 12 版与前一版有一定的连续性，章节大纲（包括每个章节提纲）或多或少都是相同的。但是，作者实现了六项重要改进，教师和学生或许会感觉到这些改进的作用。

第 12 版的创新之处

1. 全新的“循证人力资源管理”主题。当今社会的商业竞争在本质上意味着，所有的管理者（包括人力资源管理者）都必须为自己制定的计划提供依据，同时以可衡量的方式证明自己对组织的贡献。科学地分析和解决问题是一种可以学习的技能。作者重新编写了第 3 章“管理者在战略性人力资源管理中的角色”，在其中新增了一些内容以及一个附录来说明如何运用各种工具来实施循证人力资源管理；在大多数章中，作者还编写了“循证人力资源管理”专栏，以实例的方式展现了管理者如何基于事实和证据进行管理。

2. 在充满挑战的时代管理人力资源的专题。2008 年开始于美国，后来蔓延到全世界的各种经济挑战，促使大多数企业重新思考提供人力资源服务的成本与效益。在大多数章中都包括的“在充满挑战的时代管理人力资源”专栏，展现了管理者在当前这个充满挑战的时代管理人力资源所需具备的一些技能。

3. 新的一章：“创业型企业中的人力资源管理”。就像今天大多数人工作的情况一样，阅读本书的大多数学生正在或者将要为小企业工作。在创业型企业中管理人力资源会遇到一些特殊问题。因此，作者为本书增加了第 18 章“创业型企业中的人力资源管理”。该章涵盖了在小企业中管理人力资源可能会遇到的各种特殊主题，其中包括利用互联网和各种政府工具来支持自己的人力资源管理活动。

4. 新主题。尽管本书是写给所有管理者——而不仅仅是未来的人力资源管理者的，但是考虑到美国人力资源管理协会最近建议性地列出的人力资源管理者应当具备的几种新的胜任素质，作者认为有必要在本书中就这些胜任素质加以讨论。例如，在第 3 章中讨论了预算问题（这一章的标题为“管理者在战略性人力资源管理中的角色”），在第 10 章中讨论了教练辅导和人才管理的问题（这一章的标题为“教练辅导、职业生涯与人才管理”）。

5. 内容更新以及人力资源管理应用程序主题。在阅读本书时，读者会发现很多新案例与研究文献和主题，其中包括新员工入职引导、移动学习等。同时，本书也更新了上一版中的一些图表。在很多章中都可以看到一个新的主题，即“人力资源管理应用程序”。这些主题简要地展示了管理者是如何利用移动设备来支持其人力资源活动的。作者还为每一章编写了简洁的章末小结，以便快速回顾本章各节的内容。

6. 本书的篇幅与编辑。尽管第 12 版增加了一章并做了更为开放的设计，但总篇幅实际上比第 11 版更小一些。这是由于以下两个原因：首先，对部分内容做了较大幅度的删减；其次，也更为重要的是，作者对本书做了更为充分的编辑工作。删除了大量的多余文字，重写了很多主题，从而使其变得更加简洁，同时也消除了很多排版错误。作者欢迎您将对本书的评论与建议发到本人邮箱：gsdessler@gmail. com。

参与本书出版的每个人都为本书成为最畅销的图书而感到自豪。本书被译成了多种语言供世界各地的学生阅读学习，包括泰语、法语、西班牙语、印尼语、俄语、繁体中文、简体中文等。本书的设计目的就是针对相关主题提供准确、权威的信息，但其并无向读者提供法律建议或其他专业咨询的意图。

第 12 版的核心特点

新专题

首先正如前面所述，本书增添了以下新内容和新专题：

- 循证人力资源管理；
- 在充满挑战的时代管理人力资源；
- 创业；
- 人力资源管理应用程序。

管理新型员工队伍专题

美国的劳动力队伍正日益多元化。修改了第 11 版中的“新型劳动力队伍”主题，多数章“管理新型员工队伍”专栏中阐释了当今管理者在管理多元化的员工队伍方面需要具备的技能。

本版还延续了第 11 版的部分专题，不过把它们整合到了正文中，而没有专门设立专栏，包括以下三个专题：

当你需要自己动手时：直线管理者和企业家的人力资源管理　“当你需要自己动手时”专题旨在向直线管理人员和小企业的管理者说明，在由于人力资源部门过于忙碌而无法为自己提供帮助时，管理者自己应当如何招募、培训新员工；如何避免实施一些不当的管理实践；如何制定可行的薪酬方案和测试计划；如何创建简单的培训计划等。

通过人力资源管理信息系统提高生产率　人力资源管理者越来越依赖信息技术来帮助公

司实现战略目标。整合到各章中的“通过人力资源管理信息系统提高生产率”专题阐释了管理者应该如何利用科技来提高人力资源的生产率。例如，在第6章中说明了管理者如何运用求职者跟踪系统来收集简历，并对网上求职者进行测试和预筛选，从而发现求职者的一些潜在才能。

了解本地的雇佣法律 今天，几乎每项与人力资源相关的决策都涉及法律问题，这一事实已经得到了人力资源认证机构的重视，并在人力资源认证考试中强调参加认证者必须夯实自己的雇佣法律方面的知识。因此，本版中的很多章都包括“雇佣法律”的内容。

整合型战略性人力资源管理

对如何运用人力资源计分卡（第3章中进行了详细阐释）等工具来衡量人力资源管理在支持组织实现战略目标方面的有效性，本书最先提供了具体的、可操作的解释和说明。在本版中，每章末的连续案例“巴黎酒店”向读者提供了实际运用战略性人力资源管理的实例。第3章则对战略性人力资源管理的核心理念进行了阐释。

美国人力资源管理协会指南学习指导

几年前，美国人力资源管理协会（SHRM）出版了新的人力资源管理课程指南，其中包括人力资源管理协会推荐的课程目标以及关于人力资源管理课程的指南——相关内容、个人能力以及商业知识。为了帮助希望研究其中一项或多项新指南的教师，作者编写了一种独特而简洁的人力资源管理协会学习指南，其中包含一些有助于理解新人力资源管理协会指南的相关主题与行为准则的讨论问题和案例问题。这些内容都放在了第18章最后的附录中。

除了人力资源管理协会学习指南，本书还涵盖了人力资源管理协会资格认证考试的相关内容。人力资源管理的专业化要求越来越高，很多人力资源管理者都通过了由人力资源认证机构（HRCI）提供的不同类型的资格测试，获得了人力资源管理专家（PHR）、高级人力资源管理专家（SPHR）、全球人力资源管理专家（GPHR）的资格认证。本书每章都有人力资源认证机构的相关习题，学生可以把各章中所学的知识运用到习题之中，这些习题强调的主题都包含在关于人力资源管理协会指南的附录中。

教学资源

教师手册 教师手册为教学提供全面的支持。教师手册包含课程规划指导和对每章的指导。各章指导中涵盖章节大纲、讲课记录、讨论问题的答案、关键词的定义以及书中引用的图、表、案例和幻灯片，还包括视频指南。

试题 每章有大约110道题，包括选择题、判断题、简答题和论述题。所有问题的参考答案、难度等级、美国国际管理教育联合会（AACSB）编号、参考文献的页码也都包括在内。

DVD视频 视频信息包括本书有关人力资源问题的视频剪辑，能够引起学生对书中文字内容的关注。为了给读者提供更多选择，作者在DVD视频中给出了书中未讨论的更多视频信息，请认真检查DVD。

我的管理实验室* “我的管理实验室”（www.mymanagementlab.com）是一个简单易用的网络工具，提供个性化课程内容以及能衡量学生课堂学习效果的有说服力的评估报告。成功讲授本课程的诀窍在于灵活、方便地对课程体验进行调整，包括所有章节的电子版、问答题、视频剪辑、幻灯片演讲，使学生在参与的同时能够自主学习。

致谢

在本人责无旁贷地对本书的内容负责的前提下，我要比以前的版本更加感谢几位为我提供专业帮助的人士：首先是审阅本书和第 11 版的几位教授：

Carl P. Borchgrevink，Michigan State University 密歇根州立大学
Jo Ann E. Brown，Radford University 拉德福大学
Bruce W. Byars，University of North Dakota 北达科他大学
Catherine Giunta，Seton Hill University 西顿希尔大学
Melissa Gruys，Wright State University 莱特州立大学
Daniel W. Kent，Northern Kentucky University 北肯塔基大学
John N. Kondrasuk，University of Portland 波特兰大学
George Thomas Kramer，Craven Community College 克雷文社区学院
Helen LaVan，DePaul University 德保罗大学
Amy Rand，Crowder College 克罗德学院
Frances Sizemore，Gardner-Webb University 加德纳-韦伯大学
Eric Stark，James Madison University 詹姆斯麦迪逊大学
H. Jeffrey Turner，Mohave Community College 莫哈维社区学院
Lei Wang，The University of Texas Pan American 泛美得克萨斯大学
Laura L. Wolfe，Louisiana State University 路易斯安那州立大学
Tom Zagenczyk，Clemson University 克莱姆森大学

此外，我还要衷心感谢培生公司的出版团队所提供的支持以及热忱帮助。编辑部主任 Sally Yagan、主编 Eric Svendson、业务编辑 Jennifer Collins、高级管理编辑 Judy Leale、产品项目经理 Kelly Warsak、编辑项目经理 Susie Abraham 以及图书大师（BookMasters）出版公司的 Jen Welsch，他们的努力使得本书成为我们的骄傲。感谢营销经理 Nikki Jones 以及培生公司的销售人员，没有他们的努力，本书无疑不能成为畅销书。我要感谢培生国际公司（Pearson International）所有工作人员在本书国际化管理上的努力工作。

在这里，我要感谢我的妻子克劳蒂亚给予我出版工作的支持。我的儿子德雷克是我所见过的最优秀的人力资源管理者，让我感到非常自豪，我的儿媳丽莎也时常给我一些启发。我的父母永远是我获得支持和鼓励的巨大源泉，他们也为此书的出版感到非常骄傲。

加里·德斯勒

---

* DVD视频和“我的管理实验室”中的资源需要付费。如需购买，请与培生教育出版集团（北京）办事处联系，电话：(010) 57355169，电子邮件：service.cn@pearson.com。

目　录

第1篇
导　　论

Introduction

第 1 章 人力资源管理导论

在谈到怎样才能留住优秀员工的问题时，餐饮行业的情况可能是最具说服力的。餐饮行业员工的年平均离职率高达 100%以上。[1]这种情况对于一家小型服务企业来说是非常危险的，因为在这种企业中，质量低下的服务是无法吸引到顾客的。然而，位于美国俄勒冈州奥斯威戈湖的斯坦福餐馆的总经理却估计说，他所雇用的小时制员工（hourly employees）的离职率只有大约 28%。那么，他留住员工的秘密是什么呢？其实，他的秘密只不过是一些非常简单的人力资源管理实践。首先，"我会精心选择我准备雇用的人。我从一开始就寻找那些愿意留下的人"。[2]他所要寻找的是那些总是面带笑容且非常友好的人，他在面试的时候就告诉这些员工："如果你不是餐馆中对人最友善的员工，那么你就很难取得成功。"[3]这家餐馆的总经理所取得的成就说明，即使是在人力资源管理方面进行一点点改善，都能够带来丰厚的收益。[4]

我们学到哪了

本章的目的就是向读者解释人力资源管理是什么，以及为什么说它对于所有的管理者来说都很重要。我们将会看到，很多人力资源管理活动——比如雇佣、培训、评价、支付报酬以及开发员工等——实际上是每位管理者日常工作中的一个组成部分。同时，我们还会看到，人力资源管理本身也是一种独立的职能，有自己的人力资源经理。本章所要讨论的主要问题包括：人力资源管理的含义；为什么人力资源管理对所有的管理者来说都很重要；全球化和竞争趋势；人力资源管理的发展趋势，以及本书的内容安排。下面这个人力资源管理结构框架（介绍了本书的每一章）实际上要表达这样一个意思：为了构建和运用诸如测试和培训等人力资源管理实践，必须理解自己所处的战略背景和法律环境。

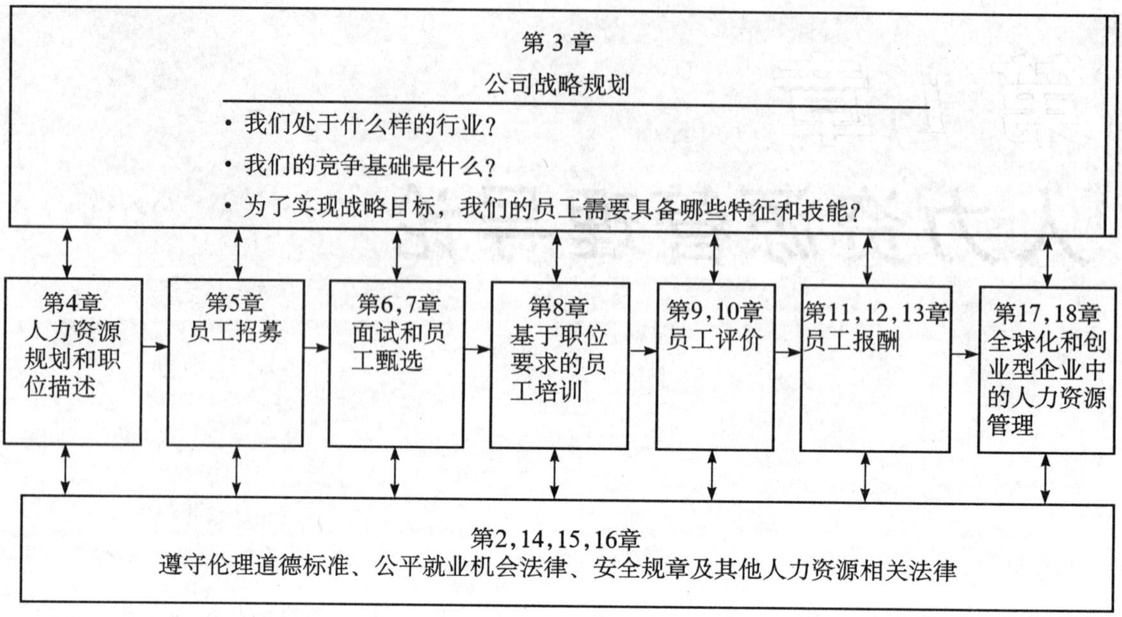

学习目标

1. 解释什么是人力资源管理以及它与整个管理过程之间的关系。
2. 举例说明为什么人力资源管理对所有的管理者而言都很重要。
3. 说明直线管理人员和职能（人力资源）管理人员在人力资源管理中各自承担的职责。
4. 简要说明和阐述会对人力资源管理产生影响的每种重要趋势。
5. 列举并简要描述人力资源管理的若干重要发展趋势。
6. 定义并举例说明何为循证人力资源管理。
7. 概述本书内容的总体安排。

1.1 什么是人力资源管理以及为什么人力资源管理很重要？

1.1.1 什么是人力资源管理？

斯坦福餐馆是一个组织。**组织**（organization）是由一群有明确的角色分工，并且为了实现组织目标而在一起工作的人所组成的。**管理者**（manager）则是通过对组织中的人的活动加以管理来确保组织目标实现的人。

大部分专家都同意管理包括以下五种职能：计划、组织、人事、领导和控制。总的来说，这五种管理职能就代表了所谓的**管理过程**（management process）。每种管理职能中所包含的一些特定管理活动包括：

● **计划**：确立目标和标准；制定规则和程序；制定计划和进行预测，等等。

● **组织**：为每一位下属安排一项具体的工作任务；设置部门；向下属授权；建立权力链条和沟通渠道；协调下属之间的工作，等等。

● **人事**：决定应当雇用何种类型的员工；招募未来的员工；甄选员工；培训和

开发员工；制定工作绩效标准；评价员工的工作绩效；为员工提供咨询；向员工支付报酬，等等。

● **领导**：促使他人完成工作；维持员工士气；激励下属，等等。

● **控制**：制定销售额、质量水平或产量等标准；对照这些标准来检查员工的实际工作绩效；在必要时采取纠正行为，等等。

在本书中，我们将集中探讨这五种管理职能中的一种，即人事或人事管理职能，或者人力资源管理职能。**人力资源管理**（human resource management, HRM）是一个获取、培训、评价员工和向员工支付报酬的过程，同时也是一个关注劳资关系、健康和安全以及公平等方面问题的过程。下面所要讨论的这些主题将能够使你获得一些基本概念和技术，从而帮助你完成管理工作中涉及的一些与"人"或者人事有关的工作。这些主题包括：

● 进行职位分析（确定每一位员工所承担的职位的性质）。
● 预测劳动力需求以及招募求职者。
● 对求职者进行甄选。
● 新员工的上岗引导和培训。
● 工资和薪金的管理（向员工支付报酬）。
● 提供奖金和福利。
● 评价工作绩效。
● 进行沟通（面谈、提供咨询、进行纪律惩戒）。
● 培训和开发管理人员。
● 培养员工的组织承诺度。

还包括作为一位管理者需要了解的以下几个方面的内容：

● 公平就业机会和积极的反歧视行为。
● 员工健康和安全问题。
● 处理争议和劳资关系。

1.1.2 为什么说人力资源管理对所有管理者都很重要?

为什么人力资源管理的这些概念和技术对于所有的管理者而言都很重要呢？如果列举出那些大家不希望在管理过程中出现的人事管理方面的错误，或许就很容易回答这个问题了。比如，你很可能不愿意看到以下情况：

● 雇用了不合适的人来承担某一职位。
● 员工的流动率很高。
● 不能让自己的员工把工作做到最好。
● 在没用的面试上浪费了很多时间。
● 由于采取了歧视性的做法而使公司被诉诸法庭。
● 由于存在不安全的情况导致公司违反联邦政府关于职业安全方面的法律规定。
● 员工觉得自己的薪酬与组织中的其他人相比不公平。
● 因员工受到的培训不足而导致本部门的工作有效性受损。
● 发生任何不公正的劳资关系行为。

认真学习本书就能够帮助你避免类似上述的错误。更为重要的是，人力资源管理还可以帮助你借助员工来达到你想要的结果。要记住，作为一位管理者，即使你把每件事情都做到位了——比如，制定了合理的计划，描绘出了清晰的组织图，装配了世界一流的生产线，运用了复杂的财务控制手段，等等，你仍然可能会由于雇用了不合适的员工或者没有能够调动起员工的工作积极性等原因而导致失败。而另一方面，许多管理者——无论是总裁、将军、州长还是一线主管人员——都有可能会在计划、组织和控制等职能不健全的情况下取得成功。他们之所以能够取得成功，恰恰是因为他们掌握了如何雇用合适的人来承担特定的工作以及如何对他们进行激励、评价和开发等方面的技巧。在阅读本书时，你应当牢记一点：达成结果是管理的最基本要求，而作为一位管理者来说，你必须借助他人来达成这些结果。正如一位公司总裁所总结的：

> 许多年来，人们一直都说，对于一个处于发展之中的行业而言，资本是瓶颈。而我却认为，这种说法已经不再是正确的了。在我看来，真正构成生产瓶颈的实际上是公司的员工队伍，以及公司在招募和留住一支优秀的员工队伍方面的能力不足。我还没有听说过哪一个有完美的思路、充沛的精力以及满腔的热情作为后盾的重大项目会因为资金短缺而中途夭折。不过，我确实知道存在这样一些情况：某些行业的发展之所以会受挫或者受到阻滞，恰恰是因为它们无法保持一支高效率的且充满工作热情的员工队伍。我认为这种结论的正确性在未来会得到越来越明显的验证……[5]

我们在下面马上就会看到，由于全球竞争、技术进步、经济挑战和工作性质的变化，这位总裁所说的话会愈发显示出其正确性。

创业者的人力资源管理　这里还有你需要学习本书的另外一个原因。这就是你可能最终成为你自己公司的人力资源管理者。美国有超过一半的劳动者——1.18亿个劳动者中大约共有 6 800 万人——是在小企业中工作的。此外，在美国每年新创建的 60 万家新企业中，作为一个群体的小企业也占据了绝大部分。统计数据表明，大多数大学毕业生在刚毕业的头几年中都是要么为小企业工作，要么创建自己的小企业。尤其是管理自己创建的小企业，这个小企业又没有专门的人力资源管理者时，你就更需要清楚人力资源管理的一些具体细节问题。[6]我们将在第 18 章中专门考察创业者的人力资源管理主题。

1.1.3　直线管理和职能管理中的人力资源管理

从某种意义上讲，所有的管理者都是人力资源管理者，因为他们都要参与招募、面试、甄选和培训等人力资源管理活动。不过，大多数企业都设立了自己的人力资源管理部门，并且任命了该部门的负责人。那么，这位人力资源经理及其下属员工所承担的人力资源管理职责，与“直线”管理者所承担的人力资源管理职责之间是一种怎样的关系呢？还是让我们首先来了解一下直线权力和职能权力的简要定义，然后再来回答这个问题吧。

权力（authority）是指一种作出决策、指导他人工作以及发布命令的权力。在管理学中，通常把直线权力与职能权力区分开来。

直线权力（line authority）赋予管理者向其他管理人员或员工发布命令的权力，它建立了一种上下级之间的关系。**职能权力**（staff authority）则赋予管理者向其他管理人员或员工提供建议的权力，它所建立的是一种咨询的关系。**直线管理人员**（line managers）拥有直线权力，**职能管理人员**（staff managers）拥有职能权力，后者通常不能通过命令链自上而下地直接发布命令（除非是在他们自己的部门中）。

通常情况下，管理者一般是指直线管理人员，他们负责管理那些对于组织的生存来说至关重要的职责（如销售或生产）。而职能管理人员则通常管理那些属于咨询性或支持性的部门，如采购、人力资源管理和质量控制等。如果“职能”部门确实纯粹属于咨询性的，那么上述这种区分就是有道理的。然而，决定一位管理者到底属于直线管理人员还是职能管理人员的，并不是这位管理者所负责的部门的类型或名称，而是工作关系的性质。直线管理人员能够发布命令，职能管理人员可以提供建议。

人力资源管理者通常是职能管理人员。他们负责在招募、雇佣以及支付报酬等方面，向直线管理人员提供帮助和建议。然而，直线管理人员也有自己的人力资源管理职责。

1.1.4 直线管理人员的人力资源管理职责

在每位直线管理人员——上到公司总裁，下到一线管理人员——的职责中，直接处理与人有关的问题始终都是其整体管理职责中一个不可或缺的组成部分。例如，一家大公司将其直线管理人员应当承担的有效管理人力资源的职责概括为以下几个主要方面：

1. 把正确的人配置到正确的职位上。
2. 使新员工融入组织（定位）。
3. 培训员工承担新的职位。
4. 改进每位员工的工作绩效。
5. 争取他人的合作，建立顺畅的工作关系。
6. 解释公司的政策和程序。
7. 控制劳动力成本。
8. 开发每位员工的能力。
9. 创造并维持部门员工的工作士气。
10. 保护员工的健康和身体状况。

在一些小型组织中，直线管理人员可能会在没有人协助的情况下，独自承担上述所有这些人力资源管理职责。但是，随着组织规模的扩大，这些直线管理人员就需要得到独立的人力资源管理职能人员所提供的帮助、相关的专业知识以及建议了。人力资源管理部门就能够提供这种专业化的帮助。

1.1.5 职能管理人员的人力资源管理职责

在提供专业化帮助的过程中，人力资源管理经理主要履行以下三种不同的职能：

1. **直线职能**。首先，人力资源经理需要直接指挥本部门员工以及其他一些相关领域（比如工厂中的餐厅）的员工的工作活动。

2. **协调职能**。人力资源经理还需要对各种人力资源管理活动进行协调，这种职责通常称为**职能权力**（function authority）或职能控制。这里是指人力资源经理要确保直线管理人员能够执行企业的人力资源管理政策和实务（比如执行公司关于防止性骚扰的相关政策规定）。

3. **人事（协助与建议）职能**。对于人力资源经理来说，协助直线管理人员开展工作并向他们提供建议是其本职工作的核心所在。人力资源经理要向首席执行官提供建议，以使他们能够更好地理解公司的战略选择所涉及的人力资源管理问题。人力资源经理还需要协助直线管理人员完成员工的雇佣、培训、评价、支付报酬、咨询、晋升以及解雇等方面的工作。此外，人力资源经理还负责管理各种福利计划（如健康和意外保险计划、退休金计划以及休假计划等）。他们还要协助直线管理人员遵守公平就业机会和职业安全方面的法律规定，并且在处理各种争议以及劳资关系方面扮演重要角色。不仅如此，人力资源经理和人力资源部门还扮演着“创新者”的角色，他们需要为直线管理人员提供关于各种发展趋势的最新信息，以及有助于更好地发挥员工（或“人力资源”）作用的最新方法方面的信息。另外，人力资源经理和人力资源部门还要扮演员工利益维护者（employee advocacy）的角色，即他们要在自己承担的主要职责框架范围内，在高层管理者面前代表员工的利益。尽管人力资源经理通常不能（在本部门之外）行使直线权力，但他们却可以行使一种隐性权力（implied authority）。之所以这样讲，是因为直线管理人员都知道，人力资源经理经常会与公司的高层管理者谈论甄选测试以及积极的反歧视行动等这样一些人力资源管理问题。

人力资源部门的规模一般反映了公司的规模。对于一家大型企业而言，一张类似于图1—1的人力资源部门组织结构图是很常见的——图中包括各个人力资源职能领域中的所有各种专业人员；在另一种情况下，对于一家小型制造企业而言，其人力资源部门中可能仅仅包括5～6名员工（甚至更少），它们的组织结构图与图1—2类似。通常情况下，公司中每100名员工一般会设置大概1名人力资源管理人员。

下面是人力资源管理领域中的一些专业职位的例子[7]：

● **招募专员**：搜寻合格的求职者。

● **公平就业机会（EEO）协调员**：调查和解决有关公平就业机会问题的争议；检查在组织中是否存在违反相关法律的潜在行为；撰写并向政府提交有关公平就业机会的报告。

● **职位分析专员**：收集并核查相关职位的详细信息，为编写职位描述做好准备。

● **薪酬经理**：制定薪酬计划并处理员工福利方面的事务。

● **培训专员**：规划、组织和指导培训活动的开展。

● **劳资关系专员**：就与劳资关系有关的所有方面向管理层提供建议。

1.1.6 组织人力资源的新方法

许多组织都在尝试采用新的方式来提供人力资源服务。比如，一些企业把自己的人力资源服务按照以下四大类内容来加以组织：交易型人力资源服务、公司型人力资源服务、嵌入型人力资源服务以及专家中心。[8]

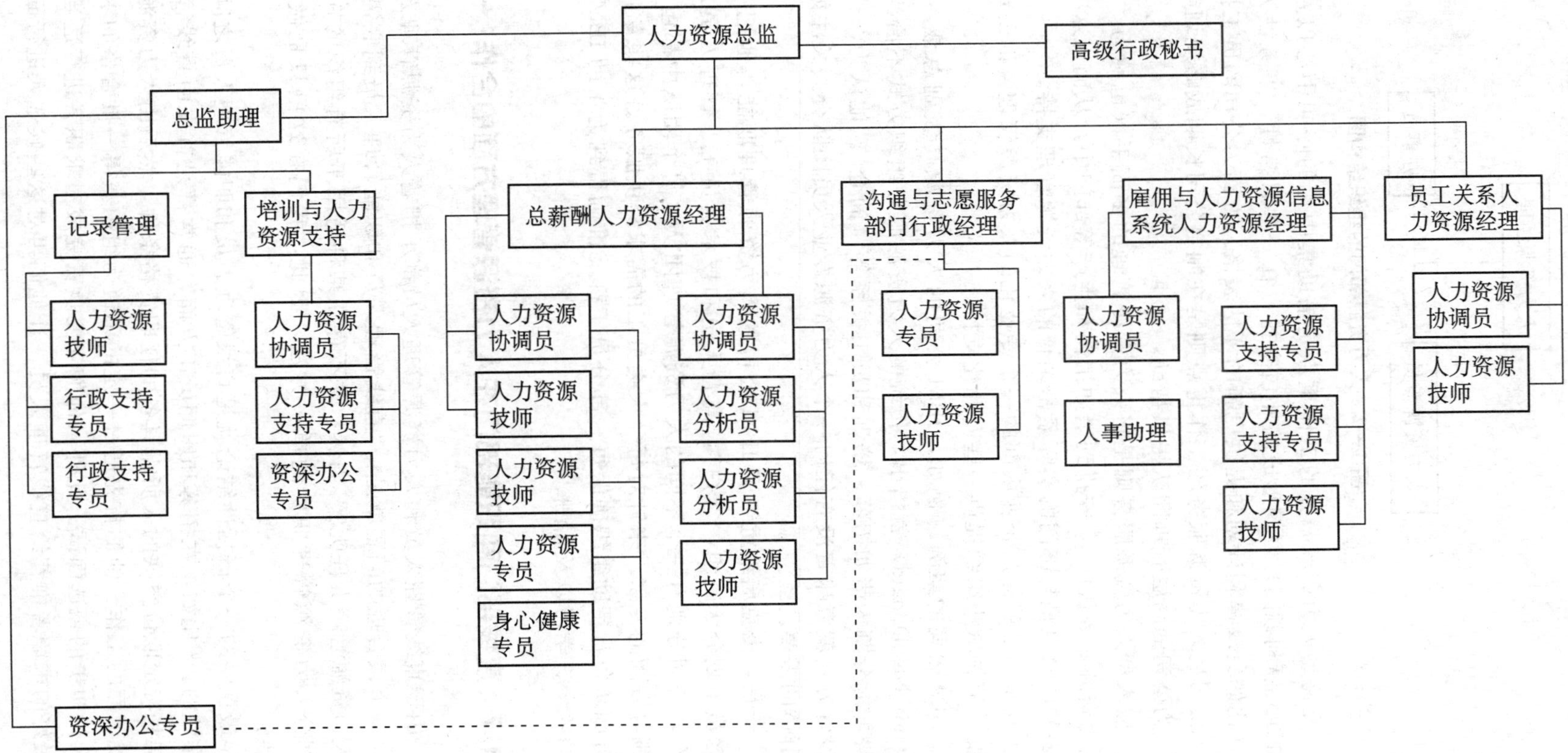

图1—1　人力资源组织图

资料来源：www.co.pinellas.fl.us/persnl/pdf/orgchart.pdf,accessed April 1,2009.Used with permission of Pinellas County Govt.

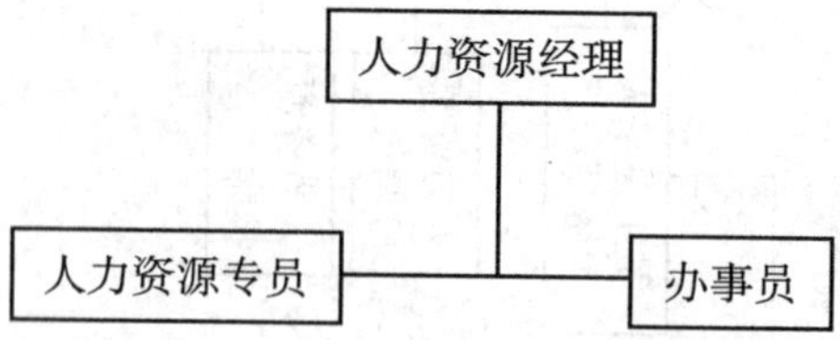

图 1—2 人力资源部门的组织结构图

交易型人力资源服务的工作重点是借助集中化的呼叫中心以及与外部供应商（如员工福利顾问）之间形成的外包安排，在一些日常性、事务性人力资源管理活动（比如更改福利计划和提供更新的评估表格）方面为公司的员工提供专业支持。

公司型人力资源服务的工作重点则是在制定公司长期战略规划等“高层”问题上，为公司的高层管理团队提供帮助。

嵌入型人力资源服务则是将人力资源管理的多面手（也称为“关系经理”者、“人力资源业务伙伴”）安排到诸如销售和生产等部门中，从而为这些部门提供它们需要的同时也是与部门的实际紧密结合的人力资源管理支持。

专家中心就像是企业内部的一个专业化的人力资源管理咨询公司——例如在组织变革等领域为组织提供一些专业化支持。

IBM 公司的案例 例如，IBM 公司的人力资源高级副总裁兰迪·麦克唐纳（Randy MacDonald）就指出，传统的人力资源服务组织方式不恰当地将人力资源管理职能分割为诸如招募、培训和员工关系等“筒仓”。他认为，这种筒仓状的组织设计方式就意味着没有任何一个人力资源专业人员团队会去关注如何满足特定员工群体的需要。

于是，麦克唐纳重组了 IBM 公司的人力资源管理职能。他把 IBM 公司的 33 万名员工划分为三组“客户”：高管人员和技术类员工、管理人员以及普通员工。现在，公司分别有三个不同的人力资源管理团队（每个团队中都包括招募、培训、薪酬等方面的专家）来针对每一大类员工的需求提供服务。这些专业化的人力资源服务团队负责帮助组织确保每一部分员工都能准确得到为帮助 IBM 取得成功而需要的才干、学习以及薪酬。[9]

1.1.7 直线部门和职能部门在人力资源管理方面的合作：一个实例

由于直线管理人员和人力资源管理人员都承担着人力资源管理方面的责任，那么，一个很合理的问题就是：“直线管理人员和职能管理人员到底需要各自承担哪些人力资源管理责任呢？”当然，并不存在某种适用于所有组织的在两类管理者之间划分人力资源管理职责的单一方法，因此，我们在这里只是做一个概括性的总结。

最重要的一个概括性结论就是直线管理人员和职能管理人员之间的关系通常是合作性的。[10]比如，在招募和雇佣员工方面，通常都是首先由直线管理人员确定填补某些特定职位空缺的人所需具备的任职资格条件，然后由人力资源管理人员接着完成下面的工作。他们首先通过一定的渠道为组织获得一批合格的求职者，对求职者进行初步的甄选面试。此外，他们还要负责完成对求职者进行适当的测试，然后将最好的求职者推荐给直线管理人员，让他们再对这些候选人进行面试并从中挑选出哪些人是他们最终想要录用的。在培训方面，同样是由直线管理人员首先描述出他们对自己的员工所能够完成的工作的期望，然后由人力资源管理团队来设计一个培训方案，而这个培训方案（通常）会交给直线管理人员去负责实施。

一些人力资源管理活动通常是由人力资源部门单独完成的。例如，60%的企业都将雇佣员工之前的测试工作交由人力资源部门全权负责，75%的企业把到大学招募员工的工作完全交给人力资源部门完成，80%的企业由人力资源部门全部承担员工的保险、福利管理工作。不过，通常情况下，企业还是会要求人力资源管理人员和直线管理人员共同承担大部分人力资源管理活动，比如雇佣面试、绩效评价、技能培训、职位描述以及纪律惩处程序等。[11]

图 1—3 描述了人力资源部门和直线管理部门之间的一种典型伙伴关系。比如，在 25%的企业中是由人力资源部门单独对求职者进行面试的，而在 60%的企业中都是由人力资源部门与其他需要雇用员工的部门共同完成面试的。

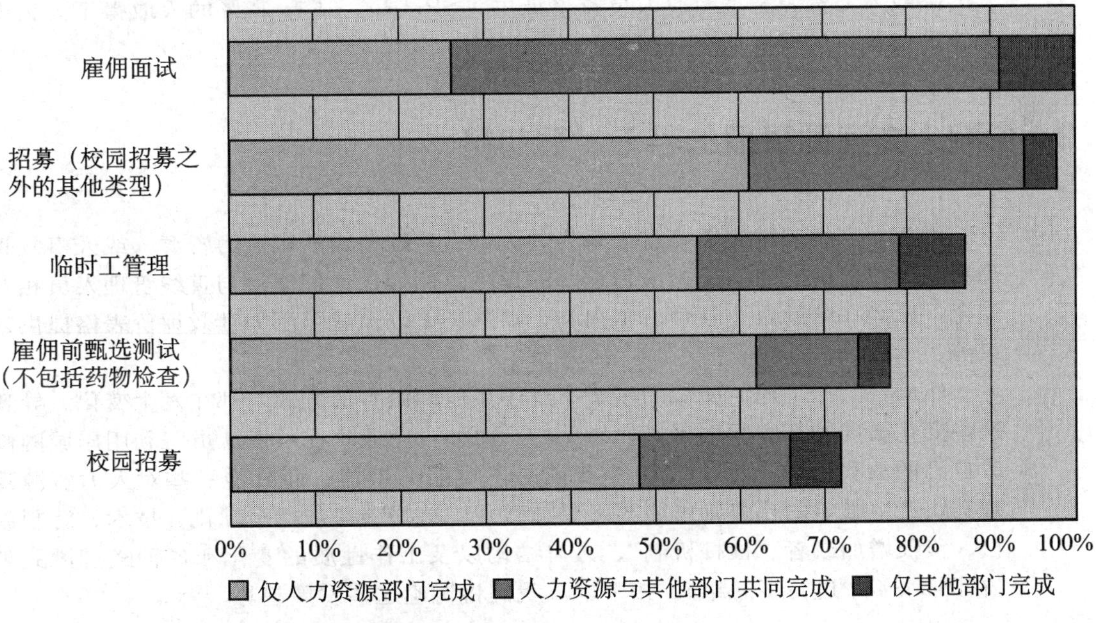

图 1—3　雇佣和招募——谁的职责？（在所有企业中的百分比）

说明：条形的长度代表了某种人力资源管理活动在所有被调查企业中的存在情况。

资料来源：*HR MAGAZINE*，Copyright 2002 by Society for Human Resource Management (SHRM). Reproduced with permission of Society for Human Resource Management (SHRM) in the format Textbook via Copyright Clearance Center.

总之，人力资源管理是每位管理者工作职责中一个不可缺少的组成部分。无论基层主管人员、中层管理人员，还是总裁，也无论是一位生产经理还是县长（或人力资源经理），所要做的事情都是通过人来达成工作结果。为此，必须认真掌握本书所阐述的这些人力资源管理的概念和方法等方面的知识。

1.1.8　从直线管理人员到人力资源管理人员

这里接触到了我们需要熟悉本书内容的另一个原因，即你有可能在未来的某一天有意或无意之间成为一名人力资源管理者。美国南加利福尼亚大学的一个研究团队通过调查发现，美国大约有 1/4 的大企业会将那些没有任何人力资源管理工作经验的管理人员任命为人力资源高管人员。而企业这样做的原因之一就是这些人可能会使企业的人力资源管理活动变得更加具有战略性，并且他们可能更有能力将企业的人力资源管理活动融入到企业的其他业务活动中。[12]无论如何，很多公司还经常会让自己的直线管理人员首先经过人力资源领域的历练，然后再让他们在公司内部获得进一步的晋升。比如，劳伦斯·杰克逊（Lawrence Jackson）就是在沃尔玛公司的首席人力资源官职位上任职一年半之后，才被公司晋升为全球采购事业部负责人的。[13]

然而，大部分公司的高层人力资源者在晋升到这一职位之前，还是具有一些早期的人力资源管理经验的。在一项调查中，约 80%的人力资源高管人员是一直在人力资源部门工作，并最终得到晋升的。[14]此外，大约有 17%的人力资源高管人员已经取得了由人力资源资格认证机构（Human Resource Certification Institute）颁发的高级人力资源管理专业人员资格证书（SPHR），还有 13%的人取得了人力资源管理专业人员资格证书（PHR）。

1.2 影响人力资源管理的若干发展趋势

因为一个组织始终需要有人来为其提供人员配备，所以人力资源（或人事）管理者已经在很长的时间里扮演着重要的角色。例如，他们通过与直线管理人员相互配合，已经在帮助企业管理员工福利、筛选员工以及就可用的绩效评价表格提供建议等。

然而，无论是他们所做的事情本身还是他们做事的方式，都在发生变化。导致这些变化出现的某些原因是显而易见的。比如，企业现在可以让员工利用局域网修改自己的福利计划，而这在 20 多年前是不可能的事情。而其他一些对人力资源管理实践产生影响的趋势则可能显得更加微妙。这些趋势包括全球化、技术、管制放松、负债增加或者“杠杆机制”、人口结构以及工作性质的变化和各种经济挑战等（在图 1—4 中进行了总结）。接下来，我们将讨论这些发展趋势。[15]

1.2.1 全球化和竞争趋势

全球化（globalization）是指企业将它们的销售、所有权以及（或者）制造活动向国外的新市场扩张这样一种趋势。在我们周围，这样的例子比比皆是。丰田汽车公司在美国的肯塔基州生产凯美瑞汽车，戴尔公司在中国生产个人电脑。自由贸易区——一种降低关税和贸易伙伴之间的壁垒的协定——则进一步促进了国际贸易的实现。北美自由贸易协定（North American Free Trade Agreement，NAFTA）和欧盟（Europe Union，EU）都是这方面的例子。

企业进行海外扩张的原因有很多，扩大销售额就是其中之一。正是由于这方面的原因，谷歌公司通过启动它的谷歌中国即时信息服务系统来提高在中国的市场占有率；沃尔玛正筹备在南非开店；而戴尔公司在了解到中国将很快成为世界上最大的个人电脑市场后，正在中国积极建设新的厂房并扩大产品的销售。

企业之所以走向海外，还有其他方面的一些原因。一些制造商希望寻找能够销

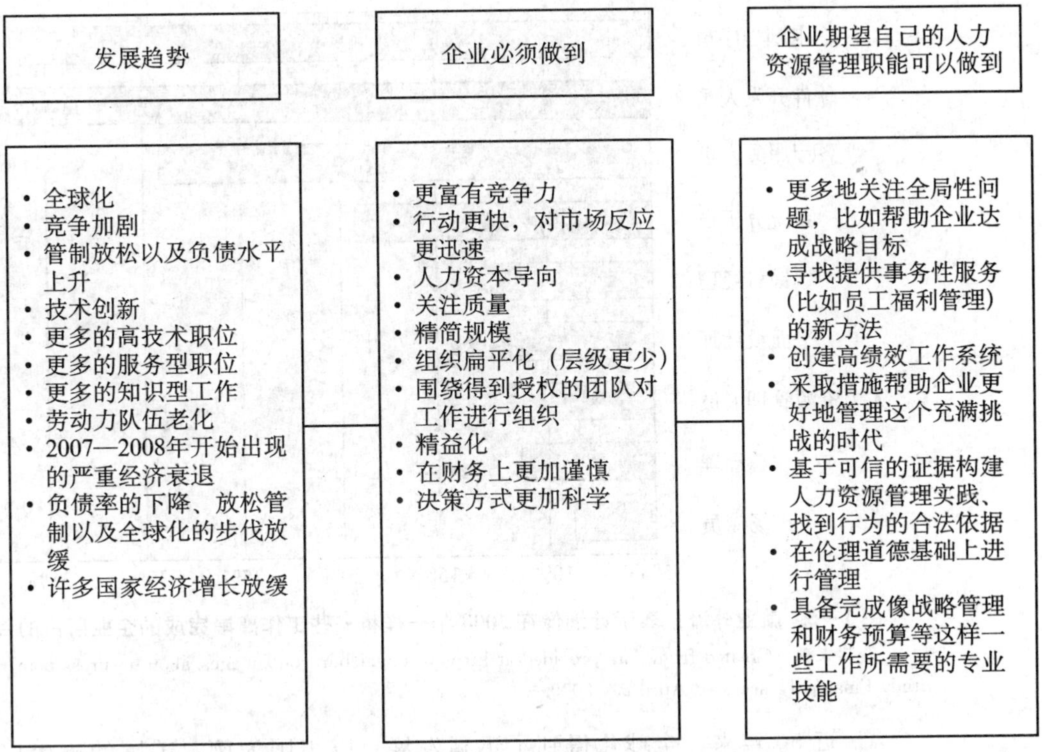

图 1—4　影响人力资源管理的发展趋势

售的国外新型产品和服务，同时降低劳动力成本。因此，一些服装生产商在美国迈阿密设计和裁剪布料，然后在劳动力成本相对较低的中美洲进行实际产品的缝制。另一些时候，和国外某家企业结成伙伴关系的潜在可能性也会促使一家公司到海外去做生意。几年前，IBM 公司将其个人电脑事业部卖给了中国的联想公司，其中的部分原因就是想同快速发展的中国市场保持更加紧密的联系。

对商业人士而言，全球化的基本特征是：全球化的程度越高就意味着竞争越激烈，而竞争越激烈就意味着企业需要承受越多成为“世界一流”的压力——进一步降低成本，使员工更富有生产率，发现更好的、成本更低的工作方法。正如一位专家所指出的：“最基本的情况是，随着世界经济日益整合成为一个单一的、巨大的市场，在一个覆盖制造业和服务业的广阔范围内，原本激烈的竞争进一步加剧。”[16] 现在，员工和企业都必须比出现全球化之前更加努力，同时也更加聪明地工作。[17]

正因为如此，全球化既给我们带来了收益，同时也带来了挑战。对消费者而言，全球化意味着从电脑到汽车的所有商品现在都变得价格更低，而质量却更高了，但同时也意味着大家现在需要更加辛勤地工作，并且工作的保障性或许比过去更差了。工作离岸（job offshoring）——即由国外的员工来完成比如以前由美国人所做的工作——这一概念就描述了这种威胁的存在。例如，图 1—5 描绘了这样一种情况，即在未来的几年里，许多企业甚至计划将一些技术水平要求较高的职位，比如销售经理、总经理以及人力资源经理等职位也采取离岸完成的方式。[18] 对企业所有者而言，全球化意味着有了数百万的（潜在的）新客户，但同时也意味着它们面临一种新的威胁，这就是即使是在本国经营，可能也需要面对新的、强有力的全球竞争者。

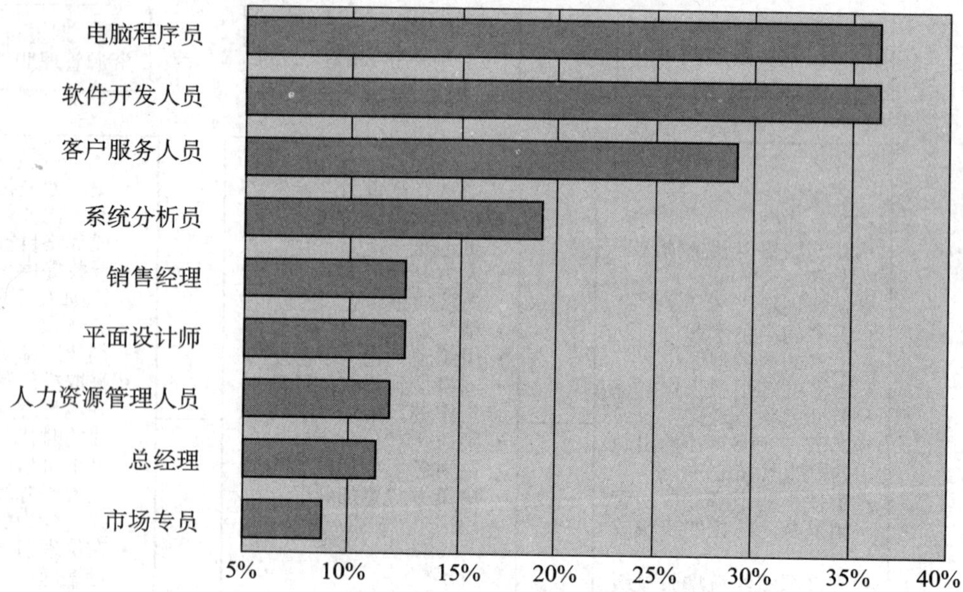

图 1—5　就业外流：表示计划像在 2008 年一样将一些工作离岸完成的企业所占的百分比

资料来源：Created from data provided at http：//img. icbdr. com/images/aboutus/pressroom/OffshoreStudy Final. pdf，accessed April 29，2009.

最近 50 年来，全球化得到了迅猛发展。以美国为例，美国的进出口总额从 1960 年的 470 亿美元上升到了 1980 年的 5 620 亿美元，又进一步上升到了 2008 年的大约 4. 3 万亿美元。[19]驱动这种全球化繁荣的是一些经济哲学和政治哲学。很多国家的政府都降低了跨国交易税或海关关税的税率，组建了诸如北美自由贸易协定之类的经济“自由贸易区”，并且采取了其他一些措施来鼓励国家之间的自由贸易。这些做法背后的一些基本经济原理就是，所有的国家都能从中获益。事实上，世界各地的经济体，不仅是美国，而且包括欧洲和亚洲，都出现了快速的经济增长。

1. 2. 2　负债增加（“杠杆机制”）和管制放松

其他一些发展趋势也推动了经济发展，管制放松就是这种趋势之一。在许多国家，政府都解除了过去在许多方面进行的管制。以美国和欧洲为例，阻止商业银行进入诸如证券经纪等领域这样一些管制措施已经放松了，在这种背景下，像花旗银行这样一类巨大的跨国型“金融超市”迅速出现。然而，随着经济的迅速发展，更多的企业和消费者背上了沉重的债务负担。购房者在买房的时候通常只支付很少的现金，而银行则很随意地借钱给开发商，让它们去建造更多的房屋。在最近的 20 年时间里，美国消费者实际消费的钱比他们赚到的钱还要多。从更高的层面来看，美国自己也已经迅速成为一个债务国，它的国际收支平衡状况（出口减进口）已经由 1960 年的 35 亿美元顺差，发展到已经不算太健康的 1980 年的 194 亿美元赤字，接着又发展到 2008 年庞大的 6 950 亿美元赤字。[20]能够使美国持续保持从国外进口的东西多于销售给国外的东西的唯一方式就是借钱。因此，美国的繁荣大部分都是建立在债务基础之上的。

1.2.3 技术方面的发展趋势

众所周知，技术的进步已经改变了我们所做的几乎每件事情的性质。我们使用掌上电脑来与公司保持联络、规划自己的旅行、进行个人理财，并且通过在线的方式来定制适合个人独特需要的新电脑。

类似地，技术不仅改变了企业所做的事情，还改变了它们做事的方式。技术（基于互联网的通信技术）使得戴尔公司以及其他成千上万家企业能够将自己的呼叫中心整体转移到印度。零售商飒拉公司（Zara）也不再需要承担昂贵的存货成本，它正在经营着一个基于互联网的全球销售网络，这个销售网络与其同样位于世界各地的各个出货登记中心是联系在一起的。当位于西班牙的该公司总部看到某家商店中的某种服装正在快速“跑货”时，飒拉公司的计算机化生产系统就可以在几天的时间内对需要用到的布料进行染色、裁剪并制作成服装，然后快速发往那家商店。[21]很多公司都运用在线的虚拟社区来提高效率。比如，洛克希德-马丁公司（Lockheed-Martin）为了获得3亿美元的海军造船订单，构建了一个可以让全球200家供应商在其中进行设计工作的虚拟环境，这些供应商都是通过一个位于每家企业的防火墙外部的私人内联网联系在一起的。

1.2.4 工作性质的发展趋势

工作性质变化的一个潜在含义就是，技术进步同样会对人们完成工作的方式以及当今员工所需要的技能和培训等产生巨大的影响。

高技术工作 例如，一位名叫查德·图卢兹（Chad Toulouse）的熟练技师是现代蓝领工人的典型代表。这位大学毕业生在接受了为期18周的培训课程后，开始在一家工厂里担任一个团队的负责人，而这家工厂中大约有40%的机器设备都是自动运转的。在早期的工厂里，将金属切块制成机械零件的机器一般是要由机械师来进行人工操作的。而现在，查德和他的团队却将大部分时间都用在了向计算机控制的设备中输入指令，这些设备可以自动为最终产品制造出精密的零件，其中包括水泵。和其他的现代机械师一样，查德的年薪大约为5万美元（其中包括加班费）。[22]越来越多的传统的工厂型工作变得高科技化。正如美国政府出版的《职业前景季刊》（*Occupational Outlook Quarterly*）指出的，“航空、计算机、通信、家用电器、制药和医疗器械等行业中的知识密集型高科技生产类职位”，正在替代钢铁、汽车、橡胶和纺织业中的工厂类工作。[23]

服务型工作 导致工作的性质出现“从肌肉到大脑”转变的，并不是只有技术这个唯一的驱动力。当前，美国2/3以上的劳动者都受雇于生产以及提供服务的行业，而不是产品制造业。在2004—2014年的10年间，美国新增加的1 900万个新岗位几乎全部都将产生于服务行业，而不是产品制造行业。[24]

有几个方面的趋势可以解释这种现象。[25]在全球竞争环境下，越来越多的制造业工作岗位将向低工资国家转移。比如，李维斯·斯特劳斯（Levis Strauss）是美国仅存的几家主要服装生产商之一，但是该公司在几年前也关闭了其在美国的最后几家工厂。生产率的大幅提升使得生产企业能够用更少的员工生产更多的产品。零库存（just-in-time）生产技术也使得企业每日的生产计划安排能够更准确地与客户的需求相吻合，从而大幅减少了系统中的浪费，同时也降低了库存需求。随着生产商将基于互联网的客户在线订购系统与零库存生产系统整合到一起，生产计划安排变得越来越精确。越来越多的生产商还与其供应商通过合作，建立了一条完整的供给链。例如，当某位顾客订购了一台戴尔公司的电脑时，这一信息就会通过互联网直接通知戴尔公司的生产线，让其按照订单的要求来进行生产，同时，这一信息也会同时提供给为戴尔公司供货的显示器和键盘制造商，让它们提前做好准备，以便联合包裹服务公司（UPS）能够在特定的时间上门取货并快递给戴尔。这些情况对生产商产生的最终影响是，它们得以消除整个生产体系中的时间浪费和低效率，从而使企业能够用更少的员工生产更多的产品。因此，在美国和大多数欧洲国家，制造型工作已经很少，而服务型工作的数量在迅速上升。

知识型工作和人力资本　总的来说，最好的工作岗位仍然需要更高的教育水平和更多的技能。比如，我们已经看到，自动化生产和零库存生产技术意味着，即使是生产性的工作岗位，现在也需要比过去更多的阅读能力、数学能力以及沟通能力。[26]

对管理者而言，这种情况就意味着企业对于像查德·图卢兹这样的知识型员工的需求越来越多，因此对人力资本会给予更多的关注。[27]所谓**人力资本**（human capital），是指一家企业的员工所具备的知识、正规教育、培训、技能以及经验等特征。[28]正如管理大师彼得·德鲁克（Peter Drucker）在许多年前所预言的，在今天，“雇佣工作的重心正在迅速地从体力工作者和事务型工作者向知识型员工转移”。[29]最近，人力资源管理者将“批判性思考能力/解决问题的能力”以及“信息技术应用能力”列为在今后5年中最有可能提高重要程度的两项应用技能。[30]

一言以蔽之，我们正生活在一个高科技的竞争世界里——这使培养和利用人力资本具有更为显著的意义。这就使得人力资源管理技能，比如招募、甄选、培训和对员工支付薪酬等，对雇主显得愈发重要。

例如，一家银行通过安装一套特殊的软件，使自己的客户服务人员能够更容易地处理客户的各种要求。然而，这家银行并没有对客户服务代表的工作做其他任何方面的改变。在这种情况下，新的软件系统的确使客服人员能够应答更多的客户呼叫，但是这家银行却没有能够取得明显的绩效提升。[31]

另一家银行也安装了一套同样的软件。不过，为了充分挖掘这套新软件的效益，这家银行对它的客户服务工作进行了升级。银行对这些客户服务代表提供了新的培训，教他们如何销售更多的银行服务，同时赋予他们更大的权力来作出决策，并且提高了他们的薪酬待遇。在这种情况下，这套新的计算机软件系统就大幅提高了银行的产品销售额和盈利水平。这里的道理就在于，现在的企业需要人力资源管理者做的不仅仅是雇佣和解雇员工以及对福利进行监控，相反，它们需要自己的人力资源管理者具备创造“人力资本”的人力资源技能——在当前这种高科技的竞争世界中，这种“人力资本”是企业所必需的。[32]

1.2.5　劳动力队伍和人口结构发展趋势

上述一切都是伴随着劳动力队伍和人口结构的巨大发展趋势而发生的。

人口结构发展趋势　最为重要的是，美国的劳动力队伍正越来越老龄化，同时越来越种族多元化。[33]来自美国劳工部劳工统计局的表1—1为我们提供了一幅鸟瞰图。比如，1996—2016 年，属于非西班牙裔白种人的劳动者在劳动力队伍中所占的比例将会从 75.3%下降到 64.6%，与此同时，黑人在劳动力队伍中所占的比例将从 11.3%上升到 12.3%，亚裔劳动者所占的比例则将从 4.3%上升到 5.3%，西班牙裔劳动者所占的比例将会从 9.5%上升到 16.4%。年轻劳动者所占的比例将会下降，而 55 岁以上的劳动者所占的比例却会从 1996 年的 11.9%激增到 2016 年的 22.7%。如果我们回到 1986 年去看，这种人口结构的变动趋势会更加明显。

表 1—1　各人口群体在劳动力队伍中所占的百分比，1986—2016 年（%）

年龄，族裔，种族	1986 年	1996 年	2006 年	2016 年
年龄：16～24 岁	19.8	15.8	14.8	12.7
25～54 岁	67.5	72.3	68.4	64.6
55 岁以上	12.6	11.9	16.8	22.7
非西班牙裔白人	79.8	75.3	69.1	64.6
黑人	10.7	11.3	11.4	12.3
亚裔	2.9	4.3	4.4	5.3
西班牙裔	6.9	9.5	13.7	16.4

资料来源：Adapted from www. bls. gov/emp/emplabor01. pdf，accessed October 20，2008.

与此同时，人口结构的发展趋势也使得寻找、雇佣和监督员工的工作更加富有挑战性。[34]在美国，劳工部专家估计劳动力的增长速度达不到工作岗位的增长速度，到 2020 年，估计将会出现 1 400 万受过高等教育的劳动者的缺口。[35]最近的一项研究对 35 家大型跨国企业的高层人力资源管理者进行了调查，结果发现，“人才管理”——尤其是通过获取、开发和留住人才来满足企业的人力资源需求——成为他们最关注的问题。[36]

“Y 一代”　此外，还有一些专家指出，现在的许多年轻劳动者可能和他们的父辈具有不同的工作价值观。[37]根据一项研究，老一代的员工更有可能是以工作为中心的（即在进行职业决策时，对工作的关注要超过对家庭的关注）。年轻一代的员工则更有可能是以家庭为中心的或者是兼顾两个中心的（在家庭生活和工作生活之间保持平衡）。[38]（另一方面，无论员工的年龄大小，“每个人都希望能够信任自己的上级，没有人喜欢变化，而且所有的人都喜欢得到反馈……”[39]）

《财富》（*Fortune*）杂志指出，当今的“千禧年”或“Y 一代”员工将会给企业同时带来挑战和优势。它认为，这些员工或许是“人类历史上最难留住的员工”。[40]《华尔街日报》（*Wall Street Journal*）则把他们称为“最爱得到表扬的一代”，并说明了兰斯恩德公司（Lands' End）和美洲银行（Bank of America）是如何教导其管理者通过提供迅速的反馈和认可来表扬新一代员工的。[41]不过，作为使用电脑和电子邮件成长起来的第一代人，他们运用信息技术的能力同样也使他们成为绩效最高的一代。[42]

退休人员　很多人力资源专业人员都将“劳动力队伍老化”视为会对企业产生最大影响的一种人口结构变化趋势。其中的一个根本性问题是，没有足够的年轻劳动力能够取代那些在“婴儿潮”时期出生的进入年老退休年龄的人。[43]

很多企业正在通过各种方法来应对这个挑战。一项调查发现，41%的被调查企业正在重新将已经退休的员工召回来；34%的被调查企业正在进行研究，以对组织内的未来退休率进行预测；31%的被调查企业正在精心设计有利于吸引和留住半退休状态的劳动者的就业方式。[44]

非传统型劳动者 与此同时的另一种趋势是，企业正在逐渐将注意力从传统劳动者转向非传统型劳动者。非传统型劳动者包括身兼数职的劳动者、“临时性的”或非全日制的劳动者，或者是从事轮班工作的劳动者（比如一对母女共同承担一个事务性工作岗位）。在当今的美国，大约有 10％的劳动者——1 300 万人——可以被归为非传统型劳动者的范畴。在这些人当中，大约有 800 万人属于独立承包商，他们受雇于某一特定的项目，在项目完成之后便离开了。

1.2.6 经济方面的挑战和发展趋势

所有上述发展趋势都发生在一个充满挑战和剧变的大背景下。如图 1—6 所示，美国的国民生产总值（gross national product，GNP）——一种对美国的总产出进行衡量的指标——在 2001—2007 年出现了迅猛的增长。在此期间，美国的住房价格出现了每年 20％的大幅上涨（见图 1—7），而失业率则保持在大约 4.7％的相对正常的水平。[45]此后，2007—2008 年，所有这些指标似乎都迅速下滑。住房价格下跌了 20％甚至更多（各城市的情况不同）。整个国家范围内的失业率也上升到 8％以上。

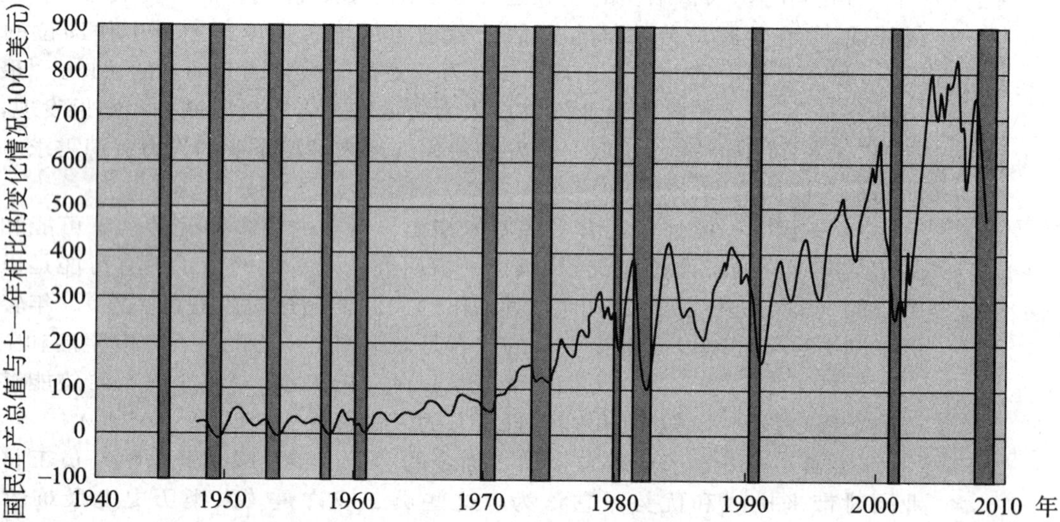

图 1—6 美国国民生产总值

说明：阴影部分显示的是美国的经济衰退期。

资料来源：U. S. Department of Commerce：Bureau of Economic Analysis，http：//research. stlouisfed. org/fred2/fredgraph? chart _ type=line&s [1] [id] =GNP&s [1] [transformation] =ch1，accessed April 18，2009.

为什么会发生这种情况呢？这是个很复杂的问题，但可以肯定的一点是，这么多年累积的过多债务已经走到了尽头。银行和其他金融机构（比如对冲基金）发现其账目中有数万亿美元的毫无价值的贷款。政府只得介入以阻止这些金融机构崩溃。但是，借贷的资源枯竭了，大量的企业和消费者停止了消费，这样经济就出现了衰退。

经济形势毫无疑问仍然会再次好转，甚至就在你阅读本书的这些内容时，经济

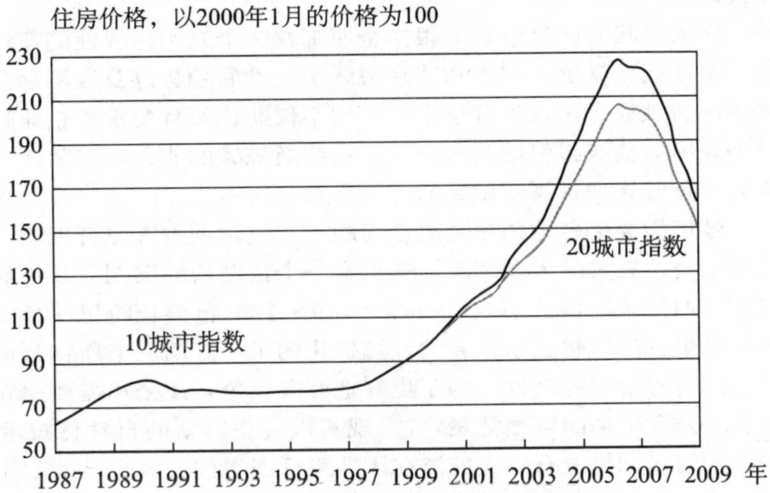

图 1—7　标准普尔住房价格指数

资料来源：S&P，Fiserv，and MacroMarkets，LLC，http：//www.clevelandfed.org/research/trends/2009/0309/04ecoact.cfm，accessed April 18，2009.

就已经在好转了。然而，毋庸置疑，这些情况显然已经引起了企业的注意。整个世界在经历了开始于 2007 年的这些事情之后，人们很难不去怀疑，管制放松、杠杆机制以及全球化等在过去 50 年中推动经济增长的理论影响力会减弱。而这种情况可能意味着，许多国家的经济增长步伐将会放慢，从而企业将会面临更加严峻的时期。所谓的严峻时期，意味着在可以预见的不久的将来——甚至是在形势已经好转之后——企业将不得不比过去更加节约、更加富有创造性地管理自己的人力资源。

1.3　人力资源管理方面的一些重要发展趋势

上面谈到的这些发展趋势都会转化为人力资源管理实践中的一些变化，同时也会导致企业对其人力资源管理者的期望发生变化。下面就来看一看这些方面的一些具体情况。

1.3.1　新型人力资源管理者

或许，最好的入手方法就是对人事管理或人力资源管理领域所发生的变化做一个快速的浏览。在 20 世纪的大部分时间里，人事管理者或人力资源管理者所关注的主要是事务性工作。在最初的公司里，他们首先是从一线主管人员手里接过了雇佣和解雇员工的工作，同时掌管工资发放部门以及管理员工福利计划，等等。随着在测试等领域中出现一些新的技术，人事部门所扮演的角色开始扩展到了诸如员工甄选和培训等方面。[46]随着 20 世纪 30 年代工会立法的出现，人事部门的工作职责中又增加了“帮助雇主与工会打交道”这样的新内容。20 世纪六七十年代，美国国会颁布了新的公平就业机会方面的法律，因此企业又开始依靠自己的人力资源管理专家帮助自己避免陷入雇佣歧视方面的诉讼，同时在出现这种诉讼时帮助自己予以处理。[47]

今天，我们已经看到，很多企业都在一个充满挑战性的新环境中进行激烈的竞争。全球化、竞争、技术和劳动力队伍的发展趋势以及经济动荡等，都使企业面临诸多的新挑战。在这种背景下，它们不仅期望而且要求本企业的人力资源管理者能够展现出那些能够帮助其积极应对这些新挑战的能力。实际上，这种情况可以归结为人力资源管理者需要做到的三件事。

他们需要更多地关注全局性问题 首先，人力资源管理职能将越来越多地参与与整个公司有关的大局问题。这里有一个很贴切的案例。几年前，总部位于威斯康星州的西尼卡斯特公司（Signicast Corp.）的董事长特里·鲁兹（Terry Lutz）和他的董事会决定建立一家新的计算机化的工厂。西尼卡斯特公司主要通过铸造过程来生产各种金属零部件。为了更好地开展竞争，该公司需要建立一个新的自动化工厂。鲁兹和他的团队很清楚，“在现实世界中，新的自动化技术需要有新型员工”。他们知道，如果没有一支能够在团队里开展工作、对自己的工作进行管理以及操作工厂中的自动化设备的员工队伍，计算机化的工厂就会毫无用处。鲁兹和他的管理团队与公司的人力资源部门展开了紧密的合作，依靠人力资源部门完成了甄选、培训以及组织新的工厂所需要的技术型员工的工作。[48]西尼卡斯特公司的人力资源部门通过制定并执行雇佣以及公司需要的其他方面的人力资源管理活动，使工厂得以成功运行。显然，该公司的人力资源团队有力地支持了公司的新战略。

所以，人力资源管理领域的第一个变化就是，今天的新型人力资源管理者正在参与更为全局性的一些问题。他们并不只是完成诸如与新员工签约等事务性工作。企业希望他们能够成为公司的内部咨询顾问，识别出那些有助于员工更好地为企业的成功作出贡献的变化，并且使这些变化得以制度化。此外，企业还希望他们能帮助高层管理者制定并执行组织的长期规划或战略。[49]

有两位作者对这种观点做了一个总结，他们发现，人力资源管理者正在把他们的关注焦点由提供事务性服务，转向向高层管理者提供一些“信息性和支持性”的决策建议。[50]那么，诸如招募和对员工进行测试以及与员工签约等事务性工作由谁来做呢？

他们需要发现提供事务性服务的新方法 这个答案就是（第二），新型人力资源管理者还必须精通运用新的方法来提供那些传统的同时也是“最基本的”事务性人力资源服务。我们将会看到，人力资源管理者采用几种方法来实现这一目标。比如，他们将其中的很多服务（比如福利管理）外包给一些外部的服务供应商。[51]他们利用技术（比如基于内联网的网站），使员工可以对福利计划进行自我管理。（表 1—2 列举了一些企业运用技术来对自己的人力资源管理活动提供支持的一些重要方法。[52]）而戴尔等企业还建立了专门的集中呼叫中心来回答员工及其上级提出的与人力资源有关的各种咨询。

表 1—2　　一些能够支持人力资源管理活动的应用技术

技术	在人力资源领域中如何应用
应用服务提供商（APS）与技术外包	应用服务提供商提供应用软件，比如用来处理求职申请表的软件。应用服务提供商通过自己的远程计算机来为企业提供服务并对其进行管理
门户网站	举例来说，企业利用这种门户网站让员工注册，同时管理他们自己的总体福利包，还包括自行更新个人信息

续前表

技术	在人力资源领域中如何应用
桌面流媒体视频	比如可用来促进远程学习和培训，还可以利用这种方式快速地、低成本地向员工提供公司相关信息
互联网与网络监控软件	用来追踪员工在互联网上的以及收发邮件的活动信息，或者是监控他们的绩效表现
电子签名	雇主可以运用具有法律效力的电子签名来更加迅速地获得各种申请表及存档所需要的签名
电子账单的呈递与支付	比如可以用来取代纸质的支票，同时方便企业向员工和供货商进行相应的支付
数据库与计算机化的分析程序	帮助人力资源管理者监控公司的人力资源体系。例如，它们可以使企业更容易地获得每次的员工雇用成本，还能将现有员工的技能与企业的预期战略需求加以对照

他们应当具备新的专业技能[53]　最后，战略化、内部咨询顾问以及与外部服务供应商和技术打交道，所有这些都要求人力资源管理者具备新的人力资源管理技能。（正如数年前的一个汽车广告中所说的："新的人力资源管理者不是你父亲那一辈的人力资源管理者。"）当然，人力资源管理者仍然需要诸如员工甄选、培训和薪酬管理等方面的技能，但是，他们还需要掌握范围更大的业务知识和各种技能。比如，为了帮助高层管理者制定战略，人力资源管理者需要熟悉战略规划、市场、生产以及财务等方面的知识。[54]此外，当今的人力资源管理者还必须"掌握财务总监的语言"，用可衡量的财务指标——比如投资回报率和单位服务成本——来对人力资源管理活动作出解释。[55]

很多研究指出，高层管理者和首席财务官已经认识到人力资源管理在实现企业战略目标方面所扮演的关键角色。[56]图 1—8 对这样的一些结论进行了总结，这张图显示，他们知道人力资本——即员工的知识、技能和经验——对于顾客满意度和盈利性等一些重要的组织运行结果可以发挥很大的影响。可能也部分地出于这方面原因，人力资源高层管理人员的薪酬水平越来越高。比如，从最近的情况来看，企业高层人力资源管理者的年平均直接薪酬水平超过了 140 万美元。[57]

1.3.2　战略性人力资源管理

西尼卡斯特公司的特里·鲁兹同他的人力资源团队通过合作来设计和执行公司战略的过程，实际上就是管理者所说的"战略性人力资源管理"。我们将会在第 3 章中看到，所谓战略性人力资源管理，就是指通过制定并实施相关的人力资源政策和实践，帮助组织获得为实现其战略目标所需要的员工能力和行为。西尼卡斯特公司的新战略要求，员工具备经营一家新的自动化工厂所需要的知识、技能和动机。因此，在西尼卡斯特公司的战略性人力资源规划中就包括与以下内容有关的详细指南：员工需要具备哪些技能和知识；如何招募、测试、甄选以及培训这些员工。西尼卡斯特公司的管理层很清楚，如果员工不具备必要的知识、培训和技能——即"人力资本"，新的工厂就无法运行。该公司的战略性人力资源规划使得它能够雇用到正确的员工——即那些能够表现出企业实现目标（在这里是指使新工厂得以成功运行）所需要的行为的人。

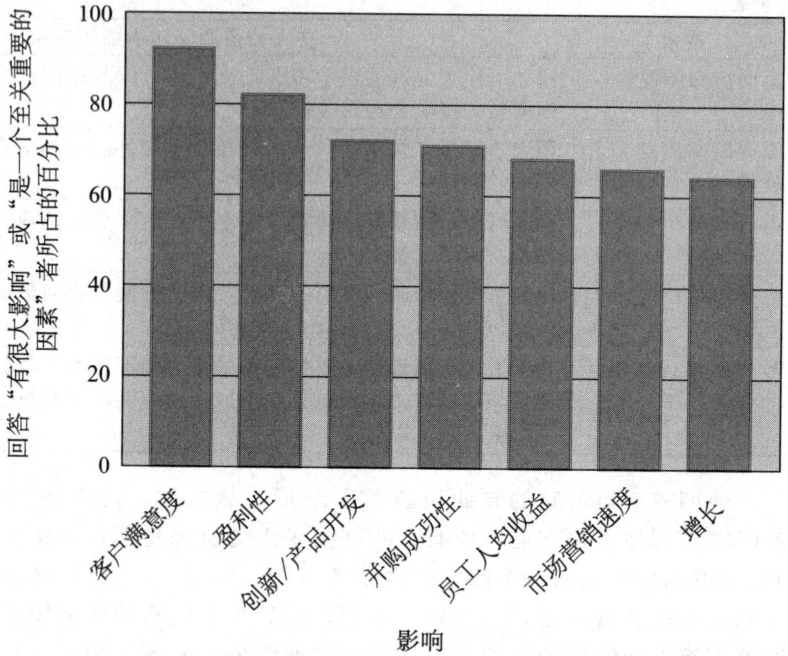

图 1—8　首席财务官认为人力资本对经营结果可能产生的影响

资料来源：*Human Capital Management*：*The CFO's Perspective*，CFO Publishing Corp.，February 2003. Reprinted with permission.

1.3.3　高绩效工作系统

大量的竞争和经济挑战还意味着，企业现在必须像激光灯一样聚焦于生产率和绩效的改进方面。

我们将在本书中看到，人力资源管理实践是如何在充满挑战的时代帮助组织提升绩效的。例如，针对甄选测试的效度所做的研究得出了这样的结论，即通过甄选测试手段来对求职者进行筛选的做法能够帮助组织获得绩效水平更高的员工。[58]类似地，训练有素的员工比缺乏培训的员工有更好的绩效表现。此外，与不安全的工作场所相比，在安全的工作场所中出现的导致工时损失的事故更少，而且事故的成本损失更低。那些生产率水平最高以及绩效最好的世界一流公司，比如丰田汽车公司，早就已经开始实施为追求“高绩效”而制定的甄选、培训以及工厂安全等方面的计划了。

高绩效工作系统是一套整合在一起能够产生优良的员工绩效的人力资源管理政策和实践。一项研究对 17 家制造工厂进行了考察，其中有一部分工厂采用了高绩效工作系统实践。结果发现，高绩效的工厂支付的薪酬水平更高（小时工资的中值为 16 美元，而所有工厂的小时工资中值为 13 美元），提供的培训更多（83%的高绩效工厂每年为每位员工提供的培训超过 20 小时，而所有这些工厂中只有 32%的能够提供这么长时间的培训），采用更加复杂精细的招募和雇佣方法（比如测试和有效的面试），同时使用的自我管理团队也更多。此外，从盈利水平更高、运营成本更低以及员工离职率更低等方面来说，这些采用高绩效工作系统的工厂的总体绩效水平也是最高的。[59]我们将在第3章更为详细地学习高绩效工作系统。

1.3.4 循证人力资源管理

如果你说自己的企业是一个"高绩效"组织的话，那么你就是在假设自己确实能够衡量本组织的绩效好坏。[60]在今天这种充满挑战的环境中，企业很自然地希望自己的人力资源管理团队能够做到这一点。比如，"这项新的甄选测试程序能够让公司通过降低员工离职率带来多少成本节约?""如果我们实施了一项新的培训计划，员工的生产率能够提高多少?"以及"从每位员工对应的人力资源管理者人数这一角度来说，与我们的竞争对手相比，我们的人力资源管理团队的生产率如何?"

提供类似这样的一些证据恰恰是循证人力资源管理的核心所在，即运用数据、事实、分析方法、科学手段、有针对性的评价以及准确的评价性研究或案例研究，为自己提出的人力资源管理方面的建议、决策、实践以及结论提供支持。[61]简单地讲，循证人力资源管理就是审慎地将可以得到的最好证据运用于与某种人力资源管理实践有关的决策过程之中。[62]这些证据可能来自实际所做的衡量（比如，受培训者是否喜欢这个培训项目?），也可能来自已有的数据（比如，在我们实施了这项培训计划之后，公司利润有什么变化吗?）。此外，这些数据还有可能来自公开发表的评估性科学研究（例如，对于保证受训者记住所学内容的最好方法是什么这一问题，科学研究文献得出了怎样的结论?）。下面的"循证人力资源管理"专栏解释了为什么管理者的工作应当建立在循证基础上。

循证人力资源管理

为什么你的决策应当建立在循证基础上?

我们在文中指出，"简单地讲，循证人力资源管理就是审慎地将可以得到的最好证据运用于与某种人力资源管理实践有关的决策过程之中。"

由于从现实情况来看，许多管理方面的内容看上去都属于常识性问题（让我们面对这一点），因此，你很自然会问这样一个问题："对于我这样一位管理者来说，采取循证方法来做决策为什么显得如此重要?"

回答这个问题的方法之一是用实例来加以说明。让我们回顾一下本章开头的场景，即位于俄勒冈州奥斯威戈湖的斯坦福餐馆。你可能还能回忆起我们当时说过，餐饮行业员工的年平均离职率超过100%（事实确实如此），而斯坦福餐馆的经理却估计说，他的小时工的离职率只有28%（这一点我们可以假设它也是真的）。但在此之后，我们很快就了解了事情的真相。我们提到，他的良好人力资源管理实践是促成其取得理想结果的原因所在："我会精心选择我准备雇用的人。我从一开始就寻找那些愿意留下的人……"[63]

现在看来，如果我们说，他的餐馆的员工离职率之所以比较低，就是因为他在雇用员工时非常仔细，那么，这种说法从直觉上看可能是有道理的（或许事实也确实如此）。然而，这个场景（或者是该场景的来源）并未能够提供支持这种论断的证据。那么，是不是还有其他的一些原因能够解释这家餐馆员工的离职率如此之低呢?大家不妨思考一下这个问题。或许由于某种原因，俄勒冈州奥斯威戈湖地区的失业率非常之高，因此那里的人非常乐于保住他们现有的工作。也有可能是因为餐馆经理付给员工的薪酬水平很高，所以尽管员工的离职率比较低，但是餐馆本身却不赚钱。还有可能因为餐馆经理仅仅从自己的亲戚中雇用员工，而他的这些亲戚又没有人愿意离开餐馆（这并不是一个太难作出的选择）。因此，这里的问题在于，如果还有其他一些与此类似的因素能够解释这家餐馆的低离职率，那么，试图向这家餐馆经理学习人力资源管理实践的其他餐馆管理者就会发现，斯坦福餐馆经理的这些人力资源管理实践对他们实际上并没有用处。因此，根据证据来作出判断的情况将会怎样，我们现在并不清楚。

这里需要指出的一个要点就是，作为一位管理者，除非在做事的时候采取科学的、置疑性的、循证的方法，否则就有可能会得出错误的管理结论。在生活中有很多在直觉上似乎正确的说法（比如“异性相吸”），但是这些说法实际上往往没有太多依据，甚至根本就没有依据。因此，作为一名管理者，应该经常问这样一些问题，比如，“这一论断的证据是什么？”“这种行动真的能产生这种结果吗？”即使是专家，有时也可能会被误导。例如，我们将在第6章中看到，虽然我们多年来一直做这样一种假设，即对求职者进行人格测试的做法会有助于改善组织绩效，但是在当前的研究文献中，对于这种说法到底是否正确却产生了激烈的争论。

我们将（在第3章中）看到，对可衡量性的一个基本要求是，人力资源管理者需要获得一些数据。具体来讲，人力资源管理者需要量化的绩效衡量指标（绩效指标）。比如，从中位值的情况来看，人力资源成本在企业的总运营成本中所占的比例平均为0.8%。此外，有趋势表明，在每100名员工中通常会有0.9～1位专业的人力资源管理人员（这一比例在零售和流通企业中更低一些，而在公共组织或政府部门中更高一些）。[64]

1.3.5 伦理道德管理

几乎每隔几年就会有一些管理者因为自己的不道德行为而成为新闻的主题。比如，20世纪90年代的内部人交易丑闻，2001年的“安然丑闻”，2005年的股票期权日期延迟丑闻，以及仅仅在几年前才发生的次级贷款和庞氏计划丑闻，等等。伦理道德就是用来决定一个人应当怎样采取行动的各种标准。道德丑闻所产生的影响的长期性（情况似乎如此）应当使所有的管理者在做事时都三思而后行。如果一个人非常正确地完成了作为一位管理者所应当承担的每一项工作，但最后却以失败而告终，那一定是因为这个人背弃了应有的伦理道德。

这种情况当然也适用于人力资源管理。我们将在第14章中看到，在10个最重要的工作场所道德问题中，有6个——工作场所安全、员工档案的安全性、员工偷窃行为、积极的反歧视行为、可比性工作、员工隐私权——都与人力资源管理密切相关。[65]检察官最近对爱荷华州几家肉类加工厂的人力资源管理人员提起了刑事诉讼，据称，这些人员因为雇用了年龄不到16周岁的工人而违反了劳工法。[66]每位直线管理人员或人力资源管理者都需要牢记，他们所作出的与员工有关的所有决策都具有伦理道德方面的含义。

1.3.6 人力资源管理认证

随着企业对人力资源管理工作的要求越来越高，我们看到人力资源管理的专业化程度不断增强也就不应该再感到吃惊了。已经有 6 万多名的人力资源管理专业工作者通过了美国人力资源管理协会（Society for Human Resource Management，SHRM）的一项甚至多项人力资源专业资格认证考试。美国人力资源管理协会的人力资源认证机构组织这些考试。这些考试考察了人力资源管理从业人员掌握人力资源管理的各个方面知识的情况，其中包括伦理道德、事务管理、员工配置、人力资源开发、薪酬管理、劳工关系以及员工的健康与安全。那些能够通过这种考试的人将会获得高级人力资源管理专家（Senior Professional in HR，SPHR）、全球人力资源管理专家（Global Professional in HR，GPHR）或者人力资源管理专家（Professional in HR，PHR）的资格认证。图 1—9 总结了美国人力资源管理协会的认证考试所考察的主要知识内容。在本书每章末的练习部分，你都会找到和这种认证相关的一些练习。在本书末关于美国人力资源管理协会的附录中，你还可以看到关于人力资源管理认证机构的考试说明、美国人力资源管理协会的一些最新人力资源管理学习指南，以及针对人力资源管理课程的一些练习。管理者可以到 www.HRCI.org 网站上（或拨打 866-898-HRCI 电话），参与人力资源管理认证机构的在线测评考试。

模块一：战略管理
- 人力资源在组织中扮演的角色
- 战略规划过程

组织结构与内部人力资源伙伴
- 人力资源有效性的衡量
- 影响人力资源的伦理道德问题

模块二：员工队伍规划与雇佣
- 影响员工权利的关键立法
- 公平就业机会/积极的反歧视行动
- 工作场所中的性别歧视与性骚扰
- 职位分析与职位描述
- 招募
- 甄选
- 雇佣实践
- 组织的退出渠道
- 员工档案管理

模块三：人力资源开发
- 人力资源开发与组织
- 成年人学习与激励
- 人力资源开发项目的设计与开发
- 人力资源开发项目的实施
- 人力资源开发的有效性评估
- 职业生涯发展
- 组织发展的创新
- 绩效管理

模块四：薪酬福利
- 一些关键的立法
- 总薪酬和组织薪酬体系的战略重点
- 政府强制福利
- 员工薪酬福利计划
- 对总薪酬体系的评估以及与员工的沟通

模块五：员工关系与劳资关系
- 影响员工与劳资关系的关键立法
- 积极的员工关系
- 法律、法规和组织政策的有效沟通
- 惩戒与正式的申诉处理程序
- 工会组织
- 不公平的劳资关系行为
- 集体谈判
- 罢工和二级抵制
- 国际员工与劳资关系

模块六：职业健康、安全与保障
- 关键立法
- 安全
- 健康
- 保障

图 1—9　美国人力资源管理协会学习体系模块的内容描述

资料来源：*HR Magazine* Copyright 2004 by Society for Human Resource Management (SHRM). Reproduced with permission of Society for Human Resource Management (SHRM) in the format Textbook via Copyright Clearance Center.

1.4 本书的章节安排

1.4.1 基本的主旨和专题

在本书中，我们将用若干主题和特色来强调几个特别重要的问题，并且确保各章节之间的连续性。

首先，人力资源管理是所有管理者的职责，而不仅仅是人力资源部门的职责。因此，在本书的每一部分内容中，你都能发现，我们一直在强调作为一位管理者，在履行日常的管理职责时所需要的那些实践性很强的材料。

其次，我们已经看到，员工队伍正变得日益多元化。我们将在大部分章中用“管理新型员工队伍”这样一个专栏，集中展现管理者为了管理今天的这支多元化的员工队伍所需要的各种技能。

再次，我们已经看到，美国和全世界自 2008 年以来面临的严峻经济挑战，已经开始促使大多数企业开始重新思考它们提供人力资源服务的方式所具有的成本和收益含义。我们将在大部分章中用“在充满挑战的时代管理人力资源”专栏，重点展现管理者在这个充满挑战的时代中管理人力资源所需要的各种技能。

最后，当今的企业经营所面临的竞争越来越激烈，这就意味着人力资源管理者必须用量化的方式来说明自己所制定的人力资源计划的合理性，并说明其对组织的贡献。第 3 章则解释了管理者是如何做到这一点的。我们将在大部分章中用“循证人力资源管理”专栏来展现管理者是如何基于事实和证据进行管理的，同时还会用“研究透视”专栏来描述能够为人力资源管理者的行为提供支持的一些研究结果。

1.4.2 各章内容概述

以下内容是各章及其内容的简要概述。

第 1 篇：导论

第 1 章：人力资源管理导论。管理者需要承担的人力资源管理工作；一些重要的全球性和竞争方面的发展趋势；管理者如何运用技术和现代人力资源的衡量系统来创造高绩效工作系统。

第 2 章：公平就业机会和相关法律。你需要了解的公平就业机会方面的法律，以及它们是如何对面试、员工甄选以及绩效评价等人力资源管理活动产生影响的。

第 3 章：管理者在战略性人力资源管理中的角色。什么是计划和战略规划、战略人力资源管理、构建高绩效的人力资源管理实践？循证人力资源管理的工具有哪些？

第 2 篇：员工招募与配置

第 4 章：职位分析。如何对一个职位进行分析；如何确定一个职位的人力资源要求；如何确定一个职位的具体工作职责。

第 5 章：人员规划与招募。人力资源规划；确定需要雇用什么类型的人；如何招募这样的人。

第 6 章：员工测试与甄选。为了确保自己能够雇用到合适员工，可以运用哪些技术？

第 7 章：面试。如何有效地对求职者进行面试？

第 3 篇：培训与开发

第 8 章：员工培训与开发。通过对员工提供培训和开发来确保员工具备完成其工作任务所需的各种知识和技能。

第 9 章：绩效管理与绩效评价。在对员工的绩效进行评价时可以运用的各项技术。

第 10 章：教练辅导、职业生涯与人才管理。辅导员工；管理职业生涯；职业生涯规划以及内部晋升等方面的技术；人才管理的方法。

第 4 篇：薪酬管理

第 11 章：制定战略性薪酬计划。如何为你的员工制定一套公平的薪酬计划。

第 12 章：绩效薪酬与经济性激励。有助于将绩效与薪酬挂钩的经济奖励、绩效加薪以及奖金等这样一些绩效薪酬计划。

第 13 章：福利与服务。为了清楚地表明企业把员工视为一种长期投资，并且关心他们的福利而提供的各种福利计划。

第 5 篇：员工关系

第 14 章：人力资源管理中的道德、公正和公平对待问题。如何在争议处理和惩戒过程中确保自己的做法符合伦理道德和平等对待。

第 15 章：劳资关系和集体谈判。如何与工会打交道，其中包括工会组建运动、劳资双方之间的集体谈判以及在一项集体合同上达成一致，以及通过争议处理程序来管理集体合同。

第 16 章：员工安全与健康。如何使工作场所变得更加安全，其中包括事故发生的原因以及确定企业对员工的安全和健康承担的相关责任的各项法律规定。

第 17 章：全球化人力资源管理。在跨国公司中管理人力资源所涉及的一些特殊问题。

第 18 章：创业型企业中的人力资源管理。在一些规模较小的企业中进行人力资源管理时涉及的各种主题，其中包括运用互联网和政府提供的一些工具来支持公司的人力资源管理活动，充分发挥公司规模小的优势，利用一些专业的雇主组织，管理公司的人力资源系统、程序以及各种文案工作。

1.4.3　各主题之间的内在联系

不要认为本书的 18 章的内容和主题在实践中是不相关的。这里的每一个主题都和其他主题是相互作用和相互影响的，并且所有主题都应当与组织的战略规划保持一致。比如，如果组织所雇用的员工根本就不具备学会某种工作的潜在能力，那么，无论对他们提供多少培训，他们的绩效水平也注定会很低。

图 1—10 对各主题之间的相关性观点进行了总结。例如，如何对求职进行测试和面试（第 6，7 章）以及如何对当前的任职者进行培训和绩效评价（第 8，9 章），都将取决于某一职位的特定工作职责和任务是什么。员工甄选（第 6 章）以及培训（第 8 章）方面的工作效果好坏，将会影响他们在完成工作时的安全性（第 16 章）。员工的绩效水平及其评价结果（第 9 章）不仅取决于员工的个人动机，而且取决于

你所确认的工作职责的情况（第 4 章）以及对员工进行甄选和培训的情况（第 6，7 章）。此外，我们还将看到，招募、甄选、培训、评价员工以及向员工支付薪酬的方式，都应当能够起到引导员工采取对组织的战略规划实现起到支持作用的行为的作用。

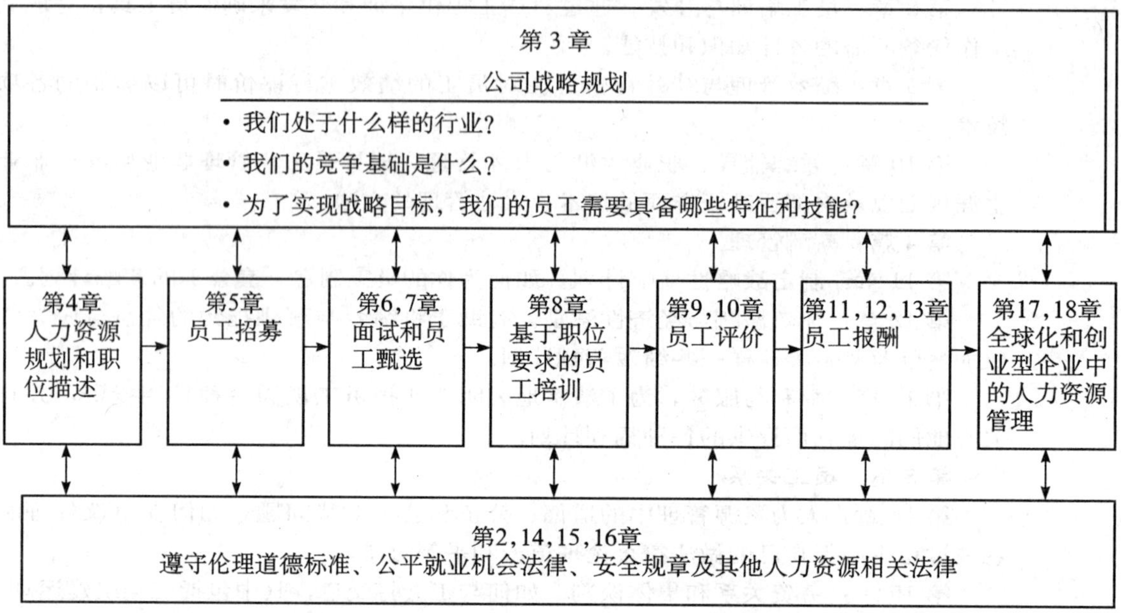

图 1—10　战略与基本的人力资源管理过程

本章内容概要

1. 所有管理者应该理解人力资源管理的重要性。这样会帮助管理者避免发生雇用不适合的人来承担某项工作等问题。更为重要的是，它有助于管理者确保通过人来获得相应的结果。直线管理者的人力资源管理职责包括：将正确的人安排到适当的工作岗位上，完成新员工的定位及培训工作。人力资源管理者的职责则包括：对自己的下属员工进行监督，协调组织的整体人事政策，以及就人力资源管理领域的问题为直线管理人员提供协助和建议。

2. 当今这个处于变化之中的环境对于人力资源管理者应当做什么以及如何做都在产生影响。全球化意味着更多的竞争，而更多的竞争则意味着组织在以下方面面临更大的压力：更多地降低成本以及使员工变得更加富有生产力，同时更加重视质量。技术进步也要求组织获得更多的能够掌握相关技术知识的员工，并且对企业通过运用新的技术工具来改善自己的人力资源管理过程施加了更大的压力。由于现在更加重视“知识型工作”，因而，组织的“人力资本”——即一个组织中的员工所掌握的知识、教育、培训、技能以及专业知识——的构建就会受到更多的关注。劳动力队伍和人口结构的变化意味着，劳动力队伍的年龄变得更大，同时也更加多元化。

3. 上述变化都在人力资源管理的一些重要发展趋势之中有所体现：

● 从传统上看，人事管理者或人力资源管理者都更为关注雇佣和解雇员工以及薪酬的支付等事务性工作。

● 现在，由于需要在一个充满挑战的新环境中进行竞争，企业对于自己的人力资源管理者有更多的期望和要求。

● 比如，企业现在希望自己的人力资源管理团队能够更多地关注一些全局性问题，例如，制定有助于支持企业战略目标实现的人力资源管理政策，实施相关的人力资源管理实践；发现提供事务性服务的更为高效的新方法；掌握更多的知识和技能，比如制定战略和指挥员工所需要的范围更为广泛的业务知识。

● 作为其中的一部分要求，企业希望自己的人力资源管理者能够创建产生卓越员工绩效的高绩效工作系统。

● 为了达到这些要求，人力资源管理者应该能够运用循证人力资源管理，这就意味着要使用数据、事实、分析方法、科学手段、有针对性的评价以及准确的评价性研究或案例研究等，来支持所提出的人力资源管理建议、决策、实务以及结论。

4. 在理解本书的总体规划安排时，要牢记几个重要的主题：人力资源管理是每一位管理者的职责；劳动力队伍日益多元化；企业及其人力资源管理者面临在一个充满经济挑战的时代进行管理的需要；人力资源管理者必须能够以一种可衡量的方式即运用循证管理来解释自己的计划和对组织的贡献。

讨论题

1. 解释什么是人力资源管理以及它与管理过程之间的关系。

2. 举例说明为什么人力资源管理的理念和技术对于所有的管理者来说都是有用的。

3. 分别描述直线管理人员和人力资源管理者的人力资源管理职责。

4. 为什么说对于今天的企业而言，把人力资源转化为一种竞争优势是非常重要的？请说明人力资源管理会怎样有助于企业实现这种转变。

个人和小组活动

1. 以个人或小组为单位，列出一张清单，说明员工队伍多元化、技术创新、全球化以及工作性质的变化等发展趋势对于你目前所在的学校或大学所产生的影响，然后在课堂上向大家演示。

2. 以个人或小组为单位，与当地某家银行的人力资源经理取得联系。询问这位人力资源经理，在他所供职的银行的战略目标已经确定的前提下，他是如何以战略伙伴的身份来管理银行的人力资源的。回到课堂上之后，大家一起讨论不同的银行人力资源经理对这一问题所做的回答。

3. 以个人或小组为单位，对一位人力资源经理进行访谈，然后在这次访谈的基础上，拟定一份简短的演示文稿，说明在创建一个更加富有竞争力的企业方面，今天的人力资源管理者能够起到什么样的作用。

4. 以个人或小组为单位，带几份诸如《商业周刊》、《华尔街日报》这样的商业出版物到课堂上。根据这些商业出版物中的内容，以“今天的人力资源经理和人力资源部门正在做什么”为题，列出一份清单。

5. 根据你个人经验，举出10个例子来说明你是如何在工作中或者学校里运用（或本来应该可以运用）人力资源管理技术的。

6. 泰科国际公司（Tyco International）的人力资源高级副总裁劳瑞·西格尔在刚刚上任的时候，正是公司的前任董事会成员和高管人员因为一系列的指控而被迫离开公司的时候。由于西格尔受雇于公司新上任的首席执行官爱德华·布林，因此她在刚刚就职时就不得不去处理大量很棘手的难题。例如，她不得不重新雇用一个新的公司管理团队，针对关于公司文化存在伦理道德问题的外界看法采取一些措施。而且，她必须改革公司高层管理人员的薪酬计划，因为很多人认为正是这个薪酬计划导致公司遭到这样一种指控：公司过去的高管人员简直把公司当成了私人自动取款机。

来泰科公司之前，西格尔的工作履历就已经让人非常印象深刻了。比如，她曾在联合信号公司（Allied Signal）担任过高级报酬负责人，并且是哈佛大学商学院的毕业生。然而，尽管她的背景非常优秀，但是当她接手泰科公司的高级人力资源副总裁职位时，她显然有很多艰苦的工作要做。

以个人或小组为单位，通过网络查询和图书馆搜索来回答以下问题：西格尔应该采取哪些与人力资源管理相关的措施来帮助泰科公司重新回到正确的轨道上？你认为她采取了恰当的措施吗？为什么？你会建议她现在做些什么？

7. 本书末附录中的美国人力资源认证机构提供的“考试指南”部分，列出了想要通过人力资源资格认证考试的人需要了解的各个方面的人力资源管理知识（例如战略性人力资源管理、员工队伍规划、人力资源开发等）。请以4～5人为一组，完成下列四项任务：（1）浏览该附录中的内容；（2）明确在本章所讲授的内容中有哪些与附录中列出的需要参加考试者掌握的知识是相关的；（3）根据这些与考试相关的内容，编写出你们认为适合作为这种人力资源认证资格考试考试题的4道多项选择题；（4）如果时间允许的话，派出一个人将你们小组编写的考试题在课堂上展示给大家，这样各个小组的学生就能够回答其他小组编写的考试题了。

体验式练习

帮助“唐纳德先生”

目的：本练习的目的是，通过描绘出管理者在日常工作中是如何运用各种人力资源管理技术的，为大家提供一个练习的机会，帮助大家去发现和应用本章讲述的人力资源管理的基本概念。

必须理解的内容：全面彻底地熟悉本章中讲述的全部内容，并至少看几集由制片人唐纳德·特普朗主演的系列电视片《学徒》（又译为《飞黄腾达》，The Apprentice）或《大亨学徒》（The Celebrity Apprentice）。

如何进行练习/指导：

1. 将全班分成若干小组，每个小组由3～4名学生组成。

2. 阅读下面的内容：通过观看“唐纳德先生”的电视片你们可能已经知道，在他为自己的电视片《学徒》以及《大亨学徒》组建商业团队时，对于唐纳德·特普朗及其两组节目参与者各自所在的团队取得成功而言，人力资源管理扮演了非常重要的角色。例如，唐纳德·特普朗需要对每一位节目参与者作出评价。而从参与节目的两个小组的角度来说，每一个团队的领导者都需要挑选正确的参与者作为自己的团队成员，然后通过提供各种培训、激励以及评价来帮助自己的公司获得经营上的成功，从而本团队的参与者（尤其是团队领导者）在特普朗先生面前表现得更像是成功者。

3. 在观看了几集电视节目（或者节目的重播）之后，你们小组要通过开会讨论的方式回答下列问题：

（1）在这个电视节目中，你们发现唐纳德·特普朗运用了哪些具体的人力资源管理职能（比如招募、面试等），请举出节目中的一些具体例子。

（2）在这个电视节目中，你们能否找出具体的事例说明，其中的一位或两位团队领导者运用了哪些具体的人力资源管理职能（比如招募、甄选和培训等）来帮助自己管理团队？

（3）请举出一个具体的例子来说明，人

力资源管理职能（例如招募、甄选、面试、薪酬管理、绩效评价等）是如何帮助一位节目参与者在特普朗先生面前表现得特别成功的。同时，你们能否举例说明，哪一种或几种人力资源管理职能导致特普朗对一位节目参与者说"你被解雇了"？

(4) 向全班同学展示你们小组的讨论结果。

应用案例

杰克·尼尔森的难题

杰克·尼尔森是刚刚进入一家地方银行董事会的一位新成员，这会儿银行方面正在将他介绍给总部的全体员工。当介绍到一位名叫露丝·约翰逊的员工时，杰克对她的工作感到很好奇，就询问她所使用的机器是用来做什么的。露丝回答说，她实际上既不知道这台机器的名称是什么，也不知道是用来干什么的。她向杰克解释说，自己刚到这家银行工作 2 个多月的时间。不过，她确实非常清楚地知道应当如何操作这台机器。按照露丝的直接上级的说法，露丝是一位非常出色的员工。

在一家分行的办公室里，这家分行的负责人私下告诉尼尔森说，她感到"这家银行有问题"，但是并不清楚问题到底出在哪里。她提到的一个问题就是，员工流动率实在是太高了，雇用一位新员工到岗的速度甚至赶不上另外一位员工辞职的速度。她继续说道，由于需要拜访客户和发放贷款，她很少有时间和银行里这些不断进进出出的新员工在一起工作。

这家银行的所有分行负责人都是在与银行总部以及其他分行之间不通气的情况下，自行雇用员工的。当一个职位空缺出现之后，分行负责人就试图去找一个合适的人去替代离职的员工。

在走访了 22 家分行并且发现在许多分行中都存在这样一些类似问题之后，尼尔森就在考虑，总行应该做些什么，或者他应该采取哪些行动。总的来说，这家银行一直被认为是一家运作良好的金融机构，在过去的 8 年中，其员工人数从 27 人增加到了 191 人。因此，尼尔森对这些问题考虑得越多，他的困惑也就越多。他还不能确切地把握问题的根源所在，同时也不知道是否应当把自己发现的这些情况向行长汇报。

［问题］

1. 你认为到底是什么原因导致在这家银行的总行和分行中存在这样一些问题？

2. 你认为在这家银行的总行设立一个人力资源部门是否会有助于问题的解决？

3. 人力资源部门履行哪些具体职能？哪些人力资源管理职能应当由这些分行的负责人以及其他一些直线管理人员来承担？在这个新的人力资源职能的组织过程中，互联网应当发挥什么样的作用？

连续案例

卡特洗衣公司

引言

本书的一个主题就是，招募、甄选、培训员工和支付报酬等人力资源管理活动，并不仅仅是人力资源管理专业人员群体所应当完成的工作，而是每位管理者都必须承担的责任。这种情况在一家典型的小型服务企业中表现得最明显不过了，因为在这种企业中，所有者或管理者往往没有专门的人力资源管理人员可以依赖。然而，他们的企业是否能够取得经营的成功（更不用说他们的家庭和谐了），却常常在很大程度上取决于他们能否有效地处理员工的招募、雇佣、培训、评价以及报酬等方面的问题。为了说明和强调一线管理人员在人力资源管理方面所能够起到的作用，我们将会在本书各章中贯穿使用一个前后一体的连续案例，这个案例是基于美国西南部的一家小公司的真实情况编写的。在每一章中讲述的该案例的每一个部分，分别向读者展示了本案例的主人公——公司的所有者同时也是管理者詹妮弗·卡特——将会如何运用各章所介绍的相应的人力资源管理的概念和技术，来应对和解决日常工作中的各种人力资源管理问题。下面是一些有关该公司的背景信息，你在回答以后各章中的问题时，可能都需要这些信息。（同时，我们还会在每一章中提出第二个案例，这些分布在各章中的第二个案例所提供的案例事件彼此之间是没有联系的。）

卡特洗衣中心

詹妮弗·卡特于2005年6月从州立大学毕业，在考虑过几家企业提供给她的就业机会之后，她决定还是去做她一直都想做的一件事情——和她的父亲杰克·卡特一起经营自己家的企业。

杰克·卡特分别在1995年和1998年开了他的第一家和第二家自助洗衣店。对杰克·卡特而言，这种投币式自助洗衣店最大的吸引力在于，它们是资本密集型的，而不是劳动力密集型的。因此，一旦完成对机器设备的投资，这种商店仅仅依靠一位并不需要太多技能的员工来提供一些服务就可以运行了，所以在这里不会出现在零售业中常见的一些劳动力问题。

尽管仅仅靠一名没有什么技能的员工就能运转的这种投币式洗衣店确实很有吸引力，杰克还是决定在1999年在每个洗衣店里扩大服务范围，即提供干洗和熨烫衣服的服务。换句话说，他通过增加与现有的投币式自助洗衣服务有关的新服务，开始实施一种“相关多元化”经营战略。他之所以要增加这些服务，主要是出于以下几个方面的原因。首先，他希望更好地利用目前租下的这些洗衣店中一些尚未利用的空间。其次，正如他自己所说的，他“很讨厌把来本店洗衣的顾客所需要的干洗和熨烫服务送给5英里以外的另外一家干洗店，那家干洗店拿走了我本应得到的大部分利润”。为了反映服务领域的新扩张情况，他将两家洗衣店重新命名为卡特洗衣中心。由于对洗衣中心的业绩感到非常满意，杰克准备在接下来的5年里再开4家以上同样类型的洗衣店。每一家洗衣店中都将配备一位值班经理以及平均7名员工，每家洗衣店的年收入大约为50万美元。在詹妮弗毕业后加入她父亲的这家公司时，已经有了6家连锁店。

她和自己的父亲达成一项共识，即她将担任老卡特的问题解决者或者咨询顾问，一方面学习企业经营方面的知识，另一方面通过引入现代管理理念和技术来帮助企业解决经营问题，从而推动企业的成长。

［问题］

1. 请列举出你认为卡特洗衣中心必须解决的5个具体的人力资源难题。

2. 如果你是詹妮弗，你首先会怎么做？

注释

[1] Dina Berta, "Paying Attention to Retention," *Nation's Restaurant News* 42, no. 4 (January 28, 2008).

[2] Dina Berta, "Motivation Keeps Top Talent Sticking Around," *Nation's Restaurant News* 41, no. 20 (May 14, 2007), pp. 1, 43–44.

[3] Ibid.

[4] After a larger company bought Stanford's, they apparently introduced new policies. See, for example, www.yelp.com/biz/stanfords-restaurant-and-bar-lake-oswego, accessed March 25, 2009, and www.tripadvisor.com/Restaurant_Review-g51939-d439725-Reviews-Stanford_s_Restaurant_and_Bar-Lake_Oswego_Oregon.html, accessed March 25, 2009.

[5] Quoted in Fred K. Foulkes, "The Expanding Role of the Per-

sonnel Function," *Harvard Business Review*, March–April, 1975, pp. 71–84. See also Michael Losey, "HR Comes of Age," *HR Magazine* 9 (1998), pp. 40–53.
[6] This data comes from "Small Business: A Report of the President" (1998), www.SBA.gov/ADV/stats, accessed March 9, 2006. See also "Statistics of U.S. Businesses and Non-Employer Status," www.SBA.gov/ADV oh/research/data.html, accessed March 9, 2006.
[7] Some employers, like Google, are adding "chief sustainability officers" within human resource management who are responsible for fostering the company's environmental sustainability efforts. Nancy Woodward, "New Breed of Human Resource Leader," *HR Magazine*, June 2008, pp. 53–57.
[8] See Dave Ulrich, "The New HR Organization," *Workforce Management*, December 10, 2007, pp. 40–44; and Dave Ulrich, "The 21st-Century HR Organization," *Human Resource Management* 47, no. 4 (Winter 2008), pp. 829–850.
[9] Robert Grossman, "IBM's HR Takes a Risk," *HR Management*, April 2007, pp. 54–59.
[10] In fact, one study found that delegating somewhat more of the HR activities to line managers "had a positive effect on HR managers' perceptions of their units' reputation among line managers." Carol Kulik and Elissa Perry, "When Less Is More: The Effect of Devolution on HR as a Strategic Role and Construed Image," *Human Resource Management* 47, no. 3 (Fall 2008), pp. 541–558.
[11] "Human Resource Activities, Budgets, and Staffs, 1999–2000," *BNA Bulletin to Management*, June 20, 2000.
[12] Steve Bates, "No Experience Necessary? Many Companies Are Putting Non-HR Executives in Charge of HR with Mixed Results," *HR Magazine* 46, no. 11 (November 2001), pp. 34–41. See also Fay Hansen, "Top of the Class," *Workforce Management*, June 23, 2008, pp. 1, 25–30.
[13] Ed Frauenheim, "Wal-Mart HR Chief Makes Early Splash," *Workforce Management*, April 24, 2006, p. 11.
[14] "A Profile of Human Resource Executives," *BNA Bulletin to Management*, June 21, 2001, p. S5.
[15] For discussions of some other important trends, see, for example, Society for Human Resource Management, "Workplace Trends: An Overview of the Findings of the Latest SHRM Workplace Forecast," *Workplace Visions*, no. 3 (2008), pp. 1–8; and Ed Frauenheim, "Future View," *Workforce Management*, December 15, 2008, pp. 18–23.
[16] Ibid., p. 9. See also Society for Human Resource Management, "The Impact of Globalization on HR," *Workplace Visions*, no. 5 (2000), pp. 1–8.
[17] See, for example, Society for Human Resource Management, "Promoting Productivity," *Workplace Visions*, no. 1 (2006), pp. 1–8.
[18] Roger J. Moncarz, Michael G. Wolf, and Benjamin Wright, "Service-Providing Occupations, Offshoring, and the Labor Market," *Monthly Labor Review*, December 2008 pp. 71–86.
[19] www.census.gov/foreign-trade/statistics/historical/gands.pdf, accessed April 23, 2009.
[20] Ibid.
[21] Kerry Capell, "Zara Thrives by Breaking All the Rules," *BusinessWeek*, October 20, 2008, p. 66.
[22] Timothy Appel, "Better Off a Blue-Collar," *The Wall Street Journal*, July 1, 2003, p. B-1.
[23] Roger Moncarz and Azure Reaser, "The 2000–10 Job Outlook in Brief," *Occupational Outlook Quarterly*, Spring 2002, pp. 9–44.
[24] See "Charting the Projections: 2004–2014," *Occupational Outlook Quarterly*, Winter 2005–2006.
[25] Ibid.
[26] See, for example, "Engine of Change," *Workforce Management*, July 17, 2006, pp. 20–30.
[27] Moncarz and Reaser, "The 2000–10 Job Outlook in Brief."
[28] Richard Crawford, *In the Era of Human Capital* (New York: Harper Business, 1991), p. 26.
[29] Peter Drucker, "The Coming of the New Organization," *Harvard Business Review*, January–February 1998, p. 45. See also James Guthrie, et al., "Correlates and Consequences of High Involvement Work Practices: The Role of Competitive Strategy," *International Journal of Human Resource Management*, February 2002, pp. 183–197.
[30] Society for Human Resource Management, "Workforce Readiness and the New Essential Skills," *Workplace Visions*, no. 2 (2008), p. 5.
[31] "Human Resources Wharton," www.knowledge.wharton.upe.edu, accessed January 8, 2006.
[32] See, for example, Anthea Zacharatos et al., "High-Performance Work Systems and Occupational Safety," *Journal of Applied Psychology* 90, no. 1 (2005), pp. 77–93.
[33] "Charting the Projections: 2004–2014," *Occupational Outlook Quarterly*, Winter 2005–2006, pp. 48–50; and www.bls.gov/emp/emplabor01.pdf, accessed October 20, 2008.
[34] As one example, see "Changing Makeup of Workforce Translates into Need for Multilingual Approach by HR," *BNA Bulletin to Management*, January 20, 2008, p. 25.
[35] Tony Carnevale, "The Coming Labor and Skills Shortage," *Training & Development*, January 2005, p. 39.
[36] "Talent Management Leads in Top HR Concerns," *Compensation & Benefits Review*, May/June 2007, p. 12.
[37] For example, see Kathryn Tyler, "Generation Gaps," *HR Magazine*, January 2008, pp. 69–72.
[38] Eva Kaplan-Leiserson, "The Changing Workforce," *Training & Development*, February 2005, pp. 10–11. See also S. A. Hewlett, et. al., "How Gen Y & Boomers Will Reshape Your Agenda" [Part of a special section on Managing in the New World], *Harvard Business Review* 87, no. 7/8 (July/August 2009), p. 71–76.
[39] Society for Human Resource Management, "Generational Differences: Myths and Realities," *Workplace Visions*, no. 4 (2007), p. 7.
[40] By one report, the economic downturn of 2008 made it more difficult for dissatisfied Generation Y employees to change jobs, and is contributing to a buildup of "griping" among some of them. "Generation Y Goes to Work," *The Economist*, January 3, 2009, p. 47.
[41] Nadira Hira, "You Raised Them, Now Manage Them," *Fortune*, May 20, 2007, pp. 38–46; Katheryn Tyler, "The Tethered Generation," *HR Magazine*, May 2007, pp. 41–46; Jeffrey Zaslow, "The Most Praised Generation Goes to Work," *The Wall Street Journal*, April 20, 2007, pp. W1, W7; and Rebecca Hastings, "Millennials Expect a Lot from Leaders," *HR Magazine*, January 2008, p. 30.
[42] To capitalize on this, more employers are using social networking tools to promote employee interaction and collaboration, particularly among Generation Y employees. "Social Networking Tools Aimed at Engaging Newest Employees," *BNA Bulletin to Management*, September 18, 2007, p. 303.
[43] "Talent Management Leads in Top HR Concerns," *Compensation & Benefits Review*, May/June 2007, p. 12.
[44] Society for Human Resource Management, Jennifer Schramm, "Exploring the Future of Work," *Workplace Visions*, no. 2 (2005), p. 6; Rainer Strack, Jens Baier, and Anders Fahlander, "Managing Demographic Risk," *Harvard Business Review*, February 2008, pp. 119–128.
[45] www.bls.gov/opub/ted/2006/may/wk2/art01.htm, accessed April 18, 2009.
[46] "Immigrants in the Workplace," *BNA Bulletin to Management Datagraph*, March 15, 1996, pp. 260–261. See also Tanuja Agarwala, "Human Resource Management: The Emerging Trends," *Indian Journal of Industrial Relations*, January 2002, pp. 315–331.
[47] "Human Capital Critical to Success," *Management Review*, November 1998, p. 9. See also "HR 2018: Top Predictions,"

Workforce Management 87, no. 20 (December 15 2008), p. 20–21.
[48] Ben Nagler, "Recasting Employees into Teams," *Workforce*, January 1998, pp. 101–106.
[49] A recent survey found that HR managers referred to "strategic/critical thinking skills" as the top "most important factor in attaining next HR job." See "Career Development for HR Professionals," *Society for Human Resource Management Research Quarterly*, second quarter 2008, p. 3.
[50] John Boudreau and Peter Ramstad, *Beyond HR: The New Science of Human Capital* (Boston: Harvard Business School Publishing Corporation, 2007), p. 9.
[51] For example, see Sandra Fisher et al., "Human Resource Issues in Outsourcing: Integrating Research and Practice," *Human Resource Management* 47, no. 3 (Fall 2008), pp. 501–523; and "Sizing Up the HR Outsourcing Market," *HR Magazine*, November 2008, p. 78.
[52] Studies suggest that IT usage does support human resource managers' strategic planning. See Victor Haines III and Genevieve LaFleur, "Information Technology Usage and Human Resource Roles and Effectiveness," *Human Resource Management* 47, no. 3 (Fall 2008), pp. 525–540. See also R. Zeidner, "The Tech Effect On Human Resources," *HRMagazine*, (2009 HR Trendbook supp), p. 49–50, 52.
[53] Except as noted, most of this section is based on Richard Vosburgh, "The Evolution of HR: Developing HR as an Internal Consulting Organization," *Human Resource Planning* 30, no. 3 (September 2007), pp. 11–24.
[54] See, for example, "Employers Seek HR Executives with Global Experience, SOX Knowledge, Business Sense," *BNA Bulletin to Management*, September 19, 2006, pp. 297–298; and Robert Rodriguez, "HR's New Breed," *HR Magazine*, January 2006, pp. 67–71.
[55] Susan Wells, "From HR to the Top," *HR Magazine*, June 2003, p. 49.
[56] For a contrary view, see for example, P. J. Kiger, "Survey: HR Still Battling for Leaders Respect," *Workforce Management* 87, no. 20 (December 15, 2008), p. 8.
[57] Joe Vocino, "High Pay for High-Level HR," *HR Magazine*, June 2006, p. 83; and "The 30 Highest-Paid HR Leaders," *Workforce Management*, September 8, 2008, pp. 38–41.
[58] Mitchell Rothstein and Richard Goffin, "The Use of Personality Measures in Personnel Selection: What Does Current Research Support?" *Human Resource Management Review* 16 (2006), pp. 155–180; Helen Shipton et al., "HRM as a Predictor of Innovation," *Human Resource Management Journal* 16, no. 1 (2006), pp. 3–27; Luc Sels et al., "Unraveling the HRM—Performance Link: Value Creating and Cost-Increasing Effects of Small-Business HRM," *Journal of Management Studies* 43, no. 2 (March 2006), pp. 319–342; and Jaap Paauwe and Paul Boselie, "HRM and Performance: What's Next?" *Human Resource Management Journal* 15, no. 4 (2005), pp. 68–82.
[59] "Super Human Resources Practices Result in Better Overall Performance, Report Says," *BNA Bulletin to Management*, August 26, 2004, pp. 273–274. See also Wendy Boswell, "Aligning Employees with the Organization's Strategic Objectives: Out of Line of Sight, Out of Mind," *International Journal of Human Resource Management* 17, no. 9 (September 2006), pp. 1014–1041. A recent study found that some employers, which the researchers called *cost minimizers*, intentionally took a lower cost approach to human resource practices, with mixed results. See Soo Min Toh et al., "Human Resource Configurations: Investigating Fit with the Organizational Context," *Journal of Applied Psychology* 93, no. 4 (2008), pp. 864–882.
[60] As one expert puts it, "A great deal of what passes as 'best practice' in HRM most likely is not. In some cases, there is simply no evidence that validates what are thought to be best practices, while in other cases there is evidence to suggest that what are thought to be best practices are inferior practices". Edward Lawler III, "Why HR Practices Are Not Evidence-Based," *Academy of Management Journal* 50, no. 5 (2007), p. 1033.
[61] See, for example, www.personneltoday.com/blogs/hcglobal-human-capital-management/2009/02/theres-no-such-thing-as-eviden.html, accessed April 18, 2009.
[62] The evidence-based movement began in medicine. In 1996, in an editorial published by the *British Medical Journal*, David Sackett, MD, defined "evidence based medicine" as "use of the best-available evidence in making decisions about patient care" and urged his colleagues to adopt its tenets. "EVIDENCE-BASED TRAINING™: TURNING RESEARCH INTO RESULTS FOR PHARMACEUTICAL SALES TRAINING," An AXIOM White Paper© 2006 AXIOM Professional Health Learning LLC. All rights reserved.
[63] Dina Berta, "Motivation Keeps Top Talent Sticking Around," *Nation's Restaurant News* 41, no. 20 (May 14, 2007), pp. 1, 43–44.
[64] Chris Brewster et al., "What Determines the Size of the HR Function? A Cross National Analysis," *Human Resource Management* 45, no. 1 (Spring 2006), pp. 3–21. See also Society for Human Resource Management, "SHRM Survey Report, 2006 Strategic HR Management," pp. 18–19.
[65] Kevin Wooten, "Ethical Dilemmas in Human Resource Management," *Human Resource Management Review* 11 (2001), p. 161. See also Ann Pomeroy, "The Ethics Squeeze," *HR Magazine* 51, no. 3 (March 2006), pp. 48–55.
[66] "Meatpacking Case Highlights HR's Liability," *Workforce Management*, September 20, 2008, p. 6.

第 2 章 公平就业机会和相关法律

在几年前因次贷危机而导致的经济衰退中，花旗集团似乎没有遇到太多的挑战，但是，现在它陷入了一桩涉及10亿美元的就业歧视集体诉讼案。一些曾在该集团工作的女员工指控称，这家银行业巨头在经济滑坡的裁员过程中对她们实施了歧视。

我们学到哪了

作为一名管理人员，你所采取的每一项人力资源管理行动，从面试、培训、评价，再到报酬的支付，都涉及公平雇佣方面的要求。因此，本章的目的就是为读者提供如何有效处理工作中的公平雇佣问题的知识，其中包括在日常工作中可能要运用的各种基本信息。本章的主题涵盖1964—1991年颁布的各种公平就业机会法；从1991年到现在颁布的各种相关法律；企业为应对歧视指控所做的辩护；对歧视性雇佣要求的具体描述，以及公平就业机会委员会的执法程序。

学习目标

1. 说明1964年《民权法案》第七章以及另外至少五部涉及公平就业问题的法律的重要性，并列出其基本特点。

2. 说明如何避免和处理工作场所中出现的性骚扰指控。

3. 界定消极影响的定义并解释如何对其加以证明。

4. 解释并举例说明可以用来应对歧视指控的两种辩护理由。

5. 指出在招募、甄选、晋升、调动、裁员以及福利等人事管理实践中存在的具体的歧视行为。

6. 列出公平就业机会委员会的执法程序中包含的步骤。

7. 讨论多元化管理的重要性以及实现多元化管理项目制度化的方式。

2.1 1964—1991 年有关公平就业机会的法律

美国社会的种族关系并非从一开始就像奥巴马当选总统时所象征的那样融洽。经过几个世纪的立法、法庭裁决以及公共政策的不断演变，美国的种族关系才取得了今天的成果。

在美国，用颁布法律的方式来禁止对少数族裔实施歧视的情况并不是一件新鲜事。《美国宪法第五修正案》（1791 年）就有这样的规定："未经正当的法律程序，任何人的生命、自由和财产权都神圣不可侵犯。" 1865 年颁布的《宪法第十三修正案》宣布取缔奴隶制，法院也规定禁止实施种族歧视。1866 年《民权法案》赋予所有人以缔结和执行合同以及从美国法律中获益的平等权利。[1] 到 20 世纪早期，其他一些法律和各种法院裁决也都宣布针对少数族裔的歧视行为属于违法行为——至少在理论上如此。[2]

但事实上，直到 20 世纪 60 年代初，历届国会和总统都避免采取有效的措施来保障公平就业方面的法律。当时，在少数族裔和女性中发生的抗议活动以及传统习惯的改变促使美国国会和总统必须采取行动。在这种情况下，国会通过了许多新的与公民权利有关的法案。

2.1.1 1964 年《民权法案》第七章

1964 年《民权法案》第七章（Title Ⅶ of the 1964 Civil Rights Act）开启了 20 世纪 60 年代以来，一批保障公平就业的法律出台的先河。在经过 1972 年颁布的《公平就业机会法》的修订之后，《民权法案》第七章规定，雇主不得因种族、肤色、宗教信仰、性别和国籍来源等而实施歧视行为。该法案还具体规定了雇主的下列行为是非法的：

1. 雇主因为一个人的种族、肤色、宗教信仰、性别或国籍来源等因素而拒绝雇佣或解雇一位劳动者，或者在薪酬、工作期限、工作条件或就业特权等方面对员工采取歧视性对待。

2. 雇主因为一个人的种族、肤色、宗教信仰、性别或国籍来源等因素，以任何一种方式对员工或求职者施加限制、进行隔离或者加以分类，从而剥夺或者倾向于剥夺其就业机会，或者对其作为一位员工的地位产生消极影响。

《民权法案》第七章的管辖范围　《民权法案》第七章几乎涵盖所有的人。它禁止绝大多数雇主的歧视行为，其中包括雇佣人数达到或超过 15 人的所有公共组织或私营组织。它还管辖所有的公共或私人教育机构、美国联邦政府和州政府以及地方政府。它禁止公共和私营雇佣机构因一个人的种族、肤色、宗教信仰、性别或国籍来源等因素而拒绝雇佣。它还禁止会员人数达到或超过 15 人的工会基于种族、肤色、宗教信仰、性别或国籍来源等因素，对其会员采取排除、驱逐或分类对待等行为。

公平就业机会委员会　美国联邦政府依据《民权法案》第七章的规定建立了**公平就业机会委员**（Equal Employment Opportunity Commission，EEOC），负责该法案的管理和实施。该委员会共有 5 名委员，他们经参议院建议和同意后由总统任命。每位委员的任期为 5 年。从通常的用法来说，公平就业机会委员会还包括在全美各地的数千名工作人员。他们接受来自被侵权者的投诉并对相关情况进行调查。如果公平就业机会委员会找到恰当的证据表明歧视的情况确实存在，则他们会试图通过调解的方式来促成当事双方达成协议。如果调解未果，则可以诉诸法律。公平就业机会委员会可以代表被侵权者提起诉讼，也可以由被侵权者本人提起诉讼。[3] 我们将在本章的后续内容中讨论公平就业机会委员会的工作程序。

2.1.2　行政命令

美国多任总统都签署行政命令，在联邦政府机构中推行公平就业。例如，约翰逊政府（1963—1969 年）就颁布了第 11246 号和 11375 号行政命令。这两项行政命令不仅禁止实施歧视，而且要求那些从联邦政府获得超过 5 万元的合同并且员工人数达到 50 人以上的承包商，必须采取积极的**反歧视行动**（affirmative action），确保那些过去可能遭受过歧视的人得到公平的就业机会。依据这些行政命令还设立了**联邦政府合同执行办公室**（Office of Federal Contract Compliance Program，OFCCP）。[4] 它负责执行这些行政命令并确保其得到遵守。例如，联邦政府合同执行办公室曾与一家航空领域的政府承包商达成和解，要求该承包商支付 24 万美元以上的罚款，以解决其所面临的一项歧视诉讼，即将黑人和女性员工安排到“极其恶劣的工作环境中工作”。

2.1.3　1963 年《公平薪酬法》

根据 **1963 年《公平薪酬法》**（Equal Pay Act of 1963）（该法案在 1972 年被修正），如果男性和女性所承担的工作具有相同的工作内容，同时工作要求任职者具备同等的技能水平、付出同等的努力程度以及承担同等的责任，并且在相似的工作条件下完成工作，则法律禁止企业因为劳动者性别的差异而在薪酬方面实施歧视性对待。（如果二者之间的薪酬差异是因资历体系、功绩体系或者根据员工生产的产品的质量和数量来计算报酬的系统以及其他非性别因素造成的，则并不违反该法律的规定。）

2.1.4　1967 年《反雇佣年龄歧视法》

1967 年《反雇佣年龄歧视法》（Age Discrimination in Employment Act of 1967，ADEA）规定对年龄在 40～65 岁之间的员工或求职者实施歧视性对待是违法行为。后来所做的一系列修订取消了年龄的上限，从而有效地杜绝了大多数人都必须在 65 岁强制退休的现象。绝大多数州政府和地方政府的机构作为雇主时，也必须遵守此项法律的规定，保护员工免受年龄歧视。

雇主不能通过雇用“40 岁出头”的员工，来替代那些 40 岁以上但年纪相对较大的员工来规避此项法案的规定。在奥康纳诉统一货币供应公司（O'Connor v. Consolidated Coin Caterers）一案中，美国最高法院裁定，如果一位年龄达到 40 岁以上的员工发现，自己的工作岗位被另外一位同样超过 40 岁但“明显更为年轻”的员工取代时，则其仍然可以起诉公司实施歧视。最高法院并未清晰地界定何谓

“明显更为年轻”，不过，在此案件中，奥康纳是被另外一位比其年龄小 16 岁的员工取代的。[5]

较为年轻的管理人员可能特别需要注意出现年龄歧视。例如，谷歌公司的一位 54 岁的前任经理指控公司将他解雇，而他本人的上司给出的理由是“他与公司文化不匹配”。鉴于谷歌高层的许多言论频繁遭到存在年龄歧视方面的起诉，加利福尼亚的上诉法庭决定受理这位经理的年龄歧视案件。[6]

《反雇佣年龄歧视法》在律师中属于一种“受欢迎的法规”。它允许陪审团作出审判，并且对于那些故意“实施”歧视的雇主实施双倍惩罚。[7]

2.1.5 1973 年《职业康复法》

1973 年《职业康复法》（Vocational Rehabilitation Act of 1973）要求与联邦政府签订合同价值超过 2 500 美元的雇主采取积极的反歧视行动来雇用那些残障人士。但是，该方案并没有要求雇主雇用不符合任职资格条件的残疾人。它只是要求雇主在不是非常麻烦的情况下，采取各种措施为残障人就业提供可能的便利。

2.1.6 1978 年《反怀孕歧视法》

1978 年《反怀孕歧视法》（Pregnancy Discrimination Act）禁止雇主以员工怀孕、生育子女或者其他类似的医疗情况为由，在雇佣、晋升、停职、解雇或其他雇佣决策中实施歧视性对待。此外，该法案规定，如果一位雇主为员工提供伤残福利，则必须将怀孕和生育子女这种情形视同于其他伤残情况，从而作为一种适用的条件包含在这种福利中。[8]

越来越多的女性员工正在以此法为依据提起诉讼。在过去的 10 年中，公平就业机会委员会受理的怀孕歧视诉讼增加了 39%，并且原告获胜的情况上升了 66%。[9]（尽管在人力资源管理方面取得了如此的进展，一家企业即一家汽车经销商还是解雇了一位声称自己怀孕的女员工。那么原因何在呢？这位员工指控说，企业这么做“是为了防止自己在经销商的车内出现呕吐或抽搐等状况。经销商认为，怀孕的女性有时确实会出现这样的状况，而这有可能会造成事故，从而给公司带来不利的法律诉讼”。[10]）

2.1.7 联邦政府机构发布的指南

很多联邦政府机构负责确保上述法律和行政命令的执行，它们会颁布自己制定的指南。这些指南给出了遵守这些法律的相关建议程序。[11]

公平就业机会委员会、公务员委员会、劳工部以及司法部共同颁布了**规范化指南**（uniform guidelines）。这些指南针对员工的甄选、文件记录以及雇佣前的调查等问题，提供了“强烈建议遵循的”程序。例如，这些指南一方面详细说明了，当雇主使用的甄选工具导致女性或少数族裔员工以更大的比例被筛选掉时，必须能够证明这些甄选工具（例如各种测试）的效度，另一方面还解释了如何增强一种甄选工具的效度（这一点将在第 6 章中解释）。公平就业机会委员会和其他政府机构还定期发布不断更新的指南，以解释和修正它们对于诸如办公场所中的性骚扰等问题的立场（联邦政府合同执行程序办公室也制定了自己的指南）。美国心理学会也制定了自己的教育和心理测试标准（但不具备法律约束力）。

2.1.8　与公平就业机会相关的早期法院判决

在 1964—1991 年间作出的几项法院判决有助于澄清法院对于诸如《民权法案》第七章等一批公平就业机会法律所做的司法解释。

格里戈斯诉杜克电力公司案（Griggs v. Duck Power Company）　此案被视为一起标志性案例，因为最高法院通过此案界定了不公正歧视的概念。很多律师代表这位应聘煤炭处理工职位的求职者维里·格里戈斯来起诉杜克电力公司。该公司要求该职位的求职者必须是高中毕业生，而格里戈斯则宣称这种要求属于非法歧视。他认为，这种要求与一个人能否胜任该职位根本无关，而且它导致黑人更多地被拒之门外。最终，格里戈斯打赢了这场官司。法庭的判决是一致的，在主审法官伯格（Burger）的书面意见中，他陈述了三点对公平就业法律产生重大影响的原则。

- 首先，法院规定，歧视行为并不一定必须是明显违法的。换言之，原告并不需要提供证据证明雇主是有意歧视员工或求职者的，而只需要证明歧视现象确实已经发生了。
- 其次，法院认为，如果雇佣方面的规定（在此案中是指要求任职者具有高中学历）对**受保护群体**（protected class）成员产生了不对等的影响，则这些雇佣规定必须与工作相关。（例如，如果完成某一职位的工作任务并不需要数学能力，就不要测试求职者的数学能力。）
- 最后，主审法官伯格的观点将证明雇佣要求是与工作相关的，举证义务置于雇主一方。因而，一旦雇主的雇佣要求对受保护群体成员产生了差别性影响，雇主就必须证明这种雇佣要求（在此案中是指要求任职者具有高中学历）是保证任职者取得令人满意的绩效所必需的。用伯格法官的话来说就是：

> 该法案不仅禁止明显的歧视性行为，同时还禁止那些在形式上貌似公平但实质上却存在歧视性的行为。其判断标准是雇佣要求是否为胜任工作所必需。如果某种雇佣要求对黑人产生了排斥性后果，却无法证明这种雇佣要求是与工作绩效有关的，则这种雇佣要求就是法律禁止的。[12]

格里戈斯案件为雇主提供了五条重要原则：

1. 测试或其他甄选实践必须与工作相关，并且证明这种相关性的责任在雇主一方。
2. 一位雇主在主观上是否有歧视意图与其是否会被认定为歧视无关。[13]
3. 如果一种雇佣要求“在形式上是公平的，但实际上却是歧视性的”，法庭也不会支持这种雇佣要求。
4. 经营必需是为任何具有消极影响的雇佣要求进行辩护的最好理由。但法庭却并未对何谓经营必需给出定义。
5. 《民权法案》第七章并未禁止企业实施甄选测试，但这些测试必须与工作相关（有效），即测试成绩必须与实际的在职工作表现相关。

穆迪诉雅宝纸业公司案（Albemarle Paper Company v. Moody）　在此案中，法院提供了更多的细节来说明雇主应当如何证实自己采用的测试或其他甄选工具是与工作绩效相关的。[14]例如，法院要求，如果一位雇主想要对应聘某一职位的求职者实施甄选测试，那么首先需要以文本形式清晰地陈述并理解一个职位需要承担的工作职责。其次，这个职位的工作绩效标准应当是清晰一致的。在这种情况下，雇主才能鉴别出哪些员工的工作绩效优于其他人。法院裁决还制定了公平就业机会委员会（现在是美国联邦政府）的甄选效度验证指南，并且将其作为确保雇佣要求效度的程序。

2.2 与公平就业机会相关的法律法规（1990 年和 1991 年至今）

2.2.1 1991 年《民权法案》

20 世纪 80 年代美国最高法院作出的一系列判决起到了限制公平就业机会法律法规对于女性和少数族裔劳动者所提供的保护的作用。例如，它们增加了原告需要证明雇主的行为确实存在歧视的责任。这种情况很快促使国会通过了一部新的《民权法案》。布什总统在 1991 年 11 月签署了**1991 年《民权法案》**（Civil Right Act of 1991，CRA 1991）。这部新法案将公平就业机会方面的法律对劳动者提供的保护重新恢复到了 20 世纪 80 年代以前的状态。在某些方面，它甚至使雇主需要承担的责任进一步增加。

举证责任 首先，1991 年《民权法案》着重解决了举证责任问题。在所有涉及公平雇佣问题的案件中，举证责任——即原告必须向法庭证明雇主可能存在非法歧视行为，而雇主则提供证据说明自己的行为并不属于歧视——都起着核心作用。[15]今天，一旦感觉受到歧视的求职者或者员工证明雇佣要求（例如“必须能举起 100 磅的重物”）对于某一特定群体产生了差别性（或“消极的”）影响，那么举证的责任就转向雇主，它们必须证明自己的这种雇佣要求是和工作相关的。[16]例如，在这里，雇主就必须能够证明能举起 100 磅重物是胜任职位所必需的，如果不对任职者提出此项要求，企业就无法高效率地运行——也就是说，是一种经营必需条件。[17]

财务损失 在 1991 年《民权法案》颁布以前，雇主实施的蓄意歧视（律师则称之为差别对待）的受害者如果没有遭受财务方面的损失，并且是通过《民权法案》第七章来提起诉讼的，则无法要求得到补偿或对雇主实施惩罚性赔偿。他们能够得到的结果仅仅是重新回到原来的职位（或者是得到该职位）。他们有资格获得欠薪返还，并且由雇主方来承担律师费和法院诉讼费用。

1991 年《民权法案》使得受害者在这些情况下更容易基于财务损失来提出诉讼。它规定，宣称自己受到蓄意歧视的员工如果能够证实，雇主是“蓄意或肆无忌惮地对受害者受联邦政府法律保护的权利实施侵害”，就可以要求获得补偿性赔偿金和惩罚性赔偿金。[18]

混合动机 最后，1991 年《民权法案》规定：

> 只要原告能够证明种族、肤色、宗教信仰、性别或国籍来源因素是雇主提出某一雇佣要求的动机之一，那么，那么雇主的此项雇佣要求即属于非法，即使促使雇主提出这种雇佣要求的还有其他一些因素。[19]

最后一句表述是相当关键的。有些雇主在这种所谓的**“混合动机”**（mixed motive）案件中采取的是这样一种立场，即虽然它们的行为带有歧视成分，但其他一些非歧视性因素，比如员工的可疑行为等，也仍然使自己在工作中采取的行动是可以接受的。然而，根据1991年《民权法案》的规定，在这种情况下，雇主却必须承担这样一种责任，即证明自己即使没有歧视动机，也仍然会作出相同的决定——比如解雇某一位员工。[20]换言之，只要在所采取的行动中有歧视性动机，该行为就可能是非法的。[21]

2.2.2　《美国残疾人法》

1990年颁布的《**美国残疾人法**》（Americans with Disabilities Act，ADA）禁止雇主歧视那些能够胜任工作的残疾人。[22]它禁止雇佣人数达到或超过15人的雇主在求职申请、雇佣、解雇、薪酬、晋升、培训或其他的待遇、工作条件或特殊权利等方面，对那些能够胜任工作的残疾人实施歧视。[23]它还规定，雇主在不会给自身带来不必要困难的情况下，要为在身体或心理上存在障碍的员工提供“适当的便利”。

该法案并没有具体列出残障情况的清单。不过，公平就业机会委员会的指南对残疾作出了界定，它是指一个人由于存在某种生理或心理上的缺陷而导致在主要生活活动上受到“显著限制”。这里的缺陷包括生理上的紊乱以及对人的一种或多种身体系统造成影响的状况、容貌损害或身体结构缺失，或者是精神或心理上的紊乱。[24]该法案还就哪些情况不应被视为残疾作出了规定，其中包括同性恋、双性恋、窥视癖、赌博强迫症、纵火狂以及滥用药物导致的紊乱等。[25]公平就业机会委员会的另外一个立场是，《美国残疾人法》禁止歧视艾滋病患者和艾滋病病毒携带者。（许多州的法律也对这些人提供保护。）

精神损害和《美国残疾人法》　在根据《美国残疾人法》提起的诉讼中，绝大多数是有关精神损害的。[26]公平就业机会委员会在《美国残疾人法》指南中指出：“精神损害包括任何精神或心理上的紊乱，例如情绪或精神上的疾病。”这样的例子包括抑郁、过度焦虑以及人格紊乱。《美国残疾人法》还保护那些存在智力缺陷的员工（包括那些智商水平在70～75之间的人）。[27]这些指南还指出，雇主应当注意的一点是，那些通常会被视为不利特征的情况（比如，长期迟到、态度恶劣或者判断力不足等）很可能是因为当事人存在心理缺陷。公平就业机会委员会指出，所谓提供适当的便利可能包括在工作空间中提供隔断、分区或者其他屏障。

胜任的残疾人　当然，不能仅仅一个人身患残疾就使其能够获得某一职位。然而，该法律仅仅是禁止对那些尽管**身患残疾但能够胜任工作的人**（qualified individuals）——他们在得到（或未得到）雇主提供的适当便利条件下，能够完成工作中的一些必要职能——实施歧视。这些人必须具备完成工作所需的技能、教育背景和工作经验。至于哪一种工作职能是必要的，判断的标准包括：这项职能是雇主设置该职位的目的所在，或这种工作职能特别专业化，雇主之所以雇用新员工，恰恰是因为他具备完成这项职能所需的经验或能力。

适当的便利　如果按照当前的工作安排，一位身患残疾的员工无法顺利完成工作，则雇主就必须提供一些“适当的便利”，除非这样做会给雇主带来“不必要困难”。适当的便利可能包括修改工作日程安排，或者提供某些设备或其他设施（如语音识别软件等）来帮助员工。

律师、雇主和法庭都一直在探寻“适当的便利”究竟是指什么。[28]一位背部残疾的员工在沃尔玛超市担当门卫，她询问自己在上班的时候是否可以坐在轮椅上，沃尔玛给出了否定的回答。于是，该员工到法院提出诉讼。联邦政府的地区法院支持了沃尔玛公司的主张，认为门卫必须表现出一种“积极友好的态度”而不能坐在轮椅上完成这一职责。[29]也就是说，站立是一种必要的工作职责。雇主可以利用技术和常识来提供适当的便利。图 2—1 就是对这方面的一些例子所做的总结归纳。

1. 按照《美国残疾人法》的便利性指南来提供一些设施，比如：
   - 突出物
   - 地面和地板表面
   - 弯曲斜坡
   - 平面升降台（轮椅升降台）
   - 门（宽度、门把手的高度等）
   - 饮水机和制冷器
   - 盥洗室
2. 修改与下列内容有关的工作政策：
   - 在工作场所进食
   - 工作时间
   - 离开工作场所和出勤
3. 运用一些技术，比如：
   - 那些存在移动或视觉缺陷的员工可能会从声音识别软件中获益
   - 词汇预测软件能够基于语境通过仅仅输入一两个字母来判断出整个词汇
   - 实时翻译软件能够帮助员工参加各种会议
   - 短信震动器能够在收到短信时提醒员工
   - 亚马逊公司创办了一个专门针对残障人士的网站“Arizona@YourService”，以帮助潜在的残疾员工以及其他一些残疾人与各个机构之间建立起联系

图 2—1　有关如何提供适当的便利的例子

资料来源：Adapted from *Sexual Harassment Manual for Managers and Supervisors*, published in 1991, by CCH Incorporated, a WoltersKluwer Company, and from www.eeoc.gov/types/sexual_harrasment.html, accessed May 6, 2007.

传统上的雇主防护　在美国联邦政府巡回法庭所做的几乎所有——96%——涉及《美国残疾人法》的判决中，雇主都取得了胜利。[30]其中的一个主要原因就在于，员工无法证明自己虽然身患残疾却能够胜任工作。[31]这与《民权法案》第七章所规定的情况不同，员工方必须证明自己符合《美国残疾人法》所规定的某种残疾特征。而要证明这一点，显然要比证明自己属于某个特定种族或年龄困难得多。在一起案件中，一位社会工作者威胁要将其同伴扔出窗外并“揍她一顿”。当她被调动到另一个职位之后，医生诊断其患有妄想症。由于她反复地告诉上司“我准备杀了你”，她被解雇了。于是，她根据《美国残疾人法》提起了诉讼。但法院最终予以驳回，因为尽管她确实患有精神疾病，但是该法律并不要求雇主留下那些对他人造成威胁的人。[32]在另一起案件中，法院裁定，雇主由于一名盲人酒吧招待无法辨认出未成年人或喝醉的顾客，而将其调到另一职位的做法并不违法。[33]

美国最高法院所做的一项裁决典型地反映了原告方所面临的典型问题。一名装配

工起诉丰田汽车公司，宣称由于自己存在腕关节病症而未被录用。[34]美国最高法院裁定，只有当该员工的这种腕关节缺陷不仅影响了其工作绩效，而且对其日常生活产生了影响时，这种缺陷才属于适用《美国残疾人法》的情况。这位员工自己也承认，她完全能够独立完成洗脸和做早餐等日常琐事。法庭指出，《美国残疾人法》所指的残疾是以是否影响员工的日常生活（而不仅仅是影响工作）作为判断标准的。[35]

“新”《美国残疾人法》　从2009年1月起，雇主打赢绝大多数基于《美国残疾人法》而提起的诉讼的时代可能一去不复返了。从这一天开始，《2008年美国残疾人法修正案》（ADA Amendments Act of 2008，ADAAA）开始生效。过去，公平就业机会委员会对原《美国残疾人法》在判断残疾的标准方面所限定的“显著限制”一词解释过于狭隘。而新的《美国残疾人法修正案》则使员工更容易证明自己的残障是具有限制性的。例如，新的法律使员工更容易证明自身的残疾确实影响到了自己的“主要生活活动”。这是因为，新的法律将阅读、集中注意力、思考、睡眠和沟通等活动也增加到了《美国残疾人法修正案》原来确定的“主要生活活动”之中。此外，新法律还规定，即使员工通过药物或“习得性行为”矫正等方法后能够控制其缺陷，他们还是可以被认定为残疾。最关键的一点在于，新的《美国残疾人法修正案》使得雇主不得不加倍努力确保自己遵守了该法律的规定，同时为残疾人提供了适当的便利。[36]

大多数雇主都采取了渐进的方法。研究显示，雇主对于雇用残障人士的很多通常的担心（如他们不能很好地胜任有体力要求的工作，生产效率更低，或者会发生更多的事故）都是毫无依据的。[37]举例说，沃尔格林公司制定了这样一个目标，即把自己的两个大型分销中心中的至少1/3的职位留给残疾人士来担任。[38]

图2—2为管理人员和雇主总结了一些重要的遵守《美国残疾人法》的指南。

- 如果求职者具备任职资格并且能够承担必要的工作职能，则不要因为其身有残疾而拒绝录用。
- 应尽可能为残疾人士提供合理的便利，除非这样做会对雇主造成不恰当的困难。
- 雇主无须降低现有的绩效标准或者弃用甄选测试。然而，这些标准或测验必须是与工作相关的，并且对所有的员工或求职者都一视同仁。
- 了解你能向求职者问哪些问题。总之，在你向求职者发出入职通知书之前，你是不能询问与其残疾状况有关的问题的。不过，你可以询问有关求职者是否有能力承担必要的工作职能方面的问题。
- 核查求职申请表、面试程序和职位描述，确定其中是否包含与健康、残疾、药物使用史或过去提出过的工伤保险申请等有关的违法问题。
- 在职位描述中明确列出职位所必须承担的工作职能。事实上，在任何一起与《美国残疾人法》有关的诉讼中，一个核心的问题都是职位的必要工作职能是什么。
- 不要容忍不当行为或不稳定的表现（包括缺勤和行动迟缓等），即使这些行为是与残疾有关的。

图2—2　为管理人员和雇主提供的遵守《美国残疾人法》的指南

资料来源：Adapted from *Sexual Harassment Manual for Managers and Supervisors*, published in 1991, by CCH Incorporated, a WoltersKluwer Company, and from www. eeoc. gov/types/sexual _ harrasment. html, accessed May 6, 2007.

2.2.3 2008 年《反基因信息歧视法》

《反基因信息歧视法》（Genetic Information Nondiscrimination Act，GINA）禁止健康保险公司以及雇主基于一个人的基因信息，对其实施歧视。具体来说，它禁止在雇用过程中使用与基因有关的信息，禁止故意获取求职者或员工的基因信息，要求对基因信息绝对保密。[39]

2.2.4 州政府和地方政府颁布的公平就业机会法

除了联邦政府颁布的法律，美国所有的州和绝大多数地方政府也都禁止实施雇佣歧视。

州政府和地方政府颁布的法律的作用通常在于涵盖那些没有受到联邦政府法律管辖的雇主。许多此类法律都涵盖那些没有受到联邦政府的公平就业机会法管辖的雇主（比如员工人数不足 15 人的企业）。[40]例如，在亚利桑那州，即使企业中只有一名员工，原告也可以向法院提出工作场所性骚扰的指控；此外，一些州还将有关反年龄歧视法的适用范围扩大至年轻人，不仅禁止对 40 岁以上的劳动者实施歧视，还禁止对 17 岁以下的劳动者实施歧视。（例如，如果在招募广告中提出需要更为“成熟的”求职者，这种做法就属于违法，因为这种做法会阻止那些年轻人来求职。）

州政府和地方政府的公平就业机会机构（通常被称为“人力资源委员会”或“公平就业委员会”）也在确保公平就业法律得到遵守方面，发挥着重要的作用。当公平就业机会委员会接到一项有关就业歧视的指控时，它通常会在很短的时间内将其转交给具有同等管辖权的州政府和地方政府的公平就业委员会。如果这样做没有能够得到令人满意的结果，该指控就会重新回到公平就业机会委员会予以处理。

表 2—1 总结了一部分关于公平就业机会的法律、判例、行政命令以及执行机构指南。

表 2—1　　部分公平就业机会法规等

公平就业方面的法规等	规定的内容
1964 年《民权法案》第七章及其修正案	禁止基于种族、肤色、宗教、性别或国籍来源而实施歧视；由公平就业机会委员会负责实施。
行政命令	禁止从联邦政府获得价值 1 万美元以上合同的承包商及其二级承包商实施雇佣歧视；成立了联邦政府合同执行办公室；要求雇主采取积极的反歧视行动。
联邦政府机构指南	为避免出现基于性别、国籍来源、宗教等因素的雇佣歧视以及确保采用适当的招募甄选程序而提供的指南；例如，要求验证甄选测试的效度。
最高法院判例：格里戈斯诉杜克电力公司案；穆迪诉雅宝纸业公司案	规定了任职资格条件要求必须是与能够胜任工作相关的；不必证明歧视是明显的；雇主承担证明自己的任职资格条件要求是能够满足效度要求的。
1963 年《公平薪酬法》	要求为从事相似工作的女性和男性提供同样的薪酬。
1967 年《反雇佣年龄歧视法》	禁止在任何一个雇佣领域对 40 岁以上的人实施年龄歧视。

续前表

公平就业方面的法规等	规定的内容
州政府和地方政府的法律法规	通常适用于那些由于规模过小而未被联邦政府的相关法律覆盖的雇主。
1973 年《职业康复法》	要求在雇佣和晋升方面对那些符合任职资格条件要求的残疾人采取积极的反歧视行动，禁止对残疾人实施歧视。
1978 年《反怀孕歧视法》	禁止在雇佣过程中对孕妇或处于类似情况的劳动者实施歧视。
1974 年《越战老兵再调整法》	要求对于参加过越南战争的退伍军人采取积极的反歧视行为。
安东尼奥诉沃兹科夫包装有限公司案	使原告证明雇主存在非法歧视行为变得更为困难。
1990 年《美国残疾人法》	强调了大多数雇主都需要为残疾员工从事工作提供合理的便利；禁止对他们实施歧视。
2008 年《美国残疾人法修正案》	使员工更容易证明自己的残疾状况已经"显著限制"了自己的主要生活活动。
《反基因信息歧视法》	于 2008 年 5 月签署生效，它禁止基于员工或求职者的基因信息来对他们实施歧视。

资料来源：相关的法律（或其他信息）可以通过如下网址获得：www. usa. gov/Topics/Reference _ Shelf. shtml # Laws。

2.2.5 性骚扰

根据《民权法案》第七章，**性骚扰**（sexual harassment）一般是指实施与性相关的骚扰行为，并且这种行为的目的或实际结果是显著地影响受害者的工作绩效或者制造一种威胁性、敌对性或侵犯性的工作环境。性骚扰违反了《民权法案》第七章。

公平就业机会委员会提供的指南强调，雇主有责任采取积极的行动维护远离性骚扰和恐吓的工作场所。正如前面提到的，1991 年《民权法案》规定，如果雇主对一个人的权利实施了"蓄意或肆无忌惮的损害"，则它允许遭到蓄意歧视（包括性骚扰）的受害者提起法律诉讼并接受陪审团的审理，同时还可以因所受伤害得到补偿性赔偿金以及惩罚性赔偿金。[41]

美国最高法院——通过对温卡尔诉日落离岸服务公司（Oncale v，Sundowner）一案的审理——也表明了这样一个立场，即同性间的性骚扰也同样可以依据《民权法案》第七章提起诉讼。[42]公平就业机会委员会的网站（eeoc. gov）指出，在 2008 财务年度中，该委员会一共接到 13 867 件与性骚扰有关的指控，其中有 15.9%的案件是男性提出的。[43]

在性骚扰方面，少数族裔的女性受到的威胁最大。一项研究显示，"女性会比男性遭受更多性骚扰，少数族裔会比白人受到更多的种族骚扰，少数族裔女性会比多数族裔的白人男性和女性以及少数族裔男性遭受更多的性骚扰。"[44]

1994 年《联邦政府反女性暴力法》（Federal Violence Against Women Act of 1994）为遭遇暴力性骚扰的女性提供了另一条寻求救助的途径。它规定，如果一个人"犯有暴力性侵犯罪并且侵害了女性的权利"，此人需要对受害者负法律责任。

何为性骚扰　公平就业机会委员会提供的指南将性骚扰解释为：在以下各种情况下发生的不受欢迎的性挑逗、提出的性便利要求以及任何带有性取向的语言或身体接触等：

1. 一个人之所以顺从这种行为，是因为这样做已经成为此人能够被雇用的一个显在或潜在条件。

2. 一个人是顺从还是拒绝这种行为，会被作为决定此人能否被雇用的一个决策依据。

3. 这些行为具有下列目的或者产生了下列效果：对一个人的工作绩效产生了不正常的影响，或者在工作场所中制造了一种威胁性、敌对性或侵犯性工作环境。

如何证明自己受到性骚扰 有三种主要途径可以证明自己受到了性骚扰。

1. 交易性。最直接的方法就是证明这样一个事实，即如果拒绝一位主管人员的性要求，则会造成受害者在公平就业机会委员会所谓的"有形雇佣行为"——即雇佣、解雇、晋升、降级以及（或）工作安排等——方面处于不利的地位。例如，在一起案件中，一位员工指出，她自己能否继续获得工作的成功和职业进步取决于她是否同意其直接上级的性要求。

2. 上级主管人员制造了一种敌对性工作环境。受到性骚扰的人无须证明这种侵犯确实产生了降职等有形的结果。例如，在一起案件中，法院发现，一位男性上级主管人员的性骚扰已经影响到了女员工的情绪和心理，以至于她觉得自己非辞职不可。在这种情况下，尽管此案中的这位男性主管人员并没有通过直接的威胁或许诺来要求这位女员工提供性便利，但其举动确实影响了受害者的绩效并且形成了一种侵犯性工作环境。这就已经足够证明性骚扰指控成立。对于尽管是在雇佣过程中发生的但是并未对雇佣本身产生显著影响的性关系，法庭通常是不会将其解释为性骚扰的。[45]美国最高法院也坚持认为，性骚扰法律管辖的范围并不包括那些正常的异性之间的调情。大法官安东尼·斯卡利亚（Antonin Scalia）在自己的判决中指出，法庭必须仔细区分"开个小玩笑"和真正的侵犯行为之间的区别。[46]

3. 同事或者其他非本组织员工制造了一种敌对性工作环境。这种饱受质疑的行为不仅仅来自员工的直接上级。例如，在一起案件中，法院认为，正是由于雇主强制要求员工穿着具有性挑逗意味的工作服，所以才导致顾客对这位员工的言语侵犯。当这位员工拒绝穿着该制服时，她就被解雇了。因为雇主无法证明要求员工穿着这样的服装是一种工作必需，也无法解释为何只要求女性员工穿着这样的服装，因此，法庭判决雇主应当对员工所受到的性骚扰负责。类似的一些令人憎恶的客户行为更有可能发生在客户处于更为主动的地位时，因为这时他们认为没有人敢反抗他们。[47]公平就业机会委员会提供的指南还指出，即使性骚扰行为并非雇主方的主管人员所为，只要雇主知道或者本应该知道性骚扰行为的存在，雇主就应当对此行为负责。

什么是充满"敌意"的环境 敌对性环境中的性骚扰一般是指严重到足以导致工作条件改变的威胁、侮辱以及嘲讽。在这方面，法院在做裁决时主要考虑以下几个方面：歧视行为是否频繁或严重；行为是否具有身体上的威胁性或侮辱性，或者仅仅是一种语言表达；行为是否对一位员工的工作绩效产生了不当的影响。[48]法庭还会考虑该员工本人是否认为这种工作环境是具有攻击性的。例如，这位员工对这种行为是表示欢迎，还是立即作出厌恶的反应？[49]

最高法院的裁决 最高法院通过文森诉莫里特储蓄银行案（Meritor Saving Bank v. Vinson），进一步拓展了公平就业机会委员会针对性骚扰所发布的指南。最高法院的其他两个判例则进一步对性骚扰法律作出了解释。

在埃勒斯诉伯林顿工厂一案中（Burlington Industries v. Ellerth），一位员工指控其上级主管人员对其实施交易性的性骚扰。她说自己的老板向她提出性要求，并且威胁说，如果她不答应，就会被降职。她的老板并没有真的这么做，而她实际上也得到了晋升。在另一起案件，即法拉格诉博卡拉顿城（Faragher v. City of Boca Raton）一案中，一位员工指控其雇主的行为制造了一种敌对性工作环境。她指出，由于自己频繁地遭受其他同事的嘲讽，所以她不得不辞职了。在上述两起案件中，法院都作出了支持员工的判决。

法院判决的含义　法院的书面判决书对于雇主和管理人员具有两个方面的含义。首先，在交易性的性骚扰案件中，员工不必证明自己遭受了某种实际的工作行动（比如降职）就可以赢得诉讼。

其次，法庭为雇主提供了一种在面临性骚扰指控时进行自我辩护的重要方法。即雇主需要证明自己已经采取了"合理的关注"来防止和及时纠正性骚扰行为，而员工却没有合理地利用公司制定的相关政策来获得帮助。也就是说，雇主可以通过证明以下两点使自己在性骚扰案件中免责：

- 首先，必须表明"已经采取了合理的关注措施来防止和纠正性骚扰行为"。[50]
- 其次，必须表明原告"没有正常理由地拒绝使用公司提供的预防或纠正性措施"。如果员工没有使用正式的报告系统，则第二个要素就能够得到满足。

有先见之明的雇主会立即采取一系列措施来证明公司确实对性骚扰行为给予了合理的关注。[51]图2—3总结了雇主采用的一些措施（例如出台强硬的政策规章）。一些表格可以帮助雇主完成这一过程。[52]

- 严肃对待一切性骚扰投诉。
- 鼓励受害者直接告知性骚扰实施者其行为不受欢迎，必须立即停止，并鼓励受害者使用公司内部的一切可用投诉机制。
- 颁布禁止此类行为的强硬政策。清楚地描述这类被禁止的行为，确保受害者不会受到报复，描述公司制定的严格保密的投诉程序，提供便利的投诉渠道，以及采取及时、全面、不偏不倚的调查和纠正行动。
- 告知全体员工公司的相关政策以及他们享有的权利。
- 采取各种措施阻止性骚扰行为的发生。例如，通过沟通让员工知道公司绝对不会允许任何性骚扰行为的发生，一旦有人就此提出投诉，公司会立即采取措施。
- 建立一套公司管理方的响应系统，其中包括立即作出反应和展开调查。
- 对主管人员和管理人员进行培训，提高他们对类似问题的认知水平。
- 严惩涉足性骚扰问题的管理人员和员工。
- 完整保存有关投诉、调查和所采取行动的记录。
- 通过实施离职面谈发现性骚扰投诉，也可通过让离职者填写离职原因来加以判断。
- 定期更新发布有关性骚扰问题的政策制度。
- 鼓励自下而上的沟通，例如通过举行定期的书面员工态度调查。
- 不要对提起性骚扰（或其他公平就业机会方面问题）诉讼的员工进行报复。

图2—3　人力资源管理实践：雇主应如何尽可能避免受到性骚扰方面的指控

资料来源：Adapted from *Sexual Harassment Manual for Managers and Supervisors*, published in 1991, by CCH Incorporated, a WoltersKluwer Company, and from www.eeoc.gov/types/sexual_harrassment.html, accessed May 6, 2007.

只有法律是不够的 有两种现实情况会限制相关法律的运用。首先，实施性骚扰的人可能并没有意识到自己的恶劣行为已经侵犯了他人。例如，男性和女性对性骚扰的理解是不一样的。[53]具体来说，“女性将范围更广的一些性社会行为也视为性骚扰”。尤其是当这些行为涉及“敌对的工作环境骚扰、对女性的不尊重、约会的压力或者身体上的性触碰等情况时”。[54]性骚扰方面的培训和政策有助于减少诸如此类的问题。[55]

其次，这些法律之所以没有得到充分的注意，原因在于员工在现实中并不愿意使用相关的法律。一项研究对 6 000 名美国军人进行了调查，结果发现被调查者反映，向上级报告受到性骚扰往往会遭到报复，并且导致受害者受损，具体表现是“工作满意度更低以及心理压力更大”。在这种情况下，最“合理的”做法就是不报告此类事件。“那些最终提出控诉的少数女性往往是已经遭到频繁的、严重的性骚扰，而在她们提出投诉时，往往已经受了相当大的损害。”[56]问题的关键在于，绝大多数性骚扰受害者并不提出控诉或投诉，而是宁愿选择辞职或试图逃避性骚扰的实施者。解决这一问题的办法是积极执行图 2—3 中列出的那些政策。

员工能够做什么 首先需要记住的是，法庭通常会审查性骚扰的受害者是否及时利用了公司的报告程序，提出了申诉。因而，在受到性骚扰的情况下，员工可以采取以下措施：

1. 遇到性骚扰时立即对实施者提出抗议以及向实施者的上级投诉，要求立即停止这种不受欢迎的行为。

2. 给性骚扰的实施者写一封信。这封信可以非常礼貌而低调地陈述三件事情：详细描述自己看到的事实；描述自己的感受和所受到的伤害；表达自己希望以后彼此之间能够是一种纯粹的同事关系。亲自将这封信交给对方，如果必要的话，可以找一个目击证人。

3. 如果对方仍然没有停止这种不受欢迎的行为，则可以向其直接上级主管人员或人力资源总监提出口头和书面报告，同时说明自己尽管努力过，但是未能让对方停止这种行为。

4. 如果写信给当事人以及向管理者投诉都未能解决问题，则性骚扰的受害者可转向当地的公平就业机会委员会办公室提起必要的控告。

5. 如果性骚扰的情节严重，则员工可咨询律师，提起诉讼，指控对方侵犯、蓄意施加精神压力，要求法院强制其停止类似行为并支付补偿性赔偿金和惩罚性赔偿金。

全球化背景下跨国公司员工申请获得公平就业机会法律的保护变得更加复杂，下面的“管理新型员工队伍”专栏讲述了相关问题。

管理新型员工队伍

在国际员工中强化公平就业法律的执行

现在，许多企业的员工都来自世界各地，这就使实施公平就业法律变得更加复杂。比如，美国公平就业委员会执行的法律是否适用于在美国合法工作的外籍员工？

在实践中，这一问题的答案取决于美国不同法律之间的相互作用、国际协定以及美国公司在海外经营地的法律。例如，《民权法案》第七章、《反雇佣年龄歧视法》、《美国残疾人法》适用于位于美国本土之外的所有美国公司或美国控股公司中雇用的美国公民。[57]但是，美国公民所在工作地的法律具有优先适用性。例如，一些国家的法律禁止雇用女性从事管理职位工作。在海外国家实施美国公平就业机会法还会遇到其他一些困难。例如，公平就业机会委员会很难去审查海外公司的组织结构。[58]

以下是在国际化背景下实施公平就业机会法的一些指南。[59]

- 美国公平就业机会委员会负责实施的这些法律在美国本土是绝对适用的，只要雇主是美国机构，员工并非美国公民但能够在美国合法工作时，这些法律也同样适用。在某些情况下，这些美国法律甚至适用于在美国本土公司工作的未得到合法工作授权的员工。[60]
- 美国公平就业机会委员会负责实施的这些法律，对于不受条约豁免的在美外国机构所雇用的有在美工作资格的员工也同样适用。
- 美国公平就业机会委员会负责实施的这些法律不适用于其他国家中的外国雇主，即使员工是一位美国人。
- 美国公平就业机会委员会负责实施的这些法律不适用于美国境外的外国公民，即使其雇主是美国公司。
- 在不违背公司所在国法律的前提下，美国公平就业机会委员会负责实施的这些法律适用于在美国境外经营的美国公司所雇用的美国公民。

2.3　应对歧视指控

为了更好地了解雇主应当如何为自己可能面临的就业歧视指控进行自我辩护，首先需要简要地介绍几个基本的法律术语。

歧视方面的法律会将差别影响（disparate impact）和差别对待（disparate treatment）区分开来。差别对待意味着蓄意实施歧视。它“要求原告只需证明女性（或其他受保护的少数族裔群体成员）由于性别（或少数族裔的身份）而受到有意的差别对待即可”。“当雇主根据一个人的种族、宗教、性别或国籍来源而对其实施不同对待时”，便发生了差别对待。[61]例如，公司制定这样一条规定，即“我们不招收 60 岁以上的公交车司机”，便属于差别对待的例子。

差别影响则意味着，“一位雇主在采用某些雇佣规定、实施某些制度时，在不经意间对那些受到《民权法案》第七章保护的特定员工群体造成了较大的消极影响”。[62]举例来说，某公司的政策规定：“承担此工作的员工必须具备本科学历”，而这种规定可能就属于差别影响（因为与一些少数族裔的劳动者相比，更多的白人男性具有本科学历）。

在差别影响指控中，原告无须证明雇主存在蓄意歧视，相反，只需要证明表面看明显属于中立的雇佣要求（例如，要求具有本科学历）却造成了一种**消极影响**（adverse impact）——即劳动力市场上的少数族裔劳动者比例与雇主实际雇用的少数族裔劳动者比例之间存在显著的差异。因而，问题的关键是要证明雇主的雇佣规定导致了消极影响的发生。如果事实的确如此，雇主就必须为自己进行辩护了（例如，通过证明这种雇佣规定确实是一种经营的必需）。

2.3.1 消极影响的重要性

在针对雇主的歧视性实践提起的指控中，能够证明这种实践存在消极影响是问题的关键所在。除非雇主能够证明某种雇佣资格要求是与工作相关而且必要的，否则雇主就不能提出某种会对特定群体中的成员产生差别影响的雇佣规定。[63]根据《民权法案》第七章和1991年《民权法案》的规定，一个人如果认为自己是某种雇主行为无意中的受害者，则只需证明看上去存在歧视即可。例如，这种要求意味着，原告只需证明雇主的甄选程序（诸如要求申请某个职位的人必须具有大学本科学历）对于特定的受保护的少数族裔劳动者产生了消极影响即可。而消极影响是指“整个雇佣程序导致在雇佣、安置、晋升等方面，某个受保护群体的成员在所有候选人中被拒绝的比例更高”。[64]这样一来，举证的责任就转移到了雇主一方。

因而，如果一位少数族裔求职者感到自己受到了歧视，他只需证明雇主的甄选过程导致其所在的这个群体受到了消极影响即可。（例如，如果80%的白人求职者通过了某种测试，而只有20%的黑人求职者通过同一种测试，那么，黑人求职者就有初步的证据能够证明这种测试产生了差别影响。）接下来，举证责任就转移到了雇主身上。这时，雇主就需要证明其测试工具（或者求职者申请表等）是对求职者的未来工作绩效进行预测的有效工具（并且公司在使用该甄选程序的时候，对少数族裔和非少数族裔的求职者是一视同仁的）。

如何证明产生了消极影响　求职者或员工可以通过以下四种方法来证明雇主的雇佣程序（如甄选测试）对某一受保护群体产生了消极影响。

1. **差别拒绝率**（disparate rejection rates）。通过比较少数族裔劳动者被拒绝的比例和多数族裔劳动者被拒绝的比例，便可以得出差别拒绝率。

联邦政府机构用**“五分之四法则”**（4/5ths rule）来评价差异拒绝率：“任何一个种族、族裔或性别群体的被选择率如果达不到被选择率最高群体的4/5，则通常可证明存在消极影响，如果他们的被选择率超过了后者被选择率的4/5，则不能认为存在消极影响”。例如，假定雇主雇用了所有男性求职者中的60%，而只雇用了女性求职者中的30%。那么，在这种情况下，60%的4/5是48%，而30%低于48%，所以可以证明这时存在消极影响，联邦政府的相关机构应当对此给予关注。[65]

2. **限制性政策**（restricted policy）。这种方法意味着，需要证明雇主制定的政策在有意或无意中将某一受保护群体的成员排除在外。这种类似的问题通常是十分明显的——例如，规定酒吧侍者的身高不能低于6英尺。类似这样的限制性政策证据足以证明消极影响的存在，很容易让雇主被诉诸法庭。

3. **人口比较**（population comparisons）。这种方法是对以下两个比例加以比较：一是组织内的西班牙裔（或黑人或其他少数族裔群体）劳动者与白人劳动者之间的人数比例；二是这两个群体的劳动者在外部劳动力市场上的人数比例。公平就业机会委员会通常采用美国统计局的相关数据作为这两个群体劳动者在劳动力市场上的比例。

然而，对于不同的职位来说，“劳动力市场”却是不同的。对于一些诸如体力工人或秘书之类的职位而言，比较企业内的少数族裔劳动者所占的比例与他们在当地社区中所占的比例是有意义的，因为填补这些职位的人往往就来自当地的社区。然而，对于工程师这样一类可能是在全国范围内招募求职者的职位而言，要想确定一位雇主是否雇用了足够多的黑人工程师，就需要了解全国范围内的而不仅仅是当地社区中的黑人工程师人数。

4. **麦克唐纳-道格拉斯测试**（McDonnell-Douglas Test）。律师一般都是通过前三种方法，验证一位雇主制定的政策或行为是否在无意中将过高比例的女性或少数族裔候选人筛选出局的。而律师在使用这第四种方法时，主要是为了验证是否存在（蓄意的）差异对待，而不是要验证是否出现了差别影响。

这种验证方法起源于前麦克唐纳-道格拉斯公司的一起案件。在这起案件中，求职者是符合任职要求的，但雇主却拒绝雇用他，并且继续寻找其他求职者。这种情况能够证明该公司是蓄意歧视女性或少数族裔劳动者吗？美国最高法院制定了四条规则来运用麦克唐纳-道格拉斯测试：

首先，作为当事人的求职者属于某个受保护群体；

其次，这位求职者提出了求职申请，并且满足雇主正在招募员工的这个职位的任职资格要求；

再次，尽管这位求职者是胜任的，他还是被公司拒绝了；

最后，在他被拒绝后，该职位仍然处于空缺状态，并且该公司还在继续寻找与被拒绝者的任职资格条件相同的其他求职者。

如果原告的情况符合上述四条规则，那么就具备了证明确实存在差别对待的初步证据。接下来，雇主就必须对其行为给出合法的、非歧视性的理由，并且提供证据证明自己的行为并不是建立在蓄意歧视的基础上，而是有其他的原因。如果雇主能够做到相对容易的这一点，接下来原告就需要找出证据证明，雇主所给出的解释不过是为掩盖其非法歧视行为而寻找的一个借口。

消极影响事例　假设你是雇主，并拒绝了某一受保护群体成员的求职申请。你是根据测试结果（尽管可能还有面试或其他环节）作出这种决定的。又假设此人觉得自己因属于某一受保护群体而受到了歧视，并且决定到法院去起诉你。

一般来说，原告必须做的事情只是证明你的人力资源管理程序（例如甄选测试）对其所在的少数族裔群体的成员产生了消极影响。原告可以运用以下三种方法来证明这一点：差别性拒绝率、限制性政策、人口比较。一旦原告向法院证明了消极影响确实存在，举证的责任就落到了你的身上，作为雇主的你就必须对这项歧视指控进行自我辩护。

需要注意的是，法律并没有说，因为你的某个程序对于某个受保护群体产生了消极影响，你就不能再使用那个程序。实际上，与对白人的淘汰率相比，有些测试就是会将更高比例的黑人淘汰。法律的要求是，一旦你们公司的求职者提起了控诉（证明了确实存在消极影响），你就必须承担举证的责任。接着，你（或你们公司）必须就为何使用这个程序进行辩护。

如果雇主采用了对某个少数族裔群体的成员产生消极影响的雇佣规定，则雇主大致可运用两种方式来为自己的这种做法辩护，分别是：真实职业资格要求辩护和经营必需辩护。

2.3.2 真实职业资格

雇主可以声称自己的雇佣规定是确保员工胜任某一职位的**真实职业资格**（bona fide occupational qualification，BFOQ）要求。《民权法案》第七章允许雇主做这样的自我辩护。它规定："如果特定的宗教、性别、国籍来源条件是某种特定业务或企业开展正常经营所必需的一种真实职业资格要求，则雇主根据宗教、性别、国籍来源等雇用员工……就不应被视为非法。"

不过，法院通常会对采用真实职业资格进行辩护的例外情况作出比较严格的规定。这种辩护理由只能用于有直接蓄意歧视证据的差别对待案件，而不能用于（无意中造成的）差别影响案件。在实践中，雇主一般都用这种理由来为自己受到的基于年龄的蓄意歧视指控进行辩护。

作为一种真实职业资格的年龄 《反雇佣年龄歧视法》允许在年龄确实是一种真实职业资格的情况下，基于当事人的年龄实施差别对待。[66]例如，联邦政府航空局（Federal Aviation Agency，FAA）就规定，民航飞行员的强制退休年龄为65岁。[67]在这里，年龄就是一种真实职业资格。一些演员出于扮演年轻或年老角色的需要，其年龄也可被视为一种真实职业资格。总之，法院的一个基本立场就是，对年龄的限制必须是由于经营必需。一个法院认为，一家公共汽车公司对于汽车司机的最高雇佣年龄限制就是一种真实职业资格要求。该法院认为，公共汽车公司的核心职能就是安全地运送乘客，有鉴于此，雇主可以在条件允许的情况下尽量雇佣最符合条件的人。[68]

雇主在利用真实职业资格进行自我辩护时，会承认自己的人事决策是基于年龄作出的。但与此同时，它们会极力证明，这种决策是出于企业开展正常经营的一个必要条件而作出的（例如，公共汽车公司可以强调，对汽车司机的最高年龄提出要求是确保安全运送乘客所必需的）。[69]

作为一种真实职业资格的宗教 对于要求员工信奉某一宗教的宗教组织或社团来说，宗教信仰可以是一种真实职业资格。例如，在雇用某人到一家教会学校执教的情况下，宗教信仰可能就是一种真实职业资格。但是要记住，法院对基于真实职业资格进行的自我辩护限制非常严格。

作为一种真实职业资格的性别 对一些演员、模特以及卫生间侍应生等要求身体特征的职位来说，性别也可以是一种真实职业资格。但是，对今天的大部分职位而言，要宣称性别是一种真实职业资格都会非常困难。例如，对于管理假释和缓刑人员的官员这样的职位来说，性别就不是一种真实职业资格。[70]此外，也不能仅仅因为一个职位要求任职者能举起重物，就将性别视为一种真实职业资格。

作为一种真实职业资格的国籍来源 在某些情况下，候选人的国籍来源也可以成为一种真实职业资格。例如，一位在某展销会上经营中国展台的雇主可能会宣称，在甄选需要与公众打交道的员工时，华人血统就是一种真实职业资格。

2.3.3 经营必需

经营必需（business necessity）是由法院创造出来的一种辩解理由。它要求雇主能够证明自己的歧视性雇佣规定是出于非常重要的经营目的，因而这种规定是法律允许的。

要证明某种规定属于"经营必需"却并非易事。[71]最高法院已明确规定，经营必需不能成为雇主为回避不便、烦恼或费用而采取的做法进行辩护的理由。例如，雇主可能需要配合相关机构扣押员工的部分薪酬用于偿还他们的欠债，在这种情况下，雇主通常不能仅仅因为需要承担协助完成扣押偿债义务（要求雇主代扣某位员工的部分薪酬，以代付其承担的债务)，会给自己带来不便，就解雇该员工。美国第二上诉巡回法院裁定，经营必需是指一种“不可抗拒的需要”，并且雇主的做法“不能仅仅是直接提高安全和效率水平”，还必须是实现这些目标的一个根本要求。[72]此外，“……这种经营目标必须十分重要，其重要程度超过了任何一种种族影响”。[73]

尽管自我辩护的难度很大，在实践中许多雇主还是成功地利用了经营必需，为自己进行辩护。在斯普鲁克诉美国联合航空公司 (Spurlock v. United Airlines) 一案中，斯普鲁克这位少数族裔候选人提出指控说，美国联合航空公司的规定要求飞行员候选人必须有 500 小时的飞行经验和大学文凭，这是一种不公正的歧视行为。法院承认这些要求对于斯普鲁克所属的少数族裔群体确实具有消极影响。但法院最终裁定，鉴于雇用不合格的求职者将会带来高额的飞行训练成本以及巨大的人身和经济风险，航空公司的这种甄选标准是一种经营必需，并且也是与工作具有关联性的。[74]

一般来说，当一个职位只要求任职者掌握较少的技能和得到少量的培训的情况下，法院会仔细检查任何可能会对少数族裔求职者产生歧视的录用前标准或指标。在这种情况下，雇主就承担着沉重的举证责任，需要证明这些标准或指标是与工作相关的。但是，如果一个职位要求任职者具备较高水平的技能，同时雇用不合格的求职者会带来很高的经济和人身风险，则雇主的举证责任就会相对较轻。[75]

雇主以经营必需为理由为自己辩护时，需要做的事情包括证明自己的甄选测试或其他雇佣工具是能够达到效度要求的。这时，雇主必须能够证明自己采用的各种测试或其他雇佣工具是与职位相关的——换言之，就是要证明这些测试或工具是对求职者未来的工作绩效进行有效预测的手段。一般来说，如果雇主可以证明这些测试或工具的效度，法院通常会支持它们，从而将这些测试或其他雇佣工具视为经营必需。在这里，效度是指各种测试或其他雇佣工具与职位相关的程度，或者是对求职者未来的工作绩效进行预测的准确程度。本书第 6 章将解释关于效度的问题。

2.3.4　为歧视行为辩护的其他注意事项

在面对歧视指控而进行辩护时，还需要记住以下三点。

首先，良好的意图并不是借口。正如最高法院在格里戈斯案中所裁定的，如果雇佣程序或测试机制对少数族裔群体产生了内在的负面影响，而且与衡量工作能力不相关，则良好的意图或者无歧视意图本身并不能成为辩护的理由。

其次，不要指望能用集体谈判协议做挡箭牌（例如，辩护说某种歧视性规定是某个工会协议所要求的)。法院通常会判定，公平就业机会法律的效力要大于某份劳工合同中所规定的权利。[76]

最后，强硬的辩护并不是能够对歧视指控作出的唯一反应。如果面临的情况是，自己的一项或多项人事决策是有歧视性的，雇主还可以作出这样的回应：同意取消违法的规定，并且（在受害者提出要求时）对受害人给予赔偿。

2.4　对歧视性雇佣规定的描述

2.4.1　能做和不能做的事情

在继续讲解其他内容之前，我们应当回顾一下，联邦政府的公平就业法律允许

（和不允许）说些什么和做些什么。

《民权法案》第七章之类的联邦政府法律通常都未明确禁止雇主在雇佣之前提问与求职者的种族、肤色、宗教、性别、国籍来源等有关的问题。换言之，“除了公然歧视某些受保护群体成员的人事政策之外”，是否询问这些问题本身并不重要，重要的是这些提问所造成的影响。[77]例如，询问一位女性求职者的婚姻状况并不是违法行为（虽然这种提问看起来具有歧视性），所以，你是可以就这种问题提问的。不过，你接着就需要证明你并没有因此对求职者实施歧视，或者你还可以将这种要求辩解为一种真实职业资格或经营必需。

但是在实践中，雇主大多会避免这样的提问。这主要是出于以下两个方面的重要原因。首先，虽然联邦政府的法律并没有禁止此类提问，但是许多州和地方政府制定的法律却禁止提问这类问题。

其次，美国公平就业机会委员会已经指出其反对这样的做法，因此，仅仅是问一个这样的问题就可能会引起公平就业机会委员会的注意。换言之，这些是一些潜在的“会带来麻烦的问题”。这些问题会确认一位求职者的被保护群体身份以及（或者）会对他们产生消极影响。如果原告能证明你正是利用这些问题将其所属的受保护群体的更多成员淘汰了，而你又不能证明这种规定是一种真实职业资格或经营必需，那么，你的这种做法就是违法的。

下面来看一看某些应当注意回避的、潜在的歧视性行为。[78]

2.4.2 招募

口头信息 如果员工全部是（或大部分是）白人或者某个群体中的成员，比如女性或西班牙裔人等，就不能完全依靠口头方式来发布有关工作机会的信息，因为这样做会减少其他人得知职位空缺信息并求职的可能性。

误导性信息 向任何群体的成员提供错误的或可能导致误解的信息，或者是未能或拒绝为他们提供有关工作机会的信息以及提供有助于他们获得工作机会的程序等做法，都是非法的。

招募广告 除非性别是职位的一种真实职业资格，否则，“招募——要求男性”和“招募——要求女性”这样的广告就是违法的。同样，也不能刊登带有年龄歧视的招募广告。例如，不能在广告中表示要招募“年轻的”男性或女性。

2.4.3 甄选标准

受教育程度要求 法院裁定，在下列两种情况同时存在时，将“受教育程度”作为雇佣标准是违法的：第一，少数族裔劳动者不太可能具备那样的受教育程度（例如高中毕业水平）；第二，这种任职资格要求与工作无关。不过，对于某些职位来说，受教育程度（例如飞行员候选人必须具备大学学历）确实是一个必要条件。

测试 法院认为，如果测试以更高的比例淘汰了少数族裔或女性劳动者，并且这种测试与工作无关，测试就是非法的。根据前任大法官伯格的观点：

> 在《民权法案》第七章中并没有作出禁止使用测试或衡量程序的规定，很

显然，这些工具和程序都是有用的。国会所要禁止的是将这些工具和机制作为一种控制力量——除非能证明它们的确是衡量工作绩效的一种合理手段。

亲属优先权　如果现有的员工大多是非少数族裔，就不能给他们的亲属提供雇佣优先权。

身高、体重以及身体特征　雇主对求职者的最低身高等身体特征提出要求属于一种非法行为，除非它们能够证明这种要求是与工作相关的。例如，一家美国上诉法院最近裁定，黛尔公司（Dial Corp.）需要支付高达 3 400 万美元的赔偿金。该公司以 52 名女性在体力测试中不及格为由，拒绝为她们提供肉类加工厂中的初级工岗位，但事实上体力要求并不是承担这份工作的一个必要条件。[79]但一般情况下，雇主设定最高体重限制并不会导致不利的法律裁决。肥胖的求职者要想得到雇主提供的合理便利，必须至少比理想体重超出 100 磅，或者是由于一种生理原因导致他们出现这种肥胖残疾状况。但是，抛开法律责任不说，管理人员也需要多加小心。[80]很多研究几乎毫无疑问地发现这样一种现象，即肥胖者不太可能被雇用，也更少得到晋升，但更有可能接到不太有利的销售任务，并且在以消费者身份出现时更有可能得到恶劣的服务。[81]

拘捕记录　除非工作本身的性质要求对求职者进行安全背景检查，否则就不能询问某位求职者是否曾经遭到拘捕或进过监狱，或者是将被拘捕记录自动作为取消某人申请某个职位的资格限制。作出这种规定的原因是多方面的。一是与白人相比，各少数族裔成员的被拘捕比例普遍更高。[82]二是在最终被证实有罪之前，应当首先作出无罪假定。此外，总的来说，拘捕记录并不能有效预测一个人的工作绩效好坏。因此，基于一个人的拘捕记录取消求职者的申请资格，对于少数族裔劳动者会产生消极影响。但是，可以询问定罪记录，然后需要根据具体情况来确定这些定罪事实是否可以构成拒绝雇用求职者的正当理由。

求职申请表　雇用申请表中提出的问题一般不应询问求职者的残疾、工伤保险享受史、年龄、被拘捕记录或是否美国公民身份等信息。通常来说，依法纳税或管理员工福利等所需要的个人信息（例如紧急情况下的联系人）也最好是在已经雇用此人之后再去收集。[83]（需要注意的是，公平就业机会法律不允许雇主询问这些方面的信息，但是也没有相关的法律禁止求职者向雇主提供这些信息。一项研究调查了 107 名申请获得管理职位的澳大利亚人的简历，其中的大多数简历都提供了有关自己的婚姻状况、民族、年龄以及性别等方面的信息。[84]）

因扣押债权而被解雇　与其他人相比，少数族裔成员中受到债权扣押程序（根据这种程序，债权人有权扣押债务人的部分工资）制约的人所占的比例更高。因此，雇主解雇那些薪酬需要被扣押的少数族裔员工的做法是违法的，除非其能证明这样做是出于某种经营必需。

2.4.4　歧视性晋升、调动以及解雇行为

公平就业机会方面的法律不仅保护求职者，也保护现有的员工。例如，《公平薪酬法》规定，雇主对从事大致相同工作的男性和女性应当支付相同的薪酬。因此，雇主的任何与薪酬、晋升、解雇、惩戒或福利有关的活动，如果同时满足以下三个方面的条件，都有可能会被判定为非法歧视：

第一，对不同群体中的人加以区别对待；

第二，对某一受保护群体的成员产生了消极影响；

第三，不能证明这种做法是一种真实职业资格或经营必需。

个人仪表规定与《民权法案》第七章 员工有时会根据《民权法案》第七章，对雇主制定的有关着装和仪表的规定提出控诉。他们一般会指控自己受到性别歧视，但有时也会指控雇主对自己实施种族歧视。以下是法院裁定的一些例子。[85]

● **着装**。一般来说，雇主对所有员工提出应适度着装的要求并未违反《民权法案》第七章关于禁止性别歧视的规定。例如，如果某事务所一直要求保持员工严谨的着装风格，并且对男性员工的着装端庄程度也提出忠告，那么一位主管人员对一位女律师提出应穿着颜色比较柔和的服装的建议也是允许的。

● **毛发**。同样，法院在这方面的裁决一般还是有利于雇主的。例如，雇主对员工的面部毛发所作出的规定并不构成性别歧视，因为对刮净面部毛发的男性和留胡子男性加以区别对待的情况，并不属于《民权法案》第七章所禁止的性别歧视范畴。在许多案件中，法院都驳回了这样一种指控，即雇主禁止员工留一排排小辫子发型的规定侵犯了黑人员工表达其文化特征的权利。

● **制服**。但是，当雇主要求员工穿着歧视性制服和有歧视暗示的服装时，法院通常会站在员工一边。例如，如果雇主的雇佣条件之一是女员工（例如女招待）必须穿着具有性挑逗意味的服装，法院就会判决雇主违反了《民权法案》第七章的规定。[86]

2.4.5 管理者应当牢记于心的要点

在帮助公司避免出现类似的歧视事件方面，人力资源经理无疑起着重要的作用，但问题在于，处罚此类事件的往往是一线主管人员。可能只是因为一线主管人员作出了一个论据不足的或者荒谬的评论，员工就会立刻选择起诉。甚至一些看起来显然属于“无歧视意思”的事情——例如，你告诉一名女性求职者，将来如果她到公司来工作，你会很担心天黑后她的安全问题——都可能会引致指控。

既然如此，很有必要强调两点。首先，认真学习本章的内容是非常重要的。例如，当你面试求职者时，你要知道哪些是你能问的问题，哪些是你不能问的问题，什么样的举动会构成性骚扰，公平就业机会方面的法律会如何影响公司的人力资源决策，其中包括与评价、薪酬、晋升、惩戒程序以及解雇等相关的决策。这些知识是你必须掌握的！即使你是出于良好的意图（我们常常能看到这样的情况）采取行动的，也并不能成为你出错的借口。

其次，如果上述这些还不足以引起你的警惕，你可以考虑这样一种局面：法院可能会判定你（而不仅仅是你的雇主）对你的违法行为担负个人责任。管理失职（management malpractice）是指由管理人员对员工的个人或身体福祉造成严重不良后果的行为（实质上就是工作场所越轨行为），或者正如一家法院所定义的，这是一种“超出通常情况下社会能够容忍的范围”的行为。[87]在一个极端的案例中，雇主将一位管理人员降职为门卫，并采取了其他措施来侮辱此人。于是，陪审团裁定这位管理人员的前雇主向此人支付 340 万美元赔偿金。那些存在管理失职的管理人员可能需要以负担一部分赔偿金的方式来承担个人责任。

2.5 公平就业机会委员会的执法过程

即使是最谨慎的雇主也有可能会遭到雇佣歧视指控，并且要与公平就业机会委员会的官员打交道。我们会看到，所有的管理者（而不仅仅是人力资源管理者）都在这个过程中扮演重要的角色。因此，所有的管理人员都应该对公平就业机会委员会的指控和执法过程有所了解。图 2—4 提供了关于这一程序的一个总览图。[88]

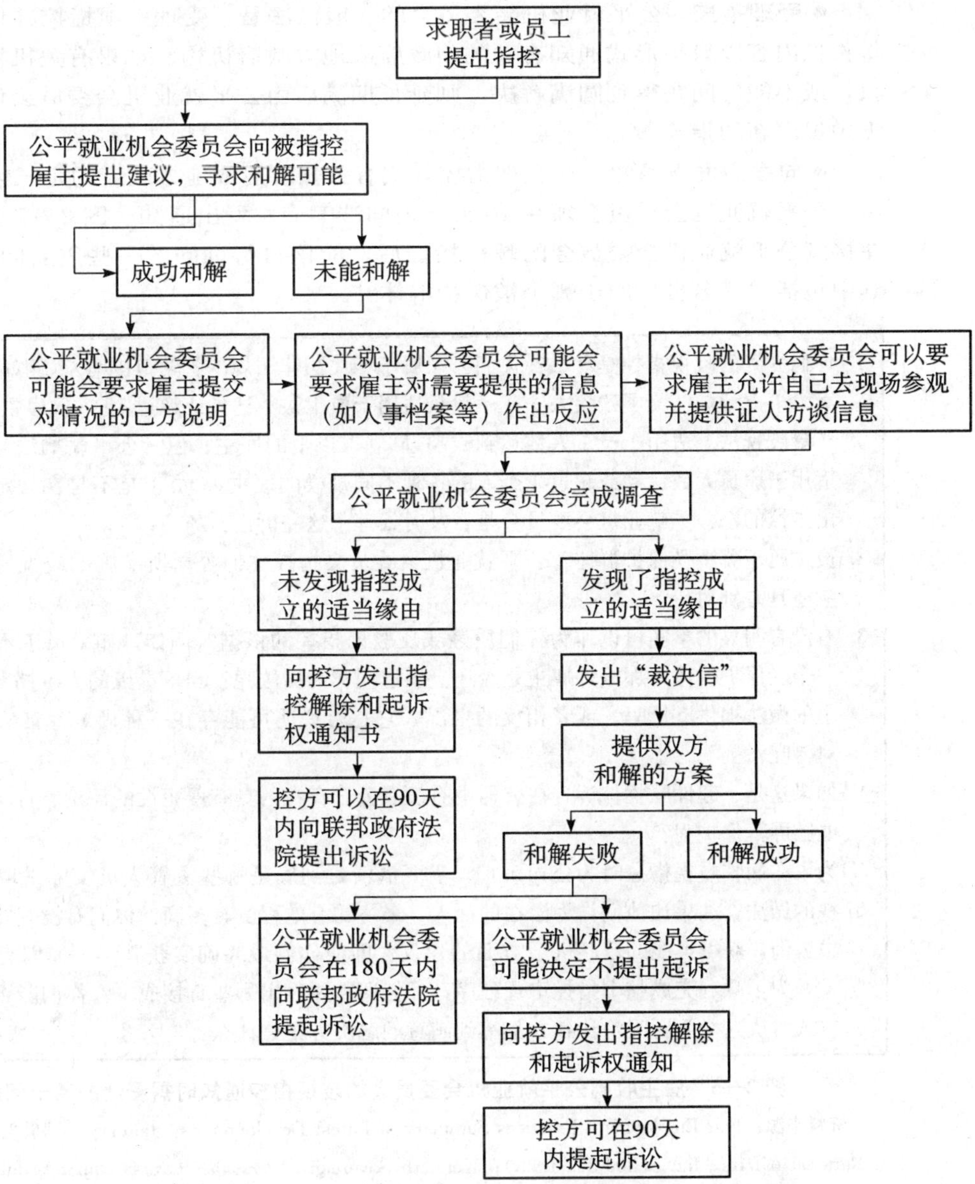

图 2—4 公平就业机会委员会处理歧视指控案件的过程

说明：控辩双方可能会在任何一个节点上达成和解。

资料来源：基于 www. eeoc. gov 网站的信息整理。

这个过程主要包括以下步骤：

● **提出指控**。当原告向公平就业机会委员会提出指控时，这个过程就开始了。根据1991年《民权法案》，歧视指控一般必须在涉嫌违法的活动发生后300天内（如果有相应的州法律）或者180天内（如果没有相应的州法律）提出（但对《公平薪酬法》来说，这个期限是2年）。[89]指控必须经由受害者本人或有充分理由确信发生违法行为的公平就业机会委员会成员以书面形式提出，并通过宣誓证实本人指控的真实性。[90]在2008财年，向公平就业机会委员会提出的私营部门歧视指控数量飙升到95 402件，比上一年增长了15%。[91]

● **受理指控**。公平就业机会委员会的一般做法是，受理一项指控并代表指控方将指控内容以口头形式通知有关的州政府或地方政府机构。如果有关机构放弃管辖权，或不能使问题得到圆满解决，则延长期满后由公平就业机会委员会负责处理而无须提出新的指控。[92]

● **向雇主发出通知**。在受理指控（或有关州政府或地方政府的延长期结束）之后，公平就业机会委员会须在10天之内向涉案雇主发出通知。图2—5总结了雇主在接到公平就业机会委员会的歧视指控后，应该自行询问的一些重要问题。例如，其中包括“这名员工属于哪个被保护群体？”

1. 你们受到的歧视指控是什么？你们公司属于相关法律法规的管辖范围吗？（例如，《民权法案》第七章与《美国残疾人法》一般只适用于员工人数达到或超过15人的雇主；《反雇佣年龄歧视法》适用于员工人数达到或超过20人以上的雇主；但《公平薪酬法》事实上却适用于雇员人数达到或超过1个人的各种不同规模的雇主。）员工是不是在法定时限内提出指控的？公平就业机会委员会是否及时处理了这一诉讼？
2. 员工属于哪个受保护群体？公平就业机会委员会指控你们公司所实施的歧视属于差别影响还是差别对待？
3. 有没有明显的事实可以作为你们质疑或反驳该指控的依据？例如，如果员工不属于任何一个受保护群体，那么，雇主是否还会采取同样的做法呢？当事员工的人事档案能够对雇主的做法提供支持吗？或者相反的情况，它是否说明可能存在一种尚未经证实的歧视性对待呢？
4. 如果这是一起性骚扰控诉，在公司中有没有公开存在的具有侵犯性的评论、日历、海报或电脑屏幕保护呢？
5. 为了在面临歧视指控时为公司辩护，需要搞清楚到底是哪些主管人员实际采取了涉嫌歧视的做法？如果让他们作为潜在的证人，最终的有效程度有多高？你们有没有找法律顾问去咨询，获得可能的获胜机会方面的建议？即使你们最终确实获胜了，你们有没有估计过，为了顺利完成整个指控审理程序，你们还需要付出哪些直接成本？你们能否以更好的方式解决这个问题呢？让各方都感到满意的解决方案是什么？

图2—5　雇主收到公平就业机会委员会的歧视指控通知时需澄清的若干问题

资料来源：Fair Employment Practices Summary of Latest Developments，January 7，1983，p. 3，Bureau of National Affairs，Inc.（800-372-1033）；Kenneth Sovereign，*Personnel Law*（Upper Saddle River，NJ：Prentice Hall，1999），pp. 36－37；“EEOC Investigations—What an Employer Should Know，” Equal Employment Opportunity Commission（www. eeoc. gov/employers/investigations. html），accessed May 6，2007.

● **调查或取证会议**。然后，公平就业机会委员会开始对有关指控的内容进行调查，以确定是否存在足以使人相信该指控成立的适当缘由；这种调查取证应在120天内完成。在调查初期，公平就业机会委员会会举行一次初步的取证会议。公平就业机会委员会声称，举行这样的“非正式会议”的目的是对问题定性，并判断是否存在调解的可能。然而，公平就业机会委员会的真正着眼点常常是找到一个解决方案。公平就业机会委员会的调查人员会利用这种会议来寻找各方的弱点，然后利用这些弱点作为推动双方达成解决方案的一个筹码。

- **查明指控有或没有成立的缘由**。如果没有查明指控成立的适当缘由，公平就业机会委员会必须驳回指控，同时必须向控方发出《起诉权通知书》。然后，控方可以在90天内以个人的名义提起法律诉讼。
- **达成和解**。如果公平就业机会委员会查明了指控成立的缘由，则可以有30天的时间来让当事双方达成和解协议。公平就业机会委员会的调解员会首先与员工见面，以确定什么样的赔偿可使其感到满意，然后再努力说服雇主接受这种赔偿要求。如果双方均认可赔偿要求，则双方签署和解协议，并提交公平就业机会委员会批准。如果公平就业机会委员会不能提出双方都能接受的和解协议，它可以向联邦地区法院提出对雇主的诉讼。目前，公平就业机会委员会还在某些试点城市利用外部调解员来解决指控的歧视案件（稍后会对此做进一步的阐释）。
- **发出起诉通知**。如果控方不满意公平就业机会委员会提出的和解协议，公平就业机会委员会可以向联邦地区法院提起民事诉讼，或者向控方发出《起诉权通知书》。

2006年，公平就业机会委员会以不记名投票的方式一致决定，更多地关注那些“重大而系统的”案件，这些案件反映了涉嫌歧视行为的常规模式和做法。[93]公平就业机会委员会的系统性案件任务小组最近发布了公平就业机会委员会可以用来揭露和解决系统性歧视案件的一些特别方式。[94]受此后开展的“消灭雇佣中的种族主义”运动的影响，公平就业机会委员会最近指控沃尔格林连锁药店根据种族类别来决定将哪些员工分配到非洲裔美国人社区中的那些销售业绩较差的药店。[95]

2.5.1 自愿调解

现在，公平就业机会委员会将收到的10%的指控案件交给自愿调解机制去进行处理。这是“由中立的第三方帮助控辩双方通过自愿协商达成针对歧视指控的解决方案的一种非正式程序”。[96]

如果原告和雇主都同意进入调解程序，调解过程一般长达4小时。如果没有达成协议（或者一方拒绝参加），该指控仍然通过公平就业机会委员会的常规机制来进行处理。[97]

在公平就业机会委员会运行这种自愿调解机制的4年中，其办公室已经将4.4万多起案件纳入调解机制，并且通过这个机制处理了其中的3万多起。在那之后，公平就业机会委员会还与包括福特汽车公司在内的很多公司签署了《全国统一调解协议》（National Universal Agreement to Mediate，NUAM）[98]，同时和其他一些参与进来的公司签署了地方性的调解协议。根据《全国统一调解协议》，公平就业机会委员会将针对签署协议的公司提起的歧视控诉案中符合调解条件的案件，直接提交给自愿调解机制。[99]

面对调解的机会，雇主通常会有三种选择：一是同意对指控进行调解；二是在不进行调解情况下就达成和解；三是向公平就业机会委员会提交一份“立场声明”。如果该雇主没有接受调解或提出解决方案，则需要准备一份“立场声明”。这份声明应是一份强有力的自我辩护，其中需要包括以下信息：公司的业务以及控方所承担的职位；对可适用的公司规章、政策及程序的描述；导致公司不得不采取消极行为的侵犯性事件发生时间表。[100]

2.5.2 歧视指控的强制仲裁

很多雇主为了避免受到公平就业机会委员会的起诉，都会要求求职者和员工在出现歧视控诉时同意将其提交强制仲裁。美国最高法院在吉尔摩诉州际约翰逊莱恩(Gilmer v. Interstate/Johnson Lane Corp.）一案以及其他一些类似的案件中裁定：“在某些情况下，雇佣歧视指控中的原告（员工）可能会被要求将他们的指控提交强制仲裁。”[101]有鉴于此，雇主应当考虑以下建议[102]：

- 雇主“可能希望考虑在他们的求职申请表或员工手册中加入有关强制仲裁的条款”。[103]
- 为了免于被起诉，雇主应当制定各种措施来防止仲裁员出现偏见；应允许仲裁员为原告提供更为宽松的安抚条件（包括复职）；应允许有合理次数的听证前调查（取证）。
- 雇主应当审阅所有针对其的雇佣歧视指控，以便确定涉及的员工是不是需要服从仲裁协议；它们还应当决定是否进入关于指控的强制性仲裁程序。[104]

在经历过费用高昂的公平就业机会委员会诉讼之后，洛克威尔国际公司(Rockwell International）实施了一套争议处理程序，这套程序规定，强制性的仲裁将是其中的最后一个步骤。洛克威尔公司将这个计划（按传统上的说法）称为**建设性争议处理程序**（alternative dispute resolution）或**建设性争议处理计划**（ADR program)，并且逐步将这一计划扩展到某些地区的全体非工会成员员工。洛克威尔公司的新员工要想得到雇用，就必须签订这种协议；现有的员工在晋升或调动之前也必须签订这种协议。[105]虽然公平就业机会委员会通常反对将这种计划作为处理歧视指控的手段，但建设性争议处理计划还是越来越普及。[106]图2—6总结了雇主在处理公平就业机会委员会的指控时需要遵循的一些指导方针。

2.6 多元化管理与积极的反歧视行动计划

从现实情况来看，人口结构的变化以及全球化趋势正在强化推进公平就业立法的动机。换言之，如今的雇主已经别无选择，只能心甘情愿地推动员工队伍的多元化。在这里，**多元化**（diversity）是指公司的员工队伍所呈现出的人口特征多样性和复杂性，尤其是从种族、性别、文化、国籍来源、残疾、年龄和宗教信仰等方面来说。[107]如今，白人男性不再是劳动力队伍的主力，女性和少数族裔劳动者已然成为劳动力队伍增长的最主要部分。而且，全球化的趋势还要求雇主更多地雇用具有与海外顾客打交道所需的文化背景和语言技能的少数族裔成员。正如《华尔街日报》所说：“由于很多公司越来越多地到全球各地开展业务，多元化已经不仅仅是一个行事公平和建立良好公共关系的问题，它已经成为企业开展业务的一个前提条件。”[108]

在公平就业机会委员会进行调查的过程中：

对自己进行一番调查，以获取事实信息。

确保公平就业机会委员会的文档中包括对你的指控缺乏依据的信息。

确保只提供与指控的内容本身有关问题的信息。

尽可能多地获得关于控方的指控内容方面的信息。

会见提出控诉的员工以澄清所有相关的问题。例如，到底发生了什么？涉及谁？

请记住，公平就业机会委员会只可请求雇主提交相关文件和证人宣誓后发表的证言，但它不能强迫雇主这么做。

向公平就业机会委员会提交一份立场声明可能会有用；它应该包括这样一种申明："本公司已制定了反歧视政策，绝对不会以指控中提及的方式来实施歧视"。同时提供相关文件来证明这一声明。

在取证会上：

由于唯一的官方记录是公平就业机会委员会调查员记下的，所以请保留你自己的记录。

带上一位律师。

确保你充分了解自己所受到的指控以及案件的全部事实。

上会之前，证人（尤其是主管人员）需要意识到他们将要提供的证词所具有的法律意义。

在公平就业机会委员会作出决定并谋求实现和解的过程中：

如果公平就业机会委员会的调研结果证明了歧视有成立的理由，请仔细审查该调研结果，指出其中不准确的地方，并以书面形式提交给公平就业机会委员会。

用这封信函努力说服当事人，让其知道自己的指控是没有依据的。

选择和解要慎重。如果你已经对此案进行了严格的调查和评估，那么在这个阶段达成和解对你来说可能就没有什么优势了。

请记住：公平就业机会委员会很有可能根本就不会提起诉讼（从统计数据来看）。

图 2—6　应对公平就业机会委员会指控的管理者指南

资料来源："Tips for Employers On Dealing with EEOC Investigations", *BNA Fair Employment Practices*, October 31, 1996, p. 130; "Conducting Effective Investigations of Employee Bias Complaints," *BNA Fair Employment Practices*, July 13, 1995, p. 81; Commerce Clearing House, *Ideas* and *Trends*, January 23, 1987, pp. 14 - 15; http: //eeoc. gov/employers/investigations. html, accessed October 4, 2009.

不过，即使每个人都知道多元化的员工队伍所具有的重要性，也并不代表每家企业都有职能运行良好的员工队伍。至少从直觉上说，大多数人会认为多元化至少会带来一些潜在的争论和冲突。然而，事实并不一定能证明这一点，我们会在接下来的"循证人力资源管理"专栏中具体阐释这一问题。

循证人力资源管理

员工队伍多元化会给我们公司带来麻烦吗？

尽管在直觉上似乎事实很明显，但是研究证据却并不支持多元化一定会给雇主带来麻烦这样一种说法。早期的很多研究确实得出这样的结论，即多元化是一把"双刃剑”——更为具体地说，工作群体中的多元化一方面会产生更高质量的解决方案，另一方面也会削弱群体的凝聚力。[109]然而，对此类研究所做的最新回顾却很少有证据或没有证据支持这样一种观点，即多元化“对群体凝聚力和绩效有很大的影响”。[110]类似地，另一项研究也发现，“多元化对绩效几乎没有积极或消极的影响”。[111]

导致这种状况出现的原因是什么并不确定。或许是工作群体多元化对于群体凝聚力和绩效的影响被夸大了；也可能是“随着时间的推移，员工队伍多元化所产生的消极影响会逐渐减少，因为人们彼此之间已经开始互相了解对方”[112]；也或许是对多元化的测量方式不一致。对此，一个比较合理的结论是：如果其他所有的事情都做对了——雇用了正确的人并加以培训，公平地评价和奖励每一个人——那么，多元化的潜在消极影响就会逐渐消失。

2.6.1 多元化管理

多元化管理（managing diversity）意味着努力使多元化的潜在利益最大化（例如更强的文化意识以及更广泛的语言技能），同时最大限度地减少可能会对公司绩效产生损害的一些潜在障碍（比如成见和偏见）。[113]

立法机关和法院决定了很多“多元化管理”计划的性质和范围。例如，我们在本章中花了很大篇幅来说明，雇主为了最大限度地减少雇佣歧视而需要采取的各种法定强制措施。

但问题在于，尽管法定的强制性措施能够减少一些公开的多元化障碍，要想真正建立一支多元化的员工队伍，并且将其融合为一个紧密合作且富有高生产率的队伍，还需要付出更多的努力。简而言之，一项能够达成紧密融合目标的多元化管理计划，通常包括下列几个基本要素：

1. **提供强大的领导力**。在多元化管理方面具有极高声誉的公司通常都有认可多元化利益的首席执行官。他们都会立场鲜明地宣扬建设多元化员工队伍的必要性和优势，并且充当践行展现多元化行为的楷模，例如，公正无私地提拔员工。

2. **评价现状**。这种企业必须首先对自己在多元化管理方面的现状作出评价。具体来说，这包括弄清楚公司的员工队伍多元化水平如何；还有哪些与多元化相关问题亟待解决。这里可以使用的常用工具包括：公平就业雇佣与保留综合指标、员工态度调查、管理层与员工评价，以及焦点小组等。[114]

3. **提供多元化培训和教育**。如果对现状的评价揭示了一些亟须解决的问题，就需要制定一些改善计划了。这通常包括对员工的培训和教育——例如，让员工与培训专家探讨多元化的作用以及某些可能会破坏这种作用的行为与偏见。[115]多元化培训的目的在于让员工意识到重视差异性以及建立自尊的需要，并且在总体上为企业的多元化员工队伍创建一个更为舒畅和友好的环境。在创建多元化管理计划时，千万不要忽略那些很明显的问题。例如，用移民的母语来对他们进行培训会有助于他们对知识的学习和理解，并且确保他们会遵守公司安全方面的规章制度以及性骚扰政策，从而使他们更容易融入员工队伍。[116]

4. **改变文化和管理体制**。要想强化培训，管理层就需要首先用自己的实际行动来运用培训的内容。例如，通过改变奖金计划来激励管理人员来提高本部门员工的态度调查得分。管理人员对改变的抵制是一个潜在问题。一项对英国一家巨型零售商所做的调查发现，通常的多元化指导原则例如"认可个体差异并对其作出响应"可能会与管理人员公平对待每一位员工的意愿出现冲突。[117]

5. **评价多元化管理计划**。例如，现在的员工态度调查是否表明了员工对多元化的态度已经有所改善?

多元化管理的一个重点内容就是克服员工队伍融合的障碍——用一句通俗的话来说就是，将所有的员工"置于同一个屋檐下"。图2—7举例说明了克服融合障碍的一些策略，例如学习、了解其他人的文化，帮助全体员工更好地理解偏见产生的原因等。

融合战略	融合障碍
个人层面	
意识到阻碍重视多元化的偏见和其他障碍 了解其他文化及其群体 树立榜样——言行一致 参与多元化管理	刻板印象、偏见 过去的经验和影响 刻板的预期和感知 感觉更倾向于独处和与人隔离
人际关系层面	
以有利于多元化的方式进行沟通和相互作用 鼓励参与 分享自己的观点 为他人作出独特的贡献提供便利 以有利于多元化的方式解决冲突 为达成共识而承担责任	文化差异 群体差异 神话 建立在排斥基础上的关系模式
组织层面	
所有员工都能与少数族裔群体和焦点群体有接触 在多元化管理以及创造一个更加多元化的工作场所文化方面，所有的员工都扮演积极的角色 所有的员工被包含在为公司的经营成功作出贡献的核心圈子内 所用员工都向管理层提供反馈 鼓励所有的员工都为组织变革作出自己的贡献	刻意逃脱歧视和排斥的个体 重视或允许排斥他人的组织文化 具有歧视性和排他性的工作结构、政策以及实际做法

图2—7 克服融合障碍的各种策略

资料来源：Reprinted by permission from Managing Diversity by Norma Carr-Ruffino. Copyright © 2005 by Norma Carr-Rufino. By permission of Pearson Custom Publishing，a Pearson Education Company.

应当如何判断多元化管理计划是否有效呢？可以通过回答以下这些常识性问题来得出答案：

- 有没有女性和少数族裔员工直接向高层管理人员报告工作?
- 在那些有助于职业取得成功的传统的基础性工作中，女性和少数族裔员工是否得到了公平的对待?
- 女性和少数族裔员工有没有得到承担国际任务的公平机会?
- 雇主是否采取措施（包括提供职业发展机会等）来确保女性和少数族裔候选人进入公司的职业发展规划体系?
- 与白人男性管理人员的离职率相比，女性和少数族裔管理人员的离职率是差不多还是更低?[118]

2.6.2 实践中的员工队伍多元化

在实践中，雇主会利用各种手段来设计自己的员工队伍多元化计划。例如，巴克斯特保健护理公司（Baxter Healthcare）的多元化计划就开始于其采纳的这样一项强有力的政策："巴克斯特国际公司坚信，多元文化背景的员工队伍对于本公司在全世界领跑保健护理业是必不可少的。"巴克斯特公司在整个公司范围内推行这一理念，采取各种措施来促进员工队伍的多元化，并对此进行良好的管理。它采取的步骤包括：评价公司在多元化计划方面所付出的努力；招募少数族裔成员进入公司董事会；与有代表性的少数族裔群体及网络展开正式的交流与互动；实施多元化培训计划，等等。

其他企业在这方面的努力还包括为少数族裔员工组建"网络"。组建这一"网络"的目的在于，帮助少数族裔员工彼此之间进行更为方便的联系，提供对双方都有利的信息，提供社会支持以及导师指导，等等。[119]

IBM 公司专门创建了很多由少数族裔群体员工（例如女性和美国土著）组成的任务小组。在接下来的 10 多年时间里，这些少数族裔群体员工组成的任务小组扩展了 IBM 公司的多元文化市场。例如，一个这样的任务小组决定扩展 IBM 公司在多元文化以及女性掌控的企业中的市场。他们为达到此目标而采取的一部分做法是："向中小企业提供其急需的销售和服务支持——这些企业通常是在购买者主要是少数族裔和女性的狭窄市场上开展经营"。这种做法产生的结果是，在短短的 3 年时间内，这个市场的收入就从 1 000 万美元飙升到了 3 亿多美元。[120]这方面的另一个实例是，位于加利福尼亚州艾尔蒙特市的隆戈丰田公司，依靠自己的员工队伍多元化形成了自己的竞争优势。[121]这家公司有一个由 60 人组成的销售小组，该小组成员一共能说 20 多种语言。借助这种销售小组来为日益多元化的顾客群体提供服务，隆戈丰田公司就形成了自己的强有力的竞争优势。

有些企业通过采取积极的反歧视行动来促进员工队伍的多元化。积极的反歧视行动是指通过法律要求之外的努力来雇佣和晋升那些受保护群体中的劳动者，尤其是当这些群体的成员在公司员工队伍中的代表性不足时。接下来将重点谈谈这方面的问题。

2.6.3 公平就业机会与积极的反歧视行动

公平就业机会旨在保证所有的人，无论其种族、肤色、性别、宗教、国籍来源或年龄，都能凭着自身的任职资格得到平等的工作机会。积极的反歧视行动超出了公平就业机会的范畴，它要求雇主（主要是在招募、雇佣、晋升、薪酬等方面）采取行动来消除以往的歧视所产生的不良影响。

积极的反歧视行动仍然是今天的工作场所中存在的一个重要问题。由法院强制实施的大型反歧视行动计划已不常见，但法院依然会用到这种计划。此外，很多企业还必须加入自愿性的积极的反歧视计划。例如，美国总统第 11246 号行政命令（1965 年颁布）就要求联邦政府的承包商参与积极的反歧视行动计划，以增加女性和少数族裔等劳动者群体的受雇机会。第 11246 号行政命令的管辖范围包括 2 600 万名员工——这大约占美国全部员工人数的 22%。[122]

2.6.4 积极的反歧视行动计划的实施步骤

根据第11246号行政命令，积极的反歧视行动计划的主要目标是：第一，使用量化分析方法来确定，相对于相关劳动力市场来说，一家公司未能充分雇用的目标群体（如果有的话）是哪些；第二，消除实现公平就业的障碍。很多企业通过实施**善意努力战略**（good faith effort strategy）来达成这些目标，这种战略强调的是识别和消除在雇佣和晋升少数族裔和女性劳动者方面存在的障碍，提高少数族裔和女性劳动者的求职申请比率。在这方面需要采取的一些合理步骤如图2—8所示。

1. 发布一项书面的公平就业机会政策，表明公司是提供公平就业机会的雇主，并且公司承诺采取积极的反歧视行动。
2. 表明公司高层对公平就业机会政策的支持——例如，委任一名高层管理人员负责实施公平就业机会事务。
3. 在公司内部和外部公开承诺实施公平就业机会政策和积极的反歧视行动。
4. 根据部门和职位类别来调查公司当前少数族裔和女性员工的雇用状况，由此判断在哪些方面最需要实施积极的反歧视行动计划。
5. 仔细分析公司的人力资源管理实践，以确认和消除隐藏的障碍。
6. 通过审查、制定并实施具体的人力资源项目来提高女性和少数族裔劳动者的利用率。
7. 使用焦点招募的方式到目标人群中寻找合格的求职者。
8. 建立内部审计和报告制度来监测和评价公司在积极的反歧视行动计划方面取得的进展。
9. 在公司内部和所在社区两个层面获取对积极的反歧视行动计划的支持。

图2—8　积极的反歧视行动计划中包括的实施步骤

在线招募少数族裔员工　积极的反歧视行动计划可以采取的步骤之一是，到主要面向少数族裔劳动者的在线招募市场上张贴招募广告。例如，在线招募（Recruiting Online）列出了很多在线的多元化求职者资源（www.recruiting-online.com/course55.html）。带有职位库的多元化求职者网站则包括美国城市联盟（National Urban League）、西班牙裔在线（Hispanic Online）、拉丁裔网（Latino Web）、西班牙裔工程师学会（Society of Hispanic Engineers）、同性恋者网（Gay.com）、女性科学协会（Association for Women in Science）以及少数族裔职位库（Minorities Job Bank）等。

美国城市联盟（网址为www.nul.org）就是一个很好的例子。点击它的“职业中心”按钮，就会把你带到一个列有5种不同选择的页面：找工作、张贴招募广告、简历中心、工作代理人以及职业资源。“工作代理人”这一选项可以帮助需要找工作的人建立自己的工作档案。然后，网站就会搜索相对合适的雇主列表，如果找到了合适的对象，就会向求职者发送信息。

在推行积极的反歧视行动计划时，避免来自员工方面的抵制显得非常重要。一些研究建议，需要让现有的员工相信这个计划是公平的。透明的甄选程序（让大家对公司使用的甄选工具和标准有一个清楚的了解）会对此有所帮助。沟通交流也很重要。还要澄清一点：这个计划不含任何带有偏见性的甄选标准。此外，还需提供所有新员工（既包括少数族裔员工，也包括非少数族裔员工）的任职资格条件方面的详细信息。要证明这个计划的合理性，还应该重点强调改正过去的歧视行为，重视多元化的价值，而不是出现代表性不足的问题。[123]

2.6.5 通过人力资源管理信息系统提高生产率：衡量员工队伍的多元化

有很多方式可以衡量雇主在公平雇佣和多元化管理方面所取得的绩效。例如，这可能会包括每年公平就业机会委员会对公司提起的诉讼案件数量、与人力资源问题有关的诉讼所支出的成本、新建立的多元化员工群体的存续率与流失率。

即使是一家只有数百名员工的公司，要随时追踪这些衡量指标也是成本高昂的。人力资源管理软件是解决这一问题的好办法。一种名为“衡量多元化成果”的软件包为人力资源管理人员提供了很多与多元化相关的软件选择。这些软件旨在提高管理者需要处理的相关信息的准确度，并且降低收集和整合这些信息的成本。此外，这样的多元化管理软件包还可以让管理人员更为简便地计算相关的数据，例如，每一次多元化雇佣所产生的成本、员工队伍的总体状况指数、多元化员工群体中的自愿离职所产生的定量影响，以及替代每位员工所产生的直接和间接成本等。

2.6.6 逆向歧视

在美国的员工队伍越来越多元化的背景下，法院一直在努力实现雇佣中的配额（或实际配额）制，尤其是在出现了**逆向歧视**（reverse discrimination）（即针对非少数族裔求职者以及员工的歧视）这类指控的情况下。许多案件都涉及这个问题，但直到现在依然没有一个一致的答案。

逆向歧视的第一个也是最著名的一个案例是巴克对加利福尼亚大学负责人（Bakke v. Regents of the University of California，1978）的诉讼案。该大学的戴维斯医学院（Davis Medical School）拒绝录取一位白人学生阿伦·巴克（Allen Bakke），并且声称这是由于学院采取的积极的反歧视行动配额制度导致的——这一制度规定，必须将一定数量的招生名额留给少数族裔申请人。美国最高法院最终以 5∶4 的投票结果否决了该校的这种政策，即将种族作为确定申请人能否获准入学的唯一标准，从而允许巴克被录取入学。

巴克案之后又出现了其他很多逆向歧视案件。例如，2001 年 6 月，美国最高法院否决了得克萨斯州立法院的一项裁决，因为这项裁决允许该州的一所法学院根据一项积极的反歧视行动计划，对黑人和墨西哥裔申请者予以特殊的照顾，结果造成了对白人的歧视。2003 年，美国最高法院否决了密歇根大学基于配额的招生录取计划。2007 年 6 月，法院又否决了基于种族来安排学校（以及校车）的计划。[124]

2009 年 6 月，美国最高法院裁定了一起由康涅狄格州的消防员提出的逆向歧视诉讼案。在瑞奇诉德斯特法诺（Ricci v. DeStefano）一案中，19 名白人消防员和 1 名西班牙裔消防员声称，纽海文市本应当鉴于他们在测试中的优良成绩而对他们予以晋升，但该城市的市政府却宣称，如果根据测试成绩来决定晋升，市政府有可能会遭到来自少数族裔员工的起诉，即指控市政府违反了《民权法案》第七章的规定。[125]最终法院的最终裁决有利于（主要由白人组成的）原告。鉴于纽海文市想避免作出可能会对少数族裔员工造成不利影响的晋升决策，肯尼迪（Kennedy）法官写道："该城市拒绝采用测试结果作为晋升决策依据的唯一原因是，在测试中得高分的是白人。"观察者对此的一致看法是，这项裁决会让雇主更难以忽视通过具有较高效度的测试所得出的结果，即使测试结果会对少数族裔员工产生不成比例的影响。[126]

一些专家认为，自愿的反歧视行动计划可能会与 1991 年《民权法案》相冲突。[127]他们认为，1991 年颁布的《民权法案》可能会禁止雇主"在做雇佣决策时不考虑求职者作为少数族裔、少数种族或女性的身份"。[128]那么，这里的一个关键问题似乎就是，雇主应当同时重视从外部招募以及在内部开发更符合条件的少数族裔和女性员工，同时，"在作出雇佣决策时要基于一些合法的标准"。[129]

本章内容概要

1. 几部重要的公平就业机会方面的法案都是在 1964—1991 年期间通过的。

● 在这些法律中，1964 年《民权法案》第七章是最核心的部分。该法案禁止雇主根据种族、肤色、宗教、性别、国籍来源对员工实施歧视。根据该法案还建立了公平就业机会委员会，并且其适用范围覆盖了全国的大部分员工。

● 根据 1963 年《公平薪酬法》（1972 年进行过修订），对从事同等性质的工作、要求具有相同的技能、需要付出同等的努力，并且在类似条件下工作的男性和女性，不能加以区别对待，否则就是违法的。

● 1967 年通过的《反雇佣年龄歧视法》禁止歧视年龄处于 40～65 岁之间的员工或求职者。

● 1973 年颁布的《职业康复法》要求大多数与联邦政府签订合同的雇主在雇佣残疾人时采取积极的反歧视行动。

● 1978 年颁布的《反怀孕歧视法》禁止雇主在雇佣、晋升、停职、解雇或其他雇佣待遇或雇佣条件方面，对处于怀孕、分娩或相关医疗状况下的女性实施歧视。

● 公平就业机会委员会、公务员委员会、劳工部、司法部联合颁布了统一的指南，为员工甄选、档案记录和雇佣前询问等人力资源管理活动制定了一套"强烈推荐执行的"程序。

● 关于雇佣歧视方面的一个最重要的早期案例是格里戈斯诉杜克电力公司案。在该案件中，伯格大法官认为，一种歧视性的做法并不一定是明显违法的，一种涉嫌歧视的雇佣规则必须与工作相关。

2. 公平就业机会方面的法案不断发展演变，在 1990 年以后，有更多新的重要法案得以签署。

● 1991 年《民权法案》扭转了最高法院在公平就业机会方面的几项裁决所产生的影响，例如它强调，一旦原告提起涉嫌非法歧视的诉讼，雇主方负有举证的责任。

●《美国残疾人法》禁止对合格的残疾人实施雇佣歧视。而且还规定，在不至于对经营造成"不恰当的困难"的情况下，企业必须为精神或身体条件方面受到限制的员工提供"适当的便利"。

●《民权法案》第七章已经对工作场所中的性骚扰行为所具有的违法性作出了裁定，女性在面对（暴力）性骚扰时还可以寻求 1994 年通过的《联邦政府反女性暴力侵害法》的保护。一般而言，性骚扰是指明确或隐含地作为个人受到雇用的条款或条件强加的、不受被侵害者欢迎的性接触、性要求或其他口头或身体上的具有性意味的行为。举证性骚扰主要有三种方式：利益交换、上级主管人员制造的敌对性工作环境以及由同事或非员工制造的敌对性工作环境。

3. 雇主可以运用多种方式对面临的歧视诉讼进行辩护。在辩护时，雇主应当分清楚差别对待（蓄意歧视）和差别影响（尽管没有歧视意图，但造成了消极影响）两种不同的情况。歧视案件的原告一般会举出不同群体之间差距较大的被拒绝率、限制性的政策、人口比较，或者通过麦克唐纳-道格拉斯测试来证明消极影响确实存在。雇主则可以通过证明某种雇佣规则是一种真实职业资格（例如，性别对于模特这样的工作来说就是一种真实职业资格），雇主还能利用经营必需来为自己辩护，这就要求雇主能够证明自己的雇佣规则具有不可抗拒的业务经营目的需要。

4. 了解具有歧视性含义的雇佣政策很有必要。例如，在招募中，雇主不能再打出“招募——男性”这样的广告了，同时雇主还要确保教育水平要求对于求职者所要从事的工作来说是必需的。类似地，在晋升和调动方面，《公平薪酬法》规定，对于从事性质类似工作的男性和女性，应当支付相同水平的薪酬。

5. 所有的管理人员都在公平就业机会委员会的执法过程中扮演重要的角色。这个过程中的一些基本步骤包括：（原告）提出指控；公平就业机会委员会受理指控；向被告雇主发出通知；举行调查/取证会；查明指控成立的缘由存在或不存在；调解措施以及（如需要的话）发出起诉通知。公平就业机会委员会通常会把它受理的案件中的10%提交至自愿调解机制。

6. 随着员工队伍的日益多元化，多元化管理成为一种非常关键的管理技能。多元化管理意味着将实现多元化潜在优势的最大化，同时使其带来的潜在问题实现最小化。在典型的多元化管理中，主要的步骤包括：提供强有力的领导、评估员工队伍的多元化状况、提供多元化的培训和教育、改变文化和管理体系，以及评估多元化管理计划所取得的成果。积极的反歧视行动一般意味着采取行动消除过去的歧视行为对目前产生的不利影响。很多雇主还会采取自愿的善意努力战略来识别和消除在招募和晋升女性与少数族裔成员时遭遇的障碍，而有些雇主则只是按法院的强制要求行事。

讨论题

1. 列举《民权法案》第七章、《公平薪酬法》、《反怀孕歧视法案》、《美国残疾人法》和1991年《民权法案》的一些主要特征。

2. 格里戈斯诉杜克电力公司案创立的一个重要判例是什么？穆迪对雅宝纸业公司诉讼案创立的重要判例是什么？

3. 什么是消极影响？怎样能证明消极影响是存在的？

4. 什么是性骚扰？员工怎样才能证明自己遭遇了性骚扰？

5. 在面对涉嫌采取歧视性政策的指控时，可以运用的两个主要辩护理由是什么？它们的准确含义和内容是什么？

6. 差别对待和差别影响之间的区别是什么？

个人和小组活动

1. 以个人或小组为单位，根据在第2章中学到内容，对以下三个场景作出反应：你们认为在什么条件下（如果有的话），以下情节已构成性骚扰？其一，一位女性管理人员解雇了一名男员工，因为其拒绝了她的性要求；其二，一位男性管理人员用“亲爱的”、“宝贝”等称呼女员工；其三，一位女员工无意中听见两位男员工在说与性有关的笑话。

2. 以个人或小组为单位讨论你（们）如何制定一项积极的反歧视行动计划。

3. 对比巴克案中反映出来的一些问题以及法院对积极的反歧视行动所做的一些最新裁决。以个人或小组为单位讨论积极的反歧视行动的最新发展方向。

4. 以个人或小组为单位，写一篇题为“公平就业机会委员会如何处理一个人提出的歧视指控”的文章。

5. 说明积极的反歧视行动与公平就业机会之间的区别。

6. 假设你是一家小餐馆的经理，你负责雇用和指导下属员工，并提出关于员工晋升的建议和意见。以个人或小组为单位编制一份你认为应当注意避免的歧视性管理行为清单。

7. 本书末附录中的美国人力资源认证机构提供的“考试指南”部分，列出了想要通过人力资源资格认证考试的人需要了解的各个方面的人力资源管理知识（例如战略人力资源管理、员工队伍规划、人力资源开发等）。请以4～5人为一组，完成下列四项任务：（1）浏览该附录中的内容；（2）明确在本章所讲授的内容中有哪些与附录中列出的需要参加考试者掌握的知识是相关的；（3）根据这些与考试相关的内容，编写出你们认为适合作为这种人力资源认证资格考试考试题的4道多项选择题；（4）如果时间允许的话，你们小组派出一个人将你们编写的考试题在课堂上展示给大家，这样各个小组的学生就能够回答其他小组编写的考试题了。

体验式练习

“古怪者”还是受害者?

歧视诉讼很少属于简单的案件，因为雇主常常会说员工被解雇不是因为歧视，而是因为他们工作绩效太差。因此，在这种情况下，通常会存在一种“混合动机”要素。下面的案例（伯克诉加利福尼亚州房地产协会案，加利福尼亚州上诉法庭，161513号，未公开，2003年12月12日）正是这样一种情况。具体的事实是这样的：加利福尼亚州房地产协会有一条专门向房地产经纪人提供法律咨询的热线。在代表该协会接听热线的12位律师中，有一位61岁的加利福尼亚州律师，此人从1989—2000年一直在该协会中工作。在1996年之前，他的工作表现得到了很多好评，并且他的薪酬也在不断增加。而在那一年之后，该协会的很多会员开始抱怨他所提供的咨询建议不佳。他的主管人员也让他以后注意提供更为周到和全面的咨询建议。

两年之后，该协会的会员仍在抱怨此人。而且，拨打协会热线并由这位律师接听电话的会员常抱怨说，他是一位“古怪者”、“无能者”和“混蛋”。随后，这位律师的主管人员找最近接受过他提供的咨询建议的6位会员了解情况，其中5个人说他们（在与此人打交道的过程中）有很糟糕的经历。于是，该协会就解雇了这名61岁的律师，理由是他对该协会的会员服务不周，并且向他们提供了不恰当的法律咨询服务。

这位61岁的老律师对协会提出了控诉，指出他被解雇的原因与他的年龄有关。此外，为了支持他的观点，他还说，他的一位同事曾经告诉他，他“可能将要退休了”，并且另一位同事也曾告诉他，他和另外一个同事都“变得越来越老了”。上诉法院必须判断出，该协会解雇这位61岁的老律师的真正原因到底是年龄问题，还是工作绩效问题。

目的：该练习的目的是为大家提供一个通过分析和应用公平就业机会法方面的知识来解决实际问题的实践机会。

必须理解的内容：全面系统地熟悉本章中讲述的内容；此外，还要阅读该体验式练习中提供的“古怪者”案例。

如何进行练习/指导：

1. 以 3 人或 5 人为一个小组进行此项练习。

2. 每个小组都应该回答以下 5 个问题：

a. 基于本章所学的内容，这位 61 岁的加利福尼亚州律师可以基于怎样的法律依据来声称自己是歧视的受害者？

b. 雇主在解雇这位 61 岁的老律师时所依据的很显然是哪些法律规定和法律概念呢？

c. 根据哪些法律规定和法律规律可以采取下列立场：即使存在歧视方面的因素，由于某位员工的绩效不佳而对其予以解雇仍然是合法的？（当然，这个问题并不是说在这个案例中一定存在这种歧视因素。）

d. 如果你是处理此案件的法官，你的判决会是什么？为什么要作出这样的判决？

e. 下面是法院的判决书，在完成练习之前，请勿阅读以下内容。

在此案件中，加利福尼亚州上诉法院作出如下判决：“从现有的证据中可以得出的唯一推论是：原告被开除仅仅是因为他不能完全胜任工作，即不能再为拨打热线者提供全面、准确、周到的法律咨询服务。”

资料来源：“On Appeal，Hotheaded Hotline Lawyer Loses Age，Disability Discrimination Claims，” *BNA Human Resources Report*，January 12，2004，p. 17.

应用案例

行动中的人力资源管理事件一：职业球队中的性骚扰指控

在纽约尼克斯篮球队前高层管理人员提起的性骚扰案审理过程中，陪审团要求被告向受害者支付 1 100 多万美元的惩罚性损害赔偿金。陪审团是在听证了《纽约时报》所称的“肮脏的四周审讯”之后作出这项决定的。麦迪逊广场花园（Madison Square Garden）（纽约尼克斯篮球队的所有者）的官员表示他们将上诉。然而，即使他们能够成功地上诉（尽管里士满大学法学院的一位教授说这种情况不大可能发生），该案件仍然会对该球队及其管理层声誉不利。

这起联邦诉讼案使负责纽约尼克斯队市场营销和业务运营的高级副总裁安查·布朗恩·桑德斯（曾是西北大学的篮球明星）与球队老板戈登和总裁伊赛亚·托马斯之间变得势不两立。该案件指控后两位存在性别歧视和报复行为。桑德斯夫人指控托马斯先生在长达两年的时间里对她存在言语上的辱骂和性骚扰。她说，当她向高层主管人员抱怨托马斯先生对她进行性骚扰的行为时，麦迪逊广场花园在一个月后就解雇了她。她说：“我对托马斯先生对我进行非法冒犯的行为所做的陈述和抱怨被置若罔闻。”在审判过程中，麦迪逊广场花园引述了许多关于此次解雇决定的解释，说明解雇她的原因是她“没有履行好自己的工作职责”。在新闻发布会上，桑德斯说：“托马斯并不想停止他的下流和令人厌恶的行为，而且，戈登拒绝从中调解。”托马斯则据理力争，说自己是无辜的，并且说：“我不会允许任何人把我当成他们获取经济利益的工具，无论这个人是男人还是女人。”根据一份判决报告，桑德斯关于性骚扰和言辞辱骂的控诉并没有足够的证人来佐证，但与此同时，麦迪逊广场花园关于她工作表现不佳的说法也没有得到充足的证据证实。当陪审团的判决作出之后，桑德斯的律师说：“这个判决证实了我们一直坚持的说法，即桑德斯受到过性骚扰，并且因为抱怨此事而被解雇。”麦迪逊广场花园则说，从某种程度上说，“我们期待着向上诉法院呈上我们的论据，并相信法官会认同我们的观点——并没有发生过性骚扰”。

[问题]

1. 你认为布朗恩·桑德斯夫人有提起性

骚扰控诉的法律依据吗？为什么？

2. 就你对此案件的了解，你认为陪审团作出了正确的决定吗？如果没有作出正确的裁决，原因是什么呢？如果作出了正确的裁决，又为什么呢？

3. 基于你所知道的这些事实，你认为麦迪逊广场花园的管理层可以采取哪些措施来避免公司为此事件负责？

4. 如果你是麦迪逊广场花园的高层管理者，除了提出上诉，你还会采取什么措施？

5. "在此案件中，对麦迪逊广场花园的指控实际上反映了雇主行为所具有的伦理问题。"请阐述你是否同意此说法，并陈述理由。

资料来源："Jury Awards ＄11.6 Million to Former Executive of Pro Basketball Team in Harassment Case," *BNA Bulletin to Management*, October 9, 2007, p. 323; Richard Sandomir, "Jury Finds Knicks and Coach Harassed a Former Executive," *The New York Times*, www.nytimes.com/2007/10/03/sports/basketball/03garden.html? em&ex=1191556800&en=41d47437f805290d&ei=5087%0A, accessed November 31, 2007; "Thomas Defiant in Face of Harassment Claims," espn.com, accessed November 31, 2007.

连续案例

卡特洗衣公司

一个有关歧视的问题

詹妮弗在父亲的公司中面临的第一个问题就是，公司现有的人力资源管理方法和程序存在很多不足。

她最担心的一个问题是，公司缺乏对公平就业问题的关注。每家店面的经理基本上都独自处理所有与雇佣有关的问题；然而，这些经理并没有受过关于如何招募员工的基本训练，例如，在面试过程中有哪些问题不该问，等等。因此，下面这种情形并不少见——经理常常会向女性求职者提这样的问题："你在上班的时候，孩子由谁照顾啊？"此外，少数族裔求职者还会被问及拘捕记录和信用历史方面的问题。事实上，这似乎已经成为一种惯例。而詹妮弗在与各店经理——顺便说一下，三家店面的经理是白人男性，另外三家店面的经理是白人女性——访谈后得知，非少数族裔的求职者不会被问到这些问题。在与父亲讨论之后，詹妮弗得出这样的结论：公司对于公平就业问题毫不重视的态度是出于两个方面的原因：其一，她父亲缺乏对这方面法律知识的了解；其二，正如杰克·卡特所说："事实上，我们雇用的几乎所有的人都是女性或少数族裔员工，所以不会有人来指控我们存在歧视行为的，难道不是吗？"

詹妮弗决定好好思考一下这个问题，但在此之前，她还面临两个与公平雇佣相关的严重问题。在公司的一个店面中，有两位女员工曾私下向詹妮弗倾诉说，她们的经理曾对她们做出了一些令人讨厌的性挑逗行为，其中一位女员工还说，她的经理曾以解雇她相威胁，逼迫她在几个小时后"顺从"他。而且，在调查取证的过程中，一位73岁的男员工还抱怨说，尽管他有近50年的从业经验，但是他所得到的薪水却比从事相同工作且年龄比他小一半的员工要少。詹妮弗对这些店面的审查引出了下列问题。

[问题]

1. 杰克·卡特的观点是，由于他们公司雇佣的大多数员工都是女性和少数族裔，所以他们公司不会受到雇佣歧视方面的指控。这种说法正确吗？

2. 詹妮弗和公司应当怎样处理性骚扰指控及与其相关的问题？

3. 詹妮弗和公司应当怎样解决可能存在的年龄歧视问题？

4. 鉴于公司的每家店面都只有为数不多的几名员工，该公司是否属于平等权利法律管辖的范畴？

5. 最后，如果公司需要遵守平等权利方

面的法律，那么，除了要审查上述这些具体问题之外，还应该审查其他哪些人事管理政策（如求职申请表、培训等）呢？

注释

[1] Plaintiffs still bring equal employment claims under the Civil Rights Act of 1866. For example, in 2008 the U.S. Supreme Court held that the act prohibits retaliation against someone who complains of discrimination against others when contract rights (in this case, an employment agreement) are at stake. Charles Louderback, "U.S. Supreme Court Decisions Expand Employees' Ability to Bring Retaliation Claims," *Compensation & Benefits Review*, September/October 2008, p. 52.

[2] Based on or quoted from *Principles of Employment Discrimination Law*, International Association of Official Human Rights Agencies, Washington, DC. See also Bruce Feldacker, *Labor Guide to Labor Law* (Upper Saddle River, NJ: Prentice Hall, 2000); "EEOC Attorneys Highlight How Employers Can Better Their Nondiscrimination Practices," *BNA Bulletin to Management*, July 20, 2008, p. 233; and www.eeoc.gov, accessed June 27, 2009. Employment discrimination law is a changing field, and the appropriateness of the rules, guidelines, and conclusions in this chapter and book may also be affected by factors unique to the employer's operation. They should be reviewed by the employer's attorney before implementation.

[3] Individuals may file under the Equal Employment Act of 1972.

[4] "The Employer Should Validate Hiring Tests to Withstand EEOC Scrutiny, Officials Advise," *BNA Bulletin to Management*, April 1, 2008, p. 107.

[5] "High Court: ADEA Does Not Protect Younger Workers Treated Worse Than Their Elders," *BNA Bulletin to Management* 55, no. 10 (March 4, 2004), pp. 73–80. See also D. Aaron Lacy, "You Are Not Quite as Old as You Think: Making the Case for Reverse Age Discrimination Under the ADEA," *Berkeley Journal of Employment and Labor Law* 26, no. 2 (2005), pp. 363–403; and Nancy Ursel and Marjorie Armstrong-Stassen, "How Age Discrimination in Employment Affects Stockholders," *Journal of Labor Research* 17, no. 1 (Winter 2006), pp. 89–99.

[6] "Google Exec Can Pursue Claim," *BNA Bulletin to Management*, October 20, 2007, p. 342.

[7] Lawrence Kleiman and David Denton, "Downsizing: Nine Steps to ADA Compliance," *Employment Relations Today* 27, no. 3 (Autumn 2000), pp. 37–45.

[8] The U.S. Supreme Court ruled in *California Federal Savings and Loan Association v. Guerra* that if an employer offers no disability leave to any of its employees, it can (but need not) grant pregnancy leave to a woman disabled for pregnancy, childbirth, or a related medical condition.

[9] John Kohl, Milton Mayfield, and Jacqueline Mayfield, "Recent Trends in Pregnancy Discrimination Law," *Business Horizons* 48, no. 5 (September 2005), pp. 421–429.

[10] Nancy Woodward, "Pregnancy Discrimination Grows," *HR Magazine*, July 2005, p. 79.

[11] www.uniformguidelines.com/uniformguidelines.html, accessed November 23, 2007.

[12] *Griggs v. Duke Power Company*, 3FEP cases 175.

[13] This is applicable only to Title VII and CRA 91; other statutes require intent.

[14] James Ledvinka, *Federal Regulation of Personnel and Human Resources Management* (Boston: Kent, 1982), p. 41.

[15] Bruce Feldacker, *Labor Guide to Labor Law* (Upper Saddle River, NJ: Prentice Hall, 2000), p. 513.

[16] "The Eleventh Circuit Explains Disparate Impact, Disparate Treatment," *BNA Fair Employment Practices*, August 17, 2000, p. 102. See also Kenneth York, "Disparate Results in Adverse Impact Tests: The 4/5ths Rule and the Chi Square Test," *Public Personnel Management* 31, no. 2 (Summer 2002), pp. 253–262.

[17] We'll see that the process of filing a discrimination charge goes something like this: The plaintiff (say, a rejected applicant) demonstrates that an employment practice (such as a test) has a disparate (or "adverse") impact on a particular group. *Disparate impact* means that an employer engages in an employment practice or policy that has a greater adverse impact [effect] on the members of a protected group under Title VII than on other employees, regardless of intent. (Requiring a college degree for a job would have an adverse impact on some minority groups, for instance.) Disparate impact claims do *not* require proof of discriminatory intent. Instead, the plaintiff's burden is to show two things. First, he or she must show that a significant disparity exists between the proportion of (say) women in the available labor pool and the proportion hired. Second, he or she must show that an apparently neutral employment practice, such as word-of-mouth advertising or a requirement that the jobholder "be able to lift 100 pounds," is causing the disparity.

Then, once the plaintiff fulfills his or her burden of showing such disparate impact, the *employer* has the heavier burden of proving that the challenged practice is job related. For example, the employer has to show that lifting 100 pounds is actually required for effectively performing the position in question, and that the business could not run efficiently without the requirement—that it is a business necessity.

[18] Commerce Clearing House, "House and Senate Pass Civil Rights Compromise by Wide Margin," *Ideas and Trends in Personnel*, November 13, 1991, p. 179.

[19] www.eeoc.gov/policy/cra91.html, accessed November 11, 2007.

[20] Mark Kobata, "The Civil Rights Act of 1991," *Personnel Journal*, March 1992, p. 48.

[21] Plaintiffs in such so-called "mixed motive" cases soon gained further advantage from the Supreme Court decision in *Desert Palace Inc. v. Costa*. Here, the Court decided that the plaintiff, a warehouse worker, did not have to provide evidence of explicitly discriminatory conduct (such as discriminatory employer statements). He only had to provide circumstantial evidence (such as lowered performance evaluations) to prove the mixed motive case. See, for example, Margaret Clark, "Direct Discrimination Evidence Not Needed in Mixed Motive Case," *HR Magazine*, July 2003, pp. 25–26.

[22] Elliot H. Shaller and Dean Rosen, "A Guide to the EEOC's Final Regulations on the Americans with Disabilities Act," *Employee Relations Law Journal* 17, no. 3 (Winter 1991–1992), pp. 405–430; and www.eeoc.gov/ada, accessed November 20, 2007.

[23] "ADA: Simple Common Sense Principles," *BNA Fair Employment Practices*, June 4, 1992, p. 63.

[24] Shaller and Rosen, "A Guide to the EEOC's Final Regulations," p. 408. See also James McDonald Jr., "The Rise of Psychological Issues in Employment Law," *Employee Relations Law Journal* 25, no. 3 (Winter 1999), pp. 85–97.

[25] Ibid., p. 409.

[26] James McDonald Jr., "The Americans with Difficult Personalities Act," *Employee Relations Law Journal* 25, no. 4 (Spring 2000), pp. 93–107.

[27] "EEOC Guidance on Dealing with Intellectual Disabilities," *Workforce Management*, March 2005, p. 16.

[28] M. P. McQueen, "Workplace Disabilities Are on the Rise," *The Wall Street Journal*, May 1, 2007, p. A1.

[29] "No Sitting for Store Greeter," *BNA Fair Employment Practices*, December 14, 1995, p. 150.

[30] For example, a U.S. circuit court recently found that a depressed former kidney dialysis technician could not claim ADA discrimination after the employer fired him for attendance problems. The court said he could not meet the essential job function of predictably coming to work. "Depressed Worker Lacks ADA Claim, Court Decides," *BNA Bulletin to Management*, December 18, 2007, p. 406. See also www.eeoc.gov/press/5-10-01-b.html, accessed January 8, 2008.

[31] "Odds Against Getting Even Are Long in ADA Cases," *BNA Bulletin to Management*, August 20, 2000, p. 229; and "Determining Employers' Responsibilities Under ADA," *BNA Fair Employment Practices*, May 16, 1996, p. 57. See also Barbara Lee, "The Implications of ADA Litigation for Employers: A Review of Federal Appellate Court Decisions," *Human Resource Management* 40, no. 1 (Spring 2001), pp. 35–50.

[32] *Palmer v. Circuit Court of Cook County, Illinois*, c7#95–3659, 6/26/97; reviewed in "No Accommodation for Violent Employee," *BNA Fair Employment Practices*, July 10, 1997, p. 79. This general rule may not apply under all circumstances. For example, a recent EEOC update suggests that employers may have to accommodate a disruptive employee who has a military-connected posttraumatic stress disorder. "EEOC Letter Addresses ADA Implications of PTSD, Medical Exams," *BNA Bulletin to Management*, June 3, 2008, p. 183.

[33] "Blind Bartender Not Qualified for Job, Court Says in Dismissing Americans with Disabilities Act Claim," *BNA Fair Employment Practices*, February 4, 1999, p. 17.

[34] *Toyota Motor Manufacturing of Kentucky, Inc. v. Williams.*

[35] "Supreme Court Says Manual Task Limitation Needs Both Daily Living, Workplace Impact," *BNA Fair Employment Practices*, January 17, 2002, p. 8.

[36] Lawrence Postol, "ADAAA Will Result in Renewed Emphasis on Reasonable Accommodations," *Society for Human Resource Management Legal Report*, January 2009, pp. 1–3.

[37] Mark Lengnick-Hall et al., "Overlooked and Underutilized: People with Disabilities Are an Untapped Human Resource," *Human Resource Management* 47, no. 2 (Summer 2008), pp. 255–273.

[38] Susan Wells, "Counting on Workers with Disabilities," *HR Magazine*, April 2008, p. 45.

[39] www.eeoc.gov/press/2-25-09.html, accessed April 3, 2009.

[40] James Ledvinka and Robert Gatewood, "EEO Issues with Preemployment Inquiries," *Personnel Administrator* 22, no. 2 (February 1997), pp. 22–26.

[41] Larry Drake and Rachel Moskowitz, "Your Rights in the Workplace," *Occupational Outlook Quarterly* (Summer 1997), pp. 19–29.

[42] Richard Wiener et al., "The Fit and Implementation of Sexual Harassment Law to Workplace Evaluations," *Journal of Applied Psychology* 87, no. 4 (2002), pp. 747–764. The Michigan Court of Appeals recently ruled that a male Ford Motor Company employee who claimed a male coworker sexually harassed him could proceed with his claim. "State Court Allows Same-Sex Harassment Case to Proceed," *BNA Bulletin to Management*, November 20, 2007, p. 382.

[43] www.eeoc.gov/types/sexual_harassment.html, accessed April 24, 2009.

[44] Jennifer Berdahl and Celia Moore, "Workplace Harassment: Double Jeopardy for Minority Women," *Journal of Applied Psychology* 91, no. 2 (2006), pp. 426–436.

[45] Patricia Linenberger and Timothy Keaveny, "Sexual Harassment: The Employer's Legal Obligations," *Personnel* 58 (November/December 1981), p. 64.

[46] Edward Felsenthal, "Justice's Ruling Further Defines Sexual Harassment," *The Wall Street Journal*, March 5, 1998, p. B5.

[47] Hilary Gettman and Michele Gelfand, "When the Customer Shouldn't Be King: Antecedents and Consequences of Sexual Harassment by Clients and Customers," *Journal of Applied Psychology* 92, no. 3 (2007), pp. 757–770.

[48] See the discussion in "Examining Unwelcome Conduct in a Sexual Harassment Claim," *BNA Fair Employment Practices*, October 19, 1995, p. 124. See also Michael Zugelder et al., "An Affirmative Defense to Sexual Harassment by Managers and Supervisors: Analyzing Employer Liability and Protecting Employee Rights in the U.S.," *Employee Responsibilities and Rights* 18, no. 2 (2006), pp. 111–122.

[49] Ibid., "Examining Unwelcome Conduct in a Sexual Harassment Claim," p. 124.

[50] For example, a server/bartender recently filed a sexual harassment claim against Chili's Bar & Grill. She claimed that her former boyfriend, also a restaurant employee, had harassed her. The court ruled that the restaurant's prompt response warranted ruling in favor of it. "Ex-Boyfriend Harassed, but Employer Acted Promptly," *BNA Bulletin to Management*, January 8, 2008, p. 14.

[51] See Mindy D. Bergman et al., "The (Un)reasonableness of Reporting: Antecedents and Consequences of Reporting Sexual Harassment," *Journal of Applied Psychology* 87, no. 2 (2002), pp. 230–242. See also Kirk Turner and Christopher Thrutchley, "Employment Law and Practices Training: No Longer the Exception—It's the Rule," *Society for Human Resource Management Legal Report* (July–August 2002), pp. 1–2.

[52] See the discussion in "Examining Unwelcome Conduct in a Sexual Harassment Claim," *BNA Fair Employment Practices*, October 19, 1995, p. 124. See also Molly Bowers et al., "Just Cause in the Arbitration of Sexual Harassment Cases," *Dispute Resolution Journal* 55, no. 4 (November 2000), pp. 40–55.

[53] In fact, this apparently is common. Alleged harassers often say, "Yes, I did it, but . . . " and then explain they meant no harm. However, intent is usually not the issue to the court. The issues are, was the conduct unwelcome and objectively offensive to a reasonable person? Jonathan Segal, "I Did It, but . . . : Employees May Be as Innocent as They Say, but Still Guilty of Harassment," *HR Magazine*, March 2008, p. 91.

[54] Maria Rotundo et al., "A Meta-Analytic Review of Gender Differences in Perceptions of Sexual Harassment," *Journal of Applied Psychology* 86, no. 5 (2001), pp. 914–922. See also Nathan Bowling and Terry Beehr, "Workplace Harassment from the Victim's Perspective: A Theoretical Model and Meta Analysis," *Journal of Applied Psychology* 91, no. 5 (2006), pp. 998–1012.

[55] Jathan Janov, "Sexual Harassment and the Three Big Surprises," *HR Magazine* 46, no. 11 (November 2001), p. 123ff. California mandates sexual harassment prevention training for supervisors. See "California Clarifies Training Law; Employers Take Note," *BNA Bulletin to Management*, November 20, 2007, p. 375.

[56] Lilia Cortina and S. Arzu Wasti, "Profiles in Coping: Response to Sexual Harassment Across Persons, Organizations, and Cultures," *Journal of Applied Psychology* 90, no. 1 (2005), pp. 182–192.

[57] "We're a Multinational Corporation with U.S. Citizens Working in Several Countries. Do Laws Such as the Fair Labor Standards Act or the Family and Medical Leave Act Apply to Them?" *HR Magazine*, February 2008, p. 333.

[58] Based on Gregory Baxter, "Over There: Enforcing the 1991 Civil Rights Act Abroad," *Employee Relations Law Journal* 1, no. 2 (Autumn 1993), pp. 257–266.

[59] "Expansion of Employment Laws Abroad Impacts U.S. Employers, " *BNA Bulletin to Management*, April 11, 2006, p. 119; Richard Posthuma, Mark Roehling, and Michael

Campion, "Applying U.S. Employment Discrimination Laws to International Employers: Advice for Scientists and Practitioners," *Personnel Psychology*, 2006, 59, pp. 705–739.

[60] Guidelines based on Richard Posthuma et al., "Applying U.S. Employment Discrimination Laws to International Employees: Advice for Scientists and Practitioners," *Personnel Psychology* 59 (2006), p. 710. Reprinted by permission of Wiley Blackwell.

[61] John Moran, *Employment Law* (Upper Saddle River, NJ: Prentice Hall, 1997), p. 166.

[62] "The Eleventh Circuit Explains Disparate Impact, Disparate Treatment," p. 102.

[63] Moran, *Employment Law*, p. 168.

[64] John Klinefelter and James Thompkins, "Adverse Impact in Employment Selection," *Public Personnel Management*, May/June 1976, pp. 199–204.

[65] One study found that using the 4/5ths rule often resulted in false-positive ratings of adverse impact, and that incorporating tests of statistical significance could improve the accuracy of applying the 4/5ths rule. See Philip Roth, Philip Bobko, and Fred Switzer, "Modeling the Behavior of the 4/5ths Rule for Determining Adverse Impact: Reasons for Caution," *Journal of Applied Psychology* 91, no. 3 (2006), pp. 507–522.

[66] The ADEA does not just protect against intentional discrimination (disparate treatment). Under a recent Supreme Court decision (*Smith v. Jackson*, Miss., 2005), it also covers employer practices that seem neutral but that actually bear more heavily on older workers (disparate impact). "Employees Need Not Show Intentional Bias to Bring Claims Under ADEA, High Court Says," *BNA Bulletin to Management* 56, no. 14 (April 5, 2005), p. 105.

[67] The Fair Treatment for Experienced Pilots Act raised commercial pilots' mandatory retirement age from 60 to 65 in 2008. Allen Smith, "Congress Gives Older Pilots a Reprieve," *HR Magazine*, February 2008, p. 24.

[68] *Usery v. Tamiami Trail Tours*, 12FEP cases 1233.

[69] Alternatively, an employer faced with an age discrimination claim may raise the FOA (factors other than age) defense. Here, it argues that its actions were "reasonable" based on some factor other than age, such as the terminated person's poor performance.

[70] Ledvinka, *Federal Regulation*.

[71] Howard Anderson and Michael Levin-Epstein, *Primer of Equal Employment Opportunity* (Washington, DC: The Bureau of National Affairs, 1982), pp. 13–14.

[72] *U.S. v. Bethlehem Steel Company*, 3FEP cases 589.

[73] *Robinson v. Lorillard Corporation*, 3FEP cases 653.

[74] *Spurlock v. United Airlines*, 5FEP cases 17.

[75] Anderson and Levin-Epstein, *Primer of Equal Employment Opportunity*, p. 14.

[76] This isn't ironclad, however. For example, the U.S. Supreme Court, in *Stotts*, held that a court cannot require retention of black employees hired under a court's consent decree in preference to higher-seniority white employees who were protected by a bona fide seniority system. It's unclear whether this decision also extends to personnel decisions not governed by seniority systems. *Firefighters Local 1784 v. Stotts* (*BNA*, April 14, 1985).

[77] Ledvinka and Gatewood, "EEO Issues with Preemployment Inquiries," pp. 22–26.

[78] Ibid.

[79] "Eighth Circuit OKs $3.4 Million EEOC Verdict Relating to Pre-Hire Strength Testing Rules," *BNA Bulletin to Management*, November 28, 2006, p. 377.

[80] Svetlana Shkolnikova, "Weight Discrimination Could Be as Common as Racial Bias," www.usatoday.com/news/health/weightloss/2008-05-20-overweight-bias_N.htm, accessed January 21, 2009.

[81] Jenessa Shapiro et al., "Expectations of Obese Trainees: How Stigmatized Trainee Characteristics Influence Training Effectiveness," *Journal of Applied Psychology* 92, no. 1 (2007), pp. 239–249. See also Lisa Finkelstein et al., "Bias Against Overweight Job Applicants: Further Explanations of When and Why," *Human Resource Management* 46, no. 2 (Summer 2007), pp. 203–222.

[82] "EEOC Weighs Guidance on Use of Criminal Records in Hiring," *BNA Bulletin to Management*, November 20, 2008, p. 383.

[83] See for example, http://www.eeoc.gov/policy/docs/guidance-inquiries.html, accessed June 28, 2009.

[84] Lynn Bennington and Ruth Wein, "Aiding and Abetting Employer Discrimination: The Job Applicant's Role," *Employer Responsibilities and Rights* 14, no. 1 (March 2002), pp. 3–16.

[85] This is based on *BNA Fair Employment Practices*, April 13, 1989, pp. 45–47.

[86] Eric Matusewitch, "Tailor Your Dress Codes," *Personnel Journal* 68, no. 2 (February 1989), pp. 86–91; Matthew Miklave, "Sorting Out a Claim of Bias," *Workforce* 80, no. 6 (June 2001), pp. 102–103.

[87] Kenneth Sovereign, *Personnel Law*, 4th edition (Upper Saddle River, NJ: Prentice Hall, 1999), p. 220.

[88] Prudent employers often purchase employment practices liability insurance to insure against some or all of the expenses involved with defending against discrimination, sexual harassment, and wrongful termination–type claims. Antone Melton-Meaux, "Maximizing Employment Practices Liability Insurance Coverage," *Compensation & Benefits Review*, May/June 2008, pp. 55–59.

[89] In 2007, the U.S. Supreme Court, in *Ledbetter v. Goodyear Tire & Rubber Company*, held that employees claiming Title VII pay discrimination must file their claims within 180 days of when they first receive the allegedly discriminatory pay. As of 2009, Congress was working to formulate new legislation enabling employees to file claims anytime, as long as the person was still receiving an "infected" paycheck.

[90] Litigants must watch the clock. In an equal pay decision, the U.S. Supreme Court held (in *Ledbetter v. Goodyear Tire & Rubber Company*) that the employee must file a complaint within 180 (or 300) days of the employer's decision to pay the allegedly unfair wage. The clock starts with that first pay decision, not with the subsequent paychecks that the employee receives. "Justices Rule 5–4 Claim-Filing Period Applies to Pay Decision, Not Subsequent Paycheck," *BNA Bulletin to Management* 58, no. 23 (June 5, 2007), pp. 177–184.

[91] "EEOC Charges Pace Climbed to Record High During Fiscal 2008," *BNA Bulletin to Management*, December 2, 2008, p. 389.

[92] If the charge was filed initially with a state or local agency within 180 days after the alleged unlawful practice occurred, the charge may then be filed with the EEOC within 30 days after the practice occurred or within 30 days after the person received notice that the state or local agency has ended its proceedings.

[93] "EEOC Turning Attention to Broader Cases," *Workforce Management*, April 24, 2006, p. 6; "EEOC's Focus on Systemic Cases Increases Need for Preventing Bias," *BNA Human Resources Report*, May 22, 2006, p. 533.

[94] Jonathan Segal, "Land Executives, Not Lawsuits," *HR Magazine* 51, no. 10 (October 2006), pp. 123–130.

[95] Mark Schoeff, Jr., "Walgreens Suit Reflects EEOC's Latest Strategies," *Workforce Management*, March 20, 2007, p. 8.

[96] www.eeoc.gov/mediate/facts.html, accessed June 29, 2009.

[97] "EEOC's New Nationwide Mediation Plan Offers Option of Informal Settlements," *BNA Fair Employment Practices*, February 18, 1999, p. 21.

[98] Kathryn Tyler, "Mediating a Better Outcome," *HR Magazine*, November 2007, pp. 63–66.

[99] "EEOC Has 18 Nationwide, 300 Local Accords with Employers to Mediate Job Bias Claims Charges," *BNA Human Resources Report*, October 13, 2003, p. H-081.

[100] Timothy Bland, "Sealed Without a Kiss," *HR Magazine*, October 2000, pp. 85–92.

[101] Stuart Bompey and Michael Pappas, "Is There a Better Way? Compulsory Arbitration of Employment Discrimination Claims After Gilmer," *Employee Relations Law Journal* 19, no. 3 (Winter 1993–1994), pp. 197–216.

[102] These are based on ibid., pp. 210–211.

[103] Ibid.

[104] Ibid., p. 210.

[105] David Nye, "When the Fired Fight Back," *Across-the-Board*, June 1995, pp. 31–34.

[106] "EEOC Opposes Mandatory Arbitration," *BNA Fair Employment Practices*, July 24, 1997, p. 85.

[107] Michael Carrell and Everett Mann, "Defining Work-Force Diversity in Public Sector Organizations," *Public Personnel Management* 24, no. 1 (Spring 1995), pp. 99–111. See also Richard Koonce, "Redefining Diversity," *Training and Development Journal*, December 2001, pp. 22–33.

[108] Carol Heimowitz, "The New Diversity," *The Wall Street Journal*, November 14, 2005, p. R1.

[109] Lisa Hope Pelled, Kathleen Eisenhardt, and Katherine Xin, "Exploring the Black Box: An Analysis of Work Group Diversity, Conflict, and Performance," *Administrative Science Quarterly* 44, no. 1 (March 1999) p. na. in http://findarticles.com/p/articles/mi_m4035/is_1_44/ai_54482491/?tag=content;col1, accessed June 29, 2009; Sheila Simsarian Webber and Lisa M. Donahue, "Impact of Highly and Less Job-Related Diversity on Work Group Cohesion and Performance: A Meta-Analysis," *Journal of Management* 27 (2001), pp. 141–162.

[110] Definitions of diversity vary. These researchers actually focused on two types of diversity: highly job-related and less job-related diversity. Sheila Simsarian Webber and Lisa M. Donahue, "Impact of Highly and Less Job-Related Diversity on Work Group Cohesion and Performance: A Meta-Analysis," *Journal of Management* 27 (2001), pp. 141–162.

[111] Thomas Kochan et al., "The Effects of Diversity on Business Performance: Report of the Diversity Research Network," *Human Resource Management* 42, no. 1 (Spring 2003), pp. 3–21.

[112] Sheila Simsarian Webber and Lisa M. Donahue, "Impact of Highly and Less Job-Related Diversity on Work Group Cohesion and Performance: A Meta-Analysis," *Journal of Management* 27 (2001), pp. 141–162.

[113] Brian O'Leary and Bart Weathington, "Beyond the Business Case for Diversity in Organizations," *Employee Responsibilities and Rights* 18, no. 4 (December 2006), pp. 283–292.

[114] Patricia Digh, "Creating a New Balance Sheet: The Need for Better Diversity Metrics," *Mosaics* (Society for Human Resource Management, October 1999), p. 1. See also Richard Bucher, *Diversity Consciousness* (Upper Saddle River, NJ: Prentice Hall, 2004), pp. 109–137.

[115] Robert Grossman, "Is Diversity Working?" *HR Magazine*, March 2000, pp. 47–50.

[116] Carol Hastings, "Tapping into Your Foreign-Born, Spanish-Speaking Workforce," *Mosaics* (Society for Human Resource Management, July/August 2002), no. 3, p. 1.

[117] Carley Foster and Lynette Harris, "Easy to Say, Difficult to Do: Diversity Management in Retail," *Human Resource Management Journal* 15, no. 3 (2005), pp. 4–17.

[118] Bill Leonard, "Ways to Tell if a Diversity Program Is Measuring Up," *HR Magazine*, July 2002, p. 21.

[119] Raymond Friedman and Brooks Holtom, "The Effects of Network Groups on Minority Employee Turnover Intentions," *Human Resource Management* 41, no. 4 (Winter 2002), pp. 405–421.

[120] David Thomas, "Diversity as Strategy," *Harvard Business Review*, September 2004, pp. 98–104. See also J. T. Childs Jr., "Managing Global Diversity at IBM: A Global HR Topic That Has Arrived," *Human Resource Management* 44, no. 1 (Spring 2005), pp. 73–77.

[121] Orlando Richard, "Racial Diversity, Business Strategy, and Firm Performance: A Resource Based View," *Public Personnel Management* 24, no. 1 (Spring 1995), pp. 99–111.

[122] David Harrison et al., "Understanding Attitudes Toward Affirmative Action Programs in Employment: Summary and Meta-Analysis of 35 Years of Research," *Journal of Applied Psychology* 91, no. 5 (2006), pp. 10, 1013–1036; and Margaret Fiester et al., "Affirmative Action, Stock Options, I-9 Documents," *HR Magazine*, November 2007, p. 31.

[123] David Harrison et al., "Understanding Attitudes Toward Affirmative Action Programs in Employment: Summary and Meta-Analysis of 35 Years of Research," *Journal of Applied Psychology* 91, no. 5 (2006), pp. 10, 113, 1013–1036.

[124] "Lawyers, Scholars Differ on Likely Impact of Affirmative Action Rulings on Workplace," *BNA Fair Employment Practices*, July 3, 2003, pp. 79–80.

[125] http://newsfeedresearcher.com/data/articles_n17/tests-city-court.html, accessed April 24, 2009.

[126] Adam Liptak, "Supreme Court Finds Bias Against White Firefighters," *The New York Times*, June 30, 2009, pp. A1, A13.

[127] J. Coil and C. Rice, "Managing work-force diversity in the nineties: The impact of the Civil Rights Act of 1991. *Employee Relations Law Journal*, 18(4) p. 548.

[128] Ibid., p. 560.

[129] Ibid., pp. 562–563.

第3章 管理者在战略性人力资源管理中的角色

高点汽车经销公司的销售经理约翰·劳尔在与首席执行官会谈之后，无精打采地走了出来。首席执行官告诉公司的各部门经理，由于公司的销售额下降了30%，并且经济形势还在持续恶化，公司决定实施一套新的战略规划。在过去的8年中，公司一直在整个南佛罗里达州不断开设新的汽车展示厅，而现在对于公司来说，生存已经成了关键问题。高点公司必须合并和收缩现有的运营机构。为此，公司准备裁员20%，削减一半的费用开支，关闭3处展示厅，并且采取措施在现有的汽车品牌代理基础上维持适当的销售额。与公司其他部门的经理一样，劳尔也必须在3天内提交一份详细的人事行动计划，以说明本部门将如何实施首席执行官的这项新的战略规划。劳尔感到非常困惑："我究竟应该从何处入手？我应该怎么办？"

我们学到哪了

管理者应当通过适时调整本部门的人力资源管理活动来满足公司战略规划的要求。例如，雇用哪些人，如何对他们进行培训，以及如何向他们支付薪酬等，都应当符合公司战略的要求。本章的主要目的在于介绍战略性人力资源规划的一些基础知识。我们将会向读者解释"目标层级"、总体的战略规划制定过程以及管理者在战略规划、战略性人力资源管理和创建高绩效组织等方面所扮演的角色。我们还将看到，管理者应当基于证据来做决策；此外，在本章的附录中，我们还将展现应当如何从总体上衡量组织的人力资源管理活动。

学习目标

1. 解释为什么战略规划对于所有的管理者来说都很重要。

2. 简要说明在计划过程中包含的一些基本步骤。

3. 列出一份典型的商业计划书的主要内容。

4. 回答这样一个问题："为了制定符合'SMART'原则的激励性目标，管理者应当怎么做?"

5. 举例说明战略规划过程中包含的七大步骤。

6. 举例说明公司战略和竞争战略的几种主要类型。

7. 界定何为战略性人力资源管理，然后举一个实例对战略性人力资源管理加以说明。

8. 简要描述三种重要的战略性人力资源管理工具。

9. 举例说明，为什么绩效衡量指标对于识别和创建高绩效人力资源管理政策和实践都是必不可少的。

3.1　为什么战略规划对于所有的管理者来说都很重要?

公司的组织战略规划实际上在指导着管理者需要完成的大部分工作，尽管他们在从事管理工作的时候并不一定能够很清楚地意识到这一点。管理专家彼得·德鲁克曾经说过，管理"……是一种执行责任"，他的这句话想说明的一个道理是，在对一位管理者进行评价的时候，至少会有这样一条标准，即管理者在多大程度上实现了本单位需要达成的目标。组织存在的目的就是为了达成某些目标，而如果这些目标没有能够实现，则从某种程度上说，这个组织就是失败的。正如德鲁克所说："一个组织至少需要指着某些东西告诉大家，(我们）所做的一切不是徒劳"。而所有的这些目标——以及为实现这些目标而付出的所有努力——都有赖于组织的战略规划。并且，所有人力资源管理决策和其他方面的决策——比如将雇用哪些类型的员工以及如何雇用他们，培训他们去做些什么以及如何对他们进行绩效评价并对他们提供报酬等，也都会取决于从公司的总体战略规划中传递下来的各种目标。在本章中，我们将会更为仔细地考察管理者在公司的战略规划过程中所起的作用。

3.1.1　目标层级

让我们首先从总体上看一看，为什么说战略规划对于所有的管理者而言都非常重要。战略规划之所以如此重要，是因为在那些运转良好的公司中，各种目标在从组织的最高层向下传递一直到员工的各个层级的过程中，应当形成一条没有中断的目标链（或目标层级)。而这些目标则会指引员工去完成哪些工作。

图3—1中的组织目标层级结构图对于上述情况做了一个总结。在公司的最高层，总裁和他的助手们共同制定了组织的总体战略目标（例如，在2011财年实现销售收入翻番，达到1 600万美元)。公司下一层的管理者（在图中就是指副总裁们）接着就需要制定本级的相应目标（比如，对于生产副总裁而言，可能包括"在A工厂中增加一条产品线")，这一管理层级的目标应当是从其上一层级的目标中分

解出来的，同时必须能够反映在其下一管理层级的目标当中。（换言之，生产副总裁必须自问："作为生产方面的负责人，我应当做些什么来帮助组织实现销售收入翻番的总目标呢?"）接下来，公司副总裁的下属们还要再设定他们自己的本级目标，以此类推，这条目标链将会持续贯通下去。

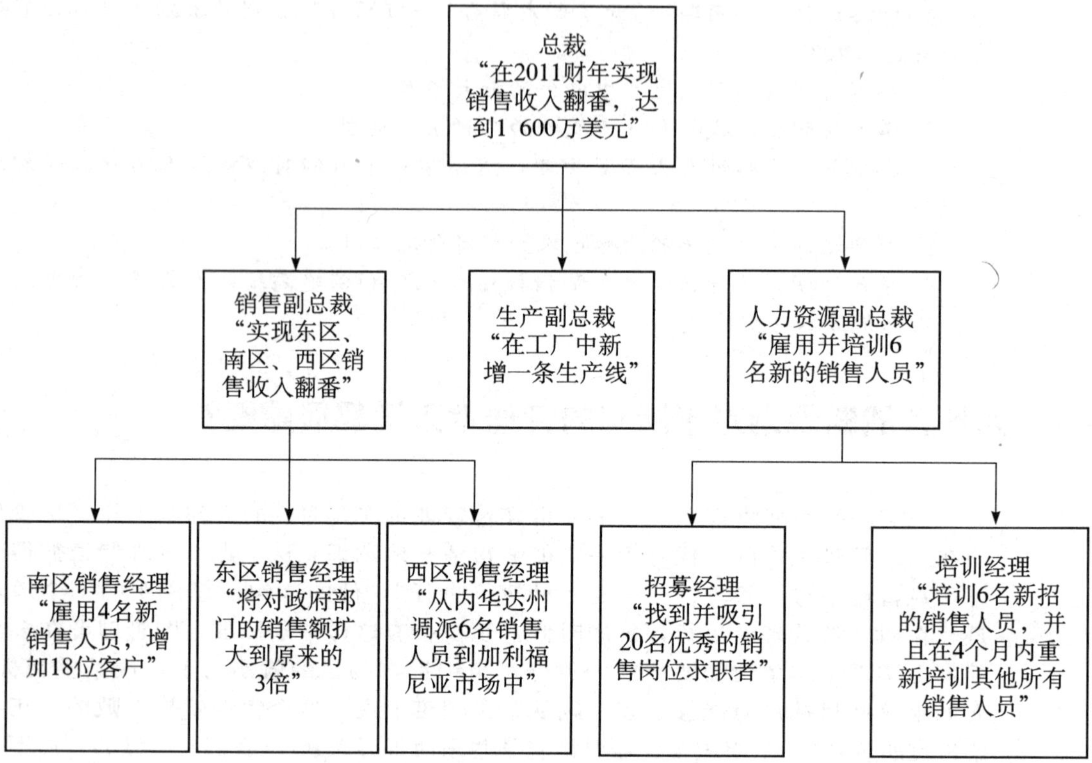

图 3—1　一家公司的目标层级结构图示例

依靠这种办法，管理层就建立起了上至组织最高层，下至一线管理人员，甚至到普通员工的一条部门目标层级结构或目标链。在这种情况下，如果组织中的每个人都能够做好自己的本职工作——每一位销售人员都完成预定的销售额；销售经理雇用了足够数量的合格的销售代表；人力资源经理制定了正确的激励计划；采购经理采购了充足的原材料——公司以及公司的首席执行官就能够达成组织的总体战略目标。由此可见，我们可以非常肯定地说，如果一个组织的最高层没有制定一份清晰的战略规划，所有的组织成员（包括你自己以及其他管理人员）在面对应该做什么的问题时，都会一头雾水。在那种时候，你充其量是在按照各种相互交错的目标工作。下面，让我们来看一看基本的战略规划过程。

3.2　计划的基本原理

尽管人们每天都在做计划，但是很可能并没有仔细思考过计划的整个制定过程。比如，我们会计划好到学校去的线路，计划去上哪门课程，计划周六晚上做什么，而隐藏在这些计划背后的却是常常没有明确表述出来的计划制定过程。

3.2.1 计划过程

请思考一下你将会如何为你的职业发展制定一份计划。你可能会采取以下几个步骤：

1. 初步确定一个目标，例如“成为一名管理咨询顾问”。
2. 作出预测，比如分析行业发展趋势，对你原来的一些基本假设（比如你个人的优势和劣势）进行验证，以确定你在咨询行业发展的前景。
3. 确定为了从你目前所处的位置到达你的理想位置，你有哪些可供选择的行动方案。在这一步骤，你的目的是帮助自己确定哪些行动路线（包括在本科阶段学习的专业以及暑期实习经历等）最能有助于你实现自己的目标。
4. 对各种可行的行动方案进行评估。
5. 实施并评估你自己制定的这项计划。

以上就是计划工作的全部过程。无论你是在做自己的职业发展计划、出国旅行计划，还是公司的新产品推销计划，基本的计划过程都包括这样几个基本步骤：确定目标；预测和评估计划的各种基本“前提”或假设；确定几种可能的行动方案；评估哪一种行动方案最优；然后选择行动方案并实施你的计划。

当管理者为他们的公司制定计划时，通常也会遵循相同的步骤，只不过会有一个稍微复杂的方面。这就是在制定管理方面的计划时，通常会涉及管理层级（hierarchical aspect）的问题。公司的高层管理者通常会首先批准公司的长期计划或战略规划，然后才是各个部门的负责人在公司高层管理者的指导下，制定各部门的预算计划以及其他相关的计划，以便与组织的长期计划保持一致并对其提供支持。

3.2.2 合成一份商业计划书

所有这些计划过程最终会形成一份商业计划书。这份**商业计划书**（business plan）从总体上说明了公司当前的状况以及整个公司和各个部门在未来3～5年中的目标和行动计划。虽然管理者使用“商业计划书”一词时，通常都是与规模较小的企业联系在一起的，即投资者或借贷者在掏钱之前，往往希望能够先看到的那份商业计划书，但事实上，即使是像戴尔和微软这样的大公司，也会有各种形式的此类综合性计划书，只不过它们常常称为“长期计划”或“战略规划”。

图3—2展示了一份典型的商业计划书的内容。虽然对于在这样的商业计划书中具体应当包括哪些内容并没有严格的规定，但通常至少应当包括以下几项内容：（1）企业描述（包括企业的所有权以及所提供的产品或服务）；（2）市场营销计划；（3）财务计划；（4）管理或人力资源计划。请注意，商业计划书始终在指导着公司内部的各个职能部门，无论是销售部门、市场营销部门，还是生产部门和财务部门。

市场营销计划　为了获得经营方面的成功，你需要有自己的顾客。而为了获得顾客，你就需要制定一项向自己的顾客推销自己的产品或服务的计划。这份市场营销计划需要具体说明产品或服务的特性（例如，品种、质量、外观设计以及功能）。这份计划还需要说明公司准备如何对产品或服务进行定价以及怎样推销它们，并且包括如何把它们销售出去并交付给顾客。（市场营销经理称之为4P——产品、价格、促销、地点。）

1.0 企业概要
- 1.1 企业名称和地址
- 1.2 企业历史和业务的简要描述
- 1.3 市场及其发展趋势概述
- 1.4 企业战略及其关键成功因素概述

2.0 愿景和使命陈述
- 2.1 管理者对公司的愿景陈述
- 2.2 “我们现在处在哪个业务领域？”

3.0 公司产品和服务
- 3.1 产品和服务描述
- 3.2 客户利益
- 3.3 科技

4.0 市场及竞争情况分析
- 4.1 总市场和目标市场
    - 4.1.1 市场需求
    - 4.1.2 市场规模及其发展趋势
    - 4.1.3 历史的及预期的市场增长状况
- 4.2 行业分析
    - 4.2.1 SWOT（优势、劣势、机会、威胁）分析
    - 4.2.2 行业内的主要参与者
    - 4.2.3 经济、竞争及其他发展趋势
    - 4.2.4 行业内的主要竞争者

5.0 经营战略和市场营销计划
- 5.1 价值主张：为什么顾客会从本企业购买产品和服务？
- 5.2 竞争优势
- 5.3 营销目标与营销战略
    - 5.3.1 定价战略
    - 5.3.2 广告和促销战略
    - 5.3.3 分销战略
    - 5.3.4 市场营销战略
    - 5.3.5 销售战略

6.0 生产计划
- 6.1 生产流程
- 6.2 质量保证

7.0 组织和管理概要
- 7.1 组织图和组织结构
- 7.2 人事计划

8.0 财务计划
- 8.1 一些重要假设
- 8.2 利润表
- 8.3 资产负债表
- 8.4 盈亏平衡分析
- 8.5 预期利润
- 8.6 预期现金流
- 8.7 业务比率
- 8.8 保险要求

图 3—2 商业计划书的内容示例

资料来源：Adapted from MarcDollinger，*Entrepreneurship*（Upper Saddle River，NJ，2003），pp. 430 - 431；Thomas Zimmerer and Norman Scarborough，*Entrepreneurship and Small Business Management*（Upper Saddle River，NJ，2008），pp. 154 - 156；Peggy Lambing and Charles Kuehl，*Entrepreneurship*（Upper Saddle River，NJ，2000），pp. 131 - 132；Business Plan Pro，Palo Alto Software，Palo Alto，CA.

人事规划或人力资源规划　一家公司做任何事情或者计划任何事情，都需要有管理者和其他人员，因此还需要制定一项人力资源规划。例如，一家咨询公司通过预测未来的客户数量，将有助于确定在公司计划的各个阶段需要的咨询顾问以及其他人员的数量。

生产计划或运营计划　要想实施市场营销计划，就需要具备相应的生产性资产。例如，戴尔公司要想组装电脑，就需要有一定数量的机器和厂房，因而，戴尔公司就需要做好规划，明确自己将如何满足对机器和厂房的预期需求，这样才能顺利地接受订单、生产并配送电脑。

财务计划　“公司盈利状况如何?”这是大多数管理者和银行家都会首先提出的问题。这个问题实际上强调了与经营和管理有关的一个真理。在一天结束时，大多数管理者的计划、目标和成就最终都以财务报表的形式显示出来。

财务计划（见图 3—3）就是完成这些工作的一种有用工具。例如，一张预期利润表就能够显示出一个组织的市场营销计划、生产计划和人力资源计划将会给公司带来的收益、成本、利润（或亏损）状况。这张预期利润表可以告诉我们：如果计划按照当初的设想得到实施，那么，每个月（或每季度、每年）能够产生的收益、成本和利润分别是多少。它可以向你表明公司的盈亏状况。

单位：美元

预期利润表（收入表）	2010 年	2011 年	2012 年
销售额	592 000	875 000	1 100 000
直接销售成本	159 000	219 000	289 000
其他	0	0	0
总销售成本	159 000	219 000	289 000
毛利	433 000	656 000	811 000
毛利率	73.14%	74.97%	73.73%
运营费用			
广告/促销	36 000	40 000	44 000
公共关系	30 000	30 000	33 000
差旅费	90 000	60 000	110 000
杂费	6 000	7 000	8 000
薪酬成本	194 750	377 000	432 000
工薪税	27 265	52 780	60 480
折旧	3 600	0	0
设备租赁费	18 000	7 000	7 000
公用事业费	0	12 000	12 000
保险	0	2 000	2 000
租金	0	0	0
其他	0	0	0
合同/咨询	0	0	0
总运营费用	423 615	587 780	708 480
息税前利润	9 385	68 220	102 520
短期利息费用	1 800	6 400	10 400
长期利息费用	5 000	5 000	5 000
税	646	14 205	21 780
净利润	1 939	42 615	65 340
净利润与销售额之比	0.33%	4.87%	5.94%

图 3—3　阿克美（Acme）咨询公司的利润表

资料来源：*Business Plan Pro*，Palo Alto Software，Palo Alto，CA.

3.2.3 管理者如何设定目标

财务目标是一份商业计划书的底线，整个计划过程的全部内容就是要决定公司准备做什么，然后表达出希望自己的员工做什么，而这些内容都是以目标的形式表达出来的。

设定符合“SMART”原则的目标 设定有效的目标是管理者必备的一项管理技能。经验丰富的管理者有一种简单而有效的方法来检查他们自己所制定的目标是好是坏，这就是利用由几个单词的首字母组成的“SMART”所代表的原则。他们认为，好的目标应当是明确具体的（清晰地表明想要达成的结果）、可衡量的、可达成的以及相关的（即与为之设定目标的初衷是相关的），并且是及时的（目标应有最终的达成时限以及阶段性成果的出现时间）。

例如，假设你手下的一位汽车推销员只卖出了相当于预定销售数量一半的汽车，并且在卖出去的汽车中，绝大多数是容易销售出去的低油耗汽车，而那些大排量汽车却处于滞销状态。在这种情况下，下面的这种要求所确定的就是一种无效的、不符合“SMART”原则的目标：“雷克，你必须保证下个月完成的汽车销量翻一番”。尽管“销量翻一番”这一目标是明确具体的（当然，如果他还能搞清楚自己应当销售哪一种汽车，就更为理想了）以及可衡量的，但它是否具有可实现性，却是有待商榷的（考虑到这位销售员到目前为止的绩效表现），而且，从它与你制定目标的初衷（即希望雷克能够销售更多的大排量汽车）之间的关系来看，这一目标也不具有相关性。从“及时性”的角度来说，这个目标还算不错，因为你要求他必须在下个月达成这个销售目标。

那么，有什么更好的办法来为雷克制定目标呢？或许你可以这样说：“雷克，到今年 6 月底，也就是从现在算起的今后两个月时间内，你的销售量必须达到你过去两个月中所完成的汽车销售数量的两倍，并且在这些新销售出去的汽车中，必须有 3/4 是当前我们库存中的那些大排量汽车。”这种目标就是明确具体的、可衡量的，或许也是更有可能实现的（考虑到其绩效的波动性），同时也是相关的和及时的。

如何制定激励性的目标 只有当员工有实现目标的动机时，这些目标才是真正有用的。关于目标设定理论的研究对于如何制定具有激励性的目标提出了一些有益的建议。这些建议主要包括[1]：

1. **设定明确具体的目标**。有明确具体目标的员工通常能够比那些没有这样目标的员工达成更高水平的绩效。与下属人员共同设定他们所要达成的目标（而不是没有目标或者仅仅告诉他们“尽自己最大的努力”），或许是一种最为简单但很有效的激励员工的方法。

2. **设定可衡量的目标**。尽可能地使用数据来对目标进行陈述，其中包括目标的实现日期或最后期限。

3. **设定具有挑战性且可行的目标**。目标应该具有挑战性，但也不可难度过高，否则会让员工感到这一目标难以实现。

4. **鼓励员工参与**。在管理者的整个管理职业生涯中，可能都会面临这样一个抉择：我是应当仅仅告诉员工他们的目标是什么，还是应该让他们参与目标的设定过程？当然，员工参与目标设定的做法所能产生的绩效，并不总是比管理者直接指派目标给员工的做法更高。同样，由管理者指派目标给员工的做法所产生的绩效，也并不总能够保证比员工参与目标设定的做法更高。但是，当通过参与方式设定的目标要比管理者指派的目标更难以实现的时候，通过参与方式制定的目标往往能够带来更高的绩效。当然，让员工参与目标设定过程的做法通常能够起到减少员工对目标的抵触的作用。因而总的来说，让员工参与目标的设定过程是最佳选择。

运用目标管理法　在实施**目标管理法**（management by objectives，MBO）的情况下，管理者和下属人员要共同制定下属需要达成的目标，并且定期对这些目标的实现进程进行评估。你可以通过与你的下属共同设定目标并定期向他们提供反馈，采用一种适度的目标管理法。然而，目标管理通常是指整个组织范围内的一项正式计划，在这种计划要求下，组织中各个层级的管理者都应当与自己的下属一起制定某些目标，这些目标必须有利于实现他们各自所在的部门所必须达成的目标。在目标管理过程中，通常会包括使用一些特定的表格，同时频繁地对员工在实现目标方面的进展情况作出评估。

目标管理法的创始人彼得·德鲁克强调，应当将目标管理法视为一种管理哲学，而不应当将其看成是一系列严格规定的步骤。他指出，实施目标管理的关键在于："每一位管理者的工作目标都应当根据他们必须为自己所属的一个更大的组织单位所作出的贡献来确定。"换言之，每一位管理者都必须为组织的总体战略规划的达成奉献自己的价值。一般情况下，目标管理过程通常包括以下五个步骤：

1. **设定组织目标**。高层管理者为公司确定战略目标。

2. **设定部门目标**。各个部门的负责人及其上级共同确定能够对组织总体目标产生支持作用的部门目标。

3. **讨论部门目标**。部门负责人将部门目标展示给员工，并且要求所有的下属员工据此制定他们的个人目标。

4. **设定个人目标**。管理者的每一位下属都有了自己的目标，同时还确定了完成这些目标的时间表。

5. **提供反馈**。上级和下级定期会面，对下级员工的绩效进行审查，监督和分析员工在实现目标方面的进度。

目标管理法有许多好处。它提供了一个简单的过程，确保每一个管理层级的目标都能够与其上一层级和下一层级的目标之间建立联系。它还充分利用了员工参与所能够产生的优势。目标管理法的缺点在于它非常耗时。整个计划通常要求上下级之间进行多次会谈，同时还要以大量的电子版或打印版的形式完整记录每一位员工的目标。而所有这些工作都需要花费大量的时间。

使用管理目标方格　无论是否采用目标管理法，每一位管理者都需要有一个系统来帮助自己对下属人员的目标进行组织，从而使这些目标能够与公司目标保持一致。而管理目标方格则为管理者做这件事提供了便利。图 3—4 提供了一个管理目标方格的例子。这张图阐明了，为了支持公司整体目标的达成，各个部门的负责人所应当实现的目标。在这个例子中，公司高层管理者的一个长期目标是"在 2011 财年使销售收入翻番，达到 1 600 万美元"。图 3—4 中的方格概括了如果公司想要实现这一目标，各个部门的负责人需要实现的目标是什么。

公司目标或部门目标： 在 2011 财年实现销售收入翻番，达到 1 600 万美元				
对上述目标提供支持的管理者目标或下属员工的目标	对目标负责的管理者或其下属	起始日	截止日	进度节点
在东、南、西三个销售区域实现销售收入翻番	销售副总裁	2009 年 8 月 1 日	2010 年 7 月 31 日	总裁将在 2009 年 11 月检查，销售额应当完成 60%
在工厂中增加一条新的生产线	生产副总裁	2009 年 8 月 1 日	2009 年 10 月 31 日	总裁将在 2009 年 9 月检查，工作应当完成 80%
增加雇用并培训 6 名新的销售人员	人力资源副总裁	2009 年 8 月 1 日	2009 年 9 月 3 日	总裁将在 2009 年 9 月 30 日检查，新雇用的 6 名销售人员应当全部接受培训

图 3—4　管理目标方格

管理者可以将管理目标方格用于四个方面。首先，组织的高层管理者可以用它来表明各个部门负责人应当达成的目标，并且列举出这些支持性的目标。其次，部门负责人则可以用它来澄清，基于组织的整体目标，本部门的目标应当是什么。然后，部门负责人再根据本部门的目标，来概括他们的下属应当达成的目标。最后，所有的管理者都可以用管理目标方格中的起止日期作为一种跟踪下属完成目标进度的简便方法。

3.3　战略管理过程

在实践中，为了确定组织的长期性、总体性目标是什么，往往要求管理者具有一些特殊的管理工具。例如，你需要系统地审查总体竞争态势，通过分析得出你的战略性、长期性的最佳行动方案。下面讲述的战略规划就为我们提供了这样一些特殊的管理工具。接下来，我们首先从一些概念的定义开始讲起。

3.3.1　简要介绍

战略规划（strategic plan）是旨在使公司内部的优势和劣势与外部的机会和威胁相匹配，从而帮助组织维持竞争优势的一种公司规划。战略规划的实质是要回答这样几个问题："作为一家企业而言，我们现在身在何处？我们要去哪里？以及我们如何才能到达那里？"然后，管理者再制定具体的（人力资源和其他）战略，来帮助组织从目前所在的位置到达它希望到达的那个位置。当雅虎公司在思考它是否应当将自己的搜索引擎卖给微软公司时，或者当花旗银行在考虑是否应当退出证券经纪业务时，它们都是在进行战略规划。**战略**（strategy）就是一种行动方案。如果雅虎公司决定自己必须筹措资金，然后集中精力做好诸如雅虎金融网等应用软件，那么，它的一项战略可能就是把雅虎搜索引擎卖掉。**战略管理**（strategic management）就是指一个通过将组织的能力与外部环境要求进行匹配，从而确定和执行组织战略规划的过程。

图 3—5 概括了战略管理的过程。其中包括：（1）界定公司业务并确定公司使命；（2）评估公司内部的优势和劣势以及外部的机会和威胁；（3）制定新的业务发展方向；（4）将使命转化为战略目标；（5）制定战略或行动方案；（6）执行战略；（7）评估战略规划实施绩效。下面让我们详细了解一下各个步骤的情况。

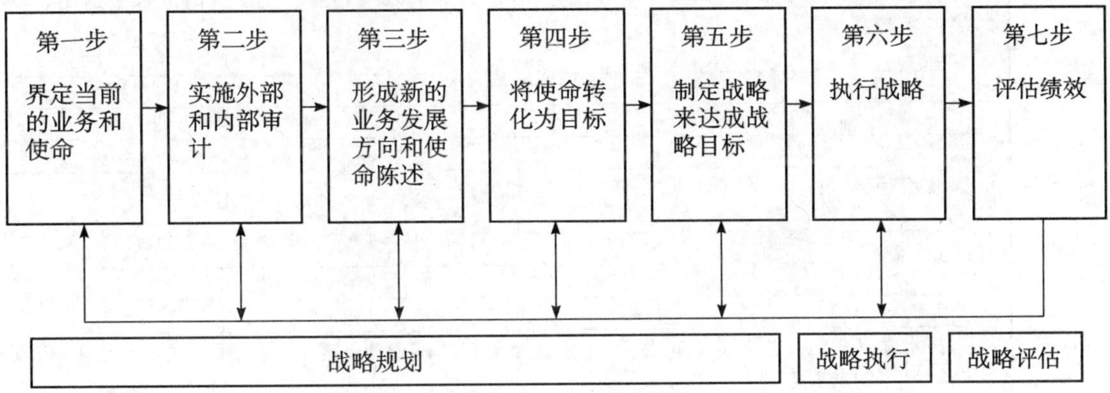

图 3—5　战略管理过程

第一步：界定当前的公司业务　战略规划的逻辑起点是界定公司目前所从事的业务。具体地说，就是公司现在销售什么商品，把它们卖到哪里去，以及我们的产品和服务与竞争对手有什么区别。例如，劳力士公司和卡西欧公司都销售手表。但是，二者的相似之处也仅限于此。劳力士公司销售的是数量有限的高档手表，而卡西欧公司销售的则是品种繁多、价格相对低廉，但是具有创新性的一些专用手表，这些手表通常带有指南针和高度计等专业装置。

第二步：进行组织外部和内部审计　接下来的这个步骤要回答这样一个问题："我们正在朝着正确的方向前进吗？"没有企业能幸免于竞争的压力。在谷歌公司出现之前，雅虎公司的搜索引擎一直位居世界第一。亚马逊的"Kindle"电子阅读器迫使越来越多的书店关门。因而，谨慎的管理者会定期评估企业环境中发生的一些变化。你需要对公司的环境以及公司所具有的优势和劣势进行审查。

在这方面，可以使用两种工具。图 3—6 所示的环境扫描工作单（environmental scanning worksheet）为你整理与组织环境有关的信息提供了一个简单的指引。表中包括可能会对组织产生影响的经济、竞争以及政治等方面的发展趋势等内容。图 3—7 所示的 SWOT 分析图（SWOT chart）是战略规划过程中一个必不可少的工具，几乎每一家企业都在运用这种分析方法。管理者使用这种分析框架来收集并组织与公司的优势、劣势、机会以及威胁有关的信息。这种分析模型的一个主要思想显然是，企业所制定的战略必须与公司的优势、劣势、机会和威胁相吻合。

杠杆作用　战略专家并不建议企业盲目避免那些看起来似乎超出公司现有能力的战略。他们认为，有时为了把握大的机遇，企业不应当过分关注自己的劣势，而是相反，要将注意力放在如何充分利用（"杠杆作用"）发挥企业的某种独特优势上。

例如，战略专家哈默尔（Hamel）和普拉哈拉德（Prahalad）说，如果有限的资源是不可逾越的鸿沟，那么通用汽车公司就不用去抵御本田等公司的竞争了。此外，苹果公司在与微软公司和 IBM 公司等这样一些大公司竞争的时候，就充分利用了它在 iPhone 手机等创新产品方面的竞争优势（其中也包括富有创造性的员工）。

经济趋势（例如，经济衰退、通货膨胀、就业、货币政策等）

____

竞争以及市场发展趋势（例如，市场或客户方面的发展趋势、竞争者的进入或退出、竞争者的新产品）

____

政治趋势（例如，法律、法规或管制解除）

____

技术发展趋势（例如，新的生产技术或分销技术的引进、产品淘汰率、各种可用的物资和原材料等的发展趋势）

____

社会发展趋势（例如，人口结构发展趋势、劳动力流动性、受教育程度以及价值观的变化）

____

地理区域的发展趋势（例如，新市场的开放或关闭、会对厂房或办公场所选址产生影响的各种因素）

____

图 3—6　环境扫描工作单

潜在优势	潜在劣势
● 市场领先 ● 强大的研发能力 ● 高质量的产品 ● 成本优势 ● 专利	● 大量的库存积压 ● 营销能力过剩 ● 管理人员流动率高 ● 市场形象差 ● 缺乏管理深度
潜在机会	**潜在挑战**
● 新的海外市场 ● 贸易壁垒消除 ● 竞争对手失败 ● 多元化经营 ● 经济复苏	● 市场饱和 ● 收购威胁 ● 国外公司的低成本竞争 ● 市场增长缓慢 ● 政府管制加强

图 3—7　SWOT 矩阵，以一般情况为例

第三步：确定新的发展方向　现在的问题是，在进行环境扫描和 SWOT 分析之后，需要确定新的业务领域到底在哪里。这时，需要回答三个问题，即我们将要销售何种产品？我们将在何处销售这些产品？我们的产品或服务怎样才能与竞争对手区别开来？

管理者有时通过编写一份**愿景陈述**（vision statement）来概括他们将如何看待自己接下来要做的业务的实质。愿景陈述是对公司的未来发展方向所做的一种总体描述，如果用一种宽泛的方式来表达的话，它所要回答的问题是："我们想要成为什么样子"。[2]鲁伯特·默多克（Rupert Murdoch）是新闻集团（News Corporation）的董事会主席，该集团旗下拥有全球最大的交友平台聚友网（MySpace.com）、福克斯网络公司以及多家报纸和卫星电视台，他的愿景就是建立一家以卫星传输为基础的集新闻汇集、娱乐和多媒体为一体的全球性公司。百事可乐公司最新的愿景是"有目的地去做"。该公司首席执行官因德拉·洛伊（Indra Nooyi）表示，公司的高管层在选择公司进入的业务领域或者作出决策时，都会基于"有目的地去做"下面的三根支柱，即人的可持续性、环境的可持续性以及人才的可持续性。[3]

通常情况下，愿景陈述用一种宽泛的方式描述了企业的业务应当是什么，而公司的**使命陈述**（mission statement）则概括了企业对下列问题的回答："我们实际上是在做什么业务？"管理者通常使用使命陈述来指出企业是否要实现纵向一体化以及如何实现（苹果公司就是这样开设自己的零售店的），还有企业的产品范围（产品多样性）、地理覆盖面以及竞争优势。几年前，福特汽车公司就采纳了"质量第一"的使命陈述，这使公司在接下来的几年中产生了强大的竞争优势。

第四步：将使命转化为战略目标　接下来，企业需要将前面的使命陈述——比如纵向一体化、产品范围（多元化）、地理区域覆盖面以及竞争优势等——转化为战略目标。例如，单纯说本公司的竞争优势是"质量第一"是一回事，而将使命陈述转换为企业管理者的日常运营实践则是另外一回事。公司及其管理者还需要制定相应的战略目标。以福特汽车公司为例，对于公司中每一个部门在改善质量方面所作出的努力而言，"质量第一"到底意味着什么呢？这一问题的答案是，管理者必须努力实现"每万台车辆中存在的初始缺陷不超过一处"这样一个严格的目标。

第五步：制定战略来实现战略目标　接下来，管理者还需要选择有助于组织战略目标实现的具体战略——行动方案。例如，为了实现"每万台车辆中存在的初始缺陷不超过一处"这一战略目标，福特汽车公司应当实施什么样的战略呢？或许可以新建两家采用高科技的汽车生产厂，减少汽车生产线的数量，转而集中于少数几条生产线，同时与以生产高质量汽车闻名的其他汽车生产企业——比如丰田汽车公司——建立伙伴关系。

第六步：执行战略　战略执行就意味着要将战略转化为行动。在实践中，企业管理者可能要通过实际雇用（或解雇）员工、建设（或关闭）工厂以及增加（或减少）产品和生产线等方式来执行战略。

第七步：评估绩效　在实践中，战略并非总能照计划按部就班地实施。例如，几年前，福特汽车公司收购了捷豹（Jaguar）和路虎（Land Rover）两个汽车品牌，以改变其对低利润汽车形成的依赖。然而，由于汽车行业的竞争日益残酷，福特汽车公司在 2009 年宣布，它正打算将捷豹和路虎两个汽车品牌售出（卖给印度的塔塔公司）。福特汽车公司想借此将其有限的资源集中于工厂的现代化以及扭转公司在北美市场上的不利经营态势。正如其他公司一样，福特汽车必须不断地对自己的战略决策进行评估。

3.3.2 通过人力资源管理信息系统提高生产率：运用商业计划书编写软件

商业计划书编写软件包能够帮助管理者撰写公司的战略规划或者商业计划书。CheckMATE 软件（www.checkmateplan.com）运用 SWOT 分析等战略规划工具，来帮助那些此前可能从未有过战略规划经验的人制定出复杂的战略规划。[4]帕罗·阿尔托软件公司（Palo Alto）的专业商业计划书编写软件（Business Plan Pro）中包括编写一份商业计划书所需要的所有各种信息和规划方面的帮助。这款软件中包含 30 个商业计划书的模板，（以示例的方式）分步骤地对编写商业计划书的每一个组成部分（企业概述、市场分析等）提供了指导。此外，软件中还包括一些财务计划电子表格、简单实用的表单（例如，用于进行销售预测的表格），以及将月销售额以及年度利润等数据自动以三维图形方式展示出来的程序。

3.3.3 战略的类型

实践中，管理者需要运用三个层次的战略。每一个层次的战略分别对应公司的一个管理层次。这三个层次的战略（见图 3—8）分别是公司战略、业务单位战略（或竞争战略）以及职能战略（或部门战略）。下面将对这三种战略逐一进行探讨。

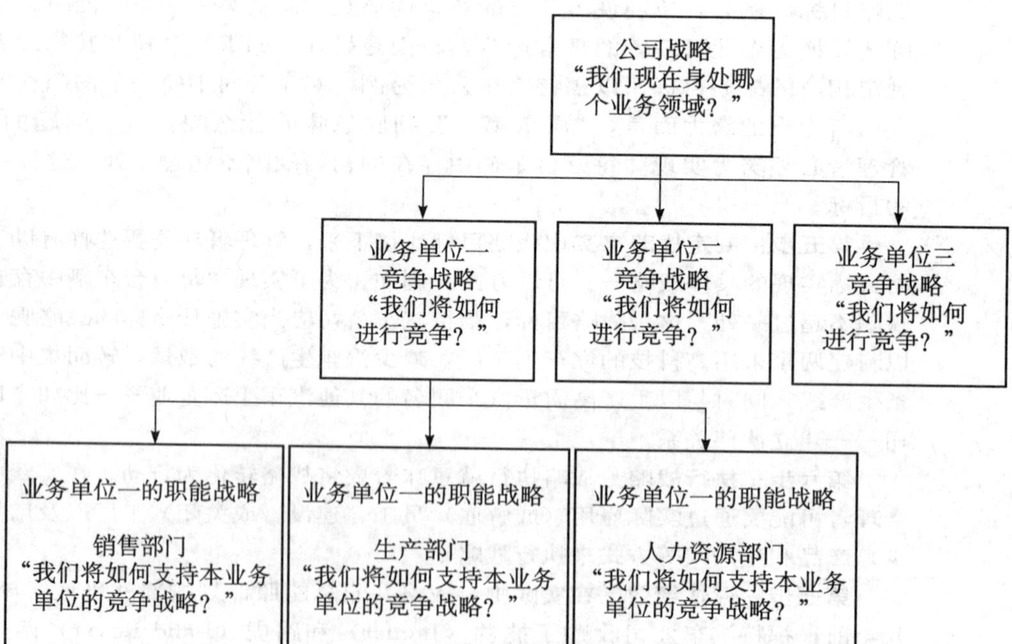

图 3—8 公司各层级对应的战略类型

公司战略 公司战略所要解决的问题是："我们要进入多少个业务领域以及进入哪些业务领域?"例如，百事集团所生产的不仅仅是百事可乐。该集团实际上分别由四大主要业务群构成：菲多利北美公司（Frito-Lay North America）、百事可乐北美饮料公司（PepsiCo Beverages North America）、百事可乐国际公司（PepsiCo International）以及桂格北美食品公司（Quaker Oats North America）。[5]

因此，百事集团需要一个**公司战略**（corporate-level strategy）。公司战略明确了一家企业所从事的各种业务的总体组合情况以及这些业务之间的关系。标准的公司战略通常主要包括以下几种类型：

● 在采取集中战略（concentration）（单一业务战略）的情况下，一家企业通常只在单一市场上提供一种产品或者从事一种产品的生产。WD-40公司（一家生产硬件设备喷射润滑剂的公司）就是实施这种战略的一家公司的例子。集中于某个单一的业务领域并不意味着企业无法成长。有些采用集中战略的企业采用市场渗透（market penetration）的方式实现成长。这种做法是指企业通过在现有的市场上更为积极地开展销售和营销活动，实现当前产品的销售额增长。另外一些实施集中战略的企业则通过产品开发（product development）的方式——即为现有市场开发出更多的改进型产品——来实现公司成长。采取集中战略的企业可以实现公司成长的第三种选择是实行横向一体化（horizontal integration），即通过收购的方式获得对在同一市场上生产同类产品的竞争者的控制权。

● 多元化战略（diversification）则意味着企业需要通过增加新的产品线的方式来实现扩张。百事集团就采用了多元化战略。在过去的几年里，百事可乐公司增加了薯片和桂格燕麦这两个新的业务领域。这种相关多元化战略（related diversification）意味着，尽管公司的业务领域在增加，但是它们之间仍然存在某种相互匹配性。非相关多元化战略（conglomerate diversification）则是一种通过进入与公司现有的业务领域不相关的新的产品领域或市场来实现多元化的战略。

● 纵向一体化战略（vertical integration）是指企业通过自行生产原材料或者自己直接销售产品这样一种方式来实现扩张。苹果公司正是在这样一种战略指导之下，开设了苹果产品直营店。

● 收缩战略（consolidation）是指一种缩减公司规模的战略。

● 地域扩张战略（geographic expansion）——比如，正如百事集团所做的，拓展公司的海外业务。

竞争战略 那么，在每一个业务领域中，企业将依靠什么来进行竞争呢？每一个业务单位（比如百事集团旗下的菲多利北美公司）还需要制定自己的业务层面战略或竞争战略（business-level /competitive strategy）。所谓**竞争战略**（competitive strategy），实际上明确了应当如何培养和强化公司业务在市场上所具有的长期竞争地位。[6]例如，它明确了必胜客公司将如何与棒约翰公司（Papa John's）进行竞争，或者沃尔玛公司如何与塔吉特公司（Target）开展竞争。

管理者总是试图在企业所处的每一个业务领域中，都获得竞争优势。我们可以将**竞争优势**（competitive advantage）定义为一切能够将公司的产品和服务与其竞争对手区别开来，从而提高公司所占的市场份额的因素。管理者可以运用不同的竞争战略来获得竞争优势。

● 成本领先战略（cost leadership）意味着要在一个行业中成为低成本领袖。沃尔玛便是一个典型的例子。它通过自己的借助卫星传输信息的物流配送系统、仔细的选址（通常是在郊区）以及对采购和销售成本的专业控制，来保持自己的竞争优势。

● 差异化战略（differentiation）是第二种可能的竞争战略。在实施差异化战略的情况下，企业试图在购买者非常看重的产品或服务特性方面占据一种独一无二的行业地位。[7]正因为如此，沃尔沃公司强调其汽车的安全性，棒约翰比萨连锁店强调其食材的新鲜度，而塔吉特公司则在某种程度上突出所销售的产品品牌比沃尔玛公司有更高的档次。就像奔驰汽车公司那样，如果企业能够以一种令客户渴望的方式使自己与竞争对手可持续性地区分开来，那么，它就能将自己的产品卖出高价。

● 聚焦战略（focusers）则致力于开拓某个有利可图的市场空间（例如法拉利轿车）。采用这种战略的企业所采取的竞争方式通常都是只为特定消费者提供他们无法从其他渠道获得的产品或服务。

作为一种竞争优势的人力资源。当我们想到一些具有最为清晰的竞争战略的公司时会发现，这些竞争战略的实现常常有赖于训练有素的、具有较高组织承诺度的员工。而这恰好说明了为什么许多管理者都确信，员工的能力和动机代表了一种不可或缺的竞争优势。例如，苹果公司以其创新性的产品而闻名于世，但是如果没有那些作为其竞争优势的极富创新性的杰出工程师，也就不可能再有它的那些产品。类似地，日本丰田汽车公司生产出来的高质量、低价格的汽车也不仅仅是那些精密设备的产物，同样也得益于其训练有素且具有很高组织承诺度的员工，正是他们的辛勤劳动和严格自律才实现了以尽可能低的成本生产出最好的汽车的目标。

职能战略　最后，企业的战略选择（例如保持最低的价格）对于实际承担各项工作的各个部门来说意味着什么呢？每个独立的业务单位（比如百事集团的菲多利北美公司和桂格食品公司）都是由生产、销售和人力资源管理等部门构成的。每一个部门都必须根据企业的战略规划来制定自己的行动方案。**职能战略**（function strategy）界定了每一个部门为了帮助本业务单位实现竞争目标所应完成的各种活动。

每个部门的职能战略都应当有助于业务单位战略或竞争战略的实施。例如，福特汽车公司所强调的“质量第一”对于其人力资源部来说意味着什么呢？或许，人力资源部需要通过提高雇佣标准，开展新的测试和培训实践，以及实施将加薪与绩效部分挂钩的绩效加薪体系等，来帮助组织创建一支质量更高的员工队伍。

战略契合　战略规划专家迈克尔·波特（Michael Porter）将每个部门的战略应当与所属业务单位的竞争目相吻合这样一种思想称为“战略契合”。例如，美国西南航空公司是一个低成本领袖。因而，它将公司各个职能部门的工作活动都围绕一个目标塑造，这就是帮助公司在各条航线上为乘客提供低成本但很便利的服务。西南航空公司的地勤部门将航班在登机门停靠的地面周转时间控制在 15 分钟以内。这样一来，西南航空公司就能够使自己的飞机每天飞行更长的时间，从而用更少的飞机执行更多次的航班飞行任务。此外，该公司的采购和市场营销部门还取消了送餐以及头等舱等华而不实的服务项目。

图 3—9 形象地描绘了美国西南航空公司的各项活动是如何与公司的成本领先战略保持契合的。图中较大的圆圈代表了支持公司的成本领先战略的最核心目标。这些核心目标包括有限数量的乘客服务以及频繁、可靠的离港。美国西南航空公司

的各个部门必须支持这些目标。例如，“有限数量的乘客服务”意味着不实行对号入座；“高生产率的地勤人员”意味着较高的薪酬、富有弹性的工会合同以及员工持股计划，或者可以概括为以下这样一种层层递进的关系：

高薪酬→高生产率的地勤人员→频繁的航班班次→低成本

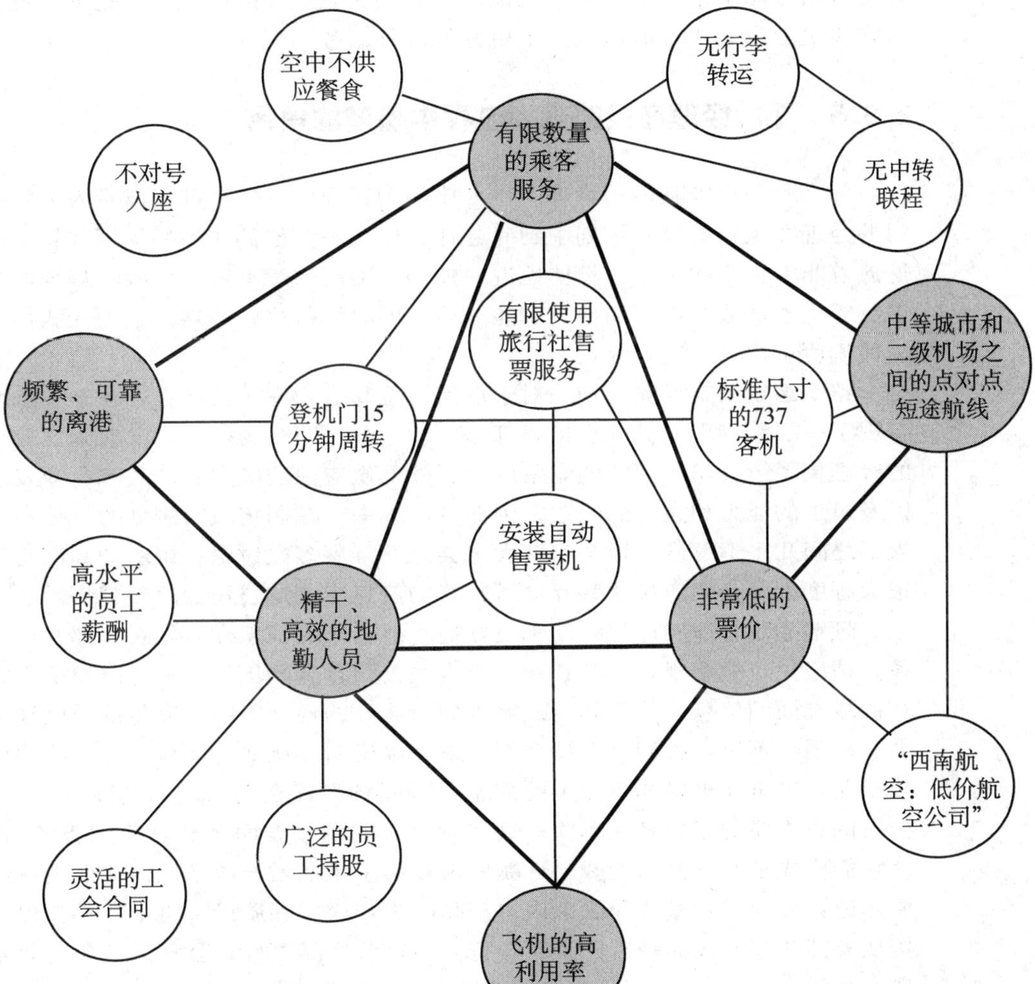

图3—9 美国西南航空公司的战略活动系统

说明：像美国西南航空公司这样的企业都会对所有的活动进行量身定制，以使它们与公司的战略相匹配，同时为公司战略的成功实施作出贡献。

资料来源：Reprinted by permission of *Harvard Business Review*. From “What Is Strategy?” by Michael E. Porter，November-December 1996. Copyright © 1996 by the President and Fellows of Harvard College. All Rights Reserved.

3.3.4 高层管理者在战略规划中扮演的角色

从根本上说，制定战略规划的责任应当由高层管理者来承担。由于在战略规划方面作出错误选择的后果是非常可怕的，因而几乎没有哪一位高层管理者会将如何使组织内部的优势和劣势与外部的机遇和威胁相匹配，从而保持组织竞争优势的决策授权给其他人去做。公司的高层管理者必须决定公司应当进入哪个经营领域，以及依靠什么进行竞争。例如，西南航空公司的高层管理者绝不会让更低层次的管理者去作出战略决策（比如不会让他们单方面去做这样的决定：不是强调低成本，而是在飞机上设立头等舱以及提供更好的额外服务）。

3.3.5 部门经理在战略规划过程中扮演的角色

那么，公司中其他的管理人员，比如销售部门、生产部门以及人力资源管理部门的经理在组织的战略规划中到底起什么作用呢？他们在战略规划和管理过程中都扮演着非常重要的角色。具体地说，他们帮助高层管理者设计战略规划，制定能够支持组织整体战略规划的部门职能战略，同时执行这些计划。下面让我们来逐项探讨他们所承担的上述角色。

帮助组织制定战略规划 对于任何一位高层管理人员而言，在制定战略规划时忽视下一层级管理人员的意见，都是一种十分不明智的行为。没有人比公司各部门的经理更了解公司所面临的竞争压力、外部供应商的能力、产品和行业发展的趋势以及员工的能力和关心的问题。因而在实践中，在制定战略规划时，公司各级管理人员之间几乎不可避免地会召开大量会议并开展多次讨论。组织的高层管理人员在很大程度上要依赖通过这些互动所获得的信息来制定公司的战略规划。

理解战略管理的过程有助于更好地了解将来应当怎样做好召开那些讨论会的准备。请记住，战略规划的核心是收集有关公司自身的优势、劣势以及所面临的机遇和挑战方面的信息。关于制定战略规划所需要的各种事项的完整清单已经超出了本书的范围。不过，我们可以举个例子来加以说明。比如，销售经理应该为公司高层战略制定者全面提供如下相关的信息：哪些顾客正在购买公司的哪些品种的产品；公司的最主要的竞争者是哪些；这些竞争者的哪些方面（从竞争优势的角度来说）使它们构成了对本公司的威胁；哪些市场似乎正在增长或是放慢。而生产经理则需要知道：公司需要做些什么来改进产品的生产成本和质量；将生产外包出去或者直接从外部购买产成品是否比企业自行生产这些产品更好；公司的竞争对手是如何生产产品的。

类似地，人力资源经理也有很好的条件来为公司战略规划的制定提供竞争方面的信息：有关竞争对手的奖励计划的细节；能够获取客户抱怨信息的员工意见调查，以及即将实施的劳工立法等方面的信息都是这样的一些例子。当然，人力资源经理还应当掌握公司当前员工的优势和劣势等方面的信息。上述信息应当都能使人力资源经理拥有“（公司高层管理者的战略规划）会议桌上的一席之地”。像在其他例子中一样，

> 无论是通过公开信息渠道，还是通过合法的招募和面试活动，你所获得的信息都应当能够将公司主要竞争对手的组织结构图、员工配备水平，及其每一个员工群体的团队使命等描绘出来。你所获得的关于“谁向谁报告工作”的信息，可以为你们公司了解竞争对手的战略重点提供重要的线索。你甚至可以得知竞争对手的高层管理层的历史记录以及行为特征。[8]

这里的“管理新型员工队伍”专栏进一步解释了人力资源经理能够如何帮助公司的高层管理人员设计（以及执行）战略规划。

管理新型员工队伍

直面离岸经营

在《贫民窟的百万富翁》这部影片中，男主角在印度的一个呼叫中心工作。在那里，他和几百名同事整天都在接听使用客户公司产品的顾客从世界各地打来的电话。这些客户公司通过离岸经营的方式，将处理顾客来电的业务外包给了这些劳动力价格相对较低的呼叫中心中的员工。

离岸经营在公司的竞争战略中所起的作用越来越大。所谓**离岸经营**（offshoring），就是指将发达国家的工作岗位转移到那些劳动力或其他成本相对较低的国家。[9] 当一家美国制药公司决定将其药品放到中国去生产，或者你发现跟自己通话的是位于印度班加罗尔的呼叫中心的员工时，离岸经营实际上就正在发生。

过去，离岸经营涉及的主要是一些低技能的制造业工作，比如，服装生产商选择在国外生产成衣。但是后来，一些公司为了降低成本和保持竞争优势，逐渐开始对成千上万的高技能工作，比如财务、法律以及证券分析等，也采取了离岸经营的方式。

人力资源经理在离岸经营决策的每一个阶段，都扮演着重要的角色。例如，公司首席执行官应当让公司的人力资源管理团队从最初收集信息的阶段就参与进来，帮助公司收集准备实施离岸经营的那些目标国家中的劳动者的教育水平以及薪酬水平等方面的信息。不过，人力资源管理者主要参与的还是公司决定采取离岸经营之后的那些阶段。例如，人力资源管理团队需要制定一些政策来指导公司如何遵守伦理道德安全、工作标准以及薪酬水平等方面的问题。而人力资源管理团队在母公司的战略参与甚至显得更为重要。这是因为在当前情况下，母公司员工及其所属的工会可能会抵制公司将工作机会转移出去的做法。在这种情况下，维持员工对组织的承诺以及与他们进行开放的沟通就显得十分重要。[10]

制定支持性的职能战略或部门战略　除了帮助高层管理人员制定总体战略规划，（正如前面介绍的）部门管理者还必须将组织所作出的战略选择（比如成为低成本领袖）转化为职能层面的战略。例如，沃尔玛公司的低成本领袖战略就意味着，其采购部门必须竭尽全力去购买自己所能够找到的价格最低的商品。为了确保这一目标的实现，采购部门就需要在考虑到消费者应当支付多少以及供货商如何到沃尔玛来竞标的基础上，制定出自己的采购指南或者采购政策。

决定如何将一个公司的战略转化为部门战略及其相关的政策总是非常关键的。因此，职能部门的经理既需要对战略规划有很好的把握，同时也需要清楚哪些做法最有助于将公司的战略规划转化为本部门的战略行动。

实施战略　如果说高层管理者在制定战略规划时忽视更低层级上的管理者的建议非常欠妥当的话，那么，没有公司其他各级管理者以及员工的积极协助，他们更不可能确保战略的执行。除非是在规模非常小的公司，否则没有哪个公司的高层管理者可以自己做完所有的事情。因此，他们通常都在细心把关的情况下，依靠自己的下级管理者来履行为执行组织以及各个部门的战略和目标而需要实施的计划、组织、人事、领导和控制等方面的职能。

3.4 战略性人力资源管理

我们已经看到，一旦一家公司决定了自己将如何进行竞争，接下来就要制定部门战略来支持这一竞争目标了。而人力资源部就是这些部门中的一个。

每一家公司都需要本公司的人力资源管理政策和活动能够与组织的总体战略目标相吻合。**战略性人力资源管理**（strategic human resource management）意味着制定和实施有助于组织获得为实现其战略目标所需的员工胜任素质和行为的一系列人力资源政策和措施。图 3—10 说明了人力资源战略和公司战略规划之间的关系。

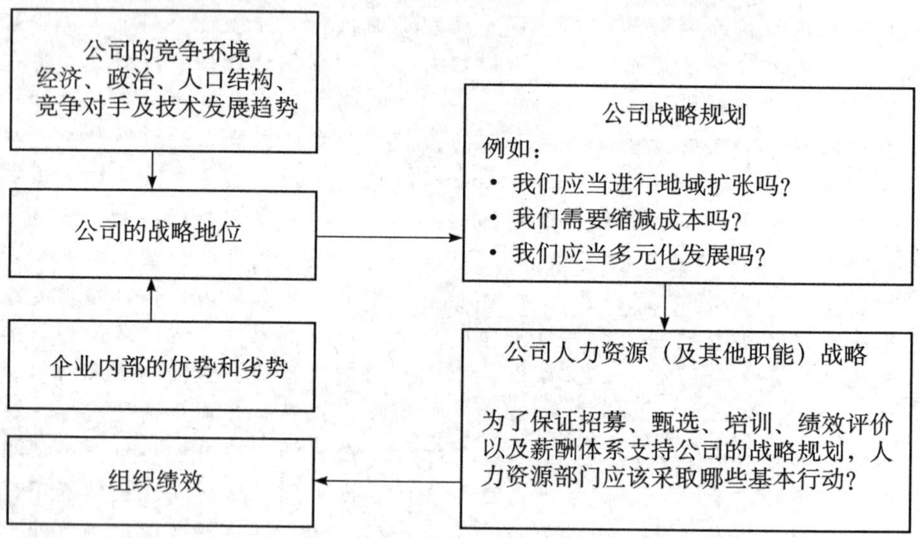

图 3—10 将公司战略与人力资源战略联系起来

资料来源：© Gary Dessler，Ph. D.，2007.

战略性人力资源管理背后的理念非常简单，这就是在制定人力资源管理政策和措施时，管理者的出发点必须是帮助公司获得为实现公司战略所需要的员工技能和行为。图 3—11 形象地描绘了这样一种观点。公司高层管理者首先要制定一项战略规划。该项战略规划隐含着某种特点的员工队伍要求。（例如，为了使用新的机器设备，我们是否需要更多的懂计算机语言的员工？）在对员工队伍的这种需求一定的前提下，人力资源管理者需要制定人力资源战略（包括人力资源管理政策和实践）来得到那些需要获取的员工技能、胜任素质以及行为。最后，人力资源管理者还需要确定自己可以用哪些衡量指标来评估这些新的人力资源管理政策和实践，到底在多大程度上产生了组织需要的员工技能和行为。这些衡量指标可能包括“每位员工接受计算机培训的小时数”，“员工的人均生产率”以及（通过顾客调查）获得的“顾客满意度”等。

上海波特曼酒店的例子 几年前，丽思卡尔顿酒店接管了上海波特曼酒店的管理权。公司新的管理层决定大幅改善酒店的服务水平。在这一过程中，上海波特曼酒店的新任执行总裁马克·迪克辛斯（Mark DeCocinis）就采用了类似前面描述的这种战略性人力资源管理过程。例如：

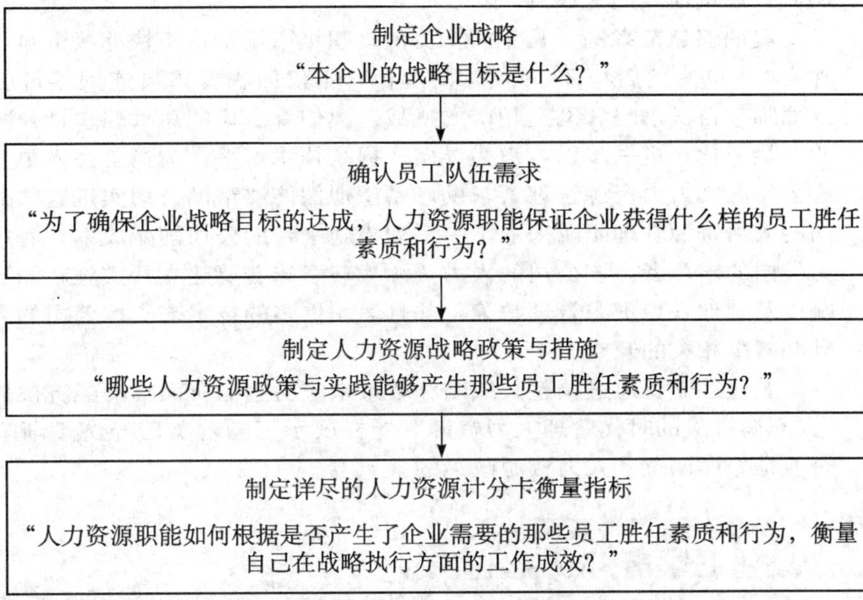

图 3—11　使人力资源战略和行动与经营战略保持一致的基本模型

资料来源：Adapted from Garrett Walker and J. Randal MacDonald, “Designing and Implementing an HR Scorecard,” *Human Resources Management* 40, no. 4 (2001), p. 370.

● 在战略上，马克和丽思卡尔顿酒店的管理层决定通过提供一流的客户服务来使上海波特曼成为一家卓越优秀的酒店。

● 为实现这一战略，上海波特曼酒店的员工就需要展现出新的技能和行为。例如，他们需要发自内心地真诚地关心客户，这样，酒店就需要对他们进行培训，并且激励他们在提供优质客户服务方面表现得更为积极主动。

● 为了产生这些员工技能和行为，马克·迪克辛斯将丽思卡尔顿公司的人力资源管理系统引入了波特曼酒店。他知道这些人力资源管理政策和措施能够为他的酒店带来所需的那些高品质服务行为。例如，迪克辛斯和他的经理亲自面试每一位求职者。他们深入探究每一位求职者的价值观，最终只选择那些真正关心和尊重他人的员工：“我们的甄选过程重点考察求职者的才能和价值观，因为这些东西是无法通过培训来教会的……它们直接关系到关爱他人以及尊重他人等方面的问题。”[11]

他们的努力得到了回报。在过去的几年中，各种媒体都将上海波特曼丽思卡尔顿酒店评选为“亚洲最佳雇主”、“亚洲最佳商务酒店”以及“中国最佳商务酒店”等。与此同时，酒店的利润也节节攀升。有效的战略性人力资源管理帮助上海波特曼酒店转变为一家卓越的酒店。

3.4.1　人力资源战略和政策

管理者把那些支持组织战略目标的特定人力资源管理政策和实践称为人力资源战略。[12]上海波特曼酒店的人力资源战略是塑造有助于大幅改善酒店服务水平的服务导向型的员工行为。因此，它的人力资源政策包括引进丽思卡尔顿公司的人力资源管理系统，由酒店的高层管理者亲自面试每一位求职者，并且只选择那些真诚地关心并尊重他人的求职者。

奥伯森超市案例 几年前，奥伯森超级市场不得不快速改进自己的绩效。这家拥有 2 500 家商店和 23 万员工的超市，不仅面临着来自连锁零售店的竞争，而且还面临来自沃尔玛和网上超市的挑战。奥伯森公司的总战略包括：降低成本；财务收益最大化；进一步以客户为导向；提高技术水平；为员工注入更多的活力。奥伯森公司向其人力资源管理者求助，希望他们能够帮助公司实现这些战略目标。该公司的人力资源管理团队采取了一系列措施来帮助公司削减成本，雇用和激励以客户为导向的求职者。该公司的人力资源战略意味着要建立并实施新的甄选、培训、薪酬以及其他人力资源管理政策，并且运用更多的技术来支持公司的人力资源管理活动和减少相关的开支。[13]

企业还需要通过调整其战略和政策来应对它们所面临的经济挑战现实。这里的“在充满挑战的时代管理人力资源”专栏展示了随着美国经济逐渐陷入萧条，各家企业是怎样调整其人力资源政策的。

在充满挑战的时代管理人力资源

调整人力资源政策来迎接这个充满挑战的时代

面对 2008 年经济领域和金融市场上的种种情况，你们公司在人力资源政策方面已经作出了或者准备作出的改变有哪些？

	已经做出改变（12 月）	已经做出改变（10 月）	预计会在未来 12 个月内作出改变（12 月）	预计会在未来 12 个月内作出改变（10 月）	估计不会发生变化（12 月）	估计不会发生变化（10 月）
对公司的出差政策加以限制	48%	34%	16%	21%	36%	45%
停止雇用新人	47%	30%	18%	25%	35%	45%
裁员	39%	19%	23%	26%	38%	55%
降低公司节日聚会等级或干脆取消	35%	19%	8%	18%	57%	64%
就福利问题与员工进行更多的沟通	32%	35%	35%	35%	33%	31%
减少季节性员工的雇用	28%	17%	16%	18%	56%	65%
重组整个组织结构	23%	14%	21%	23%	57%	64%
减少培训	23%	10%	18%	18%	59%	72%
提高员工医疗保险的缴费水平	20%	21%	17%	25%	63%	54%
就薪酬问题与员工进行更多的沟通	16%	18%	43%	37%	41%	45%
重构人力资源管理职能	14%	15%	21%	19%	66%	66%
薪资冻结	13%	4%	19%	12%	67%	84%
法定假日停工	13%	6%	5%	2%	83%	92%
减少或限制其他员工计划	12%	8%	12%	11%	75%	81%
降薪	5%	2%	6%	4%	89%	94%
提前退休	3%	4%	6%	5%	92%	91%
减少雇主在 401（k）/403（b）计划中的匹配缴费比率	3%	2%	7%	4%	90%	94%
缩短工作周的工时长度	2%	4%	6%	4%	93%	92%

正如你从表中可以看到的，由于美国近来陷入衰退，很多企业都开始对它们的人力资源政策作出相应的调整，以适应新的战略和经济现实。

资料来源：Watson Wyatt，*Effect of Economic Crisis on HR Programs*，*Update*，December 2008，p. 5.

3.4.2　战略性人力资源管理的实施：改善企业兼并和收购效果

随着信贷危机在几年前的形势恶化，美林证券公司向美国银行寻求危机救助，于是美国银行收购了美林证券。但是在刚开始的两个月时间里，这项收购计划看上去却并不那么有吸引力。美林证券的几十位高层管理者从公司辞职，公司的成本急剧上升。美国银行所面临的这种情况并不罕见，到目前为止，似乎只有一半的兼并和收购计划实现了其预期目标。[14] 当兼并和收购计划失败时，其中的原因往往不在于财务或技术方面的问题，而是在于与人有关的因素。比如，这些原因可能包括：员工抵制、高质量员工的大量离职、员工士气和生产率的下降，等等。[15] 正如几年前的一项研究所得出的结论，兼并和收购计划的失败往往是因为"缺少足够的人事方面的准备，同时没有能够提供有助于培养个人意识、文化敏感性以及合作精神的培训"。[16]

运用人力资源管理　具有讽刺意味的是，直到最近几年，很多公司的高层管理者仍然很少让他们的人力资源管理者参与到公司的兼并和收购计划中。根据韬睿咨询公司所做的调查，在 2000 年之前，人力资源领域的高层管理者在公司的兼并和收购计划的制定和尽职调查中所发挥的作用还是非常有限的。只有当公司管理层开始整合两家公司的时候，人力资源管理者才被吸收进来。而今天的情况则与过去形成了鲜明的对比，"近 2/3 的调查参与者都说自己现在已经参与到了兼并和收购计划的尽职调查过程之中"。[17]

由于企业高层管理者让人力资源专家在较早阶段就参与到了公司的兼并和收购项目中，所以看到这种项目的成功率上升也就不足为奇了。例如，最近的一项调查显示，在近期发生的收购和兼并案中，大约 80% 的项目都达到了令人满意的结果。[18] 另外一项调查研究显示，与那些人力资源管理者很少参与的兼并项目相比，在高层管理者要求人力资源管理者自始至终在兼并与收购过程中充分发挥专业作用的情况下，公司的最终绩效通常会更好。[19] 图 3—12 是对这些研究结论的总结。

那么，良好的人力资源管理实践到底是如何产生如此显著的魔力的呢？让我们来看几个这方面的例子吧。

尽职调查阶段　在最终达成一项交易之前，收购方（或者是合并双方中的某一方）通常会进行"尽职调查"，以确保自己了解将要与之发生联系的公司的实际情况。对于人力资源管理团队来说，在尽职调查中需要审查的内容包括组织文化和组织结构、员工的薪酬福利、劳资关系、尚未结案的员工诉讼、人力资源政策和程序以及核心员工。[20] 员工福利是一个最明显的例子。例如，准备并购的目标公司所签订的健康保险合同是否有终止条款？——如果企业在并购完成后需要解雇大量的员工，则这种条款可以使企业不必承担全体员工的保险。[21]

整合阶段　在兼并和收购开始实施的最初几个月中，有一些关键的人力资源问题需要解决。这些问题包括选择高层管理人员团队，确保高层管理者的领导力，与

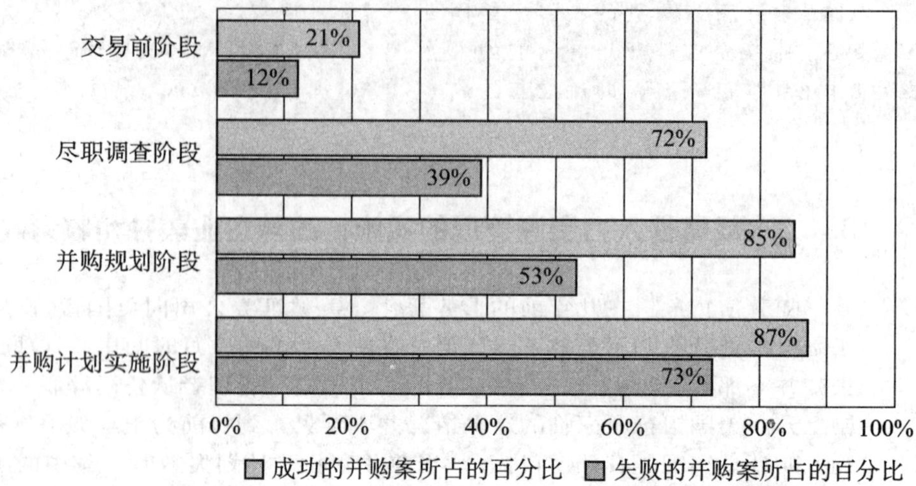

图 3—12 有人力资源管理者参与的并购案所占的百分比

资料来源：*HR Magazine* by Schmidt. Copyright 2001 by Society for Human Resource Management (SHRM). Reproduced with permission of Society for Human Resource Management (SHRM) in the format Textbook via Copyright Clearance Center.

员工就变革进行有效的沟通，留住关键人才以及文化统一，等等。[22]

利用人力资源咨询顾问 几家全球性的人力资源咨询公司，例如韬睿咨询公司，都提供与兼并有关的人力资源管理服务。它们所提供的这些服务有助于描述人力资源专家在协助公司完成兼并和收购方面所能够发挥的潜在作用。

● **管理交易成本**。例如，韬睿咨询公司会帮助企业明确与人相关的成本、风险以及潜在协同作用，并加以量化处理。这些方面的问题包括养老金事宜以及冗员成本和股票期权等方面的问题。

● **管理各种信息**。“我们通过快速制定和利用一项员工沟通战略来为我们的客户提供支持。”

● **留住高管团队和关键人才**。韬睿咨询公司可以帮助其客户确定哪些人属于关键人才，然后制定适当的人员保留战略。

● **确定并实施一项有效的人力资源服务提供战略**。韬睿咨询公司帮助其客户做好规划，确定公司将如何在并购完成后提供人力资源管理服务，例如将两家公司的薪酬支付系统加以合并。

● **制定一项切实可行的变革管理计划**。“特别是在跨国并购交易中，我们将帮助客户公司理解并管理其在交易中不得不面对的文化差异问题。”

● **设计并实施正确的人员配备模型**。韬睿公司帮助客户设计组织结构，并确定每一个职位上最适合的员工。

● **保证全面报酬的一致性**。“在薪酬计划的整合很理想的情况下，我们帮助客户公司找到薪酬福利计划标杆并对其实施整合。”[23]

肖尔斯超市案例 肖尔斯超市在几年前收购了星星超市。当时，肖尔斯超市有 126 家店铺，而星星超市有 54 家店铺。[24]这两家公司的人力资源管理团队在这次成功的并购案中发挥了重要的作用。例如，他们做了以下工作：

● 完成了初步的组织设计；

- 确定了最高三级管理人员的人选；
- 评估了关键的管理人员和员工；
- 制定了保留核心员工的政策；
- 制定并实施了冗员分流计划；
- 为并购后形成的新公司设计了一套全面报酬战略；
- 整合了公司的薪酬福利以及人力资源信息系统。[25]

3.4.3 战略性人力资源管理工具

管理者通常运用几种工具来帮助他们将组织整体战略目标分解为具体的人力资源管理政策和实践。其中三种重要的工具分别是战略地图、人力资源计分卡以及数字仪表盘。

战略地图　**战略地图**（strategy map）是一幅展示各个部门如何为公司战略目标的达成作出贡献的“蓝图”。它有助于管理者理解本部门在实施公司战略规划方面所扮演的角色。

图 3—13 是美国西南航空公司的一个战略地图示例。我们在前面已经提到过，西南航空公司采取的是成本领先战略。而这张战略地图则列出了西南航空公司为了取得成功，在各个层面上需要完成的主要活动。在最顶层，主要的活动是达成全公司范围内的战略性财务目标。接下来，战略地图展示了有助于西南航空公司达成上述财务目标的一系列活动链。例如，正如我们在本章前面看到的，为了增加收益和提高盈利水平，西南航空公司需要用更少的飞机来飞行（以降低成本），保持低价格，同时确保航班准点。

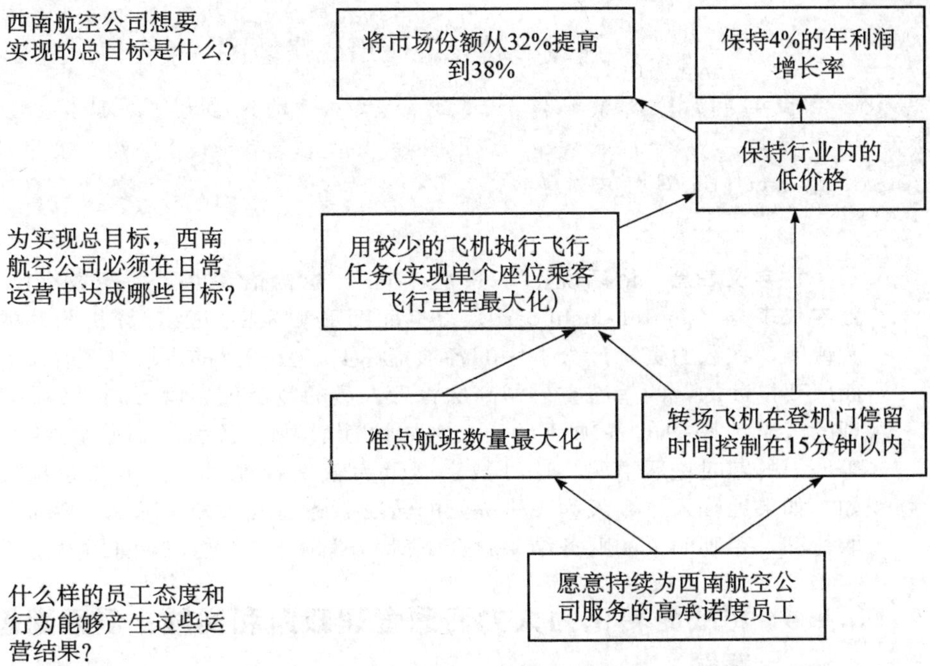

图 3—13　西南航空公司的战略地图

资料来源：Adapted from “Creating a Strategy Map,” Ravi Tangri；Team @ TeamCHRYSALIS. com.

接下来（在战略地图上往下走），航班准点和低票价要求飞机快速转场。而飞机快速转场又需要对工作充满激情的地勤人员和机组人员。这张战略地图帮助每一个部门（包括人力资源部）清楚地看到，为了实现西南航空公司的成本领先战略，每个部门都应该做些什么。

人力资源计分卡　许多企业都将战略地图中所涉及的各种活动加以量化和计算机化处理。人力资源计分卡就可以帮助企业做到这一点。**人力资源计分卡**（HR scorecard）并非一张计分的卡片。实际上，它是针对为实现组织战略目标所需完成的一系列人力资源管理活动链，设计各种财务和非财务目标或衡量指标，同时对结果进行监控的过程。[26]（西南航空公司的绩效衡量指标可能包括：飞机转场时间、准点航班所占百分比以及地勤人员的生产率等。）简而言之，人力资源计分卡就是要拿到一份战略地图，然后将其进行量化处理。

管理者通过使用一些特殊的计分卡软件，可以很方便地完成上述工作。计算机化的计分卡设计过程有助于管理者对以下三个因素及其之间的关系做量化处理：一是各种人力资源管理活动（甄选测试以及培训的数量等）；二是所产生的员工行为（例如客户服务等）；三是所产生的公司战略后果及绩效（比如客户满意度和利润率等）。[27]图 3—14 是对这一过程的概括。

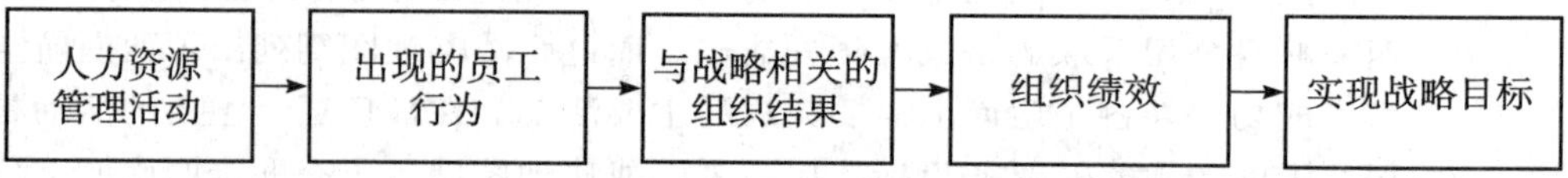

图 3—14　人力资源计分卡中的各种基本关系

人力资源管理应用程序

通过移动设备使用战略地图

管理者可以在活动中登录使用本公司的战略地图。他们可以应用 ActiveStrategy 公司的 ActiveStrategy Enterprise 软件来创建并自动生成本公司的战略地图，还可以通过 iPhone 手机或类似的移动设备使用该软件。[28]

数字仪表盘　俗话说，“一图胜千言”，这恰恰说明了使用数字仪表盘的目的。**数字仪表盘**（digital dashboard）以桌面图形和表格以及计算机图片的形式向管理者说明，在人力资源计分卡中的各项指标上，公司目前进展到了什么程度。正如下面所要描述的，西南航空公司高层管理人员的数字仪表盘可能就是在电脑屏幕上展现的战略地图中的各项活动——比如快速转场、吸引和留住顾客以及航班准点等——的实时进展情况。这种数字展示为管理者提供了采取修正措施的机会。例如，如果地勤人员今天为飞机提供的转场服务速度太慢，那么，除非管理者及时采取行动，否则明天的财务结果就会下滑。图 3—15 对这三种工具做了一个概括。

3.4.4　将战略转化为人力资源管理政策和实践：爱因斯坦医疗中心案例

奥尔波特·爱因斯坦卫生保健网络（爱因斯坦医疗中心）的例子很好地说明

战略地图	人力资源计分卡	数字仪表盘
战略地图是形象展示为确保公司成功而需要完成的各种活动链的一种图形工具。这幅“蓝图”向员工表明了他们的绩效是如何为公司总体战略目标的达成做出贡献的。	人力资源计分卡是用来管理员工的绩效，并将员工与组织的关键目标联系起来的一个过程。它的主要内容包括确定财务和非财务目标、监控和评价绩效以及快速采取修正行动。	数字仪表盘通过电脑桌面上显示的图表，向管理者形象地展示了在公司战略地图上出现的各项活动目前在公司中进展到了什么阶段，以及正在朝哪个方向前进。

图 3—15　三种重要的战略性人力资源管理工具

了，管理者如何将战略规划转化为人力资源政策和实践。[29] 爱因斯坦医疗中心的新任首席执行官发现，激烈的竞争、医疗技术的变革以及管理型卫生保健组织的成长，都意味着本公司需要一项新的战略规划。这时，爱因斯坦医疗中心还只是一家单一的重症护理医院，只治疗那些重症病患。

新的战略　新上任的首席执行官所制定的新战略的实质内容是，将爱因斯坦医疗中心转变为一个在当地市场上提供全方位的高质量医疗护理服务的网络系统。在此基础上，他明确了这样一点，即为了实现公司的战略目标，公司新的人力资源战略及其他战略应当能够产生三项重要的组织成果：提供新的服务（创新）、抓住机遇（适应）以及持续提供高质量的服务（服务）。

新的员工胜任素质和行为　接下来，这位首席执行官问道：“为了取得上述三项组织成果，需要员工具有什么样的价值观、能力、技能和行为呢？”他们必须致力于实现爱因斯坦医疗中心所确定的创新、适应和服务三大成果目标。他们必须为实现上述三个方面的目标而承担个人责任。他们必须能够并且愿意运用新的知识和技能，不断探寻创新性的问题解决方法。同时，他们必须具有灵活适应性，例如，在爱因斯坦医疗中心需要进行变革的时候，能够从一个岗位调到另外一个岗位上工作。

新的人力资源政策和实践　在上述理想的员工价值观和胜任素质确定之后，公司的人力资源管理者可能会问这样一个问题：“哪些具体的人力资源政策和实践有助于公司塑造一支富有献身精神的、负责的、创新的以及灵活适应的员工队伍呢？”这一问题的答案是，实施以下若干新的人力资源管理计划：

● 开办新的培训项目，以确保员工能够清楚地理解公司的新愿景及其对全体员工的要求。

● 开展工作丰富化项目，通过灵活的工作安排为员工提供更多富有挑战性的工作，让他们承担更多的责任。

● 提供恰当的回报，将员工的报酬与整个组织的结果（例如提供新的服务）挂钩。

● 改进甄选、入职培训以及解雇程序，帮助爱因斯坦医疗中心建立一支更具献身精神、更灵活、更有责任心以及更具有创造力的员工队伍。

总之，爱因斯坦医疗中心的管理者明白，没有新的员工胜任素质和行为，他们就无法实施公司的新战略。而要促使这些新的胜任素质和行为产生，就需要实施新的人力资源政策和实践。然后，他们可能会选择一些衡量指标（例如，每位员工每年接受培训的小时数）来监控新的人力资源战略的实施进程。如果愿意的话，他们还可以通过数字仪表盘来对这一进程进行跟踪。（本章末的巴黎酒店案例更为详细地解释了人力资源计分卡的实施过程。）

3.5 建立自己的高绩效工作系统

没有哪两家公司具有完全一样的人力资源管理政策和实践。例如，与生产奢侈品的企业相比，采用成本领先战略的公司肯定具有不同的测试、培训和薪酬政策。

3.5.1 何为高绩效工作系统？

许多专家都认为，某些特定的人力资源管理政策和实践确实使很多高绩效公司脱颖而出。管理者将这些配套性的人力资源管理实践称为高绩效工作系统。**高绩效工作系统**（high-performance work system，HPWS）是指能够提升组织有效性的一整套人力资源管理政策和实践。

高绩效工作系统在 20 世纪 90 年代开始盛行。当时，面对丰田汽车公司等国外企业在全球市场上展开的竞争，美国公司需要通过采取各种措施来改进其质量、生产率，同时提高反应的灵敏性。美国劳工部列出了高绩效工作组织的几项重要特征。这些特征包括多技能工作团队、得到授权的一线员工、全面的培训、劳资合作、对质量和客户满意度的承诺等。[30]

3.5.2 高绩效人力资源管理政策与实践

很多研究表明，从人力资源管理政策和实践的角度来说，高绩效工作系统确实与低绩效工作系统存在差异。表 3—1 就说明了这一点。例如，高绩效公司能够吸引更多的求职者，更多地使用甄选测试，在培训员工方面花费更多的时间。在这张表中共展示了与高绩效公司的人力资源管理系统有关的四个方面的要点。

表 3—1　高绩效公司和低绩效公司的部分人力资源管理实践比较

	低绩效公司的人力资源管理系统 业绩最差的 10% （42 家企业）	高绩效公司的人力资源管理系统 业绩最好的 10% （43 家企业）
人力资源实践示例		
为每个职位获得的合格求职者人数	8.24	36.55
基于有效的甄选测试雇用的员工所占的百分比	4.26	29.67
由内部员工填补的职位所占的百分比	34.90	61.46
在一份正规的人力资源规划中包括招募、开发及接班计划的情况所占的百分比	4.79	46.72
每一位新员工（入职时间在一年以内者）的培训小时数	35.02	116.87
对有经验的员工培训的小时数	13.40	72.00

续前表

	低绩效公司的人力资源管理系统业绩最差的 10%（42 家企业）	高绩效公司的人力资源管理系统业绩最好的 10%（43 家企业）
得到正规绩效评价的员工所占的百分比	41.31	95.17
加薪或奖励性薪酬与个人绩效相联系的员工所占的百分比	23.36	87.27
有资格获得奖励性薪酬的员工所占的百分比	27.83	83.56
低绩效与高绩效员工在奖励性薪酬方面的差异百分比	3.62	6.21
在自我管理团队、跨职能团队或项目团队中从事工作的员工所占的百分比	10.64	42.28
企业绩效		
员工流动率	34.09	20.87
员工的人均销售额（美元）	158 101	617 576
股票市场价值与账面价值之比	3.64	11.06

资料来源：Adapted from Brian Becker，Mark Huselid，and Dave Ulrich，*The HR Scorecard*：*Linking People*，*Strategy*，*and Performance*（Boston：Harvard Business School Press，2001），pp. 16－17.

第一，这张表有助于说明衡量指标为什么是重要的。**人力资源衡量指标**（human resource metric）是对一些人力资源管理活动指标——如员工流动率、每位员工接受的培训时数或者每个职位的合格申请者人数——所做的量化评估。（在表 3—1 中，高绩效公司在“为每个职位获得的合格求职人数”这一衡量指标上的分值是 36.55 个人。）你可以使用这些衡量指标来评估你们公司的人力资源绩效，并且将一家公司与其他公司加以比较。使用类似的一些具体的、可量化的证据，正是循证管理的核心所在。大家回忆一下，循证管理是运用数据、事实、分析、严谨的科学论证、批判性评估以及经过批判性评估的研究或案例，来对人力资源管理方面的建议、决定、实践以及结论提供支持。[31]（本章附录“循证人力资源管理的各种工具”为你提供了几种可以在这方面使用的工具。）

第二，表 3—1 描述了要想建成高绩效工作系统，组织的人力资源管理系统必须做哪些事。例如，他们会基于具有较高效度的甄选测试来雇用求职者，更多地从组织内部选拔人填补职位空缺，围绕自我管理团队来对工作加以组织，同时广泛地培训员工。

第三，表 3—1 还体现了高绩效工作系统的另外一个特征，即它们特别希望帮助员工进行自我管理。高绩效工作系统中的招募、甄选、培训以及从事其他人力资源管理实践的目的只有一个，即塑造一支训练有素、高度授权、自我激励以及灵活适应的员工队伍。[32]

第四，表 3—1 强调了高绩效公司和低绩效公司之间在人力资源管理系统方面的显著区别。（例如，在每个空缺职位可以得到的合格求职者人数方面，高绩效公司可以得到的人数是低绩效公司可以得到的人数的 4 倍多。）绩效“更好的”公司在人力资源管理实践方面与低绩效公司存在的可量化的差异，就构成了人力资源管理中的标杆管理的基石。标杆管理（benchmarking）是指通过分析和比较高绩效公司与本公司之间所存在的差异，来搞清楚到底是高绩效公司的哪些做法使它们的表现更好。[33]

证据 确实有一些研究证据表明，运用表 3—1 中的那些高绩效人力资源管理政策和实践的公司比其他企业的绩效表现更好一些。例如，根据一项对 2 800 多家公司所做的调查研究，一位研究者得出了这样的结论："高绩效人力资源管理实践，（特别是）在与新技术结合使用的情况下，会产生更高的生产率、质量、销售额和财务绩效。"[34] 另外一个研究团队在长达 22 年的时间里对 308 家公司的生产率进行了研究，最后得出的结论是：授权、团队合作、全面培训——这些恰恰都是高绩效工作实践期望达成的结果——能显著提升绩效。[35]

3.5.3 直线管理人员在培育高绩效工作系统中扮演的角色

人力资源管理者对"每个职位可获得的求职者人数"以及"从内部选拔人员填补的职位空缺比率"等指标具有影响力，这是显而易见的。毕竟，这些本来就是人力资源管理人员负责监督完成的活动。

而不太明显的则是另外一种情况，即每一位部门经理以及主管人员在这些人力资源管理活动中，从而在本部门所在领域的高绩效组织构建方面，同样也发挥着重要的作用。

表 3—1 也提供了与此相关的一种路线图。举例来说，表中显示，更多的求职者、更多的甄选测试、更为正式的绩效评价、更好的培训以及更具有激励性的薪酬计划，通常都与更高水平的绩效联系在一起。而你并不一定非得是人力资源管理者，才能对上述这些活动产生影响。每一位销售经理、生产经理以及财务经理都能影响他们所能够获得的求职者人数、他们所进行的甄选测试、他们所提供的培训的质量以及他们向自己的员工所提供的激励种类。本书的全部要点就在于告诉你应当如何完成上述工作。例如，我们将会看到如何才能增加你获得更多求职者的机会；如何才能改进你在求职者面试过程中的成功率，以及如何挑选出最优秀的员工。我们将会解释如何发现那些不诚实的求职者；列出在绩效评价中需要注意避免的各种错误；同时列出所有的主管人员都可以使用的各种（除公司正式的薪酬计划之外的其他）激励措施。所有的管理者都是"人力资源管理者"，这是因为没有哪一位管理者可以不使用本书接下来的各章中所介绍的工具和技术却能达到卓越的状态。

本章内容概要

1. 战略规划对于所有的管理者来说都非常重要。所有的管理者所作出的人事决策和其他决定都应当与从组织的整体战略规划中分解出来的目标保持一致。这些目标构成了一个目标层级结构，它从公司总裁制定的整体战略目标（例如销售收入翻番，达到 1 600 万美元）开始，逐级向下分解延伸，一直到确定每一位管理人员为了支持公司整体目标的实现需要做什么为止。

2. 由于每一位管理人员都需要在公司总体战略规划背景下作出自己的决策，所以对于所有的管理者来说，理解战略规划管理的基本原理显得十分重要。战略规划过程管理的内容包括设定目标、作出预测、确定各种可能的战略选择、对各种战略选择作出评估，最后是实施并评估战略规划的最终效果。一份商业计划书一般包括对经营业务领域的描述、市场营销计划、生产计划、财务计划以及人事计划。制定有效的目标是有效制定管理计划的一个必不或缺的组成部分。符合“SMART”原则的目标应是明确具体的、可衡量的、可达到的、相关的以及及时的。富有激励性的目标通常是明确具体的、可衡量的、具有挑战性的，但是可以实现的，并且这种目标（通常）是员工参与制定的结果。

3. 同样，由于所有的管理者都要在公司的整体战略规划范围内开展工作，因而对所有的管理者而言，熟悉战略管理过程都是十分重要的。

● 战略规划就是一家公司为了将内部的优势和劣势同外部的机会和威胁相匹配，从而维持组织竞争优势而制定的一种公司规划。战略就是一系列的行动方案。

● 战略管理就是指制定和实施组织战略规划的过程。战略管理过程的基本步骤包括：界定公司当前的业务、实施内部和外部审计、制定新的发展方向、将使命转化为战略目标、制定能够达成战略目标的战略、实施战略以及评价组织绩效。

● 我们区分了公司战略、竞争战略以及职能战略三个层次的战略。公司战略主要包括多元化战略、纵向一体化战略、横向一体化战略、地域扩张战略以及收缩战略等。主要的竞争战略则包括成本领先战略、差异化战略和聚焦战略。职能战略则反映了为实施各业务领域中的竞争战略所制定的一些具体的部门层面的策略。

● 部门经理在战略规划——即制定战略规划、设计支持性的部门战略或职能战略以及执行公司战略等方面——发挥着重要的作用。

4. 企业中的每一个职能部门都需要制定自己的职能战略，而战略性人力资源管理则意味着制定和实施有助于企业获得实现公司战略目标所需要的那些员工胜任素质和行为的人力资源管理政策和实践。人力资源战略是指管理者为了支持他们的战略目标实现而制定的具体的人力资源管理政策和实践。上海波特曼酒店和奥伯森超市是两个实施战略性人力资源规划的案例。此外，本章还提及了利用人力资源顾问来改善兼并和收购成效的案例，比如帮助企业管理交易成本，为重组之后形成的新公司进行全面报酬体系的整合，等等。较为重要和得到普遍运用的战略性人力资源管理工具包括：战略地图、人力资源计分卡以及数字仪表盘。

5. 在当今这种竞争环境中，对于所有管理者来说很重要的一点就是，应当理解本人在本部门中帮助组织建立高绩效工作系统方面所应当发挥的作用。简而言之，高绩效工作系统就是一系列能够提升组织有效性的人力资源管理政策和实践。人力资源指标值（对诸如员工流动率等人力资源管理评价标准所做的量化衡量）对于打造高绩效人力资源管理政策和实践具有非常关键的作用。这是因为它们能够使管理者将自己的人力资源管理实践与作为标杆的成功组织的管理实践加以比较。

讨论题

1. 举例说明一个组织各个管理层级的规划活动。

2. 一份商业计划书有哪些主要组成部分？请简要描述每一个部分的内容。

3. 你将如何制定具有激励性的目标？

4. 战略、愿景和使命之间的区别是什么？请分别举例说明这三个概念。

5. 请给出成本领先战略和差异化战略的定义，并至少举出两个例子来加以说明。

6. 解释人力资源管理在帮助公司创造竞争优势方面能够如何发挥作用。

7. 什么是高绩效工作系统？请举出几个具体的例子来说明高绩效工作系统的典型组成部分。

8. 请给出人力资源计分卡的定义，并简要解释战略规划过程的七个步骤。

个人和小组活动

1. 你和其他三四个同学一起组成一个管理你们的学院或学校的战略管理团队。你们的任务是为自己的学院或学校制定一份战略规划大纲。在这份战略规划大纲中应当包括：使命和愿景的陈述；战略目标；公司战略、竞争战略以及职能战略。在准备这份战略规划的过程中，你们应当确保说明了你们大学的优势、劣势以及所面对的机会和威胁，因为这些方面的内容将会成为你们制定战略规划的重要基础。

2. 利用互联网或图书馆的资源对5家公司的年报进行分析。在课堂上向同学们举例说明，这些公司是如何利用人力资源管理过程来达成其战略目标的。

3. 采访一位人力资源经理，并以“人力资源经理在××公司中的战略角色”为题，写一份简短的调查报告。

4. 利用互联网或图书馆的资源，在课堂上与同学们讨论至少两家公司的案例，看它们是如何使用人力资源计分卡来帮助公司塑造能够支持组织战略目标的人力资源系统的。当提及人力资源计分卡的时候，所有管理者的理解都是一样的吗？有什么不同之处吗？

5. 可以说，你的职业发展规划是你一生当中需要制定的最为重要的规划之一。然而，令人遗憾的是，大多数人从来都没有制定过这样的规划，或者是当他们知道自己需要这样的一份规划时已经为时晚矣。请运用本章中的各种概念和技术，为你自己制定一份职业发展规划大纲，这份职业发展规划大纲应当能够为你在今后5年中的职业发展决策提供足够详尽的指南。确保在这份规划中包括实施规划的行动计划以及可衡量的目标或阶段性成果。

6. 本书末附录中的美国人力资源认证机构提供的“考试指南”部分，列出了想要通过人力资源资格认证考试的人需要了解的各个方面的人力资源管理知识（例如战略性人力资源管理、员工队伍规划、人力资源开发等）。请以4～5人为一组，完成下列四项任务：（1）浏览该附录中的内容；（2）明确在本章所讲授的内容中有哪些与附录中列出的需要参加考试者掌握的知识是相关的；（3）根据这些与考试相关的内容，编写出你们认为适合作为这种人力资源认证资格考试考试题的4道多项选择题；（4）如果时间允许的话，你们小组派出一个人将你们编写的考试题在课堂上展示给大家，这样各个小组的学生就能够回答其他小组编写的考试题了。

体验式练习

为星巴克制定一项人力资源战略

2009年，星巴克面临着诸多严峻挑战。每个店面的销售额都出现了停滞或下降，公司的增长率和利润水平也在下滑。许多人认为，星巴克在店面中开始引入早餐食品的做法，实际上将其“咖啡调配师”的注意力从他们传统上从事的咖啡准备专家的角色分散开了。麦当劳和唐恩都乐都在引进尽管价格更低但是仍然属于高级品质的咖啡。星巴克的前任首席执行官重新回来执掌星巴克。现在，你需要帮助他为公司确定一个新的发展方向。

目的：这个练习的目的是让你获得制定人力资源战略的经验，这里是为星巴克制定人力资源战略。

必须理解的内容：你应当完全熟悉本章中所讲授的内容。

如何进行练习/指导：为完成这个练习，首先需要组建几个分别由3～4名同学组成的小组。你们可能已经非常熟悉在星巴克的店里喝咖啡或茶的体验，如果还没有这种体验的话，你们应当在完成这个练习之前，首先到它的店面中去体验一下。各小组开会，讨论并制定出星巴克公司的人力资源战略纲要。

你们的这份人力资源战略纲要应当包括四个方面的基本要素：星巴克的基本经营战略或竞争战略；这种战略对员工队伍提出的要求（根据员工的胜任素质和行为来描述）；为满足战略对员工队伍的这些需求所应当制定的具体的人力资源管理政策和活动；为了衡量这种人力资源战略的成功程度而建议采用的指标值。

应用案例

西门子公司建立以战略为导向的人力资源管理系统

西门子公司是一家有着150多年历史的德国公司，但是在几年以前，它还不是现在的这个样子。直到最近，西门子公司才集中生产电子产品。今天，这家公司已经进入软件、工程以及服务等多元化的业务领域。它还是一家在190个国家中雇用了40多万名员工的全球性企业。换言之，西门子公司通过在全球范围内实施一种以高科技产品和服务为中心的多元化战略，成为一个世界级的企业领袖。

在实施这种公司战略方面，西门子公司的人力资源管理人员起到了重要的作用。复杂的工程技术和服务要求西门子公司比一般的企业更为关注员工的甄选、培训和薪酬，而全球化则要求公司能够在全球各地提供这些服务。西门子公司将其人力资源战略主题总结为以下几点：

1. **一家有生命力的公司是一个学习型的公司**。西门子公司经营的业务领域所具有的高科技性质就意味着，其员工必须能够持续学习。为促进员工学习，西门子公司通过其内部系统，在全球范围内将课堂教学与实践操作型的学徒制两种培训方式结合起来。它还为员工提供全面的继续教育和管理技能开发机会。

2. **全球性团队合作是开发和利用公司人力资源全部潜力的关键**。西门子公司的全体员工都能感觉到，自己可以很轻松地与同事合作和进行沟通是如此重要，所以员工应能够理解公司中的整个工作流程，而不仅仅是其中的一小部分或某个片段。为了达到这种状态，西门子公司对员工进行了全面的培训和开发。公司还努力确保所有的员工都能感觉到自己是一个坚强有力、完整一体的公司的一个组成部分。例如，公司的人力资源管理者将跨国和跨文化的管理经验作为取得职业发展的一个先决条件。

3. **相互尊重的氛围是公司内部乃至与社会之间的一切关系的基石**。西门子公司主张，员工的不同国籍、文化、语言以及外貌等都是公司最宝贵的财富之一。因此，西门子公司开展了很多活动来塑造一种公开、透明、公平、公正以及支持多元化的氛围。

［问题］

1. 基于该案例中的上述信息，请你指出西门子公司至少需要达成的四项战略性组织成果以及对员工的胜任素质和行为提出的四个方面的基本要求。

2. 请说明为了使人力资源管理为公司战略目标的实现作出贡献，西门子公司至少实施了哪四项与战略相关的人力资源管理政策和活动。

3. 请为西门子公司描绘一幅简要的战略地图。

连续案例

卡特洗衣公司

高绩效工作系统

作为刚刚毕业的大学生以及紧跟商业潮流的人，詹妮弗非常熟悉全面质量管理和高绩效工作系统等项目所能够带来的好处。

事实上，杰克已经在卡特洗衣店中实施全面质量管理项目有大约5年的时间了。这个项目的实施方式是召开员工会议。杰克会定期召开员工会议，尤其是当店里出现了某种严重问题的时候，比如工作质量较差或者机器受到损坏等。当出现此类问题时，杰克不会试图自己单独或只是同詹妮弗两个人一起来诊断问题所在，他会与店里的所有员工进行接触，并且在闭店后立即与他们开会。如果员工是按小时领取薪酬的，则他们参加这种会议的时间是可以得到额外的薪酬的。例如，在公司的一家洗衣店里，所有的女式白色衬衫在洗过之后都染色了。后来发现，原来是负责清洗的工人忽视了公司的这样一条要求，即在清洗类似的衣物之前，需要首先清洗干净四氯乙烯洗涤液。结果，这些白衬衫就被清洗其他衣物时残留的洗衣剂污染了。

詹妮弗现在正在考虑是否应当将现有的员工会议的功能扩大，从而让员工在管理公司的质量方面发挥更大的作用。“我们无法做到时刻监督在每一处发生的所有的事情。”詹妮弗对她的父亲杰克说。杰克回答说：“是的，但是这些员工每小时只赚8～15美元的工资，他们真的愿意像微型经理那样去工作吗？”

［问题］

1. 你会推荐卡特洗衣公司扩展其全面质量管理项目吗？如果是的话，你建议采用哪种形式呢？

2. 假设卡特洗衣公司现在准备在其一个洗衣店里开展建设高绩效工作系统的试点项目。请用一页提纲简要说明这种项目应当由哪几部分内容组成。

将战略转化为人力资源管理政策和实践的案例

巴黎酒店

导引：实施人力资源计分卡的八大步骤

前面我们已看到，爱因斯坦医疗中心采用一种简单、符合逻辑的过程，将战略转化为所需的人力资源管理政策和各种活动。这种做法是完全可以接受的。然而，越来越多的公司正在转向采用被称为人力资源计分卡实施过程的更为严格的方法来做同样的事情。下面将详细解释这种新的方法。

人力资源计分卡的实施过程包括如下八大步骤[36]：

第一步：界定经营战略。将战略转化为人力资源管理政策和活动，首先要从确定公司的战略规划入手。对于爱因斯坦医疗中心来说，其战略规划就是将自己转变成为一个提供综合性卫生保健服务的网络。

第二步：描绘企业的价值链。如图3—16所示，我们可以将任何一项经营活动视为由一系列各种必要的活动组合而成的。公司的**价值链**（value chain）明确了能够为客户带来价值的各种主要活动以及一些相关的支持性活动。[37]这些活动可能包括：将生产原料和辅料运入工厂仓库；将原材料送达生产车间；按照客户的具体要求设计产品；为吸引客户并向他们提供产品而开展各种市场营销、销售以及分销活动，等等。

通过描绘出企业的价值链（对于酒店来说，就是图3—16中的内容）有助于表明企业有必要完成的一系列活动的链条。这样就会有助于管理者更好地理解那些驱动企业绩效的活动是什么。换言之，价值链是一种可以用来确定、分解、展现以及分析公司中最为重要的活动以及战略成本的工具。

第三步：设计战略地图。你可以利用这些信息来帮助你构建公司的战略地图。正如我们所看到的，这张图总结了各种有助于公司取得成功的具有相互关联性的活动所组成的一个链条。图3—13中提供了一张美国西南航空公司的战略地图。

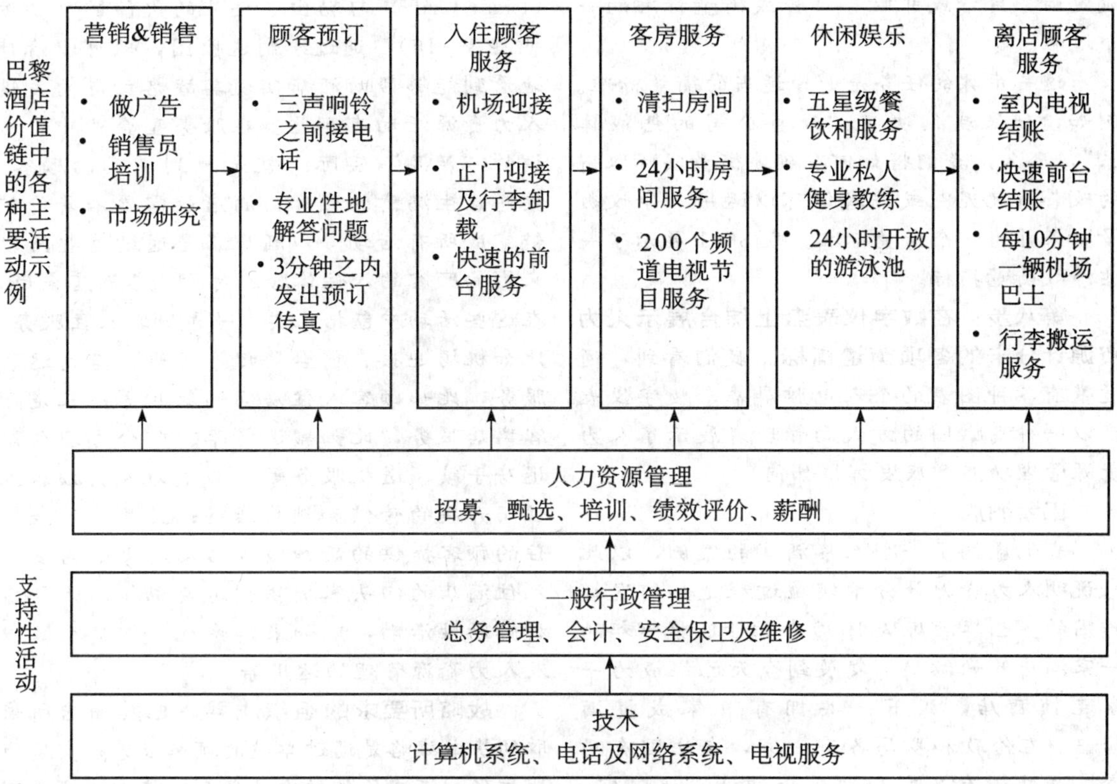

图 3—16　巴黎酒店价值链示例

资料来源：© Gary Dessler，Ph. D.

第四步：确定战略所要求的组织成果。任何一家公司为了实现自己的战略目标，都必须达成一些与战略相关的成果。对于爱因斯坦医疗中心来说，“新服务的提供”就是组织所要求的成果。戴尔公司所要求的组织成果是，能够让客户“通过电话获得快速、有效且礼貌的技术建议”。战略地图和在前面几个步骤中得到的价值链有助于管理者确定这些核心的组织成果。

第五步：确定所需要的员工胜任素质和行为。在这一步需要问这样一个问题：“如果我们公司想要获得那些与战略相关的组织成果，从而达成组织战略目标，那么我们的员工需要具备怎样的胜任素质和行为呢？”在爱因斯坦医疗中心，员工必须对自己的工作结果承担个人责任，并且愿意积极主动地寻找创造性的问题解决办法。

第六步：明确所需要的人力资源管理系统、政策以及活动。一旦人力资源经理明确了组织所需要的员工胜任素质和行为，便可着手制定有助于产生这些胜任素质和行为的人力资源管理活动和相关政策。例如，在爱因斯坦医疗中心，在这些人力资源管理活动和政策中包括新的培训和薪酬计划。

在这一步，就需要非常明确、具体。仅仅这样说是远远不够的：“我们需要新的培训项目或者惩戒流程”。相反，管理人员必须问这样一个问题：“为了产生战略所需要的那些员工胜任素质和行为，我们究竟需要哪些新的培训项目？”

第七步：选择人力资源计分卡中使用的衡量指标。我们看到许多管理人员将这些战略目标链、员工胜任素质以及需要的各种人力资源管理实践加以数量化或计算机化处理。人力资源计分卡实施过程可以帮助他们完成这样的工作。回忆一下前面谈到的，人力资源计分卡是组织为实现战略目标以及监控结果的达成，针对与人力资源有关的活动链来确定财务目标或非财务目标或衡量标准的一个过程。

这一步骤的任务是选择适当的衡量标准。例如，如果我们决定“改善公司的惩戒体系”，那么，我们将如何准确地衡量实际取得的改善情况呢？或许我们可以运用“争议数量”来作为一个衡量标准。表 3—1 展示了一些绩效衡量指标。

第八步：在数字仪表盘上综合展示人力资源计分卡的各项衡量指标。我们看到，通过带有各种图表的个人电脑屏幕，数字仪表盘以一种鸟瞰图的方式向管理者展示了人力资源管理功能到底发挥得如何。

巴黎酒店

我们虚构了一个巴黎酒店的案例，以此来说明人力资源计分卡实施过程是如何发挥作用的。巴黎酒店从 1990 年位于巴黎市郊的一家酒店开始做起，发展到今天已经成为一家连锁酒店，旗下一共拥有 9 家成员酒店——在伦敦和罗马各有一家，在法国有两家，另外还有几家分别位于纽约、迈阿密、华盛顿、芝加哥和洛杉矶。巴黎酒店的管理层和所有者一直秉承地域扩张的公司战略。他们相信，这种做法可以充分发挥他们在优质服务方面所积累的企业声誉，吸引对酒店满意度很高的顾客在多个城市光临他们的酒店。然而问题在于，酒店的优质服务声誉正在逐渐下滑。如果不改善服务水平，他们再继续实施扩张战略就是非常不明智的，因为顾客很可能会在入住他们酒店一次之后，选择入住其他酒店。

战略 酒店的高层管理者在人力资源经理和其他职能经理的协助下，经过董事会的批准，制定了一项新的竞争战略和新的战略目标。他们决定：“巴黎酒店将通过卓越的顾客服务将自己与同行区别开来，以吸引顾客延长入住时间，提高顾客再次入住比率，从而提高酒店的收入和利润水平。”巴黎酒店的所有管理人员——包括人力资源总监——都必须制定战略来支持这一竞争性战略。

价值链 在与其他经理人员进行深入讨论后，酒店人力资源总监莉萨·克鲁兹（Lisar Cruz）勾勒出了企业的价值链（请参见图 3—16）。通过绘制这幅图，她可以清楚地看到能够帮助酒店实现其战略目标的关键人力资源活动有哪些。在服务型企业中，所谓的“产品”实际上就是感到满意的顾客。要想产生满意的顾客，酒店就需要沿着价值链完成所有活动——酒店正是通过这些活动来影响顾客的入住体验。对于巴黎酒店来说，在这些活动中包括几类，一是顾客入住服务，比如机场迎接、前台登记入住等；二是运营服务，比如顾客入住房间的打扫等；三是顾客离店服务，比如搬运行李、前台办理登记退房手续、送机服务等；四是为吸引顾客入住而开展的营销和销售活动；五是为曾经入住的顾客提供的后续服务活动，比如为多次入住酒店的回头客提供旅游奖励等；六是各种辅助性活动，比如采购系统、信息系统以及人力资源管理的运用等。

战略所要求的组织成果 巴黎酒店所采取的基本战略是通过卓越的顾客服务来实现地域扩张。酒店价值链中的每个环节都为改善顾客服务提供了机会。对于莉萨·克鲁兹而言，审查酒店的价值链让她更加明确地认识到，要想实现组织的战略目标，就必须达成一系列必要的组织成果。例如，莉萨必须和她的管理团队采取措施来减少顾客投诉数量，增加顾客发来的表扬信数量，让顾客更为频繁地回头入住，使顾客在酒店中入住的时间更长，顾客每次入住期间的消费额度更高，等等。

与战略相关的员工队伍胜任素质和行为

因此，莉萨所面临的问题是，如果酒店想得到更少的顾客投诉、更多的赞许、更为频繁的回头客等必要的组织成果，那么，酒店的员工需要具备哪些胜任素质并展现出哪些行为呢？通过思考酒店价值链上的每一步所涉及的相关活动，莉萨找到了问题的答案。例如，酒店需要员工具备的胜任素质和行为应当包括：“高质量的前台服务”、“热情友好地接听顾客的预订电话”、“在正门迎接顾客”以及“高效处理客房订餐服务请求”。而所有这一切都需要酒店有一支充满工作热情且士气高昂的员工队伍。

与战略相关的人力资源管理政策和活动　人力资源经理现在的任务就是要确定，哪些人力资源管理政策和活动有助于组织得到那些关键的员工胜任素质和行为。举例来说，“高质量的前台服务”就是组织需要的一种行为。莉萨据此确定了哪些人力资源管理活动有助于员工在前台服务方面作出这种努力。例如，她决定采取一些人力资源管理实践来改善惩戒过程的公平性和公正性，以提高员工士气。她的一个假设是，强化公平感能鼓舞员工的士气，进而带来前台服务质量的改善。

人力资源计分卡　最后，莉萨可能会（也可能不会）将人力资源管理活动、各种员工行为以及组织成果之间的因果关系加以计算机化处理，利用计分卡软件来将各种结果展示在数字仪表盘上。在使用计算机化的计分卡软件包的情况下，莉萨就不必再终日疲于亲自评估各种员工行为所产生的效果（如接听电话的及时率等）。相反，她可以利用各种绩效衡量标准来监控从招募、甄选到培训、绩效、薪酬和劳工关系等领域的各种人力资源管理活动。她的人力资源计分卡模型还可以包括所有的人力资源管理活动对于各种员工胜任素质和组织成果以及公司绩效所产生的影响。这样，她的人力资源计分卡就成为展现巴黎酒店的人力资源管理对于企业所产生的价值增值情况的一个综合模型。

在本书中我们将如何使用巴黎酒店的案例?

从本章起，我们将会在每一章的最后一部分使用这个案例“将战略转化为人力资源管理政策和实践：巴黎酒店”。这些案例说明了巴黎酒店的人力资源总监是如何运用在各章中介绍的概念和技术来创建酒店的人力资源管理系统，从而达成公司的各项战略目标的。表3—2列出了莉萨可以用来对各种人力资源管理活动进行衡量的一些指标（按章罗列）。例如，莉萨可以通过实施（如第5章）改进之后的招募流程来改善员工的胜任素质和行为，并且可以用“每个职位获得的合格求职者人数”这一指标来衡量招募流程的改进情况。同理，她可以向高层管理者提出改革公司薪酬政策的建议（请参见第11章），以便使“公司的总体薪酬达到的目标百分位水平处于行业前25%”。然后，她可以向大家表明，这种做法会对员工士气、员工的服务行为、顾客满意度以及整个酒店的绩效产生显著的有利影响。在管理实践中，我们在本书中讨论的所有人力资源管理职能都将会影响员工的胜任素质和行为，进而影响组织所取得的各项成果以及最终绩效。

表3—2　与本书各章内容相关的巴黎酒店可以衡量的人力资源管理活动

章	战略性人力资源管理活动衡量指标
2. 公平就业机会	每年发生的公平就业机会诉讼案件的数量；与人力资源管理有关的诉讼成本；得到晋升的少数族裔或女性员工所占的百分比
3. 战略	能够准确陈述公司的战略/愿景的员工所占的百分比
4. 职位分析	职位描述得到更新的员工所占的百分比
5. 招募	每一种招募来源获得的求职者人数；每一职位获得的合格求职者人数
6. 测试	经过效度较高的测试而雇用的员工所占的百分比
7. 面试	接受结构化面试的求职者所占的百分比
8. 培训	每位员工每年的受训小时数；新员工的年受训小时数
9. 绩效评价	获得绩效反馈的员工人数；及时完成绩效评价的员工所占的百分比
10. 职业管理	制定了正式的职业开发计划的员工所占的百分比
11. 薪酬	总薪酬的目标百分位定位（薪酬最高的25%之列）
12. 奖励	能够获得绩效加薪的员工所占的百分比
13. 福利	对福利的满意度达到80%的员工所占的百分比
14. 伦理道德	每年的员工申诉数量；能够准确陈述伦理道德准则的员工所占的百分比

续前表

章	战略性人力资源管理活动衡量指标
15. 劳资关系	加入工会的员工所占的百分比
16. 健康与安全	每年开展的安全培训项目数量；每年的工伤事故成本；每年因事故而损失的工作小时数
17. 全球化	接受甄选和培训的外派员工比例
18. 总体性人力资源衡量指标	人均人力资源成本；人力资源费用在总费用中所占的百分比；员工流动成本

［问题］

1. 请你为巴黎酒店绘制一幅简单的战略地图。更具体地说，用你自己的语言概括地说明在这家酒店的人力资源管理实践、必要的员工胜任素质和行为以及要求实现的组织成果之间存在怎样的关系。

2. 请借助表 3—1 至少列出巴黎酒店可以用来衡量其人力资源管理实践成效的五种具体的衡量指标。

附录——循证人力资源管理的各种工具

当你试图向首席执行官说明你建议实施的某个项目的价值，或者你们团队所取得的成就时，大多数首席执行官都不会接受那种随口说说的主观性解释。这种情况很好地说明了为什么量化的、建立在数据基础上的分析和决策是成功的人力资源管理的一个标志。管理者应当在证据的基础上作出决策。循证人力资源管理就是指利用数据、事实、严密的分析、严谨的科学论证、批判性的评估以及经过批判性评估的研究结果或案例，为各种人力资源管理建议、决策、实践以及结论提供支持。[38] 这里，我们将集中讨论两种循证人力资源管理工具：人力资源管理审计和标杆管理。在讨论之前让我们首先了解一下，管理者怎样才能让自己变得更加科学。

循证人力资源管理和做事的科学方式

什么是科学？ 当我们谈及应当采用循证方法来进行人力资源管理时，你或许感到这种做法类似于采取一种科学的方法。如果你这样想，那么你是对的，我们接下来将简要介绍“科学”到底意味着什么。

大多数人听到“科学”这个词的时候，在脑海中闪过的第一件事可能就是诸如物理、生物、地理和心理学等学科。（可能正是因为如此，大多数人在想到“科学”的时候，总是会联想到在实验室里全身心扑在化学实验上的人们。）虽然上述所有这些都属于“科学”的范畴，但科学的内涵却远不止这些。究其本质，科学是一种做事情的方法——换言之，就是一种方法论。不过，科学是一种非常特殊的方法论。正如那些在实验室里忙碌的科学家所认为的，科学的方法论具有非常严格的基本规则，并且正是这些规则使科学方法变得如此与众不同。

科学的一些基本规则 简而言之，科学的基本规则应当包括客观性、可实验性、可量化性、可解释性、可预测性以及可重复性。科学家在收集依据的过程中必须保持客观性，否则其结论就无法让人信服。（例如，最近一所大学的医学院处罚了自己的几位教授。这些教授隐瞒了这样一个情况，即当他们在对某些药物的效果进行研究时，却从提供这些药物的公司领取薪酬。）

科学家还通过实验的方法来开展工作。一般情况下，一项实验就是科学家设计的一种测试，他们通过这种方式来确保（或者尽可能地确保）自己能够理解导致自己得到这些结果的原因是什么。（例如，科学家希望确保确实是两种化学制剂的混合导致了他的实验结果，而不是因为第三种化学品在未被觉察的情况下进入试管之中。）在进行实验的过程中，科学家一般遵循以下四个步骤。

1. 提出一个假设（对于可能出现的结果所做的一种暂时性解释，通常是基于此前的各种理论和观察结果）。

2. 设计一种对这个假设进行检验的方法（最重要的是，这种方法能够有助于确保杂质等原本与实验无关的因素不会对实验结果形成干扰）。

3. 收集数据（这意味着实际进行观察并测量所发现的情况）。

4. 根据发现的情况得出结论。

你可以看到，科学家通常是通过量化的方式来做事的。量化意味着，他们会对自己正在研究的对象进行衡量或者赋予一定的数值。总之，他们需要证据。

解释和预测是科学的双重目的。尤其需要指出的是，科学有助于作出预测——换言之，预测一种特定的结果。（例如，你有一家自己的小企业，而一位服务供应商告诉你，如果你每年向他支付 1 万美元，你就可以使用该公司的人事测评工具来识别出高潜质的销售人员。于是你进行了一项研究（我们将会在第 5 章中详细解释如何去做这种研究）。你最后得出的结论是：通过使用这种人事测评工具，你可以相当准确地预测出哪些求职者在未来的销售岗位上能够取得成功。那么，因此带来的销售额增长是多少呢？你根据这一证据得出了这样的结论：花这 1 万美元确实物有所值。）在理想情况下，你所做的研究还可以帮助你解释你所得出的结论，换言之，这项研究能够回答“为什么”的问题。例如，“此项人事测评工具能够识别出那些非常自信的人，而自信这种特征是在你所在的行业中成为一名优秀的销售人员所必备的特质。”

最后，科学的方法还需要符合可重复性的原则，这意味着能够重复和复制你的研究结果。如果你是唯一能够通过你的研究得出那些结论的人，那么，大家很容易就会质疑你的结论。因此，总而言之，科学就是具有客观性、可实验性、可量化性、可解释性、可预测性以及可重复性特征的一种方法论或做事的方法。

为什么管理者做事需要具备科学性？　对于管理人员来说，做一位“科学的”管理者的关键就在于，要确保自己总是抱有一种怀疑精神，即总是努力去质疑和衡量你在工作中看到的、听到的以及做到的各种事情。你希望能够搞清楚“事情的原因是什么？事情的结果又是什么？”而这里的问题在于，很多事情往往不是它们表现出来的样子，并且很多看似显而易见的事情往往可能是具有误导性的。你甚至不得不质疑专家的意见。（回忆一下第 1 章中的开篇短文，这篇短文尽管暗示了良好的人员甄选和配备实践导致了斯坦福餐馆的员工流动率下降，但是并未提供证据来证明这一点。）事实上，管理者在工作中犯错误的机会非常多。“购买那台新设备真的能为我们节省 2 万美元吗？证据在哪儿？”“这项奖励计划真的能够显著提高销售额吗？”“我们在过去的 5 年中已经在学费报销计划上花费了 2 万美元，但是我们从中得到了什么呢（如果有的话）？”“乔伊说是迈克弄坏了机器，可真的是迈克干的吗？”此外，（特别是对于人力资源管理来说，）我们的人力资源管理活动究竟在多大程度上是有效的呢？我们在人力资源管理方面的支出与其他竞争者相比，处于何种水平呢？我们应当如何通过改进人力资源管理实践来提高整个公司的生产率呢？我们接下来就将讨论这些问题。

实施人力资源管理审计

人力资源管理审计是什么？ 在人力资源管理领域，以数据为基础的分析常常始于人力资源管理者对本组织的部分或全部人力资源管理活动进行**人力资源管理审计**（HR audit）。一位人力资源管理从业人员将人力资源管理审计描述为一种分析活动，通过这种分析，组织可以衡量自己的人力资源管理目前处于一种什么样的状态，然后决定为了改善本组织的人力资源管理职能还应当做哪些事情。[39]

人力资源管理审计的类型 大多数人力资源管理审计都涉及对公司人力资源管理职能中的全部或部分内容进行审查，并且在做这种审查时通常都会首先列出一张清单。[40]然而，在有些情况下，也可能会需要做一项或多项特定的审计。[41]这些人力资源管理审计活动可能包括：

1. 守法性审计——具体地说，就是要回答这样一个问题：我们公司在遵守相关法律法规方面的表现如何？

2. 最佳实践审计——具体地说，就是要回答这样一个问题：与那些已经达到最佳实践水平的公司相比，我们公司的招募实践和雇佣实践水平如何？

3. 战略性审计——具体地说，就是要回答这样一个问题：我们公司的人力资源管理实践在通过培养战略所需要的那些员工行为，帮助公司实现战略目标方面的表现如何？

4. 人力资源管理的特定职能审计——此类审计重点关注人力资源管理的一个或多个具体的职能领域，例如薪酬，或者培训和开发。

一方面，许多企业都会定期实施上述人力资源管理审计项目，比如说每 2～3 年一次；另一方面，很多棘手的问题或事件的出现也有可能会促使管理者实施一次计划外的审计。这些引起企业临时进行人力资源管理审计的问题可能包括：我们是否已经做到了以最富有生产率的方式管理人力资源管理职能？我们能否从那些采取最佳人力资源管理实践的公司的做法中获益？我们去年实施的那些关键的人力资源项目或计划是否达成了预期的结果？我们在公司的人力资源管理领域还能够进行哪些方面的改进，一方面使我们能够增加人力资源管理给公司带来的价值增值，另一方面还能降低成本？在公司中存在哪些持续发生的工作场所安全和健康问题需要着手解决？在公司中通过改善人力资源管理实践是否有可能解决诸如员工士气低落或绩效水平偏低等方面的问题？[42]

公司遵守法律的情况同样需要审计。从遵守涉及就业的相关法律来说，大多数存在问题的地方（也就是容易产生诉讼案件的地方）都涉及以下领域[43]：

- 雇佣（包括职位描述和求职申请表）；
- 绩效评价；
- 员工惩戒（证据、规则、程序）；
- 解雇（适当的警告等）；
- 对于得到劳工法关于加班工资规定豁免的职位和没有得到这种豁免的职位进行了错误的区分；
- 不完整的人事材料，其中包括绩效情况的记录；
- 不充分的时间记录（例如，工人不恰当地提前打卡上班）；
- 不充分的文件（例如，丢失 I-9 表）。

人力资源管理审计的程序　在实施人力资源管理审计的时候，一种最基本的方法就是使用一份核查清单型的调查问卷。审计小组的人还可以对挑选出的人力资源管理专业人员以及其他职能部门的管理人员进行访谈，以便更好地评估人力资源管理职能的有效性。

我们可以将基本的人力资源管理审计程序总结如下[44]：

1. 确定审计范围。例如，审计是将集中于所有的人力资源管理职能领域，还是仅仅审计其中的一两个方面，或者是只审计遵守法律方面的情况？

2. 组建审计团队。确定进行人力资源管理审计的团队成员，谁是团队领导者，以及这个审计团队应当向谁汇报审计结果。

3. 整理核查清单以及其他可供使用的审计工具。例如，现在已经有哪些内部核查清单或其他资料，或者是从公司咨询顾问那里得到的核查清单？有哪些人力资源管理审计方面的核查清单软件包程序可供使用？

4. 明确预算。审计团队必须首先了解审计的成本等情况，以使要做的事情能够在预算范围内完成。

5. 考虑合法性。需要意识到，在人力资源管理审计过程中发现的一些问题，很可能被目前与公司有法律诉讼关系的另外一方发现。因此，在进行人力资源管理审计之前，至少应当与公司的律师讨论一下审计的合法性。

6. 获得高层管理人员的支持。公司的高层管理人员需要作出对人力资源管理审计活动的明确表态，并且表示会对审计过程中发现的问题采取积极的补救措施。

7. 设计审计清单。审计团队需要通过各种渠道，其中包括公司内部的核查清单、相关的软件包程序以及对其他公司的最佳实践所做的考察等，为准备进行的人力资源管理审计设计一套审计问卷。这种问卷通常是一系列的问题核查清单。审计团队将使用这些核查清单来指导他们完成对相关领域的审计。（例如，在一份核查清单中可能包括应当还是不应当在人事档案中涉及哪些事项。）[45]

8. 使用调查问卷收集与公司及其人力资源管理实践有关的数据。

9. 将本组织的人力资源管理实践评估结果与人力资源管理的标杆标准进行对标。

10. 向高层管理者提供审计结果反馈。

11. 制定行动计划，以改善在审计过程中发现的各种问题。

描述性人力资源管理审计的核查清单项目　在实践中，许多企业都从一个人力资源管理审计软件包中提取现成的核查清单来实施人力资源管理审计，至少其中的合法性审计项目是这样。右边的图片就是人力资源管理审计软件包的一个例子。[46]

资料来源：www.blr.com/product.cfm/product/30519900，accessed ay 2，2008.

下面是描述性人力资源管理审计软件中包括的三组核查领域及其相应的核查清单项目内容。

人事档案。人事档案中是否完整地包含如下各方面的信息：简历和求职申请表、录用通知书、职位描述、绩效评价结果、福利注册登记表、薪酬调整通知单以及其他与人事行动相关的档案文件、涉及绩效问题的文件、员工手册认可单、I-9 表、医疗信息（与病假或家庭医疗休假法规定的休假有关的信息）以及工伤保险方面的信息？[47]

工资和工时的合法性。工时记录流程是否符合州政府和联邦政府的法律规定（例如打卡记录时间不超过开始上班前或下班前的 3 分钟时间以内）？是否通过随机抽查审计来确保工时记录卡符合法律规定？[48]

员工人数统计。公司目前有多少名在职员工？其中，正式员工、试用期员工、临时工、全职员工、兼职员工、豁免性员工（受劳工法关于加班工资条款豁免的员工）、非豁免性员工分别有多少人？[49]

人力资源管理衡量指标和标杆管理

无论你是在实施一项人力资源管理审计，还是想做一些简单的评估，比如收集一些证据来证明你们公司的培训活动是否获得了足够的回报，你可能都需要进行对标——即将你们公司的某些人力资源管理结果与其他具有可比性的公司加以比较。许多私营人力资源管理顾问公司（例如翰威特公司）都会编纂并提供此类比较数据，美国人力资源管理协会也同样能提供这种数据。在这部分，我们将讨论各种类型的人力资源管理衡量指标、管理标杆以及人力资源管理衡量系统。[50]

人力资源管理衡量指标的类型　衡量指标是用来对你们单位的现状以及取得的进步情况进行评估的一些基本的财务指标和非财务指标。与雇佣活动相关的衡量指标范围很广，既有整体性的组织绩效衡量指标，也有各种关注某些具体的人力资源管理职能领域和活动的衡量指标。

图 3A—1 和 3A—2 中列举了一些涵盖面比较宽的衡量指标的例子。图 3A—1 中的数据可以让大家从总体上判断出一个组织的人力资源管理系统的工作效率如何。例如，对于一家拥有大约 300 名员工的公司来说，专门从事人力资源管理工作的人应当不到 1 人（0.94 人）（中位值）。

组织规模	样本公司数量	第 25 分位	中位值	第 75 分位
总体	751	0.73	1.12	1.88
少于 100 人的公司	209	1.52	2.41	3.45
100～249 人的公司	230	0.74	1.00	1.65
250～499 人的公司	100	0.67	0.94	1.32
500～999 人的公司	55	0.60	0.83	1.27
1 000～2 499 人的公司	76	0.50	0.79	1.04
2 500～7 499 人的公司	57	0.40	0.72	1.19
7 500 人以上的公司	24	0.36	0.72	1.06

图 3A—1　人力资源管理者人数与员工人数之比（按照组织规模划分）

资料来源：SHRM Human Capital Benchmarking Study：2007 Executive Summary.

图 3A—2 则使人们能够快速地判断出一家公司的总体生产率如何——在这个例子中，是用每位折算后全职员工（例如，两位兼职员工可能相当于一位全职员工）的人均销售额作为判断的基础。因此，员工的人均销售额就为衡量公司的经营

	样本公司数量	第 25 分位（美元）	中位值（美元）	第 75 分位（美元）
所有行业	828	88 497	200 000	539 087
住宿、餐饮行业	34	43 478	72 140	400 000
生物科技	10	90 909	267 857	448 430
建筑、采矿、石油、天然气	31	125 000	274 725	555 556
教育服务业	17	73 171	150 000	261 216
金融业	30	38 462	155 956	904 762
政府	34	125 000	241 270	564 972
卫生保健服务业	71	71 429	140 167	448 430
高科技行业	55	97 956	208 421	787 402
制造业（耐用品）	95	146 990	264 368	625 000
制造业（非耐用品）	44	153 406	287 088	603 198
出版和广播电视业	22	94 076	166 667	518 129
制药行业	12	70 378	312 927	792 398
零售业	58	111 111	311 741	614 704
服务业（非营利性）	70	67 692	128 606	425 532
服务业（营利性）	161	100 000	200 000	535 714
电信行业	16	92 151	112 401	431 115
交通物流业	29	90 909	358 852	600 000
政府机构（所有行业）	40	80 179	239 048	508 444
非营利组织（所有行业）	136	68 934	123 833	394 560
私营营利性组织（所有行业）	444	107 787	236 255	655 914
公共营利性组织（所有行业）	206	66 667	195 890	460 829

图 3A—2　全职员工的人均收益水平（按行业划分）

说明：组织数量少于 10 家的行业已从表中剔除。这些行业分别是农、林、渔、猎业；保险业；房地产业；公用事业。

资料来源：SHRM Human Capital Benchmarking Study：2007 Executive Summary.

状况提供了一个粗略的但却十分有用的近似评价。假设欧迪办公用品公司（Office Depot）员工的人均销售额为 9 万美元，而史泰博公司（Staples）员工的人均销售额却远低于此，那么，史泰博公司就会提出如下的问题："我们公司总部的人员是否过剩了？""我们的每个商店中是否雇用了过多的员工？"以及"我们能做些什么（例如提供更多的培训或制定激励计划）来提升员工的人均销售额呢？"

图 3A—3 和图 3A—4 中列举的则是更为集中于人力资源管理领域的衡量指标。图 3A—3 中显示了在不同规模的公司中，高管人员的目标奖金在其个人总薪酬中所占的百分比。例如，对于一家大约有 200 名员工的公司而言，（中位值上的）高管人员的目标奖金在其总薪酬中大约占 14%。图 3A—4 对几种典型的人力资源管理衡量指标进行了总结。其中包括缺勤率、人均雇佣成本以及人均卫生保健成本等。[51]

	样本公司数量	第 25 分位	中位值	第 75 分位
所有公司	319	10%	18%	30%
少于 100 人的公司	78	8%	15%	25%
100～249 人的公司	99	7%	14%	20%
250～499 人的公司	38	15%	23%	30%
500～999 人的公司	24	13%	20%	30%
1 000～2 499 人的公司	33	11%	23%	30%
2 500～7 499 人的公司	31	20%	25%	40%
7 500 人以上的公司	16	18%	28%	40%

图 3A—3　高管人员的目标奖金在其总薪酬中所占比重，2007 年（按照公司规模划分）

资料来源：SHRM Human Capital Benchmarking Study：2007 Executive Summary.

人力资源管理衡量指标		
缺勤率	[（每月缺勤天数）÷（当月平均员工人数）×（工作日天数）]×100%	衡量缺勤情况。确定公司是否存在缺勤问题。分析为什么存在缺勤问题以及应当如何解决这一问题。进一步分析出勤政策的有效性以及在执行这种政策方面的管理有效性。请参见白皮书《缺勤：工作缺勤状况分析》（Absenteeism：Analyzing Work Absence）。
人均雇佣成本	（广告费用＋中介费用＋员工推荐费用＋求职者和员工的差旅费＋重新调配成本＋招募人员的薪酬和福利）÷雇佣人数	即每一次新的雇佣活动所需付出的成本。企业可以用《雇佣管理协会/人均雇佣成本衡量指标调查》（EMA/Cost Per Hire Staffing Metrics Survey）作为自己的标杆基准。这一指标可以用来衡量组织在招募/留住员工的成本节约方面实现显著改善的情况。还可以帮助你们确定公司的招募职能如何能够增加节约的额度或者降低成本。
人均卫生保健成本	卫生保健总成本÷员工总人数	员工的人均福利成本。它表明了每位员工享受的卫生保健成本。关于此主题的更多信息，请参见美国劳工统计局的《企业薪酬成本》及其《企业薪酬成本的结构与水平趋势衡量》（Employer Costs for Employee Compensation and Measuring Trends in the Structure and Level of Employer Cost for Employee Compensation）。
人力资源费用系数	人力资源费用÷总运营成本	人力资源费用与组织的总运营成本之间的关系。此外，这一指标还可以帮助企业确定自己的费用是超出、符合还是低于预算水平。如果可能的话，分析哪些人力资源管理实践有助于节约人工成本。
人力资本投资回报率	（收益－运营成本）÷（薪酬成本＋福利成本）	员工的投资回报比率。组织从自己的投资中获得回报了吗？分析产生正的或负的投资回报率的原因。将这种分析作为优化组织在招募、激励、培训和开发等人力资源实践方面所进行的投资的一个机会。评估人力资源实践与组织在绩效衡量指标方面取得的积极转变是否存在因果关系。

图 3A—4　美国人力资源管理协会建立的衡量指标库中包括的衡量指标样本

资料来源：SHRM，http：//shrm. org.

实践中的标杆管理　正如你看到的，衡量指标本身并没有多大的意义。无论是人力资源管理衡量指标，还是财务比率，或者是其他衡量指标，管理者想知道的都是“我们现在做得怎么样”和某种东西之间的关系。这里的所谓“某种东西”可能是公司的历史数据，或者是来自其他公司的标杆（即具有可比性的）数据。[52]

美国人力资源管理协会为公司提供了客户化定制的对标服务，这使得企业可以将本公司的人力资源管理衡量指标数据与其他公司进行比较（请参见图3A—5）。该协会能够为建筑业、采矿业、教育服务业、金融业、制造业等许多行业提供对标数据。企业除了能获得分行业的可比数据，还可以获得按照员工人数、公司收益、行业部门以及地理区域等分类的数据。（详见 http：//shrm. org/research/benchmarks。）

美国人力资源管理协会提供按照行业、员工人数、收入水平、地区、政府、营利性组织、非营利组织、公共部门、私营部门等各种不同标准划分的客户化对标服务。

你可以选择费用高昂的对标服务，也可以找美国人力资源管理协会来提供价格适中且高质量的客户化对标服务报告。

- 表明增加人力资源管理类员工的人数是合理的。
- 表明用于招募及其他人力资源管理方面的预算是有依据的。
- 更好地做好401（k）计划的配套缴费计划。
- 设计有竞争优势的卫生保健计划。
- 简明扼要地向董事会成员解释投资回报率。
- 为完成企业兼并、重组和收购而实施尽职调查。

无论你公司的规模是只有50名员工，还是有10 000名员工，甚至是更多，我们都将帮助你选择一份客户化的定制报告，用你公司的一些关键指标去与其他相似的公司进行标杆比较。在仅仅几天的时间里，你就能够收到自己的对标报告，同时还会附上详细的指南，告诉你应当怎样理解和使用这些相关的数据，定义以及衡量指标的计算方法。

- 数据库中包括3 000多个组织。
- 基于两类数据（行业、员工人数或者其他类别）提供客户化定制服务。
- 超过100项标杆！
    - 卫生保健
    - 退休
    - 雇佣
    - 人力资源费用
    - 伤残 & 人寿保险
    - 员工流动率
    - 很快会增加的：
    - 人力资源类员工的薪酬
- 人力资源管理协会会员价：245美元起。
- 已经在高级人力资源管理专家或人力资源管理专家认证考试中得到21学分以上。

请登录协会的网站进一步了解你可以得到的全部客户化定制对标管理服务的清单。

图3A—5　美国人力资源管理协会提供的客户化对标服务的重要内容

资料来源：SHRM，www. shrm. org/research/benchmarks.

美国人力资源管理协会在为任何一家使用其服务的企业提供对标服务时，都会使用很多具有可比性的标杆衡量指标，图3A—6和图3A—7中展示的就是其中两组这样的衡量指标。图3A—6主要说明了人力资源费用方面的数据——在这个例子中包括的指标是与客户公司具有可比性的其他公司的人力资源费用水平、人力资源费用占运营费用的百分比以及全职员工的人均人力资源费用等。图 3A—7 则展示了重要的招募绩效标杆，例如填补空缺职位平均所需的时间以及人均雇佣成本。

人力资源费用数据			
	2006 年人力资源费用	2006 年人力资源费用在运营费用中所占的比例	2006 年每位折算后全职员工的人均人力资源费用
样本企业数量	12	11	12
第 25 分位	320 000 美元	5.15%	1 358 美元
中位值	548 215 美元	12.86%	2 044 美元
第 75 分位	700 000 美元	16.67%	3 550 美元
平均值	533 421 美元	12.66%	2 341 美元

图 3A—6　美国人力资源管理协会提供的客户化定制人力资本对标报告示例

资料来源：SHRM Human Capital Benchmarking Study：2007.

雇佣数据						
	2006 年填补的空缺职位总数	2006 年填补职位空缺的平均时间	2006 年人均雇佣成本	2006 年总员工流动率	2006 年员工年度自愿流动率	2006 年员工年度非自愿流动率
样本企业数量	16	16	14	16	14	16
第 25 分位	35	27 天	1 000 美元	5%	5%	1%
中位值	48	55 天	3 050 美元	18%	18%	4%
第 75 分位	97	60 天	7 000 美元	20%	20%	9%
平均值	65	47 天	3 918 美元	16%	16%	5%

图 3A—7　美国人力资源管理协会提供的定制化人力资本标杆管理报告示例

资料来源：SHRM Human Capital Benchmarking Study：2007.

注释

[1] See, for example, Gary Latham and Gary Yukl, "A Review of Research on the Application of Goal Setting in Organizations," *Academy of Management Journal* 18, no. 4 (1964), p. 824. See also Gary Latham and Terrence A. Mitchell, "Importance of Participative Goal Setting and Anticipated Rewards on Goal Difficulty and Job Performance," *Journal of Applied Psychology* 63 (1978), pp. 163–171; Sandra Hart, William Moncrief, and A. Parasuraman, "An Empirical Investigation of Sales People's Performance, Effort, and Selling Method During a Sales Contest," *Journal of the Academy of Marketing Science*, Winter 1989, pp. 29–39.

[2] See, for example, Fred David, *Strategic Management* (Upper Saddle River, NJ: Prentice Hall, 2007), p. 11.

[3] Tony Bingham and Pat Galagan, "Doing Good While Doing Well," *Training & Development*, June 2008, p. 33.

[4] www.checkmateplan.com, accessed April 24, 2009.

[5] www.pepsico.com/PEP_Company/Overview, accessed December 7, 2007.

[6] Paul Nutt, "Making Strategic Choices," *Journal of Management Studies*, January 2002, pp. 67–96.

[7] Michael Porter, *Competitive Strategy* (New York: The Free Press, 1980), p. 14.

[8] Samuel Greengard, "You're Next! There's No Escaping Merger Mania!" *Workforce*, April 1997, pp. 52–62. The extent to which top executives rely on HR managers to support their strategic planning efforts is a matter of debate. Many employers still view HR managers mostly as strategy executors. On the other hand, a recent study found that 71% of the management teams do see HR as a "strategic player." See Patrick Kiger, "Survey: HR Still Battling for Leaders' Respect," *Workforce Management*, December 15, 2008, p. 8. See also E. E., Lawler, et. al., "What Makes HR a Strategic Partner?," *People & Strategy* 32, no. 1 (2009), p. 14.

[9] SHRM Research, "Offshoring," *Workplace Visions*, no. 2 (2004), p. 1.

[10] Ibid, p. 7.

[11] Arthur Yeung, "Setting Up for Success: How the Portman Ritz-Carlton Hotel Gets the Best from Its People," *Human Resource Management* 45, no. 2 (Summer 2006), pp. 67–75.

[12] See, for example, Evan Offstein, Devi Gnyawali, and Anthony Cobb, "A Strategic Human Resource Perspective of Firm Competitive Behavior," *Human Resource Management Review* 15 (2005), pp. 305–318.

[13] "Automation Improves Retailer's Hiring Efficiency and

Quality," *HR Focus* 82, no. 2 (February 2005), p. 3.

[14] Bou-Wen Lin et al., "Mergers and Acquisitions as a Human Resource Strategy," *International Journal of Manpower* 27, no. 2 (2006), p. 127.

[15] Andy Cook, "Make Sure You Get a Prenup," *European Venture Capital Journal*, December/January 2007, p. 76. See http://www.accessmylibrary.com/coms2/summary_0286-29140938_ITM, accessed June 29, 2009.

[16] Quoted in Bou-Wen Lin et al., "Mergers and Acquisitions as a Human Resource Strategy," *International Journal of Manpower* 27, no. 2 (2006), pp. 129–130.

[17] www.towersPerrin.com, accessed December 4, 2007.

[18] Ibid.

[19] Jeffrey Schmidt, "The Correct Spelling of M&A Begins with HR," *HR Magazine*, June 2001, pp. 102–108. See also Wendy Boswell, "Aligning Employees with the Organization's Strategic Objectives: Out of Line of Sight, Out of Mind," *International Journal of Human Resource Management* 17, no. 9 (September 2006), pp. 1014–1041.

[20] "Mergers & Acquisitions: Managing the HR issues," *The M&A Spotlight*, January 1, 2007.

[21] Leah Carlson, "Smooth Transition: HR Input Can Prevent Benefits Blunders During M&As," *Employee Benefit News*, June 1, 2005.

[22] www.towersPerrin.com, accessed December 4, 2007. See also Ingmar Bjorkman, "The HR Function in Large-Scale Mergers and Acquisitions: The Case of Nordea," *Personnel Review* 35, no. 6 (2006), pp. 654–671; and Elina Antila and Anne Kakkonen, "Factors Affecting the Role of HR Managers in International Mergers and Acquisitions: A Multiple Case Study," *Personnel Review* 37, no. 3 (2008), pp. 280–299.

[23] This is paraphrased or quoted from "HR Services, Service Offerings: Mergers, Acquisitions and Restructuring," www.towersPerrin.com, accessed December 4, 2007.

[24] "Mergers & Acquisitions: Managing the HR Issues," *The M&A Spotlight*, January 1, 2007.

[25] Ibid. See also Ruth Bramson, "HR's Role in Mergers and Acquisitions," www.findarticles.com, accessed November 5, 2009.

[26] When focusing on HR activities, managers call this an "HR Scorecard." When applying the same process broadly to all the company's activities, including, for example, sales, production, and finance, managers call it the "balanced scorecard process."

[27] The idea for the HR Scorecard derives from a broader measurement tool managers call the "balanced scorecard." This does for the company as a whole what the HR Scorecard does for HR, summarizing instead the impact of various functions including HRM, sales, production, and distribution. The "balanced" in balanced scorecard refers to a balance of goals—financial and nonfinancial.

[28] www.activestrategy.com/solutions/strategy_mapping.aspx, accessed March 24, 2009.

[29] Richard Shafer et al., "Crafting a Human Resource Strategy to Foster Organizational Agility: A Case Study," *Human Resource Management* 40, no. 3 (Fall 2001), pp. 197–211.

[30] "With High-Performance Work Organizations, Adversaries No More," *Work & Family Newsbrief*, August 2003, p. 5. See also Karen Kroll, "Repurposing Metrics for HR," *HR Magazine* 51, no. 7 (July 2006), www.SHRM.org/HR magazine/articles, accessed February 4, 2008.

[31] See, for example, www.personneltoday.com/blogs/hcglobal-human-capital-management/2009/02/theres-no-such-thing-as-eviden.html, accessed April 18, 2009.

[32] Robert McNabb and Keith Whitfield, "Job Evaluation and High-Performance Work Practices: Compatible or Conflictual?" *Journal of Management Studies* 38, no. 2 (March 2001), p. 294.

[33] See, for example, John Sullivan, "The Last Word," *Workforce Management*, November 19, 2007, p. 42.

[34] Alexander Colvin et al., "How High-Performance Human Resource Practices and Workforce Unionization Affect Managerial Pay," *Personnel Psychology* 54 (2001), pp. 903–934.

[35] Kamal Birdi, Chris Clegg, Malcolm Patterson, Andrew Robinson, Chris Stride, Toby Wall, and Steven Wood, "The Impact of Human Resource and Operational Management Practices on Company Productivity: A Longitudinal Study," *Personnel Psychology* 61 (2008), pp. 467–501. In fact, these researchers concluded that worker empowerment, teamwork, and training had much greater effects on employee and company performance than did the sorts of manufacturing initiatives such as quality management, just-in-time, supply chain partnering, and advanced manufacturing technology that companies often institute in efforts to improve productivity and performance.

[36] This section is adapted in part from Brian Becker, Mark Huselid, and Dave Ulrich, *The HR Scorecard: Linking People, Strategy, and Performance* (Boston: Harvard Business School Press, 2001).

[37] Arthur Thompson Jr. and A. J. Strickland III, *Strategic Management: Concepts and Cases* (New York: McGraw-Hill, 2001), pp. 129–131.

[38] See, for example, www.personneltoday.com/blogs/hcglobal-human-capital-management/2009/02/theres-no-such-thing-as-eviden.html, accessed April 18, 2009.

[39] Lin Grensing-Pophal, "HR Audits: Know the Market, Land Assignments," SHRM Consultants Forum (December 2004), http://moss07.shrm.org/hrdisciplines/consultants/Articles/Pages/CMS_010705.aspx, accessed February 2, 2008.

[40] Bill Coy, "Introduction to the Human Resources Audit," La Piana Associates, Inc., www.lapiana.org/consulting, accessed May 1, 2008.

[41] The following is based on Teresa Daniel, "HR Compliance Audits: 'Just Nice' or Really Necessary?" SHRM White Paper (November 2004), http://moss07.shrm.org/Research/Articles/Articles/Pages/CMS_010198.aspx, accessed February 2, 2008.

[42] See, for example, Dana R. Scott, "Take the Time to Audit Your Human Resources Practices," *New Hampshire Business Review*, August 17, 2007.

[43] Teresa Daniel, "HR Compliance Audits: 'Just Nice' or Really Necessary?" SHRM White Paper (November 2004), http://moss07.shrm.org/Research/Articles/Articles/Pages/CMS_010198.aspx, accessed February 2, 2008. See also Dana Scott, "Conducting a Human Resources Audit," *New Hampshire Business Review*, August 2007.

[44] See Teresa Daniel, op. cit.; Dana Scott, op. cit.; "Start Your HR Audit with This Checklist," *HR Focus* 84, no. 6 (June 2007), pp. 1, 11, 13–15; and Bill Coy, "Introduction to the Human Resources Audit," La Piana Associates, Inc., www.lapiana.org/consulting, accessed May 1, 2008.

[45] For additional detailed information on conducting HR audits, see, for example, http://SHRM.org/HR tools/toolkits_published, accessed February 2, 2008.

[46] http://www.blr.com/product.cfm/product/30519900, accessed May 2, 2008.

[47] Dana Scott, "Conducting a Human Resources Audit," *New Hampshire Business Review*, August 2007.

[48] Ibid.

[49] Bill Coy, "Introduction to the Human Resources Audit," La Piana Associates, Inc., www.lapiana.org/consulting, accessed May 1, 2008.

[50] See, for example, "Using HR Performance Metrics to Optimize Operations and Profits," *PR Newswire,* February 27, 2008; and "How to 'Make Over' Your HR Metrics," *HR Focus* 84, no. 9 (September 2007), p. 3.

[51] For additional information on HR metrics, see, for example, Karen M. Kroll, "Repurposing Metrics for HR: HR Professionals Are Looking Through a People-Focused Lens at the CFO's Metrics on Revenue and Income per FTE," *HR Magazine* 51, no. 7 (July 2006), p. 64(6); and http://shrm.org/metrics/library_published over/measurement systems_TOC.asp, accessed February 2, 2008.

[52] See, for example, "Benchmarking for Functional HR Metrics," *HR Focus* 83, no. 11 (November 2006), p. 1.

第 2 篇 员工招募与配置

Recruitment and placement

第4章 职位分析

当戴姆勒公司在美国亚拉巴马州开设它的梅赛德斯-奔驰汽车组装厂的时候，它的管理者面临着一个困境：如果这些管理者根本不知道每一位员工应该做什么，他们就无法雇用、培训这个工厂所需的工人，并向其支付相应的薪酬。他们需要每一个人都有一份工作职责清单，即“职位描述”。但是，在这家工厂里，员工是以自我管理团队的形式来完成汽车组装工作，因而他们每个人的工作内容和工作职责可能每天都在发生变化。在这种工作职责不断变化的情况下，你将如何列出工作职责的清单呢?[1]

我们学到哪了

真正的人力资源管理过程开始于确定每一个职位所要承担的职责和工作内容。因此，我们现在就开始着手研究人力资源管理的细节问题。本章的主要目的是，展示应当如何对一个职位进行分析并编写职位描述。我们将会看到，职位分析涉及详细确定某一个职位必须承担哪些工作职责，以及企业应当雇用什么样的人来承担这一职位。我们讨论了几种职位分析技术，解释了应当如何编写职位描述和任职资格说明书。在接下来的第5章中，我们将会讨论管理人员可以运用哪些方法去实际找到自己需要的那些员工。

学习目标

1. 讨论职位分析的实质，包括什么是职位分析以及如何运用职位分析的结果。

2. 至少使用3种以上收集职位分析信息的方法，其中包括访谈法、问卷调查法和观察法。

3. 运用互联网及一些传统的方法来编写职位描述书，其中包括职位概要和职位的主要职能。

4. 编写一份任职资格说明书。

5. 说明在员工被授权的背景下的职位分析问题，包括其含义以及在实践中是如何操作的。

4.1 职位分析基础知识

组织是由许多需要找人承担的职位构成的。而**职位分析**（job analysis）就是一个确定这些职位所需承担的工作职责以及这些职位需要具有哪些特征的任职者来承担的过程。[2]职位分析提供了编写**职位描述**（job description，一份关于职位所承担的工作内容的清单）以及**任职资格说明书**（job specification，应该雇用哪一类人来承担该职位）所需要的信息。我们接下来很快就会看到，每一位管理者都应该了解如何对职位进行分析。管理者所采取的几乎每一项与人事有关的行动——例如，对求职者进行面试以及培训和评价员工等——都依赖于他们对职位所承担的工作职责以及胜任该职位所需要的任职者特征这两个方面信息的了解。[3]

作为员工的直接上级或人力资源专业人员，通常需要通过职位分析收集以下一种或多种信息：

- **工作活动**。首先，他们需要收集关于该职位的实际工作活动的信息，比如，清洁、销售、教学或绘图等。在这张清单中可能还包括该职位的任职者应当如何完成每一项工作活动，为什么要完成这些活动，以及应当在何时完成这些工作活动。
- **人的行为**。专家可能还要收集工作对于人的行为所提出的要求方面的信息，比如感知、沟通、决策、撰写等。这里包括的是与职位的要求有关的信息，比如举重物或走远路。
- **机器、工具、设备及其他辅助工具**。这里所涉及的信息包括需要使用的工具、要加工处理的原材料、需要接触或者应用的知识（如财务或法律知识）以及要提供的服务（如咨询或维修）。
- **绩效标准**。企业可能还需要获得有关该职位的工作绩效标准方面的信息（例如，每一种工作职责所需达到的数量或质量标准）。管理者将运用这些标准来对员工进行绩效评价。
- **工作背景**。在这类信息中包括的内容有：工作的物理环境、工作时间表以及工作的组织和社会背景——例如，某一职位的员工通常需要与多少人打交道。此外，关于工作激励方面的信息也有可能归于这类信息。
- **对人的要求**。这类信息中包括工作对人本身提出的一些要求，比如与本职工作有关的知识或技能（教育、培训、工作经验等）以及一些必要的个人特性（才干、生理特征、人格、兴趣等）。

4.1.1 职位分析信息的应用

正如图 4—1 所概括的，职位分析之所以很重要，是因为管理人员要运用它为几乎所有的人力资源管理活动提供支持。

招募与甄选 职位分析提供的信息包括：在一个职位上应当承担的工作职责有

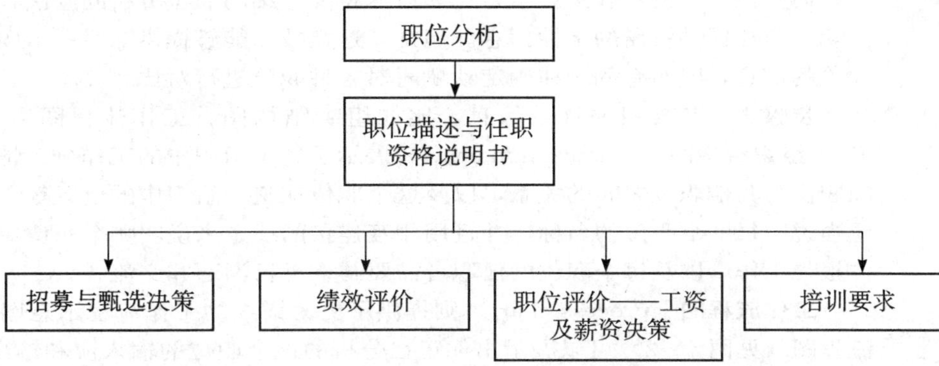

图 4—1　职位分析所获信息的应用

哪些，以及为了完成这些工作活动，任职者需要具备什么样的个人特征。这些信息——以职位描述和任职资格说明书的形式表现出来——能够帮助管理者决定应当招募和雇用哪种类型的人员。

薪酬　薪酬（比如薪资和奖金）通常取决于职位所要求的技能、受教育程度、工作中的安全风险以及所承担的责任大小等因素，而所有这些因素都是可以通过职位分析来确定的。此外，许多企业还出于确定薪酬的目的对职位进行等级划分（比如，文秘三级和四级）。职位分析所提供的信息可以用来确定职位之间的相对价值，从而为其确定适当的等级。

培训　职位描述中列出了某一职位需要承担的具体工作职责以及完成这些工作所必须具备的技能——这很显然就指出了任职者需要接受哪些方面的培训。

绩效评价　绩效评价过程就是将每一位员工的实际工作绩效与预先设定的工作绩效标准进行比较的过程。要做这样的比较，管理者就需要利用职位分析来了解这些工作职责及其绩效标准是什么。

发现无人承担的职责　职位分析还可以帮助企业发现一些无人承担的工作职责。例如，你们公司的生产经理说，她承担着诸如制定生产进度表以及进行原材料采购等十多项工作职责。但是，她却没有提及原材料库存管理这一职责。通过进一步调查，你可能会发现，在生产部门也没有任何其他人对库存管理工作负责。多亏了进行职位分析，你才得以发现有一项重要的职责实际上并无人承担。

遵守公平就业机会法律的规定　在帮助组织遵守公平就业机会法律规定方面，职位分析也起着重要的作用。美国联邦政府机构遵循的《员工甄选规范指南》就指出，职位分析是确保所有各种主要人力资源管理活动有效的一个重要基石。[4]例如，如果想遵守《美国残疾人法》的规定，企业就必须知道每一个职位的基本工作职能，而这反过来就要求进行职位分析。

4.1.2　职位分析的步骤

职位分析有 6 个步骤，下面分别进行考察。

步骤 1　确定你将如何使用职位分析信息。因为这将决定你收集哪些信息以及怎样收集这些信息。有些信息收集技术——比如对员工进行访谈，询问他们在本职工作中需要承担哪些工作职责——非常适用于编写职位描述和为特定的职位挑选员工。而其他一些信息收集技术，比如后面将要介绍的职位分析问卷法，就不能为编写职位描述提供所需的定性信息。但是，这类技术能够提供对每一个职位进行定量评价的信息，因而有利于在确定薪酬时对各种职位进行对比。

步骤 2 审查相关背景信息，比如组织结构图、工作流程图以及职位描述等。[5]**组织结构图**（organization chart）展示了整个组织中的工作分工情况、被分析的职位与其他职位之间的关系，以及这个职位在整个组织中的位置等。组织结构图应当说明每一个职位的名称，并且用相互连接的线条来说明哪个职位应当向哪个职位报告工作，以及每个职位的任职者需要与谁进行沟通和交流。

工作流程图（process chart）则提供了更为详细的工作流程示意图。最简单的流程图（见图 4—2）可以展示出你正在分析的这个职位的输入流和输出流。（在图 4—2 中，质量控制员的工作是对来自供应商的零配件进行检验，对发给工厂管理人员的零配件进行检验，同时还要为这些工厂中的管理人员提供有关零配件质量方面的信息。）最后，现有的职位描述（如果有的话）通常可以作为修订职位描述的一个重要基础。

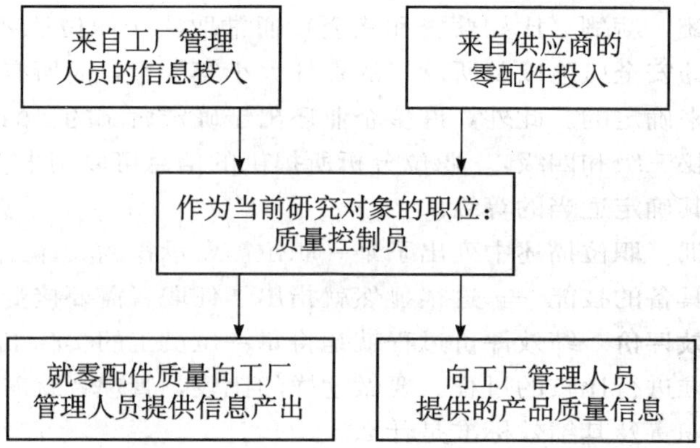

图 4—2 用于分析与一个职位有关的工作流的流程图

资料来源：*Compensation Management*：*Rewarding Performance* by Richard J. Henderson. Reprinted by permission of Pearson Education，Upper Saddle River，NJ.

步骤 3 选择有代表性的职位。之所以这样做，是因为在需要分析的职位中，有很多是相似的，没有必要对每一个职位都进行分析。例如，如果需要对 200 个装配工所从事的工作进行分析，在只需要分析 10 个职位样本就足够的情况下，就没有必要对所有的职位都分析一遍。

步骤 4 实际进行职位分析——通过收集与职位有关的工作活动、对员工的行为提出的要求、工作条件以及职位要求任职者具备的特征以及能力等方面的信息来进行。在这一步，需要应用我们在本章下一节中将要阐述的一种或多种职位分析方法。

步骤 5 与职位的当前任职者及其直接上级共同核实所得到的职位分析信息。这一步骤将有助于确定这些信息确实是正确、完整的。同时，这种做法还通过为任职者提供一个审查和修改你所草拟的职位描述的机会，确保他们能够认可和接受通过职位分析获得的信息及其相关结论。

步骤 6 编写职位描述和任职资格说明书。这是职位分析的两个有形产出。职位描述（再重复一遍）就是对一个职位需要承担的工作活动和职责以及该职位的工作条件和安全风险等重要特征所做的一种书面陈述。任职资格说明书总结了为了胜任某一职位，任职者必须具备的个人素质、特征、技能以及背景等。职位描述和任职资格说明书可以分成两份文件编写，也可以合并放入职位描述之中。

直接主管人员进行职位分析的捷径 职位分析是一个很耗时的过程。你可能需要花上几天的时间去对五六名员工和他们的经理进行访谈，并向他们解释职位分析的过程以及为什么要进行职位分析。而部门经理很可能没有时间去做这些事情。在这种情况下，我们可以考虑采用一个简化的、只需花费几个小时的时间就能完成，但是仍然很管用的程序来进行职位分析。这个程序包括以下几个步骤：

1. 欢迎职位分析参与者到会。

2. 向参与者简要说明职位分析的过程，以及他们作为参与者在这个过程中需要扮演的角色。

3. 花大约15分钟的时间对员工进行访谈，以便对职位的基本概况达成一致。

4. 确定职位所承担的人的职责范围，例如，“会计”或“监督”等方面的职责。

5. 运用一个能够与员工互动的活动挂图或协作软件，来确定每个职责范围内的主要工作任务。

6. 打印任务列表并让小组成员在上面签字。[6]

4.1.3 职位分析指南

在运用下面将要提到的各种职位分析工具进行实际的职位分析之前，我们要牢记四条非常实用的指南。

● 确保职位分析是人力资源专家、员工及其上级主管人员共同努力的结果。人力资源管理者可以对正在被分析职位上工作的员工进行观察，然后让员工的直接主管人员和员工本人同时填写职位调查问卷。在所有这些工作的基础上，人力资源专家再列出被分析职位的工作职责以及所需的人员特征。最后，再让被分析职位的直接主管和员工本人去审查、核实人力资源管理者对该职位的工作活动和职责所做的描述。

● 如果有几名员工在几个不同的部门做同样的工作，不要贪图省事，只去收集一个部门的职位信息，而是应该分别从几个不同部门去收集相应的职位信息。这是因为在不同的部门中，即使不同的任职者所承担的职位具有相同的名称，他们分配工作时间的方式也未必是相同的。

● 确保员工很清楚你提出的问题以及职位分析的程序。（例如，当你问起关于职位的“心理要求”时，有些人或许不知道你说的到底是什么意思。）所以，要尽早发现这方面的问题。

● 要尽可能运用多种不同的工具来进行职位分析。例如，一般情况下，不要仅仅依靠一份调查，而是要再辅之以一个简短的跟踪访谈，以对你的调查结果提供一些补充。（这是因为每一种工具都有其潜在的缺陷和不足。）例如，在小组访谈中，有些员工可能迫于群体压力而附和小组的意见。因此，通过使用多种不同的职位分析信息来源和工具所得到的结果可能会更理想一些。下面，我们就来讨论这些工具。

4.2 收集职位分析信息的方法

有很多种方法（比如访谈法、问卷调查法等）都可用于收集与一个职位的工作责任、职责以及工作活动等有关的信息。在本节中，我们只阐述最为重要的几种方法。

在实践中，你既可以选用其中的任何一种方法，也可以将它们结合起来使用。这里的一个基本原则是，选择最适合你自己需要的方法。例如，对于创建一份关于工作职责的清单以及撰写职位描述来说，访谈法可能是最合适的，而更为定量化的职位分析问卷则更适用于为确定薪酬而对每一种职位的相对价值作出量化评价。

访谈法、问卷调查法、观察法以及工作日记或工作日志法是最为常见的收集职位分析信息的方法。它们都能提供有关某一个职位的任职者实际在做什么的真实信息。管理人员可以利用这些方法来编写职位描述和任职资格说明书。

4.2.1 访谈法

进行职位分析访谈的方法可以有很多类型，既包括完全非结构化的访谈（“请跟我谈一谈你所做的工作”），也包括涵盖数百个问项的高度结构化的访谈。

管理人员可以对员工个人进行单独访谈，也可以对从事相同工作的一群员工进行小组访谈，还可以与了解被分析职位的一名或多名直接主管人员进行主管人员访谈。当大量的员工从事相似或相同的工作时，可以采取小组访谈的形式，这种方法可以以一种快速且成本较低的方式来收集信息。作为一条规则，这些员工的直接主管人员要参加这种小组访谈；如果直接主管人员没有参加小组访谈，则你可以对他们进行单独访谈，以了解他们对于被分析职位的工作职责是怎样的看法。

无论你采用哪一种访谈方式，你都必须确定被访谈者充分了解接受访谈的原因，因为员工常常会将这种访谈理解为“效率评价”——无论他们的理解正确与否。如果被访谈者存在这样一种想法，那么他们很可能不愿意准确地描述自己所从事的工作。

典型问题 一些典型的访谈问题如下所示：

你做的是什么工作？

你承担的职位有哪些主要职责？你实际上在做的是什么？

你的工作地点在哪里？

你做这项工作需要具备什么样的教育背景、工作经验、技能以及资格证书或工作执照（如果有的话）？

你都参与哪些活动？

你所在的职位的工作职责和责任是什么？

你在工作中需要承担的基本责任或需要达成的工作绩效标准是什么？

你的职责是什么？你的工作环境和工作条件是什么样的？

你所承担的职位对人的身体要求是什么？在情绪和心理方面的要求是什么？

你工作时的卫生和安全条件如何？

你在工作中会遇到什么风险或需要在非正常条件下完成工作吗？

结构化访谈 你也可以用一份结构化或核查清单式的提纲来指导你的访谈过程。图 4—3 就是这方面的一个例子，这是一份职位分析信息表。表中包括与下列主题相关的一系列问题：工作的总体目的；监督责任；工作职责；教育水平、工作经验以及一些必要的技能等。当然，这种结构化的清单并不仅仅适用于访谈法。通过观察法或调查问卷法——我们将在后面讨论这两种方法——收集信息的职位分析者，也同样可以使用类似的结构化清单来收集信息。[7]图 4—4 就是一份需要在线完成的调查问卷。

职位分析信息表

职位名称＿＿＿＿＿＿＿＿＿＿＿＿＿＿＿填表日期＿＿＿＿＿＿＿＿＿

职位代码＿＿＿＿＿＿＿＿＿＿＿所属部门＿＿＿＿＿＿＿＿＿＿＿＿＿

直接上级职位名称＿＿＿＿＿＿＿＿＿＿＿＿＿＿＿＿＿＿＿＿＿＿＿＿

工作时间为从上午＿＿＿＿＿到下午＿＿＿＿＿

职位分析员姓名＿＿＿＿＿＿＿＿＿＿＿＿＿＿＿＿＿＿＿＿＿＿＿＿＿

1. 该职位的总体工作目的是什么？

2. 如果任职者还监督他人的工作，请列出被监督职位的名称；如果在职位名称相同的职位上工作的员工有一人以上，请填写具体人数。

3. 请标明以下哪些活动属于本职位任职者的直接上级需要承担的责任。

□ 培训
□ 绩效评价
□ 检查工作
□ 编制预算
□ 指导和/或建议
□ 其他（请具体说明）

4. 请描述本职位的任职者所受到的监督管理的类型及程度。

5. 工作职责：简要描述该职位的任职者都做些什么，如果可能，请描述出他是如何做这些工作的。请按照以下分类列举工作职责：

a. 日常工作职责（每天或几乎每天都要完成的常规工作职责）

b. 周期性工作职责（每周、每月、每季度或按照其他时间间隔周期性完成的工作职责）

c. 无履行时间规律的工作职责

6. 任职者是否承担着他认为本来没有必要承担的工作职责？如果有的话，请加以说明。

7. 任职者是否承担着某些在其现在的职位描述中并不存在的工作职责。如果有的话，请加以说明。

8. 受教育程度：请在以下选项中选出职位对任职者的受教育程度所提出的要求（不是现在的任职者的实际个人受教育情况）。

□ 无正规教育要求
□ 完成 8 年级以上的教育
□ 有高中毕业或与之相当的文凭
□ 有两年制大学毕业或与之相当的文凭
□ 有四年制大学毕业或与之相当的文凭
□ 有研究生毕业或更高级的学位
请具体说明：＿＿＿＿＿＿＿＿
□ 需要有专业执照
请具体说明：＿＿＿＿＿＿＿＿

图 4—3　为编写职位描述而设计的职位分析问卷

资料来源：www. hr. blr. com. Reprinted with permission of the publisher Business and Legal Resources, Inc. , Old Saybrook, CT. BLR® (Business & Legal Resources, Inc.).

9. 工作经验：请选出职位所要求的工作经验。

□ 无经验要求	□ 1 个月以内
□ 1～6 个月	□ 6 个月～1 年
□ 1～3 年	□ 3～5 年
□ 5～10 年	□ 10 年以上

10. 工作地点：请选出职位的工作地点，如果有必要或合适的话，请作简要描述。

□ 户外	□ 室内
□ 地下	□ 矿井
□ 脚手架	□ 其他（请具体说明）

11. 工作环境、工作条件：请选出在工作中可能会遇到的各种不利条件，并说明遇到这些条件的频率如何（“很少”、“偶尔”、“经常”等）。

□ 污垢	□ 粉尘
□ 热	□ 冷
□ 噪声	□ 烟熏
□ 有气味	□ 湿润/潮湿
□ 震颤	□ 温度突然变化
□ 黑暗或光线很弱	□ 其他（请具体说明）

12. 健康和安全：请选出任职者在执行工作任务时必须面对的不利的健康和安全条件，并说明遇到这些工作条件的频率。

□ 高空作业	□ 机械伤害风险
□ 爆炸风险	□ 电力伤害风险
□ 火灾风险	□ 辐射风险
□ 其他（请具体说明）	

13. 机器、工具、设备及其他工作辅助物：请简要描述任职者在工作中经常使用的机器、工具、设备或其他工作辅助物。

____

14. 是否已经建立了具体的工作标准（允许的误差、完成特定工作任务能够耗费的时间等）？如果是，请具体说明这些标准。

____

15. 职位是否对任职者的个人特征有要求（特殊的才干、身体特征、人格特征等）？

____

16. 任职者在正常条件下工作时，是否有可能遇到异常问题？如果是，请加以说明。

____

17. 请描述圆满完成职位的工作任务时的情况或最终成果。

____

18. 职位的任职者在工作中出现偏差可能造成的危害程度如何？任职者的这种失误会对什么事情或什么人产生影响？

____

19. 职位上的优秀任职者有可能会被晋升到什么职位上？

____

（注：此表显然是针对制造业环境而设计的，但是很容易通过调整就能适用于各种不同类型的职位。）

图 4—3（续）

新佛罗里达大学职位分析问卷

<table>
<tr><td colspan="2">当前的描述性信息</td><td colspan="6">由人力资源部门填写</td><td colspan="3">职位编号：</td></tr>
<tr><td colspan="2"></td><td colspan="6">批准的分类名称：</td><td colspan="3">批准的分类代码：</td></tr>
<tr><td>1. 职位编号：</td><td>2. 要求的分类行动：
(＿) 职位确定；(＿) 更新；(＿) 变更</td><td colspan="6">办理日期：</td><td colspan="3">生效日期：</td></tr>
<tr><td>3. 分类代码：</td><td>4. 分类名称：</td><td></td><td></td><td></td><td></td><td></td><td></td><td colspan="2"></td><td></td></tr>
<tr><td>5. 所属部门：</td><td>6. 部门负责人：</td><td colspan="3" rowspan="2">组织代码：</td><td rowspan="2">拨款代码</td><td rowspan="2">全职员工</td><td rowspan="2">薪酬计划</td><td rowspan="2">薪酬等级</td><td rowspan="2">EEO-6 代码</td><td rowspan="2">CBU 代码</td></tr>
<tr><td>7. 拨款来源：</td><td>8. 联系人：</td></tr>
<tr><td>9. 所在城市：</td><td>10. 所在县：</td><td colspan="6">人力资源总监签名：</td><td colspan="3">日期：</td></tr>
</table>

在必要时可增加一张附表来对职位进行恰当的描述

根据《美国残疾人法》的规定，需要确定哪些必要的工作职责是可以在没有合理的适应性调整的情况下完成的。对于那些需要进行合理的适应性调整才能承担的职责必须进行特别仔细的审查。从《美国残疾人法》的角度来说，这些职责只能是残疾人在没有得到或得到合理的便利的情况下无法完成的边际职能。

11. 请从结果而不是任职者采用哪些工作方法来完成工作的角度，对职位的主要职能加以描述。

11a. 职位的必要职能。(列出每一种职能所耗费的时间百分比，所有的时间耗费百分比之和应当等于 100%。)

11b. 职位所承担的一些边际职能。

12. 列举在此职位直接监督之下的职位类别名称以及职位数量。

13. 列举在工作中经常使用的机器设备名称以及在使用每一种机器设备时所耗费的时间百分比。

图 4—4　一种准备在线使用的职位描述样本

资料来源：www. ncf. edu/humanresources/documents/A&P%20Final. doc，accessed May 10，2007.

14. 描述这一职位的直接上级向该职位的任职者发布的指令类型以及指令的清晰程度。

14a. 工作时间（其中包括任何工作时间变动、轮班、随时待命状态以及换班等）。

14b. 每周的总工时数量。

15. 教育、培训、工作经验：请根据重要性程度，列举出职位对任职者提出的教育水平、培训和工作经验以及知识、技能、能力等方面的具体要求。需要注意的是，这些要求必须是与必要的工作职能相联系的，并且必须至少与正式的职位分类说明中所指明的最低任职资格条件是对等的。

具体的最低任职资格条件：

最佳任职资格条件：

知识、技能、能力：

语言技能：

数学技能：

推理技能：

计算机技能：

16. 要求的执照、证书以及其他具体的法律要求——审查下面的陈述并选出全部适用的内容。

17. 职位的其他特征——请描述对于圆满完成本职位的工作职能至关重要的身体、脑力和环境因素以及上面没有指出的其他一些重要特征。

体力要求：这里的体力要求描述了任职者圆满完成本职位的各项职能所必须达到的要求。为了使残疾人也能履行这些必要的工作职能，可以提供一些合理的便利。

工作环境：

图 4—4（续）

该职位要求在发出录用通知后进行体检	该职位要求进行警察局背景核查	该职位要求采集指纹	该职位要求具有下面的执照、资格证书或其他具体要求
该职位要求根据佛罗里达州法令第402.305和402.3055条款进行儿童看护服务提供商安全核查	该职位应当能够满足佛罗里达州法令第215.422条款的要求，该法律修正案的此条款涉及审批或处理供货商发票及向供货商提供授权的问题	该职位应当能够满足佛罗里达州法令第332.60条款的要求，任职者需要有与相应的车辆类型对应的分级驾照	该职位应当满足以下具体要求

图4—4（续）

优点和缺点 访谈法能够得到广泛的应用本身就说明了它具有许多优点。它是一种简单、快捷地收集信息的方法，它所收集的信息可能还包括不会以书面方式表达出来的信息。比如，水平较高的访谈人员可能会发掘出一些尽管只是偶然发生但是却非常重要的工作活动，或者是从组织图上看不出来的一些非正式工作联系。此外，访谈还提供了一个向大家说明职位分析的必要性及其作用的机会。最后，员工也可以借此发泄由于遭受的挫折感而导致的种种不满，而这些情况是管理人员在其他情况下可能不会注意到的。

访谈法存在的主要问题是信息扭曲问题——这种情况既可能是被访谈者故意弄虚作假造成的，也有可能是他们在无意中的误导造成的。[8]职位分析往往是改变一个职位的薪酬水平的前奏，因此员工自然而然地会将职位分析视为一种可能会对他们的薪酬产生影响的“效率评价”。于是，他们很可能会夸大某些工作职责，同时弱化另外一些职责。在一项研究中，研究人员列出了各种可能的工作职责，有些是作为非常简单的任务陈述的方式表达的（比如“记录来电信息和其他一些常规信息”），另一些则是用能力陈述的方式表达的（“记录来电信息及其他一些常规信息的能力”）。结果，大部分被访者都更愿意将基于能力的陈述纳入自己的职责范围之内。因此，在谈到能力时，人们很可能会存在一种夸大自己的工作重要性的倾向，从而影响其他人对自己所从事的工作的看法。[9]员工甚至吹嘘他们的职位名称，以使他们所担任的职位看上去更为重要。[10]因此，要想获取有效的信息，可能需要一个相对缓慢的过程，还需要谨慎的职位分析人员努力从多种渠道收集信息。

访谈指南 为了尽可能地收集到最有用的信息，在进行职位分析访谈时必须牢记以下几件事情：

● 尽快与被访谈者建立融洽的关系。应当了解对方的姓名；用一种通俗易懂的语言交谈；简要介绍访谈的目的；说明他是怎样被挑选为访谈对象的。

● 依照一份结构化的指南或问题清单来提问，在清单上不仅列出需要提问的问题，同时还留出空白用于填写被访谈者回答的内容。这种做法能够确保你在访谈之前就了解哪些是必须提问的关键问题，同时确保所有的被访谈者都能回答所有应该回答的问题。（不过，一定还要向被访谈者提出一些开放性问题，比如“在我们提的问题中还有哪些遗漏的内容吗?”，等等。）

● 在某些职责并非常规性地完成的情况下——例如，当任职者并不是在一天当中多次重复相同的工作职责时——应当要求任职者按照所履行的工作职责的重要性程度和发生频率的高低将它们一一列举出来。这样就可以确保你不会遗漏某些尽管非常重要但是很少发生的活动——比如护士偶尔需要在急诊室承担某些工作。

● 在访谈结束后，要对信息进行审查和核实。更具体地说，就是要与任职者的直接上级以及被访谈者共同审核所整理出来的信息。

4.2.2 问卷调查法

让员工通过填写问卷的方式来描述自己的工作职责，是获取职位分析信息的另一种常用方法。

我们首先需要确定问卷的结构化程度高低以及在问卷中应当包含哪些问项。有些调查问卷是高度结构化的问题清单。在这种问卷中，可能会为员工提供上百种备选的工作职责或工作任务（比如“更换和切割电线”等），员工只需要指出自己是否在执行每项工作任务就行了，如果是在执行某项任务，那么需要进一步说明在每一项工作任务上通常要花费多长的时间。而在另一个极端，问卷完全是开放式的，它只要求员工“描述主要工作职责”。

在实际中，最好的调查问卷往往是介于这两个极端格式之间。如图 4—3 所示，在一份典型的职位分析问卷中，可能会包括一些结构化的问题（例如，关注受教育程度要求的一些提问），同时也可能会包括几个开放式的问题（例如，“请谈一谈你所承担职位的总体工作目标”等）。图 4—4 是这种问卷的另一个例子。

结构化问卷和非结构化问卷都有各自的优缺点。一方面，问卷法是一种快速、高效地从大量员工那里获取信息的方法，比如，与对数百名员工进行访谈相比，问卷调查法的成本当然要低很多；但是，另一方面，设计调查问卷以及对问卷进行测试（主要是为了确保员工能够明白问卷中所提出的问题）可能是一件很耗时间的事情。同时，与访谈相比，员工更可能会在有意或无意中歪曲自己的答案。

4.2.3 观察法

当职位所承担的主要是那些可观察的身体活动时——比如装配线上的工人和会计员所从事的工作，直接观察法就是一种特别有效的职位分析方法。不过，当工作中包含非常多的脑力活动时（比如律师、设计工程师所从事的工作），观察法通常就不适用了。对于员工偶然从事的一些比较重要的工作活动，比如参与处理急诊的护士，观察法也会失效。此外，反应性问题——即当你正在观察员工的时候，他们可能改变自己的日常工作行为——也会成为观察法的一个弊端。

管理人员往往将直接观察法与访谈法结合使用。一种方法就是在一个完整的工作周期中对员工的实际工作活动进行观察。（这里的周期是指完成本职工作所需的时间；对于一位流水线上的装配工来说，它可能就是 1 分钟的时间，而对于从事复杂工作的员工来说，一个工作周期则可能需要 1 小时、1 天或更长的时间。）然后，将所观察到的工作活动都记录下来。接下来，在累积了足够多的真实信息之后，再对任职员工进行访谈，要求他们说明你没能理解的一些问题，同时告诉你还有哪些工作活动你没有观察到。你也可以同时进行观察和访谈，一边观察员工的工作，一边向他们提问。

4.2.4　参与者工作日记或工作日志法

另一种进行职位分析的方法就是要求任职者本人把每天所做的事情都记录在**工作日记或工作日志**（diary/log）之中。每一位员工都将自己在一天当中所从事的每一项工作活动，（按时间的先后顺序）以日志的形式记录下来。这样就可以生成一张非常完整的工作图景，尤其是在此后再辅之以对员工及其上级主管进行访谈的情况下。当然，在这一过程中，员工有可能会夸大某些工作活动，而弱化其他一些活动。但无论如何，工作日志这种详尽的、按时间顺序做记录的特点，通常还是能够抵消掉一部分这种不利情况。

有些企业采用高科技手段来做工作日记或工作日志。它们为员工提供一种袖珍的口述记录器和寻呼机。这样的话，企业就可以在一天中的任何时间呼叫员工，然后员工以口述的方式说明自己这个时候正在做什么。这种方法可以避免传统的工作日记或工作日志法的缺陷，即员工在一天的工作结束去做工作日志时，需要回忆自己在这一天当中所做的事情。

4.2.5　量化的职位分析技术

访谈法和问卷调查法等定性的职位分析方法并不适用于所有的情况。比如，如果出于确定薪酬的目的想对每一种职位的价值进行相互比较时，仅仅把各个职位的工作职责列举出来肯定就不够了。实际上，你可能需要说，“甲职位的挑战性是乙职位的两倍”。为了做到这一点，对每一个职位进行量化的评价就会更有帮助。职位分析问卷法和美国劳工部职位分析法就是两种此类的量化分析方法。

职位分析问卷法　**职位分析问卷法**（position analysis questionnaire，PAQ）可能是最为常用的一种定量的职位分析工具。这份详细的职位分析问卷中一共包括194个项目（请参见图4—5中的示例）。[11]在这份问卷中出现的194个项目，每一个（例如“书面材料”）都代表了一个在某职位上可能起作用，也可能不起作用的基本要素。这194个项目分别归属于这一问卷划分出来的五大类基本活动：（1）决策/沟通/社会责任方面的活动；（2）运用技能方面的活动；（3）身体活动；（4）操作车辆或设备方面的活动；（5）信息处理活动（图4—5描述了这里的最后一类活动）。通过这份职位分析问卷得出的最终“得分”显示了某一职位在这五大类活动方面得到的评价结果。职位分析人员需要确定这194个项目中的每一个在职位上是否起作用，如果起作用的话，还要判断出起作用的程度。例如，在图4—5中，“书面材料”这一项得到的评价是第4级，因为评价尺度表是从第1级到第5级，因此，这种评价就表明书面材料（比如书籍、报告等）在这个职位中具有相当重要的作用。职位分析人员也可以使用网络版的职位分析问卷（见 www. paq. com），对每一个职位进行分析。

职位分析问卷法的优势在于职位分类。当确定了一个职位在决策活动、技能运用活动、身体活动、车辆/设备操作活动以及信息处理活动等特征方面的得分之后，便可以对职位之间的相对价值进行定量比较[12]，进而就能够为每一个职位分配一个薪酬等级[13]。

职位分析问卷中的 194 个要素被划分为六个维度。这里展示的是“信息输入”要素中包含的问题或元素。在其他页中还包括与脑力过程、工作产出、与其他人的关系、工作背景以及其他工作特征等有关的问题。

使用程度	
NA	不使用
1	很少/几乎不用
2	偶尔
3	中等
4	经常
5	非常高

信息输入

1　信息输入

1.1　工作信息的来源

请根据任职者在工作中将其作为信息来源使用的程度，对以下各项目进行评分。

1.1.1　工作信息的视觉来源

1	4	书面材料（书籍、报告、办公记录、文章、工作指南、签字等）
2	2	定量材料（与数量或数字相关的材料，如图例、账目、明细表、数字表格等）
3	1	图片材料（作为信息来源的图画或类似图画的材料，例如草图、蓝图、表格图、地图、线路图、照相胶卷、X 光胶片、电视图片等）
4	1	模型或相关装置（在使用中被观察并作为信息来源的模板、型板、模型等，不包括上述第 3 项中已描述的要素）
5	2	可视展示物（刻度盘、标准尺、信号灯、雷达示波器、速度计、时钟等）
6	5	测量装置（用以获取关于物理衡量数据的可视信息的直尺、卡尺、轮胎压力仪、天平、厚度仪、滴管、温度计、量角器等，不包括上述第 5 项中已描述的要素）
7	4	机械装置（在操作中被当作信息来源加以观察的工具、设备、机器以及其他机械装置）
8	3	被加工的材料（在锻造、加工或进行其他处理的过程中作为信息来源的零部件、材料、物体等，比如正在搅拌的制作面包的面粉、正在制造成一台车床的零部件、正在切割的布匹、正在换底的鞋子等）
9	4	未被加工的材料（未处于改变或锻造过程之中，但是在检查、搬运、包装、配送或选择的过程中成为信息来源的零部件、材料、物体等，例如正处于库存、储藏或配送渠道之中的，或者是正在被检查的各种部件和材料）
10	3	自然特征（风景、田野、地质标本、植被、云层结构以及其他一些在观察或检查时作为信息来源的自然特征）
11	2	人造环境特征（结构、建筑、堤坝、公路、桥梁、船坞、铁路，以及其他一些“人造的”或者其他与之相关的被观察者作为信息来源的室内外环境特征，不包括在上述第 7 项中已描述的用于工作的设备、机器等）

图 4—5　从一份已完成的职位分析问卷中节选的一部分

美国劳工部职位分析程序　在早期的职位分析中，美国劳工部的专家做了大量的工作。[14]他们将自己的研究成果编撰成了《职位名称词典》（Dictionary of Occupational Titles）——该词典多年来一直被视为职位描述的“圣经”。这部鸿篇巨著几乎包括美国存在的每一个职位的详细信息。接下来，我们将会看到的另外一个基于互联网的职位分析工具已经在很大程度上取代了这一词典。尽管如此，在如何根据《职位名称词典》中提供的“信息、人、事情”三个方面的评价信息，对不同的职位进行量化的评价、分类以及比较方面，美国劳工部职位分析程序仍然是一种非常有用的样板。

下面来看一看美国劳工部职位分析程序的工作过程。如表 4—1 所示，这一程序首先用称为“任职者职能”的一整套标准的基本活动，来描述任职者必须在信息、人、事情三个方面做什么。例如，在信息方面，任职者的基本职能包括综合、整理和复制等。在人方面，任职者的基本职能包括辅导、谈判和监督等。在事情方面，任职者的基本职能包括操作、照料以及搬运等。还要注意的是，每一种任职者职能都会被赋予一个重要程度等级。例如，“协调”职能的重要程度为第 1 级，而“复制”的重要程度为第 5 级。再举个例子，如果你正在分析的是一个接待员或办事员的工作，你可能会给这一职位在信息、人、事情三方面分别标上 5，6，7 这三个代码，这三个代码分别代表了复制信息、以口头或示意方式与人沟通以及搬运一些东西。另一方面，如果你正在分析的是医院中的精神分析助理职位，你可能会用 1，7，5 这三个代码来分别表示这一职位在信息、人、事情三个方面的职能。事实上，你会对任职者在工作中需要完成的与信息、人、事情三个方面有关的每一项工作任务进行赋值。然后，你会用某一职位在这三个方面的各自最高得分组合（比如 4，6，5）来对职位作出总体评价，因为这是你可以看到的该职位的任职者所能够达到的最高数值。如果你想为代码为 4，6，5 的职位找到一位任职者，那么，你肯定是希望他至少能够完成以下三种职能：计算（4）、以口头或示意方式交流（6）以及照料（5）。如果你是想从确定薪酬的角度对这些职位进行比较，那么，一个代码为 4，6，5 的职位（请参见表 4—1）应当位于比代码为 6，8，6 的职位更高的等级。然后，你可以以表格的形式（见图 4—6）提交一份职位概要，并附上该职位在信息、人、事情三个方面的评级。

表 4—1　　美国劳工部职位分析程序中使用的任职者基本职能

	信息	人	事情
基本活动	0 综合	0 辅导	0 创立
	1 整理	1 谈判	1 精密加工
	2 分析	2 指示	2 操纵/控制
	3 汇编	3 监督	3 驾驶/操作
	4 计算	4 取悦	4 处理
	5 复制	5 说服	5 照料
	6 比较	6 交谈/示意	6 进料/卸料
		7 服务	7 搬运
		8 接受指令/协助	

说明：在确定员工所承担的职位在信息、人、事情三个方面应得的“分数”时，首先要通过观察他们所做的工作，确定被分析职位在上述三类基本职能中，哪些基本职能是对他们所承担的职位所做的最好描述。其中，“0”是最高分，“6”，“8”，“7”分别是每一列中的最低分。

另一种量化的职位分析技术就是职能性职位分析法（functional job analysis）。它与美国劳工部职位分析法很类似，只不过它的分析内容不仅仅限于信息、人、事情三个方面，还包括为了完成相关任务所需要具备的其他四种要素的强度——具体指导；推理和判断；数学能力；口头和语言表达能力。

4.2.6 基于互联网的职位分析

问卷调查法、访谈法等职位分析方法同样也有自身的缺陷。比如，进行面对面的访谈和观察来进行职位分析可能是很耗时间的，而从地理位置比较分散的员工那里收集信息也同样是很有挑战性的。[15]

职位分析表

1. 现有职位名称　面粉搅拌工
2. 所属行业　（烘烤制品）
3. 标准行业分类代码和名称　2051　面包及其他烘烤制品

4. 职位概述：

根据既定的配方，操作搅拌机将各种成分搅拌成可直接用的、松软的（含酵母）生面团；指导其他工人进行面团的发酵，以及用手工刀具将面团切卷成小块。

5. 在工作中履行的职能评价：

	信息	人	事情
任职者的职能	5	6	2

工作领域　烹饪、食品准备

6. 任职者特征评价（由职位分析人员填写）

要求的培训时间

才干

气质

兴趣

身体要求

环境条件

图 4—6　基于美国劳工部职位分析技术的一个报告样本

借助互联网进行职位分析显然是一个很好的解决方案。“近年来，在线调查的方法，其中也包括职位分析调查，已经得到越来越多的使用。大部分公司都选择利用互联网或内部网来收集这种类型的信息。”[16] 在最简单的情况下，人力资源部门可以通过公司的内部联网向地理位置比较分散的员工发送标准化的职位分析调查问卷，并附上指导大家如何完成这些表格的说明，同时强调回收问卷的特定日期。

当然，人力资源部门所提供的这些说明应当是非常清楚的，并且最好是先对这个过程做一次测试。最为重要的是，在没有职位分析员在身边向员工或直接上级主管人员提供指导的情况下，很可能会出现员工遗漏一些要点的情况，或者由于误解导致分析结果不准确。

美国海军的例子　美国海军就利用互联网进行了一次职位分析。遥远的地理距离对于信息收集来说是一个特别明显的挑战，具体来说，这个挑战就是“如何建立一个在所提供的干预和指导最少的情况下依然能够收集与职位有关的信息的系统，因此，这个系统应该能够以一种分散的方式使用”。[17] 因此，海军的顾问并没有向任职者或他们的上级主管人员询问关于职位总体状况的信息，而是分别按照单项职责逐个询问。为了把模糊性降到最低，他们要求员工一步一步地完成结构化的职位分析表格。具体步骤如下：

● 首先，通过互联网提供的一份表格向员工展示了一组一般性的工作活动，这些工作活动都是从美国劳工部职位分析网（O＊NET）的工作活动清单中复制的。（图 4—7 列出了其中的一些活动，如“信息输入类”和“与他人的相互作用类”。

你也可以通过访问这个网站——http：//online. onetcenter. org——来了解其他同类信息。）

信息输入类

我们从哪里以及如何得到完成本职工作所需要的各类信息和数据？

● 收集信息：观察、接收或者以其他方式从各种相关渠道获取信息

● 确认目标、行动和事件：通过分类、估计、识别相同点或不同点，察觉环境或事件的变化等对信息进行确认

与他人的相互作用类

完成本职工作时，与其他员工或上级主管人员的工作活动之间有哪些相互作用？

● 协助和关照他人：向同事、客户或患者提供个人援助、医疗看护、情感支持或向他人提供个人护理

● 教导和开发他人：识别他人的发展需要，并通过教导、辅导或其他方式帮助他人完善其知识或技能

脑力过程类

对于与本职位相关的信息，做了哪些加工、规划、解决问题、决策和创新方面的活动？

● 分析数据或资料：通过将信息分解成单独的小块，发现信息中隐含的原则、原因或事实资料

● 决策和解决问题：通过分析信息和评估结果来选择最佳的解决方案并解决问题

工作输出类

在工作中完成了哪些体力活动？操作了哪些车辆和设备？有哪些复杂的或技术性的活动能够作为本职位的产出？

● 控制机器和进行加工：运用控制装置或直接的身体活动来操作机器或完成加工过程（不包括电脑或车辆）

● 与计算机之间的互动：利用计算机和计算机系统（包括硬件和软件）来编写软件、设置功能或输入数据

图 4—7　从美国劳工部在线职位分析模型中选取的一般性工作活动类型

● 然后，这份表格要求他们选出在他们的职位中比较重要的一般性工作活动。

● 接着，这份表格还会要求他们列出与他们所选择的这些工作活动相匹配的具体工作职责。例如，如果一位员工选择了“收集信息”作为在他的职位上比较重要的一项工作活动，那么，在这最后一步，他就需要在“收集信息”这项工作活动之下，列举出与这种活动相匹配的更为具体的工作职责，比如，可能包括“对供应商完成的新订单进行监督，然后把相关的信息告知自己的上级”。

再次说明，在线职位分析方法的要点是，尽可能减少在分析过程中存在的模糊点。美国海军使用这种方法的结果证明，这是一种有效的通过在线方式收集职位相关信息的渠道。[18]

4.3　编写职位描述

企业几乎总是会利用职位分析（至少是）编写职位描述。职位描述是关于任职者实际上在做什么、如何做以及在什么样的工作条件下做等的一种书面陈述。你需要利用职位描述中的信息来编写任职资格说明书——这份文件列举了任职者为了令

人满意地完成一个职位上的工作任务所必须具备的知识、能力以及技能。

在编写职位描述方面并没有一个标准的格式。但是，大多数职位描述都包括以下几部分内容：

1. 职位标识
2. 职位概要
3. 职责
4. 任职者权限
5. 绩效标准
6. 工作条件
7. 任职资格说明书

图 4—8 和图 4—9 是两份职位描述的样本。

职位名称：电话销售代表	职位代码：100001
建议薪酬等级：	豁免性/非豁免性地位：非豁免性职位
职位族：销售类	公平就业机会：销售类员工
事业部：高等教育事业部	直接上级：地区销售经理
部门：室内销售部	工作地点：波士顿
	编写日期：2009 年 4 月

职位概要（职位的简要概括）

该职位的任职者需要通过接听以及打出电话的方式，向教授们推销在大学中使用的教材、软件以及多媒体产品，在公司划定的规模较小的大学或学院中通过执行公司销售战略达成销售目标。此外，该职位的任职者还要负责总结出既定数量的编辑线索，然后将产品反馈情况以及在公司划定领域中观察到的市场发展趋势等反映给出版小组。

职位的范围和影响

经济责任（预算以及/或收入责任）

该职位上的任职者要负责完成 200 万美元左右的销售额，使运营费用的预算不超过大约 4 000 美元，不超过大约 1 万本样书的预算。

监督责任（直接下属或间接下属）

没有。

其他

知识和经验要求（完成本职工作所必需的知识和经验）

相关工作经验

最好有销售经验或出版经验。在客户服务或营销职能领域中有一年的公司工作经验，最好对公司的产品和服务有比较全面的了解。

正规教育或对等经验

要求有学分绩较高的本科学位或对等的工作经验。

图 4—8　职位描述样本，帕尔森教育出版社

资料来源：Courtesy of HR Department，Pearson Education.

技能

必须有很强的组织和说服能力。必须有很强的口头表达和书面表达能力，必须熟悉计算机的使用。

其他

要求少量的出差（大约 5%的时间）。

主要工作职责（根据重要性和在各项任务上花费的时间罗列）

销售（60%）

- 在分管的小规模学院和大学领域达成定量的销售目标。
- 在分管的领域中制定销售重点和销售战略，制定实施这些战略的计划。
- 在每个销售年每天拜访 15～20 位教授，以完成重点销售目标。
- 进行产品展示（包括文字、软件以及网页等），有效表达出作者在一些关键标题上的中心思想；运用 PPS 模型进行销售访谈；对各种书籍和技术进行浏览。
- 运用电话销售技术和策略。
- 向合适的教师提供样书，策略性地使用公司配给的样书预算。
- 为第一版产品完成课堂测试。
- 在公司的指导方针指导下与客户就出版以及一些特殊的装帧协议进行谈判。
- 主动提出并亲自向教师进行产品演示，通过策略性地使用公司的出差预算使差旅支出所产生的销售额最大化。同时利用各种内部资源来支持本领域销售目标的实现。
- 策划并实施本领域中的特定销售活动和展销会。
- 策划并实施本领域中的促销活动以及针对特点目标的电子邮件促销活动。

出版（编辑/营销，25%）

- 报告、跟踪以及记录编辑项目。
- 收集并向出版小组提供重大的市场反馈情况和信息。

分管领域管理（15%）

- 在分管数据库中跟踪和报告即将达成以及已经结束的交易。
- 在分管数据库中做好客户销售拜访以及客户接受情况的记录。
- 策略性地管理运营预算。
- 提交分管领域中的行程、销售计划以及销售预测。
- 提供卓越的客户服务，在分管领域中与专业书店保持良好的关系。

职位上的决策责任

决定如何策略性地使用公司分配的样书预算，从而最有效地产生销售收益，以超越销售目标。

决定客户以及客户接触的优先顺序，以挖掘最大的销售潜力。

决定到哪里进行产品演示和特定的销售活动对于产生最大的销售额是最有效的。

提交者：吉姆·史密斯，地区销售经理	日期：2007 年 4 月 10 日
审批者：	日期：
人力资源部门：	日期：
公司薪酬：	日期：

图 4—8（续）

美国劳工部劳工统计局标准职位分类

11－2021 营销经理

确定一家公司及其竞争对手的产品和服务需求情况，确定潜在的客户。在公司利润最大化或市场份额最大化目标的指导下制定价格战略，同时确保公司客户有足够的满意度。监督产品开发情况，或者监测表明需要提供新产品或新服务的各种趋势。

图 4—9 从标准职位分类中选取的营销经理的职位描述

资料来源：www. bls. gov/soc/soc _ a2c1. htm，accessed May 10，2007.

4.3.1 职位标识

如图 4—8 所示，职位标识部分（见顶部）包括以下几种类型的信息[19]：职位名称具体说明了该职位的称呼，比如数据处理主管或库存控制员等；公平劳工标准法（FLSA）状态一栏说明了当前职位到底是属于豁免性职位，还是非豁免性职位。（根据美国的《公平劳工标准法》，某些职位——主要是管理类和专业类职位——可以不受该法案的加班工资以及最低工资规定的约束）；日期一栏则是职位描述被实际批准生效的日期。

在职位标识部分可能还会留出空白用来说明是谁批准了该职位描述，还有可能指明职位所在的地点，比如所处的工厂、事业部、职能部门或科室等。在这部分还有可能包括直接上级主管的职位名称以及关于薪酬或薪酬等级等的信息。如果存在职位等级划分的话，还可以在这里标明该职位所在的职位级别或等级。例如，一家公司可能将程序员划分为Ⅱ级程序员和Ⅲ级程序员，等等。

4.3.2 职位概述

职位概述应当是对职位的性质所做的总结，因此在其中所包括的应当是其承担的主要职能或需要完成的主要活动。所以在图 4—8 中，电话销售代表的职位概述就是“销售在大学中使用的教材……”对物料经理这一职位来说，其职位概述可以这样说：“物料经理负责以经济的方式采购、规范地运输、储存以及配送生产线上所需要的所有材料”。对邮件收发主管来说，其职位概述可以是“邮件收发主管负责对寄来的所有邮件进行恰当的接收、分类和分发；同时负责处理所有的待寄出邮件，其中包括准确、及时地将这些邮件寄送出去”。[20]

虽然在编写职位概要的时候，使用像“完成上级要求的其他工作任务”这样的笼统表述的做法很常见，但在使用的时候还是要小心。这样的笼统表述确实为直接主管人员分派工作任务提供更大的灵活性，但一些专家一针见血地指出：“我们经常可以在一些企业的职位描述中看到，但实际上却是永远都不应该被写进职位描述的话就是像‘需要完成的其他工作任务’这样的‘免责条款’”[21]，因为这种说法就使得在确定一个职位的性质以及需要雇用什么样的任职者来承担该职位时，存在很强的主观随意性。为了避免出现任何模糊性，在职位概要中就应当清楚地写明企业期望任职者高效、认真、负责地履行自己的各项工作职责。

4.3.3　工作关系

在职位描述中通常还会有一个关于工作关系的说明（在我们所举的范例中没有这部分内容），这种工作关系说明了某一职位的任职者与组织内部及外部的其他人之间的相互关系。以人力资源经理职位为例，关于其工作关系的说明可能是这样的[22]：

工作报告对象：员工关系副总裁。

监督管理对象：人力资源专员、甄选测试专员、劳资关系主任以及一位秘书。

工作合作对象：所有其他部门的经理以及公司高层管理人员

公司外部联系：就业机构、高层管理人员代理招募机构、工会代表、州政府及联邦政府就业服务办公室，以及其他各种服务供应商。[23]

4.3.4　工作职责

这部分内容是职位描述的核心所在。它列出了一个职位需要承担的主要职责。如图 4—8 所示，首先要分别列出职位承担的每一项主要工作职责，然后用几句话对每项工作职责加以描述。例如，在该图中，工作职责包括"达成量化的营销目标……"以及"确定销售重点……"等。其他一些职位需要承担的主要工作职责则可能包括：维持均衡可控的库存；向应付账户准确过账；保持有利的采购价格浮动区间；修理生产线上的工具和设备等。

在这一部分还可以界定任职者的权限，其中包括决策权、对他人的直接监督权以及预算经费支配权等。例如，任职者可能有权批准金额最高为 5 000 美元的采购申请；有权批准员工在工作时间外出或请假；有权对本部门人员给予纪律惩戒；有权提出加薪建议；有权面试和雇用新员工，等等。

通常情况下，管理人员在这里会问一个基本问题，即"我应当怎样来确定这个职位当前的工作职责是什么以及应该是什么呢？"第一个问题的答案可以从职位分析本身获得，职位分析信息就可以告诉你每一个职位的任职者现在正在做什么。而第二个问题的答案，管理者则可以从各类标准化的职位描述中获得各种信息。如前所述，多年来，无论是在政府部门中的管理人员，还是政府部门之外的其他组织的管理人员，都将美国劳工部的《职位名称词典》作为标准的职位描述使用。然而，美国联邦政府已经在用其他几种工具替代这本词典。美国联邦政府的**标准职位分类**（Standard Occupational Classification，SOC）（www.bls.gov/soc/socguide.htm）把所有劳动者所从事的工作划分为 23 个主要的职位类别（见表 4—2）。这些主要的职位大类中又包括 96 个小的职位类别，而这些小的职位类别又进一步划分为 821 个具体的职位——如图 4—9 中的营销经理职位描述。企业可以使用这样一些标准的职位描述去确定一个职位的具体工作职责，比如"确定产品需求"。此外，企业还可以运用来自其他各种渠道的职位描述信息，比如在 www.jobdescription.com 网站上可以得到的此类信息。如前所述，在线职位分析网是另外一种能够帮助企业找到职位所承担的工作职责的方法。我们接下来很快就会谈到这个工具。

表 4—2 美国标准职位分类中的主要职位类别

代码	职位类别
11-0000	管理类职位
13-0000	经营及财务运作类职位
15-0000	计算机与数学类职位
17-0000	建筑和工程行业类职位
19-0000	生物科学、物理科学、社会科学类职位
21-0000	社区及社会服务类职位
23-0000	法律类职位
25-0000	教育培训、图书馆类职位
27-0000	艺术、设计、娱乐、体育、媒体类职位
29-0000	医疗保健及其相关技术类职位
31-0000	医疗保健支持类职位
33-0000	保护性服务类职位
35-0000	食品准备及相关服务类职位
37-0000	建筑物和地面清洗、维护类职位
39-0000	个人护理及服务类职位
41-0000	销售及销售相关类职位
43-0000	办公室和行政支持类职位
45-0000	农业、渔业和林业类职位
47-0000	建设与冶炼类职位
49-0000	安装、维护、修理类职位
51-0000	生产类职位
53-0000	交通及材料运输类职位
55-0000	军事类职位

说明：在这些主要职位类别中包含 96 个二级职位类别、449 个三级职位类别以及 821 个具体的职位。

美国企业在编写工作职责列表时，需要特别注意严格遵守《美国残疾人法》的规定：请参见这里的“管理新型员工队伍”专栏。

管理新型员工队伍

编写符合《美国残疾人法》规定的职位描述

为了减少或消除歧视残疾人的严重问题，国会颁布了《美国残疾人法》（ADA）。根据《美国残疾人法》的规定，任职者必须具备履行一个职位的基本职能所必需的技能、教育背景以及工作经验。只有当某种职能是某一职位存在的理由，或者这一职能非常专业，企业必须雇用具有专门的经验或能力的人才能履行这种特定职能的时候，这种职能才能被认为属于基本职能。如果残疾人在现有条件下无法承担某种职位的工作，则企业必须提供“适当的便利”，除非提供适当的便利对于企业来说是一个“过分的难题”。

如前所述，《美国残疾人法》并不要求一定有职位描述，但是有职位描述是最好的做法。事实上，根据《美国残疾人法》采取的所有法律行为都围绕这样一个问题展开，即“什么是这个职位的基本职能？”如果企业未能列出这些基本职能的职位描述，就很难向法院证明自己所说的那些职能确实是职位的基本职能。这种情况的一个结论显然是，你应当清晰地确定职位的基本职能，不要仅仅将它们放在职位描述的其他职能之中一笔带过。

基本职能是任职者必须履行的工作职责，无论是在得到合理的适应性调整的情况下，还是在没有得到这种调整的情况下。[24]那么，怎样才能确定某种职能是不是属于基本职能呢？不妨问一问以下几个问题：

1. 这个职位实际上是由哪三项或四项工作活动构成的？其中的每一项工作活动都是必须完成的吗？（比如，一位秘书需要完成打字、整理文档、接听电话以及做记录几项工作。）

2. 每一项工作任务之间的关系是什么？在完成这些任务的时候是否必须遵循某种特别的顺序？

3. 这些任务需要通过以下活动来完成吗？诸如坐、站立、爬行、行走、攀登、跑、弯腰、跪、举重、搬运、挖掘、写作、操作、推、拉、拨弄、谈话、倾听、解释、分析、看、协调等。

4. 职位的这些工作职能能否分配给其他员工？

5. 履行职位的每一项特定职能需要花费多长时间？

6. 把某一项职能转移给别人会从根本上改变这个职位吗？

7. 如果每一项工作任务没有按时完成，结果将会怎样？

8. 履行了这项职能，该职位就能存在吗？

9. 履行这种职能的职位事实上已经存在了吗？[25]

10. 履行这项职能需要求职者具备何种程度的经验或技能？

11. 现在或过去在这一职位上工作的人所具有的实际工作经验怎样？

12. 一位员工在履行这项职能方面实际耗费的时间总量是多少？

13. 如果不要求任职者履行这项职能，会产生什么样的后果？

4.3.5 绩效标准与工作条件

一些管理者还希望在职位描述中能够包括一部分有关“绩效标准”的内容。这部分内容说明了，企业期望员工在履行职位描述中的每一项主要工作职责时需要达到的绩效标准。它能指导员工及其上级管理人员共同对员工的工作绩效作出评价。

确立标准从来都不是一件容易的事情。然而，大多数管理人员都已经意识到，仅仅是告诉下属人员“要尽自己最大的努力”并没有为他们提供足够的指导。确定绩效标准的一种简便直接的做法就是完成下列句型的填空：“当你……的时候，我就会对你的工作感到完全满意。”如果针对职位描述中的每一项工作职责都按照这个句式去做一个完整的叙述，那么就会形成一套切实有效的绩效标准。[26]下面是一些绩效标准的例子。

4.3.6 工作职责：向应付账户准确过账

1. 在同一个工作日内将所有收到的发票完成过账。
2. 在收到发票的第 2 天之前将所有发票送达各有关部门的经理签批。
3. 每个月的过账业务出现差错的次数不超过 3 次。

4.3.7 工作职责：完成每日生产计划

1. 每个工作日生产出不少于 426 个单位的产品。

2. 被下一道工序拒绝的产品数量平均不超过 2%。

3. 每周的加班时间平均不超过正常工作时间的 5%。

在职位描述中还有可能列出职位所涉及的工作条件。其中包括噪音水平、各种伤害条件或热力等。

4.3.8 利用互联网编写职位描述

大多数组织可能都还在编写自己的职位描述，但越来越多的组织现在开始转向利用互联网来得到职位描述。www. jobdescription. com 这个网站就对此作出了说明。这个过程很简单。使用者可以按职位名称的字母顺序、关键词、类别或行业等查到自己想要的职位名称。查找的结果就是帮助你得到关于这一职位——比如，"计算机与电子数据处理系统销售代表"（computer & EDP systems representative）——的一份通用职位描述。然后，你可以在这份通用职位描述的基础上，生成一份与你所要分析的职位的实际情况相符的个性化职位描述。例如，你可以在这份职位描述中添加一些与你所在的组织有关的特定信息，比如职位名称、职位代码、部门以及编制日期等。你还可以说明这一职位是否具有监督责任，并且从一系列可能需要的胜任素质和经验等级中作出选择。

职位信息网　美国劳工部的职业信息网，简称 O＊NET，是一种使用越来越广泛的网上工具（你可以在 http：//online. onetcenter. org 找到它）。它使用户（不仅仅是管理者，还包括员工和求职者）能够看到各种职位的最重要的特征，还包括每一种职位对任职者的工作经验、受教育程度以及知识水平所提出的要求。无论是在标准职位分类系统中，还是在职位信息网中，都包括与许多职位相关的具体工作任务。职位信息网还提供了与特定的职位相关的技能列表，其中包括阅读和写作等基本技能、批判性思考等加工技能、说服和谈判等可转移性技能。[27]在职位信息网上所列举的职位信息清单中，你还可以看到任职者要求方面的信息（比如，要求具备的知识）、职位要求方面的信息（比如数据整理、编码和分类等），以及工作经验要求方面的信息（包括教育情况以及得到的培训等）。你还可以利用职位信息网来考察某种职位在劳动力市场上的特征，比如预期的就业人数以及薪酬数据。[28]

如何利用职位信息网　许多管理人员和小企业主在进行职位分析和编写职位描述时，往往会面临两个方面的难题。第一，他们通常需要一种更为简便高效的方法来编写职位描述；第二，在编写职位描述时，他们担心会遗漏下属人员应当承担的一些工作职责。

为了应对这两个方面的问题，有三个很好的选择：第一，我们在前面提到的标准职位分类系统对数千种职位及其对任职者的要求提供了详细描述；www. jobdescription. com 等网站也提供各种按照职位名称和行业分类，并且可以客户化定制的职位描述；美国劳工部的职位信息网则可以作为第三个选择。下面我们着重讨论如何利用职位信息网（http：//online. onetcenter. org）来编写一份职位描述。[29]

步骤 1：制定一份计划。在理想情况下，企业需要完成的工作都是从部门工作计划或公司计划中衍生出来的。因此，可能首先需要对这些计划进行审查。你期望公司明年及以后若干年的销售额分别达到多少？你认为你们公司的哪些领域或哪些部分需要扩张或收缩？你认为公司需要设立哪些新的职位？

步骤 2：绘制一份组织结构图。你可能想要画一张公司的组织结构图，一些工作从公司的现状开始，然后（根据这份计划的覆盖的时间有多长），再绘制另外一份组织结构图，以说明你希望本公司在未来（比如未来的一两年内）是什么样子。在微软的 Word 办公软件中就有组织结构图的绘制功能，而诸如位于得克萨斯州的阿尔文愿景公司（Time Vision of Irving）开发的 OrgPublisher 之类的软件包，也可以作为另外一种选择。[30]

步骤 3：使用一种简化的职位分析问卷。接下来要做的就是收集关于工作职责的一些初步信息。（你可以用图 4—3 所示的那种比较全面的职位分析问卷，但图 4—10 中提供的职位描述问卷更为简单，同时也能满足这里所要达到的目的。）你只要在问卷中填入必要的信息即可。这份问卷将任职者需要完成的工作职责细分为日常性工作职责、周期性工作职责以及不定期的工作职责。

指南：请将此问卷分发给主管人员、经理、人事配置专员、职位分析员以及其他可能需要涉足职位描述编写的人。要求他们以书面形式记录自己对这些问题的回答。

1. 该职位的名称是什么？ ____________
2. 请在职位概要中总结出该职位的一些比较重要、经常履行的工作职责。
3. 该职位隶属于哪个部门？ ____________
4. 该职位的直接上级主管或经理的职位名称是什么？
5. 任职者需要监督其他员工吗？如果需要，请列出其需要监督的职位的名称以及这些职位的简要职责介绍。

需要监督的职位	被监督职位的主要职责

6. 任职者通常履行的基本职责是什么？请根据重要顺序列举：

职责	在每一种职责上花费的时间所占的百分比

7. 任职者还需要定期或不太经常性地承担其他方面的一些职责吗？如果是这样的话，请列举这些职责以及承担这些职责的频率。
8. 该职位的工作条件是什么？请列举诸如噪音、热度、室外作业以及在恶劣天气环境中工作等情况。
9. 该职位的任职者在培训和指导他人工作方面承担多大的责任？
10. 为了圆满完成该职位的工作，任职者需要具备什么样的受教育程度、工作经验以及技能？
11. 该职位的任职者的工作在哪个阶段需要接受上级的审查？
12. 该职位的任职者负责操作哪些机器和设备？
13. 如果该职位的任职者在履行职责的过程中犯了严重的错误或发生了严重的失误，会给管理层带来什么样的损失？

图 4—10　简明职位描述问卷

资料来源：Reprinted from www. hr. blr. com with the permission of the publisher. Business and Legal Resources，Inc.，Old Saybrook，CT. BLR®（Business & Legal Resources，Inc.）.

步骤 4：从职位信息网上获取工作职责。你通过上一个步骤找到的工作职责清单可能是完整的，也可能是不完整的。因此，我们需要利用职位信息网站，整理出一份比较完整的工作职责清单。（在阅读下面的内容时，请参考 A，B，C 图。）

首先登录网站 http：//online. onetcenter. org（见 A 图），在这里，点击“查询职位”。假设你想创建的是一份零售业销售员的职位描述。在职位名称的下拉框中键入“零售业销售员”。

这一步操作会让你看到“职位查询结果”界面（见 B 图）。

找到“零售业销售员”，然后点击其后面“概述”项目（见 C 图），便可得到零售业销售员的职位概述以及具体的工作职责。对于一家小的商店来说，你可能想把零售业销售员所承担的工作职责与“零售业销售员的一线主管或经理”所承担的工作职责合并在一起。

步骤 5：利用职位信息网列出职位对任职者的要求。接下来，让我们回到“零售业销售员”的界面（概述）（见 C 图）。在这里，我们不再选择特定的职位信息，而是点击诸如任职者的经验、职位要求以及任职者特征等条目。可以运用这些信息来编写一份关于某职位的任职资格说明书。这些信息可以用于员工的招募、甄选以及培训。

步骤 6：完成职位描述。最后，将图 4—10 作为一个指南，编写一份合适的职位概要。然后，利用在步骤 4 和步骤 5 所得到的信息，为每一个需要填补的职位创建一份完整的工作任务、职责以及任职资格要求的清单。

正如这里的三张截屏所显示的，通过利用职位信息网，我们可以很容易地编写一份职位描述。

（A 图）

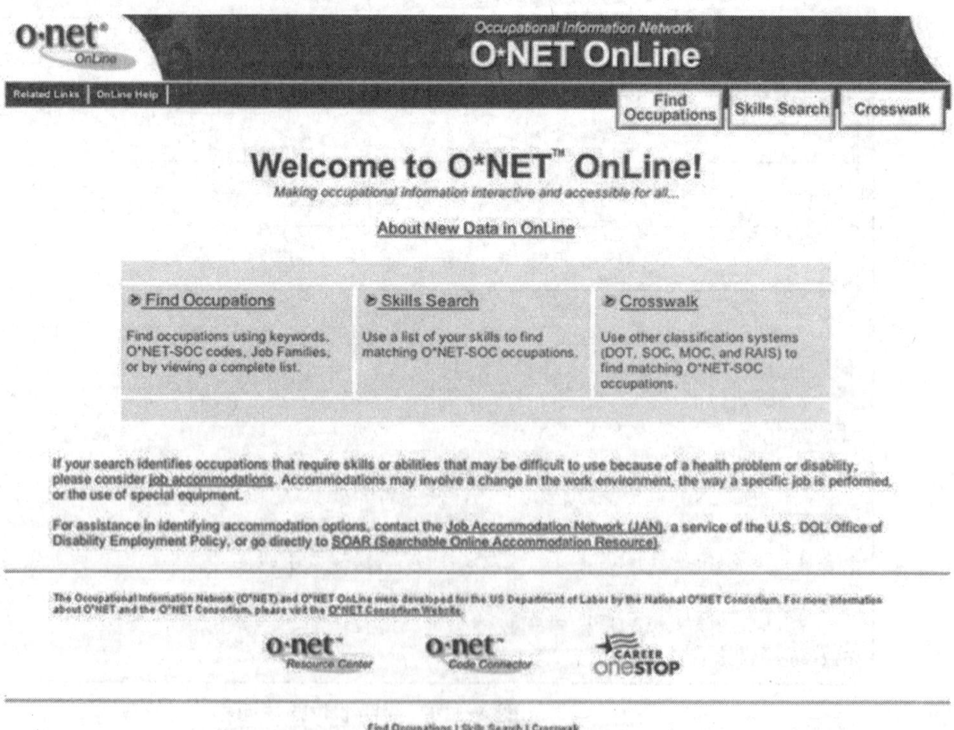

（B 图）

o·net OnLine

Occupational Information Network

O·NET OnLine

Related Links | OnLine Help | Find Occupations | Skills Search | Crosswalk

Job Family Search Results for:
Sales and Related (30 matches)

Sales and Related [Go]

O*NET-SOC Code	O*NET-SOC Title	Reports (help)		
41-1011.00	First-Line Supervisors/Managers of Retail Sales Workers	Summary	Details	Custom
41-1012.00	First-Line Supervisors/Managers of Non-Retail Sales Workers	Summary	Details	Custom
41-2011.00	Cashiers	Summary	Details	Custom
41-2012.00	Gaming Change Persons and Booth Cashiers	Summary	Details	Custom
41-2021.00	Counter and Rental Clerks	Summary	Details	Custom
41-2022.00	Parts Salespersons	Summary	Details	Custom
41-2031.00	Retail Salespersons	Summary	Details	Custom
41-3011.00	Advertising Sales Agents	Summary	Details	Custom
41-3021.00	Insurance Sales Agents	Summary	Details	Custom
41-3031.00	Securities, Commodities, and Financial Services Sales Agents	Summary	Details	Custom
41-3031.01	Sales Agents, Securities and Commodities	Summary	Details	Custom
41-3031.02	Sales Agents, Financial Services	Summary	Details	Custom
41-3041.00	Travel Agents	Summary	Details	Custom
41-3099.99	Sales Representatives, Services, All Other	Summary	Details	Custom
41-4011.00	Sales Representatives, Wholesale and Manufacturing, Technical and Scientific Products	Summary	Details	Custom
41-4011.01	Sales Representatives, Agricultural	Summary	Details	Custom
41-4011.02	Sales Representatives, Chemical and Pharmaceutical	Summary	Details	Custom
41-4011.03	Sales Representatives, Electrical/Electronic	Summary	Details	Custom

（C 图）

Updated 2003

Summary Report for:
41-2031.00 - Retail Salespersons

Sell merchandise, such as furniture, motor vehicles, appliances, or apparel in a retail establishment.

Tasks | Knowledge | Skills | Abilities | Work Activities | Work Context | Job Zone | Interests | Work Styles | Work Values | Related Occupations | Wages & Employment

Tasks

- Greet customers and ascertain what each customer wants or needs.
- Open and close cash registers, performing tasks such as counting money, separating charge slips, coupons, and vouchers, balancing cash drawers, and making deposits.
- Maintain knowledge of current sales and promotions, policies regarding payment and exchanges, and security practices.
- Compute sales prices, total purchases and receive and process cash or credit payment.
- Maintain records related to sales.
- Watch for and recognize security risks and thefts, and know how to prevent or handle these situations.
- Recommend, select, and help locate or obtain merchandise based on customer needs and desires.
- Answer questions regarding the store and its merchandise.
- Describe merchandise and explain use, operation, and care of merchandise to customers.
- Ticket, arrange and display merchandise to promote sales.

back to top

Knowledge

Customer and Personal Service — Knowledge of principles and processes for providing customer and personal services. This includes customer needs assessment, meeting quality standards for services, and evaluation of customer satisfaction.

Sales and Marketing — Knowledge of principles and methods for showing, promoting, and selling products or services. This includes marketing strategy and tactics, product demonstration, sales techniques, and sales control systems.

Administration and Management — Knowledge of business and management principles involved in strategic planning, resource allocation, human resources modeling, leadership technique, production methods, and coordination of people and resources.

Education and Training — Knowledge of principles and methods for curriculum and training design, teaching and instruction for individuals and groups, and the measurement of training effects.

Mathematics — Knowledge of arithmetic, algebra, geometry, calculus, statistics, and their applications.

English Language — Knowledge of the structure and content of the English language including the meaning and spelling of words, rules of composition, and grammar.

4.4 任职资格说明书的编写

任职资格说明书是在职位描述的基础上，回答这样一个问题："要做好这个职位的工作，任职者必须具备什么样的特点和经验?"它说明了你应当招募什么样的人来填补某一职位，以及在甄选测试时应当对求职者进行哪些方面的测试。任职资格说明书可以作为职位描述的一部分来编写，也可以形成一份单独的文件。通常情况下，企业都是将其作为职位描述的一部分来设计的，如图 4—8 所示。[31]

4.4.1 针对受过培训者和未受过培训者编写的任职资格说明书

相对而言，为受过培训的员工编写任职资格说明书会比较简单。例如，假定你需要找人来填补簿记员（或法律顾问，或程序员）这个职位，那么，你的任职资格说明书可能大部分会集中在任职者过去的工作经验、接受过的相关培训的质量以及过去的工作业绩等方面。因此，如果你所要做的是找人替换在现有职位上的那些受过训练的任职者时，确定职位的人员要求通常不是一件太难的事。

然而，当你需要用未受过培训的人来填补某一职位时（这么做的目的是通过让他们到职位上任职来接受培训），问题就比较复杂了。在这种情况下，你就需要明确候选人必须具备哪些承担这一职位的潜质或者受训后具备这种潜质，这些潜质可能包括：身体特征、人格特点、兴趣或感知能力等。

例如，假设某一职位要求任职者在电子器件生产线上进行比较精细的操作，那么，你可能会希望求职者在手指灵活性测试中取得较高的分数。换言之，你的目标就是要确定，哪些个人特点——对人的要求——能够有效地预测出哪些候选人将来能够很好地完成本职工作，而哪些候选人却不能做到这一点。企业通常使用主观判断法或者统计分析法来帮助自己确定这些职位对人的要求。下面将详细考察这两种方法。

4.4.2 基于主观判断编写的任职资格说明

大部分的任职资格说明都是根据主管人员和人力资源经理的经验判断编写的。这里的一个基本程序就是要回答："要做好此项工作，任职者应具备什么样的受教育程度、智力水平以及培训经历等条件?"

有几种方法可以帮助管理者作出这种"经验判断"。你可以简单回顾一下职位的工作职责，并从这些工作职责中推断出职位对任职者的个人特征和技能有哪些方面的要求。你还可以去查一查 www.jobdescription.com 等网站上提供的职位描述，从其中包括的各种胜任素质中挑选出一些来使用。（例如，那里的一份典型职位描述所列出的胜任素质包括"得出创造性地解决问题的方案的能力"以及"处理难以应对的顾客或情绪化顾客的能力"等。）你还可以使用美国劳工部的职位信息网。那里提供的职位描述中都包括已经列好的受教育程度以及其他相关经验和技能方面的要求。

运用常识 任何情况下，在编写任职资格说明的时候都需要运用一些常识。不要忽视这样一个事实，即有些工作行为可能适用于几乎所有的职位，但这些行为可能不是通过一次职位分析就能发现的。

勤奋就是这方面的一个例子。谁想得到一位工作不努力的员工呢？一位研究者选取了主要属于零售行业的42种按小时领取薪酬的初级岗位上的1.8万名员工，收集了他们的上级主管人员对他们的评价以及其他方面的一些信息。[32]他发现，有些工作行为（见示例）几乎对于所有的工作岗位来说都很重要。

与工作有关的行为	示例
勤奋	甚至当其他员工站在旁边说话的时候也能继续坚持工作；在完成常规性工作之后会主动寻找其他可做的事情。
认真	能彻底清洁设备，使外观更加有吸引力；能够发现被放错地方的物品并将其放回到合适的地方。
工作时间灵活性	在必要时能接受工作时间的变动；在商店特别繁忙的时候愿意留下来加班工作。
出勤	准时上班；保持良好的出勤率。
非工作行为（反面）	未经批准用商店电话打私人电话；工作时间干私事；因与朋友说笑而扰乱或打断工作。
任性（反面）	威胁欺凌其他员工；拒不执行主管人员的日常工作指令；不能与其他员工合作。
偷窃（反面）	（作为出纳员）为朋友结账时压低商店中的商品价格；谎报工作时间；允许非本单位员工进入未经许可的区域活动。
滥用药物（反面）	在公司工作场所喝酒或用药；在酒劲或药力未消的情况下去工作。

这里还有另外一个例子，这个例子涉及在瑞典的沃尔沃工厂中的50名测试工程师。在问到哪些方面决定了一位测试工程师的胜任素质的时候，大部分工程师都列出了一些显而易见的标准，比如“能够使发动机按照说明书的要求运行”等。但是，大多数有效的测试工程师却对该职位的主要工作任务给出了不同的定义：“确保发动机能够为顾客提供良好的驾驶体验”。因此，这些工程师会努力拓展自己对客户的驾驶需求的了解，即使这样做需要向本团队以外的人——比如设计人员或市场人员——了解相关信息。因此，测试工程师所界定的任职资格说明与最初进行职位分析时所得到的结果，就存在很大差别。[33]

4.4.3 基于统计分析编写的任职资格说明

根据统计分析来编写任职资格说明的做法更有说服力，但是这种方法操作起来比较麻烦。这种做法的目的是要运用统计方法确定以下两者之间的关系：（1）某种预测因素（例如身高、智力或手指灵活性等个人特征）；（2）工作有效性的衡量指标或标准，例如直接上级评价的工作绩效等级。

整个过程一共包括五个步骤：（1）对职位进行分析，决定如何对工作绩效进行评价；（2）挑选出你认为最能预测优秀绩效的个人特征，如手指灵活性等；（3）对候选人的这些特征进行测试；（4）对这些候选人实际任职后的工作绩效进行评价；（5）用统计方法分析这种个人特征（如手指灵活性）与工作绩效之间的关系。你的目标就是要验证前者是否真的能预测后者。

这种方法比经验判断法更有说服力，因为美国的公平权利法律不允许企业使用那些不能区分高工作绩效和低工作绩效的个人特征。例如，如果企业的雇佣标准是以性别、种族、宗教、国籍或年龄等为依据的，那么，企业必须证明这些标准确实是能够预测工作绩效的。在理想状态下，要想做到符合国家的这种法律规定，就必须使用统计学中的效度分析来加以证明。在实践中，大多数企业可能还是更多地采用经验判断的方法。

4.5 员工授权情况下的职位分析

我们通常将职位视为一个人所承担的一整套不怎么会变化且应当得到报酬的工作职责。但是在过去的几年中，这个定义却发生了很大的变化。的确，对于许多在像谷歌这类公司中工作的员工来说，他们在自己的岗位上所做的工作几乎每天都是在变化的。这种情况促使管理者重新思考他们应该如何进行职位分析。如果一个职位今天的工作职责与明天的工作职责不同，该如何进行职位分析呢？

4.5.1 从职位的专业化到丰富化

“职位”这一概念从范围狭窄的一系列职责转变为今天的样子用了很多年的时间。亚当·斯密等早期的经济学家积极倡导这样一种观点，即工作专门化（多次重复做同样的一件小事情）更有效率（因为“熟能生巧”）。

到了 20 世纪中期，其他一些人则提出了反对意见，他们认为将劳动者推向高度重复性的工作是“非人性化的”。许多人提出了像职位扩大化这样的解决方案。**职位扩大化**（job enlargement）意味着给员工额外分派一些属于同一难度水平的其他工作任务。这样，以前只负责给椅子腿上螺丝的员工现在可能也要负责装椅背了。**职位轮换**（job rotation）则意味着系统性地让员工在各种不同的职位之间进行转换。

心理学家弗雷德里克·赫茨伯格（Fredrick Herzberg）认为，激励员工的最佳方法就是实行职位丰富化。**职位丰富化**（job enrichment）则是指通过对职位进行重新设计，使员工有更多的机会体会到责任感、成就感、进步感以及被认可的感觉。职位丰富化达到这种效果的途径是对员工进行授权——比如，赋予员工对工作进行检查的能力和权利，而不是让他们的上级来做这件事情。赫茨伯格指出，得到授权的员工会把自己的工作做好，因为他们乐意这样做，而且他们的工作质量和生产率也会提升。这种哲学可能会以这样或那样的形式表现出来，它已经成为世界很多工厂中组建的团队型自我管理职位——就像戴姆勒公司在位于美国亚拉巴马州的新工厂中所采取的实践一样——的一个重要理论基础。

亚拉巴马州的戴姆勒工厂案例 当戴姆勒公司在亚拉巴马州开设自己的新奔驰汽车组装厂时，它设计了一个非常现代化的工厂。[34]戴姆勒公司选择的生产系统与日本丰田汽车公司等使用的“精益生产系统”很相似。这种系统强调零库存管理方法，由于零部件能及时到达生产线，库存的量可以忽略不计。此外，这种系统还把员工组成一个个工作团队，并强调所有员工都必须致力于持续改进。

职位分析在这家工厂的作用被弱化了。在这家工厂中只有数量相对较少的能够涵盖所有职位的职位描述，而且每一份职位描述的内容都很宽泛。由于没有详细的职位描述告诉每个人"我的工作"是什么，所以员工在团队内部在不同的工作之间轮换是很容易的。而不对员工的工作进行高度的专业化分工，还能鼓励他们超越本职工作的范围，去寻找改进工作的方法。例如，这家工厂在给汽车烤漆时，为了让车门保持敞开状态，就需要使用一种塑料叉子。过去，工厂使用的一直是单价为 2.50 美元的一种产品，而一个员工团队却发现了一种效果更好但是单价只有 0.23 美元的同类产品。

工作中的其他变化　正如团队工作和员工授权正在帮助戴姆勒公司提高利润水平一样，很多企业还在如何组织工作方面作出了其他一些改变。比如，相对于那些有七个甚至更多管理层次的组织而言，扁平型组织（通常只有三四个管理层次）现在更为普遍。这种结构一方面能使高层管理者更为密切地接触到客户，另一方面也使剩下的管理人员平均每人需要监督的下属人数更多了。而他们的这些下属员工由于受到的监督减少，所以承担的责任相对就多了。

流程再造（从技术上说，应该是"业务流程再造"）是另一个方面的变化。在很多公司中，工作流程看起来就像是一场接力赛。比如，对一家审批一笔贷款申请的银行来说，这份申请可能会历经从申请到信用分析，再到贷款审批，最后到实际的贷款交易完成等多个程序。这是一个很费时的过程。而流程再造就是要通过重新设计业务流程，让那些由来自不同领域的员工组成的小型自我管理团队来一次性地完成各个环节的全部工作。因为团队成员经常要分担职责，所以他们的技能就比一个人只做一件事情——比如，贷款分析——时更加多元化。

在这里，问题的实质就是，无论是由于团队工作，监管者的人数更少，还是由于流程再造，今天的很多职位与过去相比，职责出现日常变动以及职责范围扩大的可能性都增加了。正因为如此，很多企业和职位分析人员都说，进行职位分析的方式必须有所改变。[35]他们说，为一个工作职责每天都会变化的职位编制一份工作职责清单没有太大意义。另一种替代的方法就是，根据胜任素质——即根据员工在自己的本职工作中必须会做的事情——而不是具体的工作责任清单来编写职位描述。这种方法就是基于胜任素质的职位分析法。

4.5.2　基于胜任素质的职位分析

胜任素质就是指能够达成绩效的人所具有的一些可展示特征。这个概念有点抽象，所以我们可以说点具体的。职位的胜任素质是一些可观察且可衡量的工作行为。要确定一个职位所要求的胜任素质是什么，就应该问这样一个问题："为了圆满完成这个职位的各项工作，作为任职者的员工应该能做什么？"我们可以这样说，**基于胜任素质的职位分析**（competency-based job analysis）就是基于承担某一职位的员工为了把工作做好所必须表现出来的那些可衡量、可观察、行为化的胜任素质（比如知识、技能以及/或工作行为）来对职位进行描述。这与基于工作职责所做的职位描述是相对的。[36]传统的职位分析更多的是以工作为中心的（即这个职位的工作职责是什么？）。而基于胜任素质的职位分析则更多的是以员工为中心：在这里，你提出的会是这样一个问题："为了完成这些需要多种技能的职位的工作，员工必须具备做哪些事情的能力？"

胜任素质示例　在实践中，你可能会把一个职位所要求的胜任素质分成 2～3 类。例如，你可能会把一个职位所要求的胜任素质划分为以下三类：一般能力（如阅读、写作和数学推理能力）、领导能力（如领导力、战略性思考能力以及指导他人的能力）和技术能力（如XTML语言编程能力、广告脚本的撰写能力等）。

以系统工程师这一职位为例，它所要求的技术方面的胜任素质可能包括以下几个方面：

- 设计复杂的应用软件，建立协议，并创建原型。
- 确定为高效率、完整地协调数据传输所需要的平台需求。
- 准备全面和完整的各种文件，其中包括规格说明书、流程图、过程监测和预算等方面的文件。[37]

类似地，对于一家公司的财务主管来说，该职位所要求的技术方面的胜任素质可能包括：

- 通过研究一些关于汇率走势的计算机软件模型，为公司提供交易建议。
- 推荐公司进行一些特定的交易以及应当进行交易的时间。
- 提出建议并说服他人按照这个建议行动方案采取行动。[38]

在实践中，基于胜任素质的职位分析的最终结果常常是确定员工完成工作所需要的一些基本技能。那么，在哪里可以找到关于各种职位的技能清单呢？这里就有一个来源——美国劳工部的职位信息网，它把每一个职位所需要的胜任素质都划归为六类（具体可参见http：//online. onetcenter. org/skills）。举个简单的例子：

> 数学能力——运用数学方法来解决问题；
>
> 谈话能力——与他人进行交谈以有效地传达信息；
>
> 解决复杂问题的能力——确认复杂的问题、审查有关的信息，以寻找并评估各种可能的问题解决方案，同时实施选定的方案；
>
> 谈判能力——把大家的意见整合在一起，努力缓解分歧。

4.5.3 如何编写基于胜任素质的职位描述

在确定某个职位的胜任素质并把它们写下来所涉及的程序，与传统的职位分析的大多数方面都是类似的。换句话说，你可以对职位的当前任职者及其上级主管人员访谈，提出一些与职位的工作职责和工作活动有关的开放性问题，或许还可以发现与在职位上取得工作成功相联系的一些关键事件。但是，这两种职位分析方法显然不会都是类似的。与编制一份职位的工作职责清单相反，你现在会问这样的问题："为了胜任这个职位，员工应当能够做哪些事情？"你可以根据自己对这个职位的了解来回答这个问题，也可以使用像职位信息网上的那种技能清单来回答。另外，还可以找到一些现成的胜任素质数据库，其中的一个数据库是美国劳工部的人事管理署建立的（可参见www. opm. gov）。

英国石油公司的案例　如前所述，基于胜任素质的职位分析的结果通常是确定员工承担某个职位所需要具备的一些基本技能。英国石油公司（British Petroleum）勘探事业部的管理者想要形成一个效率更高、行动速度更快、更为扁平的组织，同时对员工进行授权。为了达到这一目标，该事业部的高层管理人员希望员工的注意力不再放在"那不是我该干的工作"这样的职位描述型想法上，而是去寻找一种能够激励他们为承担更大范围的职责而努力获得新技能的新方法。

解决的办法就是采用一种类似于图4—11所示的技能矩阵。英国石油公司针对两大类员工所承担的各种职位都创建了相应的技能矩阵：一类是走管理职业发展通道的员工，另一类则是走其他职业发展通道的员工（例如在工程领域中发展）。人力资源部门为每一个职位或一个职位族（比如钻井平台经理）都准备了一个矩阵。如图 4—11 所示，每一个矩阵都列出了两个方面的内容：一是承担该职位所需要的一些基本技能（例如技术方面的一些专业经验）；二是该职位或职位族对每一种技能水平提出的最低要求。这里强调的重点不再是具体的工作职责，相反，它的重点是为了使员工能够承担范围更大的、得到更多授权的职责而去开发新的技能。

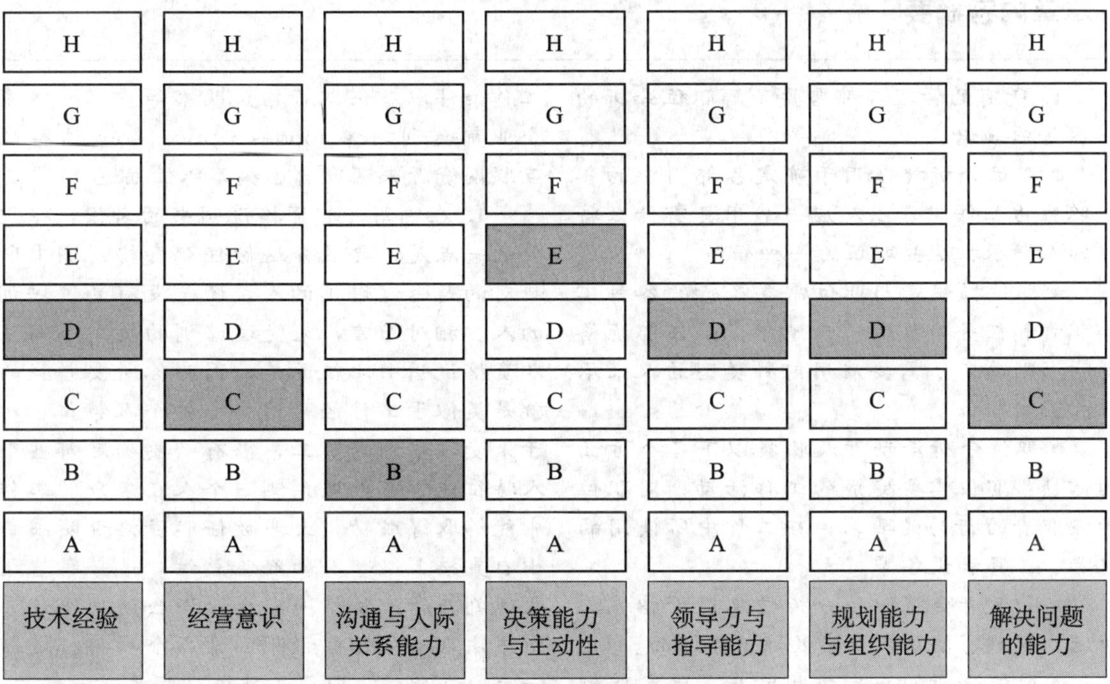

图 4—11 英国石油公司某职位的技能矩阵

说明：浅灰色的方框中标明的是该职位所要求的最低技能水平。

这种技能矩阵方法推动了该事业部人力资源方面的其他一些变革。例如，该公司实施了一种新的根据员工的技能改善情况来提高薪酬水平的技能薪酬计划。同时，该公司的绩效评价也更为重视员工所获得的技能。培训工作也强调开发更为广泛的技能，比如领导能力、规划能力等适用于各种职责和工作的技能。

4.5.4 小结：为什么进行胜任素质分析？

总而言之，有两个方面的原因可以说明，为什么应当考虑基于胜任素质而不是（或除此之外）基于工作职责来对职位进行描述。

首先，如果你的目标是建立一个高绩效工作系统，那么，使用传统的职位描述很可能会适得其反。这是因为在高绩效工作系统中，全部的主旨就是鼓励员工能够以自我激励的方式去工作。组织可以通过以下方式实现上述目标：对员工授权，围绕团队安排工作，鼓励团队成员在不同的职位之间进行自由轮换，以及通过下放日常监督管理职能等做法让员工承担更多的责任。员工必须非常热衷于学习和在不同的职位之间进行轮换。如果仅仅是给一位员工提供一份附有一系列具体工作职责的职位描述，那么很可能会滋生“那不是我该干的工作”这样一种态度。而一件重要的事情则是，要确保每一位员工都具有在不同的职位间进行轮换所需的技能。

其次，基于技能来对职位进行描述还可以帮助公司支持其战略目的。以佳能公司为例，它的竞争战略强调微型化和精密制造。因此，它鼓励员工开发在这两个领域中的技能，以确保佳能拥有执行这种战略所必需的技能。

本章内容概要

1. 所有的管理者都需要了解职位分析的一些基础知识。

● 职位分析就是用于确定各部门中的各个职位的工作职责以及应当雇用具有什么特征的人来承担这些职位的一种程序。

● 职位描述是与职位需要履行的各种工作职责和任务有关的一份清单；而任职资格说明书则确定了需要雇用何种类型的人来承担相应的职位。

● 职位分析活动涉及收集以下各个方面的信息：职位需要完成的工作活动；对职位的任职者的行为的要求；在工作中所使用的机器、工具和设备等。

● 管理者会将职位分析信息用于招募与甄选、薪酬、培训以及绩效评价等方面。

● 职位分析的基本步骤包括：确定职位分析所获信息的用途；审核包括组织结构图在内的一些相关背景信息；进行职位分析；验证通过职位分析得到的信息；编写职位描述和任职资格说明书。

2. 收集职位分析信息的方法有很多种，其中包括：访谈法、问卷调查法、观察法和参与者工作日记法或工作日志法等，以及职位分析问卷法等定量的分析方法。企业越来越多地通过互联网从员工那里收集职位分析信息。

3. 管理者必须熟悉职位描述的编写过程。虽然并没有一个标准的格式，但是大部分职位描述都包括职位标识、职位概述、工作职责、任职者的工作权限以及工作绩效标准等内容。在职位描述中也可能包括职位的工作条件以及任职资格说明书等内容。很多企业都会利用像 jobdescription. com 这样的互联网资源来帮助自己编写职位描述。

4. 在编写任职资格说明书的时候，很重要的一点是，要区分这份任职资格说明书所针对的是受过培训的人，还是没有受过培训的人。相对而言，为受过培训的员工编写任职资格说明书比较简单，因为你所要寻找的就是类似于工作经验这样一些个人特征。对于未受过培训的员工，很有必要确定哪些个人特征能够有效地预测一个人在未来的工作中能够取得成功。大多数任职资格说明书都出自直接上级等人的经验总结，是一种基于主观判断的产物。一些企业还会使用统计分析方法来确认哪些预测因素或个人特征是与一个人在职位上取得工作成功联系在一起的。

5. 随着员工越来越多地以团队的形式开展工作，所受到的监管比过去更少，懂得应当如何在员工得到授权的这种环境中进行职位分析就显得非常重要。更具体地说，越来越多的企业正在向基于胜任素质的职位分析方法转变，即根据员工为了把某一职位的工作做好就必须在工作中表现出来的那些可衡量、可观察、行为化的胜任素质（比如各种具体的技能）来对职位进行描述的方法。而要在每一位团队成员的工作内容每天都可能在发生变化的情况下编写职位描述，更为重要的一点就是要确认员工为了在团队内部的各种不同职位之间进行转换到底需要哪些技能，而不是将员工框定在传统的职位分析方法所列举的那些职责范围之内。

讨论题

1. 在职位描述中通常包括哪些项目？

2. 什么是职位分析？你将如何使用通过职位分析得到的这些信息？

3. 我们讨论了几种收集职位分析信息的方法——问卷调查法、职位分析问卷法等。请对这些方法进行对比和比较，说明每种方法的用途以及优缺点。

4. 描述出在一份任职资格说明书中通常包括哪些类型的信息。

5. 说明你将如何进行职位分析。

6. 你认为公司是否真的并不需要有详细的职位描述？为什么？

7. 在一家只有25名员工的公司中，是不是就没有太大的编写职位描述的必要？为什么？

个人和小组活动

1. 以个人或小组的形式，到你目前正在学习的大学或就业的企业找到一些关于事务性职位的职位描述副本。在这些职位描述中包含哪些类型的信息？它们是否为你提供了充足的信息来说明这些职位具体承担了哪些工作职责，同时说明了怎样履行这些职责？你会怎样完善这些职位描述？

2. 以个人或小组的形式，利用美国劳工部的职位信息网来为你们班的教授编写一份职位描述。然后根据这份职位描述，运用自己的判断来编写一份任职资格说明书。将你们的结论与其他学生或其他小组的结论进行比较，这两份文件之间存在大的差别吗？你认为造成这些差别的原因何在？

3. 本书末附录中的美国人力资源认证机构提供的“考试指南”部分，列出了想要通过人力资源资格认证考试的人需要了解的各个方面的人力资源管理知识（例如战略人力资源管理、员工队伍规划、人力资源开发等）。请以4～5人为一组，完成下列四项任务：(1) 浏览该附录中的内容；(2) 明确在本章所讲授的内容中有哪些与附录中列出的需要参加考试者掌握的知识是相关的；(3) 根据这些与考试相关的内容，编写出你们认为适合作为这种人力资源认证资格考试考试题的4道多项选择题；(4) 如果时间允许的话，你们小组派出一个人将你们编写的考试题在课堂上展示给大家，这样各个小组的学生就能够回答其他小组编写的考试题了。

体验式练习

教师的职位描述

目的：本练习的目的是，通过为你提供为自己的老师编写一份职位描述的方式，让你获得一个练习编写职位描述的机会。

必须理解的内容：你应当理解职位分析的技巧，并且完全了解职位分析问卷（见图4—3和图4—10）。

如何进行练习/指导：组建若干个分别由4～6名学生组成的小组。与本书中所有的其他练习一样，各小组在练习的过程中应该各自独立，各小组之间不应进行互相交流。课堂上的所有小组中，一半的小组借助职位分析问卷（见图4—3）来编写职位描述，另一半的小组则运用职位描述问卷（见图4—10）来编写职位描述。每个学生在参加本小组之前，都应当首先对问卷进行审查（以确保其合适性）。

1. 每一个小组都要对教师这个职位进行职位分析：其中一半的小组用图 4—3 中提供的职位分析问卷来做，另一半的小组则用图 4—10 中提供的职位描述问卷来做。

2. 根据在上一步骤获得的信息，每个小组为这个教师职位编写一份职位描述和任职资格说明书。

3. 接下来，每个小组应当在使用另外一种问卷分析方法来编写职位描述和任职资格说明书的小组中选定一个伙伴小组。（一个使用职位分析问卷的小组应当与一个使用职位描述问卷的小组进行配对。）

4. 最后，在每个通过配对新组成的小组中，对两个小组各自编写的职位描述和任职资格说明书逐一进行比较和评点。每一种职位分析方法会提供不同类型的信息吗？哪一种信息看起来更好一些？在针对某些特定类型的职位而言，一种方法会比另一种方法更具优势吗？

应用案例

维尔纳热带风暴

2005 年 8 月，维尔纳热带风暴袭击了位于美国北卡罗来纳州，位于该州的奥普迪玛空气过滤器公司（Optima Air Filter Company）未能幸免。许多员工的家被毁，公司发现自己几乎必须雇用 3 批全新的工作人员来从事三个班次的轮班工作。可问题在于，由于原来的“老人”太了解自己的工作，所以过去没有人愿意操心去为他们编写职位描述。而当这大约 30 名新员工要来接替这些“老人”的位置时，他们对于自己应当做什么以及应当如何去做感到比较困惑。

对于那些并不在北卡罗来纳州的公司客户来说，这次热带风暴很快就成了旧闻，他们需要买过滤器，他们不需要公司的任何借口。公司总裁菲尔·曼尔感到自己已经想不出什么好办法了。他现在有大约 30 名新员工、10 名老员工，还有他的一个元老级的工厂厂长梅贝林。于是，他决定去见见在当地一所大学商学院任教的顾问琳达·洛伊。她立即让该公司的那些老员工填写一份职位分析问卷，让这些老员工列出他们所承担的所有工作职责。然而，他们接下来就出现了争执：菲尔和梅贝林认为这些老员工在夸大自己的工作职责，从而想让自己显得更重要一些；而这些老员工却强调说，这些工作职责非常准确地反映了他们的工作职责。而与此同时，公司的客户正强烈要求得到他们所订购的过滤器。

［问题］

1. 菲尔和琳达应当不考虑这些老员工的说法，按照自己认为合适的内容来编写职位描述吗？为什么应该或不应该？你会如何解决这种分歧？

2. 如果是你，你将会如何进行这种职位分析？菲尔现在应该做些什么？

连续案例

卡特洗衣公司

职位描述

在对卡特洗衣公司的各家门店进行考察之后，詹妮弗认为，她现在必须关注的重要事情之一就是为她的商店经理编写职位描述。

正如詹妮弗所说，她在基础管理课程和人力资源管理课程中所学的关于职位描述的内容，并不足以使她相信职位描述在一家企业的顺利运转中确实能发挥关键作用。詹妮弗发现，在自己刚刚在公司任职的前几周中，她多次问她的一位商店经理这样一个问题，即为什么他们会违反据她所知属于公司政策和程序性的那些要求。而她得到的答案通常都是"因为我不知道这是我应该干的事情"，或者是"因为我不知道我们应该这样去做"。詹妮弗知道，一份能够清楚地说明任职者应该做什么以及应当怎样做的职位描述，再加上一套明确的标准和程序，对于缓解这种问题应当会起到一定的作用，尽管可能不会在短期内见效。

总的来说，商店经理负责指导一家商店中的所有工作活动，同时他们的工作应当达到这样一些要求：完成高质量的工作；维护良好的客户关系，实现销售额的最大化；通过对劳动力成本、各种用品以及能源成本进行有效的控制来维持一定的盈利水平。为了实现这个总目标，商店经理需要承担的工作职责包括：质量控制；店面外观和整洁性；客户关系；账目和现金管理；成本控制和生产率；损失控制；定价；库存控制；污损和清理；机器维修，采购；员工安全；有害废弃物的清除；人力资源管理；病虫害防治，等等。

很快，詹妮弗需要处理的各种问题就接踵而至了。

[问题]

1. 商店经理的职位描述应当采用什么样的格式和最终表格？

2. 在职位描述的文件中就指出工作的标准和程序更合适，还是把它们单独列出来更合适呢？

3. 詹妮弗应该如何着手收集制定工作标准、程序以及编写职位描述所需要的信息？

4. 在你看来，商店经理的职位描述应该是什么样的？其中应该包括哪些内容？

将战略转化为人力资源管理政策和实践的案例

巴黎酒店

职位描述

巴黎酒店的竞争战略是："通过卓越的顾客服务将自己与同行区别开来，以吸引顾客延长入住时间，提高顾客再次入住比率，从而提高酒店的收入和利润水平。"酒店人力资源经理莉萨·克鲁兹现在必须制定和实施战略性人力资源管理政策和活动，通过帮助酒店获得战略所需的员工行为和胜任素质来支持酒店的这一竞争战略。

作为一位经验丰富的人力资源总监，莉萨·克鲁兹知道，招募和甄选过程毫无疑问会影响员工的胜任素质和行为，然后通过这种影响作用于公司的盈利水平。与员工队伍有关的一切因素——他们的集体技能、士气、经验和动机——都有赖于吸引和甄选正确的员工。

在重新审视巴黎酒店的雇佣体系的过程中，她注意到，公司中几乎所有的职位描述都是过时的，还有很多职位甚至根本就没有职位描述。她知道，如果没有准确的职位描述，她的所有改进努力都将会是徒劳。如果连一个职位应当承担的工作职责以及对人的要求都不清楚，还怎么能够决定应当雇用什么人以及如何培训他们呢？为了通过制定有效的人力资源管理政策和实践，来帮助酒店获得能够帮助酒店实现其战略目标的员工胜任素质和行为，莉萨的团队首先必须编制出一套有用的职位描述。

莉萨在与公司的首席财务官共同做了一次简短的分析之后，更加肯定了自己所看到的一些现象。他们从这家连锁酒店中同时选取几个已经更新过职位描述的部门以及尚未更新过职位描述的部门。虽然他们也知道，还有许多其他因素可能会影响员工的工作，但是他们仍然相信，他们所观察到的这些关系确实能够表明，有职位描述这种情况对于各种员工行为和胜任素质仍然会有积极的影响。或许有职位描述会为员工甄选过程提供更多的便利，也或许是有职位描述的部门中有更好的管理者。

她知道，巴黎酒店的职位描述应该包括传统上的那种工作职责。然而，在大部分职位描述中还应该包括几项对于所描述的职位来说比较独特的胜任素质。例如，前台接待员的职位描述中可能应当包括“能够在 5 分钟之内为一位客人办理好入住登记手续或退房手续”这样的胜任素质。此外，在大部分服务类职位的职位描述中还应当包括这样一种胜任素质，即“即使正在忙于其他工作，也能够对客户表现出应有的耐心和帮助”。

［问题］

以个人或团队的形式完成下列两项工作：

1. 根据酒店的既定战略，列出对于巴黎酒店的员工比较重要的至少四种员工行为。

2. 如果时间允许，在课前花一些时间去观察当地酒店中的前台接待员的工作。无论如何，为巴黎酒店的前台接待员创建一份职位描述。

注释

[1] Daimler is now expanding this plant; see www.autoblog.com/2009/03/23/rumormill-mercedes-benz-expected-to-expand-alabama-plant, accessed March 25, 2009.

[2] For a good discussion of job analysis, see James Clifford, "Job Analysis: Why Do It, and How Should It Be Done?" *Public Personnel Management* 23, no. 2 (Summer 1994), pp. 321–340; and "Job Analysis," www.paq.com/index.cfm?FuseAction=bulletins.job-analysis, accessed February 3, 2009.

[3] One writer recently called job analysis, "The hub of virtually all human resource management activities necessary for the successful functioning organizations". See Parbudyal Singh, "Job Analysis for a Changing Workplace," *Human Resource Management Review* 18 (2008), p. 87.

[4] James Clifford, "Manage Work Better to Better Manage Human Resources: A Comparative Study of Two Approaches to Job Analysis," *Public Personnel Management*, Spring 1996, pp. 89–102.

[5] Richard Henderson, *Compensation Management: Rewarding Performance* (Upper Saddle River, NJ: Prentice Hall, 1994), pp. 139–150. See also T. A. Stetz, et. al, "New Tricks for an Old Dog: Visualizing Job Analysis Results," *Public Personnel Management* 38, no. 1 (Spring 2009), pp. 91–100.

[6] Darin Hartley, "Job Analysis at the Speed of Reality," *Training & Development*, September 2004, pp. 20–22.

[7] See Henderson, *Compensation Management*, pp. 148–152.

[8] Wayne Cascio, *Applied Psychology in Human Resource Management* (Upper Saddle River, NJ: Prentice Hall, 1998), p. 142. See also M. K. Lindell, C. S. Clause, C. J. Brandt, and R. S. Landis, "Relationships Between Organizational Content and Job Analysis Task Ratings," *Journal of Applied Psychology* 83, no. 5 (1998), pp. 769–776.

[9] Frederick Morgeson et al., "Self Presentation Processes in Job Analysis: A Field Experiment Investigating Inflation in Abilities, Tasks, and Competencies," *Journal of Applied Psychology* 89, no. 4 (November 4, 2004): 674–686; and Frederick Morgeson and Stephen Humphrey, "The Work Design Questionnaire (WDQ): Developing and Validating a Comprehensive Measure for Assessing Job Design and the Nature of Work," *Journal of Applied Psychology* 91, no. 6 (2006), pp. 1321–1339.

[10] Arthur Martinez et al., "Job Title Inflation," *Human Resource Management Review* 18 (2008), pp. 19–27.

[11] Note that the PAQ (and other quantitative techniques) can also be used for job evaluation, which is explained in Chapter 11.

[12] Again, we will see that job evaluation is the process through which jobs are compared to one another and their values determined. Although usually viewed as a job analysis technique, the PAQ is, in practice, actually as much or more of a job evaluation technique and could therefore be discussed in either this chapter or in Chapter 11. For a discussion of how to use PAQ for classifying jobs for pay purposes, see Edwin Cornelius III, Theodore Carron, and Marianne Collins, "Job Analysis Models and Job Classification," *Personnel Psychology* 32 (Winter 1979), pp. 693–708. See also Edwin Cornelius III, Frank Schmidt, and Theodore Carron, "Job Classification Approaches and the Implementation of Validity Generalization Results," *Personnel Psychology* 37, no. 2 (Summer 1984), pp. 247–260.

[13] Jack Smith and Milton Hakel, "Convergence Among Data Sources, Response Bias, and Reliability and Validity of a Structured Job Analysis Questionnaire," *Personnel Psychology* 32 (Winter 1979), pp. 677–692. See also Edwin Cornelius III, Angelo DeNisi, and Allyn Blencoe, "Expert and Naïve Raters Using the PAQ: Does It Matter?" *Personnel Psychology* 37, no. 3 (Autumn 1984), pp. 453–464; Robert J. Harvey et al., "Dimensionality of the Job Element Inventory: A Simplified Worker-Oriented Job Analysis Questionnaire," *Journal of Applied Psychology*, November 1988, pp. 639–646; Frederick Morgeson and Stephen Humphrey, "The Work Design Questionnaire (WDQ): Developing and Validating a Comprehensive Measure for Assessing Job Design and the Nature of Work," *Journal of Applied Psychology* 91, no. 6 (2006), pp. 1321–1339; www.paq.com/index.cfm?FuseAction=bulletins.job-analysis, accessed February 3, 2009.

[14] www.paq.com/index.cfm?FuseAction=bulletins.job-analysis, accessed February 3, 2009.

[15] Roni Reiter-Palmon et al., "Development of an O*NET Web-Based Job Analysis and Its Implementation in the U.S. Navy: Lessons Learned," *Human Resource Management Review* 16 (2006), pp. 294–309.

[16] Ibid., p. 294.

[17] Ibid., p. 295.

[18] Digitizing the information also enables the employer to quantify, tag, and electronically store and access it more readily. Lauren McEntire et al., "Innovations in Job Analysis: Development and Application of Metrics to Analyze Job Data," *Human Resource Management Review* 16 (2006), pp. 310–323.

[19] Regarding this discussion, see Henderson, *Compensation Management*, pp. 175–184. See also Louisa Wah, "The Alphabet Soup of Job Titles," *Management Review* 87, no. 6, 01-JUN-98, pp. 40–43.

[20] James Evered, "How to Write a Good Job Description," *Supervisory Management*, April 1981, pp. 14–19; Roger J. Plachy, "Writing Job Descriptions That Get Results," *Personnel*, October 1987, pp. 56–58. See also Matthew Mariani, "Replace with a database: O*NET replaces the Dictionary of Occupational Titles," *Occupational Outlook Quarterly* 43, no. 1 (March 1999), pp. 2–9.

[21] Ibid., p. 16.

[22] Ibid.

[23] Ibid.

[24] Michael Esposito, "There's More to Writing Job Descriptions Than Complying with the ADA," *Employment Relations Today*, Autumn 1992, p. 279. See also Richard Morfopoulos and William Roth, "Job Analysis and the Americans with Disabilities Act," *Business Horizons* 39, no. 6 (November 1996), pp. 68–72; and Krystin Mitchell, George Alliger, and Richard Morfopoulos, "Toward an ADA-Appropriate Job Analysis," *Human Resource Management Review* 7, no. 1 (Spring 1997), pp. 5–16.

[25] James Evered, "How to Write a Good Job Description," p. 18.

[26] Deborah Kearney, *Reasonable Accommodations: Job Descriptions in the Age of ADA, OSHA, and Workers Comp* (New York: Van Nostrand Reinhold, 1994), p. 9. See also Paul Starkman, "The ADA's Essential Job Function Requirements: Just How Essential Does an Essential Job Function Have to Be?" *Employee Relations Law Journal* 26, no. 4 (Spring 2001), pp. 43–102.

[27] See, for example, Christelle Lapolice et al., "Linking O*NET Descriptors to Occupational Literacy Requirements Using Job Component Validation," *Personnel Psychology* 61 (2008), pp. 405–441.

[28] Matthew Mariani, "Replace with a database: O*NET replaces the Dictionary of Occupational Titles," *Occupational Outlook Quarterly* 43, no. 1 (March 1999), pp. 2–9.

[29] O*Net™ is a trademark of the U.S. Department of Labor, Employment, and Training Administration.

[30] Jorgen Sandberg, "Understanding Competence at Work," *Harvard Business Review*, March 2001, p. 28. Other organization chart software vendors include Nakisa, Aquire, and HumanConcepts. See "Advanced Org Charting," *Workforce Management*, May 19, 2008, p. 34.

[31] Based on Ernest J. McCormick and Joseph Tiffin, *Industrial Psychology* (Upper Saddle River, NJ: Prentice Hall, 1974), pp. 56–61.

[32] Steven Hunt, "Generic Work Behavior: An Investigation into the Dimensions of Entry-Level, Hourly Job Performance," *Personnel Psychology* 49 (1996), pp. 51–83.

[33] David Shair, "Wizardry Makes Charts Relevant," *HR Magazine*, April 2000, p. 127.

[34] Lindsay Chappell, "Mercedes Factories Embrace a New Order," *Automotive News*, May 28, 2001.

[35] Jeffrey Shippmann et al., "The Practice of Competency Modeling," *Personnel Psychology* 53, no. 3 (2000), p. 703.

[36] Ibid.

[37] Adapted from Richard Mirabile, "Everything You Wanted to Know About Competency Modeling," *Training & Development* 51, no. 8 (August 1997), pp. 73–78.

[38] Dennis Kravetz, "Building a Job Competency Database: What the Leaders Do," Kravetz Associates (Bartlett, Illinois, 1997).

第5章 人员规划与招募

芝士蛋糕坊（Cheesecake Factory）已经拥有110多家连锁餐馆，而且在以每年新增20多家的速度扩张，因此它每年需要吸引和雇用2.4万名新员工。对于芝士蛋糕坊的人力资源高级副总裁艾德·艾侬（Ed Eynon）来说，这就意味着公司在招募员工的时候要广撒网——“你不可能通过一个渠道就招募到你需要的所有的人，”他说。因此，找到正确的招募来源对于芝士蛋糕坊的成功非常关键。[1]

我们学到哪了

在第4章中，我们讨论了职位分析以及管理人员可以采用哪些方法来编写职位描述和任职资格说明书。本章的主要目的是帮助你提高在招募求职者方面的工作有效性。我们在本章中将要讨论的主题包括：人员规划与预测；招募求职者；设计和使用求职申请表。在接下来的第6章中，我们将讨论管理人员可以采用哪些方法从候选人中甄选出最合适的员工。

学习目标

1. 列举招募和甄选过程中的每一个步骤。
2. 说明人员规划及预测所采用的主要技术方法。
3. 解释并举例说明进行有效招募的必要性。
4. 说出从内部寻找候选人的主要渠道并讨论。
5. 列举并讨论外部求职者的主要来源。
6. 设计一份招募广告。
7. 说明如何招募一支多元化的员工队伍。

5.1　招募和甄选程序

职位分析界定了公司中每个职位的工作职责及其对人员的要求。下一步就是要决定需要填补多少个职位空缺，然后为这些职位招募和甄选合适的员工。实施招募和甄选的最佳方式就是完成以下一系列活动：

1. 通过人员规划及预测决定哪些职位需要新人填补。
2. 通过从组织内部和外部招募申请者为这些职位建立一个候选人才库。
3. 让这些候选人填写求职申请表，或许还要进行初步的甄选面试。
4. 通过运用测试、背景调查以及体检等甄选工具找到合适的候选人。
5. 让等待填补职位空缺的直接上级或其他相关人员对候选人进行面试，从而决定应当向谁发出录用通知。

本章主要关注人员规划和员工的招募；第 6 章讨论甄选技术问题，其中包括各种测试、背景调查、体检等；第 7 章主要集中讲解面试问题——这是迄今为止运用最为广泛的员工甄选技术。

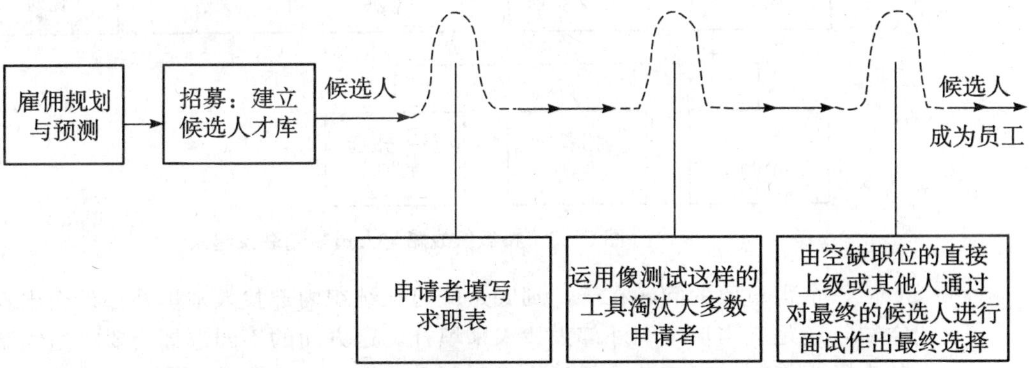

招募和甄选过程就是为了给某一职位选择最合适的候选人而实施的一系列活动。

图 5—1　招募和甄选过程的若干步骤

5.2　人员规划和预测

在理想状态下，招募和甄选应当从人员规划开始。如果不知道在接下来的几个月中你的团队会有什么样的雇佣需求，为什么还要去招人呢？

雇佣规划（或人员规划）（employment（or personal）planning）就是确定企业需要找人填补哪些职位以及如何填补这些职位空缺的一个过程。人员规划的范围涵盖企业未来的所有职位，从维修工到首席执行官都包括在内。不过，大多数企业都将决定如何填补公司高层管理职位的过程称为“继任计划”。

无论是在哪种情况下，雇佣规划都应该服从公司的战略规划。因此，企业作出的进入新的业务领域或者降低成本的计划，都会影响到公司需要填补（或者削减）的职位的类型。例如，在 IBM 公司，人力资源高层管理人员会根据公司的战略规划，与负责财务工作的公司高管人员以及其他高管人员共同审查公司的人员规划。[2]换言之，我们需要回答这样一个问题："为了实施公司的战略规划，需要哪些类型的技能或胜任素质？"图 5—2 对公司的战略规划和人员规划之间的联系做了总结。

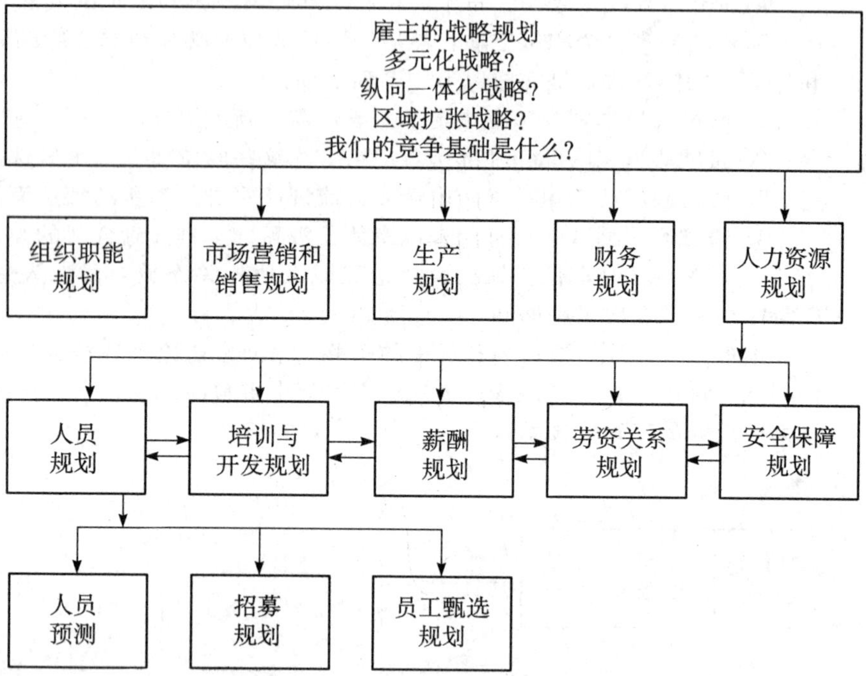

图 5—2 将组织战略与人员规划联系起来

一个很重要的问题在于，到底是应当从组织内部找人来填补预计会出现的职位空缺，还是应当从组织外部去找人来填补。这方面的不同选择会要求组织制定不同的人员规划。对现有的员工可能需要制定培训、开发以及辅导方面的规划；而到外部去招募求职者的话，则需要做好利用何种招募来源的规划。

正如任何一种好的规划一样，人员规划同样需要作出一些预测或估计，在这里主要应当考虑以下三件事情：人员需求、内部候选人的供给以及可能的外部候选人的供给。我们首先来看一看人员需求。

5.2.1 人员需求预测

到底需要雇用多少人？在回答这个问题时，管理人员需要考虑很多因素。[3]例如，当丹·希尔伯特（Dan Hilbert）接手瓦莱罗能源公司（Valero Energy）的人员配备工作时，他审查了瓦莱罗公司的整体人员结构、人员增长规划以及员工流动历史。他发现，如果继续执行公司现有的招募程序，则公司需要雇用的人数将会达到公司能够雇用的人数的 4 倍多。于是，他决定制定一份新的人员规划来提高员工的留任率，同时招募和甄选更多的候选人。[4]

正如我们在第 3 章中讨论商业规划时一样，决定人员需求的基本程序也依然是首先要对公司的收益水平作出预测，然后再预测为了达到这种规模的销售额，公司需要怎样的人员规模。然而，管理人员显然还需要考虑其他一些因素，这些因素包括预计的人员流动率、产品或服务升级（或淘汰）方面的决策、生产率的变化以及财务资源状况等。下面是一些可以用来预测人员需求的比较简单的工具。

趋势分析　所谓**趋势分析**（trend analysis），就是研究公司在过去几年中的雇佣水平变化情况。例如，可以统计企业在最近 5 年每年年末的员工总人数，或者其中的各类人员（如销售人员、生产人员、文秘人员以及行政管理人员等）的数量。这种分析的目的在于确定那些可能会延续到未来的发展趋势。

趋势分析可以为我们提供一些关于未来人员需求水平的初步估计，但是实际的雇佣水平通常不会仅仅取决于时间的延续，其他一些因素（比如销售额和生产率的变化）都会影响到人员配置的需求。

比率分析　另外一种简单的人员需求预测方法是**比率分析**（ratio analysis），这种预测方法是基于以下两种因素之间的历史比率来进行人员预测的：一是某些原因性的因素（比如销售额）；二是所需要的员工数量（例如销售人员的数量）。举例来说，假设从过去的经验来看，每位销售人员每年通常能实现 50 万美元的销售额。那么，如果销售额与销售人员之间的这一比率保持不变，公司要想在来年增加 300 万美元的销售额，就需要雇用 6 名新的销售人员（他们每人要完成 50 万美元的销售额）。

与趋势分析一样，比率分析也是假定生产率保持不变——比如，无法通过激励手段来促使每位销售人员产生高于 50 万美元的销售额。但是，如果销售人员的生产率提高或下降，则销售额与销售人员之间的比率关系就会改变。

散点分析　**散点分析**（scatter plot）以图形的方式生动地展现了两个变量——比如企业的销售额与销售人员数量——之间的相关性。如果它们之间是相关的，那么，如果能够预测出公司的业务活动水平（例如销售额），就能够估计出公司的人员需求水平。

例如，假定一个拥有 500 个床位的医院计划在今后 5 年中将床位数量增加到 1 200 个。该医院的人力资源总监想要预测出自己将来需要多少位注册护士。于是，这位人力资源总监意识到她首先需要确定，在医院规模（以床位数量为依据）和所需的护士人数之间存在何种关系。她通过与 8 家规模不同的医院通电话，得到了以下数据：

医院规模（床位数）	注册护士人数
200	240
300	260
400	470
500	500
600	620
700	660
800	820
900	860

在图 5—3 中，横轴表示医院规模，纵轴表示注册护士人数。如果这两个因素是相关的，那么这些点通常会分布在一条直线的附近，正如该图所示。如果仔细地

画一条线，使这条线与每个散点之间的距离最小，就能够估计出每一种规模的医院所需要的护士人数。对一家拥有1 200个床位的医院来说，这位人力资源总监就可以确定，自己需要大约1 210名护士。

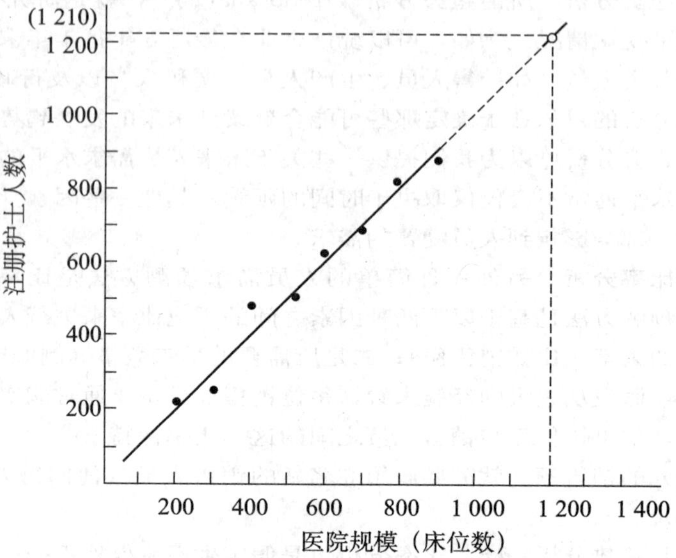

图5—3　确定医院规模与护士人数之间的关系

说明：在找出匹配的直线之后，只要知道预计的床位数量，就能估计出自己需要多少员工。

尽管散点分析具有操作简单的优点，但这种工具也存在以下几个方面的不足[5]：

1. 这种方法通常只关注历史销售额和人员数量之间的关系，并且假定公司的现有业务活动会一直持续下去。

2. 这种方法容易导致公司实行一种对下属人员较多的管理者提供更多报酬的薪酬计划，而忽视公司的战略需求。

3. 这种做法倾向于把现有的行事方式固化，难以适应变革的挑战。

运用计算机来支持人员需求预测　管理者还可以通过利用计算机化的预测工具，把更多的变量纳入他们的人员需求预测过程。[6]新型计算机系统尤其依赖数学方法来确定清晰的目标，比如削减当前的库存数量等。[7]其他一些变量可能包括生产单位产品所需要的直接劳动工时（生产率的一种衡量指标），以及对最低销售额、最高销售额以及可能实现的销售额所做的预测。以这些数据为基础，一个典型的计算机应用程序便可以生成达到一定的产品数量要求所需的平均人员需求水平数据，还可以分别预测对直接生产人员（比如流水线上的工人）、间接生产人员（比如文秘人员）以及豁免性人员（如高层管理人员）的需求。

运用诸如此类的程序，企业就可以更准确地将理想的或预期的生产率和销售额用于预测人员需求，同时，这些程序还能够估计出各种不同的生产率和销售额数据对人员需求的不同影响。[8]很多企业都专门运用计算机化的员工预测系统来预测自己的短期人员需求。例如，在零售行业，员工安排系统会帮助零售商基于对销售额以及店面客流量的预测来估计自己未来的人员需求。

无论使用的是哪种预测工具，管理人员的主观判断都应当起着非常重要的作用。这是因为无论是历史趋势、比率，还是各要素之间的关系，都不可能一成不变地延续到未来。因此，需要基于一些你认为将来会非常重要的主观因素——比如你感觉可能会有更多的人离职——对预测结果做进一步修正。

5.2.2 内部候选人供给预测

了解自己的人员需求只不过是填补人员配置方程式中的一半内容。接下来，你必须对组织内部和外部候选人的供给情况进行估计。大多数企业都是从内部候选人开始入手的。

这里的主要任务就是，确定在现有的员工中，有哪些人适合将会出现的职位空缺。为此，你首先必须了解现有员工的综合技能情况——亦即他们目前的任职资格条件。有时，“应当找谁”这个问题的答案往往是显而易见的。例如，当比尔·盖茨需要找个人去领导微软公司的新用户界面项目时，他问的第一个问题就是：“开复在哪里?”李开复是微软公司的语音识别专家，当时他正在中国努力为微软公司建立一个新的研究实验室。[9]（李开复后来成为了谷歌公司的大中国区负责人。）

但在有些时候，应当选择谁来担任某个职位的问题却并没有一个显而易见的答案，这时，管理人员就要求助于**任职资格（或技能）**（qualifications（or skills）inventories）数据库。在这种数据库中包含员工的工作绩效记录、教育背景以及晋升的可能性等信息。无论这种数据库是人工的还是计算机化的，它们都有助于管理人员确定哪些现有员工应当得到晋升或者可以安排调动。

人工数据库与人员替代图 管理人员部门经理或者小企业主常常会采用一些手工方法，对员工的任职资格进行跟踪。人员储备与开发记录表就记录了每位员工的任职资格信息。这些信息包括教育情况、公司资助员工参加的课程、职业发展兴趣、语言、期望的工作安排以及具备的各种技能等。**人员替代图**（personnel replacement charts）（见图5—4）是另外一种选择，它对于企业的高层管理职位的候选人选拔尤其有用。该图显示了每个职位的内部潜在填补者当前的工作绩效以及可晋升的程度。此外，还可以采用另一种替代方法，这就是设计一张**职位替代卡**（position replacement card）。这种情况下，可以为每个职位制作一张卡片，在卡片上记录可能的职位替补人及其当前工作绩效、晋升潜力以及所需的培训等内容。

计算机化的技能数据库 很显然，规模较大的公司无法仅用手工的方式来跟踪记录成百上千名员工的任职资格信息。这类公司通常都运用各种成套的软件系统来对这些信息进行计算机化管理。此外，它们还越来越多地把技能数据库和其他人力资源信息系统联系起来，例如，一位员工的技能数据很可能会在他接受完每一次培训或绩效评价之后，就自动得到更新。

通常的程序是，由员工、员工的直接上级以及人力资源管理者通过公司的内部网录入员工的个人背景资料、工作经验以及技能等方面的信息。然后，当某位管理人员需要找人来填补某个空缺职位时，他就可以输入描述这个职位的任职资格条件的关键词（比如所需的受教育情况以及技能等）。接着，计算机化的技能数据库就会列出一个合格候选人的名单。在这种计算机化的技能数据库中，通常会包括工作经验代码、产品知识、员工对公司产品线或服务的熟悉程度、员工的行业经验以及所受正规教育情况等。

信息隐私保护问题 企业应当确保所有员工信息的安全性。[10]在这种技能数据

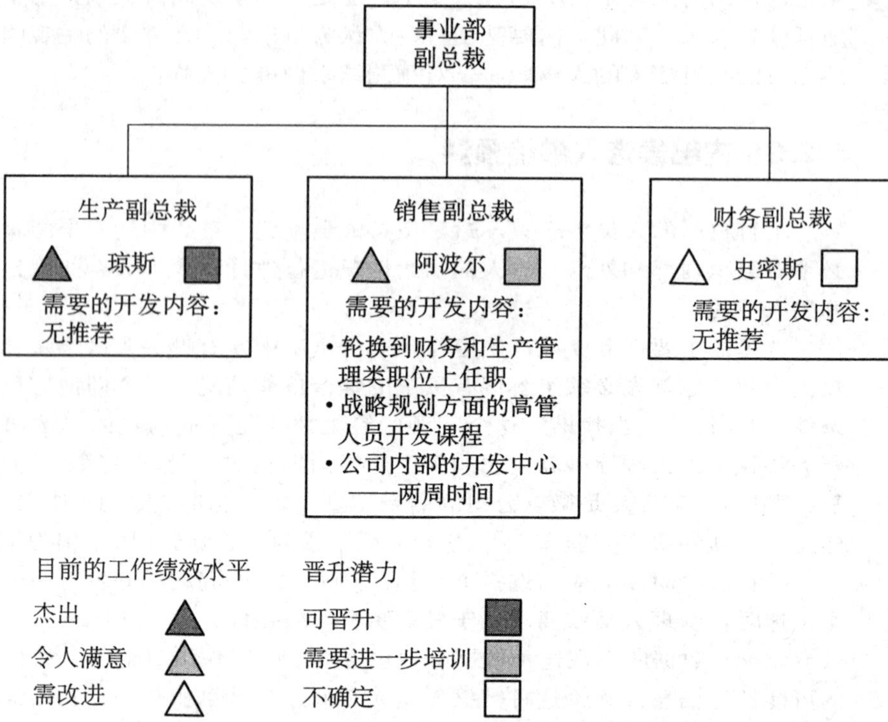

图 5—4 管理层替代卡表明了事业部副总裁的未来潜在接班人的开发需求

库中的大部分信息都是员工的个人信息（例如社会保障号码以及疾病情况）。在允许哪些人接触本人的信息方面，法律赋予了员工一定的法定权利。相关的法律主要包括：1974 年《美国联邦政府隐私法》（适用于美国联邦政府的工作人员）；1985 年《纽约个人隐私法》；《健康保险可转移性与责任法》（规范医疗记录使用的法规），以及《美国残疾人法》。企业应当把手工制作的员工资料记录加锁保管。

互联网使更多人可以相对容易地接触到公司的电子文件。[11]解决这一问题的办法之一是在数据库管理系统中设置一个存取矩阵。这种矩阵界定了用户在接触每种数据库元素方面的各种不同使用权限（比如“只读”或“只写”等）。（比如，财务部门的员工对于员工的地址信息所具有的权限就是“只读”。）图 5—5 总结了一些可以用来保证员工信息安全的指导性原则。但现在有一个越来越突出的问题，即对等文件共享软件会跳出防火墙，从而有可能被外部人员获取。辉瑞公司就是因为这个原因，丢失了大约 1.7 万名在职员工以及历史员工的个人信息。[12]

5.2.3 外部候选人的供给预测

如果没有足够多的内部候选人能填补预期会出现的职位空缺（或者因为其他方面的原因，希望聘用组织外部的候选人），就可能转而去寻找外部候选人。[13]

如果你正在（比如，为下一个财务年度）制定人员规划，你可能希望估计一下从外部找到合适候选人的难易程度。比如，2009 年下半年时，美国的失业率高达 9%以上，人力资源管理者要想在这种时候从组织外部找到合适的候选人，显然会更容易。

鉴于数据库的入侵者可能来自组织外部，也可能来自组织内部，因此人力资源部门可以通过遵守以下四条基本规则来屏蔽潜在的个人信息盗用者。

- 对任何一个即将接触个人信息的人进行背景调查。
- 当有权接触个人信息的人生病或外出时，不要聘用临时性员工来代替他们。相反，应当从其他部门调派一个可信的员工来暂时管理一下。
- 不定期进行背景调查，比如随机性的药物测试。一个人在5年之前通过了这一测试并不能表明他目前还处于当初的那种状况。
- 将接触类似于类固醇敏感性肾病综合征（SNNs）、健康信息以及其他敏感信息的人限定在为了完成工作而必须使用这些信息的人力资源管理者范围之内。

图5—5　保证信息的安全

资料来源：*HR Magazine* by Caternicchia. Copyright 2005 by Society for Human Resource Management (SHRM). Reproduced with permission of Society for Human Resource Management (SHRM) in the format Textbook via Copyright Clearance Center.

失业率等信息，无论是通过在线的网页，还是通过一些印刷品，其实都是很容易找到的。例如，要想得到一些在线的经济形势预测信息，可以浏览美国国会预算办公室的网站（www. cbo. gov/showdoc. cfm? index=1824&sequence=0）或者美国劳工统计局的网站（www. bls. gov/news. release/ecopro. toc. htm）。要想通过一些印刷品来找这方面的信息，可以去看《商业周刊》，这份杂志在其每期的“未来展望”栏目中，都会对过去一周的经济形势进行概括，并且在每年12月还会发表对来年经济状况的预测。

人员规划可能还需要对与某些具体职位，比如护士、计算机程序员、教师等相关的情况进行预测。例如，最近美国就出现了护士供不应求的状况。职位信息网（在本书第4章中曾经提到过）上包括对大多数职位的劳动力需求情况所做的预测。美国劳工部劳工统计局也会在其网页上公布年度职位需求预测信息，同时还会在《每月劳工评论》（*Monthly Labor Review*）和《职位展望季刊》（*Occupational Outlook Quarterly*）两份刊物上刊载此类信息。

5.3　对有效招募的需求

假设公司授权你去为某个职位寻找合适的候选人，那么，你下一步要做的就是通过招募来建立一个求职者人才库。**招募**（employee recruiting）就意味着要寻找和吸引愿意填补企业职位空缺的求职者。

5.3.1　为什么招募很重要?

无论怎样强调有效招募的重要性都不过分。如果有两个职位空缺，而恰好又只有两个人提出申请，可能就没有选择余地，只有雇用他们了。但是，如果出现了10位或20位候选人，就可以运用像面试以及各种测试之类的技术来对他们进行甄选，然后择优录用。

即使是存在高失业率，也未必意味着就能轻易找到特别合适的候选人。例如，在早年经济发展速度放缓时期（2003—2004年）所做的一项调查表明，大约半数的受访者说他们在找到合格的求职者方面遇到了“困难”，还有大约40%的人说他们“很难找到”优秀的候选人。[14]

5.3.2 哪些因素使有效招募成为一种挑战？

人们很容易认为招募是一件很容易的事情——只要在网上发布几则广告就万事大吉了。但是，事实却并非如此，有很多因素使招募变成一件很复杂的事情。

● 首先，我们将会看到，有些招募方法会优于另一些方法，这主要取决于所要招募的人需要填补的职位类型。

● 其次，能否成功完成招募工作，在很大程度上取决于招募之外的其他一些因素以及相关政策。比如，在其他条件相同的情况下，如果公司提供的薪酬水平比公司所在地区的其他大多数公司都高出10%，那么，这就会让你以更快的速度获得较大规模的求职者人才库。[15]

● 最后，现在应该已经知道，国家的很多与雇佣有关的法律对于在招募过程中能做哪些事情，同时不能做哪些事情都作出了明确的规定。例如，当公司的员工基本上都是白人或者其他某一类型的人——例如，西班牙裔——时，管理者就不能只依靠口头发布工作机会信息的方式来进行招募。[16]类似地，对性别有特殊要求的招募广告——比如，招募“男性餐馆工”或者“男性消防队员”——显然也是不被允许的。

5.3.3 如何组织招募工作？

应该将整个公司的招募工作集中完成，还是应当让每个工厂或部门单独进行自己的招募工作呢？大多数公司选择的都是集中招募，这主要是出于以下四个方面的原因：第一，这样做更容易在整个公司范围内实施公司的战略重点。例如，几年前，美国通用汽车公司为了强化其雇主形象，就对招募工作实行了集中管理，因为当时它感到，许多潜在的求职者都将通用汽车公司视为一家老套的公司（无论他们的这种看法正确与否）。现在，通用汽车公司中的一个集中化的“人才获取部门”负责完成该公司在北美的所有工厂的招募工作。[17]第二，集中招募可以减少机构设置的重复性（原来有多个招募办公室）。第三，集中招募更容易确保让那些了解公平就业机会法律的招募专家来完成招募工作。

但是，最后归结到一点，企业更倾向于集中招募的另一个最为重要的原因可能是互联网的广泛使用。由于现在如此之多的招募活动都是在网上展开的，所以集中招募对于企业来说变得更加方便。[18]德勤会计师事务所（Deloitte & Touche Tohmatsu）最近创建了一个全球招募网站，从而无须再去维护原来多达35个的地方招募网站。[19]零售商7—11公司也在其网站上发布全球范围内的职位空缺信息，并且允许有意向的求职者在线提出求职申请。

直接上级扮演的角色 负责为职位空缺招募求职者的人力资源管理人员对职位本身的情况往往并不是很了解。因此，需要有人告诉他们，这些职位实际上到底需要承担哪些方面的工作，以及在为这些职位寻找候选人时应当重点考察哪些关键的事项。而只有这些职位的直接上级才能做到这一点。

因此，这些空缺职位的直接上级需要知道，公司的招募人员将来可能会问他们哪些问题（在这里，你的职位分析方面的知识就能派上用场了）。例如，招募人员除了会问与该职位当前的工作职责及其任职资格说明书有关的问题，还可能想要了解关于职位的直接上级的领导风格以及与工作群体有关的一些问题——比如，这是一个比较强势因而不太好相处的群体吗？

5.3.4　招募产出金字塔

有些企业还会采用一种**招募产出金字塔**（recruiting yield pyramid）来做这样一种计算，即为了雇用到一定数量的新员工，它们必须在一开始的时候吸引来多少位求职者。在图5—6中，这家公司知道自己在下一年中需要招收50名新的初级会计员。根据过去的经验，这家公司还知道以下比例关系：

- 拿到录用通知书的人与拿到通知书后实际入职的人之间的比例为2∶1；
- 参加面试的人和在面试之后能够拿到录用通知书的人之间的比例为3∶2；
- 收到面试通知的人与实际参加面试的人之间的比例为4∶3；
- 最后，这家公司还知道，通过各种招募渠道与公司取得联系的每六位求职者中，通常只有一位能得到公司发出的面试通知——即两者之间的比例为6∶1。

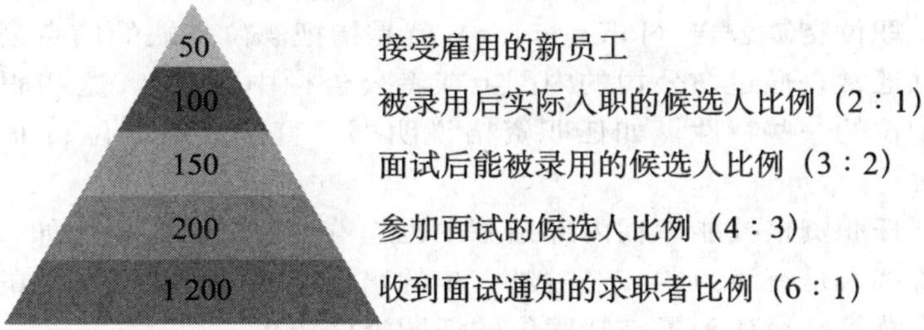

图5—6　招募产出金字塔

在这些比例一定的情况下，这家公司就知道了，自己要想找到200名潜在的候选人到办公室来接受面试，它就必须在一开始的时候能够获得1 200名求职者。然后，在收到面试通知的这200个人中，这家公司实际上也就能对其中的150人进行面试。在这些来参加面试的150人当中，公司会向其中的100人发出录用通知书。但是到最后，这100人当中，只有50人会成为公司的新员工。

5.4　内部候选人

一说到招募，人们总是会联想起Monster.com这家全球最大的招募网站、雇佣代理机构以及分类广告中的招募信息，但是，内部来源——也就是说，组织目前的在职员工或者“内部雇用”——却往往是填补职位空缺的候选人的最佳来源。

5.4.1　利用内部来源：优点和缺点

从内部寻找候选人来填补职位空缺有很多好处。首先，如果想要了解一位候选人的优点和缺点，那么，没有比与这个人共事一段时间更好的选择了。此外，组织当前的员工可能也会对公司更加忠诚。再者，如果员工将晋升视为组织对忠诚和能力的一种报酬，那么，用内部人填补职位空缺的做法可能会提升员工的士气。最后，与外部候选人相比，内部候选人对于上岗引导的需求更少，同时对培训的需求（可能）也会较少。

但是，从组织内部雇用人员也有可能会产生一些不利的方面。那些申请承担某一职位却未得到批准的员工有可能会产生不满，因此告诉这些员工为什么组织没有批准他们的申请，同时，告诉他们应当采取哪些补救行动就显得非常重要。此外，很多时候，进行内部招募实际上纯粹是浪费时间。很多企业要求管理人员在公司内部张贴职位空缺公告，并且对所有的内部候选人进行面试，而这些管理人员往往事先就已经很清楚自己想要让谁来承担某一职位。无论从哪个方面来说，让管理人员去面试一群注定不会被录用的内部候选人，无疑是在浪费时间。“近亲繁殖”是另一个潜在的问题。如果组织内的所有管理人员都是这样从内部一步一步提升上来的，那么，即使是在需要确定一个新的发展方向时，他们仍然可能会倾向于维持现状。

5.4.2 寻找内部候选人

在理想情况下，内部招募可以依靠职位空缺公告和公司的员工技能数据库来完成。**职位空缺公告**（job posting）就是指把职位空缺的信息公开告知组织内部的员工（通常是通过在公司的内网上或者公告栏中张贴）。这些职位空缺公告会列出空缺职位的一些特性，如任职资格说明书、直接上级职位、工作时间表以及薪酬水平等。

任职资格技能库在内部招募中也起着一定的作用。例如，这种数据库可以揭示出哪些人是有潜力的，经过进一步的培训能够胜任空缺职位的工作，或者哪些人的个人背景已经达到了空缺职位的任职资格要求。

5.4.3 再次雇用

应该再雇用过去的员工吗？这要视情况而定。从积极的方面来说，企业对过去的员工的情况（或多或少）是了解的，而且这些员工对于本企业的做事方式也是熟悉的。但是从不利的一面来看，对于企业曾经让他们离职的那些员工来说，再次回来时可能不会带着太积极的工作态度。如果为一位曾经离职的员工提供了一个更好的职位，那么，这种做法就等于向现在的员工传递这样一种信号，即要想得到晋升，最好的办法就是先离开公司。

无论是在上述哪一种情况下，都可以通过以下几种方式来减少那些负面反应发生的机会。[20]当重新回到公司的员工回来工作一段时间之后，可以为他们累计在离职前为本公司服务的那段工龄。此外，还可以（在重新雇用他们之前）询问他们在被公司解雇的这段时间做了什么，以及他们对重新回到公司工作的感受如何。正如某位管理人员所说：“你总不希望重新回到公司的人觉得他们过去曾经受到了不公正对待吧。”[21]

5.4.4 继任计划

当一个组织需要填补一些空缺的高层职位时，内部雇用的重要性尤为突出。而要想从组织内部找到合适的人来填补这些高层职位，就需要制定**继任计划**（succession planning）——即一种通过系统性地确认、评价以及开发组织领导力来提升组织绩效的持续性过程。[22] 大约 36%的企业制定了正式的继任计划。[23] 在制定继任计划的过程中一共包括三个步骤：明确关键需求，开发和评估候选人，以及选择那些能够填补关键职位的候选人。

确定关键需求　首先，公司的高层管理人员和人力资源总监应当根据公司规划，确定公司在未来对一些关键职位的需求，然后为这些职位编写职位描述和任职资格说明书。（因此，向海外扩张的计划可能就意味着需要为国外分支机构扩充人员。[24]）

开发内部候选人　在确认未来的关键职位之后，管理层的工作重心就转向为这些职位造就候选人。这里的"造就"是指为未来的关键职位确定潜在的内部（或外部）候选人，然后为他们提供成为合格的候选人所需要的培训经历。很多公司都通过内部培训、跨职能工作经历、职位轮换、外部培训以及全球性或区域性工作任务安排等方式来开发具有高潜质的员工。[25]

评估和选择　最后，继任计划还要求对这些候选人进行评估，然后从中选出合适的人来实际填补这些关键职位。[26]

5.4.5　通过人力资源管理信息系统来提高生产率：继任计划系统

越来越多的大公司都在依靠计算机软件来帮助自己制定继任计划。例如，拉里·克恩（Larry Kern）成为都乐（Dole）食品有限公司的总裁时，都乐公司是一家高度分权的企业。而克恩所采取的战略则是，通过减少冗员以及将一些特定的活动——其中就包括继任计划——进行集中化处理来改善财务绩效。[27]

网络技术为都乐公司的这些举措提供了便利。它与应用系统供应商（ASP）签订了合同，让该公司来帮助自己处理薪酬支付管理等事情。而在继任计划方面，都乐公司则选用皮拉特公司（Pilat NAI）开发的软件，这家公司将都乐公司的所有数据都存储在它自己的服务器上，然后按月向都乐公司收费。

都乐公司的管理者很容易就能使用皮拉特公司的继任计划系统。他们在网上输入密码，就能进入该系统。他们可以在网上为自己填写简历，其中包括职业兴趣等，然后还可以注明他们的一些特殊考虑因素，比如地域限制等。管理者还要根据四种胜任素质来对自己进行评估。当管理者完成了自己的信息输入之后，这一程序会自动通知他们的上级主管人员。这些上级主管人员会对他们的下属作出评估，并指明他们是否能够得到晋升。接下来，这些评估结果以及网上的简历就会自动送达各部门的负责人及人力资源总监。都乐公司中负责北美区事务的高级人力资源副总裁会利用这些信息，为每位管理人员制定一份职业发展规划，其中包括参加各种研讨会和其他一些开发项目。[28]

5.5　外部候选人来源

企业并不是总能从其现有的员工中得到所有需要的人，而且有时，企业也不想从内部员工中招募。因此，接下来就看一看企业可以通过哪些渠道去寻找外部候选人。

5.5.1 通过互联网进行招募

现在，大多数人都会到互联网上去求职。对于大多数公司和大多数职位来说，在网上进行招募都是目前最为理想的一种招募渠道。[29] 例如，在芝士蛋糕坊吸引来的管理职位求职者中，大约 1/3 都是通过互联网得到消息的。大多数公司都通过自己的公司网站或者使用网上求职板来进行招募。图 5—7 列出了一些最知名的网上招募求职板。

图 5—7 一些最知名的网上招募求职板

资料来源：www. quintcareers. com/top _ 10 _ sites. html，accessed April 28，2009. Used with permission of QuintCareers. com.

其他网上招募选择　除了在招募求职板上张贴广告，还有其他一些在线招募办法。一些新建的网站利用了社会网络系统。用户通过提供自己的姓名、地点以及他们希望从事的工作类型，就可以在诸如 Monster Networking 和 LinkedIn. com 等网站上进行注册。这些网站可以帮助用户发展人际关系，有利于其建立一个人际关系网络以及得到其他组织现有员工的推荐。[30]德勤会计师事务所就要求员工录制一段短片来描述他们在德勤工作的经历，然后，该事务所（从提交的 400 多段短片中）选出了最好的 14 段短片发布到了 YouTube 网站上。[31]芒斯特公司（Monster）则有一款视频产品，可以帮助企业将流媒体视频整合到其职位公告中。[32]MySpace 和 Facebook 网站则使客户公司在网站上建立自己的公司网络系统变得更加容易——有些公司会利用这一系统来进行招募活动。[33]麦当劳则将其员工的推荐书张贴在诸如 Second Life 等社交网站上，以此作为吸引求职者的一种方式。[34]其他一些管理人员则只是简单地登录在线数据库，通过输入一些关键字来进行检索。例如，一位人力资源经理发现，在 Hot Jobs 网站上进行关键词搜索帮助他找到了 52 份简历。他说："通过在线搜索简历的方式找到的合格求职者，比张贴广告的方式找到的人还要多。"[35]

以"职位"一词结尾的域名　以职位一词结尾的新域名的出现，使求职者可以通过轻轻一点鼠标，就能够到那些已经在 www. goto. jobs 网站上注册的公司去找工作。例如，那些想到迪士尼乐园谋职的求职者可以直接输入网址 www. Disneyland. jobs，这样他们就可以登录迪士尼公司的迪士尼乐园招募网页了。

虚拟招聘会　虚拟的（全网络式）招聘会则是另外一种不错的选择。例如，《公共关系周刊》（*PR Week*）杂志就为十多家公关公司组织了一场这样的招聘会。在一次虚拟招聘会上，在线的访问者仿佛身临那种真正的招聘会。他们可以通过在线的方式来听企业的宣讲报告、参观各个招聘摊位、留下简历和名片、参与实时的聊天，并且还可以得到这些公司的招聘人员、人力资源经理甚至是招聘经理的联系方式等信息。[36]

优点　通过互联网进行招募是一种成本有效性比较高的公布职位空缺的方式：与其他招募方式相比，这种招募方式能够以较低的成本让更多的求职者作出更为快速的反馈，同时还能够使招募所产生的影响保持更长的时间。玛莎·维特利（Marsha Wheatly）是位于美国华盛顿特区的美国农作物保护协会（American Crop Protection Association）的人力资源总监，她现在不再通过花 400 多美元在《华盛顿邮报》（*Washington Post*）上刊登广告来招募专业人员，而是在 Washington-Post. com 网站上发布招募广告，所需成本只有 200 美元。"过去在报纸上我们只能刊登一则很小的招募广告，告诉大家说：'美国农作物保护协会需要招聘一名会计'，而现在则有了整整一页的网页来描述这个职位，提供关于我们协会的信息，并且添加了我们协会网站的链接。"[37]据她估计，通过网上招募所能够吸引的求职者人数平均相当于其他方式的 9 倍多。

缺点　互联网招募存在两个潜在的大问题，这就是歧视问题和信息超载问题。

首先，年龄较大的人很少使用互联网，所以在线招募的方式可能会无意中将一些年龄较大的求职者（以及一些特定的少数族裔求职者）不成比例地排除在外。为了证明这些招募方式符合公平就业机会法律的相关规定，公司应当记录每位求职者的种族、性别和族裔。根据美国公平就业机会法律的规定，要想成为"求职者"，必须满足以下三个方面的条件：此人必须表达出对从事工作的兴趣；企业必须已经

人力资源管理应用程序

公布和登录职位空缺公告

iPhone 手机专用的 CareerBuilder. com 应用程序——“职位”[38]

专门为 iPhone 手机设计的 CareerBuilder. com 软件为用户提供了一个到美国最大的求职网站——Career-Builder. com 上，搜寻近 200 万份职位信息的独特途径。用户可以通过关键词进行搜索，浏览相关职位的职位描述和薪酬信息，把一些职位保存在一个收藏夹的列表中，并且还可以把这些职位空缺链接信息发送给保存在用户个人手机联系人名单中的任何人。

这款软件还利用了 iPhone 手机的地理定位功能。用户可以要求只搜索那些在他们所在的地区提供的职位空缺。

最后，这款软件还整合了谷歌地图，可以将每个职位空缺所在的城市展现在地图上。如果想了解更多关于 CareerBuilder. com 的信息，请浏览它的网站。更重要的是，这款程序竟然是免费的。

资料来源：http：//www. careerbuilder. com/MarketingWeb/iPhone/CBJobsApplication. aspx? cbRecursionCnt = 1&cbsid = 7fd458dafd4a444fb192d9a-24ceed771-291142537-wx-6&ns _ siteid=ns _ us _ g _ careerbuilder _ iphone，accessed March 23，2009.

采取了一系列填补某一特定职位空缺的步骤；此人必须按照企业的标准求职程序进行操作。[39]

互联网招募面临的第二个挑战就是网络超载问题：企业最后可能会收到过多求职简历。解决这一问题的方法有很多。首先，采取现实主义的态度会对解决这一问题有帮助。芝士蛋糕坊就列出了某一职位需要承担的详细的工作职责，这样那些不怎么感兴趣的求职者就不会提交申请了。另一种方法就是让求职者首先在线接受一份简短的预筛选性质的问卷调查，然后利用调查的结果来决定哪些人可以进入下一步雇佣程序。[40]此外，大部分公司还会使用求职者跟踪系统，这也是接下来将要讨论的内容。

求职者跟踪系统的应用　由于在互联网上刊登的招募广告通常会吸引非常多的求职者，因此大多数公司都会通过安装求职者跟踪系统来支持自己的线上和线下的招募工作。**求职者跟踪系统**（application tracking system）（主要来自塔里奥公司（Taleo Corporation）——即原来的 Recruitsoft 公司，以及 iTrack 公司）是一种帮助企业招募者收集、筛选、汇总以及管理求职者信息的在线软件系统。[41]此外，这种系统还能提供其他一些服务，其中包括企业招募请示的管理（用来监控企业中的职位空缺）、求职者信息收集（把求职者的信息扫描输入系统）以及报告（创建各种与招募活动相关的报告，比如雇用每位新员工的平均成本以及从各种渠道雇用员工的情况）等功能。[42]大部分求职者跟踪系统都是由一些应用服务提供商提供的。这些应用服务提供商是为招募员工的企业提供在线服务的一些公司，它们可以让用户企业的求职者或员工使用它们所提供的服务器，而在感觉上就如同使用用户企业自己的服务器一样。因此，那些登录招募企业的网站参加测试的求职者，实际上都是在应用服务提供商的网址上进行测试。[43]

以萨特医疗保健公司为例。例如，每年都会产生 1 000 多个职位空缺的萨特医疗保健公司（Sutter Health Corporation）就采用网上招募的方法来填补其职位。但是，这种招募方法也使招募过程变得更为复杂。[44]萨特医疗保健公司通过电子邮件系统和网站收到了太多的简历（每年超过 30 万份），这些简历最后堆积如山，等着萨特医疗保健公司各分支机构的人力资源部去处理。

萨特医疗保健公司的解决办法就是与位于旧金山的塔里奥公司签约。塔里奥公司是一家招募应用软件服务提供商，目前正在全权代管萨特医疗保健公司的招募网站。这家公司并不仅仅是帮助萨特医疗保健公司发布职位空缺公告和收集求职简历，它还能为萨特医疗保健公司提供一种自动化的手段，使该公司能够对来自信息技术领域及其他领域的求职者进行自动评价、排序，并形成与职位空缺之间的匹配。例如，塔里奥公司的系统能够对收到的求职简历进行自动筛选，将它们与萨特医疗保健公司的职位要求进行对比，并且标出需要重点考虑的求职者。这就帮助萨特医疗保健公司将其招募过程从数周缩短为几天。

提高网上招募的有效性　对企业的网上招募工作进行规划非常关键。一方面，一些人估计，在“求职者将自己的注意力转向其他地方之前”，企业通常只有短短的几分钟时间来吸引求职者关注自己。[45]因此，企业就应当让求职者能够很方便地使用它们的网站来进行求职。大部分标准普尔 500 中的公司都把招募信息设置在公司首页上点击一下便能看到的地方[46]；而对于几乎所有《财富》500 强公司，求职者都可以通过在线的方式提交自己的简历。但是，只有少数公司允许求职者以在线的形式完成全部求职申请过程，尽管大部分求职者都希望如此。[47]

一项对 256 名商学院毕业生所做的调查显示了，他们为什么会拒绝很多公司的网上招募。拒绝的理由包括以下几条：

● 缺乏关于职位空缺的相关信息（例如职位描述）。

● 经常很难把求职简历按照企业要求的格式进行编排和提交。

● 许多受访者担心信息的保密性。

● 图形效果差等因素使求职者使用网站很不方便。

● 公司的反馈很不及时（主要是跟踪反应以及接收在线申请的速度）让求职者感到烦心。[48]

此外，最好的在线招募广告并不是将在报纸上刊登的广告直接照搬到互联网上就行了。正如一位专家所指出的：“要想将招募者的思想从‘紧缩型的招聘广告思维定式’中拔出来是一件很难的事情。”图 5—8 举了一个简单地将在印刷品上刊登的招募广告直接放到互联网上的例子。这种无效的互联网招募广告用了很多不必要的省略写法，并没有说明求职者为什么应当希望得到这个职位。[49]

现在，我们再来看一看图 5—8 中的一个有效互联网招募广告的例子。这份广告采用了一个很能激发人的兴趣的说法：“让这个世界变得更加美好”。这句话为求职者提供了一个为该公司工作的很好的理由。它首先用一个引人注目的标题，然后利用其余的空间提供了更多的与职位有关的信息。类似的，芝士蛋糕坊也不是仅仅

简单地从杂志上照搬到互联网上的无效广告	有效的互联网招募广告（不必考虑空间位置）
水处理工程师薪酬：6.5 万～8.5 万美元/年。 急招一名在佛罗里达州工作的废水处理流程工程师。 要求至少有 4～7 年的工业废水处理经验。简历请发至：KimGD@WatersCleanX. com	你想帮助我们一起使这个世界变得更加美好吗？ 我们是全世界顶级的废水处理公司之一，从迈阿密到伦敦再到北京，都有我们的污水处理设施。我们正在快速成长，需要寻找一位经验丰富的水处理工程师加入我们的团队。如果您有至少 4～7 年为废水处理厂设计流程的工作经验，并且致力于让我们的世界变得更加美好，我们非常愿意收到您的来信。该职位的薪酬水平将根据工作经验而定，薪酬范围为每年 6.5 万～8.5 万美元之间。有意者请密送：KimGD@WatersCleanX. com。

图 5—8　无效的和有效的互联网招募广告

将印刷版的招募广告照搬到互联网上。对于它所招募的大部分职位都会附上职位描述。[50]在理想情况下，招募广告中还应当提供某种途径（比如列举该职位对人员所提出的要求的一份清单），让求职者自己来判断他们与职位之间的匹配程度。[51]

最后，在线招募还要求求职者也应当非常小心。许多职位公告板并不去核查这些在互联网上刊登招募广告的“招募者”的合法性。许多求职者都在线提供了个人的一些详细信息，比如社会保障号码，但是他们并没有意识到，自己正在登录的服务器实际上是应用软件服务提供商的，而不是他们正在申请去工作的那家公司的。[52]美国的法律通常并不禁止职位公告板与其他信息来源共享信息。有一个职位公告板就报告说，自己的 100 多万注册者的私人信息被盗了。[53]

这个充满挑战的时代已经使在线招募以及企业采用的其他招募方式发生了很大的变化。这里的“在充满挑战的时代管理人力资源”专栏对此进行了说明。

在充满挑战的时代管理人力资源

削减招募成本

富有挑战性的经济形势驱使雇主重新思考其招募方式，尤其强调成本的削减。对于那些使用传统职位公告的公司，专家建议这些雇主应当积极与招募网站合作，比如，签订短一点的合同时要求获得一年的打折。此外，雇主还可以寻找免费（或者近乎免费）的招募方式，例如，Craigslist 和 Jobbing.com 这样免费或者成本极低的招募来源。在富有挑战性的时代，也有越来越多的雇主将注意力集中于各州的“一站式职业服务中心”（one-stop career centers），不仅是为了获得非豁免性员工，也在其中寻找专业人员和行政人员。[54]

5.5.2 广告招募

尽管网上招募正在迅速替代招募广告，但只要看一看任何一份报纸或商业类、专业类的杂志，你就会发现，印刷品上的招募广告依然非常流行。为了成功地利用这种招募广告，企业必须明确两个问题：一是刊登广告的媒体；二是广告的制作。

媒体 哪种媒体是最佳的招募广告刊登选择——当地报纸、《华尔街日报》，还是互联网——取决于企业需要招募人员从事的是什么样的工作。例如，如果企业所要招募的是当地的蓝领工人、事务性工作人员以及低层次的行政管理人员，那么，当地的报纸通常是最佳的招募广告载体。而另一方面，如果企业所要招募的是具有特殊技能的员工，比如家具整修工，则即使工厂设在田纳西州，也可能会想到卡罗来纳州或佐治亚州做广告。这里的关键在于，哪一种媒体能够将广告传达到想要招募的目标人群。

为招募那些专业化的员工，可以在《美国心理学家》（*American Psychologist*）、《销售管理》（*Sales Management*）、《化学工程》（*Chemical Engineering*）、《女性服饰日报》（*Women's Wear Daily*）等行业性和专业性的杂志上做广告。在《华尔街日报》和《国际先驱论坛报》（*International Herald Tribune*）等报纸上刊登招募广告则是招募中层或高层管理人员的一种有效手段。现在，大部分这类报纸杂志都会在客户购买的印刷版招募广告之外，同时为它们提供在线的招募广告。

技术的发展使得很多企业都能够更加富有创造性地使用各种媒体。[55]例如，一家游戏视频出版商电子艺术公司（Electronic Arts）就利用其产品来吸引求职者。电子艺术公司在它的视频游戏手册的背面刊登关于它的实习项目的信息。电子艺术公司正是利用了这些非传统的技术，建立了一个 20 多万名潜在求职者的数据库。此外，它还利用跟踪软件来识别那些具有特殊技能的潜在候选人，并且与公司数据库中的每位候选人保持便利的邮件沟通。

广告的制作（编写） 有经验的广告设计者会根据所谓的 AIDA 原则（即关注—兴趣—愿望—行动四个方面的要求）来制作广告。当然，首先必须吸引大家注意你的广告，否则读者可能会错过或忽略它。图 5—9 是从一份报纸的广告栏中选取的一则招募广告。为什么这则广告会引人注目呢？“下一位关键选手”这样的字眼肯定起到了效果。事实上，很多企业通常都会用这种方式来刊登一些关键职位的招募广告。

接下来，要做的就是要激起人们对职位的兴趣。可以用下面这样的说法去激发人们的兴趣，比如“您正在找机会去做能够产生更大影响的事情吗?”也可以用职位其他方面的一些特征，比如工作地点等，引发人们对职位的兴趣。

还可以通过突出“出差”或“挑战”等字眼来激发求职者的求职愿望。例如，如果公司附近有大学的研究生院的话，则会对工程师和专业类员工更有吸引力。

最后，要通过在招募广告中写上诸如“今天就打电话吧”之类的话，鼓动人们立即采取行动。（当然，招募广告还必须注意一定要符合公平就业机会法律的规定，避免使用诸如“只招男性”之类的字眼）。

从整体上说，招募广告中提供更多的信息总比信息少好。求职者认为，那些包含更多的具体信息的招募广告更具有吸引力，同时也更值得信赖。[56]但如果职位确

你是我们的下一位关键选手吗？

工厂总会计师　新泽西州北部

您正在找机会去做能够产生更大影响的事情吗？您能成为我们的战略经营伙伴和团队成员，还是仅仅成为传统上的那种“数豆子的人”？我们的客户是位于**新泽西州北部**的一家有两处厂址的成长型的制造企业，它们需要一位精力充沛、能自我激励，并且技术能力过硬的工厂总会计师。您必须具有组织能力以及非常熟悉一般会计、成本会计以及制造业会计。我们要找的不是一个代理商，而是一个亲自动手的人。如果您是一个有着积极肯干的态度，并且具有强化我们的会计职能的能力的人，快来看吧！

工作职责和任职资格条件：

- 每月进行结算，提交管理报告，核算产品成本，编制年度预算。
- 准确进行库存估值、年终盘存以及内部控制。
- 要求四年制会计学士学位，并有 5～8 年的制造行业工作经验。
- 必须能够熟练使用 Microsoft Excel，并且掌握一般的计算机技能和能力。
- 必须具备分析能力和技术能力，同时具有能够影响员工、情景或环境的领导力。

如果您具备成为我们的下一位关键选手的条件，请在您的求职信上回答这样一个问题：“除了数豆子之外，一位工厂的总会计师还需要扮演哪些角色？”只有在求职信中回答这个问题的求职者才会被予以考虑。请在求职信上说明您对薪酬的大致要求，并且通过电子邮件或者传真的方式将您的简历和求职信发送至：

Ross Giombetti
Giombetti Associates
2 Allen Street，P. O. Box 720
Hampden，MA 01036
邮件：Rossgiombetti@giombettiassoc. com
传真：(413) 566-2009

图 5—9　引起读者注意的招募广告

资料来源：Giombetti Associates，Hampden，MA. Reprinted with permission.

实有很大的缺陷，那么可以考虑使用符合现实的招募广告（可根据你愿意承担风险的倾向而定）。当纽约市政府儿童服务局（New York City Administration for Children's Services）遭遇难以留住员工的问题时，它开始选择采用这样的广告语：“现招募愿意进入危险小区中奇怪楼房，同时能够承受精神错乱者咆哮的人，男女不限。”尽管这种更真实的招募广告可能会减少前来求职的人数，但却有助于提高员工的保留率。[57]

招募广告和企业形象　企业还应该尝试通过其发布的职位公告、互联网网页以及其他手段来塑造自己正确的公司形象。如果有可能的话，应该让每位求职者都能收到公司的回复，而且最好是那种个性化的回复，而不是通用型的自动回复。[58]例如，巴诺书店（Barnes & Noble）想要寻找那些对图书充满热情而且有一些学术背景的员工。这家公司的员工在上班时都会穿带领子的 T 恤衫，而且有干净整洁的仪表，因而这家公司就会在其广告中投射公司的这样一种形象。[59]

5.5.3 就业服务机构

有三种主要类型的就业服务机构：一是由美国联邦政府、州政府或地方政府开办的公共就业服务机构；二是由非营利组织开办的就业服务机构；三是由私营机构开办的就业服务机构。

公共部门和非营利机构开办的就业服务机构 美国各州都有一个公共的州立就业服务机构。美国劳工部会一方面通过拨款的方式，另一方面通过其他一些方式——比如建立全国联网的计算机化的职位空缺数据库——向这些机构提供支持。全国职位空缺数据库使各州就业服务机构中的顾问能够向求职者提供关于可能的职位空缺的信息，这些信息不仅包括本地的职位空缺信息，而且包括其他州的职位空缺信息。

企业与这种公共就业服务机构打交道的体验有好有坏。一方面，法律要求那些申请失业保险金的人必须到就业服务机构去登记，并且能够参加面试；而他们中的有些人根本就不愿意重返工作岗位，所以企业到头来会发现，自己所接触的这些求职者根本就没有马上就业的意愿。一些企业认为，有些地方的公共就业服务机构根本就没有积极地帮助本地企业去雇用合适的人员——无论这种看法本身是否公平。

另一方面，这些公共就业服务机构实际上可以是非常有用的。例如，这些就业服务机构的咨询师不仅帮助企业填补空缺职位，而且会去考察企业的工作场所，审查企业中的那些职位所提出的要求，甚至帮助企业编制职位描述。大部分州都正在将其地方性的州政府就业服务机构转变为“一站式的”服务机构——提供集培训、就业和教育服务于一体的服务中心。[60]一位用户操着牙买加语这样谈到昆士纽约职业中心（Queens New York One Stop Career Center）：“我太喜爱这个地方了，我已经把它当成第二个家了。”[61]这种服务中心可以为企业提供的服务包括：人员招募服务、税收减免信息、培训计划以及对当地或全国劳动力市场信息的查询。[62]因此，更多的企业应当利用这些服务中心所提供的服务（在其他很多城市过去被称为“失业办公室”）。

大多数（非营利性质的）专业协会和技术协会，比如美国电气电子工程学会（Institute for Electrical and Electronic Engineers，IEEE），都有专门的机构帮助会员去找工作。许多特定的公共机构也会努力安置那些属于某些特殊类型的人，比如残疾人。

私营就业服务机构 如果需要招募的是事务性工作人员、白领员工以及管理人员，则私营就业服务机构是非常重要的招募来源之一。这种机构的服务是收费的（收费标准通常由各州法律规定，并且要张贴在这些机构的办公室之中）。它们为大部分职位进行招募时，都是要收取费用的，这些费用一般由企业来支付。

那么，为什么要求助于这种私营就业服务机构呢？这里的原因包括：

1. 企业没有自己的人力资源部门，又感到自己不能很好地完成招募和筛选工作。

2. 企业必须迅速地填补某一特定的职位空缺。

3. 企业感觉自己需要吸引较大数量的少数族裔劳动者或女性来求职。

4. 企业想招募已经在其他企业中就业的员工，而这些人可能会觉得直接与公司目前的竞争对手进行接触不太好，而与就业服务机构接触会让他们感觉更舒服一些。

5. 企业想要节省在招募方面花费的时间。[63]

不过，在使用就业服务机构提供的服务时，仍然需要注意避免一些潜在的问题。例如，如果没有选择好的就业服务机构，可能会使得那些不合格的候选人直接被推荐到负责雇用人员的直线主管人员那里，而这些主管人员很可能会盲目相信就业服务机构的筛选水平，从而雇用这些不合格的人。另一方面，如果就业服务机构所做的筛选不是很恰当，又会使一些本来合格的潜在求职业者被错误地过滤掉。

为了避免此类问题，企业应当注意：

1. 向就业服务机构提供准确、完整的职位描述。

2. 确保在就业服务机构的甄选过程中包括各种测试、求职表填写和面试等几个组成部分。

3. 根据公平就业机会法律所要求的那些数据，定期对本公司以及就业服务机构接受或拒绝的候选人的情况进行审查。

4. 对就业服务机构进行筛选。你可以同其他管理人员一起来审查，看一看相对于你们需要填补的那些职位类型来说，哪些就业服务机构是最为有效的。通过浏览互联网以及分类广告来找出哪些就业服务机构能够帮助你填补那些职位空缺。

5. 务必对就业服务机构推荐的员工进行补充性的推荐材料审查，至少是对最后准备雇用的候选人的推荐材料进行认真的审查。

5.5.4 临时雇佣服务机构与非常规性配员措施

很多企业越来越多地雇用非固定员工或临时性员工，将他们作为固定员工队伍的一种补充——企业通常会利用临时雇佣服务机构来招募这类员工。非固定员工也称为非全职员工或零库存员工（just-in-time workers），这类员工的人数已经很多，并且还在增长。

此外，非固定员工已经不再局限于事务性员工或维护人员。它包括数以千计的工程、科学或管理支持类职位，比如临时性的首席财务官、人力资源经理，甚至是首席执行官等。

企业可以直接雇用临时性员工，也可以通过临时雇佣服务机构来雇用这种员工。直接雇用就意味着企业首先雇用这类员工，然后将他们安排到相应的职位。在这方面，正如企业向其他员工支付薪酬一样，也直接向这些员工支付薪酬，只是企业会对这些人进行单独的分类，如非正式员工、季节性员工或临时性员工。此外，即使企业也会为这些员工提供福利，通常会比为正式员工提供的福利少一些。[64]另一种做法是让临时雇佣服务机构来为企业提供非固定员工。临时雇佣服务机构负责处理临时性员工的招募、甄选、薪酬支付等所有的工作。例如，耐克公司就雇用凯利服务公司（Kelly Services）来满足自己对于临时性员工的需求。

优点和缺点　长期以来，很多企业都会在固定员工生病或休假时，使用“临时人员”来替代他们。但是，当今社会对于更高生产率的渴求也同样导致临时性员工的使用越来越普遍。生产率是用需要支付报酬的每小时所实现的产出来衡量的，而企业通常只是在临时性员工工作的时候才向他们支付薪酬——换言之，他们不工作的时候，企业是不用支付薪酬的。另外，很多公司还通过使用临时性员工来对那些将来可能会被自己正式雇用的人进行试用和考察。[65]

但这些好处也并不是无须付出代价的。临时性员工的生产率可能更高，但是企业为了得到这些临时性员工所需要支付的（每小时或每周）成本却通常比同等水平的固定员工要高出 20％～50％，这是因为就业服务机构是要收取服务费的。此外，“人们对于自己所处的位置会有一个心理参照点。一旦将他们归入了非固定员工的类别之中，实际上就等于说他们是可以被牺牲掉的。”[66]

在与临时雇佣服务机构打交道的时候，一定要确保自己事先制定一些基本的政策和程序，其中主要包括：

● **派遣单**。从临时雇佣服务机构取得一份员工派遣单样本。确保它符合你们公司的要求。

● **工时清单**。在使用临时性员工时，工时清单不仅仅是对他们实际从事的工作时数的一种确认文件。一旦临时性员工的直接主管人员在清单上签字了，这份文件通常就会成为向临时雇佣服务机构支付服务费的一种协议。

● **临时性员工转为固定员工的政策**。首先要搞清楚，如果客户企业想要把临时雇佣服务机构派遣的临时性员工转变为企业的固定员工，这家机构对这种事情的政策是怎样的。

● **临时性员工的招募与福利**。搞清楚临时雇佣服务机构是如何招募临时性员工的，以及它们为所招募来的临时性员工提供哪些福利。

● **着装规范**。要明确说明在你的每一处办公场所或工厂中，对员工的穿着有什么规范性要求。

● **公平就业机会陈述**。要从临时雇佣服务机构取得一份书面文件，这份文件应申明该机构在满足客户企业的临时性员工需求时不会对他们实施歧视。

● **职位描述信息**。确保临时雇佣服务机构能够了解你需要填补的这些职位的特征，此外，还包括你希望找什么样的人——比如具备何种技能等——来填补这些职位。[67]

直接主管人员应当清楚的临时性员工关心的事项　为了确保企业与临时性员工之间的关系是对双方都有利的，临时性员工的直接上级管理人员应当理解这些员工主要关心的一些问题。一项调查表明，这些临时性员工主要存在以下六个方面的担心：

1. 担心企业以不人道、非人性化、总是令人气馁的方式对待他们。

2. 对就业感到不可靠，对未来感到悲观。

3. 为缺少保险和养老福利而担忧。

4. 对自己所从事的工作感到迷茫，特别关心临时性的工作安排是否有可能会变成全职工作。

5. “就业不充分”（特别是对那些试图回到从事全职工作的劳动力市场的人来说）。

6. 总的来说对企业的世界感到不满；这些被调查者一再表达了格格不入和幻想破灭的感觉。[68]

法律指南　几年前，美国联邦政府探员逮捕了在沃尔玛 60 家超市工作的大约 250 名非法“合同制”清洁工。这次逮捕行动提醒企业，一定要了解那些在你的公司中从事保安、餐饮服务工作或者下班后的清洁工作的合同制员工的身份。[69] 即使他们实际上是受雇于其他提供临时就业服务的公司，也不能成为你对此问题不予关注的理由。根据大部分就业方面的法律所做的解释，除极少数的例外情况，受雇于某一临时雇佣服务机构的员工在被派遣到另外一家企业去工作的情况下，法律会将这些员工同时视为临时雇佣服务机构的员工以及实际在使用这些人的企业的员工。[70]

总的来说，对这些临时性员工的归属性的界定，最终要取决于企业对于这些所谓的临时性员工到底有多大的控制权。管理人员对于这些临时性员工所能施加的控制越多，法庭就越有可能将这些临时性员工视为公司的正式员工。（这种情况给企业会造成很多影响，其中一种影响就是，它可能会使临时性员工有资格享受公司的员工福利。几年前，微软公司就曾因为错误地把一些员工划定为临时性员工而被迫支付了 9 700 万美元的和解赔偿金。）

因此，如果公司需使用合同制员工，而这些人实际上受雇于一家临时雇佣服务机构，并且从该机构领取薪酬，那么，这里的基本规则就是，要把这些临时性员工视为那些临时雇佣服务机构的员工。临时性员工的直接上级主管人员尤其要注意应当避免哪些方面的问题。例如，不要直接培训这些员工或者与他们进行谈判；让那些临时雇佣服务机构来做这些事情。图 5—10 总结了一些在处理与临时性员工之间关系的时候需要注意的其他一些方面的法律指南。

不要

培训你的非固定员工。让雇用他们的代理机构去安排培训事宜。

和你的非固定员工协商薪酬水平。应当让他们的代理机构确定他们的薪酬水平。

对非固定员工提供指导，以提升其工作绩效。打电话让他们的代理机构来做这件事。

与一位非固定员工洽谈其假期或者事假问题。让临时性员工去找他们的代理机构谈这些事情。

经常让临时性员工去履行你们公司的员工应当履行的职能。

在没有得到人力资源部门和法律部门批准的情况下，给临时性员工发放公司的名片、标识牌或员工徽章。

和非固定员工讨论性骚扰和歧视方面的问题。

直接和非固定员工讨论他们从事全职工作的机会以及他们与公司之间的匹配程度。相反，应当让临时性员工自己去看企业公开发布的职位公告。

直接终止非固定员工的工作。要与他们的代理机构取得联系，让代理机构去做这件事情。

认为你自己能随意解雇非固定员工，或者无视联邦政府制定的关于薪酬和工时方面的相关法律。非固定员工和其他所有员工一样，都拥有大量的法律权利。

图 5—10　管理人员在管理临时性员工时应注意避免的事情

资料来源：Adapted from Bohner and Selasco，“Beware the Legal Risks of Hiring Temps，” *Workforce*，October 2000，p. 53.

非常规性配员措施　临时性员工又称为**非常规性配员**（alternative staffing）——从本质上说，就是使用非传统型的人员招募渠道的一个例子。其他类型的非常规性配员安排包括：“企业内部的临时性员工”（由公司根据一些明确的短期合同直接雇用的员工）和“合同制技术型员工”（即高技能员工，如工程师等，他们来自于企业外部的某个技术服务型企业，按照一份长期项目合同为本公司工作）。

5.5.5 离岸经营和工作岗位外包

外包和离岸经营可能是两种最为极端的配备员工的例子。不同于把员工招收进来工作的做法，外包和离岸经营是要把工作岗位转移出去。外包意味着指让外部供应商来提供原本由公司自己的员工提供的那些服务（例如福利管理、市场调查或者生产制造等）。而离岸经营则是一个范围更窄的术语，它意味着让国外的供应商来提供原本由公司内部的员工提供的那些服务。

外包和离岸经营的做法目前都饱受争议。尤其是在当今这个经济充满挑战的时代，员工、工会、立法者，甚至企业所有者本身都觉得“把工作岗位都送到外面去”（尤其是送到海外去）是一种欠考虑的做法。尽管如此，很多公司现在仍然在把越来越多的工作岗位外包出去，而且被外包出去的不仅仅是蓝领类工作岗位。正如第 1 章中说明的，根据当前的预测，在过去几年中，大约有 300 万个白领工作岗位——从呼叫中心员工到放射线方面的专家——被转移到海外了。例如，美国通用电气公司的交通运输事业部日前宣布，它将把 17 个中级绘图员职位从美国的宾夕法尼亚州转移到印度。[71]

把工作外包出去尤其是外包到海外去的做法，给企业带来了很多特殊的挑战。一方面的挑战就是在一些像印度这样的国家中存在潜在的政治紧张性。其他挑战则包括存在文化误解的可能性（比如在本国客户和海外员工之间存在的这种误解）；对安全和信息隐私问题的担忧；需要与国外的合同、负债以及法律系统等打交道；在离岸经营职位上工作的员工还需要得到一些特殊的培训（例如，他们不会因为使用“Jim”这样的假名而感到不安）。此外，海外工资水平的不断上涨（例如，在印度呼叫中心工作的员工的工资已经由 1998 年的每小时 2 美元，上涨到了 2008 年的每小时 6 美元）、更高的石油价格以及国外员工的工作质量不佳等几个方面的问题，正在促使越来越多的美国企业开始收回当初被转移出去的一些工作岗位。[72]最根本的一点是，无论是工作岗位外包还是离岸经营，都不可能带来企业期望获得的所有好处，并且在采取这两种做法时，都需要认真考虑人力资源管理方面的问题。

5.5.6 高层管理人员代理招募机构

高层管理人员代理招募机构（也称猎头公司）是一种特殊的雇佣代理机构，它们受雇于客户企业，帮助这些企业寻找其需要的高层管理人才。在一家公司中，需要通过这种服务来填补的职位可能很少，但是，在这些职位中却包括企业最为关键的高层管理职位和技术职位。为了填补高层管理职位的空缺，猎头公司可能是企业获得候选人的唯一来源。在这种情况下，企业通常都要向猎头公司支付服务费。

高层管理人员代理招募机构分为两类：无预付费的和预付费的。加入高管人员寻访协会（Association of Executive Search Consultants）的猎头公司所针对的高管职位的年薪通常都在 15 万美元以上，它们所提供的都是预付费性质的高管人员搜寻服务。即无论这些客户企业最终是否雇用通过这些高管人员搜寻机构得到的候选人，它们都要为这种搜寻服务付费。而无预付定金要求的猎头公司所针对的通常是年薪 5 万～15 万美元之间的初级和中级管理职位。无论是无预付费的猎头公司，还是需要预付费的猎头公司，它们所收取的服务费一般都是被猎取的高管人员在受雇后第一年薪酬的 30%左右。[73]一些顶级的猎头公司（都是需要预付费的）包括海德思哲国际咨询公司（Heidrick and Struggles）、伊根·策恩德咨询公司（Egon Zehander International）、罗素·雷诺仕猎头公司（Russell Reynolds）以及斯宾塞·斯图亚特公司（Spencer Stuart）。[74]

高层管理人员代理招募机构正在运用越来越多的技术，并且越来越专门化。招募工作中具有挑战性的部分是如何找到潜在的候选人——比如，找到“一位有经验的化工产品领域的销售经理”。毫不奇怪的是，基于互联网的数据库现在已经大大加快了这种高管人员搜寻的步伐，同时高层管理人员代理招募机构也正变得越来越专业化。大型高管人员代理招募机构正在针对一些专业化的职能（例如销售领域）或行业（比如石油产品）创造一些新的业务。因此，在必要时，企业最好是去找一个专注于自己所在领域的此类机构。

优点和缺点 高层管理人员代理招募机构有很多优势。这些机构有很多人际接触，它们特别擅长找到那些目前已经受雇，从而在换工作方面并不积极的合格候选人。它们能够做好客户企业的名称保密工作，一直到人才寻访过程的最后阶段为止。这些高管人员代理招募机构还可以通过找到候选人，同时对人才库进行筛选，节约客户企业高层管理人员的时间。因此，与企业高层管理人员在这方面所节省的时间相比，这些招募机构所收取的费用到最后看来，实际上可能是微不足道的。

在使用这类高管人员代理招募机构的服务时，最大的一个问题是，一定要确保它们真正明白企业的需求，并且为企业推荐经过妥善审核的物有所值的候选人。企业必须完完整整地向这些机构解释自己到底需要哪种类型的候选人，以及需要这种人的理由是什么。一些高管人员代理招募机构有时也声称，它们的客户企业一开始说自己想要的那种人，常常却并不是它们真正想得到的。因此，要准备对企业提出的要求进行深入的剖析。有时，这些招募机构更感兴趣的可能是说服企业雇用某位候选人，而不是为企业找到一位真正能把那份工作做好的人。因此，企业也应该明白，在“最终候选人名单”上出现的某一两个人事实上只不过是充数者，这些招募机构只是想通过这些人来衬托出它们想推荐的那位“真正的”候选人更为优秀罢了。

指导原则 在挑选高管人员代理招募机构时需要遵循以下原则[75]：

1. 确信这家招募机构能够自始至终完成整个招募过程。根据该行业的伦理规范，一家猎头公司在为一家客户公司完成人才招募工作的两年之内，不得再次将为该客户招募的人才作为自己的猎取目标。因为这些招募机构在帮助它们的客户雇用到人才之后，在两年之内是不能再去猎取这些人才的，因此，这些招募机构就必须从日渐缩小的人才库中寻访人才。[76]

2. 与高管人员代理招募机构中实际负责公司项目的人进行会谈。

3. 一定要问清楚这类高管人员寻访机构如何收费，并签订书面协议。[77]

4. 确保这些招募机构和公司之间在需要招募何种类型的人这一问题上达成一致。

5. 绝不能仅仅依赖这些高管人员代理招募机构（或其他一些专业性的人才搜寻机构，比如就业服务机构）来帮助公司完成全部的候选人背景调查工作。当然，公司可以让这些机构去对候选人的背景进行调查，但是一定要从招募机构拿到这些背景调查的书面文件（如果可能的话）。并且，任何情况下，都要确保至少对最终的候选人自行进行背景调查。

企业应当自己完成高层管理人员招募工作吗？ 尽管大部分大公司通常都会毫不犹豫地选择高层管理人员代理招募机构，但是规模较小的企业却会对此感到犹豫，这一点是可以理解的，因为要招募一位市场经理的话，企业可能需要向招募机构支付 7 万美元左右的寻访费用。然而，很多时候，企业如果不去找这些招募机构的话，又很可能是一种目光短浅的做法。

寻找高层管理人员的工作与寻找一位招募主管或数据录入员是不一样的。一方面，公司希望寻找的那种人很可能并不会看到公司的招募广告。因此，如果仅仅依靠广告招募，最后很可能会收到一大摞求职简历，但是由于这样或那样的原因，这些求职者很可能都并不适合职位的要求。

如果真的决定要自己来完成高管人员的招募工作（甚至是当你们公司已经将这项工作委托给了一个招募机构的情况下），一定要雇用一名工业心理学家。他们可以用 4～5 个小时的时间，对公司最感兴趣的两三位候选者的解决问题的能力、人格特征、兴趣爱好以及能力等进行评价。

当企业从竞争对手那里招募求职者时，还有一些需要特别注意的地方。首先，一定要核实竞业禁止协议或者保密协议是否会限制这些人到你们公司来工作。即使没有签订书面的合同，法庭一般也会坚持这样一种观点，即目前受雇于一家公司的员工在工作期间有对其供职的企业保持忠诚的责任。如果公司卷入了这种违背忠诚的事件，那么同样有可能要承担共同责任。[78]

如果你是一家《财富》500 强公司的一位部门经理，你们部门目前有一个职位空缺需要填补，这时你也有可能会陷入一种两难境地。你们公司的人力资源部门除了在招募网站上发布一些招募广告，并没有做别的事情。那么你这时该怎么办呢？你还需要为你的职位空缺去做一些口头的“广告”。要确保公司内部的可能知道候选人在哪里的每一个人都知道存在这样一个职位空缺的信息。你还可以与你在其他公司工作的朋友或同事取得联系，看看他们是否能够推荐潜在的候选人。此外，你还可以推动公司去聘用一家高管人员代理招募机构来帮你们做这件事情。

5.5.7 即时招募服务机构

即时招募服务机构（on-demand recruiting services，ORDS）为某些特定的项目提供短期性和有针对性的招募服务，这种服务不需要企业以预付费的方式去聘请那些传统的招募服务机构。这种招募服务机构一般是按小时或者按项目计费的，而不是按照雇用到的人的年薪的百分比收费。例如，如果一家生物科技公司的人力资源经理想要招募几十位具有科学学位和制药业工作经验的人，她就会认为，一家即时招募服务机构是她的最佳选择。一家传统型的招募服务机构所收取的费用相当于企业通过它们雇用到的那位员工的年薪的 20%～30%，这对于一家小公司来说绝对是一笔不小的数目。而即时招募服务机构则是按时间而不是按人头收费的，它们会做好招募和初步的筛选工作，然后提交给客户企业一份比较短的合格候选人名单。[79]

5.5.8 大学校园招募

大学校园招募（college recruiting）就是指企业派出自己的代表到大学校园中，

对毕业班的求职者进行初步的筛选，然后建立一个求职者人才库。这是企业招募管理培训生、专业人员以及技术人员的一种重要渠道。例如，几年前的一项研究结果表明，在那些企业从外部招募人员来填补的需要具有大学学历才能承担的职位中，大约 38%都是由应届毕业生来填补的。[80]

校园招募存在的主要问题是，费用较高而且比较费时。企业必须在进行校园招募前提前制定好日程表，印制好介绍公司的手册，保管好面试记录，还要花很多时间在校园中。此外，有些到校园中从事招募工作的人员不仅成事不足，而且有时甚至会败事有余。有些招募人员事先不做好准备，在求职者面前显得兴趣索然，作出一副高高在上的姿态。许多招募人员也并未对求职的学生进行有效的筛选。因此，企业需要对招募人员进行以下几个方面的培训：如何对候选人进行面试；如何向候选人解释公司能提供给他们的条件，以及如何让候选人保持放松。此外，更为重要的一点是，招募人员还应当具有良好的外表和风度，最好是已经有成功地吸引来优秀的求职者的经历。[81]

校园招募的目标　校园招募人员有两个主要的目标。一是确定一位候选人是否值得进一步考虑。通常需要对一位求职者的以下个人特点进行评估：沟通能力、教育情况、工作经验以及人际关系能力。另一个目标是吸引优秀的求职者。真诚而随和的态度、对求职者的尊重以及尽快给求职者去信作出反馈，这些都有助于将企业推销给前来接受面试的求职者。

总之，企业必须认真挑选自己的招募人员和要去的学校。在选择去哪些学校开展校园招募活动时，应当考虑的因素包括学校的声誉以及企业过去从该学校雇用的员工的绩效状况等。

与大学中的职业发展中心保持密切关系会有助于企业达成上述目标。因为这样做会为企业的招募者提供关于劳动力市场的总体状况以及企业在线上和线下发布的招募广告的有效性等方面的信息反馈。[82]壳牌石油公司（Shell Oil）减少了去进行校园招募的学校的数量，而对学校进行筛选的因素则包括：学术项目的质量、注册学生人数以及学生群体的多元化程度。[83]

工作现场参观访问　很多企业通常都会邀请一些优秀的求职者到企业的办公场所或者工厂，进行现场的参观访问。

企业可以通过以下几种方式使这种参观访问更加富有成效。首先，邀请函的内容一定要热情、友好，同时又具有一定的商业风格，还应当给被邀请者提供参观访问的不同时间选择。其次，安排工作人员出面接待这些来访的求职者，最好是到机场或他们下榻的宾馆迎接他们，以尽地主之谊。再有，应当在这些参观访问的人下榻的宾馆房间为他们准备好一整套资料，其中包括这次参观访问的日程表以及其他一些与本企业相关的信息，比如企业年报以及关于员工福利的介绍等。

要事先计划好面试的时间，并且按计划好的日程行事。在面访中要注意避免受到干扰，使求职者能够不受影响地去关注每一位对他进行面试的人。还可以安排最近刚刚被公司雇用的大学毕业生来主持参观访问的求职者的午餐。企业还应当尽早发出录用通知书，最好是在求职者来参观访问的时候。如果不可能做到这种程度，则应当告诉这些求职者，他们大约何时会得知公司的最后决定。此外，对想要录用的求职者进行频繁的跟踪，以了解他们的“决策过程进展到哪一步了”，会有助于这些候选人最终选择本公司。

一项主要针对美国东北大学的 96 名毕业生的调查揭示了其他需要注意的事情。

例如，53%的人谈到，“在对工作场所进行现场参观访问期间，能够有机会和那些在与自己准备申请的职位类似的职位上工作的员工，或者是职位更高的员工进行接触”，确实能起到积极的作用；51%的人则提到了“令人印象深刻的酒店住宿和晚餐安排，以及在参观访问时良好的组织安排”。另外，还需要注意确保参观访问的专业性。“组织混乱，缺乏准备的面谈行为，或者信息不充分，对问题的回答毫无用处”使41%的人不愿意到企业就业。在调查中，40%的人都将“令人印象不怎么样的廉价旅馆、杂乱无章的安排，或者主办方不合时宜的行为举止等”视为消极的因素。[84]

实习 许多大学生都是通过大学的实习计划找到工作的。实习可以带来一种双赢局面。对于学生来说，这种计划可能意味着他们能够积累一些商业技能，了解将来可能就业的企业的情况，并且进一步了解自己在职业选择方面喜欢（和讨厌）哪些方面的东西。当然，企业也同样可以利用实习计划来达成一些有用的成果，同时还能对这些候选人能否成为潜在的全职员工进行评估。一项调查表明，企业为前来实习的70%以上的学生提供了全职的工作机会。[85]

5.5.9 员工推荐求职者与自荐求职者

员工推荐求职者的活动也是一种重要的招募方式。在这种情况下，企业将职位空缺以及请求员工推荐求职者的通告张贴在公司的网站、公告栏及墙上。在员工推荐的候选人被企业雇用的情况下，企业会对员工给予奖励或发放奖金。美国信贷公司（AmeriCredit）就实施了一个名为“你肯定有朋友，我们想见见他们”的员工推荐求职者计划。员工每向公司成功推荐一个人，就可以获得1 000美元奖金，这笔奖金会在一年之中分散支付。正如该公司的招募负责人所说：“高素质的人认识高素质的人。”[86]货柜商店（Container Store）则成功地运用了从员工推荐求职者的方法中变化而来的另一种方法，即培训自己的员工从公司的顾客中招募新员工。

优点和缺点 员工推荐求职者计划的最大优点在于，它通常会产生“更多的求职者、更多的受雇员工以及更高的产出率（被雇用人数和求职者人数之比）”。[87]一方面，由于公司现在的员工实际上是在用自己的名誉作为担保，所以他们通常都会向公司提供有关被推荐人的准确信息。另一方面，这些被推荐的新员工对于企业也会有一个更为真实的认识。内部员工推荐求职者的做法还能帮助企业促进员工队伍的多元化。[88]一项调查表明，尽管有70%的少数族裔劳动者会通过公司网站来寻找工作机会，但只有6%的人把“公司网站”列为最终帮助他们找到工作的五大最重要途径之一，而有25%的人把员工推荐列为其中之一。美国人力资源管理协会所做的一项调查显示，在586家接受调查的企业中，69%的企业认为，内部员工推荐求职者的做法比其他招募方式的成本有效性更高，还有80%的企业特别指出，这种招募方式比使用就业服务机构的成本有效性更高。平均而言，每通过内部员工推荐渠道雇用一名员工，企业的花费仅仅为支付给推荐人的400～900美元的奖金和其他报酬。[89]

但是，在利用内部员工推荐求职者的渠道时，也要注意避免一些问题。如果员工的士气低落，可能需要首先设法提高员工的士气，然后才能让他们为企业推荐求职者。此外，如果没有雇用员工推荐的人，应当向这些员工（即推荐人）解释清楚为什么没有选用他们推荐的候选人。此外，我们还应该看到，如果过分依赖内部员工推荐求职者，有可能会造成雇佣歧视。

自荐求职者　自荐求职者——即直接到企业求职的人——是一种重要的招募渠道，特别是对于小时工人的招募来说。从实用的角度来说，成本有效性最高的吸引当地优秀求职者的招募方式就是在公司门口张贴一张“招人”的公告。记住，对于上门求职的人要以礼相待，这不仅是为了维护企业在社区中的良好声誉，也是维护求职者的个人尊严的需要。许多企业都会对每位上门求职的人进行一次简短的面试，即使这种面试仅仅是为了向求职者传递这样一种信息：“将来一旦出现了某个适合他的职位空缺，我们就会通知你们。”特别是在当前这个充满挑战的时代，还有可能会收到很多来自专业人士和白领劳动者自荐的求职信。这些可以是很好的招募线索来源。而良好的商业惯例是，企业对所有的求职者来信都给予及时而礼貌的回复。

5.5.10　远程工作者

远程工作者是另外一种招募选择。例如，美国捷蓝航空公司（JetBlue Airways）就利用那些在家中工作的代理人来帮助自己处理客户的订票需求。捷蓝航空公司的这些员工（被称为“机组成员”）居住在盐湖城地区，人在家里却在从事外面的工作。他们利用捷蓝航空公司提供的电脑和技术，同时接受捷蓝航空公司的培训。[90]

5.5.11　军事人员

美国退伍军人也为企业提供了另外一个获得训练有素的候选人的很好的来源。一些军事机构还专门设置一些项目来帮助军人寻找工作。例如，美国军队青年成才伙伴委员会（U. S. Army's Partnership for Youth Success）会为参军的年轻人选择一个在退伍后可能去工作的公司伙伴接受面试，以此来帮助军人在离开军队后能够找到一份合适的工作。[91]

5.5.12　招募来源的使用情况及其有效性

图 5—11 总结了一项关于最佳招募来源的调查所得出的结果。网上职位公告板得到了最多的选票，其次是专业或行业职位公告板以及员工推荐求职者项目。[92]

这项研究还揭示出一些有助于企业提高招募工作的有效性的指导原则（请参见表 5—1）。例如，公司现有员工推荐的候选人后来从企业离职的可能性较小，而且更有可能工作表现更好。[93]这里的“循证人力资源管理”专栏将解释如何评估企业招募活动的有效性。

表 5—1　关于招募问题的研究结果及其对管理人员的应用启示

招募问题研究结果*	对管理人员的应用启示
招募来源会影响你所吸引来的求职者的特征。	应当采用诸如在职员工推荐等能够确保求职者在未来达成高绩效的招募来源。

续前表

招募问题研究结果*	对管理人员的应用启示
在招募资料中提供比较具体的信息会有助于对求职者产生更积极的影响。	为求职者提供一些对于他们非常重要的信息，比如薪酬、工作地点以及员工队伍的多元化程度等。
组织形象会影响求职者的第一反应。	确保向求职者传递的所有关于组织的信息都是积极的，从而在求职者心目中树立一个有吸引力的工作场所的形象。
能得到大量工作机会的人会对企业招募工作中的前期活动更为关注。	确保企业在初期阶段的招募工作（例如网站广告、公司宣传手册、大学校园招募等）对候选人是有吸引力的。
能够事先揭示出职位的优点和不足的现实性职位预览有助于降低后续的员工流动率。	为求职者提供关于职位和组织的真实的描述，而不仅仅只是其积极的方面。
如果企业自己提供的信息不够清晰，则求职者会自己去推断（可能是错误地推断）关于职位和公司的信息。	在招募材料中提供清晰的、具体的、完整的信息，以避免求职者对职位和组织作出错误的推断。
招募人员的热情程度会对求职者决定是否接受某一份工作产生较大的和积极的影响。	挑选那些具备与求职者进行接触的人际关系能力的招募人员。

*部分研究原则取自 Taylor & Collins (2000)。

资料来源：Adapted from Ann Marie Ryan and Nancy Tippins, "Attracting and Selecting: What Psychological Research Tells Us," *Human Resource Management* 43, no. 4 (Winter 2004), p. 311.

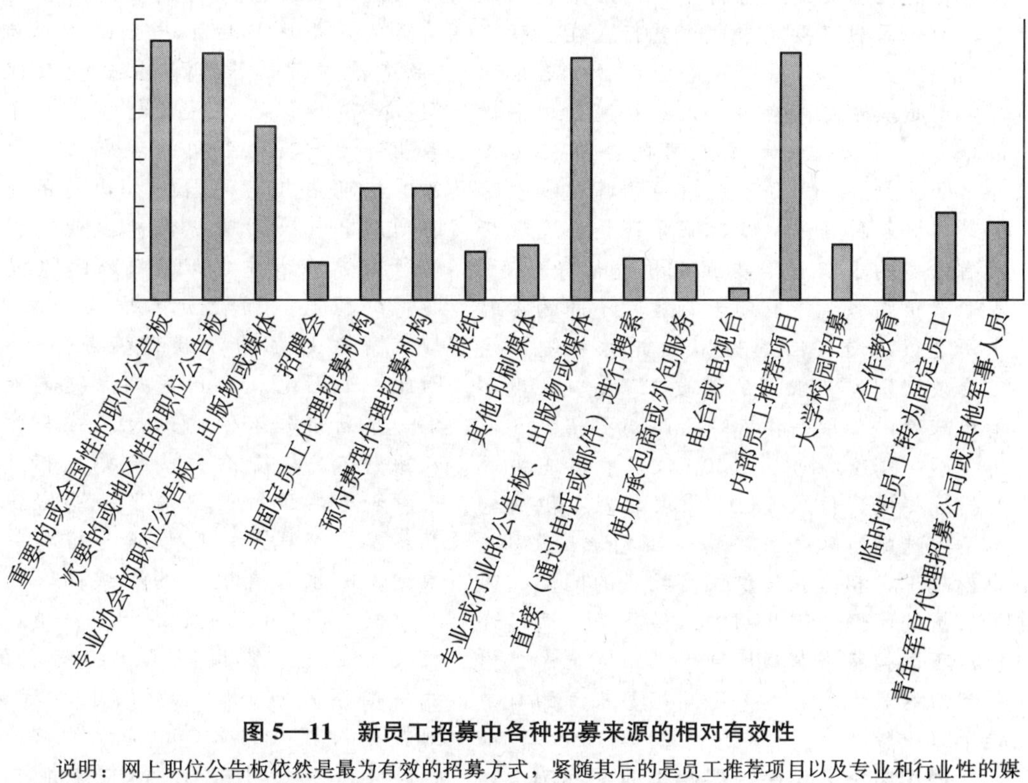

图5—11 新员工招募中各种招募来源的相对有效性

说明：网上职位公告板依然是最为有效的招募方式，紧随其后的是员工推荐项目以及专业和行业性的媒体及协会。（参加调查的企业数量共计 55 433 家。）

资料来源：© Staffing. org, Inc., 2007. All Rights Reserved. The 2007 Recruiting Metrics and Performance Benchmark Report, 2nd Ed., is sponsored by NAS Recruitment Communications. Used with permission of Staffing. org, Inc.

循证人力资源管理

招募工作的有效性评估

即使是小公司，每年可能也要花费数万美元用于新员工的招募工作，但是很少有公司去评估其招募活动的有效性如何。在网站上发布招募广告和在周末版的报纸上刊登招募广告这两种做法，哪一种方式的成本有效性水平更高呢？我们是应该选用这家就业服务机构，还是应该选那家？一项调查表明，在受访的279家公司中，只有大约44%的公司曾经对其招募工作做过正式评估。[94]而这样的疏忽显然是有违常识的。[95]

在应当评估什么内容方面，一个可以提出的问题就是："我们通过每个招募来源吸引了多少位求职者？"[96]但这里的问题在于，吸引来的求职者人数越多却并不代表效果就越好。企业需要的是合格的、可雇用的求职者，而不是说只要是求职者就行。在互联网上刊登一则招募广告可能会吸引数千名求职者，但是其中可能有很多人都在离公司很远的地方，所以根本就不太可能会到公司工作。即使是在使用了可以进行预筛选和跟踪的计算机软件程序的情况下，还是会发现仍然有太多的求职者需要回复和进行筛选。[97]求职者跟踪系统能有助于对各种不同的招募来源进行比较，但是30%的此类系统都缺乏有效识别雇佣来源的必要工具。[98]从现实情况来看，如果一位管理人员想要招募5名工程师，那么，与从1 000位求职者当中进行挑选相比，他从2 000位求职者中挑选到合适人选的可能性并不会达到前者的2倍。也就是说，招募并不仅仅是数量的问题，而是质量的问题。因此明智的做法是，通过评价从不同招募来源雇用到的员工在上岗工作一年后的表现，对各个不同招募来源的有效性加以比较。

通用电气公司医疗保健事业部案例

通用电气公司医疗保健事业部每年需要雇用大约500名技术工人，生产CT扫描仪等复杂的医疗设备。通用电气公司医疗保健事业部必须与像微软公司这样的公司争夺人才。然而，该公司却将自己的雇佣成本削减了17%，填补职位空缺的时间缩短了20%～30%，同时将新雇用的员工无法胜任工作的比例降低了一半。[99]

通用电气公司医疗保健事业部所取得的这些成果部分源于它在处理与代理招募机构之间的关系时运用了一些采购技术。例如，几年前，它召集了一次有20家代理招募机构参加的会议，告诉这些代理招募机构，它只会与其中10家最优秀的机构合作。为了评价哪些机构是"最优秀的"，通用电气公司医疗保健事业部受制造技术的启发，创建了一些衡量指标，比如"投简历的人当中最后进入面试的比例"以及"最终被雇用的求职者占接受面试者的比例"等。类似的，通用电气公司医疗保健事业部还发现，公司的现有员工是非常有效的求职者推荐人。例如，总的来说，在向通用电气公司医疗保健事业部提交简历的所有求职者中，只有1%的人能够得到面试的机会，而在员工推荐的求职者中，却有高达10%的人最终获得公司的雇用。因此，通用电气公司医疗保健事业部采取了一系列措施来使内部员工推荐的求职者人数翻倍。其中的一些措施包括：简化了推荐表格的设计；取消了一些官僚化的推荐表格提交程序；增加了为推荐一位合格候选人的推荐者提供的小奖品，比如西尔斯百货（Sears）的礼品卡。另外，通用电气公司还进一步提高了对推荐者的奖励：如果推荐者向公司推荐的求职者被雇用，则推荐人可得到2 000美元的奖金；如果推荐并得到公司雇用的人是软件工程师的话，则推荐人可得到3 000美元的奖金。

5.5.13　通过人力资源管理信息系统提高生产率：一种综合性的招募方法

在理想情况下，一家企业的计算机化招募系统应当包括以下几个方面的因素：

● 招募请示管理系统：用来方便招募申请的提出、提交、批准以及职位空缺公告的张贴。

● 招募解决方案：其中包括职位的广告宣传、招募营销、求职者跟踪、在线招募供应商管理，其目的在于提高和改善求职者人才库的质量。

● 筛选服务：比如对求职者进行的技能和行为评价服务。

● 雇佣管理软件：用于获取和管理候选人信息。[100]

一些企业是根据上述每一种因素分别设计出了单独的工具或系统，不过，有一些自动测试系统供应商（ATS）已经把这些因素整合为一种综合性的员工招募系统。

5.6　招募一支更加多元化的员工队伍

正如在第 2 章中讨论的，招募一支多元化的员工队伍不仅仅是一种社会责任。考虑到全球化的发展趋势以及少数族裔、老年以及女性候选人数量在快速增长，招募多元化的员工队伍也是一种必然的选择。我们到目前为止讨论过的所有招募工具对于招募少数族裔员工及其他类型的员工肯定也是同样有用的。不过，总的来说，如果要招募一支更加多元化的员工队伍，还需要采取一系列特殊的措施，接下来讨论这方面的问题。[101]

5.6.1　单身父亲或母亲

在当前美国单身父亲或母亲中，大约有 2/3 的人是处在劳动力队伍之中的。做单身家长是一件很不容易的事情，要想招募和留住他们，首先就要理解他们在平衡工作与家庭生活方面所遇到的各种问题。[102]一项调查指出：

> 他们中的很多人这样描述自己：往往要忙到午夜时才筋疲力尽地倒在床上，几乎没有一点留给自己的时间……他们经常需要请事假或其他假去照看生病的孩子。正如一位单身母亲所说："我没有足够多的病假去生病啊。"[103]

考虑到这些方面的问题，吸引（和留住）单身家长的第一步就是要使工作场所尽可能对他们非常友善。[104]许多企业有家庭帮助计划，但是对于单身家长来说，这些计划所能够提供的帮助的范围可能还不够大。例如，弹性工作时间计划为员工安排自己一天的工作时间提供了一定程度的灵活性（例如在每天开始上班时或下班前有 1 小时的机动时间）。但问题是，对于很多单身家长来说，这种有限的弹性安排可能并不足以使他们妥善应对"琐碎的儿童护理"以及可能会面临的工作与家庭之间的冲突。[105]

因此，对单身家长来说，弹性工作时间和儿童照顾福利是两种吸引力最大的安排。此外，企业还应当对其各级主管人员进行培训。一些研究表明，直接上级的支持性态度能够使单身家长更容易实现在工作和家庭之间的平衡。

5.6.2 老年员工

在雇佣老年员工的问题上，企业恐怕没有太多选择。[106]在未来几年中，美国劳动力队伍中增长速度最快的部分将会是 45～64 岁之间的年纪较大的人，而 25～34 岁之间的青壮年人数将会减少近 300 万人，这反映了 20 世纪 60 年代末 70 年代初的低出生率情况。从积极的一面来看，一项由美国退休者协会（AARP）和美国人力资源管理协会共同进行的调查得出了这样的结论：与年轻员工相比，老年员工的缺勤率更低，可靠性更高，工作习惯也更好。[107]像家得宝公司这样的企业就通过雇用年老的员工来利用他们的这些优点，因为这些人“恰恰可以凭借自己的知识和观点，对那些在‘婴儿潮’时期出生的消费者形成巨大的吸引力”。[108]

因此，企业的明智之举就是鼓励年老的员工继续留在企业里工作（或者是让他们重新返回公司上班）。而要想做到这一点，需要做几个方面的事情。最重要的一件事情可能就是为他们提供弹性的（或者压缩了的）工作时间表。一项调查发现，71%的在“婴儿潮”时期出生的人主要考虑的一个因素就是弹性，而那些愿意继续工作的人也都愿意选择全日制工作。[109]在箭牌糖果有限公司（Wrigley），65 岁以上的员工可以逐渐缩短他们的工作时间安排；而另一家公司则用“小轮班”制度来迎合那些不想从事全职工作的年老者的需要。其他方面的一些建议包括：

- 培训管理人员注意避免工作场所中的年龄偏见。
- 允许员工采取逐渐退出劳动力队伍的渐进性退休方式。
- 为那些喜欢在冬天时待在暖和地方的“雪鸟”提供可以带走做的工作。
- 为退休人员提供一些非全日制的项目。
- 为从事非全日制工作的老年员工提供全部福利。[110]

正如在招募中一直都要注意的，必须注意在候选人面前展现正确的企业形象。例如，一项研究考察了各种不同的措施在吸引退休人员逐渐退休（即在正式退休后继续工作一段时间）方面的效果。研究人员发现，在招募广告措辞中传达“我们对老年员工很友善”这样的信息是非常重要的。而最有效的招募广告则会突出工作时间安排的弹性以及对公司提供公平就业机会的强调。这种广告要远比强调退休者能有机会把他们的知识转化到新的工作环境之中显得有效得多。[111]这里的“管理新型员工队伍”专栏将会讨论另外一个方面的重要问题。

管理新型员工队伍

老年员工的监督与管理

招募和雇佣老年员工是一回事，管理这些老年员工则是另外一回事。当他们比自己的直接上级主管人员都要大 20～30 岁时，对他们的监督与管理就会成为一个重要的挑战。

格雷格·莱威（Gregg Levin）的经历就是这方面的一个例子。31 岁的莱威是位于马萨诸塞州萨德伯里市的完美曲线公司（Perfect Curve）的首席执行官，该公司的主要业务是生产棒球帽架及其相关产品。他父亲——也是他的一位员工——不用计算机，而是"拿出标准的横格黄纸本，花1小时的时间去做我用计算机只需4分半钟就能完成的工作，"格雷格说。在这种情况下，维护权威就成为一个具有挑战性的问题。格雷格·莱威将穿着作为维护自己权威的手段之一，他说："我总是穿正装，打领带。如果我要在我们公司出现的话，我就必须表现出一种成熟的形象。"

玛丽·罗德丝（Mary Rodas）也处于一种类似的情形。她在24岁时就参与创建Kardz.com公司（后来又更名为YourFreePresentation）并担任副总裁一职。该公司专营与各种贺卡相配的一些廉价小礼品。当时，她的5位下属都比她年长很多。"那时候，人们看到我的第一反应就是：'这个小孩是谁啊？'或者他们还会说：'我可以跟你的老板谈谈吗？'这时，我就指着我自己说：'这个人就是老板。'"她说，她通过艰苦的工作和逐渐了解自己的员工来赢得尊重。"我非常了解自己所做的业务，并且随着时间的推移，人们逐渐认识到，我是将他们当作平等的个人来与他们谈话的。我在这个行业已经干了11年了（她在11岁的时候就发明了一种气球玩具，这种玩具为纽约的一家玩具公司带来了7 000万美元的销售额）。我知道自己在做什么。"[112]

5.6.3　招募少数族裔员工

前面讨论的那些适用于招募老年员工的对策，也同样适用于对少数族裔员工和女性员工的招募。如果说在这方面有什么基本原则的话，那就应当是：严肃认真地对待招募更多的少数族裔员工的目标，全力以赴去努力实现这个目标。在实践中，这需要在三个方面付出努力：理解招募的障碍；制定必要的招募计划；设计具体的日常工作计划。[113]

理解　首先要理解有哪些方面的障碍使少数族裔求职者一开始就不来求职。例如，由于许多少数族裔求职者达不到职位对受教育程度或者工作经验的要求，因此，许多企业会为这类求职者提供基本的数学和写作方面的培训，以此作为一项补救措施。而对于很多求职者来说，在某一企业中缺乏成功的先例也是一个问题。例如，在人寿保险和其他金融服务公司中，能够作为榜样的女性员工的缺乏可能会使很多女性不敢接受销售代理这样的职位。在一家零售连锁企业中，正是由于缺乏成功的榜样（再加上一位经理所说的"偏男性的文化"）阻碍了女性求职者前来求职。还有些时候（正如我们看到的）则是由于工作时间安排缺少灵活性阻碍了一部分求职者前来求职，尤其是对那些需要照顾孩子以及孩子正在上学的员工。

制定计划　在认识到潜在的障碍之后，接下来就可以制定吸引和留住少数族裔员工和女性员工的计划了。比如，这种计划可能包括提供灵活的工作时间选择、重新设计职位以及提供弹性的福利计划等。

实施计划　最后，要把这些人员规划转化为招募方案。例如，要明确企业的广告应当如何措辞，将利用哪些招募来源等。很多西班牙裔（以及其他）求职者会把向朋友或亲戚打听消息作为一种找工作的策略，因此，鼓励公司的西班牙裔员工来帮助企业完成招募工作会很有用。还有一些公司则与黑人工商管理硕士协会（black MBA Association）、西班牙裔全国工商管理硕士协会（National Society of Hispanic MBAs）以及美国华裔组织（Organization of Chinese Americans）等专业组织开展合作。此外，一些专门性的职位搜索网站是另外一种可用的途径。[114]

5.6.4 从享受福利到重返工作岗位

有些企业报告说，它们难以雇用和吸收过去在享受福利的人。这些求职者有时缺乏基本的工作技能（比如及时汇报工作、在团队中开展工作以及“心平气和地接受工作指令”）。[115]一项诱使劳动者从享受福利到重返工作岗位的计划是否能够取得成功，关键在于企业的预培训计划。在这种计划中，参与者会在几周的时间内接受咨询服务以及一些基本技能方面的训练。[116]例如，万豪国际公司（Marriott International）在实施其“自立之路”（Pathways to Independence）计划时，就雇用了 600 名过去领取福利的人。该计划的核心是为期 6 个月的就业前培训，而培训的内容则聚焦于一些基本的工作和生活技能，其宗旨是重塑这些人的自尊，同时向他们灌输积极的工作态度。[117]

5.6.5 残疾人

根据美国公平就业机会委员会的估计，近 70%的残疾人没有工作，但事实上情况并非必须如此。[118]它的研究发现的以下事实是非常具有说服力的：几乎从所有工作的标准要求来看，残疾人都是能够胜任的。在美国和其他很多地方，已经有数以千计的企业意识到，残疾人是一个非常不错但却在很大程度上尚未得到开发的员工来源之一，他们不仅可能是胜任和高效的，而且可以从事很多类型的工作，从信息技术类职位到创意性广告类职位，再到接待类岗位，都不成问题。

企业可以通过采取一些措施来开发这一巨大的潜在劳动力队伍。美国劳工部下属的残疾人就业政策署（U. S Department of Labor's Office of Disability Employment Policy）提供了一些此类的项目，其中的一个项目是在那些患有残疾的大学生寻找暑假实习机会时，帮助他们联系上潜在的雇主。[119]美国所有州都有一些地方机构（比如田纳西州的“企业联络处”）来为那些想招募残疾人的企业，提供人员安置服务、招募服务、各种培训工具以及信息等。此外，企业还应当具备一些常识。例如，企业如果仅仅把职位空缺情况公布在网上，则很可能会错过那些患有眼部疾病的求职者。[120]

5.7 求职申请表的设计和使用

5.7.1 设计求职申请表的目的

一旦吸引来了一批求职者，企业就可以开始进行预筛选程序了，而**求职申请表**（application form）通常是这个过程的第一步（有些企业则要求首先对求职者做一个简单的筛选之前的面试或者是做一个在线测试。）

一张内容填写完整的求职申请表可以为企业提供四个方面的信息。第一，可以对很多实质性的事情作出判断，比如，这位求职者是否具备承担该职位所要求的教育水平和工作经验。第二，可以对求职者过去的工作进步和成长情况加以总结，这一点在雇用管理类职位的候选人时尤为重要。第三，可以根据求职者过去的工作记录，大致判断出其工作稳定性如何（近年来企业裁员较多，因而在作出这方面的判断时需要小心。）第四，可以运用求职申请表中的一些信息来预测哪些候选人在工作中可能会干得比较好，而哪些人则可能会干得不够好。

在实际工作中，大多数组织都需要准备好几种不同的求职申请表。例如，如果所要雇用的是技术人员和管理人员，在表格中可能要求求职者详细回答有关其教育情况以及接受培训方面的情况；如果所要雇用的是工厂中按小时计酬的工人，那么求职申请表的设计重点可能会是考察求职者在使用工具和设备方面的情况。图 5—12 介绍了一种企业用来收集求职申请表信息的方法——美国联邦调查局（FBI）的求职申请表。在实践中，大多数企业鼓励通过在线方式提交求职申请。

美国联邦调查局

荣誉实习项目初选申请表

（请用黑色墨水打印或印刷体填写）

日期________

仅限外勤人员用
右拇指印
部门：　　项目：

I. 个人历史

全名（名，姓）	请列举所上大学、专业及取得的学位以及平均学分绩（如果有的话）
出生（年/月/日） 出生地点	社会保障号码（可选）

当前住址：

________________　　住所电话号码________________

街　　公寓号码　　区号　　号码

________________　　工作电话号码________________

城市　　州　　邮政编码　　区号　　号码

你有驾驶执照吗？□ 有 □ 没有　　你是美国公民吗？□ 是 □ 不是

你在美国军队服役过吗？□ 有 □ 没有	如果是，请说明部队番号和日期（月/年）：	退伍类型________

你是怎么知道联邦调查局的这个实习项目的或者为什么会对此感兴趣？

你懂外语吗？□ 是 □ 否　请在本表背面说明对每种外语的熟练程度。

你是否曾经因任何违法行为（包括交通违章，但不包括停车不当收到罚款单）被拘捕过？□ 是 □ 否 如果是的，请在本表背面列出所有此类问题，即使最终你被判无罪，没有被正式起诉，没有上法庭，或者以支付罚金或没收抵押品的方式解决了问题。请详细说明具体的日期、地点、指控、处置、细节以及警察局的名称等。

图 5—12　美国联邦调查局雇佣申请表

资料来源：www.fbijobs.gov/employment/ fd646c.pdf，accessed April 28，2009.

Ⅱ. 工作历史			
请说明你从中学毕业后，最近 3 年的全职工作经历（不包括暑假工作、兼职工作和临时性工作）。			
从	到	工作内容描述	雇主的名称和地点

Ⅲ. 个人声明

需要作出适应性调节才能完成申请过程的残疾人需要告知联邦调查局他们需要何种调节手段。

你在最近 3 年中是否曾使用过大麻或者使用大麻的总次数是否超过 15 次？□ 是 □ 否

你是否曾使用过除大麻以外的其他违禁药品或违禁药品混合物达到 5 次以上或者是在最近 10 年中使用过这些药品？□ 是 □ 否

求职者所提供的所有关于药物使用历史的信息都将需要通过雇用之前的测谎测验的检验。

你是否知道联邦调查局所有的未来员工在被雇用前都会被要求提交尿样进行药物滥用检验？□ 是 □ 否

我知道，在本申请表中刻意隐瞒信息或制造虚假信息均构成违反《美国宪法》第 18 章第 1001 节的违法行为，如果在任职后被指证存在此类问题，则会被联邦调查局作为开除的根据。我同意这些条件，并在此保证本人在本申请表中所提供的所有信息都是尽可能真实、完整的。

____

求职者手写签字（不要签小名）

美国联邦调查局是一个讲究公平就业机会的雇主。

图 5—12（续）

5.7.2 求职申请表设计指南

管理者必须牢记几条很实用的原则。首先是在“工作历史”这部分内容中，应当要求求职者提供此前就职的每个组织的详细信息，包括当时的直接上级姓名及其电话号码。在进行背景调查时，这些信息是必不可少的。同时，求职者在求职申请表上签字的时候，也应当确保自己了解以下几点：虚假的信息可能导致自己将来被开除；自己已经授权用人企业对自己的信用记录、就业记录以及驾驶记录进行调查；公司可能要求自己去做一次体检；公司可能会要求自己去做药物筛选测试；雇用是没有明确时间期限的。

审查填写完的求职申请表　一定要确保求职者完整地填写求职申请表，并且在上面签署一份声明，以表明表中的信息均是属实的，这是因为法院通常都会支持公司解雇那些在求职时提供虚假信息的员工。[121]此外，如果一个人连求职申请表都填不完整，那说明这个人的工作习惯很差。还有一些求职者只是在求职申请表上敷衍了事地上写一句“请详见附件中的简历”，这种做法也是不能接受的。你需要拿到的是一份有签名的、完整的求职申请表。

5.7.3 求职申请表和公平就业机会法律

企业应当仔细审查自己使用的求职申请表，以确保它们符合政府关于公平就业机会的立法。在设计求职申请表时，必须注意以下几个方面的问题：

教育。要求求职者填写所上的各类学校的入学日期和毕业日期的做法可能是违法的，因为这种信息可能会反映出求职者的年龄。

被捕记录。如果企业因为一位求职者曾经有被拘捕记录就认为其不合格，法院通常会判定企业违反《民权法案》第七章的规定，因为这种考察项目对于少数族裔劳动者具有不利的影响，而且企业通常不能证实这种要求是一种经营必需。

紧急情况下的通知对象。法律通常允许企业要求求职者提供在遇到紧急情况时可以通知的人的姓名、住址及电话号码。但是，如果要求求职者告知此人与他们之间的关系则可能是违法的，因为这可能会表明求职者的婚姻状况或种族等情况。

所加入的组织。有些求职申请表还要求求职者填写他们所加入的俱乐部、各种组织或者协会的情况。在这种情况下，企业应当在表中注明，求职者不要填写可能暴露他们的种族、宗教、身体残疾、婚姻状况或血统的组织。

身体残疾状况。通常情况下，要求求职者填写身体残疾状况或过往病史的做法都是违法的，除非在求职申请表中特别注明，求职者只需填写“可能会影响到工作绩效”的身体情况。同样，询问求职者过去是否领取过工伤保险通常也是违法的。

婚姻状况。总的来说，求职申请表不应当询问求职者是否单身、已婚、离婚、分居、与人同居，或者求职者的配偶或子女的姓名、职业和年龄等。

住房情况。问求职者是自己有住房，还是租用或出租住房，也会有歧视之嫌，因为这类问题对少数族裔求职者会产生不利的影响，并且企业很难证明这种要求是一种经营必需。

两阶段流程　在选择在求职申请表上问哪些问题时，一些专家建议采用一个两阶段流程。在第一阶段主要确定求职者是否合格。在这一阶段，要把求职申请表上的所有问题限制在个人身份验证以及工作历史方面的情况，以及其他能够帮助企业决定求职者是否具有完成工作的技能等方面的问题。这个阶段包括面试和测试两项内容。

如果经过第一个阶段之后，企业得出的答案为：“是的，我认为这个人是合格的”，那么就可以向求职者发出一份有条件的雇佣通知书。但是，在这份通知中还要明确强调，如果求职者不符合接下来的第二阶段中所提出的那些条件，则他们仍然有可能会被拒绝。接下来，就可以询问一些可以接受的有条件的入职甄选问题，如图 5—13 所示，例如，“您上班的交通条件方便吗?”

视频简历　越来越多的求职者选择提交视频简历，这是一种既有好处又存在潜在威胁的方式。在一项调查中，大约一半的受访企业认为，视频简历能让企业对求职者有一种更好的感觉。但其潜在危险是，企业更有可能会受到被拒求职者的歧视指控。[122]

1. 您有可能会与该职位相冲突的其他职责吗？
2. 您搬到现在居住的地方有多长时间了？
3. 您有什么亲属在本公司工作吗？
4. 您认为自己有哪些身体上的局限会使你难以完成该职位的某些工作吗？
5. 您上班的交通条件方便吗？
6. 在过去的十年中，您患过什么较重的疾病（已治愈的或未治愈的）吗？
7. 您曾经被指控犯过什么罪行或者曾经有过暴力史吗？（这个问题对于避免因粗心大意错误雇用或留用他们非常重要。）
8. 您的教育背景如何？（这里所要求的信息主要是与该职位的工作职责相关的那些要求。）

图 5—13　一旦发出有条件的录用通知便可询问的问题举例

资料来源：Kenneth Sovereign，*Personnel Law*，4th edition，© 1999. Reprinted by permission of Pearson Education，Inc.，Upper Saddle River，NJ.

5.7.4　利用求职申请表预测工作绩效

企业可以利用求职申请表来预测哪些求职者在未来的工作中能够取得成功，而哪些人则不会取得成功，这种预测的方法与通过测试手段来对求职者进行甄选的做法是类似的。预测的基本过程就是通过统计研究来分析以下两种因素之间的关系：一是求职申请表中反映出来的求职者的一些个人信息（例如，与工作地点的距离）；二是能够表明在职位上取得成功的一些衡量指标。

在这里，很重要的一点是，在选择个人信息项目（例如“没有自己的汽车”或“不在家里住”）时，一定要记住两件事情。第一，公平就业机会方面的法律显然会限制企业可能想使用的那些信息（例如，不要使用年龄、种族或性别等项目）；第二，最好避免提问那些具有攻击性的问题。在一项研究中，很多主题专家都将像“实现的销售额”和“在数学方面的平均学分绩”这样的项目视为合法的，而不是攻击性的。而其他的项目，比如“出生次序”以及“中学的入学和毕业日期”等，则会被认为具有较强的攻击性，是难以被接受的。[123]

5.7.5　强制性仲裁

许多企业由于认识到因雇用员工的问题而被卷入诉讼的代价高昂，通常都会要求求职者以书面方式同意，一旦双方之间发生争议，则应当接受强制仲裁。但对企业的这种做法也同样是存在争议的。

对于这种“强制的替代性争议解决方法”条款是否具有法律上的强制力，不同的联邦法院持有不同的立场。目前的基本情况是，这种条款一般来说是具有强制力的，但要注意两个方面的告诫。

第一，这应当是一个公平的过程。[124]例如，协议应当是一份由双方共同签署并标明日期的单独协议；措辞应当简练；如果法律条文适用有误，可以复议并提起上诉[125]；企业必须承担仲裁的大部分费用；仲裁过程应当以合理的速度尽快完成；如果员工获胜，则其应当能获得相当于去法院起诉情况下能够得到的全部补偿。

第二，强制性仲裁条款有可能将一些求职者拒之门外。在一项调查中，研究者让 389 名工商管理硕士去阅读一些模拟的企业雇佣手册，结果表明，强制性仲裁条款对于公司作为一个工作场所的吸引力具有显著的消极影响。[126]

本章内容概要

1. 招募和甄选过程包括五个主要步骤：决定需要填补哪些职位；为这些职位空缺建立一个候选者人才库；让候选人填写求职申请表；运用各种甄选工具；在让职位的直接上级以及其他人对求职者进行面试的基础上，决定向哪些人发出录用通知书。

2. 招募和甄选是从人员规划和预测开始的。人员规划就是确定企业需要填补哪些职位以及如何填补这些职位的过程。这一过程通常始于对人员需求的预测，在进行这种预测时可能会用到趋势分析、比率分析、散点分析或者计算机软件包。而人员规划的另一个方面则是对内部人员供给的预测。在进行这种供给预测时，企业可以运用手工系统以及人员替换图，或者是计算机化的技能数据库。对外部候选人的供给进行预测是非常重要的，尤其是当进入经济扩张时期，失业率很低，找到优秀的候选人变得更加困难的时候。

3. 所有管理者都需要明白为什么有效的招募是非常重要的。如果没有足够数量的候选人，企业便无法对候选人进行有效的甄选或者雇用最优秀的候选人。一些企业还使用招募产出金字塔来估计，为了填补预定的职位空缺，必须能够需要吸引多少人前来求职。

4. 用内部候选人来填补职位空缺有很多优势。例如，企业可能会更了解他们的长处和短处，而且在一开始的时候需要对他们进行的入职培训更少。在寻找内部候选人时，通常使用的办法是职位公告。在填补公司预期出现的高层职位时，继任计划是一种很好的选择，这是一个通过系统性地确认、评估和发展组织领导力来提高绩效的持续过程。

5. 企业在招募候选人时可能会用到多种外部候选人来源。

- 当然，像 Monster. com 那样的基于互联网的职位公告板是一种重要的外部候选人来源。这种来源的优点是招募的速度较快且成本有效性较高。但这种招募方法的一个缺点就是，有太多的求职者来自距离企业很远的地方，但是企业可以通过求职者跟踪系统对在线求职者进行筛选。
- 其他招募来源包括招募广告和就业服务机构（其中包括公共的、非营利的以及私人的就业服务机构）。
- 企业越来越倾向于通过临时雇佣服务机构和其他替代性的配员方法来雇用“非传统型”的员工，例如为完成某些特定项目而雇用合同制员工。
- 高层管理人员代理招募机构是一种特殊的雇佣服务机构，对于寻求和帮助企业雇用高级专业技术人员以及高层管理人员来说，这种机构具有非常重要的价值。然而，企业需要确保这些代理招募机构确实进行了彻底的搜寻，并且仔细调查了候选人的背景。
- 其他外部招募来源包括大学校园招募、内部员工推荐求职者以及自荐求职者和军事人员。

6. 理解如何招募一支更加多元化的员工队伍是非常重要的。无论企业的招募目标是单身家长、老年员工还是少数族裔员工，基本的原则都是理解这些人的特殊需求，通过制定一系列的政策和实践来为他们塑造一个更为友好的工作环境。

7. 在招募过程中不可避免地需要设计和使用求职申请表，以收集一些必要的求职者的背景信息。求职申请表应当能够让公司对包括求职者的受教育情况等在内的大量实质性的问题作出判断，确认求职者的工作偏好以及他过去的直接主管人员是谁。当然，还有很重要的一点就是，一定要确保求职申请表符合公平就业机会法律的规定，例如一定要搞清楚是否能够询问求职者关于身体残疾之类的问题。

讨论题

1. 五种主要的职位候选人来源各自的优点和缺点分别是什么？

2. 求职申请表可以提供的四种主要类型的信息是什么？

3. 具体指出应当如何将公平就业机会方面的法律运用于企业的人员招募活动之中。

4. 企业在使用互联网网站来寻找职位候选人时，一定要注意哪五个方面的问题？

5. 在招募和留住一支更为多元化的员工队伍方面，企业应当做好哪五个方面的工作？

个人和小组活动

1. 从周日的招募广告栏中摘取几种不同的招募广告，并且到课堂上进行展示。请运用我们在本章中讨论的那些指导原则来对这些广告的有效性加以分析。

2. 以个人或小组为单位，对 5 种职业（比如会计、护士、工程师等）在未来 5 年中的劳动力市场情况作出预测。

3. 以个人或小组为单位，拜访你们的州政府在当地设立的就业服务机构。回到课堂上准备讨论以下几个方面的问题：通过这种服务机构主要能够找到哪些类型的职位？你认为该机构在多大程度上适合作为专业人员、技术人员或管理人员等求职者的来源？该机构要求求职者完成哪些类别的文案工作，才会对他们的求职申请表进行处理？这种机构还会提供其他哪些方面的服务？你对州政府的就业服务机构还有其他什么看法？

4. 以个人或小组为单位，在国际互联网或者当地的报纸上找出至少 5 则雇佣广告，要求这些广告能够表明这家公司是关心员工的家庭的，并且对女性劳动者、少数族裔劳动者、老年劳动者以及单身家长是有吸引力的。请讨论这些企业为了关心员工的家庭做了什么。

5. 以个人或小组为单位，对当地一家企业中的一位 25～35 岁之间但是却管理着 40 岁及以上年龄员工的管理人员进行访谈。请这位管理人员描述其在管理这些比较年长的员工时所遇到的 3～4 件最富有挑战性的事。

6. 本书末附录中的美国人力资源认证机构提供的“考试指南”部分，列出了想要通过人力资源资格认证考试的人需要了解的各个方面的人力资源管理知识（例如战略人力资源管理、员工队伍规划、人力资源开发等）。请以 4～5 人为一组，完成下列四项任务：(1) 浏览该附录中的内容；(2) 明确在本章所讲授的内容中有哪些与附录中列出的需要参加考试者掌握的知识是相关的；(3) 根据这些与考试相关的内容，编写你们认为适合作为这种人力资源认证资格考试考试题的 4 道多项选择题；(4) 如果时间允许的话，你们小组派出一个人将你们编写的考试题在课堂上展示给大家，这样各个小组的学生就能够回答其他小组编写的考试题了。

体验式练习

护士紧缺

2009 年 10 月，美国的失业率依然保持在令人沮丧的高水平，而企业很显然仍不愿意增加人员的雇用。但是，尽管很多人都遭遇了失业，但护士这个行业却并非如此。事实上，几乎每家医院都在极力增加护士的招募。许多医院甚至开始把目光投向了国外训练出来的那些护士，例如菲律宾护士。专家预测，护士在接下来的几年中将会出现极为短缺的状况。

目的：本练习的目的是为你提供设计一份招募计划的经验。

必须理解的内容：你应当非常熟悉本章中讲授的内容，并且了解一家医院——例如纽约的雷诺科斯山医院(请参见 http：//lenoxhill-hospital. org/careers _ default. aspx）——的护士招募计划。

如何进行练习/指导：组成若干由4～5位学生参加的小组来进行这项练习。各小组在练习的过程中应该各自独立，不应进行互相交流。每个小组都要完成以下任务：

1. 根据这家医院在网站上提供的信息，为该医院设计一份在《纽约时报》周日版上刊登的招募广告。你们会选择把广告放在这份报纸的哪一种版本上（比如从地理区域的角度来说），为什么要这样做?

2. 分析这家医院目前在网上发布的护士招募广告。你们会怎样对该广告进行改进?

3. 为这家医院制定一份完整的护士招募计划概要，其中包括你们小组将会用到的所有招募来源。

应用案例

寻找那些对工作充满热情的人

位于美国得克萨斯州奥斯汀市的三部曲公司（Trilogy Enterprises Inc.）是软件行业中一家成长很快的公司，它主要为一些全球性的企业巨头提供用于提高销售额和绩效的软件解决方案。这家公司很为自己特立独行的文化而感到自豪。它的许多经营方式都不合常规，但在这个充满快速变化和激烈竞争的环境中，这些经营方式似乎十分有效。

这家公司对于员工的着装没有要求，并且员工自定工作时间，但他们的工作时间通常都很长。员工都很喜欢待在一起（他们的平均年龄为26岁)，无论是在办公楼中配置完善的厨房里，还是在公司主办的各种活动中，或者是在去当地跳舞俱乐部娱乐，或者是去拉斯维加斯、夏威夷等度假胜地旅游的时候。并且，员工逐渐形成了一些内部的行话，他们把一起在这家公司度过的这段历史奉为传奇。员工的工作职责很重，每天上班的时间很早，他们在长期做学徒的过程形成了一种“现在马上动手去做”的工作态度。新入职员工要接受为期几周的强化培训，这种培训被称作“三部曲大学”，这个受训的过程被受训者描述为“更像是新兵训练营，而不像是企业大学”。在这种培训中，各种信息就好像是被用“消防水龙头”传递过来的一样，企业期望新员工在每件事情上都倾注自己的专业经验和活力。该公司的大学校园招募总监杰夫·丹尼尔（Jeff Daniel）承认，这种紧张的、非常规性的企业并不适合所有的人，“但它绝对是一个人们对自己所做的一切都充满热情且全力以赴的环境”。

该公司雇用了大约700名这样充满热情的员工。三部曲公司的管理人员知道，他们所追求的这种快速成长的状态取决于他们能否找到最优秀的员工，对他们进行快速的培训，然后尽快赋予他们广泛的职责以及工作的自主权。公司首席执行官乔·利曼德（Joe Liemandt）指出：“在一家软件公司，人就是一切。除非你坚定不移地坚持这一点，否则你是不可能再建立另一家伟大的软件公司的——这正是我们现在正在努力去做的事情。当然，每家公司的领导人都会说‘人就是一切’，但很多人并没有这样做。”

三部曲公司将找到正确的人（他们称之为“伟大的人”）作为整个公司的使命。公司的招募人员积极到劳动力市场上，寻找那些刚刚出炉的几乎最没有经验的人才，他们搜遍了大学的职业发布会和一些大学的计算机科学系，去寻找那些雄心勃勃且富有企业家潜质的优秀人才。公司高层管理人员会对候选人进行第一轮面试，从而让这些潜在的员工明白，公司会逼着他们去完成任务，但也会向他们提供优厚的报酬。当公司刚刚招募的新人飞到奥斯汀市来参加一个为期 3 天的标准化现场访问时，同样优秀的公司员工会陪着这些最优秀的新人。在这种时候，通常的一天都是从让人筋疲力尽的面试开始的，但最后却是以山地自行车、溜冰或者激光束游戏等活动结束的。而当那些热门的潜在候选人不能来公司参加这种访问活动时，公司的高层管理人员可能会专门飞过去会见他们。

在最近一年中，三部曲公司一共审查了 1.5 万份求职简历，进行了 4 000 次校园招募面试，让 850 名候选人乘飞机到公司来参加面试，并最终雇用了 262 名大学毕业生，这些人占其现有员工总数的 1/3 以上。公司每雇用一名员工的成本为 1.3 万美元。杰夫·丹尼尔认为自己所花的每一分钱都是值得的。

［问题］

1. 三部曲公司所采取的非常规性人才吸引办法中，很显然运用了哪些既有的招募技术？

2. 三部曲公司文化中的哪些特定因素最有可能会引起该公司想要寻求的那类员工的兴趣？

3. 三部曲公司对你而言是一家有吸引力的企业吗？为什么是或为什么不是？如果不是，那么，该公司需要怎么做才能让你愿意接受它所提供的一个职位？

4. 你会建议三部曲公司怎样改进其招募流程？

连续案例

卡特洗衣公司

吸引更好的求职者

如果你去问詹妮弗和她的父亲，他们在经营自己的企业的过程中遇到的主要问题是什么，他们的回答将会是直截了当的：雇用合适的员工。卡特公司原先是一家投币式的自助洗衣店，所以实际上并不需要有技术的员工。而现在，该公司已经开了 6 家分店，每家分店都要求有技术的管理人员、清洁工（洗衣工）和熨衣工。公司所雇用的员工的学历通常都不超过高中毕业（经常是更低），但是对这些人的竞争却很激烈。在一个典型的周末，通常都可以在本地的报纸上看到几十则招募有经验的洗衣工或熨衣工的广告。这些人的薪酬水平通常是每小时 15 美元，他们经常换工作。因而，詹妮弗和她父亲就面临着一个持续不断的任务：要从一群在他们看来总是随心所欲地从一个地方跑到另外一个地方，从一个工作场所跑到另外一个工作场所的人里面，招募并雇用本企业需要的合格员工。在他们的店里（正如他们的许多竞争对手一样），员工的流动率常常高达 400%。“别再跟我谈什么人员规划和趋势分析了，”詹妮弗说，“我们正在打一场经济战，只要能有足够的活着的求职者让我把战壕填满，我就心满意足了。”

面对上述问题，詹妮弗的父亲要求她回答下面两个问题。

［问题］

1. 首先，你会建议我们怎样降低洗衣店的员工流失率？

2. 提供一份详细的建议清单，告诉我们应当怎样增加可接受的求职者人才库，从而让我们不再是不得不雇用每一个自己撞上门的求职者。（你的后一个建议应当包括完整的文字在线广告词以及印刷版的招募广告，以及你建议我们采取的任何其他招募战略。）

将战略转化为人力资源管理政策和实践的案例

巴黎酒店

新的招募程序

巴黎酒店的竞争战略是："通过卓越的顾客服务将自己与同行区别开来，以吸引顾客延长入住时间，提高顾客再次入住比率，从而提高酒店的收入和利润水平。"酒店人力资源经理莉萨·克鲁兹现在必须制定和实施战略性人力资源管理政策和活动，通过帮助酒店获得战略所需的员工行为和胜任素质来支持酒店的这一竞争战略。

作为一位长期从事人力资源管理的专业人员，克鲁兹清楚地知道有效员工招募的重要性。如果巴黎酒店没有足够的求职申请者，就无法选择到底应当雇用哪些人；如果没有选择雇用谁的余地，那么，酒店很可能无法获得公司战略所需要的那种顾客导向型的员工行为。因此，当她发现巴黎酒店事实上并不关注未来员工的招募工作时，她感到非常失望。当巴黎酒店下属的每家酒店出现了需要填补的职位空缺时，这家酒店的管理人员就会随便拼凑出一份招募广告，在整个酒店集团中没有一个人清楚地知道它们的招募广告到底能招来多少位新员工，或者哪种招募方法是最有效的（或是否有用）。莉萨知道是时候采取措施来控制巴黎酒店的招募职能了。

当他们开始审查巴黎酒店目前的招募实践的细节时，莉萨·克鲁兹和公司的首席财务官愈发感到担忧。他们发现，酒店目前的招募职能基本上是完全失控的。前任人力资源总监过去就是简单地将招募职责下放到各个单独的酒店中，让那些并非人力资源专业人员的酒店经理来承担。一旦出现需要填补的职位空缺，这些酒店经理通常采取的是阻力最小的招募方式，例如在当地报纸上刊登招募广告。酒店总部并没有为各家酒店提供招募方面指导的意识，告诉这些酒店的经理本公司对什么类型的候选人更为偏好，管理者应当使用哪些媒体和其他招募来源，没有在线的招募方式，也完全没有对招募过程的有效性进行过衡量。酒店也忽略了在其他公司中得到有效利用的那些关于招募来源的衡量指标，例如为每个职位空缺争取到的合格求职者人数；由内部人填补的职位空缺所占的百分比；接受雇用的人和公司发出录用通知的人数之间的百分比；各个不同招募来源的接受率；来自各个不同招募来源的员工入职后的流动率，以及从每个招募来源获得的求职者参加甄选测试所得到的结果。

毫不夸张地说，巴黎酒店战略目标的实现有赖于它所吸引的求职者的质量以及把其中优秀的人雇用到公司来工作。"我们想要的员工是那种把我们的顾客放在第一位的员工，是那种会主动采取措施让顾客满意的员工，是那种会任劳任怨地为我们的顾客提供超出他们预期的服务的员工，"公司首席财务官这样说。莉萨和公司的这位首席财务官都知道，这个过程必须从更好地招募员工开始。首席财务官给莉萨开了绿灯，让她设计出一个新的招募流程。

［问题］

1. 根据巴黎酒店对自己偏好的员工所做的描述，你会建议其采用哪些招募来源？为什么你会提这样的建议？

2. 巴黎酒店的一则招募广告看上去应当是什么样子？

3. 你会建议巴黎酒店怎样衡量其招募活动的有效性？

注释

[1] "Help Wanted—and Found," *Fortune*, October 2, 2006, p. 40; www.cakecareers.com, accessed March 25, 2009.

[2] "More Companies Turn to Workforce Planning to Boost Productivity and Efficiency," The Conference Board, press release/news, August 7, 2006; Carolyn Hirschman, "Putting Forecasting in Focus," *HR Magazine*, March 2007, pp. 44–49.

[3] Jones Shannon, "Does HR Planning Improve Business Performance?" *Industrial Management*, January/ February 2003, p. 20. See also Michelle Harrison et al., "Effective Succession Planning" *Training & Development*, October 2006, pp. 22–23.

[4] Carolyn Hirschman, "Putting Forecasting in Focus," *HR Magazine*, March 2007, pp. 44–49.

[5] Shannon, "Does HR Planning Improve Business Performance?" p. 16.

[6] See, for example, Fay Hansen, "The Long View," *Workforce Management*, April 20, 2008, pp. 1, 14.

[7] Chaman Jain and Mark Covas, "Thinking About Tomorrow: Seven Tips for Making Forecasting More Effective," *The Wall Street Journal*, July 7, 2008, p. 10.

[8] For an example of a computerized, supply chain–based personnel planning system, see Dan Kara, "Automating the Service Chain," *Software Magazine* 20 (June 2000), pp. 3, 42.

[9] John Markoff, "Bill Gates's Brain Cells, Dressed Down for Action," *The New York Times*, March 25, 2001, pp. B1, B12.

[10] For a recent discussion see, for example, "Pitfalls Abound for Employers Lacking Electronic Information Retention Policies," *BNA Bulletin to Management*, January 1, 2008, pp. 1–2.

[11] Ibid. See also Bill Roberts, "Risky Business," *HR Magazine*, October 2006, pp. 69–72.

[12] "Traditional Security Insufficient to Halt File-Sharing Threat," *BNA Bulletin to Management*, January 20, 2008, p. 39.

[13] See, for example, Society for Human Resource Management, "HR's Insight into the Economy," *Workplace Visions* 4 (2008), p. 5.

[14] "Employers Still in Recruiting Bind Should Seek Government Help, Chamber Suggests," *BNA Bulletin to Management*, May 29, 2003, pp. 169–170. See also D. Mattioli, "Only the Employed Need Apply," *Wall Street Journal* (Eastern Edition) (June 30, 2009), p. D1.

[15] Tom Porter, "Effective Techniques to Attract, Hire, and Retain 'Top Notch' Employees for Your Company," *San Diego Business Journal* 21, no. 13 (March 27, 2000), p. b36.

[16] Jonathan Segal, "Land Executives, Not Lawsuits," *HR Magazine*, October 2006, pp. 123–130.

[17] Michelle Martinez, "Recruiting Here and There," *HR Magazine*, September 2002, p. 95.

[18] Ibid.

[19] Jessica Marquez, "A Global Recruiting Site Helps Far-Flung Managers at the Professional Services Company Acquire the Talent They Need—and Saves One Half-Million Dollars a Year," *Workforce Management*, March 13, 2006, p. 22.

[20] "Hiring Works the Second Time Around," *BNA Bulletin to Management*, January 30, 1997, p. 40.

[21] Ibid.

[22] Where *succession planning* aims to identify and develop employees to fill specific slots, talent management is a broader activity. *Talent management* involves identifying, recruiting, hiring, and developing high-potential employees. Soonhee Kim, "Linking Employee Assessments to Succession Planning," *Public Personnel Management* 32, no. 4 (Winter 2003), pp. 533–547. See also Michael Laff, "Talent Management: From Hire to Retire," *Training & Development*, November 2006, pp. 42–48.

[23] "Succession Management: Identifying and Developing Leaders," *BNA Bulletin to Management* 21, no. 12 (December 2003). BNA Inc., 1231 25th St. NW Washington, DC 20037.

[24] Quoted in Susan Wells, "Who's Next," *HR Magazine*, November 2003, p. 43. See also Christee Atwood, "Implementing Your Succession Plan," *Training & Development*, November 2007, pp. 54–57.

[25] See "Succession Management: Identifying and Developing Leaders," *BNA Bulletin to Management* 21, no. 12 (December 2003), p. 15.

[26] Soonhee Kim, "Linking Employee Assessments to Succession Planning," *Public Personnel Management*, Winter 2003.

[27] Bill Roberts, "Matching Talent with Tasks," *HR Magazine*, November 2002, pp. 91–96.

[28] Ibid., p. 34.

[29] See, for example, J. De Avila, "Beyond Job Boards: Targeting the Source," *Wall Street Journal* (Eastern Edition) (July 2, 2009), pp. D1, D5, and C. Fernandez-Araoz, et. al., "The Definitive Guide to Recruiting in Good Times and Bad" [Financial crisis spotlight], *Harvard Business Review* 87, no. 5 (May 2009), pp. 74–84.

[30] Jennifer Berkshire, "Social Network Recruiting," *HR Magazine*, April 2005, pp. 95–98. See also S. DeKay, "Are Business-Oriented Social Networking Web Sites Useful Resources for Locating Passive Jobseekers? Results of a Recent Study," *Business Communication Quarterly* 72, no. 1 (March 2009), pp. 101–105.

[31] Josee Rose, "Recruiters Take Hip Path to Fill Accounting Jobs," *The Wall Street Journal*, September 18, 2007, p. 38.

[32] Gina Ruiz, "Firms Tapping Web Videos to Lure Jobseekers," *Workforce Management*, October 8, 2007, p. 12.

[33] Ed Frauenheim, "Social Revolution," *Workforce*, October 20, 2007, p. 30.

[34] "Innovative HR Programs Cultivate Successful Employees," *Nation's Restaurant News* 41, no. 50 (December 17, 2007), p. 74.

[35] Sarah Gale, "Internet Recruiting: Better, Cheaper, Faster," *Workforce*, December 2001, p. 76. See also J. De Avila, "Beyond Job Boards: Targeting the Source," *Wall Street Journal* (Eastern Edition) (July 2, 2009), pp. D1, D5.

[36] Elizabeth Agnvall, "Job Fairs Go Virtual," *HR Magazine*, July 2007, p. 85.

[37] Reprinted from www.careerbuilder.com/MarketingWeb/iPhone/CBJobsApplication.aspx?cbRecursionCnt=1&cbsid=7fd458dafd4a444fb192d9a24ceed771-291142537-wx-6&ns_siteid=ns_us_g_careerbuilder_iphone, accessed March 23, 2009.

[38] Ibid., p. 75.

[39] "EEOC Issues Much Delayed Definition of 'Applicant,'" *HR Magazine*, April 2004, p. 29; Valerie Hoffman and Greg Davis, "OFCCP's Internet Applicant Definition Requires Overhaul of Recruitment and Hiring Policies," *Society for Human Resources Management Legal Report*, January/February 2006, p. 2.

[40] This carries legal risks, particularly if the device disproportionately screens out minority or female applicants. Lisa Harpe, "Designing an Effective Employment Prescreening Program," *Employment Relations Today* 32, no. 3 (Fall 2005), pp. 43–51.

[41] William Dickmeyer, "Applicant Tracking Reports Make Data Meaningful," *Workforce*, February 2001, pp. 65–67.

[42] Paul Gilster, "Channel the Resume Flood with Applicant

Tracking Systems," *Workforce*, January 2001, pp. 32–34; William Dickmeyer, "Applicant Tracking Reports Make Data Meaningful," *Workforce*, February 2001, pp. 65–67.
[43] Note that the U.S. Department of Labor's office of federal contract compliance programs recently announced it would review federal contractors' online application tracking systems to ensure they're providing equal opportunity to qualify prospective applicants with disabilities. "Feds Want a Look at Online Job Sites," *HR Magazine*, November 2008, p. 12.
[44] Maria Seminerio, "E-Recruiting Takes Next Step," *eWeek*, April 23, 2001, pp. 49–51.
[45] Dawn Onley, "Improving Your Online Application Process," *HR Magazine* 50, no. 10 (October 2005), p. 109.
[46] "Does Your Company's Website Click with Job Seekers?" *Workforce*, August 2000, p. 260.
[47] "Study Says Career Web Sites Could Snare More Job Seekers," *BNA Bulletin to Management*, February 1, 2001, p. 36.
[48] Daniel Feldman and Brian Klaas, "Internet Job Hunting: A Field Study of Applicant Experiences with Online Recruiting," *Human Resource Management* 41, no. 2 (Summer 2002), pp. 175–192.
[49] Sarah Gale, "Internet Recruiting: Better, Cheaper, Faster," p. 75.
[50] "Help Wanted—and Found," *Fortune*, October 2, 2006, p. 40.
[51] James Breaugh, "Employee Recruitment: Current Knowledge and Important Areas for Future Research," *Human Resource Management Review* 18 (2008), p. 114.
[52] "Job Seekers' Privacy Has Been Eroded with Online Job Searchers, Report Says," *BNA Bulletin to Management*, November 20, 2003, p. 369.
[53] James Breaugh, op. cit.
[54] See, for example, Rita Zeidner, "Strategies for Saving in a Down Economy," *HR Magazine*, February 2009, p. 31.
[55] Eric Krell, "Recruiting Outlook: Creative HR for 2003," *Workforce*, December 2002, pp. 40–44.
[56] James Breaugh, op. cit., p. 111.
[57] James Breaugh, op. cit., p. 113.
[58] Bill Roberts, "Manage Candidates Right from the Start," *HR Magazine*, October 2008, pp. 73–76.
[59] Sarah Gale, "The Bookstore Battle," *Workforce Manage-ment*, January 2004, pp. 51–56. See also David Allen et al., "Recruitment Communication Media: Impact on Prehire Outcomes," *Personnel Psychology* 57 (2004), pp. 143–171.
[60] Find your nearest one-stop center at www.servicelocator. org.
[61] Susan Saulney, "New Jobless Centers Offer More Than a Benefit Check," *The New York Times*, September 5, 2001, p. A1.
[62] Lynn Doherty and E. Norman Sims, "Quick, Easy Recruitment Help: From a State?" *Workforce*, May 1998, p. 36.
[63] Ibid.
[64] Robert Bohner Jr. and Elizabeth Salasko, "Beware the Legal Risks of Hiring Temps," *Workforce*, October 2002, pp. 50–57. See also Fay Hansen, "A Permanent Strategy for Temporary Hires," *Workforce Management*, February 26, 2007, p. 27.
[65] John Zappe, "Temp-to-Hire Is Becoming a Full-Time Practice at Firms," *Workforce Management*, June 2005, pp. 82–86.
[66] Shari Cauldron, "Contingent Workforce Spurs HR Planning," *Personnel Journal*, July 1994, p. 60.
[67] This is based on or quoted from Nancy Howe, "Match Temp Services to Your Needs," *Personnel Journal*, March 1989, pp. 45–51. See also Richard Vosburgh, "The Evolution of HR: Developing HR as an Internal Consulting Organization," *Human Resource Planning* 30, no. 3 (September 2007), pp. 11–12; and Stephen Miller, "Collaboration Is Key to Effective Outsourcing," *HR Magazine* 58 (2008), pp. 60–61.
[68] Daniel Feldman, Helen Doerpinghaus, and William Turnley, "Managing Temporary Workers: A Permanent HRM Challenge," *Organizational Dynamics* 23, no. 2 (Fall 1994), p. 49. See also Kathryn Tyler, "Treat Contingent Workers with Care," *HR Magazine*, March 2008, p. 75.
[69] Carolyn Hirschman, "Are Your Contractors Legal?" *HR Magazine*, March 2004, pp. 59–63.
[70] Ibid.
[71] This section is based on Robyn Meredith, "Giant Sucking Sound," *Forbes* 172, no. 6 (September 29, 2003), p. 158; Jim McKay, "Inevitable Outsourcing, Offshoring Stirred Passions at Pittsburgh Summit," *Knight Ridder/Tribune Business News*, March 11, 2004; Peter Panepento, "General Electric Transportation to Outsource Drafting Jobs to India," *Knight Ridder/Tribune Business News*, May 5, 2004; Julie Harbin, "Recent Survey Charts Execs' Willingness to Outsource Jobs," *San Diego Business Journal* 25, no. 14 (April 5, 2004), pp. 8–10; and Pamela Babcock, "America's Newest Export: White-Collar Jobs," *HR Magazine* 49, no. 4 (April 2004), pp. 50–57.
[72] "Economics of Offshoring Shifting, as Some Reconsider Ventures," *BNA Bulletin to Management*, September 23, 2008, p. 311.
[73] Susan Wells, "Slow Times for Executive Recruiting," *HR Magazine*, April 2003, pp. 61–67.
[74] "Leading Executive Search Firms," *Workforce Management*, June 25, 2007, p. 24.
[75] Michelle Martinez, "Working with an Outside Recruiter? Get It in Writing," *HR Magazine*, January 2001, pp. 98–105.
[76] See, for example, Stephenie Overman, "Searching for the Top," *HR Magazine*, January 2008, p. 49.
[77] Bill Leonard, "Recruiting from the Competition," *HR Magazine*, February 2001, pp. 78–86. See also G. Anders, "Secrets of the Talent Scouts," *New York Times* (Late New York Edition) (March 15, 2009), pp. 1, 7 (Sec 3).
[78] Jonathan Segal, "Strings Attached," *HR Magazine*, February 2005, pp. 119–123.
[79] Martha Frase-Blunt, "A Recruiting Spigot," *HR Magazine*, April 2003, pp. 71–79.
[80] Sara Rynes, Marc Orlitzky, and Robert Bretz Jr., "Experienced Hiring Versus College Recruiting: Practices and Emerging Trends," *Personnel Psychology* 50 (1997), pp. 309–339. See also Lisa Munniksma, "Career Matchmakers: Partnering with Collegiate Career Centers Offers Recruiters Access to Rich Source of Applicants," *HR Magazine* 50, no. 2 (February 2005), p. 93.
[81] See, for example, James Breaugh, "Employee Recruitment: Current Knowledge and Important Areas for Future Research," *Human Resource Management Review* 18 (2008), p. 111.
[82] Lisa Munniksma, "Career Matchmakers," *HR Magazine*, February 2005, pp. 93–96.
[83] Joe Mullich, "Finding the Schools That Yield the Best Job Applicant ROI," *Workforce Management*, March 2004, pp. 67–68.
[84] Wendy Boswell et al., "Individual Job Choice Decisions and the Impact of Job Attributes and Recruitment Practices: A Longitudinal Field Study," *Human Resource Management* 42, no. 1 (Spring 2003), pp. 23–37. See also James Breaugh, "Employee Recruitment: Current Knowledge and Important Areas for Future Research," *Human Resource Management Review* 18 (2008), p. 115.
[85] Roseanne Geisel, "Interns on the Payroll," *HR Magazine* 49, no. 12 (December 2004), p. 89; "Internships Growing in Popularity Among Companies Seeking Fresh Talent and Ideas," *BNA Bulletin to Management*, March 20, 2007, pp. 89–90.
[86] Michelle Martinez, "The Headhunter Within," *HR Maga-*

zine, August 2001, pp. 48–56. See also Jennifer Taylor Arnold, "Customers as Employees," *HR Magazine*, April 2007, pp. 77–82.
[87] James Breaugh, "Employee Recruitment: Current Knowledge and Important Areas for Future Research," *Human Resource Management Review* 18 (2008), p. 109.
[88] Ruth Thaler-Carter, "Your Recruitment Advertising," *HR Magazine*, June 2001, pp. 93–100.
[89] "Tell a Friend: Employee Referral Programs Earn High Marks for Low Recruiting Costs," *BNA Bulletin to Management*, June 28, 2001, p. 201.
[90] Martha Frase-Blunt, "Call Centers Come Home," *HR Magazine*, January 2007, pp. 85–90.
[91] Theresa Minton-Eversole, "Mission: Recruitment," *HR Magazine*, January 2009, pp. 43–45.
[92] "The 2007 Recruiting Metrics and Performance Benchmark Report, 2nd ed.," Staffing.org, Inc., 2007.
[93] Ann Marie Ryan and Nancy Tippins, "Attracting and Selecting: What Psychological Research Tells Us," *Human Resource Management* 43, no. 4 (Winter 2004), p. 311.
[94] Kevin Carlson et al., "Recruitment Evaluation: The Case for Assessing the Quality of Applicants Attracted," *Personnel Psychology* 55 (2002), pp. 461–490. For a recent survey of recruiting source effectiveness, see "The 2007 Recruiting Metrics and Performance Benchmark Report, 2nd ed.," Staffing.org, Inc., 2007.
[95] Ibid., p. 461.
[96] Ibid., p. 466.
[97] Ibid., p. 466.
[98] Gino Ruiz, "Special Report: Talent Acquisition," *Workforce Management*, July 23, 2007, p. 39.
[99] Thomas Stewart, "In Search of Elusive Tech Workers," *Fortune*, February 16, 1998, pp. 171–172.
[100] Quoted or paraphrased from Robert Neveu, "Making the Leap to Strategic Recruiting," special advertising supplement to *Workforce Management*, 2005, p. 3.
[101] "Internship Programs Help These Recruiters Toward Qualified Students with Disabilities," *BNA Bulletin to Management*, July 17, 2003, p. 225.
[102] Unless otherwise noted, this section is based on Judith Casey and Marcie Pitt-Catsouphes, "Employed Single Mothers: Balancing Job and Home Life," *Employee Assistance Quarterly* 9, no. 324 (1994), pp. 37–53.
[103] Ibid., p. 42.
[104] "Barclaycard Helps Single Parents to Find Employment," *Personnel Today*, November 7, 2006.
[105] Susan Glairon, "Single Parents Need More Flexibility at Work, Advocate in Denver Says," *Daily Camera*, February 8, 2002.
[106] Sandra Block and Stephanie Armour, "Many Americans Retire Years Before They Want To," *USA Today*, July 26, 2006, http://usatoday.com, accessed December 23, 2007.
[107] Phaedra Brotherton, "Tapping into an Older Workforce," *Mosaics* (Society for Human Resource Management, March/April 2000). See also Thomas Ng and Daniel Feldman, "The Relationship of Age to Ten Dimensions of Job Performance," *Journal of Applied Psychology* 90, no. 2 (2008), pp. 392–423.
[108] Sue Shellenbarger, "Gray Is Good: Employers Make Efforts to Retain Older, Experienced Workers," *The Wall Street Journal*, December 1, 2005.
[109] Alison Wellner, "Tapping a Silver Mine," *HR Magazine*, March 2002, p. 29.
[110] Sue Shellenbarger, op. cit. See also Robert Grossman, "Keep Pace with Older Workers," *HR Magazine*, May 2008, pp. 39–46.
[111] Gary Adams and Barbara Rau, "Attracting Retirees to Apply: Desired Organizational Characteristics of Bridge Employment," *Journal of Organizational Behavior* 26, no. 6 (September 2005), pp. 649–660.
[112] Susan Sweetser, "Women in Financial Services—An Ideal Match," *National Underwriter Life & Health—Financial Services Edition* 1, no. 2 (January 12, 2004), pp. 14–16; Charles Lauer, "Keeping the Women on Board: Hospitals Must Work Overtime to Retain the Majority of Their Employees," *Modern Health Care* 33, no. 40 (October 6, 2003), p. 21.
[113] Abby Ellin, "Supervising the Graybeards," *The New York Times*, January 16, 2000, p. B16; Derek Avery and Patrick McKay, "Target Practice: An Organizational Impression Management Approach to Attracting Minority and Female Job Applicants," *Personnel Psychology* 59 (2006), pp. 157–189.
[114] "Recruitment: B&Q in Search of Female Managers," *Personnel Today*, September 2, 2003, p. 4; Dina Berta, "Brinker International's Gomez Keeps Recruitment of Women, Minorities on Company's Front Burner," *Nation's Restaurant News* 37, no. 46 (November 17, 2003), p. 16.
[115] "Welfare-to-Work: No Easy Chore," *BNA Bulletin to Management*, February 13, 1997, p. 56.
[116] Herbert Greenberg, "A Hidden Source of Talent," *HR Magazine*, March 1997, pp. 88–91.
[117] "Welfare to Work: No Easy Chore," p. 56.
[118] Linda Moore, "Firms Need to Improve Recruitment, Hiring of Disabled Workers, EEO Chief Says," *Knight Ridder/Tribune Business News*, November 5, 2003. See also "Recruiting Disabled More Than Good Deed, Experts Say," *BNA Bulletin to Management*, February 27, 2007, p. 71.
[119] "Students with Disabilities Available," *HR Briefing*, June 15, 2002, p. 5.
[120] Moore, "Firms Need to Improve Recruitment."
[121] Kenneth Sovereign, *Personnel Law* (Upper Saddle River, NJ, Pearson, 1999), p. 51.
[122] Kathy Gurchiek, "Video Resumes Spark Curiosity, Questions," *HR Magazine*, May 2007, pp. 28–30; "Video Resumes Can Illuminate Applicants' Abilities, but Pose Discrimination Concerns," *BNA Bulletin to Management*, May 20, 2007, pp. 169–170.
[123] Fred Mael, Mary Connerley, and Ray Morath, "None of Your Business: Parameters of Biodata Invasiveness," *Personnel Psychology* 49 (1996), pp. 613–650.
[124] "Supreme Court Denies Circuit City's Bid for Review of Mandatory Arbitration," *BNA Bulletin to Management*, June 6, 2002, p. 177.
[125] "Supreme Court Gives the Employers Green Light to Hold Most Employees to Arbitration Pacts," *BNA Bulletin to Management*, March 29, 2001, pp. 97–98.
[126] Douglas Mahony et al., "The Effects of Mandatory Employment Arbitration Systems on Applicants Attraction to Organizations," *Human Resource Management* 44, no. 4 (Winter 2005), pp. 449–470.

第 6 章 员工测试与甄选

在经历多年的快速增长之后，谷歌公司改变了它的员工甄选程序。一开始，求职者需要亲自参加一大串令人筋疲力尽的面试。当时，公司的甄选团队会例行公事般地拒绝那些尽管工作经验丰富，但是大学的学分绩仅仅处于一般水平的求职者。但是，正如公司新任人力资源总监所说："如果我们每年只雇用 500 人或 1 000 人，那么，一切都没问题。"一旦公司每年需要雇用数千人，就不能再让这么迟缓的雇佣程序拖后腿了。因此，谷歌公司现在减少了求职者的面试负荷（降至大约人均 5 次），并且不再把他们的大学学分绩看得那么重了。[1]

我们学到哪了

第 5 章集中讨论了管理人员可以采用哪些方法建立求职者人才库。第 6 章的目的则在于解释如何运用各种工具和方法来挑选出最适合职位需要的求职者。我们在本章中所要讨论的主题包括：甄选程序；基本测试技术；背景调查及推荐信核查；测试中的伦理道德与法律问题；各种类型的测试；工作样本法和模拟法。在第 7 章中，我们将讨论可以采用哪些技术来帮助你改进自己的面试技能——甄选面试可能是运用最为广泛的甄选工具。

学习目标

1. 解释信度和效度的含义。
2. 解释如何验证一项测试的效度。
3. 引证并描述我们的测试指南。
4. 举例说明在测试中需要考虑到的一些伦理道德和法律问题。
5. 列出可以用于员工甄选的 8 种测试，并且说明如何使用这些测试。

6. 举出两个工作样本测试或模拟测试的例子。

7. 说明在进行背景调查时需要牢记的若干关键点。

6.1 为什么认真进行员工甄选非常重要?

在审查求职者的简历之后，下一步就是要为职位甄选出最佳的求职者。这通常就意味着，需要运用我们在本章中将要介绍的这些甄选工具——包括各种测试、评价中心、背景调查和推荐信核查等——来缩小求职者人才库的范围。接下来，主管人员就可以对可能合适的求职者进行面试，然后决定应当雇用谁。你在工作中所做的任何事情都没有雇用到正确的人重要，这一点之所以如此重要，主要是出于以下三个方面的原因：绩效、成本以及法律责任。

绩效 第一，你自己的绩效总是取决于下属人员的工作绩效。具备正确技能的员工能更好地为你和企业工作。而那些不具备这些技能的员工或者容易伤人感情或妨碍他人工作的员工则不能有效地完成工作，从而对你个人以及企业的绩效造成损害。因此，应当在雇用之前就把那些不理想的求职者剔除出去，而不是等到已经雇用他们之后再决定。

成本 第二，员工甄选之所以重要，是因为招募和雇佣员工的成本很高。即使是雇用和培训一名文员，企业可能也要花费 5 000 美元甚至更多的成本，还要搭上主管人员的时间。而雇用一名管理人员的总成本，很容易就能达到上述成本的 10 倍——如果把寻访费用、面试时间、推荐信核查以及差旅、搬家成本等考虑在内的话。

法律责任 第三，员工甄选之所以重要，是因为如果雇佣过程管理不当，会给企业带来三个方面的严重法律问题：公平就业机会、疏忽雇佣和诽谤（我们将在本章的稍后部分讨论诽谤问题）。首先，（正如我们在第 2 章中看到的，）公平就业法要求企业必须实施不带歧视的甄选程序。因此，管理人员必须熟悉他们在这一过程中能够说什么或者做什么。[2]

其次，企业可能会被控存在疏忽雇佣问题。**疏忽雇佣**（negligent hiring）意味着企业雇用了有犯罪记录或其他问题的员工，这些员工利用接近客户家庭的机会（或其他同类机会）从事一些犯罪活动。[3]在庞蒂克斯诉 K. M. S. 投资公司（Ponticas v. K. M. S. Investments）一案中，一名公寓管理人员利用万能钥匙进入一名女士的房间并强奸了她。[4]法院裁定，追究该公寓所有者的疏忽雇佣责任，因为它雇用之前没有对该管理人员的背景进行适当的调查。[5]

要想避免受到疏忽雇佣的控告，就要求企业进行有效的筛选。这就意味着，要采取“合理的”行动来调查求职者的背景。更具体地说，“付出系统性的努力来获取与求职者相关的信息，验证各类文件，对两次就业时间之间的遗失信息或时间缺口进行跟踪调查，并对努力获取信息的整个过程做好详细的记录，其中包括打电话呼叫的人的姓名、时间以及对他们提出的其他请求”。[6]

6.2 与测试有关的一些基本概念

从根本上说，一项测试是一个人的行为的一个样本。我们在使用一项测试（或任何一种甄选工具）时都假设，这个工具是既可信又有效的。循证人力资源管理——在你关注的人力资源管理实践领域，注重运用可能得到的最佳证据来作为决策的依据——的一些内容同样适用于对信度和效度的检验。

6.2.1　信度

信度（reliability）是一项测试的首要要求，它指的是测试的一致性。一项有信度的测试是指一个人参加两种不同形式的同一测试时，或者在两个不同的时间参加同一项测试时，能够得到具有一致性的测试成绩。[7]

测试的信度是非常重要的。如果某人在星期一的智力测试中得了 90 分，而在星期二的重测中却得了 130 分，那么，你可能就不会太相信这个测试。

有几种方式可以用来评估一项测试的一致性或信度。你可以在两个不同的时间点对相同的人实施相同的测试，然后对他们在时间二上的测试得分与其在时间一上的得分加以比较。这种做法称为重测信度估计（retest estimate）。你也可以先实施一项测试，然后再实施一项被专家认为与该测试等价的另外一项测试。这种做法称为复本信度估计（equivalent form estimate）。（作为美国大学录取新生的参考标准之一的）学术能力评价测试（Scholastic Assessment Test，SAT）就是一种复本信度估计。

一项测试的内部一致性（internal consistency）是另一个信度衡量指标。例如，一位心理学家在一份关于职业兴趣的测试中放入了 10 个题目，并且认为这些题目都从不同的角度测出了被试对从事户外工作的兴趣。你可以先实施这项测试，然后再通过统计分析方法分析被试对这 10 个题目所给出的答案的总体变异情况。这种做法能够估计出这项测试的内部信度。心理学家将这种做法称为内部比较信度估计（internal comparison estimate）。你之所以经常会在某些测试中发现存在很明显重复的题目，其中的原因之一就在于想要估计这项测试的内部一致性。

有很多因素会导致一项测试是不可信的。例如，测试题目本身可能并不是一个能够代表某种材料的很好的样本；第一份测试重点关注了第 1，3，5，7 章的内容，而第二份测试却重点关注了第 2，4，6，8 章的内容。此外，还有可能会发生因测试条件变化而出现错误的问题，比如，在进行第一项测试的房间里，声音很嘈杂。

6.2.2　效度

虽然信度是不可或缺的，但它只不过是告诉你，这项测试在衡量某些东西的时候是具有一致性的，却并不能证明它所测量的就是你希望测量的。当你用一把本身不准确的 33 英寸的直尺去测量一块木板时，你每次都会得出一样的结论，即这块木板的长度为 33 英寸长。然而，令人遗憾的是，如果你要找一块 1 码（约等于 36 英寸）长的木板，而你却用这把 33 英寸的直尺进行测量，那么，尽管这把尺子是有信度的，但它给你找来的木板最终却会短 3 英寸。

你需要的是一把有效度的尺子。**效度**（validity）就可以告诉你，这项测试正在衡量的是否就是你认为它应该衡量的。[8]

我们在前面提到过，一项测试就是对一个人的行为所抽取的一个样本，但是有些测试却能够更清楚地代表那些被抽样的行为。例如，打字测试就是这方面的一个例子，它很清楚地代表了一种工作中的行为。而另外一个极端的情况则是，在测试中包括的题目与行为之间并不存在明显的关系。投射性人格测试就属于这种情况。图6—1中是罗夏测试的一个样本，心理学家要求被试对一幅模糊的图片做出自己的解释。然后，心理学家会根据被试的解释来推断其人格和行为。这种测试就更难以证明，它所衡量的到底是否就是它说自己要衡量的（在此案例中为一个人的人格特质）——也就是说，更难证明自己的效度。

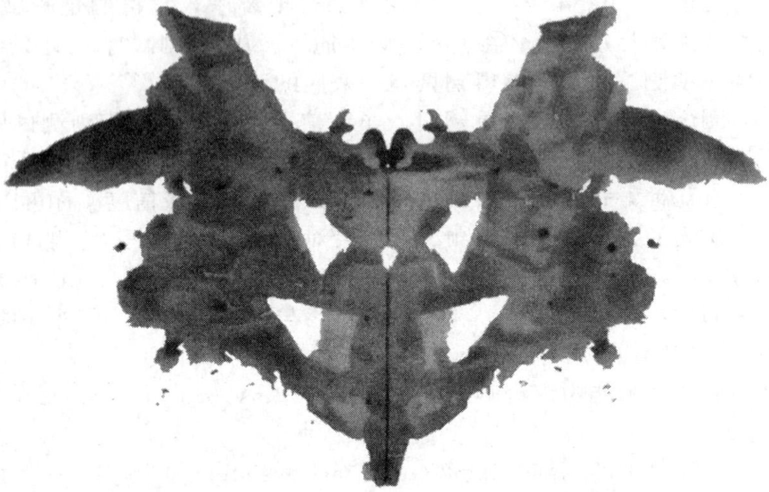

图6—1　罗夏测试的一个样本

资料来源：http://en.wikipedia.org/wiki/File：Rorschach1.jpg，accessed July 27，2009.

测试效度　**测试效度**（test validity）回答这样一个问题："这项测试衡量了它想要测试的东西吗？"换言之，效度指的是基于这种测试所得出的推断的正确程度。例如，如果珍妮在机械理解测试中的得分高于吉姆，那么，能否断定珍妮的机械理解能力确实比吉姆更好呢？[9]在员工甄选测试中，效度常常指一项测试与一项工作是相关的——换言之，一位求职者在测试中的得分是对此人在未来工作岗位上的绩效进行预测的有效指标。甄选测试必须有效度，因为如果没有效度，无论从逻辑上还是从法律上，都没有任何理由继续使用这种测试来对求职者进行筛选了。如果你认为你的GRE分数不能有效地预测你在研究生院可能取得的成绩，那么你可能就不会太情愿去参加GRE考试。（正如我们在第2章中解释的，）公平就业机会方面的法律要求企业使用的测试是有效度的。在雇佣测试中，有两种主要方法可以证明一项测试的效度，这就是**效标关联效度**（criterion validity）和**内容效度**（content validity）。[10]

效标关联效度　要证明一项测试的效标关联效度，就需要证明那些在测试中表现良好的人在工作中也会表现良好，而那些在测试中表现不好的人在工作中表现也不好。因此，如果在测试中得分较高的人在工作中的表现也更好，那么，就可以说这种测试在一定程度上是有效度的。在心理测量中，预测因子就是指想要与某种效标（比如工作绩效）建立起联系的一种测量手段（在这个例子中即为测试分数）。而效标关联效度这个术语就是反映这种关系的一个专业术语。

内容效度　企业要想证明一种测试的内容效度，就需要表现这项测试是能够相当准确地反映工作内容的一个样本。这里的一个基本程序就是，找出对工作绩效至关重要的一些工作任务，然后从这些任务中随机选取一些作为样本来进行测试。许多牙科学校在甄选学生时，都会给申请者大块的粉笔，让他们雕刻成牙齿。如果你选择的这种测试内容确实代表了这些被试在未来从事工作时必须知道的内容，那么，这种测试很可能便是具有内容效度的。这样的话，那些在这方面很笨拙的学生就没必要申请了。

证明一项测试的内容效度听起来很容易，但是做起来却比较难。这是因为需要证明：第一，被试在测试中完成的任务确实是他们在实际工作中需要完成的工作任务的一个全面的、随机的样本；第二，被试接受测试的环境与实际工作环境相似，而这两点却并非总是很容易做到的。因此，对于许多工作来说，企业会选择提供有关一项测试的效度的其他证据——其中最为常用的就是效标关联效度。

6.2.3　循证人力资源管理：如何验证一项测试的效度

为了使一项甄选测试有用，你应当知道（你需要这样一些证据）测试分数与工作绩效之间存在一种可预测性的联系。因此，在其他条件相同的情况下，在研究生入学测试中得分较高的学生，在研究生院学习期间的成绩也会更好；而在机械理解测试中得分较高的求职者，在做工程师时的工作绩效也更好。换言之，你应当在使用某种测试前对该测试的效度进行验证，即确保测试分数是像工作绩效这样的某种效标的一个有效预测因子——从而证明这种测试的效标关联效度。[11]在最好的情况下，无效的测试仅仅是浪费了你的时间，但是在最坏的情况下，无效的测试可能会被视为歧视性的。你所购买的一些现成的测试工具都应当包含与这些测试的效度有关的信息。工业和组织心理学协会指出："经验丰富和有见识的出版商一定会有（而且乐意提供）关于自己的测试产品的信度方面的信息。"[12]但是，从理想的角度来说，你应该重新验证这些测试在运用于你需要针对的这些工作时的效度如何。

对一项测试的效度所进行的研究通常是由一位工业心理学家来完成的，人力资源部门负责协调这种活动。严格来讲，直线管理人员的角色仅仅在于使工业心理学家清楚地了解一个职位对于人的要求以及绩效标准是什么。但是，在实践中，使用这种测试（或者测试结果）的每个人都应该了解与效度有关的一些内容。这样就能够更好地理解如何使用这些测试以及解释测试的结果。要想验证一项测试的效度，需要经历下面这个包括五个步骤的过程。

步骤 1：职位分析。第一步是要对职位进行分析以及编制职位描述和任职资格说明书。这里的关键点是，具体说明你认为任职者需要具备哪些方面的特性和技能，才能在职位上达成充分的绩效。例如，求职者是否必须善于谈话、具备良好的口头表达能力？求职者是否必须具备装配很小的、精密的零部件的能力？这些要求都会成为预测因子，因为你认为这些因子是能够预测一个人在今后的工作岗位上能否取得成功的一些个人特性和技能。

在第一步中，还必须定义"在工作岗位上取得成功"意味着什么，因为正是为了预测这种成功才需要预测因子的。成功的标准就是效标。在这里，可以采用与生产相关的效标（比如数量、质量等），也可以采用一些人事数据（比如缺勤率、服务年限等），还可以采用对员工的工作绩效所做的判断（比如直接上级所做出的判断等）。对一个装配工岗位来说，预测因子可能包括手的灵巧性以及耐性。具体的效标可能包括每小时生产的不合格产品数量。

选择正确的效标（绩效衡量指标）非常重要。一项研究对某天然气公用事业公司中的 212 名员工的情况进行了考察，结果研究者发现，在测试成绩和两种绩效指标——直接上级给出的绩效评价结果以及一些客观的生产率衡量指标——之间存在显著的联系。然而，同样的测试成绩和其他两种绩效指标——即客观的质量指标以及员工对自己的绩效所做的自我评价——之间就几乎不存在任何实质性联系。[13]

步骤 2：选择测试。一旦搞清楚了自己想要使用的预测因子（比如机械理解能力）之后，下一步就是决定如何对这些预测因子进行测试。企业通常都是根据经验、过去的一些研究成果以及“最佳的猜测”来做出自己的选择。它们通常不会从一开始就只选用一种测试，相反，它们都会选择几种不同的测试，然后组合为一个测试组（test battery）。这个测试组的宗旨是测量一系列可能的预测因子，比如进取性、外向性、数字能力等。

有哪些测试是现成的？在哪里能买到这些测试呢？考虑到公平就业机会法律以及伦理道德方面的问题，企业最好是聘请专业人员——比如注册工业心理学家——来帮助自己做出选择。现在有许多公司都发行各种测试工具。位于美国佛罗里达州奥德萨市的心理评价资源公司（Psychological Assessment Resources，Inc.）就是一家这样的企业。它发布和销售许多测试工具，有些测试工具实际上是任何人都能买到的，但有许多测试工具却只有那些具备一定资格的人（比如取得心理学学位或者从事心理咨询工作的人）才能购买。图 6—2 展示了一些能够提供关于各种测试或测试程序的信息的网址。

- www. hr-guide. com/data/371. htm
  提供与所有类型的雇佣测试有关的一般性介绍及其来源方面的信息。
- http：//ericae. net
  提供与所有类型的雇佣测试和非雇佣测试有关的技术性信息。
- www. ets. org/testcoll
  提供与 2 万余种测试工具有关的信息。
- www. kaplan. com
  由卡普兰公司提供的关于各种不同的入学测试的信息。
- www. assessments. biz
  众多提供雇佣测试的公司之一。

图 6—2 提供关于各种测试或测试程序信息的网站

有些公司则发行几乎任何人都能购买的雇佣测试工具。例如，万德里克公司就出版一种非常著名的智商测试以及其他测试工具，其中包括能力倾向测试组以及兴趣测试等。位于佛罗里达州桑莱斯市的内尔旭日公司（G. Neil）也提供各种雇佣测试资料，其中包括事务处理技能测试、电话销售能力测试、服务能力测试、管理能力测试、团队技能测试、销售能力测试等。需要再次提醒的是，不要让这么多唾手可得的测试蒙上你的眼睛，结果忽略了这样一个事实：你应当以遵守公平就业机会法律的方式以及符合伦理道德和保护被测试者的隐私的方式来使用这些测试。后面我们再讲这方面的问题。

步骤 3：实施测试。接下来就要实施这些选择好的测试了。在这一步骤，有两种选择。一种选择是对目前已经在岗的员工实施这些测试，这样就可以将他们的测试分数与他们目前的工作绩效进行比较，这种做法就叫同时效度估计（concurrent validation）。它的主要优点是，员工的工作绩效数据是已经存在的。其缺点是，现有的员工可能并不能代表新的求职者（事实上，这些人才是甄选测试真正想要针对的人），因为现有的员工已经受过在职培训，并且已经经过现有的甄选手段筛选了。

预测效度估计（predictive validation）是第二种也是一种更为可靠的对测试的效度进行验证的方式。你可以在雇用求职者之前，先对他们实施测试。然后，只利用现有的甄选技术——而不是你的新测试工具所测出的结果——录用合格的求职者。待他们已经上岗工作一段时间之后，再来衡量他们的工作绩效，然后将这种工作绩效与他们在雇用前所做的测试的得分进行比较。最后，你就可以确定你是否能够用他们在测试中取得的成绩来预测他们以后的工作绩效了。

步骤4：确定测试分数和效标之间的关系。下一步是要确定在测试分数（预测因子）与工作绩效（效标）之间是否存在一种显著的关系。在这方面通常采用的方法是通过相关分析（correlation analysis）来确定在测试中的得分和员工的工作绩效两者之间的统计关系——相关分析表明了两种统计变量之间的关系强度。

如果在测试分数与工作绩效之间存在相关性，你可以制作一张**期望图**（expectancy chart）。它能用图形的方式展现出测试分数与工作绩效之间的相关关系。要想画出这样一张图，需要根据测试得分将员工分成几组，比如5个组，得分最高的1/5的人在第一组，得分次高的1/5的人在第二组，如此类推。然后，计算在每一个组当中达成高工作绩效的人所占的百分比，再将这些百分比展现在如图6—3所示的期望图中。在这个案例中，如果某个人处于测试分数最高的1/5的人当中，则此人成为高绩效者的可能性有97%，而此人如果处于测试分数最低的1/5的人当中，则其成为高绩效者的可能性只有29%。[14]

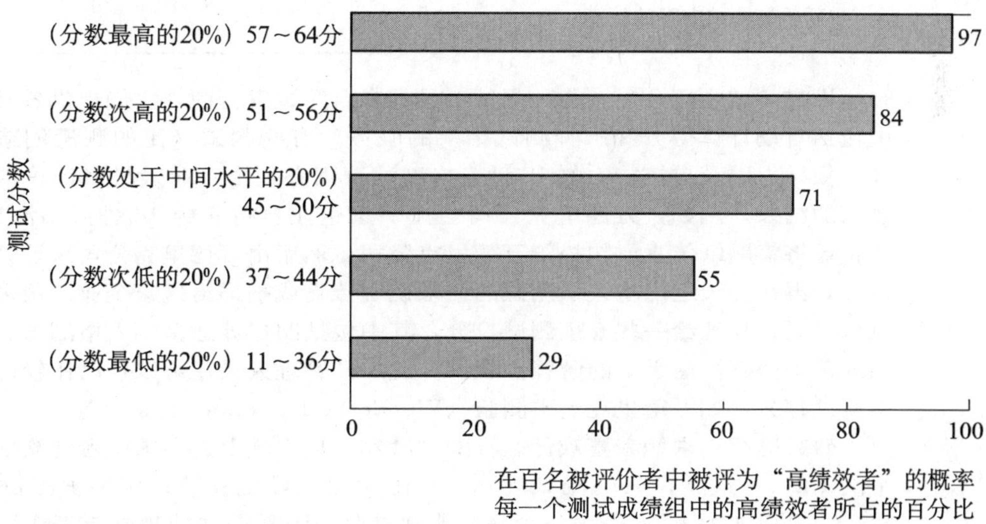

图6—3　期望图

说明：本期望图展示了在明尼苏达纸板测试中的得分与初级制图员的工作绩效评价结果之间的关系。例如，那些测试得分在37～44分之间的人，其工作绩效被评价为高绩效者的可能性为55%；而那些测试得分在57～64分的人，在工作绩效评价中被评为高绩效者的可能性则为97%。

步骤5：效度的交叉检验与重新检验。在正式将测试工具投入使用之前，你可能希望通过交叉效度检验来对测试工具进行验证——换言之，通过对一批新的员工样本再次进行步骤 3 和步骤 4 的操作。此外，至少应当让某些人定期对测试工具重新进行效度检验。

表 6—1 总结了实施测试的一些重要指南，比如，“将测试作为一种补充手段”。

表 6—1　　测试方案指南

1. 将测试作为一种补充手段。不要把各种测试作为唯一甄选工具，而应当把各种测试作为面试、背景调查等甄选工具的一种补充手段。
2. 对测试进行效度检验。最好是在自己的组织中进行这种效度验证。无论如何，即使是在类似的组织中实施过的相同测试已经被证明是有效的，这样一个事实仍然不足以证明这种测试在本组织中也是有效的——即测试的效度通用性依然不足以得到证明。
3. 监控你的测试或甄选方案。问自己这样一些问题：“在雇佣过程的每一个阶段，被拒绝的少数族裔求职者与非少数族裔求职者的比例是怎样的?”“我们为什么要采用这种测试——这种测试与求职者未来的在职工作行为有什么关系吗?”
4. 保留准确的记录。记录你拒绝每一位求职者的理由。像“不够合格”这类笼统的注解是不够的。在以后的某一天可能需要证明你拒绝一位求职者的理由是有效的。
5. 聘请注册心理学家。甄选标准（包括各种测试）的开发、验证及其使用通常都要求有一位注册心理学家的参与。美国大部分州都要求向公众提供心理服务的人必须取得资格证书或执照。心理学的博士学位通常也是一种资格（但学士学位总是不够的）。你所找到的咨询顾问应当能够提供证据来证明，其从事过对测试工具的效度进行验证的类似工作或有经验，并且熟悉美国联邦及各州颁布的公平就业机会方面的法律和规章。
6. 控制测试环境。应当在比较私密、安静、照明适度、通风良好的区域中实施测试，并且确保所有接受测试的求职者都是在相同的环境中接受测试的。在测试结束后，测试结果应严格保密，只将测试结果告知那些对这些信息有合法需求并且有能力理解和解释测试分数的人（包括求职者本人）。要对你的管理人员进行测试结果保密方面的培训。
7. 定期重新进行效度验证。企业的需求和求职者的能力倾向都会随着时间而变化。应当定期重新验证测试方案的效度。

谁在测试中打分？　各种测试工具都来自测试发行商，它们提供各种服务，其中包括自动计算得分和解释测试结果的服务。有些测试（比如测量创造力、独立性、领导力以及自控能力的 16 种人格测试）则必须由专业人员来计算得分并解释测试的结果。例如，万德里克公司会让一家企业自行实施 16 种人格测试。然后，该企业将答题纸传真或扫描给万德里克公司，然后由万德里克公司来计算出被试的得分，再在一天之内将人格测试的结果说明传真或扫描给这家企业。很多心理学家也可以很容易地给一些心理测试打分，其中包括明尼苏达多相人格测试、一些在线的或基于微软视窗系统的解释性软件。此外，管理人员还可以自己比较简单地给很多测试打分，如万德里克人事测验（Wonderlic Personnel Test）等。

研究透视：求职者喜欢什么样的测试？　从本质上讲，求职者喜欢他们认为公平的测试。[15]遵循良好的测试规则——比如测试环境安静、保护被测试者的隐私等——显得尤为重要。[16]另一个显然非常重要的因素是这种测试与工作绩效之间的联系（即测试的表面效度）。例如，在一项研究中，学生对于面试和工作样本测试所做出的反应都非常积极，而这两种测试显然都与工作本身存在联系。[17]他们对于个人简历信息审查以及书写能力测试所做出的反应比较积极。对于人格和诚实性测试的态度比较中立，而对笔迹测试则反应比较消极。甄选中的公平性非常重要，这是因为“那些对于甄选过程具有积极看法的求职者，会有接受工作机会以及将企业推荐给他人的更强烈的愿望”。[18]

6.2.4　被试的个人权利与测试的安全性

美国心理学会（American Psychological Association，APA）的教育测试和心理测试标准规定，被试有隐私权和获得测试结果反馈的权利。但这些规定是为心理学家提供测试指导的，而并非法律上的强制要求。参加测试者具有以下权利：

- 有权要求测试结果保密。
- 有权要求本人的测试结果被使用时，应首先征得本人同意。
- 有权要求只允许那些有资格解释测试分数的人接触测试结果，或者是测试分数必须附有充分的信息，以确保能够对这些分数做出恰当的解释。
- 有权要求测试对所有的人都是公平的。例如，任何参加测试的人都不得事先了解测试问题或答案。

对美国心理学会制定的“心理学家伦理道德准则和行为规范”进行详细的讨论已经超出了本书的范围，不过，可以指出的是，它所强调的内容主要包括这样一些要点：胜任、诚实、尊重人的尊严、维持专业技能、非歧视、性骚扰、私人问题和冲突、避免伤害、心理学家影响力的误用、关系的利用、评价和干预措施的正当运用、过时的测试、对个人隐私的最少介入以及违反伦理道德行为的报告等。[19]任何运用测试的人，包括直线管理人员在内，都应当牢记上述事项。这里的“管理新型员工队伍”专栏就说明了为什么要这样做。

管理新型员工队伍

对职场母亲的偏见

你是否会雇用有孩子的母亲为你工作？尽管这个问题看起来非常愚蠢，但是管理人员必须清楚这样一个糟糕的事实：企业倾向于对职场母亲持一种消极的看法。[20]

这里有一个例子。研究者将一份职位描述的概要副本发给了100名MBA学生（其中34%的人是女性，她们全部从事全职工作）。这个职位是财务副总裁助理。这些MBA学生同时还得到了一份“晋升申请者信息表”，让他们对其中的每一位虚拟申请者进行评价。研究者设计的这些信息包括婚姻状况以及直接上级的评价等。其中一些申请者是职场母亲。

这些学生评价者对于职场母亲存在歧视。他们认为，她们能力更差，因而更不可能推荐她们去得到这个职位。正如这些研究者所说：“这些数据与越来越多的下列证据是一致的，即女性在成为母亲后会在职场中处于不利地位，这种问题被称为‘生育墙’”。[21]

隐私问题　常识告诉我们，管理人员应该对员工的测试结果保密。同样，在美国宪法和普通法中也有某些隐私保护的规定。美国最高法院的一些判决在很多情况下，都会保护个人免受政府的一些行为的侵犯。[22]而且，《联邦政府私法保护法》(The Privacy Act) 还赋予联邦政府的员工查阅他们自己的人事档案的权利，但其中的一条规定是，未经员工本人的同意，不得对外披露其人事信息。[23]

我们还能看到，美国的一些普通法也会针对向本公司以外的人披露公司员工信息的行为，为员工提供某些保护。在这方面最常见的问题就是诽谤（包括书面诽谤和口头诽谤），当然还有一些隐私问题。[24]企业需要做到的最基本的两点是：

1. 确保你清楚地知道需要对员工的信息保密。

2. 采取一种“有必要知道”的政策。例如，如果某一位员工在服用药物一段时间后已经康复了，并且这种信息与这位员工在工作场所的表现无关，那么，这位员工的新的直接上级可能就不是“有必要知道”。

6.2.5 企业在工作中应当如何使用测试工具？

根据美国管理协会的调查，41%的公司对于求职者进行基本能力测试（基本能力被定义为完成工作场所中的日常性工作任务所必需的阅读说明书、撰写报告以及进行数学计算的能力）。[25]有 67%的被调查企业要求员工参加各种工作技能测试，29%的被调查企业要求员工参加某种心理测试。[26]如果你想要了解这种测试是什么样的，请试着做一做图 6—4 中的这个简短测试，看一看你在工作中发生事故的可能性如何。

请回答“是”或“否”

	是	否
1. 你喜欢自己的生活中有许多令人兴奋的事情。		
2. 一位在工作中很轻松自如的员工一定是在偷懒。		
3. 你是一个谨慎的人。		
4. 在过去的 3 年中，你在学校或工作中与人发生过激烈的争吵。		
5. 你喜欢开快车玩。		

分析：根据工业心理学家约翰·凯普（John Kamp）的观点，从统计学的角度来看，对问题 1，2，3，4 和 5 的回答分别为否、是、是、否、否的求职者，缺勤以及发生工伤事故的可能性都比较小。如果他们在工作中需要驾车，则他们在工作中出车祸的情况也可能会比较少。这项测试的实际分数要根据对 130 个问题的回答得出。

图 6—4 测试样本

资料来源：Courtesy of NYT Permissions.

测试并不仅仅是针对较低层级的员工的。巴克莱资本公司（Barclays Capital）对研究生毕业和大学本科毕业的求职者也会首先进行能力测试，而不是进行第一轮面试。[27]一般来说，随着工作的要求（技能要求、培训要求和薪酬要求）不断提高，企业在甄选中越来越多地依赖各种测试。[28]企业不仅利用测试来挑选出好的员工，而且也用它们将不好的人淘汰出局。据一项估计，大约 30%的员工承认他们曾经从企业偷窃过东西，并且其中 41%的人是管理人员。[29]在零售业中，让企业担忧的是，在每 28 名员工中就有一名存在偷窃的情况。[30]这就难怪谨慎的企业要对其求职者进行测试了。下面来看看三个案例。

澳拜客牛排店案例 澳拜客牛排店（Outback Steakhouse）在开业两年之后，即 1991 年就开始在雇用新员工之前对他们进行测试。这种测试显然是非常成功的。在餐饮行业中，按小时领取工资的员工的离职率高达 200%，而澳拜客牛排店的员工离职率却只有 40%～60%。澳拜客牛排店所要寻找的是那种社交能力强、做事一丝不苟、富有同情心、适应性强的员工，并且利用一项测试来将那些不适合澳拜客牛排店的文化的求职者剔除掉。这种人格评价测试是这家企业在雇用员工之前的三步程序中的一步。求职者参加测试之后，管理人员会将测试结果与澳拜客牛排店的员工的测试情况进行比较。在某些个人特质（比如同情心）方面得分较低的求职者将被淘汰，得分较高的求职者才有机会接受两名管理人员的面试。在面试的时候，这家公司主要关注的是一些行为方面的问题，比如："如果一位顾客要一份我们的菜单上没有的附加菜，你会怎么做？"[31]

汽车维修城公司案例　汽车维修城公司（City Garage）的员工有 200 人，它在美国达拉斯-福特沃斯市开设了 25 家连锁性质的汽车维修与服务店。这家公司采用了一种计算机化的测试项目来改善自己的运营。公司原来的雇佣程序包括手工填写的求职申请表以及一次面试，接着就会很快做出录用或者不录用的决定。这种雇佣过程所产生的结果就是员工的流动率很高，几乎找不到合适的管理人员去管理新开的店面。这种情况对公司的成长战略构成了阻碍。

汽车维修城公司的高层管理者采取的解决措施是，从位于达拉斯的托马斯美国国际公司（Thomas International USA）购买了在线版的人格类型分析测试（Personality Profile Analysis）。在快速完成求职申请表的填写以及背景核查之后，可能的候选人要用 10 分钟的时间完成一个由 24 道题目组成的人格类型分析测试。然后，汽车维修城公司的工作人员会将求职者的答案录入人格类型分析的软件系统，测试结果会在不到两分钟的时间内显示。这种测试结果能够表明这位求职者在四种不同个性特征方面的得分高低，这种测试还能够在可能出现问题的领域跟踪生成一些新的问题。例如，这种测试可能会追问求职者，他们是如何处理像缺乏耐心等这样一些缺点的。如果求职者对这些问题的回答是令人满意的，他们就会被邀请来继续参加一次时间长达一整天的面试。在此之后，公司就会做出雇佣决定。

美国第一资本金融公司案例　几年前，美国第一资本金融公司（Capital One Financial）使用三种纸笔测试：认知技能测试、数学能力测试和工作经历测试（用于预测求职者的工作稳定性）。[32]但是，这一测试过程的效率非常低："在坦帕市，我们在只录用 100 人的情况下，每个月必须对几千人进行测试。"该公司现在采用的新的在线测试系统淘汰了纸笔测试。到呼叫中心来求职的人可以在线填写求职申请表，同时完成升级后的数学能力测试和个人工作经历测试（其中可能包括前一份工作的任职年限，居住地与相距最近的第一资本金融公司分支机构之间的距离）。他们还通过在线的方式来进行模拟的电话接听角色扮演。求职者戴上耳机，然后计算机程序会播放七种不同的呼叫模拟信号，求职者（扮演接线员的角色）需要像在现实中实际做的那样，回答若干道多项选择题。

6.2.6　计算机化测试和在线测试

正如在前面的案例中可以看到的，计算机化的测试和（或）在线测试正在日益取代传统的纸笔测试和手工测试。为了在对求职者进行比较深入的面试和背景调查之前，先迅速地对他们进行一次预筛选，许多企业——比如联邦快递公司等——都会让求职者接受在线测试或者离线的计算机化测试——这种测试有时通过电话进行，求职者通过在电话机上按键来参加测试，有时则是通过上网的方式参加测试。[33]一些像尤里克鲁公司（Unicru）这样的服务型企业会通过在线的方式，帮助企业对其求职者进行雇佣前的测试并且给出评分。我们在第 5 章中讨论过的求职者跟踪系统包括一项在线的预筛选测试。[34]

我们在下面将要描述的大多数测试都能采取计算机化的形式。例如，想要通过建筑师资格认证的申请者，就需要在线解决各种建筑问题，如在特定的空间限制下设计建筑布局等。[35]

6.3 各种类型的测试

我们可以很方便地根据各种不同的测试所要测量的对象，将它们划分为这样几类：认知能力（智力）测试、运动和身体能力测试、人格和兴趣测试以及成就测试。[36]下面逐一考察每一类测试。

6.3.1 认知能力测试

认知能力测试包括一般推理能力（智商）测试和特定的智力测试，比如记忆能力和归纳能力测试。

人力资源管理应用程序

通过 iPhone 手机进行测试

很多软件供应商都已经使求职者可以通过自己的 iPhone 手机来参加各种测试。例如，在右边的手机屏幕顶部所展现的就是这种应用软件，这里就是可以通过一部 iPhone 手机参加的在线测试软件。[37]

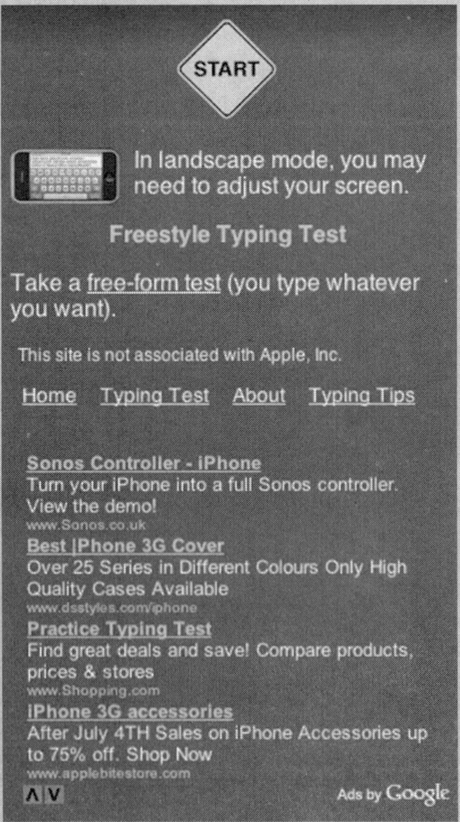

资料来源：http：//www.iphonetypingtest.com，accessed March 23，2009.

智商测试　智商（IQ）测试属于一般性的智力测试。这种测试所要测量的不是人的某种单一特质，而是人的多种能力，其中包括记忆能力、词汇能力、口头表达能力以及数学能力等。

从本源上理解，智商就是一个商数。它的计算程序是：用一个小孩的智力年龄（通过智商测试来进行测量）除以其生理年龄，然后将结果乘以 100。因此，如果一个 8 岁的小孩能够回答出 10 岁的小孩才能回答的问题，那么他的智商就是10÷8×100，或 125。

当然，对于成年人来说，智力年龄除以生理年龄就没有意义了。因此，一个成年人的智商实际上是一种“派生出来的”分数，它反映了一个人的智商在多大程度上高于或低于成年人的“平均”智力分数。

通常采用斯坦福-比奈测试（Stanford-Binet Test）或韦克斯勒测试（Wechsler Test）这样一类针对个体的测试工具来进行智力测量。企业还可以采用其他类型的智力测试，比如适用于不同人群的万德里克测试。其他一些智力测试还有：考夫曼青少年及成人智力测试（Kaufman Adolescent and Adult Intelligence Test）、斯洛森智力测试（Slosson Intelligence Test）、广泛型智力测试（Wide Range Intelligence Test）以及非语言理解力智力测试（Comprehensive Test of Nonverbal Intelligence）等。

特定的认知能力　还有一些测试是用来测量某些特定的智力的，比如归纳能力和演绎能力、语言理解力、记忆力以及数学能力。

心理学家往往将这种测试称为能力倾向测试，因为它们的目的就是测量一个人在从事某种特定职位的工作方面的能力如何。让我们来看一看图 6—5 中的机械理解力测试，它所要测量的是求职者对于基本的机械原理的理解程度。它能够反映一个人在从事某些需要具备机械理解力的工作——比如机械师或工程师——方面的能力高低。其他机械能力测试包括机械推理测试和 SRA 机械能力测试。修订后的明尼苏达纸板测试（Minnesota Paper Form Board Test）包括 64 张二维图表，这些二维图表被剪切为许多块。这种测试能深入揭示一位求职者的机械空间能力，可以利用这种测试为设计员、绘图员或工程师等职位进行候选人的筛选工作。

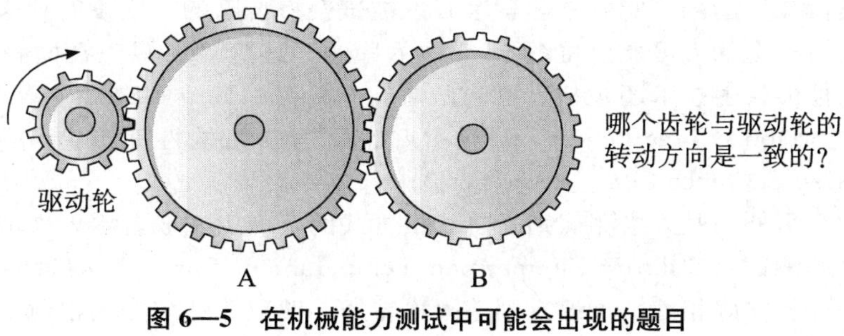

图 6—5　在机械能力测试中可能会出现的题目

6.3.2　运动和身体能力测试

你可能还想测量运动能力，比如手指灵巧性、手工操作灵巧性以及（如果雇用飞行员）反应时间等。克劳福德小零件灵巧性测试（Crawford Small Parts Dexterity Test）就是这方面的一个例子，它测量一个人做出简单判断的速度及其准确性，以及手指、手、手臂的运动速度。其他一些此类测试还包括：斯特隆伯格灵巧性测试

(Stromberg Dexterity Test)、明尼苏达操作速度测试（Minnesota Rate of Manipulation)，以及普度拼板测试（Purdue Peg Board)。罗得操作能力测试（Roeder Manipulative Aptitude Test）则可被用来为要求任职者具有灵巧性的职位筛选求职者。

企业可能还需要对求职者的身体能力进行测试。身体能力包括静态力量（例如举重)、动态力量（例如引体向上)、身体协调性（例如跳绳）以及耐力等。[38] 例如，申请救生员职位的人在受雇前，必须证明他们能够在水中游出一定的距离。

6.3.3 人格和兴趣测试

仅仅一个人的认知能力和身体能力测试基本上不能说明这个人的未来工作绩效。动机和人际关系技能等其他因素对于绩效同样具有重要作用。正如一位咨询顾问所指出的，大部分人都是因为他们具备相应的资格而被雇用的，同时，大部分人却是因不能达到绩效要求而被解雇的。不能达到绩效要求的情况“通常是由一些个人特征决定的，比如态度、动机，尤其是性格”。[39] 甚至是一些在线的约会服务网站，比如 eHarmony. com，都会让申请者首先进行在线的人格测试，从而通过软件的判断拒绝那些与当事人不匹配的人。[40]

企业常常通过人格测试来测量和预测这些无形特征。例如，惠普公司在甄选首席执行官候选人的过程中，作为其中的一个步骤，会让最终候选人参加一个耗时 2 小时、包括 900 道试题的人格测试。这些候选人必须指明下列这类陈述到底是对的还是不对的：“当我撞上一件家具时，我通常会感到生气”。[41] 其他一些企业，比如安克诚公司（Acxiom)，则利用迈尔斯-布里格斯（Myers-Briggs）或伯乐门（Birkman method）人格评价测试来帮助新员工更好地认识到他们最擅长的工作。[42]

人格测试要测量的是什么？ 人格测试要测量的是一位求职者的人格特征，比如内向性、稳定性、动机等。

一些人格测试是投射性的。在进行这种测试时，心理学家会向被试展示一个模糊的刺激源（例如一幅墨渍或云状图)，然后让被试对此做出反应。由于这些图片是模糊不清的，所以心理学家假设被试会将自己的态度投射到这幅图画之中。一个注重安全的人可能会将图 6—1 中的墨迹描述为“一只正在向我扑来的巨大昆虫”。其他的投射技术还包括看图讲故事（Make a Picture Story，MAPS)、房子—树—人（House-Tree-Person，H-T-P）以及福勒结构性完形造句测试（Forer Structured Sentence Completion Test)。

另外一些人格测试则是自我报告式的，即由求职者本人来填写问卷。吉尔福德气质测试（Guilford-Zimmerman Temperament Survey）测量的是情绪稳定性—易怒性、友好相处—批评挑剔等人格特质。明尼苏达多相人格测试（Minnesota Multiphasic Personality Inventory）则测量了诸如忧郁症和偏执狂等人格特征。人际关系风格测试（Interpersonal Style Inventory）是一种自我报告式的测试，它包括 300 道是非判断题，这些题目涉及社交性、敏感性、周密性、稳定性、责任心、信任性、指导性等方面的人格特点。万德里克人格特征测试（Wonderlic Personal Characteristics Inventory）测量了五种人格维度。销售成绩预测测试（Sales Achievement Predictor）将求职者划分为三个等级：强烈推荐、推荐以及不推荐从事销售工作。在网站 www. psychtests. com 上可以找到一些人格测试的样本。图 6—6 展示了一些在线的人格测试题目的样本。

荣格人格类型测试™

在完成本问卷之后，你将会得到：

根据卡尔・荣格和伊莎贝尔・迈尔斯・布里格斯的人格类型及其偏好强度确定的你的人格类型；

对你的人格类型的描述；

最适合你的人格类型的职业以及你可以接受相关程度培训的教育机构的名单。

对组织及专业人员

对于荣格人格评价在团队建设、候选人评价、领导力、职业发展、心理统计特征等方面的应用感兴趣或希望验证其效度的组织和专业人员可访问以下网站：www. HRPersonality. com。

1. 你几乎从不迟到。
   ○是　○否
2. 你喜欢做积极的、节奏快的工作。
   ○是　○否
3. 你乐于拥有广泛的人际交往圈子。
   ○是　○否
4. 你看肥皂剧的时候会很投入。
   ○是　○否
5. 当突发事件出现时，比如电话铃声突然响起或预料之外的事情出现时，你通常都是最先作出反应的人。
   ○是　○否
6. 你对总体性的思考更感兴趣，而不是实现这些想法的细节。
   ○是　○否
7. 你倾向于保持公正，即使这样做可能会伤害到你与别人之间的良好关系。
   ○是　○否
8. 严格遵守既定的规则很容易让你无法达成良好的结果。
   ○是　○否
9. 你很难兴奋起来。
   ○是　○否
10. 愿意承担责任是你的本性。
    ○是　○否
11. 你经常思考人类及其命运问题。
    ○是　○否
12. 你坚信最佳的决定就是易于变通的决定。
    ○是　○否
13. 客观的批判主义在任何活动中都是有益的。
    ○是　○否
14. 你倾向于立刻采取行动，而不是对各种可能的选择进行反复斟酌。
    ○是　○否
15. 你相信推理而不是感受。
    ○是　○否
16. 你倾向于更多地依赖临场发挥，而不是事先做好周密规划。
    ○是　○否
17. 你在闲暇时经常与一群人进行积极的社会交往，参加聚会、出去购物等。
    ○是　○否
18. 你经常在采取行动前做好计划。
    ○是　○否

图 6—6　在线人格测试中的一些题目的样本

资料来源：Elaine Pulakos, “Selection Assessment Methods,” SHRM Foundation, 2005, p. 9.

19. 你的行动经常受到情绪的影响。
○是 ○否
20. 你是一个在与人交流时会有所保留和保持一定距离的人。
○是 ○否
21. 你懂得如何把每分每秒都花在有意义的事情上。
○是 ○否
22. 你很愿意帮助别人而不求回报。
○是 ○否
23. 你经常深入思考生活的复杂性。
○是 ○否
24. 在进行长时间的社交活动之后，你觉得自己需要离开大家，单独待一会儿。
○是 ○否
25. 你经常以较快的速度工作。
○是 ○否
26. 你容易看出隐藏在具体现象背后的普遍原理。
○是 ○否
27. 你经常很容易表露自己的感受和情感。
○是 ○否
28. 你觉得很难让自己大声说话。
○是 ○否
29. 在不得不读理论性的书籍时，你会觉得很没意思。
○是 ○否
26. 你常会站在对方角度去思考。
○是 ○否
30. 你倾向于同情别人。
○是 ○否
31. 你认为正义比仁慈更重要。
○是 ○否
32. 在一个新的工作场所中，你能够快速融入其社会生活之中。
○是 ○否
33. 听你讲话的人越多，你的感觉越好。
○是 ○否
34. 你倾向于依靠自己的经验，而不是理论指导。
○是 ○否
35. 你喜欢监控事情的进展情况。
○是 ○否
36. 你很容易对他人的感受产生同感。
○是 ○否
37. 你经常是宁可看一本书，也不愿意参加聚会。
○是 ○否
38. 你喜欢处于事件的中心，让别人都围绕着你。
○是 ○否
39. 你更倾向于做试验，而不是按照自己熟悉的方法做事。
○是 ○否
40. 你避免承担义务。
○是 ○否
41. 你会被别人的苦难故事深深打动。
○是 ○否

图 6—6（续）

42. 在你看来，时限的重要性是相对的，而不是绝对的。
　○是　○否
43. 你喜欢远离外界的喧嚣。
　○是　○否
44. 对你而言，亲自尝试某些事情是非常必要的。
　○是　○否
45. 你认为几乎任何事情都是可以进行分析的。
　○是　○否
46. 你会尽力按时完成任务。
　○是　○否
47. 你很高兴看到各种事情被处理得井井有条。
　○是　○否
48. 你在人群中感到很轻松自在。
　○是　○否
49. 你能很好地控制自己的欲望和应对各种诱惑。
　○是　○否
50. 你很容易理解新的理论和原理。
　○是　○否
51. 对你而言，寻找问题解决办法的过程比解决问题本身更重要。
　○是　○否
52. 你经常让自己待在房间靠边的位置而不是中间。
　○是　○否
53. 在解决问题时，你更愿意采用自己熟悉的方法，而不使用新方法。
　○是　○否
54. 你努力坚持自己的原则。
　○是　○否
55. 你内心中总是有一种去冒险的渴望。
　○是　○否
56. 你更愿意在一些小群体中与人相处，而不是跟很多人在一起。
　○是　○否
57. 在考虑一件事情时，你更为关注当前情况，而较少关注这些事件可能产生的后续情况。
　○是　○否
58. 你认为科学的方法是最好的。
　○是　○否
59. 你发现很难谈论自己的情感。
　○是　○否
60. 你经常花时间思考如何进行改善。
　○是　○否
61. 你的很多决定都源于瞬间的感受而不是仔细的规划。
　○是　○否
62. 你更愿意一个人独享闲暇时光，或者是在一种安静的家庭氛围中放松。
　○是　○否
63. 你对坚持常规做法感到更舒服。
　○是　○否
64. 你容易受到强烈情感的影响。
　○是　○否
65. 你总是在寻找各种机会。
　○是　○否

图 6—6（续）

66. 你的办公桌等总是整洁有序。
○是 ○否
67. 你对当前问题的担忧总是超过你对未来计划的担心。
○是 ○否
68. 独自行走让你感到很愉悦。
○是 ○否
69. 在社交场合你很容易与人进行沟通。
○是 ○否
70. 你的习惯总是很一致。
○是 ○否
71. 你愿意去做那些能让你产生同情的事情。
○是 ○否
72. 你很容易察觉到事情的各种可能发展趋势。
○是 ○否

图 6—6（续）

"大五人格" 应当对哪些人格特质进行测量呢？工业心理学家通常关注"大五人格"中涉及的五大维度：外向性、情绪稳定性（神经质）、宜人性、责任感和经验开放性。[43]

神经质是指倾向于表现出较差的情绪调节能力，能感受到负面效应，比如焦虑、不安全感和敌意；外向性是指倾向于友善、有决断力、积极、能感受到正面效应，如激情和狂热；经验开放性是指倾向于有想象力、不顺从、不传统、有自制力；宜人性是指倾向于信任他人、服从性、关心他人、温和；责任感包括相互关联的两个方面，即成就感和可靠性。[44]

人格测试能否预测绩效？ 人格测试似乎应当是能够预测绩效的。我们想知道，性格外向的人在销售工作中所取得的业绩难道不会更好吗？

实际上，人格特质的确与工作绩效之间具有相关性。一项研究得出的结论是，外向性、责任感和经验开放性是领导力的非常有效的预测指标。[45]另一项研究则表明，神经质与动机负相关，而责任感则与动机正相关。[46]此外，"在人格研究中，责任感是工作绩效的最一致、最普遍的预测指标"，伍迪·艾伦解释说，看起来"90%的成功都能通过其预测"。[47]

其他人格特质则与职位密切相关。例如，外向性与在销售类工作和管理类工作中取得成功是存在联系的。[48]加州心理测试（California Psychological Inventory）中包含的责任、社会化、自控等维度能有效地预测出在执法人员中存在的工作中的功能性失调行为。[49]而情绪稳定性、外向性、宜人性则能够预测出外派人员是否会提前离开他们的海外工作岗位。[50]

警告 但是，在工作中使用人格测试时需要当心三大问题。第一，要记住，对投射性测试是很难进行解释的。这是因为这种测试中，专家必须分析被试对图片所做出的解释和反应，并借此推断出他们的人格特点。这种测试的作用是建立在这样一个假设基础之上的，即你能够发现，在可测量的人格特质（比如内向性）和在工作中取得成功之间存在某种关系。但是，这种测试对于异常行为的测量会遇到特别突出的挑战。

第二，人格测试更有可能引发法律问题。例如，某美国上诉法庭指出，明尼苏达多相人格测试是一种医学测试，因为它把那些受过心理损伤的求职者筛出局了。

因此，在决定雇用求职者之前就使用这种测试有可能违反《美国残疾人法》。[51]

第三，对于自我报告式的人格测试是否能够预测绩效还存在着激烈的争论。《人事心理学》（*Personnel Psychology*）期刊最近召集了一批杰出的工业心理学家开会，这些人认为，对于在甄选中使用自我报告式人格测试的做法“应当重新考虑”。[52]他们接着说，如果以实际的职位候选人为对象对这种测试仔细进行预测效度研究，结果会发现效度是非常低的。[53]而其他一些专家对此的回应是，这种担心是“没有根据的”。[54]无论如何，这里的最低要求是，你所使用的任何人格测试都必须能真正预测绩效。

兴趣测试　**兴趣测试**（interest inventories）是对被试的兴趣与从事各种不同职业的人的兴趣进行比较。因此，凡是参加斯通-坎贝尔测试（Strong-Campbell Inventory）的人都会得到一份报告，这份报告会将被试的兴趣与已经在从事某些工作——比如会计、工程或管理——的人的兴趣进行比较。有些人则通过参加自助式的自我指导职业搜寻测试（Self-Directed search，SDS）来获得一个兴趣代码，以此来识别自己在哪些职业中可能会具有较高的潜质。

兴趣测试有多种用途，它们在职业生涯规划中起着不可替代的作用。这是因为如果在某些职位中包括的工作活动是一个人感兴趣的，那么，这个人就有可能更好地完成这些职位的工作。这些测试还是非常有用的甄选工具。如果你选择的填补职位空缺的这些人的兴趣与已经在此类职位上取得成功的当前任职者的兴趣大致相同，那么，这些候选人在这些职位上取得成功的可能性会更大。

6.3.4　成就测试

成就测试所要测量的是一个人学到了哪些东西。你在学校里接受的大多数测试都属于成就测试。它们测量你在经济学、市场营销或人力资源管理等领域所掌握的“工作知识”。在工作中，成就测试也得到了广泛的应用。例如，普度机械师和机器操作员测试（Purdue Test for Machinists and Machine Operators）就利用“公差的含义是什么”等问题来测试有经验的机械师所掌握的工作知识。此外，还有适用于其他职业的一些测试。除了工作知识，成就测试还可以测量被试的各种能力，打字测试便是其中一例。

6.4　工作样本与工作模拟

在采用工作样本的情况下，可以向被试展现在他们所申请的职位上从事工作时的典型场景，然后再对他们所做出的反应进行评价。[55]专家认为，**工作样本**（work samples）（以及正如我们将在本节中讨论的评价中心等这样一类工作模拟）也同样属于测试。但是，它们却不同于其他大多数测试，因为它们是在直接测量工作绩效。例如，一位收银员的工作样本可能包括操作收银机以及数钱，而对一位文员来说，工作样本则可能包括打字测试和文字校阅测试。[56]

6.4.1　采用工作样本法甄选员工

工作样本技术（work sampling technique）试图通过要求职位候选人完成一项

或多项基本工作任务的样本，对他们的工作绩效进行预测。

工作样本法有几个优点。首先，它所测量的是实际的工作任务，因此被试难以弄虚作假。其次，工作样本的内容——任职者在实际工作中必须履行的工作任务——不大可能对少数族裔不公平（不像那种强调中产阶级观念和价值观的人事测量可能会遇到的情况）。[57]另外，工作样本测试不去探究求职者的人格特点，因此，求职者几乎不大可能会认为其会侵犯自己的隐私。最后，在设计得当的情况下，工作样本测试还可以比其他用来预测工作绩效的测试表现出更好的效度。

基本程序 工作样本法的基本操作程序是，从对于一个职位非常关键的几项任务中选择一个样本，然后用这个样本对求职者进行测试。[58]由一位观察员来监控求职者在执行每项任务时的表现，然后在一张清单上记录这位求职者的绩效好坏。这里有一个例子。在为维修技师创建工作样本时，专家首先列出了维修技师需要执行的所有各种工作任务（如“安装滑轮和皮带”以及“安装和调试马达”等）。其中的四项关键任务是安装滑轮和皮带、拆卸和安装齿轮箱、安装和调试马达、将套管压入链轮。

然后，专家将这四项任务分解成需要一步一步完成的若干具体步骤。当然，维修技师可以用略有不同的方法去完成每一个步骤。由于有些操作方法比其他操作方法更好，因此，专家会给不同的操作方法赋予不同的权重。

图 6—7 展示了要求被试完成的安装滑轮和皮带中的一个步骤——“在安装前核对销子”。如图 6—7 所示，在这个步骤对销子进行核对的方法可以是：(1) 根据轴来核对；(2) 根据滑轮来核对；(3) 不以这两者为依据进行核对。在图中右侧列出了反映每一种核对方法的价值的权重。求职者完成这项任务之后，观察员就会记录他所使用的方法。

安装前核对销子：	
——根据轴进行核对	得分 3
——根据滑轮进行核对	得分 3
——不根据轴也不根据滑轮进行核对	得分 1
说明：这是安装滑轮和皮带中的一个步骤。	

图 6—7 工作样本法中的题目示例

6.4.2 管理评价中心法

管理评价中心（management assessment centers）是一种为期 2～3 天的模拟活动，在这一过程中，有 10～12 名候选人要在专家的观察之下完成一系列的实际管理任务（如发表演说等），这些专家会对每一位候选人的领导力潜质做出评价。评价中心本身可能就是一个简单的会议室，但它通常会是一个特殊的房间，装有一面单向的镜子，以便于专家观察。典型的模拟任务包括：

● 文件筐练习。在这个练习中，被评价者要面对一大堆报告、备忘录、来电记录、信函以及其他资料，这些资料都与他们模拟承担的职位相关，它们或者被装在真的文件筐中，或者被放在计算机化的文件筐里。求职者必须对每份文件进行适当的处理。在练习完成后，受过训练的评价者会对候选人的工作情况做出评价。

● 无领导小组讨论。培训师会给出一个无领导小组的讨论题，然后要求这些参加讨论的成员达成一个小组决议。然后，培训师会对每位小组成员的人际关系技巧、群体接受度、领导能力以及个人影响力等作出评价。

● 管理游戏。游戏参加者作为在同一个市场上相互竞争的几家模拟公司中的成员来解决一些现实问题。例如，他们可能要决定如何做广告以及保持多少存货等。

● 个人演说。在这种时候，培训师会为每个人指定一个题目来发表口头演讲，然后据此评价候选人的沟通能力和说服能力。

● 客观测试。在一个评价中心中，通常还包括人格测试、智力测试、兴趣测试以及成就测试等。

● 面试。大多数评价中心还要求至少由一名培训师对每一位参加者进行一次面试，从而对参加者的兴趣、过去的工作绩效以及动机等作出评价。

在挑选评价中心参与者的时候，直接主管人员的意见通常是很重要的。直线管理人员通常担任评价者，并且通过讨论达成一致意见，对参与者作出等级评定。[59]

有效性　很多企业都使用评价中心法。例如，芝士蛋糕坊就创建了自己的职业评价和开发中心来帮助企业选拔可以晋升的管理人员。候选人要花两天的时间来完成各种练习、工作模拟以及课堂学习，以考察他们是否具备承担关键管理职位所需要的技能。[60]

大多数专家都认为，评价中心是一种有效的甄选管理候选人的手段，但问题是，企业值得在这上面花那么多钱吗？评价中心的开发费用很高，比各种传统测试耗费的时间更长，还要由管理人员来担任评价者，有时还需要聘请心理学家。但是，很多研究证明，使用评价中心法是值得的。[61]一项针对 40 名警察候选人所做的研究发现，评价中心法确实是物有所值的："这些候选人在评价中心中的表现对于预测他们未来在警务工作中能否取得成功，能够做出独一无二的重大贡献，这证明了这种方法是有用的。"在这项研究中，参加评价中心的同事相互之间的评价被证明是极为有用的。[62]

6.4.3　情境测试和视频情境测试

情境测试（situational test）要求被试对能够代表工作场景的典型情境做出反应。工作样本法（前面已经讨论过）和一些评价中心中需要完成的任务（比如文件筐练习）都属于这种类型的测试。视频测试以及小型工作培训（我们稍后将加以描述）和我们将在第 7 章中讲到的情境面试也属于情境测试。[63]

视频模拟测试（video-based simulation）通过在线的方式或电脑播放的方式向被试展现几个视频情境，在每个情境后面都有一道或多道多项选择题。例如，一个情节可能描绘了一位员工在工作中需要处理的某种情境。在情节发展到一个关键点的时候，视频就终止了，然后，这个视频会要求被试在几种行动方式中做出自己的选择。例如：

（一位管理者对部门的环境条件感到非常不满，然后拿部门中的一位员工出气。）

经理：好啊，很高兴看到你在这里。

员工：哦？为什么这么说啊？

经理：看看这个地方，你就知道为什么了！我就一天不在这里，回来却发现整个部门搞得乱七八糟。你应该比我更清楚这到底是怎么回事。

员工：但是我昨天晚上并没有工作到很晚啊。

经理：可能是没有。但是，此前已经有很多次你们把这个部门的环境搞得乱糟糟的了。

（情节到此停止）

如果你是这位员工，你会怎么做？

a. 让把办公室搞乱的其他同事知道你不得不背这个黑锅。

b. 首先改变部门的现状，然后再找机会向经理解释缘由。

c. 建议经理自己去与那些把部门环境搞乱的其他同事谈话。

d. 把情况反映给经理的上级。[64]

6.4.4 小型工作培训和评价法

小型工作培训和评价法（miniature job training and evaluation）是指在雇用求职者之前，首先培训他们去完成几项工作任务，然后对他们的绩效进行评价。这种方法假设，一个人如果能够证明自己能够学会并实际完成工作任务样本，则此人就能够学会和完成职位的所有工作任务。这种方法采用实际的工作任务样本对求职者进行测试，因而这种测试的内容在本质上是与职位相关的，并且是具有效度的。然而，最大的问题在于，对求职者进行指导和提供培训会产生费用。

本田汽车公司案例 本田汽车公司成功地使用了小型工作培训法。当本田公司在美国亚拉巴马州建立一家新的汽车厂时，它需要雇用数千名新员工，而当地的劳动者从事制造业工作的很少。本田汽车公司的招募广告寻找那些愿意参加由该公司提供的免费培训的求职者，并且只有参加此项培训的人才能申请新汽车厂中的工作。求职者必须至少有高中毕业文凭或者一般教育水平（GED），并且在过去两年的就业期间，没有出现未能得到解释的间隔期。此外，求职者还必须是亚拉巴马州的居民。结果，有 1.8 万人申请到本田汽车公司工作。

本田汽车公司和亚拉巴马州的就业机构首先对求职者进行了筛选，剔除掉那些缺乏相关教育背景或工作经验的人。然后，它们优先考虑那些居住地离工厂较近的求职者。每 6 周，会有大约 340 名求职者在新工厂中接受一项特殊培训，每周培训两个晚上。培训内容包括课堂讲解、观看本田汽车公司员工的实际工作视频，还包括练习完成一些特定的工作。（这样，就等于实施了“小型工作培训和评价”）。有些求职者通过观看视频了解到未来的工作节奏之后，就退出了。

在培训过程中，来自亚拉巴马州政府就业机构的专家会对求职者进行仔细的观察，并给他们打分。接着，本田汽车公司邀请那些成功地完成培训的人来申请新工厂中的职位。然后，由本田汽车公司的员工——来自人力资源部门和用人部门的代表——对求职者进行面试，审查他们的培训记录，最后决定录用哪些人。新员工还需要接受一项一次性完成的药物测试，但不再需要参加其他任何笔试，也不需要提供任何证明材料。新员工入职后需要接受一项为期 3 天的岗前培训，然后就由每个部门的经理助理来协调他们的日常培训活动。[65]

6.4.5 实际工作预览

有时，现实中的工作是最好的筛选工具。例如，沃尔玛公司发现，很多新员工在入职后的 90 天之内就离职了。于是，沃尔玛公司开始明确解释公司的工作时间表，同时询问求职者的工作偏好，结果员工的离职率有所下降。[66] 总的来说，能够得到实际工作预览的求职者更有可能会拒绝接受入职邀请，但是企业的离职率却有可能会更低。[67]

6.4.6　人力资源管理实践：针对管理者的测试技术

你可能会发现，即使是在一些规模最大的公司中，你仍然有可能在一定程度上是在独立地完成员工筛选工作。人力资源部门可能会与你一起设计和实施筛选测试，但更常见的情况是，人力资源部门所做的工作往往仅仅是投放招募广告，做一些预筛选工作（比如，让应聘文员职位的求职者参加打字测试），进行适当的背景调查，以及进行药物检查和体检。

这种情况会给你带来一个问题。比如，假设你是一位市场营销经理，你想更正式地对求职者进行筛选。你可能会购买和自行设计自己的测试组，但是你必须非常谨慎。比如，购买和使用成套的智力测试或心理测试可能会引发很多问题。这样做也可能会违反公司的规定，产生效度问题，甚至会使企业不得不承担违反公平就业机会法的责任。

一种比较好的做法是设计和使用多种筛选工具，因为这些工具的表面效度是显而易见的。例如，创建一个工作样本测试。因此，对于一位市场营销经理来说，如果让应聘广告设计职位的求职者花上 1 小时的时间来设计一则广告，或者让应聘市场营销调查职位的求职者用半小时的时间来为一个假设的产品设计一份市场营销研究方案，那么，这些要求无疑是合理的。

6.4.7　小结

表 6—2 总结了几种流行的评价方法的效度、成本及其潜在的负面影响。

表 6—2　　根据四项关键标准对几种评价方法所做的评估

评价方法	效度	负面影响	成本（开发成本/测试成本）	求职者的反应
认知能力测试	高	高（不利于少数族裔劳动者）	低/低	有点积极
工作知识测试	高	高（不利于少数族裔劳动者）	低/低	比较积极
人格测试	低到中	低	低/低	不太积极
传记信息梳理	中	对不同类型劳动者从低到高	高/低	不太积极
诚实性测试	中到高	低	低/低	不太积极
结构化面试	高	低	高/高	积极
身体适宜性测试	中到高	高（不利于女性和老年劳动者）	高/高	积极
情境判断测试	中	中（不利少数族裔劳动者）	高/低	积极
工作样本法	高	低	高/高	积极
评价中心法	中到高	低到高，取决于实际的实施情况	高/高	积极
身体能力测试	中到高	高（不利于女性和老年劳动者）	高/高	积极

说明：目前还缺乏关于求职者对情境判断测试和身体能力测试所做出的反应方面的研究证据。但是由于这些测试很明显是与工作相关的，所以有可能求职者对它们的反应会是积极的。

资料来源：Elaine Pulakos，*Selection Assessment Methods*，SHRM Foundation，2005，p. 17. Reprinted by permission of Society for Human Resource Management via Copyright Clearance Center.

6.5 背景调查和其他甄选方法

测试通常只是企业甄选过程的一个组成部分。其他甄选工具可能还包括背景调查和推荐信核查、雇用前信息搜寻服务、诚实性测试、笔迹检测以及药物滥用筛选。

6.5.1 为什么要进行背景调查和推荐信核查？

避免发生雇佣失误的最为简单的一种方法就是彻底地对求职者的背景进行调查。这样做的成本非常低，但是（如果做得正确的话）非常有用。如果明白了这些道理，甚至是大企业中的直线管理人员都没有理由不去对自己准备雇用的人所提供的推荐信进行核查。

因此，大多数企业都会仔细核查和确认求职者的背景信息以及他们所提供的推荐信。在一项对大约 700 名人力资源经理所做的调查中，87%的人说他们对求职者提供的推荐信进行过核查，69%的人进行过过去的就业背景调查，61%的人调查过员工的犯罪记录，56%的人调查过员工的驾驶记录，35%的人有时或总是去检查员工的信用记录。[68]通常要验证的数据包括：就业资格的合法性（是否符合移民法的规定）、过去的就业时间段、在军队服役的情况（其中包括退伍的类型）、教育情况、个人身份（包括出生日期和可以确认身份的有效住址）、县级犯罪记录（在现居住地和前居住地的犯罪记录）、机动车记录、信用、驾照、社会保障号以及推荐信验证。[69]此外，随着“文凭工厂”的泛滥，对求职者的学术背景进行核查也是必要的。[70]有些企业还会在征得求职者同意的情况下，对高管职位候选人的民事诉讼记录进行调查。[71]

为什么要进行核查？ 进行背景调查的主要原因有两个：核查求职者的信息（姓名等）和揭露一些不利的信息。[72]在求职申请中说谎的人绝不在少数。一项调查发现，在 7 000 名高管人员的简历中，有 23%的人都存在夸大信息或虚假信息。[73]

甚至一些相对老练的公司也有可能会让某些有犯罪历史的员工蒙混过关，出现这种情况的一方面原因就是，这些公司没有进行有效的背景核查。芝加哥的一家大型制药公司发现，自己雇用了一伙歹徒来从事邮件收发和计算机维修工作。这伙人在一年的时间里盗窃了价值达 100 万美元的计算机零部件，并且通过公司的邮递部门将这些计算机零部件邮寄给他们自己在附近开设的一家计算机商店。[74]

至于对员工的背景要进行多么深入的调查，则取决于企业需要招募人员的职位是什么。例如，与雇用一名场地管理员相比，在雇用一名会计时，对求职者的信用记录和教育情况进行审查就重要得多。无论如何，企业应当定期审查那些容易接触到公司资产的员工（如出纳）的信用评级。此外，对经常使用公司汽车的员工的驾驶记录进行审查也同样很重要。

有效性 大多数管理人员并不认为推荐信很有用。在较早的一项研究中，只有大约一半的管理人员认为推荐信至少还算“有点价值”。当他们被问到是更为偏好书面推荐还是电话推荐的时候，72%的人说自己更喜欢电话推荐，因为在电话中往往能够针对被推荐人作出更为坦诚的评价，同时提供更多的私下交流机会。事实上，推荐信是一种最不受欢迎的甄选工具（在七种甄选工具中排在最后一位）。根据受欢迎程度对这七种测试工具进行由高到低排序的结果是：面试、求职申请表、学校成绩单、口头推荐、能力测试和成就测试、心理测试、推荐信。[75]另一项调查发现，只有11%的受访者认为，他们所获得的关于求职者的暴力行为或“古怪行为”方面的信息是足够的。在背景调查需要核实的10类信息中，只有3类信息被一半以上的受访者认为是能够获得充分验证的，即雇用日期（96%）、得到再雇用的资格（65%）以及任职资格（56%）。[76]

背景调查之所以名声不好，其原因是非常明显的。一方面，许多人在原企业的直接上级不想破坏原来的下属找到新工作的机会，还有一些员工原来的直接上级可能是为了摆脱这些不胜任工作的员工而宁愿为他们出具比较有利的推荐意见。甚至在通过电话进行推荐信的核查时，也必须注意一定要正确地提出问题。

另一个原因是法律方面的。通常情况下，提供推荐信的企业是不能被过去的员工以诽谤的名义起诉的，除非这些过去的员工能够证明企业确实是存在“恶意”的——也就是说用意不良、严重疏忽或无视员工的权利。[77]但尽管如此，提供推荐信的管理人员和企业仍然会尽量注意避免发生那样的情况。下面让我们来看一看为什么会这样。

6.5.2　法律风险及其规避

在实践中（正如大多数人凭直觉就能知道的），你如果给别人提供一份对其不利的推荐信，则很可能会被拖进法律的泥潭。例如，如果法院认为你们公司之所以会给一位过去的员工提供一份对他不利的推荐信，主要原因就是这位员工曾经向公平就业机会委员会控告你们违反相关法律，而你们希望借此打击报复他，那么，法院就会支持这位员工起诉你们公司。[78]

诽谤　刚刚提到的风险还只是冰山一角。被当事人控告为诽谤是真正的危险。不仅仅是企业，一线的主管人员和管理人员都存在这种潜在的风险。各种联邦法律[79]都赋予了个人以及学生这样两个方面的权利，一是了解在自己的信用档案以及提交给政府的各种文件中记载的与本人有关的那些信息的性质及其内容；二是审查任何一家与联邦机构签订合同的私营企业所提供的与自己有关的信息记录。因此，你的评价对象很有可能会看到你对他作出的评价，而且可能会认定你对他实施了诽谤。普通法——特别是诽谤涉及的侵权行为——也适用于你所提供的任何此类信息。如果你提供的信息是虚假的，并且损害了评价对象的声誉——通过降低周围的人对评价对象的尊重，或者阻碍别人与该对象之间的交往——那么，这种沟通就是诽谤性的。

一位宣称自己被诽谤的求职者可以通过各种合法途径来进行补救，其中包括控告提供推荐信的人诽谤自己。[80]在一起案件中，一位求职者被其应聘的公司拒绝了，导致这种结果出现的原因之一在于，此人过去就职的前一家企业将其描述为一个“性格独特的人”，后来法院判决提供推荐材料的前雇主向这位员工支付5.6万美元的赔偿金。如果这种惩罚看起来还不够的话，你会发现，还有一些公司专门做这样一件事，即收取很低的费用来代表那些自认为获得了不良推荐的员工，给他们原来工作过的企业打电话。比如，一位主管人员认为自己过去就职的一家企业说了他的坏话，于是他就雇用了一家名为 BadReferences. com 的公司对此进行调查。该公司（聘请受过培训的法院书记员来调查此案）发现，这个人原来工作过的企业中的一位主管人员认为，这名员工“注意力不是很集中，不大愿意承担风险或作出重大的决策”。这位员工后来就控告了自己过去工作过的这家企业，要求该公司停止诽谤并支付其 4.5 万美元的赔偿金。[81]

隐私 此外，事实也并不总是能够成为为自己辩护的理由。美国有些州认可普通法适用于对个人隐私的侵犯问题。即使企业披露的与员工有关的大量信息都是真实的，但如果这些信息属于令其尴尬的隐私，则员工可以起诉企业的这种做法。这时，真实性就不是一种自我辩护的理由。

曾经有这样一起案件，一位主管人员在与一位员工的激烈争吵过程中，大声说出这位员工的妻子与某人发生过性关系。这位员工及其妻子起诉该企业侵犯了他们的隐私。陪审团裁决，这家企业确实侵犯了这对夫妇的隐私权，法院判决企业因为这件事情对这对夫妇双方都造成了损害，同时还支持了这对夫妇提出的另一项指控，即这位主管人员因故意给他们造成情感压力而对他们造成了损害。[82]

这种情况造成的最终结果就是，大多数企业和管理人员对于能够给谁提供推荐信以及在推荐信中写什么内容，都有非常严格的限制。作为一项原则，企业应当确保只有那些得到授权的管理人员才能提供推荐信息。为了确保推荐信不至于产生法律问题，其他一些可以推荐的指导原则包括：“不要主动提供信息”、“避免做出模棱两可的陈述”以及“不回答一些陷阱性的问题，比如‘你还会再雇用此人吗’等”。实际上，许多公司都有这样的政策规定，即除了前员工的就业日期、最后薪酬以及职位名称，不提供其他任何推荐信息。[83]

但是，不披露相关信息可能也是很危险的。在佛罗里达州发生的一起案件中，一家公司以一名员工携带手枪进入工作场所为由将其解雇了。这位员工后来就职的另外一家企业又（因为他缺勤）把他解雇了，结果他回到这家公司，开枪射杀了几名员工，然后自杀身亡。受害员工以及被射杀的那些员工的亲属对于过去曾经雇用凶手的第一家企业提起了诉讼，因为这家企业曾经为这名员工出具过一封说明其没有什么毛病的推荐信，据说这家企业当初这么做的主要原因是不想让这位员工因为被解雇而感到恼火。

6.5.3 如何调查求职者的背景?

现在让我们回到这样一个问题，即在实践中，你收到的推荐信可能是没有什么用处的。管理人员和企业可以通过做几件事情来获得更好的信息。

大部分企业起码会尝试通过电话向求职者现在（或原来的）就职企业了解其当前（或过去担任过的）职位以及薪酬情况（假设你向求职者明确说明自己会这样做）。还有一些企业会打电话去询问求职者现在或过去的直接上级，以进一步了解此人的动机、技能以及与同事共事的能力（尽管很多公司同样会制定政策，禁止提供此类信息）。还有一些企业则从商业信用评级机构获得一些背景报告，其中包括一个人的信用状况、负债情况、声誉、特性和生活方式等方面的信息。图 6—8 所示为可以通过电话获得推荐信息的一张表格。

（在进行推荐材料核查之前应当确认求职者授权你采取这种行动）

求职者姓名____________________

推荐人姓名____________________

公司名称____________________

雇用日期　起始日期 ____________ 终止日期____________

职位：____________________

薪酬：____________________

离职原因：____________________

向求职者过去的主管人员解释自己为什么要打这个电话，然后确认上述各项信息（其中包括离职原因）。

1. 请描述这个人所负责的工作的类型。

2. 您认为这个人和同事、下级（如果有的话）以及上级之间的关系如何？

3. 这个人的工作态度是积极的还是消极的？请具体说明。

4. 您如何描述这个人过去在你们公司的工作产出数量和质量？

5. 这个人在工作中的优势是什么？

6. 这个人在工作中的缺点是什么？

7. 您对这个人的总体评价如何？

8. 您会推荐这位求职者来承担我们公司的这个职位吗？为什么会或不会？

9. 你们公司有可能会重新雇用这个人吗？为什么会或不会？

您对此人还有其他评价吗？

图 6—8　推荐材料核查表

资料来源：Society for Human Resource Management，© 2004. Reproduced with permission of Society for Human Resource Management in the Format Textbook via Copyright Clearance Center.

越来越多的企业还利用谷歌对求职者进行搜索，或者是到一些社交网站上进行核查。通过在线搜索之后，招募人员发现，31%的求职者在自己的任职资格条件方面存在造假，19%的人存在酗酒和滥用药物的情况。[84]在 Facebook.com 这个交友网站上，一家企业发现，它的一名求职者将自己的兴趣描述为吸食大麻和朝人射击。这个学生或许是在开玩笑，但是他却因此而没能得到那份工作。[85]一篇名为“你所无法控制的推荐信”的文章提到，企业可以利用社交网站找到求职者过去的一些同事，然后与他们取得联系。[86]

通过谷歌进行搜索或许是足够安全的，但是到社交网站上进行核查却有可能会带来一些法律问题。例如，尽管《公平信用报告法》更多地针对的是官方报告的获取问题，企业最好还是在通过社交网站进行核查之前，先征得求职者的同意。[87]此外，在进行网站核查的时候，还要注意不能找借口或编造身份。[88]

人力资源管理实践：使背景核查更有价值 有没有什么方式能够获得更好的信息呢？当然有。

● 第一，在求职申请表中应当包括求职者必须签署的一项声明，让他们明确地授权企业进行背景核查。例如：

> 本人在此保证，以上求职申请表中所提供的事实都是真实、完整的。我知道，在本表中若存在伪造或讹误的信息，或者遗漏任何要求提供的信息，都可能会招致解雇（在已被雇用的情况下），或者可能导致企业拒绝发出入职通知以及（或者）收回已经发出的入职通知。在此，我也授权我应聘的企业对我的信用情况、就业记录、驾驶记录，并且，一旦企业向我发出入职通知或者在雇用本人期间，还可以对我的工伤保险背景信息进行调查。

● 第二，（由于电话推荐显然能够提供更为坦率的评价，）可能最好还是依靠电话推荐来获得信息。可以使用诸如图 6—8 中的表格来获得电话推荐信息。要记住，也许你能得到有关雇用日期、重新雇用可能性以及任职资格等方面的相对准确的信息，但得到其他方面的背景信息（比如离开上一份工作的原因等）却会更困难。[89]

● 第三，坚持不懈并且对一些潜在的危险信号保持警惕，也可以改善背景核查的效果。例如，如果在你提出“你们公司还会再雇用此人吗?”这样的问题时，求职者过去工作过的企业不愿回答或者闪烁其词，你就不要直接进入下一个问题，而是要去挖掘出这位求职者到底做了什么事情导致其过去的雇主在回答时迟疑不决。如果这家企业的人说：“乔尔这个人需要得到一些特殊的关照。”你就接着问：“那需要得到什么特殊照顾呢?”

● 第四，将求职申请表和简历做比较。求职者在他们的简历中要比在求职申请表中往往更加富有想象力，因为求职表往往要求求职者确认自己所提供的各种信息。

● 第五，为了让推荐者更多地介绍有关求职者的情况，在提问时要用一些开放性的问题，比如：“这个人在本职工作中对结构化程度的需要有多高?”[90]但是，在索取信息时一定要注意：

其一，仅仅索取和获得你将使用的信息。

其二，记住拘捕记录这种信息的使用是高度可疑的。

其三，使用具体的、与职位有关的信息。

其四，注意信息的保密。

● 第六，将求职者提供的推荐人作为寻找其他推荐人的一个信息源。你可以向求职者的每一位推荐人提出这样的问题：“你能告诉我另一位可能也熟悉这位求职者的工作绩效的人的姓名吗?”通过这种方式，你可能会从更为客观的其他推荐人那里得到信息，因为这些推荐人不是由求职者直接提供给你的。

6.5.4 利用雇用前信息收集服务

企业很容易通过雇佣筛选服务来对求职者进行背景核查。有很多公司提供这种服务。一些顶级的此类服务供应商包括克罗尔背景调查公司（www. Krollworldwide. com)、雇佣调查公司（www. Hirecheck. com)、选择点公司（www. choicepoint. com）以及首优咨询公司（www. FADV. com)。[91]这些公司利用数据库来获得有关工伤保险、信用历史、犯罪记录以及驾驶记录等方面的信息。例如，南佛罗里达州的一家公司在广告中说，客户只需支付不到50美元，该公司便可以提供关于犯罪历史记录报告、机动车/驾驶员记录报告、(在求职者受雇后提供的）工伤保险申请报告，再加上确认身份、姓名以及社会保障号等。目前已经有数千个数据库和信息源能够提供此类背景信息，其中包括性犯罪者档案、工伤保险历史以及犯罪、就业和教育历史等方面的信息。[92]

对使用信息收集服务的警告　在使用求职者的犯罪记录、信用记录以及工伤保险历史等信息的时候一定要非常谨慎，原因有两个[93]：第一，(正如我们在本书第2章中讲过的，）这种做法可能会违反公平就业机会方面的法律。例如，《美国残疾人法》禁止企业对求职者是否存在残疾以及残疾的性质或严重程度进行雇用前的调查。因此，在为求职者提供工作机会之前，企业了解求职者过去的工伤保险申请情况通常是违法的。类似地，索取求职者的被捕记录可能也是存在歧视性的，所以永远不要授权信息服务提供商进行不合理的调查。

第二，很多联邦法律和州法律都对企业如何获取和使用求职者和员工的背景信息作出了规定。在美国联邦层面上，起主要指导作用的法律是《公平信用报告法》。此外，美国至少有21个州对此也有自己的规定。要想做到遵守法律，企业应当采取以下四个步骤：

步骤一：披露和授权。在要求得到报告之前，企业应当告知求职者或员工，公司会要求获得这份报告，而且员工或求职者将会得到这份报告的副本。(这件事可以在求职申请表上做。)

步骤二：保证。企业必须向报告机构保证，自己会遵守联邦法律和州法律的要求——例如，企业会获得员工或求职者的书面同意。

步骤三：提供报告副本。根据联邦法律，如果企业要采取负面行动（比如收回入职通知书)，则必须把报告副本提供给求职者或员工。[94]

步骤四：在采取负面行动后发布通知。企业在将消费者报告和调查报告的副本发给员工或求职者后，要等待一个“合理的时期”，然后才可以采取负面行动（比如收回入职通知书)。如果企业想要采取负面行动，应当提前通知员工或求职者。通知中应包括消费者报告的出具机构名称等信息。然后，员工或求职者可以根据各种适用的法律来采取一些补救行动。[95]

6.5.5 测谎器与诚实性测试

虽然法律严格限制使用多种波动描记器（或测谎器)，但仍然有一些企业在使用这种设备进行诚实性测试。测谎器是一种对排汗增加现象等心理变化情况进行测量的仪器。它的基本假设是，这些心理变化能够反映与说谎相伴随的情绪状态变化情况。

对测谎器的攻击性所产生的诸多抱怨以及对测谎器的准确性所产生的严重怀疑，最终导致了美国在1988年颁布了《员工测谎保护法》。[96]除了极少数例外情况，这项法律禁止企业对所有的求职者和大多数员工进行测谎器测验。（该法还禁止企业使用其他一些试图测量人的诚实性或不诚实性的机械设备或电子设备，其中包括心理压力测量仪、声音压力分析仪。但是，美国联邦法律并不禁止企业使用纸笔测试以及化学测试（比如进行药物测试）。）

谁可以使用测谎器？ 地方政府、州政府以及联邦政府（其中包括联邦调查局）可以使用测谎器，但是各州的法律会严格限制许多地方政府和州政府使用测谎器。还有一些私人企业可以使用测谎器，但只能在严格限制的条件下使用，这些企业包括：

- 签订了国防或国家安全合同的企业。
- 与能源部签订了有关原子能项目合同的企业。
- 获准接触高级别机密情报的企业。
- 与联邦调查局和司法部签订了反间谍合同的企业。
- 存在以下三种情况的私营企业：第一，雇用私人保安人员；第二，雇用接触药物的人员；第三，从事对一家企业蒙受的经济损失或损害情况（比如盗窃活动）进行持续调查的工作。

然而，即使是在对偷窃活动进行持续调查的情况下，法律也会对企业的权利做出限制。要想在持续调查的过程中使用测谎器进行测试，企业必须满足以下四条标准：

第一，企业必须表明自己遭受了经济损失或受到损害。

第二，企业必须说明被调查员工有可能接近公司的那些财产。

第三，在要求员工接受测谎器测试之前，企业必须有合理的怀疑理由。

第四，被调查员工在接受测试之前必须被告知调查的详细内容，以及在测谎器测试中将会被问到的问题。

纸笔诚实性测试 《员工测谎保护法》催生了纸笔（或在线）的诚实性测试市场。这些测试是用来预测求职者的不诚实倾向以及其他反生产率倾向的心理测试。[97]这些测试大多是测量人们对于这样一些事情的态度，比如对他人盗窃行为的容忍度、对偷盗行为给出的合理理由的接受度以及认可与偷盗有关的活动等。这类测试包括"第二阶段形象测试"（PhaseⅡprofile）、伦敦出版社以及斯坦顿公司发行的类似测试。[98]（请参见 www. queendom. com/tests/career/honesty_ access. html。）

心理学家最初提出了对纸笔诚实性测试的担心，但是很多研究表明，这些测试具有良好的效度。一项较早时候完成的研究说明了它们的潜在作用。这些研究的对象是一家大型便利连锁店雇用的111名员工，这些员工都在商店或者加油站从事柜台工作。[99]这家企业估计，公司销售收入的"缩水"程度大概为3%，并且认为大部分的此类损耗都是内部盗贼所为。员工在诚实性测试中的得分可以有效地预测他们的偷盗行为——在这里是用他们因盗窃而被开除的情况来衡量的。最近有人对这种测试做了一项文献审查，对这类测试的作用所得出的"研究结果模式"是：这种测试的表现"会一如既往地很积极"。[100]

诚实性核查：你可以做些什么 不管企业是否进行诚实性测试，管理人员或企业都可以通过做很多事情来筛选出那些不诚实的求职者或员工。具体做法如下：

● 直言不讳地提问。[101]一位专家说，向求职者直截了当地提问总是不会有什么错误的。比如："你在原来工作的企业曾经偷过东西吗?""除了你在求职申请表上填写的那些工作之外，你最近还从事过其他方面的工作吗?""你曾经被解雇过或者被企业要求自动离职吗?""如果我们去问你过去的直接上级这样一个问题，即为什么当初让你离开他们公司，你觉得他们会说出哪些方面的理由呢?""你过去工作的企业有没有曾经因为你缺勤或迟到而惩戒或警告过你?""你的求职申请表上有什么不真实的或伪造的信息吗?"

● 多听少说。让求职者多说话，这样就可以尽可能多地了解他了。

● 进行信用调查。在求职申请表中注明一个条款，要求求职者授权企业进行背景核查，其中包括信用核查和机动车驾驶情况报告。

● 核查所有的就业推荐信和个人推荐信。

● 实施纸笔诚实性测试和心理测试。

● 进行药物测试。制定药物测试计划并给每位求职者一份关于这项政策的副本。

● 制定一项调查处理政策并实施调查。给每位求职者提供一份这种政策的副本，并要求他们在签字后交回。这种政策应当规定："公司中的所有带锁的储物柜、办公桌以及同类财产都是本公司财产，公司可随时进行常规检查。"

不过，企业还是应谨慎使用诚实性测试。如果参加了一项明显的"诚实性测试"并且"未能通过"，那么，求职者可能会产生这样一种感觉，即自己受到的对待是不太公平的。有些测试"诚实性"的问题还会引发侵犯隐私的问题。此外，还有一些各州的法律需要注意，例如，马萨诸塞州和罗得岛州的法律就限制使用纸笔诚实性测试。

6.5.6 笔迹分析

笔迹分析是指通过分析书写者的笔迹来确定一个人的基本人格特质。因此，笔迹分析有点类似于投射型人格测试，尽管笔迹分析的效度很受怀疑。

在笔迹分析中，笔迹分析专家通过研究求职者的手写笔迹和签名来发现求职者的需要、欲望以及心理特性。根据一位笔迹分析专家的说法，图6—9中的笔迹反映了诸如"独立"和"孤立"等人格特质。

对于笔迹分析在人员甄选中的作用是褒贬不一的。很多研究认为，笔迹分析通常是无效的；或者说，即使笔迹分析专家能够准确把握书写者的人格特点，也是因为他们参考了其他一些背景信息。然而，仍有企业在继续使用笔迹分析，而且极其信赖它。这种倾向在欧洲更为明显，因为"在像法国或德国这样的国家都有一个中央笔迹分析机构，这种机构是作为一个认证机构来提供服务的"。[102]位于美国密苏里州布鲁斯普林斯市的菲克公司（Fike）是一家从事电子管及其他工业产品生产的企业，该公司一共拥有325名员工，它就利用基于笔迹样本的分析来设计后来的面试。位于加利福尼亚州桑塔罗萨市的汇兑银行（Exchange Bank）也将笔迹分析作为甄选高层管理职位候选人的一个要素。[103]

6.5.7 身体检查

一旦企业准备向求职者发出录用通知，甄选过程中接下来的一个步骤通常就是体检（虽然体检环节也有可能会发生在新员工已经开始上岗工作之后）。

焦躁型人格

从笔迹记录第 17 号中取得

"下面的笔迹样本表明此人具有焦躁倾向。我们可以从笔迹中看出独立性，这是一种非常突出并且极为激烈的态度和感受状态。还需要注意，这些单词之间都用很大的空格分开，这意味着这位书写者有一种明显的被人际隔离的感觉。"

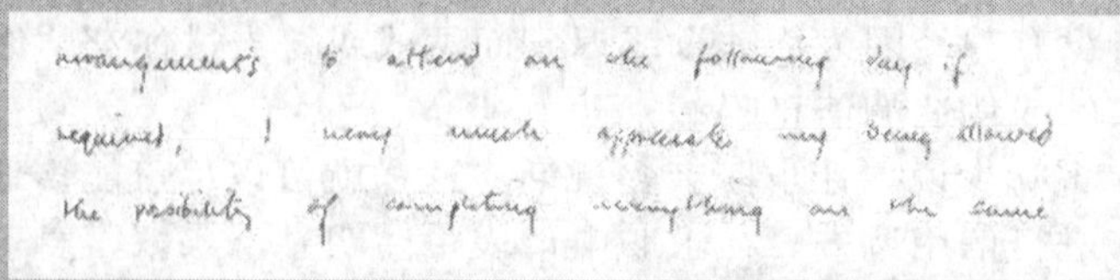

"下面是与我们上面讨论的第 17 号笔迹有关的焦躁型人格的一些笔迹反映指标："

- 字体较小或中等；
- 字体上下垂直站立；
- 字母写得很小；
- 字母之间连接生硬；
- 很注意节约纸张的使用；
- 尽管这份笔迹样本上的单词不是特别潦草，但是它们很显然也不是很舒展。各个字母之间的间距非常小。

图 6—9 "焦躁型人格"

资料来源：http：//www. graphicinsight. co. za/writing samples. htm # The% 20Uptight% 20 Personality %2，accessed March 28，2009. Used with permission of www. graphicinsight. co. za.

在雇用求职者之前对他们进行体检的原因主要有这样几个：验证求职者是否达到了职位的身体条件要求；发现在对求职者进行工作安排时应当予以考虑的身体限制因素；为未来的保险或工伤保险申请确定一个基准线。体检还可以通过发现健康问题降低缺勤率和工伤事故率，当然，还可以发现一些传染病。

这里的问题在于《美国残疾人法》。根据《美国残疾人法》的规定，如果求职者在其他方面是合格的，并且在企业提供合理的便利措施的情况下可以履行基本的工作职能，则企业不得拒绝为其提供工作机会。该法案允许企业在发出录取通知和正式开始工作之前这段时间里对员工进行体检，但前提是这种体检是针对应聘该职位的全体求职者的一种标准做法。[104]

6.5.8 药物滥用甄选

许多企业都进行药物测试。最常见的做法是在正式雇用求职者之前对他们进行此类测试。许多企业在有充分的理由认为某一位员工在服用药物时——比如出了工伤事故、表现出很明显的长期迟到等行为——也会对员工进行测试。一些企业会随机或定期实施药物测试，还有一些企业则要求在员工被晋升或调动到新的职位时接受药物测试。[105]

一些现实性的考虑 虽然药物测试并不少见，但是它却不像看上去那么简单或有效。你需要考虑这样几件事情：第一，没有一种药物测试是万无一失的。有些尿样测试并不能将合法物质与非法物质区分开。例如，艾德维尔（Advil）和普林（Nuprin）都会导致大麻呈阳性反应。一位医学评论官员指出，"任何人"都可以到网上去购买不含药物的尿样来糊弄这种测试。[106]实际上，"有众多的产品承诺能够帮助员工（无论男女）在药物测试中蒙混过关”。[107]另外一种测试方式是头发毛囊测试，这种测试要求对一份头发的样本去做实验室分析。[108]头发毛囊测试比尿检的攻击性更弱，但实际上能够提供更多的个人信息：一段3英寸的头发能够记录6个月内的药物使用情况。但同样，仍然有一些分类广告宣称把某种产品添加进样本中就可以让被测试者蒙混过关。

这里还存在一个到底什么是底线的问题。[109]这不同于警察在马路边上用呼吸器对酒后驾驶者进行的酒精测试，通过尿样和血样进行药物检测只能表明当时是否有药物残留，而不能说明损害程度（或者使用者对那类药物的依赖程度或上瘾程度）。[110]有人认为，如果仅仅从促进工作场所安全的角度来说，实施这种测试的理由还不够充分。[111]许多人认为，这种测试程序本身会降低人的尊严，干扰人的生活。很多企业则反驳道，它们不希望在自己的经营场所出现存在滥用药物倾向的员工。

药物测试也带来很多法律问题。[112]有一些联邦（和许多州的）法律会影响工作场所中的药物测试。例如，根据《美国残疾人法》，法院可能会认为一位过去使用过药物的人（如果已不再使用非法药物并已成功完成或正在参加恢复计划）是有一定残疾但是合格的求职者。[113]按照1988年《无药物工作场所法》（Drug Free Workplace Act），与联邦政府签约的承包商必须保证在其工作场所中是不存在滥用非法药物问题的。根据美国交通部的工作场所有关规定，在运输行业中，凡雇用50名以上合格员工的企业，都必须对从事敏感性工作或与安全有关的工作的员工（大众交通工具上的员工、校车驾驶员等）进行酒精测试。[114]

员工的测试结果呈阳性时该怎么办？ 如果一个职位的一位候选人的测试结果呈阳性，你应当做些什么呢？在还没有雇用这位候选人的情况下，大多数公司是不会雇用他的，但是如果这位候选人已经是在职员工，只有少数的公司会立即采取解雇措施。在职员工在这方面受到更多的法律保护，但是，如果企业因为员工的药物测试结果呈阳性而解雇他们，企业必须告知他们被解雇的原因。[115]

但是，当涉及的是一些比较敏感的职位时，法院倾向于站在企业的一边。例如，在一起案件中，美国第一巡回上诉法院裁决，埃克森公司（Exxon）解雇一名药物测试结果呈阳性的卡车驾驶员的做法是一种适当的行动。因为该公司制定的无药物工作场所计划规定，对从事与人身安全非常相关的工作的员工可随时进行测试。那名被解雇的员工曾驾驶有拖车的卡车运送1.2万加仑的易燃机车燃料，但是其药物检测结果竟然为吸食可卡因后的阳性。工会对这位员工被解雇提出质疑，仲裁的结果是将处罚减轻为停职2个月，但上诉法院推翻了仲裁结果。法院的判决是，鉴于当时的特定情况，企业解雇这位卡车驾驶员的行动是适当的。[116]

6.5.9 遵守移民法

在美国受雇的员工必须证明自己有资格在美国工作。在美国就业的人并非必须是美国公民。但是，企业应当询问它们准备雇用的人是不是美国公民，或者是不是具有在美国工作的合法身份的外国人。要做到遵守这项法律的规定，企业就应当遵循所谓的I-9就业资格验证表所概括的以下几个程序（请参见图6—10）。[117]更多的企业则利用联邦政府的自助电子雇佣验证程序即E-Verify来完成这项工作。[118]联邦政府的承包商必须使用这一电子程序。[119]

1. 只雇用美国公民和经过合法授权能够在美国工作的外国人。
2. 让所有求职者都了解你们公司的政策规定。
3. 要求所有新员工都填写美国移民局（Immigration and Naturalization Service，INS）规定的验证表格（I-9表）并签字，以声明他们都具有在美国工作的资格。
4. 检查每位新员工提交的证明文件，记录在验证表格中填写的文件信息并在表上签字。
5. 将这种资格验证表格保留3年的时间，或者是保留至员工就业结束一年以后，看哪个时间更长。
6. 如果政府有要求，则需要将验证表格提交美国移民局或美国劳工部检查。不要求主动报告。

图6—10 遵守移民法的程序

资格证明 求职者可以通过两种方式证明自己在美国就业的资格。一种是出示能证明个人身份和就业资格的文件（比如美国护照或者是带有照片的外国人登记卡）。另外一种做法是提交一份能够证明其身份的文件，同时再提交第二份能够证明其就业资格的文件，比如工作许可证。[120]无论是在哪种情况下，最好是从每个人那里都拿到这两种证明文件。

有些求职者提交的证明文件可能是假的。例如，在几年前，美国移民局的探员就查获了200多万份伪造的证明文件，其中包括伪造的绿卡、社会保障卡以及驾驶证等。联邦政府正在收紧对企业雇用缺乏相关文件者的限制。在意识到许多此类文件（如社会保障卡）是伪造的之后，政府要求企业核实清楚他们所雇用的人的情况。美国国土安全局还增加了对可疑的企业违规者提出的犯罪指控。[121]

企业可以通过几种方式来进行自我保护。首先，它们可以使用E-Verify系统进行验证。其次，系统性的背景核查是非常重要的。在雇用求职者之前的甄选内容应当包括就业证明文件核查、犯罪记录核查、药物测试以及推荐人调查等。你可以通过打电话给社会保障管理机构来核实社会保障号码。企业还可以通过核实所有求职者的证明文件，而不仅仅是只核查那些受到怀疑的求职者的文件，这样就可以避免受到歧视指控。[122]

避免歧视 无论如何，企业不应当利用I-9就业资格验证表来实施以种族或国家来源为依据的歧视。企业不能因为政府要求提供就业资格证明，就以此为借口拒绝雇用外国人或非美国公民，或者是侨居在美国的外国人，只要求职者能够证明自己的身份和就业资格，企业就应考虑其求职申请。在最新的I-9表格中包含了一项很突出的“反歧视公告”。[123]自2001年以来，无论是在员工中，还是在求职者中，以宗教歧视和种族歧视名义提起的对企业的诉讼案件明显增加。

6.5.10 通过人力资源管理信息系统提高生产率：利用自动化的求职者跟踪和甄选系统

我们在第5章（招募）中介绍的求职者跟踪系统不仅能够整理通过网站获得的简历，还能在整个雇佣过程中对求职者进行跟踪，而且它应该还能帮助企业进行测试和甄选。下面是这方面的三个例子。

第一，大部分企业利用求职者跟踪系统，剔除那些不能达到最低的、不可通融条件（如接受药物测试或持有驾照）的求职者。

第二，企业利用求职者跟踪系统，通过在线方式对求职者进行测试和甄选。这包括在线技能测试（如会计知识测试）、认知能力测试（如机械理解能力）乃至心理测试。例如，娱乐设备公司（Recreation Equipment）想要识别那些具有团队工作意愿的求职者，它的求职者跟踪系统就帮助其实现了这个目的。[124]许多在线测试系统并不需要投入前期成本或作出长期投资。在对低层级员工进行甄选时，企业只需要为每个人支付大约 25 美元。[125]

第三，最新的求职者跟踪系统不仅能把不合格的候选人甄别出去，还能发现一些“潜在的人才”。有了互联网，求职者经常通过互联网把自己的简历投递出去，希望这种大撒网的方法能够帮助他们尽快找到合适的工作。对大多数企业而言，这是在甄选中很令人讨厌的一种情况。但是，好的求职者跟踪系统能够从求职者中发现企业需要的人才，有时甚至这些求职者自己都不知道他们什么时候到这家企业求职过。图 6—11 展示了一个有效的求职者跟踪系统应该是什么样的。[126]

正在考虑使用求职者跟踪系统的企业应当寻找那种能满足几种最基本功能的要求的系统，总的来说，这种求职者跟踪系统应当：

- 使用简便。
- 能把求职者跟踪系统整合到公司现有的人力资源信息系统平台之中，从而能够很顺利地将一位新雇用的候选人的数据以无缝连接的方式，融入人力资源管理信息系统的薪酬发放管理系统。
- 能够获取、跟踪以及报告求职者的公平就业机会方面的数据。
- 能够提供员工甄选方面的绩效衡量指标报告，其中包括“填表时间”、“雇佣成本”以及“求职者来源统计。”
- 能够协调和跟踪对求职者的面试、电子邮件沟通以及表格的填写，还有入职通知书发出等工作。
- 能够基于求职者的工作技能水平对他们进行自动甄选和排序。
- 能够提供内部空缺职位公告服务，从而支持在职员工以及员工推荐的其他人来申请相关职位。
- 能够简化把空缺职位的情况发布到电子职位公告板（比如 www.monster.com）上。
- 能够将求职者跟踪系统的空缺职位公告板与本公司的网站整合在一起，例如，把求职者跟踪系统链接到公司网页上的“职业发展机会”栏目上。
- 能够支持提出求职者申请书的创建以及撤销过程。

图 6—11　在求职者跟踪系统中查询的信息清单

本章内容概要

1. 认真进行员工甄选的重要性是由多方面原因决定的。你自己的绩效常常取决于你的下属的绩效；招募和雇佣员工的成本很高；对雇佣程序的不当管理会带来许多法律问题，其中包括公平就业机会法、疏忽雇佣和诽谤。

2. 无论是实施测试还是根据测试结果做出决策，管理人员都需要了解几个基本的测试概念。信度指的是测试的一致性程度，而效度则告诉你测试所测量的是否就是你想要测量的。效标关联效度所要检验的是那些在测试中表现良好的人在工作中的表现是不是也同样较好；内容效度则要考察测试是否能成为某个职位需要完成的工作内容的一个合理的样本。要想验证一项测试的效度，则需要对职位进行分析、选择测试、实施测试、分析测试得分及其标准，以及进行交叉效度检验与效度再验证。测试的参加者有权要求自己的隐私得到保护，能够得到测试结果反馈，同时确保测试结果得到保密。

3. 无论是通过纸笔方式、电脑方式还是互联网在线方式进行的测试，都包括在我们讨论的几种主要的测试类型之中。认知能力测试测量诸如推理能力等这样一些内容，包括智力测试和各种具体的认知能力测试，比如机械理解能力等。其他还有运动和身体测试、人格和兴趣测试等。在人格测试方面，心理学家通常关注“大五”人格维度：外向性、情绪稳定性（神经质）、宜人性、责任感和经验开放性。成就测试则测量求职者学到了什么。

4. 利用工作样本法和模拟法，你可以向被试展示他们申请从事的工作中的一些典型情境。这方面的一个例子就是管理评价中心法，这是一种为期2～3天的模拟工作活动，在此过程中，会有10～12名候选人在专家的观察下完成各种实际管理工作任务，这些专家会对每一位候选人的领导潜力做出评价。视频工作模拟测试以及小型工作培训和评价法是另外两个这方面的例子。

5. 测试只是员工甄选程序中的一个组成部分，你还要进行背景调查并完成其他一些甄选程序。

● 进行背景调查的关键点在于核查求职者的信息，并发现隐藏的一些不利信息。然而，在进行调查的过程中必须小心谨慎，尤其是在为他人提供推荐信时，一定要确保不对员工形成诽谤，并且要保护其隐私权利。

● 如果求职者过去就职的企业不愿提供全面的信息，对求职者的背景核查要做到以下几点：确保求职者明确授权企业进行背景调查；利用核查清单或调查表来帮助自己获取电话推荐材料；对潜在的危险信号追查到底并保持高度的敏感性。

● 由于计算机化的就业背景数据库越来越普遍，很多企业甚至大部分企业都在利用雇用前信息搜寻服务来帮助自己获得求职者的背景信息。

● 对很多类型的工作而言，诚实性测试是必不可少的，同时纸笔型的诚实性测试也已经被证明是有用的。

● 大部分企业还要求新雇用的员工在正式入职前参加身体检查和滥用药物测试。企业还必须遵守移民法，尤其是要求求职者完成一份I-9就业资格验证表，同时提交相关的资格证明。

讨论题

1. 信度和效度的区别是什么？两者在哪些方面是相似的？

2. 说明你将如何验证一项测试的效度。管理人员可以如何利用这种信息？

3. 说明你为什么会认为，如果一家小企业需要使用一个测试组时，则它应当（或不应当）聘请一位在测试工具构建方面受过专门训练的注册心理学家。

4. 举例说明如何利用兴趣测试来改进员工甄选。举出几个你认为能够预测一个人在不同的职业（包括大学教授、会计员以及计算机程序员）中取得成功的职业兴趣测试的例子。

5. 为什么在雇用员工之前对他们进行背景调查如此重要？你会如何进行这种调查？

6. 说明你会如何处理求职者过去就职的企业不愿意提供与它们过去的员工有关的不利推荐意见这样一个问题。

7. 企业如何才能有效地保护自己免遭疏忽雇佣的起诉？

个人和小组活动

1. 写一篇短文，讨论一下在测试中可能遇到的某些伦理道德和法律问题。

2. 以个人或小组为单位，列出一张清单，具体说明你们会建议你们的校长利用哪些人员甄选技术来雇用你们学院的下一位人力资源管理教授。请说明你们为什么选择这些甄选技术。

3. 以个人或小组为单位，与像学术能力评价测试这样的一些标准化测试的出版商联系，索取关于这些测试的信度和效度方面的书面信息。在课堂上做一个简短的报告，说明这种测试所要测量的是什么，然后根据出版商报告的信度和效度来指出，你认为这种测试在大多程度上测试出了它所要测量的内容。

4. 本书末附录中的美国人力资源认证机

构提供的"考试指南"部分，列出了想要通过人力资源资格认证考试的人需要了解的各个方面的人力资源管理知识（例如战略人力资源管理、员工队伍规划、人力资源开发等）。请以4～5人为一组，完成下列四项任务：（1）浏览该附录中的内容；（2）明确在本章所讲授的内容中有哪些与附录中列出的需要参加考试者掌握的知识是相关的；（3）根据这些与考试相关的内容，编写出你们认为适合作为这种人力资源认证资格考试考试题的4道多项选择题；（4）如果时间允许的话，你们小组派出一个人将你们编写的考试题在课堂上展示给大家，这样各个小组的学生就能够回答其他小组编写的考试题了。

体验式练习

针对一名机票预订员的测试

目的：这个练习的目的是，让你练习为某大型航空公司的机票预订员职位开发一种用来测试某种具体能力的测试。如果时间允许，你可以将你们开发的测试合并到一个测试组之中。

必须理解的内容：你所在的航空公司决定将机票预定职位外包到亚洲。你应当全面了解开发一项人事测试的程序，然后阅读下面关于机票预订员的工作职责描述：

> 客户与我们的机票预订员联系来获得关于航班时刻、机票价格以及飞行路线等方面的信息。机票预订员应当在我们航空公司的在线飞行时刻表系统中查找到客户要求提供的信息，这个飞行时刻表系统是随时更新的。机票预订员表达清晰、彬彬有礼且迅速地对客户的要求作出反应，并且能够迅速找到可替代的航班，从而提供与客户的需要相吻合的飞行路线。机票预订员应当能够迅速找到备选的航班和价格，从而不至于让客户久等，也只有这样，我们的机票预订小组才能保持自己的效率标准。通常必须在各种不同的路线中进行查找，因为在客户的出发地和目的地之间可能会有十几条路线可供选择。

你可以假设我们需要雇用大约1/3的求职者来担任机票预订员。所以，你的目标是开发一项能够将可以得到的求职者中的1/3的人甄选出来的测试。

如何进行练习/指导：将整个班级划分为几个练习小组，每组由5～6人组成。很显然，理想的候选人必须掌握多种技能和能力才能完成这项工作。你们小组的任务是从中选出一种能力，然后开发出一种测试去测量这种能力。你们只能利用教室中现有的资料。这项测试应当能提供量化的评分，可以是针对个人的测试，也可以是针对群体的测试。

请到指定的小组中，就像我们在本章中介绍过的测试开发过程一样，每个小组应当列出与圆满完成机票预订员工作相关的各种能力清单。然后，每个小组应当用一个5分尺度对这些能力的重要性进行评分。最后，开发一项测试来测量你认为最为重要的那种能力。如果时间允许，各小组应当将每个小组开发出来的各种测试整合成一个测试组。如果可能，可以留出时间让一组学生完成这组测试。

应用案例

我的沙皇在哪？

几年前，乔治·布什总统的白宫团队做出了一个看起来存在问题的雇用决策。我们不清楚他们做了多少甄选工作，也不知道是谁在负责甄选工作，但是几乎在他们刚刚宣布推荐一位来自企业界的高管人员担任布什政府中专门负责制造业事务的商务部长助理（"制造业沙皇"）的那一刻，此人就不得不立即退出了候选人的行列。

这位候选人的退出是因为他受到了民主党候选人约翰·克里的猛烈抨击。人们对总统的这位制造业沙皇寄予的期望之一就是，此人能够制定一项振兴美国制造能力以及在美国本土创造出更多的制造业工作岗位的战略（这是一项非常关键的任务，因为在过去的 3 年中，美国失去了 300 万个工作岗位）。然而，人们却发现，这位高管人员运营的一家制造企业已经在中国建立了好几家工厂，并且把本公司的一部分工作岗位外包到了那里。参议员克里指出，很难认为这位先生是能够捍卫美国本土的工作岗位的理想人选。

布什政府指出，这位候选人的退出是由于一些政治问题，与克里的抱怨无关。在接受美国 CNBC 电视台采访的时候，美国商务部部长唐·埃文斯说，布什政府将会继续寻找候选人。对于以努力工作、协调一致、做事到位而闻名的白宫团队来讲，这种情形的确有点难堪。现在，布什先生需要咨询你的建议了。

［问题］

1. 这个职位的职位描述看上去应该是什么样的？

2. 这个职位的理想任职资格条件是什么？

3. 我们应当怎样针对这个职位进行人员的招募和甄选？你将具体使用哪些甄选工具？

4. 你认为我们原来在哪里出了错？

连续案例

卡特洗衣公司

卡特洗衣公司的诚实性测试

卡特洗衣中心的詹妮弗·卡特与她的父亲需要完成后者所说的一项既容易又困难的工作，这就是对求职者进行甄选。说它容易，是因为对两种重要的职位——熨衣工和洗衣工——只需要通过 20 分钟的在职测试就可以很容易甄别出哪些候选人是合格的。就像詹妮弗指出的，这种测试跟甄选打字员是一样的道理，“求职者要么知道如何很快地熨烫衣物，如何使用化学清洁品和机器设备，要么不知道如何完成这些工作，只要让他们上手做一做这些工作，我们很快就能知道结果。”但是，另一方面，要想为各个洗衣店甄选求职者又是一件很令人沮丧的事情，这是由詹妮弗希望甄选的其他一些个人特性的性质所决定的。她的公司所面临的两个重要问题是员工的流动率和诚实性。詹妮弗和她的父亲非常需要采取一些措施来降低员工的离职率。如果有一种员工测试和甄选技术能够帮助他们做到这一点，詹妮弗会很想了解它，因为目前她的公司因为没完没了地需要招募和雇用新员工而浪费了很多金钱和管理人员的时间。更让詹妮弗和她的父亲关注的是，采取哪些新的措施能够甄别出那些具有盗窃公司财物倾向的员工。

对于卡特洗衣中心来说，员工盗窃是一个很严重的问题，而且存在这种盗窃问题的不仅仅限于那些能够接触到现金的员工。例如，洗衣工和（或）熨衣工常常在经理不在场的情况下自己打开店门，开始一天的工作，这些人当中的个别人或某些人偷窃店里的各种物品或“干私活”的情况并不罕见。干私活是指一位员工拉拢自己的邻居去四处收集别人需要清洗的衣物，然后偷偷地拿到卡特公司的洗衣店里，利用店里的物品、煤气和电等对这些衣物进行清洗和熨烫。另外一种同样并不罕见的情况是，一位员工在没有人监督的情况下（或者就是监督者本人），在收到了一份在一个小时以内需要完成的加急衣物清洁或熨烫订单之后，在将衣物快速进行清洗、熨烫后交给顾客时，并不开具正确的票据或根本不在洗衣店登记这笔业务。这笔钱当然就进了个人的腰包，而没有交到店里的收银机中。

更为严重的问题是，各个洗衣店的经理和柜员实际上必须接触现金。正如杰克·卡特所说：“你简直无法相信，为了逃避我们为遏制员工盗窃而制定的各种管理手段，员工们到底有多大的创造性。”作为这种极其可恶的创造力的一个极端例子，杰克讲了下面这个故事：“为了减少员工偷窃的现金数量，我印制了一个小标牌，放在我们的每一台收银机的前面。这个标牌上的内容是：‘如果在你付钱之后，我们没有给您提供收银机打印的收据，那么您的全部费用都将会被免除。有问题请拨打电话 552－0235。’我写这个标牌的目的是迫使所有接触现金的员工将他们所收到的所有现金都放进我的收银机，收银机会记录这些进项，从而便于会计记账。而如果所有的现金都进入收银机的话，我们就能够更好地处理店里的偷窃问题。对不对？但是，我们的一位经理却找到了一种恶毒的办法来逃避这种控制措施。有一天晚上，当我来到店里的时候，我注意到这位经理正在使用的收银机有点不大对头，尽管我打印的那个标牌还忠实地立在那里。后来查明，在每天下午 5 点左右，当店里的其他员工离开后，那个家伙就从他藏在储备品下面的一个盒子里拿出他自己的收银机。来店里取活的顾客会注意到我的那个标牌，当然，还会注意到他小心翼翼地将每笔钱都放入收银机这样一个事实。但是，我们和顾客不知道的是，在近 5 个月的时间里，每天大约有一个小时的销售收入都进了他个人的收银机，而不是我的收银机。我们花了很长时间才弄清那个店里的现金流都到哪里去了。”

[问题]

1. 对于詹妮弗的公司来说，如果想常规性地对所有员工实施诚实性测试，会有哪些好处和不好的地方？

2. 具体来说，该公司可以使用其他哪些甄别技术来甄别员工的偷窃倾向和流动倾向？

3. 该公司应当怎样解雇那些偷窃被抓的员工？当这些员工到其他公司去求职时，这些企业可能会打电话来对这些员工的推荐材料进行核查。针对这种情况，这家公司应当建立一个什么样的程序来应对？

将战略转化为人力资源管理政策和实践的案例

巴黎酒店

各种测试

巴黎酒店的竞争战略是：“通过卓越的顾客服务将自己与同行区别开来，以吸引顾客延长入住时间，提高顾客再次入住比率，从而提高酒店的收入和利润水平。”酒店人力资源经理莉萨·克鲁兹现在必须制定和实施战略性人力资源管理政策和活动，通过帮助酒店获得战略所需的员工行为和胜任素质来支持酒店的这一竞争战略。

巴黎酒店的人力资源总监莉萨·克鲁兹在考虑她下一步要做的事情时，清楚地知道，员工甄选工作将会在她的计划中扮演着一个核心角色。巴黎酒店目前的甄选程序还不太正规，通常都是由各地的宾馆经理收取求职申请表、面试求职者，然后核查求职者提交的推荐信。巴黎酒店最近在其位于芝加哥的宾馆中完成了一项试点测试项目，即对一些服务人员进行一项雇佣测试，结果是令人吃惊的。莉萨发现，在测试绩效和员工的胜任素质及行为之间存在着一致性的显著关系——这些胜任素质和行为包括办理入住和退房手续的速度、员工离职率、按照规定热情应答电话的比例等。显然，她需要做些事情。她知道，像这样的一些员工能力和行为才能转化为实施酒店竞争战略所必需的顾客服务水平的提高。于是，她必须确定哪些甄选程序是最佳的。

莉萨的团队希望通过与一位工业心理学家合作设计出一个测试组，通过这个测试组为他们找到自己需要的那种士气高昂、有耐心、愿意以人为本的员工。这个测试组起码应该包括针对前台接待员候选人的一份工作样本测试，以及旨在剔除求职者中缺乏情绪稳定性者的人格测试。

[问题]

1. 提供一份详细的关于前台接待员的工作样本测试的例子。

2. 提供两个可以用于人格测试的具体题目。

3. 你会推荐莉萨使用其他哪些类型的测试工具？为什么？

注释

[1] Kevin Delaney, "Google Adjusts Hiring Process as Needs Grow," *The Wall Street Journal*, October 23, 2006, pp. B1, B8; http://googleblog.blogspot.com/2009/01/changes-to-recruiting.html, accessed March 25, 2009.

[2] Even if they use a third party to prepare an employment test, contractors are "ultimately responsible" for ensuring the tests' job relatedness and EEO compliance. "DOL Officials Discuss Contractors' Duties on Validating Tests," *BNA Bulletin to Management*, September 4, 2007, p. 287. Furthermore, enforcement units are increasing their scrutiny of employers who rely on tests and screening. See "Litigation Increasing with Employer Reliance on Tests, Screening," *BNA Bulletin to Management*, April 8, 2008, p. 119. However, see also C. Tuna et. al., "Job-Test Ruling Cheers Employers," *Wall Street Journal* (July 1, 2009), p. B1–2.

[3] See, for example, Ann Marie Ryan and Marja Lasek, "Negligent Hiring and Defamation: Areas of Liability Related to Pre-Employment Inquiries," *Personnel Psychology* 44, no. 2 (Summer 1991), pp. 293–319. See also Jay Stuller, "Fatal Attraction," *Across the Board* 42, no. 6 (November, December 2005), pp. 18–23.

[4] Also see, for example, Ryan Zimmerman, "Wal-Mart to Toughen Job Screening," *The Wall Street Journal*, July 12, 2004, pp. B1–B8.

[5] Negligent hiring highlights the need to think through what the job's human requirements really are. For example, "non-rapist" isn't likely to appear as a required knowledge, skill, or ability in a job analysis of an apartment manager, but in situations like this screening for such tendencies is obviously required.

[6] Fay Hansen, "Taking 'Reasonable' Action to Avoid Negligent Hiring Claims," *Workforce Management*, September 11, 2006, p. 31.

[7] Kevin Murphy and Charles Davidshofer, *Psychological Testing: Principles and Applications* (Upper Saddle River, NJ: Prentice Hall, 2001), p. 73.

[8] W. Bruce Walsh and Nancy Betz, *Tests and Assessment* (Upper Saddle River, NJ: Prentice Hall, 2001).

[9] Murphy and Davidshofer, *Psychological Testing*, p. 74.

[10] A third, less-used way to demonstrate a test's validity is *construct validity*. A construct is an abstract trait such as happiness or intelligence. Construct validity generally addresses the question of "validity of measurement," in other words, of whether the test is really measuring, say, intelligence. To prove construct validity, an employer has to prove that the test measures the construct. Federal agency guidelines make it difficult to prove construct validity, however, and as a result few employers use this approach as part of their process for satisfying the federal guidelines. See James Ledvinka, *Federal Regulation of Personnel and Human Resource Management* (Boston: Kent, 1982), p. 113; and Murphy and Davidshofer, *Psychological Testing*, pp. 154–165.

[11] The procedure you would use to demonstrate content validity differs from that used to demonstrate criterion validity (as described in steps 1 through 5). Content validity tends to emphasize judgment. Here, you first do a careful job analysis to identify the work behaviors required. Then combine several samples of those behaviors into a test. A typing and computer skills test for a clerk would be an example. The fact that the test is a comprehensive sample of actual, observable, on-the-job behaviors is what lends the test its content validity.

[12] www.siop.org/workplace/employment%20testing/information_to_consider_when_cre.aspx, accessed March 22, 2009.

[13] Murphy and Davidshofer, *Psychological Testing*, p. 73. See also Chad Van Iddekinge and Robert Ployhart, "Developments in the Criterion-Related Validation of Selection Procedures: A Critical Review and Recommendations for Practice," *Personnel Psychology* 60, no. 1 (2008), pp. 871–925.

[14] Experts sometimes have to develop separate expectancy charts and cutting points for minorities and nonminorities if the validation studies indicate that high performers from either group (minority or nonminority) score lower (or higher) on the test.

[15] Mark Schmit and Ann Marie Ryan, "Applicant Withdrawal: The Role of Test-Taking Attitudes and Racial Differences," *Personnel Psychology* 50 (1997), pp. 855–876. See also Anthony Celani, "In Justice We Trust: A Model of the Role of Trust in the Organization in Applicant Reactions to the Selection Process," *Human Resource Management Review* 18 (2008), pp. 63–76.

[16] Robert Ployhart and Ann Marie Ryan, "Applicants' Reactions to the Fairness of Selection Procedures: The Effects of Positive Rule Violations and Time of Measurement," *Journal of Applied Psychology* 83, no. 1 (1998), pp. 3–16.

[17] Walsh and Betz, *Tests and Assessment*, p. 425.

[18] John Hausknecht et al., "Applicant Reactions to Selection Procedures: An Updated Model and Meta-Analysis," *Personnel Psychology* 57 (2004), pp. 639–683; See also A. M. Forsberg et. al., "Perceived Fairness of a Background Information Form and a Job Knowledge Test," *Public Personnel Management* 38, no. 1 (Spring 2009), p. 33–46.

[19] From "Ethical Principles of Psychologists and Code of Conduct," *American Psychologist* 47 (1992), pp. 1597–1611.

[20] Madeline Heilman and Tyler Okimoto, "Motherhood: A Potential Source of Bias in Employment Decisions," *Journal of Applied Psychology* 93, no. 1 (2008), pp. 189–198.

[21] Ibid., p. 196.

[22] Susan Mendelsohn and Kathryn Morrison, "The Right to Privacy at the Work Place, Part I: Employee Searches," *Personnel*, July 1988, p. 20. See also Talya Bauer et al., "Applicant Reactions to Selection: Development of the Selection Procedural Justice Scale," *Personnel Psychology* 54 (2001), pp. 387–419.

[23] Mendelsohn and Morrison, "The Right to Privacy in the Work Place," p. 22.

[24] Kenneth Sovereign, *Personnel Law* (Upper Saddle River, NJ: Prentice Hall, 1999), pp. 204–206.

[25] "One-Third of Job Applicants Flunked Basic Literacy and Math Tests Last Year, American Management Association Survey Finds," American Management Association, www.amanet.org/press/amanews/bjp2001.htm, accessed January 11, 2008.

[26] Ibid. See also Alison Wolf and Andrew Jenkins, "Explaining Greater Test Use for Selection: The Role of HR Professionals in a World of Expanding Regulation," *Human Resource Management Journal* 16, no. 2 (2006), pp. 193–213.

[27] Rachel Emma Silverman, "Sharpen Your Pencil," *The Wall Street Journal*, December 5, 2000.

[28] Steffanie Wilk and Peter Capelli, "Understanding the Determinants of Employer Use of Selection Methods," *Personnel Psychology* 56 (2003), p. 117.

[29] Kevin Hart, "Not Wanted: Thieves," *HR Magazine*, April 2008, p. 119.

[30] Sarah Needleman, "Businesses Say Theft by Their Workers Is Up," *The Wall Street Journal*, December 11, 2008, p. B8.

[31] Sarah Gale, "Three Companies Cut Turnover with Tests," *Workforce*, Spring 2002, pp. 66–69.

[32] Gilbert Nicholson, "Automated Assessments for Better Hires," *Workforce*, December 2000, pp. 102–107.

[33] Scott Hayes, "Kinko's Dials into Automated Applicants Screening," *Workforce*, November 1999, pp. 71–73; Gilbert Nicholson, "Automated Assessments for Better Hires," *Workforce*, December 2000, pp. 102–107. Proctored Web-based and paper-and-pencil tests of applicants produce similar results, for instance, on personality and judgment tests. However, a timed test may take longer for applicants on the Web, due to downloading problems and the fact that there are fewer items presented on the viewable page. Similarly, test takers generally find it more difficult to go back and review their results on the Web-based tests. Proctoring is another problem. There is "currently no way to completely prevent [online] test takers from cheating or copying items during testing" or to ensure there's not someone looking over the test taker's shoulder. See Robert Ployhart et al., "Web-Based and Paper-and-Pencil Testing of Applicants in a Proctored Setting: Are Personality, Biodata and Situational Judgment Tests Comparable?" *Personnel Psychology* 56 (2003), pp. 733–752; Denise Potosky and Philip Bobko, "Selection Testing Via the Internet: Practical Considerations and Exploratory Empirical Findings," *Personnel Psychology* 57 (2004), p. 1025.

[34] Requiring job seekers to complete prescreening questionnaires and screening selected applicants out on this basis carries legal and business consequences. See, for example, Lisa Harpe, "Designing an Effective Employment Prescreening Program," *Employment Relations Today* 32, no. 3 (Fall 2005), pp. 41–43.

[35] Brian O'Leary et al., "Selecting the Best and Brightest," *Human Resource Management* 41, no. 3 (Fall 2002), pp. 25–34.

[36] Except as noted, this is based largely on Laurence Siegel and Irving Lane, *Personnel and Organizational Psychology* (Burr Ridge, IL: McGraw-Hill, 1982), pp. 170–185. See also Cabot Jaffee, "Measurement of Human Potential," *Employment Relations Today* 17, no. 2 (Summer 2000), pp. 15–27; Maureen Patterson, "Overcoming the Hiring Crunch; Tests Deliver Informed Choices," *Employment Relations Today* 27, no. 3 (Fall 2000), pp. 77–88; Kathryn Tyler, "Put Applicants' Skills to the Test," *HR Magazine*, January 2000, p. 74; Murphy and Davidshofer, *Psychological Testing*, pp. 215–403; Elizabeth Schoenfelt and Leslie Pedigo, "A Review of Court Decisions on Cognitive Ability Testing, 1992–2004," *Review of Public Personnel Administration* 25, no. 3 (2005), pp. 271–287.

[37] www.iphonetypingtest.com, accessed March 23, 2009.

[38] As an example, results of meta-analyses in one study indicated that isometric strength tests were valid predictors of both supervisory ratings of physical performance and performance on work simulations. See Barry R. Blakley, Miguel Quinones, Marnie Swerdlin Crawford, and I. Ann Jago, "The Validity of Isometric Strength Tests," *Personnel Psychology* 47 (1994), pp. 247–274.

[39] William Wagner, "All Skill, No Finesse," *Workforce*, June 2000, pp. 108–116. See also, for example, James Diefendorff and Kajal Mehta, "The Relations of Motivational Traits with Workplace Deviance," *Journal of Applied Psychology* 92, no. 4 (2007), pp. 967–977.

[40] James Spencer, "Sorry, You're Nobody's Type," *The Wall Street Journal*, July 30, 2003, p. D1.

[41] Cora Daniels, "Does This Man Need a Shrink?" *Fortune*, February 5, 2001, pp. 205–206.

[42] Toddi Gutner, "Applicants' Personalities Put to the Test," *The Wall Street Journal*, August 20, 2008, p. D4.

[43] See, for example, Joyce Hogan et al., "Personality Measurement, Faking, and Employee Selection," *Journal of Applied Psychology* 92, no. 5 (2007), pp. 1270–1285; and Colin Gill and Gerard Hodgkinson, "Development and Validation of the Five Factor Model Questionnaire (FFMQ): An Adjectival-Based Personality Inventory for Use in Occupational Settings," *Personnel Psychology* 60 (2007), pp. 731–766.

[44] Timothy Judge et al., "Personality and Leadership: A Qualitative and Quantitative Review," *Journal of Applied Psychology* 87, no. 4 (2002), p. 765.

[45] Ibid.

[46] Timothy Judge and Remus Ilies, "Relationship of Personality to Performance Motivation: A Meta Analytic Review," *Journal of Applied Psychology* 87, no. 4 (2002), pp. 797–807.

[47] L. A. Witt et al., "The Interactive Effects of Conscientiousness and Agreeableness on Job Performance," *Journal of Applied Psychology* 87, no. 1 (2002), pp. 164–169.

[48] Murray Barrick et al., "Personality and Job Performance: Test of the Immediate Effects of Motivation Among Sales Representatives," *Journal of Applied Psychology* 87, no. 1 (2002), p. 43.

[49] Charles Sarchione et al., "Prediction of Dysfunctional Job Behaviors Among Law-Enforcement Officers," *Journal of Applied Psychology* 83, no. 6 (1998), pp. 904–912. See also W. A., Scroggins et. al., "Psychological Testing in Personnel Selection, Part III: The Resurgence of Personality Testing," *Public Personnel Management* 38, no. 1 (Spring 2009), p. 67–77.

[50] Paula Caligiuri, "The Big Five Personality Characteristics as Predictors of Expatriate Desire to Terminate the Assignment and Supervisor Rated Performance," *Personnel Psychology* 53 (2000), pp. 67–68. For some other examples, see Ryan Zimmerman, "Understanding the Impact of Personality Traits on Individuals' Turnover Decisions: A Meta-Analytic Path Model," *Personnel Psychology* 60, no. 1 (2008), pp. 309–348.

[51] Diane Cadrain, "Reassess Personality Tests After Court Case," *HR Magazine* 50, no. 9 (September 2005), p. 30.

[52] Frederick Morgeson et al., "Reconsidering the Use of Personality Tests in Personnel Selection Contexts," *Personnel Psychology* 60 (2007), p. 683.

[53] Frederick Morgeson et al., "Are We Getting Fooled Again? Coming to Terms with Limitations in the Use of Personality Tests for Personnel Selection," *Personnel Psychology* 60 (2007), p. 1046.

[54] Robert Tett and Neil Christiansen, "Personality Tests at the Crossroads: A Response to Morgeson, Campion, Dipboye, Hollenbeck, Murphy, and Schmitt," *Personnel Psychology* 60 (2007), p. 967. See also Deniz Ones et al., "In Support of Personality Assessment in Organizational Settings," *Personnel Psychology* 60 (2007), pp. 995–1027.

[55] Jeff Weekley and Casey Jones, "Video-Based Situational Testing," *Personnel Psychology* 50 (1997), p. 25.

[56] Elaine Pulakos, *Selection Assessment Methods*, SHRM Foundation, 2005, p. 14.

[57] However, studies suggest that blacks may be somewhat less likely to do well on work sample tests than are whites. See, for example, Philip Roth, Philip Bobko, and Lynn McFarland, "A Meta-Analysis of Work Sample Test Validity: Updating and Integrating Some Classic Literature," *Personnel Psychology* 58, no. 4 (Winter 2005), pp. 1009–1037; and Philip Roth et al., "Work Sample Tests in Personnel Selection: A Meta-Analysis of Black–White Differences in Overall and Exercise Scores," *Personnel Psychology* 60, no. 1 (2008), pp. 637–662.

[58] Siegel and Lane, *Personnel and Organizational Psychology*, pp. 182–183.

[59] Annette Spychalski, Miguel Quinones, Barbara Gaugler, and Katja Pohley, "A Survey of Assessment Center Practices in Organizations in the United States," *Personnel Psychology* 50, no. 1 (Spring 1997), pp. 71–90. See also Winfred Arthur Jr. et al., "A Meta Analysis of the Criterion Related Validity of Assessment Center Data Dimensions," *Personnel Psychology* 56 (2003), pp. 124–154.

[60] "Help Wanted—and Found," *Fortune*, October 2, 2006, p. 40.
[61] See, for example, John Meriac et al., "Further Evidence for the Validity of Assessment Center Dimensions: A Meta-Analysis of the Incremental Criterion-Related Validity of Dimension Ratings," *Journal of Applied Psychology* 93, no. 5 (2008), pp. 1042–1052.
[62] Kobi Dayan et al., "Entry-Level Police Candidate Assessment Center: An Efficient Tool or a Hammer to Kill a Fly?" *Personnel Psychology* 55 (2002), pp. 827–848.
[63] Weekley and Jones, "Video-Based Situational Testing," p. 26.
[64] Ibid., p. 30.
[65] Robert Grossman, "Made from Scratch," *HR Magazine*, April 2002, pp. 44–53.
[66] Coleman Peterson, "Employee Retention, The Secrets Behind Wal-Mart's Successful Hiring Policies," *Human Resource Management* 44, no. 1 (Spring 2005), pp. 85–88. See also Murray Barrick and Ryan Zimmerman, "Reducing Voluntary, Avoidable Turnover Through Selection," *Journal of Applied Psychology* 90, no. 1 (2005), pp. 159–166.
[67] James Breaugh, "Employee Recruitment: Current Knowledge and Important Areas for Future Research," *Human Resource Management Review* 18 (2008), pp. 106–107.
[68] "Internet, E-Mail Monitoring Common at Most Workplaces," *BNA Bulletin to Management*, February 1, 2001, p. 34. See also "Are Your Background Checks Balanced? Experts Identify Concerns over Verifications," *BNA Bulletin to Management*, May 13, 2004, p. 153.
[69] Merry Mayer, "Background Checks in Focus," *HR Magazine*, January 2002, pp. 59–62; and Carroll Lachnit, "Protecting People and Profits with Background Checks," *Workforce*, February 2002, p. 52.
[70] Bill Leonard, "Fraud Factories," *HR Magazine*, September 2008, pp. 54–58.
[71] Matthew Heller, "Special Report: Background Checking," *Workforce Management*, March 3, 2008, pp. 35–54.
[72] Seymour Adler, "Verifying a Job Candidate's Background: The State of Practice in a Vital Human Resources Activity," *Review of Business* 15, no. 2 (Winter 1993), p. 6.
[73] Heller, "Special Report: Background Checking," p. 35.
[74] This is based on Samuel Greengard, "Have Gangs Invaded Your Workplace?" *Personnel Journal*, February 1996, pp. 47–48.
[75] Thomas von der Embse and Rodney Wyse, "Those Reference Letters: How Useful Are They?" *Personnel* 62, no. 1 (January 1985), pp. 42–46.
[76] "Reference Checks Hit Wall of Silence," *BNA Bulletin to Management*, July 6, 1995, p. 216.
[77] Ibid., p. 55.
[78] For example, one U.S. Court of Appeals found that bad references might be grounds for a suit when they are retaliations for the employee having previously filed an EEOC claim. "Negative Reference Leads to Charge of Retaliation," *BNA Bulletin to Management*, October 21, 2004, p. 344.
[79] Laws that affect references include the Privacy Act of 1974 (which applies only to federal workers), the Fair Credit Reporting Act of 1970, the Family Education Rights and Privacy Act of 1974 (and Buckley Amendment of 1974), and the Freedom of Information Act of 1966.
[80] For additional information, see Lawrence E. Dube Jr., "Employment References and the Law," *Personnel Journal* 65, no. 2 (February 1986), pp. 87–91. See also Mickey Veich, "Uncover the Resume Ruse," *Security Management*, October 1994, pp. 75–76.
[81] Eileen Zimmerman, "A Subtle Reference Trap for Unwary Employers," *Workforce*, April 2003, p. 22.
[82] *Kehr v. Consolidated Freightways of Delaware*, Docket No. 86–2126, July 15, 1987, U.S. Seventh Circuit Court of Appeals. Discussed in *Commerce Clearing House, Ideas and Trends*, October 16, 1987, p. 165.
[83] James Bell, James Castagnera, and Jane Patterson Young, "Employment References: Do You Know the Law?" *Personnel Journal* 63, no. 2 (February 1984), pp. 32–36. In order to demonstrate defamation, several elements must be present: (a) the defamatory statement must have been communicated to another party; (b) the statement must be a false statement of fact; (c) injury to reputation must have occurred; and (d) the employer must not be protected under qualified or absolute privilege. For a discussion, see Ryan and Lasek, "Negligent Hiring and Defamation," p. 307. See also James Burns Jr., "Employment References: Is There a Better Way?" *Employee Relations Law Journal* 23, no. 2 (Fall 1997), pp. 157–168.
[84] "Vetting via Internet Is Free, Generally Legal, but Not Necessarily Smart Hiring Strategy," *BNA Bulletin to Management*, February 20, 2007, pp. 57–58.
[85] Alan Finder, "When a Risqué Online Persona Undermines a Chance for a Job," *The New York Times*, June 11, 2006, p. 1.
[86] Anjali Athavaley, "Job References You Can't Control," *The Wall Street Journal*, September 27, 2007, p. B1.
[87] Rita Zeidner, "How Deep Can You Probe?" *HR Magazine*, October 1, 2007, pp. 57–62.
[88] "Web Searches on Applicants Are Potentially Perilous for Employers," *BNA Bulletin to Management*, October 14, 2008, p. 335.
[89] See Paul Taylor et al., "Dimensionality and the Validity of a Structured Telephone Reference Check Procedure," *Personnel Psychology* 57 (2004), pp. 745–772, for a discussion of checking other work habits and traits.
[90] "Getting Applicant Information Difficult but Still Necessary," *BNA Bulletin to Management*, February 5, 1999, p. 63. See also Robert Howie and Laurence Shapiro, "Pre-Employment Criminal Background Checks: Why Employers Should Look Before They Leap," *Employee Relations Law Journal*, Summer 2002, pp. 63–77.
[91] "Top Employee Background Checking and Screening Providers," *Workforce Management*, November 7, 2005, p. 14.
[92] Lachnit, "Protecting People and Profits with Background Checks," p. 50.
[93] Jeffrey M. Hahn, "Pre-Employment Information Services: Employers Beware?" *Employee Relations Law Journal* 17, no. 1 (Summer 1991), pp. 45–69. See also "Pre-Employment Background Screenings Have Evolved, But So Have Liability Risks," *BNA Bulletin to Management*, November 1, 2005, p. 345.
[94] Under California law, applicants or employees must have the option of requesting a copy of the report regardless of action.
[95] Teresa Butler Stivarius, "Background Checks: Steps to Basic Compliance in a Multistate Environment," *Society for Human Resource Management Legal Report*, March–April 2003, pp. 1–8.
[96] Polygraphs are still widely used in law enforcement and reportedly are quite useful. See, for example, Laurie Cohen, "The Polygraph Paradox," *The Wall Street Journal*, March 22, 2008, p. A1.
[97] John Jones and William Terris, "Post-Polygraph Selection Techniques," *Recruitment Today*, May–June 1989, pp. 25–31.
[98] Norma Fritz, "In Focus: Honest Answers—Post Polygraph," *Personnel*, April 1989, p. 8. See also Richard White Jr., "Ask Me No Questions, Tell Me No Lies: Examining the Uses and Misuses of the Polygraph," *Public Personnel Management* 30, no. 4 (Winter 2001), pp. 483–493.
[99] John Bernardin and Donna Cooke, "Validity of an Honesty Test in Predicting Theft Among Convenience Store Employees," *Academy of Management Journal* 36, no. 5 (1993), pp. 1097–1108.
[100] Judith Collins and Frank Schmidt, "Personality, Integrity, and White Collar Crime: A Construct Validity Study," *Personnel Psy-*

chology 46 (1993), pp. 295–311; Paul Sackett and James Wanek, "New Developments in the Use of Measures of Honesty, Integrity, Conscientiousness, Dependability, Trustworthiness, and Reliability for Personnel Selection," *Personnel Psychology* 49 (1996), p. 821. Some suggest that by possibly signaling mental illness, integrity tests may conflict with the Americans with Disabilities Act, but one review concludes these tests pose little such legal risk to employers. Christopher Berry et al., "A Review of Recent Developments in Integrity Test Research," *Personnel Psychology* 60, no. 2 (Summer 2007), pp. 271–301.

[101] These are based on "Divining Integrity Through Interviews," *BNA Bulletin to Management*, June 4, 1987, p. 184; and *Commerce Clearing House, Ideas and Trends*, December 29, 1998, pp. 222–223. See also Bridget A. Styers and Kenneth S. Shultz, "Perceived Reasonableness of Employment Testing Accommodations for Persons with Disabilities," *Public Personnel Management* 38, no. 3 (Fall 2009), p. 71–91.

[102] Bill Leonard, "Reading Employees," *HR Magazine*, April 1999, pp. 67–73.

[103] Ibid.

[104] Mick Haus, "Pre-Employment Physicals and the ADA," *Safety and Health*, February 1992, pp. 64–65. See also Bridget A. Styers and Kenneth S. Shultz, "Perceived Reasonableness of Employment Testing Accommodations for Persons with Disabilities," *Public Personnel Management* 38, no. 3 (Fall 2009), p. 71–91.

[105] Scott MacDonald, Samantha Wells, and Richard Fry, "The Limitations of Drug Screening in the Workplace," *International Labor Review* 132, no. 1 (1993), p. 98. Not all agree that drug testing is worthwhile. See, for example, Mark Karper, Clifford Donn, and Marie Lyndaker, "Drug Testing in the Transportation Industry: The Maritime Case," *Employee Responsibilities and Rights* 71, no. 3 (September 1994), pp. 219–233.

[106] "Drug Testing: The Things People Will Do," *American Salesman* 46, no. 3 (March 2001), p. 20.

[107] Diane Cadrain, "Are Your Employees' Drug Tests Accurate?" *HR Magazine*, January 2003, pp. 40–45.

[108] Chris Berka and Courtney Poignand, "Hair Follicle Testing—An Alternative to Urinalysis for Drug Abuse Screening," *Employee Relations Today*, Winter 1991–1992, pp. 405–409.

[109] MacDonald et al., "The Limitations of Drug Screening," pp. 102–104.

[110] R. J. McCunney, "Drug Testing: Technical Complications of a Complex Social Issue," *American Journal of Industrial Medicine* 15, no. 5 (1989), pp. 589–600; discussed in MacDonald et al., "The Limitations of Drug Screening," p. 102.

[111] MacDonald et al., "The Limitations of Drug Screening," p. 103.

[112] This is based on Ann M. O'Neill, "Legal Issues Presented by Hair Follicle Testing," *Employee Relations Today*, Winter 1991–1992, pp. 411–415.

[113] Ibid., p. 413.

[114] Richard Lisko, "A Manager's Guide to Drug Testing," *Security Management* 38, no. 8 (August 1994), p. 92. See also Randall Kesselring and Jeffrey Pittman, "Drug Testing Laws and Employment Injuries," *Journal of Labor Research*, Spring 2002, pp. 293–301.

[115] Michael A. McDaniel, "Does Pre-Employment Drug Use Predict On-the-Job Suitability?" *Personnel Psychology* 41, no. 4 (Winter 1988), pp. 717–729.

[116] *Exxon Corp. v. Esso Workers Union, Inc.*, CA1#96–2241, 7/8/97; discussed in *BNA Bulletin to Management*, August 7, 1997, p. 249.

[117] These are quoted from *Commerce Clearing House, Ideas and Trends*, May 1, 1987, pp. 70–71.

[118] "Conflicting State E-Verify Laws Troubling for Employers," *BNA Bulletin to Management*, November 4, 2008, p. 359.

[119] "President Bush Signs Executive Order: Federal Contractors Must Use E-Verify," *BNA Bulletin to Management*, June 17, 2008, p. 193.

[120] Note that the acceptable documents on page 3 of the current (as of 2009) I-9 form do not reflect the current list of acceptable documents. For this, refer to the Web site of the U.S. Department of Homeland Security. Margaret Fiester et al., "Affirmative Action, Stock Options, I-9 Documents," *HR Magazine*, November 2007, p. 32.

[121] Susan Ladika, "Trouble on the Hiring Front," *HR Magazine*, October 2006, pp. 56–62.

[122] Russell Gerbman, "License to Work," *HR Magazine*, June 2000, pp. 151–160.

[123] "As E-Verify, No Match Rules, I-9 Evolve, Employers Need to Stay on Top of Issues," *BNA Bulletin Management*, April 15, 2008, p. 121.

[124] Note that unproctored Internet tests raise serious questions in employment settings. Nancy Tippins et al., "Unproctored Internet Testing in Employment Settings," *Personnel Psychology* 59 (2006), pp. 189–225.

[125] Jennifer Taylor Arnold, "Getting Facts Fast," *HR Magazine*, February 2008, p. 58.

[126] From Bob Neveu, "Applicant Tracking's Top 10: Do You Know What to Look for in Applicant Tracking Systems?" *Workforce*, October 2002, p. 10.

第7章 面 试

一家名为 careerbuilder. com 的网站对 400 余名负责招聘的经理进行了一项调查，要求他们回答求职者的哪一种“最令人印象深刻的失误”是导致求职失败的主要原因。结果显示，求职者在面试中的失误是导致被招聘经理拒绝的首要因素。例如，有些求职者在面试的过程中表现得极其傲慢无礼。一些招聘经理举例说：“有一位求职者竟然以与人约好吃午餐为由，催促我加快面试的进度。”“一位求职者竟然告诉我，他来这里求职的唯一原因是他妈妈希望他能得到这份工作。”“有位求职者在面试的过程中谈到前任老板的某些缺点时，竟然说脏话。”“有一位求职者竟然没穿鞋就来面试。”[1]

我们学到哪了

我们在第 6 章中集中讨论了管理人员可以运用哪些重要工具，对员工进行甄选。现在我们将介绍这些甄选工具中的一种——对求职者的面试。我们将讨论的主要问题包括：面试的类型、影响面试发挥作用的因素，以及如何设计和实施有效的甄选面试。在接下来的第 8 章中，我们将讨论怎样确保新员工具备完成工作所需的知识和技能。

在开始本章内容之前，我们需要回答一个显而易见的问题：如果说面试只是甄选工具中的一种，我们为什么还要用整整一章的篇幅来介绍呢？答案之一就是，面试是目前使用最为广泛的一种甄选工具。并非所有的管理人员都会使用测试或推荐信核查等甄选方法，但管理人员在没有对求职者进行面试的情况下就决定雇用他们的做法却是很少见的。答案之二是大多数人都会高估自己作为一名面试考官的水平。一项研究显示，不到 34%的面试考官接受过正规的面试培训，比如，如何设计和组织一场面试。总的来说，面试考官都非常自信（但错误）地认为，他们能够识别出最佳的候选人，而无论他们所进行的面试到底达到何种结构化程度。[2]

学习目标

1. 列出甄选面试的主要类型。

2. 列举并说明影响面试作用发挥的主要错误。

3. 界定结构化情境面试。

4. 解释并描述成为一名有效的面试考官需要遵循的每一条指导方针。

5. 举出若干例子说明能够增强面试结构化的一些情境性问题、行为性问题以及背景性问题。

6. 列出在一个简化的面试过程中需要经历的若干步骤。

7. 为接受面试者提供应对面试的一些指导方针。

7.1 面试的基本类型

一次面试并不仅仅是一场讨论。面试是一个通过口头提问和口头回答的方式来获取一个人的信息的过程。而甄选面试（screening interview）（我们在本章中将要讨论的问题）则是根据求职者针对面试考官的口头提问作出的口头问答来预测其未来工作绩效的一个甄选过程。[3]让我们首先来了解一下面试的基本类型。

7.1.1 面试的基本类型

管理人员在工作中会使用各种类型的面试或面谈。例如，绩效评价面谈（appraisal interview）就是在完成绩效评价之后，在直接上级和下属员工之间进行的一次讨论，讨论的内容则是员工得到的绩效评价等级以及可能采取的一些改正措施。此外，当一位员工从公司离职时，管理人员通常还会与其开展离职面谈（exit interview）。这种离职面谈的目的在于通过获取相关信息来探究企业在哪些方面做得好，哪些方面做得不好。本章中涉及的许多技术都可以应用于绩效评价面谈和离职面谈。不过，我们一直到第 9 章和第 10 章才会对这两类面谈进行充分的讨论，本章仅仅关注甄选面试。

我们可以按照如下标准来对甄选面试进行分类：

1. 它们的结构化程度。

2. 它们的“内容”——它们所包含的问题的类型。

3. 公司实施面试的方式。

下面让我们逐一对以上内容进行讨论。

7.1.2 结构化面试和非结构化面试

你可能已经发现，有些甄选面试比其他一些甄选面试更为结构化和更具条理性。在**非结构化（或非指导性）面试**（unstructured (or nondirective) interviews）中，管理人员并没有一个固定的面试格式要遵守。有一些问题可能是提前就想好的，但是这种情况比较少，而且也很少有正式的面试指南或者对“正确的”或“错误的”答案赋分的标准。这种面试甚至可以被描述为一种泛泛的谈话。[4]大多数甄选面试可能都属于这种类型。

与此截然相反的另外一种做法是**结构化（或指导性）面试**（structured（or directive）interviews），在这种面试中，企业会提前列出需要提问的问题清单，甚至可能会列出可能的恰当答案以及相对应的分数。[5]麦克马瑞（McMurray）的模式化面试便是结构化面试的一个早期例子。在这种面试中，面试考官根据一张打印好的表格来提问一系列的问题，例如："这个人现在所从事的工作是怎样得到的?"在这些问题的下面印有一些评价建议（例如"他在得到自己现有工作的过程中表现出自立性了吗?"），以指导面试考官对求职者的回答打分。有些专家仍然将结构化面试严格界定为基于仔细选择的、与职位有关的问题以及标准答案实施的面试。

但在实践中，面试的结构化实际上只是一个程度问题。有时，管理人员只是想确保通过一系列预先设定好的问题来提问，以防止遗漏掉某些问题。这时，面试考官可能只是从类似图 7—3 所示的清单中选择一些问题来提问。图 7A—1 所示的结构化的求职者面试指南则展示了一种更为结构化的面试方法。此外，可以作为第三个例子的是美国国土安全部使用的如图 7—1 所示的结构化指南，这份指南用于面试海岸警备队军官候选人。它包括一个正式的求职者评分程序；还能允许那些在地理位置上比较分散的面试考官通过互联网来填写这份表格。[6]

美国国土安全部 CG-5527（06-04）	海岸警备队军官项目求职者面试表格					1. 日期
2. 求职者姓名						
3. 总体印象：将这位求职者与你已经面试过或认识的其他人加以比较（注：得分为 4～7 分方可被推荐进入甄选考虑范围之内。）						
不推荐			推荐			
1	2	3	4	5	6	7
不令人满意	潜力有限	一般	良好	好	优秀	优异
评语：						
4. 职责的履行：衡量一位求职者的管理能力和完成任务的能力。						
不推荐			推荐			
1	2	3	4	5	6	7
不令人满意	潜力有限	一般	良好	好	优秀	优异
评语：						
5. 沟通能力：衡量一位求职者用一种积极、清晰、可信的方式与人进行沟通的能力。						
不推荐			推荐			
1	2	3	4	5	6	7
不令人满意	潜力有限	一般	良好	好	优秀	优异

图 7—1　海岸警备队军官项目求职者面试表格

资料来源：http：//www.uscg.mil/forms/cg/CG5527.pdf，accessed May 9，2007.

评语：

6. 面试小组成员	7. 职衔	8. 所属单位	9. 签名	10. 职业生涯中总共参加的面试次数

11. 领导能力：衡量一位求职者支持、开发、指导以及影响他人完成工作的能力。

不推荐			推荐			
1	2	3	4	5	6	7
不令人满意	潜力有限	一般	良好	好	优秀	优异

评语：

12. 个人素养和专业素质：衡量能够描述求职者的若干特征。

不推荐			推荐			
1	2	3	4	5	6	7
不令人满意	潜力有限	一般	良好	好	优秀	优异

评语：

面试指南

军官项目求职者面试表格的设计目的是，帮助军官项目甄选小组选择能够成为海岸警备队军官的求职者。该表格重点参考军官评价报告（OER），其中每一个评价项目都是基于军官评价报告中的绩效标准设计的。需要记住的是，由于这些求职者目前还不是海岸警备队的军官，所以应当为他们提供机会，让他们展示自己具备的表明他们能够成为一名优秀的军官的特点和潜质。在对求职者的某一特点作出量化评价的基础上，提供一些书面的评论提供支持。这些评论的内容应当基于你在面试过程中观察到的情况以及你从与求职者相关的文件中发现的情况来撰写。与军官评价报告的情况很类似，定量评价和书面评论都会被甄选小组采用。军官面试小组的成员应当浏览招募手册（COMDTINST M1100.2）中的第4.B.2款以及人事手册中的第1.B.8款和第1.B.9款（COMDTINST M1000.6），这些条款为军官候选人的面试提供了指导。

1. 面试日期。

2. 无须解释。

3. 在给总体印象打分的时候，应当综合考虑面试小组对于求职者担任海岸警备队军官的可持续性的评估，最后再作出评价。

得分为4～7分方可被推荐进入甄选考虑范围之内。

4～5. 无须解释。

6. 名字的填写顺序为：名，姓，中间名缩写。

7～9. 无须解释。

10. 面试考官参加过军官求职者面试小组的次数。

11～12. 无须解释。

图7—1（续）

使用哪种面试？ 毫无疑问，结构化面试更具优势。在结构化面试中，所有的面试考官一般都会向所有的求职者提出同样的问题。部分是出于这种原因，结构化面试不仅信度更好，而且效度更高。此外，结构化面试还能帮助不太擅长面试的面试考官更好地完成面试。标准化的面试还提高了不同求职者之间的一致性，增强了与职位之间的相关性，削弱了总体上的主观性以及一些潜在的偏见，并且还可能会“增强应对法律风险的能力”。[7]

面试中的公平就业机会问题 最后这一点也是十分重要的。没有哪一家企业愿意被以歧视为由起诉到法院，更不用说最后还败诉了。有人专门对美国联邦地区法院作出的与面试歧视问题有关的判决进行了研究，这项研究显然是对企业很有借鉴意义的。这一研究表明，很明显的一点是，法官作出判断的一条很重要的依据就是，面试程序是不是结构化的和始终一致的。例如，企业是否：第一，在面试中提问了客观的或与职位相关的问题；第二，实施了标准化的面试管理；第三，有多位面试考官参加面试。[8]当然，“最好是让求职者清楚地感觉到面试过程是相当公平的，面试考官对他们是有礼貌和尊重的，并且愿意解释面试的过程和所提问题的性质及其提问根据”。[9]

然而，我们也不建议企业盲目地严格遵循结构化面试的格式。这样做会让面试考官没有充分的机会对在面试过程中发现的让他们感兴趣的问题进一步进行追问。因此，应当让面试考官有机会层层追问某个问题，或是询问一些在面试过程中发现的令他们感兴趣的问题。

7.1.3 面试的内容（提问问题的类型）

我们还可以根据面试的“内容”或所提问题的类型来对面试进行分类。许多（甚至绝大多数）面试考官都倾向于去问一些相对无关痛痒的问题。例如，“你的主要优缺点是什么呢?”“在未来的 5 年中你希望做什么?”总的来说，这种问题无法为判断该求职者未来的工作绩效提供太多有价值的信息。在实践中，情境性问题、行为性问题以及职位相关性问题是最为重要的。

情境性问题 在**情境面试**（situational interview）中，可以询问求职者在一个给定的情境中将会作出怎样的反应。[10]例如，可能会问一位应聘主管职位的求职者这样一个问题：如果一位下属连续三天都迟到了，他将会作出怎样的反应。

行为性问题 情境面试要求被面试者描述在现在或未来可能出现的一个假设情境中，他们会怎样作出反应，而**行为面试**（behavioral interview）则要求求职者描述在过去发生过的某个真实情境中，他们是如何作出反应的。[11]例如，位于密歇根州弗林特市的大众银行公司（Citizen's Banking Corporation）发现，在其呼叫中心的 50 名员工中，竟然有 31 人在一年内离职了。这时，该呼叫中心的主管人员辛西娅·威尔逊就开始转为对求职者进行行为面试。很多人之所以离职，是因为他们不愿意回答那些偶尔会发怒的顾客提出的问题。有鉴于此，威尔逊不再通过询问求职者是否愿意和生气的顾客打交道来预测他们的实际工作表现，而是提问一些行为方面的问题，例如：“请给我描述一下你曾经与一个正在生气的人谈话的情景，并说说你是如何扭转这种局面的。”威尔逊指出，这种问题使得求职者更难糊弄面试考官。事实上，在采取这种措施之后，在接下来的一年中，呼叫中心只有 4 个人离职。[12]总之，情境性问题通常以这样的语句开始：“假如你面对以下场景……你会怎么做?”[13]而行为性问题则可能会以这样的语句开始：“你能想起这样一种时刻，当时……你是怎么做的?”[14]

行为面试或者情境面试对于被面试者来说，可能都并不轻松。“非常紧张，”一位到埃森哲咨询公司应聘咨询职位的求职者这样说。“你或许能编造出一两个答案，但是当第三次再回到这个问题时，你就没法瞎编了。你正在从真实生活中提取素材，你会感到很紧张。（面试考官）问我是如何准备重要的事情的。他一次又一次地回到这个问题，以确定我说的是实话。在整个面试过程中，他们一直都在做记录。”[15]

其他类型的问题 在**职位相关性面试**（job-related interview）中，面试考官会向求职者询问与他们过去的工作经历相关的问题。这些问题不是围绕一种假设的或实际的情境和场景展开的。相反，面试考官会询问一些与职位相关的问题，比如“你最喜欢商学院的哪些课程?”这种问题的目的是考察求职者是否有能力处理与企业正在招聘的这个职位有关的一些财务方面的问题。

还有其他几类不太经常使用的问题。在**压力面试**（stress interview）中，面试考官可能会偶尔向求职者提出一些比较粗鲁的问题，故意让他们感到不舒服。这样提问的目的是鉴别出那些比较敏感的求职者和那些具有较低的（或较高的）压力承受能力的求职者。面试考官可以首先从求职者的背景资料中找到其弱点，例如，求职者离开过去的某一个职位时的情境比较可疑。接着，面试考官会重点瞄准这些弱点提问，希望借此让求职者失去镇定。因此，当一位应聘客户关系经理职位的求职者正在讲述自己在过去的两年中从事过的 4 份工作时，面试考官可能会突然告诉她，频繁地变换工作只能是不负责任和不成熟的一种行为表现。如果这位求职者对于变换工作的必要性能够作出合理的解释，面试考官可能会转向其他的话题。相反，如果这位刚刚还很镇定的求职者对此表现出很明显的愤怒和不解，则面试考官就会推断，这位求职者对压力的承受能力比较差。

压力面试有助于企业识别出过分敏感的求职者，这些人对于一些温和的批评会以愤怒或辱骂等方式作出过激的反应。不过，压力面试本身具有一定的进攻性，并且在本质上会受到伦理道德方面的质疑，因此它不仅要求面试考官具有运用这种面试方式的技巧，而且相应职位确实需要任职者的脸皮厚点，同时能够承受压力。这种面试方法肯定不适用于那些业余的面试考官或者不具备控制局面能力的面试考官。

目前，在面试中使用谜语式问题（puzzle questions）的情况也非常普遍。一些招募者喜欢用这些题目来考察求职者如何在压力下思考问题。例如，微软公司的一位面试考官就问一位应聘技术服务类职位的人这样一个问题：“迈克和托德共有 21 美元。迈克比托德多 20 美元。请问迈克有多少钱？托德有多少钱?”[16]（正确答案是：迈克有 20.5 美元，托德有 0.5 美元。）

7.1.4 应当如何进行面试?

企业进行面试的方式也是各种各样的：可以一对一进行面试，也可以由一个面试小组来进行面试；可以是按照顺序进行的多次面试，也可以是一次性完成面试；可以通过计算机来进行面试，也可以面对面进行面试。

大多数甄选面试都是一对一的面试以及顺序面试。在一对一的面试中，两个人单独见面，面试考官通过口头提问的方式让被面试者口头作答。通常情况下，企业采取的都是顺序面试的方式。在顺序（或系列）面试中，会有几位面试考官按照一定的顺序依次一对一地对求职者进行面试，然后作出雇佣决定。在**非结构化顺序面试**（unstructured sequential interview）中，每一位面试考官通常都是想起什么就提问什么问题。而在**结构化顺序面试**（structured sequential interview）中，每一位面试考官都会按照一套标准化的问题来提问，并且在一张标准评价表上给被面试者打分。然后由招聘经理对这些评价结果进行比较和审核，最终再决定究竟雇用谁。[17]

小组面试　**小组面试**（panel interview）也称委员会面试，它是由一个由若干名（通常是 2～3 名）面试考官共同组成的面试小组同时对每一位求职者进行面试，然后再把他们对求职者的评定结果综合起来，形成最后的面试小组给分。这种面试方式与一对一面试（一位面试考官与一位求职者会面）和顺序面试（几位面试考官按顺序一对一地分别对一位求职者进行面试）的做法正好相反。[18]

小组面试的形式使面试考官可以追问一些问题，就像新闻发布会上的记者提问一样。与一系列的一对一面试相比，小组面试通常能够获得更有意义的答案。另一方面，有些求职者发现小组面试给他们带来的压力更大，所以会阻碍他们正常回答问题。（另外一种能给求职者带来更大压力的面试方式是**集体面试**（mass interview）。它是由一组面试考官共同面试几位求职者。面试小组会抛出一个问题，然后观察哪位求职者会引领大家得出一个解决问题的方案。）

至于小组面试的信度和效度是否比顺序面试更高，目前还不得而知，因为这取决于企业在实践中如何开展小组面试。例如，结构化小组面试的信度和效度会比非结构化小组面试更高。更具体地说，在小组面试的过程中，如果面试小组成员所使用的打分表带有一些基于样本答案的描述性打分范例的话，那么这种小组面试又会比那种没有这种打分表的小组面试有更高的信度和效度。此外，对面试小组成员进行培训有助于提高面试信度。[19]

电话面试　企业有时完全通过电话来进行某些面试。与面对面的面试相比，这种面试形式实际上能更准确地判断被面试者的责任感、智力以及人际关系技能。由于双方都不必担心着装、握手一类的事情，因此双方可以更专注于实质性的问题回答。或者，在这种情况下，求职者或许——由于招募者是在求职者没有防备的情况下打来电话的——更能比较自然地回答。[20]一项典型的研究发现，相对于面对面的面试而言，在电话面试中，面试考官倾向于对求职者作出更为积极的评价，尤其是当被面试者的外表缺乏吸引力的时候。但是，无论是通过面对面的方式，还是通过视频会议方式进行面试，面试考官往往能够对被面试者得出相同的结论。此外，求职者也更喜欢面对面的面试。[21]

人力资源管理应用程序

利用 iPhone 手机进行面试

越来越多的企业和参加求职面试者通过 iPhone 手机等类似的设备来进行甄选面试——有时还通过移动电话来进行视频面试。一个人最近在博客中写道：“我在开车赶往一家公司去参加现场面试的时候，已经通过电话在车里参加了另外一家公司的数轮面试。现在真的是分身有术啊。"[22] 为了促进这一进程的发展，很多设计者正在通过苹果公司的iPhone应用软件商店开发出更多的可用来进行视频面试的手机应用软件。其中一款是来自马丁公司的iPhone应用软件。对于那些寻求技术类职位的求职者来说，这套软件中包括大量的面试问题，涵盖多种不同类型的题目，比如脑筋急转弯、编程、C语言和C++语言，以及人格测试方面的题目。[23]

视频/网络面试 很多企业利用网络来进行甄选面试（特别是初次面试以及预筛选面试）已经有很长一段时间了，并且随着类似于Skype这样的可视对话软件产品的广泛应用，视频/网络面试还会得到越来越普遍的使用。例如，思科系统公司（该公司从2006年起就将其核心业务扩大到视频会议设备）就为其负责招募的人员配备了带摄像头的电脑，这样他们就能够通过在线的方式完成最初阶段的甄选面试。求职者则可以用他们自己的带有摄像头的电脑（或者去当地的联邦快递公司的办公室或其他相关机构），在一个约好的时间通过网络视频与思科公司建立连接，参加面试。思科公司并没有取消面对面的面试，但是视频面试确实减少了差旅成本和招募费用，同时对于求职者来说，事情也变得更容易了。正如下面"在充满挑战的时代管理人力资源"专栏所解释的，网络/视频面试在当前情况下显得尤其重要。

在充满挑战的时代管理人力资源

精通利用Skype进行视频面试

随着企业削减招募预算，越来越多的公司至少是通过网络来实施初步的甄选面试。网络摄像头的价格现在一般低于100美元，一些新的招募网站（例如Inovahire.com）还能提供免费的网络视频会议服务。伴随着类似Skype这样一些免费应用软件的广泛使用，企业没有理由不利用Skype进行最初的几轮甄选面试。

对于企业来说，利用Skype软件进行甄选面试可能并不需要做特殊的准备，但是对于求职者来说，正如Career FAQs公司（www.careerfaqs.com）所给出的建议，应当牢记几件重要的事情。尽管其中的很多建议看起来是显而易见的，但却是经常会被忽略的。Career FAQs公司的建议如下[24]：

- 确保服装得体。你可能会觉得在家里穿上西服坐在那里有点傻傻的，但是在服装得体的情况去参加视频面试是十分重要的。
- 整理好房间。无论你是在自己的家里还是在繁忙的办公室中接受网络视频面试，面试考官都不想看到你坐在一堆乱七八糟的东西前面。
- 提前进行网络和设备测试。正如Career FAQs提醒的，"不要在还有5分钟就要开始面试的时候，才突然发现你的互联网上不去，你的Skype软件不工作了，或者是麦克风坏了。"
- 演练。在正式面试之前，试着去回答一些想象中可能会被问到的问题，然后记录自己的答案。
- 放松。参加Skype面试的黄金定律是，要把它当成是一种面对面的面试。因为在另外一端确实坐着真实的人，所以要像对着人那样去表现。要微笑，看上去显得自信且充满热情，尝试进行目光交流，不要大喊大叫，但是要确保声音清晰。

计算机化的面试 一些公司将一部分面试过程通过计算机来自动加以处理。计算机化的甄选面试是指让一位求职者针对通过计算机提出的口头、视觉或书面提问以及（或）一些场景，作出口头的回答以及（或者）通过计算机作答。大多数计算机化的面试都会对求职者提问一系列诸如个人背景、工作经验、教育情况、技能、知识以及工作态度等与求职者应聘的职位有关的问题。[25]此外，有些（基于视频的）计算机化面试还可以让求职者看到一些真实的场景（比如发怒的顾客），然后让他们对此作出反应。

典型的计算机化的面试所提出的问题通常是多选性质的，一次只出一道题。求职者必须在电脑上按一个键来回答问题。例如，对一位应聘零售店店员职位的求职者提出的面试问题可能是：

你的直接上级对你的客户服务能力是怎样评价的？

a. 优秀

b. 高于一般水平

c. 一般水平

d. 低于一般水平

e. 差[26]

在计算机化的面试中，提问的速度很快，因此要求求职者必须集中注意力。[27]典型的计算机化面试程序还会测量求职者在回答每个问题上耗费的时间。如果在回答某些问题（比如“你是一个可信的人吗?”）时出现了迟缓反应，就表明求职者在这方面可能存在问题。

大西部银行案例 这里介绍一下大西部银行（Great Western Bank）的计算机化面试系统是如何运行的。在20岁的邦妮·邓恩想到大西部银行应聘一个出纳员职位时，她面对着一大堆难缠的顾客[28]：一位年轻女士先是在存一张支票的时候气急败坏地提出自相矛盾的要求，然后又发脾气说邦妮的处理速度不够快；而另一位客户的脾气甚至更急：“你们这些人办事的速度简直慢得不可思议，”他说。

但这些难缠的顾客都是出现在计算机屏幕上的，这是一个耗时20分钟的计算机化求职面试的一部分内容。邓恩坐在一台个人计算机前面，借助触摸屏和麦克风来回答问题。她所接受的是应变能力、销售技能以及在紧张环境下保持冷静的能力等方面的测试。

当求职者坐在大西部银行分支机构的计算机前面的时候，会听到“欢迎使用互动评价辅助系统”的欢迎词。在求职者回答问题的时候，这台计算机并不明白求职者说的是什么，但是它会将他们的回答记录下来，以便以后作出评价。要开始接受面试，求职者只需触摸一下屏幕上的一个图标，屏幕上就会出现一段指导性的提示：“我们将会记录你用多长的时间完成测试以及你犯了多少错误。请记住：准确性比速度更重要。”

首先，这台计算机会测试求职者的数钱技能，它要求求职者兑现一张192.18美元的支票，在兑现的现金中应当至少包括3张5美元的纸币和数额为2美元的25美分的硬币。然后，当屏幕上出现一位发火的顾客时，该计算机系统希望求职者拿起麦克风来平息这位顾客的怒气。此后，一位负责听取这些面试记录的银行管理人员会给求职者打分：如果求职者能够保持友善的语气和声音，则可得5分；如果还能向顾客表示道歉、承诺为客户解决问题，并从屏幕中找到提示，建议这位顾客以后可以使用本银行的在线储蓄功能，则最高可以把分数加到15分。

在触摸屏上出现的那位脾气暴躁的年轻女性表现得更加粗暴。她语速很快，说自己想兑换一张150美元的支票，其中的40美元要兑换成现金，65美元存入储蓄账户，其他的存入支票账户。当求职者正在按照她的要求操作的时候，这位顾客又快速地补充说："不，还是往支票账户里放50美元吧，因为今天早上我刚开出了一张支票。"如果求职者此时去触摸电脑屏幕上的"?"图标，那位女顾客就会愤怒地说："你让我跟你讲多少次?"

据大西部银行自己的说法，这种新系统很成功，它极大地减少了对那些不会被接受的求职者进行无用的面试所产生的工作量，此外，可能部分由于求职者在面试过程中看到了他们所应聘的职位在实际工作中的场景，因此，这家银行指出，那些被雇用的员工在受雇的90天之内辞职或者被辞退的比例下降了26%。

Pic'n Pay 公司案例 很多企业都会利用由计算机辅助的面试来对求职者进行预筛选。Pin'c Pay公司是一家总部位于美国北卡罗来纳州的连锁鞋店，旗下共有915家自助鞋店。这家公司为求职者提供一个"800"电话号码，让他们通过拨打这个电话号码来接受计算机化的面试。面试一共包括100道题目，时间持续大约10分钟。求职者按1键表示"是"，按0键表示"否"。每一位求职者此后还会得到公司6位资深面试考官中的一位的跟踪电话面试。

7.1.5 使面试有用的三条路径

面试在雇佣过程中的地位有点尴尬：一方面，几乎所有的企业都在使用，但另一方面，总的来说，面试的作用却不大。面试有用与否的关键在于实施面试的方法是否正确。如果使用方法得当，面试在预测绩效方面所能够发挥的作用会比过去认为的更为有效，并且可以与之前讲过的其他很多甄选工具相媲美。[29]在进行面试时，要牢记以下三点注意事项。

使面试结构化 首先，应当使面试变得结构化。[30]与非结构化面试相比，结构化面试（特别是结构化情境面试）在预测未来工作绩效方面的效度更高。它们之所以会有更高的效度，部分原因在于结构化面试有更高的信度——例如，同一位面试考官在对不同的求职者进行面试的时候会保持更高的一致性。[31]情境面试能比职位相关性面试（或行为面试）产生更高的平均效度，因而它会比"心理性"面试（更多地考察求职者的动机和兴趣）产生更高的平均效度。[32]

注意要评价的是哪种特征 面试在揭示求职者的某些特征方面要比在揭示另一些特征方面表现更好。一项典型的研究给出了其中缘由，面试考官能够估计出被面试者的外向性和宜人性程度，但是他们却不能准确地评价那些对于工作来说最为重要的特征——比如责任感和情绪的稳定性。[33]这一研究结论带来的启示或许就是，在面试中不要把（过多的）注意力放在责任感或者智力等难以评价的特性上[34]，而应当将大部分注意力放在情境性问题或与工作知识有关的问题上，这些问题能够帮助你去评估求职者将会对在工作中出现的典型场景作出怎样的实际反应。我们将在本章后面的内容中进一步解释如何做到这一点。

避免犯面试中的各种错误 第三点是，理解并避免犯可能会影响面试作用发挥的各种错误。接下来将详述这一点的内容。

7.2 哪些错误会影响面试作用的发挥？

甄选面试不能有效发挥作用的原因之一就是，管理人员犯了一些本可以预见到并能够避免的错误。下面就来看看这些错误。

7.2.1 第一印象（匆忙判断）

大部分比较一致的研究结论可能都是：面试考官通常会在面试的最初几分钟（甚至是在面试开始之前，仅仅是根据测试成绩或个人简历资料）就马上得出结论——作出匆忙判断。一位研究人员估计，85％的面试都属于这种情况，有些面试考官甚至在面试开始前就已经得出了结论，其根据就是对求职者的申请表以及个人外表所形成的第一印象。[35]在一项典型的研究中，提前将求职者的测试成绩提供给面试考官的结果是，使面试考官对求职者的最终评价产生偏见。[36]

当一位求职者的历史信息是负面的时候，第一印象效应会带来更大的损害。在一项研究中，若面试考官曾收到过对求职者不利的推荐信，则在面试之后，他们会对求职者过去取得的成就表示出更少的信任，并且认为求职者应当对他们本人在过去遭受的失败承担更多的责任。除了求职者在面试中的实际表现之外，面试考官的最终决定（即接受还是拒绝求职者）会更多地受到面试考官在推荐信的基础上对求职者产生的预期的影响。[37]

此外，我们还可以提供另外两个与面试有关的事实：第一，与对求职者有利的信息相比，面试考官更易受到对求职者不利的信息的影响。第二，面试考官对求职者的印象由好变坏容易，但是由坏变好却很难。实际上，许多面试考官都倾向于寻找求职者的负面信息，但是他们本人并没有意识到这一点。

最根本的问题在于，大多数面试考官从一开始就是准备给求职者挑毛病的。即使是一位在面试中表现不错的求职者，最终也有可能获得较低的评价结果，仅仅是因为负面信息在面试考官的决策过程中所占的比重较大，更不用提那些在面试中一开始就表现比较糟糕的求职者了。他们几乎是不可能改变给面试考官留下的比较差的第一印象的。[38]一位伦敦的心理学家在对 80 家顶尖公司的首席执行官进行访谈之后，得出了如下结论：

> 实际上，当你想给面试考官留下一个好印象的时候，你甚至连开口说话的时间都没有……总的来说，面试考官对你的印象在你开口说话之前就已经形成了——你是如何走进门的；你走路的姿势怎么样；你有没有微笑；你有没有迷人的魅力；你有没有自信而有力地跟他们握手。你只有大约半分钟的时间来塑造自己在面试考官心目中的形象，你此后所做的一切都只是在强化此前已经奠定的好的或者坏的第一印象……这是一种非常情绪化的反应。[39]

7.2.2 不能准确把握职位要求

面试考官如果不能准确地把握职位的工作内容，以及什么类型的求职者最适合这一职位，往往就会依据错误的印象或者是对所谓的好求职者的刻板印象来作出决定。然后，他们会把求职者与他们脑海中存在的那种错误的刻板印象加以匹配。因而，企业应当在开始进行面试之前，明确自己正在为某一特定职位寻找具备哪些特征的求职者，以及为什么要求求职者具备这些特征。

一项经典的研究调查了 30 名专业的面试考官。[40]其中一半的面试考官只获得了他们所要招募职位的简单职位描述，上面仅写着："这里是通过求职申请表整理出来的应聘秘书职位的 8 位求职者。"还有 15 位面试考官则获得了更加明确的工作信息，例如打字速度要求和双语能力要求等。

更多的工作信息有利于更好地进行面试。掌握更多工作信息的那 15 位面试考官总的来说都能够对每一位求职者的潜能达成一致的意见，而那些没有得到较多工作信息的面试考官却不能达成一致意见。同时，这些缺乏信息的面试考官也不能充分地把求职者区分开来——他们倾向于给所有的求职者都打高分。

7.2.3 求职者面试顺序（对比）误差和雇佣压力

求职者面试顺序（对比）误差（candidate-order or contrast error）是指求职者参加面试的顺序会影响面试考官对他们作出的评价。在一项研究中，管理人员需要在评价了几位"不理想的"求职者之后，再去评价一位"水平很一般"的求职者。结果，他们对这位实际水平很一般的求职者作出了比其他情况下更高的评价。这是因为与那些不理想的求职者相比，水平一般的求职者看上去比他们的实际水平要高得多。这种对比效应可能是非常大的：一些早期的研究证实，在评价者对求职者的评价中，只有很小一部分是基于他们的实际潜力。[41]

雇佣压力也会促使这种问题产生。研究者告诉一组管理人员，他们的招募定额还没有完成，而告诉第二组管理人员他们已经超出了招募定额。结果发现，对于同样的求职者，第一组管理人员的评价要比第二组管理人员高得多。[42]

7.2.4 非言语行为和印象管理

求职者的非言语行为（微笑、避开面试考官的注视等）也会对他们的面试成绩产生非常令人吃惊的影响。在一项研究中，研究者请 52 位人力资源专业人员来观看求职者的面试录像，在两套录像中，求职者所说的话的内容都是一样的，但是他们的非语言行为存在很明显的差异。研究人员要求第一组求职者尽量减少与面试考官之间的目光接触，表现出不太旺盛的精力，同时将声音控制在较低的音量；而要求第二组求职者表现出与第一组相反的行为。有 26 位人力资源管理专业人员被邀请观察了那一组与面试考官目光接触多、精力表现更加旺盛的求职者，其中有 23 位专家邀请这些求职者来参加第二轮面试。而在那些观察了与面试考官目光接触少、精力表现不足的第二组求职者的专家中，没有一个人建议让这些求职者来参加第二轮面试。[43]从这种情况来看，被面试者让自己"看上去更有活力"显然是值得的。

在另一项研究中，研究者让面试考官去听面试的录音，然后看面试的录像。结果发现，声音线索（比如被面试者的音高、语速和停顿等）和视觉线索（比如微笑以及身体倾向等）都与评价者的判断存在相关关系，影响到他们认为被面试者是否会被喜欢和信任。[44]

求职者的非言语行为之所以如此重要，是因为面试考官会根据求职者在面试中的行为方式来推断其人格特点。在一项研究中，99 名即将毕业的高年级大学生分别在参加面试之前和面试之后填写了调查问卷。在这些调查问卷中都包括对人格进行测量的内容。[45]然后，这些大学生汇报了他们在后来接到第二次面试通知以及得到工作机会方面取得成功的情况。结果表明，被面试者的人格特点，尤其是外向程度，对于他们能否得到复试通知以及工作机会有着非常深刻的影响。[46]外向型求职者似乎倾向于进行自我推销，而求职者的这种自我推销与面试考官对求职者是否与职位匹配的知觉又是高度相关的。[47]

印象管理 聪明的求职者会利用上述事实来达到自己的目的。一项研究发现，有些人通过逢迎面试考官来博得他们的喜欢。例如，赞扬面试考官或者表现出赞同其观点。而讨好面试考官的做法则包括同意他们的观点，通过这种方式来暗示他们之间有类似的信仰。一些求职者意识到，面试考官能够感知到自己和他们之间存在态度的相似性，则很可能会影响到他们的最终评分，所以这些求职者会刻意强调（甚至编造）这种相似性。[48]还有一些求职者则运用自我推销的策略，夸大自己已经取得的成功。[49]自我推销是指向面试考官推销自己的技能和能力，从而给面试考官留下一个自己具备工作所需的胜任素质的印象。[50]心理学家将运用迎合和自我推销等技术的现象称为“印象管理”。

7.2.5 个人特征的影响：吸引力、性别和种族

令人遗憾的是，诸如个人的吸引力、性别、残疾或种族等这样一些求职者的生理特征也会干扰面试考官所作出的评价。[51]例如，人们通常认为更有吸引力的人往往具备更好的个人特征，同时也能有更为成功的生活。[52]在一项研究中，研究者让一群参加实验的人通过看照片来评价哪些候选人将会获得晋升。结果，这些人认为，相对于同样合格的女性来说，男性更适于被雇用，并且更有可能被提升到高层管理职位；此外，与缺乏吸引力的候选人相比，他们更喜欢比较有魅力的求职者（尤其是男性）[53]。“甚至在女性管理人员展示出与男性管理人员同样的职业进步行为的情况下，她们的薪酬仍然要比男性低，而且只能得到更少的职业升迁机会。”[54]同样，种族因素也会在面试中起着重要作用，这取决于企业如何进行面试。例如，在一项研究中，当面试小组中的白人面试考官和黑人面试考官各占一半的时候，白人面试考官会对白人求职者作出更高的评价，而黑人面试考官则会对黑人求职者作出更高的评价。（值得一提的是，在任何一种情况下，与非结构化面试相比，结构化面试在少数族裔求职者和白人求职者之间产生的差异更小。）[55]

总之，具有一系列特殊特征和残障的求职者（比如有儿童看护需求者、艾滋病病毒携带者以及坐轮椅者等）即使在结构化面试中表现得很出色，获得工作的机会也会比较少。[56]（正是由于求职者的“种族、性别、发型、牙齿甚至面部轮廓”都会对面试过程产生歧视性影响，所以欧盟甚至正在考虑制定一项新的政策，即要求企业在对求职者进行面试的时候，将求职者和面试考官用一道幕布隔开，或者通过在不同的房间之间打电话来进行面试。）[57]这里的“管理新型员工队伍”专栏进一步阐述了这方面的问题。

管理新型员工队伍

残障求职者与面试

美国残疾人服务中心的研究评价中心所做的一项研究揭示了那些依靠“辅助技术”从事工作的残疾人最希望从面试考官那里得到什么。[58]研究者是在调查了来自不同职业的40位残障人士之后得出结论的。这项研究的一个基本结论是：残疾人感到面试考官通常都会避免直接涉及残疾的问题，但是在后来作出决策时却不得不考虑这方面的情况。

残疾人更喜欢开放的讨论，这种讨论能够使企业表达出自己的担忧，并且有助于达成科学的结论。残疾人通常希望面试考官在提问的时候问到这样一些问题：

- 企业可以通过提供哪些设施或特别的装备来为你的面试过程提供一些便利？
- 你目前正在使用或者在过去的工作中曾经使用过哪些有助于你完成工作的特定技术吗？
- 除了技术，你在过去的工作中还获得了其他哪些支持性的措施？如果没有，那么你知道还有哪些东西会对你的工作有利？
- 有哪些技术尽管是你现在还没有的，但却有助于你履行这个职位的工作职责？
- 过去，在你使用的技术和公司的信息系统之间曾经出现过什么问题？
- 你是否预见到你所使用的技术在不久的将来会有所改变？为什么会改变？会怎样改变？
- 你在过去的工作中曾经遇到过什么样的障碍？如果有的话，这些障碍是怎样被解决的？
- 你是否估计到与这个职位的工作日程相关的交通或工作时间安排问题？

此次，需要记住的是，根据《美国残疾人法》，面试考官的提问仅仅能够局限在这样一种问题上，即求职者是否存在某种身体或精神方面的损伤，从而可能会阻碍他们完成特定职位的基本工作任务。[59]

就业歧视是令人厌恶的，因而利用就业歧视“测试者”来清除面试中的歧视就变得更加重要。正如美国公平就业机会委员会所定义的，就业歧视测试者就是指“那些以揭露非法的歧视性雇佣实践为唯一目的，并非真的想接受某种工作机会的求职者”。[60]尽管他们并不是真的寻求就业，但是这些测试者在法庭和公平就业机会委员会面前具有合法的地位。[61]

例如，一家私营的非营利民权组织派出了四名大学生——两名白人，两名黑人——到一家就业服务机构假装应聘一个职位。这家民权组织为这四名“测试者”提供了相应的背景和培训经历，从而使他们的资格看上去并没有差别。结果，白人测试者（求职者）得到了面试的机会并得到录用，但是黑人测试者（求职者）却没有得到面试机会，当然也不会被雇用了。[62]

7.2.6　面试考官的行为

最后，面试考官的行为也会影响被面试者的表现及其评价结果。

我们可以来看一些例子。有些面试考官会在不经意间泄露自己期望的答案。[63]比如这样的提问：“这个职位要求你能承受很多的压力。你能做到吗？”即使是一些微妙的线索（比如微笑或点头）也可能会泄露期望的答案。[64]有些面试考官的话说得太多，以至于求职者没有时间回答问题。另一种情况恰恰相反，有些面试考官让求职者主导了面试过程，甚至不能完成所有的提问。[65]当面试考官在面试之前就对某求职者产生了良好印象时，他们会更加积极地对待这个人（例如，更多地对其微笑），这可能是因为他们想增加这些求职者接受这个工作机会的几率。[66]其他一些面试考官则可能会扮演地区检察官的角色。他们对一些存在不一致的地方保持警惕是对的，但是从突然袭击求职者中寻找快感则是不文明的。还有一些面试考官可能会扮演业余心理学家的角色，他们很不专业地去探求在求职者所说的每件事情背后隐藏的含义。[67]有些面试考官缺乏面试技巧，不能问出像样的问题，而有些面试考官则很擅长去发现求职者的长处。

总之，在面试中需要注意避免的潜在错误包括：

- 第一印象（匆忙判断）；
- 不能准确把握职位涉及的工作内容和要求；
- 求职者顺序误差和雇佣压力；
- 非言语行为和印象管理；
- 被面试者个人特征的影响；
- 面试考官的无意识行为。

7.3 如何设计和实施有效的面试？

有两种可以避免面试错误的基本方式。第一种方式很显然，这就是记住这些错误，然后努力避免犯这些错误（例如，不要匆匆忙忙地做决定）。第二种方式则不是那么明显，这就是使用结构化面试。实施有效的甄选面试的最重要的唯一原则就是围绕与职位相关的情境以及行为性问题来使用结构化面试。我们接下来就要讨论如何运用这种结构化面试。

7.3.1 结构化情境面试

毫无疑问，**结构化情境面试**（structured situational interview）——由面试考官向应聘同一个职位的所有求职者提出一系列与职位工作相关且预先准备好正确答案的相同的问题——能够产生最好的效果。[68]在理想情况下，一种基本做法是：由熟悉招募职位的专家（例如，该职位的直接上级主管人员）写出一些情境性问题（询问求职者在这种情况下将怎么做）或者行为性问题（询问求职者过去是怎么做的）或者工作知识性问题，然后由他们列出每个问题的可能答案，同时对这些答案按照从好到差的方式加以排序。负责对求职者进行面试和评价的面试考官则根据这份标有答案优劣示例的评分表来对求职者进行打分。[69]

在设计结构化情境面试的过程中，由熟悉相关职位的人根据该职位的实际工作职责来设计一些问题。然后，他们再来讨论什么样的答案是能接受的，而什么样的答案是不能接受的，最后达成共识。整个过程包括以下几个具体步骤[70]：

第一步：分析职位。编写一份职位描述，列出相关的工作职责，要求任职者具备的知识、技能、能力和其他任职资格条件。

第二步：评价职位的主要工作职责。确定职位承担的主要工作职责。根据每一项工作职责对于在该职位上取得成功的重要性，以及完成这项职责与完成其他工作职责的时间要求对比来对每一项工作职责作出评价。

第三步：设计面试问题。根据工作职责来设计面试问题，对于那些重要的职责要多设计一些问题。回想一下我们在前面曾经提到的情境性问题，它会给出一个假设的工作场景，例如“如果机器突然开始升温，你会怎么做”；工作知识性问题（job knowledge questions）所要评价的是完成工作所必需的知识（例如，什么是 HTML 语言?）；意愿性问题（willingness questions）衡量了求职者是否具有满足工作要求——例如，从事一些重复的体力劳动或需要出差的工作——的意愿和动机；行为性问题（behavioral questions）则是要询问求职者他们过去是怎样处理相似场景下的问题。

设计问题的人通常要以关键事件为基础来进行问题的开发。例如，对于应聘一个主管职位的求职者，面试考官可能会问这样一种情境性问题：

> 你的配偶和两个十几岁的孩子都因感冒而卧床，并且你们没有亲戚或者朋友能够帮助你来照顾他们。而你需要在 3 小时后去换班，这时你会怎么做?

第四步：设计基准答案。接下来，针对每一个问题都需要设计一些想象出来的（基准）答案，其中包括好的答案（5 分）、一般的答案（3 分）、较差的答案（1 分）。例如，以上面关于配偶和孩子生病的场景为例，其三个基准答案（按得分从低到高排列）分别是：“我会待在家里——我的配偶和家庭最重要”（1 分）；“我会打电话给我的直接主管解释一下我现在面临的状况”（3 分）；“因为他们仅仅是感冒了，所以我还是会去工作”（5 分）。

第五步：指定面试小组成员并进行面试。企业通常会通过一个面试小组，而不是一对一面试的方式来进行结构化面试。面试小组通常由 3～6 人组成，最好就是那些设计问题及其答案的人，还可以包括职位的直接上级主管人员、当前任职者以及人力资源部门的代表。相同的面试小组要对应聘同一职位的所有求职者进行面试。[71]

面试小组的成员通常应在面试前审阅职位描述、面试问题及其基准答案。（为确保一致性，）应当始终由面试小组中的一位成员负责介绍所有的求职者，并按照顺序向所有的求职者分别提问所有的问题。而所有的面试小组成员都应当根据评价尺度表来记录和评价求职者的回答情况。他们记录和评价求职者的方式就是将求职者的答案与评价表中每一个问题后面的基准答案进行比较，从而判断出求职者的答案是较差的、一般的还是好的。在面试快要结束时，由面试小组中的某个人来负责回答求职者可能提出的问题。[72]

一些基于互联网的程序可以帮助面试考官设计和组织以行为为基础的甄选面试。例如，SelectPro 软件（www. selectpro. net）就能够帮助面试考官设计基于行为的甄选面试、客户面试指南和自动化的在线面试。

7.3.2 如何实施有效面试?

你可能既没时间，也没意愿去设计全套的结构化情境面试。然而，你仍可以通过做很多事情来使你的面试更加系统化，同时更为有效。

第一步：首先，确保你了解职位。除非了解这个职位以及你需要寻找的是具备哪些技能的人来承担这一职位，否则就不要开始面试工作。首先要研究该职位的职位描述，了解这个职位所需要的理想任职者应当具备哪些特征和技能。

第二步：使面试结构化。任何结构化面试的效果都要好于非结构化面试。如果时间确实很紧迫，那么，也可以在不开发全套的结构化面试方案的情况下，询问一些具有一致性且与职位相关的一些问题。[73]以下这些做法都会对此有所帮助[74]：

- 根据实际的工作职责来提问题。这会使那些不相关问题的数量减到最少。
- 提问知识性、情境性或行为性问题，为了对求职者的答案作出评价，尽可能多地了解职位。问一些简单的问题来询问求职者的观点和态度、目标和理想以及自我描述和自我评价等，这样会使求职者以一种更有利的方式来表达自己或者避免暴露自己的弱点。[75]图 7—2 中列出了一些结构化面试中提到的问题。

情境性问题

1. 假设你的一位同事没有遵守标准的工作程序，而这位同事的经验比你丰富，他跟你说这种新的工作程序更好一些。这时你会使用这种新的工作程序吗？

2. 假设你正在做一个销售演讲，这时有人提出了一个你回答不了的技术难题，你应该怎么办？

行为性（过去的行为）问题

3. 根据你过去的工作经历，请谈一谈你在帮助同事方面做过的最突出的一件事情。

4. 你能举一个例子说明自己曾经设计过一份非常有效的销售演示课件的情形吗？

背景性问题

5. 你过去的工作经历、受过的培训以及其他任职资格条件中有哪些有助于你在团队环境中工作？

6. 你在直销方面有哪些经验？

工作知识性问题

7. 为了与一组员工就安全问题举行一次头脑风暴会议，你应当遵循哪些步骤？

8. 在设计一个电视广告时，你需要考虑哪些因素？

注意：上述这些问题都是结构化的、与职位相关的，企业应当在对所有的求职者提问时保持一致性。

图 7—2　结构化问题样本

资料来源：Michael Campion，David Palmer，and James Campion，“A Review of Structure in the Selection Interview，” *Personnel Psychology*，1997，p. 668. Reprinted by permission of Wiley-Blackwell.

● 对所有的求职者提出相同的问题。在提问时，一个基本原理就是“问题的标准化程度越高越好”。对所有的求职者都提相同的问题，可以提高面试的信度。同时，它还可以减少偏见，因为给所有的求职者提供相同的机会显然是一种非常公平的做法。

● 使用描述性的评价尺度（优秀、一般、较差）来对答案进行评价。如果可能的话，为每一个问题准备几个假想的答案，并对每一种答案赋予一个分数。然后，就可以根据这份评价表来对每一位求职者的答案作出评价了。

● 尽可能地使用标准化的面试表格。根据类似于图 7A—1 中的结构化指南来进行面试常常能带来更好的面试效果。[76]至少要在面试之前将要问的问题列出来。

第三步：面试安排。面试应该在一个相对安静的房间中进行，这里不能接电话，同时各种干扰因素也减到了最少。在面试之前，审阅一遍求职者的求职申请表和个人简历，标出其中存在模糊问题的地方或是能够显示求职者的优势和劣势的地方。在一项研究中，在 191 名被访者中，大约有 39%的人反映，面试考官在面试之前没有做好准备，或者在面试过程中注意力不集中。[77]

第四步：营造和谐的气氛。面试的主要目的是了解接受面试的求职者。要做到这一点，在一开始的时候应当让求职者感到比较轻松自在。在面试刚开始的时候，要向求职者打招呼问候，从问一些没有争议的问题入手，比如可以是当天的天气或者交通状况。请记住这样一条规则：所有的求职者——即使是对那些没有收到面试邀请的不速之客——都应当友好、礼貌地对待，这不仅是出于人道主义的考虑，还因为这也直接关系到你们公司的声誉。

第五步：提问题。尽量按照事先列出的情境性、行为性、工作知识性问题来提问。在图 7—3 中还能找到其他一些技术性的提问方式（例如，"你最喜欢上一份工作的哪些方面？"）。在实际提问中，需要明智地遵循的一些原则如下：

不要提问那种求职者只需要说是或不是就可以回答的问题。

不要把答案直接告诉求职者或者在不经意间传递出自己希望得到的答案。

不要像提审罪犯那样审问求职者，不要表现得傲慢、冷嘲热讽或漫不经心。

不要让闲聊占据整个面试过程，也不要让求职者主导整个面试过程。

要提出一些开放性的问题。

要倾听求职者的回答并鼓励其充分表达自己的想法。

要通过提问题的方式来重复求职者最后说的某句话，从而总结出求职者的观点和感受。（例如，"你不喜欢你前面做的那份工作吗？"）

要问一些实际的例子。[78]例如，如果求职者说自己有某种长处，那么你应该紧接着问这样一句话："在这方面有什么具体的例子吗？"

要问这样的问题："如果我准备去跟你的老板做一次访谈，你猜他会怎样评价你的优点、缺点以及总体工作绩效？"[79]

1. 你是如何选择这个行业的？
2. 你最喜欢上一份工作的哪些方面？
3. 你最不喜欢上一份工作的哪些方面？
4. 你在从事当前的这份工作时，最令你感到沮丧或者失望的是什么？
5. 你从事的上一份工作的优缺点是什么？
6. 你离开的上一份工作的工作环境如何？
7. 你离职的时候提前通知公司了吗？
8. 我们为什么要雇用你呢？
9. 你希望本企业能够给你提供什么？
10. 你在下一份工作中一定不会做哪三件事情？
11. 你的前任直接主管认为你存在哪三个方面的缺点？
12. 你的主要优势有哪些？
13. 你的直接主管可以怎样帮助你达成目标？
14. 你的直接主管是如何评价你的工作绩效的？
15. 你通过哪些方式来改变你过去的直接主管？
16. 你在未来 1～3 年中的职业目标是什么？在未来 5～10 年呢？
17. 到我们公司工作如何能够帮助你实现上述职业目标？
18. 你上一次接到上级发出的你本人不同意的指令时，你是怎么做的？
19. 你和你的直接主管之间出现过的意见不一致的事情是什么？你当时是怎么做的？
20. 你更喜欢自己单独工作，还是在团队中工作？
21. 在你的上一份工作中，是什么在激励着你把工作做得更好？
22. 你认为你在上一份工作中取得的进步代表了你个人的能力吗？为什么这么说？
23. 对于你应聘的这个职位需要承担的工作职责，你还有什么问题想问吗？
24. 你能够承担起你应聘的这个职位的所有基本职能吗？

图 7—3　面试求职者时的一些补充性问题

资料来源：Reprinted from http：//hr. blr. com with permission of the publisher Business and Legal Resources, Inc. 141 Mill Rock Road East, Old Saybrook, CT © 2004. BLR ©（Business and Legal Resources, Inc.）.

第六步：在面试过程中做好简要的记录。这样做有助于避免在面试的前期阶段就凭借不充分的信息作出仓促决定，同时也有助于在面试结束后唤起自己的记忆。所以要做记录，但是无须非常详尽，只要记录下求职者回答的要点即可。[80]

第七步：结束面试。留出时间来回答求职者可能提出的任何问题。在合适的情况下，可以向求职者宣传一下你们公司。

尽量以一种肯定的语气结束面试。告诉求职者你们是否对其感兴趣，如果感兴趣的话，告诉他们接下来的步骤会是什么。而在拒绝求职者时则要讲究策略——例如，可以采取以下的说法："虽然您的背景给我们留下了深刻印象，但其他求职者的工作经验更接近我们公司的要求。"如果你们还在考虑该求职者的情况，当时还不能作出决策，也可以这么说。如果你们公司的政策是以书面形式通知求职者面试结果，则可以在面试结束后的几天内完成此事。请记住，正如一位招募人员曾说过的："无论求职者最终能否得到录用并接受公司提供的工作机会，都应让求职者的这次面试经验给其留下一个关于本公司的长期的、积极的印象。"[81]

在拒绝求职者方面，一个长期争论的话题是，究竟是否应该告诉那些被拒绝的求职者其中的缘由。在一项研究中，那些在被拒绝后能够得到公司提供的详细原因说明的求职者会感觉到被拒的过程更为公平。这些人也更有可能向其他人推荐这家公司，同时再次应聘该公司中的职位。然而，令人遗憾的是，这种提供详细的被拒原因解释的做法可能并不现实。正如一些研究者所说：

> 我们曾经尝试与很多企业联系，希望它们愿意让我们在它们那里开展这项应用研究，但结果都以失败告终。一开始的时候有三家公司表示对我们的研究很感兴趣，但最终都拒绝参与此项研究，因为它们担心在不予录用的通知书中提供任何额外的信息都有可能会带来一些法律问题。它们不愿意为那些被拒绝的求职者提供相关的信息，因为担心这些人会利用这些信息对公司的雇佣决策提出争议。[82]

第八步：回顾面试。在求职者离开之后，应该审阅自己的面试记录，在面试指南的答案上（如果使用的话）打分，然后在对面试过程的记忆还比较清晰的时候，回顾一下整个面试过程。

7.3.3 使用一个简约的面试流程[83]

管理人员通常工作很忙，所以不可能总是有时间和兴趣按照上述全部步骤来进行面试的操作。在这种情况下，可以尝试使用下面介绍的这种由雇佣方面的专家提出的精简的面试流程，这些东西迟早能派上用场。

1. **做好面试前的准备**。在为面试做准备的过程中，要认真思考职位所要求的技能和个人特征。关键是要把握四项基本要素——知识和经验、动机、智力以及人格因素。要想做到这一点，可以问自己以下问题：

● 知识和经验：为完成这一职位的工作，求职者必须知道什么？要想完成这些工作，哪些经验是绝对必要的？

● 动机：喜欢这份工作的人应该会喜欢做什么？这种人应该不喜欢做什么？求职者应该有哪些必要的个人目标和志向呢？这份工作对任职者有没有特殊的精力要求？

● 智力：这个职位对于任职者有没有特殊的智力要求（如数学能力、机械能力等）？这个人必须解决的问题的复杂程度如何？求职者必须能够证明自己有能力做哪些事情？这个人应当怎样解决问题（比如小心谨慎或推断性等）？

● 人格因素：要想成功地承担该职位的工作，任职者必须具备哪些关键的人格特质（比如忍受枯燥的能力、决断性、稳定性等）？任职者必须如何应对压力、紧张和批评？这个职位的员工在工作中与上级、同级、下级以及企业外部的客户打交道时，需要展示出什么样的人际关系行为？

2. **设计面试问题**。接下来就要列出一份面试问题清单，其中包括情境性问题、行为性问题以及图 7—3 所示的开放性问题，以此来探究求职者是否适合该职位。例如：

● 智力因素：在这里要评价的是这样一些事情：这个人过去承担过的工作任务的复杂程度；在学校时的学习成绩；各种测试结果（其中包括学术能力测试等）；他是如何组织自己的想法和语言的。

● 动机因素：这方面主要是要了解求职者的工作好恶（对于做过的每一件事情，他喜欢其中的哪些方面或者不喜欢其中的哪些方面）；个人志向（其中包括通过求职者对自己选择这些志向的原因所做的解释可以看出其目标是否有效），以及精力水平（比如可以问他一般在星期二会做什么）。

● 个性因素：在这里需要通过探究一些对求职者不利的行为（比如攻击性、强迫性的局促不安等）和此人过去的人际关系来加以了解。要问一些有关此人过去的人际交往的问题（比如在学校时参加小组活动的情况、在兄弟会或姐妹会时与大家相处的情况、在过去的工作中领导一个工作小组的情况等）。此外，还要努力对求职者在面试过程中的行为表现作出判断——这位求职者有风度吗？害羞吗？外向吗？

● 知识和经验因素：在这方面可以问一些情境性问题，例如，“你会怎样组织这一类销售活动？”“你会怎样设计那种网站？”

3. **实施面试**。

● 制定计划。制定并使用一份按照时间顺序排列的计划来指导面试过程。根据面试专家约翰·德雷克（John Drake）的建议，在面试中要了解的关于求职者的一些重要情况包括：

大学期间的经历；

工作经历——暑期工作、兼职工作；

工作经历——全职工作（一项一项地说）；

目标和抱负；

对目前面试的这个职位所作出的反应；

自我评价（求职者对自身的优势和劣势所做的评价）；

军事方面的经历；

目前的社会活动。[84]

● 按你的计划行事。或许每一个提问的主题都可以用一个开放式的问题来开头，比如“您能告诉我您在高中时曾做过什么吗？”此时要记住，你正在努力获取关于此人的四项主要个人特性（即智力、动机、人格、知识与经验）方面的信息。在求职者回答问题的时候，你可以慢慢积累这几个方面的信息。如果你想进一步了解某个特殊方面的信息，你可以问这样一个问题，即“请您对此做一个详细介绍，好吗？”

4. **将求职者与职位进行匹配**。就求职者的智力、知识和经验、动机以及人格等方面的状况得出结论。这位求职者在多大程度上适合这个职位？将你的结论和在面试之前拟定的职位描述以及职位对任职者的行为要求清单加以比较。这种对比可以为确定求职者与职位是否匹配提供一个理性的基础。

你可以用一份面试评价表（例如，请参见图 7—4）来整理你对求职者的印象。

求职者姓名：

面试日期：

应聘职位：

填表者：

日期：

说明：在每一个标准前面的数字上画圈，然后加出总分。

具体的工作知识以及与职位相关的知识：

0. 没有什么知识
1. 知识不足
2. 能达到雇佣要求
3. 超出对一般求职者的期望
4. 对工作非常精通，在相关工作领域很有优势

工作经验

0. 没有本职位的工作经验及相关经验
1. 如果在这个职位上的经验多点更好，但工作经验足够承担该职位
2. 工作经验丰富，完全能胜任工作
3. 工作经验非常丰富
4. 在所有工作相关领域都有丰富的工作经验

沟通能力：

0. 沟通能力很差，会严重影响在大多数职位上的工作
1. 在沟通方面存在一些困难，会影响工作绩效
2. 具备胜任工作所需要的沟通能力
3. 沟通能力超出工作需要的水平
4. 有非常出色的沟通能力

对职位和公司的兴趣

0. 没有显示出兴趣
1. 有些兴趣，但还不够
2. 表现出一般的兴趣水平

图 7—4　面试评价表格

资料来源：Reprinted from http://hr.blr.com with permission of the publisher Business and Legal Resources Inc. 141 Mill Rock Road East，Old Saybrook，CT © 2004. BLR ©（Business and Legal Resources Inc.）.

3. 非常感兴趣，似乎很喜欢应聘的这类工作
4. 完全被工作内容吸引，传递出非干这份工作不可的想法

总体成就动机

0. 没有表现出来
1. 对取得进步表现出较少的兴趣
2. 对取得进步表现出一般的兴趣
3. 高成就动机，强烈的进步愿望
4. 极高的成就动机，对取得成功和进步有着非常强烈的渴望

镇定和自信

0. 极其心不在焉和思路不清，表现出不稳定的情绪
1. 表现出会对工作绩效产生不良影响的思路不清和发脾气等特征
2. 对完成工作表现出足够的镇定和自信
3. 在面试中没有失态，在压力面前表现得很自信
4. 在面临压力时的镇定表现令人印象深刻，外表总是很自信和让人有安全感

理解力

0. 不理解很多观点和概念
1. 遗漏了一些观点和概念
2. 能理解正在讨论的大部分新思想和新技能
3. 能快速掌握所有的新观点和新概念
4. 极其敏锐，能够理解非常细微的观点和一些潜在的意思

________**总分**

其他评论：

图 7—4（续）

7.3.4　求职者面试指南

在你对别人进行面试之前，你自己可能已经有过一些如何被别人面试的经验。因而，运用本章中讲授过的一些内容去指导你自己参加的面试也是十分有用的。

面试考官很可能会通过各种测试以及研究你的受教育背景和工作背景来评价你的各种技能和专业技术经验。同时，他们很可能会通过面试来判断你是一个什么样的人。换言之，你是如何与他人相处的以及你的工作愿望等方面的情况通常是在面试中最为重要的信息。他们首先会看你的行为举止。更具体地说，他们会观察和记录你作出的反应是否简洁而准确，在回答问题的时候是否表现出充分的合作性，在适当的时候陈述个人的观点但不偏离主题。以上都是会影响面试考官决定的几个非常重要的因素。

以下七点有助于你在面试中脱颖而出。

1. **做好充分的面试准备工作**。在面试之前，尽可能了解与企业、职位以及进

行招募工作的人有关的信息。通过图书馆或网络浏览商业期刊，了解在该企业所从事的行业领域中有哪些最新进展。企业的竞争对手是谁？这些竞争对手做得怎么样？试着去发现企业存在的一些问题。准备好向面试考官解释，你为什么认为自己能够解决这些问题，举出一些你过去曾经取得成功的具体事例来佐证你的观点。

2. **发现面试考官的真正需求**。尽量用最少的时间来回答面试考官提出的第一个问题，让面试考官用尽可能多的时间去描述他们的需求。了解面试考官希望达到什么样的效果，以及他们感觉自己需要找到什么类型的人。这时可以用一些开放性的问题，比如"关于这方面的情况，您能再说点什么吗?"

3. **在你自己和面试考官的需求之间建立联系**。一旦你了解面试考官正在寻找的人员类型以及他们希望解决什么样的问题，就可以根据面试考官的需求来描述你个人过去已经取得的成就。你可以这样开头："在你刚才提到的对你们非常重要的那些问题中，有一个类似的问题我曾经也遇到过。"然后，对这个问题进行描述，解释你当时采取的解决办法以及实际达到的结果。

4. **回答问题前要有所思考**。回答一个问题应该遵循三个步骤：停顿—思考—回答。停顿是为了确保你理解面试考官问话的含义。思考是指组织你自己的答案，然后再开口回答问题。在你回答的时候，要试图强调这样一点，即你可以帮助面试考官解决他们所面临的问题。

5. **牢记仪表和热情十分重要**。恰当的着装、良好的修饰、有力的握手以及充沛的精力等都是十分重要的。要记住，与你所说的话相比，你的非言语行为所透露的关于你的信息要多得多。保持眼神的交流十分重要。此外，在说话时要显得有热情，要适时地点头表示赞同，要记住花点时间来组织自己的答案（按照停顿—思考—回答这样一个顺序），这样你的回答听起来就会是清晰、流畅的。

6. **留下良好的第一印象**。要记住，很多研究都表明，在绝大多数情况下，面试考官在面试开始的最初几分钟里就已经对被面试的求职者下了定论。在面试过程中，良好的第一印象也有可能会转变为不好的印象，但这种情况发生的可能性并不大。而较差的第一印象却几乎没有机会逆转。专家建议，求职者一定要关注以下几个关键的面试要点：

- 得体的着装；
- 良好的修饰；
- 坚定有力的握手；
- 适度的激情展现；
- 恰到好处的幽默和欣然的微笑；
- 对企业经营的真诚兴趣关注以及在面试考官说话时能集中注意力倾听；
- 对过去取得的成绩表现出自豪；
- 了解企业的需求并表现出满足这种需求的愿望；
- 展示自己的有见地的观点。

7. **提问题**。图 7—5 中列出了可以提问的一些问题的示例。

1. 你们需要自己新雇用的员工关注的首要的问题是什么？
2. 现在还有哪些其他问题需要引起关注？
3. 到目前为止，公司在这些问题方面做了什么？
4. 这个职位的工作过去都是如何完成的？
5. 为什么这个职位现在出现了空缺？
6. 您有没有这个职位的书面职位描述？
7. 这个职位的主要工作职责是什么？
8. 我将来会有哪些职权？你们如何界定这些职权的范围？
9. 公司在未来5年中的销售额和盈利计划是什么？
10. 公司为了实现上述计划需要做什么？
11. 公司最主要的优势和劣势分别是什么？
12. 公司在生产方面的优势和劣势分别是什么？
13. 公司产品的优势和劣势分别是什么？在竞争中的位置如何？
14. 公司认为谁是你们的主要竞争对手？
15. 公司主要竞争对手的优势和劣势分别是什么？
16. 您怎样看待公司所在行业的未来前途？
17. 公司是否有新产品开发计划或者收购计划？
18. 公司可能被出售或被其他企业收购吗？
19. 公司当前的财务优势是什么？
20. 您能谈一谈我未来的直接上级的情况吗？
21. 您能谈一谈在其他关键职位上的任职者的情况吗？
22. 您能谈一谈我未来的下属的情况吗？
23. 您如何界定公司的管理哲学？
24. 你们公司的员工能够获得持续学习的机会吗？
25. 你们在为填补这个职位而寻找候选人的时候，最看重这个人的哪些特征？

图7—5 求职者在面试中可以提问的一些问题

资料来源：*Job Search：The Complete Manual for Job Seekers by Rust*，H. Lee. Copyright 1990 by AMACOM Books. Reproduced with the permission of AMACOM Books in the format print/electronic usage via Copyright Clearance Center.

本章内容概要

1. 甄选面试是通过让求职者口头回答面试考官的口头提问来预测其未来工作绩效的一种甄选程序，本章探讨了几种基本的面试类型。其中有结构化面试和非结构化面试。我们还根据所提问题的类型（例如情境性问题还是行为性问题）来对面试进行区分；此外，还可以根据实施面试的方式将其划分为一对一面试、顺序面试，甚至还可以通过电脑、视频或电话进行面试。无论你决定如何实施面试，或者在多大程度上进行结构化面试，都要注意你所要评价的是哪些类型的特征，同时还要注意避免书中提到的各种面试错误。

2. 甄选面试常常不能像理论上假设的那样有效的原因之一是，管理者犯了一些可以提前预见到的错误，影响了面试的作用发挥。

他们可能会基于一些不完整的信息武断地下结论或仓促作出判断，他们并不清楚职位的实际要求，他们会犯求职者面试顺序误差以及在雇佣压力下可能出现的误差，他们会受到各种非言语行为和求职者个人特征影响面试的效度。

3. 有两条基本途径有助于避免犯面试中的这些错误。一是牢记这些可能会犯的错误；二是使用结构化面试。

● 在结构化面试中，面试考官会要求应聘某个职位的所有求职者都来回答与职位相关且事先确定了正确答案的一系列问题。设计结构化情境面试的步骤是对职位进行分析、对职位的主要工作职责进行重要性评价、设计面试题目、设计基准答案、指定面试小组成员以及实施面试。

4. 实施有效面试的步骤包括：确保你了解职位，使面试结构化，做好面试的组织工作，提问题，在面试中做好简要记录，以及对面试过程进行回顾。

● 我们提供了一个比较简洁的面试流程。其中包括：做好面试准备，即准备知识、动机、智力和人格特征等方面的提问问题，并明确在面试中想要探寻的各种具体要素（例如求职者过去从事过的工作的复杂程度）；按照计划实施面试（了解求职者从上大学到目前从事工作的这段经历）；使求职者与职位相匹配。

● 从被面试的求职者的角度来说，也要记住，面试准备是必不可少的。你应当努力去发现面试考官的真正需求，使自己与这种需求之间建立联系，在回答问题之前有所思考，记住仪表和热情也是十分重要的，要给面试考官留下良好的第一印象。

讨论题

1. 说明和描述可以通过哪些方式来划分甄选面试的类型。

2. 简述以下每一种面试类型：非结构化小组面试、结构化顺序面试、职位相关性结构化面试。

3. 你认为哪些类型的职位最适合采用计算机化的面试？为什么？

4. 你为什么会认为情境面试的平均效度要高于职位相关性面试或行为面试，从而使其平均效度高于心理面试？

5. 类似地，你如何解释这样一个事实，即无论结构化面试的内容如何，它在预测工作绩效方面的效度都比非结构化面试更高？

6. 简短讨论并举例说明至少 5 种常见的面试错误。为了避免这些面试错误，你会提出哪些方面的建议？

7. 简述面试考官可以怎样改进面试工作的绩效。

个人和小组活动

1. 以“如何做一位有效的面试考官”为题写一篇文章，并就此做一个简短的演讲。

2. 通过互联网查找那些借助网络来进行初次甄选面试的企业。打印出其中的一些例子带到课堂上。你认为这些面试有用吗？为什么有用或没用？

3. 分小组讨论并整理出“我所经历过的最糟糕的面试”方面的例子。到底是什么原因导致这些面试让他们感觉如此糟糕的？如果时间允许，在课堂上进行讨论。

4. 针对应聘人力资源管理课程授课教师职位的求职者，分小组准备一次面试（其中至少要按顺序提 20 个问题）。每一组都应当在课堂上展示其面试题目。

5. 有些企业坚持采用一些非传统性的面试方法。例如，位于美国加利福尼亚州门罗园的技术星球公司（Tech Planet）会利用每周的午餐时间和“古怪的后续环节”取代第一轮面试。在非正式的用餐过程中，公司期待求职者能够与其他人进行交往，然后让在午餐时间与这些求职者见过面的现有员工来对求职者进行审查。该公司的一位员工要求求职者在她的办公室里骑单轮脚踏车，以考察“他们是否能够融入本公司的文化”。到甄选过程结束时，已经通过前面各个环节的求职者还要做一些脑筋急转弯的游戏，然后公开评价其他求职者的优点和不足。你对这种甄选过程有什么看法？具体地说，你认为这种做法有什么优点和缺点？你会推荐企业使用这种面试方法吗？如果会的话，你建议对这种方法做哪些修改（如果你认为需要修改的话）？[85]

6. 几年前，洛克希德·马丁公司（Lockheed Mardin）起诉位于美国佛罗里达州奥兰多市的波音公司，控告波音公司使用自己公司的商业秘密赢得了一份数十亿美元的政府采购合同。洛克希德·马丁公司指出，一名过去在自己公司工作但后来被挖到波音公司的员工向波音公司泄露了那些商业秘密。[86]在描述一些公司从事商业间谍活动的方法时，一位作者指出，将竞争对手的员工雇用过来或是雇人到竞争对手那里去做卧底，这是从事商业间谍活动的两种最明显的做法。正如此人所说：“一种并不常用的伎俩——有时被称为‘招募广告’——是让一个人假装成猎头公司的人，让这个人去接触目标公司中的某位员工，并且谎称会为这位员工提供一份很有吸引力的潜在工作机会。在面试的过程中，这家实施商业间谍活动的企业会询问这位员工关于其工作职责、已经取得的成就以及现在正在负责的计划等方面的信息。这样做的目的是，在这位员工尚未意识到其实根本就没有工作机会的情况下，就获取了有关竞争对手的一些重要信息。”[87]

假设你是一家小型高科技公司的所有者，你很担心自己的一位或多位员工会成为这些动机不良的猎头接触的对象。你会采取哪些措施（例如，通过员工培训，或者通过写一封亲笔信）来尽可能地减少你的员工落入这种圈套的可能性呢？此外，再列出你认为这些商业间谍可能会问你的员工的10个问题。

7. 本书末附录中的美国人力资源认证机构提供的“考试指南”部分，列出了想要通过人力资源资格认证考试的人需要了解的各个方面的人力资源管理知识（例如战略人力资源管理、员工队伍规划、人力资源开发等）。请以4～5人为一组，完成下列四项任务：（1）浏览该附录中的内容；（2）明确在本章所讲授的内容中有哪些与附录中列出的需要参加考试者掌握的知识是相关的；（3）根据这些与考试相关的内容，编写出你们认为适合作为这种人力资源认证资格考试考试题中的4道多项选择题；（4）如果时间允许的话，你们小组派出一个人将你们编写的考试题在课堂上展示给大家，这样各个小组的学生就能够回答其他小组编写的考试题了。

体验式练习

你将雇用的最重要的人

目的：本练习的目的是，为你提供一些实际运用在本章学到的这些面试技术的机会。

必须理解的内容：你应当熟悉本章所提供的信息。然后阅读下面的内容：对于父母而言，孩子是他们的心肝宝贝。然而有趣的是，很多父母在找看护自己孩子的保姆时，却只是问为数不多的几个面试问题，至多再马马虎虎地核查一下她们提供的相关材料。由于这种面试的效度经常很令人怀疑，加上这些父母在面试方面的经验又不多，父母为孩子找来的保姆后来并不令人满意就不奇怪了。从本章的内容中你可以知道，除非你非常清楚地了解你正在寻找的是具备什么条件要求的人，同时最好能使面试结构化，否则你很难进行一场效度很高的面试。但是很显然，绝大多数父母都完全没有接受过这方面的培训。

如何进行练习/指导：

1. 组成每组若干个练习小组，每组由5～6 名学生组成。由其中的两名学生扮作被面试的求职者，其他学生作为面试小组的面试考官。扮演被面试者的同学要设计一份面试考官评价表，而扮演面试考官的同学则要针对来面试的“保姆”设计一场结构化情境面试。

2. 关于被面试者的说明：被面试者应离开面试室大约 20 分钟。在离开期间，被面试者应当根据本章介绍的有关可能会影响面试作用发挥的那些因素，设计一份面试考官评价表。在进行小组面试期间，被面试者应当针对面试考官的表现在面试考官评价表上进行评价。在参加小组面试的考官完成面试之后，被面试者应当离开面试室，讨论他们所做的记录。这些面试考官有没有表现出可能会影响面试作用发挥的那些因素？如果有，表现出来的是哪些因素？你们会向这些面试考官提出哪些建议帮助他们改进面试效果？

3. 关于面试考官的说明：在被面试者离开面试室期间，面试小组的考官将会有 20 分钟时间去针对看护儿童的保姆设计一份简短的结构化情境面试表。面试小组将对应聘该职位的两名求职者进行面试。在参加面试小组的考官对求职者进行面试期间，每一位面试考官都要在结构化情境面试表上做记录。在面试结束后，面试小组成员应当讨论他们所做的记录。你们对每一位求职者的第一印象如何？你们的第一印象相同吗？你们一致决定选中了哪一位求职者，为什么？

应用案例

失控的面试

玛利亚·弗兰兹（Maria Fernandez）是一位聪明、有人缘、见多识广的机械工程师，她在 2009 年 6 月毕业于州立大学，获得工程学位。在毕业前的那个春季，她多次参加工作面试。她觉得这些面试大多礼貌得体，有助于让她和潜在的雇主都能清楚地看到，在彼此之间是否存在某种大家都认为很重要的东西。因此，她对到自己特别向往的企业——尖峰环境公司——参加面试抱着极大的期望。她对净化环境一直怀有浓厚的兴趣，并且坚信，在像尖峰环境公司这样的企业中工作，最能充分地发挥自己所受过的培训以及所掌握的技能。同时她认为，在这样的企业中工作不仅能使她取得职业发展方面的成功，而且能使这个世界变得更加美好。

但是，这次面试对她来说却是灾难性的。当玛利亚走进面试室时，看到那里有 5 个人——公司总裁、两位副总裁、一位市场营销总监，以及另外一位工程师。他们开始劈头盖脸地向她发问，但是她觉得他们提这些问题的主要目的只不过是在给她挑毛病，而不是在考察她能够通过自己在工程技术方面能力为公司作出什么贡献。在这些提问中包括一些完全没有必要的很失礼的问题（比如，“如果你是一个如此聪明的人，你为什么在上大学的时候还会去做一份服务员的工作呢?”）、与工作不相干的问题以及一些有性别歧视的问题（比如，“你有没有计划安定下来，并且准备很快组建自己的家庭呢?”）。在面试过后，她分别与其中的两位先生（其中包括总裁）单独进行面谈，这次的讨论几乎完全是集中在她的技术专长方面。她觉得后来的这两次讨论进行得非常好。由于第一轮的小组面试看上去漫无目的，甚至有些卑劣，所以，当她在几天后收到该公司的录用通知时，她感到非常惊讶。

这份录用通知促使她思考了几个问题。在她看来，这份工作本身是很理想的，她喜欢自己将要从事的这份工作、这个行业以及这家公司的位置，事实上，正如与该公司管理团队中的其他成员进行交谈时一样，这家公司的总裁在后来的讨论中也表现得相当有礼貌。她想知道的是，那次小组面试的目的是不是故意制造出一些紧张气氛，从而观察她承受压力的能力，如果事实确实如此，那么他们为什么要这样做呢？

[问题]

1. 你会怎样解释玛利亚所经历过的这种小组面试的性质？具体而言，你认为这种面试到底是该公司的一种经过深思熟虑的面试策略，还是暴露出该公司管理层的疏忽大意？如果这是一种疏忽大意，你会做哪些事情来改进尖峰环境公司的面试过程？

2. 如果你是玛利亚，你会接受这家公司所提供的工作吗？如果你拿不准，是否还有其他信息能帮你作出决定？

3. 玛利亚所应聘的应用工程师职位要求求职者：(1) 具备机械工程方面的优秀技术能力；(2) 愿意献身于环境污染控制领域的工作；(3) 具备妥善而自信地与存在工程问题的客户打交道的能力；(4) 愿意到世界各地出差；(5) 非常聪明、人格健全。请列出你在面试这个职位的求职者时可能会问的10个问题。

连续案例

卡特洗衣公司

更好的面试

实际上，与卡特洗衣公司的其他人力资源管理方面的活动一样，公司目前也没有面试求职者的有组织的方法。各个店面的经理几乎完全负责所有的雇佣工作，他们在面试中有一些自己喜欢问的问题。但由于缺乏来自高层管理者的指导，他们都认为自己的面试效果确实需要有所改进。类似地，杰克·卡特也承认，自己在处理企业中的机器、设备的细节问题时是感到最舒服的，而在面试管理岗位或其他岗位的求职者时则从来都没有感到舒服自在。詹妮弗确信，正是因为缺乏正式的面试实践、程序和培训，所以才导致员工离职和盗窃问题的发生。因此，她决定采取一些措施改进公司在这个很重要的领域中的整体水平。下面是她面临的问题。

[问题]

1. 总的来说，詹妮弗能够做些什么来改善公司的员工面试实践？她是否需要设计一张面试表格，将针对应聘管理职位和非管理职位的求职者的面试问题都列出来？如果需要的话，这张面试表格应当设计成什么样子，其中应当包含哪些问题？她是否需要采用一种计算机化的面试方法？如果答案是肯定的，原因是什么？又该如何做呢？

2. 她是否应为各个店面的经理实施一项面试培训计划？如果是的话，请具体说明在这种培训项目中应当包括哪些内容？换句话说，如果她决定将本公司的管理层培训成更好的面试考官，她应当在培训中告诉他们什么呢？又该如何告诉他们呢？

将战略转化为人力资源管理政策和实践的案例

巴黎酒店

新型面试项目

巴黎酒店的竞争战略是："通过卓越的顾客服务将自己与同行区别开来，以吸引顾客延长入住时间，提高顾客再次入住比率，从而提高酒店的收入和利润水平。"酒店人力资源经理莉萨·克鲁兹现在必须制定和实施战略性人力资源管理政策和活动，通过帮助酒店获得战略所需的员工行为和胜任素质来支持酒店的这一竞争战略。

莉萨·克鲁兹担心的一件事情是，巴黎

酒店的管理人员在面试和雇佣员工的技能方面存在很大的差异。有些管理人员在这方面是十分有效的，但绝大多数人则不行。此外，酒店既没有一个正式的面试培训计划，也没有一个供世界各地的酒店管理人员使用的标准化的面试工具包。

作为一位经验丰富的人力资源管理专业人员，莉萨知道，公司新上的测试项目只能做到这一步了。她知道，雇佣测试的结果至多可以解释大概 30%的员工绩效。因而，她和她的团队很有必要设计一套面试工具包，从而让酒店的管理人员可以利用这个工具包来对应聘各种职位的求职者进行——互动型的、面对面的——评价。只有通过这种方法，酒店才能雇用到那些可以将其能力和行为转化为酒店实现其战略目标所必需的各种结果——比如改进客户服务——的员工。

在设计一个新的员工面试系统方面，莉萨得到了公司的预算支持。她和她的团队从审查前台服务接待员、经理助理、保安、门卫和客房清洁员等职位的职位描述和任职资格说明书入手。团队重视为每一个职位开发结构化面试方案，并且开始着手设计面试问题。例如，对于前台服务人员和经理助理，他们设计了几个行为性问题，其中包括：“请告诉我你以前是否应对过发怒的人，你当时做了什么？”“请告诉我你过去是否遇到过必须同时处理几件彼此之间存在冲突性要求的事情，例如，一边要工作，一边还要为参加几门期末考试而复习功课，你当时是如何处理这种情况的？”他们也开发出了许多情境性问题，其中包括：“假设你遇到了一个坚持要马上办理入住手续的莽撞客人，与此同时，你正在为另外一位在 10 分钟之后必须赶到机场的客人办理退房手续，你该如何处理这种情况？”

［问题］

1. 为保安或门卫职位设计 5 个情境性问题、行为性问题和工作知识性问题，并分别附上好、中、差各种描述性答案。

2. 将你出的这些题目合并成为将会被转交给对应聘这些职位的求职者进行面试的人的一份完整面试问卷。

附录——面试指南

求职者面试指南

致面试考官：这份求职者面试指南的目的是帮助企业做好员工甄选和配置工作。如果将其用于应聘同一职位的所有求职者，它能够帮助你对这些人进行比较，并且能比非结构化面试提供更为客观的信息。

因为这是一种一般性的指导，并非这里所有的考察项目都适用于所有的职位。请跳过不适用的项目，增加一些适合特定职位需要的新项目。在本表末留有添加新增问题的空间。

美国联邦法律禁止在雇佣中存在对求职者的性别、种族、肤色、国家来源、宗教信仰、伤残以及（在多数情况下存在的）年龄的歧视。在美国大多数州的法律中也同样禁止在雇佣过程中存在以上某些方面或所有方面的歧视，此外还包括对于婚姻状况和血统的歧视。面试考官应注意避免在提问的过程中有意无意地向求职者暗示，自己的雇佣决策是完全基于上述某些因素作出的。

图 7A—1　结构化面试指南

工作兴趣

求职者姓名＿＿＿＿＿＿＿＿　　应聘职位＿＿＿＿＿＿＿＿

你认为这个职位包含哪些工作内容？＿＿＿＿＿＿＿＿

你为什么希望获得这份工作（或这个职位）？＿＿＿＿＿＿＿＿

你为什么能胜任这份工作？＿＿＿＿＿＿＿＿

你期望的薪酬是多少？＿＿＿＿＿＿＿＿

你对我们公司了解多少？＿＿＿＿＿＿＿＿

你为什么想到我们公司来工作？＿＿＿＿＿＿＿＿

目前工作状况

你现在有工作吗？有＿＿＿＿没有＿＿＿＿。如果没有，你失业多长时间了？＿＿＿＿

你为什么会失业？＿＿＿＿＿＿＿＿

如果你目前有工作，为什么还要应聘这一职位？＿＿＿＿＿＿＿＿

你什么时候可以开始到我们公司上班？＿＿＿＿＿＿＿＿

工作经验

（从求职者当前正在从事的工作或者此前从事过的最后一份工作开始，逐渐向前提问。所有时期都应该被包括。根据求职者的年龄情况，至少要向前追溯 12 年。服兵役也应当视为从事一份工作。）

现在的或最后一个工作单位名称＿＿＿＿＿＿＿＿　　地址＿＿＿＿＿＿＿＿

工作时间：从＿＿＿＿＿＿＿＿到＿＿＿＿＿＿＿＿

当前或最后承担的职位名称＿＿＿＿＿＿＿＿

这些职位的工作职责是什么＿＿＿＿＿＿＿＿

你在这家公司是一直都从事同一份工作吗？是＿＿＿＿否＿＿＿＿。如果不是，请描述你在那家公司所从事过的每一份工作，你从事每一份工作的时间和承担的主要职责＿＿＿＿

你的起薪是多少？＿＿＿＿你现在的薪酬是多少？＿＿＿＿评价＿＿＿＿

＿＿＿＿＿＿＿＿＿＿＿＿＿＿＿＿

你当前或者最后一个职位的直接上级的姓名＿＿＿＿＿＿＿＿

你最喜欢这份工作的哪些方面？＿＿＿＿＿＿＿＿

你最不喜欢这份工作的哪些方面？＿＿＿＿＿＿＿＿

你为什么会考虑离开这家公司？＿＿＿＿＿＿＿＿

为什么你打算现在离开这家公司？＿＿＿＿＿＿＿＿

面试考官的评语或观察到的情况＿＿＿＿＿＿＿＿

在从事上一份工作之前，你在做什么？＿＿＿＿＿＿＿＿

＿＿＿＿＿＿＿＿＿＿＿＿＿＿＿＿

你曾经在哪里就职？＿＿＿＿＿＿＿＿

工作地点＿＿＿＿＿＿＿＿　　职位名称＿＿＿＿＿＿＿＿

工作职责＿＿＿＿＿＿＿＿

图 7A—1（续）

你在这家公司是否一直在从事同一份工作？是________否________。如果不是，请描述你所做过的每一份工作，你从事每一份工作的时间和承担的主要职责________

你的起薪是多少？________你现在的薪酬是多少？________

你在最后一个职位上的直接上级的姓名________

我们可以与这家公司取得联系吗？可以________不可以________

你最喜欢这份工作的哪些方面？________

你最不喜欢这份工作的哪些方面？________

你为什么要辞掉这份工作？________

你会考虑重新回到那家公司工作吗？________

面试考官：如果求职者在过去各阶段工作之间存在间歇，应就这点询问求职者。________

面试考官的评语或观察到的情况________

你在到那家公司工作之前做过什么？________

你还有其他什么工作经历吗？请简要描述这些工作经历，并解释它们的主要工作职责。________

你在过去 5 年中曾经失业过吗？是________否________你做了哪些努力去找工作？________

你还有哪些其他的工作经验和培训有助于你胜任应聘的这个职位？请说明你是在哪里和如何获得这些经验和培训的________

教育背景

你受过的哪些教育和培训有助于你胜任应聘的这个职位？________

请描述一下你所受过的正规教育。（或者面试考官可以用问技术培训方面的问题来代替在此处的提问。）________

业余活动

下班后你通常都做些什么？________从事兼职工作________参加各种体育运动________观看体育比赛________参加各种俱乐部活动________其他

请加以说明________

面试考官的一些特定问题

面试考官：针对你正在面试的特定职位添加任何需要的问题，为记录求职者的简要回答留出空间。

（注意避免提问那些可能会被认为带有歧视性的问题。）

图 7A—1（续）

人格

你愿意接受异地派遣吗？愿意________ 不愿意________

你喜欢出差吗？喜欢________ 不喜欢________

你愿意出差的最长时间是多少？________________________________

你能加班吗？________________________________

你能在周末加班吗？________________________________

自我评价

你觉得自己的优点是什么？________________________________

你觉得自己的缺点是什么？________________________________

面试考官：对求职者的回答和求职申请表上的信息进行比较。标出其中存在的任何差异。

____

____

在求职者离开面试室之前，面试考官应当为求职者提供一些有关本组织以及空缺职位的基本信息——如果这些信息在此前没有提供给他们的话。求职者应当了解如下这些信息：工作地点、工作时间、工资或薪金、报酬的种类（薪资或者薪资加奖金等），以及其他任何会影响求职者的工作兴趣的因素。

面试考官的印象

根据从 1 级到 4 级的划分来给每一项特征打分，其中 1 级代表最高等级，4 级代表最低等级。

人格特征

个人仪表

举止风度

口头表达

与面试考官的合作

与职位相关的特征

相关工作经历

工作知识

人际关系

工作有效性

对求职者的职位胜任度所做的总体评价

1	2	3	4	5
______优秀	______良好	______一般	______尚可	______不令人满意
	（非常合格）	（合格）	（不合格）	

评语或备注：________________________________

面试考官________ 面试日期________

图 7A—1（续）

注释

[1] "Hiring Managers Reveal Top Five Biggest Mistakes Candidates Make During Job Interviews in Careerbuilder.com Survey," *Internet Wire*, January 21, 2004, www.careerbuilder.com/Article/CB-502-Getting-Hired-Weirdest-Interview-Behavior/?ArticleID=502&cbRecursionCnt=1&cbsid=43dae5840a2348648a1e0a3e58100610-291329855-wh-6&ns_siteid=ns_us_g_careerbuilder_intervi, accessed March 25, 2009.

[2] Derek Chapman and David Zweig, "Developing a Nomological Network for Interview Structure: Antecedents and Consequences of the Structured Selection Interview," *Personnel Psychology* 58 (2005), pp. 673–702.

[3] Michael McDaniel et al., "The Validity of Employment Interviews: A Comprehensive Review and Meta-Analysis," *Journal of Applied Psychology* 79, no. 4 (1994), p. 599. See also Laura Graves and Ronald Karren, "The Employee Selection Interview: A Fresh Look at an Old Problem," *Human Resource Management* 35, no. 2 (Summer 1996), pp. 163–180. For an argument against holding selection interviews, see D. Heath et. al., "Hold the Interview," *Fast Company*, no. 136 (June 2009), pp. 51–52.

[4] Duane Schultz and Sydney Schultz, *Psychology and Work Today* (Upper Saddle River, NJ: Prentice Hall, 1998), p. 830. A study found that interview structure "was best described by four dimensions: questioning consistency, evaluation standardization, question sophistication, and rapport building." Chapman and Zweig, op. cit.

[5] McDaniel et al., "The Validity of Employment Interviews," p. 602.

[6] We'll see later in this chapter that there are other ways to "structure" selection interviews. Many of them have nothing to do with using structured guides like these.

[7] Laura Gollub Williamson et al., "Employment Interview on Trial: Linking Interview Structure with Litigation Outcomes," *Journal of Applied Psychology* 82, no. 6 (1996), p. 908.

[8] Richard Posthuma, Frederick Morgeson, and Michael Campion, "Beyond Employment Interview Validity: A Comprehensive Narrative Review of Trends over Time," *Personnel Psychology*, 55 (2002), p. 47. See also Frederick P. Morgeson, Matthew H. Reider, and Michael A. Campion, "Review of Research on Age Discrimination in the Employment Interview," *Journal of Business & Psychology* 22, no. 3 (March 2008) pp. 223–232.

[9] Postuma, Morgeson, and Campion, op. cit.

[10] Williamson et al., op. cit.

[11] McDaniel et al., "The Validity of Employment Interviews," pp. 602.

[12] Bill Stoneman, "Matching Personalities with Jobs Made Easier with Behavioral Interviews," *American Banker*, November 30, 2000, p. 8a.

[13] Paul Taylor and Bruce Small, "Asking Applicants What They Would Do Versus What They Did: A Meta-Analytic Comparison of Situational and Past Behavior Employment Interview Questions," *Journal of Occupational and Organizational Psychology* 75, no. 3 (September 2002), pp. 277–295.

[14] Aparna Nancherla, "Anticipated Growth in Behavioral Interviewing," *Training & Development*, April 2008, p. 20.

[15] "Job Hunt as Head Trip? More Companies Use Behavioral Interviews to Screen Candidates," *Los Angeles Times*, May 20, 2001, p. W.1.

[16] Martha Frase-Blunt, "Games Interviewers Play," *HR Magazine*, January 2001, pp. 104–114.

[17] Kevin Murphy and Charles Davidshofer, *Psychological Testing* (Upper Saddle River, NJ: Prentice Hall, 2001), pp. 430–431.

[18] Marlene Dixon et al., "The Panel Interview: A Review of Empirical Research and Guidelines for Practice," *Public Personnel Management* 31, no. 3 (Fall 2002), pp. 397–429.

[19] Ibid. See also M. Ronald Buckley, Katherine A. Jackson, and Mark C. Bolino, "The Influence of Relational Demography on Panel Interview Ratings: A Field Experiment," *Personnel Psychology* 60, no. 3 (Autumn 2007), pp. 627–646.

[20] "Phone Interviews Might Be the Most Telling, Study Finds," *BNA Bulletin to Management*, September 1998, p. 273.

[21] Susan Strauss et al., "The Effects of Videoconference, Telephone, and Face-to-Face Media on Interviewer and Applicant Judgments in Employment Interviews," *Journal of Management* 27, no. 3 (2001), pp. 363–381. If the employer records a video interview with the intention of sharing it with hiring managers who don't participate in the interview, it's advisable to first obtain the candidate's written permission. Matt Bolch, "Lights, Camera . . . Interview!" *HR Magazine*, March 2007, pp. 99–102.

[22] www.kpao.org/blog/2008/11/iphone-the-perfect-job-interview-tool.html, accessed March 23, 2009.

[23] http://pcworld.about.com/gi/dynamic/offsite.htm?site=http://www.martinreddy.net/iphone/interview, accessed July 5, 2009.

[24] These are quoted or adapted from www.careerfaqs.com.au/getthatjob_video_interview.asp, accessed March 2, 2009.

[25] Douglas Rodgers, "Computer-Aided Interviewing Overcomes First Impressions," *Personnel Journal*, April 1987, pp. 148–152; see also Linda Thornburg, "Computer-Assisted Interviewing Shortens Hiring Cycle," *HR Magazine*, February 1998, p. 73ff.

[26] Rogers, op. cit.

[27] Gary Robins, "Dial-an-Interview," *Stores*, June 1994, pp. 34–35.

[28] This is quoted from or paraphrased from William Bulkeley, "Replaced by Technology: Job Interviews," *The Wall Street Journal*, August 22, 1994, pp. B1, B7.

[29] For example, structured employment interviews using either situational questions or behavioral questions tend to yield high criterion-related validities (.63 versus .47). This is particularly so where the raters can use descriptively anchored rating scale answer sheets; these use short descriptors to illustrate good, average, or poor performance. Paul Taylor and Bruce Small, "Asking Applicants What They Would Do Versus What They Did Do: A Meta-Analytic Comparison of Situational and Past Behaviour Employment Interview Questions," *Journal of Occu pational and Organizational Psychology* 75, no. 3, (2002), pp. 277–294.

[30] Williamson, "Employment Interview on Trial," p. 900.

[31] Frank Schmidt and Ryan Zimmerman, "A Counterintuitive Hypothesis About Employment Interview Validity and Some Supporting Evidence," *Journal of Applied Psychology* 89, no. 3 (2004), pp. 553–561.

[32] This validity discussion and these findings are based on McDaniel et al., "The Validity of Employment Interviews," pp. 607–610; the validities for situational, job-related, and psychological interviews were (.50), (.39), and (.29), respectively.

[33] Murray Barrick et al., "Accuracy of Interviewer Judgments of Job Applicant Personality Traits," *Personnel Psychology* 53

(2000), pp. 925–951.

[34] For example, with respect to the usefulness of selection interviews for assessing candidate intelligence or cognitive ability, see Christopher Berry et al., "Revisiting Interview–Cognitive Ability Relationships: Attending to Specific Range Restriction Mechanisms in Meta-Analysis," *Personnel Psychology* 60 (2007), pp. 837–874.

[35] McDaniel et al., "The Validity of Employment Interviews," p. 608.

[36] Anthony Dalessio and Todd Silverhart, "Combining Biodata Test and Interview Information: Predicting Decisions and Performance Criteria," *Personnel Psychology* 47 (1994), p. 313.

[37] S. W. Constantin, "An Investigation of Information Favorability in the Employment Interview," *Journal of Applied Psychology* 61 (1976), pp. 743–749. It should be noted that a number of the studies discussed in this chapter involve having interviewers evaluate interviews based on written transcripts (rather than face to face) and that a study suggests that this procedure may not be equivalent to having interviewers interview applicants directly. See Charles Gorman, William Glover, and Michael Doherty, "Can We Learn Anything About Interviewing Real People from 'Interviews' of Paper People? A Study of the External Validity Paradigm," *Organizational Behavior and Human Performance* 22, no. 2 (October 1978), pp. 165–192. See also John Binning et al., "Effects of Pre-Interview Impressions on Questioning Strategies in Same and Opposite Sex Employment Interviews," *Journal of Applied Psychology* 73, no. 1 (February 1988), pp. 30–37; and Sebastian Fisicaro, "A Reexamination of the Relation Between Halo Error and Accuracy," *Journal of Applied Psychology* 73, no. 2 (May 1988), pp. 239–246.

[38] David Tucker and Patricia Rowe, "Relationship Between Expectancy, Causal Attribution, and Final Hiring Decisions in the Employment Interview," *Journal of Applied Psychology* 64, no. 1 (February 1979), pp. 27–34. See also Robert Dipboye, Gail Fontenelle, and Kathleen Garner, "Effect of Previewing the Application on Interview Process and Outcomes," *Journal of Applied Psychology* 69, no. 1 (February 1984), pp. 118–128.

[39] Anita Chaudhuri, "Beat the Clock: Applying for Job? A New Study Shows That Interviewers Will Make Up Their Minds About You Within a Minute," *The Guardian*, June 14, 2000, pp. 2–6.

[40] John Langdale and Joseph Weitz, "Estimating the Influence of Job Information on Interviewer Agreement," *Journal of Applied Psychology* 57 (1973), pp. 23–27.

[41] R. E. Carlson, "Effects of Applicant Sample on Ratings of Valid Information in an Employment Setting," *Journal of Applied Psychology* 20 (1967), pp. 259–280.

[42] R. E. Carlson, "Selection Interview Decisions: The Effects of Interviewer Experience, Relative Quota Situation, and Applicant Sample on Interview Decisions," *Personnel Psychology* 20 (1967), pp. 259–280.

[43] See, for example, Scott T. Fleischmann, "The Messages of Body Language in Job Interviews," *Employee Relations* 18, no. 2 (Summer 1991), pp. 161–166; James Westphal and Ithai Stern, "Flattery Will Get You Everywhere (Especially if You're a Male Caucasian): How Ingratiation, Board Room Behavior, and a Demographic Minority Status Affect Additional Board Appointments at U.S. Companies," *Academy of Management Journal* 50, no. 2 (2007), pp. 267–288.

[44] Tim DeGroot and Stephan Motowidlo, "Why Visual and Vocal Interview Cues Can Affect Interviewers' Judgments and Predicted Job Performance," *Journal of Applied Psychology*, December 1999, pp. 968–984.

[45] David Caldwell and Jerry Burger, "Personality Characteristics of Job Applicants and Success in Screening Interviews," *Personnel Psychology* 51 (1998), pp. 119–136.

[46] Ibid., p. 130.

[47] Amy Kristof-Brown et al., "Applicant Impression Management: Dispositional Influences and Consequences for Recruiter Perceptions of Fit and Similarity," *Journal of Management* 28, no. 1 (2002), pp. 27–46. See also Lynn McFarland et al., "Impression Management Use and Effectiveness Across Assessment Methods," *Journal of Management* 29, no. 5 (2003), pp. 641–661.

[48] Posthuma, Morgeson, and Campion, "Beyond Employment Interview Validity," 1–87.

[49] C. K. Stevens and A. L. Kristof, "Making the Right Impression: A Field Study of Applicant Impression Management During Interviews," *Journal of Applied Psychology* 80, pp. 587–606; Schultz and Schultz, *Psychology and Work Today*, p. 82. See also Jay Stuller, "Fatal Attraction," *Across the Board* 42, no. 6 (November/December 2005), pp. 18–23.

[50] Chad Higgins and Timothy Judge, "The Effect of Applicant Influence Tactics on Recruiter Perceptions of Fit and Hiring Recommendations: A Field Study," *Journal of Applied Psychology* 89, no. 4 (2004), pp. 622–632. Some researchers in this area question results like these. The problem is that much of the other interviewing research uses students as raters and hypothetical jobs, so it's not clear that we can apply the findings to the real world. For example, "In operational settings, where actual jobs are at stake, faking or socially desirable responding may be more likely to distort personality measurement and obscure relationships." Richard Posthuma, Frederick Morgeson, and Michael Campion, "Beyond Employment Interview Validity: A Comprehensive Narrative Review of Recent Trends over Time," *Personnel Psychology* 55 (2002), p. 30. But, realistically, anyone who has been through an interview probably recognizes that such impression management goes on (and probably works, at least up to a point).

[51] See, for example, Madeline Heilmann and Lois Saruwatari, "When Beauty Is Beastly: The Effects of Appearance and Sex on Evaluations of Job Applicants for Managerial and Nonmanagerial Jobs," *Organizational Behavior and Human Performance* 23 (June 1979), pp. 360–372; and Cynthia Marlowe, Sandra Schneider, and Carnot Nelson, "Gender and Attractiveness Biases in Hiring Decisions: Are More Experienced Managers Less Biased?" *Journal of Applied Psychology* 81, no. 1 (1996), pp. 11–21.

[52] Marlowe et al., "Gender and Attractiveness Biases," p. 11.

[53] Ibid., p. 18.

[54] Ibid., p. 11.

[55] Allen Huffcutt and Philip Roth, "Racial Group Differences in Employment Interview Evaluations," *Journal of Applied Psychology* 83, no. 2 (1998), pp. 179–189.

[56] N. S. Miceli et al., "Potential Discrimination in Structured Employment Interviews," *Employee Responsibilities and Rights* 13, no. 1 (March 2001), pp. 15–38.

[57] "Screens Can Be a Key to Unbiased Interview Process," *Personnel Today*, April 1, 2003, p. 3.

[58] Andrea Rodriguez and Fran Prezant, "Better Interviews for People with Disabilities," *Workforce*, workforce.com, accessed November 14, 2003.

[59] Pat Tammaro, "Laws to Prevent Discrimination Affect Job Interview Process," *The Houston Business Journal*, June 16, 2000, p. 48.

[60] This is based on John F. Wymer III and Deborah A. Sudbury, "Employment Discrimination: 'Testers'—Will Your Hiring Practices 'Pass'?" *Employee Relations Law Journal* 17, no. 4 (Spring 1992), pp. 623–633.

[61] Bureau of National Affairs, *Daily Labor Report*, December 5,

1990, p. D1.
[62] Wymer and Sudbury, "Employment Discrimination," p. 629.
[63] Arthur Pell, "Nine Interviewing Pitfalls," *Managers Magazine*, January 1994, p. 20.
[64] Thomas Dougherty, Daniel Turban, and John Callender, "Confirming First Impressions in the Employment Interview: A Field Study of Interviewer Behavior," *Journal of Applied Psychology* 79, no. 5 (1994), p. 663.
[65] See Pell, "Nine Interviewing Pitfalls," p. 29; Parth Sarathi, "Making Selection Interviews Effective," *Management and Labor Studies* 18, no. 1 (1993), pp. 5–7.
[66] Posthuma, Morgeson, and Campion, "Beyond Employment Interview Validity," pp. 1–87.
[67] Pell, "Nine Interviewing Pitfalls," p. 30.
[68] This section is based on Elliot Pursell et al., "Structured Interviewing," *Personnel Journal* 59 (November 1980), pp. 907–912; and G. Latham et al., "The Situational Interview," *Journal of Applied Psychology* 65 (1980), pp. 422–427. See also Campion, Pursell, and Brown, "Structured Interviewing," pp. 25–42.
[69] Taylor and Small, "Asking Applicants What They Would Do Versus What They Did," pp. 277–295. Structured employment interviews using either situational questions or behavioral questions tend to yield high validities. However, structured interviews with situational question formats yield the higher ratings. This may be because interviewers get more consistent (reliable) responses with situational questions (which force all applicants to apply the same scenario) than they do with behavioral questions (which require each applicant to find applicable experiences). However, there is some evidence that for higher-level positions, situational question–based interviews are inferior to behavioral question–based ones, possibly because the situations are "just too simple to allow any real differentiation among candidates for higher level positions." Allen Huffcutt et al., "Comparison of Situational and Behavioral Description Interview Questions for Higher Level Positions," *Personnel Psychology* 54, no. 3 (2001), p. 619.
[70] See also Phillip Lowry, "The Structured Interview: An Alternative to the Assessment Center?" *Public Personnel Management* 23, no. 2 (Summer 1994), pp. 201–215. See also Steven Maurer, "The Potential of the Situational Interview: Existing Research and Unresolved Issues," *Human Resource Management Review* 7, no. 2 (Summer 1997), pp. 185–201; and Todd Maurer and Jerry Solamon, "The Science and Practice of a Structured Employment Interview Coaching Program," *Personnel Psychology* 59, no. 2 (Summer 2006), pp. 433–456.
[71] Pursell et al., "Structured Interviewing," p. 910.
[72] From a speech by industrial psychologist Paul Green and contained in *BNA Bulletin to Management*, June 20, 1985, pp. 2–3.
[73] Williamson et al., "Employment Interview on Trial," p. 901; Michael Campion, David Palmer, and James Campion, "A Review of Structure in the Selection Interview," *Personnel Psychology* 50 (1997), pp. 655–702. See also Todd Maurer and Jerry Solamon, "The Science and Practice of a Structured Employment Interview Coaching Program," *Personnel Psychology* 59 (2006), pp. 433–456.
[74] Unless otherwise specified, the following are based on Williamson et al., "Employment Interview on Trial," pp. 901–902.
[75] Campion, Palmer, and Campion, "A Review of Structure," p. 668.
[76] Carlson, "Selection Interview Decisions," pp. 259–280.
[77] "The Tables Have Turned," *American Management Association International*, September 1998, p. 6.
[78] Pamela Kaul, "Interviewing Is Your Business," *Association Management*, November 1992, p. 29. See also Nancy Woodward, "Asking for Salary Histories," *HR Magazine*, February 2000, pp. 109–12. Gathering information about specific interview dimensions such as social ability, responsibility, and independence (as is often done with structured interviews) can improve interview accuracy, at least for more complicated jobs. See also Andrea Poe, "Graduate Work: Behavioral Interviewing Can Tell You If an Applicant Just Out of College Has Traits Needed for the Job," *HR Magazine* 48, no. 10 (October 2003): 95–96.
[79] Edwin Walley, "Successful Interviewing Techniques," *The CPA Journal* 63(September 1993), p. 70.
[80] Catherine Middendorf and Therese Macan, "Note Taking in the Employment Interview: Effects on Recall and Judgment," *Journal of Applied Psychology* 87, no. 2 (2002), pp. 293–303.
[81] Kristen Weirick, "The Perfect Interview," *HR Magazine*, April 2008, p. 85.
[82] Stephen Gilliland et al., "Improving Applicants' Reactions to Rejection Letters: An Application of Fairness Theory," *Personnel Psychology* 54 (2001), pp. 669–703.
[83] This is based on John Drake, *Interviewing for Managers: A Complete Guide to Employment Interviewing* (New York: AMACOM, 1982).
[84] Ibid.
[85] Kris Maher, "New High-Tech Recruiting Tools: Unicycles, Yahtzee and Silly Putty," *The Wall Street Journal*, June 6, 2000, p. B14; see also Paul McNamara, "Extreme Interview," *Network World*, June 25, 2001, p. 65.
[86] Tim Barker, "Corporate Espionage Takes Center Stage with Boeing Revelation," *Knight Ridder/Tribune Business News*, June 15, 2003.
[87] Ibid.

第3篇 培训与开发

Training and development

第 8 章 员工培训与开发

在斯坦福大学附属医院的一间虚拟培训教室里，医生和医学院的学生正在紧急抢救一名虚拟的病人。他们使用仿真的头戴式耳麦来控制在他们的电脑屏幕上的虚拟化身。这些虚拟化身是一些由计算机模拟出来的医院环境中的人物。每一个虚拟人物都有其各自的角色，例如护士或者急救室中的医生。这些住院医生和医学院的学生在仿真外伤治疗中心使用键盘来控制各自的虚拟人物。一名虚拟的医生扶起病人，而另外一个虚拟人物则抓紧时间清理患者的导气管。在屏幕上，这位患者的各项重要身体状况衡量指标会对学生的相关操作作出准确的反应。然后，指导教师会重新播放刚才的虚拟场景，向这些受训者解释他们在哪些地方做得对，在哪些地方存在错误。[1]正如我们将在本章中看到的，培训的手段正在变得越来越高科技。

我们学到哪了

前面的第 6 章和第 7 章主要讨论了管理人员应当采用哪些方法来面试和甄选员工。企业一旦雇用了员工，就必须对他们进行培训。本章的目的在于帮助你提升员工培训的有效性。我们在本章中将要讨论的主要问题包括：新员工入职引导、培训过程、培训需求分析、培训和开发项目的实施以及培训效果的评估。然后，在接下来的第 9 章中，我们将转向讨论员工的绩效评价问题。

学习目标

1. 概述新员工入职引导的目的及其过程。
2. 列出并简要解释培训过程中的四个步骤。
3. 讨论如何激励受训员工。
4. 描述并解释如何确定培训需求。

5. 解释如何区分哪些问题是能够通过培训解决的，哪些则不能。
6. 解释说明如何使用五种培训技术。
7. 列出并简要讨论四种管理技能开发项目。
8. 列出并简要讨论领导组织变革的八个步骤。
9. 回答问题："什么是组织发展？它与传统的组织变革方法存在哪些不同？"

8.1 新员工入职引导和员工培训导言

仔细甄选员工并不能确保他们都能有效地完成工作。即使是那些高潜质的员工，如果不知道该做什么以及如何做，也很难完成自己的工作。因此，确保你的员工知道应该做什么以及如何做，正是新员工入职引导和培训的目的所在。虽然通常情况下都是由人力资源部门负责设计公司的新员工入职引导和培训项目，但是接下来的培训活动则需要各部门的管理人员来完成，他们承担着大部分日常性的新员工入职引导和培训的责任。因而，每一名管理人员都需要了解如何进行新员工入职引导以及培训工作。我们首先从新员工入职引导来开始本章的内容。

8.1.1 新员工入职引导的目的

新员工入职引导（今天常常被称为 onboarding，即"上同一辆车"或"登上同一艘船"之意）的内容实际上要比大多数人所理解的丰富得多。[2] **新员工入职引导**（employee orientation）主要是向新员工提供着手工作所需要的一些信息（比如公司计算机的密码以及各项规章制度等）；更为理想的新员工入职引导还应当能够帮助新员工与公司建立情感上的联系。通过新员工的入职引导，你可能希望做四件事情：

1. 使新员工感觉到自己受到了欢迎，有一种到家的感觉，成为团队中的一员。

2. 确保新员工获得有效开展工作所必需的一些基本信息。例如，电子邮箱、人事政策和相关福利以及企业期望的工作行为。

3. 帮助新员工在更广泛的意义上理解组织（它的过去、现在、文化、战略以及未来的愿景等）。

4. 开启新员工的组织社会化过程，使他们开始适应公司的文化、价值观以及做事方式。[3]

今天的新员工入职引导和传统的入职引导的一个很大的区别在于，前者更为重视让新员工欣赏并认同公司的文化和价值观。[4] 例如，梅奥诊所的一项名为"遗产和文化"的新员工入职培训项目就强调了这家诊所的核心价值观，例如团队合作、个人责任、创新、诚实、多元化、客户服务以及相互尊重。[5]

8.1.2 新员工入职引导过程

新员工入职引导项目的时间长短取决于项目本身所包含的内容。传统的新员工入职引导项目需要数月的时间。通常是由人力资源专业人员（在小公司中，可能是由办公室主任）负责实施新员工入职引导计划的第一部分，即解释诸如工作时间、福利和休假等基本事项，然后把新员工介绍给他们的直接上级。这些直接上级会继续对新员工进行入职引导，内容主要包括解释本部门的组织情况（见图8—1），将新员工介绍给大家认识，使新员工熟悉工作场所的环境，帮助他们缓解第一天上班的紧张和不安。新员工的直接上级要时刻注意，在日后的工作中，还应当继续跟踪并鼓励新员工积极参加那些有助于他们"熟悉情况"以及提高生产率的活动（例如在休息的时候同老员工一起聊天）。在一家像丰田汽车公司美国分公司这样的企业中，新员工入职引导项目的时间持续一周。其内容包括观看录像，听公司领导讲话，以及围绕公司的历史、使命和价值观等开展一些活动。

如图8—1所示，新员工入职引导计划所提供的信息至少应包括以下几个方面：员工福利；人事政策；日常事务；公司的组织与运行；安全措施与各项规章制度，此外还包括参观工厂等活动。[6]新员工通常会收到（并签字认可）一份包括上述各种事项的打印版或网络版的员工手册。

员工手册 需要注意的是，在某些特定的情况下，法院可能会认为员工手册中的内容代表一种具有法律约束力的雇佣承诺。因此，企业通常会在员工手册中作出一些免责声明。这些免责声明明确指出，员工手册中有关公司政策、福利以及规章制度的陈述并不构成明确或隐含的雇佣合同条款和条件。此外，很多企业一般也不会在员工手册中做这样的声明："在没有正当理由的情况下，本公司不会解雇员工"，也不会作出其他类似的有可能隐性或明确承诺员工有终身任职机会的陈述。事实上，最好是强调这种雇佣关系完全是出于"双方自愿的"。

新员工入职引导中的科技手段 企业可以使用各种科技手段来支持自己的新员工入职引导计划。例如，一些公司会为新来的管理人员提供预装好的个人数字助手。这些数字助手中包括与其有工作联系的关键人物，甚至这些关键员工的数码图像。[7]还有一些企业则把公司的全部或者一部分新员工入职引导视频放到内部局域网上。在辛辛那提大学，新员工需要花45分钟的时间在线学习大学的使命、组织结构以及各种政策和程序。IBM公司则使用类似Second Life这样的虚拟环境来支持新员工入职引导，尤其是对海外的新员工。新员工通过选择虚拟人物，就可以与公司中代表其他员工的虚拟人物进行互动，例如学习如何注册参加公司的福利计划。[8]

人力资源管理应用程序

移动公司的通讯录

在Workday公司开发的iPhone手机应用软件的帮助下，许多企业可以让自己的员工非常容易地通过移动电话查阅公司的员工通讯录。使用者可以通过搜索本公司的员工通讯录，查到同事的姓名、电子照片以及联系方式等信息，直接给他们打电话或发送电子邮件，还可以通过谷歌地图查到他们所在的具体地址。[9]

8.1.3 培训过程

公司完成新员工入职引导之后，就该开始进行培训了。**培训**（training）是指为使新员工或当前员工获得完成工作所需的各种技能而采用的一种措施。培训可能

加利福尼亚大学圣迭戈医疗中心

新员工部门入职引导核查清单

（请于员工入职 10 天内交回人力资源部）

姓名：	雇用日期：	社会保障号码：	职位名称：
部门：	入职引导日期：	部门新员工入职引导负责人：	

新员工入职引导主题	审查日期	N/A
1. 人力资源管理信息		
a. 部门考勤程序和加利福尼亚大学圣迭戈医疗中心的工作时间及考勤规定	a. ______	☐
b. 职位描述	b. ______	☐
c. 年度绩效评价和同事反馈过程	c. ______	☐
d. 试用期信息	d. ______	☐
e. 仪表及着装规范要求	e. ______	☐
f. 年度结核病检查	f. ______	☐
g. 执照和（或）证书更新	g. ______	☐
2. 部门信息		
a. 组织结构和部门核心价值观引导	a. ______	☐
b. 部门或单位的具体政策和程序	b. ______	☐
c. 客户服务实践	c. ______	☐
d. 持续质量改进工作和相关项目	d. ______	☐
e. 工厂参观和建筑平面图	e. ______	☐
f. 设备和各种器材	f. ______	☐
● 发放钥匙	______	☐
● 发放无线寻呼机	______	☐
● 其他__________	______	☐
g. 邮箱和充值代码	g. ______	☐
3. 安全信息		
a. 部门安全计划	a. ______	☐
b. 员工安全/工伤报告程序	b. ______	☐
c. 险情沟通	c. ______	☐
d. 传染病控制/突发事件处理	d. ______	☐
e. 参加年度安全大会（强制性的）	e. ______	☐
4. 工作设施信息		
a. 应急供电	a. ______	☐
b. 机械系统	b. ______	☐
c. 水	c. ______	☐
d. 医疗气体	d. ______	☐
e. 病房	e. ______	☐
● 病床	______	☐
● 端墙	______	☐
● 洗手间	______	☐
● 护士呼叫系统	______	☐
5. 安全保卫信息		
a. 代码分类安排	a. ______	☐
b. 蓝色代码安排	b. ______	☐
c. 红色代码——疏散程序	c. ______	☐
d. 代码 10——炸弹威胁应对程序	d. ______	☐
e. 部门安全保卫措施	e. ______	☐
f. 加利福尼亚大学圣迭戈医疗中心紧急电话号码 6111 或 911	f. ______	☐

注：这种通用的检查表可能没有包含完整的部门新员工入职引导或评价方面的内容。请附上其他具体的部门入职培训材料，放入员工的人力资源档案中。

我已经接受包括以上内容的新员工入职引导：____________________

D1999（R7-01）白色副本—人力资源部存档（8912）黄色副本—部门留存

图 8—1 新员工部门入职引导核查清单

资料来源：Used with permission of UC San Diego Medical Center.

是让一位新的网站设计员了解公司网站的复杂性，可能是告诉一位新的销售员如何推销公司的产品，也可能是教一位新的主管人员怎样填写公司的周薪表。培训可以只是简单地让职位的当前任职者向新员工解释如何做某项工作，也可能是一个包括课堂讲授或互联网课堂在内的持续数周时间的过程。

在任何情况下，培训都是成功管理的一个标志性特征，如果管理人员忽视了培训工作，他们就要冒很大的风险。雇用了高潜质的员工并不能保证他们就能在工作中取得成功。事实上，你必须让他们知道你想让他们做什么以及希望他们怎样做。否则，他们很可能会想怎么做就怎么做，或者是做不出任何有用的事情。

培训不充分还有可能让企业承担**疏忽培训**（negligent training）的责任。正如一位专家所指出的："从判例法的角度来说，很清楚的一点是，如果企业对员工的培训不足，而随后员工对第三方造成了伤害，则法庭会判定企业必须承担相应的法律责任。"[10]因而，企业应当对求职者或员工宣称自己具备的技能和经验进行确认，为他们提供充分的培训（特别是当员工操作那些危险设备的时候），然后对培训的情况加以评估，以确保培训确实减少了各种风险。

使培训与组织战略保持一致　当今的企业都希望确保自己的培训计划能够支持公司战略目标的实现。[11]正如一位培训师所说："我们现在同管理层的人一起坐下来，帮助他们明确组织的战略目标以及实现这些目标所需的知识和技能。"[12]

例如，卡特彼勒公司创建了卡特彼勒大学来全权负责公司的所有培训和开发项目。该企业大学有一个由公司的高层管理人员组成的理事会。他们负责制定企业大学的各种政策，同时监督并"确保公司的各种学习需要与企业的经营战略保持一致"。[13]在另一个案例中，当位于威斯康星州的西尼卡斯特公司决定新建一家高科技工厂时，公司总裁和人力资源管理团队的成员共同制定了公司的雇佣和培训政策和计划，以便雇佣和培训这些新员工。

一项调查发现，培训专业人员所面临的最为棘手的事情就是"确定学习和组织绩效之间的联系"。[14]今天，越来越多的培训专家开始使用"工作场所学习与绩效"一词来替代传统的培训的概念，从而强调培训的双重目标，即员工学习和提升组织绩效。[15]培训对组织的绩效有很重要的影响，在对生产率所产生的影响方面，培训的重要性超过绩效评价和反馈，仅低于目标设定。[16]

无论出于何种原因，培训正在蓬勃发展。企业平均每年在每位员工身上支出的培训费用达到 1 103 美元，培训时间大约为 28 小时。[17]

培训过程的四个步骤　培训活动一般包括四个步骤。

1. 首先是培训需求分析。在这一步，需要确定职位所需要的知识和技能，然后将这些要求与将要受训者已经具备的知识和技能进行对比。

2. 第二步是教学设计阶段，即为此次培训确定具体的、可衡量的知识和绩效方面的培训目标，查阅各种可能的培训内容（包括工作手册、练习和各种活动等），并为此次培训项目编制预算。

3. 第三个步骤是实施培训计划，即运用在职培训或在线培训等方法对目标员工群体实际实施培训。

4. 最后，在评估阶段，需要对培训项目的成功程度作出评估。

遗憾的是，只有 10%～35%的受训者在接受培训一年之后，将他们在培训中所学到的东西应用到自己的本职工作之中。要想改善上述这种令人沮丧的统计水平，就需要在培训的每一个阶段都采取一些特殊的措施。首先，在开始实施培训之前，应当争取让受训者及其直接上级一道参与培训项目的设计，制定一项培训的出勤政策，鼓励员工的积极参与。其次，在培训的实施过程中，为受训者提供与其实际工作环境相似的培训体验和条件（环境、设备等）。最后，在培训结束后，还应强化受训者学到的东西，例如，表扬和奖励那些在工作中使用新技能的员工，确保员工能够获得使用新技能所需的各种工具和材料等。[18]

8.1.4 培训、学习和激励

很多城市的市政当局都会为违章司机开设司机教育项目，这些项目的负责人知道，要想引起这些学习者的注意，最好的方式莫过于播放令人毛骨悚然的交通事故录像。换言之，他们在开始培训的时候，并不是采取授课的方式，而是首先让受训者感觉到培训材料的意义。他们知道，如果违章司机不能或不愿意从培训项目中获益，那么，这种司机培训项目就会是无效的。

这种情况在学校和工作中也同样存在。学生需要具备从培训中获益的能力，并且必须有从培训中获益的愿望、学习能力和动机。就能力而言，学习者即受训者需要具备培训所要求的阅读能力、写作能力和数学能力以及相应的教育水平、智力和知识基础。在工作中，员工甄选可以发挥这样一种功能。（而在学校，类似学术能力测试即 SAT 这样的入学考试发挥了相似的甄选作用。）

但是，正如每个学生（包括前面提到的那些违章司机）都知道的，学习者还必须有动机去学习那些培训材料。没有哪一位管理人员愿意浪费时间向没有学习兴趣的员工讲解如何做某件事情。使学习材料变得有意义——形象地说，就是帮助学习者明确这样一点："我为什么应该学习这些东西？"——是强化培训动机的途径之一。我们可以把提高员工培训积极性的要点总结如下。

使学习是有意义的 学习者通常更愿意学习那些对他们有意义的东西。因此：

1. 在培训刚开始时，向受训者展示培训材料的总体框架。例如，告诉他们为什么这些培训内容非常重要，然后为他们提供一个整体培训框架。[19]

2. 使用各种大家熟悉的案例。

3. 对信息加以组织，从而使你自己能够以有意义的单元的形式将这些信息有条理地表达出来。

4. 使用受训者已经熟悉的术语和概念。

5. 尽可能多地使用视觉方面的辅助材料。

6. 再次重申一下，要在受训者的头脑中构建能够被他们感知到的培训需求。[20] 在一项研究中，那些在受训之前经历过一些意外事件的飞行员，在一项旨在减少事故的培训项目中所学到的东西要比其他飞行员更多。[21] 同理，"在培训之前，管理人员应当坐下来，与受训者讨论他们为什么要参加此次培训，企业希望他们通过培训学到什么，以及他们怎样能够在本职工作中运用这些学到的东西。"[22]

使技能很容易转移 应使在培训过程中学到的新技能和行为更容易转移到实际工作中：

1. 使培训环境与实际工作环境之间尽可能相似。

2. 提供充分的练习机会。

3. 标示出或确定机器的每一个特征或者流程中的每一个步骤。

4. 将受训者的注意力引导到本职工作中的一些重要方面。例如，如果正在培训一位客户服务代表如何接听电话，首先就要向他们解释在实际工作中可能会接听的各种不同类型的电话。[23]

5. 提供那些需要“小心”的信息。例如，直接主管人员经常要面对很多压力。可以在培训中让那些准备成为主管人员的受训者知道这种事情在未来发生的可能性，从而减少对于他们产生的负面影响。[24]

6. 受训者按照自己的速度学习时，效果是最好的。在可能的情况下，应当让他们自己控制学习的速度。

强化学习　确保学习者获得充分的反馈。特别需要注意的是：

1. 培训师对于受训者的正确回答如果能立即给予积极强化——即使仅仅是很快说一声“回答很好”——受训者的学习效果会最好。

2. 日程安排很重要。学习曲线在一天中的后半天会下降，所以，“全天的培训没有半天或者大半天的培训效果好”。[25]

由于在人们是如何学习的方面已经有了大量可供使用的研究，所以培训项目设计是一个可以大量运用循证人力资源管理的领域。下面的“循证人力资源管理”专栏将会对此加以描述。

循证人力资源管理

声音和捷径：如何通过设计培训形式来改进培训结果[26]

在设计培训项目时，循证人力资源管理就意味着根据一些可以获得的最佳研究证据来设计培训项目。例如，有大量的证据告诉我们如何才能提高受训者记住所学内容的几率。下面是关于这些原则的一些重要例子。

音频比单纯的文本有更好的效果。具体来说，当电子化学习项目中的音频与电脑屏幕上的文字相结合的时候，学习效果至少可以改善41%。

“多余的修饰物”（例如那些与培训内容无直接关系的声音效果或者有趣的图片）实际上会使学习效果下降20%。

将练习环节贯穿于每一堂课以及整个课程中，而不是把所有的练习都集中在课程结束的时候。

对话式的写作风格优于正式的写作方式。

使用缩写等有助于记忆的方法（例如，“ROY G BIV”可以帮助我们记住彩虹有几种颜色）；这样的做法可以极大地改善对所学知识的记忆情况。

8.2　分析培训需求并设计培训项目

在培训下属员工的过程中，绝大多数管理人员都能凭借直觉知道自己希望他们学习什么。例如，管理人员可能希望新来的行政文员学会如何使用公司的档案管理系统，或者希望新来的工程师学会对客户提出的咨询要求作出答复的正确程序。然而，如果单纯采取一种非正式的、直觉性的方法来判断你希望自己的员工学到什么，很可能会遗漏一些重要任务。因此，绝大多数经验丰富的培训师会首先进行培训需求分析。

如何进行培训需求分析则取决于接受培训的是新员工还是老员工。新员工培训需求分析的主要任务是决定职位包括哪些工作任务，然后把任务分解成更小的任务单元，再把这些任务按单元逐个教给新员工。

老员工的培训需求分析更为复杂，这时有一项额外的任务，即判断培训本身是不是解决问题的有效途径。例如，绩效下降可能是因为绩效标准不清晰或者员工没有受到正确的激励，而不是因为培训问题。

8.2.1 任务分析：评估新员工的培训需求

对于那些层次较低的职位，企业通常会雇用那些没有太多经验的人，然后再对他们进行培训。这时的目标是教给这些新员工完成工作所需具备的一些技能和知识。可以运用任务分析的方法来确定新员工的培训需求。

任务分析（task analysis）是通过对职位的详细研究来决定这一职位要求任职者具备哪些特定的技能——例如 Java 语言（如果针对的是网页设计人员的话）或面试能力（如果针对的是直接主管人员的话）。职位描述和任职资格说明书在这里很有用。这些文件列出了一个职位的具体工作职责和所需的技能，从而成为决定培训需求的一个基本参照点。还可以通过审阅绩效标准、实际承担某一职位以及询问职位的当前任职者及其直接上级主管人员来进行培训需求分析。[27]

一些管理人员将任务分析记录表作为对职位描述和任职资格说明书的一种补充。在这种表格中得到强化的关于需要完成的工作任务和需要具备的技能方面的信息，对于确定培训需求很有帮助。如表 8—1 所示，在任务分析记录表中一共包括六类信息，如“所需要的技能”等。

表 8—1　任务分析记录表样本

任务列表	操作时间以及操作频率	工作数量和质量	操作环境	技能和知识要求	最好的学习方式
1. 操作切纸机	每天 4 次		嘈杂的印刷室；噪音		
1.1 开机					
1.2 设置裁剪边距		不超过±0.007英寸		读标尺	在职培训
1.3 把纸放在切纸台上		必须完全放平纸张以防裁剪不整齐		正确放置纸张	在职培训
1.4 把纸推进切纸机				必须平整	在职培训
1.5 左手握紧安全释放器		为安全起见，要等待全部过程完成		保证安全	在职培训，首次练习要在无干扰环境中进行
1.6 右手握紧切刀释放器				一定要把双手都放在释放器上直到切刀缩回	在职培训，首次练习要在无干扰的环境中进行

续前表

任务列表	操作时间以及操作频率	工作数量和质量	操作环境	技能和知识要求	最好的学习方式
1.7 用右手拉动切刀释放器，同时用左手拉动安全释放器					
1.8 等待切刀缩回	为安全起见，要等到全部过程完成			一定要把双手都放在释放器上	在职培训，首次练习要在无干扰的环境中进行
1.9 取回纸张				等待切刀缩回	在职培训，首次练习要在无干扰的环境中进行
1.10 关机		为安全起见，要等到全部过程完成			在职培训，首次练习要在无干扰的环境中进行
2. 操作印刷机					
2.1 开机					

说明：任务分析记录表列出了一个印刷机操作工需要完成的一些任务和子任务。

胜任素质模型 许多企业为一些职位开发了相应的**胜任素质模型**（competency model）。[28]胜任素质模型往往会在一张示意图上概括出胜任某一职位所需具备的各种胜任素质（例如，知识、技能和行为等）。举例来说，图8—2是针对一名人力资源经理的胜任素质模型。[29]这张图展示了三件事情。金字塔顶层部分的内容说明了企业希望这位人力资源经理扮演的四种角色——直线职能、参谋职能、协调职能、战略性人力资源管理职能。金字塔顶层下的这一层说明了为了胜任上述这些角色，这位人力资源经理必须精通哪些领域，例如成为人力资源管理实践和战略规划领域的专家。紧接着下面一层则是这位人力资源经理如果想成为上述各个领域中的专家，并且胜任那四种角色，必须具备的一些基本胜任素质。对于这位人力资源经理来说，这些胜任素质包括人际关系能力（比如沟通能力）、业务管理能力（比如财务分析能力）以及个人能力（比如展现出建立在证据基础之上的良好判断力）。

再一次指出，胜任素质模型的目的是将胜任某个职位所需的各种胜任素质整合在一张图上。对于上面这位人力资源经理而言，这些胜任素质应当包括人力资源管理实践、战略规划、财务分析以及职业伦理道德等领域的知识和技能。胜任素质模型并不需要附加任何具体的表格。它的一个重要功能就在于为职位所需的各种胜任素质提供一个概览。

在夏普电子公司，建立胜任素质模型是从培训师和公司高层管理人员一起确定公司的具体战略和目标开始的。这使培训师能更好地理解夏普公司的员工为了实现公司的战略目标而需要获得哪些技能。然后，他们与每一个职位上绩效最优秀的员工以及焦点小组实施行为访谈。他们这样做的目的在于明确在一个职位的胜任素质模型中到底应当包括哪些胜任素质（比如“展现出创造力”和“以客户为中心”等）。[30]

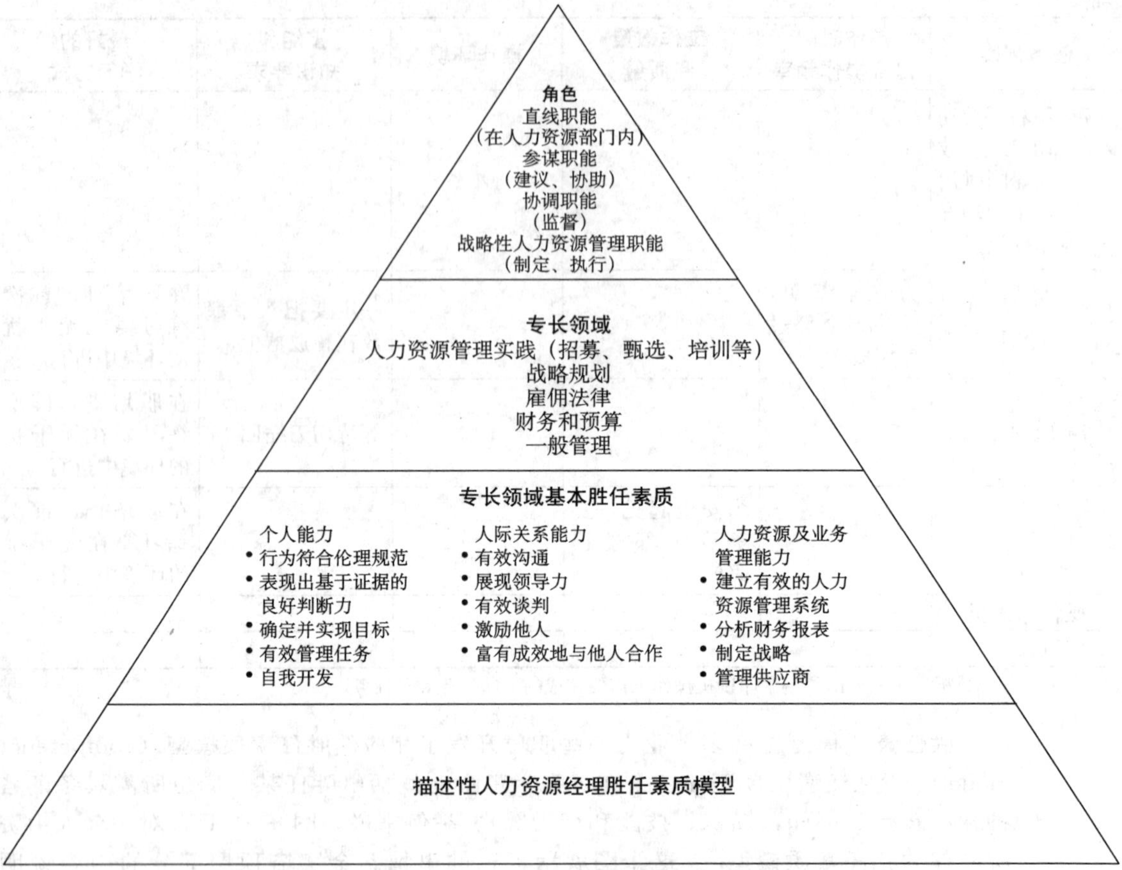

图 8—2　人力资源经理胜任素质模型示例

8.2.2　绩效分析：评估现有员工的培训需求

对于那些绩效水平较差的现有员工，你不能不假思索地就断定培训是解决问题的关键所在：到底是因为培训不足造成低绩效的，还是因为其他方面的原因呢？**绩效分析**（performance analysis）是一个确认是否存在绩效缺陷并且判定这种绩效缺陷是否能通过培训或者其他手段（比如工作调动）来加以解决的过程。

绩效分析的第一步通常是把员工的实际绩效与应当达成的绩效加以对比。这样做的目的是帮助管理人员确定员工是否确实存在绩效缺陷，同时还能够帮助管理人员确定导致这种绩效缺陷的原因所在。绩效缺陷的一些例子如下：

> 我期望每一位销售员每周可以签订 10 份新的订单，但是约翰平均每周签订的订单数只有 6 份。
>
> 和我们规模相近的其他工厂平均每个月发生的重大事故不到 2 起，而我们却平均每个月发生 5 起严重事故。

企业可以通过如下途径来了解当前员工的绩效状况。包括审查：

- 绩效评价情况；
- 与职位相关的绩效数据（包括生产率、缺勤率和迟到情况、争议、浪费、交货延期、停工期、维修、设备利用以及客户投诉等）；

- 员工的直接上级或其他专家观察到的情况；
- 对员工本人或者其直接上级进行的访谈；
- 对工作知识、技能以及出勤状况等所做的测试或考察；
- 员工态度调查；
- 员工个人的工作日志；
- 评价中心的评估结果；
- 具体的“绩效差距”分析软件，比如由 Saba 软件公司提供的此类软件。

不会做还是不愿做 绩效分析的核心是要确定员工绩效不佳的原因。对于那些由于所受到的激励不足而导致绩效欠佳的员工来说，指望通过培训来提升绩效的做法将会是徒劳的。因此，在这方面，区分绩效不佳的原因到底是员工不会做还是不愿意做，就非常重要。

首先，要判断是否存在不会做的问题，如果事实确实如此，则需要找到不会做的具体原因。例如，可能的原因包括：第一，员工可能不知道自己应该做什么，或者说企业的绩效标准不明确；第二，在工作系统中存在工具或者备件缺乏等障碍；缺乏必要的工作协助（例如，缺乏那种带彩色标记的电线，可以让装配人员很容易知道哪条线连接到哪里）；第三，员工所受培训不足。

另一方面，也可能是员工不愿做才导致绩效不佳。在这种情况下，如果员工愿意做的话，他们能很好地完成工作。正如一位专家所说：“培训师可能会落入的一个最大陷阱就是，他们企图通过培训来解决那些根本不能靠培训解决的难题。”[31] 有时，解决问题的办法是改变企业的报酬系统而不是实施培训。

8.2.3 设计培训方案

在掌握培训需求分析的结论之后，企业或管理人员就可以着手设计培训方案了。其中包括设定培训目标、制定培训方案的预算以及确定培训内容和培训方法。

对培训的要求通常来源于直线管理人员提出的一些问题或者担忧，例如，“往我们的呼叫中心打电话的客户提出了太多的投诉”。[32] 培训、开发或者（更一般意义上的）教育目标就以可衡量的方式，具体说明受训者在成功地完成培训项目之后应当能够做什么。[33] 例如：

> 在接受培训之后，技术服务人员应当能够按照设备说明书的指导，在 10 分钟内调整好惠普喷墨式打印机的颜色指示。

除了那些非常零散的培训，企业几乎希望看到所有培训项目的预算报告并进行审批。典型的培训费用包括开发成本（比如，设计该培训项目的人力资源专业人员需要为此花费 1～2 周的时间）、培训师投入的时间所产生的直接成本和间接成本、受训人员的薪酬（即对他们用于培训而不是工作的这段时间所支付的报酬）以及对培训方案进行评估所支出的成本。

预算反过来又能够帮助企业决定培训方案的实际设计。这里的“设计”意味着决定培训的内容（例如，所包括的课程以及分步骤指导等）以及如何实施这些培训（例如，是采用在职培训的方式还是采用网络培训的方式）。

很多企业自己开发培训内容，但事实上企业可以从大量的在线和离线的培训资料中作出选择。你可以从成千上万的在线和离线的培训服务供应商那里找到几乎涉及所有主题的现成培训方案——从职业安全到性骚扰，再到网页设计，应有尽有。（例如，美国培训与开发协会网站 www. astd. org，www. trainerswarehouse. com，www. gneil. com 等的资讯专线上就有很多这方面的信息。）另外，一些专业的员工开发网站，比如 saba. com 也为企业提供了各种基于互联网的培训课程。包括位于宾夕法尼亚州的普鲁士王公司（HRDQ of King of Prussia）以及位于爱荷华州西德斯莫恩斯的美国媒体公司（American Media）在内的很多企业都提供现成的一揽子培训套餐[34]，其中包括培训师指南、自学教材以及视频等。

正如这里的“在充满挑战的时代管理人力资源”专栏所解释的，这个充满挑战的时代促使很多企业去寻求那些免费的或价格低廉的培训资源。

在充满挑战的时代管理人力资源

可供选择的免费培训资源

随着经济形势的恶化，培训和开发活动往往是企业试图削减成本的第一个人力资源管理活动领域。例如，最近一段时间，“员工士气和团队建设”、“专业技能发展”以及“全员培训”（针对反性骚扰以及多元化等方面的主题）这三个方面的培训是人力资源经理最有可能取消的三类培训（紧随其后的是招募、办公室工作活力以及人力资源技术）。[35]

然而，尽管如此，仍然有大量的免费培训项目可供企业选择。例如宾夕法尼亚等一些州就为其州内的企业提供一些免费的培训项目。宾夕法尼亚州的劳动力与经济开发网就为州内的企业提供了价值最高达到每位员工 450 美元的基本技能培训（www. wednetpa. com）。企业也可以到免费培训网（www. free-training. com）等网站上寻找培训资源。美国联邦政府的中小企业管理局（www. SBA. gov/training）也建立了一个网上的虚拟校园，为支持企业家创新活动提供在线的课程、研讨会、出版物以及各种学习工具等。

8.3 实施培训方案

在设计培训方案、制定培训预算以及确立培训目标之后，就可以转向实施培训方案了。这就意味着，你将采用下面将要介绍的一种或多种培训方法来实际实施培训。我们将从较为简单的、对科技水平要求较低的培训方法入手，进而过渡到基于计算机技术的培训方法。

8.3.1 在职培训

在职培训（on-the-job training，OJT）是指让一个人通过实际操作来学习如何完成一项工作。无论是收发室的办事员还是公司总裁，每一位员工从进入公司的那一刻起，都要接受在职培训。在很多公司中，在职培训是唯一的培训方式。[36]（更有甚者，员工经常会遇到这样的情况，你的直接上司只是简单地告诉你说：“这是你的办公桌，开始干活吧。”）

在职培训的类型 大家最熟悉的在职培训是手把手的指导或者顶岗学习。在这种情况下，一位经验丰富的员工或者受训者的直接上级主管人员会对员工进行培训。在这一过程中，员工可能仅仅是通过观察上级的工作来学习技能，当然最好是上级或该职位的专家能够按步骤演示给员工看。在美国有 455 家分店的男士衣柜公司（The Men's Wearhouse）就充分利用了在职培训。每一位管理人员都要对其直接下属人员的能力开发承担正式的责任。[37]职位轮换（job rotation）是另外一种在职培训技术，在这种培训中，员工（通常是管理职位的受训者）按照计划好的时间间隔，从一个职位转换到另外一个职位。特殊任务安排（special assignments）也以类似的方式让那些级别稍低的高层管理人员获得解决某些实际问题的一手经验。

最重要的一点或许是，不要以为在职培训理所当然地就会取得成功。要对培训师（通常是员工的直接上级）进行培训，为他们提供各种培训材料。例如，培训师应当知道激励学习者的一些原则。如果培训师对受训者表现出较低的期望，那么，这种期望很容易导致受训者的培训绩效较差，因此，培训师应当强调他们对于受训者在培训中取得成功寄予了很高的期望。

在职培训过程 为了确保在职培训取得成功，可以遵循以下步骤实施：

第一步：使受训者做好准备

1. 使受训者感到放松。
2. 解释为什么要让他们参加培训。
3. 激发他们的兴趣，找出他们已经知道工作中哪些方面的内容。
4. 向他们解释整个培训内容，并与他们已经了解的一些工作内容联系起来。
5. 尽可能地使受训者处在接近日常工作岗位的位置上。
6. 使他们熟悉设备、材料、工具以及行业术语。

第二步：操作过程演示

1. 讲解工作数量和质量方面的要求。
2. 按照正常的工作速度演示全部工作内容。
3. 用较慢的速度再反复演示几次，对每一个步骤都加以解释说明。在两次操作之间解释工作中的难点或易出错的地方。
4. 再慢速演示几次，并解释要点。
5. 在你慢速进行演示的同时，让受训者解释每一个步骤。

第三步：尝试操作

1. 让受训者以很慢的速度操作几次，并解释每一个操作步骤。纠正他们的错误，并且在必要时在前几次演示中示范那些比较复杂的操作步骤。
2. 让受训者按照正常的速度进行操作。
3. 让受训者自己完成工作，逐渐掌握相关的技能和速度。
4. 一旦受训者显示出具备完成工作的能力，就让他们开始工作，但不要就此不管他们。

第四步：继续跟进

1. 为受训者指定一位可以寻求帮助的对象。
2. 逐渐减少监督指导，不时地对他们的工作进行检查。
3. 及时指出他们的错误工作方式，防止他们养成不良习惯。告诉他们为什么你建议的工作方法更好。

4. 对他们的良好工作表现提出表扬。[38]

8.3.2 学徒制培训

学徒制培训（apprenticeship training）是指通过将正式学习与长期的在职培训相结合的方式，使一个人成为技术工人。这种培训的传统方法是，让受训者或学徒在一位技能熟练的师傅的指导下学习。当多法思科钢铁公司（Dofasco）发现公司的许多员工都会在未来 5～10 年内退休时，公司决定重新启动其学徒制培训项目。公司会对申请者进行预先筛选。新招募的员工将用 32 个月的时间参加企业内部的学徒培训计划，在那些技能熟练的员工的指导下学会完成各种工作。[39]

美国劳工部的国家学徒制系统促进了学徒制计划的开展。有超过 46 万名学徒参加了 2.8 万个学徒制项目，登记注册的学徒制项目能得到美国联邦政府和州政府提供的一些合同及其他方面的帮助。[40]图 8—3 列出了近期最流行的一些学徒制培训。

美国劳工部登记在册的学徒制项目涉及近 1 000 种职业，其中包括排在前几位的以下几种职业：

- 熟练水手
- 木匠
- 厨师
- 儿童看护开发专家
- 熟练建筑工
- 牙医助理
- 电工
- 电梯工
- 火灾卫生员
- 法律执行代理
- 卡车司机
- 水暖工

图 8—3　一些流行的学徒制培训

8.3.3 非正规学习

美国培训与开发协会的多项调查显示，员工在工作中学到的 80%的知识都来自非正规途径，而不是正规培训，其中包括每天与同事合作完成工作这种学习途径。[41]

尽管管理人员不能管理员工的非正规学习，但他们可以采取一些措施来促进这种非正规学习，这些步骤都很简单。例如，位于北卡罗来纳州罗利市的西门子电力传输与配送公司就把一些工具放在自助餐厅中，以试图引发大家讨论一些与工作相关的问题。公司甚至设置了一些白板和水笔来方便员工随时讨论问题，从而为非正规学习提供便利条件。

8.3.4 工作指导培训

许多工作（或者说一些工作中的一部分内容）都是由一系列有逻辑顺序的步骤

组成的，因此最好是一步一步地教给员工。这种按照一个一个的步骤培训员工的方法称为**工作指导培训**（job instruction training，JIT）。首先，按照适当的顺序列出工作中需要完成的所有步骤（此处以机械切纸工为例）；然后，在每一个步骤旁边列出相应的“关键点”（如果有的话）。工作指导培训表上的步骤说明了受训者应当做什么，而相应的关键点则说明了如何做以及为什么要这样做。

步骤	关键点
1. 开机	无
2. 设置裁剪边距	仔细查看刻度——防止裁剪尺寸错误
3. 把纸放在切纸台上	确保纸张是平的——以防裁剪不平
4. 把纸推进切纸机	确保纸张卡紧——以防裁剪不平
5. 左手握紧安全释放器	不要松开左手——以防手被机器夹住
6. 右手握紧切刀释放器	不要松开右手——以防手被机器夹住
7. 同时拉动切刀和安全释放器	把两只手放在相应的释放器上——不要把手放在切纸台上
8. 等待切刀缩回	保持双手放在释放器上——不要把手放在切纸台上
9. 取回纸张	确保切刀已经缩回；使双手离开释放器
10. 关机	无

图 8—4 以图示的方式展示了美国联合包裹服务公司用来培训新司机如何停车以及卸货的步骤说明。

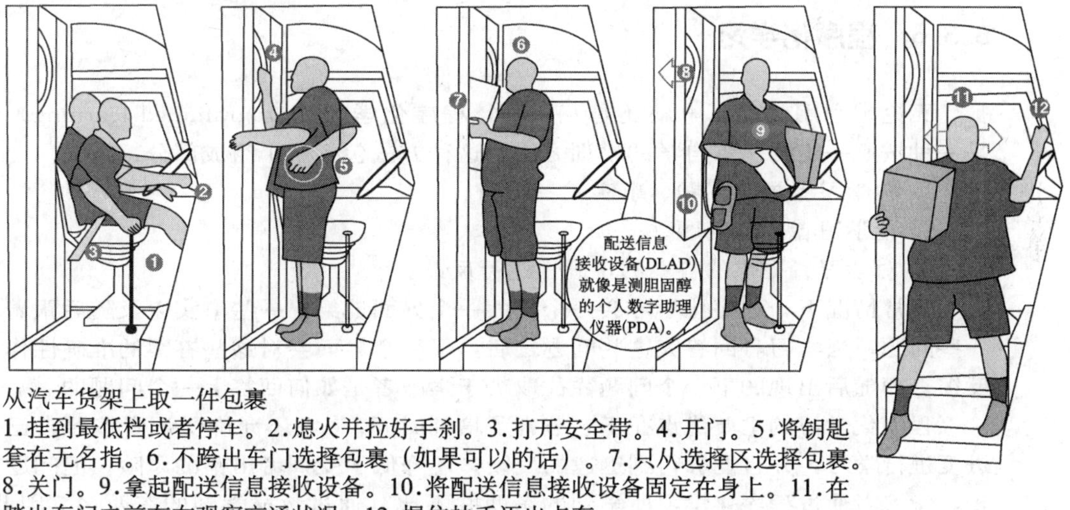

从汽车货架上取一件包裹
1.挂到最低档或者停车。2.熄火并拉好手刹。3.打开安全带。4.开门。5.将钥匙套在无名指。6.不跨出车门选择包裹（如果可以的话）。7.只从选择区选择包裹。8.关门。9.拿起配送信息接收设备。10.将配送信息接收设备固定在身上。11.在踏出车门之前左右观察交通状况。12.握住扶手迈出卡车。

图 8—4　美国联合包裹服务公司使用的工作指导培训说明

资料来源：Nadira Hira, “The Making of a UPS Driver,” *Fortune*, November 12, 2007, page 120.

8.3.5　课堂讲授

尽管一些人认为在课堂上听课是很无聊的事情，但是很多研究和实践经验都证明，课堂讲授可能是一种非常有效的培训方式。[42]课堂讲授可以用一种快速而简单的方式向一大群受训者传递知识，例如，在销售人员需要了解一种新产品的特性时。下面是一些关于课堂讲授的指导原则[43]：

● 不要一开始就犯错误。比如，不要以一个不相干的笑话或者这样的话来做开场白："我真不知道为什么今天会被邀请到这里来讲课。"

● 给听众提供一些线索。例如，如果要讲一系列的问题，不妨这样开始："有四个方面的理由可以说明为什么销售报告是非常必要的……首先……"

● 关注听众的表现。注意一些听众的消极肢体语言，比如坐立不安或者交叉手臂。

● 在讲课的过程中要与听众保持目光交流。

● 确保房间内每个人都能听见你的声音。在回答受训者提出的问题之前，首先重复一遍问题是什么。

● 控制你的双手。养成把双手自然放在身体两侧的习惯。

● 根据一些要点来授课，而不是照着原稿读。在大卡片上或者幻灯片上写出几个清晰易读的要点作为授课的大纲。

● 把一段长的讲话分解成若干段 5 分钟长的讲话。通常情况下，授课者会首先提供一个概要性的简介，然后再用接下来的 1 小时左右的时间逐个要点地解释材料中的内容。专家建议把长的讲话分解成一系列的 5 分钟左右一段的讲话，并为每段讲话做一个单独的简介。每一段的简介都要突出即将讨论的问题，为什么这些问题对于听众来说很重要，以及你的资格——也就是他们为什么要听你的授课。[44]

● 练习。如果可能的话，在与实际授课的环境类似的地方事先演练一下。

8.3.6 程序化学习

无论是利用教材、电脑还是互联网，**程序化学习**（programmed learning）都是一种按照一定的步骤自学的培训方法，这种方法包括三个组成部分：

1. 向学习者提出问题、事实或者疑问。
2. 让学习者回答问题。
3. 对学习者提供的答案的正确性进行反馈。

通常情况下，程序化学习会一个界面一个界面地给出一些事实以及随后跟着的一些问题。当学习者回答完这些问题之后，下一个界面会对这些答案的准确性作出反馈。而随后出现的下一个问题往往取决于学习者是如何回答上一个问题的。

程序化学习的主要优点在于它节省了培训时间。[45]它还允许受训者按照自己的进度进行学习，并且能够得到迅速的反馈，还降低了受训者出错的风险。但问题在于，学习者通过程序化学习所学到的东西并不比其通过教材学到的东西多。因此，你必须权衡开发程序化学习所需的程序编制成本，以及它在培训速度慢以及学习效果并无优势这两个方面的缺点。

智能导师系统（intelligent tutoring systems）使程序化学习向前迈进了一步。它是一种计算机化的更高级的程序化学习程序。除了程序化学习的传统功能，智能导师系统还能够发现哪些问题以及哪些方法适合学习者，哪些则不适合他们，然后针对特定学习者的需求提出调整学习顺序的建议。

8.3.7 视听培训

DVD 光碟、电影、PPT 幻灯片以及录音磁带等视听培训技术正在被广泛使用。[46]例如，福特汽车公司在其经销商培训中就使用了视频录像，以模拟在现实中可能会遇到的各种问题以及应对各种客户抱怨的方式。

视听培训比课堂讲授的成本相对更高，但也更有其自身的优点。毫无疑问，视听培训会让人更有兴趣。此外，还应当考虑在以下情况下使用视听培训：

1. 当需要说明如何按照一个特定的时间顺序来操作时，比如在培训受训者如何修理机器时。在这种时候，视听设备的暂停、及时重放或者快进、慢进等功能都会很有用。

2. 当需要向受训者讲述的是通常的授课方式难以说清楚的事情时，比如虚拟的工厂参观或者心脏外科手术。

3. 当整个组织所有人员都需要培训，而让培训师跑到每个地方去讲课的成本又太高时。

8.3.8 技工训练

在技工训练中，受训者利用实际工作中需要用到的真实设备或模拟设备进行学习，但培训是在工作岗位之外的地方进行的（可能是在一个独立的房间里）。当在职培训的成本很高或者可能会很危险时，这种技工训练就很有必要。把新的装配工直接安排到生产线上作业可能会减缓生产速度。另外，考虑到安全问题——比如飞行员——这种模拟性质的训练可能就是唯一可行的选择。例如，美国联合包裹服务公司就利用一个与实际大小相仿的学习实验室，为将来做司机的求职者提供长达 5 天共计 40 小时的模拟现实训练项目。[47]

8.3.9 远程培训和视频会议

远程培训是指一位培训师在一个中心地点，通过电视网络对身处异地的员工实施的一种培训活动。本田汽车公司一开始的时候利用卫星电视技术来培训工程师，而现在，它在美国俄亥俄州的分支机构则从国际科技大学购买一些研讨课程。国际科技大学是一家卫星教育服务提供商，它整合了众多大学以及一些专业化教育组织所提供的课程。

视频会议允许一个地方的人与位于另外一个城市或国家的人或者位于多个城市的人群进行实时的交流。视频会议培训只需要有个人电脑上用的视频摄像头以及若干远程受训者就可以了，或者是干脆将众多的学习者召集到一个视频会议室来接受培训。在这种情况下，受训者可以通过键盘实现互动。

8.3.10 电子绩效支持系统

人们不可能记住他们学过的所有东西。例如，戴尔公司每年引进的新产品数量大约为 80 种，所以希望戴尔公司的技术支持人员能够了解每一种产品的所有特性是很不现实的。因此，戴尔公司的培训主要集中在为员工提供他们在日常工作中所需的一些一般性知识上，例如戴尔公司的各项规章制度、文化和价值观以及各种系统和工作流程。而其他方面的知识，则会在这些员工需要时通过电子绩效支持系统传送给他们。[48]

电子绩效支持系统（electronic performance support system，EPSS）是一套能够自动完成培训、文档记录以及电话支持的计算机化的工具以及相关的显示设备。[49]当你打电话给戴尔公司的客服人员咨询关于新电脑的问题时，他可能会按照电子绩效支持系统提示的问题来对你进行提问，然后你们两个人要一步步地进入一个问题分析程序。如果没有这种电子绩效支持系统，戴尔公司就不得不培训自己的客户服务代表去记住不计其数的电脑问题解决办法。安泰保险公司（Aetna）通过为呼叫中心的新员工提供电子绩效支持系统，做到了将原来长达 13 周的由培训师亲自指导的培训课程缩短为 2 周。[50]

电子绩效支持系统是现代化的工作助手。**工作助手**（job aid）是指一整套能够在工作场所指导员工完成工作的各种说明、图表或其他一些类似的方法。[51]工作助手对于那些包含多个工作步骤的复杂工作，或者遗漏一个步骤就会造成非常严重后果的工作特别有效。航空公司的飞行员就会使用工作助手（例如，在飞机起飞之前需要完成的所有事务的核查清单）。通用汽车公司的前电力事业部就以图表的形式为员工提供工作助手。这些图表指明了每一条机车配线的走向以及不同颜色的电线接到哪里等事项。

8.3.11 计算机辅助培训

在计算机辅助培训中，培训师利用基于电脑或 DVD 系统的互动方式来增强员工的知识或技能。[52]

我们可以看到，计算机辅助培训现在变得越来越具有互动性和现实性。例如，互动多媒体培训就综合运用了文本、录像、图片、照片、动画以及声音来营造出一种可以与受训者进行互动的复杂培训环境。[53]例如，在培训一名内科医生时，互动多媒体培训系统会让一名医学院的学生得到一份虚拟患者的病史，对病人进行检查，并分析各项检验结果。然后，通过点击“胸腔检查”按钮，该学生便可以选择一种胸腔检查技术，甚至可以听到病人心跳的声音。接下来，学生要对这种心跳声音作出解释，并得出诊断结论。虚拟现实培训又将这种培训的现实性向前推进了一步。表 8—2 总结了计算机辅助培训的一些主要专业术语。

表 8—2　　各种计算机辅助培训技术的名称及其描述

计算机程序化指导	计算机程序化指导（PI）中的程序包括存储在存储器上且彼此之间以电子化方式联系在一起的文本、图片，也可能包括多媒体资料。这些需要学习的资料按照彼此之间的信息相似度被分成了若干组。通常，计算机程序化指导项目为受训者提供数量庞大的信息，然后再测试他们掌握这些信息的情况。如果他们没有记住这些信息，计算机就会自动循环至原来的信息或者一些补充的信息。如果他们已经记住了所学的信息，就可以继续往下学习。
计算机辅助培训	部分或全部通过计算机来完成的培训。计算机辅助培训（CBT）是指私营行业或政府部门通过计算机提供的指导来对员工进行的培训。
计算机化培训指导	计算机化培训指导（CMI）用一台计算机来履行培训管理的职能，比如登记注册、记录保存、评分以及等级划分等。

续前表

智能型计算机辅助指导系统	当计算机辅助培训系统具有人工辅导的一些主要特点后，通常就被视为智能型计算机辅助指导系统（ICAC）。它是一种比计算机程序化指导更高级的形式。这种系统通常用专家系统来进行培训指导，在一个计算机化的模型框架下监控受训者的知识水平，并且可以根据受训者所作出的反应来提供适当的辅导。
智能指导系统	智能指导系统（ITS）使用人工智能来提供比智能型计算机辅助指导系统更为高级的指导类型。智能指导系统可以通过受训者所作出的反应"学会"最有利于受训者学习的方法。
计算机模拟	计算机模拟提供某种情景的一个代表场景以及在这种场景下需要完成的一些工作任务。这种场景既可以是与现实完全一样的（比如文字处理培训），也可以是非常抽象的（比如冲突的解决）。受训者需要完成电脑程序要求他们完成的任务，同时电脑程序会监控他们的绩效。
虚拟仿真	虚拟仿真是比计算机模拟更高级的一种形式，它使受训者处于一个与现实环境"近乎"一样的模拟环境中。这种模拟还需要受训者佩戴特别的能够控制其听觉、触觉以及其他感觉的设备，如头部装置、手套等。受训者需要学习通过与电子环境中的各种主体进行互动来实现目标。

资料来源：P. Nick Blanchard and James Thacker, *Effective Training: Systems, Strategies, and Practices* (Upper Saddle River, NJ: Pearson, 2003), p. 144. Reprinted by permission.

8.3.12　模拟式培训

对于不同的人来说，模拟式培训的含义是不同的。最近一项调查询问一些培训专家，他们认为什么样的培训体验才能算得上模拟式培训。这些培训师选择的结果及其所占比例如下：

- 19%的被调查者选择了虚拟仿真游戏。
- 8%的被调查者选择了分步骤的动态指导。
- 19%的被调查者选择了以动画演示方式展示的问题和决策树。
- 14%的被调查者选择了依托照片和视频实施的在线角色扮演。
- 35%的被调查者选择了通过点击屏幕进行互动问答的软件。
- 6%的被调查者选择了其他形式的培训。[54]

虚拟现实培训让受训者置身于一种能够模拟他们在现实工作中遇到的各种工作事件和场景的人工三维环境之中。[55]传感器能够传递受训者对于电脑场景所作出的反应，而受训者借助特殊的眼镜、听觉和传感装置，能够"看到、感觉到和听到"正在发生的事情。[56]

美国空军使用模拟培训项目来训练士兵和军官。例如，空军开发了名为 Full-Spectrum Command 和 Full-Spectrum Warrior 的两款类似光盘游戏的培训项目。根据描述，这两款游戏都具有极强的现实特征，其游戏背景强调了实时的领导力和决策能力。[57]

正如本章前面提到的斯坦福大学的计算机虚拟培训室，企业使用计算机模拟技术为员工培训引入更多的现实性。例如，位于奥兰多的环境技术公司（Environmental Tectonics）为培训能够作出紧急医疗反应的受训者，开发了一个名为高级灾害管理的模拟环境。其中的一个场景是一架客机坠毁在跑道上。它极为真实地模拟了现场的一片骚乱。包括消防员和机场工作人员在内的受训者通过点击感应设备和无线电设备来对计算机模拟的视听场景作出反应。[58] IBM 公司开发出了一套“IBM at Play”软件。这种软件使用视频游戏技术和三维虚拟环境来辅助培训。[59] 当思科公司认为自己需要通过更好的方式来培训数以千计的受训者通过公司的认证考试时，它将游戏引入了公司的培训系统。思科公司将学习内容融入了一款视频游戏，其中包含音乐、图片和声效等。[60] 虚拟培训系统的开发成本很高，但对于大公司而言，这种成本分摊到每位员工就显得物有所值了。[61]

降低开发成本的一种方法是使用像 Second Life 这样的一些虚拟环境。例如，英国石油公司就利用这种软件来培训在加油站工作的新员工。这种培训的目的是向加油站的新员工说明，应当如何使用储油罐的安全装置。英国石油公司则利用 Second Life 建立了储油罐的三维立体图。受训者通过这些模拟图可以“看到”地下的情况，还能观察到使用安全设备所产生的影响。[62]

总的来说，这种互动式技术可以使学习时间平均缩短 50%。[63] 其他一些优点则包括：这种指导具有前后一致性（因为提供指导的是计算机而不是作为人的培训师，所以没有心情好坏之分）；可以确保受训者掌握学习内容（如果受训者没有学会上一个步骤的内容，通常是不能进行下一个步骤的学习的）；提高学习内容的保持程度；提高受训者的积极性（因为有应答反馈机制）。

很多专业化的多媒体软件公司，比如位于俄勒冈州波特兰市的图形媒体公司（Graphic Media），设计了很多类似的计算机模拟软件。它们既可以为企业量身定制这种软件，也可以制作一些通用的软件，例如价格为 999 美元的讲授工作场所安全问题的软件包。

8.3.13 网络培训

网络培训正在快速取代其他形式的培训。达美航空公司（Delta Airline）的客户服务人员每年的 FAA 培训大多是通过网络进行的。而此前，员工则不得不到外面五个培训中心中的一个去学习，至少那一整天就不能工作了。[64]

企业基本上有两种途径使其员工得到网络培训。第一种途径是，公司可以鼓励并支持其员工通过公司内部网络或者从互联网上众多网络培训服务供应商那里学习网络课程。例如，企业可以与 www.puresafety.com 网站商定一项服务合同，从而使其公司的员工可以从该网站学习一门或更多的课程。

学习门户 第二种途径是企业可以与网络培训服务供应商签订合同，使员工只需通过公司内网的学习门户就可以方便获得该网络课程供应商的相关课程。学习门户是公司网络的一部分，主要用于方便员工获取胜任工作所需的一些甚至是全部培训课程。现在更通常的做法是企业与 ASP 等图 8—5 列出的应用软件服务供应商签订合同。这样一来，当员工登录公司的学习门户时，实际上他们进入的是 ASP 与该公司合同中协议的为员工提供所有培训课程的菜单。

8.3.14 通过人力资源管理信息系统提高生产率：学习管理系统

学习管理系统（LMS）在网络培训中发挥着重要的作用。它们是一些专门的软件包，能够通过帮助企业确定培训需求并设计、实施、评估和管理网络培训，来支持公司的网络培训活动。例如，通用汽车公司使用新款的学习管理系统帮助南非

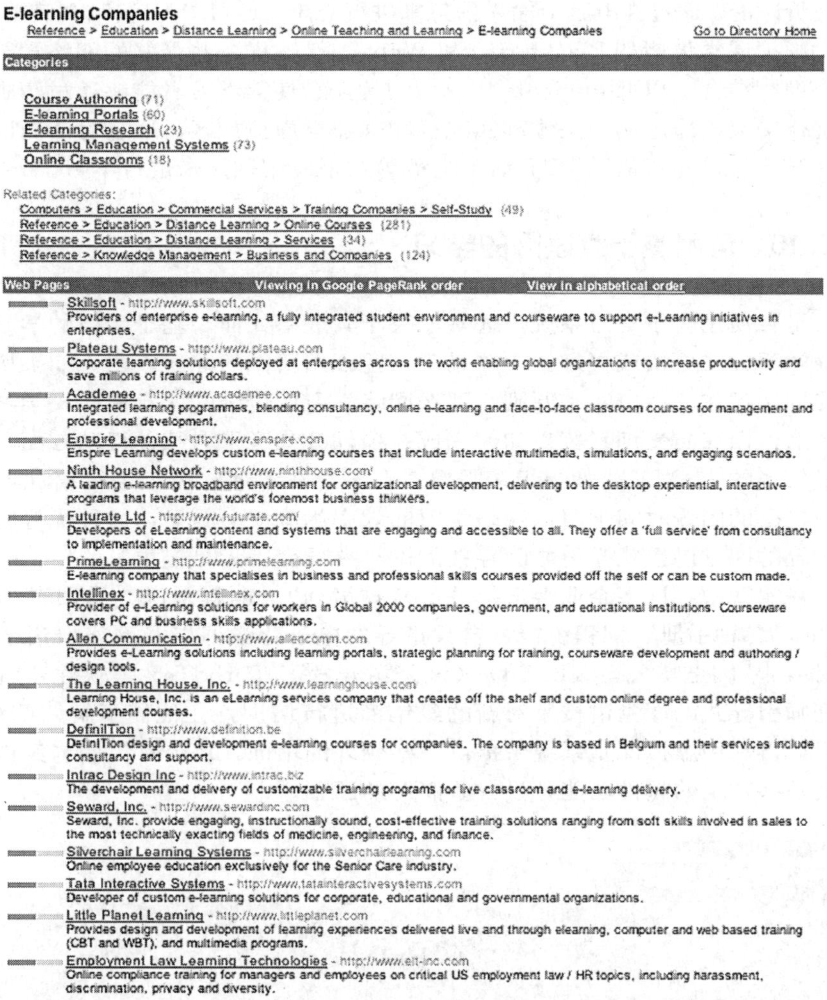

E-learning Companies

Reference > Education > Distance Learning > Online Teaching and Learning > E-learning Companies　　Go to Directory Home

Categories

Course Authoring (71)
E-learning Portals (60)
E-learning Research (23)
Learning Management Systems (73)
Online Classrooms (18)

Related Categories:
Computers > Education > Commercial Services > Training Companies > Self-Study (49)
Reference > Education > Distance Learning > Online Courses (281)
Reference > Education > Distance Learning > Services (34)
Reference > Knowledge Management > Business and Companies (124)

Web Pages　　Viewing in Google PageRank order　　View in alphabetical order

Skillsoft - http://www.skillsoft.com
Providers of enterprise e-learning, a fully integrated student environment and courseware to support e-Learning initiatives in enterprises.

Plateau Systems - http://www.plateau.com
Corporate learning solutions deployed at enterprises across the world enabling global organizations to increase productivity and save millions of training dollars.

Academee - http://www.academee.com
Integrated learning programmes, blending consultancy, online e-learning and face-to-face classroom courses for management and professional development.

Enspire Learning - http://www.enspire.com
Enspire Learning develops custom e-learning courses that include interactive multimedia, simulations, and engaging scenarios.

Ninth House Network - http://www.ninthhouse.com/
A leading e-learning broadband environment for organizational development, delivering to the desktop experiential, interactive programs that leverage the world's foremost business thinkers.

Futurate Ltd - http://www.futurate.com/
Developers of eLearning content and systems that are engaging and accessible to all. They offer a 'full service' from consultancy to implementation and maintenance.

PrimeLearning - http://www.primelearning.com
E-learning company that specialises in business and professional skills courses provided off the self or can be custom made.

Intellinex - http://www.intellinex.com
Provider of e-Learning solutions for workers in Global 2000 companies, government, and educational institutions. Courseware covers PC and business skills applications.

Allen Communication - http://www.allencomm.com
Provides e-Learning solutions including learning portals, strategic planning for training, courseware development and authoring / design tools.

The Learning House, Inc. - http://www.learninghouse.com
Learning House, Inc. is an eLearning services company that creates off the shelf and custom online degree and professional development courses.

DefinilTion - http://www.definition.be
DefinITion design and development e-learning courses for companies. The company is based in Belgium and their services include consultancy and support.

Intrac Design Inc - http://www.intrac.biz
The development and delivery of customizable training programs for live classroom and e-learning delivery.

Seward, Inc. - http://www.sewardinc.com
Seward, Inc. provide engaging, instructionally sound, cost-effective training solutions ranging from soft skills involved in sales to the most technically exacting fields of medicine, engineering, and finance.

Silverchair Learning Systems - http://www.silverchairlearning.com
Online employee education exclusively for the Senior Care industry.

Tata Interactive Systems - http://www.tatainteractivesystems.com
Developer of custom e-learning solutions for corporate, educational and governmental organizations.

Little Planet Learning - http://www.littleplanet.com
Provides design and development of learning experiences delivered live and through elearning, computer and web based training (CBT and WBT), and multimedia programs.

Employment Law Learning Technologies - http://www.elt-inc.com
Online compliance training for managers and employees on critical US employment law / HR topics, including harassment, discrimination, privacy and diversity.

图 8—5　提供电子学习服务的部分供应商列表

资料来源：Google. http：//www. google. com/permissions/index. html，accessed January 19，2008.

和中亚的经销商实施培训。这款基于互联网的学习管理系统由三部分组成：课程目录，经直接上级批准的自行登录以及在课程开始之前和结束之后的测验。经销商、直线管理人员和员工可以登录该系统查询课程清单，然后基于他们自己的需要来选择课程，例如在汽车变速器和销售管理等专门领域的课程。[65] Blackboard 和 WebCT 是两款常见的主要针对高校的学习管理系统软件平台。

当今的发展趋势是将网络学习系统与整个公司范围内的全面信息系统整合在一起。这样，在员工完成培训之后，企业就可以自动更新其技能库和继任计划了。[66]

8.3.15　虚拟课堂

传统的基于互联网的学习通常仅限于大学生已经很熟悉的在线学习方式——例如，看 PPT 演示文稿，进入实时信息传递型的聊天室参加讨论，然后进行在线测验。

而虚拟课堂则使在线学习进入了新的层次。**虚拟课堂**（virtual classroom）通过使用专门的协同软件，使众多的远程受训者可以使用自己的台式电脑或笔记本来参与实况视听讨论，通过在电脑上输入信息来进行交流，通过 PPT 演示文稿等进行学习。

虚拟课堂将诸如 Blackboard 和 WebCT 等这样一些最好的网络学习系统与现场的声像相结合。以 Elluminate Live！为例，它使得学习者能够通过清晰的双声道设备进行交流，通过用户头像和实况视频来建立虚拟社区，通过对话商讨和共享白板来展开合作，并且借助 PPT 演示文稿等共享应用软件来进行学习。[67]

8.3.16 运用基于互联网的学习

是否使用电子学习系统，通常取决于其效率如何。基于网络的学习并不必然比其他学习方式更快或更好。一项基于一些证据所做的综述表明，如果培训的目的是让受训者记住一些事实和原则，那么网络学习比传统的课堂教授式学习效果只会略好一点，而在向受训者传授如何完成一项任务或者采取某种行动方面，这两者的效果是相当的。[68]当然，如果组织需要对众多身在各地的员工进行培训，或者希望学生在自己的闲暇时间学习，网络学习的效率优势就会凸显，这种优势就使网络学习与传统的课堂讲授式学习之间存在的微小差异变得无足轻重了。[69]

在实践中，许多企业会选择“混合式培训”。也就是说，受训者利用多种方式（例如，各种手册、课程讲授、自我指导的电子化学习以及网络研讨会等）学习培训材料。[70]因土特公司（Intuit）（该公司开发了 TurboTax 等软件）就使用传统的培训师引导式的课堂讲授来对新的经销商进行培训，让他们了解一些最新的信息。然后，再利用虚拟课堂系统来提供一些额外的培训，每个月定期与经销商会面，并且就一些特定的软件功能开设一些简短的课程。[71]

人力资源管理应用程序

移动式学习

移动式学习（或者说“即时学习”）是指学习者在有学习的时间和学习的愿望的情况下，可以随时随地通过手机、笔记本电脑和 iPhone 手机等移动设备学习的情况。[72]例如，通过多明诺公司（Dominknow）的 iPod touch and iPhone-optimized Touch 学习中心门户，受训者就能够登录并学习全部在线课程。[73]

很多企业使用移动式学习来实施“组织培训以及各种资料的下载：从如何完成一笔重要的销售交易，到如何实现组织变革，再到如何学习商务西班牙语……你可以边骑自行车”边收听培训课程。[74]金融服务公司第一资本在自己的企业大学开设了 20 门由培训师讲授的课程，该公司为注册学习这些课程的受训者总共购买了 3 000 台 iPod。这家公司的培训部还让一家网络有声读物公司为自己开发了一个在公司的防火墙内供内部人员使用的有声学习网。公司的员工可以登录该网站，将授课老师要求大家阅读的书籍和资料下载到他们的 iPod 上。[75]IBM 公司则利用移动式学习为其销售人员提供及时的信息（例如有关新产品性能的信息）。为了学习的便利性，该公司的培训部常常将时长 1 小时的学习内容分拆成若干段 10 分钟的小片段。这样一来，员工就无须拿出整整 1 小时的时间来收听培训内容了。[76]大通摩根公司鼓励员工利用即时短信工具作为一种快速学习的方法，例如及时告知同事有关新产品的一些知识。

8.3.17　终身学习和读写培训技术

终身学习（lifelong learning）是指企业为了使员工能够获得完成本职工作所需的技能以及进一步开发其能力，在员工受雇于本企业的整个任职期间为其提供持续性的学习机会。例如，一名在位于芝加哥的拉普索蒂餐厅（Rhapsody）工作的高级服务生，就借助企业设立的终身学习账户（LiLA）计划，获得了学士学位，并且正在攻读社会工作硕士学位。这种计划有点类似于 401（k）计划，企业和员工要共同为终身学习账户注入资金（不过没有 401（k）计划能得到的那种税收优惠），员工可以利用这笔钱来完善自己。[77] 终身学习计划的内容十分广泛，从一些补救性技能的学习（如学习作为第二语言的英文等）到一些大学课程的学习。

读写培训　一项研究估计，大约有 3 900 万美国人缺乏学习能力。这导致他们在阅读、写作以及数学运算方面有困难。[78] 然而，今天的企业对于团队合作以及质量的强调却要求员工具备基本的读写以及数据理解能力。而最近的一项研究称，美国的劳动力队伍在这方面的准备存在明显不足。[79]

企业通常会通过像 Education Management 公司这样的私营企业来提供员工所需的一些教育。[80] 另外一种简单的读写能力培训方法是，让直接上级管理人员通过给员工布置一些写作和朗读练习来教给他们一些基本的读写技能。[81] 这样做的途径之一就是将在员工工作中需要用到的一些知识转化为一些指导性工具。例如，如果一位员工需要使用手册来找到如何改变某个零部件，那么，其直接上级管理人员就应当教会这位员工如何通过使用目录来找到相关内容所在的页码。另外一种方法是聘请外部专业人员（比如当地高校的一位老师）来补习读写知识。最后，还可以通过让员工参加成人教育或者高中夜校等方式来弥补他们的读写能力缺陷。

正如下面的“管理新型员工队伍”专栏所指出的，读写能力培训有时也是多元化培训的一个方面。

管理新型员工队伍

多元化培训

随着劳动力队伍越来越多元化，我们在第 2 章看到，越来越多的公司正在实施多元化培训计划。多元化培训的目的是培养一种更高水平的跨文化灵敏度，其目的是在公司的员工之间建立一种更为和谐的工作关系。多元化培训应当包括改进人际关系技能、理解和尊重文化差异、提高技术能力、使员工融入公司文化、向员工灌输美国的工作伦理、提高英语熟练程度以及改善基本的数学技能、改进母语为英语者的双语技能等。[82] 但是，随着美国劳动力队伍中的少数族裔成员越来越多，语言培训就不再意味着只是教授英语。在许多行业和地区，顾客说各种语言，因而，一家公司想要发展壮大，其员工队伍就必须能说两门甚至三门语言。[83]

亚当·马克度假村（Adam Mark Hotel & Resort）为其大约 1.1 万名员工实施了一项多元化培训，培训通过讲座、录像以及员工角色扮演等形式来强化员工对种族和宗教的敏感性。[84] 然而，大多数企业可能会选择一套现成的多元化培训计划，例如，由视点公司（VisionPoint）开发的一个软件包：“F. A. I. R：解决多元化和工作场所问题的实用方法”。在这款软件包中包括一份使用和讨论指南、参与者使用的材料和教材、与教学材料相配的 DVD 光盘、幻灯片以及两盘录像（购买整套软件的价格大约为 1 000 美元）。第一盘录像从总体上描述了多元化，解释了何谓“在文化上胜任”，指出了多元化的各种分类方法，比如根据种族、宗教、族裔、性别和年龄等来划分。第二张光盘则提供了四个场景，解释了沟通的重要性、刻板印象存在怎样的危害以及行为方面的偏差等（例如，一位员工可能会认为，周围的同事对自己的宗教节日的重视不如对他们自己的宗教节日）。[85]

8.3.18 人力资源管理实践：开发适合自己的培训项目

如果员工的直接上级管理人员能够利用公司现有的成套培训项目来培训新雇用的员工，无疑再好不过了，但事实上，他们在大多数情况下做不到这一点。通常情况下，你雇用一名新员工并且要对其绩效负责，但却发现公司除了提供的新员工入职引导，很少或几乎没有提供其他任何专门的培训。果真如此的话，以下一些办法可供选择。

首先，（正如我们在前面已经提到的，）在市场上有能够提供现成的培训方案的数百家服务供应商。这些现成的培训方案中既有诸如美国管理协会（www. amanet. org）和人力资源管理协会（www. shrm. org）提供的一些自学项目，又包括像 *EHS Today* 这样的商业杂志（一份面向环境、健康以及安全领域的管理者的杂志，网址是 http：//ehstoday. com）提供的一些专业化培训项目。而 elearningdepot. com 等网站则提供各种在线的网络课程。

其次，管理人员还可以按照下列步骤开发自己的培训项目。

第一步：设定培训目标 首先，将培训目标形成文字。一定要具体、明确地说明员工应当在何种条件下实现目标。

第二步：使用一份详细的职位描述 详细的职位描述是任何一个培训项目的核心所在。这份职位描述应当列出每一个职位承担的日常性工作和阶段性任务，并且附上对每一项任务所需完成的各个步骤的概述。

第三步：开发一张简化的任务分析记录表 你可以使用一张只包括四大块内容的简化版任务分析记录表（请参见图 8—1）。在第一栏中列出需要完成的各项工作任务（其中包括员工在完成每一项主要任务时需要遵循的若干步骤）。在第二栏中列出每一项任务需要达到的相应的绩效标准（包括数量、质量、准确性等）。在第三栏中则列出员工为完成任务所需具备的且可以通过培训获得的技能。（在这里需要列出具体的知识和技能，例如“把双手都放在轮子上”等）。第四栏则列出员工为胜任该职位而需要培训的那些能力（例如机械理解力等）。

第四步：设计一份工作指导单 接下来，要编写一份工作指导单。如前所述，在这份工作指导单中应当包括完成每一项工作任务所需遵循的各个步骤及关键点。

第五步：为该职位编写培训计划 在整体培训计划中至少应当包含职位描述、简化版的任务分析记录表、工作指导清单，并将所有这些材料汇编成培训手册。在培训手册中还应包括培训计划的目标概要，以及要求受训者通过培训掌握的各种技能的清单。培训手册中还可以包含职位介绍，以及就这个职位与工厂或办公室中的其他职位之间是怎样匹配的所做的说明。

一项简单而有效的在职培训如果仅仅是让员工作为培训师，那么有上面列出的这些材料就够了。然而，职位的性质（或者受训者数量众多）决定了可能还需要购买一些特定的媒体资料或演示文稿等。

8.4 实施管理技能开发计划

区分培训和管理技能开发两者之间的界限是一件很难的事情。相比较而言，管理技能开发更为强调长期发展以及更为关注当前或者未来的管理人员。**管理技能开发**（management development）是指一切通过传授知识、改变态度或者增加技能的方式来改善管理绩效的努力。管理技能开发的整个过程包括：（1）评估本公司的战略需求（例如，填补未来可能会出现的高层管理职位空缺或提升竞争力）；（2）评价管理人员当前的工作绩效；（3）对当前（以及未来）的管理人员实施开发活动。[86]正如我们在第 5 章中指出的，管理技能开发常常是企业实施的继任计划的一个组成部分。继任计划是指企业为填补高层职位空缺而进行规划并加以填补的过程。[87]

继任计划和管理技能开发都要依据公司的战略、愿景以及人事规划。例如，如果公司的战略是进入新的经营领域或者扩大海外市场，就意味着企业需要具备管理这些新业务的相关技能的管理人员。

有些管理人员开发计划是整个公司范围内的，它涉及所有或大多数新任（或潜在的）管理人员。因此，新的工商管理硕士毕业生可能参加通用电气公司的管理人员开发计划，在各种工作任务和教育经历之间轮换。这些活动具有双重目的，一是识别他们的管理潜质；二是为他们提供更大范围的工作经验（比如，财务和生产方面的经验）。然后，该公司可能会将其中的优秀候选人引入“快车道”，即一种为使他们更为快速地胜任高层管理职位而实施的开发计划。

还有一些开发计划的目的则在于填补一些特定的高层职位，例如首席执行官职位。举例来说，在最终选定杰夫·伊梅尔特担任首席执行官之前，通用电气公司花了几年的时间开发、测试和观察可以代替杰克·韦尔奇的接班人。

在任何情况下，评估通常都是开发项目的一个组成部分。在速冻食品制造商萨温公司（Schawn），一个由高层管理人员组成的委员会首先从 40 余名候选人中筛选出 10 人左右。然后针对这些人的开发项目正式开始，首先是由从外部聘请的咨询顾问对每位管理人员的领导优势和劣势进行为期一天的评估。这些评估包括这些管理人员是如何解决诸如员工冲突等问题的。这些咨询顾问将会对管理人员的 15 项领导能力进行评估。这些评估结果将成为制定每位管理人员的个人开发计划的依据。接下来实施的行动学习（实践）计划会增加一些个人或团队的培训活动。[88]

一项近期的调查列出了一些最为流行的管理技能开发活动，其中包括课堂学习、高层管理人员教练、行动学习、360°绩效反馈、体验式学习、工作场所外研讨会（指管理人员聚在一起共同学习）、导师指导以及职位轮换等。[89]接下来，我们将讨论其中的一些活动。

8.4.1 管理人员的在职培训

管理人员的在职培训方法包括职位轮换、辅导/顶岗法以及行动学习法。

职位轮换 **职位轮换**（job rotation）是指将接受培训的管理人员在不同部门之间进行调动，以拓宽他们对企业各方面情况的了解以及对他们的能力进行测试。受训者可能是新毕业的大学生，他们在每个部门中待上几个月的时间，通过实际完成工作来学习各个部门的业务。这些受训者也有可能是一些资深管理人员，企业通过让他们接触一系列国内和国外的挑战为未来担任首席执行官做好准备。

辅导/顶岗法 在采用这种方法时，受训者直接与一位高级管理人员或者他们将要替代的人一起工作，这个人负责对受训者提供教练式辅导。一般情况下，在顶岗的情况下，辅导受训者的高层管理人员会将自己的一些特定工作职责转交给受训者，从而让这些受训者有机会学习如何担任这一职位。

行动学习 **行动学习**（action learning）计划使管理人员和其他人可以把自己的时间解放出来，转向分析和解决其他部门中存在的问题。行动学习法的基本要求是：精心选择一个由 5～25 人组成的团队；给这些团队指派一个超出他们通常的专业经验领域范围的实际经营难题；通过教练式辅导和反馈实现学习的结构化。通常情况下，企业的高层管理人员会负责选择研究哪些项目，然后决定是否采纳这些团队最终提出的建议。[90]全球的许多大公司包括通用汽车公司和三星公司等都在采用行动学习的方法。[91]例如，太平洋燃气电力公司（PG&E）的行动论坛流程就包括以下三个阶段：

1. 为期 6～8 周的“框架构建”阶段——这基本上是一个集中的规划阶段，行动学习团队在这个阶段需要界定并收集所要研究问题的相关信息。

2. 行动论坛本身——在太平洋燃气电力公司的培训中心度过 2～3 天的时间，讨论问题并提出关于行动计划的建议。

3. 成果阶段——在行动计划执行到 30 天、60 天和 90 天的时候，各个团队的成员与公司领导小组会谈，共同审查行动计划的实施情况。

8.4.2 脱产管理培训和开发技术

还有许多对管理人员进行脱产培训和开发的方法。

案例研究法 众所周知，**案例研究法**（case study method）就是为一位受训者提供一份关于组织中存在的问题的书面描述，然后让这位受训者分析案例、诊断问题，再与其他受训者一起讨论自己得出的研究结果以及解决问题的方案。

综合性案例情节则通过创建一个长期性、综合性的案例情节扩展了案例分析的概念。例如，最近，美国联邦调查局的研究院就创作了一个综合性的案例场景。这个案例是以一位担心的市民打来的电话作为开始的，而案例的结尾则是发生在 14 周以后的一次模拟审讯。而在案例的中间则是在一次真实的调查中得到的许多材料，其中包括在实际的罪犯询问过程中可能会出现差错的健康化验样本。为了创作这种案例情节，剧作者（通常是组织内部的培训小组中的员工）要编写脚本。这些剧本包括主题、背景发生的故事、详细的人物历史以及角色扮演说明。美国联邦调查局的这个案例脚本的主要目的是开发特定的培训技能，比如如何对目击证人进行访谈。[92]

管理游戏 在**管理游戏**（management games）中，受训者被分为每组 5～6 人的若干小组，这些小组要在一个模拟的市场中与其他各小组展开竞争。每个组通常都必须就以下问题作出决策：(1) 在广告宣传方面支出多少；(2) 生产多少产品；

（3）保持多大数量的库存；（4）每一种产品生产多少。这种游戏本身通常将2～3年的时间压缩为几天、几周或几个月。与在现实社会中一样，每个分别代表一家公司的团队一般不能看到其他公司作出了什么样的决策（比如加大广告投放力度），尽管这些决策会影响他们的销售情况。

管理游戏是一种非常有效的开发手段。受训者在积极参与的情况下往往是学习效果最好的，而管理游戏正是那种可以让人积极参与的游戏。它能帮助受训者开发解决问题的技能，关注制定规划，而不是到处救火。这些竞赛小组通常也选举自己的负责人，然后把大家组织起来，这样，管理游戏活动也可以开发领导能力，同时培育团队合作能力。

外部研讨会　许多公司和大学提供在线的和传统的课堂讲授式的管理技能开发研讨班和讨论会。例如，美国管理协会提供数千种课程，其内容涉及会计与成本控制、决断力培训、基本财务技能、信息系统以及全面质量管理等。[93]一些专业协会，如美国人力资源管理协会，则会为其会员提供更为专业的研讨会。

大学提供的各种项目　许多大学都提供领导、管理等方面的高层管理人员教育与继续教育计划。这些高层管理人员开发项目既有1～4天的项目，也有1～4个月的项目。

哈佛大学商学院的高级管理课程是这种项目的一个众所周知的范例。[94]参加这种课程的学员都是来自世界各地的有经验的管理人员。这种课程的案例和课堂讲授的方式，为这些学员介绍一些最新的管理技能。当孩之宝公司（Hasbro）想要改善其高层管理人员的创新技能时，公司找到了达特茅斯塔克商学院，请该学院为本公司量身定制了一套培训计划。[95]

通过视频提供的大学课程是另一种选择。例如，在位于萨克拉门托市的加利福尼亚州立大学与位于加利福尼亚罗斯维尔的惠普公司的一家机构之间，就有视频链接，从而使惠普公司的员工能在公司里参加该学院的课程。

角色扮演　**角色扮演**（role playing）的目的是创造一种真实的情境，然后让受训者扮演在这种环境中的某些角色。

图8—6展示的是在一个名为“新卡车的困境”的经典角色扮演练习中涉及的一个角色。当与总体指导和其他角色结合在一起时，角色扮演活动可以引发角色扮演者或受训者之间的激烈讨论。这种活动的目的在于开发受训者在领导和授权等方面的技能。例如，一位主管人员可以通过角色扮演体会细致周到和专制两种不同类型的领导风格，而在现实世界中，他们无法像在角色扮演时那样去尝试。此外，这种方法还可以用来训练受训者对他人感受的敏感性。[96]

行为模仿　**行为模仿**（behavior modeling）包括以下几个方面的内容：（1）向受训者展示做某种事情的正确方式（或“模式”）；（2）让受训者练习采用这种做事的方式；（3）对受训者在练习中的实际表现提供的反馈。行为模仿培训是应用最为广泛、研究非常充分的培训方法之一，它被视为一种与心理学高度相关且基于培训干预手段的培训方法。[97]基本的行为模仿程序包括如下几个步骤：

1. 行为示范。首先，让受训者观看实际的行为事例或者录像，从而使其了解在面临某一问题环境时，模范的有效行为是什么样的。如果向受训者传授“应当如何对员工进行惩戒”是培训项目的目的，那么，在录像中就可以演示一位主管人员是怎样有效地对下属员工进行惩戒的。

沃尔特·马歇尔——维修班长

你是一个电话维修班的班长。这个维修班的每一位工人都驾驶着一辆小卡车到处流动，提供维修服务。你经常会得到一辆新卡车，可以用它去替换掉一辆旧卡车。这样，你就总是面临这样一个难题，即到底应当把新车先换给哪一位员工。这种问题通常很难办，因为几乎每个人都觉得自己应当先得到那部新车，在这种情况下，要使员工觉得你做事公平就不是一件很容易的事情。事实上，无论你作出什么决定，班组里的大多数人都认为你的决策是错误的。现在，你不得不再次面对这个问题，因为上级刚刚给你们班组分配了一辆雪佛兰牌的新卡车。

为了处理这个问题，你决定把决定权交给班组的全体员工。你将告诉他们有关新卡车的事，然后给大家提出一个问题，即怎样才能以一种最公平的方式决定将这辆车分配给谁。你自己不要做决定，因为你希望按照大家认为最公平的方式来处理这个问题。

图 8—6　经典的角色扮演练习中的一个角色

资料来源：From Maier，Norman. *Psychology of Industrial Organizations*，5e. © 1982 Wadsworth，a part of Cengage Learning，Inc. Reproduced by permission. www. cengage. com/permissions.

2. **角色扮演**。下一步，受训者被要求在一个模拟环境中扮演某种角色；他们需要反复练习和演示在录像带中展示的模范行为。

3. **社会强化**。培训师就受训者在角色扮演过程中的表现提供表扬或建设性的反馈，从而强化他们的行为。

4. **培训成果转化**。最后，要鼓励受训者把他们学到的新技能运用到今后的工作中。

企业大学　许多企业，尤其是大型企业，都建立了自己的**企业内开发中心**（in-house development centers），例如通用电气公司、卡特彼勒公司以及 IBM 公司。企业内开发中心一般会提供各种旨在满足企业的管理技能开发需求而设置的课程和培训项目。一般情况下，企业内开发中心并不提供企业所需的全部（或绝大部分）培训和开发项目，尽管有些企业内开发中心确实是这么做的。事实上，越来越多的企业正与各种学术机构、培训开发项目提供商以及教育门户网站等，通过合作的方式开发自己的培训开发计划以及所需的相关材料。[98]

对于很多公司来说，学习门户网站逐渐成为公司的虚拟大学。通用电气公司等大企业长期以来一直有自己的实实在在的企业大学，而学习门户网站甚至可以让更小的公司也建立起自己的企业大学。贝恩咨询公司（Bain & Company）就为自己的员工建立了这样的一所网络虚拟大学。这所虚拟的企业大学不仅提供一种协调公司的所有培训活动的手段，而且提供涵盖战略管理以及导师指导等主题的各种基于网络的培训模块。[99]

高层管理人员教练　很多公司都利用高层管理人员教练计划来提升其高层管理人员的有效性。**高层管理人员教练**（executive coach）是指由一位外部的咨询师来对这位高层管理人员的上级、同级、下级（有时甚至）包括他们的家人提出各种问题，从而识别出这位高层管理人员的优势和劣势，通过为他们提供专业建议来帮助他们充分利用自己的优势，同时克服问题。[100]针对每一位高层管理人员的这种教练计划大约需要花费 5 万美元。正因为如此，很多专家建议在进行教练式辅导之前，应当对高层管理人员首先进行正规的评价，以发现这些高层管理人员存在的优势和劣势，然后再提供更具针对性的辅导。[101]

高层管理人员教练计划很有效。在一项研究调查中，有 1 400 名高层管理人员都接受过来自他们的上级、同级以及下级的360°绩效反馈。其中大约有400人与自己的高层管理人员教练共同回顾了这些反馈信息。一年以后，这400人与那些当初没有接受过这种高层管理人员教练辅导的其他400人同样都再接受一次各方的反馈。结果表明，那些接受了高层管理人员教练辅导的高层管理人员更有可能为他们的下属设定更为有效、具体的目标，并且他们的上级和下属也更有可能对他们作出比上一年更高的评价。[102]

目前，高层管理人员教练服务提供领域尚不规范，因此，管理人员应当在购买这种服务之前进行尽职调查。国际教练联盟（International Coach Federation）是这些服务提供机构的一个行业组织。

美国人力资源管理协会学习系统 美国人力资源管理协会鼓励人力资源管理专业人员通过考试来获得资格认证。该协会提供了众多的考前培训项目。自学材料则包括课本和DVD光盘。而一些大学或学院可以选择课堂面授的方式，以实现授课教师与学员之间的互动。

8.5 管理组织变革项目

几年前，英特尔公司实施了一项大规模的企业重组工作，但有人对这次重组的评价则是“可能极大地损害了员工的发展和士气以及公司的创新文化”。[103]在当前这种充满挑战的环境下，变革管理是一项十分重要的工作。爱德华·劳拉（Edward Lawler）教授总结说，随着越来越多的企业面临适应快速的竞争性变化的需求，“对于人力资源管理活动的组织来说，关注战略、组织发展和组织变革成为一项具有很高回报的活动”。[104]但是，（尽管人力资源管理在实施组织变革项目中扮演着非常重要的角色，）在实践中却通常必须由直线管理人员来制定组织变革计划，并负责实施日常性的变革活动。

8.5.1 改变什么

首先需要回答的一个问题是“我们应该改变什么?”例如，几年前，当安德烈亚·琼（Andrea Jung）出任问题重重的雅芳公司的首席执行官时，她知道自己面临着很大的难题。销售代表不断离职，顾客期待更为有效的产品，而且整个公司的“后端”运营——采购、订货、分销系统——自动化程度不够。

面对这样一类情况，像安德烈亚·琼这样的管理人员可以尝试改变公司以下五个方面中的一项或多项内容：战略、文化、结构、技术、员工的态度和技能。

组织转型通常是从公司的战略、使命和愿景等的转变——即战略性变革——开始的。例如，面对像雅诗兰黛等这样一些企业的激烈竞争，在安德烈亚·琼的领导下，雅芳公司在新产品开发方面的投入比过去增加了一倍多，旨在生产出能使用户看起来更加年轻的新产品。雅芳公司还拓展了它的经营战略，不仅通过门对门的销售方式，同时还选择了一些百货公司作为自己的销售渠道。但战略调整并非在任何情况下都是最紧迫的事情，当路易斯·郭士纳（Louis Gerstner）就任IBM公司的新首席执行官时，他说道：“IBM公司当前最不需要的就是愿景。”IBM公司最需要的是进行文化变革。郭士纳认为，IBM公司的员工过于安于现状。他通过制定新的激励计划以及其他一些相关计划来促使员工更为关注市场竞争。

再回到雅芳公司的案例，该公司向百货商场扩张的战略就需要其组织结构作出相应的调整——换言之，它需要对公司的部门结构、协作关系、控制幅度、工作报告关系、工作任务以及决策程序等进行重组。此外，由于安德烈亚·琼致力于引领雅芳公司实现采购与分销流程的自动化，因而她的转型战略还要求企业完成技术革新。

当然，无论这样的战略、文化、结构和技术变革多么富有逻辑性，如果缺少员工的积极支持，都可能会以失败告终。这样的例子可以说不胜枚举，一个典型的例子就是几年前，当一家全国性的饮料分销公司准备从传统的纸面销售管理系统向无线笔记本电脑管理系统转变时，遭到了来自销售代表的强烈抵制。[105]因而，组织变革必然会涉及员工自身的态度、技能和行为改变。[106]

然而，令人遗憾的是，要想让员工积极支持（哪怕只是默许）组织变革，却并不像说起来那么容易。管理人员几乎总是会遭到员工的抵制。因此，知道应当如何应对员工的抵制，是实施一项组织变革计划的关键所在。

8.5.2 卢因的变革过程理论

通常情况下，在实施一项组织变革时，最需要技巧的部分就是如何克服员工对变革的抵制。这种变革可能需要得到组织中几十名甚至数百名各级管理人员和主管人员的配合，而他们中的许多人可能会把变革视为一种打破他们内心安宁的有害举动。因而，这种对变革的抵制很可能是非常强大的。

心理学家库尔特·卢因（Kurt Lewin）提出了一个变革模型，该模型总结了他认为可以在最小的阻力下实施组织变革的一些基本步骤。按照卢因的观点，组织中的一切行为都是两种力量的产物：一种力量是努力保持现状；另一种力量是全力推动变革。因此，要想实施变革，就意味着要么去削弱保持现状的力量，要么去培养改革的推动力量。卢因的变革过程主要包括以下三个步骤：

1. 解冻。解冻是指削弱那些极力维持现状的力量，解冻的常用手段是提出一个具有刺激性的问题或事件，从而使人们认识到变革的必要性，并努力寻求新的解决方案。

2. 改变。改变意味着开发新的行为、价值观以及态度。管理人员有时通过调整组织结构，有时通过后面将要讲述的其他组织发展技术（如团队建设）来达到这一目的。

3. 再冻结。即通过采取强化措施确保组织不会再回复到原来的做事方式。

8.5.3 领导组织变革[107]

当然，组织变革是一个十分细致的过程。下面是领导组织变革的八个核心步骤。[108]

解冻阶段

1. 树立紧迫感。大多数管理人员都首先通过营造一种紧迫感来开始组织变革。在这样做的时候常常需要一定的创造性。例如，首席执行官可能会向企业的高层管理人员展示一份某位（可能是虚构的）分析师的分析报告，这份报告指出了公司处于即将倒闭的边缘。

2. 通过共同诊断问题调动大家的共同承诺。在树立了一种紧迫感之后，领导者接下来要组建一个或多个任务小组来诊断公司所面临的各种问题。这些任务小组会就公司能够而且必须在哪些方面有所改进达成共识，从而形成一种共同的承诺。

改变阶段

3. 建立一个领导同盟。没有人可以单打独斗地实施一场重大的组织变革。绝大多数公司的首席执行官都会建立能够把那些有影响力的人纳入其中的领导同盟。他们作为一个团队共同承担变革宣传者和实施者的角色。

4. 形成并传播共同愿景。组织变革可能需要有一个新的愿景。例如，几年前，当巴里·吉本斯（Barry Gibbons）出任斯比音乐公司（Spee's Music）的首席执行官时，他为公司设定的愿景——“提供音乐会和零售音乐的多元化组合业务”——就帮助公司确立了这种发展方向。这里的一些指导原则是：愿景陈述应尽可能简单（例如，“我们要成为本行业中能够以最快的速度满足顾客需求的公司”）；应利用多种形式的论坛（包括会议、电子邮件、正式和非正式的互动等）；应以身作则（做到“言行一致”——确保你的行为和决策与愿景是一致的）。[109]

5. 帮助员工作出改变。是否存在变革的阻碍因素？员工缺乏相关技能是造成他们无法改变的障碍吗？是公司的政策、程序、组织结构使员工的行为难以改变，还是顽固的管理人员阻碍了员工的改变？如果果真存在上述问题，那就尽力消除这些阻碍。当劳伦斯·博西迪（Lawrence Bossidy）出任联合信号公司的首席执行官时，他让全体8万名员工参加了一次质量改进培训。

6. 巩固成果，进一步推进变革。这一阶段的目的旨在获得短期成果，然后再通过这些短期成果带来的信心进一步改变所有与组织的新愿景不一致的系统、结构和政策。企业在这一阶段可以通过雇用和晋升新人来完成更多的变革。[110]

再冻结阶段

7. 通过改变公司的系统和流程来强化新的行为方式。企业可以使用新的评价体系和激励政策来强化理想的行为。可以让管理人员采取措施，通过树立模范榜样以及向员工传播新的公司价值观的方式来强化公司的新的组织文化。

8. 最后，领导者还必须监控和评估变革所取得的进展。简而言之，就是要根据一些可衡量的里程碑来比较公司目前的情况和理想情况之间存在的差距。例如，雅芳公司的安德烈亚·琼知道公司必须开发新的产品。她为此实施了多项变革，然后她就要问自己这样一个问题：“公司到底开发出了多少新产品？”“公司新增了多少门对门销售公司产品的销售代表？”

8.5.4 运用组织发展

有许多方法可以减少组织变革过程中存在的阻力。其中的一些建议包括：管理人员可以采取一些对员工实施奖励或惩罚的措施，来引导员工的行为；向员工解释为什么需要进行变革；与员工进行商讨；发表鼓舞人心的演讲；或者让员工参与到变革设计过程中。[111]**组织发展**（organization development，OD）正是要利用这些方式来实施变革。组织发展是一个变革过程，在这个过程中，员工常常是在一些受过专门培训的顾问的帮助下，制定他们认为需要实施的变革方案，并且实际将其付诸实施。作为组织变革的一种方法，组织发展具有几个方面的显著特点：

1. 组织发展通常包括行动调查，即收集关于一个团队、部门或者组织的各种信息数据，并且将这些信息反馈给员工，从而使他们能够对这些信息进行分析，以确定在整个组织中可能存在的问题是什么。

2. 它运用行为科学的知识来改善组织的有效性。

3. 它朝着一个特定的方向来改变组织——朝着强调授权、改善问题的解决、快速反应、工作质量以及有效性等方向来实施变革。

有四种典型的组织发展应用技术：人际过程型（human process）、技术结构型（technostructure）、人力资源管理型（human resource）以及战略型应用技术（见表 8—3）。而所有这四种方法的基础则是行动研究——即让员工自己去审查必要的信息和数据并且设计和实施解决方案。

表 8—3　组织发展干预技术示例

人际过程型	技术结构型	人力资源管理型	战略型
敏感性训练 过程咨询 第三方干预 团队建设 组织质询会议 调查研究	正式结构变革 区别与整合 工会与资方合作项目 质量圈 全面质量管理 工作设计	目标设定 绩效评价 报酬系统 职业规划与发展 员工队伍多元化管理 员工身心健康修炼	一体化战略管理 文化变革 战略变革 自我设计组织

人际过程型技术　人际过程型技术旨在改进人际关系技能。其目标是让员工掌握更有效地分析自己以及他人行为所需的洞察力和相关技能，从而使他们能够解决人际关系以及群体之间的关系问题，这些问题可能包括员工之间的冲突。此类组织发展应用技术包括敏感性训练、团队建设以及调查研究。

敏感性训练（sensitivity training），也叫实验室训练或 T 小组训练（“T”是指“培训”），其基本目的是，通过鼓励受训者在一个由培训师指导的培训小组中公开表达自己的感受，增进他们对于本人以及他人的行为的深入理解。一般情况下，通常是由 10～15 人组成的一个离开工作岗位的小组，他们在没有特定议程的情况下进行练习。这种练习的焦点是与会的小组成员的感受和情绪。培训师会鼓励参与者描述自己对这个小组的感受，而不是描述他们自己过去的行为。这种小组训练能否成功，关键取决于参与者是否能够从其他小组成员那里得到反馈，以及参与者是否愿意坦率地表达自己的感受。这个过程要求参与者能够感到表达自己的真实感受是非常安全的。[112]

T 小组训练是一种有争议的技术。由于这种训练是针对一个人的本质的，因此它的参与必须是自愿的。有些人认为它是不符合伦理道德的，因为不能真正相信一个应上司的“建议”来参加训练的人确实是出于自愿。[113]还有人认为，如果这种训练是在那些准备不充分的培训师的引导下进行的，那么，它实际上可能会成为一种危险的练习。

团队建设（team building）是另外一种人际过程型组织发展技术。正如这方面的专家弗伦奇（French）和贝尔（Bell）所说，典型的团队建设会议通常是从咨询顾问与团队中的每一位成员及其领导人进行面谈开始的。[114]在这种面谈中，咨询顾问通常会问他们有什么问题，他们如何看待本团队的功能发挥情况，以及哪些障碍使本团队一直不能做得更好。然后，咨询顾问会对通过访谈得到的数据按主题进行分类（比如“沟通不够”），并在团队建设会议开始时展示这些主题。接下来，团队成员会根据这些主题的重要性对其进行排序，那些最重要的主题便成为这次会议的议题。这个团队于是研究和讨论这些问题，探究这些问题背后的原因，并开始设计解决方案。

另一种人际过程型组织发展技术——调查研究（survey research）则要求组织上下的全体员工都填写态度调查问卷。然后，辅导者运用这些数据作为分析问题以及制定行动规划的依据。这种调查是将一个公司的管理人员与员工加以解冻的一条便利途径。它对于企业中确实存在很多有待解决的问题这一事实，提供了一个可以比较且用图形表示的描述。[115]

技术结构型干预技术 组织发展领域的从业人员也开始越来越多地利用各种技术结构型干预手段，参与改变企业的结构、工作方法以及职位设计等活动。例如，在一个正式的结构变革计划中，员工收集有关本公司现有的组织结构方面的信息，然后共同重新设计和形成一个新的组织结构。

人力资源管理型干预技术 组织发展领域的工作者还可以运用行动研究法，让员工去分析和改变企业中的一些人力资源管理实践。这种变革的目标可能包括工作绩效评价、报酬制度以及创建员工队伍多元化计划。

战略型干预技术 战略型干预技术的目的是通过行动研究来改进一家公司的战略管理。一体化战略管理就是这种组织发展干预技术之一。它包括四个步骤，即管理人员和员工共同（1）分析组织当前的战略和组织结构；（2）确定一种理想的战略和组织结构；（3）设计一种战略变革计划——“一种使组织从当前的战略和组织设计走向未来的理想战略和组织设计的行动计划”[116]；（4）最后，由这个团队监督战略变革计划的实施过程并对结果进行审查。[117]

8.6 培训效果评估

由于循证管理和对结果的衡量在今天越来越受重视，因此管理人员对培训计划的实施效果进行评估就显得十分重要。可以衡量这几个方面的内容：参与者对培训项目的反应；受训者通过培训学到了什么（如果确实学到了东西的话）；在培训后，他们的工作行为和工作绩效出现了何种程度的变化。一项研究对美国500家企业进行了调查，其中77%的公司都通过受训者的反应来对培训项目进行评估，36%的公司评价受训者学到的知识，只有10%～15%的公司评估培训项目带来的员工的工作行为和结果的改变。[118]计算机化有助于培训评估的实施。例如，鲍维斯租赁公司（Bovis Lend Lease）就使用学习管理系统软件来监控员工正在学习哪些课程，以及这些课程在多大程度上改进了员工技能。[119]

在对培训项目进行评估时，有两个基本问题需要解决：一是评估研究方案的设计，特别是要不要进行控制实验；二是“我们应当评估什么”。

8.6.1 评估方案设计

在对培训项目进行评估时，面临的首要问题是如何设计评估方案。在这里需要关注的是：如何才能确定确实是培训产生的这些结果？时间序列模型（time series design）是一种可行的选择。如图 8—7 所示，可以分别在培训前后进行一系列的测量。这至少可以让我们对培训项目所产生的效果有一种初步的认识。[120] 然而，仅凭此点还是不能确切地知道到底是不是培训（而非新的薪酬计划等）带来了某种改变。

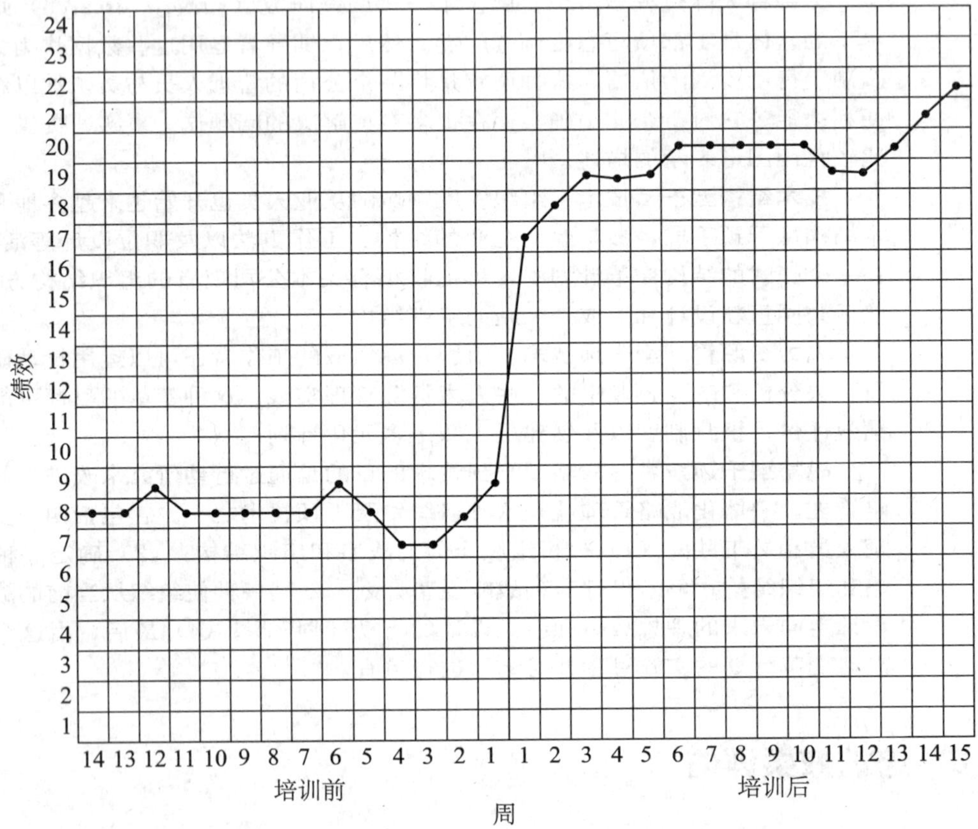

图 8—7 使用时间序列表评估培训项目的效果

控制实验（controlled experimentation）是可以选择的一种评价过程。控制实验需要利用一个培训小组和一个不接受培训的控制小组来进行。分别采集培训组和控制组在参加培训之前和参加培训之后的一些数据（比如销售量或服务质量等），同时采集控制组在与此相对应的某一工作时期前后的同类数据。通过这种方法就可以确定，培训组中员工的工作绩效变化到底有多少是因受到培训而导致的，而不是因为整个组织的某些变化——比如加薪——而引起的（因为加薪对于受训组和控制组中的员工会产生相同的影响）。[121]

然而，尽管控制实验的方法是可行的，但在实践中却很少有公司使用这种方法。大多数公司只是单纯地衡量受训者对培训项目的反应；当然，也有一些公司会衡量受训者在培训前后的工作绩效变化情况。[122]

8.6.2 培训效果的衡量

实际上，可以对以下四种基本类型的培训结果进行评价：

1. 反应。即评价受训者对培训项目的反应。他们是否喜欢这个培训计划？他们是否认为这个计划是有价值的？

2. 学习。对受训者进行测试，以确定他们是否学会了要求他们掌握的原理、技能和事实。

3. 行为。问这样一个问题，受训者的工作行为是否因为参加培训项目而发生了变化。例如，百货商店投诉部的员工对待前来投诉的顾客是否比过去更加友善？

4. 结果。需要问的最重要的一个问题可能是："根据预先设定的培训目标来衡量，培训项目取得了哪些最终成果？"例如，顾客的投诉数量是否减少了？反应、学习以及行为都很重要，但是如果培训项目没有产生一些可衡量的结果，它可能就没有达到其目标。[123]

对于以上四个方面的内容进行评估都很简单。例如，图 8—8 是对受训者的反应进行评估的问卷样本中的一页。同样，也可以通过测试受训者学到的新知识来评估其学习效果。企业可以直接或间接地评估受训者的行为变化。例如，可以通过简单地问一位管理人员的下属员工这样一个问题，来间接评估一项面向主管人员的绩效评价培训项目的效果如何："你的领导最近在对你进行绩效评估的时候，是否举例说明了你有哪些好的绩效或者差的绩效？"或者，也可以直接评价一个培训项目的效果，例如，衡量员工正确答复接听的电话的比例。

培训师发放材料
美国联邦政府人事管理署

培训评价表

课程名称："工作与家庭问题——主管人员与管理人员模块"　培训日期：______开始
教师姓名：　______结束

评估者姓名：(可选)		职位名称/等级：(可选)
所属机构：	办公电话：(可选)	办公地址：(可选)

评价你的知识和技能等级 (在相应等级上画圈)	你对该课程的总体评价
学习本课程前　低……………………高 1　2　3　4　5 学习本课程后　低……………………高 1　2　3　4　5	____非常好　____很好 ____好　____一般 ____差

课程评价
(选择合适的一栏)

评价项目 (该课程使你在以下方面的知识和技能提高程度如何)	非常好	很好	好	一般	差	不适用
1. 什么是工作与家庭计划						
2. 谁使用工作与家庭计划						
3. 如何认识和解决工作—家庭问题						
4. 有助于在工作中采取实用的措施						

图 8—8　培训评价表样本

资料来源：www.opm.gov/Employment _ and _ Benefits/WorkLife.

教师评价						
1. 讲解、组织、传授						
2. 知识水平和对主题的把握						
3. 视听教具或其他培训工具的使用						
4. 鼓励开诚布公地交流思想、参与以及群体互动						

该课程的优点：

该课程的缺点：

你希望在课程中增加哪些内容：

其他意见或建议：

图 8—8（续）

本章内容概要

1. 新员工入职引导和培训是使新员工进入组织并提高工作效率的第一步。新员工入职引导的目的是指为新员工提供履行职能所需的一些信息，并且帮助他们与企业建立一种情感上的联系。新员工入职引导可能只是为新员工提供一些简要的书面介绍材料和一本员工手册，也可能是一整套旨在向新员工灌输组织的核心价值观的正式流程。培训的四个步骤分别是：培训需求分析、指导性培训方案设计、培训方案实施以及培训效果评估。此外，还需要调动受训者的学习积极性。通过使学习更有意义、技能更容易转移到工作中以及强化学习等手段，可以起到激发员工学习兴趣的作用。

2. 在正式开始对员工进行培训之前，有必要首先分析他们的培训需求并设计好培训计划。在进行新员工培训时，企业可以使用工作任务分析——本质上是对工作的详细研究——来确定这些工作需要任职者具备哪些特定的技能。对于现有的员工来说，则需要进行绩效分析，特别是要确定是否确实存在绩效不足，并且这种绩效不足是可以通过培训加以解决的。在这里，确定绩效不佳的原因到底是员工不会做还是不愿做是关键所在。一旦理解了这一问题，就可以转向设计一项培训计划了，这意味着需要确定具体的培训目标、明确培训预算以及根据培训内容来实际设计具体的培训方案。

3. 接下来，就可以开始实施培训项目了。具体的培训方法包括：在职培训、学徒制培训、非正规培训、工作指导培训、课程讲授、程序化学习、视听化培训、技工训练、视频会议、电子绩效支持系统以及计算机辅助培训。计算机化培训越来越普及，企业可以得到大量现成的培训程序包。如今，网络培训大行其道，员工可以通过公司学习门户，在学习管理系统的支持下，直接登录大量的网络培训课程。此外，企业还越来越多地采用移动学习方式，例如，将一些短期课程及其相关说明载入员工的 iPod 播放器。由于对高科技类的知识型员工的需求越来挺大，终身学习将有助于员工获得胜任自己的工作所需的基本教育背景。多元化培训的宗旨则在于提高员工的跨文化敏感度，进而营造更为和谐的工作关系。

4. 虽然绝大多数的培训方法对于所有的员工都是有效的，但是有些培训方法特别适合于进行管理技能开发。与所有的员工一样，新上任的管理人员往往需要接受诸如职位轮换和有经验的管理人员指导这样的在职培训。此外，企业通常还会为管理人员提供更多的接受多种脱产培训以及开发活动的机会——例如案例研究、管理游戏、外部研讨会、大学提供的培训开发项目、高层管理人员教练以及（针对人力资源管理人员的）美国人力资源管理协会的学习系统等。

5. 在面临经济、竞争等方面的挑战时，管理人员不得不实施组织变革。这种变革旨在改变组织的战略、文化、结构、技术或者员工的态度和技能。通常情况下，组织变革中最需要技巧的部分是如何克服员工的抵制。在记住这种情况的前提下，有效的组织变革遵循这样一些步骤：培养紧迫感、形成共同承诺、建立变革领导同盟、设定并传播共同愿景、帮助员工改变自己、巩固阶段性成果、强化新的行为方式以及对培训过程的控制和评估等。组织发展是组织变革的一种特殊方法，它包括行动研究，即收集关于一个员工群体的各种信息并反馈给员工，以使员工能够分析问题所在，进而发现在组织中可能存在哪些方面的问题。

6. 无论采用何种培训方法，对培训效果进行评估都是十分重要的。在理想情况下，可以通过将没有接受培训的"控制组"和经过培训的小组进行平行比较，对受训者在反应、学习、行为以及结果方面的变化进行衡量。

讨论题

1. "一个设计精良的新员工入职引导计划对于所有的新员工（无论其有工作经验，还是没有工作经验）都是非常重要的。"你是否同意这种说法并请解释原因。

2. 说明你将会如何应用我们在本章讲到的那些"激励点"来设计一节课，比如新员工入职引导和培训方面的讲座。

3. 约翰·圣托斯是一名主修会计学的商学院本科生。他学习的第一门会计学课程——会计学 101——就没能通过考试。他无疑心情非常沮丧。请说明你将如何使用绩效分析方法来明确约翰是否存在培训需求。

4. 典型的在职培训技术有哪些种类？你认为依靠非正式在职培训来帮助新员工适应本职工作的做法有哪些主要缺点？

5. 实施全球培训项目的一个原因是避免"由于文化敏感性差"而蒙受商业损失。你认为这里所说的文化敏感性差是指哪一类文化方面的不敏感？这种文化敏感性差的情况又是怎样给企业带来商业损失的？为避免出现这种文化敏感性差的情况，你建议企业实施何种培训计划？

6. 请描述五种管理技能开发方法的利弊。

7. 你认为职位轮换是对管理培训生进行开发的一种好方法吗？为什么？

个人和小组活动

1. 你是一个员工班组的主管人员，这个班组的任务是装配计算机硬盘。你发现本班组员工的工作质量不能达到标准要求，许多产品都必须拿回来进行返工；你的直接上司告诉你："你最好从改善对下属员工的培训入手来改进你们班组的工作。"

a. 有哪些人员方面的因素可能会导致上述问题的出现呢？

b. 说明你将如何评估这种问题是否能够通过培训得到解决。

2. 选择一些你熟悉的工作任务，比如剪草坪、做沙拉或者为参加测验做准备，为这项任务开发一张工作指导清单。

3. 以个人或小组为单位，以"有效课程讲授指南"为题设计一个程序化的学习项目。

4. 找到一家提供管理技能开发研修班的公司。获取这家公司最近举办的一些研修班的目录。这些研修班针对的是什么层次的管理人员？哪种开发计划看起来最受欢迎？你为什么这样认为？

5. 以个人或小组为单位，编写几个具体的案例来说明，一位讲授人力资源管理课程的教授如何能够在其教学中使用至少四种本章中介绍的培训开发技术。

6. 以个人或小组为单位，为那些即将进入你们大学学习的高中毕业生设计一个新员工入职引导计划。

7. 本书末附录中的美国人力资源认证机构提供的"考试指南"部分，列出了想要通过人力资源资格认证考试的人需要了解的各个方面的人力资源管理知识（例如战略人力资源管理、员工队伍规划、人力资源开发等）。请以4～5人为一组，完成下列四项任务：（1）浏览该附录中的内容；（2）明确在本章所讲授的内容中有哪些与附录中列出的需要参加考试者掌握的知识是相关的；（3）根据这些与考试相关的内容，编写出你们认为适合作为这种人力资源认证资格考试考试题的4道多项选择题；（4）如果时间允许的话，你们小组派出一个人将你们编写的考试题在课堂上展示给大家，这样各个小组的学生就能够回答其他小组编写的考试题了。

8. 以美国为首的联军向伊拉克派遣了数百名培训师，以在伊拉克的劳动者中培养从教师到警官的各类新型干部。而在这些培训任务中，可能没有任何一项任务的重要性能超过为伊拉克创建一支新型警察队伍，因为这些警察将会帮助联军保卫伊拉克的安全。然而，许多新任警官过去都没有在警察队伍中工作的经验，并且在受训者和培训师之间还存在着语言沟通障碍。此外，一些受训者很快还发现，一旦他们以警察受训生的身份到外面去，就有可能会遭到武装叛乱分子的开火射击。请根据你在本章中学到的有关培训的内容，列出你最想告诉那位负责培训的官员（美国一个大城市警察局的前任局长）的5件事情——记住这个人负责设计培训计划。

体验式练习

飞过友好者的天空

目的：这个练习的目的是，让你为一家大型航空公司的机票订票员职位制定一项培训计划。

必须理解的内容：你应当非常熟悉本章中讲授的内容，然后阅读以下关于一位机票预订员的工作职责描述：

> 客户与我们的机票预订员联系来获得关于航班时刻、机票价格以及飞行路线等方面的信息。机票预订员应当在我

们航空公司的在线飞行时刻表系统上查找到客户要求提供的信息，这个飞行时刻表系统是随时更新的。机票预订员应表达清晰、彬彬有礼且迅速地对客户的要求作出反应，并且能够迅速找到可替代的航班，从而提供与客户的需要相吻合的飞行路线。机票预订员应当能够迅速找到备选的航班和价格，从而不至于让客户久等，也只有这样，机票预订小组才能保持自己的效率标准。通常必须在各种不同的路线中去进行查找，因为在客户的出发地和目的地之间可能会有十几条路线可供选择。

你可以假设我们刚雇用了 30 名新员工，而你必须为我们制定一份为期 3 天的培训计划。

如何进行练习/指导：将整个班级划分为几个练习小组，每组由 5～6 人组成。

很显然，订票员必须掌握多种技能和能力才能完成这项工作。捷蓝航空公司要求你迅速为它新雇用的订票员制定一项培训计划大纲。你可能想首先从了解该职位的主要工作职责以及复习在第 6 章最后的练习中所做的准备工作入手。无论怎样做，都请制定出企业要求的大纲，确保非常具体地说明你希望教给这些新员工哪些方面的内容，以及你建议在对他们进行培训时使用哪些方法和教具。

应用案例

再造阿派克斯门业公司

阿派克斯门业公司（Apex）的总裁吉姆·德莱尼（Jim Delaney）遇到一个难题。按他的说法，这个难题就是，无论他用何种方法来告诉公司的员工应当怎样工作，他们都依然“我行我素”；这导致在吉姆、公司员工以及员工的直接上级之间发生了多次争论。公司的设计部门就是这方面的一个例子。公司期望该部门的设计师能够与建筑师一起进行各种大门的设计工作，以使这些门能符合某些具体的规格要求。然而，正如吉姆所说，这种工作虽然并不是像“火箭科学”那么高深的学问，但这些设计师总是不可避免地犯错误，比如在设计中使用了过多的钢铁。试想一下，如果这是为一栋高 30 层的写字楼设计的门，这种问题可能要使公司多支出数万美元的成本。

订单处理部门则是另外一个例子。吉姆希望订单部门用一种非常明确、具体的方式来填写订单，但是大多数订单处理员却不知道应当如何填写这种好几页的订单表格。只是在遇到一些非常具体的问题时——比如应当将客户划分为“工业”客户还是“商业”客户——他们才临时应付一下。

该公司目前的培训过程如下。虽然有一些职位有已经过时的职位描述，但没有一个职位有自己的培训手册。对新员工的所有培训都是通过在职培训方式进行的。通常情况下，都是由准备离职的人用临走前的一两周的时间来对新来的员工进行培训。如果准备离职的员工和新员工之间没有时间上的重叠期，就会派一位过去偶然在这一职位上从事过一段工作的其他员工来对新员工进行培训。整个公司的培训——例如，无论是对机械工、秘书、装配工、工程师还是会计员等——基本上都是一样的。

［问题］

1. 你认为阿派克斯门业公司的培训过程如何？这种过程能否有助于解释为什么该公司的员工总是“我行我素”？如果能说明，怎样解释？

2. 职位描述在该公司的培训中能够起到的作用是什么？

3. 请详细说明你将采取哪些措施来改进该公司的培训过程。确保提供具体的建议。

连续案例

卡特洗衣公司

新的培训计划

目前，卡特洗衣公司并没有正式的新员工入职引导或培训方面的政策或程序。詹妮弗认为，这正是公司员工通常并没有遵守她和父亲杰克制定的那些标准的主要原因之一。

卡特洗衣公司希望通过一些特定的管理实践和程序来应对前台服务人员在与顾客打交道时存在的一些问题。例如，前台服务人员应当像杰克要求的那样，热情地欢迎每一位来店的顾客。然后，前台服务人员应立即检查顾客拿来清洗的衣服，看看衣服上是否有损坏或者是不易去除的污渍，并当即告知顾客，以免顾客来取回衣服时再误将这些问题怪罪给洗衣店。此后，前台服务人员应当立即将客人交来的衣物放入一个尼龙袋里，以便与其他顾客拿来的衣服区分开来。此外，前台服务人员还应当仔细填写相关的票据凭证，准确、清晰地注明顾客的名字、电话号码以及送洗日期。前台服务人员还应该抓住机会向顾客推销其他服务，比如衣物防水等，或者是简单地提醒顾客"由于顾客现在都在清洗春装，所以我们对顾客在这个月洗涤的棉布衣物有一定的折扣"。最后，当顾客离店时，前台的服务人员应当很有礼貌地道一声"祝您愉快！"或者"请小心开车"等。对洗衣店内的其他一些工作岗位——熨烫衣服、清洗污渍、定期保养投币式洗衣设备等——同样都有一些希望员工遵循的工作步骤、程序以及最为重要的相应标准。

詹妮弗认为，洗衣店里之所以存在这么多的问题，主要是因为缺少足够的培训和新员工岗前引导工作。例如，上个月就有两名新员工由于没有在周末（即周五）拿到工资，而是（像公司所有员工一样）等到下周二才拿到工资而感到非常惶恐。他们并不知道卡特洗衣公司一般额外再需要两天的时间来统计员工的工作小时数，然后计算出员工应得的工资。而杰克还道出了公司这样做的另外一个原因，即"说实话，这样一种晚几天支付工资的做法可以确保员工如果辞职的话至少会提前几天通知我们。虽然我们绝对有义务支付他们应得的所有劳动报酬，但是我们发现，从心理学的角度来说，如果员工还没有拿到上周的工资，他们就不会在周五晚上离开公司后在下周一早上不回来了。这样就可以确保离职员工至少会提前几天通知我们，以便我们有几天的时间可以去找接替的人。"

詹妮弗认为，新员工入职引导和培训计划中还应当包括其他一些内容。例如，公司针对下列问题所做的政策规定：带薪休假、迟到和缺勤、健康福利（除工伤保险外没有其他内容）、药物滥用、在岗位上吃零食和抽烟（这两项都是严格禁止的），以及工作场所清洁和安全、个人仪表和卫生、工作时间表、私人电话和电子邮件等一般性的规定。

詹妮弗认为，实施新员工入职引导和培训计划有助于确保员工知道，应当怎样采用正确的方式来完成本职工作。她和她的父亲都深信，只有当员工了解了完成本职工作的正确方式之后，这些员工才有可能实际按照企业期望他们完成工作的那种方式去做事。

［问题］

1. 具体地讲，卡特洗衣公司的新员工入职引导计划应当包括哪些内容以及应当如何传达这些信息？

2. 在詹妮弗学习的人力资源课程中，教材上建议采用工作指导单来确定员工需要完成的各项工作任务。卡特洗衣公司应当针对前台接待员职位采用这样的一张表单吗？如果是，那么，针对前台接待员的这种表单在填完之后大致上会是什么样子呢？

3. 詹妮弗应当采用哪些具体的培训方法来对衣物熨烫工、污渍清洗工、店面经理以及前台接待员进行培训呢？为什么应当运用这些培训技术？

将战略转化为人力资源管理政策和实践的案例

巴黎酒店

新型培训项目

巴黎酒店的竞争战略是："通过卓越的顾客服务将自己与同行区别开来，以吸引顾客延长入住时间，提高顾客再次入住比率，从而提高酒店的收入和利润水平。"酒店人力资源经理莉萨·克鲁兹现在必须制定和实施战略性人力资源管理政策和活动，通过帮助酒店获得战略所需的员工行为和胜任素质来支持酒店的这一竞争战略。

当莉萨回顾公司的培训流程时，她有理由感到担忧。一方面，巴黎酒店几乎完全依赖非正规的在职培训。新来的保安人员需要参加由一个执法部门开设的为期一周的培训课，而其他所有新员工，从经理助理到客房清洁员，都是在工作中跟着同事或者上级学习工作的入门知识的。当莉萨将巴黎酒店的各种培训衡量指标与其他酒店或服务行业进行比较之后，她发现了这种非正规培训的明显不足。例如，在每位员工的年培训小时数、新员工的年培训小时数、每位受训者每小时支出的成本以及培训经费在薪酬总额中所占的百分比等方面，巴黎酒店远远落后于同行业的标准。

当莉萨和公司首席财务官对巴黎酒店的现行培训活动评估情况进行审查时，他们发现，（与其他类似企业相比，）酒店很明显需要在一些方面有所改变。大多数服务型企业每年为每位员工提供的培训时间至少达到 40 小时，而巴黎酒店平均每年为每位员工提供的培训时间不超过 5～6 小时。类似的公司至少会为新员工提供 40 小时的培训，而巴黎酒店至多为每位新员工提供 10 小时的培训。甚至一些表面上看起来"良好的"衡量指标，实际上也隐藏着非常糟糕的结果。例如，大多数服务型企业都将薪酬总额的 8% 用于培训，而巴黎酒店的培训支出却不到薪酬总额的 1%。显然，问题在于巴黎酒店的培训缺位。基于这些情况以及在员工培训和绩效之间存在的尝试性联系，首席财务官鼓励莉萨和她的团队为巴黎酒店的所有员工设计一个综合性的一揽子培训方案。

［问题］

1. 请根据本章所学内容指出，你将建议莉萨和她的团队在培训方面首先从哪里着手？为什么？

2. 莉萨和首席财务官是否已经充分调查了培训确实很有必要？为什么？你会对他们提出哪些建议？

3. 请根据本章所学内容以及你通过网络了解到的一些信息，为巴黎酒店以下职位中的某一个制定一份详细的培训计划：保安人员、客房清洁员或门厅接待人员。

注释

[1] David Raths, "Virtual Reality in the OR," *Training & Development*, August 2006. For a slide show of a similar training process see, http://www.slideshare.net/magistra12/a-second-life-virtual-clinic-for-medical-student-training-presentation, accessed October 27, 2009.

[2] Marjorie Derven, "Management Onboarding," *Training & Development*, April 2008, pp. 49–52.

[3] Sabrina Hicks, "Successful Orientation Programs," *Training & Development*, April 2000, p. 59. See also Howard Klein and Natasha Weaver, "The Effectiveness of an Organizational Level Orientation Program in the Socialization of New Hires," *Personnel Psychology* 53 (2000), pp. 47–66; and Laurie Friedman, "Are You Losing Potential New Hires at Hello?" *Training & Development*, November 2006, pp. 25–27.

[4] Charlotte Garvey, "The Whirlwind of a New Job," *HR Magazine*, June 2001, p. 111. See also Talya Bauer et al., "Newcomer Adjustment During Organizational Socialization: A Meta-Analytic Review of Antecedents, Outcomes, and Methods," *Journal of Applied Psychology* 92, no. 3 (2007), pp. 707–721.

[5] Sheila Hicks et al., "Orientation Redesign," *Training & Development*, July 2006, pp. 43–46.

[6] See, for example, John Kammeyer-Mueller and Connie Wanberg, "Unwrapping the Organizational Entry Process: Disentangling Multiple Antecedents and Their Pathways to Adjustments," *Journal of Applied Psychology* 88, no. 5 (2003), pp. 779–794.

[7] See Darin Hartley, "Technology Kicks Up Leadership Development," *Training & Development*, March 2004, pp. 22–24.

[8] Ed Frauenheim, " IBM Learning Programs Get a 'Second Life,'" *Workforce Management*, December 11, 2006, p. 6. See also J. T. Arnold, "Gaming Technology Used To Orient New Hires," *HRMagazine* (2009 HR Trendbook supp), pp. 36, 38.

[9] www.workday.com/company/news/workdaymobility.php, accessed March 24, 2009.

[10] Mindy Chapman, "The Return on Investment for Training," *Compensation & Benefits Review*, January/February 2003, pp. 32–33.

[11] Rita Smith, "Aligning Learning with Business Strategy," *Training & Development*, November 2008, pp. 41–43.

[12] Christine Ellis and Sarah Gale, "A Seat at the Table," *Training*, March 2001, pp. 90–96.

[13] Christopher Glynn, "Building a Learning Infrastructure," *Training & Development*, January 2008, pp. 38–43.

[14] Nancy DeViney and Brenda Sugrue, "Learning Outsourcing: A Reality Check," *Training & Development*, December 2004, p. 41. See also "How Are Organizations Training Today?," *HR Focus* 86, no. 7 (July 2009), pp. S2–53.

[15] Brenda Sugrue et al., "What in the World Is WLP?" *Training & Development*, January 2005, pp. 51–54.

[16] "Companies Invested More in Training Despite Economic Setbacks, Survey Says," *BNA Bulletin to Management*, March 7, 2002, p. 73; "Employee Training Expenditures on the Rise," *American Salesman* 49, no. 1 (January 2004), pp. 26–28.

[17] "Companies Invested More in Training Despite Economic Setbacks, Survey Says," op. cit.; Andrew Paradise, "The 2008 ASTD State of the Industry Report Shows Sustained Support for Corporate Learning," *Training & Development*, November 2008, pp. 45–51.

[18] Alan Saks and Monica Belcourt, "An Investigation of Training Activities and Transfer of Training in Organizations," *Human Resource Management* 45, no. 4 (Winter 2006), pp. 629–648. The percentage of managers transferring behaviors from training to the job may be as low as 10% to 20%. See George Vellios, "On the Level," *Training & Development*, December 2008, pp. 26–29. See also K. Lee, "Implement Training Successfully," *Training* (Minneapolis, Minn.) 46, no. 5 (June 2009), p. 16.

[19] Ibid., p. 90.

[20] Kenneth Wexley and Gary Latham, *Developing and Training Human Resources in Organizations* (Upper Saddle River, NJ: Prentice Hall, 2002), p. 305.

[21] Ibid.

[22] Kathryn Tyler, "Focus on Training," *HR Magazine*, May 2000, pp. 94–102.

[23] Janice A. Cannon-Bowers et al., "Framework for Understanding Pre-Practice Conditions and Their Impact on Learning," *Personnel Psychology* 51 (1998), pp. 291–320.

[24] Ibid., p. 305.

[25] Ibid.

[26] This is adapted from "Evidence-Based Training™: Turning Research into Results for Pharmaceutical Sales Training," An AXIOM White Paper © 2006 AXIOM Professional Health Learning LLC. All rights reserved.

[27] P. Nick Blanchard and James Thacker, *Effective Training: Systems, Strategies and Practices* (Upper Saddle River, NJ: Prentice Hall, 1999), pp. 138–139. See also Matthew Casey and Dennis Doverspike, "Training Needs Analysis and Evaluation for New Technologies Through the Use of Problem Based Inquiry," *Performance Improvement Quarterly* 18, no. 1 (2005), pp. 110–124.

[28] Marjorie Derven, "Lessons Learned: Using Competency Models to Target Training Needs," *Training & Development*, December 2008, p. 70.

[29] See, for example, Jennifer Salopek, "Keeping It Real," *Training & Development*, August 2008, p. 44.

[30] Richard Montier et al., "Competency Models Develop Top Performance," *Training & Development*, July 2006, pp. 47–50.

[31] Tom Barron, "When Things Go Haywire," *Training & Development*, February 1999, pp. 25–27.

[32] Jay Bahlis "Blueprint for Planning Learning," *Training & Development*, March 2008, pp. 64–67.

[33] P. Nick Blanchard and James Thacker, *Effective Training: Systems, Strategies, and Practices* (Upper Saddle River, NJ: Prentice Hall, 2007), p. 8.

[34] See, for example, the HRDQ Winter 2008 catalog, www.HRDQ.com.

[35] Rita Zeidner, "Strategies for Saving in a Down Economy," *HR Magazine*, February 2009, p. 33. See also K. Giacalone, "Making New Employees Successful in Any Economy," *T+D* 63, no. 6 (June 2009), pp. 36–39.

[36] Kenneth Wexley and Gary Latham, op cit., pp. 78–79.

[37] Donna Goldwasser, "Me a Trainer?" *Training*, April 2001, pp. 60–66.

[38] Four steps in on-the-job training based on William Berliner and William McLarney, *Management Practice and Training* (Burr Ridge, IL: McGraw-Hill, 1974), pp. 442–443. See also Robert Sullivan and Donald Miklas, "On-the-Job Training That Works," *Training & Development Journal* 39, no. 5 (May 1985), pp. 118–120; Stephen B. Wehrenberg, "Supervisors as Trainees: The Long-Term Gains of OJT," *Personnel Journal* 66, no. 4 (April 1987), pp. 48–51.

[39] Cindy Waxer, "Steelmaker Revives Apprentice Program to Address Graying Workforce, Forge Next Leaders," *Workforce Management*, January 30, 2006, p. 40.

[40] Kermit Kaleba, "New Changes to Apprenticeship Program Could Be Forthcoming," *Training & Development*, February 2008, p. 14.

[41] Robert Weintraub and Jennifer Martineau, "The Just in Time Imperative," *Training & Development*, June 2002, p. 52; and Andrew Paradise, "Informal Learning: Overlooked or Overhyped?" *Training & Development*, July 2008, pp. 52–53.

[42] Arthur Winfred Jr. et al., "Effectiveness of Training in Organizations: A Meta Analysis of Design and Evaluation Features," *Journal of Applied Psychology* 88, no. 2 (2003), pp. 234–245.

[43] Donald Michalak and Edwin G. Yager, *Making the Training Process Work* (New York: Harper & Row, 1979), pp. 108–111. See also Richard Wiegand, "Can All Your Trainees Hear You?" *Training & Development Journal* 41, no. 8 (August 1987), pp. 38–43.

[44] Jacqueline Schmidt and Joseph Miller, "The Five-Minute Rule for Presentations," *Training & Development*, March 2000, pp. 16–17.

[45] G. N. Nash, J. P. Muczyk, and F. L. Vettori, "The Role and Practical Effectiveness of Programmed Instruction," *Personnel Psychology* 24 (1971), pp. 397–418; Duane Schultz and Sydney Ellen Schultz, *Psychology and Work Today* (Upper Saddle River, NJ: Prentice Hall, 1998), pp. 181–183.

[46] Wexley and Latham, *Developing and Training*, pp. 131–133. See also Teri O. Grady and Mike Matthews, "Video . . . Through the Eyes of the Trainee," *Training* 24, no. 7 (July 1987), pp. 57–62; "New ARTBA PPE Video and Laborers' Night Work Suggestions Highlight Construction Safety Advances," *EHS Today* 2, no. 7 (July 2009), p. 51.

[47] Paula Ketter, "What Can Training Do for Brown?" *Training & Development*, May 2008, pp. 30–36.

[48] Tyler, "Focus on Training," p. 96. See also Allison Rossett and Erica Mohr, "Performance Support Tools: Where Learning, Work, and Results Converge," *Training & Development*, February 2004, pp. 35–37.

[49] Craig Marion, "What Is the EPSS Movement and What Does It Mean to Information Designers?" August 20, 1999, www.chesco.com/~cmarion/pcd/epssimplications.html.

[50] Josh Bersin and Karen O'Leonard, "Performance Support Systems," *Training & Development*, April 2005, p. 68.

[51] Blanchard and Thacker, *Effective Training*, p. 163.

[52] Dina Berta, "Computer-Based Training Clicks with Both Franchisees and Their Employees," *Nation's Restaurant News*, July 9, 2001, pp. 1, 18; see also Daniel Cable and Charles Parsons, "Socialization Tactics and Person–Organization Fit," *Personnel Psychology*, 54 (2001), pp. 1–23.

[53] P. Nick Blanchard and James Thacker, *Effective Training: Systems, Strategies, and Practices* (Upper Saddle River, NJ: Pearson, 2003), p. 247; see also Michael Laff, "Simulations: Slowly Proving Their Worth," *Training & Development*, June 2007, pp. 30–34.

[54] Laff, op. cit.

[55] Blanchard and Thacker, op cit., p. 248.

[56] Ibid., p. 249. See also Kim Kleps, "Virtual Sales Training Scores a Hit," *Training & Development*, December 2006, pp. 63–64.

[57] Paul Harris, "Simulation: The Game Is On," *Training & Development*, October 2003, p. 49. See also Jenni Jarventaus, "Virtual Threat, Real Sweat," *Training & Development*, May 2007, pp. 72–78.

[58] Jarventaus, op. cit.

[59] Ed Frauenheim, "IBM Learning Programs Get a 'Second Life,'" *Workforce Management*, December 11, 2006, p. 6.

[60] Clark Aldrich, "Engaging Mini-Games Find Niche in Training," *Training & Development*, July 2007, pp. 22–24; and "Cisco's Global Training Machine," *Workforce Management*, November 17, 2008, p. 30.

[61] "What Do Simulations Cost?" *Training & Development*, June 2007, p. 88; see also Paul Harris, "Immersive Learning Seeks a Foothold," *Training & Development*, January 2009, pp. 40–45; and R. S Polimeni et al., "Using Computer Simulations to Recruit and Train Generation Y Accountants," *The CPA Journal* 79, no. 5 (May 2009), pp. 64–68.

[62] Pat Galagan, "Second That," *Training & Development*, February 2008, pp. 34–37.

[63] See for example, Rockley Miller, "New Training Looms," *Hotel and Motel Management*, April 4, 1994, pp. 26, 30; Albert Ingram, "Teaching with Technology," *Association Management* 48 (June 1996), pp. 31–34; Sandra Vera-Munoz, et al., "Enhancing Knowledge Sharing in Public Accounting Firms," *Accounting Horizons* 20, no. 2 (June 2006), pp. 133–155.

[64] Ellen Zimmerman, "Better Training Is Just a Click Away," *Workforce*, January 2001, pp. 36–42.

[65] John Zonneveld, "GM Dealer Training Goes Global," *Training & Development*, December 2006, pp. 47–51.

[66] "The Next Generation of Corporate Learning," *Training & Development*, June 2003, p. 47.

[67] Traci Sitzmann et al., "The Comparative Effectiveness of Web-Based and Classroom Instruction: A Meta-Analysis," *Personnel Psychology* 59 (2006), pp. 623–664.

[68] Ibid.

[69] For a list of guidelines for using e-learning, see, for example, Mark Simon, "E-Learning No How," *Training & Development*, January 2009, pp. 34–39.

[70] "The Next Generation of Corporate Learning," *Training & Development*, June 2004, p. 47; and Jennifer Hofmann and Nanatte Miner, "Real Blended Learning Stands Up," *Training & Development*, September 2008, pp. 28–31.

[71] Ruth Clark, "Harnessing the Virtual Classroom," *Training & Development*, November 2005, pp. 40–46.

[72] Jennifer Taylor Arnold, "Learning On-the-Fly," *HR Magazine*, September 2007, p. 137.

[73] www.dominknow.com, accessed March 23, 2009.

[74] Elizabeth Agnvall, "Just-in-Time Training," *HR Magazine*, May 2006, pp. 67–78.

[75] Ibid.

[76] For a similar program, at Accenture, see Don Vanthournout and Dana Koch, "Training at Your Fingertips," *Training & Development*, September 2008, pp. 52–57.

[77] Susan Ladika, "When Learning Lasts a Lifetime," *HR Magazine*, May 2008, p. 57.

[78] Paula Ketter, "The Hidden Disability," *Training & Development*, June 2006, pp. 34–40.

[79] Jeremy Smerd, "New Workers Sorely Lacking Literacy Skills," *Workforce Management*, December 10, 2008, p. 6.

[80] Jennifer Salopek, "The Growth of Succession Management," *Training & Development*, June 2007, pp. 22–24; and Kermit Kaleba, "Businesses Continue to Push for Lifelong Learning," *Training & Development*, June 2007, p. 14.

[81] Rita Zeidner, "One Workforce—Many Languages," *HR Magazine*, January 2009, pp. 33–37.

[82] Matthew Reis, "Do-It-Yourself Diversity," *Training & Development*, March 2004, pp. 80–81.

[83] "Adams Mark Hotel & Resorts Launches Diversity Training Program," *Hotel and Motel Management* 216, no. 6 (April 2001), p. 15.

[84] Valerie Frazee, "Workers Learn to Walk So They Can Run," *Personnel Journal*, May 1996, pp. 115–120. See also Kathryn Tyler, "I Say Potato, You Say Patata: As Workforce and Customer Diversity Grow, Employers Offer Foreign Language Training to Staff," *HR Magazine* 49, no. 1 (January 2004), pp. 85–87.

[85] Jennifer Salopek, "Trends: Lost in Translation," *Training & Development*, December 2003, p. 15.

[86] For a discussion of leadership development tools, see John Beeson, "Building Bench Strength: A Tool Kit for Executive Development," *Business Horizons* 47, no. 6 (November 2004), pp. 3–9. See also Rita Smith and Beth Bledsoe, "Grooming Leaders for Growth," *Training & Development*, August 2006, pp. 47–50.

[87] Paula Caligiuri, "Developing Global Leaders," *Human Resource Management Review* 16 (2006), pp. 219–228.

[88] Ann Pomeroy, "Head of the Class," *HR Magazine*, January 2005, p. 57.

[89] Mike Czarnowsky, "Executive Development," *Training & Development*, September 2008, pp. 44–45.

[90] "Thrown into Deep End, Workers Surface as Leaders," *BNA Bulletin to Management*, July 11, 2002, p. 223. See also Ann Locke and Arlene Tarantino, "Strategic Leadership Development," *Training & Development*, December 2006, pp. 53–55.

[91] Michael Marquardt, "Harnessing the Power of Action Learning," *Training & Development*, June 2004, pp. 26–32.

[92] Chris Whitcomb, "Scenario-Based Training at the FBI," *Training & Development*, June 1999, pp. 42–46. See also Michael Laff, "Serious Gaming: The Trainer's New Best Friend," *Training & Development*, January 2007, pp. 52–57.

[93] American Management Association, *Catalog of Seminars*, April–December 2003.

[94] For a list of Harvard programs, see, for example, their intensive 2-day conferences in the 2008 brochure from their Center for Management Research, "Programs on Leadership for Senior Executives," 2008, www.execseminars.com.

[95] Ann Pomeroy, "Head of the Class," *HR Magazine*, January 2005, p. 57. See also Michael Laff, "Centralized Training Leads to Nontraditional Universities," *Training & Development*, January 2007, pp. 27–29; and Chris Musselwhite, "University Executive Education Gets Real," *Training & Development*, May 2006, p. 57.

[96] Norman Maier, Allen Solem, and Ayesha Maier, *The Role Play Technique* (San Diego, CA: University Associates, 1975), pp. 2–3. See also Alan Test, "Why I Do Not Like to Role Play," *American Salesman*, August 1994, pp. 7–20.

[97] Paul Taylor et al., "A Meta-Analytic Review of Behavior Modeling Training," *Journal of Applied Psychology* 90, no. 4 (2005), pp. 692–719.

[98] Martha Peak, "Go Corporate U!" *Management Review* 86, no. 2 (February 1997), pp. 33–37. See also Jeanne Meister, "Universities Put to the Test," *Workforce Management*, December 11, 2006, pp. 27–30.

[99] Russell Gerbman, "Corporate Universities 101," *HR Magazine*, February 2000, pp. 101–106.

[100] "Executive Coaching: Corporate Therapy," *The Economist*, November 15, 2003, p. 61. See also Steve Gladis, "Executive Coaching Builds Steam in Organizations," *Training & Development*, December 2007, pp. 59–61.

[101] "As Corporate Coaching Goes Mainstream, Key Prerequisite Overlooked: Assessment," *BNA Bulletin to Management*, May 16, 2006, p. 153.

[102] James Smither et al., "Can Working with an Executive Coach Improve Multisource Feedback Ratings over Time?" *Personnel Psychology* 56, no. 1 (Spring 2003), pp. 23–44.

[103] Ed Fraeuenheim, "Lost in the Shuffle," *Workforce Management*, January 14, 2008, p. 13.

[104] Paul Harris, "A New Market Emerges," *Training & Development*, September 2003, pp. 30–38. For an example of a successful organizational change, see Jordan Mora et al., "Recipe for Change," *Training & Development*, March 2008, pp. 42–46.

[105] Gina Gotsill and Meryl Natchez, "From Resistance to Acceptance: How to Implement Change Management," *Training & Development*, November 2007, pp. 24–26.

[106] Edward Lawler III and Susan Mohrman, "Beyond the Vision: What Makes HR Effective?" *Human Resource Planning* 23, no. 4 (December 2000), p. 10.

[107] The steps are based on Michael Beer, Russell Eisenstat, and Bert Spector, "Why Change Programs Don't Produce Change," *Harvard Business Review*, November–December 1990, pp. 158–166; Thomas Cummings and Christopher Worley, *Organization Development and Change* (Minneapolis, MN: West Publishing Company, 1993); John P. Kotter, "Leading Change: Why Transformation Efforts Fail," *Harvard Business Review*, March–April 1995, pp. 59–66; and John P. Kotter, *Leading Change* (Boston: Harvard Business School Press, 1996). Change doesn't necessarily have to be painful. See, for example, Eric Abrahamson, "Change Without Pain," *Harvard Business Review*, July–August 2000, pp. 75–79. See also David Herold et al., "Beyond Change Management: A Multilevel Investigation of Contextual and Personal Influences on Employees' Commitment to Change," *Journal of Applied Psychology* 92, no. 4 (2007), p. 949.

[108] Ibid. Note that some people are more open to change than are others. As just one example, self-esteem and optimism were related to higher levels of change acceptance in one recent study: Connie Wanberg, "Predictors and Outcomes of Openness to Changes in a Reorganizing Workplace," *Journal of Applied Psychology* 85, no. 1 (2000), pp. 132–142.

[109] Kotter, "Leading Change," p. 85.

[110] Beer, Eisenstat, and Spector, "Why Change Programs Don't Produce Change," p. 164.

[111] Stacie Furst and Daniel Cable, "Employee Resistance to Organizational Change: Managerial Influence Tactics and Leader Member Exchange," *Journal of Applied Psychology* 3, no. 2 (2008), p. 453.

[112] Beer, Eisenstat, and Spector, "Why Change Programs Don't Produce Change," p. 164.

[113] Robert J. House, *Management Development* (Ann Arbor, MI: Bureau of Industrial Relations, University of Michigan, 1967), p. 71; Louis White and Kevin Wooten, "Ethical Dilemmas in Various Stages of Organizational Development," *Academy of Management Review* 8, no. 4 (1983), pp. 690–697.

[114] Wendell French and Cecil Bell Jr., *Organization Development* (Upper Saddle River, NJ: Prentice Hall, 1995), pp. 171–193.

[115] Benjamin Schneider, Steven Ashworth, A. Catherine Higgs, and Linda Carr, "Design Validity, and Use of Strategically Focused Employee Attitude Surveys," *Personnel Psychology* 49 (1996), pp. 695–705.

[116] Cummings and Worley, *Organization Development and Change*, p. 501.

[117] For a description of how to make OD a part of organizational strategy, see Aubrey Mendelow and S. Jay Liebowitz, "Difficulties in Making OD a Part of Organizational Strategy," *Human Resource Planning* 12, no. 4 (1995), pp. 317–329.

[118] Wexley and Latham, *Developing and Training Human Resources in Organizations*, p. 128.

[119] Todd Raphel, "What Learning Management Reports Do for You," *Workforce*, June 2001, pp. 56–58.

[120] Wexley and Latham, 2002, op cit., p. 153.

[121] See, for example, Charlie Morrow, M. Quintin Jarrett, and Melvin Rupinski, "An Investigation of the Effect and Economic Utility of Corporate-Wide Training," *Personnel Psychology* 50 (1997), pp. 91–119.

[122] See, for example, Antonio Aragon-Sanchez et al., "Effects of Training on Business Results," *International Journal of Human Resource Management* 14, no. 6 (September 2003), pp. 956–980.

[123] A recent review concluded that the relationship of training to human resource outcomes and organizational performance is positive, but that training "is only very weakly related to financial outcomes." Given this, managers may want to assess training results not just in terms of employee behavior and performance, but company financial performance as well. See Phyllis Tharenou et al., "A Review and Critique of Research on Training and Organizational Level Outcomes," *Human Resource Management Review* 17 (2007), pp. 251–273.

第 9 章
绩效管理与绩效评价

由于前段时间美国投资了几十亿美元支持通用汽车公司和克莱斯勒汽车公司，因此，如何对这些巨额投资进行监督的细节问题很快引起了国会和白宫的关注。一些人会理直气壮地问这样一个问题："我们怎样评价这些执行官的绩效?""我们应当仅仅关注通用汽车和克莱斯勒汽车公司的总体财务绩效吗?""有没有其他的标准能够作为评价他们成果的依据?"令人遗憾的是，大多数国会议员很快就认识到，员工的绩效评价并非他们的专长领域。

我们学到哪了

第 6～8 章讲述的是关于员工的甄选、培训以及开发方面的问题。当员工上岗一段时间之后，公司就应当对他们的工作绩效进行评价。本章的目的是讲述应当如何对员工的工作绩效进行评价。本章所要讨论的主要问题包括：绩效评价的流程；绩效评价的方法；绩效评价过程可能遇到的问题以及解决方案；绩效评价面谈，等等。职业生涯规划是绩效评价的逻辑延伸，我们将在第 10 章中讨论职业生涯和人才规划的问题。

学习目标

- 界定绩效管理的概念并讨论它与绩效评价的区别。
- 确定有效的绩效评价标准。
- 描述绩效评价过程。
- 至少能够开发、评价以及运用四种绩效评价工具。
- 解释并描述在绩效评价中需要注意避免的一些问题。
- 讨论让不同的评价者来对同一个人的工作绩效进行评价有哪些优缺点。
- 进行一次有效的绩效评价面谈。

9.1 绩效管理和绩效评价的基本概念

每位管理者都需要一些评价员工绩效的方法。如果员工的绩效比较好，你会希望强化这种绩效；如果员工的绩效比较差，你就会采取相应的纠正措施。**绩效评价**（performance appraisal）是指根据员工个人需要达成的绩效标准对其在当前以及（或）过去的绩效进行评价。究其本质，绩效评价过程通常包括以下三个方面的内容：（1）制定工作标准；（2）根据这些标准对员工的实际工作绩效进行评价；（3）为激励员工消除绩效缺陷或者继续保持优良的绩效水平而向员工提供反馈。

对大多数人来讲，“绩效评价”一词会让他们想到与图 9—1 所示的绩效评价表格类似的各种评价工具。但是，绩效评价远远不止这些表格。一方面，绩效评价还假设员工非常清楚自己需要达到的绩效标准，同时能够得到为改进绩效缺陷所需要的那些反馈；另一方面，我们将会看到各种并不需要使用这些表格仍然能够对员工的绩效进行持续监督的自动化手段（正如本章稍后将要谈到的，绩效管理就是这样的自动化方法之一）。但是，现在还是先来看一看传统的绩效评价，并且首先从如何为员工订立绩效评价目标谈起。

9.1.1 界定员工的工作目标和工作标准

员工应该提前知道依据什么来对他们进行评价。在实践中，这就意味着需要从两种方法中选择其中一种。很多管理人员都是简单地使用一些事先印好的某些通用评价标准——如“工作质量”或“与他人相处情况”等——的绩效评价表格。这些通用的标准就会成为对员工进行评价的事实上的依据。

第二种基本的评价方法是根据希望他们达到的一些具体的标准来对他们进行评价，比如“在下一年中增加 10 位客户”。这听起来好像非常简单，但在现实中，要想向员工阐明希望他们达到何种标准，却是一件非常棘手的事情。职位描述一般无法提供这方面的答案。通常情况下，企业的职位描述并不是专门针对某一个特定的职位编写的，而是针对一组职位统一编写的，而且在这种描述中很少会包括具体的工作目标。在销售经理的职位描述中可能会列举这样一些职责，比如“激励销售队伍”。但事实上，希望销售经理做到的却是：通过管理好本事业部负责的两位最大的客户，确保自己每年至少亲自完成 60 万美元的销售额，同时让所属的销售人员保持心情愉快。

正如在第 3 章中看到的，制定具有激励性的目标是一门艺术。要想做到这一点（以销售经理这个职位为例），最直截了当的办法就是，针对每一项职责分别确定各种可衡量的目标或标准。例如，针对“激励销售队伍”这一职责，可以根据销售经理所属销售人员的流动率来加以衡量（假定销售人员的士气很高的话，他们的年平均流动率会低于 10%）。[1]我们已经在第 3 章中解释了如何设定有效的目标。简单总结一下，我们在那里谈到的关于有效目标设定的几条基本原则包括：

- **设定符合 SMART 标准的目标。**SMART 是指明确具体的（specific）、可衡量的（measurable）、可达到的（attainable）、相关的（relevant）以及有时限性（timely）。

美国俄勒冈社区大学教师评价表

填写说明

今天，我们邀请您对这门课程以及这位教师进行评价。请仔细阅读下列所有问题并诚实地作出回答。

您的评价对于帮助教师改进其教学和课程是非常有帮助的。学校在持续性地评价教师的终身教职以及晋升时，也会将您的这些评价作为一个非常重要的考虑因素。

您的回答是匿名的并且保密的。您的评语将会被重新打印，从而使教师无法辨认您的笔迹。校方确保在本门课程的最终成绩给定之后，才会将评价结果返回给教师本人。

您在最后一页上书写的评语对我们将会非常有用。

课程编号____________________　课程名称____________________

教师姓名____________________　学期________________________

学生对授课情况的评价

学生的评价信息（请选择您的答案）：

1. 我在开始上本课程之前已经做好了本课程建议的所有准备工作（先修课程）。（如果本课程没有先修课要求，则选不适用。）

　　所有的　大部分　一部分　很少一部分　不知道　不适用

2. 我上课出勤的情况。

　　全部　大部分　一部分　很少一部分　从未出勤

3. 为充分做好上这门课的准备，我觉得自己需要在课外花很多时间来学习和准备作业。

　　15 小时以上　12～14 小时　9～11 小时　7～8 小时　4～6 小时　1～3 小时

4. 我希望自己这门课可以得到的成绩是：

　　A　B　C　D　F

评价说明（7 代表非常同意，1 代表非常不同意）

1. 本课程的学习目标（需要培养的能力）清晰。

　　7　6　5　4　3　2　1

2. 本课程中设计的各项活动与学习目标（需要培养的能力）是相关的。

　　7　6　5　4　3　2　1

3. 教师对课程的准备很充分。

　　7　6　5　4　3　2　1

4. 在指定接待学生的时间或预约的时间可以找到教师。

　　7　6　5　4　3　2　1

5. 教师给我提供的反馈是及时的、富有建设性的、清晰的，有助于我的学习。

　　7　6　5　4　3　2　1

6. 我的最终成绩准确地衡量了我学习本课程的情况。

　　7　6　5　4　3　2　1

7. 教师创造了一种尊重各种观点并且鼓励大家自由表达的学习环境。

　　7　6　5　4　3　2　1

8. 从我学习本课程的经历来说，我愿意推荐其他学生也来上这门课。

　　7　6　5　4　3　2　1

评语

您的书面评语将会对我们非常有帮助。您的回答是匿名并且保密的。您的评语将会重新打印，从而使教师无法辨认您的笔迹。校方确保在本课程的最终成绩给定之后，才会将评价结果返回给教师本人。

1. 在本课程中以及（或）本课程的授课方式中，最有价值的是哪些方面？

2. 即使是已经非常好的课程仍然是有改进的余地的。您能为本课程提供一些可以使它更加完善的建设性建议吗？

3. 您愿意对前面的“学生对授课情况的评价”中的任何一个项目作出评论吗？如果答案是肯定的，请指出你的评论是针对其中哪一个项目的。

图 9—1　在线能力评价表格

资料来源：Used with permission of Central Oregon Community College.

● **分配具体的目标**。有具体工作目标的员工往往会比那些没有这种目标的员工做得更好。

● **分配可衡量的目标**。尽量用数字来表述目标，并且说明预定的目标达成日期或最后的期限。

● **分配有挑战性并且可行的目标**。使目标具有挑战性，但是不能困难到看起来可能无法实现或者不现实的程度。

● **鼓励参与**。员工参与目标设定的过程通常有助于达成更高的绩效。

9.2 绩效评价技术

尽管很多比较超前的企业，如丰田汽车公司等，已经从根本上取消了正式的绩效评价，但是对大多数企业来说，这种做法显然是不现实的。在像丰田汽车公司这样的企业中，公司之所以取消绩效评价，原因在于它们在其他方面付出了很多努力。例如，这些公司的新员工要经过一个长达一周甚至更长时间的甄选过程，然后是连续接受几个星期的培训，同时，公司在培养员工的组织承诺度以及团队合作能力方面付出了巨大的努力。公司的激励方案支持全体员工形成一种以公司为中心的思维方式。因此，“评价”的主要目的就是让团队成员在日常工作中持续不断地进行彼此之间的相互评价。但并不是说，所有的企业都能够通过或者必须通过这样的体系才能获益。常规性的绩效评价仍然是一种普遍的企业规范。然而，正如大多数人所知道的，这种绩效评价常常会引起很多紧张和痛苦。[2]

9.2.1 为什么要进行绩效评价?

之所以要对下属的工作绩效进行评价，主要有以下四个方面的原因：

第一，从实用的角度来看，大多数企业仍然把员工的绩效评价结果作为确定基本薪酬以及作出晋升决策的依据。[3]

第二，绩效评价可以使上级和下属员工共同制定一项计划，以纠正已经发现的一些绩效缺陷，同时巩固员工已经做好的那些工作。

第三，绩效评价对于职业生涯规划有很大的用处，它提供了一个根据员工表现出的优势和劣势来对他们的职业规划进行审查的机会。

第四，在本章稍后的小节中将会看到，绩效评价在企业的绩效管理过程中扮演着一个必不可少的角色。绩效管理是识别、衡量和开发员工个人和团队绩效，并且使这些绩效与组织的目标保持一致的一个持续过程。

9.2.2 现实中的绩效评价

在对下面将要讨论的绩效评价工具进行考察时，一定不能只见树木不见森林。如果你的下属员工绩效表现不佳，而你却不够公正和坦率的话，那么任何一种评价方法实际上都是没有用的。然而，并非所有的管理者都能坚持这份坦诚，不过有些公司——比如通用电气公司——却以其“铁石心肠”的绩效评价而闻名。例如，通用电气公司的前任首席执行官杰克·韦尔奇曾经说过，最残忍的事情莫过于告诉一位工作表现很差的人说，他的工作是非常出色的。[4]一些人本来可以有机会改正自己的不良行为，或者找到更适合自己的职位，但却很可能在很多年中都陷入一个死胡同，最终在新上任的强势老板到来之后被炒鱿鱼。

一些管理者之所以会给出一些不疼不痒的评价，往往是出于很多很现实的动机，比如担心自己不得不再去招募和培训新人；担心被评价者作出一些令人不愉快的反应；或者公司的绩效评价程序本身就无助于公正坦诚氛围的形成。但无论如何，进行评价的人最终都必须做这样一个判断，即不公正和不坦诚的绩效评价所带来的潜在负面后果是否会超过它可能会带来的好处。然而，令人遗憾的是，评价者很少进行这方面的考虑。

9.2.3　直接主管人员的角色

绩效评价是一项既有难度但又非常必要的监督管理技能。在实践中，绩效评价通常都是由各级主管人员——而不是人力资源管理人员——来完成的；一位主管人员如果对自己的下属员工评价过高或过低（或都给出平均成绩），那么不仅会对下属员工造成伤害，而且会对企业造成损害。因此，各级主管人员必须熟悉各种绩效评价技术，了解并注意避免在绩效评价过程中可能会出现的问题，并且知道如何公正地进行绩效评价。

人力资源部门在绩效评价中扮演的是政策制定者和咨询顾问的角色。总的来说，人力资源部门会在所使用的绩效评价工具方面提供一些建议和协助，但会把绩效评价程序中的最后决定权留给各部门的负责人。（在有些企业里，人力资源部门还会为所有的部门准备好详细的绩效评价表格和评价程序。）此外，人力资源部门还负责为各级主管人员提供培训，以提高他们的绩效评价技能，负责监督绩效评价体系的有效性，同时确保绩效评价符合公平就业机会法律的相关规定。

9.2.4　绩效评价的步骤

有效的绩效评价在实际进行绩效评价之前很久，就已经开始了。

首先，确保你已经对员工所担任的职位以及工作绩效标准进行了界定。界定职位是指管理人员和自己的下属就下属员工需要承担的工作职责、达到的工作标准以及将来使用的评价方法达成一致。

接着，在一段时间之后就要评价绩效了，这是指将下属员工的实际工作绩效与事先确定的绩效标准进行比较；在这个步骤中通常要使用某种评价表格。

最后，有效的评价还需要有一个反馈面谈阶段。在这个反馈阶段，主管人员要与自己的下属人员就其绩效情况以及所取得的进步进行讨论，并且针对任何需要改进之处共同制定开发计划。

一般来说，管理者会使用预先设计好的一些正式评价工具——如本章下面将要描述的一种或多种工具——来进行实际的绩效评价。在设计实际使用的评价工具时，需要考虑两个基本问题，即评价什么以及如何评价。例如，在评价什么这个问题上，如前所述，既可以根据一些通用的维度——比如工作质量和工作的时效性——对员工的绩效进行衡量，也可以根据达成具体目标的情况来衡量。在如何进行评价方面，有很多不同的方法，其中包括图评价尺度法、交替排序法和目标管理法。我们将从图评价尺度法开始讲起。

9.2.5 图评价尺度法

图评价尺度法（graphic rating scale）是一种最简单和运用最普遍的绩效评价方法。图 9—2 展示了图评价尺度法的一个例子。图评价尺度法列举了一些特征要素（比如“沟通”和“团队合作”等），同时还分别为每一个特征要素列举了绩效的取值范围（从“不令人满意”到“优异”，或从“低于期望”到“杰出榜样”）。主管人员找出其中哪一个分数最能反映下属员工在某一项特征要素上的实际表现，然后在这个分数上画圈或者打勾，再将员工在所有要素上的得分进行加总。

评价什么？ 图评价尺度型的绩效评价表格通常能够衡量四大职位相关维度中的一个或多个绩效维度。

- 像在图 9—2 中那样，管理者可能会选择评价一些通用的工作维度，如沟通、团队合作、知识水平以及工作数量等。
- 另一个选择是评价职位实际包含的工作职责。例如，图 9—3 就展示了对一位比萨饼厨师长进行绩效评价的表格中的一部分。这份表格评价了任职者在这个职位上的一些主要和具体的工作职责方面的履行情况，其中的一项工作职责是“保持充足的比萨饼面团存货”。在这里，你就可以对员工在每一项职责上的表现进行评价了。
- 以胜任素质为基础的评价表是另一种选择。在这里，你将集中考察员工表现出的对于职位来说必不可少的胜任素质。例如，一位护士长需要具有的胜任素质是什么呢？其中的一项或许是：“通过培育一种开放的和宽容的文化来提高门诊护理水平”。为什么要考察胜任素质呢？假设在这家医院的战略中包括提升护理质量的内容，那么，与评价像“监督 12 名护士”这样的工作职责相比，关注护士长在提升门诊护理质量方面的胜任素质，可能会对医院的战略提供更多的支持。[5]
- 或者，还可以根据员工在实现具体目标方面所取得的成就大小来进行绩效评价，比如“每年销售 60 万美元的产品”。

一些图形状的评价表会对几个方面的内容同时进行评价。例如，图 9—4（第一和第二两个部分）中的表格就同时评价了员工在胜任素质和目标达成两个方面的绩效。在胜任素质方面（第二部分），员工要开发和表现出“发现和分析问题”（解决问题的能力）、“与同事和其他相关人员保持和谐、有效的工作关系”（团队合作能力）等胜任素质。员工及其上级主管人员要在每年年初共同填写表格中的目标部分的内容（第一部分），然后再对结果进行评价，并且为下一次绩效评价重新设置新的目标。

9.2.6 交替排序法

绩效评价的另一种方法是，根据一种或多种特征要素来对员工进行从绩效最好到绩效最差的排序。由于一般来说，从员工中挑出绩效最好和绩效最差的人往往比较容易，因此**交替排序法**（alternative ranking method）是运用最为普遍的绩效评价方法之一。其操作方法是：首先，列出所有需要接受评价的下属人员的名单，将其中自己并不是很熟悉的因而无法对其作出评价的人的名字划去。然后，在如图 9—5 所示的表格上标注出，在被评价的某一特征方面，表现最好的员工是哪一位，表现最差的又是哪一位。接着，在剩下的员工中挑出表现次最好的和次最差的，以此类推，直至所有需要接受评价的员工都排列完毕。

绩效评价表格样本

员工姓名＿＿＿＿＿＿＿＿＿＿＿　层级：入门级员工

直接主管姓名＿＿＿＿＿＿＿＿＿＿＿

关键工作职责	需要实现的结果或目标
1. ＿＿＿＿＿＿	1. ＿＿＿＿＿＿
2. ＿＿＿＿＿＿	2. ＿＿＿＿＿＿
3. ＿＿＿＿＿＿	3. ＿＿＿＿＿＿
4. ＿＿＿＿＿＿	4. ＿＿＿＿＿＿

沟通

1	2	3	4	5

低于期望	达到期望	杰出榜样
即使是在得到指导的情况下，也不能及时、准确地准备好一些简单的沟通材料，其中包括各种表格、文书和记录；所完成的工作需要得到最低程度的修正。 即使是在得到指导的情况下，也不能通过灵活调整沟通风格和沟通材料来沟通一些简单的信息。	在得到指导的情况下，能够及时、准确地准备好各种简单的沟通材料，其中包括各种表格、文书以及记录；所完成的工作需要得到最低程度的修正。 在得到指导的情况下，能够通过灵活调整沟通风格和沟通材料来沟通一些简单的信息。	能够及时、清晰、准确地独立准备好各种沟通材料，其中包括各种表格、文书和记录；所完成的工作只需要极少的修正（如果需要的话）。 可以独立通过灵活调整沟通风格和沟通材料来沟通一些简单的信息。

组织知识

1	2	3	4	5

低于期望	达到期望	杰出榜样
〈在这里描述绩效标准〉	〈在这里描述绩效标准〉	〈在这里描述绩效标准〉

个人效能

1	2	3	4	5

低于期望	达到期望	杰出榜样
〈在这里描述绩效标准〉	〈在这里描述绩效标准〉	〈在这里描述绩效标准〉

团队合作

1	2	3	4	5

低于期望	达到期望	杰出榜样
〈在这里描述绩效标准〉	〈在这里描述绩效标准〉	〈在这里描述绩效标准〉

完成经营目标

1	2	3	4	5

低于期望	达到期望	杰出榜样
〈在这里描述绩效标准〉	〈在这里描述绩效标准〉	〈在这里描述绩效标准〉

图 9—2　图评价尺度型的绩效评价表样本

资料来源：Elaine Pulakos，“Performance Management，” SHRM Foundation，2004，pp. 16-17.

<table>
<tr><td colspan="4">职位：比萨饼厨师长</td></tr>
<tr><td>职责一：保持充足的比萨饼面团存货</td><td colspan="3">评价等级</td></tr>
<tr><td>每个比萨饼面团的重量必须在 12～14 盎司之间；在放入能够控制温度和湿度的冰箱之前至少应揉两分钟以上，在使用之前要在冰箱中储存 5 小时以上。库存量必须充足，但是不能超过每天的需求量。</td><td>需要改进</td><td>令人满意</td><td>优秀</td></tr>
</table>

图 9—3　从一份对员工在特定工作职责方面的绩效进行评价的表格中选取的一个项目

第一部分　支持部门目标实现的职责或目标及绩效标准

“通过提高员工的职业资格水平帮助他们取得优异成绩”

<table>
<tr><td>主要的绩效期望：
职责或目标及绩效标准</td><td colspan="2">年中进度记录</td><td>对期末工作完成情况及其有效性的评价：通过在评价尺度上打√进行评价
不强　　非常强</td></tr>
<tr><td>目标 1：</td><td colspan="2"></td><td>├──┼──┼──┼──┤</td></tr>
<tr><td>目标 2：</td><td colspan="2"></td><td>├──┼──┼──┼──┤</td></tr>
<tr><td>目标 3：</td><td colspan="2"></td><td>├──┼──┼──┼──┤</td></tr>
<tr><td>目标 4：</td><td colspan="2"></td><td>├──┼──┼──┼──┤</td></tr>
<tr><td>目标 5：</td><td colspan="2"></td><td>├──┼──┼──┼──┤</td></tr>
<tr><td colspan="2">为下一个绩效评价周期设定共同认可的目标：</td><td colspan="2">年中评价：</td></tr>
<tr><td>评价者　　日期</td><td>员工　　日期</td><td>评价者　　日期</td><td>员工　　日期</td></tr>
</table>

第二部分　绩效胜任素质

“通过共同工作和学习取得优异成绩”

<table>
<tr><td></td><td>年中进度记录</td><td>对期末工作完成情况及其有效性的评价：通过在评价尺度上打√来进行评价
不强　　非常强</td></tr>
<tr><td>**工作知识/胜任力：**能表现出有效完成工作所需的各种知识和技能。了解职位的期望并能及时掌握本人工作职责领域中的最新进展情况。能根据工作流程和公司政策履行工作职责。能在他人求助的时候向他们提供必要的帮助。</td><td></td><td>├──┼──┼──┼──┤</td></tr>
</table>

表 9—4　同时评价胜任素质和具体目标实现情况的绩效评价表格

资料来源：www; case. edu/finadmin/humres/policies/perfexempt. pdf，accessed May 17，2007. Used with permission of Case Western Reserve University.

工作质量和数量：能彻底、准确、及时地完成工作任务并达成预期结果。关心部门的目标和需求，关心依赖其提供的服务或产品的其他人。能有效地承担多种工作职责。能有效地利用工作时间。		
计划/组织能力：根据本部门、本单位或管理中心制定的目标来设定清晰的目标，并对本人承担的责任加以组织。能识别达成目标所需的各种资源。在目标和工作的优先顺序不清楚时能主动寻求指导。		
主动性/履行承诺能力：在履行职责时显示出责任心，能够为本部门和本机构的目标实现提供支持。能在最低程度的监督下完成工作。能够满足本职位的工作时间和出勤的要求。		
问题解决能力/创造力：能够发现和分析问题，并制定多种解决问题的方案，采取适当的行动或提供相关行动建议。追踪问题，确保问题得到解决。		
团队工作与合作能力：与同事和其他相关人员保持和谐、高效的工作关系。能够适应工作优先顺序和需求的变化。能够通过与他人共享信息和资源来促成一种积极的、合作性的工作关系。		
人际关系能力：积极有效地处理好与同事和其他相关人员之间的关系。表现出对所有人的尊重。		
沟通能力（口头和书面）：能通过口头和书面的形式有效地传递信息和想法。能仔细倾听他人的讲话，并通过不断确认来确保自己能正确理解对方的意思。		

审查和讨论过的胜任素质： 年中评价	
评价人 日期	员工 日期

图 9—4（续）

交替排序评价表

所依据的特征要素：________________

针对所要评价的每一种特征要素，列出需要加以排序的所有员工的姓名。将绩效水平最高的员工的姓名列在第 1 行的位置上；将绩效水平最低的员工的姓名列在第 20 行的位置上。然后，将绩效次最好的员工的姓名列在第 2 行的位置上；将绩效次最差的员工姓名列在第 19 行的位置上。将这一交替排序继续下去，直到所有员工的姓名都被列出。

绩效水平排序最高的员工

1. ________________
2. ________________
3. ________________
4. ________________
5. ________________
6. ________________
7. ________________
8. ________________
9. ________________
10. ________________
11. ________________
12. ________________
13. ________________
14. ________________
15. ________________
16. ________________
17. ________________
18. ________________
19. ________________
20. ________________

绩效水平排序最低的员工

图 9—5　交替排序绩效评价表

9.2.7　配对比较法

配对比较法（paired comparison method）使排序法变得更为精确。这种方法要求根据每一种特征要素（例如“工作数量”、“工作质量”等），将每一位员工与其他所有员工进行配对比较。

假定需要对 5 位员工进行绩效评价。那么，在运用配对比较法时，首先应当画出如图 9—6 所示的图表，然后针对每一种特征要素，将可能出现的所有员工配对情况都列举出来。接下来，针对每一种特征要素，将一个配对中哪位员工的表现更好、哪位员工的表现更差标注出来（分别用“＋”和“－”表示）。最后，再将每一位员工得到“＋”的个数进行加总。在图 9—6 中，员工玛丽亚的工作质量方面的表现排在最前面（她在这一要素上得到的“＋”是最多的）；而员工阿特在创造性方面则排在最前面。

“工作质量”特征

被评价员工排位：

被比较对象	A 阿特	B 玛丽亚	C 曲克	D 蒂恩	E 琼斯
A 阿特		＋	＋	－	－
B 玛丽亚	－		－	－	－
C 曲克	－	＋		＋	－
D 蒂恩	＋	＋	－		＋
E 琼斯	＋	＋	＋	－	

↑ 在这里玛丽亚排在最前面

“创造性”特征

被评价员工排位：

被比较对象	A 阿特	B 玛丽亚	C 曲克	D 蒂恩	E 琼斯
A 阿特		－	－	－	－
B 玛丽亚	＋		－	＋	＋
C 曲克	－	＋		－	＋
D 蒂恩	＋	－	＋		－
E 琼斯	＋	－	－	＋	

↑ 在这里阿特排在最前面

图 9—6　运用配对比较法对员工绩效进行评价

说明：“＋”意味着“优于”；“－”意味着“次于”。在每一张图表上，将每一列的“＋”数量相加就能找到排序最靠前的员工。

9.2.8 强制分布法

强制分布法（forced distribution method）类似于在一条曲线上进行等级划分。在使用这种方法时，需要按照一些预定的比例将被评价者划分到几个不同的绩效等级中。在每一个绩效等级中的人员百分比并不要求一定是对称的，比如，通用电气公司对管理人员采用的绩效等级分布比例就是：绩效水平最高的占20%，绩效水平一般的占70%，绩效水平较低的占10%。

很多公司都采用这种强制分布法。太阳微系统公司就对其4.3万名员工实施了强制分布法。该公司将所有的员工划分为每组由30名左右的员工组成的一个个小组，管理人员对每一个小组中的员工实施强制分布，绩效在每个小组中被排在最后10%的人会得到为期90天的绩效改进时间。如果在90天过后，这些人的绩效仍然处于最低的10%之列，他们可以选择主动辞职，公司会向他们发放一定的解雇费。如果这些人中的某些人仍然不愿意主动离开，但他们的绩效却没有改善的迹象，公司就会解雇他们，并且不会发给他们解雇费。[6]这项解雇政策看起来似乎属于一种比较标准的做法。它反映了这样一个事实，即与绩效一般的员工和绩效较差的员工相比，绩效最优秀的员工在工作绩效方面超越前者的幅度常常达到100%。[7]在《财富》500强企业中，有近1/4的企业——其中包括微软公司、美国康菲石油公司（Conoco）以及英特尔公司等——都采用了强制分布法。[8]

正如大多数学生所知道的，强制分布系统是不通人情的。在强制分布法中，你要么是在成绩最好的5%或10%的组中（即能拿到A的人），要么就不是。毫无疑问，如果你在成绩最差的5%或10%的组中，你就只能拿到一个“F”了。你的教授没有给每个学生都打A，B或者C的自由，有些学生总是会不及格。一项调查发现，77%的采用强制分布法的被调查企业都对这种方法至少是存在“一些不满意”，其余的23%的企业则对这种方法不太满意。最大的抱怨在于：有44%的企业说它影响了员工士气。另外，47%的企业说它造成了各部门之间的不公平性：“高绩效的团队必须裁掉10%的员工，而低绩效的团队却仍然能够保留90%的员工。”[9]一些人很不客气地把强制分布形容为“排序与下拽”（Rank and Yank）。[10]

正因为如此，企业毫无疑问需要小心谨慎地确保这种评价方法不会被管理者滥用。为避免这种评价方法不会受到员工提出的不公平和有偏见的抱怨，管理者需要采取一些措施。[11]比如，指定一个审查委员会对绩效排序靠后的员工的情况进行复核；通过培训让评价者了解怎样才能保持客观性；考虑在运用强制分布法时利用多位评价者来进行评价。

在过去的氛围很轻松的企业中尝试引入强制分布法可能风险很高。福特汽车公司前任首席执行官雅克·纳赛尔（Jacques Nasser）在很大程度上就是因为主张引入这种评价计划而遭到抵制，最终不得不辞职的。通用电气公司是第一家普及应用强制分布法的企业，现在，这家企业已经在强制分布法中引入了更多的灵活性。例如，它现在告诉管理者应当更多地利用常识来进行绩效等级的确定，而不是再严格坚持它原来一直采用的那种非常有名的20%，70%和10%的百分比等级划分方法了。[12]需要记住的是，区分绩效最好和最差的员工往往并非难事，但是“对剩下的80%的人进行绩效等级划分就是一个比较大的挑战了”。[13]

9.2.9 关键事件法

在采用**关键事件法**（critical incident method）时，主管人员需要从一位下属人员的工作相关行为中找出那些能够代表非常好的绩效或非常差的绩效的事例（关键事件），并且记录下来。然后每隔 6 个月左右，主管人员和下属人员在记录下来的事件的基础上，共同讨论后者的工作绩效。

收集关键事件是非常有用的。它为管理人员提供了一些关于员工的优良绩效和不良绩效的实例，从而便于管理者向下属人员解释自己对他们进行绩效评价的结果。它使主管人员在整个一年当中都会思考下属人员的绩效（因而这种绩效评价所反映的就不仅仅是员工在最近一段时间里的表现）。而且，这些关键事件记录还可以为主管人员提供一些具体的例子，帮助他们让下属员工更清楚地知道可以通过做哪些事情来消除自己的绩效缺陷。它的不足之处在于，如果没有一些量化的评价结果，这种评价方法在对员工进行比较或者薪酬决策时就不那么有效了。

无论如何，为了说明为什么会将员工的绩效确定在某个等级而收集关键事件的做法是很常见的。在表 9—1 中，厂长助理的日常职责之一就是监督原材料的采购过程以及使库存成本达到最小化。而关键事件记录表明，这位厂长助理导致库存成本上升了 15%；这就提供了一个非常具体的事例来说明，这个人未来必须改进哪些方面的绩效。

表 9—1　　厂长助理的关键事件举例

日常职责	工作目标	关键事件
安排工厂的生产时间表	工厂中的人员和机器设备利用率达 90%；及时完成订单生产	采用了新的生产计划安排系统；上个月将订单的延误率降低了 10%；上个月将机器设备的利用率提高了 20%
监督原材料的采购和库存控制	在保证充足的原材料供应前提下，使库存成本降到最低	上个月导致库存成本上升了 15%；“A”类和“B”类零部件的采购过剩 20%；“C”类零部件的采购则短缺了 30%
监督机器设备的维修保养	不出现因机器设备故障而造成的停产	在工厂中建立了一套新的预防性机器设备养护系统；由于及时发现机器部件的故障而防止了一次机器停工事件的发生

9.2.10 陈述性表格法

全部或部分书面评价可能会以陈述性表格的形式表现出来。图 9—7 就是这样的一个例子。在这里，员工的直接主管人员负责对员工过去的绩效进行评价，并指出他们需要在哪些方面有所提高。主管人员所作出的陈述性评价有助于员工理解自己哪些方面的绩效是好的，哪些方面的绩效是差的，以及如何提高自己的绩效。

评价—指导工作单

员工姓名：＿＿＿＿＿＿＿＿＿＿　职位名称：＿＿＿＿＿＿＿＿＿＿

主管人员姓名：＿＿＿＿＿＿＿＿　所属部门：＿＿＿＿＿＿＿＿＿＿

日期：＿＿＿＿＿＿＿＿＿＿＿＿　被评价的时间段：自＿＿＿＿至＿＿＿＿

1. 员工在哪些领域中的工作绩效达到了绩效标准的要求？

2. 在接下来的 6～12 个月的时间里，员工需要在哪些领域中有所改善？

3. 有哪些因素或事件是超出员工控制范围之外的，但却可能会影响到（可能是积极的影响，也可能是消极的影响）员工在接下来的 6～12 个月里完成工作任务的可能性？

4. 员工已经在工作中表现出来的哪些特定优势在接下来的 6～12 个月里应当得到更为充分的利用？

5. 请列举出员工在接下来的 6～12 个月需要改进绩效的（如果有的话）2～3 个领域（知识或经验差距、技能开发需求、影响工作绩效的行为纠正等。）

6. 请根据在以上 1～5 中考虑过的各种情况，总结出你们双方能够达成共识的目标。

A. 主管将要做什么：

B. 员工将要做什么：

C. 下次应当取得进步的日期或者重新评价目标实现情况的日期：

D. 将会用哪些数据和事实来观察或评价所取得的进步。

员工签名＿＿＿＿＿＿＿＿＿＿　主管人员签名＿＿＿＿＿＿＿＿＿＿

签名日期＿＿＿＿＿＿＿＿＿＿

图 9—7　评价—指导工作单

资料来源：Reprinted from www. HR. BLR. com with permission of the publisher *Business and Legal Resources, Inc.* 141 Mill Rock Road East, Old Saybrool, CT © 2004. BLR®（Business & Legal Resources, Inc.）.

9.2.11　行为锚定等级评价法

行为锚定等级评价法（behaviorally anchored rating scale, BARS）使用一些特定的代表优良绩效和不良绩效的具体事例，对一个量化的评价尺度加以解释或进行锚定。其倡导者宣称，它比我们讨论过的其他任何一种绩效评价工具能够提供更好和更为公平的评价。[14]

建立一个行为锚定等级评价尺度通常要求按照以下五个步骤来操作：

1. 编写关键事件。首先要求对某一职位比较了解的人（通常是任职者及其上级主管人员）对能够代表这一职位上的优良绩效和不良绩效的一些关键事件进行描述。

2. 开发绩效维度。让上述提供关键事件的人将这些关键事件归纳为 5～10 个绩效维度，并对其中的每一个绩效维度——例如“销售技能”——加以界定。

3. 重新分配关键事件。为验证对关键事件所做的这些分组，再让另外一组同样对职位比较了解的人对原始的关键事件重新进行一次分类。他们会得到事先已经确定好的工作绩效维度定义（通过第二步得到的）以及所有的原始关键事件，然后他们需要把所有这些关键事件分别归入他们认为最合适的绩效维度之中。就某一关键事件而言，如果第二组中有一定比例（通常是 50%～80%）的人将其归入的绩效维度与第一组人归入的绩效维度相同，那么，这一关键事件就可以确定属于这一绩效维度了。

4. 对关键事件进行等级评价。第二组人还要再对这些借助关键事件描述的行为进行评价，即判断这些行为在多大程度上代表了员工在某一绩效维度上的有效或无效表现（一般采用 7 分到 9 分尺度）。

5. 建立最终的绩效评价工具。针对每一个绩效维度选择 6～7 个关键事件作为其“行为锚”。图 9—8 展示了行为锚的一个例子。[15]

销售技能

杂货店收银员：责任感　仔细、准确地完成顾客所购买物品的结账工作。在确保按照价格精确收款以及把优惠券信息输入机器方面一丝不苟。

极其出色的绩效

9

非常仔细、迅速地检查每张优惠券的日期以确保它们是有效的。

8

在收到未挂价签的商品后，把商品装入袋子，去货架上找到相同的商品核对价格。

7

当顾客指出某种商品正在降价销售时能够核对促销单。

6

能够对商品准确称重，但是没有核对价签上标注的每磅价格，而是仅凭记忆结账。

5

遇到缺价签的商品向隔壁收银台的员工询问商品的价格。

4

注意到有的商品缺少价签，向顾客询问商品的价格应该是多少。

3

没有确认价签，将属于“奢侈品”的东西当成“普通商品”出售，结果少收40%的货款。

2

在给顾客结账时接打手机、发短信，结果导致未能对6件商品收款。

1

极其糟糕的绩效

图 9—8　行为锚定等级评价尺度的销售技能示例

研究透视　三位研究人员曾经为杂货店中的收银员设计了一份行为锚定评价等级尺度。[16]他们收集了很多关键事件，然后将这些关键事件划分为如下 8 个绩效维度：

1. 知识和判断力；
2. 责任感；
3. 人际关系技能；
4. 结账操作技能；
5. 包装技能；
6. 结账台工作组织能力；

7. 现金交易能力；

8. 观察能力。

然后，他们为其中的每一个绩效维度——如“知识和判断力”——分别开发出一个行为锚定等级评价尺度（类似于图9—8中的那种）。在每一个行为锚定等级评价尺度中都包括1～9的9个等级，分别代表了从工作绩效“非常差”到工作绩效“非常好”的不同绩效等级。然后，他们再用一些具体的关键事件（“如果结账员了解商品的价格，那么她将能够发现商品标签上的错误，并且知道未挂标签商品的价格”）来明确界定或说明“非常好”（9级）的绩效到底是什么样。类似地，他们也运用其他几个关键事件，为从8级到1级的其他绩效等级建立行为锚。

行为锚定等级评价法的优点 尽管开发行为锚定等级评价法要花费更多的时间，但是它却具有以下几个方面的优点：

1. 更精确的测量。那些对职位及其要求最为熟悉的人或者实际承担该职位的人，比其他人更有资格来开发这种行为锚定等级评价尺度。因此，这些人开发的行为锚定等级评价尺度应当能够比较准确地对工作绩效进行评价。

2. 更清晰的标准。这些在行为锚定等级评价尺度上附带的关键事件有利于评价者更为清楚地看到，卓越绩效、一般绩效等各种不同的绩效等级到底有何具体体现。

3. 反馈。关键事件可以使评价者更容易向被评价者提供反馈。

4. 各维度相互独立。将关键事件归纳为5～6个绩效维度（如“销售技能”）的做法，有助于各个绩效维度之间更具有相互独立性。比如，在使用这种评价方法时，评价者不大可能仅仅因为一位员工在“销售技能”维度上得到的评价分数较高，就将此人的其他所有绩效维度都评定为较高的等级。

5. 一致性。[17]行为锚定等级评价法相对来说具有较高的可靠性。也就是说，不同的评价者在对同一个人进行绩效评价时，所得到的结果应该基本类似。

9.2.12 目标管理法

很多企业都因为一种或多种原因而使用目标管理法（Management by Objectives）。很多企业还把目标管理法作为一种主要的评价方法，其他一些企业则把目标管理法作为图评价尺度法等评价方法的一种补充。比如，正如我们在第3章中解释的，你可以通过与下属员工共同制定目标然后定期向他们提供反馈的方式，实施一种比较简单的、非正式的目标管理。不过，目标管理法通常是指一种复杂的且在整个组织范围内使用的目标设立和评价计划。关于这一点，我们在第3章中已经做了大体的勾勒。

在使用目标管理法的时候，要牢记目标设定的一些基本原则（SMART、具体描述等）。与下属员工共同制定目标的过程有时会演变成一场“拉锯战”，因为你想将目标制定得更高一些，而你的下属却千方百计地要把目标制定得更低一些。你对职位和下属人员的能力越了解，你对自己制定的绩效标准就会越有信心。

9.2.13 计算机化的和互联网上的绩效评价

企业正越来越多地运用计算机化的网络型的绩效评价系统。这些绩效评价系统通常都可以让管理人员以电子形式记录下属员工在整个一年当中的绩效表现，通过将这些绩效表现记录进行整合，从而运用于根据一系列的绩效特征来对员工进行的绩效评价。此后，软件系统还会自动生成一份能对绩效评价提供支持的书面电子文档。大多数绩效评价软件都把刚刚讨论过的几种基本评价方法结合在一起使用，比如图评价尺度法加上关键事件法或行为锚定等级评价法。

举例 有很多很好的绩效评价软件可供选择。"员工评价者系统"（Employee Appraiser）——由位于加利福尼亚州圣马迪奥市的奥斯丁-海恩公司（Austin-Hayne）开发——就以菜单的形式展示了十多种绩效评价维度，其中包括可靠性、主动性、沟通能力、决策能力、领导力、判断力、计划能力以及生产率等。[18] 在每一个绩效评价维度中又包含若干种不同的绩效要素，同样也是以菜单的形式展示出来的。例如，在"沟通能力"这一绩效维度之下，又可以进一步细分为书面表达能力、口头表达能力、对反馈和批评意见的接受度等绩效要素。当软件使用者点击某个绩效要素时，会看到一个较为复杂的图评价尺度。不过，在"员工评价者系统"中，图评价尺度上标注的却不是常规数字，而是各种行为锚定事例。比如，对于口头表达能力这一绩效要素来说，使用者可以有 6 个不同等级的选择，从最好的"能够清晰地表达自己的观点"一直到最差的"表达缺乏结构性"。管理人员只需从能够最有效地描述下属员工的句子中作出选择即可。"员工评价者系统"会自动生成一份关于员工绩效评价的文字范本。

哈罗根软件公司（Halogen Software）开发的电子化绩效评价系统是另一个例子。[19] 使用这一系统的员工在一年当中的任何时候都能登录这一系统，实时追踪自己在实现目标的过程中所取得的进展，并且自行录入所取得的一些重要成绩。[20] 希捷科技公司（Seagate Technology）则使用"企业套件"软件来管理其 3.9 万名员工的绩效。[21] 在希捷公司的第一个财务季度，员工就要进入系统，根据公司的目标为自己设定目标和开发计划。员工每个季度都要更新自己的计划，然后在年底进行自我评价，之后再由他们的直接上级主管人员加以审查。图 9—9 展示了另一种强大的在线评价工具。

9.2.14 电子化绩效监控

电子化绩效监控（Electronic performance monitoring，EPM）系统在利用电脑网络技术的基础上，使管理人员能够获取员工的电脑和办公电话中的信息。这种系统还能使管理人员监控员工从事在线工作的频率、准确性以及花费的时间。[22]

在一些特定的情况下，电子化绩效监控系统确实能够起到提高生产率的作用。例如，对于那些工作较为常规、并不复杂的职位而言，与技能熟练但不受监控的人相比，那些技能熟练同时受到监控的人通常能够用键盘输入更多的信息。但是，电子化绩效监控系统有时也会适得其反。在同一项研究中，那些技能水平较低且受到严密监控的人比那些技能水平同样较低但却不受监控的人反而做得更差。此外，电子化绩效监控系统似乎还会增加员工的压力。[23]

9.2.15 实践中的绩效评价

最好的绩效评价表格往往会综合运用几种绩效评价方法，图 9—2 就是这样一

图 9—9　在线绩效评价工具示例

资料来源：http：//www. hrnonline. com/ per _ about. asp，accessed April，29 2009.

个例子。它用一系列行为事件——例如，“即使是在得到指导的情况下，仍然不能……”——对图评价尺度提供支持。

这张表格说明了绩效评价中很重要的一点。这就是即使企业所使用的图评价尺度仍然采用传统的绩效维度，如“绩效低于期望”等，企业也能通过在评价尺度中增加一些行为锚定的内容而从中获益。这样做的目的是提高绩效评价的信度和效度。总而言之，图 9—2 是一个用具体的行为型胜任素质期望加以支撑的图评价尺度，这些期望指出了评价者应当在员工身上寻找哪些内容。

9.3　各种绩效评价问题的处理

最近，美国宇航局的一位员工私自携带了一把手枪进入航天中心。在与自己的直接主管交谈了几分钟之后，他对自己的主管说，“你害得我快要被解雇了”，然后开枪杀害了对方。很显然，因为这位主管人员对这位下属员工作出了较差的评价，所以这位员工非常害怕自己会被解雇。[24]

尽管这只是一个极端的案例，但确实很少有什么事情能让管理人员觉得比对下属进行绩效评价的风险更大了。员工对于他们可能得到的绩效评价结果往往都表现得过于乐观。而管理人员和员工都很清楚，员工的晋升、职业发展以及心态平和可能都取决于管理人员对他们的绩效给出的评价结果。仅仅这一点就足以使绩效评价变得非常困难。然而，更引人关注的是，还有很多技术方面的问题可能会导致员工对整个绩效评价过程的公平性产生怀疑。所以，下面对绩效评价过程中的这些技术性问题、解决这些问题的方式以及其他一些相关的绩效评价问题进行讨论。

9.3.1　各种潜在的绩效评价问题

图评价尺度法由于存在以下几个方面的问题而很容易受到怀疑：绩效标准模糊不清；晕轮效应；居中趋势；宽大倾向或严格倾向；个人偏见，等等。

绩效标准模糊不清　表 9—2 描述了绩效评价**标准不清**（unclear standard）的问题。尽管这个图评价尺度看上去很客观，但它却很可能会导致不公正的评价结果。原因是，这张表对绩效特征及其好坏程度所做的说明都非常模糊。比如，不同的主管人员可能会对何谓“良好”的绩效和“一般”的绩效等作出非常不同的解释。同样的情况也会发生在对“工作质量”和“创造性”等绩效特征进行评价的时候。[25]

表 9—2　　一份绩效标准不清的图评价尺度

	优秀	良好	一般	较差
工作质量				
工作数量				
创造性				
诚实性				

说明：例如，“良好”、“工作质量”等特征的含义是什么呢？

解决这个问题的最好办法就是像图 9—2 中那样，用一些陈述性语句来界定或描述所使用的绩效特征。在这张表格中，对于“杰出榜样”以及“低于预期”等的含义都做了较为清晰的界定。绩效特征所具有的这种具体性特征就会更具一致性，同时也更容易得到可解释的评价结果。

晕轮效应　专家通常会对**晕轮效应**（halo effect）作出这样的定义：“评价者对被评价者的总体印象对于被评价者在某个具体特征上得到的评价结果所产生的影响”。[26]比如，在对那些不能友好对待他人的员工进行绩效评价时，主管人员往往会对这些人在其他所有方面的绩效都给出较低的评价，而不仅仅是对其在“与其他人友好相处”这一绩效特征上的表现给出较低评价。评价者本人要想避免这一问题，首先应能够意识到这一问题的存在。此外，加强对主管人员的绩效评价培训以及使用行为锚定等级评价尺度（回顾一下，在行为锚定等级评价法中，各个绩效维度之间通常是相互独立的），也会有助于避免这一问题的出现。

居中趋势　许多管理人员在绩效评价尺度上给员工打分的时候，喜欢将评价结果确定在处于中间的位置。比如，如果评价尺度的等级范围是 1～7 级，那么，他们倾向于避开那些较高的等级（6 级和 7 级），同时也避开那些较低的等级（1 级和

2级)，而是把他们的大多数员工都评定在3～5级的水平上。**居中趋势**（central tendency）就意味着把所有员工的绩效都确定在平均水平上。这样做的结果是扭曲绩效评价结果，而这种评价结果对于企业作出晋升和薪资决策或者向员工提供咨询等目的来说就没有什么用处。如果对员工进行排序，而不是采用图评价尺度法来进行评价，就能够在一定程度上避免这种居中趋势的出现，因为排序本身就意味着不能把他们全部排在中间位置上。

宽大或严格倾向　还有一些主管人员则存在从来都对下属员工的工作绩效作出较高或较低评价的倾向，就像有些老师向来就喜欢给学生高分，而有些老师却总是给学生低分一样。一方面，在使用图评价尺度法时，这种**宽大或严格倾向**（strictness/leniency）问题表现得尤为突出；另一方面，如果要求主管人员必须对员工加以排序，则他们就不得不在员工中区分出绩效优异者和绩效较差者了。

此外，还有其他一些解决问题的办法。办法之一是企业建议所有的主管人员都应当避免把所有下属员工的绩效都评价得很高或很低。第二种办法是从根本上实施强制分布法——例如，只能有大约10%的员工被评为"优秀"；20%的员工被评为"良好"，如此等等。(但是必须注意：有些东西表面上看起来是错的，但事实上却未必真的就是错的——比如，有种情况表面上看似乎表明存在宽大倾向，但是当一位主管人员的所有下属员工的绩效确实都很优秀时，就不是这么回事了。[27])

近因效应　**近因效应**（recency effect）是指评价者由于受到员工在近期表现的蒙蔽，忽略了其在过去的整个一年中的绩效表现。解决这种问题的主要办法就是在整个一年中注意收集各种关键事件。

个人偏见　在绩效评价的过程中可能导致**个人偏见**（bias）出现的因素有很多。有一项研究专门考察了评价者的人格。在"责任心"这一人格特征上得分较高的评价者，往往倾向于对他们的同事作出等级较低的评价——换言之，他们是要求很严格的人；而在"宜人性"特征上得分较高的评价者，则倾向于作出等级较高的评价——换言之，他们对人更加宽容。[28]甚至绩效评价的目的本身也会带来有偏见的评价结果。在一项研究中，"与以员工开发为主要目标的绩效评价相比，旨在作为管理决策（比如加薪或晋升）依据的绩效评价所得到的评价结果会高出前者1/3"。[29]另外，绩效评价还具有强烈的人际关系性质。正如一位作者指出的："绩效评价放大了老板和员工之间的人际关系特征，双方之间的良好关系趋向于创造良好的绩效评价体验，而不良的关系则会带来糟糕的绩效评价体验。"[30]

令人遗憾的是，被评价者的个人特征（例如年龄、种族和性别等）也同样有可能会影响他们得到的评价结果。例如，一位36岁的主管人员把一名62岁的员工的绩效评为本部门中最低的一级，然后解雇了这位老员工。后来法院认为，这位年轻上司的歧视性动机有可能使他作出了带有偏见性的解雇决策。[31]一项研究发现，尽管一些女性员工和男性员工同样都得到了晋升，但是这些女性员工却不得不比男性员工获得更高的绩效等级才能获得这种晋升，"这就意味着企业对于女性员工的晋升标准掌握得更为严格"。[32]另一项研究则发现，很多评价者事实上反而会因为女性员工取得了成功而对她们进行惩罚。[33]总之，很多研究表明，"在各种可以观察到的绩效评价误差中，绝大部分都是评价者的个人偏见所导致的"。[34]这里的"管理新型员工队伍"专栏对这个问题做了进一步讨论。

管理新型员工队伍

绩效评价中的性别鸿沟

一项研究揭示了一个人的偏见是如何影响其对他人所做的评价。在这项研究中，研究人员试图确定女员工怀孕这种情况会在多大程度上导致评价者对她们的绩效评价结果产生偏见。[35]这项研究的主角是在一所中西部大学就读的220名大学本科生，他们的年龄在17～43岁之间不等。

研究者为这些人放映了两部关于一位女性“员工”的录像，每一部录像中都各自包括3段时长各为5分钟的片段，这些录像片段所描述的都是这位“员工”与另一位女性打交道时的情况。例如，她作为一位客户代表来接待一名怒气冲冲的顾客；试图向一位潜在的顾客推销一种计算机系统；处理一名问题型下属，等等。在这两部录像中，这位“员工”的绩效表现都被设计成“中等”水平或“中等偏上”水平。这两部录像中的“员工”是同一个人，而且两部录像中的内容也是完全一样的——两部录像的唯一区别在于，第一部录像是在这名“员工”怀有9个月身孕时拍摄的，而第二部录像则是在第一部录像拍完5个月之后拍摄的。

这些学生评价者被分成了若干个小组，其中的一部分小组只观看录像的主角“怀孕”的那盘录像带，另一部分小组则只观看录像的主角“未怀孕”的那盘录像带。然后，他们需要使用一个5分的评价尺度来对这名“员工”的一些个人特征——例如“工作能力”、“可靠性”以及“身体习惯”等——进行评价。尽管这些学生在两盘录像中看到的是同一位女性表现出的完全一致的行为，但他们仍然“高度一致地”对怀孕女性给出了比未怀孕女性更低的绩效评价等级。[36]

然而，从本质上说，评价者对于绩效评价所产生的影响要比被评价者产生的影响大得多。[37]正是出于这方面的重要原因，很多企业才采用了这样一些做法：让多位评价者对同一位被评价者进行评价；让员工主管人员的直接上级对评价结果进行审查；召开一些企业所谓的“绩效校正”会议——在这种会议上，各位主管人员相互讨论他们为什么要对自己的每一位下属员工给出某种评价。[38]下面，让我们更仔细地看一看改进绩效评价的一些基本原则。

9.3.2 有效实施绩效评价的五项基本原则

上述问题的存在很可能会导致企业实施绩效评价甚至不如根本就不实行绩效评价。与存在一种表面上很客观但实际上却带有偏见的绩效评价的情况相比，员工在没有绩效评价的情况下所处的境遇难道不是确实更好吗？尽管如此，上述绩效评价问题也并非就是不可避免的，完全可以通过采取一些措施将这些问题所产生的影响降到最低。为了实施有效的绩效评价，应当做好以下五件事情。

了解绩效评价中可能存在的各种问题 首先，应学习和了解各种潜在的绩效评价问题，对这些问题的了解和理性预期会有助于避免这些问题。

运用正确的绩效评价工具 其次，应运用正确的绩效评价工具或绩效评价工具组合。每一种绩效评价工具都有其优点和不足。例如，虽然排序法能避免出现居中趋势，但是当所有员工的绩效等级确实都应该被评为“优秀”的时候，这种方法就会给员工带来不良的感觉。表 9—3 总结了每一种绩效评价工具的优点和不足。

表 9—3　　各种绩效评价工具的主要优缺点

绩效评价工具	优点	缺点
图评价尺度法	使用简便；能为每一位员工提供一种量化的评价结果	评价标准可能会比较模糊；晕轮效应、居中趋势、宽大或严格倾向、个人偏见等都可能会成为问题
行为锚定等级评价法	能够为评价者提供一种“行为锚”；这种方法可能会非常精确	开发设计难度较大
交替排序法	使用简便（但还是不如图评价尺度法简便）；能够避免居中趋势和图评价尺度法的其他一些问题	可能会引起员工的不同意见，并且如果所有员工的绩效事实上都很优秀时，这种做法也可能是不公平的
强制分布法	按照事先确定的数量或百分比最终将被评价者归入每一个绩效等级中	员工最终得到的评价结果取决于评价者将临界点选择在哪里
关键事件法	可以帮助评价者确认在员工的绩效中什么是“正确的”，什么是“错误的”；它能迫使主管人员对下属员工的绩效进行持续性的评价	很难对员工作出评价或者难以对员工的绩效进行排序
目标管理法	能够把评价者和被评价者的注意力紧紧地吸引到双方都认可的绩效目标上	比较费时

在实践中，企业根据以下几项标准来选择绩效评价工具。第一项标准或许是工具的可得性和易用性。这就是图评价尺度法如此流行的原因之一——即使是在计算机化的绩效评价工具包中也有这种评价工具。虽然排序法能够产生清晰的评价结果，但是很多企业（及其各级主管人员）都宁愿避免因为采用排序法而激起员工的反抗。对于那些对准确性有很高要求的职位而言，行为锚定等级评价法无疑更好，但是需要花费更多时间才能开发和使用这种评价工具。而从加薪决策的角度来说，仅仅依靠关键事件法就不够了。

记录工作日志　第三，无论做什么，都在一年当中对员工的绩效进行记录。[39] 一项研究考察了 112 名企业的一线主管人员。其中一些人参加过一次与记录工作日志有关的培训项目。这项研究以及一些类似研究得出的结论都表明，在关键事件发生时就对其加以记录的做法有助于减少绩效评价问题。[40]

达成双方认同的绩效改进计划　第四，绩效评价的最主要的目标应该是改进令人不满意的绩效（以及强化优秀绩效）。因此，绩效评价的最终产品应当是与员工需要在哪些领域改进绩效有关的一份行动计划。

公平　第五，但也许是最重要的一点，就是确保评价者给出的每一份评价都是公平的。一项研究发现，很多最佳实践都有助于实现公平的绩效评价，比如“建立申诉机制”等。图 9—10 对这些最佳实践进行了总结。

- 根据通过职位分析得到的职责和标准来进行绩效评价。
- 尽可能地将绩效评价建立在可观察的工作行为或客观的绩效数据基础之上。
- 在进行绩效评价之前就提前清楚地阐明绩效期望。
- 对所有的员工都采用一种标准化的绩效评价程序。
- 确保评价者有大量的机会观察员工的工作绩效。
- 要么由多位评价者对员工进行绩效评价，要么让评价者的直接上级对绩效评价结果进行审核。
- 建立一套绩效评价结果申诉机制。
- 记录绩效评价的程序及其所得到的结果。
- 与员工共同讨论绩效评价结果。
- 让员工提前知道将如何进行绩效评价以及将如何运用评价结果。
- 允许员工在对他们进行绩效评价时提出自己的意见和看法。
- 指出员工在哪些地方需要改进。
- 对将要开展绩效评价的主管人员进行全面彻底的培训。例如，确保你和他们都了解将要遵循何种评价程序、各种绩效评价问题（例如宽大或严格倾向）是如何产生的以及应当如何处理这些问题。培训过程可以是比较简单的，比如让受训者观看员工正在工作的视频，对他们的绩效作出评价，然后讨论他们的哪些做法是对的，哪些做法则是错的。

图 9—10　有助于实施公平的绩效评价的最佳实践精选

资料来源：Based on Richard Posthuma, "Twenty Best Practices for Just Employee Performance Reviews," *Compensation and Benefits Review*, January/February 2008, pp. 47-54.

9.3.3　绩效评价与相关法律

可以肯定的一点是，企业如果实施了不公平的和不恰当的绩效评价，很可能会引起法律问题。一个与此相关的案例涉及解雇问题。[41]法院认定，这家企业基于有缺陷的绩效评价结果将几位西班牙裔的员工解雇，这种做法违反了美国《民权法案》第七章中的相关规定。法院裁决认为，这家企业的做法之所以不合法，主要是以下三个方面的原因：

1. 企业的绩效评价结果仅仅以主管人员的主观观察作为依据。
2. 企业并不是以一种标准化的方式来实施绩效评价并得出绩效评价分数的。
3. 在对员工进行绩效评价的三位主管人员中，有两位与被评价员工之间没有日常接触。

如果你们企业的此类案件被诉诸法庭，法院会寻找哪些方面的问题呢？有人对大约 300 件涉及绩效评价的美国法院判决进行了考察，其结果非常有助于回答这个问题。那些能够反映公平性以及正当程序的行为最为重要。以下四个方面的做法似乎能够对法院的裁决产生最具有一致性的影响：进行职位分析；为评价者提供书面的绩效评价指南；允许员工审查自己得到的绩效评价结果；不同的评价者之间能够就评价结果达成一致。至于企业是否对它们使用的绩效评价程序的效度进行正式检验，法院则很少给予关注。[42]图 9—11 列举了企业为设计出一种具有合法性的绩效评价程序，可以遵循的一系列指导原则。[43]

1. 最好是通过进行职位分析来确定绩效标准。

2. 以书面形式与员工及其评价者就这些绩效标准进行沟通。

3. 在运用图评价尺度法时，要避免使用一些定义不明的抽象的特征要素（比如“忠诚度”、“诚实性”等）。

4. 主观评语只能作为全部绩效评价的一个组成部分而不是全部。

5. 培训主管人员正确地运用绩效评价工具。

6. 使评价者与作为他们的评价对象的员工之间能够进行大量的日常接触。

7. 那种仅仅是对员工绩效给出一个总体性评价的做法，法院常常是不能接受的。

8. 在可能的情况下，尽量安排一位以上的评价者，同时让他们各自独立完成所有的绩效评价。

9. 永远不要让任何一位评价者拥有人事决策方面的绝对权力。

10. 让员工有机会复核自己的绩效评价结果，以及通过书面或口头方式发表自己对评价结果的意见，建立正式的绩效评价申诉机制。

11. 记录好一切信息：法院会无一例外地谴责那些没有任何资料证据支持的非正式绩效评价实践。

12. 在适当的时候，为那些工作绩效较差的员工提供一些纠正性指导，从而帮助他们改进绩效。

图 9—11 设计合法的绩效评价体系需要遵循的若干指导原则

9.3.4 应当由谁来进行绩效评价?

通常情况下，都是由直接上级主管人员对他们的下属进行绩效评价的。不过，还可以采用其他一些可行的做法。下面，我们来谈一谈其中的一些主要做法。

直接上级 直接上级的评价往往是大多数绩效评价的核心所在。这种做法是有道理的，因为主管人员通常是最有利于对下属员工的绩效进行评价的人，同时他们也是需要对下属员工的绩效负责的人。

同事 随着越来越多的企业开始采用自我管理团队的工作方式，同事或“团队”评价——即一位员工接受其同事的评价——就变得非常普遍。在典型的情况下，由需要接受评价的员工选定一位自己的绩效评价主席，然后再由这位主席挑选出一位主管人员以及这位员工的另外三名同事对这位员工的工作绩效进行评价。

同事评价有很多优点。在一项研究中，研究者将大学生分配到不同的自我管理工作小组中，结果发现，要求同事之间进行相互评价的做法对于“（改善）小组成员对公开沟通、完成工作任务的动机、社会性懒散、群体生存能力、凝聚力以及满意度等的感知都有着直接而积极的影响”。[44] 然而，在同事评价中，很可能会出现相互标榜的问题——同事之间相互串通起来，对对方作出较高的绩效评价。

同事评价可以很有效地预测出某一位员工在管理方面将来是否能取得成功。一项以军官为对象的研究就发现，同事评价能够非常准确地预测出哪些人能够得到晋升。[45]

评价委员会 许多企业还采用绩效评价委员会的做法。这些委员会通常包括员工的直接上级以及其他 2～3 位主管人员。

安排多位评价者进行绩效评价的做法有许多优点。尽管每一位主管人员作出的评价可能会存在一定的分歧，但是由多人得出的综合评价结果往往更为可信、公正，同时也更为有效。[46]安排多位评价者的做法还有助于避免个人偏见和晕轮效应等绩效评价问题的出现。此外，当不同的评价者得出的评价结果出现差异时，这种情况通常反映出处于不同层级的评价者所能观察到的员工工作绩效的侧面会有所不同，而绩效评价本来就应该反映员工绩效的这些不同方面。即使是在未采用评价委员会的做法的时候，企业通常也会要求评价者的直接上级对评价结果进行审核。

自我评价 员工应当对他们自己的绩效进行评价吗？当然可以，不过，在员工进行自我评价可能存在的一个主要问题是：员工对他们自己的工作绩效所作出的评价，通常都要高于主管人员或同事对他们所作出的评价。例如，在一项研究中，当研究者要求员工对自己的工作绩效进行评价时，在从事各种工作的员工中，有40%的人把自己归入了绩效最好的前 10%（“最优秀者”）之列，而剩下的那些人要么是将自己归入绩效最好的前 25%（“大大超出一般水平”）之列，要么是将自己归入绩效水平较好的前 50%（“超出一般水平”）之列。[47]一般情况下，只有不到1%或 2%的人会将自己的绩效水平归入低于平均水平的等级之中。然而，一项研究发现，人们并不总是会对他们自己的绩效有正面看法；在作为一名小组成员对本小组的绩效进行评价时，他们仍然倾向于对本小组的绩效作出不现实的过高评价。[48]

当主管人员把员工的自我评价作为绩效评价过程的一部分时，他们应该认识到，自己可能会捅马蜂窝。这种做法不仅不利于绩效评价的顺利开展，而且会加深和员工之间的分歧，甚至使双方陷入更加对立的境地。此外，即使企业并没有正式要求员工进行自我评价，他们在与你进行绩效讨论的时候，也同样毫不例外地会在自己的脑子里带上他们的自我评价结果，而他们对自己的绩效所作出的评价通常会高于主管人员对他们的绩效评价。因此，主管人员在与下属员工进行绩效面谈时，必须准备好大量的关键事件来支持自己的观点。

下级评价 很多企业让下属以匿名的方式对他们的上级主管人员的工作绩效进行评价，这一过程被许多人称为自下而上的反馈。这一评价过程可以帮助高层管理人员诊断组织的管理风格，发现组织中潜在的“人”的问题，并且在必要时对个别管理人员采取纠正性行动。在像美国联邦快递公司这样的企业中，当下级员工对上级主管人员进行评价的主要目的是对这些主管人员进行技能开发，而不是用于考核时，这种评价方法特别有用。与那些接受下属员工匿名评价的管理人员相比，那些很清楚地知道每一位下属员工对自己作出了何种评价的管理人员，对于这种自下而上的评价过程往往持一种更为积极的态度；然而，在对上级进行评价时，作为下属的员工（毫无疑问）会觉得采取匿名的方式更让他们感到自在，如果必须要求他们署名的话，他们很可能会倾向于人为地抬高绩效评价等级。在这种自下而上的反馈中，样本性的题目包括：我可以把我的想法告诉我的上级；我的上级告诉我他对我的期望是什么。

然而，一个根本的问题在于，要不要建立这样的一种自下而上的反馈系统。这种系统真的有什么好处吗？这里的“循证人力资源管理”专栏为你提供了一些可以用于决策的证据。

循证人力资源管理

我们应该鼓励自下而上的反馈吗?

有证据表明，在运用合理的情况下，下级评价能够带来显著的结果。在一项历时两年的研究中，一共有92位管理人员要先后4次接受一位或多位下属人员对他们作出的自下而上的绩效反馈。[49]在此项研究中，作为下级的员工需要根据33项行为陈述，对自己以及他们的上级主管人员作出评价。这些管理人员得到的反馈中还会包括他们在过去得到的评价结果，从而使他们能够追踪自己在不同时期的绩效情况。

研究结果是非常明显的。根据研究者的说法："那些初始绩效水平（根据下属员工的平均评价结果来衡量）'低'的管理人员，在第一次评价和第二次评价之间的这段时间里出现了绩效改善，并且这种绩效改善一直持续到两年之后。"[50]研究结果还表明，导致绩效改善的似乎并不一定是非常具体的反馈。实际上，即使是没有得到任何反馈，这些低绩效的管理人员似乎也在不断取得进步。事实上，一旦这些管理人员知道了关键的管理行为是什么，同时又知道下属人员将会对自己作出评价，这两点似乎就足以促使他们不断地改进自己的管理行为了。[51]

360°绩效反馈 很多企业已经把自下而上的反馈和同事反馈的做法进一步扩充为"360°反馈"。在这种情况下，评价信息的来源是围绕在一位员工周围的方方面面的人，其中包括他的上级、下级、同事以及内部或外部客户。[52]企业通常将这种反馈信息运用于员工开发方面，而不是用于加薪方面。

大多数360°绩效反馈系统都具有一些共同的特征。例如，由适当的评价主体——同事、上级主管人员、下属员工以及顾客等——共同完成针对某个人的调查。在这种调查中，通常会包含这样一些项目，比如，"及时接听电话"、"善于倾听"，或者是"（我的上级）及时向我提供信息"等。然后，计算机化的在线系统会对这些反馈内容进行整理汇总，形成一份关于被评价者的反馈报告，而这份报告只提供给被评价者本人。然后，被评价者再与自己的上级——有时也会与下级——进行面谈，从而共同探讨那些他们感觉到自己也确实有必要改善的绩效领域。

有些人则对360°反馈的实用性提出了质疑。这是因为员工通常都是以匿名的方式来提供360°反馈的，而一些别有用心的人可能会为了自己的利益而滥用这一系统。在迪尔波特（Dilbert）的卡通之旅连环画中，一个人在得知同事之间的相互评价会影响到个人的加薪时这样问道："如果我的同事得到的加薪幅度小一点，那么加薪预算中能给我留出来的加薪幅度岂不是会更大?"[53]

所以，360°评价是一个很大的争论焦点。一项研究发现，在360°评价（同事和上级主管人员评价）与传统的绩效评价之间存在显著的相关性。[54]如果能在360°评价中用行为型胜任素质来增加一些行为锚定的内容，则这种评价的信度会有所提高。[55]但是，另一项研究却得出了这样的结论，即这种多来源的反馈对于在后续评价中能够发现的绩效改善的影响"通常比较小"。[56]华信惠悦咨询公司（Watson Wyatt）则发现，那些使用360°反馈的公司的市场价值通常都比较低（根据股票价格来判断），其中的部分原因或许是这种方法过于复杂。[57]

总的来说，企业使用360°反馈的情况似乎是越来越少了。在像通用电气公司等这样的一些企业中，现在已经慢慢地不再使用这种反馈方式。有些企业觉得文字处理工作太过复杂烦琐；有些企业则发现员工与自己的同事彼此串通。但是，仍然有一些人宣称：有进取心的高层管理人员是欢迎360°反馈的，这是因为“通过让他们自己得到来自各个方面的表扬和批评，同时建议其他人也这样做，他们就能够指引自己的组织获得持续改善的新能量”。[58]

9.4 绩效评价面谈

绩效评价过程最终都会发展到**绩效评价面谈**（appraisal interview）阶段。在这种面谈过程中，主管人员及其下属员工对绩效评价的结果进行共同审查，然后共同制定计划来弥补一些绩效缺陷，同时强化员工的绩效优势。这类面谈通常都可能会让人觉得不舒服，因为很少有人会喜欢得到或者提供负面的反馈。因此，充分的准备和有效的执行对于绩效评价面谈取得成功来说是非常必要的。

9.4.1 绩效评价面谈的类型

作为一位主管人员，你会面临四种类型的绩效评价面谈，每一种都有自己的独特目的：

绩效令人满意——可以晋升的情况是最容易完成的一种绩效评价面谈：被评价者的工作绩效令人满意，而且有晋升的机会等在前面。你进行这种面谈的目的是与这位员工讨论其职业发展规划，并且在教育和职业开发方面制定具体的行动计划。

绩效令人满意——不可晋升的情况所面对的是那些虽然工作绩效令人满意，但不能很快得到晋升的员工。在这种情况下，你进行面谈的目的就是促使员工维持现有的绩效水平。最好的解决办法就是找到某种对这类员工非常重要的激励方式，从而使他们能够维持当前这种令人满意的绩效水平。这些激励措施可能包括：更多的休假时间、一小笔奖金以及某些强化措施，比如仅仅是偶尔简单地称赞一句：“干得好！”

当员工的工作绩效不令人满意，但是却存在着改善的可能时，绩效评价面谈的目的就是制定一份行动计划（见图9—12）来改善员工当前这种不令人满意的工作绩效。

最后，如果员工的工作绩效是不令人满意的，同时又是不可改善的，通常就可以直接跳过绩效面谈这个环节。你或者继续忍受员工当前的这种糟糕绩效表现，或者（更可能）干脆解雇这个人算了。

9.4.2 如何进行绩效评价面谈？

充分的准备是非常必要的。在进行绩效评价面谈之前，要审查被评价者的职位描述；将被评价者的实际工作绩效与绩效标准加以对照；审阅被评价者过去的绩效评价档案；同时通知员工提前一周回顾自己的工作。

员工开发计划示例

员工姓名：　　　　职位名称：　　　　制定日期：　　　　最后修订日期：

一、关键工作目标和核心胜任力

请列出本年度最重要的 3～5 项经营目标：	请列出该职位的核心胜任力：
1. 实施修订后的员工开发系统 2. 为组织开发提供支持 3. 将员工流动率降低 5%	1. 员工开发；　2. 招募； 3. 组织开发；　4. 沟通； 5. 冲突管理；　6. 申诉管理。

二、胜任力差距和行动计划

请列出 2～3 种需要改进的胜任力	列出在每一种胜任力上的关键差距	简要陈述将如何缩小这一差距	预计完成日期	状态绿/黄/红
1. 员工开发	1. 继任计划	1. 参与兄弟公司的继任计划审查，以了解整个过程		
2. 申诉管理	2. 改进流程	2. 参加流程再造培训。初步设计争议处理过程。进行试点工作并进行审查。		
3.				

三、评语/注意事项——在上下级之间对开发计划的进展情况进行审查时记录

1. 继任计划：在理解继任计划的开发过程方面进展良好。下一步要通过实际实施继任计划来增加关于这一过程的工作知识。与兄弟公司的导师保持紧密联系，寻求建议和指导。

2. 改进流程：虽然参加了流程改造培训，但是数量还不够。制定计划以得到人力资源经理的帮助。

状态：绿色——已完成；黄色——未完成或已制定达成目标的计划；红色——未达成或无计划。

管理者姓名：　　　　签名：　　　　审查日期：

图 9—12　员工开发计划示例

资料来源：www. career-changementor. com/support-files/ sampleemployeedevelopmentplan. pdf，accessed April 28，2009.

应确定一个对于双方来说都比较合适且时间比较充足的时间段来进行面谈。与像办公室文员等这样一些低级别的员工进行绩效面谈的时间不应该超过 1 小时。而在与管理类员工进行绩效面谈的时候，常常要花 2～3 小时的时间。要确保在一个不被打扰的私密环境中进行这种面谈。

在实际进行绩效评价面谈时，你应当牢记以下四个要点：

1. 根据客观的工作数据进行面谈。使用缺勤、迟到、质量记录、订单处理、生产率记录、订单处理时间、事故报告等方面的例子来进行面谈。

2. 不要指责员工。例如，不要对员工说："你提交报告的速度简直太慢了。"相反，应当尽可能地将员工的实际工作绩效与绩效标准进行对比（比如，"这些报告通常应当在 10 天之内完成并提交"）。类似地，也不要将一位员工的工作绩效与其他员工的工作绩效进行比较（比如，"他交报告的速度要比你快多了"）。

3. 要鼓励员工多说话。应当注意适当停顿下来，听听员工在说什么；多提一些开放性问题，比如，"你觉得我们应当做些什么才能改善当前的这种状况"；还可以说这样一些富有鼓励性的话，比如"请继续说下去"；最后，还可以将员工表述的最后一点作为一个问题提出来，比如"你认为自己实在无法完成这项工作，是吗"。

4. 达成一致。确保员工在面谈结束离开的时候能够明白，在他所做的事情中，哪些是对的，哪些是错的，并就如何改进工作以及何时实现改进达成共识。最后，制定一份包含目标和目标达成日期的行动计划。

下属员工对绩效评价面谈过程是否表示满意，主要取决于几个方面的因素。他们通常更喜欢：

1. 在面谈的过程中没有感觉受到威胁；

2. 有机会表达自己的观点和想法，并且能够影响面谈的整个过程；

3. 由愿意帮助他人和能够提供建设性意见的上级主管人员主持面谈。

图 9—13 提供了一份清单，以帮助你打好所有这些绩效评价面谈的基础。

	是	否
● 你与员工讨论过当初为他设定的每一项目标吗？	☐	☐
● 你和下属员工都很清楚你们在哪些方面达成一致，而在哪些方面尚未达成一致吗？	☐	☐
● 你和下属员工将技能、特征、成绩以及成长领域等所有的积极方面都概括了吗？你对员工取得的成绩进行强化了吗？	☐	☐
● 你让员工感觉到你对他们的潜能和能力所持的看法了吗？	☐	☐
● 你们双方都很清楚需要在哪些领域有所改进吗？哪些领域是应当有所改进的？哪些领域是必须有所改进的？哪些领域则是最好有所改进的？	☐	☐
● 你们双方就应当进行何种培训和开发建议达成一致了吗？	☐	☐
● 在恰当的时候，你是否指出了员工如果未能完成培训和开发任务会有什么样的后果？	☐	☐
● 你们是否为下一个绩效评价周期设定了目标？	☐	☐
● 目标客观吗？	☐	☐
● 目标具体吗？	☐	☐
● 目标可衡量吗？	☐	☐
● 你们确定了评价标准吗？	☐	☐
● 评价的时间安排如何？	☐	☐
● 你们确定了下一次绩效评价的时间吗？	☐	☐
● 你很清楚地知道你需要承担哪些方面的责任吗？员工知道他或他们所需要承担的责任吗？	☐	☐
● 你对员工所付出的努力表示感谢了吗？	☐	☐

图 9—13　绩效评价面谈核查问题清单

资料来源：Reprinted from www. HR. BLR. com with permission of the publisher *Business and Legal Resources*, *Inc.* 141 Mill Rock Road East, Old Saybrook, CT © 2004. BLR (Business & Legal Resources, Inc.).

如何对待具有防御心理的下属　在生活中，自我防御是一种很常见的现象。当一位上级主管人员告诉一位员工他的工作绩效不佳时，这位员工的第一个反应常常是矢口否认。否认就是一种防御机制。通过否认自己的过错，员工就不必再去置疑自己的能力了。恼怒和攻击是人们在面对这种反馈时很容易作出的另外两种反应。这些反应有助于他们释放情绪，同时使他们不必马上直接面对问题。

无论是在何种情况下，理解和处理防御心理都是一种非常重要的绩效面谈技巧。关于这方面的问题，心理学家摩特默·弗恩伯格（Mortimer Feinberg）在其《有效管理者心理学》一书中提出了这样一些建议：

1. 认识到防御行为是相当正常的。

2. 千万不要攻击一个人的自我防御性。不要试图"告诉别人他们是什么样的人"，比如，不应该说这种话："你自己很清楚，你找这种借口的真正原因是，你无法忍受别人对你的指责"；相反，应当尽量将面谈内容集中在事实上（比如"你的销售额正在下滑"）。

3. 推迟行动。有时，最好的做法其实就是什么也不做。人们在面对突然出现的威胁时，一种本能的反应往往是将他们隐藏到自己的防御工事后面。然而，只要有充足的时间，他们最终还是会采取更为理智的行动。

4. 认识到自己的局限性。主管人员千万不要把自己当成心理学家。让下属意识到他们存在问题是一回事，但解决深层次的心理问题却完全是另外一回事。

如何批评一位下属　当必须对下属提出批评时，要确保批评方式能够让下属人员维护自己的尊严——也就是说，批评不仅要在私底下进行，并且应当具有建设性。可以为下属员工提出一些关键事件，并且向他们提出一些具体的建议，告诉他们应当如何去做以及为什么要这样做。还应当注意通过定期提供反馈，避免对员工形成每年一次的"重大打击"，从而使员工在正式的绩效审查过程中不会对有些事情感到吃惊。此外，千万不要说一个人"总是"错的（这是因为没有人"从来"都是对的或都是错的）。批评还必须尽量客观，不带个人偏见。

如何把握正式的书面警告　如果你的某一位下属的工作绩效实在是太糟糕了，你可能不得不写一份书面的警告信。这种书面警告的作用主要在于以下两个方面：第一，它可能会对员工产生一定的震动，从而促使他们摆脱原有的不良习惯；第二，无论是在你需要向上级解释你的绩效评价结果时，还是（在必要时）在法庭上为自己给出的绩效评价结果提供辩护时，这些书面警告都可以为你提供一些帮助。

这份书面警告应当明确地指出员工应当达到的绩效标准，清楚地指出员工是明白自己需要达到这种绩效标准的，同时具体说明员工在哪些方面存在相对于绩效标准的绩效缺陷，最后还要表明自己为员工提供了一个改进绩效的机会。

9.4.3　实践中的绩效评价

很多调查都关注这样两个问题，即企业是如何对员工进行绩效评价的，以及它们为什么要对员工进行绩效评价。[59]一项研究调查了美国人力资源管理协会中的 250 家企业，结果大约 89%的企业反映，它们要求对全体员工都进行绩效评价。大约 32%的企业使用目标管理法，大约 24%的企业使用图评价尺度法，大约 10%的企业使用其他方法，大约 34%的企业使用陈述评价法——即评价者采用一种开放的格式来对员工的绩效行为作出书面描述。在接受调查的所有这些企业中，没有一家企业采用行为锚定等级评价法。80%的企业说它们采用年度绩效评价的做法，而在剩下的那些被调查企业中，大部分企业说它们采取的是每半年实施一次绩效评价的做法。在所有这些被调查企业中，92%的企业都说它们将绩效审查和反馈面谈作为绩效评价过程的一个组成部分。第二项调查发现，在 100 家大型企业中，52%的企业将绩效评价作为晋升的依据，60%的企业没有将绩效评价与加薪挂钩，68%的企业反映它们甚至没有将绩效评价结果与其他报酬（比如奖金）挂钩。其中大约有一半的企业将绩效评价结果用于制定继任计划。

9.5 绩效管理

9.5.1 什么是绩效管理?

如果你在位于肯塔基州莱克星顿的丰田汽车公司凯美瑞生产厂待上几天时间，你就会很明显地发现，大多数人所熟知的“绩效评价”在那里却不存在。主管人员不会与自己的下属员工坐在一起填写各种表格，对他们进行评价。相反，这些员工所组成的团队在监督着他们自己的绩效结果。他们通过持续不断地调整自己以及整个团队的做事方式，来使这些绩效结果与团队的绩效标准以及整个工厂的总体质量和生产率要求持续性地保持一致。需要得到辅导和培训的团队成员就会得到这些辅导和培训，而需要改变的程序也能够得到及时的改变。这就是正在起作用的绩效管理。**绩效管理**（performance management）就是指识别、衡量以及开发个人和团队绩效，并且使这些绩效与组织的战略目标保持一致的持续过程。[60]

9.5.2 绩效评价与绩效管理

在对绩效管理与绩效评价进行比较时，“两者的区别在于，一种是在每年年底发生的事件——填写绩效评价表格，另一种则是一个从年初的绩效计划开始的过程，它与整个一年当中的员工管理方式是紧密融合的”。[61]绩效管理和绩效评价的差别主要表现在以下三个方面：

第一，绩效管理从来都不是通过在一年中与员工进行一次或两次会面来评价其绩效。它是为确保实现持续性地改进而采取的一种持续性、日常性或每周都会发生的互动和反馈。[62]

第二，绩效管理永远是以目标为导向的。持续性的绩效评价总是涉及把员工和团队的绩效与特定的目标相比较，而这些目标是从公司的战略目标中衍生出来的，并且总是与其保持一致。

第三，绩效管理意味着持续地对员工和团队完成工作的方式进行再评价，并且（在必要的情况下）对其加以修正。根据具体情况的不同，这种修正可能意味着进行额外的培训、更改工作程序或者实施新的激励计划等。

9.5.3 绩效管理的基础模块

可以把绩效管理的基础模块或基因（DNA）总结为以下几项基本内容。[63]

目标共享意味着在整个公司中沟通企业的高层次目标（其中包括愿景、使命和战略），然后将这些目标转化为可实现的部门、团队以及个人目标。

目标整合是一个使所有的管理者都能看清在员工的工作目标与其所领导部门的目标以及整个公司的目标之间存在联系的过程。

持续性绩效监控通常涉及运用计算机化的系统对一位员工在实现其绩效目标的过程中所取得的进展情况作出评价，然后通过电子邮件发送进度报告或异常报告。

持续性反馈涉及通过面对面的方式以及通过计算机的方式，对在实现目标的过程中所取得的进展提供反馈。

辅导和开发支持是整个反馈过程一个必不可少的组成部分。

报酬、认可和薪酬都有助于通过施加某种后果来确保员工的绩效能够在有利于实现目标的预定轨道上前进。

9.5.4　为什么要实施绩效管理?

企业之所以从绩效评价转向实施绩效管理，主要是出于以下三个方面的原因：全面质量管理、绩效评价存在的问题以及战略规划。

全面质量管理　越来越多的管理者都接受了管理大师爱德华·戴明（Edward Deming）倡导的全面质量管理（Total Quality Management，TQM）理念。戴明认为，员工的绩效不仅与其个人的工作动机有关，而且与培训、沟通以及监督管理等其他很多因素密切相关。但绩效评价却更多的是在关注问题——员工做错了什么？戴明认为，这是一种错误的方法。和戴明的这种理念相一致，绩效管理更为关注持续性的同事间反馈，以及（在必要时）改变培训、激励以及工作流程等方面。

绩效评价存在的问题　传统的绩效评价通常会制造紧张，同时对生产率起到反面作用。[64]的确，在每年仅仅是对员工进行一次或两次绩效评价存在一个明显的缺陷，即如果确实存在需要改进的事情，那么，为什么还非要等到 6 个月以后才采取措施呢。

战略规划　研究者对 1 800 家大公司进行了调查。大约 90％的企业都制定了带有战略目标的战略规划。然而，仅有大约 1/8 的企业实现了它们的战略目标。[65]简而言之，很多管理者都制定了战略规划，但是最后却无疾而终[66]：他们之所以失败，是因为没有就自己的战略与员工进行沟通，没有给每位员工分配清晰的目标和职责，没有监督他们的实际目标实现过程。

绩效管理的目的恰恰在于避免出现以上这些问题。员工从企业战略中得到自己的目标。接下来，绩效管理中的持续性绩效评价会确保员工个人或团队的绩效与组织的战略目标保持一致。

9.5.5　利用信息技术支持绩效管理

绩效管理并不一定都是高科技的。例如，（正如前面提到的）丰田汽车公司的各个团队每天都碰一次面来评价本团队的绩效，以确保本团队以及团队成员的绩效与他们需要达成的绩效标准和目标保持一致。

另一方面，信息技术也的确能够帮助管理者实现绩效管理的自动化。可以把这种以信息技术作为支撑的绩效管理过程总结如下：

● 沿着能够导向公司整体战略目标实现的战略地图上的活动链，为每个团队的活动分配财务目标和非财务的目标。（例如，美国西南航空公司可能会用“今年将飞机的地面周转时间从每架飞机 30 分钟缩短至每架飞机 26 分钟”这样一种目标，衡量公司地勤人员实现的飞机周转时间。）

● 告知所有员工，让他们知道自己的目标。

● 使用平衡计分卡软件以及电子仪表盘等信息技术支持工具，持续地监控和评价每一个团队以及每一位员工的绩效。

● 立刻采取纠正措施。

得到信息技术支持的绩效管理系统能够帮助管理层实时检查每一个团队的绩效，并且提供了一种在问题失控之前就采取纠正措施的途径。图 9—14 展示了一份在线的员工绩效管理报告样本。

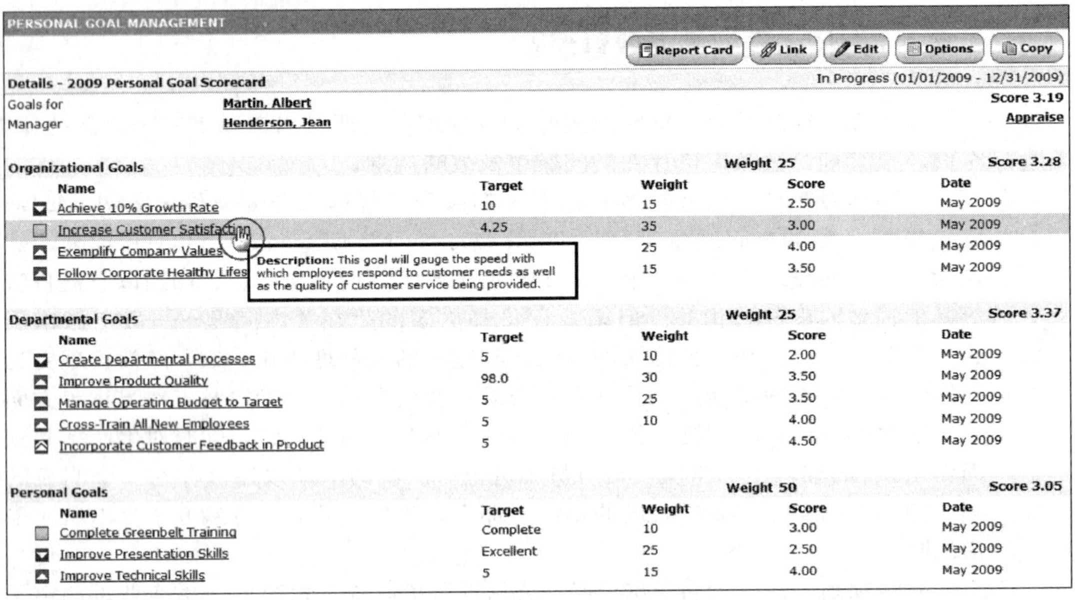

PERSONAL GOAL MANAGEMENT

Report Card | Link | Edit | Options | Copy

Details - 2009 Personal Goal Scorecard — In Progress (01/01/2009 - 12/31/2009)

Goals for: Martin, Albert — Score 3.19

Manager: Henderson, Jean — Appraise

Organizational Goals — Weight 25 — Score 3.28

Name	Target	Weight	Score	Date
Achieve 10% Growth Rate	10	15	2.50	May 2009
Increase Customer Satisfaction	4.25	35	3.00	May 2009
Exemplify Company Values		25	4.00	May 2009
Follow Corporate Healthy Lifes		15	3.50	May 2009

Description: This goal will gauge the speed with which employees respond to customer needs as well as the quality of customer service being provided.

Departmental Goals — Weight 25 — Score 3.37

Name	Target	Weight	Score	Date
Create Departmental Processes	5	10	2.00	May 2009
Improve Product Quality	98.0	30	3.50	May 2009
Manage Operating Budget to Target	5	25	3.50	May 2009
Cross-Train All New Employees	5	10	4.00	May 2009
Incorporate Customer Feedback in Product	5		4.50	May 2009

Personal Goals — Weight 50 — Score 3.05

Name	Target	Weight	Score	Date
Complete Greenbelt Training	Complete	10	3.00	May 2009
Improve Presentation Skills	Excellent	25	2.50	May 2009
Improve Technical Skills	5	15	4.00	May 2009

图 9—14 绩效管理报告

资料来源：www. activestrategy. com/images/7. 2/PGM. jpg，accessed April 29，2009. Used with permission of Active Strategy，Inc.

人力资源管理应用程序

移动绩效管理

一种新型的 iPhone 手机应用软件使管理人员和员工不仅可以监控自己的绩效管理目标，还能了解在实现这一目标过程中所取得的进展。ActiveStrategy 公司最近展示了所谓的“第一套可以在 iPhone 手机上使用的企业绩效管理应用系统”，即 ActiveStrategy 移动系统。这套新的应用系统与软件供应商的 ActiveStrategy 企业管理软件是链接在一起的，它“使企业用户可以与企业的战略性绩效紧密地联系在一起，使其成为一款理想的可在 iPhone 手机上使用的企业管理应用软件”。[67]

9.5.6　通过人力资源管理信息系统提高生产率：天合汽车集团的新型绩效评价及管理系统

天合汽车集团（TRW）在全球五大洲的 36 个国家中拥有 10 万多名员工，因此，对这家公司来说，实施员工绩效评价以及管理员工绩效不是一件很容易的事情。[68]几年前，这家企业还深陷重重债务之中。公司的高层管理者认识到，企业必须采取措施使自己变得更富竞争力和更加重视绩效。当时，分布在各地的公司各个部门大多在使用各自的书面绩效评价系统。管理层认为，建立一个在整个公司范围内通用的绩效评价和管理系统是当务之急。

公司的高层管理者组建了一个特殊的团队来负责创建这样的一个系统。这个团队由几位信息技术专家和一些来自各个业务单元的关键的人力资源代表组成。由于这些团队成员分布在世界各地，所以这个团队以及团队会议都是基于互联网的，也是虚拟的。他们的目标是开发一套包括目标设定、绩效评价、专业发展和继任计划等在内的绩效评价与管理系统。（这套新系统并不一定提供绩效管理中的持续的、实时的反馈，但是，它确实做到了把每一位员工的工作目标与天合汽车集团的战略目标联系在一起。这套系统通过将一些修正措施（比如员工开发）吸收进来，使其从一个单纯的绩效评价系统转变为一个绩效管理系统。）

这个团队还开发出了一套在线系统，天合汽车集团分布在世界各地的大部分员工和主管人员都可以输入并审核自己的电子数据。（这个团队后来还开发出了一套等价的书面系统，这套系统专门供一些在海外工作的不方便上网的特定员工使用。）

为了方便大家填写在线表格中的一些信息，这个团队还设计了一个向导程序，这个程序会指导使用者一步一步地操作。在这套系统中还有内置的提示和下拉菜单，比如，在“展示出的优势”一栏中，使用者可以在下拉的菜单中选择像“财务敏锐性”等这样一些具体的能力。

无论是员工还是管理者，都可以通过完成评价并将其发送给他人来发起绩效评价与管理过程（不过，一般情况下往往是员工先发起这一过程）。一旦员工完成了在线填写工作，该系统就会自动发送一封电子邮件给管理者，告诉他们已经有信息提交，正在等待审阅。因此，员工及其直接主管就可以通过面对面，或者在线互动的方式，对绩效评价结果进行微调。

这个新系统带来了很多好处。它使每个人的注意力都放在了这样一件事情上，即为了对天合汽车集团战略目标的实现作出贡献，自己应当做什么。它能够确认与天合汽车集团的需要以及员工个人的需要相关的开发需求。它还可以使管理者及时获得员工的绩效数据（比如，通过点击在线系统中的“员工管理”选项，管理人员就可以在屏幕上看到自己的每一位下属员工的评价情况）。它可以为所有的管理人员提供每一位员工的数据资料（比如，要想找到一位会说中文的工程师，这个系统只需要几秒钟的搜寻时间）。最后，这套系统使管理人员能够快速浏览其所有下属员工的开发需要。

本章内容概要

1. 在进行绩效评价之前，管理者应该了解有关绩效管理和绩效评价的一些基本概念。究其本质，绩效评价涉及设定工作标准、根据这些工作标准对员工的实际工作绩效进行评价，以及向员工提供反馈。管理人员应当根据事先制定的标准对员工进行评价，而这些实际的标准应该是具体的、可衡量的、可达到的、相关的以及有时限性的。

2. 管理者对绩效进行评价的基本技术主要包括几种。

● 无论使用什么样的工具，绩效评价都应该为薪酬和晋升方面的决策提出一些基础信息，能够向员工阐明与整个企业相关的一些重要目标，制定纠正绩效缺陷的计划，同时支持职业生涯规划。

● 从具体的绩效评价技术方面来说，图评价尺度法列举出了大量的绩效特征，然后针对每一种特征提供了一个绩效浮动范围。在使用这种方法时，管理者通常采用工作数量等比较通用的工作绩效维度，或者关注职位上实际履行的工作职责或任职者的胜任素质及技能。

● 在使用交替排序法的情况下，能够根据某种绩效特征对员工进行从绩效最好到绩效最差的排序。

● 配对比较法也是要对员工进行排序，只不过它的排序思路是首先绘制一张包含所有可能的员工配对的表格，然后指出在每一个配对中谁更优秀。

● 很多企业都使用强制分布法，这种方法类似于在一条曲线上划分出若干等级。在使用这种方法时，需要按照某些预先确定好的百分比，将被评价者归入各种不同的绩效类别。

● 无论具体使用哪一种绩效评价方法，管理者可能都会希望通过保持一些关于关键事件——不同寻常的良好表现或者特别糟糕的工作事例——的记录，与员工一起回顾他们的绩效。

● 行为锚定等级评价法用一些关于优良绩效和不良绩效的具体陈述性事例来对一个定量的评价尺度加以行为锚定。

● 在实践中，很多企业都使用计算机化的和基于互联网的绩效评价方法。

3. 很多主管人员都发现很难实施绩效评价，因此了解应当如何处理各种绩效评价问题就显得非常重要。特别是使用图评价尺度法，可能存在的各种潜在问题包括：绩效标准模糊不清；晕轮效应；居中趋势；宽大倾向或严格倾向；个人偏见等。而有效实施绩效评价的一些基本原则包括：了解各种潜在的绩效评价问题（例如个人偏见问题）；使用正确的绩效评价工具；做好关键事件的日常记录工作；在计划方面与员工达成一致；确保公平等。绩效评价还应当具有合法性，比如，绩效评价建立在职位分析以及明确而非主观的绩效标准基础之上。绩效评价可以是由员工的直接上级、同事、评价委员会、员工本人、员工的下属等来进行，或者采取360°反馈的做法。无论如何，至少应当让员工的直接上级来完成绩效审核过程并确定最终评价结果。

4. 在绩效面谈的过程中，主管人员要牢记几个关键点。提前准备是必不可少的；要根据客观的工作情况来进行面谈；不要进行人身攻击；鼓励员工多说话；在如何改进绩效方面达成一致意见。通过避免攻击员工的防御心理，将员工的防御性反应降至最低程度。批评要客观，在私下场合进行，同时还应当富有建设性。

5. 越来越多的企业正在从传统的绩效评价转向实施绩效管理。

● 绩效管理就是指识别、衡量以及开发个人和团队绩效，并且使这些绩效与组织的战略目标保持一致的持续过程。

● 绩效管理的基本模块包括目标分享、目标一致化、持续的绩效监控、持续的绩效反馈、教练式辅导以及报酬和认可。

● 绩效管理的方法反映了全面质量管理哲学关于绩效的观点，更为重要的是，它关注企业的整体战略目标和每位员工以及团队需要达成的目标之间的一致性，并且对这种一致性进行监控。

● 在实践中，很多企业都利用信息技术来支持绩效管理，例如，使用电子仪表盘来对每个团队的绩效进行实时的监督和校正。

讨论题

1. 绩效评价的目的是什么？

2. 请对四种主要的绩效评价工具的优缺点进行讨论。

3. 请说明你将如何使用交替排序法、配对比较法以及强制分布法来进行绩效评价。

4. 请用你自己的语言来说明，你将如何开发一套行为锚定等级评价尺度。

5. 请说明在绩效评价过程中应当注意避免的各种问题。

6. 请讨论安排不同的潜在评价者对一个人的工作绩效进行评价这种做法的优点和缺点。

7. 请对绩效管理和绩效评价加以比较。

8. 请回答下面的问题：“在绩效面谈的过程中，你将如何避免员工的防御心理？”

个人和小组活动

1. 以个人或小组为单位，为以下几种职位开发图评价尺度：秘书、教授、助理目录检索员。

2. 以个人或小组为单位，描述采用强制分布法来对大学教授进行绩效评价的优点和缺点。

3. 以个人或小组为单位，用一周的时间，以你们班的某一位教师为对象，编制一份反映其在课堂上的工作绩效的一系列关键事件。

4. 本书末附录中的美国人力资源认证机构提供的“考试指南”部分，列出了想要通过人力资源资格认证考试的人需要了解的各个方面的人力资源管理知识（例如战略人力资源管理、员工队伍规划、人力资源开发等）。请以4～5人为一组，完成下列四项任务：（1）浏览该附录中的内容；（2）明确在本章所讲授的内容中有哪些与附录中列出的需要参加考试者掌握的知识是相关的；（3）根据这些与考试相关的内容，编写出你们认为适合作为这种人力资源认证资格考试考试题的4道多项选择题；（4）如果时间允许的话，你们小组派出一个人将你们编写的考试题在课堂上展示给大家，这样各个小组的学生就能够回答其他小组编写的考试题了。

5. 在2009年的电视节目中，唐纳德·特普朗先生每个星期都会在一个固定的时刻对一位“学徒”说：“你被解雇了。”请回顾最近的（或过去的）一期《飞黄腾达》节目，然后回答这样一个问题：特普朗先生采用的是什么样的绩效评价体系？你认为这种评价体系产生了有效的评价结果吗？他似乎使用了本章中讨论过的哪些绩效评价方法？你会建议他怎样改变自己的绩效评价体系以使其更加有效？

体验式练习

对教授进行绩效评价

目的：本练习的目的在于使你获得一次设计和使用绩效评价表格的经验。

必须理解的内容：你将为一位教师设计一份绩效评价表格，因此你应当非常熟悉本章中讨论过的绩效评价的内容。

如何进行练习/指导：将全班分为若干个小组，每组由4～5人组成。

1. 首先，根据目前对绩效评价的了解，你认为图9—1中的评价尺度是对教师的工作绩效进行评价的有效工具吗？如果是，为什么？如果不是，也请说明为什么。

2. 其次，你们小组应当自己设计一种对教师的绩效进行评价的工具。你们要决定自己将使用哪一种评价工具（图评价尺度法、交替排序法等），然后自行设计出这种评价工具。

3. 然后，每个小组推举出一名发言人，将本小组设计的评价工具张贴到黑板上。不同小组设计出来的绩效评价工具彼此相似吗？它们所测量的是相同的绩效要素吗？哪些绩效要素是大家都用到的？你们认为在所有这些评价工具中，哪一种是最有效的？

4. 最后，全班同学要从大家设计的所有这些绩效评价工具中挑选出使用频率最高的10种要素，然后形成一种全班同学认为最适合对教师进行绩效评价的工具。

应用案例

斯威特沃特大学秘书的绩效评价

罗伯·温彻斯特（Rob Winschester）最近刚刚被任命为斯威特沃特州立大学（Sweetwater State University）负责行政事务的副校长。在刚刚开始到大学工作的时候，他就面临一个严峻的问题。9月，也就是在他刚刚上任3周的时候，他的老板即斯威特沃特大学的校长就告诉他，他的首要任务之一就是要改进对斯威特沃特大学的秘书和行政人员进行绩效评价的系统。这件事可能遇到的最主要问题是，绩效评价在传统上往往都是与年底的加薪直接联系在一起的。由于斯威特沃特州立大学原来在对秘书和行政人员的工作绩效进行评价时，所使用的评价工具是图评价尺度，因此大多数管理人员的评价往往不够精确。事实上，经常出现的情况是，每一位管理人员都索性简单地将其下属的秘书或行政人员的绩效等级评为“优秀”。而这样做的结果就是学校所有支持类员工每年都能得到最高等级的加薪。

但是，学校当前的预算已经不可能确保在下一年度中再为每一位事务类职员提供“最高”等级的加薪了。此外，斯威特沃特大学的校长也感觉到，这种对秘书和行政人员提供无效反馈的惯常做法对于学校的生产率提高并没有好处，因此，他希望这位新到任的副校长能够再造原来的这套绩效评价系统。10月，罗伯给大学的每一位行政主管人员都发了一份备忘录，告诉大家，在接下来的绩效评价中，任何一位行政主管所属的秘书及行政人员中，只能有一半的人被评为“优秀”。这种做法实际上是强制要求每一位主管人员都对其所属秘书的工作质量进行等级排序。罗伯的备忘录立即遭到来自各方的广泛抵制——行政主管人员害怕他们的秘书和行政人员会离开学校，到待遇更高的地方找工作；而秘书则认为新的绩效评价系统是不公平的，它使得每一位秘书都能得到最高等级加薪的机会减少了。许多秘书甚至开始在学校中的校长住所外静坐示威。面对出现的示威、感到不满的行政主管人员发布的刻薄言论以及正在蔓延的关于秘书（斯威特沃特大学一共有250名秘书和行政人员）准备消极怠工的传言，罗伯·温彻斯特开始怀疑自己要求行政主管人员对下属员工的工作绩效进行强制排序的做法是否妥当。不过，他知道，在本校的商学院中有几位绩效评价方面的专家，因此，他决定约见这几位专家来讨论一下这一问题。

第二天上午，他见到了这些人。他首先说明了他所发现的各种问题：现有的绩效评价系统是在10年前——斯威特沃特大学当时刚刚成立——建立的。这些绩效评价表格是由当时的秘书委员会制定的。根据这一绩效评价系统的要求，斯威特沃特大学的行政主管人员只需在一张类似表9—2的表格中填写一些内容就可以了。这种每年一次的绩效评价制度（在3月完成）几乎在一开始启动时，就立即陷入了困境。这是因为从一开始，各级行政主管人员对于工作标准的解释就差别很大，而他们在填写评价表格时的认真程度以及对下属员工进行监督的程度也各自不同。问题还不仅如此，到第一年年底时，所有的人都清楚地看到，每一位秘书的年度加薪实际上都是直接与3月的绩效评价结果联系在一起的。比如，那些被评为“优秀”的秘书得到了最高程度的加薪，那些被评为“良好”的秘书则得到较小幅度的加薪，那些没有得到上述两种评价结果的秘书只得到了标准化的生活成本加薪。由于大学——尤其是斯威特沃特大学——支付给秘书的薪酬通常都比私营部门支付的通行薪酬水平稍低，因此，在第一年年底，有些秘书人员就在一怒之下离职而去。从那时起，大多数行政主管人员为了降低下属员工的流失率，就开始将下属的所有秘书人员的工作绩效一律评为“优秀”，因为这样可以确保每一位秘书都能得到最高一级的加薪。在这一过程中，他们也避免了因为将下属员工的工作绩效等级区分过大而导致下属产生不良的感受。

斯威特沃特大学的两位专家答应帮忙考虑这个问题。两周后，他们向副校长提出了以下几点建议：首先，对秘书的工作绩效进行评价的表格总的来说是无效的。比如，“优秀”和“工作质量”的含义到底是什么并不清楚。因此，他们建议使用图9—2中的表格来代替现有的绩效评价表格。此外，他们还建议副校长撤销他先前发出的那份备忘录，即不再强制性地要求行政主管武断地将他们下属秘书中的一半人评价为绩效不够“优秀”。这两位专家指出，这种做法实际上是不公平的，这是因为在一位行政主管手下工作的每一位秘书很可能确实都是十分优秀的——或者出现另外一种不太可能发生的事情，即一位行政主管的所有下属秘书的工作绩效都达不到正常绩效标准。这两位专家还指出，要想使所有的行政主管都能严肃认真地对待绩效评价，就必须停止将绩效评价结果与加薪挂钩的做法。换言之，他们建议，每一位行政主管至少应当在每一年中，针对每一位下属秘书填写一份类似于图9—2中的表格，然后将这些表格作为咨询面谈的基础。至于加薪决策，则应当以绩效评价结果之外的其他因素为基础，这样，行政主管人员在对秘书的工作绩效进行评价时，就不会再犹豫是否要诚实地对下属人员的实际工作绩效作出评价。

罗伯向两位专家道谢之后回到自己的办公室，开始对他们所提出的建议进行推敲。他感到，在这些建议中，有些建议（比如用新的绩效评价表格取代老的评价表格）似乎是有道理的。但是，他对图评价尺度这种绩效评价工具的有效性仍然持怀疑态度，尤其是考虑到这种方法与自己当初提出的强制排序法之间的对比时。这两位专家的第二项建议——停止将绩效评价结果与加薪自动挂钩——听起来还是很不错的，然而这又带来另外一个非常现实的问题：如果加薪不是建立在绩效评价的基础之上，那么应当建立在什么基础上呢？他开始怀疑，这两位专家的建议是否只不过是从他们的象牙塔理论中得出的呢？

［问题］

1. 你认为两位专家的建议是否能够确保这家大学的大多数行政主管人员都能够准确

填写绩效评价表格呢？为什么可以？或为什么不可以？你认为还应当采取哪些必要的附加措施（如果有的话）？

2. 你认为副校长温彻斯特如果放弃使用带有图评价尺度的表格，而代之以我们曾经讨论过的其他绩效评价工具（比如排序法），结果是否会更好呢？为什么？

3. 如果你是罗伯·温彻斯特，你准备为秘书建立一种什么样的绩效评价系统呢？请解释一下你的想法。

连续案例

卡特洗衣公司

绩效评价

到任几个星期之后，詹妮弗非常吃惊地发现，她的父亲在经营公司的这些年中一直都没有正式地评价过员工的绩效。杰克的说法是，他还有“100 件更重要的事情要处理”，比如增加销售额、降低成本等，另外，很多员工也不会在公司里干到足以等到绩效评价的时候还不走。此外，杰克说，像熨烫工和洗衣工这样的体力劳动者，可以通过在干得好的时候得到他的赞赏得到积极的反馈，当然，如果杰克在巡视店铺时发现他们有做得不好的地方，他们也会受到杰克的批评，从而得到消极的反馈。同样的情况，杰克从来都是很坦率地告诉他的这些洗衣店管理者在他们管辖的商店中存在哪些问题，因此他们是能够获得关于洗衣店情况的反馈的。

虽然这种非正规的信息反馈已经存在，但是詹妮弗却认为，公司仍然需要更为正式的绩效评价方法。她认为，应当定期根据工作质量、工作数量、考勤和准点等标准对员工进行评价，即使是那些领取计件工资的员工也不例外。此外，她非常强烈地感到，需要给管理者提供一份涉及店面清洁度、效率、安全和遵守预算等内容的质量标准清单，同时让他们知道，公司将会根据这些标准对他们进行正式的绩效评价。

［问题］

1. 詹妮弗认为应当对员工进行正式的绩效评价，你认为她的这种观点正确吗？为什么正确？或者为什么不正确？

2. 针对每一家洗衣店中的员工和经理设计一种绩效评价方法。

将战略转化为人力资源管理政策和实践的案例

巴黎酒店

新型绩效管理体系

巴黎酒店的竞争战略是：“通过卓越的顾客服务将自己与同行区别开来，以吸引顾客延长入住时间，提高顾客再次入住比率，从而提高酒店的收入和利润水平。”酒店人力资源经理莉萨·克鲁兹现在必须制定和实施战略性人力资源管理政策和活动，通过帮助酒店获得战略所需的员工行为和胜任素质来支持酒店的这一竞争战略。

莉萨知道，巴黎酒店集团的绩效评价体系已经过时了。当这家酒店的创始人创办其第一家酒店的时候，他们到办公用品商店购买了一打绩效评价表格。直到今天，酒店还一直在使用这些表格。每张表格都是双面的。主管人员需要根据工作数量、工作质量和可靠性等绩效特征，评价员工的绩效到底是优秀、良好、一般还是较差。莉萨认为，这种绩效评价方法的缺点之一是，它既不能使员工也不能使主管人员从帮助巴黎酒店实现战略目标的角度来关注绩效评价。她希望这个体系能够把员工的关注点集中在采取那些有助于企业战略目标达成的行为上，例如，提高顾客服务水平。

莉萨和她的团队还希望这种绩效管理体系能够同时关注胜任素质和工作目标。在设计这套新型系统时，他们的起点是已经为酒店全体员工创建的职位描述。在这些职位描述中都包括胜任素质方面的要求。因此，通过采用一张类似图9—4中的表格，对酒店前台接待员的绩效评价现在关注的是像“在5分钟或5分钟以内完成顾客入住或退房手续”这样的胜任素质。在对大多数服务员的绩效评价中都包括这样一种能力，即“即使正在忙于其他事务，也能表现出对顾客的耐心以及支持”。当然，还有其他一些胜任素质要求，比如，巴黎酒店希望自己的所有服务人员在帮助顾客时都能表现出主动性，能够以客人为导向，同时能够做一名好的团队成员（从共享信息和最佳实践的角度来说）。绩效评价中包括的每一项胜任素质都是从巴黎酒店制定的更加以顾客为导向这样一种战略目标中衍生出来的。

［问题］

1. 请选定一个职位，如前台接待员，根据你现在已经得到的所有信息（其中包括你在其他章中已经编写好的职位描述），然后列出这一职位的工作职责、胜任素质以及绩效标准。

2. 在上述工作的基础上，设计一份能够用来评价这个职位任职者的绩效评价表格。

注释

[1] See, for example, Doug Cederblom and Dan Pemerl, “From Performance Appraisal to Performance Management: One Agency’s Experience,” *Personnel Management* 31, no. 2 (Summer 2002), pp. 131–140.

[2] For a recent discussion of this, see, for example, Samuel Culbert, “Get Rid of the Performance Review!” *The Wall Street Journal*, October 20, 2008, p. 4; and J. Pfeffer, “Low Grades for Performance Reviews,” *Business Week*, no. 4141 (August 3, 2009), p. 68.

[3] Experts debate the pros and cons of tying appraisals to pay decisions. One side argues that doing so distorts the appraisals. A recent study concludes the opposite. Based on an analysis of surveys from more than 24,000 employees in more than 6,000 workplaces in Canada, the researchers concluded (1) linking the employees’ pay to their performance appraisals contributed to improved pay satisfaction; (2) even when appraisals are *not* directly tied to pay, appraisals contributed to pay satisfaction, “probably through mechanisms related to perceived organizational justice”; and (3) whether or not the employees received performance pay, “individuals who do not receive performance appraisals are significantly less satisfied with their pay.” Mary Jo Ducharme et al., “Exploring the Links Between Performance Appraisals and Pay Satisfaction,” *Compensation & Benefits Review*, September/October 2005, pp. 46–52. See also Robert Morgan, “Making the Most of Performance Management Systems,” *Compensation & Benefits Review*, September/October 2006, pp. 22–27.

[4] John (Jack) Welch, broadcast interview at Fairfield University, C-Span, May 5, 2001.

[5] Howard Risher, “Getting Serious About Performance Management,” *Compensation & Benefits Review*, November/December 2005, pp. 18–26.

[6] Del Jones, “More Firms Cut Workers Ranked at Bottom to Make Way for Talent,” *USA Today*, May 30, 2001, p. B01.

[7] Steve Bates, “Forced Ranking,” *HR Magazine*, June 2003, pp. 63–68.

[8] Steven Cullen et al., “Forced Distribution Rating Systems and the Improvement of Workforce Potential: A Baseline Simulation,” *Personnel Psychology* 58 (2005), p. 1.

[9] “Survey Says Problems with Forced Ranking Include Lower Morale and Costly Turnover,” *BNA Bulletin to Management*, September 16, 2004, p. 297.

[10] Steve Bates, “Forced Ranking: Why Grading Employees on a Scale Relative to Each Other Forces a Hard Look at Finding Keepers, Losers May Become Weepers,” *HR Magazine* 48, no. 6 (June 2003), p. 62. See also D. J. Schleicher et. al., “Rater Reactions to Forced Distribution Rating Systems,” *Journal of Management* 35, no. 4 (August 2009), pp. 899–927.

[11] “Straight Talk About Grading Employees on a Curve,” *BNA Bulletin to Management*, November 1, 2001, p. 351.

[12] Jena McGregor, “The Struggle to Measure Performance,” *BusinessWeek*, January 9, 2006, p. 26.

[13] Clinton Wingrove, “Developing an Effective Blend of Process and Technology in the New Era of Performance Management,” *Compensation & Benefits Review*, January/February 2003, p. 26.

[14] See, for example, Timothy Keaveny and Anthony McGann, “A Comparison of Behavioral Expectation Scales and Graphic Rating Scales,” *Journal of Applied Psychology* 60 (1975), pp. 695–703. See also John Ivancevich, “A Longitudinal Study of Behavioral Expectation Scales: Attitudes and Performance,” *Journal of Applied Psychology* 30, no. 3 (Autumn 1986), pp. 619–628.

[15] Based on Donald Schwab, Herbert Heneman III, and Thomas DeCotiis, “Behaviorally Anchored Scales: A Review of the Literature,” *Personnel Psychology*, 28 (1975), pp. 549–562. For a discussion, see also Uco Wiersma and Gary Latham, “The Practicality of Behavioral Observation Scales, Behavioral Expectation Scales, and Trait Scales,” *Personnel Psychology* 30, no. 3 (Autumn 1986), pp. 619–689.

[16] Lawrence Fogli, Charles Hulin, and Milton Blood, “Development of First Level Behavioral Job Criteria,” *Journal of Applied Psychology* 55 (1971), pp. 3–8. See also Joseph Maiorca, “How to Construct Behaviorally Anchored Rating

Scales (BARS) for Employee Evaluations," *Supervision*, August 1997, pp. 15–19.

[17] Kevin R. Murphy and Joseph Constans, "Behavioral Anchors as a Source of Bias in Rating," *Journal of Applied Psychology* 72, no. 4 (November 1987), pp. 573–577; Aharon Tziner, "A Comparison of Three Methods of Performance Appraisal with Regard to Goal Properties, Goal Perception, and Ratee Satisfaction," *Group & Organization Management* 25, no. 2 (June 2000), pp. 175–191.

[18] www.employeeappraiser.com/index.php, accessed January 10, 2008.

[19] www.halogensoftware.com/products/halogen-eappraisal, accessed January 10, 2008.

[20] Drew Robb, "Appraising Appraisal Software," HR *Magazine*, October 2008, p. 68.

[21] Drew Robb, "Building a Better Workforce," *HR Magazine*, October 2004, pp. 87–94.

[22] See, for example, Stoney Alder and Maureen Ambrose, "Towards Understanding Fairness Judgments Associated with Computer Performance Monitoring: An Integration of the Feedback, Justice, and Monitoring Research," *Human Resource Management Review* 15, no. 1 (March 2005), pp. 43–67.

[23] See, for example, John Aiello and Y. Shao, "Computerized Performance Monitoring," Paper presented at the Seventh Conference of the Society for Industrial and Organizational Psychology, Montreal, Quebec, Canada, May 1992.

[24] Rasha Madkour, "NASA Shooting Suspect Received Poor Job Review and Feared Being Fired, Police Say," Associated Press, April 21, 2007.

[25] See, for example, Adrienne Fox, "Curing What Ails Performance Reviews," *HR Magazine*, January 2009, pp. 52–55.

[26] Andrew Solomonson and Charles Lance, "Examination of the Relationship Between True Halo and Halo Effect in Performance Ratings," *Journal of Applied Psychology* 82, no. 5 (1997), pp. 665–674.

[27] Manuel London, Edward Mone, and John C. Scott, "Performance Management and Assessment: Methods for Improved Rater Accuracy and Employee Goal Setting," *Human Resource Management* 43, no. 4 (Winter 2004), pp. 319–336.

[28] Ted Turnasella, "Dagwood Bumstead, Will You Ever Get That Raise?" *Compensation & Benefits Review*, September–October 1995, pp. 25–27. See also Solomonson and Lance, "Examination of the Relationship Between True Halo and Halo Effect," pp. 665–674.

[29] I. M. Jawahar and Charles Williams, "Where All the Children Are Above Average: The Performance Appraisal Purpose Effect," *Personnel Psychology* 50 (1997), p. 921.

[30] Annette Simmons, "When Performance Reviews Fail," *Training & Development* 57, no. 9 (September 2003), pp. 47–53.

[31] "Flawed Ranking System Revives Workers' Bias Claim," *BNA Bulletin to Management*, June 28, 2005, p. 206.

[32] Karen Lyness and Madeline Heilman, "When Fit Is Fundamental: Performance Evaluations and Promotions of Upper-Level Female and Male Managers," *Journal of Applied Psychology* 91, no. 4 (2006), pp. 767–775.

[33] Madeleine Heilman et al., "Penalties for Success: Reactions to Women Who Succeed at Male Gender Type Tasks," *Journal of Applied Psychology* 89, no. 3 (2004), pp. 416–427. Managers may not rate successful female managers negatively (for instance, in terms of likability and boss desirability) when they see the woman as supportive, caring, and sensitive to their needs. Madeleine Heilmann and Tyler Okimoto, "Why Are Women Penalized for Success at Male Tasks? The Implied Communality Deficit," *Journal of Applied Psychology* 92, no. 1 (2007), pp. 81–92.

[34] Gary Greguras et al., "A Field Study of the Effects of Rating Purpose on the Quality of Multisource Ratings," *Personnel Psychology* 56 (2003), pp. 1–21.

[35] Jane Halpert, Midge Wilson, and Julia Hickman, "Pregnancy as a Source of Bias in Performance Appraisals," *Journal of Organizational Behavior* 14 (1993), pp. 649–663.

[36] Ibid., p. 655.

[37] Clinton Wingrove, "Developing an Effective Blend of Process and Technology," pp. 25–30.

[38] Joanne Sammer, "Calibrating Consistency," *HR Magazine*, January 2008, pp. 73–74.

[39] Angelo DeNisi and Lawrence Peters, "Organization of Information in Memory and the Performance Appraisal Process: Evidence from the Field," *Journal of Applied Psychology* 81, no. 6 (1996), pp. 717–737. See also A. Fox, "Curing What Ails Performance Reviews," *HR Magazine* 54, no. 1 (January 2009), pp. 52–56.

[40] Juan Sanchez and Phillip De La Torre, "A Second Look at the Relationship Between Rating and Behavioral Accuracy in Performance Appraisal," *Journal of Applied Psychology* 81, no. 1 (1996), p. 7. See also "How To . . . Improve Appraisals," *People Management* 15, no. 3 (January 29, 2009), p. 57.

[41] David Martin et al., "The Legal Ramifications of Performance Appraisal: The Growing Significance," *Public Personnel Management* 29, no. 3 (Fall 2000), pp. 381–383.

[42] Jon Werner and Mark Bolino, "Explaining U.S. Courts of Appeals' Decisions Involving Performance Appraisal: Accuracy, Fairness, and Validation," *Personnel Psychology* 50 (1997), pp. 1–24.

[43] Wayne Cascio and H. John Bernardin, "Implications of Performance Appraisal Litigation for Personnel Decisions," *Personnel Psychology*, Summer 1981, pp. 211–212; Gerald Barrett and Mary Kernan, "Performance Appraisal and Terminations: A Review of Court Decisions Since *Brito v. Zia* with Implications for Personnel Practices," *Personnel Psychology* 40, no. 3 (Autumn 1987), pp. 489–504; Elaine Pulakos, *Performance Management*, SHRM Foundation, 2004.

[44] Vanessa Druskat and Steven Wolf, "Effects and Timing of Developmental Peer Appraisals in Self-Managing Workgroups," *Journal of Applied Psychology* 84, no. 1 (1999), pp. 58–74.

[45] R. G. Downey, F. F. Medland, and L. G. Yates, "Evaluation of a Peer Rating System for Predicting Subsequent Promotion of Senior Military Officers," *Journal of Applied Psychology* 61 (April 1976); see also Julie Barclay and Lynn Harland, "Peer Performance Appraisals: The Impact of Rater Competence, Rater Location, and Rating Correctability on Fairness Perceptions," *Group & Organization Management* 20, no. 1 (March 1995), pp. 39–60.

[46] Chockalingam Viswesvaran, Deniz Ones, and Frank Schmidt, "Comparative Analysis of the Reliability of Job Performance Ratings," *Journal of Applied Psychology* 81, no. 5 (1996), pp. 557–574. See also Kevin Murphy et al., "Raters Who Pursue Different Goals Give Different Ratings," *Journal of Applied Psychology* 89, no. 1 (2004), pp. 158–164.

[47] George Thornton III, "Psychometric Properties of Self-Appraisal of Job Performance," *Personnel Psychology* 33 (Summer 1980), p. 265. See also Cathy Anderson, Jack Warner, and Cassie Spencer, "Inflation Bias in Self-Assessment Evaluations: Implications for Valid Employee Selection," *Journal of Applied Psychology* 69, no. 4 (November 1984), pp. 574–580; and Shaul Fox and Yossi Dinur, "Validity of Self-Assessment: A Field Evaluation," *Personnel Psychology* 41, no. 3 (Autumn 1988), pp. 581–592. Yet, such findings may

be culturally related. One study compared self and supervisor ratings in "other-oriented" cultures (as in Asia, where values tend to emphasize teams). It found here that self and supervisor ratings were related. M. Audrey Korsgaard et al., "The Effect of Other Orientation on Self–Supervisor Rating Agreement," *Journal of Organizational Behavior* 25, no. 7 (November 2004), pp. 873–891.

[48] Forest Jourden and Chip Heath, "The Evaluation Gap in Performance Perceptions: Illusory Perceptions of Groups and Individuals," *Journal of Applied Psychology* 81, no. 4 (August 1996), pp. 369–379. See also Sheri Ostroff, "Understanding Self-Other Agreement: A Look at Rater and Ratee Characteristics, Context, and Outcomes," *Personnel Psychology* 57, no. 2 (Summer 2004), pp. 333–375.

[49] Richard Reilly, James Smither, and Nicholas Vasilopoulos, "A Longitudinal Study of Upward Feedback," *Personnel Psychology* 49 (1996), pp. 599–612.

[50] Ibid., p. 599.

[51] The evidence from another study suggests also that "... upward and peer 360-degree ratings may be biased by rater affect [whether the rater likes the ratee]; therefore, at this point, these ratings should be used for the sole purpose of providing ratees with developmental feedback." David Antonioni and Heejoon Park, "The Relationship Between Rater Affect and Three Sources of 360-Degree Feedback Ratings," *Journal of Management* 27 no. 4 (2001) pp. 479–495.

[52] "360-Degree Feedback on the Rise, Survey Finds," *BNA Bulletin to Management*, January 23, 1997, p. 31. See also Christopher Mabey, "Closing the Circle: Participant Views of a 360-Degree Feedback Program," *Human Resource Management Journal* 11, no. 1 (2001), pp. 41–53.

[53] Carol Hymowitz, "Managers See Feedback from Their Staffers as the Most Valuable," *The Wall Street Journal* (Eastern Edition), November 11, 2003, p. B1.

[54] Terry Beehr et al., "Evaluation of 360-Degree Feedback Ratings: Relationships with Each Other and with Performance and Selection Predictors," *Journal of Organizational Behavior* 22, no. 7 (November 2001), pp. 775–778.

[55] Christine Hagan et al., "Predicting Assessment Center Performance with 360-Degree, Top-Down, and Customer-Based Competency Assessments," *Human Resource Management* 45, no. 3 (Fall 2006), pp. 357–390.

[56] James Smither et al., "Does Performance Improve Following Multi-Source Feedback? A Theoretical Model, Meta Analysis, and Review of Empirical Findings," *Personnel Psychology* 58 (2005), pp. 33–36.

[57] Bruce Pfau and Ira Kay, "Does a 360-Degree Feedback Negatively Affect the Company Performance?" *HR Magazine*, June 2002, pp. 55–59.

[58] Maury Peiperl, "Getting 360-Degree Job Feedback Right," *Harvard Business Review*, January 2001, p. 147. See also Leanne Atwater et al., "Multisource Feedback: Lessons Learned and Implications for Practice," *Human Resource Management* 46, no. 2 (Summer 2007), p. 285.

[59] Brian Smith et al., "Current Trends in Performance Appraisal: An Examination of Managerial Practice," *SAM Advanced Management Journal* 61, no. 3 (Summer 1996), p. 16; "Companies Appraise to Improve Development," *Personnel Today*, February 25, 2003, p. 51.

[60] Herman Aguinis, *Performance Management* (Upper Saddle River, NJ: Prentice Hall, 2007), p. 2.

[61] Howard Risher, "Getting Serious About Performance Management," *Compensation & Benefits Review*, November/December 2005, p. 19.

[62] Clinton Wingrove, "Developing an Effective Blend of Process and Technology in the New Era of Performance Management," *Compensation & Benefits Review*, January/February 2003, p. 27.

[63] These are quoted or paraphrased from Howard Risher, "Getting Serious About Performance Management," *Compensation & Benefits Review*, November/December 2005, p. 19.

[64] Mushin Lee and Byoungho Son, "The Effects of Appraisal Review Content on Employees' Reactions and Performance," *International Journal of Human Resource Management* 1 (February 1998), p. 283; David Antonioni, "Improve the Management Process Before Discontinuing Performance Appraisals," *Compensation & Benefits Review*, May–June 1994, p. 29; Jonathan Siegel, "86 Your Appraisal Process?" *HR Magazine*, October 2000, pp. 199–206; Steve Bates, "Performance Appraisals: Some Improvement Needed," *HR Magazine*, April 2003, p. 12.

[65] Robert Kaplan and David Norton, "The Office of Strategy Management," *Harvard Business Review*, October 2005, pp. 72–80.

[66] Michael Mankins and Richard Steele, "Turning Great Strategy into Great Performance," *Harvard Business Review*, July/August 2005, pp. 65–72.

[67] www.activestrategy.com/eventsandnews/pressreleases/050108.aspx, accessed March 23, 2009.

[68] D. Bradford Neary, "Creating a Company-Wide, Online, Performance Management System: A Case at TRW, Inc.," *Human Resource Management* 41, no. 4 (Winter 2002), pp. 491–498.

第 10 章 教练辅导、职业生涯与人才管理

通过审视人口结构变动趋势，连锁药店 CVS 认识到自己遇到了一个问题：作为一家零售连锁店，CVS 依赖大量的年轻人来填补其在商店中的各种岗位——从上货员、收银员再到每个店面不同部门中的职员。然而，进入劳动力队伍的年轻人的人数正在萎缩，而年纪较大的劳动者的人数却在上升。CVS 的高层管理人员意识到，他们需要采取某种办法从这些人数正在日益增长的年纪较大的劳动者群体中挖掘潜力。[1]

我们学到哪了

第 9 章着重考察了评价员工绩效的问题。在完成绩效评价之后，管理者通常还需要处理几个方面的问题。员工可能需要得到教练辅导、职业生涯发展方面的咨询以及导师指导。此外，管理者和组织可能想在公司的总体人才管理背景下，对员工的绩效进行审查。本章的主要目的是帮助你更为有效地辅导和指导员工，并且支持他们的职业生涯规划需求。我们将要讨论的主要话题包括：辅导员工、职业生涯规划和导师指导的基本原理和方法以及人才管理。本章附录提供了一些具体的职业生涯管理和求职方面的工具和技术。本章是以培训、绩效评价以及开发为主要内容的第 3 篇的最后一章。一旦已经为员工提供了培训、评价以及开发，就需要转向应当怎样向他们支付薪酬这样的问题，而这个问题是接下来的三章中将要讨论的内容。

学习目标

1. 对比教练辅导与导师指导，并描述各自的重要性。

2. 对传统人力资源管理活动和以职业生涯规划为导向的人力资源管理活动进行比较。

3. 解释员工、管理人员和组织三方在职业生涯开发中各自扮演的角色。

4. 描述在作出晋升决策时需要考虑的若干问题。

5. 至少列出四种以上能够更好地管理员工退休的方法，并做简要解释。

6. 定义“人才管理”并举出一个实际的人才管理系统的例子。

10.1 改善你的教练辅导技能

一名优秀的主管人员往往是一名优秀的教练，因为他能够将员工最好的一面挖掘出来。因此，教练辅导和与之关系密切的导师指导是主管人员需要掌握的两种关键管理技能。**教练辅导**（coaching）意味着教育、指导和培训下属人员。

导师指导（mentoring）则是给员工提供建议、咨询和指引。教练辅导侧重于传授与工作有关的短期技能；而导师指导则旨在帮助员工找到应对长期职业危害的方法。从管理的起源时期开始，管理人员就已经在辅助和指导员工（在希腊神话中，就有导师向奥德修斯的儿子泰勒玛科斯提供建议）。但是，随着越来越多的管理人员在领导训练有素的员工和自我管理团队，提供支持、实施教练辅导和导师指导等做法正在迅速取代正式职权以及通过发号施令完成工作的做法。

教练辅导和导师指导都要求管理者具有一定的分析技能和人际关系技能。他们之所以需要分析技能，是因为如果连员工存在的问题是什么都不知道的话，如何指导别人或者给别人提建议呢。他们同样也需要具备人际关系技能，因为如果不能让别人听取意见并作出改变，即使知道问题在哪里也同样是没有用的。

10.1.1 教练辅导的重要性

管理者往往通过教练辅导和导师指导来完成一些最重要的职责。例如，在考核员工绩效的时候，就需要教练辅导技能和导师指导技能。此外，对于实施在职培训来说，教练辅导技能也同样是至关重要的。[2]我们看到，许多公司都在使用高层管理人员教练来改善高层管理人员的绩效。你可能必须以导师的身份去指导一位新员工在工作上逐渐上路。像美国电报电话公司这样的企业会为它们派往海外工作的每一位员工都配备导师，以确保即使这些人身在海外，其职业生涯也依然保持在正确的轨道上。

企业都很清楚教练辅导和导师指导的重要性。一家咨询公司调查了大约 2 500 名资深的人力资源经理和培训与开发经理，看看他们组织的培训项目都提供哪些培训内容。[3]这项调查发现，他们公司提供的开发项目所传授的高级技能包括：针对绩效问题提供教练辅导（72%）；与员工沟通绩效标准（69%）；针对某开发机会提供教练辅导（69%）；实施绩效评价（67%）。在本节中，我们将仔细考察教练辅导，然后在本章后面再专门讨论导师指导。

某些绩效状况并不需要教练辅导。例如，如果你下属的新员工正在学习如何第一次完成某项工作；如果现在的员工能够准确无误地使用新机器；如果员工的绩效考核结果是无可挑剔的，在这些情况下，你都不需要进行很多教练辅导。但是，很多事情往往不会这么简单。当你的员工不是这样的情况时，你很可能就不得不去辅导他们。教练辅导并不意味着仅仅是告诉别人做什么。我们应该把教练辅导视为一个包含以下四个步骤的过程：准备、规划、积极辅导和跟踪。[4]

10.1.2　准备阶段

准备就是要了解存在的问题、员工以及员工的技能。在这里，目标是形成一个关于存在何种问题的假设。

准备阶段在一定程度上是一个观察过程。通过观察员工可以了解他们正在做什么，观察工作流程，以及员工的同事与他们是如何进行互动的。除了观察，还可以审查生产率、缺勤和迟到、事故、争议、浪费、产品质量、停工时间、维修情况、客户投诉、员工先前的绩效考核结果以及培训等方面的一些客观数据。

在形成自己的假设的过程中，可以尝试使用 ABC 法（即前因、行为、后果）。这种方法的一个基本观点就是，糟糕的绩效并非总是能够用不良的技能和动机解释清楚的。面对某种绩效问题，首先审视一下前因——即在员工做某项工作之前发生了哪些事情？员工知道绩效标准是什么吗？他们知道自己没有达到这些绩效标准吗？

接下来要审查员工的行为。在这一步特别需要问的问题是："如果这位员工愿意做的话，他会做这项工作吗？"比如，对他们的培训充分吗？这个人具备必要的工作能力吗？他具有完成工作所需的工具和原材料吗？

最后，从员工的角度来考虑将这项工作做好的结果是什么。你会对工作做得好的人提供报酬吗？或者，员工如果按照绩效标准来完成工作会给他们带来什么负面后果吗（比如来自同事的抱怨）？

10.1.3　规划阶段

或许能让改变发生的最强有力的方法就是，让员工自己真心实意地认识到，确实需要在某些方面有所改变。这就要求管理者和员工之间在存在哪些问题以及需要作出哪些改变方面能够达成一致意见。在实践中，你会为此制定一份变革计划，其中包括需要采取的步骤、成功的衡量指标以及完成日期。

要想在这些方面达成一致，就要求你能调动自己所掌握的所有人际沟通技能。图 10—1 以指南的形式（比如，"清楚地表达自己"）列出了一个人际沟通方面的短期课程。

10.1.4　积极辅导阶段

在共同制定一份计划之后，就可以开始实际的"教育、指导和培训"活动了——也就是所谓的教练辅导。在这一步，你在本质上扮演的是一个教师的角色。你的工具箱中将包括你在第 8 章学到的关于在职培训的内容（"审查职位说明书"、"使用一份工作指导清单"等）。然而，人际沟通技能是有效辅导的核心。正如一位作者所说，"一位有效的教练能够以这样一种方式提供自己的思想和建议：不仅可以使他们的下属愿意倾听他们的意见，对他们的意见作出回应，而且认可他们所提出的这些建议的价值"。[5]

清楚地表达自己。例如，如果你的意思是说要立即做，就说“立即去做”；避免在时间限定方面过于宽松，或者仅仅说“越快越好”。

保持一致。别人从你这里“听到的”并不仅仅是你的语言，还有你的（非语言性的）腔调、表情和眼神接触等。因此，要确保你的腔调、表情和语言所传递的信息是一致的。

考虑干扰因素。在传递信息的过程中，要考虑到一些潜在的干扰因素（如背景噪音），比如，说话声音可以大一点。

确认“收到信息”。飞行员和航班控制员都知道要确认和再次确认所传递的信息。你也应该做同样的事情。

不要攻击他人的自我辩护。记住，不要去攻击别人的自我辩护（正如“一个人不能接受自己被无端指责”这句话所说的那样）。

运用“积极倾听”技术。要采用以下这样一些“积极倾听”工具：

● 倾听完整的意思。如果你的员工说，“我们卖不出去那么多的货物”，那么要试着去了解他们潜在的感受（例如所承受的压力）：“我知道你的感受，所以我们需要一起来看一看怎样才能解决这一问题。”

● 理解他人的感受。例如，“他们把你催得很紧吧？”

● 表明你正在虚心倾听。不要急于打断别人，或者让别人结束谈话。

● 鼓励发言者开口讲话。提出一些开放性问题，并且通过总结员工的发言来确认你对他们的理解是正确的。

图 10—1　改进人际沟通技能方面的一个短训课程

10.1.5　跟踪阶段

坏习惯有时会再度出现。因此，有必要定期重新观察这个人所取得的进步。图 10—2 列出了一份用来评价辅导技能的自我评价清单。

教练的自我评价清单

下面这些问题都与一位高效的教练所应具备的技能和素质有关。请使用该工具来评估你自己作为一位教练的有效性如何。

问题：

1. 你除了对短期绩效感兴趣，还对职业发展感兴趣吗？
2. 你为员工提供了支持和自主权吗？
3. 你为员工设置了一个较高的但可以实现的目标吗？
4. 你以身作则了吗？
5. 你有没有向员工传达企业战略以及期待他们履行的行为并将其作为制定目标的基础？
6. 你有没有与你正在辅导的员工一起工作，从而得出你们共同考虑到的各种工作办法或解决方案？
7. 在提供反馈之前，你有没有毫无偏见地仔细观察过你正在辅导的员工？
8. 你有没有做到把所观察到的东西和自己的判断或假设区别开来？
9. 你有没有在对员工采取行动之前，验证你对他们的行为所做的理论解释？
10. 你有没有注意避免把自己的绩效作为衡量他人绩效的标杆？
11. 当有人在跟你说话的时候，你有没有集中注意力，避免分心？
12. 你有没有通过释义或其他方法来阐明在某次讨论中正在谈论的主题？

图 10—2　教练的自我评价清单

资料来源：Based on Richard Luecke，*Coaching and Mentoring*（Boston：Harvard Business School Press，2004），pp. 8-9.

13. 你在和别人的谈话的过程中，有没有使用放松的身体语言或口头提示来鼓励说话的人继续说下去？
14. 你有没有使用开放性问题来促使别人来分享观点和信息？
15. 你有没有提供明确的反馈？
16. 你有没有提供及时的反馈？
17. 你有没有提供聚焦员工的行为及其结果方面的反馈（而不是一些模糊的判断）？
18. 你有没有既提供了积极的反馈，同时也给出了一些消极的反馈？
19. 你有没有努力在所要实现的理想目标和成果方面与员工达成一致意见，而不是简单地把它们强加给员工？
20. 你有没有在对员工进行教练辅导之前提前做好准备？
21. 你有没有总是在辅导讨论结束后采取跟踪行动，以确保员工正在按进度取得进展？

当你具备这些特征并且在使用这些策略时，人们就会相信你，并且到你这里来寻求获得专业方面以及个人方面的支持。

如果你对这里的大多数问题的回答都是“是的”，则说明你可能是一位有效的教练。

如果你对这里的某些或很多问题的回答都是“不是的”，那么你可能要考虑如何进一步开发自己的教练辅导能力了。

图 10—2（续）

10.2 职业生涯管理的基本原理

组织和员工往往会从不同的角度看待绩效评价。当然，组织的关注点往往是使员工的绩效与公司的标准和需要保持一致。而员工则想知道绩效评价对于他们的职业生涯到底意味着什么。因此，那些实施绩效评价的人也需要了解一些职业和职业生涯规划方面的知识。

10.2.1 职业生涯的概念

我们可以把**职业生涯**（career）定义为“一个人在多年当中担任过的各种职位”。许多人在回顾自己的职业生涯的时候，就可以知道，自己确实取得了一些本来就可以取得的成就，同时自己的职业生涯目标也得以实现。但其他人就没有这么幸运了，他们至少认为在自己的职业生涯中，潜能没有完全发挥，生活也不是那么令人满意。

很多企业在了解这种情况之后，都设法支持员工的这种职业发展需要。一些企业制定了正式的职业生涯管理程序，而另外一些企业在这方面所做的工作却很少。我们可以把**职业生涯管理**（career management）定义为“一个让员工更好地了解和开发自己的职业技能和兴趣，并且让他们在公司内部或者离开公司之后仍然能非常有效地运用这些技能和兴趣的过程”。具体的职业生涯管理活动可能包括提供现实的以职业发展为导向的绩效评价、发布空缺职位公告、提供正式的职业开发活动。**职业生涯开发**（career development）则是指一种有助于一个人进行职业探索、职业确立、取得职业成功以及获得职业满足的贯穿终身的连续性活动。**职业生涯规划**（career planning）是指帮助一个人意识到自己的技能、兴趣、知识、动机和其他特征，获得关于各种机会和选择的信息，确定与职业相关的目标，以及制定行动计划来实现这些特定目标的一个正式过程。

10.2.2 当今的职业生涯

当今的职业生涯已经不同于几年前了。就在前几年，人们往往将职业生涯视为在一家公司或者顶多几家公司中，在不同职位之间的垂直向上晋升的过程。然而，近年来的经济衰退、企业合并、业务外包、企业结盟以及似乎无休止的裁员已经改变了这种规则。许多人确实仍然是在各种不同职位之间实现垂直晋升。但更常见的情况是，员工发现不得不重新再造自己，例如，一位就职于一家出版公司的销售代表在公司被并购之后，遭到了解雇，他就不得不重新开始自己的职业生涯——到一家专门为媒体服务的会计师事务所，担任客户经理。[6]

与几年前相比，当今的职业生涯主要存在几个方面的不同。随着越来越多的女性开始追求在专业性和管理类职业中的发展，很多家庭都必须平衡因夫妻双方都从事全职工作而面临的多种挑战。同时，人们希望从职业中得到的东西似乎也在发生改变。"婴儿潮"一代——他们将在未来的几年中退休——往往以工作和组织为中心。而那些现在正在进入劳动力市场的年轻人则更看重能够让他们有机会平衡生活和工作两个方面的工作安排。

这些变化对于组织的影响很大。几年前，在组织和员工之间存在的假设（即"心理契约"）通常是："忠诚于我们吧，我们会照顾好你"。而如今，员工知道，他们必须自己照顾好自己。现在的心理契约更像是："我会尽我所能为你工作，但是我希望你能为我提供发展和学习的机会，从而让我为自己必须离开的那一天做好准备，同时也为我能实现自己想要的那种工作和生活平衡做好准备。"[7]哈特福德保险公司人力资源副总裁约翰·马迪根（John Madigan）负责管理公司信息技术系统的 3 500 名员工，他就发现了职业生涯开发活动的重要性，因为在离开该公司的员工中，"有 90%的人都提到了缺少职业开发和专业的发展机会，以及他们的上级主管在这两个领域中为他们提供的支持不够"。[8]

10.2.3 当今组织在职业生涯方面作出的努力

很多组织都已经认识到这些变化，并且将职业生涯发展方面的内容作为其人力资源管理活动的一个方面。它们不仅利用人力资源活动来支持组织的需要，而且有了方便员工进行职业生涯发展方面的自我分析和开发。[9]表 10—1 对这种情况进行了总结。例如，很多组织现在不仅将绩效评价作为一种确保员工的工作绩效与组织的工作标准保持一致的手段，而且更为强调利用它们来帮助员工更好地制定职业发展规划并作出及时的调整。

表 10—1　传统人力资源管理活动与以职业发展为导向的人力资源管理活动的不同关注点

人力资源管理活动	传统型人力资源管理的关注点	以职业发展为导向的人力资源管理的关注点
人力资源规划	分析当前及未来的职位、技能和任务。预测需求。运用统计数据。	在人员替代计划中增加关于个人的兴趣、偏好等信息。
招募与配置	将组织的需求与合格的员工相匹配。	基于员工的职业兴趣以及才能等一系列变量来进行员工和职位之间的匹配。

续前表

人力资源管理活动	传统型人力资源管理的关注点	以职业发展为导向的人力资源管理的关注点
培训与开发	提供与职位有关的技能学习、信息获取以及工作态度改善等的机会。	提供职业发展通道方面的信息。增加个人开发计划。
绩效评价	绩效评价和（或）报酬。	增加开发计划以及个人目标设定。
薪酬与福利	根据工作时间、生产率、能力等支付报酬。	增加学费报销计划，为参与联合之路（United Way）这类项目的非职位相关活动提供报酬。

资料来源：Adapted from Fred L. Otte and Peggy G. Hutcheson, *Helping Employees Manage Careers* (Upper Saddle River, NJ: Prentice Hall, 1992), p. 10. and www. ge. com. cn/careers/career _ management. html, accessed May 18, 2007.

我们马上就会看到，这种职业生涯开发导向的方案设计其实并不需要很复杂。对大多数员工来说，即使是仅仅得到绩效反馈，获得一份个人发展计划，并且有机会得到非技术性技能的培训就足够了。然而，一项调查却发现，只有约 1/4 的受访者有个人发展计划。[10]图 10—3 描绘了一份简单的职业生涯规划样表。[11]

员工职业生涯开发计划

员工：__________ 职位：__________

主管上级：__________ 部门：__________

评价日期：__________

1. 你认为该员工下一步可以晋升的合理职位是什么？你认为他什么时候能做好准备？

下一步可能担任的职位	什么时候能做好准备？			
	现在	6 个月	1 年	2 年
1.	☐	☐	☐	☐
2.	☐	☐	☐	☐
3.	☐	☐	☐	☐
	☐	☐	☐	☐

2. 该员工在未来 5 年中最有可能被晋升到的职位是什么？
3. 该员工需要哪些晋升准备？

- 知识：__________
  行动计划：__________
- 培训：__________
  行动计划：__________
- 管理能力培训：__________
  行动计划：__________

图 10—3 员工职业生涯开发计划

资料来源：Reprinted from www. HR. BLR. com with permission of the publisher *Business and Legal resources, Inc.*, 141 Mill Rock Road East, Old Saybrook, CT © 2004. BLR© (Business and Legal Resources, Inc.).

约翰·马迪根在哈特福特保险公司的经验说明，为什么组织也能从为员工提供职业生涯开发机会中受益。那些对自己的职业优势有着更深刻洞察的员工，应该能更好地武装自己为公司提供服务。[12]为员工的职业生涯发展提供支持，还有助于提高员工的组织承诺度，同时为组织招募和保留员工的努力提供支持。正如一位专家所说："今天的组织可以向员工提出的最具吸引力的价值主张就是，在 5 年内，员工将会拥有更多的知识，并且就业能力会比现在更强。这对于任何一个职业生涯发展方案来说，都是一个严峻的考验。"[13]

理想情况下，组织、员工和管理人员都应该在规划、引导和开发员工的职业生涯方面发挥重要作用（见表 10—2）。下面对此分别加以考察。

表 10—2　　各方在员工的职业生涯规划中扮演的角色

员工本人

- 承担管理自己的职业生涯的责任
- 评估自己的兴趣、技能和价值观
- 寻找职业发展信息和各种资源
- 制定目标和职业发展规划
- 充分利用各种开发机会
- 与直接上级讨论自己的职业生涯
- 遵循具有现实意义的职业生涯规划

上级

- 提供及时、准确的绩效反馈
- 提供开发性的工作任务和相关的支持
- 参与和下属员工之间的职业开发讨论
- 支持员工的开发规划

组织

- 与员工沟通组织的使命、政策和程序
- 提供培训和开发的机会，其中包括参加研讨会
- 提供职业发展信息和职业生涯发展方案
- 提供多种职业发展通道
- 提供以职业发展为导向的绩效反馈
- 提供导师指导的机会，以支持员工的成长和自我指导
- 提供员工个人发展计划
- 提供辅助员工从事学术型学习的方案

资料来源：Adapted from Fred L. Otte and Peggy G. Hutcheson, *Helping Employees Manage Careers* (Upper Saddle River, NJ: Prentice Hall, 1992), p. 56; www. ge. com. cn/careers/career _ management. html; and www _ 03. ibm. com/employment/us. cd _ career _ dev. shtml, accessed May 18, 2007.

10.2.4　员工扮演的角色

尽管组织和管理人员在指导员工的职业生涯发展方面扮演着一定的角色，但是任何一位员工都不应该把这项任务丢给其他人。对于员工来说，职业生涯规划意味着将职业发展的机会和威胁与个人的优势和劣势加以匹配。换言之，人们想追求的是能够充分发挥他们的兴趣、才干、价值观和技能优势的职业、职位和职业生涯。他们还希望自己能够在预测市场对各种职业的未来需求的基础上，选择一种有意义的职业。作出一种错误选择（或不做选择）的后果太严重了，所以这些选择是不能让别人代替你作出的。

当然，职业生涯规划并不是一份保证书。几年前，像系统分析员或电脑工程师这样的职业就是一张通向成功的门票，但很快，很多公司都开始把这些工作外包到亚洲了。但是，这种不确定性只不过是告诉我们，在必须作出职业变换的时候，人

们就必须重新进行职业定位。正如有人曾经说过的，幸运总是会光顾那些做好最充分准备的人。在本章的附录中，我们从员工的角度解释了职业生涯规划的过程。

10.3 职业生涯管理的方法

在工作中，正如我们说过的，组织和员工的直接上级在员工的职业发展过程中都扮演着重要角色。接下来，让我们来看一看组织和管理人员究竟能够做些什么。

10.3.1 组织扮演的角色

正如在表 10—3 中看到的，组织在职业发展方面付出的努力既可以很简单，也可以很复杂。例如，公布职位空缺和实施学费报销计划是支持员工的职业开发需要的很简单的方法。在另一个极端，许多像太阳微系统公司这样的企业制定了综合性的正式职业发展方案。太阳微系统公司（现在是甲骨文公司的一部分）中始终保留着一个配有顾问的职业开发中心。它可以帮助员工弥补在开发方面存在的差距，并在公司中选择合适的职业发展机会。太阳微系统公司认为，它的这种职业发展计划恰恰有助于解释这样一种现象，即它的员工的平均任职周期为 4 年，这是硅谷中的其他公司员工的平均任职年限的 2 倍。[14]

表 10—3　企业进行的各种可能的职业生涯规划与开发实践

企业进行的各种可能的职业生涯规划与开发实践
职位空缺公告
正规教育或注册费报销
职业生涯规划导向的绩效评价
管理人员提供的咨询辅导
横向调动/职位轮换
由人力资源专业人员提供的咨询辅导
退休前计划
继任计划
正式的导师指导
常见的职业发展通道
双轨道职业发展道路
职业发展手册/小册子
书面个人职业发展规划
职业发展研讨会
评价中心
自下而上的反馈
评价委员会
针对管理人员的培训方案
新员工入职培训/引导方案
特殊需要（工作狂）
特殊需要（双职工夫妇）
员工队伍多元化管理
外派/归国

资料来源：Yehuda Baruch，"Career Development in Organizations and Beyond：Balancing Traditional and Contemporary Viewpoints，" *Human Resource Management Review*，16（2006），p. 131.

组织在职业管理方面可以作出的其他方面的努力还包括组织职业开发中心和职业发展研讨会。职业发展中心可能包括一个基于互联网的或线下的职业发展图书馆、职业发展研讨会以及涉及相关主题（如时间管理）的其他研讨会，以及能够提供职业发展指导的个人职业教练。（组织还可以使用本章附录中提到的那些工具来组建一个网上的职业发展中心。）美国第一银行（First USA Bank）就有一个所谓的“机会来敲门”计划。这个计划的目的主要是帮助员工明确他们的职业发展目标，然后在公司中实现这些目标。除了提供职业生涯开发培训和跟踪支持职位，该计划还包括员工在公司上班时间和上班地点就可以利用的各种特定职业生涯发展工具。在后者中就包括职业评价工具和职业生涯发展规划工具等。[15]

职业生涯规划研讨会。职业生涯规划研讨会是“一项有计划的学习活动，在这项活动中，参加者要积极参与，完成职业生涯规划练习以及各种技能测试，并且还要参加职业技能实战训练环节”。[16]一次典型的研讨会通常包括自我评价、环境评价、目标设定以及制定行动计划几个组成部分。此类研讨会的典型的日程请参见图 10—4。

一项调查揭示了各种组织职业生涯管理实践的普及程度。研究者调查了英国的 524 家组织，以确定 17 项职业生涯管理实践的使用频率。结果发现，“发布职位空缺公告”是最常用的职业管理实践。至于其他的职业管理实践，按照排名的先后顺序分别是：正规教育；以职业发展为导向的绩效评价；管理人员提供的建议；横向的、开发性职位变动；人力资源专业人员提供的建议；退休准备；继任计划。[17]

10.3.2　组织进行职业生涯开发的一些创新实践

很多组织还采用了各种各样的创新性职业生涯开发活动。接下来就来看一看几个这样的方案。

终身学习预算　正如在第 8 章中讨论的，包括 IBM 公司在内的几家企业都为其员工提供 401（k）型的终身学习账户。组织和员工个人都要向这个账户缴费，然后员工可以利用这些资金，从事他们想得到的与职业有关的教育和开发活动。[18]

角色置换　为了让员工更好地理解自己在职业发展方面的优势和劣势，让员工临时到不同的职位上工作。

组织职业成功团队　即组织若干员工小组定期会面，为大家实现各自的职业目标提供相互支持。

提供职业教练　例如，泛美金融集团就聘用了 20 位职业生涯开发教练，为其信息技术机构中的 850 人提供帮助。这些教练帮助每一位员工确认他们的职业发展需求，以及为了满足这些开发需求，员工需要获得哪些培训、专业开发以及网络工作的机会。[19]

职业教练一般会帮助员工制定一项能够表明他们在公司中未来 1～5 年的发展情况的规划。然后，组织和员工再基于员工的开发计划来确定他们需要做什么。[20]

提供在线职业生涯开发方案　例如，Workforce Vision from Criterion 公司就通过提供在线系统帮助公司分析员工的培训需求。在网上点击某个员工的姓名，便会出现其工作经历、胜任素质、职业发展通道以及其他方面的一些信息。对于每一种胜任素质（比如，领导力和关注顾客等），都有一个条形的柱状图显示出“差距分析”，这种差距分析揭示了此人的优势和劣势。然后，公司再围绕员工的个人需要来组织各种开发活动。[21]

在项目开始之前的两个星期，参与者会收到一份确认他们将参与研讨会的信函，以及需要在参加研讨会之前完成的各种练习。在这些练习中包括各种技能测试、价值观确定、生活成就测试以及描述各种可供选择的职业发展方向的阅读材料。

第一天	第二天
8：30—10：00　职业生涯规划介绍和概览 致欢迎辞及对项目的介绍 总经理致欢迎辞 对研讨会日程和预期成果的说明 与会人员介绍（陈述对本项目的期望） 职业开发概览 公司的理念 为什么需要进行职业生涯规划 职业生涯规划是什么和不是什么 职业生涯规划模型	**8：30—10：00　目标设定** 暖场练习 审查自己目前所在的位置以及想要到达的位置 目标设定：我想要到哪里去？ 构建理想的未来 未来的技能要求和成就 理想的生活方式 生活和职业目标
10：00—12：00　自我评价：第一部分 个人自我评价：价值观 价值观卡片分类练习 与参加培训之前的价值观练习结果综合介绍 职业生涯规划总结工作单 个人自我评价：技能 激励技能练习 考察生活成就（与参加项目前的练习结果综合） 确认生活成就主题 偏好的工作技能（从参加项目前所做的练习中查找） 填写职业生涯规划总结工作单	**10：15—1：30　环境评价：第二部分** 公司中的职业发展资源 介绍支持性的服务以及信息 自我营销：在公司中实现你的目标会怎样 描述准备与大家共进午餐的资源性人物以及需要通过头脑风暴方式讨论的问题或主题 与资源性人物共进午餐 审查在午餐中进行讨论的结果
1：00—3：00　自我评价：第二部分 个人自我评价：职业锚 职业锚定模式练习 小组讨论 填写职业生涯规划总结工作单 个人自我评价：偏好 对我而言，成功意味着什么 技能、知识、人格特征 填写职业生涯规划总结工作单 个人自我评价：职业发展通道模式 与通过参加项目前的练习所得出的职业发展方向加以综合 填写职业生涯规划总结工作单	**1：30—4：30　制定职业发展行动计划** 作出职业发展决策 确定长期中的备选方案 确定短期中的备选方案 改进职业发展决策 强化职业发展的决策风格和决策方式 制定自己的职业发展规划 将自己的目标与各种可选方向加以综合 下一阶段的职业发展步骤 职业开发行动方案 临时性规划 实施：承诺采取下一个阶段的步骤 总结与结束
3：30—4：30　环境评价 关于公司的信息 目标、增长领域、期望 流动率、职位竞争、未来的技能要求 填写职业生涯规划总结工作单 个人职业轮廓 现实测试，与他人分享你现在是如何看待自己的	

图 10—4　为期两天的职业生涯规划研讨会日程安排样本

资料来源：Fred L. Otte and Peggy Hutcheson, *Helping Employees Manage Careers* (Upper Saddle River, NJ: Prentice Hall), 1992, pp. 22-23.

10.3.3　以承诺为导向的职业生涯开发活动

世界经济的全球化通过各种渠道给我们带来了很多实惠。对于产品和服务——从汽车到电脑，乃至航空旅行——来说，它导致了更低的价格、更好的质量以及更高的生产率，同时（还在许多国家）带来了更高的生活水平。然而，全球化所带来的成本效率、开支紧缩和生产率改善又引起了各种巨大的劳动力队伍的混乱。对效率的追求驱使很多公司追求“少花钱、多办事”。而在每一次破产、收购和兼并之后，都会有越来越多的员工发现自己面临失业。

这些情况理所当然会降低员工的组织承诺度。正如在本章前面提到的，“心理契约”已经改变。现在，很多员工都在问：“如果在你决定再次削减成本的时候，你想做的就是解雇我，我为什么还要忠诚于你呢?”按照《打好你自己的降落伞》一书作者的说法，今天的员工更倾向于把自己视为“自由球员”，他们一方面想着如何把当前的这份工作做好，另一方面也在努力做好到下一家去的准备。在这种环境下，很多员工都希望组织能够为他们提供有助于扩大他们的职业选择范围的机会。这就是为什么说（正如本章前面所说的）“今天的组织可以向员工提出的最具吸引力的价值主张就是，在 5 年内，员工将会拥有更多的知识，并且就业能力会比现在更强……”[22]

我们已经看到，组织可以做许多事情来改善员工的发展和职业前景，比如，从发布职位空缺公告到学费报销，再到组织职业生涯规划研讨会，等等。最主要的一个方面是，组织的各种职业生涯开发努力作为一个整体，应该向员工发出这样的信号，即组织关心员工职业发展的成功，因此是值得员工对组织作出承诺的。在组织以及管理人员能够为支持员工的职业生涯发展需要而提供的所有机会中，最为重要的或许就是以职业发展为导向的绩效评价。

以职业发展为导向的绩效评价　简而言之，如果只是通过绩效考核来告诉员工他干得怎么样，就会错过一个支持员工职业生涯发展的机会。绩效评价的作用并不仅仅是告诉员工他做得怎么样。它还为管理者和员工提供了一个讨论的机会，从而将员工的绩效、职业发展兴趣以及开发需要联系在一起，制定一份具有内在紧密关系的职业生涯发展规划。

许多组织都有正式的计划来做这些事情。例如，在 JC 彭尼公司的管理人员绩效评价表格中就包含一份所有职位的名称和职能清单，从而可以标出员工希望考虑的职位。该公司培训自己的各级管理人员，把员工的绩效、职业发展兴趣以及公司的需要联系在一起，并为员工制定一个包括各种开发活动在内的职业生涯发展规划。

另一方面，即使是如图 10—5 所示的简单的绩效审查与开发计划表格也足够了。最主要的是，要帮助管理者和员工将员工在本年度中的绩效经验转化为可视的开发计划和目标。

虽然所有的员工都会有一些共同之处，但一支多元化的员工队伍往往会给工作场所带来一些特殊的职业发展需要。本章的“管理新型员工队伍”专栏就讨论了这个问题。

人力资源管理核查清单

A. 员工的主要优势
1. ______
2. ______
3. ______

B. 员工需要改进或开发的领域
1. ______
2. ______
3. ______

C. 开发计划：开发领域
1. ______
2. ______
3. ______
4. ______

员工开发战略：______

D. 员工对此次考核的意见：______

E. 考核者意见：______

在当前职位上的成长潜力以及在未来承担更多责任时的成长潜力：______

组织盖章：______ 日期：______
考核者签名：______ 日期：______
考核者的上级签名：______ 日期：______

图 10—5 绩效评价与开发计划样本

资料来源：Reprinted from www. HR. BLR. com with permission of the publisher *Business and Legal Resources, Inc.*，141 Mill Rock Road East，Old Saybrook，CT © 2004. BLR ©（Business and Legal Resources，Inc.）.

管理新型员工队伍

不同的职业生涯开发需要

在职业生涯发展过程中，女性和男性会遇到不同的挑战。女性反映她们在职业发展方面遇到了比男性更大的障碍（比如被排斥在正式的网络之外），很难获得开发性的工作安排以及在不同的地理区域转换职位的机会。女性不得不表现得更加积极主动，才有可能获得这样的工作安排。[23]

在这些事情上，少数族裔女性可能会风险更大。在过去的数年中，非洲裔美国人、亚裔美国人和拉美裔美国人在美国劳动力队伍中所占的比例分别增长了35%，78%和25%。然而，在私营部门的专业类和管理类职位中，有色人种的女性所占比例却很小。一项调查询问少数族裔的女性，她们认为哪些因素是她们取得职业发展成功的障碍。她们指出，自己在取得职业进步方面面临的主要障碍包括：没有一位有影响力的导师向她们提供指导（47%）；缺乏与有影响力的同事之间建立的非正式网络关系（40%）；缺乏与自己来自同一种族或族裔的人作为成功的榜样（29%），以及缺乏清晰可见的工作任务安排（28%）。[24]

然而，令人遗憾的是，许多职业生涯发展计划都与少数族裔员工以及非少数族裔女性员工的需要并不相符。例如，许多这种职业发展计划都低估了女性（以及男性）在家庭责任方面需要扮演的重要角色。类似地，一些职业发展规划还假设职业道路是连续的，然而，对于许多有色人种和女性（也可能是男性）而言，他们为了照顾家庭或许需要停止工作一段时间。这样就使他们的职业发展道路不得不中止一段时间。[25]而且，无论如何，有些类型的职业生涯开发计划——快速发展规划、个人职业发展咨询以及职业生涯规划研讨会等——对女性没有对男性那么有用。[26]许多人把女性在职业生涯发展过程中所面临的各种大大小小的比较微妙的或不太微妙的障碍统称为玻璃天花板。

鉴于这些方面的问题，组织和管理者能做的最为重要的事情就是认真对待女性和少数族裔员工的职业发展需要。一些具体的步骤包括以下内容。

消除制度障碍　许多做法——比如，要求在深夜召开的会议——看似一种属于性别中立的要求，但实际上会对女性和少数族裔员工产生不对等的影响。

改善网络关系和实施导师指导　为了增加女性员工构建网络关系的机会，万豪国际集团就专门为女性举行了一系列领导力开发会议。与会的发言者为女性员工提供一些关于如何取得职业进步的实用技巧，与她们分享自己的经验。更重要的是，这种会议为万豪集团的女性员工提供了一些公司的女性相互接触并形成商务关系的非正式机会——比如，在午餐时间的接触。

消除玻璃天花板　要想消除玻璃天花板，仅仅是让首席执行官发布一道命令是不够的，因为这种问题通常是系统性的。正如一位专家所说：“性别歧视的根源在于工作实践、文化规范以及看似不偏不倚的印象……人们甚至都没有注意到它们，更不用说提出质疑了。”这些现象包括前面提到的午夜会议以及高尔夫球俱乐部会员等。

采用灵活的职业发展路径　缺乏灵活性的晋升阶梯——比如，必须每周工作 70 小时并且连续工作 8 年才能申请成为合伙人——就会让女性处于不利地位，因为她们常常要承担更多的照顾孩子的责任。例如，在很多大型会计师事务所，“很多男性都是在圆满完成十几年的工作之后才开始申请被晋升为合伙人的，但却只有很少的女性能够坚持做到这一点，因此，也只有极少的女性有资格申请或能够得到这些宝贵的职位”。[27]然而，组织还是可以通过设计一些特定的职业发展通道（其中包括减少工作小时数、更为灵活的年度工作日程安排等），使女性既能够阶段性地减少她们的工作时间，同时又能保留被晋升为合伙人的可能性。

10.3.4　管理者扮演的角色

怎么样高估一位主管人员对其员工的职业生涯开发所能够产生的影响都不为过。即使仅仅是提供一些现实性的绩效评价以及坦诚的职业发展建议，很少或根本不做其他任何方面的额外努力，一位有能力的主管人员也可以帮助员工走上正确的职业发展轨道并且保持在这样一种正确的轨道上。在另一个极端，一位对员工漠不关心和不提供任何支持的主管人员在多年以后回过头会发现，自己这些年来实际上是在阻碍员工的职业发展。

无论一个组织是否制定了职业发展规划，每一位管理者都可以通过做一些事情来支持和满足下属的职业发展需要。例如，当一位下属刚刚开始承担自己的工作时，管理人员要确保（通过指导和培训）使其能有一个良好的开端。从这方面来看，管理人员应当定期进行正式的绩效评价，并且集中考察员工当前的技能和绩效与其个人职业目标之间的一致程度。此外，还可以为员工提供一份如图10—5所示的非正式的职业发展规划。管理者还要让下属知道如何利用公司中目前已有的与职业有关的各种福利，并且鼓励他们这样做。[28]而且，或许最为重要的是，管理人员应当知道如何提供导师指导式的帮助。下面就来看看这方面的问题。

10.3.5 培养你的指导技能

传统意义上的导师指导意味着，让经验丰富的资深员工提供建议、咨询以及指导员工的长期职业发展。一位正在为应当从事哪一种职业或者如何适应办公室政治而感到头疼的员工，可能就需要得到导师指导。

导师指导关系既可以是正式的，也可以是非正式的。从非正式的情况来看，中层和高层管理人员可能会自愿帮助那些缺乏经验的员工——比如，为他们提供一些职业发展建议以及帮助他们适应办公室政治。许多组织还有正式的导师指导方案。例如，组织可以将徒弟和潜在的导师结成对子，并通过提供培训来帮助导师和徒弟更好地理解他们各自需要承担的职责。研究表明，无论是正式的还是非正式的导师指导计划，如果能够有一位导师为员工提供与职业发展有关的指导，并且作为员工的参谋，则可以大大提高员工对个人职业发展的满意度及其成功几率。[29]

导师指导方面的注意事项 对一位主管人员而言，导师指导关系既可能是极具价值的，又有可能是危险的。这种关系之所以是极具价值的，是因为它能够使主管人员以一种积极的方式，对那些缺乏经验的下属和同事的职业发展和生活产生影响。至于说危险，则是同一枚硬币的另一面而已。教练辅导的重点是日常性的工作任务，而这些日常性的工作任务是很容易重新学习的，所以教练辅导的负面影响往往是非常有限的。而导师指导所针对的则是相对来说难以逆转的长期问题，并且经常会触动一个人的心理（例如，动机、需要、能力倾向以及一个人如何与他人相处等）。由于管理者通常不是心理学家或者训练有素的职业发展顾问，所以他们就必须格外谨慎地对待自己所提供的指导性建议。

有效的导师 有研究试图考察管理者需要做哪些事情才能成为优秀的导师，研究结果几乎没有什么惊人的发现。有效的导师通常设定较高水平的绩效标准，愿意投入导师指导关系所需要的时间和精力，并且积极地引导自己的指导对象参与一些重要的项目、团队和工作。[30]有效的导师指导关系需要信任，而双方之间的信任程度则反映了导师自身的专业能力、坚持的一贯性、沟通能力以及分享控制权的意愿。[31]

另一方面，针对组织应当做什么才能让导师指导关系更为有效所做的调查研究，却得出了与直觉不太相符的结论。[32]我们可以将这些发现总结如下：

- **需要导师指导吗？**无论被指导者是自愿参与导师指导计划，还是被正式指派给导师，导师指导关系的优劣程度或者质量都没有太大的区别。
- **需要提供导师指导方面的培训吗？**保持在最低程度就可以了。在导师指导方面的培训中花费的时间越多，就会有越多的导师报告说导师指导关系很糟糕。“这可能是因为大家对于在培训方面花费的时间过多感到不满，或者是不恰当地抬高了大家的期望。”[33]

● **距离重要吗？**答案是否定的。双方之间距离较远的导师计划参与者甚至会付出更多的努力来弥补因为较远的距离所带来的不便。

● **双方来自同一个部门还是不同的部门？**当导师和被指导者来自同一部门时，导师指导计划会更有用。

● **双方之间的等级差别大些好还是小些好？**被指导者往往喜欢与他们当前的等级更为接近的导师。这就使一线主管人员作为导师的价值更为突出。

被指导者的责任 有效的导师指导关系是双向互动的。找到有效的导师是十分重要的。不过，被指导者如果想获得最大的收益，还需要承担起其中的大部分责任，只有这样才能使导师指导关系正常发挥作用。对被指导者提出的建议包括以下几点：

选择一位合适的、有潜力的导师。导师应该能够很客观地提供良好的职业发展建议。很多人都希望找那些比他们现在的直接上级高 1～2 个职位等级的人做自己的导师。

如果被拒绝了，不要感到惊讶。并非所有人都愿意承担起这种耗费时间的责任。

让有潜力的导师更容易同意你的要求。要想达到这一目的，就要提前向导师说明你期望他在你身上花费多少时间以及提供什么样的建议。

不要浪费导师的时间。有选择地与导师讨论与工作有关的问题，通常不要在这种导师指导关系中夹杂一些个人问题。[34]

10.3.6 通过人力资源管理信息系统提高生产率：职业生涯规划与开发

从现实的角度来看，将职业生涯规划、继任计划、绩效评价和培训等活动分隔开来是没有多大意义的。例如，员工的职业生涯规划和开发需要应当能够反映通过绩效评价发现的员工的优势和劣势。同样，要想消除员工的薄弱环节，就会涉及让员工参与公司提供的各种培训和开发活动。同时，组织的高层管理者和人力资源管理人员还需要对员工的职业发展兴趣、所取得的进步以及绩效评价结果等形成一个综合性和概括性的看法，从而加速公司的继任计划实施进程。

实际情况是，越来越多的组织都在将其职业生涯规划和开发系统与绩效评价、继任计划以及培训和开发信息系统结合起来使用。例如，阿莱斯嘉公司（Alyeska）管理着横穿阿拉斯加的石油管道，这家公司就有一个用户可以很容易使用的门户网站，员工可以通过这个门户网站“查阅他们的全部受训记录、开发计划以及即将到期的一些事情，注册培训课程，或者进行职业生涯规划——通常不需要得到他人的帮助”。[35]同时，“管理人员也可以快速地了解某个特定员工群体的培训需求，或者查看所有符合某一特定资格条件的员工名单”。[36]

各种各样的软件系统还使组织能够将绩效评价、职业生涯开发、培训以及继任计划整合在一起。肯内西亚（Kenexa）便是这样的一个职业追踪系统。这一系统“为持续实施员工绩效管理、继任计划和职业生涯开发提供了一个非常容易使用的平台，从而帮助组织优化其员工队伍的生产率”。[37]

10.4 组织实施的终身职业生涯管理

员工在一家公司中的供职周期通常会遵循一个大家都很熟悉的生命周期，从求职面试到得到第一份工作，再到晋升、调动，或许再到退休。当员工发展到这个周期的不同阶段时，组织在员工的职业发展方面所承担的责任也是在变化的。例如，在雇用员工之前，现实性的工作预览可以帮助求职者正确地衡量这份工作是否适合他们，尤其是这份工作的要求是否与求职者的个人技能和兴趣相匹配。一旦进入一家公司，对于培养这些人的自信以及使他们更为现实地了解自己在这家公司中到底可以做什么和不能做什么而言，一个人所从事的第一份工作就具有非常重要的作用。因此，为员工提供富有挑战性的第一份工作，并且为他们提供一位经验丰富的导师来帮助他们适应组织，就显得十分重要。组织采取的这样一些做法可以帮助员工避免遇到**现实震荡**（reality shock）——这种现象往往发生在这样一种情况下：满怀着较高的期望以及满腔工作热情的新员工所面对的却是枯燥无味和缺乏吸引力的工作环境。其次，以职业发展为导向的绩效评价也很重要，同样，职位轮换、发布职位空缺公告、实施内部晋升政策、开发和职业管理等活动同样很重要。对于这些活动，我们已经讨论了很多。

晋升和职位调动是大多数人在职业生涯中都会遇到的重要组成部分。**晋升**（promotions）在传统意义上是指向承担更大责任的职位的发展；而**职位调动**（transfers）则是将员工重新安排到公司其他部门的类似职位任职。我们将逐一讨论这两种情况。

10.4.1 晋升决策

大多数人都渴望得到晋升，因为晋升常常意味着能够得到更高的薪酬，承担更重要的责任，以及（常常）更高的工作满意度。对企业来说，晋升还为他们提供了向业绩突出的员工提供报酬以及将经过考验的忠诚的员工填补到空缺职位这样一些机会。但是，晋升却并不总是一种积极的体验。不公正、武断或者暗箱操作等都有可能会削弱晋升过程的有效性。因此，在任何一家企业的晋升决策过程中，有几个方面的决策就显得尤为重要。

决策之一：晋升的依据是资历还是能力？ 晋升方面的一个最为重要的决策可能就是，晋升的依据到底应该是资历还是能力，或者是两者的某种组合形式。

当今社会对于竞争的关注更有利于以能力为基础的晋升。然而，一家公司是否能够把能力作为晋升的依据，取决于多种因素。在工会合同中有时会包含一些强调资历的条款，比如："当晋升机会出现时，在候选人的工作能力和绩效大体相同的情况下，资历最深的员工应当得到优先考虑"。强调资历而不是能力的公务员管理的规章制度常常决定着许多公共组织的晋升决策。

决策之二：如何对能力进行衡量？ 如果企业选择将能力作为晋升的依据，那么，企业应当如何界定和衡量能力呢？这个问题揭示了一个名为"彼得原理"的很重要的管理格言——这个原理是以它的创始人的名字命名的。简而言之，彼得原理的意思就是，很多公司经常将有能力的员工晋升到"他们无法胜任的职位等级"，然后他们就在那个位置上待下去，甚至在绩效不佳的情况下在那个位置上待上很多年。这里的问题是，界定和衡量员工过去的工作绩效是一件相对容易的事情：界定职位工作内容，确定绩效标准，然后再运用一种或多种绩效评价工具来对员工的工作绩效加以记录。但是，晋升决策所要求的东西要远远超过绩效评价：你还需要一个有效的程序来预测候选人未来的工作绩效。

不管是好还是坏，许多组织都将员工原来的绩效作为一种预测未来绩效的指导，并且（在员工以往杰出的工作绩效基础上）假定此人在新的工作岗位上也会有优异表现。这是一种最简单的决策程序。许多组织还采用各种测试或评价中心的方法，对可以得到晋升的员工进行评价，以及确定哪些人具有成为高层管理人员的潜能。

在涉及公共安全问题时，警方和军方在决定将谁晋升到指挥岗位上的时候，通常会采用一些相对系统的方法来对候选人进行评价。对警察来说，传统的晋升考察包括书面知识测试、评价中心、资历条件以及根据最近的绩效评价等级所得到的一个分数。其他一些组织还会增加人事档案审查环节，其中包括对一些与职位相关的影响因素的评估，比如与主管级职位有关的教育和经验、来自多种来源的评价以及对一些行为证据的系统评价。[38]

决策之三：晋升过程是正规的还是非正规的？　许多企业都有非正式的晋升程序。它们可能会公布职位空缺情况，也可能不公布，而且一些关键的管理人员可能会使用自己的“不公开”的标准来作出晋升决策。在这种情况下，员工很可能会（顺理成章地）推断出这样的结论：“你认识谁”等诸如此类的因素要远比绩效对晋升的影响大多了，想通过努力工作得到晋升实际上是徒劳的——至少在这家公司中是这样。

另外一些组织则制定了正式的、公开的晋升政策和程序。员工可以从公司得知正式的晋升政策，这种政策详细描述了企业晋升员工的标准是什么。而一项空缺职位公告政策则声明，在出现职位空缺时，企业会将职位空缺的情况以及职位的要求公之于众，传达给所有的员工。正如本书第 5 章讲过的，许多组织还在维护员工任职资格条件数据库，并且采用人员替换图以及计算机化的员工信息系统。

决策之四：垂直晋升、水平调动还是其他？　晋升并不必然是一种直截了当的做法。举例来说，当公司正在裁员时，如何用未来的晋升机会来激励员工？如何为那些可能对管理类职位并不怎么感兴趣或根本就不感兴趣的人——比如，工程师——提供晋升机会呢？

在这方面有几种可能的选择。有些企业，比如英国石油公司的勘探事业部，就创建了两条平行的职业发展通道，一条是提供给管理人员的，而另一条则是提供给“有贡献者的”——比如高绩效的工程师。在英国石油公司，那些有贡献的员工可以被晋升到一些非管理类的高级职位，比如“高级工程师”。这些职位可以享受同级别的管理类职位能够享受的类似的经济报酬。

另一种选择就是对员工进行水平调动。例如，将一位生产部门的员工调动到人力资源部门去开发其技能，以考察和提升其能力。因此，从某种意义上说，“晋升”甚至可能发生在员工仍然从事与过去相同的职位的情况下。比如，通常可以使员工所从事的工作更加丰富化，并且通过提供培训使员工能够有机会承担更为重要的职责。

10.4.2 晋升决策中各种偏见的来源

在很多组织中，女性和属于有色人种的员工仍然只能得到相对较少的职业发展机会，而导致这种情况出现的主要原因是各种偏见以及一些更为微妙的障碍。然而，（正如本章前面提到的）这些偏见或障碍却并不一定是决策者个人的种族主义情绪所产生的必然结果。相反，一些次要的因素——比如，在负责员工雇佣的部门中只有很少的有色人种等——很可能是造成这种情况的原因之一。然而，无论如何，这里的问题在于，无论这种情况是偏见还是其他方面的原因造成的，这些值得质疑的障碍都仍然存在。因此，组织和各级主管人员需要确认并消除这些障碍。

类似地，能够到达顶级职位的女性人数与她们在美国各产业的人数也是不成比例的。女性占美国劳动力队伍的 40%，但却只占据着 2%的高层管理职位。各种明显的或者微妙的歧视是造成这种现象的主要原因。一些负责雇佣工作的管理人员错误地认为："女性是属于家庭的，她们是不会把职业发展太当回事的。"在午饭时间、社交活动或俱乐部聚会中形成的所谓"老男孩关系网"（大部分是男性）等非正式的朋友关系，对女性来说仍然是个问题。女性导师的缺乏也使得女性更难找到自己的榜样以及能够指导自己的职业发展的导师。与男性相比，女性还要更多地面对"职业和家庭"之间的决策问题，因为抚养孩子这样的责任常常更多地落在女性的身上。如前所述，特殊的网络关系和导师指导机会可以减少这些方面的问题，更为灵活的雇佣政策也同样能做到这一点。例如，当德勤会计师事务所发现它正在失去优秀的女性审计人员时，它就建立了一个缩短的工作日程表，这个新的更为灵活的安排使许多目前正在公司中工作但是有可能会离职的妈妈们能继续留在公司中。[39]

10.4.3 晋升与法律

一般来说，组织的晋升程序需要遵守很多反歧视方面的法律，这些法律与组织在从事招募、甄选员工或其他人力资源活动时需要遵守的那些反歧视法律是一样的。但是，此外，组织在作出晋升决策时，还需要记住几个具体事项。

第一个需要关注的问题是报复问题。在大多数联邦政府和州政府颁布的雇佣法律中，都包括禁止实施报复的规定。例如，在下面这种情况下，美国巡回法院就允许员工以自己受到报复为由提起诉讼：一位女员工拿出证据来证明，自己所在的组织之所以拒绝让自己得到晋升，主要是因为自己过去的一位主管因为对自己实施性骚扰而受到过自己的指控，而这位主管人员说服了自己的现任主管不要让自己得到晋升。[40]证据表明，在一次让主管对自己的所属员工进行绩效考核的会议上，她的前任主管（即那个被指控实施了性骚扰的人）对于这位员工"有效地与他人合作完成工作的能力"发表了一些看法。

第二个需要关注的问题是利用前后不一致的以及不系统的程序来决定谁能够得到晋升的问题。例如，一家公司拒绝了一位 61 岁的员工提出的晋升申请，理由是他在面谈中的表现不佳；对这位申请者进行当面考察的人指出，他并没有从这位候选人身上感觉到有一种"真正的自信感"。[41]在这起案件中，"法庭明确指出，虽然一些主观原因能够指导企业作出对劳动者不利的雇佣决策，但是组织必须明确指出自己作出的决策所依据的明确、具体以及合情合理的现实基础是什么”。换言之，你应该能够提供客观的证据来支持你在晋升决策方面所作出的主观判断。

10.4.4　调动管理

调动就是指员工被从一个职位调整到另外一个职位，而他们的薪酬或者薪酬等级却没有变化。组织可以将员工从一个已经不再需要他的职位，调动到另外一个需要他的职位，或者仅仅是因为在组织内部为员工找到了一个更合适的职位。现在，许多公司都在通过整合职位来提高生产率。调动还可以为从某个职位上替换下来的员工提供一个寻求新的工作任务或者谋求个人发展的机会。员工希望得到调动的原因是多方面的，其中包括丰富个人的工作经历、寻求更有意义的工作、获得更大的便利——更好的工作时间、工作地点等——或者从事可以提供更多晋升机会的工作。

许多企业都已经制定了常规性把员工从一个地方调动到另外一个地方的政策，这可能是为了让员工能够接触更多类型的职位，也可能是为了用训练有素的员工填补空缺职位。但是，这种非常简单的调动政策如今已遭到冷遇。其中部分原因在于，重新安置员工的成本（例如，搬迁费用以及购买员工现有的住房的费用等）很高；另一部分原因则在于，企业认为，频繁的调动会对员工的家庭生活产生不利影响。

10.4.5　退休管理

对于很多员工来说，几十年的绩效评价和职业发展规划会随着退休而终止。

对于组织来说，退休计划是一个不可忽略的长期性问题。在美国，年龄在25～34 岁之间的人口的数量增长相对缓慢，而年龄在 35～44 岁之间的人口数量正在减少。因此，随着一些企业中的 50 多岁和 60 多岁的人逐渐到了传统的退休年龄，这些企业会面临长期的劳动力短缺：“……很多公司一直都把裁员作为控制成本的重点，以至于它们在很大程度上忽略了对自身的竞争力已经形成的一种迫在眉睫的威胁……这就是严重的人才短缺。”[42]

许多公司已经很明智地开始选用刚刚退休或即将退休的人，来填补公司中出现的人员缺口。幸运的是，在一项调查中，78%的员工都说，他们希望在到达退休年龄之后，还能够继续做些事情（64%的人表示他们想从事一些非全日制性质的工作）。只有大约 1/3 的人说他们主要是出于经济方面的原因而愿意继续工作；大约 43%的人都表示，他们之所以愿意继续工作，只是为了保持活力。[43]

这方面的问题在于，“退休规划”已不再只是一种帮助现有的员工逐渐进入退休状态的计划。[44]它还能使组织留住那些本该正常退休然后离开公司的员工所掌握的技能和脑力。比较合理的第一个步骤应该是对即将出现的退休情况进行数量分析，这种分析应该包括人口统计分析（包括对公司全体员工的调查）；确定公司员工的平均退休年龄；评估退休将会如何对组织的医疗保健和年金福利等产生影响。然后，组织就能够确定“退休问题”的严重程度有多高，再采取以事实为基础的相关步骤来解决这些问题。[45]

退休管理的方法　想要招募或留住退休人员的组织通常需要采取一些措施。总的思想是，要制定能够鼓励和支持年龄较大的员工继续工作的人力资源管理政策。毫不奇怪的是，研究表明，那些对组织越忠诚的员工，越有可能在到了正常退休年龄之后继续留下来为组织工作。[46]此外，一些具体的建议还包括：

● **培育一种尊重经验的文化**。例如，CVS连锁药店知道，传统的招募媒介，比如设立一些招工的标识牌等，不太可能会吸引来年纪大的员工。因此，CVS通过全国老龄化理事会、一些城市机构以及社区组织来寻找新员工。它还向退休人员明确表示，公司是欢迎年龄较大的员工的。一位很敬业的老员工这样说道："我还年轻着呢，干吗这么早就退休啊。CVS愿意雇用老员工。他们不看你的年龄，只看你的经验。"[47]

● **修正甄选程序**。例如，一家英国银行就停止使用心理测试的方法，而是改用角色扮演练习来考察求职者是如何接待顾客的。

● **提供灵活的或非全日制的工作**。许多公司都"需要设计一些让任职者觉得留下比离开更有吸引力的工作"。要想做到这一点，最简单的方法之一就是通过专门设计的灵活工作安排，使员工在工作地点（通过远程办公）和工作时间两个方面都更为灵活。[48]

● **分阶段退休**。很多组织正在实施分阶段退休计划。这些计划中融合了多种措施：减少的工作小时数、职位变动、更少的责任，有时还可以转变成独立的承包商身份。

退休前咨询　除了一些特殊的计划（例如分阶段退休计划等），很多公司还会提供一些退休前的咨询和辅导，其目的是帮助即将退休的人为适应退休生活做好准备。这种咨询和辅导通常包括对福利以及第二职业等方面的问题提供建议。例如：

● 对社会保障福利的解释（据调查，97%的退休前教育计划都涉及这项内容）；
● 闲暇时间咨询（86%）；
● 金融和投资咨询（84%）；
● 健康咨询（82%）；
● 心理咨询（35%）；
● 在公司外寻找第二职业的咨询（31%）；
● 在公司内寻找第二职业的咨询（4%）；

在这里，金融和投资咨询尤其值得一提。本章的"在充满挑战的时代管理人力资源"专栏专门讨论了这个问题。

在充满挑战的时代管理人力资源

今天，越来越多的退休人员靠自己的储蓄和投资生活，而不是原来就职的组织提供的退休金。由于员工把自己的绝大部分资金都投入到市场上的那些变化很敏感的证券，所以，这些退休员工——甚至包括那些离退休还差几年的人——都应该监控和管理好自己的退休账户。在这个充满经济挑战的时代这样做尤其重要，特别是当传统的"买进并持有"策略似乎至少暂时对很多人所处的不利地位是有效的。组织可以通过两种方式发挥重要作用。组织可以通过聘请第三方来为员工提供投资教育和咨询服务。同时，组织也可以使员工更容易监控和管理自己的投资资金。例如，美国运通公司就为自己的企业客户中的退休计划的参与者提供一种在线的资产定位工具。这个基于网络的定位工具——退休指南策划者——能够让一家公司的退休计划参与者在线计算并跟踪自己的退休收入目标达成情况，并且更容易在各种不同的投资之间配置资产。[49]包括富达公司和先锋公司在内的很多公司也都提供类似的在线计划。

10.5 人才管理

在一个理想的世界中，组织能够将雇佣、培训、评价、开发和报酬员工的整个过程整合为一个整体，从而在确保整个流程的成本最小化的同时，使每位员工为组织作出的贡献最大化，而最新出现的一体化的计算机化的系统则使组织向实现这样一个目标更接近了一步。

10.5.1 什么是人才管理?

人才管理（talent management）就是在整个组织中实现的从规划、招募、开发、管理员工到付酬的一种端到端的自动化过程。[50]

由于人才管理涉及招募、雇佣和开发高潜质的员工，它需要对几种不同的人力资源管理活动加以协调，特别是员工的获取、评价、开发以及保留。[51]用最简单的话来说，人才管理就是指“在一个组织中吸引、甄选、培训、开发以及晋升员工的整个过程”。[52]不过，需要再次说明的是，推动人才管理运动的主要力量仍然是新的人才管理信息系统。这种信息系统把与人才管理有关的各种系统组件，比如继任计划系统、招募系统、学习管理系统以及薪酬系统等整合在一起，使这些组件中的数据能够实现无缝对接和及时更新。图 10—6 对这种概念进行了概括。

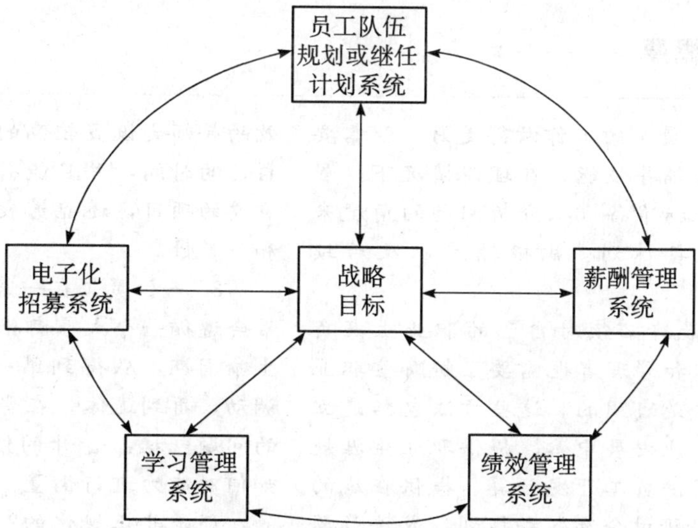

图 10—6　人才管理流程

从组织的角度来看，人才管理在某种意义上就是职业生涯管理。员工想要把自己的技能、所受到的培训、得到的绩效反馈以及开发等联系起来，从而确保自己取得职业生涯的成功。而组织也同样希望对这些功能加以整合，以确保自己能够以最好的方式利用公司的人才。一项对大公司的首席执行官进行的调查表明，他们通常会将自己的 20%～40%的时间用在人才管理方面。[53]另一项面向人力资源高层管理人员的调查也显示，大约 62%的受访者都认为，“人才管理”问题是他们所面临的最为紧迫的问题之一。[54]

10.5.2 人才管理系统

虽然很多组织长期以来都是在没有计算机化的管理系统的情况下进行人才管理的，但今天的人才管理却通常是以信息技术为基础的。有几家软件供应商都提供专业化的人才管理套装软件。这些套件都包括和整合了一些基本的人才管理组件，如电子化招募、电子培训、绩效评价系统以及报酬系统。下面就是其中的一些例子。

● 人才管理解决方案公司（www.talentmanagement101.com）的人才管理套件包括电子化招募系统、员工绩效管理系统、学习管理系统以及薪酬管理系统。此外，人才管理解决方案公司的方案套装还“通过自动完成绩效评价任务来缓解撰写员工绩效评价报告的压力”，并确保“组织的各个层级都保持一致——为相同的目标而努力”。[55]

● 丝绸之路技术公司的人才管理解决方案包括求职者跟踪系统、入职管理系统、绩效管理系统、薪酬管理系统以及员工信息服务系统。[56]

● HCM 信息公司的人才管理“实现了几个方面的功能升级，其中包括绩效指标的跟踪和监控、通过 WebEx 完成的互动式在线培训、通过支持电子商务整合实现培训在其他几个国家中的本土化，将西班牙语、法语和中文也包括进来”。[57]

● Workstream 公司的新型人才管理套件包括“行业领先的薪酬、绩效、开发、胜任素质、知识管理和薪酬管理系统”。[58]

本章内容概要

1. 要想让员工的工作做得更好，就需要改进你的教练辅导技能。在理想情况下，教练辅导过程包括准备（从分析问题的角度来说）、制定改善计划、积极辅导以及后续跟踪。

2. 员工最终必须对自己的职业生涯负责，但是组织和管理者也需要了解哪些职业生涯管理方法是可用的。这些方法包括建立整个公司的职业发展中心、提供职业生涯规划研讨会、提供员工开发预算、提供在线的职业生涯开发研讨会及各种规划。或许最简单、最直接的方法就是让绩效评价本身变成以职业发展为导向，因为到目前为止，绩效反馈是将员工的期望与发展规划联系起来的纽带。各级主管人员可以在员工的职业生涯开发中发挥重要的作用。例如，确保员工得到他们需要的培训，确保对员工绩效的讨论是在员工的职业发展愿望背景下展开的。有效的导师会设置较高的绩效标准，愿意投入自己的时间，并且能引导被指导者参与一些重要的项目，还能够展现出专业的胜任素质和一贯性。

3. 一位员工在一家公司中的任职年限通常会遵循一个大家都很熟悉的职业生涯管理生命周期，从得到第一份工作到获得晋升、调动，再到退休。在晋升决策方面需要回答的问题包括：晋升的依据是资历还是能力？如何对能力进行衡量？晋升的程序是正规化的，还是非正规化的？“晋升”是垂直方向的、水平方向的，还是其他情况？由于女性和有色人种在职业生涯上取得的进步往往相对较小，组织和各级主管人员需要确定并消除各种偏见的来源。退休管理也是一个日益重要的问题，因为许多“婴儿潮”一代的员工都在准备退休了。由于可能没有那么多的年轻员工可以取代这些即将退休的人，许多组织都在鼓励即将退休的人以某种形式继续留在公司里。要想吸引和留住退休人员，企业就要采取这样一些措施：培养一种尊重经验的文化；修正甄选程序；提供灵活的非全日制工作机会。

4. 人才管理就是在整个组织中实现员工的规划、招募、开发、管理以及付酬的自动化。推动人才管理运动的主要力量是新的人才管理信息系统。这种系统将继任计划系统、招募系统、学习管理系统以及薪酬管理系统等整合在一起，从而使组织能够维持一个更为一体化的系统以及作出各种相关决策。例如，丝绸之路技术公司的人才管理系统就包括求职者跟踪、入职管理、绩效管理、薪酬管理以及员工信息服务等模块。

讨论题

1. 员工在职业发展过程中扮演何种角色？管理者扮演何种角色？组织扮演何种角色？

2. 描述一个组织可以采取的具体的职业开发活动有哪些。

3. 组织采取哪四个具体步骤来支持多元化的员工职业生涯进步？

4. 举出一些组织利用职业生涯开发活动来提高员工的组织承诺度的例子。

个人和小组活动

1. 以“我在未来10年中的职业发展方向”为题，写一篇一页纸的短文。

2. 请说明在给员工分配第一项任务时，应当牢记的与职业生涯有关的因素有哪些。

3. 以4～5名学生组成一组，访问你们大学中的几位管理人员和教师，在此基础上写一篇两页纸的文章，文章题目是“我们大学的教师晋升程序”。你们觉得这个晋升程序如何？你们能够对这一程序提出什么改进意见？

4. 以4～5名学生为一组，对你们工作的公司或大学中的人力资源经理进行访问，写一篇两页纸的文章，文章题目是“××组织通过职业生涯管理来强化员工队伍多元化的若干措施”。

5. 利用本章附录中提供的指南，为自己制作一份求职简历。

6. 以个人或小组的形式，挑选三种职业（比如管理咨询师、人力资源经理或销售员），运用本章附录中列出的资料来源，对这些职业在未来10年中的需求情况作出评价。这些职业是值得从事的好职业吗？为什么是或不是？

7. 本书末附录中的美国人力资源认证机构提供的“考试指南”部分，列出了想要通过人力资源资格认证考试的人需要了解的各个方面的人力资源管理知识（例如战略人力资源管理、员工队伍规划、人力资源开发等）。请以4～5人为一组，完成下列四项任务：（1）浏览该附录中的内容；（2）明确在本章所讲授的内容中有哪些与附录中列出的需要参加考试者掌握的知识是相关的；（3）根据这些与考试相关的内容，编写出你们认为适合作为这种人力资源认证资格考试考试题的4道多项选择题；（4）如果时间允许的话，你们小组派出一个人将你们编写的考试题在课堂上展示给大家，这样各个小组的学生就能够回答其他小组编写的考试题了。

8. 一项对英国新近毕业的大学生所做的调查发现，虽然许多人还没有找到自己的第一份工作，但是大部分人都已经为保持自己在工作之外的爱好和兴趣而规划好了自己的“职业间歇期”。正如在这项调查结果基础上撰写的一份报告所说，“下一代员工已经下定决心不会只知道玩命地工作，而不去娱乐”。[59]造成这种现象的部分原因可能是，许多人已经看到了他们的朋友每周都在工作中投入48小时以上的时间。职业专家在对这些调查结果进行审查之后得出了这样的结论：许多最近刚毕业的大学生“已经不再去寻找那些高薪且引人注目的工作了”。[60]相反，他们似乎希望把自己的生活明确“隔离开来”；减少花在工作上的时间，这样他们就可以保持自己的兴趣和业余爱好了。你认为这些在英国存在的现象是否同样在美国也普遍存在呢？如果是这样，而且你正在以导师的身份指导着他们中的一位，你会给他提出哪三条具体的职业发展建议？

体验式练习

我要到哪里去？我为什么要去？

目的：这个练习的目的是为你提供一个分析自己的职业爱好的机会。

必须理解的内容：学生应当充分理解本章附录。

如何进行练习/指导：至少运用在本章附录中描述的三种方法（确认你的职业定位；确认你的职业发展方向等），分析你的职业倾向（你可以花10美元在www.self-directed-search.com网站上，做一下自我指导性质的探索）。在这些分析的基础上，回答以下问题（如果你们愿意的话，也可以以3～4名学生为一组来完成这种分析）。

1. 你的研究表明，你最适合的职业选择是什么？

2. 基于本章附录中列出的那些信息来源判断，这些职业的发展前景如何？

3. 结合这些职业的发展前景以及你自己的职业倾向，为自己制定一份一页纸的简要职业生涯发展规划，其中包括现在的职业倾向、职业目标以及行动计划。然后，根据你的职业生涯发展目标，列出4～5项开发措施，以保证你能从现在的职业起点发展到未来希望达成的职业方向。

应用案例

导师指导关系的翻转

“我真希望能够就这个问题跟沃尔特好好谈谈，”卡洛尔·李心想。在自己就职的这家拉奇蒙特咨询公司（Larchmont Consulting），沃尔特·勒梅尔当她的导师已经好几年了，然而，现在他却成了她的一个问题。

卡洛尔回想起她刚刚加入拉奇蒙特公司以及与沃尔特刚开始合作时的情景。当时，她是以一位作者和编辑的身份加盟这家公司的，在最初的几年中，她的工作主要是对各位咨询顾问完成的各种商业报告进行修改和润色，这项工作使得她与当时担任高级副总裁的沃尔特有了频繁的接触。卡洛尔很高兴与他讨论各位咨询顾问的工作，也就是在那个时候，她决定加入咨询团队，所以她向沃尔特寻求帮助。就这样，沃尔特顺理成章地成了她的导师兼上司，指导她顺利地完成了从编辑到咨询顾问，最终再到合伙人的转变。

在这一路成为合伙人的过程中，每当自己被晋升到一个新的管理职位的时候，卡洛尔都要通过与自己手下的每个人单独会面的形式来形成一种新的工作关系，从而巩固自己与下属之间的关系。卡洛尔的职业发展前途一片光明。当沃尔特后来被公司调去负责一家刚刚创立的软件出版投资公司时，卡洛尔被提升到沃尔特原来担任的职位上。但是，沃尔特开创的新事业失败了，合伙人一致认为应当让其他人介入新公司的管理。尽管事实上卡洛尔要比沃尔特年轻很多，并且曾经是沃尔特的下属，但公司仍然让她去承担挽救这家新公司的任务。

当卡洛尔开始着手考察这家新公司的发展过程时，她对自己需要承担的这项任务感觉越来越不舒服。她需要履行的拯救这家新公司的使命要求她必须取消沃尔特已经做的很多事情，扭转他从产品设计到市场营销再到定价等几乎各个方面的决策。卡洛尔实在不愿意猜测自己过去的导师和老板，她甚至觉得自己完全不能直接与沃尔特讨论她的任何建议方案。她怀疑自己已有的经验能否使她承担起作为沃尔特的上司的角色，在这种困难的情况下，让她来扭转公司的经营状况，她觉得这无疑就像是“在他的伤口上撒盐”。

［问题］

1. 卡洛尔在沃尔特的职业生涯开发中扮演的角色是什么？拉奇蒙特公司是否也应当扮演这样的角色？为什么是或不是？

2. 对于卡洛尔将要与沃尔特进行的沟通，你会为她提供哪些建议？

3. 如果卡洛尔不得不解雇沃尔特，你会为她提供哪些具体的建议？

4. 假设卡洛尔听到了有关沃尔特已在考虑辞职的传闻，她应当在这时做什么呢？

注意：本案例中的事件是根据下面这篇文章中未注明公司的一个事件编写而成的。Jennifer Frey，“Pride and Your Promotion，” *Working Woman*，October 1996。

连续案例

卡特洗衣公司

职业生涯规划方案

对于卡特洗衣公司来说，职业生涯规划总是一件不怎么重要的事情，因为正如杰克经常喜欢说的：“仅仅是让员工来上班并且让他们保持诚实就已经是一件很麻烦的事情了。”然而，詹妮弗却认为，思考一下一项职业生涯规划方案能够给卡特洗衣公司带来什么或许并不是个坏主意。他们的许多员工在这些没有什么发展前途的岗位上干了很多年。她已经很明显地感觉到有点对不住他们，她想：“或许我们可以帮助他们更为清楚地看到自己到底想要做什么。”而且，她确信，如果卡特洗衣公司想发展和成长，洗衣店管理团队就需要有一个更好的职业发展方向。

［问题］

1. 制定一项职业生涯规划方案对于卡特洗衣公司有什么好处？

2. 哪些人应当参与到这个职业生涯发展规划中？是全体员工，还是选择一部分员工？

3. 概括并描述你会为卡特洗衣公司中的洗衣工、熨衣工、柜台人员以及商店经理提出什么样的职业开发方案。

将战略转化为人力资源管理政策和实践的案例

巴黎酒店

新的职业生涯管理系统

巴黎酒店的竞争战略是：“通过卓越的顾客服务将自己与同行区别开来，以吸引顾客延长入住时间，提高顾客再次入住比率，从而提高酒店的收入和利润水平。”酒店人力资源经理莉萨·克鲁兹现在必须制定和实施战略性人力资源管理政策和活动，通过帮助酒店获得战略所需的员工行为和胜任素质来支持酒店的这一竞争战略。

莉萨·克鲁兹知道，作为一家提供热情

服务的企业，巴黎酒店特别需要对企业忠诚且士气高昂的员工队伍。在一家工厂或一个小型零售商店中，组织或许可以依靠直接的监督来确保员工确实把该做的工作做了。但是，在一家酒店中，几乎每一位员工都是在“第一线”。当开豪华巴士的司机在机场接一位顾客时；当一位服务生为顾客泊车时；当前台人员正在为顾客办理登记入住手续时；当一位客房服务人员需要处理一位顾客的特殊要求时，通常都没有人监督他们。如果酒店想让顾客满意，就必须拥有一批忠诚的员工，他们在工作的时候就好像酒店是自己家的一样，即使主管人员并不在眼前，他们也同样会做好自己的工作。但是莉萨知道，要想让员工对酒店忠诚，酒店就必须首先明确表示自己对员工也是忠诚的。

根据她的经验，她知道，表示对员工忠诚的方法之一就是帮助员工获得成功的和令人满意的职业发展，而她很担忧地发现，巴黎酒店根本就没有职业生涯管理程序。各级主管人员没有受过相关的培训，不知道如何在绩效评价面谈过程中与员工讨论他们的发展需要或晋升选择。酒店的晋升程序也是非正式的。并且，酒店没有准备提供任何职业开发服务，因而无法帮助员工更好地理解他们有哪些职业选择，或者他们的职业选择应该是什么。莉萨确信，忠诚的员工是改善顾客体验的关键所在，而如果她不去做些事情来满足员工的职业发展需要，就很难提高员工的组织承诺度。

经过初步研究，莉萨·克鲁兹和公司的财务总监对于在巴黎酒店实施一套新的职业生涯管理系统的可行性几乎没有提出疑问。于是，财务总监同意设计和实施一套新的巴黎酒店职业生涯管理系统。莉萨和她的团队知道，多亏他们在几周前已经建立了新型的绩效管理系统（正如前面的各章讲授的内容），所以他们已经有了一些基本的模块。例如，新型的绩效管理系统要求各级主管人员根据目标以及公司战略所需要的胜任素质来对员工进行评价，并且这种绩效评价本身会产生下一年需要达成的新目标以及员工的具体开发计划。

[问题]

1. “很多酒店中的职位从本质上说都是没有出路的，例如女佣、洗衣工和服务生等。他们要么没有继续发展的远大志向，要么只是暂时在这里工作，挣点钱补贴家用。”首先，你同意这种说法吗？为什么同意或不同意？其次，请列出三项你建议莉萨采取的针对这些员工的具体职业开发活动。

2. 为酒店提出另外两项可以实施的建立在公司现有的绩效管理系统基础上的具体职业开发活动。

3. 鉴于巴黎酒店和它的员工遍布世界各地的这样一个事实，你会建议他们实施哪些具体的职业开发活动？

附录——管理你的职业生涯和找到一份工作

由于经济不景气，对你的职业生涯进行管理的重要性从来没有像今天这样明显。[61]个人必须负责创建和管理自己的职业生涯。此外，在当今的就业市场上，至关重要的另一个方面是，你还需要知道怎样才能找到或得到一份工作。

确定你的职业生涯发展阶段

每个人的职业生涯都经历若干个不同阶段，你所在的阶段将影响你对各种不同职业的了解和偏好。在整个**职业生涯周期**（career cycle）中通常包括以下几个主要的阶段。[62]

成长阶段 职业生涯周期的**成长阶段**（growth stage）大约是从一个人出生到 14 岁这段时间。在这一阶段，一个人通过认同他人（比如家人、朋友和教师等）以及与这些人之间的互动来形成自我概念。在这一阶段的开始时期，角色扮演是非常重要的，孩子们会体验各种不同的行为方式；这会帮助他们对于别人会对各种不同的行为作出何种反应形成印象，从而有助于他们形成独特的自我概念或自我身份认同。在这个阶段快要结束时，青少年（他们在这个时候已经形成了关于自己的能力和兴趣的初步想法）开始比较现实地考虑自己可能从事的各种职业了。

探索阶段 **探索阶段**（exploration stage）是一个人认真地探索各种可能的职业选择的时期（大约是一个人的 15～24 岁）。这时，一个人会试图把各种可能的职业选择与自己通过上学、闲暇活动和工作获得的对各种职业的了解以及自己的兴趣和能力加以匹配。在这一阶段刚开始时，人们通常会做一些尝试性的宽泛的职业选择。在这个阶段快结束时，一个人会作出一个看起来比较恰当的选择，并且开始尝试从事一项工作。

一个人在这个阶段以及前面的阶段中需要完成的最为重要的任务可能是对自己的能力和才干形成一个更现实的认识。同样，一个人还必须根据关于各种职业选择的可靠信息来源作出正确的受教育决策。

确立阶段 **确立阶段**（establishment stage）大约发生在一个人 24～44 岁的阶段，并且属于大多数人工作生活中的一个核心阶段。在此期间，一个人会找到一个合适的职业（在条件合适的情况下），并且从事有助于自己在该职位中获得一个长期性位置的各种活动。通常情况下，尤其是在专业领域，人们很早就被锁定在所选的职业上。但是，在大多数情况下，这只是一个测试期。人们会不断地测试自己的能力和抱负是否与最初的职业选择相匹配。

确立阶段本身又由三个子阶段构成。**尝试子阶段**（trial substage）大约从 25 岁持续到 30 岁。在这一时期，人们要确定自己当初选择的职业领域是否合适自己；如果不合适，可能需要在几个方面作出改变。（例如，简·史密斯一开始的时候可能决心从事零售业，但是在作为一家百货公司新雇用的销售助理不停地奔波了几个月后，她可能会认为，一个不需要自己经常出差的职业，比如市场研究，可能与她的需要更为合拍。）粗略地说，在 30～40 岁之间，人们会经历一个**稳定子阶段**（stabilization substage）。在这一时期，人们会确定自己在企业中的职业目标，制定更为明确的职业生涯发展规划，以确定晋升的先后顺序、职位的变动以及对实现这些目标看似有必要的一系列教育活动。

最后，在 35～45 岁之间的这段时间里，人们可能会进入一个**中期职业危机子阶段**（midcareer crisis substage）。在这一时期，人们常常会根据自己当初的职业发展抱负和目标，对自己所取得的进步进行重新评估。他们可能会发现，自己的梦想（比如成为公司总裁）可能无法实现或者已经实现了，或者他们的梦想并不是他们所要做的所有的事情。同样是在这一时期，人们还必须确定工作和事业对于他们的生活来说到底有多重要。往往也是在这个阶段，人们不得不第一次面临以下三者之间的艰难抉择：自己真正想要的是什么；自己真正能够实现的是什么；要实现这些目标自己必须作出多少牺牲。

维持阶段在 45～65 岁之间，许多人都会渐渐地从稳定子阶段平滑地进入**维持阶段**（maintenance stage）。在维持阶段，人们通常已经在工作上占据了一席之地，因此这时的大多数努力都是要巩固自己已经实现的成就。

衰退阶段 随着退休年龄的临近，人们在**衰退阶段**（decline stage）会有一个减速期。这时，很多人面临着这样的前景：不得不接受权力和责任的不断下降，并且学会接受和扮演新的角色，即作为年轻人的导师和知己，接下来可能就该退休了。在退休之后，人们可能会希望找到其他的时间用途，从而把过去花在事业上的时间和精力用在其他事情上。

循证人力资源管理：作出职业选择

一个令人遗憾但却是事实的情况是，许多人对自己的职业生涯都并没有花费太多的心思。有些人在选择专业的时候是看教学安排的好坏，有没有自己喜欢的教授上课，或者是出于一些没有明确表达的心理动机。还有些人之所以从事某种工作，只是因为“这是仅有的选择”。如果还有什么事情确实是需要根据事实来做决策的话，那就是你的职业生涯选择。在这方面，第一步，同时也是非常重要的一步，就是要尽可能多地了解你个人的兴趣、能力和技能。

确定你的职业倾向 职业咨询辅导专家约翰·霍兰德（John Holland）认为，人格（包括价值观、动机和需要）是职业选择的一个决定因素。例如，一个具有强烈社会倾向的人很可能会被包含大量人际关系的职业，而不是包含大量脑力或体力活动的职业吸引，从而愿意从事诸如社会工作之类的职业。根据他利用职业偏好测试（VPT）所进行的研究，霍兰德发现，有六种基本的人格类型或职业倾向（请参见 www. self-directed-search. com）。[63]

1. **现实倾向型**。这些人对一些需要在工作中运用一定的技能、力量和协调性从事体力活动的职业感兴趣。这方面的例子包括林业、种植业和农业。

2. **研究倾向型**。这些喜欢调查研究的人对于涉及认知活动（思考、组织、理解）而不是情感活动（感觉、行动或人际关系和情感任务）的职业比较感兴趣。这方面的例子包括生物学家、化学家和大学教授。

3. **社会倾向型**。这类人对涉及人际关系的职业更感兴趣，而不是对涉及脑力或体力活动的职业感兴趣。这方面的例子包括临床心理学、外事工作和社会工作。

4. **传统倾向型**。这类人喜欢涉及一些结构化的、有相关规则约束的活动的职业，以及期望员工能够将自己的个人需要服从于组织需要的职业。这方面的例子包括会计师和银行家。

5. **企业倾向型**。企业型人格的一个重要特点就是希望通过言语来影响别人。这方面的例子包括管理人员、律师以及负责公共关系的高层管理人员。

6. **艺术倾向型**。这种类型的人对涉及自我表现、艺术创作、情感表达和个人主义等方面活动的职业感兴趣。这方面的例子包括艺术家、负责广告业务的高层管理人员以及音乐家。

大多数人都会有一种以上的职业倾向（例如，他们可能是社会倾向型、现实倾向型和研究倾向型）。霍兰德认为，一个人的这些倾向越类似、越相容，一个人在面临职业选择时，其内心的冲突和犹豫就会越少。为了说明这一点，霍兰德建议把六种职业倾向分别放在一个如图 10A—1 所示的六边形的 6 个角上。从图中可以看出，一共有 6 个角，每个角都代表一种人格倾向（例如，企业型）。根据霍兰德的研究，两种人格倾向在这张图中越接近，它们就越相容。如果你的第一人格倾向和第二人格倾向挨在一起，那么你就会很容易选择一种职业。然而，如果你的几种都很强烈的人格倾向被证明是相反的（比如，现实倾向型和社会倾向型），那么你在做职业选择时就会更加犹豫不决，因为你的兴趣正在驱使你朝着两个不同类型的职业方向去。在表 10A—1 中，我们总结了一些与上述六种人格倾向能够最好地匹配在一起的职业类型。你可以花大约 10 美元去做一份在线的霍兰德职业倾向测试。

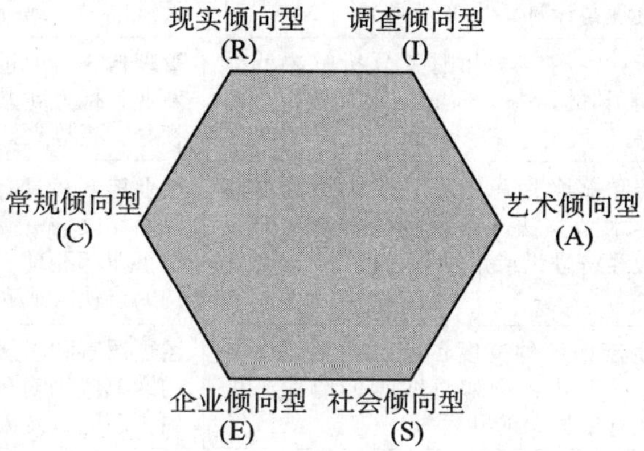

图 10A—1　选择一种职业倾向

表 10A—1　可以代表每一种职业主题的一些职业的例子

现实型	研究型	艺术型	社会型	企业型	传统型
工程师 木匠	医生 心理学家 研发经理	负责广告业务的高层管理人员 负责公共关系的高层管理人员	汽车经销商 学校行政管理人员	各种各样的管理类职位，其中包括： 军官 商会高层管理人员 投资经理 律师	会计师 银行家 信贷经理

自我指导搜索（SDS）有着很好的声誉，但是选择职业的人还必须知道其他一些在线职业评估的网站。一项研究对 24 家免费的在线职业评价网站进行了评估，结果发现这些网站很容易使用，但是却缺乏效度检验，在保密控制方面做得不太好，对测试结果所提供的解释信息非常有限。然而，一些在线职业评价工具，比如职业密钥（www. careerkey. org/English）据说确实能够提供有效且有用的信息。[64]

确定你的职业发展方向　哈佛大学商学院的 MBA 学生有时会通过做一个小测试，来确定自己的职业发展方向以及选择自己乐意从事的职业。[65]要做一个简版的这种测验，将需要三类信息。首先（见图 10A—2），这种方法假定所有的高层管理工作是基于八种核心活动的一种或多种活动，比如“量化分析”和“管理他人”等。首先从阅读每一项活动开始。

其次（见图 10A—3），快速浏览第二幅图中的每一对陈述，并指出你对哪一个更感兴趣。然后把这些字母加总来求得自己在每种核心功能中的总得分，并且将这个分数记录在第二幅图中。

接下来，利用图 10A—4 来看一看哪种类型的成功商业人士与你有相同的职业发展方向偏好。例如，如果在图 10A—3 中，你在“企业控制”和“管理他人”这两个项目上得分较高，那么，首席执行官、总裁、部门经理和总经理等与你的职业兴趣是最类似的。

商业职业兴趣测试（BC Ⅱ）	
第一部分：所有的高层管理类工作都是基于下属八种核心活动中的一种或多种。请阅读。	
技术应用：采用一种工程方法来解决商业问题，用技术来解决商业问题（操作流程分析、流程再设计、生产计划）。	**咨询与指导：**在工作场所中广泛建立各种人际关系，帮助他人取得职业发展（人力资源教练辅导、培训以及导师指导）。
定量分析：运用数学和财务分析解决问题（确定最有利的债务—债券结果，分析市场研究结果）。	**管理他人：**通过直接与他人一起工作来实现商业目标（尤其是作为一线管理人员、团队领导、指导者或者直接上级）。
理论发展和概念性思考：采用广博的概念性、准学术型方法来解决商业问题（开发新的一般经济理论或市场行为模型）。	**企业控制：**具有最终的战略决定权、决策权以及相关的资源来控制组织的运营（作为一位事业部经理、总裁、首席执行官、专业机构的合伙人或者企业家）。
创新性生产：各种高度创新性的活动（新商业理念的产生，例如直线延伸或额外的市场，新营销概念的开发等）。	**通过语言和思想来影响他人：**通过说服能力的娴熟应用对他人施加影响（谈判、决策、销售职能以及人际关系开发）。

图 10A—2　找到你想从事的工作（第一部分）

资料来源：James Waldroop and Timothy Butler, "Finding the Job You *Should* Want," *Fortune*, March 2, 1998, p. 211.

第二部分：重新阅读上一页中关于八组活动的简要描述，然后快速浏览下列每一个配对，指出你对哪一个描述更感兴趣，把代表那个描述的字母填写在左侧的方框内。不要遗漏任何一个选项，也不要记录任何联系。确保根据你的第一直觉作出回答。

☐ 1. 创造性生产（P）与通过语言和思想影响（I）他人
☐ 2. 管理（M）他人和创造性生产（P）
☐ 3. 企业（E）控制和技术应用（A）
☐ 4. 理论（T）发展和创造性生产（P）
☐ 5. 管理（M）他人和咨询（C）与指导
☐ 6. 定量（Q）分析和理论（T）发展
☐ 7. 通过语言和思想影响（I）他人与企业（E）控制
☐ 8. 定量（Q）分析和企业控制（E）
☐ 9. 技术应用（A）和通过语言和思想影响（I）他人
☐ 10. 通过语言和思想影响（I）他人和定量（Q）分析
☐ 11. 理论（T）发展和咨询（C）与指导
☐ 12. 技术应用（A）和创造性生产（P）
☐ 13. 技术应用（A）和管理（M）他人
☐ 14. 理论（T）发展和通过语言和思想影响（I）他人
☐ 15. 创造性生产（P）和咨询（C）与指导
☐ 16. 咨询（C）与指导和定量（Q）分析
☐ 17. 理论（T）发展和企业（E）控制
☐ 18. 企业（E）控制和创造性生产（P）
☐ 19. 管理（M）他人和理论（T）发展
☐ 20. 技术应用（A）和理论（T）发展
☐ 21. 企业（E）控制和咨询（C）与指导
☐ 22. 创造性生产（P）和定量（Q）分析
☐ 23. 咨询（C）与指导和通过语言和思想影响（I）他人
☐ 24. 定量（Q）分析和管理（M）他人
☐ 25. 企业（E）控制和管理（M）他人
☐ 26. 技术应用（A）和咨询（C）与指导
☐ 27. 管理（M）他人和通过语言和思想影响（I）他人
☐ 28. 技术应用（A）和定量（Q）分析

将在每一项活动中的得分加总记录在下面：

☐ **技术应用**	☐ **理论发展和概念性思考**
☐ **咨询与指导**	☐ **企业控制**
☐ **定量分析**	☐ **创新性生产**
☐ **管理他人**	☐ **通过语言和思想影响他人**

根据上述分数确定你最大的兴趣在哪一方面。大多数人都会发现自己在 1～3 个方面的兴趣是最突出的。这些兴趣都意味着什么？请翻到下一页看一看。

图 10A—3　找到你想从事的工作（第二部分）

资料来源：James Waldroop and Timothy Butler, "Finding the Job You Should Want," *Fortune*, March 2, 1998, p. 211.

第三部分：现在，你已经知道你更偏好哪种组合了，请看一看哪些成功的商业人士和你有相同的职业兴趣。

- **企业控制和管理他人**：首席执行官；总裁；事业部经理；总经理，这些人既喜欢职位所包含的战略方面的特点，也喜欢其中包含的运营方面的特点。
- **企业控制和定量分析**：投资银行家；喜欢做交易的其他金融专业人士；会计师事务所合伙人；商业银行或投资银行的高层管理人员；投资经理。
- **技术应用和定量分析**：对工程分析有浓厚兴趣的个人贡献者（系统分析师、技术顾问、流程顾问等）；生产和运营经理。
- **创造性生产和通过语言和思想影响他人**：负责广告业务的高层管理人员；品牌经理；公司培训师；销售人员；公共关系专员；时尚界、娱乐界以及媒体行业的人士。
- **咨询与指导和管理他人**：人力资源经理；喜欢指导和开发下属员工的经理；具有利他主义使命的非营利组织中的管理者。
- **企业控制和通过语言和思想影响他人**：领导风格有赖于说服和达成一致意见的高层管理人员（首席执行官、总裁、总经理）；市场营销经理；销售员。
- **技术应用和企业控制**：高科技、电信、生物技术、信息系统等领域以及其他工程相关领域中的经理人员和资深高层管理人员（公司内部的人或者咨询公司的人）。
- **理论发展和定量分析**：经济模型构建者；定量分析员；"知识型"咨询顾问；市场预测人员；企业管理教授。
- **创造性生产和企业控制**：独立企业家；产品或服务具有创新性质的行业中（时尚、娱乐、广告、媒体）的资深高层管理人员。

图 10A—4　找到你想从事的工作（第三部分）

资料来源：James Waldroop and Timothy Butler, "Finding the Job You Should Want," *Fortune*, March 2, 1998, p. 214. Copyright © 1998 Time Inc. Reprinted by permission. All rights reserved.

确定你的技能　优良的绩效还取决于一个人的能力。你可能具有传统倾向型人格，但你是否具有成为一名会计师、银行家或信贷经理的能力，则在很大程度上决定了你最终会选择哪一种职业。因此，你必须确定自己具有哪些方面的技能。

一项练习。在确定个人的职业技能的时候，一个有用的练习是拿一张白纸，并且在抬头写下"我最擅长的学校任务或职业任务"。然后，再写一篇短文来对那些任务加以描述。一定要确保尽可能详细地描述你所承担的职责以及你发现的每一项任务令你愉快的方面。（顺便说一句，在你撰写这篇短文的过程中要注意，尽管你所写的这份工作可能并不是你曾经做过的最令人愉快的工作，但是这些具体的工作任务却必须是你曾经完成过的最令人愉快的任务；你可能做过很多你一点都不喜欢的工作，但是你对其中的某一项具体的工作职责或任务却真的很喜欢。）接下来，在另外两张纸上，再针对你曾从事过的其他两项任务同样各写一篇短文。现在，通读一下这三篇短文，然后把你提到次数最低的技能用下划线标出。例如，你在校长办公室工作的那一年中，你是否特别喜欢通盘考虑以及协调校园内的各种演出？你在某个夏天作为一名办公室文员工作时，你是否特别享受在图书馆中为你的老板做研究的那段时光？[66]

能力和特殊才干　为了进行职业生涯规划，通常会用一套能力测试组——如通用能力测试组——衡量一个人的各种能力，这种测试在美国大多数州的一站式职业发展中心都能做。这种工具可以衡量各种能力，其中包括智力和数学能力。你还可以使用各种专业测试，比如机械理解能力测试。而且，甚至霍兰德的自我指导搜索测试也能够为你理解自己的才能提供一些信息。[67]

确定你的职业锚　埃德加・沙因（Edgar Schein）说，职业生涯规划是一个持续不断的发现过程——在这个过程中，一个人会根据自己的才干、能力、动机、需要、态度和价值观等逐渐形成一种清晰的自我职业概念。沙因还指出，一个人越了解自己，才能发现一个占主导地位的**职业锚**（career anchor），这种职业锚就是在你作出职业选择的时候，你永远都不会放弃的一种关注或价值观。

职业锚，顾名思义，就是一个人的职业变动所围绕的支点；一个人可以通过学习，通过对自己的才干、能力、动机、需要、态度和价值观的了解，逐渐清晰地意识到自己的职业锚。根据自己在美国麻省理工学院所做的研究，沙因认为，职业锚是很难预测的，因为它们是在不断发展变化的，并且是一个不断发现的结果。有些人可能永远不会了解自己的职业锚，一直到他们不得不作出重大抉择的时候——比如是愿意接受晋升，到总部任职，还是辞职去自主创业。正是在这一点上，这个人过去的所有工作经验、兴趣、能力和职业倾向等汇聚成一种有意义的模式，从而揭示出到底什么（职业锚）是驱动一个人进行职业选择的最重要因素。

根据他对麻省理工学院毕业生所做的研究，沙因确定了五种类型的职业锚。[68]

技术或职能型。有很强的技术或职能职业锚的人往往会避免作出那些让他们从事一般性管理工作的决策。相反，他们会作出那种能让他们在自己选定的技术或职能领域继续发展的决策。

管理型。有些人有一种强烈的成为管理者的动机，并且他们的职业经验使他们相信自己具备这种工作需要的技能和价值观。从事一个需要承担较高责任的管理类职位是他们的终极目标。当要求他们解释为什么他们认为自己具有获得这些职位的必要技能时，参加沙因的这项研究的这种受访对象回答说，因为他们看到了自己具有以下三个方面的能力。这些能力分别是：（1）分析能力（在信息不完善和不确定的条件下识别、分析以及解决问题的能力）；（2）人际关系能力（对各种不同层次上的人施加影响、监督、领导、操纵和控制的能力）；（3）情感能力（被情感和人际危机激励而不是弄得筋疲力尽或变虚弱的能力；承担较大的责任而不会瘫痪的能力）。

创造型。一些大学毕业生已经成为成功的企业家。在沙因看来，这些人似乎有这样一种需要："培育或创造某种完全属于他们自己的东西——如以他们的名字命名的产品或流程、一家自己的公司或者一笔能够反映他们个人成就的财富"。例如，一位毕业生已经成为一个大城市中成功地经营联排别墅的购买、修建和承租服务的企业家；另一位毕业生则成功地经营着一家咨询公司。

自主和独立型。一些人的职业选择驱动力似乎源于摆脱对他人的依赖以及独立自主这样一种需要；这种需要之所以会产生，是因为当大家选择在一家大型组织中工作时，晋升、调动以及薪资决策等往往使他们处于必须服从他人的境地。这类毕业生中的许多人都有较强的技术或职能倾向。他们不会追求在一个组织中进行这种定位，他们已经决定成为要么单独工作，要么作为一个规模相对较小的公司的一部分来工作的咨询顾问。其他一些人则成为企业管理方面的教授、自由作家以及小型零售企业的经营者。

安全型。少数毕业生很关注自己的长期职业生涯的稳定性和职业保障性。他们似乎很愿意去做这样一些事情：这些事情有助于维持自己的工作保障性、体面的收入以及良好的退休计划和福利所代表的稳定的未来。对于那些对地理安全感兴趣的人而言，在自己熟悉的环境中维持稳定的、安全的职业要比追求卓越的职业选择更为重要，因为如果选择后者就意味着他们将不得不离开本地，迁移到另外一个城市，从而在他们的生活中引入不稳定性或不安全感。对于另外一些人来说，安全就意味着组织的保障性。今天他们或许会选择到政府部门工作，因为在这种部门中，终身有保障的职位是一种常规。他们更愿意让自己的组织决定自己的职业应该是什么样的。

评估职业锚。为了帮助你确定自己的职业锚，请拿出一些白纸，然后写下你对下列问题的答案[69]：

1. 你在高中时主要关注的领域是什么（如果有的话）？你为什么会选择这个领域？你对这个领域感觉如何？

2. 你在大学的主要关注领域是什么？你为什么会选择这个领域？你对这个领域感觉如何？

3. 你毕业后的第一份工作是什么？（包括参军，如果相关的话。）你希望从自己的第一份工作中得到什么？

4. 当你开始自己的职业生涯时，你的抱负或长期目标是什么？它们改变过吗？什么时候改变过？为什么会改变？

5. 你在工作或就职的公司方面出现的第一次重大变化是什么？你希望从自己的下一份工作中得到什么？

6. 你在工作、公司或职业上接下来将会出现的重大变化是什么？你为什么要启动或接受这种变化？你希望得到什么？（针对你在工作、公司以及职业方面出现的每一次这种重大变化都提同样的问题。）

7. 当你回顾你的职业生涯时，找出一段你特别喜欢的时光。你当时真正喜欢的是它们的什么？

8. 当你回顾你的职业生涯时，找出一段你特别不喜欢的时光。你当时真正不喜欢的是它们的什么？

9. 你可曾拒绝过接受调动或晋升？为什么？

10. 现在请认真重新核对一下你的所有答案以及我们对五种职业锚所做的描述（管理型、技术或职能型、安全型、创造型、自治型）。请根据你对这些问题的回答，根据 1～5 分的标准亲自对每一种职业锚作出评价（其中 1 代表重要性很低，5 代表重要性很高）。

管理型____________________________________

技术或职能型______________________________

安全型____________________________________

创造型____________________________________

自治型____________________________________

你想做什么？　我们已经解释了职业倾向、技能、能力和职业锚以及它们在职业选择中所扮演的角色。现在，另外一种练习可能就是很有启发性的了。请在一张纸上回答这样一个问题："如果我可以从事任何一种工作，那么，我会选择哪一种？"如果需要的话，你可以创造一种你自己的独特工作，不要担心你能做什么——只考虑你想做什么。[70]

识别高潜力职业　了解你的技能和兴趣只是完成了选择职业这一任务的一半。你还必须识别哪些职业适合你（根据你的职业倾向、技能、职业锚和职业偏好），以及在接下来的几年里，哪些职业的需求比较旺盛。

毫不奇怪，了解、比较和对比职业的最有效方式就是通过互联网。美国劳工部的在线职业展望手册（www. bls. gov/oco）每年都会进行更新，并且提供有关数百种职业的详细描述和信息（见图 10A—5）。纽约州劳工局（http：//nycareerzone. org）同样也提供关于各种职业的优质信息——这些职业都是按职业族进行分类的，比如艺术与人文科学、商业及信息系统、工程技术等。这两个网站所提供的信息都包括这些职业的需求信息以及就业前景信息。图 10A—6 列出了其他一些网站，你可以通过这些网站来查询各种职业信息，这些网站还能告诉你，当你需要查询某种职位时，可以到哪里去寻找信息——这也正是我们下一步要讨论的主题。

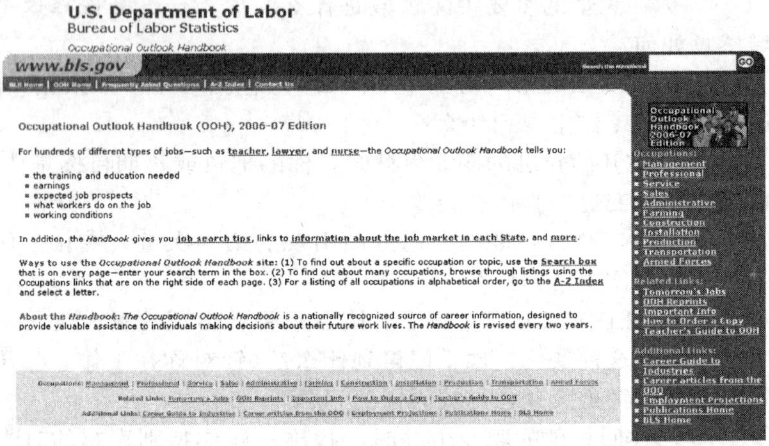

图 10A—5　在线职业展望手册

资料来源：www. bls. gov//oco，accessed May 18，2007.

职业指导/找工作

- All Star Jobs
- America's Career InfoNet
- America's Job Bank
- Campus Career Center
- Career Magazine
- Career Resource Library - New York State Department of Labor
- CareerExplorer
- College Central Network
- College Grad Job Hunter--WWW Home Page
- Cool Works
- ERI's Career Salary and Cost of Living Calculators
- hotjobs.com
- Jammin Jobs!
- Job Options
- Job Web
- JobGusher
- JobProfiles.com
- JobSniper
- mJob
- Monster.com
- NationJob
- Occupational Outlook Handbook
- Quintessential Careers
- Snag a Job
- Streaming Futures (career advice from industry leaders through online streaming video)
- True Careers

图 10A—6　一些在线职业信息资源

资料来源：Printed with permission from Mapping Your Future，a public service Web site providing career，college，financial aid，and financial literacy information and services to students，families，and schools（http：//mapping-your-future. org/features/resources. cfm＃Career Guidance/JobSearch），accessed August 25，2007.

美国政府的一站式职业发展中心是另一个优质的信息来源。在那里，求职者可以申请失业福利、登记获得州政府提供的就业服务、与职业咨询顾问交谈、用电脑写简历以及上网、参加各种测试，还可以使用职业图书馆——这种图书馆能提供关于各种就业话题的书籍和视频。在有些职业发展中心，求职者甚至可以免费使用电话、传真机和复印机，从而方便他们的求职活动。

找到合适的工作

你已经确定了自己的职业倾向、技能和职业锚，并且选择了你想要从事的职业，还制定了一份职业生涯发展规划。如果有必要，你已经开始接受从事这种职业所需要的教育和培训了。下一步就是在一家公司中找到一份你想要的工作，然后努力为自己在公司中争得一席之地。

然而，在决定离开当前的这份工作之前，你一定要确定你确实是想放弃当前的这份工作。在本来是做一个较小的改变就足以解决问题时，很多人却犯了改变自己的工作或职业的错误。对工作不满意时，他们往往认为这一定是工作或职业的错。但是，如果出问题的是你现在就职的这家律师事务所规定的每周工作 80 小时的制度，而并非律师这个职业本身，那你为什么还非要把自己的职业从律师换成教师呢？

员工需要使用排除法。例如，你可能会喜欢你所从事的职业和目前所在的组织，但是却不喜欢你目前的工作结构。另外一些人可能发现组织做事的方式是问题所在。或者，也有可能确实是职业出了问题。

在任何情况下，解决问题的方案需要与问题的起因相符合。例如，如果在经过仔细考虑之后，你对自己的职业以及工作的地方感到满意，但是对现有的工作组织方式感到不满意，请尝试改变它。例如，可以考虑采取一些替代性的工作安排，比如灵活的工作时间表或远程办公；将你最不喜欢的一些工作职能授权别人完成或干脆取消；寻求获得一项“延展性的工作任务”，从而让你从事一些更具挑战性的工作任务。[71]

求职技巧

做自己的本土研究。在一个新的地理区域找一份工作是一种挑战。一种办法就是尽己所能地找到在那个地方对你有吸引力的所有公司的信息，以及如果你想得到那份工作就必须接触的那些公司中的人。有时，这些研究显然是技术含量很低的。例如，在弗吉尼亚州费尔法斯克县的一个图书馆里，负责信息查询的图书馆馆员会建议顾客通过以下几个渠道来寻找与本地的企业有关的信息：

- 弗吉尼亚州产业目录
- 费尔法克斯县产业目录
- 华盛顿大都会区的主要企业
- 华盛顿商业评论

其他可以使用的参考材料还包括《工商企业界名人录》（Who's Who in Commerce and Industry）、《美国名人录》（Who's Who in America）、《东部名人录》（Who's Who in the East）以及《普尔公司名录》（Poor's Register）。利用这些指南，你最终会找到在每家公司中为你想要申请的那个职位雇用新人的负责人。

在线职位公告栏。但是，互联网通常是一个更好的选择，尤其是当你在一个城市，而你的理想工作却是在另一个城市的时候。例如，大多数像Monster.com这样的大型在线求职网站（以及图10A—6中列出的网站）都具有锁定特定局域的搜索能力。你也可以使用《华尔街日报》的求职网站（www.careerjournal.com），根据职业和工作地点两个选项来搜索工作机会。而且，大多数报纸都有自己的（或者能链接到）在线本地工作机会列表。记住，要使用诸如linked-in这样的社交网站。

除了职位公告栏（比如Monster）以及一些专业的网站（如www.theladder.com），大多数大公司、行业和手工业等都有自己的专门网站。[72]例如，美国空调承包商网（www.acca.org/careers）和国际财务执行官网（www.fei.org）都使各行业中的公司和潜在的员工之间很容易实现相互匹配的需要。记得使用移动服务（正如我们在讲述招募的第5章中解释的人力资源应用程序的内容），例如通过访问Careerbuilder iPhone门户网站来找工作。

在求职时，你可以把自己的简历张贴到网站上。尽管许多人确实这样做了，但是张贴在网站上的求职简历也可能会带来一些问题。“一旦我把自己的简历放到网上，我对它就彻底失控了，”一位技术顾问这样说道，因为他的老板偶然在网上发现，自己的这位员工在几个月之前就一直在外面找工作了。如果你确实把自己的简历放到了网上，专家建议你还是要采取一些防范措施。至少应当在你的简历上注明日期（以避免它在两年之后落到你当时老板的办公桌上）。还可以附上一个声明，即禁止猎头公司未经授权擅自传播你的求职简历；提前查看哪些人能够访问你将简历张贴在其中的那个数据库；尝试通过罗列你的能力而不是你的姓名或所属组织的名称来掩饰你的身份——只使用一个匿名的电子邮件账户来接收各种询问。[73]

个人关系。一般来说，得到工作面试机会的最常用方式就是依靠朋友和亲属等个人关系。[74]因此，要尽可能让更多值得你信赖的人知道你正在找工作以及你想要找什么样的工作。（但是，要当心，如果你现在是在职的，而且不想让你的求职信息回到你现在的老板这里，那么，你不如挑选两三个非常亲密的朋友，然后告诉他们，在为你找工作的时候，一定要非常小心谨慎。）

顺便说一句，无论你与自己的朋友或亲戚有多亲密，都不要对他们要求太高。通常情况下，你最好只是问问他们，在你喜欢去工作的这家公司中，他们认为你应该与哪些人进行交谈，然后你自己再去做更深入的信息挖掘。

回应招募广告。大多数专家都认为，回应招募广告是一种找到工作的概率极低的方法。并且，随着职位等级的增加，你以这种方式找到工作的可能性也是不断降低的。换言之，回应招募广告的做法比较适用于寻找年薪在3万美元以下的工作；但是，随着你在管理类职位中不断得到晋升，仅仅通过回应这些分类广告的方式来找到工作的可能性几乎没有。不过，针对专业人员和管理人员的一些分类广告——如《纽约时报》、《华尔街日报》等——以及在你从事的领域中的那些刊登职位空缺信息的专业期刊，也是不错的信息来源。当然，所有这些信息来源也都会在网上发布职位信息。

在回应这些招募广告时，一定要通过提交正确的材料给对方留下良好的印象；要检查这些材料的打印、写作风格、语法和整洁程度等，同时还要检查你的简历，以确保它是针对你将要申请的那个职位的。在你的自荐信中一定要确保有一个段落特别说明，为什么你的背景和已经取得的成就表明你确实适合招募广告中的那个职位。你还必须清楚地回应公司在招募广告中所提出的要求。[75]

然而，一定要对那些来历不明的广告（比如只有邮政信箱的广告）多加小心。一些猎头公司和企业甚至会在并没有职位空缺的情况下就投放广告，它们这样做的目的只是为了试探市场，并且你极有可能会错误地把求职信投给自己目前所在的公司。

职业介绍机构。这些机构尤其善于把劳动者安排到那些年薪不超过 6 万美元的职位上，但它们对于寻找高收入的职位也同样是有用的。企业通常要为招募专业职位和管理职位的候选人而向职业介绍机构付费。假如你知道自己想从事什么样的工作，你可以往回翻几期报纸，看看刊登你需要的那些职位的周末分类广告，确定哪些机构在帮助企业招募你想要得到的那种职位。你最好是根据具体的招募广告，与 3～4 家机构进行接触，并且不要签署任何合同，以避免授权任何机构排他性地负责你的求职事务。

猎头公司。我们已经看到，很多组织都会使用猎头公司来帮助自己寻找顶尖人才；通常都是由企业来支付所有的费用。它们不做职业咨询辅导，但是如果你知道自己想得到的职位，就值得去接触一些猎头公司。把你的简历和自荐信发给他们，在自荐信中要以准确的条件来概述自己正在追寻的职位目标，其中包括职位名称、理想的公司规模、与工作有关的成就、目前的薪酬水平以及希望得到的薪酬水平。这些类型的猎头公司的名字都是列在“猎头顾问”名下的。但是同样要小心，现在有些公司自称是猎头公司或职业顾问，但是它们实际上并不做任何猎头工作，而只是通过收取（通常是高额的）费用来帮助你管理自己的求职过程。请记住，在跟猎头公司打交道的时候，你从来不需要支付任何费用。

猎头公司希望得到什么样的信息呢？这里一共包括 10 个非常重要的项目[76]：

- 你已经证明了自己是有能力达成结果的。
- 你深受同行和竞争对手的称赞。
- 你知道这家猎头公司正在为哪一家公司寻找人才以及这家猎头公司正在努力做什么。
- 你讨人喜欢、表现得体，但是不自大。
- 你能进行战略性的思考，同时理解如何按照一个既定的方向上来实施变革。
- 你之所以取得了应有的结果，是因为你对待他人的方式得当，而不是不考虑这些因素。
- 你可以很准确地推销自己。
- 你至少拥有一些工作上需要的关键性的具体经验。
- 你很诚实，即使是当招募机构的人给你打电话，让你为他们推荐比你更有潜力的其他候选人时，你仍然能够从容不迫。
- 你知道自己是谁，自己想要什么。[77]

职业咨询顾问公司。职业咨询顾问公司本身不会帮你找到一份工作；相反，它们是专门从事各种能力测试和职业辅导咨询的。它们的名字往往是列在“职业辅导”或“职业指导”名下的。它们的服务成本通常在 300 美元左右，其中包括一些心理测试以及与一些有经验的职业顾问进行的面谈。要注意检查这类公司的服务、价格、历史和与你打交道的人的资质。

猎头营销顾问公司。这些猎头营销顾问公司会管理你的整个求职过程。它们通常不是招募人的机构，也没有需要填补的空缺职位。使用它们的服务通常会让你支付 400～5 000 美元甚至更多的费用，具体的费用取决于你选择享受何种服务。这个过程可能会涉及持续数月的每周例会。它们所提供的服务包括：撰写简历和自荐信、培养面试技巧以及设计一整套的求职活动。但是，在接触这类顾问公司之前，你千万要做一些深入的自我评估（正如我们在本章所讲过的），同时还要阅读一些书籍，比如理查德·博尔斯的《快速求职地图》和《你的降落伞是什么颜色的?》。

然后，你要通过逐个访问的方式对其中 3～4 家这类公司（它们的名字也可以列在“猎头公司”名下）进行核实，你可以问它们这样一些问题，比如，你们的项目到底是怎么回事；每一项服务的收费是多少；是否有额外的费用，比如印刷和邮寄简历的费用；合同上都有哪些规定；如果你对该机构的服务不满意，在哪个阶段之后你将得不到任何费用返还；在访问过后，检查一下你的笔记，到优良企业局（Better Business Bureau）去查询一下，然后决定哪些企业（如果有的话）适合你。

企业的网站。随着越来越多的公司把职位空缺信息张贴在自己的公司网站上，每个认真找工作的人都应该利用这个宝贵的资源。而在这里利用这种资源的时候，往往需要准备一些特定的简历，下面就让我们来就看一看这方面的内容。

撰写简历 你的简历可能是你最重要的推销文件，这份文件将决定你是否能够得到一个面试的机会。这里是一些由就业咨询专家理查德·佩恩（Richard Payne）和其他一些专家提供的简历撰写指南。[78]图 10A—7 中提供了一份有效简历的样本。

康纳德·斯泰布雷顿
77 Pleasantapple Way
Coltsville，NY 10176
747-1012，conrad@pearson. com

机密

职位目标	要求综合性的广告和促销经验的高级产品经理
现任职位	大陆公司增值事业部
2000 年至今	产品经理，负责新产品、Laudryon 洗衣皂以及 Carbolene 清洁剂，向集团产品经理汇报工作。 建议并获得测试市场的授权，然后管理三种测试品牌在各个开发阶段的工作，制定在 2003 年秋冬季节将产品推上市的时间表。 在市场营销费用为 600 万美元的情况下，将第一年的国内销量完成了 2 000 万美元。目前正在为 2004 年的试营销开发几种新产品。 同时还负责两个已经上市品牌的管理：价值 700 万美元的 Laudryon 洗衣皂品牌以及价值 400 万美元的 Carbolene 区域洗涤剂品牌。目前与三个广告机构在试营销品牌和老品牌上进行合作。
1997—2000 年	产品经理，负责一个价值 600 万美元的 Weekender 油漆。 通过制定和实施一项品牌重新定位方案（包括新的广告片以及新的包装图案），阻止该品牌在过去的 10 年中销售额平均以 10%的幅度下降的势头。 重新定位计划在测试市场上产生了 16%的销售额增长，在此后一年中，全国的销售额增长了 8%。 此后启动了比重新定位期间使用的标识更新且更具有竞争力的广告片。测试区域的销售额上升了 35%。1999 年秋季，全国销售额也上升了。 通过开发塑料包装使测试市场的销售额上升了 10%。 还制定和实施了利润改善项目，从而使净利润增加了 33%。
1996 年	产品经理，负责一个价值 400 万美元的 Shinezy 汽车清洗剂。 策划并实施了一项针对一种改进型的喷雾剂配方的测试营销以及推广方案。结果这两种方案后来都在全国加以推广，使该品牌的销量上升了 26%。 理查德-唐纳德斯公司

图 10A—7 一份高质量简历的局部示例

介绍信息。在简历的开头要写上你的姓名、家庭住址、电子邮箱以及电话号码。如果在简历中使用你的办公电话号码，那么这种情况可能表明：要么你目前任职的公司知道你准备离开；要么就是你不关心现在的公司会不会发现你正在找工作这件事。所以通常情况下，最好是使用家里的电话或手机号码。

职位目标。下一步，陈述你的职位目标。你应该用一句话概括你想要申请的具体职位、期望的工作地点（公司的类型和规模）以及组织可能希望让你来填补这一职位的某种特殊原因。例如，"在一个非常看重丰富的生产调度经验和生产控制经验的中型制造公司中担任生产经理"。记住，要牢记你正在申请的特定职位，同时总是填写你认为自己可能获得的最高等级的头衔。

职位范围。从你最近承担的职位开始，依次说明你过去承担的每一个职位的工作责任范围。针对你过去从事过的每一个职位，写一段话来说明其职位名称、你的直接和间接工作报告对象、向你报告工作的下级是谁、有多少人向你报告工作，以及你所能控制的运营预算和人力资源预算，还包括（用一句话描述）你所承担的工作内容是什么。

取得的成就。接着（这一步非常重要），要指出你在自己承担的每一个职位上显现出来的"价值"，这才是你简历的核心。因为这种内容将会显示你在此前担任的每一个职位上的以下信息：第一，你所采取的具体行动以及采取这些行动的原因；第二，你的行动所产生的具体结果——"回报"。例如，"作为生产主管，我引入了一种新的工艺流程来取代昂贵的手工方式去焊接组件。这种新工艺把每单位产品的装配时间从原来的 30 分钟减少到了 10 分钟，使劳动力成本削减了 60%以上"。针对你过去承担过的每一个职位都使用几句类似这样的价值描述。

简历长度。让你的简历长度保持在两页以内，并且将你的受教育程度、服兵役情况（如果有的话）以及个人背景（个人爱好、兴趣和人际关系等）列在最后一页。

个人信息。不要把年龄、婚姻状况或抚养人、被抚养人等个人信息放在第一页的最上面。如果必须包括这些信息，也应当把这些信息放在简历的最后面；这样，在组织已经对你形成了一定的看法之后才会看到这些个人信息。

最后再说两点。第一，不要随随便便地制作一份简历：页面不能太拥挤；纸张的打印效果不能太差，从而不便阅读；不能出现打印错误以及存在其他诸如此类的问题。第二，不要拿一份 10 年前制作的简历来凑合。要针对你想要申请的每一个职位重新制作一份新的简历，要使你的求职目标和价值陈述与你想得到的职位相吻合。

让你的简历可以被扫描。对于很多求职信来说，很重要的一点就是要撰写一份可供扫描的简历。换言之，就是要制作一份能够被计算机系统读取的简历。许多开展大规模的招募和雇佣活动的中型企业和规模较大的企业——尤其是通过在线的方式以及在求职者跟踪系统的辅助下开展此类活动时——现在都在使用计算机软件快速、自动地审查求职者的简历，筛选掉那些似乎并不匹配的简历（而筛选的依据通常是看简历中是否缺乏组织正在寻找的某些关键词）。

在撰写这种可供扫描的简历时，需要牢记几项重要的注意事项。[79]我们可以把这些指南性的内容总结如下：

- 打印的字体大小不要小于 10 号，也不要大于 14 号。
- 不要使用斜体，也不要加下划线。
- 使用能够让简历效果更好、更便于扫描和阅读的字体类型，比如 Helvetica，Futura，Optima，Times Roman，New Century Schoolbook，Courier，Univers 以

及 Bookman 等字体。

● 当提交纸质的求职简历时，要确保它们是高清晰度的文件。在激光打印机上打印出来的文件是效果最好的。许多影印件和传真件都会由于不够干净而很难扫描。

● 一定要运用对你正在申请的职位或多个职位和合适的强有力的关键词来展示你的资格条件。例如，培训师可能使用这样的关键词或短语，例如计算机培训、交互式视频和小组协调人。

在线简历。今天，很多组织常常鼓励或要求他们的专业人员或管理人员把自己的简历张贴在公司的内网或门户网站上。这些简历可以让其他员工了解自己的同事所掌握的专业知识或技能。在撰写这样的一类简历时需要注意的技巧包括[80]：

● **填写详细信息**。"你输入的信息越多，别人在寻求拥有你这种背景的人时，就越有可能找到你……"

● **避免敏感话题**。例如，避免谈论宗教和政治。

● **要看上去很正式**。在你的个人资料上可能需要贴照片。如果是这样，要穿职业装。

● **让它容易被搜索到**。确保你的个人信息中包含一些关键词，这些关键词是别人在搜索拥有你这样背景的人时会使用的，比如"经理"、"主管"或"工程师"。

● **使用缩略语**。缩略语很重要。例如，有人在搜索网站时可能更容易输入"MBA"而不是"工商管理硕士"。

● **用数字表达**。要具体描述你当前的工作对于现在就职的公司以及过去的公司所作出的贡献。

● **校对**。仔细校对你的网上个人资料，就像校对你个人的简历一样。

应对面试　你已经完成了所有的准备工作，现在，最为重要的日子就要临近了；下周你就要与负责招聘你想要的那个职位的人去面谈了。你必须做些什么才能让自己在这次面试中脱颖而出呢？这里是一些建议。

准备、准备、再准备。首先要记住，准备是必不可少的。在面试之前，要尽你所能地了解准备去的这个组织、职位以及负责招聘的那个人。通过搜索互联网（或图书馆）来搞清楚在这个组织所在的领域中正在发生什么。谁是它的竞争者？它们干得怎么样？

发现面试考官的需求。花尽可能少的时间来回答面试考官提出的第一个问题，花尽可能多的时间让面试考官描述他的需要——这个人希望雇用人来完成的工作是什么以及他们到底需要什么样的人。使用开放式的问题，例如："关于这个问题，你能再告诉我更多一点信息吗？"

把自己和面试考官的需求联系起来。一旦你了解了面试考官要找的人的类型以及他想要解决的问题的类型，你就处在一种非常有利的位置——可以根据面试考官的需要来描述自己过去已经取得的成就。首先，你可以这样开始："您刚才指出的对于你们来说很重要的一个问题，与我曾经遇到过的一个问题是类似的。"然后就开始陈述这个问题是什么，描述你当时的解决方案，最后揭示出你的方案最终产生的结果。

想好之后再回答。回答问题的过程应该包括三个步骤：停顿、思考、说话。稍微停顿一下，以确保你了解面试考官所说的内容是什么，然后思考一下如何组织自己的答案，最后再开口说话。在你回答问题的时候，要试着强调企业如果雇用你，将会如何有利于帮助面试考官解决他所说的那些问题。

注意仪容仪表并展示出热情。得体的着装、良好的修饰、有力的握手以及有活力且稳重的外表都很重要。请记住，一些对面试所做的研究表明，在几乎 80%的情况下，面试考官在面试的前几分钟就已经对求职者形成了自己的看法。在面试中，良好的第一印象也许会变坏，但是这种可能性比较小。而不好的第一印象要想变好，却几乎是不可能的。

注释

[1] www.cvscaremark.com/careers/seniors, accessed March 25, 2009.

[2] Donna Goldwasser, "Me, a Trainer?" *Training*, April 2001, pp. 60–66.

[3] Ann Pace, "Coaching Gains Ground," *Training & Development* 62, no. 7 (July 21, 2008). Accessed from http://findarticles.com/p/articles/mi_m4467/is_200807/ai_n27996020/, July 28, 2009.

[4] This is based on Richard Luecke, *Coaching and Mentoring* (Boston: Harvard Business School Press, 2004), pp. 8–9.

[5] Ibid., p. 9.

[6] For example, see Phyllis Moen and Patricia Roehling, *The Career Mystique* (Boulder, CO: Rowman & Littlefield Publishers, 2005).

[7] See, for example, Andreas Liefooghe et al., "Managing the Career Deal: The Psychological Contract as a Framework for Understanding Career Management, Organizational Commitment and Work Behavior," *Journal of Organizational Behavior* 26, no. 7 (November 2005), pp. 821–838.

[8] Carla Joinson, "Career Management and Commitment," *HR Magazine*, May 2001, pp. 60–64.

[9] Jan Selmer, "Usage of Corporate Career Development Activities by Expatriate Managers and the Extent of Their International Adjustment," *International Journal of Commerce and Management* 10, no. 1 (Spring 2000), p. 1.

[10] Carla Joinson, "Employee, Sculpt Thyself with a Little Help," *HR Magazine*, May 2001, pp. 61–64.

[11] Jim Bright, "Career Development: Empowering Your Staff to Excellence," *Journal of Banking and Financial Services* 17, no. 3 (July 2003), p. 12.

[12] Barbara Greene and Liana Knudsen, "Competitive Employers Make Career Development Programs a Priority," *San Antonio Business Journal* 15, no. 26 (July 20, 2001), p. 27.

[13] Bright, "Career Development: Empowering Your Staff to Excellence," p. 12.

[14] "Career Guidance Steers Workers Away from Early Exits," *BNA Bulletin to Management*, September 7, 2000, p. 287.

[15] Patrick Kiger, "First USA Bank, Promotions and Job Satisfaction," *Workforce*, March 2001, pp. 54–56.

[16] Fred Otte and Peggy Hutcheson, *Helping Employees Manage Careers* (Upper Saddle River, NJ: Prentice Hall, 1992), p. 143.

[17] Yehuda Baruch and Maury Peiperl, "Career Management Practices: An Empirical Survey and Implications," *Human Resource Management* 39, no. 4 (Winter 2000), pp. 347–366.

[18] Greene and Knudsen, "Competitive Employers Make Career Development Programs a Priority," p. 27.

[19] Julekha Dash, "Coaching to Aid IT Careers, Retention," *Computerworld*, March 20, 2000, p. 52.

[20] David Foote, "Wanna Keep Your Staff Happy? Think Career," *Computerworld*, October 9, 2000, p. 38.

[21] Jim Meade, "Boost Careers and Succession Planning," *HR Magazine*, October 2000, pp. 175–178.

[22] Bright, "Career Development: Empowering Your Staff to Excellence," p. 12.

[23] Karen Lyness and Donna Thompson, "Climbing the Corporate Ladder: Do Female and Male Executives Follow the Same Route?" *Journal of Applied Psychology* 85, no. 1 (2000), pp. 86–101.

[24] "Minority Women Surveyed on Career Growth Factors," *Community Banker* 9, no. 3 (March 2000), p. 44.

[25] In Ellen Cook et al., "Career Development of Women of Color and White Women: Assumptions, Conceptualization, and Interventions from an Ecological Perspective," *Career Development Quarterly* 50, no. 4 (June 2002), pp. 291–306.

[26] Jan Selmer and Alicia Leung, "Are Corporate Career Development Activities Less Available to Female Than to Male Expatriates?" *Journal of Business Ethics*, March 2003, pp. 125–137.

[27] Kathleen Melymuka, "Glass Ceilings & Clear Solutions," *Computerworld*, May 29, 2000, p. 56.

[28] Bill Hayes, "Helping Workers with Career Goals Boosts Retention Efforts," *Boston Business Journal* 21, no. 11 (April 20, 2001), p. 38.

[29] Michael Doody, "A Mentor Is a Key to Career Success," *Health-Care Financial Management* 57, no. 2 (February 2003), pp. 92–94.

[30] Luecke, op. cit., pp. 100–101.

[31] Ferda Erdem and Janset Özen Aytemur, "Mentoring—A Relationship Based on Trust: Qualitative Research," *Public Personnel Management* 37 no. 1 (Spring 2008), pp. 55–65.

[32] Charles Woodruffe and Victoria McFarland, "What Makes a Successful Mentoring Scheme? The Answer May Surprise You . . . ," *People Management* 12, no. 25 (December 2006), p. 48.

[33] Ibid.

[34] "Preparing Future Leaders in Health-Care," *Leaders*, c/o Witt/Kieffer, 2015 Spring Road, Suite 510, Oak Brook, IL 60523.

[35] Tim Harvey, "Enterprise Training System Is Trans Alaska Pipeline's Latest Safety Innovation," *Pipeline and Gas Journal* 229, no. 12 (December 2002), pp. 28–32.

[36] Ibid.

[37] "Kenexa Announces a Latest Version of Kenexa Career Tracker," *Internet Wire*, March 22, 2004.

[38] George Thornton III and David Morris, "The Application of Assessment Center Technology to the Evaluation of Personnel Records," *Public Personnel Management* 30, no. 1 (Spring 2001), p. 55.

[39] Robin Shay, "Don't Get Caught in the Legal Wringer When Dealing with Difficult to Manage Employees," http://www.shrm.org ttp://moss07.shrm.org/Publications/hrmagazine/EditorialContent/Pages/0702toc.aspx, accessed July 28, 2009.

[40] Maria Danaher, "Unclear Promotion Procedures Smack of Discrimination," www.shrm.org, downloaded March 2, 2004.

[41] In Susan Wells, "Smoothing the Way," *HR Magazine*, June 2001, pp. 52–58.

[42] Ken Dychtwald et al., "It's Time to Retire Retirement," *Harvard Business Review*, March 2004, p. 49.

[43] "Employees Plan to Work Past Retirement, but Not Necessarily for Financial Reasons," *BNA Bulletin to Management*, February 19, 2004, pp. 57–58. See also Mo Wang, "Profiling Retirees in the Retirement Transition and Adjustment

Process: Examining the Longitudinal Change Patterns of Retirees' Psychological Well-Being," *Journal of Applied Psychology* 92, no. 2 (2007), pp. 455–474.

[44] See, for example, Matt Bolch, "Bidding Adieu," *HR Magazine*, June 2006, pp. 123–127; and Claudia Deutsch, "A Longer Goodbye," *The New York Times*, April 20, 2008, pp. H1, H10.

[45] Luis Fleites and Lou Valentino, "The Case for Phased Retirement," *Compensation & Benefits Review*, March/April 2007, pp. 42–46.

[46] Andrew Luchak et al., "When Do Committed Employees Retire? The Effects of Organizational Commitment on Retirement Plans Under a Defined Benefit Pension Plan," *Human Resource Management* 47, no. 3 (Fall 2008), pp. 581–599.

[47] Dychtwald et al., op. cit., 52.

[48] Ibid.

[49] "American Express Adds Tools to Retirement Section," *Financial Net News* 6, no. 17 (April 30, 2001), p. 3. See also Catherine Dalton, "The Art of the Graceful Exit," *Business Horizons* 48, no. 2 (March 2005), pp. 91–93.

[50] www.talentmanagement101.com, accessed December 10, 2007.

[51] "Talent Management Is on HR's Agenda for 2007 and Beyond," *HR Focus* 84, no. 4 (April 2007), p. 8. See also Andrew Paradise, "Talent Management Defined," *Training & Development* 63, no. 5 (May 2009), pp. 68–69.

[52] www.successfactors.com/info/en/talent-management/?source=Google_ppc&kw=Talent%20Management&gclid=CNzA-YmRgpkCFQS7sgodnkdLnw, accessed March 1, 2009.

[53] Michael Laff, "Talent Management: From Hire to Retire," *Training & Development*, November 2006, pp. 42–48.

[54] "Survey: Talent Management a Top Concern," http://www.channelinsider.com/c/a/News/Survey-Talent-Management-a-Top-Concern/, accessed July 28, 2009.

[55] www.talentmanagement101.com, downloaded December 10, 2007.

[56] www.silkroadtech.com, accessed December 10, 2007.

[57] "Software Facilitates Talent Management," http://news.thomasnet.com/fullstory/517396, accessed July 28, 2009.

[58] "Work Stream to Announce 'Project X'—Their Next-Generation Talent Management Solutions—at HR Technology Conference & Exposition, October 10, 2007, in Chicago, Illinois," http://www.workstreaminc.com/company/pr2007/prsept26_07.asp, accessed July 28, 2009.

[59] "New Trend in Career Hunt," *Europe Intelligence Wire*, February 10, 2004.

[60] Ibid.

[61] Rebecca Sohn, "Career Management in a Jobless Economy," *Westchester County Business Journal* 43, no. 14 (April 5, 2004), p. 4. See also P. Bronson, "What Should I Do With My Life Now?," *Fast Company*, no. 134 (April 2009), pp. 35–37.

[62] The classic discussion of career stages is in Donald Super et al., *Vocational Development: A Framework for Research* (New York: Teachers College Press, 1975); and Edgar Schein, *Career Dynamics: Matching Individual and Organizational Needs* (Reading, MA: Addison-Wesley, 1978).

[63] John Holland, *Making Vocational Choices: A Theory of Careers* (Upper Saddle River, NJ: Prentice Hall, 1973).

[64] Edward Levinson et al., "A Critical Evaluation of the Web-Based Version of the Career Key," *Career Development Quarterly* 50, no. 1 (September 1, 2002), pp. 26–36.

[65] This is based on James Waldroop and Timothy Butler, "Finding the Job You *Should* Want," *Fortune*, March 2, 1998, pp. 211–214.

[66] Richard Bolles, *What Color Is Your Parachute?* (Berkeley, CA: Ten Speed Press, 2003), pp. 5–6.

[67] Ibid., p. 5. Researchers and career specialists worked with the U.S. government's O*NET to devise a methodology that will enable individuals to make better use of O*NET in identifying and choosing career paths. See, for example, Patrick Converse et al., "Matching Individuals to Occupations Using Abilities and the O*NET: Issues and an Application in Career Guidance," *Personnel Psychology* 57 (2004), pp. 451–47.

[68] Edgar Schein, *Career Dynamics* (Reading, MA; Addison-Wesley, 1978), pp. 128–129; and Edgar Schein, "Career Anchors Revisited: Implications for Career Development in the 21st Century," *Academy of Management Executive* 10, no. 4 (1996), pp. 80–88.

[69] Ibid., pp. 257–262. For a test of Schein's career anchor concept, see Yvon Martineau et al., "Multiple Career Anchors of Québec Engineers: Impact on Career Path and Success," *Relations Industrielles/Industrial Relations* 60, no. 3 (Summer 2005), pp. 45, 455–482.

[70] This example is based on Richard Bolles, *The Three Boxes of Life* (Berkeley, CA: Ten Speed Press, 1976). See also Richard Bolles, *What Color Is Your Parachute?*

[71] Deb Koen, "Revitalize Your Career," *Training & Development*, January 2003, pp. 59–60. See also R. Zeidner, "When It Doesn't Pay to Stay," *HR Magazine* 54, no. 1 (January 2009), p. 26.

[72] "Resume Banks Launched," *Financial Executives* 17, no. 6 (September 2001), p. 72; James Siegel, "The ACCA Launches Online Career Center," *A/C, Heating & Refrigeration News*, June 16, 2003, p. 5.

[73] "Read This Before You Put a Resume Online," *Fortune*, May 24, 1999, pp. 290–291. See also N. Amare et. al., "Writing for the Robot: How Employer Search Tools Have Influenced Resume Rhetoric and Ethics," *Business Communication Quarterly* 72, no. 1 (March 2009), pp. 35–60.

[74] See John Wareham, "How to Make a Headhunter Call You," *Across-the-Board* 32, no. 1 (January 1995), pp. 49–50; and Deborah Wright Brown and Alison Konrad, "Job Seeking in a Turbulent Environment: Social Networks and the Importance of Cross-Industry Ties to an Industry Change," *Human Relations* 54, no. 8 (August 2001), p. 1018. See also "Best Headhunters for 2009 [Tables]," *Asiamoney* 20, no. 1 (February 2009), pp. 37, 40–42.

[75] See, for example, "Job Search Tips: The America's Intelligence Wire," May 17, 2004; and "What to Do When Your Job Search Stalls," *BusinessWeek Online*, March 16, 2004.

[76] John Rau, "And the Winner Is . . . ," *Across-the-Board* 54, no. 10 (November/December 1997), pp. 38–42.

[77] Based on ibid., pp. 32–42.

[78] Richard Payne, "How to Get a Better Job Quicker" (New York, Mentor, 1987), pp. 54–87. See also Larry Salters, "Resume Writing for the 1990s," *Business and Economics Review* 40, no. 3 (April 1994), pp. 11–18.

[79] Erica Gordon Sorohan, "Electrifying a Job Search," *Training & Development*, October 1994, pp. 7–9; "Electronic Resumes Help Searchers Get in Job Hunt," Knight Ridder/Tribune Business News, April 6, 2004, ITEM 04097013.

[80] Sarah Needleman, "Posting a Job Profile Online? Keep It Polished," *The Wall Street Journal*, August 29, 2006, p. B7.

第 4 篇 薪酬管理

Compensation

第 11 章 制定战略性薪酬计划

零售业的竞争一直都非常激烈。所以，在沃尔玛一开始涉足零售业的时候，它的第一反应就是要降低成本，尤其是要控制员工的工资和福利。因此，当威格曼斯食品超市（Wegman's Food Markets）开设的分店越来挺多，同沃尔玛的竞争也全面升级的时候，它的管理层必须作出这样一个决策：为了更好地获得成本方面的竞争优势，我们是否也应该削减员工的薪酬，还是说我们应当采取不同的薪酬政策？[1]

我们学到哪了

一旦对员工进行了绩效评价并提供了教练辅导，他们就希望能够领取薪酬。当然，几乎没有哪一家企业会很随意地向员工支付薪酬。要想使每一位员工得到的薪酬与其他员工相比是合理的，就要求企业制定一项薪酬计划。第 11 章的主要目的就是向读者展示如何制定一项薪酬计划。我们在本章中讲述了职位评价——一种确定一个职位的相对价值的技术——以及如何进行在线和离线的薪酬调查。我们还说明了如何通过制定薪酬等级以及整体性的薪酬计划来为企业中的各个职位定价。在下一章中，我们将专门讲述绩效薪酬和各种奖励计划。

学习目标

1. 指出决定薪酬水平的基本要素有哪些。
2. 定义职位评价并举例说明如何进行职位评价。
3. 详细说明如何确定薪酬水平。
4. 描述如何为管理类职位和专业类职位定价。
5. 阐明基于胜任素质的薪酬计划与传统的薪酬计划之间的区别。
6. 阐明宽带薪酬、可比价值以及董事会对企业高层管理人员的薪酬进行监管在当今社会的重要性。

11.1 决定薪酬水平的基本要素

员工薪酬（employee compensation）是指员工由于雇佣关系的存在而获得的所有形式的经济性报酬。薪酬有两个主要构成部分，一是**直接经济报酬**（direct financial payment）（工资、薪金、奖金、佣金及红利等）；二是**间接经济报酬**（indirect payments）（如企业支付的保险以及带薪休假等形式的经济福利）。

向员工支付直接经济报酬的基本方式主要有两种：一种是根据工作时间支付；另一种是根据绩效支付。大多数企业的薪酬计划都是以工作时间作为薪酬支付基础的。比如，蓝领工人以及事务类员工都是领取小时工资或日工资的，而其他一些人，比如管理人员或网页设计人员，通常则是按周、月或年来领取薪酬的。支付直接经济报酬的第二种方式是根据绩效付酬。计件工资就是这样一种确定基本薪酬的方法，它根据工人生产出来的产品数量（或者“件数”）向他们支付薪酬。比如，可以把一位工人的目标小时工资除以他在一个小时中需要生产出来的标准产品数量。然后，工人每生产出一件产品，他就能够得到通过上述公式计算出的工资。销售佣金是另外一种以绩效（在这里，绩效就是指销售额）为基础的薪酬形式。当然，一些企业也会采用将两者相结合的薪酬支付计划，即员工的薪酬一部分是计时薪酬，一部分是奖金。

在本章中，我们将说明如何制定一项根据员工的工作时间来支付工资或薪资的计划。在下两章中，我们接着分别讲述以绩效为基础的经济性奖励计划（第 12 章）以及员工福利（第 13 章）。

任何一种薪酬计划的设计都要考虑以下几个基本要素：法律、工会、公司战略与政策以及公平性。下面首先从法律因素谈起。

11.1.1 薪酬管理中应考虑的法律问题

很多法律都会对最低工资、加班工资水平以及福利等方面作出具体规定。[2]比如，1931 年颁布的美国**《戴维斯-贝肯法案》**（Davis-Bacon Act）就规定，劳工部长可以针对美国联邦政府项目承包商所雇用的体力劳动者和技师规定薪酬水平。该法案的修正案还规定了这些承包商应当向员工支付的福利。1936 年通过的**《沃尔什-海雷公共合同法案》**（Walsh-Healey Public Contract）还规定了承包政府项目合同的金额达到或超过 1 万美元的承包商必须达到的基本劳工标准。其中包括最低工资、最高工时、安全和健康条件，并且要求承包商向每周工作时间超过 40 小时的员工支付相当于正常水平 1.5 倍的工资。**1964 年《民权法案》的第七章**（Title VII of the 1964 Civil Rights）规定，在雇佣、薪酬、工作待遇、工作条件以及就业特权等方面，禁止企业因为员工的种族、肤色、宗教信仰、性别或者国籍来源实施歧视。[3]我们接下来还要考察其他一些与薪酬相关的重要法律。

1938 年《公平劳工标准法案》 《公平劳工标准法案》（Fair Labor Standards Act）最初是在 1938 年通过的，此后经过了多次修正，其内容包括最低工资、最高工时、加班工资、公平工资、工资记录以及与童工有关的条款，这些都是大多数劳动者都很熟悉的内容。[4]这部法律覆盖了大多数美国的劳动者——实际上，它涵盖了所有生产和（或）销售那些用于州与州之间贸易和国际贸易的产品的员工。此外，农业工人以及那些被一些大型的零售和服务类公司雇用的劳动者也被涵盖在其中。美国各州的公平劳工标准法则覆盖了大多数美国《公平劳工标准法案》（FLSA）没有覆盖的员工。[5]

一个比较常见的条款是关于加班工资的规定。这部法案指出，对于在一周之内超过 40 小时的那部分工作时间，企业必须至少向员工支付相当于正常水平 1.5 倍的工资。因此，如果一位受到这部法律管辖的工人在某一周中的工作时间达到 44 小时，那么，他在这周中超过 40 小时的这 4 小时的时间，所应当获得的小时工资就相当于他在前 40 小时应当得到的小时工资的 1.5 倍。比如，如果这位工人的小时工资是 8 美元（或者一周工作 40 小时应当获得 320 美元），那么对于他在一周中多工作的这 4 小时，每个小时的工资就应当是 12 美元（8 美元×1.5），或者说此人在一周中多工作的这 4 小时能帮他多挣 48 美元。如果企业为员工的加班工时提供其他休息时间作为补偿，那么这种休息时间也应当按照 1.5 倍来加以延长。也就是说，如果这位员工不领取加班工资，那么他在这一周中多工作的这 4 小时时间能够使其获得的补休时间是 6 小时。企业要严格监督员工的上班和下班的时间，以免在不知不觉中就不得不向员工支付加班工资。[6]

人力资源管理应用程序

移动文件簿的工时记录解决方案

当员工不在办公室的时候，跟踪掌握他们的工作时间是一个不太容易解决的问题。正是这方面的原因，像太平洋工时记录单公司（www.pacifictimesheet.com）这样的一批软件提供商为客户企业提供可移动的工时记录单。在公司外部工作的员工可以通过自己的 iPhone 手机或其他类似的设备登录并填写这些工时记录单。通过改进出勤记录的准确性，可以减少对工薪单进行调整的需要，同时还能减少企业不得不过多地支付加班工资。[7]

违反《公平劳工标准法案》的做法是很不明智的，但即使是一些大企业，有时也会犯错。最近，沃尔玛就同意支付 6.4 亿美元来解决 63 起关于工资和工时的诉讼，这些诉讼指控沃尔玛存在若干方面的过失，比如，没有向员工支付加班工资以及没有为员工提供足够的用餐休息时间等。[8]现在，很多企业都将员工作为“独立承包商”而不是以公司员工的身份，向他们支付薪酬。严格来讲，这些人更像是咨询顾问，因而不在《公平劳工标准法案》的覆盖范围之内。本章的“管理新型员工队伍”专栏讲述了如何向这种新型劳动者支付薪酬。

管理新型员工队伍

独立承包商

这个人到底是员工还是独立承包商？对企业来说，这依然是一个问题。例如，联邦快递公司的地面运输公司（FedEx Ground）正在提起多起诉讼来为自己争取这样一种权利，即继续将其雇用的大约1.5万名货车司机作为独立承包商来对待（最近它赢得了一起这样的诉讼）。[9]

问题是，很多所谓的独立承包商关系其实都不是真实的。美国现在还没有哪一部专门的法律或检验的方法能够确定，一个人到底是独立承包商，还是一名实质上的员工。法院在作出判决的时候则会依据整体的活动或情境。法院主要考虑的因素是：企业对劳动者的工作内容和方式控制得越多，法院就越倾向于认定他就是一名员工。图11—1列出了法院在这方面将会考虑的一些影响因素。

对于企业而言，把员工界定为独立承包商有几个方面的好处。一方面，《公平劳工标准法案》关于加班工作的要求以及其他方面的一些要求对这些人就不再适用了；另一方面，企业不必为这些劳动者缴纳失业保险税、社会保障税，以及市、州和联邦的所得税以及强制性的工伤保险。如果一个人确实是一位独立承包商，那么这种关系对于其本人也是有好处的。例如，他在选择于何时、何地工作等方面拥有更多的灵活性，主要是可以根据哪里的商业费用更低来作出选择。

那些把员工错误地归为独立承包商的企业可能面临严厉的法律制裁。例如，这些企业将会被勒令重新缴纳国内税（再加上罚款），同时还要支付加班费、失业保险税以及欠缴的社会保障税以及利息。例如，微软公司就支付了近9 700万美元来解决一起类似的诉讼。[10]

独立承包商

管理者可以运用下面的这张清单来确定一位劳动者是否属于独立承包商。如果有三个以上问题的答案为“是”，那么，管理者就可以将对劳动者进行分类的结果与人力资源部进行确认。

<u>表明控制性的因素</u>

	是/员工	否/独立承包商	不适用
1. 劳动者必须服从指令。			
2. 劳动者要接受雇用他的人的培训。			
3. 劳动者的服务与业务是合二为一的。			
4. 劳动者必须亲自提供服务。			
5. 劳动者不能雇用或解雇助手。			
6. 工作关系是持续性的或没有确切终止期的。			
7. 工作时间就在当前。			
8. 劳动者必须从事全职性工作。			
9. 劳动者必须根据企业的许可来完成工作。			
10. 劳动者无权控制完成工作的秩序或顺序。			
11. 劳动者需要提交口头或书面的报告。			
12. 劳动者按照特定的时间间隔领取报酬。			
13. 劳动者在工作中发生的业务费用可以报销。			
14. 企业为劳动者提供工作工具或材料。			
15. 劳动者并没有作出重要的投资。			
16. 劳动者没有机会获得利润或遭受损失。			
17. 劳动者并没有与许多公司同时签约做事。			
18. 劳动者不为公众提供服务。			
19. 劳动者可能会被企业解雇。			
30. 劳动者可以无条件地终止工作。			

图11—1 独立承包商

资料来源：Reprinted from www. HR. BLR. com with permission of the publisher *Business and Legal Resources Inc.*, 141 Mill Rock Road East, Old Saybrook, CT © 2004. BLR ©（Business and Legal Resources, Inc.）.

《公平劳工标准法案》还确定了最低工资，它为被该法案覆盖的全体员工确定了一个工资底线（当国会提高最低工资水平的时候，它通常会提高所有劳动者的薪酬水平）。对于大多数被该法案覆盖的员工来说，2009 年的最低工资水平为每小时 7.25 美元。[11]有些州还制定了自己的最低工资立法，例如，包括波士顿和芝加哥在内的近 80 个城市都要求，承包市政府合同的企业向员工支付的工资水平必须在每小时 8～12 美元之间。[12]禁止使用童工条款禁止企业雇用 16～18 岁之间的青少年从事有毒有害工种的工作，并且严令禁止企业雇用 16 岁以下的童工。

豁免性员工和非豁免性员工　某些特定种类的员工可以不受《公平劳工标准法案》的管辖，或者不受其中某些条款的管辖，尤其是不受其中加班工资规定的约束——这些员工就是所谓的“豁免性员工”。一位员工是否属于豁免性员工，主要取决于其所承担的工作职责、任务以及薪酬水平。高层管理人员、行政经理人员（比如办公室主任等）以及专业类员工（比如建筑设计师）等，通常都不受该法案中关于加班工资和最低工资规定的约束。[13]年薪在 10 万美元以上，并且仅仅承担豁免性的行政管理、经营或专业类工作职责的白领员工自动不受该法案中关于加班工资规定的管辖。其他那些年薪收入在 23 660 美元以下的员工自动受加班工资规定的保护（所以每周的工资收入在 455 美元以下的员工都属于非豁免性员工，因而是能够得到加班工资的）。[14]图 11—2 中列出了一些典型的豁免性职位和非豁免性职位。

豁免性职位	非豁免性职位
律师	律师助理
医生	会计员
药剂师	报纸撰稿人
工程师	工作监督员
教师	管理培训生
科学家	秘书
计算机分析师	文员
总经理	
人事总监	
会计师	
采购员	

图 11—2　一些典型的豁免性和非豁免性职位的名称

资料来源：Exempt, Nonexempt Examples by Jeffrey Friedman, “The Fair Labor Standards Act Today: A Primer,” *Compensation* (January/February 2002), p. 53, Reprinted by Permission of Sage Publications, Inc. Copyright © 2002, Sage Publications.

如果一位员工不受《公平劳工标准法案》中的最低工资条款的管辖，那么，他也不受加班工资条款的约束。然而，还有一些员工则是永久性地不受加班工资条款管辖的人，包括农业工人、住在雇主家里工作的员工、出租车司机以及电影院职员等。[15]

然而，确认哪些职位属于豁免性的仍然是一件比较棘手的事情。正如前面提及的，一些职位——如高层管理人员和律师等——很显然是豁免性的职位，而其他一些职位——比如每年的薪酬水平在23 660美元以下的办公室职员职位——很明显属于非豁免性职位。然而，除了这些显而易见的可分类职位，在对其他那些职位进行归类前，对职位进行一番重新审视是非常明智的做法。图 11—3 提供了作出这类决策时可以遵循的程序。除了那些显而易见的情况，都要认真地审视职位描述。例如，要确保这个职位确实需要任职者执行某种豁免性的监督职责。[16]

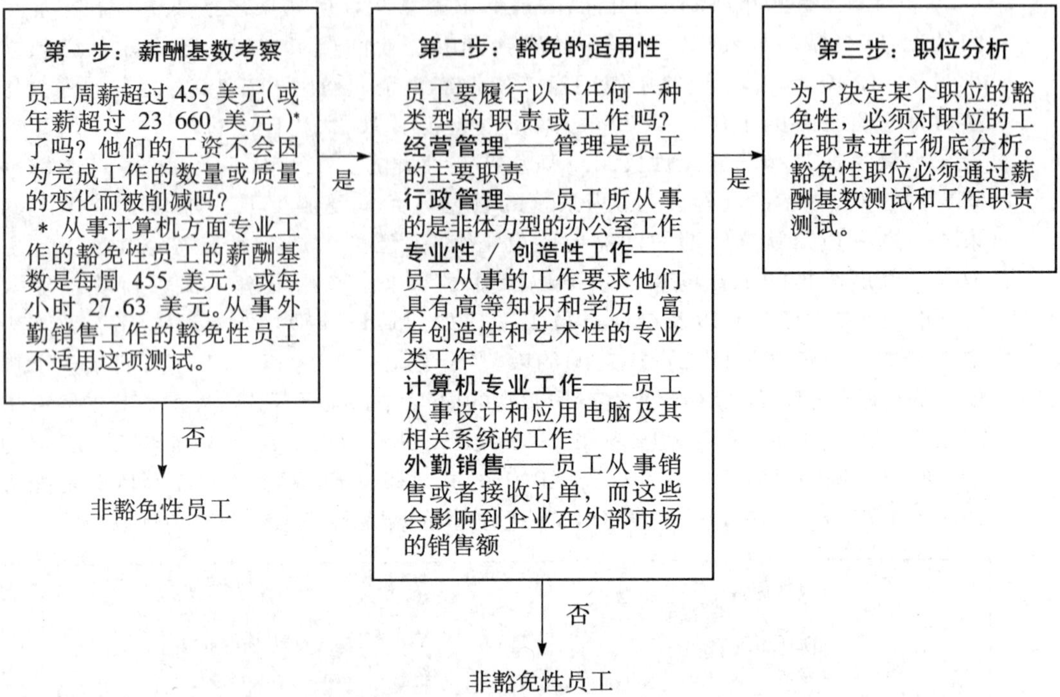

图 11—3　谁是豁免性员工而谁不是？

与《公平劳工标准法案》中的豁免性规定有关的诉讼案件正在持续增加。比如，一家药品企业的销售代表在一起诉讼中提出，《公平劳工标准法案》中所说的“外勤销售员”不能涵盖他们，因为他们所做的是向医生推销和推荐——而不是销售——本公司的药品。[17]越来越多的“行政秘书”也提出，他们所从事的也不是豁免性的行政管理职位，因为他们根本就不能影响公司财务状况的决策权。一些“主管人员”也宣称，他们实际上并没有监督两名或两名以上的员工。[18]所以，员工是不是豁免性人员，应当由其实际从事的工作内容而非职位名称决定。[19]

1963 年《公平薪酬法》　**《公平薪酬法》**(Equal Pay Act）是对《公平劳工标准法案》的修正，它规定，当两种不同性别的员工所从事的工作大体对等的情况下，企业支付给其中一种性别员工的薪酬水平不能低于另外一种性别员工所获得的薪酬水平。具体来说，如果工作本身所要求的技能水平、努力程度、需要承担的责任以及涉及的工作条件都相同，那么，那种性别的员工就必须获得同样的薪酬，如果两种性别员工之间存在薪酬差异，那么这种差异也必须是由于工作资历、绩效加薪以及员工生产的产品数量和质量，或者“其他非性别要素”引起的。

1974 年《员工退休收入保障法案》　**《员工退休收入保障法案》**（Employee Retirement Income Security Act，ERSIA）使得一个由政府运营、由企业出资的法人组织诞生了，这个组织的目的是在企业建立的养老金计划出现问题时，对员工提供必要的保护。此外，它还制定了关于退休金保留权的规定（所谓退休金保留，是指如果员工在退休之前被解雇，他们仍然能够有权获得在企业的养老金计划中积累的资金)。它还规定了转移权(一位员工的退休金保留权从一个组织转移到另一个组织的权利)。此外，这部法案还为阻止在养老金计划资金筹集过程中出现的不诚实行为而制定了养老基金的监管标准。

影响薪酬的其他法律规定 还有其他各种法律也会对薪酬决策产生影响。比如，《反就业年龄歧视法案》就禁止企业在就业的各个方面，对年龄达到或超过 40 岁的员工实施歧视，其中包括薪酬方面的歧视。[20]《美国残疾人法案》也禁止企业在就业的各个方面，其中也包括薪酬方面，对合格的残疾人进行歧视。《家庭和医疗休假法案》为员工提供了一种工作保障性休假，它规定，当达到一定要求的员工在自己或其配偶生孩子时，或者自己需要看护孩子、配偶或者父母时，有权获得最长达 12 周的停薪留职休假。政府的各种政令还要求联邦政府的承包商和二级承包商不得有歧视行为，并且在各个就业领域，其中也包括在薪酬领域，采取积极的反歧视行动。

美国每个州都有自己的工伤保险法律，其主要目的是使在工伤事故中受伤的员工能够得到及时、确定及合理的收入。1935 年通过的美国《社会保障法案》(已经过修正)为那些不是因为个人过错而失去工作的员工提供失业保险——一种失去工作时享受的福利，失业者可以享受失业保险的时间最长可达 26 周，并享受退休福利。(我们将在第 13 章讨论社会保障福利。)美国联邦政府的工资扣发法律还限制企业每周可以扣发或留存的员工工资的上限，从而保护员工因不愿被扣发工资而失去工作。

11.1.2 工会对薪酬决策的影响

工会及劳资关系方面的法律也会对企业的薪酬计划设计产生影响。1935 年通过的《国家劳资关系法》(又称《瓦格纳法案》)及其相关立法以及法院的判决，使劳工运动变得合法化。这就使工会得到了法律的保护，同时也使员工有权成立自己的组织，进行集体谈判，同时还可以使员工出于其他互助或自我保护的目的而采取某些一致行动。从历史上看，薪酬水平一直是集体谈判的一个重要主题。不过，工会也就其他一些与工资有关的问题与资方展开谈判和协商，其中包括带薪休假时间、收入保障条款(针对那些在经常临时性解雇员工的行业中工作的劳动者)、根据生活成本调整工资以及诸如医疗保健之类的福利。

《瓦格纳法案》还建立了一个国家劳资关系委员会，对企业的管理实践加以监督，以确保员工能够行使自己的权利。这一法案的规定实际上强调了，一个组织应该在制定薪酬计划的过程中吸收工会官员的参与。比如，企业必须向工会提供书面解释来说明本组织的“工资政策曲线”——一种用来描述职位和薪酬水平之间关系的图形。此外，工会还有权了解它所代表的每一位员工的薪资状况。[21]

11.1.3 公司政策、竞争战略和薪酬

薪酬计划应当有助于推动公司战略目标的实现——管理层应当制定一项整体性的报酬战略。这是指构建一揽子的报酬方案——包括工资、奖金和福利在内——以产生有助于支持企业竞争战略实现的各种员工行为。[22]表 11—1 列出了在这里要问的一些问题。

表11—1　　制定整体性的报酬战略

需要问的一些问题：
1. 要想成功地履行自己的使命或者获得理想的竞争地位，公司需要做什么（如从改善顾客服务的角度来说）？
2. 要想成功地实施这种竞争战略，需要员工有什么样的行为或行动？
3. 公司应当用什么样的薪酬方案来强化这些行为？在强化这些理想行为的过程中，每一种方案的目标分别是什么？
4. 每一种薪酬方案要想实现其各自的目标，需要满足哪些可衡量的要求？
5. 目前的报酬方案在多大程度上能够满足这些要求？

资料来源：Adapted from Jack Dolmat-Connell, "Developing a Reward Strategy That Delivers Shareholder and Employee Value," *Compensation & Benefits Review*, March-April 1999, p. 51.

事实上，企业的薪酬战略体现在企业的薪酬政策之中。比如，像约翰-霍普金斯医院这样的顶级医院可能会制定一种政策，即将医院新雇用的护士的起薪定在高于市场通行工资水平20%的位置上。

IBM公司案例　IBM公司为我们提供了管理者如何利用薪酬政策来支持战略目标实现的经典案例。[23]当路易斯·郭士纳于20世纪90年代就任IBM公司首席执行官的时候，他发现IBM的员工已经变得过于骄傲自满。因而，他制定了四项新的奖励计划以及其他一些薪酬政策，以使员工更多地关注竞争。这些政策的内容包括：

1. **根据市场支付薪酬**。公司改变了过去实行的那种（针对非营销类人员实施的）单一的薪酬计划，针对不同的职位族（比如会计师、工程师、程序员等）分别建立起不同的薪酬计划以及绩效加薪预算。这就使得IBM公司能够以一种更为市场化的方式来针对不同职位族中的员工支付不同的薪酬。

2. **等级更少的"宽带"职位**。IBM过去的薪酬系统将IBM公司的全部职位分成了24个狭窄的薪酬等级。这导致员工仅仅关注完成与范围相对狭窄的工作内容相关的事情。新的薪酬系统则根据三个因素（技能、领导力要求以及范围/影响），把所有的职位分成了10个等级。在IBM美国公司，职位名称的数量从5 000种减少到1 200种。每个员工最终都被赋予范围更广的工作职责。

3. **让管理者实施管理**。IBM公司过去的薪酬计划将加薪建立在一个非常复杂的计算公式基础之上，这种公式将员工的绩效评价分数与加薪幅度联系在一起，而加薪幅度是以百分之零点几计算的。新的薪酬系统则大大简化了加薪的方式。公司为管理人员提供一笔加薪预算以及一些关于如何实施加薪方案的指导，这种做法实际上是告诉管理者："你要么将绩效优异者和绩效平平者的薪酬拉开差距，要么将看到那些绩效明星不会在你这里待很久。"

4. **激励员工**。当IBM公司在20世纪90年代早期还在苦苦挣扎的时候，它的非高层管理类员工（销售部门以外的员工）的现金薪酬只有基本薪酬（再加上加班工资、轮班津贴以及其他一些调整性薪酬）。而郭士纳在上任之后不久，很快使绩效奖励成为所有员工的薪酬构成的一部分。

薪酬政策的类型　正如在IBM公司中一样，管理者需要通过制定薪酬政策来解决一系列问题。其中的一个问题就是，薪酬到底是应当强调资历还是应当强调绩效。例如，对于美国联邦政府的员工来讲，要想从联邦政府的薪酬某一个等级中的第一档加薪到第九档，一共需要18年的时间。资历是一种很客观的标准，从这一角度来说，以资历为基础的薪酬计划也是有自己的优点的。而这种薪酬计划的缺点之一则是，绩效优异者和绩效较差者所获得的加薪幅度都是一样的。以资历为基础的薪酬政策似乎是一些政府机构和工会化企业的遗产。但是，最近的一项调查发现，60%的受访员工认为，资历长的员工得到的报酬依然是最多的，只有 35%的人说，他们所在的公司向高绩效的员工支付更高的薪酬。[24]

然而，如何区分高绩效者和低绩效者仍然是一个相关的政策问题。比如，多年来，玮伦鞋业公司（Payless ShoeSource）一直以父爱主义的方式增加工资——为每一位员工提供同样多的加薪。但是，在其市场份额持续多年下滑之后，管理层决策重整公司的薪酬计划。这项计划修订了原来的薪酬政策，更为明确地将高绩效员工和其他员工加以区别对待。[25]其他一些薪酬政策通常还包括如何确定加薪和晋升、加班工资、试用期工资、员工离职参军和履行法律责任时的薪酬，以及节假日的薪酬等。当然，经济活动状况同样会影响企业的支付水平。下面的“在充满挑战的时代管理人力资源”专栏专门讲述了这个问题。

在充满挑战的时代管理人力资源

经济困难时期的薪酬和奖金

毫不意外的是，企业在面对经济挑战时所采取的方式之一就是削减加薪幅度以及实行绩效加薪。翰威特咨询公司和美世公司等人力资源管理咨询公司的研究都表明，在当前这种经济进一步衰退的时期，美国一半以上的企业（国外则更多）都计划削减加薪幅度。这些研究表明，豁免性员工的加薪幅度将会从 2008 年的 3.8%下降到 2009 年的 2.5%，还有 10%的美国企业则制定了冻结加薪的计划。

有趣的是，这种充满挑战的环境却促使企业更为密切地关注高绩效员工。比如，很多企业都正在建立特殊的基金，以长期股票赠与计划和留任奖金的方式来奖励那些高绩效的员工。[26]

加薪　企业计算加薪的方式通常有两种。一方面，很多企业制定了绩效加薪政策。关于这种加薪方式，我们将会在第 12 章中进行详细探讨，不过，其基本思想是将每一位员工的年度加薪幅度同他们的绩效联系起来。另一方面，有些企业则提供普遍加薪（如所有员工都加薪 3%）。这种加薪方式避免了由于区别加薪所引发的员工不满，有利于企业即使是在通货膨胀时期也能留住员工，这种加薪方式也可能是企业与工会或政府部门签订的合同所规定的。然而，这种加薪方式存在的问题是，企业通常应当为高绩效员工提供更多的加薪。

薪资压缩　如何处理薪资压缩也是一个非常关键的政策问题。**薪资压缩**（salary compression）是通货膨胀的产物，它意味着已经在公司工作较长时间的员工所获得的薪资反而不如新进公司的同类员工。这时，由于物价水平（从而新员工的起薪）要比公司的薪资水平上涨得更快，因此公司需要制定一项政策来处理这一问题。一方面，你不希望不公平地对待现有的员工，或者看到他们带着自己的知识和经验离开公司。然而，有些员工的薪酬水平之所以比较低，原因可能并不是薪资压缩，而是其个人的绩效较差。企业可以采取的一种政策是实施一种更为激进的绩效加薪计划。另外一些企业的政策则授权员工的直接上级向企业提出“公平性”薪资调整建议，从而为那些明显受到薪资压缩不利影响的员工进行薪资调整。

地理区域 如何处理不同地理区域之间的生活成本差异是薪酬政策中另一个需要考虑的重要问题。比如，一名高级行政秘书的平均基本薪酬在不同地区的差别就很大，在新墨西哥州阿尔布开克市为 37 300 美元，在佛罗里达州坦帕市为41 900 美元，在纽约为 59 800 美元，在加利福尼亚旧金山则为 60 100 美元。[27]

企业通常采取以下几种方式来处理不同地区之间的生活成本差异问题。有些企业向那些在不同地区之间调职的人支付一笔一次性的费用，通常一次性支付或者在 1～3 年内分期支付。另外一些企业除了支付一次性的安家费用，还会对持续发生的成本差异给予补偿。比如，一家企业的政策是这样规定的：如果一位年薪在 35 000～45 000 美元之间的员工被公司从亚特兰大市调动到明尼阿波利斯市，那么公司每年向此人支付 6 000 美元的地区生活成本差异补贴。还有一些企业则干脆提高员工的基本薪酬。

当把员工派遣到国外时，这个问题就变得更加复杂。大多数跨国企业都是根据外派员工在母国时的基本薪酬来向他们支付薪酬的。（因此，一位法国管理人员如果被一家美国跨国公司安排到乌克兰的基辅去工作，那么他的基本薪酬通常应当反映这位管理者在母国——这里就是指法国——的薪资结构。）此外，此人通常还会得到包括生活成本补贴、安家补贴、住房补贴、教育补贴以及艰苦补贴等在内的各种补贴（艰苦补贴主要适用于那些生活质量相对较差的国家，如赞比亚）。[28]此外，如果外派员工在离开母国之后所应当缴纳的税收超过其在母国时应当支付的税收水平，则企业通常还会对这部分额外税收提供补偿。

11.1.4 公平性及其对薪酬水平的影响

埃默里大学做了一项研究，研究者测试了猴子对不公平的薪酬所作出的反应。他们训练猴子用小圆石头交换食物。有些猴子用小圆石头换回了葡萄，而另外一些猴子则用小圆石头换回了黄瓜片。那些能够换到味道更甜的葡萄的猴子更愿意进行这样的交换。但是，如果一个换回了黄瓜片的猴子看到它的邻居换回的是更甜的葡萄，它就会“砰”地放下石头或者拒绝吃黄瓜片。[29]由此可以看出，即使是那些低级的灵长类动物，也倾向于追求薪酬的公平性。

激励理论中的公平理论 对于更高等级的人类来说，激励理论中的公平理论认为，人们存在这样一种强烈的动机，即追求在自身的付出或贡献与他们所获得的回报之间的平衡性。公平理论认为，如果一个人感受到不公平，那么，他的头脑中就会产生紧张感或者驱动力，从而他就会受到一种努力减少或者消除这种紧张感和不公平的激励。研究结果对于这一理论是支持的，认为它尤其适用于低收入者。[30]最近的一项研究发现，当零售店采购员感觉到自己得到的报酬以及企业分配报酬的方法是公平的时候，他们的离职率会非常低。[31]

在薪酬方面，管理者要重点考虑到四个方面的公平性：外部公平性、内部公平性、个人间公平性以及程序公平性。[32]

● 外部公平性一般是指一家公司中的某个职位的薪酬水平与其他公司相同职位的薪酬水平之间的对比情况如何。

● 内部公平性是指在一家公司内部，一个职位的薪酬水平与其他职位的薪酬水平之间的对比结果是否公平。（例如，与生产经理的薪酬水平相比，销售经理的薪酬公平吗?)

● 个人间的公平性是指在一家公司内部，从个人绩效的角度来看，一个人的薪酬水平与本公司内部在相同或相似的职位上工作的其他同事相比是否公平。

● 程序公平性是指“员工对于企业用来作出薪酬分配决策的过程和程序的公平性的感知情况”。[33]

解决公平问题　管理者通常会使用各种方法来解决公平问题。例如，他们使用薪酬调查（对其他企业的薪酬状况进行的调查）来监控并确保薪酬的外部公平性；利用职位分析和职位评价来对每一个职位加以比较，从而维持薪酬的内部公平性；使用绩效评价和奖励性薪酬来确保员工个人之间的公平性。此外，他们还会建立沟通渠道、申诉机制以及在薪酬方案制定的过程中吸收员工参与，以确保员工认为薪酬决策过程是公平的、透明的。

一些企业还经常实施调查来了解员工对企业薪酬计划的满意度。这种调查中的一些典型问题包括：“你对自己的薪酬感到满意吗?”“你认为在决定你的薪酬方面，企业主要考虑了哪些方面的因素?”在解决员工对于薪酬的不满时，企业首先要准确地找出存在的问题，然后再去解决这些问题。员工对于薪酬的潜在不满可能源于以下几个因素：薪酬和福利的数量、整个薪酬计划的管理方式以及加薪方式。如果解决的问题不对路，则员工对薪酬的不满会持续下去。[34]

当确实出现了不公平时，冲突就会随之而来。为了阻止在员工中出现可能会形成薪酬内部不公平感的讨论，一些公司在薪酬方面实行严格的保密制度，但是这种做法所产生的结果却好坏都有。而在外部公平性方面，一些诸如 Salary. com 这样的专业性薪酬网站使员工可以轻易发现，他们原来可以在别的地方得到更多的薪酬。最近的一项研究发现，并非只有薪酬水平过低才会引发士气低落。如果支付给员工的薪酬远远超过了他们自己感觉到的自身价值，也同样会适得其反，或许这是因为“员工感到内疚和不安”。[35]

11.2　确定薪酬水平

在确保内部公平性、外部公平性和（一定程度的）程序公平性的情况下，确定薪酬水平的过程一般分为五个步骤：

1. 实施一次薪酬调查，了解其他企业为具有可比性的职位支付的薪酬水平（以确保外部公平性）。

2. 通过职位评价确定组织中的每个职位的相对价值（以确保内部公平性）。

3. 把相似的职位归类划分到不同的薪酬等级中。

4. 通过运用薪酬政策曲线为每个薪酬等级定价。

5. 对薪酬水平进行微调。

下面从薪酬调查开始讲起。

11.2.1　步骤一：薪酬调查

如果不知道其他企业支付给员工的薪酬水平，就很难确定本企业员工的薪酬水平。因此，**薪酬调查**（salary survey）——调查其他企业支付的薪酬水平——在为职位定价方面扮演了重要的角色。事实上，每一家企业至少都会通过电话、报纸或者互联网进行非正式的薪酬调查。[36]

企业会通过三种方式来使用薪酬调查。第一，企业会运用通过薪酬调查得到的数据为**标杆职位**（benchmark jobs）定价。这些标杆职位是企业的锚定职位，其他职位都要根据各自对于组织的相对价值，围绕这些职位来确定它们的位置（下面将要解释的职位评价会帮助组织确定每一个职位的相对价值）。第二，企业会通过正式或非正式的薪酬调查，了解具有可比性的企业支付给那些具有可比性的职位的薪酬水平，然后为 20%左右甚至更大比例的职位直接确定薪酬水平（并不是相对于本企业中的那些标杆职位）。（谷歌公司很可能就是用这种方法为公司的网页程序员确定薪酬的，因为这种职位的薪酬变动不仅幅度通常很大，而且比较频繁。）第三，在薪酬调查中还可以收集保险、病假、带薪休假等员工福利方面的数据，从而为企业进行员工福利方面的决策提供基础。

薪酬调查可以是正式的，也可以是非正式的。在确认一些具体的问题时，非正式的电话调查或者互联网调查是非常合适的。比如，一家银行希望了解自己在刊登广告招募柜员时，在广告上公布的薪酬水平应该为多少比较合适，或者其他银行是否真的在给它们的柜员提供某种奖励。一些大型企业则有能力自己进行正式的薪酬调查，直接从其他企业那里收集相关的薪酬信息。这种调查大多会询问这样一些信息：员工数量、加班政策、起薪水平以及带薪休假等。

商业类、专业类和政府类薪酬调查 很多企业也使用各类咨询公司、专业协会或政府机构公布的薪酬调查数据。美国劳工部所属的劳工统计局发布的全国薪酬调查（National Compensation Survey，NCS）就提供关于各种职业的薪酬、薪酬成本趋势以及福利方面的详细信息（http：//www. bls. gov/bls/wages. htm）。

这项详细的分职业薪酬调查涵盖了整个美国、各个地区、各州和许多大都市地区的 800 多种职业（http：//stats. bls. gov/oes/current/oes _ nat. htm）。当前就业统计调查（Current Employment Statistics）是针对企业的发薪记录所做的每月一次的调查，这种调查提供全国的生产类和非监督管理类员工的薪酬收入数据。在这类数据中包括薪酬、生产奖金、佣金以及生活成本上升等方面的信息。全国薪酬调查中的福利部分（National Compensation Survey-Benefits）还提供参加了一些特定类型的福利计划——比如医疗保健、退休计划和带薪休假等——的员工所占的百分比等方面的信息。这些数据还显示了这些福利计划的一些细节内容，比如带薪休假的时间长度等。从国际对比的角度来说，美国劳工部劳工统计局在其国际劳动力薪酬成本对比表（International Labor Comparisons Tables）中，以当地货币和美元两种货币单位报告制造业中的生产工人和全体员工的小时薪酬成本。

此外，合益公司、海德思哲国际公司以及翰威特公司等私营咨询公司或以招募高层经营管理人员为业务内容的猎头公司，也会发布一些关于高层管理人员、中层管理人员以及董事会成员的薪酬等方面的数据。美国人力资源管理协会以及金融业高层管理人员研究所等专业性组织也会在它们的成员企业中发布一些薪酬方面的信息。

位于新泽西州罗谢尔公园的华信惠悦公司发布几种薪酬调查数据。[37]该公司发布的高层管理人员薪酬调查涵盖了几十种高层管理职位，其中包括首席执行官、首席房地产执行官、首席财务执行官、首席销售执行官和首席保险理赔执行官等，并且这些调查数据都是根据职能和行业加以分类的。华信惠悦公司还提供针对中层管理职位、基层管理职位、销售市场人员、专业和科学研究人员以及技师、熟练技术工人和办公室人员等的薪酬调查。企业要想参加其中的每一项调查，大约需要缴纳700 美元的费用，但是，参加这种薪酬调查有助于企业避免这样的双重损失：一是支付给员工的薪酬水平过高；二是由于未能支付具有竞争力的薪酬而导致员工流动率过高。

利用互联网进行薪酬调查　快速扩张的基于互联网的信息获取渠道已经使今天的任何人都能够得到公开发表的薪酬调查信息。表 11—2 就展示了一些比较受欢迎的薪酬调查信息发布网站的网址。

表 11—2　　**某些发布薪酬数据的网页**

主办者	网址	服务内容	不利的方面
Salary. com	Salary. com	根据职位类型、邮政编码以及职位描述，提供关于数百种职位的薪酬信息。	需要根据当地的生活成本差异，对全国的平均薪酬水平信息加以调整。
Wageweb	www. wageweb. com	提供 150 多种行政事务类、专业类以及管理类职位的平均薪酬信息。	要想获得按行业、地理位置等分类的薪酬信息，需要付费。
美国人事管理局	www. opm. gov/oca/09Tables/index. asp	提供按地区分类的美国联邦政府中的各种职位的薪酬信息。	仅限于美国联邦政府中的那些职位的薪酬信息。
Job Smart	http：//jobstar. org/tools/salary/sal-prof. php	专门针对专业性职位的详细薪酬调查信息。	需要对每一种专业查阅很多种薪酬调查数据。
Cnnmoney. com	cnnmoney. com	输入目前你的薪酬水平和居住城市后，这个网站能提供目标城市中可供比较的薪酬水平。	需要根据当地的生活成本差异，对全国的平均薪酬水平信息加以调整。

很多像 Salary. com 这样的网站都提供关于很多职位的全国薪酬水平的数据，并且这些数据能够根据职位所在的地域的生活成本情况进行自动调整。为了获得你所在地区的其他企业目前向记账员支付的薪酬水平，一种比较好的做法是登录当地的一家或两家报纸的网站。例如，《南佛罗里达阳光哨兵报》（以及其他许多报纸）的网站上就有一个名为“职业制造者”的栏目。上面公布的都是一些职业信息——换言之，上面列举的都是在报纸分类广告中刊登的各种职位的招聘广告信息，在很多时候，这些广告信息中也包括薪酬水平方面的信息（www. sun-sentinel. com/classified/jobs）。在这份职位列表中，你会发现这样一些职位信息：“应收账款簿记员——每小时 10 美元”，“记账员——年薪 2.5 万美元”，“记账员—信贷员，最高年薪 2.2 万美元”，“应付账款记账员——年薪 2.2 万～2.6 万美元”，等等。你可以再转到《迈阿密先驱报》（http：//www. miamiherherald. com/jobs/）的职业制造者网页，同样可以发现一系列与上述资料类似的几十种职位相关信息。比如，“发薪单管理员——道罗地区，年薪 2.5 万美元，”“记账员——海拉市，起薪为每两周 594 美元，”“会计助理——迈阿密湖地区，最高年薪 2.9 万美元”。

互联网上还有各种各样的关于国际薪酬信息的收费网址。比如，美世国际咨询公司（http：//www. mercer. com）就出版年度全球薪酬规划报告，这份报告总结了全球 40 多个国家的薪酬发展趋势，另外还有四类通用的标杆职位的代表性薪酬数据。[38]

如上所述，在一般情况下，企业都会利用薪酬调查数据来确定标杆职位的价格，而其他职位都是根据它们的相对价值围绕这些标杆职位来定位。而确定一个职位的相对价值恰恰是职位评价的目的，所以，下面就来讨论职位评价。

11.2.2 步骤二：职位评价

职位评价（job evaluation）的目的在于确定一种职位的相对价值。职位评价是一个为了确定一个职位相对于其他职位的价值而对职位进行正式的、系统性的相互比较的过程。职位评价的最终结果是工资等级或薪酬等级（它反映了各种职位或职位族的薪酬水平）。职位评价的基本原则是：那些要求任职者具备更高的任职资格条件、承担更多的责任以及履行更为复杂的工作职责的职位，应当比那些在这些方面的要求低的职位价值高。[39]职位评价的基本程序是将一个职位与其他职位进行比较——比如，根据职位要求任职者付出的努力程度、所承担的工作责任以及需要具备的技能要求等进行比较。如果现在已经知道了如何（根据薪酬调查结果）对关键的标杆职位进行定价，并且已经通过职位评价确定了公司中其他所有职位相对于这些关键职位的相对价值，那么，就做好了为组织中的所有职位进行公平定价的准备。

报酬要素　可以运用两种基本方法来对几种职位进行对比。首先，可以采取根据直觉来进行判断的方法。这时，可以仅仅是确定一种职位比另外一种职位更为重要，但是并不深究为什么这种职位比另外一种职位更重要。而另外一种方法则是，可以根据所有这些职位都包含的一系列特定的基本要素来对它们进行比较。薪酬管理专家将这些特定的基本要素称为**报酬要素**（compensable factors）。报酬要素决定了一种职位如何与其他的职位进行比较，从而决定了每一种职位的薪酬。

有些企业会自行开发自己的报酬要素。然而，大多数企业都会使用一些比较通用的报酬要素，这些报酬要素要么是成套的职位评价系统中所包括的报酬要素，要么是美国联邦政府的立法中所包括的报酬要素。比如，美国《公平薪酬法》所强调的就是四个报酬要素，即技能、努力程度、工作责任以及工作条件。著名咨询公司合益的职位评价体系则只有三个报酬要素：知识、解决问题的能力以及责任。沃尔玛的薪酬结构就是建立在知识、解决问题的能力以及责任要求三大要素的基础之上的。

报酬要素的确定在职位评价中具有非常核心的地位，因为通常要运用相同的报酬要素，对每一个职位在各个报酬要素方面的情况加以对比。然而，使用何种报酬要素则取决于所要评价的职位以及准备采用的职位评价方法。比如，如果要评价的是一种管理类的职位，就会采用像“决策责任”这样的因素作为评价要素之一，尽管这一报酬要素对于清洁工这种职位可能并不适用。[40]

为职位评价做好准备　职位评价是一个判断的过程，它需要直线管理人员、人力资源专业人员、员工以及工会代表之间的紧密合作。职位评价的主要步骤包括明确职位评价需要、争取各方合作以及选择一个职位评价委员会，然后由这个评价委员会来完成实际的职位评价工作。

明确职位评价的需要应当不是一件难事。比如，以高流动率、停工以及争议等方式反映出来的员工不满，很可能是向承担类似职位的员工支付了不同的薪酬水平导致的。通过非正式方式为各种不同的职位确定薪酬水平可能也会使管理者感到不踏实，他们会觉得通过一种更为系统的方式为不同的职位确定薪酬水平的做法更为公平。

接下来（由于员工会担心对他们所承担的职位进行一种系统的评价，有可能导致他们的薪酬水平下降），在评价的过程中争取获得员工的支持也是非常重要的。可以告诉员工，正是由于即将进行的职位评价计划，才使得有关员工薪酬水平的决策不再取决于管理层一时的兴致；相反，职位评价会提供一种机制来考虑员工提出的种种抱怨，并且没有哪一位员工的现有薪酬水平会因为职位评价而受到不利的影响。

第三，选择建立一个职位评价委员会。这样做的主要原因有两个。首先，在评价委员会中需要有几位对于被评价职位比较熟悉的人，而且他们当中的每一个人对于这些职位的性质都有自己的不同视角。其次，如果在评价委员会中至少包括一部分员工，那么，这种评价形式有助于确保更多的员工接受职位评价的结果。

因此，职位评价委员会的组建是至关重要的。这种评价委员会通常由大约 5 个人组成，其中的大多数人应当是员工。管理层有权加入这个委员会，但是这种做法会引起员工的猜疑。不过，一位人力资源专业人员通常倒是有充分的理由加入这一评价委员会，因为这些人通常会比直线管理人员更为不偏不倚，而且能够提供一些专家性质的帮助。也可以只让这个人去做投票以外的其他方面的一些事情。工会代表也可以加入职位评价委员会。在大多数情况下，工会的立场是这样的：他们接受职位评价结果，但只是将其作为薪酬水平的一个初步决策，他们仍然保留通过争议处理和谈判渠道，对实际的职位定价施加影响的权利。[41]一旦职位评价委员会的人选被指定，每一位委员会成员都应当得到一本手册，这本手册会向他们讲述职位评价的过程以及关于如何进行职位评价的各种指南性建议。

职位评价委员会主要履行三项重要的职能。首先，它通常需要先确定 10～15 个关键的标杆职位。这些职位是评价委员会首先要评价的第一批职位，它们就是确定其他职位的相对重要性或相对价值所使用的对照锚或者标杆。接下来，委员会可能还要选择报酬要素（尽管人力资源部门在确定本企业将采用哪种特定的职位评价技术的过程中，通常都会选好这些报酬要素）。最后，评价委员会还要履行其最为重要的职能——对每一种职位的价值进行实际评价。在进行实际评价时，职位评价委员会可能会用到下面的四种职位评价方法之一——排序法、职位分类法、计点法或要素比较法。

职位评价方法：排序法 这是一种最为简单的职位评价方法，它通常依据某些总体性的要素——比如“工作难度”等——对每一种职位相对于其他所有职位的价值进行比较。在进行职位**排序法**（ranking method）时，通常需要遵循以下几个步骤。

1. **获取职位信息**。职位分析是第一步：进行职位排序的基础通常是，准备好每一种职位的职位描述以及职位描述中包含的关于工作职责等的信息。（有时，任职资格条件也需要准备好。不过，由于职位排序法通常都是根据职位的整体，而不是一系列的报酬要素来对职位进行排序，因此，相对于其他职位评价方法而言，任职资格条件——通常是以报酬要素的形式列举的职位要求，其中包括解决问题的能力、决策能力以及其他方面的技能要求——对于排序法的重要性不是那么明显。）

2. **选取职位并加以分组**。对一个组织中的所有职位都进行排序通常是不现实的。通常的做法是根据部门或者职位族（比如工厂中的生产性员工或者行政事务类员工），对职位进行排序。这样就避免了需要对生产类职位和行政事务类职位等这样的两类职位进行直接比较的麻烦。

3. **选择报酬要素**。在排序法中，比较常见的做法是根据某种报酬要素（比如工作难度），对作为一个整体的职位进行排序。然而，无论所选择的报酬要素有多少，最好是向职位评价者仔细解释这些报酬要素的定义，以使他们能够对这些职位作出具有一致性的评价。

4. **对职位进行排序**。比如，给每一位评价者提供一套职位索引卡片，在每一张卡片上写上对于某一职位的简要描述。然后，让这些评价者将这些卡片按照从得分最低到得分最高的顺序加以排列。为了使这一排序过程更加精确，有些管理者还采用"交替排序法"。在这种情况下，职位评价者在拿到所有的卡片以后，首先从中挑出得分最高和得分最低的卡片，然后再从剩下的卡片中挑出得分次最高和次最低的卡片，如此反复下去，一直到所有的职位都排列完毕为止。表11—3描述了一种职位排序的情形。在这张表中，这家小型卫生保健服务机构中的所有职位都按顺序从高到低排列好了，最上面的是经理。每一种职位的相应薪酬水平排列在右栏中。在排序完成之后，可以将其他职位插入已经排好序的这些职位中，然后再给它们确定一个合适的薪酬水平。

表11—3　　奥林匹亚卫生保健中心的职位排序

排序	年薪水平（美元）
1. 经理	43 000
2. 首席护士	42 500
3. 簿记员	34 000
4. 护士	32 500
5. 厨师	31 000
6. 护士助理	28 500
7. 清洁工	25 500

5. **将职位评价结果加以合并**。通常情况下，几位评价者需要各自独立完成对职位的排序。因此，评价委员会（或者企业）最后只需要简单地将排序结果加以平均就可以了。

排序法是一种最为简单的，同时也是最容易解释的职位评价方法。并且，与其他职位评价方法相比，它所耗费的时间通常也更少。

排序法的缺点更多地来自它的使用方式，而不是这种方法本身。比如，因为排序法通常都没有使用明确的报酬要素，所以在有些企业中存在这样一种过于依赖"瞎猜"（比如对总体工作难度这样的事情胡乱猜测）的取向。类似地，排序法也没有能够对于一种职位相对于其他职位的价值提供一种量化的衡量尺度。例如，排在第四位的职位可能比排在第五位的职位的"价值高出"5倍，但是在采用排序法的情况下，所知道的仅仅是一种职位的排序高于其他的职位而已。因此，排序法往往比较适用于那些没有太多的时间和费用来开发更为精细的职位评价系统的小企业。

职位评价方法：职位分类法　职位分类法（或职位分等法）（job classification or job grading）是一种比较简单同时也得到广泛运用的职位评价方法，在采用这种方法时，评价者需要将职位划分为多个职位群，每个职位群中的所有职位在薪酬方面具有大体一致的价值。如果在这些职位群中包括的职位都是类似的，则这些职位群就称为**职级**（classes）；如果在职位群中包括的职位在完成工作的难度上是一样的，但在其他方面却不同，这些职位群称为**职等**（grades）。因此，在美国联邦政府的薪酬等级体系中，一位“新闻秘书”和一位“消防队长”可能都会被划到“GS-10”这一等级之中（GS 是“通用薪酬表”的英文首字母缩写）。另一方面，佛罗里达州政府在其职位分类系统中，则可能会把所有的“二等秘书”归入同一个职级之中，而把所有的“维护工程师”归入另外一个职级之中，如此等等。

在实践中，可以采用几种不同的方法，对职位进行分类。方法之一是首先编写对职级和职等的文字描述（与职位描述类似），然后根据每个职位与这些职级或职等描述相匹配的程度，将每一个职位归入到适当的职级或职等中。另一种做法是，为每一个职级都编写包括一整套报酬要素在内的规则（比如某一职级的职位要求任职者具备怎样的独立判断能力、技能、体力活动等），然后再根据这些规则的描述将职位划分到不同的职位等级中。

职位分类的常见程序是：首先选择报酬要素，然后再根据这些职位所包含的报酬要素的数量或者等级水平来编制职级或职等描述。比如，美国联邦政府的职位分类系统就采用了以下报酬要素：（1）工作任务的难度及多样性；（2）所受到的及所实施的监督；（3）需要运用的判断力；（4）创造性要求；（5）工作中人际交往的性质和目的；（6）责任；（7）经验要求；（8）工作知识要求。职位评价者再根据这些报酬要素来编写如图 11—4 所示的**职位等级定义**（grade definition）。这张图中显示的是美国联邦政府薪酬等级系统中第 7 级（GS-7）的等级描述。职位评价委员会再对所有的职位描述进行审查，通过比较职位描述与每一个职位等级描述中的规则，将这些职位插入到适当的职位等级之中。比如，在美国联邦政府的职位分类系统中，汽车维修技工、焊接工、电工以及机械师等职位都被划分到第 10 级中。

职位等级	工作任务的性质	责任水平
GS-7	在一个涉及多种问题或解决方案的既定职能领域或项目中履行特定的职责；需要形成信息、辨别内部关系，然后采取与所在职能领域或者项目所要达到的目的相一致的行动。	工作任务是根据目标、优先顺序、截止时限来分派的；员工在工作中要独立解决大多数冲突；对已经完成的工作进行评价时要考察它们是否符合政策规定；在工作时所遵循的指导方针，比如各项规章制度、过去的案例以及政策说明等，都要求作出大量的解释，同时还需要根据具体情况灵活适应。

图 11—4　职位等级定义举例

分类法有几个方面的优点。其中的一个主要优点就是，无论一个组织采用何种职位评价方法，最终都要将职位划分到不同的等级之中。它们之所以这样做，一个主要的原因就是为了避免这样一个麻烦，即必须同时对数量非常大的数百上千种职位进行评价和分别定价。而分类法恰恰是直接将企业中的各组职位直接划分到不同的职位类别之中。这种职位评价法的缺点则是，职等或职级的等级描述编写起来非常困难，而且在运用这些职位等级描述的时候往往也需要作出大量的判断。然而，尽管如此，仍然有大量的企业成功地运用了这种职位评价方法。

职位评价方法：计点法　计点法（point method）是一种量化的职位评价方法。它要求确定两个方面的情况：一是报酬要素，而且每个报酬要素都要有几种程度不同的等级；二是这些报酬要素在每一个职位上表现出来的程度。假定在一个职位中可能包括的“责任”有 5 个等级。再进一步假定为这个报酬要素的 5 个不同等级都分别设定了不同的分数。那么，一旦评价委员会确定了每一种报酬要素（例如“责任”和“努力程度”）在某个职位上表现出来的程度，就可以将这一职位在所有报酬要素上得到的点数相加，从而得到某一职位的总点数。计点法的最终评价结果是对每一种职位都提供一个量化的评价点数。计点法可能是一种运用最为普遍的职位评价方法；本章的附录将对这种职位评价方法进行详细描述。

职位评价方法：要素比较法　要素比较法（factor comparison）是对排序法的一种完善。在排序法中，通常是将每一个职位作为一个整体来看待，即根据某一种总体性的要素如“工作难度”等对职位进行排序。而在要素比较法中，需要对每一个职位进行多次排序，即在有多种报酬要素的情况下，根据每一种报酬要素对职位分别排序。举例来说，可能首先要根据“技能要求”这一报酬要素，对职位进行一次排序。然后，还要根据“脑力要求”这一报酬要素再对职位进行一次排序，如此类推。最后，需要将所有的排序结果加以汇总，形成一个关于全部职位的总体排序结果。要素比较法同样是一种得到广泛运用的职位评价方法。关于这种职位评价方法，我们同样在本章附录中做了详细解释。

计算机化的职位评价　采用计点法这样的量化职位评价方法可能会耗费大量的时间。而要将每一个职位中包括的每一种报酬要素的分量有“多少”这方面的信息加以汇总，往往会涉及非常烦琐的程序，并且在这一过程中，评价委员会首先要对每一职位包括某一报酬要素的程度进行辩论，再将达成共识的东西写下来，最后通过人工方式计算每一个职位最终所得到的总点数或排序情况。

计算机辅助的职位评价系统可以简化这一过程。这种计算机化的职位评价系统大多包括两个组成部分。一是所有这种系统都包括一份结构化的问卷。问卷中包括“输入向当前职位汇报工作的员工的总人数”等问项。二是所有这种系统都运用某些统计模型。这些模型通过针对向该职位汇报工作的员工人数、标杆职位的薪酬水平、职位当前的薪酬水平等要素分配一些点数或者提供要素比较排序结果，使计算机程序能够在不同程度上对职位进行自动定价。

11.2.3　步骤三：将类似职位归入薪酬等级

一旦职位评价委员会通过职位评价确定了每一种职位的相对价值，那么下一步的工作任务就转向为每一个职位确定薪酬水平了，不过，在做这项工作之前，它通常首先需要将职位划分到不同的**薪酬等级**（pay grade）之中。[42]当然，职位评价委员会也可以为每一个职位确定一个薪酬水平，但是，对于一家组织规模比较大的企业而言，这种薪酬方案较难管理，这是因为在这种情况下，管理者往往要为数百种甚至上千种职位分别确定不同的薪酬水平。即使是在小型组织中，也同样存在着尽可能使工资和薪资结构简单化的倾向。因此，评价委员会很可能会出于确定薪酬的目的，将类似的职位分成组（比如根据排序情况以及点数大小），划分到相应的职位等级之中。这样，一个组织就不需要同时处理数百种不同的薪酬水平，而只需管理 10～12 种不同的薪酬水平就可以了。

在同一个薪酬等级中包括的职位是通过职位评价发现的具有相近的难度或相似的重要程度的多个职位。如果评价委员会是使用计点法来进行职位评价的，那么，在同一个薪酬等级中的职位都是所得到的总评价点数处于某个区间之中的所有职位。而在采用排序法的情况下，在同一个薪酬等级中包括的职位是那些排序位置在相邻的两三个序号之内的职位。如果采用的是分类法，那么，所有的职位当时就被自动划分到不同的职等或职级之中了。（在采用要素比较法的情况下，在同一个薪酬等级中包括的都是薪酬水平位于一个特定的薪酬浮动区间之内的职位，关于这一点，我们在本章附录部分有进一步的解释。）比较常见的情况是，在每个“职位族”（一个职位族是指一个具有逻辑关系的职位群体，比如工厂类职位、行政事务类职位等）中会有 10～16 个等级。但是，正如我们在后面很快就要解释的，现在的一个发展趋势就是，在每个职位族里中包含更多的职位，即在同一个职位区间中包括的职位比过去更多了。

11.2.4　步骤四：为每一个薪酬等级定价——工资政策曲线

下一步要做的就是为每一个薪酬等级确定一个薪酬水平。（当然，如果不把职位归入到各个薪酬等级之中的话，就必须为每一个职位分别确定一个薪酬水平。）通常需要运用一条**工资政策曲线**（wage curve）来帮助设计适用于每一个薪酬等级（或每一个职位）的基本薪酬水平。

工资政策曲线描述了相对于每一个职位或职位评价等级所得到的点数或者排序情况，目前处于每一薪酬等级中的职位实际获得的薪酬水平。图 11—5 就是工资政策曲线的一个例子。请注意，纵轴表示薪酬水平，横轴表示薪酬等级（用点数表示）。工资政策曲线的目的是表明在以下两组数据之间存在的关系：一是通过某种职位评价方法确定的职位的价值；二是组织目前向某一薪酬等级中的所有职位支付的平均薪酬水平。

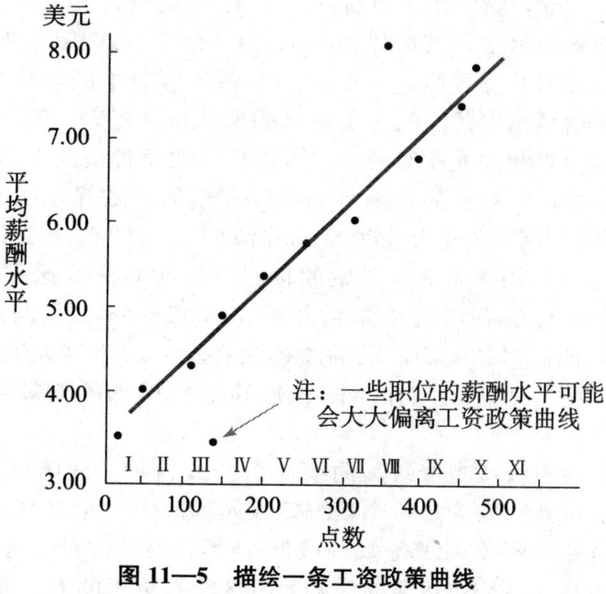

图 11—5　描绘一条工资政策曲线

位于工资政策曲线上的薪酬水平通常就是企业当前实际支付的薪酬水平。然而，如果我们有理由相信当前的这些薪酬水平与这些职位在外部市场上的实际价位不符，那么，就可以在每一个薪酬等级内部选择一些标杆职位，然后再通过薪酬调查对这些职位进行定价。这样就可以用这些新的以市场为基础的薪酬水平来替代工资政策曲线上的当前薪酬水平。最后，再围绕这些标杆职位将其他职位（以及它们的薪酬水平）插入到各薪酬等级之中。[43]

在这里就是要运用工资政策曲线对职位进行定价。首先，要找到每一薪酬等级所对应的平均薪酬水平，这是因为在每一薪酬等级中往往都包括很多职位。其次，像在图 11—5 中那样，将每一薪酬等级所对应的薪酬水平用散点描绘出来。接下来再拟合出一条能够将上述各个散点联系起来的曲线，即所谓的工资政策曲线。在描绘这条工资曲线的时候，既可以采用随手描绘的方式，也可以采取统计学的方法来做。最后是对职位进行定价。在这方面，位于工资政策曲线上的薪酬水平就是每一个薪酬等级中的所有职位对应的目标工资或薪酬水平。如果企业当前支付给任何一个职位的薪酬水平大大高于或低于这条工资政策线，那么，企业就需要采取提高该职位的薪酬水平或者冻结薪酬的措施，将其纳入正轨。然后，下一步要做的就是对各个薪酬等级的薪酬水平进行微调。

11.2.5 步骤五：对薪酬水平进行微调

对薪酬水平的微调涉及两件事情，一是建立薪酬区间；二是对不正常的薪酬水平进行纠正。

建立薪酬区间 大多数企业都不会对位于某个特定薪酬等级的所有职位仅仅支付一种水平的薪酬。比如，通用电气医疗公司（GE Medical）显然不会向其所有的会计职员——从刚入门的员工到任职年限很长的员工——支付相同的薪酬水平。相反，企业会为每一个水平的薪酬等级（或薪级）建立一个垂直的薪酬（或薪酬水平）区间。这些**薪酬区间**（pay ranges）常常表现为在每一个薪酬等级上的一个个垂直的小方盒，这个小方盒标注出了某个薪酬区间的最低薪酬水平、最高薪酬水平以及中间薪酬水平，其形状如图 11—6 所示。（薪酬管理专家将这张图称为薪酬结构。它以图形的方式描述了对每一个薪酬等级中的职位支付的薪酬水平的浮动范围——在这里是以每小时多少美元的形式描述的。）可以对每一个薪酬等级所对应的薪酬区间以薪档或薪级的形式来描述，在这种情况下，就是将每一个薪酬等级中的每一个薪档所对应的薪酬水平都以表格的形式显示出来。表 11—4 用这种方式显示了美国联邦政府的某些薪酬等级中包括的薪档及其所对应的薪酬水平。比如，在这一通用薪资表生效的时候，一位在 GS-10 这一薪酬等级中的某个职位上工作的员工能够获得的年薪会介于 45 095～58 622 美元之间，具体的年薪水平则取决于他们当初受雇时的薪酬确定在这一薪酬等级中的哪一个薪档上，以及他们在该薪酬等级中的工作年限长短和他们得到的绩效加薪情况（如果有的话），等等。

工资政策线或工资政策曲线通常会成为每一薪酬区间的薪酬水平锚定点。然后，企业可能需要为每一个薪酬等级人为确定一个最高薪酬水平和最低薪酬水平，比如分别比工资政策线高 15%或低 15%。另外一种变通的方法是，有些组织允许等级比较高的薪酬等级所对应的薪酬区间有更大的上下浮动范围（涵盖更多种薪酬

表 11—4 **美国联邦政府薪资表**

2009 年通用薪资表

薪资表包含 2.90%的普调，2009 年 1 月生效

分薪酬等级和薪档的年薪水平

薪酬等级	1 档	2 档	3 档	4 档	5 档	6 档	7 档	8 档	9 档	10 档
1	17 540	18 126	18 709	19 290	19 873	20 216	20 792	21 373	21 396	21 944
2	19 721	20 190	20 842	21 396	21 635	22 271	22 907	23 543	24 179	24 815
3	21 517	22 234	22 951	23 668	24 385	25 102	25 819	26 536	27 253	27 970
4	24 156	24 961	25 766	26 571	27 376	28 181	28 986	29 791	30 596	31 401
5	27 026	27 927	28 828	29 729	30 630	31 531	32 432	33 333	32 234	35 135
6	30 125	31 129	32 133	33 137	34 141	35 145	36 149	37 153	38 157	39 161
7	33 477	34 593	35 709	36 825	37 941	39 057	40 173	41 289	42 405	43 521
8	37 075	38 311	39 547	40 783	42 019	43 255	44 491	45 727	46 963	48 199
9	40 949	42 314	43 679	45 044	46 409	47 774	49 139	50 504	51 869	53 234
10	45 095	46 598	48 101	49 604	51 107	52 610	54 113	55 616	57 119	58 622
11	49 544	51 195	52 846	54 497	56 148	57 799	59 450	61 101	62 752	64 403
12	59 383	61 362	63 341	65 320	67 299	69 278	71 257	73 236	75 215	77 194
13	70 615	72 969	75 323	77 677	80 031	82 385	84 739	87 093	89 447	91 801
14	83 445	86 227	89 009	91 791	94 573	97 355	100 137	102 919	105 701	108 483
15	98 156	101 428	104 700	107 972	111 244	114 516	117 788	121 060	124 332	127 604

水平），以反映在更为复杂的职位上存在更大的人员需求变化以及绩效变更可能性。如图 11—6 所示，大多数企业在设计薪酬结构时都会让相邻两个薪酬区间存在一点交叉和重叠部分，这样，在某一薪酬等级中的一位资深员工可能会比位于上一薪酬等级中的某位刚刚入职的新员工得到更高的薪酬水平。

之所以要为每一个薪酬等级建立一个薪酬区间，主要是以下几个方面的原因。首先，它可以使企业在劳动力市场上保持一种比较灵活的立场。比如，如果某一薪酬等级中的起薪太低，因而很难吸引到有经验同时薪酬水平要求也更高的员工，而现在，薪酬区间的存在就使企业可以用薪酬区间内部较高的薪酬水平更为容易地吸引到这种员工。薪酬区间还使企业可以向处于同一薪酬等级之中但是在绩效方面或者资历方面存在差异的员工，支付不同的薪酬水平。

纠正不正常的薪酬水平 如图 11—5 所示，某一特定职位的薪酬水平有可能会远远落在工资政策线之外，或者大大超出其所在的薪酬等级所对应的薪酬区间范围。这就意味着相对于组织中的其他职位而言，企业在当前向这个职位支付的平均薪酬水平过高或者过低了。对于那些薪酬水平过低的职位，解决的措施是比较显而易见的：将它们上调到所在薪酬等级对应的薪酬区间的最低水平。

而那些薪酬水平已经超过本薪酬等级所对应的薪酬区间的最高值的职位则比较难以处理，它们属于“赤字”职位、“浮夸”职位或者“报酬过高”职位。处理这种问题通常有以下几种方式：一是冻结此类员工的薪酬水平，直到企业的总体薪酬

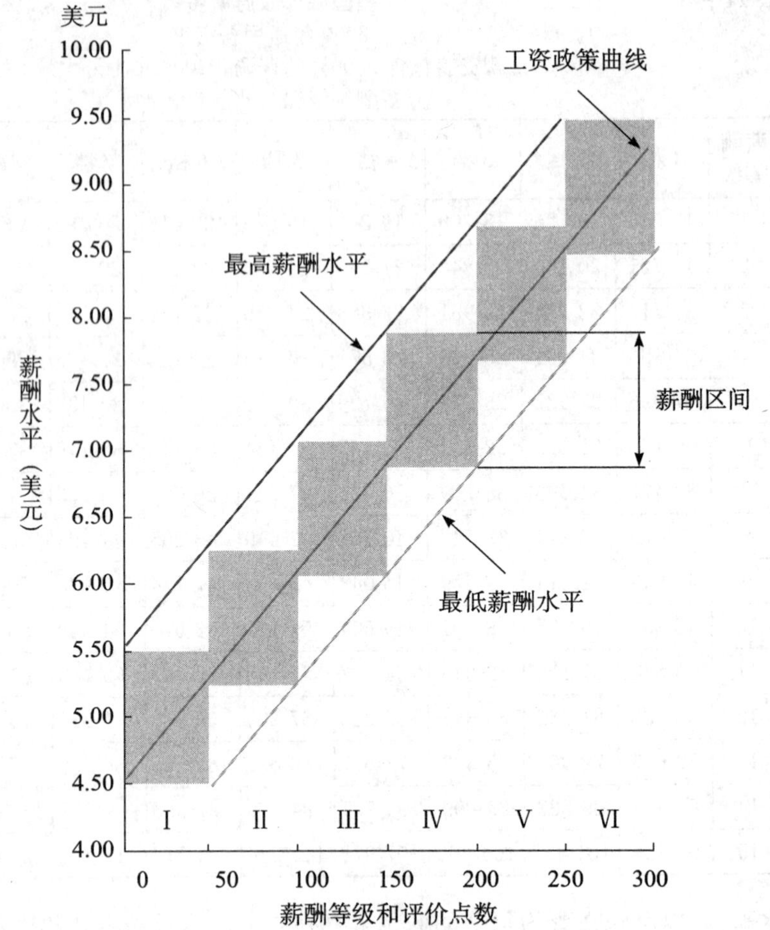

图 11—6 薪酬结构

水平增长到使同一薪酬等级中的其他职位的薪酬水平也达到这一水平为止。第二种选择是，将这些员工调动或者晋升到应当得到当前这种薪酬水平的一些更为高级的职位。第三种办法是，将这些薪酬水平冻结 6 个月，在此期间将这些薪酬水平过高的员工调配或者晋升到其他职位。如果这种做法行不通，那么就将这类员工的薪酬水平降低到其所在薪酬等级对应的薪酬区间的最高水平。

11.2.6 人力资源管理实践：制定一项可行的薪酬计划

无论是在一家小企业中，还是在一家大企业中，制定薪酬计划都是同样重要的。支付的薪酬水平过高可能会给企业造成不必要的浪费，而支付的薪酬水平过低又会导致企业不能吸引来员工以及员工的流动率过高。此外，不具有内部公平性的薪酬水平会使士气受挫，并且引起企业无休止地受到这样的困扰：员工要求将自己的薪酬水平提高到与某人一样。如果企业主想把自己的精力放在像销售额这样的关键问题上，就必须尽快制定一项合理的薪酬计划。这里有个简便的方法。

薪酬调查 首先，进行一次薪酬调查。四个方面的信息来源特别有用。我们看到，像 Salary.com 这样的网站能够提供大量关于薪酬水平的信息。在周日版报纸的分类广告栏中，可以得到其他企业对于与你准备定价的职位类似的一些职位支付的薪酬水平情况。地方政府建立的就业服务“一站式”机构同样可以提供有价值的信息，因为它们对在美国劳工部劳工统计局的在线薪酬调查中列举的很多职位，都编制了非常详细的薪酬区间以及平均薪酬方面的信息。最后，当地的其他就业服务机构也非常热心通过与企业之间建立联系来进一步发展成商业关系，因此，它们也会为企业提供非常好的信息资料。

小企业往往还在以其他方式利用互联网。例如，斯托克豪斯媒体公司（StockHouse Media Corp）是一家在美国、加拿大、日本和新加坡拥有210名员工的国际化公司。公司的全球人力资源总监充分利用互联网来为公司所有的员工确定薪酬水平。比如，她会查看像美国人力资源管理协会这种专业组织的网站，同时还在互联网上通过周期性地查看职业公告版、其他公司的网页以及行业协会的网页等，监控薪酬水平的现状及其发展趋势。“我们筛选信息的时候既要考虑行业的相关性，也要考虑职能的相关性，比如市场、销售、人力资源、技术等，同时还要考虑地理位置的因素，比如在不同的州、省、国家的薪酬变化情况等，”她指出。[44]

职位评价　如果你雇用的员工人数达到20人或更多，那么，你至少需要进行一次最基本的职位评价。你首先要有职位描述，这是因为职位描述是关于职位性质以及每一种职位的价值的一个重要信息来源。在这方面，到JobDescription. com这样的网站上搜索可能是非常有用的。

你可能会发现很容易将员工的职位类型划分成三类——管理/专业类、行政/事务类、生产类。对于这三类中的每一类职位，都可以选择报酬要素，然后根据职位评价的情况，对这些职位进行排序或者确定点数。对于每一种职位或者每一类职位（比如装配工），你可能都希望创建一个薪酬区间。一般来说，你应当将目前对某个职位或某一类职位支付的薪酬水平的平均值作为该薪酬区间的中值，然后围绕这一中值上下各浮动大约30%来创建一个薪酬区间，最后将这一薪酬区间划分成5档。（这样，装配工的小时薪酬水平就可能是在每小时8～11.6美元这样的一个浮动范围内，并且一共划分为5个档次。）

薪酬政策　正如前面提到的，薪酬政策十分重要。比如，需要制定一项关于何时加薪以及如何加薪的政策。许多小企业老板都会在员工入职刚刚满一年的时候对他们进行评价，但这种做法却是错误的。这里的主要问题是，向一位员工提供的加薪会成为对下一位员工进行加薪的标准，因为员工有充分的时间来相互交换意见。在这种情况下，企业中就会产生一种无休止的恶性循环：对员工进行评价，然后向员工提供越来越高的加薪。

另外一种比较好的替代方案则是，制定一项每年一度的加薪政策，而且加薪的时间确定在一个为期一周的标准绩效评价期内，最好是在企业制定出下一年度预算之前的4周左右的时间里。这样，进行绩效评价以及作出加薪决策这样的令人头疼的管理工作在一周（或两周）之内就完成了，同时加薪的幅度在完成预算编制之前就已经变得很明朗了。另外一些非常必要的薪酬政策还包括节假日薪酬（正如在第13章中说明的）、加班工资政策、薪酬支付方法（每周一次、每两周一次，还是每个月一次）、薪酬扣发、打卡或者考勤记录的规定等。可以使用图11—7所示的清单来判断新的薪酬计划的完成情况。

独立承包商

一个好的薪酬管理计划应该是具有综合性的且灵活的，可以确保各个层级的员工取得最优绩效。这份清单可以用来评价一家公司的薪酬管理计划。下面清单中的这些问题，答案为“是”的越多，则说明公司的薪酬管理计划越全面。

	是	否
你们公司的薪酬管理计划是书面的吗？	☐	☐
你们公司的薪酬管理计划制定了明确的目标吗？例如：	☐	☐
● 遵守相关法律的规定了吗？	☐	☐
● 总是奖励高绩效吗？	☐	☐
● 能够吸引高质量的员工吗？	☐	☐
● 减少流动率了吗？	☐	☐
你们公司的薪酬管理计划包括以下几点吗？	☐	☐
● 年度薪酬和工时调查？	☐	☐
● 对薪酬方案的说明？	☐	☐
● 对职位分类的评价？	☐	☐
● 奖金、红利和假期工资？	☐	☐
● 病假工资或长期伤残工资？	☐	☐
● 临时性职位或兼职工资？	☐	☐
你们公司有没有对每一个职位进行职位分析？	☐	☐
在每一份职位分析结果中包含以下职位要求吗？	☐	☐
● 知识/技能/经验/个人特征？	☐	☐
你们公司定期审查或更新每份职位描述吗？	☐	☐
你们公司对每一个职位类别都定义了薪酬区间码？	☐	☐
你们公司对每一位员工都建立了规范的、书面的绩效评价体系吗？	☐	☐
你们公司在作出晋升和加薪决策时使用职位评价结果了吗？	☐	☐
你们公司通过以下方式与员工就职位评价计划进行沟通了吗？	☐	☐
● 新员工入职引导/直接上级？	☐	☐
● 公告栏/各种手册？	☐	☐
你们公司制定了书面的绩效加薪系统吗？	☐	☐
你们公司对这种绩效加薪系统制定了明确的目标吗？例如：	☐	☐
● 提高生产率/质量？	☐	☐
● 降低差错/成本？	☐	☐
你们公司对于员工提出的薪酬计划方面的建议作出回应了吗？	☐	☐

图 11—7　薪酬管理清单

资料来源：Reprinted from www. HR. BLR. com with permission of the publisher *Business and Legal Resources Inc.*, 141 Mill Rock Road East, Old Saybrook, CT © 2004. BLR ©（Business and Legal Resources, Inc.）.

11.3　管理类职位和专业类职位的定价

为管理类职位和专业类职位制定薪酬计划在很多方面与制定普通员工的薪酬计划是类似的。它们的基本目的都是一样的：吸引和留住优秀员工。职位评价——对职位进行分类、排序、计点等——对管理类职位和专业类职位（高层管理人员以下的职位）与对生产类以及行政事务类职位是同样适用的。

然而，管理类职位和专业类职位与其他职位毕竟还是存在一些较大的差异。与生产类和行政事务类职位相比，这些职位往往更多强调判断力和问题解决能力等更难以量化的因素。此外，企业还更多地强调要根据结果——员工的绩效和能力——向管理类和专业类人员支付薪酬，而不是根据工作条件等静态的工作要求向他们支付薪酬。此外，市场上对企业高层管理人员的竞争非常激烈，这些人的薪酬在某种程度上和摇滚明星的薪酬水平差不多。所以，尽管职位评价很重要，但是它在基本薪酬以外的其他一些薪酬问题——例如，年终奖、奖金、市场薪酬水平和福利等——上只能起到次要的作用。

11.3.1　高层管理人员的薪酬

一家公司高层管理人员的薪酬通常包括以下四个主要组成部分：基本薪酬、短期奖金、长期奖金以及高层管理人员的福利和“特权”。[45]基本薪酬包括固定薪酬，通常还包括一部分有保证的奖金，比如“不管公司到第四个财务季度时是否盈利，都可获得相当于基本薪酬 10%的奖金”。短期奖金通常是针对短期目标达成——比如年销售额增长率——而支付的现金奖励或股票奖励。长期奖励的目的是鼓励企业的高层管理人员采取有利于提高公司股票价值的行动，其内容通常包括股票期权等；这些计划通常赋予高层管理人员在一个特定时期内以一个特定的价格购买股票的权利。最后，高层管理人员福利和特权可能包括高层管理人员的补充退休计划、补充人寿保险以及健康医疗保险等，这些计划通常都不能得到税收方面的减免或者需要高层管理人员与企业共同缴费。由于高层管理人员的薪酬设计涉及许多复杂因素，因此，企业必须非常清楚地知道，自己的高层管理人员薪酬决策会带来哪些税收以及证券、法律方面的问题。[46]

11.3.2　高层管理人员薪酬的决定因素

对高层管理职位（特别是对于那些首席执行官）来说，职位评价不太适用。一项最近的研究发现，以下三个方面的因素能够说明高层管理人员薪酬差异中 2/3 的部分，即职位的复杂程度（控制幅度、直接负责的职能部门的数量、管理层级）；企业的支付能力（利润总额和投资回报率）；高层管理人员的人力资本状况（受教育程度、学习领域以及工作经验）。[47]传统观念认为，企业的规模和绩效水平会显著地影响高层管理人员的薪酬水平。然而，21 世纪初的很多研究都表明，公司规模以及公司绩效等因素仅仅能够说明首席执行官薪酬中的 30%。“在现实中，首席执行官的薪酬是由董事会在综合考虑各种因素之后确定的，这些因素包括公司的经营战略、发展趋势，最为重要的是，企业希望自己在短期和长期各达到一个什么样的位置。”[48]尽管从理论上说，应当由董事会来决定首席执行官的薪酬，但是在现实中，首席执行官也能对董事会成员产生很大的影响。因此，首席执行官的薪酬有时并不是一种严格的公平谈判的结果。[49]

股东的激进态度以及政府的严格监管都会对企业支付给高层管理人员的薪酬产生更为严格的制约。例如，制药企业葛兰素史克（GlaxoSmithKline）的股东就通过投票否决了董事会的一项决议，根据这项决议，如果解雇公司的首席执行官，则要向其支付 3 500 万美元的补偿。[50]毫无疑问，当今的一个总的趋势是，大多数企业，尤其是大企业，正在越来越多地将高层管理人员的薪酬与公司的财务绩效挂钩。[51]

高层管理人员薪酬的构成 基本薪酬通常是高层管理人员薪酬的一个重要基石，因为企业在确定高层管理人员的福利、奖金以及特权时，往往都是以高层管理人员基本薪酬的一定百分比为基础来决定的。与其他员工的薪酬计划相比，高层管理人员的薪酬更多地强调绩效奖励，这是因为与那些处于基层的员工相比，组织的经营结果更为直接地显示了高层管理人员对组织所做的贡献大小。[52]而事实上，董事会也确实正在日益强调以绩效为基础的薪酬（部分原因在于股东的激进态度）。在这里，一个非常重要的任务就是要确定一种适当的绩效标准，然后再确定如何将这种绩效标准与高层管理人员的薪酬联系在一起。衡量股东价值的典型短期指标包括收益增长以及营业利润，长期股东价值指标则包括超过某一预定水平的收益率，这一指标就是薪酬专家所谓的经济附加价值。我们将在第 12 章中讨论这些短期的和长期的奖励问题。

以绩效为基础的薪酬计划能够使管理人员的注意力更加聚焦。例如，由于重型卡车的生产最近受阻，汽车零配件生产商达纳公司的首席执行官约瑟夫·马格里奥切尼（Joseph Magliochetti）眼睁睁地看着本公司的销售额下降了 6%，利润下降了 44%。但是在当年年底，他仍然拿到了 85 万美元的基本年薪，但是达纳公司的董事会削减了他的奖金和股票数量，而仅这两部分收入在上一年度就为他赚取了 180 万美元。董事会指出，马格里奥切尼没有达到董事会为其制定的利润目标。[53]

对管理类职位的评价 大多数大企业都使用职位评价来确定管理类职位（至少是对位居高层管理职位之下的那些职位）的薪酬。一种基本的做法就是将所有的高层管理职位以及中层管理职位划分为一系列的等级，然后为每一个等级设计一个相对应的薪酬区间。

正像对非管理类职位进行评价一样，企业也可以根据高层和中层管理类职位之间的相互关系对它们进行排序，将那些价值相同的职位归为一组。此外，很多公司也会采用分类法和计点法来进行职位评价，而通常采用的报酬要素则包括职位的范围、工作的复杂性、工作的难度等。职位分析、薪酬调查以及围绕工资政策曲线进行的薪酬水平微调等，也同样起着非常重要的作用。

11.3.3 专业类员工的薪酬

向工程师、科学家这样的专业类员工支付薪酬时，企业又会遇到一些特殊的问题。[54]像这样一些带有分析性质的职位往往更为强调创造性和解决问题的能力，而这样一些报酬要素往往是不容易加以比较和衡量的。此外，如何衡量从事这类工作的人的绩效呢？比如，一位工程师的发明创造能否取得成功往往要取决于很多要素，如企业是如何推广他发明的产品或技术的，等等。

企业对专业类职位也可以采用职位评价的做法。这时所采用的报酬要素往往倾向于强调解决问题的能力、创造性、工作的范围、技术知识和经验要求等。尽管在对专业类职位进行评价时，分类法似乎是最为普遍的一种方法（在这种情况下，职位评价者根据职位等级描述将这些职位归入不同的职位等级之中），计点法和要素比较法也同样被很多企业运用。不过，在现实中，企业很少采用传统的职位评价法来对专业类职位进行定价，这是因为很难对不同专业类职位中包含的很多要素——比如创造性——的差异水平进行量化衡量。

在确定专业人员的薪酬水平时，大多数企业都采用市场定价法。它们往往是根据市场状况首先确定一个自己能够承受的最优薪酬水平，同时确定标杆职位的价值，然后再把这些标杆职位以及其他专业类职位插入某个薪酬结构中。在每一个专业学科领域中（比如工程系列或研发系列），一般的做法都是划分 4～6 个等级，同时使每一个等级都对应一个浮动范围比较大的薪酬区间。如果企业雇用的专业人员在技能和成就方面的差异比较大，或者企业雇用的是具有全球工作机会的专业人员，这种做法有助于企业保持自己薪酬水平的竞争力。[55]

11.4　胜任素质薪酬

11.4.1　简介

我们已经看到，企业在传统上是基于职位的相对价值来确定职位的薪酬水平的。职位评价委员会通常使用努力程度以及工作责任等报酬要素，对职位的价值进行比较。这有助于：第一，对不同的职位进行比较（例如，“就工作职责而言，这个职位需要付出的努力程度是另一个职位的两倍”）；第二，为每个职位确定具有内部公平性的薪酬水平。所以，职位的薪酬水平主要取决于职位本身而非在职位上工作的任职者。

由于我们稍后将会简要解释的多方面原因，越来越多的薪酬专家和企业不再根据对职位承担的工作职责的性质进行的数字化评价确定职位的薪酬水平了。相反，他们把确定职位的薪酬水平的依据变成了职位要求员工应当具备的“胜任素质”水平。[56]正如一位薪酬专家所说：“头衔和资历已经被绩效和胜任素质取代了。”[57]薪酬专家把这种薪酬确定方法称为能力薪酬。

11.4.2　什么是胜任素质薪酬

简而言之，**胜任素质薪酬**（competency-based pay）是指企业根据员工掌握的技能和知识的广度、深度和种类，而不是员工所在的职位的名称来支付的薪酬。[58]专家对这种薪酬有不同的称谓，有称胜任素质薪酬的，有称知识薪酬的，也有称技能薪酬的。在实施能力薪酬体系的情况下，一位在第一类职位中任职的员工如果有能力承担（但在当前并非必须达到这种要求）从事第二类职位的员工需要完成的工作，他就会获得与第二类职位上的员工相同的薪酬，而不是第一类职位的薪酬。

不同的组织用不同的方式来定义“胜任素质”。大多数组织，比如美国联邦政府人事管理署就将胜任素质与完成工作所要求的知识、技能和能力作为同义词使用。另一种方法则是从可衡量的行为的角度来定义胜任素质，比如“设计一个网站”。[59]这里，可以通过完成以下句式来识别工作所需要的胜任素质：“为了圆满完成这项工作，员工应当能够……”[60]我们可以将**胜任素质**（competencies）简单地定义为：能够促使绩效达成的表现出来的知识、技能或行为。[61]

在实践中，基于胜任素质的薪酬体系通常是以下两种基本薪酬方案中的一种或者是两种的结合：基于知识的薪酬方案，或者基于技能的薪酬方案。[62]基于知识的薪酬方案适用于向那些掌握与组织相关的工作知识的员工提供报酬——例如，当微软公司的新程序员学习了更多关于 Windows 的复杂知识之后，公司就会对他们加薪。以技能为基础的薪酬体系更适用于那些从事手工劳动的劳动者——比如，木匠如果能更熟练地打造橱柜，就能得到更多的薪酬。

总之，传统的薪酬体系和胜任素质薪酬体系的最大区别在于：

一方面，传统的以职位评价为基础的薪酬计划在职位描述的基础上，将员工的薪酬同职位的价值联系起来，这种薪酬是以职位为导向的。

另一方面，胜任素质薪酬体系则是将员工的薪酬同员工的胜任素质联系起来，因此薪酬更多的是以人为导向的。在这种情况下，员工凭借他们拥有的知识和做事的能力得到薪酬——即使当前他们并不是必须去做这些事情。

11.4.3 为什么使用基于胜任素质的薪酬体系？

为什么要根据员工获得的知识、技能或能够达到的胜任素质水平，而不是他们承担的工作职责来支付薪酬呢？比如，为什么对于一位掌握会计技术的熟练程度已经达到某种水平的三级会计员，企业支付给他的薪酬可以等于（或超过）一位四级会计员呢？

这里的主要原因是，如果企业的目标是建立一个高绩效工作系统，那么传统的薪酬计划可能会起到相反的作用。高绩效系统的推进过程要靠鼓励员工以自我激励的形式工作。而企业达到这种目的的方式包括围绕工作团队开展工作、鼓励团队成员在多个职位（每一个职位都有自己的技能要求）之间自由轮换、把日常监督等责任更多地下放给员工、围绕项目或流程组织对工作加以组织——这时，各个职位之间的工作内容就会混合在一起或者有所重叠。在这种体系下，企业很显然希望员工对学习和在不同职位之间轮换工作充满激情。而传统的职位评价法则简单地根据职位得到的评价点数把员工归入若干类定义范围非常狭窄的职位中，而这很可能会挫伤员工的这种工作激情和灵活性。

一些研究表明，一些定量的职位评价方法（如计点法和要素比较法）与高绩效工作系统之间可能存在冲突。[63]在一项研究中，研究者发现：

> 在那些全面实施高绩效工作系统方法的企业中，更不可能使用更为正规的、典型的职位评价。此外，研究表明，与单独使用分析性的职位评价或高绩效工作系统的企业相比，同时使用这两种系统的企业的财务绩效高于前者的可能性往往更小。[64]

而分类法、分等法或者排序法等定性的职位评价方法似乎不大可能存在这方面的问题。采用计点法的薪酬计划可能会在员工中形成一种“那不属于我的工作”的态度。

专家认为，企业之所以使用基于胜任素质而非工作职责的薪酬体系，主要有以下两个方面的原因。第一，根据胜任素质支付薪酬的做法有助于鼓励员工开发实现企业战略目标所需要的能力。例如，佳能公司需要员工拥有微型化和精细化的能力，以设计和生产数码相机和复印机。在这种情况下，佳能公司根据员工在这两个战略性的关键领域中所掌握的技能和知识来支付薪酬就很有意义。

第二，根据可衡量的以及可以施加影响的胜任素质来支付薪酬，有助于企业对绩效管理过程的关注。例如，在佳能公司，这种做法就意味着企业的甄选、培训和评价（以及报酬）等都集中于那些具有较高水平的微型化和精细化生产能力的员工。

11.4.4 实践中的基于胜任素质的薪酬体系

在实践中，任何一种依据技能、胜任素质、知识来支付薪酬的计划通常都包括以下五个主要部分：

1. 一个用来确定要求具备的特定技能的体系；
2. 一个能将员工的薪酬与其技能水平挂钩的流程；
3. 一个能让员工获取这些技能的培训系统；
4. 一个正式的胜任素质测试系统。
5. 一个能够让员工在不同职位之间转换，从而使工作安排具有一定灵活性的工作设计系统。[65]

通用食品公司案例 例如，通用食品公司（General Mills）的生产厂就根据员工达到的技能等级，向他们支付薪酬。[66]该公司的管理人员创建了四个职位族，这四个职位族分别对应公司的搅拌、灌注、包装以及原料四大生产领域。在每一个职位族中，员工都可以达到三种不同等级的技能。一级技能表明员工的能力有限，比如，只掌握了一些关于基本事实的知识，在没有人指导的情况下只能完成一些简单的工作任务等。[67]二级技能则表明员工已经达到了部分熟练的程度，可以（比如）在工作中运用一些技术原理。如果能够达到三级技能水平，则表明员工已经能够充分胜任某一领域中的工作，能够（比如）分析和解决各种生产问题。该公司生产领域的这四大职位族分别具有不同的平均薪酬水平。因此，在该工厂中一共有 12 个薪酬等级（一共 4 个职位族，每个职位族有 3 个薪酬等级）。

通用食品公司在为生产领域的这四个职位族以及每个职位族中的三个薪酬等级确定薪酬水平时，考虑的部分因素是，使每一个职位族中技能水平最低的那一级，能够得到与本地区其他企业支付给类似职位的起薪相等的薪酬。一位新员工可能会在任何一个生产职位族中起步，但起点都是在一级技能上。如果在经过几周工作之后，员工能够证明自己已经达到了更高一级的技能，则公司会提高其薪酬水平。员工可以自由地从一个职位族轮换到另外一个职位族，只要他们能够在自己当前所在的职位族中达到二级技能水平。

11.4.5 胜任素质薪酬体系面临的一些问题

胜任素质薪酬体系也有反对者。有人指出，胜任素质薪酬体系“忽视了企业为那些根本用不上的知识、技能和行为而（向员工）支付薪酬而产生的隐性成本”。[68]同时，即使不采用胜任素质薪酬体系，也有更简单的鼓励员工学习的方法。例如，一家航空企业就实施了一套准技能薪酬计划。所有的豁免性员工可以与他们的直接上级通过协商签订一份“学习合同”，只要员工达到了技能改善的目标，他们就能够得到加薪。[69]至于技能薪酬体系是否能够起到提高生产率的作用，目前仍然存在争论。在将技能薪酬计划与团队建设、员工参与计划等结合使用的情况下，它似乎有助于带来更高的质量和更低的缺勤率。[70]但是，即使在像胜任素质薪酬这样的方法已经广为传播的今天，实际上仍然存在“一种对职位评价和市场定价重新燃起的兴趣”。[71]在这个充满经济挑战的时代，以职位评价为基础的薪酬计划的潜在效率，或许比其他方法在确定薪酬水平方面的灵活性更有价值。

11.5 薪酬管理中的一些特殊问题

企业向员工支付薪酬的方式是在逐渐演变的。我们将一些主要的变化总结如下：

● 我们已经看到，现在已经更少强调职位承担的工作职责，而是更加强调员工的技能和胜任素质，以及它们是如何与组织的战略需求相匹配的。

● 我们已经看到，现在更少强调资历，而是更为强调员工的绩效。

● 现在更少强调狭窄的薪酬区间和职位，更多强调范围更宽的职位和薪酬区间。

● 现在更多地关注确保从事本质上相同工作的男女员工获得相同的薪酬。

● 现在更强调董事会对高层管理人员的薪酬进行严格监督和规制。

下面将介绍后三个主题——薪酬宽带、可比价值以及董事会对高层管理人员薪酬的严格监管。[72]我们将在第 12 章介绍绩效薪酬问题。

11.5.1 薪酬宽带

大多数企业的薪酬计划最后都要把职位分成很多职等或者职级，每一个等级还有一个对应的垂直的薪酬区间。例如，美国联邦政府的薪酬计划就包括 18 个主要的薪酬等级（从 GS-1 到 GS-18），每一个薪酬等级都有自己的一个薪酬浮动区间。对于所承担的职位落在这些薪酬等级之中的一位员工来说，他所在的薪酬等级就规定了其最低薪酬和最高薪酬。

这里的问题是，“如果用每一个薪酬等级所包括的职位评价点数数量来衡量，每一个薪酬等级的浮动范围到底多大合适?”（例如，美国联邦政府会不会试图把 18 个薪酬等级合并为 6 或 7 个薪酬等级呢?）薪酬等级的浮动区间过窄（比如有 18 个薪酬等级）会存在不利之处。例如，如果需要一位职位等级为二级的员工临时到职位等级为一级的职位上任职，那么，不降低此人的薪酬水平就很难对其工作进行重新安排。类似地，如果希望这个处于二级职位的人学会承担某项恰好处于三级的职位的工作，这位员工可能会拒绝接受这种工作的重新安排，除非你将他的薪酬提升到三级职位对应的水平。因此，传统的等级制薪酬计划可能会造成组织在很多方面的不灵活。

正是由于这方面的原因，一些企业正在将它们的薪酬计划转变成**宽带薪酬**（broadbanding）。宽带意味着将薪酬等级合并为数量更少但是浮动范围更大的薪酬等级或薪酬宽带，在每一个宽带中都包括一些变动范围相对较大的职位和薪酬水平。图 11—8 展示了这样的一个薪酬宽带。在这个例子中，企业原来的 6 个薪酬等级被合并成了 2 个范围更宽的薪酬等级或者“薪酬宽带”。

一家公司既可以为其所有职位创建一套薪酬宽带，也可以仅仅针对某些特定的职位——比如管理类职位或者专业类职位——创建薪酬宽带。每一个薪酬宽带的薪

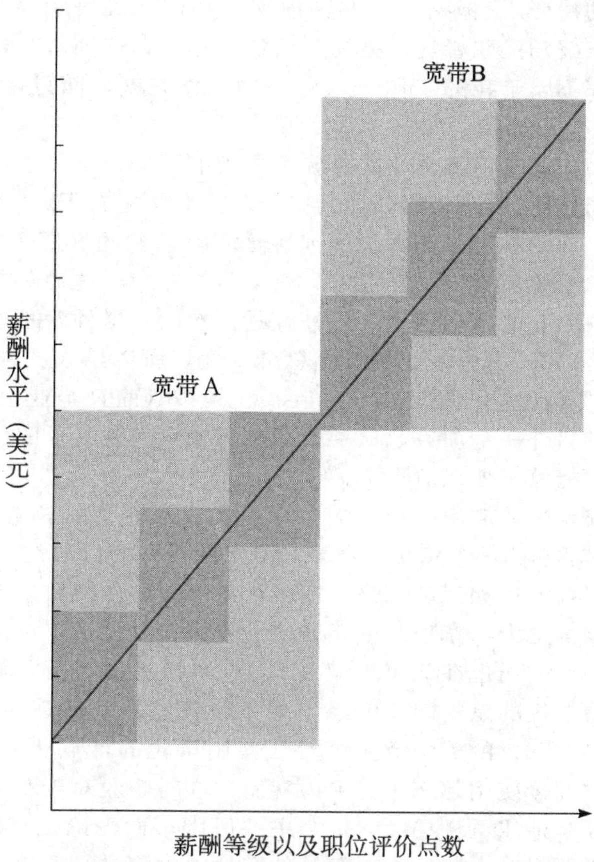

图 11—8　宽带薪酬结构及其与传统薪酬等级和薪酬区间的关系

酬浮动区间都相对较大，这是因为薪酬宽带中的最低薪酬是被合并到薪酬宽带中的原来的那个最低薪酬等级所对应的最低薪酬水平，而薪酬宽带中的最高薪酬水平则是被合并到薪酬宽带中的那个最高薪酬等级中的最高薪酬水平。例如，企业原来一共有 10 个薪酬等级，每一个薪酬等级都包含 15 000 美元的薪酬浮动范围。当公司把 10 个薪酬等级合并为 3 个薪酬宽带时，每个宽带中的一系列职位所对应的最低薪酬和最高薪酬之间的差距可能就达到 40 000 美元或者更多。对于落入这一薪酬宽带中的所有职位来说，它们的薪酬浮动范围显然都扩大了。现在可以在同一薪酬宽带内部更为容易地对员工进行调动了，而不用再担心在薪酬等级对应的薪酬区间较为狭窄的情况下，很容易出现的员工薪酬水平超出薪酬区间范围的情形了。宽带薪酬无疑为组织带来了更大的灵活性。

宽带薪酬的优点和缺点　企业实行宽带薪酬的原因有多个。宽带薪酬的一个基本优点就是，它在员工的薪酬决定方面引入了更大的灵活性。[73]尤其是当一家企业正在采取自我管理团队的工作方式时，这种灵活性更有意义。新型的浮动范围更大的薪酬宽带能够将上级和下级同时纳入同一个宽带中，同时还能方便地对员工的薪酬进行适当的上调和下调，而不再需要让员工跳到一个新的薪酬等级中。例如，“当一位员工需要到一个级别更低的职位以获取某些必要的技能时，他就能够获得比该职位通常对应的薪酬水平更高的薪酬，而这种情况在传统的薪酬制度中几乎是不可能的。”[74]类似地，一位专家指出，传统的定量的职位评价方案实际上强化了不灵活的特征。[75]他指出，那种根据“知识”等报酬要素狭隘地加以界定的职位，是不可能鼓励任职者变得更为灵活的。相反，这种情况导致的发展趋势是让任职者采取“那不属于我的工作”这样一种工作态度，而只是关心他们自己的特定工作任务。

然而，宽带薪酬也可能会导致员工的不安，尤其是对于新员工来说。比如，家得宝公司运用宽带薪酬的时间已经长达 10 年左右了。“当员工希望学习某种新东西的时候，他们就可以努力去达到自己能够掌握的（那个项目的）某个水平，”该公司的信息系统负责人这样说道。一旦员工熟悉了这种薪酬计划之后，他们就会把在不同职位之间的调动看做是一种激励。然而，这种薪酬计划有可能会导致新员工感到有点不踏实。“由于职位名称总是不变，所以给人一种工作职责永远都没有变化的感觉，”他继续谈道。但是，在员工可以（而且企业也希望员工能够）从一个项目转换到另外一个项目，从一个职位转换到另外一个职位的情况下，这种一成不变的感觉可能就不那么清晰了。[76]

薪酬宽带的应用 最近的一项对 783 家企业的调查显示，大约 15%的企业在使用宽带薪酬。[77]一家英国公司采用宽带薪酬的目的是，支持公司的成本削减战略以及组织扁平化和裁员战略。扁平化意味着职位的数量更少，而每一个职位的工作职责范围都更大，宽带薪酬无疑使组织更容易让员工承担起新的职责范围更大的角色。道琼斯公司也在几年前对其 1 000 名信息技术人员实行了宽带薪酬。

值得一提的是，即使已经出现了胜任素质薪酬以及宽带薪酬等新的概念和模式，60%～70%的美国企业仍然在使用量化的计点法和要素比较法来确定薪酬结构。职位评价使用起来相对更为容易，同时企业对于职位薪酬体系的熟悉程度也较高，可能是造成这种局面的一个主要原因。而无论是技能薪酬计划还是宽带薪酬，都不再需要对一个职位相对于其他职位的价值进行评价。[78]

11.5.2 可比价值

可比价值（comparable worth）是指当男性和女性所从事的工作对于企业而言具有可比的（并不是严格相同的）价值时，企业需要向他们支付相同的薪酬。因此，可比价值可能意味着要对很不相似的职位进行比较，比如将护士与卡车机械师进行比较，或者将秘书对技师进行比较。“可比价值”试图解决的问题是：到底是应当向那些从事与男性完全相同工作的女性支付与男性相同的薪酬，还是应当向从事与男性具有可比性工作的女性支付与男性相同的薪酬？如果仅仅需要针对完全相同的工作支付相同的薪酬，则会限制女性员工的薪酬达到男性的薪酬水平，因为女性往往在很多低薪酬职位上占据主导地位。

冈塞尔诉华盛顿县一案（County of Washington v. Gunther，1981）是一个关于可比价值的非常关键的案例。该案件涉及位于俄勒冈州的华盛顿县监狱的一些女狱警，她们宣称自己受到了性别歧视。华盛顿县对与这些女狱警所承担的工作具有可比性但并不完全相同的男狱警的工作进行了评价，结果发现，男狱警的“工作内容”比女狱警要多出 5%（根据计点法的职位评价系统确定），但是支付给男狱警的薪酬水平却比女狱警高出 35%。[79]那么，虽然具有可比性的（根据点数来衡量）男性职位与这些女狱警的职位并“不完全对等”（或不完全相同），但女狱警难道不应当得到比目前更高的薪酬吗？在此案件在基层法院和美国最高法院之间来来回回多次之后，华盛顿县最终同意，在未来 7 年的时间里，将向在女性占主导的职位上工作的 3.5 万名员工支付近 5 亿美元的加薪，从而了结了这场诉讼。

可比价值对职位评价也有重要影响。事实上，几乎所有被提交法院的可比价值案件都涉及计点法这种职位评价方法的运用问题。通过对并不相似的职位赋予一定的点数，计点法这种职位评价计划方便了在各种不同职位之间进行可比性评价。那么，企业是否应当继续采用计点法这样的职位评价计划呢？或许最明智的做法是，企业根据自己认为合适的情况对各种职位进行定价（可以采用计点法，也可以不采用），然后确保女性员工与男性员工同样都有获得这些职位的平等机会。换言之，就是通过消除存在性别隔离的职位来消除工资歧视问题。

薪酬差距　然而，尽管如此，企业在为女性加薪时要记住这样一个事实：美国女性所获得的薪酬收入只有男性的 77%，尽管这种差距正在缩小。[80]

什么原因导致出现这样的差别呢？一位专家指出了四个方面的因素：

1. 女性的起薪通常比较低，因为企业通常认为女性的能力比男性要差一些。

2. 在专业性职位上工作的女性所获得的加薪并没有反映出她们超出平均水平的绩效（达到同样绩效水平的男性得到了更大幅度的加薪）。

3. 在白领职位上，男性更换职位的频率通常比女性要高，这使得他们能够晋升到更高的职位上，而资历比他们更长的女性反而成了他们的下属。

4. 在蓝领职位上，女性往往会被安排在部门中那些薪酬水平较低的职位上。[81]

教育能够缩小这种薪酬差距。一些研究表明，在其他条件相同的情况下，正规教育水平对女性薪酬收入的影响要大于对男性薪酬收入的影响。这或许是因为教育缩小了性别歧视所造成的男女两性之间的薪酬收入差距。[82]但是，除了教育，作出薪酬决策的管理人员还需要承担起识别和纠正在男女薪酬水平差异方面存在的问题。

11.5.3　董事会对高管薪酬的监管

15 年来，美国联合健康集团（United Health Group）的董事会为其首席执行官支付了近 20 亿美元的薪酬。随后，董事会却解雇了这名首席执行官，据称其原因正如《华尔街日报》所提到的："他没有能够对一种在一个好得出奇的时机实施的股票期权计划作出合理的解释。"[83]

出于多方面的原因，很多公司的董事会都在降低公司高层管理人员的薪酬。开始于 2008 年左右的经济滑坡暴露出很多高层管理人员的高额收入与他们的绩效之间缺乏联系的状况。美国政府的"薪酬沙皇"（pay czar）迅速开始监督那些获得联邦政府贷款的企业的高层管理人员的薪酬状况。2007 年，美国证券交易委员会（Securities and Exchange Commission，SEC）要求上市公司提交更多和薪酬相关的信息，并且，如果一位高层管理人员得到的"特权"或福利的总额超过 10 万美元，就必须列出详细的清单。[84]2005 年，财务会计标准委员会（Financial Accounting Standards Boards）要求大多数上市公司将其授予的股票期权，按照其正常价值作为一种费用承担。[85]《萨班斯-奥克斯利法案》则使高层管理人员在特定情况下，要对监管公司财务的疏忽承担起个人法律责任。美国特拉华州最高法院的首席法官在《哈佛商业评论》中写道：法人治理问题、股东的激进主义态度以及其他方面的一些变化已经"对董事们形成了一种新的期望"。[86]然而，美国证券交易委员会以及上述立法措施似乎（回过头来看）并没有阻止一些企业向他们的高层管理人员支付令人咋舌的薪酬。综合上述情况，从事高层管理人员薪酬业务的专业律师建议，董事会的成员（在很多大企业中通常是由董事会的薪酬委员会决定高层管理人员的薪酬的）[87]应当问自己以下问题：

- 我们的薪酬委员会彻底认清了自己的职责和程序吗？
- 我们的薪酬委员会正在咨询合适的薪酬顾问吗？（政府规制者和评论家对此予以强烈推荐。）
- 我们的薪酬委员会应当解决某些特定的高层管理人员薪酬问题吗？[88]
- 我们的薪酬确定程序能够证明我们的决策是尽心尽力而且独立的吗？（这要求认真的商议和做好记录。）
- 我们的薪酬委员会恰当地传达了我们的决定吗？股东会作出何种反应？[89]

11.5.4 未来的薪酬计划

预测未来总是一件有风险的事情，但是有几个方面的薪酬发展趋势已经确定无疑。[90]全球企业都将持续面临严峻的经济和竞争的挑战。并且，随着企业为了雇用和留住最优秀的员工而进行的激烈竞争，麦肯锡咨询公司（McKinsey & Co）所谓的“人才战争”也会出现。在社会保障和企业年金减少的情况下，员工会越来越多地自己积累用于退休的财富。并且，年轻的“Y 一代”求职者将会成为劳动力队伍中的主力，而他们对于得到认可和反馈的期待要远远超过他们的前辈。

因此，未来的薪酬计划可能会呈现出几个方面的特征。每家企业都有对其未来具有关键的战略性意义的职位，而其他一些职位尽管也非常重要，但却属于支持性的职位。企业必须识别出这些具有重要的战略性价值的职位，并对其支付较高水平的薪酬。为了使 21 世纪的员工能够更加敬业，很有必要让他们了解企业对他们的期望，同时让他们能够获得关于自己绩效的持续性的且富有建设性的反馈。绩效薪酬将仍然是核心所在，正如一位薪酬专家所指出的，“在任何一种薪酬方案中都应当包含奖金的成分”。[91]企业必须在提供报酬方面更加富有创造性，比如为年轻人才提供股票所有权，从而使他们能够有机会通过工作创造财富。而且，作为对经济性报酬的一种补充，像个人认可这样的非经济性报酬的重要性也将进一步上升。

11.5.5 通过人力资源管理信息系统提高生产率：薪酬管理的自动化

一般来说，企业都会规定在每年的某一个时间段进行总结（称为“集中总结”），这时，所有的管理人员都要回顾和评价员工的绩效，同时将绩效评价结果与预算约束加以匹配，从而形成来年的加薪建议。[92]由于企业已经趋于把自己的薪酬方案同自己的战略计划更加紧密地联系在一起，因此，提出加薪建议的过程正变得越来越复杂。它已经不再是在全体员工中分配加薪预算的事情，也不再是基于绩效评价来加薪的问题。相反，大量的问题（其中包括战略问题、地理位置问题、基于员工的胜任素质支付薪酬的问题，还要考虑红利和股权等众多因素）使得在预算范围确定加薪方案成为一个挑战。

作出加薪决策一直是一件很麻烦的事情。传统的做法是，企业利用电子数据表制定这些薪酬决策。人力资源部门会为每一位管理者创建一份个人电子数据表，然后让管理人员用这份数据表记录关于下属的加薪建议。然后，人力资源部门再根据科室、部门、分公司和总公司等类别，将这些数据加以汇总。显然这是既耗时又费力的过程。

今天，很多企业都更多地利用基于企业内网的薪酬计划程序来追踪员工能花多少钱，以及谁正在花什么钱。这种基于网络的薪酬管理方法有很多优点。企业能够迅速地更新薪酬计划（比如能花多少钱，每一位管理人员根据各种标准能够分配多少资金），而不必在每一位管理人员的电脑中单独修改软件信息。而且，这种自动化的系统还能够通过减少管理程序来节约成本。例如，一家公司估计，完成一项年度薪酬计划活动（例如，把两个部门的加薪预算加以合并）所耗费的人工成本大约是35美元，而通过自动化手段来处理这一过程只需要花费16美元。使用这种集中化的应用软件还可以在其他方面节省开支。例如，企业常常把加薪预算分配到所有的管理者，最后却发现（一旦各部门的加薪预算都集中在一起）累积起来的加薪额度已经超出预算数百万美元。这种现象在一套自动化系统中一般是不会发生的。而且，一套与企业的人力资源管理信息系统相容的薪酬管理系统还能够自动管理其他一些薪酬活动，比如自动更新员工的发薪单。

本章内容概要

1. 在制定战略性薪酬计划之前，管理人员首先要了解一些决定薪酬水平的基本要素。员工的薪酬包括直接经济报酬和间接经济报酬。任何一种薪酬计划的设计都要受到法律、工会、公司战略或政策、公平性要求等这样一些基本因素的影响。法律方面的最主要考虑因素是《公平劳工标准法案》，它规定了最低工资和加班工资等事项。有些特定类型的员工是不受这些法案或其中的某些特定条款保护的，尤其是关于加班工资的规定。其他一些重要的法律包括1963年颁布的《公平薪酬法》和1974年颁布的《员工退休收入保障法案》。

2. 在确保外部公平、内部公平和程序公平的前提下，制定薪酬水平的过程包括五个步骤：进行薪酬调查；决定每一种职位的价值；进行职位评价；按照工作难度大体相同的原则，将类似的职位归入同一个薪酬等级，并利用工资政策曲线为每个薪酬等级定价；对薪酬水平进行微调。

● 薪酬调查可以是非正式的电话调查或网络调查，也可以是由企业自己进行的正式调查，还可以利用商业性、专业性的以及政府的薪酬调查。

● 职位评价是一个系统的比较过程，其目的是根据薪酬要素来确定一个职位相对于其他职位的价值。

● 薪酬要素指的是职位中包含的技能水平和努力程度等薪酬决定因素。

● 常用的职位评价方法包括排序法、职位分类法、计点法和要素比较法。例如，在使用排序法时，要首先进行职位分析，根据部门对职位进行分组，然后再由评价者对职位进行排序。

● 一旦职位评价委员会使用职位评价法来决定每一种职位的相对价值，那么接下来的任务就是为每个职位确定薪酬水平；通常首先是把职位分组纳入各个薪酬等级，以简化程序。

● 然后，评价委员会再使用工资政策曲线为每个薪酬等级定价，最后进行微调。

3. 管理类职位和专业类职位的定价过程包含一些特殊问题。管理人员的报酬通常包括以下四个主要组成部分：基本薪酬、短期奖金、长期奖金以及高层管理人员福利。特别是对于高层管理职位而言，通常并不适合进行职位评价，而是应着重理解工作的复杂性、企业的支付能力以及在吸引高级人才方面保持竞争力的需要等因素。

4. 越来越多的企业正从根据职位固有的职责来支付薪酬，转向根据职位所要求的胜任素质来支付薪酬。这么做的主要原因是，鼓励员工开发使自己能够从一个职位无缝式转换到另外一个职位所需要的能力。比如，在通用食品公司，对工厂中的某些特定人员就是基于他们达到的技能水平来支付薪酬的。

5. 我们强调了几个在薪酬方面比较重要的主题。宽带薪酬意味着将若干薪酬水平和薪酬区间合并成少数几个浮动范围更大的薪酬等级或"宽带"，在每一个薪酬宽带中都包括一些薪酬水平变动范围相对较大的职位。宽带薪酬鼓励员工在不同的职位间实现自由流动，有助于实施以团队为基础的高绩效管理系统。可比价值是指当男性和女性所从事的工作对于企业的价值具有可比性（而并不是严格相同）的情况下，企业支付给男性和女性的薪酬也应当保持一致。随着股东对高层管理人员的过高薪酬日益关注，董事会对高层管理人员的薪酬进行监管成为一个重要问题。董事会需要确保他们在制定高层管理人员的薪酬计划时，利用了合格的咨询顾问，同时做到尽心尽力且保持独立。

讨论题

1. 豁免性职位与非豁免性职位存在哪些差异？

2. 职位评价取决于任职者的绩效评价结果吗？为什么是或不是？

3. 报酬要素和任职资格条件之间是一种什么关系？

4. 请对下列几种职位评价方法加以比较：排序法、分类法、要素比较法、计点法。

5. 宽带薪酬的优点和缺点分别是什么？你会建议自己当前的企业（或你所熟悉的其他企业）采用这种薪酬计划吗？为什么是或不是？

6. 最近的一些新闻报道说，大多数大学校长的年薪在25万美元左右，但是少数大学校长的年薪会更高。例如，范德比尔特大学的新任校长的薪酬是每年852 000美元。讨论为什么向大学校长支付的薪酬与向很多企业的首席执行官支付的薪酬一样多甚至更多。

7. 小公司需要制定薪酬计划吗？为什么需要或不需要？

个人和小组活动

1. 以个人或小组为单位，对初级会计员和初级化学工程师职位展开薪酬调查。你会采用哪些信息来源？你得到了什么样的结论？如果你是一家地方工程公司的人力资源经理，那么，你会建议公司如何对这两种职位支付薪酬？

2. 以个人或小组为单位，为当地一家银行的柜员职位制定一项薪酬政策。假定一共有4位柜员：2位是在5月被雇用的，另2位是在12月被雇用的。在薪酬政策中应当包括这样一些内容：绩效评价、加薪、节假日薪酬、休假薪酬、加班薪酬、薪酬支付方法、出庭作证时的薪酬以及工时打卡要求等。

3. 以个人或小组为单位，到相关的互联网网址进行搜索，以确定在下列城市中，拥有硕士学位以及5年工作经验的化学工程师、市场营销经理、人力资源经理的比较公平的薪酬浮动区间：纽约州的纽约、加利福尼亚州的旧金山、加利福尼亚州的洛杉矶、得克萨斯州的休斯敦、得克萨斯州的达拉斯、科罗拉多州的丹佛、佛罗里达州的迈阿密、佐治亚州的亚特兰大、伊利诺伊州的芝加哥、亚拉巴马州的伯明翰、密歇根州的底特律以及华盛顿特区。在每一个城市，每一种职位的薪酬浮动范围以及平均薪酬水平分别是多少？地理位置对于不同职位的薪酬会产生影响吗？如果是，那么原因是什么？

4. 本书末附录中的美国人力资源认证机构提供的“考试指南”部分，列出了想要通过人力资源资格认证考试的人需要了解的各个方面的人力资源管理知识（例如战略人力资源管理、员工队伍规划、人力资源开发等等）。请以 4～5 人为一组，完成下列四项任务：（1）浏览该附录中的内容；（2）明确在本章所讲授的内容中有哪些与附录中列出的需要参加考试者掌握的知识是相关的；（3）根据这些与考试相关的内容，编写出你们认为适合作为这种人力资源认证资格考试考试题的 4 道多项选择题；（4）如果时间允许的话，你们小组派出一个人将你们编写的考试题在课堂上展示给大家，这样各个小组的学生就能够回答其他小组编写的考试题了。

5. 最近，美国的一些企业高层管理人员受到了猛烈的批评，因为与他们所在企业的绩效水平相比，他们的薪酬水平高得太离谱了。在众多的例子中我们可以列举出两个：第一个例子是花旗集团某部门的一位负责人，其 2009 年的奖金是 9 700 万美元；另一个例子是，美林集团在得到美国银行的救援后，就立刻支付了数千万美元的高层管理人员奖金。然而，大型机构投资者已经不再袖手旁观、毫无怨言了。例如，电视台的《每晚商业快线》节目就报道了这样一条消息，退休金管理机构美国退休教师基金会（TIAA-CREF）就 50 家企业的高层管理人员薪酬状况提出了批评。而且，美国政府的“薪酬沙皇”正在寻求使这些薪酬费用回归合理水平。你认为他们这样“小题大做”对吗？为什么？

体验式练习

目的：本练习的目的是为了给练习者提供一个运用排序法进行职位评价的机会。

必须理解的内容：全面熟悉职位评价中的排序法，并且获得关于你们学院的院长、系主任、招生办公室主任、图书馆馆长、学籍注册员以及教授的职位描述。

如何进行练习/指导：将整个班级分成若干小组，每个小组由 4～5 名学生组成。这些小组将运用排序法，对院长、系主任以及教授三个职位进行评价。

1. 运用排序法进行职位评价。你可以运用一种或多种报酬要素进行排序。

2. 如果时间允许，每一个小组可以派出一位发言人，将本小组的排序结果写在黑板上。每个小组最终得到的结果大体相同吗？他们的评价结果区别何在？为什么你认为他们的结果存在差异？

应用案例

阿科姆制造公司的薪酬不公问题

乔伊·布莱克正在考虑如何解决他在自己的工厂中遇到的薪酬管理难题。在布莱克接手阿科姆公司总裁一职之前，公司创始人比尔·乔治已经在这个位置上待了长达 35 年之久。这个拥有 250 名员工的家族企业位于美国东部一个名为阿卡萨斯的小镇，是当地社区最大的一家企业。布莱克是拥有阿科姆公司的这个家族的成员之一，但是他在成为公司总裁之前从来没有在这家公司工作过。但是，他拥有工商管理硕士学位和法学学位，而且已经在一家大型制造企业中积累了5年的管理经验。在来到阿科姆公司之前，他担任上一家公司的人力资源高级副总裁。

在加入阿科姆公司之后不久，布莱克就注意到，公司为白领员工设计的薪酬结构存在严重的不公平。在与人力资源总监进行探讨之后，他确信这些员工的薪酬水平在很大程度上是与前任总裁进行个人谈判的结果。那些根据工作小时数领取工资的工厂生产类员工的薪酬还没有什么问题，因为他们已经组成了工会，他们的工资是通过集体谈判确定的。而这些领取薪水的白领员工一共有25个人，他们的薪酬涵盖了从总裁一直到接待员这么大的跨段。再仔细考察就会发现，在这25个人中，有14人是女性。而这14人中，有3人是工厂中的一线主管，1人是人力资源总监。其余10人是非管理类员工。

对问题进行考察之后他还发现，人力资源总监的薪酬水平过低，而三位一线女性主管的薪酬水平也比任何一位男性一线主管的薪酬水平要低。然而，在该公司中却并不存在由男性和女性同时担任的类似的主管级职位。在被问及为什么一线女性主管人员的薪酬水平更低时，人力资源总监解释说，其中主要原因可能是她们是女性，而乔治认为女性不像男性那样需要钱，因为她们都有一个有工作的丈夫。此外，她还指出，女性主管人员的薪酬水平较低还有另外一个方面的原因，即这些女性主管所监督的员工的技能水平要比男性主管监督的员工的技能水平更低。布莱克不敢肯定这种说法是否属实。

布莱克过去就职的那家大型制造企业有一个很好的职位评价系统。尽管他非常熟悉，同时也有能力运用这种薪酬工具，但是却没有时间在阿科姆公司进行职位评价方面的研究。因此，他决定雇用附近的一所大学中的一位薪酬咨询顾问来帮助自己解决这一问题。最后，他们认定，所有25个领取薪水的职位都应当被纳入同一个职位评价体系之中，并且对这些职位的评价运用一种经过修订的排序法。此外，人力资源总监最近刚刚完成的职位描述是具有时效性的、准确的，并且对于职位评价是有用的。

职位评价结果表明，在非管理类职位中并不存在严重的不公平或者歧视现象，但是人力资源总监和三位女性主管所获得的薪酬水平相对于与她们具有可比性的男性而言，存在报酬不足的问题。

布莱克还不清楚到底应当采取何种措施。他知道，如果这些所得报酬过低的女性主管将情况反映给当地的公平就业机会办公室，那么，公司就可能会被认定犯有性别歧视罪，从而不得不返还大量的欠薪。但是他又很担心，如果自己立即将这些女性主管的薪酬水平大幅上调到原本应当达到的水平，那些男性主管很可能会感到不舒服，而女性主管可能也会慢慢地明白到底是怎么一回事，从而要求拿回公司克扣的薪水。人力资源总监告诉布莱克，公司的女性主管从来都没有抱怨过薪酬差别的问题，可能她们从来就不知道法律上还有性别歧视这样的相关规定吧。

人力资源总监同意给女性主管提供较大幅度的加薪，但是不同意向她们支付过去的欠薪，因此，问题得到了一定程度的解决。布莱克认为，在女性主管的薪酬问题上，他共有四种选择：

第一，什么也不做；

第二，逐渐提高女性主管的薪酬水平；

第三，立即把女性主管的薪酬水平提上去；

第四，将这三位女性主管叫到他的办公室，与她们共同讨论目前存在的问题，共同决定应当怎么办。

[问题]

1. 如果你是布莱克，你会怎么办？

2. 你认为公司当初是如何陷入这一困境的？

3. 你为什么会向布莱克提出你认为合理的那种建议？

连续案例

卡特洗衣公司

新的薪酬计划

卡特洗衣公司一直既没有正规的薪酬结构，也没有薪酬区间，更没有采用过报酬要素来确定薪酬水平。员工的薪酬水平几乎完全是参照公司所在社区的通行薪酬水平确定的，然后再进行一定的微调，以努力实现承担不同职责的员工在所获得的薪酬方面是公平的。

在作出薪酬决策时，卡特公司并没有进行任何正式的薪酬调查。杰克认真阅读报纸上刊登的招聘广告，并且通过当地洗衣店和清洁店行业协会的朋友进行非正式的薪酬调查。尽管杰克是在凭感觉制定薪酬决策，但他的薪酬计划是在几项基本薪酬政策的指导下设计出来的。虽然他的很多同行坚持支付最低水平的工资，但杰克一直坚持支付比市场通行薪酬水平高10%的薪酬政策，他认为这样能够降低员工的离职率以及提高员工的忠诚度。而詹妮弗更多考虑的则是，对于在相同的职位上工作的男性员工和女性员工，她父亲支付给男性的薪酬要比女性高出20%。她父亲的解释是："男性员工更加强壮，能够长时间地从事高强度工作，而且他们还有支撑家庭的责任。"

[问题]

1. 目前该公司是否已经到了需要运用职位评价来建立起结构化的薪酬制度的时候？为什么是或不是？

2. 杰克·卡特制定的向员工支付高出现行市场水平10%的薪酬这样一种政策是否有道理？应当如何确定员工的薪酬？

3. 类似地，杰克对于男性员工和女性员工支付有差别的薪酬是一种明智的做法吗？如果不是，请说明为什么。

4. 具体来讲，你会建议詹妮弗对企业的薪酬计划做些什么？

将战略转化为人力资源管理政策和实践的案例

巴黎酒店

新的薪酬计划

巴黎酒店的竞争战略是："通过卓越的顾客服务将自己与同行区别开来，以吸引顾客延长入住时间，提高顾客再次入住比率，从而提高酒店的收入和利润水平。"酒店人力资源经理莉萨·克鲁兹现在必须制定和实施战略性人力资源管理政策和活动，通过帮助酒店获得战略所需的员工行为和胜任素质来支持酒店的这一竞争战略。

与巴黎酒店其他方面的一些人力资源制度一样，它的薪酬计划缺乏详细的规划，而且过于简单，对每一种职位（前台服务人员、保安等）支付的薪酬区间比较狭窄。每一位酒店经理自己决定新员工的薪酬应当从这个狭窄的薪酬区间中的哪一点开始，而且企业基本没有考虑过将公司总体的或员工个人的薪酬水平和企业的战略目标联系起来。比如，企业的政策仅仅是向员工支付"有竞争力的薪水"，这就意味着酒店支付的薪酬仅仅是当地其他酒店支付给相同职位的平均薪酬水平。莉萨明白，这样的薪酬政策是与企业希望实现的战略目标背道而驰的，企业想要创造一支以服务为导向的员工队伍。如果不能在某种程度上将绩效与薪酬联系起来，你如何才能雇用和留住最好的员工，并把他们的行为引向高质量的客户服务呢？她和她的团队因此将工作重心转向了对酒店的薪酬计划进行评价和重新设计这项任务。

莉萨和首席财务官不用想就知道，公司

的薪酬计划并不支持公司新的战略目标。一方面，他们知道，如果想让员工在顾客服务方面有更出色的表现，就要向他们支付高于同行竞争者的平均工资。但只要认真考虑一下一些现行的因素（包括酒店的薪酬/竞争性薪酬比率、员工的人均总薪酬成本以及酒店的总薪酬预期达到的百分位），就不难发现，巴黎酒店各类职位的薪酬水平都没有高于同行业的平均水平，甚至在某种程度上更低。

现行的薪酬政策使一些员工滋生了一种被管理者称为“我不在乎”的态度，意思是说，大多数员工很快就明白了，无论他们的绩效如何，他们所得到的薪酬与那些绩效更好或者绩效更差的员工通常都是一样的。所以，公司的这种薪酬计划实际上导致了薪酬与绩效之间的脱节：它没有引导员工朝着公司需要达成的目标努力，在某种程度上，它所起的作用恰好相反。

莉萨和首席财务官知道，他们必须制定一套新的战略性的薪酬计划。这套计划应该能够提高员工的士气，增强员工的凝聚力，减少人员的流动率，奖励（而且鼓励）那些有助于提升顾客满意度的以顾客为导向的行为。在与首席财务官和董事会开会协商之后，首席财务官帮助莉萨重新设计了薪酬计划，这一计划的总体方向就是支持公司的战略目标。

[问题]

1. 画一张图表，用箭头来表示巴黎酒店的薪酬会如何通过影响员工的绩效，进而影响到巴黎酒店的绩效。在每一个层次上都要举例说明相关的薪酬政策、员工行为以及给巴黎酒店带来的结果。

2. 你会向巴黎酒店建议对非管理类员工实行以胜任素质为基础的薪酬计划吗？为什么会或不会？

3. 为巴黎酒店的非管理类员工（客房清洁人员、门童、前台接待员、电话接线员、场地管理员以及保安等）设计一个职位评价排序体系，并用它来展示各个职位之间的相对价值。

附录——量化职位评价方法

运用职位评价方法中的要素比较法　要素比较法是一种量化的职位评价技术，它有多种变化形式。要素比较法是最准确、最复杂同时也是应用最为广泛的职位评价方法之一。

要素比较法实际上是一种改进后的排序法，它要求确定哪一种职位拥有更多的某些特定报酬要素。在排序法中，通常是把每一个职位视为一个整体，然后进行排序。而在要素比较法中，则需要对每个职位进行多次排序——每选择一个报酬要素就要进行一次排序。例如，第一次可能需要根据“技能”这个要素对职位进行排序，第二次则需要根据职位的“脑力要求”对职位进行排序，接下来可能还要根据“责任”再次对职位进行排序，如此等等。最后，要把每个职位在各个报酬要素上的排序整合起来，从而得到该职位的总体排序分数。要素比较法的操作步骤如下。

步骤一：获取职位信息　要素比较法要求职位评价者必须仔细、全面地做好职位分析工作。首先是进行职位描述，然后最好是从职位评价小组确定使用的报酬要素的角度出发，制定职位的任职资格条件。在要素比较法中，通常使用的报酬要素包括：（1）脑力要求；（2）身体要求；（3）技能要求；（4）责任；（5）工作条件。图 11A—1 描述了这五种报酬要素的典型定义。

1. 脑力要求

具备或者能够熟练运用以下几种能力：

A.（先天遗传的）脑力特征，如智力、记忆力、推理能力、语言表达能力、与他人相处的能力以及想象力。

B.（后天习得的）通识教育，如语法和算术；对体育、世界时事等领域的一般性了解。

C.（后天习得的）专业知识，如化学、工程学、会计、广告宣传等。

2. 技能

A.（后天习得的）在操作机器设备、重复某项动作、协调动作、对零件进行组装、排序分类时的肌肉协调能力。

B.（后天习得的）协调肌肉动作必备的知识；这些知识是通过完成工作，而不是在通识教育和专业知识学习的过程中习得的，它们在很大程度上是在对感官印象进行解释的过程中加以培训的。

例子：

1. 在操作计算器时，知道应当按下哪个按键可以进行加总求和就是一种技能。
2. 在修理汽车时，能够确定发动机的震动声音所代表的含义就是一种技能。
3. 在人工烧锅炉时，能够根据显露的火层确定如何铲进煤炭以覆盖其表面就是一种技能。

3. 身体要求

A. 能够完成诸如坐、站、走、爬、拉、抬等体力活动。体力强度和耐力程度都必须考虑在内。

B. 身体状况，如年龄、身高、体重、性别、力量和视力等。

4. 责任

A. 对原材料、加工材料、工具、设备和资产的责任。

B. 对现金和可兑换证券的责任。

C. 对公司盈亏、储蓄以及方法改进的责任。

D. 对公共关系的责任。

E. 对档案记录的责任。

F. 监督责任。

1. 主要是对下属进行监管的复杂程度；其次是下属的人数。这类监管的特征是计划、指导、协调、命令、控制和批准。
2. 此外，本人接受监管的程度。如果职位 A 和 B 都没有可以监管的下属，但是 A 却比 B 得到直接上级更为严密的监管，那么在监督要素上，B 比 A 的排名要靠前。

可以总结出四个监管等级：

最高级——监管他人多——被他人监管少

高级——监管他人多——被他人监管多

低级——不监管他人——被他人监管少

最低级——不监管他人——被他人监管多

5. 工作条件

A. 环境影响，如空气、通风状况、照明、噪音、拥挤、同事状况等。

B. 风险——工作本身的风险或者来自工作环境的风险。

C. 工作时间。

图 11A—1　要素比较法中常用的五种报酬要素的定义举例

资料来源：Jay L. Otis and Richard H. Leukart，*Job Evaluation*：*A Basis for Sound Wage Administration*，p. 181. © 1954，revised 1983. Reprinted by permission of Prentice Hall，Upper Saddle River，NJ.

步骤二：选择关键的标杆职位　接下来，职位评价小组需要挑选出 15～20 个关键职位。这些职位必须是具有代表性的基准职位，它们的参考价值能被广泛接受，并且代表所有需要被评价的职位。

步骤三：根据报酬要素对职位进行排序　这里要求职位评价者根据上述五种报酬要素（脑力要求、身体要求、技能要求、责任以及工作条件），分别对关键职位进行排序。排序过程要以职位描述和任职资格条件为基础。通常由每一位小组成员分别对职位进行排序，然后再开会讨论，得出关于每一个职位排序的一致性意见。通过这一过程能够得到一个如表 11A—1 所示的表格，它展示了每一个关键职位在每一种报酬要素上的排序状况。

表 11A—1　根据报酬要素形成的关键职位排序表*

	脑力要求	身体要求	技能要求	责任	工作条件
焊接工	1	4	1	1	2
起重机操作员	3	1	3	4	4
压力机操作员	2	3	2	2	3
安保人员	4	2	4	3	1

* 1 表示高，4 表示低。

步骤四：将薪酬水平分配到每一种报酬要素上　这正是要素比较法的复杂之处。在这一步，评价小组的成员需要根据自己对每一种报酬要素对职位的重要性所作出的判断，把支付给每一个关键职位的薪酬分配到五种报酬要素上。例如，假设墨西哥工人的当前市场工资水平为 4.26 美元，则评价成员有可能会对工资水平做如下分配：

脑力要求　0.36 美元
身体要求　2.20 美元
技能要求　0.42 美元
责　　任　0.28 美元
工作条件　1.00 美元
总　　计　4.26 美元

这一过程要求对所有的关键职位进行类似的分配。

步骤五：根据每一种报酬要素的薪酬水平对职位进行多次排序　在这里，要根据每一种报酬要素的薪酬水平，分别对职位进行多次排序。例如在表 11A—2 中，如果根据脑力要求因素进行排序，焊接工这个职位就排在第一位，而安保人员这个职位就排在最后一位。

表 11A—2　根据薪酬水平形成的关键职位排序表*　单位：美元

	小时工资	脑力要求	身体要求	技能要求	责任	工作条件
焊接工	9.80	4.00 (1)	0.40 (4)	3.00 (1)	2.00 (1)	0.40 (2)
起重机操作员	5.60	1.40 (3)	2.00 (1)	1.80 (3)	0.20 (4)	0.20 (4)
压力机操作员	6.00	1.60 (2)	1.30 (3)	2.00 (2)	0.80 (2)	0.30 (3)
安保人员	4.00	1.20 (4)	1.40 (2)	0.40 (4)	0.40 (3)	0.60 (1)

* 1 表示高，4 表示低。

首先，每一位小组成员单独进行排序；然后，小组成员聚在一起，就每一个关键职位的每一种报酬要素应当得到的价格达成一致意见。

步骤六：比较两种排序结果，筛选出不可用的关键职位　现在，每一个关键职位都有两种排序结果。一种是最初的排序结果（根据步骤三得到），它表明根据五种报酬要素对各个职位进行排序的结果。第二种排序结果反映了每一个职位在各个报酬要素上的薪酬水平。现在，可以制作一个类似于表 11A—3 的表格。

表 11A—3　　要素排序表与薪酬水平排序表比较

	脑力要求		身体要求		技能要求		责任		工作条件	
	A[1]	$[2]	A[1]	$[2]	A[1]	$[2]	A[1]	$[2]	A[1]	$[2]
焊接工	1	1	4	4	1	1	1	1	2	2
起重机操作员	3	3	1	1	3	3	4	4	4	4
压力机操作员	2	2	3	3	2	2	2	2	3	3
安保人员	4	4	2	2	4	4	3	3	1	1

1. 排序依据是步骤三中每一种要素的数量。
2. 排序依据是步骤五中每一种报酬要素的薪酬分配水平。

这个表格显示了各个关键职位在各种报酬要素上的排序情况。左边是从步骤三得到的排序结果，右边是根据支付的薪酬水平得到的排序结果。对于每一种报酬要素来说，根据报酬要素进行的排序（从步骤三得到）应该与根据职位的薪酬水平进行的排序（从步骤五得到）一致。（在本案例中确实如此。）如果两种排序的结果相差太大，则表明这个关键职位是不可用的，从这一刻开始，它就不再能够被用作关键职位。（许多管理人员嫌麻烦而不愿意筛选掉那些不可用的关键职位。为了简化操作，他们会忽略步骤五和步骤六，直接从步骤四跳到步骤七，这样做也是一种可以接受的选择。）

步骤七：构建职位比较表　确定可用的、真正的关键职位之后，下一步就可以建立职位比较表（见表 11A—4）。（注意每一种报酬要素都是独立的一列。）如果要完善它，就要用到在步骤四和步骤五得到的薪酬表格。

表 11A—4　　职位（要素）比较表

美元	脑力要求	身体要求	技能要求	责任	工作条件
0.20				起重机操作员	起重机操作员
0.30					压力机操作员
0.40		焊接工	安保人员	安保人员	焊接工
0.50					
0.60					安保人员
0.70					
0.80				压力机操作员	
0.90					
1.00				（镀金工）	
1.10					
1.20	安保人员				
1.30		压力机操作员			
1.40	起重机操作员	安保人员	（检验员）	（镀金工）	
1.50		（检验员）			（检验员）
1.60	压力机操作员				
1.70	（镀金工）				
1.80			起重机操作员	（检验员）	

续前表

美元	脑力要求	身体要求	技能要求	责任	工作条件
1.90					
2.00		起重机操作员	压力机操作员	焊接工	
2.20		（镀金工）			
2.40	（检验员）				（镀金工）
2.60					
2.80					
3.00			焊接工		
3.20					
3.40					
3.60					
3.80					
4.00	焊接工				
4.20					
4.40					
4.60					
4.80					

由于每个报酬要素都是针对所有职位的，因此要把每个职位填到每一种报酬要素下相应的恰当薪酬水平上。在已经确定的薪酬水平表格中（见表 11A—2），焊接工在“脑力要求”要素上的薪酬水平是 4.00 美元，那么，就在职位比较表中把“焊接工”填入“脑力要求”那一列的“4.00 美元”那一行。依次将所有的关键职位都填到这张表中。

步骤八：运用职位比较表 现在就可以把其他所有待评价的职位按报酬要素逐一填入职位比较表中。例如，假设要把“镀金工”这个职位放到表中，首先可以根据“脑力要求”这一报酬要素，将其与表中已列出的其他职位进行比较，这一职位的脑力要求有可能介于压力机操作员职位和检验员职位之间。同样，也可以看一看与其他职位相比，镀金工职位的“身体要求”应该处在哪个位置上，这时可能会发现，它应该紧挨在起重机操作员职位的下面。类似地，还可以对它的其他三种报酬要素作出同样的处理。

一个案例 让我们通过一个案例来进一步了解要素比较法。为了简便起见，我们只用了 4 个关键职位——而你一般要用到 15～25 个关键职位。

步骤 1：首先，进行职位分析。

步骤 2：在这里，我们选取了 4 个关键职位：焊接工、起重机操作员、压力机操作员和安保人员。

步骤 3：根据职位描述和任职资格条件，我们依据各报酬要素对关键职位进行排序，如表 11A—1 所示。

步骤 4：将薪酬水平分配到各种报酬要素上，如表 11A—2 所示。

步骤 5：然后，根据确定的每一种报酬要素的薪酬水平对关键职位进行排序。表 11A—2 的圆括号里标出了这些排序。

步骤 6：接下来比较两种排序结果（见表 11A—3）。左边一列（标记为 A）是在步骤 3 根据报酬要素的数量进行排序的结果，右边一列（标记为 $）是在步骤 5 根据报酬要素对应的薪酬水平进行的排序结果。在这个例子中，每一对 A（数量）

和＄（薪酬）排序都不存在差别，所以，所有的关键职位都是可用的。如果存在差别（比如，焊接工职位的脑力要求要素在 A 和＄方面的排序不同），那么将不再把这个职位作为关键职位。

步骤 7：这时建立职位比较表，如表 11A—4 所示。这里要用到从步骤 4 得出的薪酬分配表。例如，在步骤 4 和步骤 5 中，把焊接工职位的“脑力要求”要素定价为 4.00 美元，所以现在把焊接工填到“脑力要求”下的 4.00 美元那一行，如表 11A—4 所示。

步骤 8：现在其他所有的职位都可以按要素逐一填入职位比较表中了。我们并不会为其他职位的各种报酬要素分配薪酬水平，而是要把其他职位依照报酬要素填到相应的位置上。我们对另外两个职位进行了这样的处理，即表格中圆括号里的那两个职位。那么，现在我们就知道了这两个职位应得的薪酬水平。对于所有的职位而言都可以进行这样的处理。

一种变形　要素比较法有几种基本的变形。一种是把要素比较表（表 11A—4）的货币价值变为点值（例如货币值乘以 100 后得到的点值）。这种变形的主要优点在于，打破了薪酬体系拘泥于现行薪酬水平的局限。相反，在更加稳定的点值系统中，可以长期根据要素比较对各种职位进行排序。

优点和缺点　由于要素比较法（不管是哪一种形式）是一种应用非常广泛的职位评价方法，所以我们刚才相当详尽地对它进行了介绍。它的广泛应用得益于其具有的几个方面的优点：首先，它是一种比较精确、系统和量化的方法，每一个步骤的操作都有详细的说明。第二，每个职位根据它与其他职位的比较，最终确定其相对价值，由此在职位比较表中，不仅能够看到焊接工比镀金工需要更多的脑力能力，还能知道多出多少脑力能力——很显然是两倍多（4.00 美元与 1.70 美元）。（这种刻度标准是在排序法和分类法中无法得到的。）第三，很容易向员工解释这种职位评价体系。

复杂性也许是要素比较法存在的最大问题。尽管向员工解释要素比较表及其原理比较容易，但是向他们展示如何建立这个表是非常困难的。此外，上述适用的五种报酬要素是原创者开发要素比较法时的一个副产品，在不同的组织中对所有的职位都同样运用这五种报酬要素显然并不合适。

职位评价方法中的计点法　计点法的应用非常广泛，它要求确定报酬要素（如技能和责任）有哪些，每一种报酬要素分几级，还要确定职位在每一种报酬要素上的级别。每一种报酬要素的不同等级都被赋予相应的点值，所以一旦分别确定了每一个职位在每一种报酬要素上的等级，评价者只需把该职位在每一种报酬要素上得到的点值进行加总，就能够得到该职位最终获得的总点值。[93]计点法的操作步骤如下：

步骤一：确定将要评价的职位族。由于各个部门的职位彼此各不相同，所以不要指望对组织中所有的职位都能用同一个计点法方案进行评价。因此，第一步通常是将职位集中成职位族，如采购类职位、事务类职位、销售类职位等。这样，职位评价小组可以每次针对一个职位族开发一种计点评价计划。

步骤二：收集职位信息。这是指进行职位分析，撰写职位描述和任职资格条件。

步骤三：选取报酬要素。在这一步要选取报酬要素，比如问题解决能力、身体要求以及技能等。各个职位族要选取各自的报酬要素。

步骤四：定义报酬要素。接下来，要仔细地对各个报酬要素进行定义。这一步是为了确保评价小组成员在应用这些报酬要素时保持一致性。图 11A—2（顶端）

展示了这样的一个定义。通常由人力资源专家来拟定报酬要素的定义。

步骤五：定义报酬要素的等级。接下来要对每一种报酬要素的各个不同等级进行水平界定，这样，评价者就能够判断职位所对应的报酬要素的水平或等级。比如，对于“复杂性”要素，可以划分成 6 个等级，从“基本不会面临新问题”一直到“需要运用独立判断”。（图 11A—2 展示了对各个等级的定义。）等级数量一般不超过 5 个或 6 个，实际的数量多少主要还是取决于判断。所以，如果组织的所有员工要么是在安静的有空调的办公室里工作，要么是在嘈杂、闷热的车间里工作，那么把“工作条件”划分为两个等级可能就足够了。每一种报酬要素的等级数量不一定相同，等级数量足以区别各种不同的职位即可。

完成当前职位的工作所必需的脑力能力，表现为在处理陌生问题、解释数据、理念创新、复杂数据分析以及从事创新性和发展性工作等方面具有充分的能力。

等级	点值	特征描述及衡量标准
0	0	很少面对日常工作和组织政策之外的问题；基本不需要分析数据。基准职位：话务员/接待员。
1	40	遵循已经明确规定的标准化要求，直接应用清楚明确的规则和程序。根据例行程序分析不复杂的数据。基准职位：统计员、开票员。
2	80	经常面对日常工作之外的问题。在做层级较低的决策时能展现出一定的独立判断能力，但这些决策往往要受到既定政策的限制，可供自由选择的余地较小。需要分析标准化的数据以获取信息，或者使用他人分析的数据。基准职位：社会工作者、行政秘书。
3	120	在对非常规的例外问题做决策时需要作出独立判断，接受上级的一般性指导。和他人一起分析和评价与非常规性问题相关的数据，以寻找解决措施。基准职位：护士、会计师、团队领导。
4	160	运用独立判断作出决策，只接受最后阶段的检查。对大量信息进行评价、分析以及解决非常规性的问题是工作职责的一部分。自己作出涉及程序的决策。基准职位：副董事、业务经理、停车服务总监。
5	200	运用独立判断作出决策，不接受审查。经常在政策制定过程中展现出发展和创造能力。基准职位：执行董事。

图 11A—2　要素计点系统中的一个要素（复杂性/问题解决能力）的例子

资料来源：Richard W. Beatty and James R. Beatty, “Job Evaluation,” in Ronald A. Berk (ed.), *Performance Assessment: Methods and Applications* (Baltimore, MD: Johns Hopkins University Press, 1986), p. 322. Reprinted by permission.

步骤六：确定不同报酬要素的相对价值。下一步是决定赋予每一种报酬要素的权重（或者多少总点值）。这一步很重要，这是因为对于每一个职位族而言，某些报酬要素必定比其他报酬要素更为重要。所以，对于高层管理者来说，“脑力要求”要素就要比“身体要求”要素的权重更大。不过，对于工厂操作工而言，情况可能就完全相反。

通常由评价小组确定各种不同报酬要素之间的相对价值或者权重。小组成员要认真研究报酬要素及其不同等级的定义，然后确定对需要接受评价的职位族而言，各种报酬要素的相对价值是多少。下面是进行这项工作的一种方法。

首先，对最重要的要素赋予 100%的权重。在确定次重要的要素的权重时，依据是其重要性相对最重要的要素的重要性的比例。例如：

决策　　　100%
解决问题　85%
知识　　　60%

接下来，把所有的比例加总（在这个例子中就是 100%＋85%＋60%＝245%），然后把 245%转化为总计为 100%的体系，具体如下：

决策　　　100÷245＝40.82＝40.8%
解决问题　85÷245＝34.69＝34.7%
知识　　　60÷245＝24.49＝24.5%
总计　　　100.0%

步骤七：确定各报酬要素及其不同等级所对应的点值。在步骤六中，总权重已经以各报酬要素所占百分比的形式确定。现在要对各报酬要素赋予点值，如表 A11—5 所示。例如，假设采用总点值为 500 点的计点方案，由于"决策"要素的权重是 40.8%，所以它的点值总数就是 40.8%×500＝204 点。

所以，就会给决策要素赋予 204 点的点值。这就是说，决策要素的最高等级的点数是 204 点。然后，再对该要素的其他几个等级分配点数。通常来说，从最低等级到最高等级之间的各等级点值级差是一样的。例如，204 除以等级数（比如 5 级），那么每一级的级差就是 40.8 点。最低的等级是 41 点，第二级则是 41＋41，即 82 点，第三级为 123 点，第四级为 164 点，第五级也就是最高级则为 204 点。对每一个报酬要素都进行同样的操作，如表 11A—5 所示。

表 11A—5　　各报酬要素及其不同级别对应的评价点值

	一级点值	二级点值	三级点值	四级点值	五级点值
决策	41	82	123	164	204
解决问题	35	70	105	140	174
知识	24	48	72	96	123

步骤八：撰写职位评价手册。开发一项这样的计点方案通常会以计点手册或者职位评价手册的形式来收尾。这一步要把要素及其等级定义和点值整合到一个实用的手册中。

步骤九：评价职位。完成手册之后，就可以开展真正的职位评价工作了。评价者（通常是一个小组）根据手册对职位进行评价。根据职位描述和任职资格条件，每个职位都要从各种不同报酬要素的角度进行评价，以确定其点值。首先，小组成员确定该职位在各种报酬要素上所处的等级（一级、二级等），然后记下各等级所对应的既定点值（在步骤七中）（见表 11A—5）。最后，把该职位在所有报酬要素上的得分进行加总，即可得到该职位的最终职位评价点数。一般来说，评价者会首先评价关键职位，并在这些职位上达成一致，然后再评价该职位族中的其他职位。

"成套"的要素计点方案。很显然，企业自己建立一套要素计点方案是一件非常耗时的事情。因此，很多团体（例如美国电气生产商协会和美国商会）已经开发出了标准化的要素计点法方案，这些方案已经被成千上万的组织采用或者经过调整后应用。这些方案包括很多职位的既定报酬及其等级定义和点值分配方案，组织在使用的过程中几乎无须修正。

优点和缺点。要素计点法的广泛应用本身就说明了要素计点法有很多优点。这是一种量化的评价技术，容易对员工进行解释和使用。但是另一方面，设计一套方案又比较困难，这也是很多企业选择使用现成方案的原因。实际上，或许正是大量现成方案的存在，才导致要素计点法在职位评价中得到广泛的应用。

注释

[1] Elayne Robertson Demby, "Two Stores Refused to Join the Race to the Bottom for Benefits and Wages," *Workforce Management*, February 2004, pp. 57–59; www.wegmans.com/webapp/wcs/stores/servlet/CategoryDisplay?langId=-1&storeId=10052&catalogId=10002&categoryId=256548, accessed March 25, 2009.

[2] Richard Henderson, *Compensation Management* (Reston, VA: Reston Publishing, 1980); see also Barry Gerhart and Sara Rynes, *Compensation: Theory, Evidence, and Strategic Implications* (Thousand Oaks, CA: Sage Publications, 2003); and Joseph Martocchio, *Strategic Compensation* (Upper Saddle River, NJ: Prentice Hall, 2006), pp. 67–94.

[3] In a recent case, *Ledbetter v. Goodyear Tire & Rubber Co.*, the U.S. Supreme Court notably restricted the amount of time (to 180 or 300 days) after each allegedly discriminatory pay decision under Title VII to file or forever lose the claim. Congress subsequently passed and President Obama assigned a new law significantly expanding the amount of time to file such claims. See, for example, "Following *Ledbetter* Ruling, Issue of Workers Sharing Pay Information Takes Center Stage," *BNA Bulletin to Management*, July 17, 2007, p. 225.

[4] The recently approved Genetic Information Nondiscrimination Act amended the Fair Labor Standards Act to increase penalties for the death or serious injury of employees under age 18. Allen Smith, "Penalties for Child Labor Violations Increase," *HR Magazine*, July 2008, p. 19.

[5] Also note that 18 states have their own rules governing overtime. The states are Alaska, Arkansas, California, Colorado, Connecticut, Hawaii, Illinois, Kentucky, Maryland, Minnesota, Montana, New Jersey, North Dakota, Oregon, Pennsylvania, Washington, West Virginia, and Wisconsin. "DOL's Final Rule Is Not the Final Word on Overtime for Employers in 18 States," *BNA Bulletin to Management*, June 3, 2004, pp. 55, 177.

[6] Employers should be vigilant about employees who arrive early or leave late, lest the extra time spent on the employer's property obligate the employer to compensate the employee for that time. For example, a diligent employee may get dropped off at work early and spend, say, 20 minutes before his or her day actually starts doing work-related chores such as compiling a list of clients to call that day. Although there is no hard and fast rule, some courts follow the rule that employees who arrive 15 or more minutes early are presumed to be working unless the employer can prove otherwise. If using time clocks, employers should always instruct employees not to clock in more than 5–10 minutes early (or out 5–10 minutes late). Kenneth Sovereign, *Personnel Law* (Upper Saddle River, NJ: Prentice Hall, 1999), p. 215.

[7] www.pacifictimesheet.com/timesheet_products/pacific_timesheet_handheld_pda_field_data_entry_software.htm, accessed March 23, 2009.

[8] "Wal-Mart to Settle 63 Wage and Hour Suits, Paying up to $640 Million to Resolve Claims," *BNA Bulletin to Management*, January 13, 2009, p. 11.

[9] "FedEx Ground in Reverse on Driver Status," *Workforce Management*, April 21, 2008, p. 4. In April 2009, one jury in Seattle ruled in favor of FedEx, deeming the drivers to be independent contractors. In another case, a jury in California ruled instead for the drivers. Alex Roth, "Verdict Backs FedEx in Labor Case," *The New York Times*, April 2, 2009, p. B4.

[10] "Microsoft Agrees to Pay $96.9 Million to Settle Contingent Workers' Lawsuits," *BNA Bulletin to Management*, December 14, 2000, p. 395.

[11] "Senate Passes Minimum Wage Increase That Includes Small-Business Tax Provisions," *BNA Bulletin to Management*, February 6, 2007, p. 41; www.dol.gov/esa/whd/flsa, accessed August 12, 2007.

[12] Society for Human Resource Management, "The Evolution of Compensation," *Workplace Visions*, 2002, p. 2; www.dol.gov/esa/minwage/america.htm, accessed June 3, 2004.

[13] For a description of exemption requirements, see Jeffrey Friedman, "The Fair Labor Standards Act Today: A Primer," *Compensation*, January/February 2002, pp. 51–54. See also www.shrm.org/issues/FLSA, accessed August 12, 2007; and www.dol.gov/esa/whd/flsa, accessed August 12, 2007.

[14] "Employer Ordered to Pay $2 Million in Overtime," *BNA Bulletin to Management*, September 26, 1996, pp. 308–309. See also "Restaurant Managers Awarded $2.9 Million in Overtime Wages for Nonmanagement Work," *BNA Bulletin to Management*, August 30, 2001, p. 275.

[15] Because the overtime and minimum wage rules only changed in 2004, exactly how to apply these rules is still in a state of flux. If there's doubt about exemption eligibility, it's probably best to check with the local Department of Labor Wage and Hour office. See, for example, "Attorneys Say FLSA Draws a Fine Line Between Exempt/Nonexempt Employees," *BNA Bulletin to Management*, July 5, 2005, p. 219; "DOL Releases Letters on Administrative Exemption, Overtime," *BNA Bulletin to Management*, October 18, 2005, p. 335.

[16] See, for example, Jeffrey Friedman, "The Fair Labor Standards Act Today: A Primer," *Compensation*, January/February 2002, p. 53; Andre Honoree, "The New Fair Labor Standards Act Regulations and the Sales Force: Who Is Entitled to Overtime Pay?" *Compensation & Benefits Review*, January/February 2006, p. 31; www.shrm.org/issues/FLSA, accessed August 12, 2007; www.dol.gov/esa/whd/flsa, accessed August 12, 2007.

[17] "Drug Sales Reps Raise Questions About Outside Sales Exemption," *BNA Bulletin to Management*, April 1, 2008, p. 111.

[18] Diane Cadrain, "Guard Against FLSA Claims," *HR Magazine*, April 2008, pp. 97–100.

[19] For another example, this one involving technical writers working for Sun Microsystems, see "Court Certifies Class of Technical Writers Working for Sun Microsystems", *BNA Bulletin to Management*, May 20, 2008, p. 161.

[20] Robert Nobile, "How Discrimination Laws Affect Compensation," *Compensation & Benefits Review*, July/August 1996, pp. 38–42.

[21] Henderson, *Compensation Management*, pp. 101–127; see also Barry Hirsch and Edward Schumacher, "Unions, Wages, and Skills," *Journal of Human Resources* 33, no. 1 (Winter 1998), p. 115.

[22] See, for example, Robert Heneman, "Implementing Total Rewards of Strategies," Society for Human Resource Management, www.shrm.org/foundation, accessed March 2, 2009.

[23] See for example, Andrew Richter, "Paying the People in Black at Big Blue," *Compensation & Benefits Review*, May/June 1998, p. 51; and Bobby Watson, Jr. and Gangaram Singh, "Global Pay Systems: Compensation in Support of Multinational Strategy," *Compensation & Benefits Review*, Jan/Feb 2005, pp. 33–36.

[24] Peg Buchenroth, "Driving Performance: Making Pay Work for the Organization," *Compensation & Benefits Review*, May/June 2006, pp. 30–35.

[25] Jessica Marquez, "Raising the Performance Bar," *Workforce Management*, April 24, 2006, pp. 31–32.

[26] http://markets.on.nytimes.com/research/stocks/news/press_release.asp?docKey=600-200902040900BIZWIRE_USPR_____BW5153-7ENARVBIKO0QHDGGFHUTBKEMIS&provider=Businesswire&docDate=February%204%2C%202009&press_symbol=US%3BHEW, accessed March 21, 2009; www.shrm.org/hrdisciplines/benefits/Articles/Pages/AmericanstoSeeLowestPayRaisesinThreeDecades.aspx, accessed March 21, 2009.

[27] "Salaries for Similar Jobs Very Significantly Across the United States," *Compensation & Benefits Review*, January/February 2006, p. 9.

[28] Bobby Watson Jr. and Gangaram Singh, "Global Pay Systems: Compensation in Support of Multinational Strategy," *Compensation & Benefits Review*, January/February 2005, pp. 33–36.

[29] Nicholas Wade, "Play Fair: Your Life May Depend on It," *The New York Times*, September 12, 2003, p. 12.

[30] Robert Bretz and Stephen Thomas, "Perceived Inequity, Motivation, and Final Offer Arbitration in Major League Baseball," *Journal of Applied Psychology*, June 1992, pp. 280–289.

[31] James DeConinck and Duane Bachmann, "An Analysis of Turnover Among Retail Buyers," *Journal of Business Research* 58, no. 7 (July 2005), pp. 874–882.

[32] David Terpstra and Andre Honoree, "The Relative Importance of External, Internal, Individual, and Procedural Equity to Pay Satisfaction," *Compensation & Benefits Review*, November/December 2003, pp. 67–74.

[33] Ibid., p. 68.

[34] Millicent Nelson et al., "Pay Me More: What Companies Need to Know About Employee Pay Satisfaction," *Compensation & Benefits Review*, March/April 2008, pp. 35–42.

[35] Michael Harris et al., "Keeping up with the Joneses: A field study of the relationships among upward, lateral, and downward comparisons and pay level satisfaction," *Journal of Applied Psychology* 93, no. 3 (2008), pp. 665–673.

[36] Henderson, *Compensation Management*, pp. 260–269. See also "Web Access Transforms Compensation Surveys," *Workforce Management*, April 24, 2006, p. 34.

[37] For more information on these surveys, see the company's brochure, "Domestic Survey References," Watson Wyatt Data Services, 218 Route 17 North, Rochelle Park, NJ 07662. See http://www.watsonwyatt.com/search/publications.asp?ArticleID=21432, accessed October 29, 2009.

[38] "International Sources of Salary Data," *Compensation & Benefits Review*, May/June 1998, p. 23. For current international salary data see, ibid.

[39] Martocchio, *Strategic Compensation*, p. 138. See also Nona Tobin, "Can Technology Ease the Pain of Salary Surveys?" *Public Personnel Management* 31, no. 1 (Spring 2002), pp. 65–78.

[40] You may have noticed that job analysis as discussed in Chapter 4 can be a useful source of information on compensable factors, as well as on job descriptions and job specifications. For example, a quantitative job analysis technique like the position analysis questionnaire generates quantitative information on the degree to which the following five basic factors are present in each job: having decision-making/communication/social responsibilities, performing skilled activities, being physically active, operating vehicles or equipment, and processing information. As a result, a job analysis technique like the PAQ is actually as (or some say, more) appropriate as a job evaluation technique (than for job analysis) in that jobs can be quantitatively compared to one another on those five dimensions and their relative worth thus ascertained. Another point worth noting is that you may find that a single set of compensable factors is not adequate for describing all your jobs. This is another reason why many managers therefore divide their jobs into job clusters. For example, you might have a separate job cluster for factory workers, for clerical workers, and for managerial personnel. You would then probably have a somewhat different set of compensable factors for each job cluster.

[41] Michael Carrell and Christina Heavrin, *Labor Relations and Collective Bargaining* (Upper Saddle River, NJ: Prentice Hall, 2004) pp. 300–303.

[42] If you used the job classification method, then of course the jobs are already classified.

[43] In other words, on the graph, plot the benchmark jobs' points (as determined by job evaluation) and their corresponding market pay rates (as determined by the salary survey). Then slot in the other jobs based on their evaluations, to determine what their target pay rates should be.

[44] Susan Marks, "Can the Internet Help You Hit the Salary Mark?" *Workforce*, January 2001, pp. 86–93.

[45] Mark Meltzer and Howard Goldsmith, "Executive Compensation for Growth Companies," *Compensation & Benefits Review*, November/December 1997, pp. 41–50; Joseph Martocchio, *Strategic Compensation* (Upper Saddle River, NJ: Prentice Hall, 2006) pp. 421–428. See also Martin J. Conyon, "Executive Compensation and Incentives," *The Academy of Management Perspectives* 20, no. 1 (February 2006), p. 25(20); and "Realities of Executive Compensation—2006/2007 Report on Executive Pay and Stock Options," www.watsonwyatt.com/research/resrender.asp?id=2006-US-0085&page=1, accessed May 20, 2007.

[46] Douglas Tormey, "Executive Compensation: Creating a 'Legal' Checklist," *Compensation & Benefits Review*, July/August 1996, pp. 12–36. See also Bruce Ellig, "Executive Pay: A Primer," *Compensation & Benefits Review*, January/February 2003, pp. 44–50.

[47] Syed Tahir Hijazi, "Determinants of Executive Compensation and Its Impact on Organizational Performance," *Compensation & Benefits Review* 39, no. 2 (March–April 2007), p. 58(9).

[48] James Reda, "Executive Pay Today and Tomorrow," *Corporate Board* 22, no. 126 (January 2001), p. 18.

[49] For example, one book argues that executives of large companies use their power to have themselves compensated in ways that are not sufficiently related to performance. Lucian Bebchuk and Jesse Fried, *Pay Without Performance: The Unfulfilled Promise of Executive Compensation* (Boston: Harvard University Press, 2004).

[50] "Revolting Shareholders," *The Economist*, May 24, 2003, p. 13.

[51] "Executive Pay Remains Linked to Performance," *Compensation & Benefits Review*, March/April 2008, p. 10. See also "Appraising and Rewarding Managerial Performance in Challenging Economic Times: Part 2," *Journal of Compensation & Benefits* 25, no. 4 (July/August 2009), p. 5–12.

[52] See, for example, Fay Hansen, "Current Trends in Compensation and Benefits," *Compensation & Benefits Review* 36, no. 2 (March/April 2004), pp. 7–8.

[53] Louis Lavelle, "While the CEO Gravy Train May Be Slowing

Down, It Hasn't Jumped the Rails," *BusinessWeek*, April 16, 2001, pp. 76–80. See also K. Dillon, "The Coming Battle over Executive Pay," *Harvard Business Review* 87, no. 9 (September 2009), pp. 96–103.

[54] See, for example, Martocchio, *Strategic Compensation*; and Patricia Zingheim and Jay Schuster, "Designing Pay and Rewards in Professional Services Companies," *Compensation & Benefits Review*, January/February 2007, pp. 55–62.

[55] Dimitris Manolopoulos, "What Motivates Research and Development Professionals? Evidence from Decentralized Laboratories in Greece," *International Journal of Human Resource Management* 17, no. 4 (April 2006), pp. 616–647.

[56] See, for example, Robert Heneman and Peter LeBlanc, "Development of and Approach for Valuing Knowledge Work," *Compensation & Benefits Review*, July/August 2002, p. 47.

[57] Kevin Foote, "Competencies in the Real World: Performance Management for the Rationally Healthy Organization," *Compensation & Benefits Review*, July/August 2001, p. 25.

[58] Gerald Ledford Jr., "Paying for the Skills, Knowledge, and Competencies of Knowledge Workers," *Compensation & Benefits Review*, July/August 1995, p. 56; see also Richard Sperling and Larry Hicks, "Trends in Compensation and Benefits Strategies," *Employment Relations Today* 25, no. 2 (Summer 1998), pp. 85–99.

[59] Foote, "Competencies in the Real World," p. 29. See also B. Lokshin et. al., "Crafting Firm Competencies to Improve Innovative Performance," *European Management Journal* 27, no. 3 (June 2009), pp. 187–196.

[60] Duncan Brown, "Using Competencies and Rewards to Enhance Business Performance and Customer Service at The Standard Life Assurance Company," *Compensation & Benefits Review*, July/August 2001, pp. 17, 19.

[61] Ledford, "Three Case Studies on Skill-Based Pay," *Compensation & Benefits Review*, March/April 1991, p. 12. See also Kathryn Cofsky, "Critical Keys to Competency-Based Pay," *Compensation & Benefits Review*, November/December 1993, pp. 46–52; Brian Murray and Barry Gerhart, "Skill-Based Pay and Skills Seeking," *Human Resource Management Review* 10, no. 3 (2000), pp. 271–287.

[62] Joseph Martocchio, *Strategic Compensation*, p. 168.

[63] Robert McNabb and Keith Whitfield, "Job Evaluation and High-Performance Work Practices: Compatible or Conflictual?" *Journal of Management Studies* 38, no. 2 (March 2001), pp. 294–311.

[64] Ibid., p. 293.

[65] Ledford, "Three Case Studies on Skill-Based Pay," p. 12. See also Cofsky, "Critical Keys to Competency-Based Pay," pp. 46–52; Murray and Gerhart, "Skill-Based Pay and Skills Seeking," pp. 271–287.

[66] Gerald Ledford Jr. and Gary Bergel, "Skill-Based Pay Case Number 1: General Mills," *Compensation & Benefits Review*, March/April 1991, pp. 24–38; see also Gerald Barrett, "Comparison of Skill-Based Pay with Traditional Job Evaluation Techniques," *Human Resource Management Review* 1, no. 2 (Summer 1991), pp. 97–105; Barbara Dewey, "Changing to Skill-Based Pay: Disarming the Transition Land Mines," *Compensation & Benefits Review*, January/February 1994, pp. 38–43.

[67] This is based on Ledford and Bergal, "Skill-Based Pay Case Number 1," pp. 28–29.

[68] Robert Heneman and Peter LeBlanc, "Work Evaluation Addresses the Shortcomings of Both Job Evaluation and Market Pricing," *Compensation & Benefits Review*, January/February 2003, p. 8.

[69] Ledford, "Paying for the Skills, Knowledge, and Competencies of Knowledge Workers," p. 55.

[70] Kevin Parent and Caroline Weber, "Case Study: Does Paying for Knowledge Pay Off?" *Compensation & Benefits Review*, September/October 1994, pp. 44–50; and Edward Lawler III, Gerald Ledford, Jr. and Lei Chang, "Who Uses Skill-Based Pay, and Why?" *Compensation & Benefits Review*, November/December 1996, pp. 20–26.

[71] John Kilgour, "Job Evaluation Revisited: The Point Factor Method," *Compensation & Benefits Review*, July/August 2008, p. 37.

[72] Patricia Zingheim and Jay Schuster, "The Next Decade for Pay and Rewards," *Compensation & Benefits Review*, January/February 2005, p. 29; and Patricia Zingheim and Jay Schuster, "What Are Key Pay Issues Right Now," *Compensation & Benefits Review*, May/June 2007, pp. 51–55. See also "A Framework for Understanding New Concepts in Compensation Management," *Benefits & Compensation Digest* 46, no. 9 (September 2009), pp. Front Cover, 13–16.

[73] David Hofrichter, "Broadbanding: A 'Second Generation' Approach," *Compensation & Benefits Review*, September/October 1993, pp. 53–58. See also "The Future of Salary Management," *Compensation & Benefits Review*, July/August 2001, pp. 7–12.

[74] Ibid., p. 55.

[75] For example, see Sandra Emerson, "Job Evaluation: A Barrier to Excellence?" *Compensation & Benefits Review*, January/February 1991, pp. 39–52; Nan Weiner, "Job Evaluation Systems: A Critique," *Human Resource Management Review* 1, no. 2 (Summer 1991), pp. 119–132; and Brian Klaas, "Compensation in the Jobless Organization," *Human Resource Management Review* 12, no. 1 (Spring 2002), pp. 43–62.

[76] Dawne Shand, "Broadbanding the IT Worker," *Computerworld* 34, no. 41 (October 9, 2000).

[77] "Broadbanding Pay Structures Does Not Receive Flat-Out Support from Employers, Survey Finds," *BNA Bulletin to Management*, January 13, 2000, p. 11.

[78] Emerson, "Job Evaluation," p. 39.

[79] *County of Washington v. Gunther*, U.S. Supreme Court, no. 80–426, June 8, 1981.

[80] "Generation X Women Earn More Than Predecessors," *BNA Bulletin to Management*, June 6, 2002, p. 181.

[81] "Women Still Earned Less Than Men, BLS Data Show," *BNA Bulletin to Management*, June 8, 2000, p. 72. However, there is some indication that there is less gender-based pay gap among full-time workers ages 21 to 35 living alone. Kent Hoover, "Study Finds No Pay Gap for Young, Single Workers," *Tampa Bay Business Journal* 20, no. 19 (May 12, 2000), p. 10.

[82] Christopher Dougherty, "Why Are the Returns to Schooling Higher for Women Than for Men?" *Journal of Human Resources* 40, no. 4 (Fall 2005), pp. 969–988.

[83] James Bandler and Charles Forelle, "How a Giant Insurer Decided to Oust Hugely Successful CEO," *The Wall Street Journal*, December 7, 2006, p. A1.

[84] Jennifer Dudley, "The New Executive Compensation Rule: The Tough Disclosures," *Compensation & Benefits Review*, July/August 2007, pp. 28–34.

[85] Mark Poerio and Eric Keller, "Executive Compensation 2005: Many Forces, One Direction," *Compensation & Benefits Review*, May/June 2005, pp. 34–40.

[86] Ibid., p. 38.

[87] Society for Human Resource Management, "Changing Leadership Strategies," *Workplace Visions*, no. 1 (2008), p. 3.

[88] For a discussion of some of the issues that go into hammering out an executive employment agreement, see, for exam-

ple, Jonathan Cohen and Laura Clark, "Is the Executive Employment Agreement Dead?" *Compensation & Benefits Review*, July/August 2007, pp. 50–55.

[89] Ibid. See also Brent Longnecker and James Krueger, "The Next Wave of Compensation Disclosure," *Compensation & Benefits Review*, January/February 2007, pp. 50–54.

[90] This is based on Howard Risher, "Planning and Managing Tomorrow's Pay Programs," *Compensation & Benefits Review*, July/August 2008, pp. 30–35.

[91] Ibid., p. 35.

[92] Al Wright, "Tools for Automating Complex Compensation Programs," *Compensation & Benefits Review*, November/December 2003, pp. 53–61.

[93] For a discussion, see, for example, Roger Plachy, "The Point Factor Job Evaluation System: A Step-by-Step Guide, Part I," *Compensation & Benefits Review*, July/August 1987, pp. 12–27; Roger Plachy, "The Case for Effective Point-Factor Job Evaluation, Viewpoint I," *Compensation & Benefits Review*, March/April 1987, pp. 45–48; Roger Plachy, "The Point-Factor Job Evaluation System: A Step-by-Step Guide, Part II," *Compensation & Benefits Review*, September/October 1987, pp. 9–24; and Alfred Candrilli and Ronald Armagast, "The Case for Effective Point-Factor Job Evaluation, Viewpoint II," *Compensation & Benefits Review*, March/April 1987, pp. 49–54. See also Robert J. Sahl, "How to Install a Point-Factor Job Evaluation System," *Personnel* 66, no. 3 (March 1989), pp. 38–42.

第12章 绩效薪酬与经济性激励

不久前，美国国际集团（AIG）因向公司某些员工支付巨额奖金而引起公愤，并受到了美国国会的质询。财政部部长蒂莫西·盖特纳（Timothy Geithner）似乎也认为，在当前的形势下，该公司发放这些奖金的做法是有违公平的。他批评说，美国国际集团的旧奖金计划似乎已经失效，因为它很明显在给该集团带来巨大的风险，而正是这些风险促使该集团逐步走向衰落。

我们学到哪了

在第11章中，我们主要讨论了制定全面薪酬计划以及基本薪酬方面的问题，而在任何薪酬计划中，绩效奖励计划都扮演着非常重要的角色。本章的主要目的就是要说明，管理人员应该如何利用基于绩效的奖励计划来激励员工。我们首先会对激励理论进行简要的回顾，然后分别讨论适用于员工个人的奖励计划、适用于一般管理人员以及高层管理人员的奖励计划、适用于销售人员的奖励计划、适用于专业技术人员的奖励计划以及适用于整个组织的奖励计划。在第13章中，我们将讨论各种经济性和非经济性的福利和服务计划，这也是员工薪酬计划的一个重要组成部分。

学习目标

1. 解释如何应用五种激励理论来制定奖励计划。
2. 讨论适用于员工个人的几种主要奖励计划。
3. 讨论适用于销售人员的佣金制的优缺点。
4. 描述适用于中高层管理人员的主要奖励计划。
5. 说出几种广泛使用的、适用于整个组织的可变薪酬计划，并给出它们的定义。
6. 列出设计有效的奖励计划需要完成的若干步骤。

12.1 金钱与激励

弗雷德里克·泰勒（Frederick Taylor）在 19 世纪末就在管理实践中运用了**奖金**（financial incentives），即当员工的实际产量超出预先设定的产出标准时，公司向他们支付一定的经济奖励，随后使奖金成为一种普遍的激励员工方式。作为米德沃尔钢铁公司（Midvale Steel Company）的一位基层管理人员，泰勒非常关注他所谓的“系统性怠工”现象——员工总是倾向于以一种尽可能慢的速度工作，并且把产量维持在可以接受的最低水平。最令他感兴趣的事情是，有些工人即使已经工作了 12 小时，下班后竟然还有精力跑回家，在自己的家中继续做事。泰勒认为，如果公司能充分利用员工在工作时间的精力，就能够获得极大的生产率收益。

为了实现这个目标，泰勒开始使用奖金来激励员工。当时，尽管公司已经开始使用原始的计件工资制，但总的来说，效果并不是很好（因为公司经常随意更改计件工资率）。泰勒在这方面有三个主要贡献。首先，他看到了建立**日公平工作标准**（fair day's work）的重要性。这种工作标准是建立在对每一项工作进行仔细、科学的分析基础之上的，比如，日工作产出标准就是其中的一个组成部分。其次，他掀起了**科学管理运动**（scientific management movement），强调通过观察和分析来改进工作方法。最后，他把奖励性薪酬作为一种对产量超过一定水平的员工进行回报的手段加以推广。

12.1.1 将绩效与薪酬挂钩

正如第 11 章中所说，奖励性薪酬——把员工的薪酬与其绩效挂钩——在今天得到了非常普遍的运用。[1]但事情总是说起来容易做起来难，许多此类计划的实施效果都不佳，有些计划甚至带来了灾难性的结果（比如，人们普遍认为，李维斯公司实施的奖励性薪酬计划是压垮该公司在美国境内的生产活动的最后一根稻草）。从逻辑上说，这类计划应该把绩效与薪酬挂钩，但是许多（或大部分）这类计划却根本不起作用。美世咨询公司发现，在接受调查的 2 600 位美国员工中，只有 28%的人认为他们公司实施的奖励计划对他们产生了激励作用。美世公司的一位专家说，员工并没有看到薪酬与绩效之间存在多大联系，同时，他们的绩效也没有受到公司奖励计划太大影响。[2]在实施此类计划的组织中，83%的公司认为它们的这种计划仅仅取得了一点点成效，甚至根本就没有产生效果。[3]

我们看到，出现这种令人沮丧的结果的原因有很多。或许，许多公司是由于对泰勒和历史的无知，很随意就制定并更改了自己的奖励标准。而有些公司则忽略了这样一个事实——奖励性薪酬的核心实际上是心理上的激励。但并非每个人都会对奖励计划作出相同的反应，也不是每一种奖励计划都适用于所有的情形。[4]因此，薪酬专家认为，管理人员应该理解奖励计划的心理动机基础。[5]接下来，我们将回顾一些基本的激励理论。

12.1.2 动机和激励

有些激励理论对奖励计划的设计具有特别重要的意义。这些理论包括亚伯拉罕·马斯洛、弗雷德里克·赫茨伯格、爱德华·德西、维克多·弗鲁姆以及弗雷德里克·斯金纳等心理学家所提出的理论。

马斯洛和需要层次理论 在研究激励人们工作的因素方面，亚伯拉罕·马斯洛的需要层次理论可谓世人皆知。他认为，人有五个层次的需要：生理需要（食品、水、温暖）；安全需要（稳定的收入或工作）；社会交往需要（友谊和友爱）；自尊（尊重），以及自我实现需要（成为理想中的自己）。根据马斯洛的优势渐进原则，人们所受到的激励是首先满足低等级的需要，然后再按照顺序，逐级地满足高等级的需要。例如，如果一个人失去了工作，没有稳定的收入，他所做的一切都只是为了寻找一份工作。（因此，我们可以看到，在高失业期，即使是以前的企业高层管理人员也愿意接受一些层次更低的工作，从而满足其基本的需要。）而一个有稳定工作的员工则可能会寻求建立友谊、赢得尊重、进入学校接受教育以拿到成为高层管理人员所需的学位等。我们常常将马斯洛对需要层次的划分设想成梯子或金字塔的形状。

马斯洛的理论有很多实际意义。例如，没有稳定工作的员工不会介意承担较低层次的工作；同时，管理人员也不要试图用富有挑战性的工作去激励那些收不抵支的人。

赫茨伯格和双因素理论 弗雷德里克·赫茨伯格认为，进行激励的最好办法就是，通过恰当的工作组织和安排，让员工能够在工作中得到反馈以及感受到挑战，这样的做法能够满足员工对成就和认可等“高层次”因素的需要。赫茨伯格认为，这些高层次需要是永远无法得到满足的，所以，认可和挑战性的工作就为员工提供了一种内在的动机。满足员工的“低层次需求”——例如，提供更高水平的薪酬或更好的工作条件——只会起到防止员工产生“不满意”的作用。

赫茨伯格认为，满足低层次需要的因素（保健因素）与能够满足或部分满足更高层次需要的因素（激励因素）是不同的。如果保健因素（即工作本身之外的因素，如工作条件、基本薪酬、奖金等）存在不足，员工就会变得不满意。然而，试图通过增加保健因素（如奖金等赫茨伯格认为能够提供“外在激励”的因素）来激励一个人的做法不是一个明智的选择，因为人的低层次需要很快就可以得到满足。紧接着，这位员工可能就会问：“你最近为我做了什么呢？我希望能够再加一次工资！”

赫茨伯格认为，如果管理人员渴望建立能够自我激励的员工队伍，他们就应该重视“工作内容”或激励因素，而不是依赖保健因素。管理人员可以使员工从事的工作更加丰富、更具有挑战性，或者提供反馈和认可——换言之，让他们在从事工作中受到更多的内在激励。此外，赫茨伯格的理论还明确指出，仅仅依靠经济激励是不够的，公司还应该提供大多数人都需要的认可以及富有挑战性的工作。

爱德华·德西和反激励理论 心理学家爱德华·德西主要研究了过度依赖外在激励的潜在不足：这种做法很可能会适得其反。德西发现，外在报酬有时可能会削弱一个人的内在动机。[6]例如，一个撒玛利亚人冒着危险对某事故中的受害者进行援救，如果受害者对他说：“谢谢，给你一些钱作为你的辛苦费吧。”那么，这个撒玛利亚人或许会感到自己受了侮辱。德西的观点是，在针对内在动机很强的员工设计奖励性薪酬时要非常谨慎，以免贬低和削弱他们出于责任感而积极主动地做好工作的意愿。

维克多·弗鲁姆和期望理论　与动机有关的另一个重要的事实是，如果人们觉得回报不够诱人，或者行动成功的概率很低，那么，他们一般是不会采取行动的。心理学家维克多·弗鲁姆的期望激励理论就是对这些常识性观察所做的一种回应。他认为，人们采取某种行动的动机或激励水平取决于三个方面的因素：一个人的**期望**（expectancy）（用概率来表示），即他通过努力工作达成绩效的可能性[7]；**关联性**（instrumentality），或者说是一个人感知到的在绩效和奖励之间存在的联系（如果有的话）；**效价**（valence），它代表的是一个人对自己所获奖励的价值的感知。[8]在弗鲁姆的理论中，激励就是这三个因素的产物：$M=E\times I\times V$，其中，E 代表期望，I 代表关联性，V 代表效价。如果 E 或 I 或 V 是零，或者都很小，那么激励就会没有效果。

弗鲁姆的理论对管理人员如何设计奖励方案有三个重要的启示。

首先，如果员工认为他们的努力不能产生效果，他们就不会受到激励。因此，管理人员必须确保自己的员工拥有做好某种工作的必要技能，并且相信他们能够完成这项工作。所以，管理人员在激励员工的过程中，应该充分认识到培训、职位描述、建立与员工之间的信任和支持关系的重要性。

其次，弗鲁姆的理论表明，员工必须看到自己的努力所产生的关联性——他们必须相信一点：杰出的绩效确实能够使他们获得奖励。比如，管理人员可以通过制定易于理解的奖励计划来做到这一点。

最后，员工获得的奖励对他们来说必须是有价值的。因此，理想情况下，管理人员应该考虑员工个体的偏好。

斯金纳和行为塑造/强化理论　在采用激励手段时，一般都会假设人们知道大致结果会对行为产生何种影响。[9]心理学家弗雷德里克·斯金纳的发现印证了这一假设。管理人员通常通过行为塑造方法来运用斯金纳的这项原则。**行为塑造**（behavior modification）就是根据员工的绩效表现对其进行奖励或惩罚，以改变其行为。对管理人员来说，行为塑造的实施归结起来应遵循两大主要原则：第一，那些能够导致积极结果产生的行为会被鼓励重复出现，而那些容易导致消极结果的行为则会被限制重复出现；第二，管理人员可以通过向一个人提供适当的定期奖励（或惩罚）来改变其行为。

12.1.3　奖励性薪酬的相关术语

管理人员经常使用两个与奖励计划意义相同的概念。[10]在传统意义上，所有的奖励计划都是**绩效薪酬计划**（pay-for-performance）。它们都是把员工的薪酬与他们的绩效挂钩。**可变薪酬**（variable pay）则更具体，它通常是这样一种奖励计划：把员工小组或团队的薪酬与能够衡量整个组织（或一家工厂）的整体盈利能力的某些指标挂钩[11]；利润分享计划（我们稍后会讨论）就是可变薪酬的一个例子[12]。然而，容易造成困扰的是，一些专家经常用“可变薪酬”这个词来概括面向员工个人实施的各种奖励计划。[13]

为了方便讨论，本章后面将依次围绕员工个人的奖励和认可计划、销售人员的薪酬计划、一般管理人员和高层管理人员的奖励性薪酬计划以及基于团队和整个组织的奖励计划等展开。

12.1.4 员工奖励计划涉及的法律问题

沃尔玛公司最近支付了一大笔诉讼和解费，据说是由于它没有能够正确地计算员工的加班费而被诉上法庭。该公司遭遇的问题就指出了奖励性薪酬的一个非常重要的问题。根据美国《公平劳工标准法案》，如果一家公司以现金或奖品的形式向员工提供绩效薪酬，则该公司在计算员工在这一时期的加班工资时，必须将这些奖励的价值也计算在内。[14]而一家公司在向非豁免性员工支付加班工资时，应当以员工在上一周的全部劳动报酬作为基础。除非能合理地设计奖金，否则，这些奖金也会被计算在周工资的范围之内。如果一位员工在每周工作 40 小时的情况下，每小时的工资为 10 美元；同时，她在一周中还得到 80 美元的绩效薪酬，这样，她在一周中总共挣了 480 美元。此外，假设她在这一周中还加了 2 小时的班，则她每小时的加班工资就是 1.5×12 美元，即 18 美元。这里的 12 美元包括她在正常工作中每小时挣得的 10 美元和她得到的奖励性薪酬换算成的平均每小时 2 美元（即 80 美元除以 40 小时）。

有些奖金在计算加班工资的时候是可以被排除在外的。例如，圣诞节发放的奖金以及不是以工作的小时数为标准发放的礼物，或者有些奖金的数额太大了，以至于员工自己都不认为这些钱应当被视为工资的一部分，这些奖金在计算加班工资时就可以被排除在外。类似地，如果在某些奖金的发放方面，公司对于发放多大数量的奖金享有完全的自主权，则这种完全由公司自主决定的奖金也可以被排除在加班工资的计算范围之外。

其他各种类型的奖励性薪酬则都必须包括在内。依据美国《公平劳工标准法案》，在计算加班工资时，需要纳入加班工资计算基数中的奖金类型包括：承诺支付给新入职员工的奖金；在工会合同或其他协议中承诺提供的奖金；为了引导员工努力、稳定或高效率地工作或者吸引员工留在公司而宣布提供的奖金。这种奖金还包括下面将要讨论的这样几种类型的奖金、个人和群体生产奖金、针对工作质量和工作的精确度提供的奖金、效率奖金、出勤奖金、销售佣金等。

12.2 针对员工个人的奖励和认可计划

下面几种奖励计划通常都是专门针对员工个人的。

12.2.1 计件工资计划

计件工资制（piecework）是一种最古老，同时也是目前仍然得到最广泛运用的奖励计划：公司根据员工生产出的每一单位产品来支付一定数量的（称为计件工资率）薪酬。例如，如果汤姆从事的工作是网络搜寻，并且他每为公司搜索到一条电子邮件销售线索，就可以得到 0.40 美元的报酬，那么，如果他在一天之中能够搜索到 100 条销售线索，他就可以得到 40 美元的报酬；如果他在一天中能够搜索到 200 条销售线索，他就可以得到 80 美元的报酬。

在理想情况下，制定一项可行的计件工资计划需要借助工业工程学（这种方法当初是泰勒发明的)。在确定计件工资率时，一个最为关键的问题是生产标准的确定，而工业工程学恰恰可以解决这一问题——比如，每小时搜索到的标准的电子邮件销售线索数量，或者搜索每条电子邮件销售线索所需耗费的标准时间。在汤姆的这个例子中，通过职位评价可以发现，他担任的这个网络搜寻员的职位所具有的价值是每小时 8 美元。工业工程学为这一职位确定的标准生产率是：每小时搜索到 20 条良好的电子邮件销售线索。因此，这个职位的计件工资率（对于搜索到的每条销售线索而言）就是每小时 8 美元除以 20 条信息，也就是说每条销售线索的单价是 0.40 美元。(当然，我们还必须保证汤姆得到的工资能够达到最低工资水平，所以，无论汤姆每小时是否能够找到 18 条电子邮件销售线索，我们可能都会按照每小时 7.25 美元的水平向他支付工资——这是 2009 年 7 月美国的最低工资标准，而当他搜寻到的电子邮件信息数量超过 18 条时，他每多寻找到一条信息，就会再向他支付 0.40 美元的报酬。）然而在实践中，大多数公司却非常随意地设置计件工资率。

直接计件工资制　计件工资计划通常都是指**直接计件工资制**（straight piecework plan)，在这种计件工资计划中，不管员工的产量是多少，在产量和报酬之间都存在一种严格的比例关系。然而，有些计件工资计划却允许在公司和员工之间共同分享生产率收益，即如果员工的生产率超过了一般的生产水平，他们还会得到一些额外的收入。[15]因此，如果汤姆每小时能够搜索到的电子邮件信息数量达到了 30 条，而不是“标准”所要求的 20 条，那么，在他搜索到的信息数量超过 25 条之后，他的计件工资率就会提高到每条 0.45 美元。

标准工时计划　**标准工时计划**（standard hour plan）与计件工资计划非常相似，只在下面这一点上存在差异：在标准工时计划中，员工不是根据计件工资率来获得工资的；相反，公司会根据员工的实际绩效超出标准的一定百分比，向员工支付相同百分比的奖金。例如，如果汤姆的工作量标准是每天搜索到 160 条电子邮件线索（从而每天挣 64 美元)，而汤姆在一天当中搜索到了 200 条线索，那么他就会得到 25％（40/160）的额外报酬，换句话说，他在这一天总共能得到 80 美元的报酬。一些公司发现，以百分比的形式来计算奖金的做法，削弱了员工将他们的产出标准与薪酬挂钩的倾向（从而使修订产出标准变得更加容易)。并且，无论小时工资率在什么时候发生变化，公司都不必再重新计算计件工资率。

计件工资计划的优点和缺点　由于报酬和绩效是成比例的，因此计件工资计划比较容易被员工理解，而且体现了平等的原则，同时也具有很好的激励效果。

但是，从泰勒时代开始，管理人员就已经看到了计件工资制的缺点。即使是在公司有充分的理由对产出标准进行修订时，员工也会试图对此加以抵制。此外，这种工资方案还会导致公司陷入这样一种不利的境地：员工的全部注意力都放在了提高产量上，而不再愿意关心产品质量，他们还可能不愿意从一个职位调动到另外一个职位（因为那样会导致他们的生产率下降)。[16]由于一些类似的原因，管理人员在引进新技术或者新工作流程时，也可能会遭到员工的抵制。

在有些行业中，计件工资的名声非常差。例如，一些服装生产公司让工人在自己的家中从事产品（例如衬衣）的生产，然后根据员工生产出的产品数量向他们支付报酬。然而，遗憾的是，这些公司向这些工人支付的小时工资率并不总能达到《工资与工时法》中规定的最低工资要求。例如，一家电子公司让一位女士白天在公司里装配电缆，晚上则把一部分装配工作拿回家去做。据说，她在家从事这种计件工作所获得的报酬只有平均每小时 2～2.5 美元。[17]

由于种种原因，越来越多的公司已经转向采用其他奖励计划。[18]我们将在接下来的内容中讨论这些计划。

12.2.2 将绩效加薪作为一种激励方式

绩效加薪（merit pay or merit raise）是指公司根据员工个人的绩效水平高低为其提供的基本薪酬上涨。绩效加薪与奖金的不同之处在于，绩效加薪在提供之后通常会成为基本薪酬的一个组成部分，而奖金则往往是一次性发放的。尽管绩效加薪这一概念可以指公司提供给任何类型员工——豁免性员工或非豁免性员工；办公室职员或工厂工人；管理人员或非管理人员——的奖励性加薪，但是在大多数情况下，这一概念更为经常地被用于白领员工，尤其是专业技术类员工、办公室职员以及一些行政事务类员工。

绩效加薪成为很多争议的主题。绩效加薪计划的支持者认为，如果企业为员工普遍提供加薪（而不考虑员工的个人绩效），那么，这种做法实际上会导致绩效的下降，因为它实际上是在告诉员工：他们的报酬与他们的绩效表现无关。

而绩效加薪计划的反对者也列出了一些有说服力的理由来说明，为什么这种计划反而会产生适得其反的结果。首先，很多公司的绩效评价过程本身就是值得怀疑的：如果绩效评价本身就是不公平的，那么基于绩效评价结果提供的绩效加薪也就必然是不公平的。[19]类似地，员工的直接上级在确定绩效等级以及绩效加薪水平时，经常倾向于尽量缩小员工之间的差距。他们之所以这样做，要么是因为他们不愿疏远某些员工，要么是因为他们觉得给每一个员工都提供相应的加薪，有助于员工即使在生活成本上涨的情况下也能够留在企业中。（疏远员工是个很现实的问题。几乎每一位员工都认为自己的绩效超过了总体的平均水平，因此，如果员工得到的加薪低于平均水平，他就会感到被疏远了，士气就会受挫。）一项研究对一家原子能工业废料处理工厂中的 218 名员工的绩效评价等级和绩效加薪之间的关系进行了研究，结果研究者发现，“绩效加薪和绩效评价等级之间的关系并不是很紧密”。[20]一项研究分别对教师的科研绩效和教学绩效与他们的绩效加薪水平之间的关系进行了考察，结果发现，与教学绩效相比，绩效加薪水平与教师的科研绩效之间的联系更为密切。[21]

解决问题的办法当然并不是摒弃绩效加薪这种做法，而是应当把它设计得更为有效。此外，这还意味着要建立更为有效的绩效评价程序，并确保管理人员确实能够做到把绩效加薪和员工的工作绩效挂钩。

绩效加薪计划的几种选择　有两种绩效加薪计划目前很流行。一种做法是每年一次性地将绩效加薪的总额支付给员工，而不改变员工的基本薪酬水平（这使得绩效加薪实际上成了一种向基层员工发放的短期奖金）。传统的绩效加薪方式则是累积式的，但是这种一次性的绩效加薪并不是这样的。这种做法有两个方面的潜在好处。第一，增加的薪酬不会成为员工基本薪酬的一部分，所以公司不必每年都支付。相对于传统的绩效加薪方式而言，一次性绩效加薪的做法所产生的绩效推动效果更为明显。例如，如果某位员工的年薪为 3 万美元，那么，在一次性给予 5%的绩效加薪的情况下，他就能够获得 1 500 美元的加薪，而在传统的每周加薪计划下，员工在一年的 52 周中，平均每周的加薪只有 29 美元。

绩效加薪的另外一种可选方案是，将一次性绩效加薪与个人和组织的绩效挂钩。表 12—1 就是体现这一思路的一个矩阵示例。在这个例子中，衡量公司绩效的指标是收益率或销售额与总薪酬成本的比值等。在计算员工的绩效加薪水平时，公司绩效和员工个人绩效（通过员工的个人绩效评价结果来确定）这两个因素所占的权重是相同的。在这里，对于一位绩效水平突出的员工来说，即使当公司的绩效水平非常一般时，他也能得到本人应得的最高的一次性加薪水平的 70%。但是，对绩效水平接近或低于可接受标准的员工来说，即使是在公司绩效优良的年份，他们也不会得到任何加薪。发现传播公司（Discovery Communications）的奖金计划就是这方面的一个很好的例子。该公司的高级行政助理可以得到最高相当于其基本年薪 10%的奖金。在决定其奖金时，上级对其个人的绩效评价占 80%的比重，其所在部门的绩效水平占 10%的比重，整个组织的绩效水平占 10%的比重。[22]

表 12—1　　一次性奖金的决定矩阵（示例）

员工个人绩效评价等级（权重=0.5）	公司绩效（权重=0.5）				
	卓越	优良	较好	一般	不可接受
卓越	1.00	0.90	0.80	0.70	0.00
优良	0.90	0.80	0.70	0.60	0.00
较好	0.80	0.70	0.60	0.50	0.00
一般	—	—	—	—	—
不可接受	—	—	—	—	—

说明：要确定每一位员工应得奖金的货币价值，需要依照下列步骤操作：第一，将员工在 6 月 30 日的计时年薪乘以他可以获得的最高奖金比例（通常由管理层或董事会决定——比如，每位员工年薪的 10%）；第二，将在步骤一中相乘的结果与上表中相应的百分比相乘。例如，某一位员工在 6 月 30 日的年薪总额为 2 万美元，她能够获得的最高奖励水平为基本年薪的 7%，假定她的个人绩效和组织绩效都是“优良”，那么，这位员工能够获得的奖金总额就会是 1 120 美元（2 万美元×0.07×0.80=1 120 美元）。

12.2.3　专业技术类员工的奖励计划

专业技术类员工是指那些运用自己所掌握的知识来帮助公司解决问题的员工。律师、医生、经济学家以及工程师都属于专业技术类员工。

制定专业技术类员工的奖励计划是一项具有挑战性的任务。首先，公司支付给专业技术类员工的报酬通常已经比较高；其次，他们已经受到足够的激励——因为他们渴望取得出类拔萃的工作成果，从而得到同事的认可。在有些情况下（正如心理学家德西所说），对这样一些人提供经济性激励不但不会增强对他们的激励，反而会有损他们努力做好工作的内在动机。

然而，这并不是说在微软公司和谷歌公司工作的系统分析员和程序员等专业技术类员工都只追求专业上的满足感，而不需要经济性激励。最近一项对 300 家公司的信息技术部门所进行的调查表明，77%的部门都向自己的专业技术类员工支付奖金和其他奖励，其中包括股票期权和利润分享。[23]得州仪器公司（Texas Instruments）发现，公司 15%的专业技术类员工正在流向自己的竞争对手，于是公司开始着手向 1/3 的工程师提供股票期权计划。[24]此外，包括 IBM 公司和摩托罗拉公司在内的一些企业现在还向那些帮助公司获得专利的人员发放奖金。[25]

12.2.4 非经济性奖励和认可型的报酬方式

认可计划就是非经济性奖励计划的一种。认可计划这一概念通常是指一些正式的计划，比如“月度明星员工”计划。社会认可计划一般是指管理人员与员工之间的非正式交流，比如，管理人员的表扬、赞美以及对员工出色工作表现的欣赏等。绩效反馈则是提供与工作绩效有关的定量或定性信息，以帮助员工改善或保持绩效水平；向员工展示他们的工作绩效发展趋势图就是这方面的一个例子。[26]

研究表明，无论是单独使用认可计划，还是与经济性奖励结合使用，认可计划都会对工作绩效产生积极影响。[27]在一项调查中，89%的受访公司表示它们拥有适当的认可计划，这些认可计划涵盖了特殊绩效、出勤、安全、销售以及重大生活事件等各种内容。[28]美国斯坎迪亚保险公司（Skandia）是一家提供保险及金融理财产品和服务的公司。在该公司中，优秀的客户服务代表会收到一块纪念牌匾、一张 500 美元的支票；他们的照片和故事会被张贴在公司内部网站上，公司还会为他们和他们所在的团队提供一顿晚餐。[29]

绝大多数公司会综合使用经济性和非经济性的奖励计划。一项对 235 名管理人员所做的调查表明，公司为激励员工而最常用的奖励形式（从上到下，依次为最常用到最不常用）包括[30]：

- 员工认可
- 礼物券
- 特别活动
- 现金奖励
- 实物奖励
- 电子通讯或书面通讯表扬
- 各种培训课程
- 工作—生活平衡型福利
- 可变薪酬
- 集体旅游
- 个人旅游
- 抽奖

人力资源管理实践：管理人员可用的激励手段 正如你所看到的，员工个人的直线管理人员不应该只依赖于奖励计划来激励下属。那些计划也并非尽善尽美。其实，我们每天有很多机会激励员工，但是这些机会却白白浪费了。为了改善这种状况，我们需要遵循三条基本原则。

第一，激励员工的最佳选择，也是最简单的方法，就是确保员工有一个可行的、自己也认可的目标。如果员工不知道或者不认同自己的目标，即使对他们进行经济性激励也没有意义。心理学家埃德温·洛克和他的同事发现，明确的、富有挑战性的目标，比明确但并不具有挑战性的目标、模糊的目标甚至没有目标更能带来高绩效。

第二，认可员工的贡献就是一个强有力的激励工具。各种研究（比如马斯洛和赫茨伯格等人的理论）表明，无论是单独使用认可计划，还是与经济性奖励结合使用，它都能对工作绩效产生积极的影响。例如，在一项研究中，同时使用经济性奖励和认可计划的结果是使服务型公司的绩效提高了 30%，这几乎是单独使用一种奖励形式所取得的效果的两倍。

第三，记住你可以在日常工作中使用社会认可手段（例如，赞美），积极地强化良好的绩效表现。图 12—1 展示了这方面的一个简短的清单。[31]

- 提供富有挑战性的工作任务
- 赋予他们选择工作活动的自由
- 给他们的工作增添乐趣
- 给员工分配他们喜欢做的工作任务
- 当老板不在时，让他们代替老板行事
- 让他们在高层管理人员面前做演示
- 提供工作轮换的机会
- 鼓励员工学习和持续改进
- 给予员工充分鼓励
- 允许员工设定自己的目标
- 赞美员工
- 在别人面前表示对员工的赞赏
- 向员工表达谢意
- “月度明星员工”奖励
- 特别表彰
- 更大的办公桌
- 更大的办公室或格子间

图 12—1　管理人员可用的社会认可以及各种相关的积极强化措施

资料来源：Bob Nelson，1001 *Ways to Reward Employees*（New York：Workman Pub，1994），p. 19；Sunny C. L. Fong and Margaret A. Shaffer，“The Dimensionality and Determinants of Pay Satisfaction：A Cross-Cultural Investigation of a Group Incentive Plan，” *International Journal of Human Resource Management* 14，no. 4（June 2003），p. 559.

12.2.5　网络和信息技术支持下的奖励计划

如果说奖励计划有什么缺点的话，那可能就是它们实施起来费用较高而且设计复杂。[32]例如，拥有超过 1 000 名销售代表的田纳西第一银行（First Tennessee Bank），在管理销售人员的奖励计划方面就存在问题。[33]它的奖励计划需要对几十项甚至数百项措施的实施效果进行跟踪，然后再计算出每位员工应当得到的奖励，这一过程无疑很耗时。同时，银行员工还必须在 Excel 表格中手工输入每一位销售代表的销售信息。一位管理人员说：“这一过程已经开始失控。”为了解决这类问题，一些供应商提供了企业奖励管理系统（EIM）。这些系统可以自动对奖励性薪酬计划实现规划、分析和管理。[34]

管理认可计划也同样具有挑战性。例如，如果一家公司有一项员工年度表彰计划，就需要有人（很可能是人力资源部门的人员）编制奖品目录、分发奖品并记录获奖者的名单。包括李维斯公司、巴诺书店、花旗银行、沃尔玛公司等在内的许多企业，现在都已经成为在线奖励计划服务公司的合作伙伴，以便通过这种方式改善和加快整个激励过程。翰威特咨询公司通过 www. bravanta. com，帮助其管理人员更加方便地用一些特殊的奖励，对绩效优秀员工的服务表示认可。此外，基于互联网的认可和奖励计划网站还包括：www. terryberry. com/OnlineRecognition. htm， www. premierechoiceaward. com， www. giveanything. com， www. incentivecity. com，www. netcentives. com 和 www. kudoz. com。

12.3 销售人员的奖励计划

销售人员的薪酬计划在很大程度上依靠以销售佣金为主要形式的奖励计划。但是，一些销售人员也领取固定薪酬，而大多数销售人员的薪酬则同时包括基本薪酬和佣金两个组成部分。

12.3.1 基本薪酬计划

一些公司向销售人员支付固定薪酬（有时或许还会支付诸如奖金、销售竞赛奖等奖励）。[35]如果销售人员的主要工作内容是挖掘客户（寻找新客户），或者提供客户服务（比如参加展销会等），那么，直接向销售人员提供固定薪酬的做法可能就比较适合。

在实行固定薪酬的情况下，公司调整销售人员的工作区域或者重新安排他们的工作就会比较容易；同时，这种做法还可以培养销售人员对组织的忠诚。当然，固定薪酬计划的最大缺点就是，它可能会打击高绩效销售人员的工作积极性。[36]

12.3.2 佣金计划

佣金计划只依据销售人员的业绩向其支付报酬。这种计划能够最大限度地激励员工，并且有助于吸引那些高绩效的销售人员，因为他们能够清楚地看到自己付出的努力可以获得多少回报。此外，由于销售成本与销售额是成比例的，而不是固定不变的，因此，在采用佣金制的情况下，公司的固定销售成本会比较低。最后，这种计划也是一种很容易被员工理解且便于操作的计划。

但是，佣金计划也有其不足之处。销售人员可能会只关注增加销售额以及重点销售那些销售金额比较高的产品，而容易忽视一些不属于直接销售范围的工作职责，比如对小客户的服务、对忠诚客户的培养以及推销一些销售难度比较大的产品等。不仅如此，在实施佣金计划的情况下，销售人员之间的收入差距可能会较大，而这有可能会导致一些人认为这种计划是不公平的。错误估计销售人员的潜力可能导致公司支付过高的佣金，同时不得不削减佣金比率。另外，在经济繁荣时期，销售人员的收入往往会过高；而在经济衰退时期，他们的收入往往又会过低。最后，还需要记住的一点是：销售绩效——和其他绩效一样——反映的不仅仅是员工的积极性，还有他们的销售技能。如果销售人员并不具备销售技能，那么，佣金计划本身是无法确保销售额自动完成的。[37]同样，许多人发现，在缺乏经济安全保障的情况下工作是令人不安的。正如一位销售代表所说：

> 如果我去休假，我就会没有收入。如果我生病，我也会没有收入。如果我不愿意放下一切去抓住每一个机会与一位客户进行接触，我同样会没有收入。我不知道，有谁能够做这样的工作很长的时间。这就像是在荡秋千一样，我在

拼命地荡，但是下面却连一个保护网都没有。[38]

12.3.3 组合型薪酬计划

大多数公司在向销售人员支付报酬时，往往都采取将固定薪酬与佣金结合在一起的组合形式。通常情况下，在销售人员的薪酬中，有相当一部分是固定薪酬。在固定薪酬和佣金两者之间的比例划分方面，比较典型的组合方式是：70％的部分是基本薪酬，30％的部分是奖励性薪酬。这种组合缓解了销售人员面临的收入下滑风险，同时从公司的角度来看，它也防止了因销售人员的佣金过高而导致公司承受无法控制的风险。[39]

组合型薪酬计划同样既有优点，也有缺点。首先，这一计划为销售人员提供了一笔稳定的收入，同时使公司能够明确指出公司为什么会向员工支付这部分固定薪酬（例如为当前的客户提供服务），并为绩效优异者提供激励。但无论如何，基本薪酬部分并不和绩效挂钩，所以，公司实际上是将薪酬本来应有的一部分激励价值转移走了。此外，组合型薪酬计划也变得越来越复杂，这样就会使员工对这种薪酬计划产生各种误解。

在简单的固定薪酬加佣金的计划中，上述问题可能就不存在了，但大多数组合型薪酬计划却并不是那么简单。例如，在一种“佣金加预支账户”的薪酬计划中，销售人员是以佣金的形式获得报酬的，但是在销售淡季，他们可以通过从公司预支未来收入的方式渡过难关。类似地，在“佣金加奖金”的薪酬计划中，销售人员的大部分收入也是以佣金的形式获得的。但是，如果他们完成了一些特定的工作活动——比如推销出去一些滞销的产品，他们还可以得到一笔小额奖金。

下面的例子有助于说明典型的组合型薪酬计划的复杂程度有多高。一家公司根据以下三个级别来确定销售人员的薪酬：

第一级：月销售额在1.8万美元以下的。固定薪酬＋毛利润的7％＋销售总额的0.5％。

第二级：月销售额在1.8万～2.5万美元之间的。固定薪酬＋毛利润的9％＋销售总额的0.5％。

第三级：月销售额在2.5万美元以上的。固定薪酬＋毛利润的10％＋销售总额的0.5％。

在上述各种情况中，固定薪酬都是每两个星期支付一次，而根据毛利润和销售总额提成的部分则是每个月支付一次。[40]

12.3.4 实现销售队伍业绩的最大化

在确定销售定额以及佣金比率时，企业的想法是，一方面激励销售人员提高业绩，另一方面又不想提供过高的佣金。遗憾的是，在很多企业中往往存在这样一种倾向，即以一种不正规的方式确定佣金比率，而不考虑每一单销售必须为企业作出多大的贡献，才能确保公司有能力承担相应的成本。很多企业经常发现，一旦支付了全部佣金，它们就只能做到在每一单生意上不亏损而已。[41]制定有效的销售定额是一门艺术。在完成这一任务时，需要回答的问题包括：在新的绩效周期开始的头一个月里，我们是否已经就销售定额的问题与公司销售队伍进行过沟通和交流？我们的销售人员是否知道销售定额是如何制定的？在制定销售定额的时候，我们是否将自下而上的信息（例如对客户的预测）和自上而下的要求（例如公司的经营计划）结合在一起了？退货率和订单取消率是不是很低？公司是否基本上避免了因薪酬问题而产生的法律诉讼？[42]一位专家说，符合以下规则的销售人员奖励计划才是有效的：75%及以上的销售人员能够达到或超过销售定额；10%的销售人员大大提高了销售业绩（与之前相比）；5%～10%的销售人员没有完成销售额，而且需要接受绩效开发辅导。[43]

华信惠悦咨询公司最近所做的一项有关销售有效性的调查显示，高绩效公司中的销售人员的薪酬通常具有以下几个方面的特点：

- 在得到的全部现金薪酬中，有 38%的部分是与销售业绩有关的可变薪酬（而在低绩效公司中，这一部分仅占 27%）。
- 得到股票、股票期权或其他股权支付的可能性是低绩效公司中的同类人员的两倍（分别为 36%和 18%）。
- 每年在具有较高价值的销售活动（比如，挖掘客户、进行销售展示、达成交易）上花费的时间比低绩效公司中的销售人员多 264 小时。
- 每年在最优潜在客户身上花费的时间——发现有价值的线索以及挖掘客户等——比低绩效公司中的销售人员多 40%。
- 花费在行政事务上的时间比低绩效公司中的销售人员几乎少 25%，这样就使他们能够把更多的时间花在核心销售活动上，比如挖掘潜在客户以及达成交易等。[44]

下面的“循证人力资源管理”专栏说明了销售管理人员是怎样收集与上述问题有关的证据并加以分析的，比如，“我的销售队伍在最优潜在客户身上花费的时间是多少？”

循证人力资源管理

你的奖励计划成效如何？

有点令人惊讶的是，尽管通过佣金方式支付的费用数额巨大，但许多公司仍然像在十几年前一样，用电子表格（虽然现在已经计算机化）对销售业绩和销售佣金进行跟踪记录。但是，为了提高业绩，销售管理人员通常需要证实以下问题：你的销售团队成员了解你们的薪酬计划吗？他们知道公司是怎样衡量业绩并实施奖励的吗？销售定额制定得合理吗？业绩和佣金之间是一种正相关关系吗？佣金是否足够弥补销售人员的全部成本呢？此外，公司的佣金计划是否最大限度地增加了那些最有利可图的产品的销量？[45]收集有关这些问题的证据或回答这些问题是很困难的，甚至是不可能的，因为电子表格不容易支持这种类型的分析。

要想收集这方面的证据并进行这些分析，就需要运用本章前面提到的软件程序，即公司奖励管理系统。[46]有好几家供应商都提供这些系统。其中一家是 VUE 软件公司，它主要提供 VUE 薪酬管理系统。[47]在一些如这里所附插图所示的图表的辅助下，VUE 薪酬管理系统就能使销售管理人员进行一些必要的分析。例如，可以预测和分析薪酬与业绩数据；进行一些基于假设情况的预测分析并报告结果；进行销售业绩数据的趋势分析；提供一些可以用来改变现有的薪酬计划的模型，等等。[48]

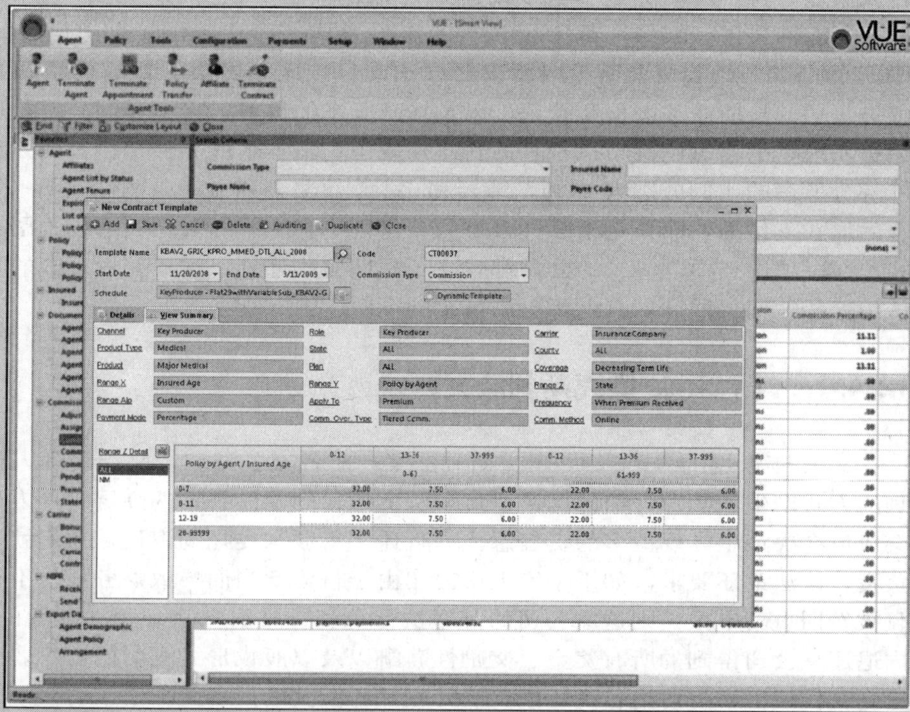

资料来源：Used with permission of Computer Solutions & Software International，Inc.

如何销售汽车　各个行业的佣金比率极不相同，通过考察小汽车经销商是如何为销售人员确定佣金比率的，有助于我们了解如何通过确定佣金比率达到特定的目标。汽车销售人员的薪酬模式也是各种各样的，有的采用 100%的佣金制，有的支付少量基本薪酬，然后让佣金占薪酬的绝大部分比重。佣金基本上是根据汽车在出售并交付消费者时获得的净利润确定的。这种报酬方式对汽车销售人员所产生的行为激励恰恰是汽车经销商希望看到的。比如，这种薪酬模式鼓励销售人员在零售价格上不轻易松口，同时鼓励他们大力推销各种“售后产品”，诸如汽车脚垫、侧面装饰、内饰、汽车喇叭以及车载音响等。此外，小汽车经销商还采用了短期奖励计划。当销售人员成功地销售出去某些滞销款式的汽车时，经销商会向他们发放一笔“额外佣金”——汽车经销商支付给销售人员的佣金以外的绩效奖金。

尽管佣金计划在汽车经销商那里仍占主导地位，但是它远没有以前那么普遍了。许多经销商开始使用固定薪酬加奖金的计划来替代佣金制。这种薪酬计划的过渡也反映了人们对“一口价没商量”这种定价方式的关注，以及经销商产生的尽可能缓和汽车购买过程的紧张程度的愿望。[49]

12.4　中高层管理人员的奖励计划

由于管理人员在影响部门和公司的盈利性方面发挥着重要的决定性作用，因此大多数公司都会认真思考应当如何支付管理人员的报酬。除了固定薪酬，大多数管理人员还会得到短期奖金和长期的激励性报酬。[50]在提供短期奖励计划的公司中，几乎所有的公司（96%）都采用现金的支付方式。而在提供长期奖励计划的公司中，大约 48%的公司采用股票期权的方式支付，这一做法的目的是激励管理人员促进公司的长期业务增长和繁荣，以及提升股东的价值。美世咨询公司最近的一项调查发现，平均每位首席执行官的薪酬构成中，基本薪酬、奖金、长期激励性报酬三部分所占的比例分别为 16%，22%和 62%。[51]奖金和短期激励性报酬一般是以现金的形式支付的，而长期激励性报酬的支付则更多地采用公司股票或股票期权的形式。在一项调查中，69%的公司都建立了短期奖励计划，尽管有近 1/3 的公司并不认为这些短期奖励计划有助于提高员工的绩效。[52]

12.4.1　《萨班斯-奥克斯利法案》

2002 年通过的《萨班斯-奥克斯利法案》对各家公司制定高层管理人员奖励计划的方式产生了影响。美国国会通过该法案的目的是使公司的高层管理人员和董事会成员在决策中体现更多的责任感。一旦违背了股东委托的责任，他们就必须对此负责。该法案还要求，如果一家上市公司由于行为不当而导致财务报告不符合要求且被发回重新申报，则这家公司的首席执行官和首席财务官必须在随后的 12 个月内退还从公司得到的所有奖金、奖励性薪酬以及以股权形式支付的薪酬。[53]

我们接下来将讨论各种短期奖励计划和长期奖励计划。

12.4.2　短期奖励：年终奖

如前所述，多数公司都有**年终奖**（annual bonus）计划，其目的是激励公司的中高层管理人员达成短期绩效目标。短期奖金很容易导致公司的高层管理人员的薪酬总额增加或减少 25%甚至更多。在实施短期奖励计划时，有三个方面的基本问题需要考虑：获得奖励的资格条件、奖金规模以及个人绩效。

获得奖励的资格条件　大多数公司在确定获得年终奖的条件时，会考虑多种因素，其中包括：职位级别或职位名称、基本薪酬水平以及其他方面的一些因素（例如重点考虑那些对公司的盈利水平有重大影响的关键岗位等）。有些公司则仅仅依据职位等级/职位名称或者基本薪酬来确定年终奖的获得资格。[54]

对高层管理人员而言，年终奖的金额一般都比较大。因此，对于一位年薪 25 万美元的高层管理人员来说，他获得的年终奖很可能会达到其基本年薪的 80%，而在同一公司工作的一位年薪为 10 万美元的中层管理人员，可能只能得到相当于其基本年薪 30%的年终奖。类似地，基层管理人员得到的年终奖至多只能达到其基本年薪的 15%。一种典型的分配方式可能是：高层管理人员的年终奖相当于其基本年薪的 45%；中层管理人员的年终奖相当于其基本年薪的 25%；基层管理人员的年终奖相当于其基本年薪的 12%。

年终奖的规模　公司还必须决定可以用于年终奖的总金额有多少——年终奖的规模大小。对于公司应当把多大比例的利润用于分配奖金这一问题，并没有一个简便易行的规则。一种可能的方案是，预留出最低水平的利润——比如 10%——用以保障股东投资的利益，然后再建立一项用来发放年终奖的基金，比如，把扣除资本投资收益之后的税前营业利润的 20%作为年终奖基金。这样，如果公司的税前营业利润是 20 万美元（在扣除 10%的资本投资收益之后），那么，管理人员的年度奖励基金就应该是 20 万美元的 20%，即 4 万美元。可以用来确定高层管理人员年终奖总额的其他一些可行方案包括：

第一，在扣除 6%的资本投资净收益之后，把剩余净收入的 12%作为年度奖励基金。

第二，在扣除相当于股东权益的 5%的净收益后，把剩余净收入的 10%作为年度奖励基金。

有些公司甚至根本不用什么公式，但是会在经过深思熟虑之后酌情决定年终奖的规模。[55]

个人绩效　第三项任务是确定个人实际应当获得的年终奖金额。通行的做法是，针对每一个有资格享受年终奖的职位确定一个目标奖金（以及年终奖的最高金额，通常为目标奖金的两倍），员工个人实际获得的年终奖数额则取决于员工个人的绩效。举例来说，公司首先确定用哪些经济指标（资产回报率、收益成长率等）来衡量每一位管理人员的绩效，在初步估算他们将获得的年终奖总额之后，将所需的资金总额与公司能够承受的年度奖励基金规模进行比较。[56]必要的话，公司可以重新调整个人的奖金估算值。无论如何，最基本的原则是：优秀的管理人员至少应当获得其目标奖金，而绩效较差的管理人员所获得的奖金则最好低于平均水平。公司应当把从绩效较差的管理人员身上节省下来的钱，发给那些绩效突出的管理人员。

这里的一个问题是，管理人员是否能够获得年终奖，到底是应当取决于其个人绩效，还是公司绩效，或者是二者兼而有之？公司往往把高层管理人员的奖金同组织的整体经营绩效挂钩（如果高层管理人员是某个重要部门的主管人员的话，则会与其管理的部门的整体绩效挂钩）。这种做法是有道理的，因为公司的经营效果与这些高层管理人员的绩效息息相关。但是，当管理人员的位置处于公司命令链的末端时，用整体绩效来衡量他们对公司的贡献似乎就不那么准确了。比如，对基层管理人员或职能部门的负责人来说，把奖金和他们个人的绩效挂钩似乎更有道理。

很多公司都把自己的短期奖金与公司绩效和个人绩效同时挂钩。其中最简单的方法也许就是二分法，即把年终奖分为两个部分。这时，管理人员实际上得到了两份独立的奖金，一份是以其个人的努力和业绩为依据的，而另一份则是以公司的整体绩效为依据的。比如，尽管一位管理人员有资格获得最高金额达 1 万美元的奖金，但是根据此人的个人年度绩效评价结果，他在年底时实际上可能只能获得 2 000美元的奖金。不过，根据公司的年度盈利状况，这位管理人员有可能还能获得第二份金额为3 000美元的奖金。

这种方法的不足之处在于，绩效平庸的管理人员得到的奖金太高了——例如，即使管理人员的个人绩效平平，他也能够获得根据公司绩效确定的那份奖金。对这种问题的一种解决方法是采用乘数法。换言之，把奖金设定为个人绩效和公司绩效相互作用的结果。如表 12—2 所示，可以根据情况将目标奖金分别乘以 1.00，0.80 或 0（分别表示在公司绩效优秀的情况下，个人绩效是优秀、良好、一般或较差几种不同的情况）。个人绩效很差的管理人员甚至得不到根据公司绩效确定的那部分奖金。正如下面的“在充满挑战的时代管理人力资源”专栏所指出的，在经济衰退时期，这种差别会变得更加显著。

表 12—2　确定年终奖的乘数法

个人绩效（基于绩效评价结果，权重为 50%）	公司绩效（基于销售目标的达成，权重为 50%）			
	优秀	很好	一般	较差
优秀	1.00	0.90	0.80	0.70
很好	0.80	0.70	0.60	0.50
一般	0.00	0.00	0.00	0.00
很差	0.00	0.00	0.00	0.00

说明：在确定某位管理人员的年终奖数量时，只要用可能得到的最高奖金（即目标奖金）乘以矩阵中对应的某个因子即可。

在充满挑战的时代管理人力资源

对高绩效者的激励

在当前这个充满挑战的时代，许多公司都倾向于减少加薪预算，但这种情况并不是针对所有员工的。美世咨询公司的一位专家指出："在这种经济不稳定的环境中……高绩效员工正是组织最好的竞争利器，因此，很多公司都为他们提供优厚的报酬。"[57]

由于美国经济滑坡，很多公司正在扩大支付给高绩效者和低绩效者的绩效薪酬差距。例如，2009 年，高绩效员工的基本薪酬预期会增长 5.6%，而与此相对应，低绩效员工的预期增长幅度仅为 0.6%，绩效中等的员工则为 3.3%。激励性薪酬同样如此。例如，在办公室中绩效水平最高的文员的短期激励薪酬预期增长 13%，而低绩效员工的增长幅度则只有 3%，绩效中等的员工为 8%。[58] 所以，一个很明显的现象是，在这个充满挑战的时代，留住和激励高绩效员工显得愈发重要。[59]

12.4.3　长期奖励计划

公司运用长期奖励计划的目的在于，促使高层管理人员在做决策时更加注重公司的长期利益。例如，如果仅仅是为了实现短期目标，公司的高层管理人员就很可能会为了提高短期盈利水平而减少对工厂设备的保养；然而，这种策略很可能会在此后的两三年中给公司带来麻烦。此外，长期奖励计划还被称为"金手铐"——公司通过帮助高层管理人员积累财富（通常是赋予他们购买公司股票的选择权）来激励他们留在公司，因为只有在高层管理人员在公司中服务若干年之后，这些股票才能变现。比较普遍的长期奖励计划包括现金、股票、股票期权、股票增值权和影子股票。我们将在下面逐一讨论。

股票期权　**股票期权**（stock option）是一种在一定时间内，以一个特定的价格购买一定数量公司股票的权利。在实施股票期权的情况下，公司高层管理人员就会期望在未来行使自己的这种权利，即在未来的某个时间，按照今天的股票价格来购买公司股票，以从中获利。这里的一个基本假设是：公司股票的价格会上涨。然而，令人遗憾的是，公司的股票价格是否真的会上涨，却在一定程度上取决于不受管理人员控制的其他一些因素，例如总体的经济状况和市场条件。在经济衰退时，公司必须努力提高股票期权的收益。有证据表明，如果公司不这么做，那么高层管理人员就会离开。[60]在 2008—2009 年股票市场狂跌时，包括英特尔公司在内的很多企业都修订了期权计划，以增加他们的高层管理人员获得收益的机会。[61]

股票期权存在的问题　股票期权存在的一个根本的问题在于，它甚至为那些绩效低下的管理人员也提供了激励薪酬。但问题还不止这一个。很多人指责说，正是由于股票期权导致了一些公司丑闻的发生，据称一些公司的高层管理人员会操纵他们获得股票期权的日期，从而使他们获得的收益最大化。股票期权还会（有证据表明是有可能的）鼓励高层管理人员冒着巨大的风险去获得高额利润（至少在短期内）。[62]他们得到的股票期权会激励他们去追求某种耀眼的成果，但是由于这些人实际上并没有购买这些股票，因此他们已有的财富并不会承受任何风险。（对这一问题的解决办法是，制定一个股票期权授予计划，使股票期权的获得者能够以更快的速度将他们的期权转化为股票。[63]）

其他股票计划　无论如何，当前存在这样一种趋势，即使用将股票授予与绩效目标更为明确地挂钩的新型薪酬计划。除了股票期权，越来越多的公司还向员工赠予各种形式的绩效股份（performance shares），比如，根据绩效水平授予的限制性股票，即高层管理人员只有达到预先制定的绩效目标，才能得到股票。[64]在其他情况下，指数期权（index option）是指股票期权的行权价格随着某种绩效指标——比如市场指数——的变化而上下波动。如果公司的股票价格低于相应的指数，那么管理人员的期权就毫无价值。溢价期权（premium options）是指股票期权的行权价格高于股票赠与日的收盘价格，这样的话，只有当公司股票价格显著上升时，公司的高层管理人员才能够从这种期权中获益。[65]

股票增值权（stock appreciation rights）允许获得这一权利的人（通过购买股票）行使股票期权，或者是以现金、股票或二者结合的形式来获取股票价格的增值部分。**绩效达成计划**（performance achievement plan）则是根据预先确定的财务目标的达成情况来授予股份的做法，这些财务目标的例子包括利润或者每股收益的增长情况等。而在**限制性股票计划**（restricted stock plan）中，公司通常是将股票无偿地配给高层管理人员：股票持有者可以出售这些股票（尽管这些股票并不是他们购买来的），但是他们在出售股票时是要受到限制的，比如只有在 5 年之后才可以出售。在**影子股票计划**（phantom stock plan）中，公司的高层管理人员并不会得到股票，而只是得到一种类似于公司股份的“数量单位”。然后，在未来的某一时间，他们可以（通常是以现金的形式）得到与自己所持有的“影子”股票的增值情况相应的价值。

12.4.4　其他类型的高层管理人员激励计划

很多公司还提供其他各种奖励计划来说服高层管理人员留在公司中。尤其是当它们有理由相信其他公司正在窥视本公司甚至想要收购本公司时，这种措施就显得尤为重要。**“金色降落伞”**（golden parachutes）（和金手铐相对应）是指一家公司在改变所有权或控制权时，为公司高层管理人员提供的一种额外的薪酬。例如，公司的金色降落伞条款可以这样规定：一旦公司的所有权变更，则公司高层管理人员将能一次性地获得 200 万美元的补偿。[66]

其他一些公司的做法更令人生疑，它们保证为董事会成员以及高层管理人员提供一笔高额贷款，以便让他们用这笔钱来购买公司股票，从而以此作为对他们进行奖励的计划。康萨克公司（Conseco）的董事和高层管理人员就是在公司股价出现陡然下滑时，通过这种贷款的形式获得了公司 5 亿美元以上的资产。[67]

12.4.5　战略和高层管理人员的全面报酬体系

长期奖励计划对公司的战略成功产生的影响可能比其他任何人力资源管理实践更为深远、显著。无论是通过到海外建立合资公司来进行扩张，进行一体化经营，还是精简员工队伍，或者执行其他战略，很少有哪一家公司能在一两年之内就充分地实施这些战略。因此，公司向中高层管理人员发出的长期信号——自己会对哪些结果提供报酬（或者不会对哪些结果提供报酬）——会对公司战略能否取得成功产生巨大的影响。

因此，公司如果在设计长期奖励计划时忽略本公司的战略，就会将自身置于一个危险的境地。高层管理人员的全面报酬体系——基本薪酬、短期和长期奖励计划以及福利和特权——必须将其各个组成部分联系在一起，同时与公司的战略目标实现情况联系在一起。薪酬专家建议，必须首先明确公司的战略环境。换句话说，“我们的战略以及战略目标是什么?”然后，通过类似描绘战略地图那样一个过程来创建薪酬体系。首先要确定高层管理人员必须表现出哪些长期行为（增加销售额、降低成本等）才能实现公司的战略目标，然后构造高层管理人员的全面薪酬中的各个组成部分（基本薪酬、短期和长期奖励计划以及福利和特权），最后将这里的各个薪酬构成组合为一个平衡的计划，从而使这种总薪酬计划有助于激励高层管理人员努力实现组织的这些战略目标。这里的原则是：每一个薪酬组成部分都应有助于使这些管理人员的注意力集中在实现公司战略目标所需的那些行为上。[68]

12.5　团队和组织绩效奖励计划

我们已经考察了员工个人的奖励计划，如计件工资制、佣金制和高层管理人员的奖金。下面考察针对团队以及组织中的全体员工的奖励计划。

12.5.1　如何设计团队奖励计划

很多公司越来越多地依靠团队来完成工作。在这种情况下，为了鼓励团队合作并使团队成员注重绩效，就需要实施团队奖励计划。**团队或群体奖励计划**（team or group incentive plans）根据团队的绩效向团队成员提供奖励。

这里最主要的问题在于如何对团队绩效进行奖励，在这方面作出的错误决定有可能是致命的。李维斯公司制定了一项团队奖励计划，根据团队整体的产出提供奖励，但这样一种做法忽略了那些工作更为努力的员工。很快，生产速度更快的员工放慢了自己的生产速度，公司产品的产量也随之下降，最终结果是李维斯公司关闭了在美国境内的所有生产厂。

所以，最重要的是确保所有的团队成员都能团结一致。不过，一种通常的做法仍然是把报酬建立在关于团队绩效的一些总体标准基础之上，比如“平均生产每辆汽车的总工时”。这种方式不需要计算精确的计件工资标准（比如每小时安装的车轮数量）。[69]有一家公司就为其工作团队制定了这样一种团队奖励计划：如果公司

100%地达到了其预定目标，则员工可以分享绩效改善带来的收益（表现为劳动力成本的节约）的 5%左右。公司用这 5%的收益所对应的金额除以员工人数，就可以得到“每一股”的价值。如果公司没有 100%地达到其目标，那么，奖金总额就会减少。据说，这一计划——在改善员工的工作态度以及使团队更加关注公司的战略目标方面——所取得的效果“非常好”。[70]

工业工程学标准　在成本和风险既定的条件下，对具体情况进行分析是一种明智的做法。一些公司以团队整体产出为基础，运用工业工程学的方法为团队确定生产标准（比如每小时安装的车轮数量）。公司既可以采用计件工资制，也可以采用标准工时制，不过后者更为流行。然后，让所有的团队成员都获得相同的团队激励薪酬。有时，公司会根据其他一些原则向所有的团队成员支付报酬。比如，与根据团队整体绩效向所有团队成员支付报酬的方式不同，公司可以按产量最高的员工的薪酬标准，向所有的团队成员支付报酬。当然，除非公司有理由相信，新的团队奖励计划有可能使高绩效团队成员失去工作积极性（这正是在李维斯公司中发生的事情），这种与我们的直觉不太吻合的奖励方式才是有意义的。

团队奖励计划的优点和缺点　团队激励方案常常是有意义的。团队奖励计划加强了团队的计划能力和解决问题的能力，并且有助于确保员工彼此之间合作。总的来说，在亚洲（尤其是日本），占主流地位的做法是对群体进行奖励——其目的是减少彼此之间的相互嫉妒、使团队成员之间相互充满感激以及鼓励和培养合作意识。团队奖励计划还有利于培训活动的进行，这是因为每一位团队成员都希望新的团队成员能够尽快得到培训。

至于团队奖励计划主要的不利之处，可以称为“李维斯难题”：一位优秀员工的薪酬可能与其个人的努力不成正比。那些分享了团队报酬但是并没有全身心投入工作的人（搭便车者）向我们展现了硬币的另外一面。下面的“循证人力资源管理”专栏就讲述了这方面的情况。

循证人力资源管理

破坏团队奖励计划的不公平现象

尽管多达 85%的大公司都宣称自己采用了某种形式的群体或团队奖励计划，但是研究表明，团队奖励计划所起的常常是反作用。我们应当注意哪些事情呢？一位研究人员对一些参加在线 MBA 课程的学员进行了调查。[71]她设计了一种方法，让这些学员以定性观察的方式对他们所经历过的各种团队奖励计划进行系统分类。

研究发现，最重要的一个问题是公平缺失。在很多案例中，尽管是由组织中的一两名成员完成大部分工作的，但是每一位团队成员的经济报酬都是一样的。在其他的案例中，公司晋升了团队中的一两名成员，结果使其他人认为，自己辛辛苦苦地工作，到头来却成了别人晋升的垫脚石。问题的关键似乎在于，除非把不公平现象降到最低，否则最好还是根据个人绩效而非团体整体绩效来支付薪酬。

除了避免不公平，另一件需要牢记的事情就是，成功的团队工作并不只是团队激励的结果。像丰田这样的公司都会通过甄选、雇佣、培训和培养等各个环节来帮助员工成为团队成员，所以说奖励仅仅是其中的一个方面。

很多公司把团队激励的观念推广到更广的逻辑层面，制定了所有的员工或者大部分员工都可以参与的奖励计划。**组织绩效奖励计划**（organization-wide incentive plans）是指所有公司员工或者大多数员工都可以参与，通常会将薪酬与公司的整体绩效挂钩的奖励计划。这种计划又称为可变薪酬计划，其中包括利润分享计划、斯坎伦计划或收益分享计划、员工持股计划等。接下来，我们将分别讨论这些内容。

12.5.2 利润分享计划

利润分享计划（profit-sharing plans）是指所有员工或者大多数员工均可分享一份公司年度利润的计划。目前，对利润分享计划的实施效果进行的研究还不是很完善。一项研究声称，有"充分的"证据表明，利润分享计划确实能够提高生产率和员工的士气，但是如果把在这项计划上付出的成本考虑在内的话，利润分享计划对于组织的利润所产生的影响就不是很显著了。[72]

利润分享计划有几种形式。在即时利润分享计划（current profit-sharing）或者现金分享计划（cash plans）中，员工每个季度或者每年均可分享一定比例的公司利润。在现金分享计划中，公司每隔一段时间就会把一定比例（通常为15%～20%）的利润分配给员工。家得宝公司就为在其商店中工作的所有员工制定了一项类似的现金计划。从2003年开始，如果商店达到了既定的经济目标，家得宝公司就会向商店中的员工发放奖金。在最近的一年中，家得宝公司为这项在整个公司范围内实施的奖励计划支付了9 000万美元。[73]

在**延期利润分享计划**（deferred profit-sharing plans）中，公司会将现金存入每位员工的退休信托账户中。[74]在这种计划中，公司通常根据员工基本薪酬的一定比例以及员工对公司利润的贡献来分配奖金。[75]这类计划可以享受税收优惠，这是因为员工的个人所得税是可以延期缴纳的，而纳税的时间则往往要等到员工退休之后。

热马科公司案例 热马科公司（Thermacore）提供了利润分享计划方面的一个案例。公司的全体员工都有资格获得相同数量的奖金，即这种奖金的数量与员工个人的总薪酬水平、资历以及职位无关。奖金总额是税前收入减去保证向股东提供的最低收益（通常是公司年初资产净值的15%）。公司投入到奖励基金中的资金是以下两个数字相乘得出的：一是公司收入（减去了向股东保证提供的15%的资产净值）；二是公司董事会和高层管理人员设定的"员工奖金池百分比"。普通员工获得全额年终奖，而非全日制员工则根据实际工作时间在全日制工作时间中所占的百分比来获得相应的奖金。

12.5.3 斯坎伦计划

很少有人会对这样一种观点产生异议，即强化员工承诺的最有力做法就是使组织的目标和员工的目标保持一致——也就是说，确保这两组目标能够实现重合。这样，员工在追求个人目标的同时，实际上也是在追求组织目标的实现。为了达到这种理想境界，许多专家提出了多种技术方案，但是几乎没有任何一种方案能像**斯坎伦计划**（Scanlon plan）那样普及或成功。这是由美国钢铁工人联合会官员约瑟夫·斯坎伦（Joseph Scanlon）在1937年提出的一种奖励计划。[76]时至今日，这种计划依然十分流行。

尽管斯坎伦计划已经诞生了 70 多年的时间，但是迄今为止，这一计划依然是相当先进的。它具有以下基本特征。[77]斯坎伦计划的第一个特点是其合作哲学，这种哲学假设：管理人员和员工必须消除他们在传统上抱有的“我们”和“他们”这样一种态度，因为这种态度阻碍了公司所有者意识的培养。

斯坎伦计划的第二个特点是该计划的实践者所说的明确性。这意味着公司为激发员工的参与，就必须清楚地描述公司的使命或者目的，同时，公司员工也必须了解公司在客户、价格和成本方面是怎样经营和运作的。斯坎伦计划的第三个基本特点是胜任素质。据三位专家说，这种计划“明确认可了这样一个事实，即斯坎伦计划需要公司各层级员工都具有高水平的胜任素质”。[78]这就要求必须对员工进行认真的甄选和培训。

斯坎伦计划的第四个特点是参与系统。员工将他们的改善建议提交给相应的部门委员会，部门委员会再从中挑选出一些有价值的建议，递交给高层经营管理委员会，然后再由该委员会决定是否采纳这些改善建议。

斯坎伦计划的第五个特点是其收益分享方式。如果某项建议被采纳并取得了成功，那么，全体员工应当分享因此产生的成本节约的 75%。举例来说，假定在通常情况下，公司每个月的薪酬成本占销售收入的 50%。（这样，如果销售额是 60 万美元，那么总薪酬成本就应当是 30 万美元）。再假定公司由于采纳了员工提出的降低成本的建议，结果导致公司在某个月中实现了 55 万美元的销售额，但当月的薪酬支出却只有 25 万美元。而根据原来的薪酬成本占销售额的比例，薪酬成本应该是 27.5 万美元（即 55 万美元销售总额的 50%）。这说明，采纳这项建议所产生的成本节约为 2.5 万美元（27.5 万美元减去 25 万美元）。如果按照通常的做法，员工就要分享这些节约出来的成本的 75%（18 750 美元），而公司则分享剩余的 6 250美元的成本节约。在实际操作的过程中，公司往往会从员工应当得到的奖金中拿出一定的比例，通常是从 18 750 美元中留下 1/4 的部分，将其储存起来作为备用，因为在有些月份中可能会出现实际劳动力成本超过标准劳动力成本的情况。

12.5.4　其他各种收益分享计划

斯坎伦计划实际上就是今天所说的**收益分享计划**（gainsharing plan）的一种早期形式。收益分享计划也是一种奖励计划，它鼓励大多数员工或者全体员工通过共同努力来达到公司的生产率目标，并且使员工和公司能够共同分享由于这种努力而带来的成本节约收益。[79]除了斯坎伦计划，其他比较常见的收益分享计划包括林肯计划（Lincoln）、卢卡尔计划（Rucker）以及生产率改善收益分享计划（improshare plan）。

这几类收益分享计划之间存在的主要差异在于，它们决定员工奖金的方式有所不同。斯坎伦计划的奖金计算公式是用薪酬费用总额除以销售额（有时是销售总额加上库存增加额）。卢卡尔计划采用的是价值增加法。在这种情况下，公司用薪酬总额除以一定时期内的价值增加量（基本上是净销售额减去所有的原材料成本、辅料成本以及设施服务成本等）。在生产率改善收益分享计划中，奖金的多少取决于一定时期内公司本应使用的劳动工时与实际耗费的劳动工时之间的差别。林肯电气公司奖励体系（Lincoln incentive system）最初是由位于美国俄亥俄州的林肯电气公司（Lincoln Electric Company）创立的。在这种计划的一项设计中，员工享有一种有保证的计件工资，在此基础上，公司再根据员工个人的绩效评价结果，每年把公司年度总利润（扣除税金、6%的股息以及储备金之后）在员工之间进行分配。大多数公司会根据自身的情况使用这些工具。最近的一些实施结果——从医院到生产工厂中的各种结果——清楚地表明，收益分享计划能够提高生产率和患者的护理水平，减少争议，但是通常也需要付出不菲的实施成本。[80]

通常情况下，要想实施一项收益分享计划，一般需要经过以下八个基本步骤。[81]

1. 确定收益分享计划所要达到的总体目标，比如提高生产率或者降低成本。

2. 选择具体的绩效衡量指标。例如，采用单位产品耗费的工时数等生产率衡量指标。

3. 确定员工可以获得的收益比例。在前面提到的斯坎伦计划的例子中，员工可以获得所产生收益的75%。

4. 决定采用何种方式在员工内部分配他们应当得到的收益。一种普遍的做法是，大家都得到与薪酬成相同比例的奖金和同等数量的股份。

5. 确定收益分享奖金的支付方式。通常是采取现金的形式支付，但在个别时候也会采用普通股票的形式。

6. 确定收益分享奖金的发放频率。为了确定收益分享的金额，公司通常会在每年对财务绩效指标进行计算，而在每个季度或每个月对生产率指标进行衡量。

7. 建立员工参与体系。最常用的员工参与体系包括指导委员会、信息更新发布会议、提案建议体系、问题解决团队等。

8. 执行收益分享计划。

12.5.5 风险型可变薪酬计划

风险型可变薪酬计划（at-risk variable pay plans）（有时也称风险分担计划）实际上是让员工的周薪、月薪或者年薪中的一部分承受一定风险的计划。如果员工达到或超过了绩效目标，就不仅能够挣回处于风险中的那一部分薪酬，还可以得到额外的奖金。而如果他们未能达到目标，则他们就会失去那部分在通常情况下应该获得的薪酬。在杜邦公司的一个事业部中，员工的风险型可变薪酬最高可以达到其薪酬总额的6%。如果该事业部达到了预先制定的财务目标，则员工就能够得到他们在常规情况下应得的全部薪酬，甚至还会更多。

12.5.6 员工持股计划

员工持股计划（employee stock ownership plan，ESOP）是在整个公司范围内实施的一种计划，在这种计划下，公司把自己的一部分股票（或用于购买这些股票的现金）交给一个信托机构，该机构负责为员工购买一定数量的公司股票。公司通常是根据员工年度薪酬总额的一定比例来提供股票或者资金，但是这一比例最高不能超过15%。信托机构持有记在员工个人账户上的股票，然后在员工退休（或因其他原因不再在公司中工作）时再分配给他们——假定员工在公司中工作的时间足够长，从而有资格获得这些股票。（而前面提到的股票期权计划则是直接把股票期权提供给员工个人，而不是把股票存入员工的退休信托基金之中。）

员工持股计划非常流行。公司在将股票转移给信托机构时，可以享受与这些股票的公开市场价值相等的税收减免，并且在向员工持股计划中的股票支付股息时，还可以申请得到收入所得税的减免。员工在从信托机构获得这些股票时，通常已经退休，因此不必再纳税。此外，美国《员工退休收入保障法》允许公司根据信托机构保管的员工股票来进行借贷，然后公司可以在税前而不是税后偿还贷款，这样，税收制度就对公司采用这种计划起到了另外一层推动作用。[82]

员工持股计划还有助于那些大规模持有公司股份的股东（比如，一个家族可能拥有公司所有的股份）分散他们的资产，即将他们自己所持有的一部分公司股票投入到员工持股信托基金之中，然后到市场上适当购买可以上市交易的其他一些证券。[83]

研究发现，员工持股计划确实起到了鼓励员工培养主人翁精神以及强化他们的组织承诺度的作用。不过，负责管理基金的人员——通常是公司的高层管理人员——在行使被委托人基金责任时要十分小心谨慎。[84]

广泛的股票期权计划　很多公司还提供了“广泛的股票期权计划”（broad-based stock option plans），使公司中的所有员工或大多数员工都能够参与其中。这种计划的一个最基本考虑就是，与员工共同分享公司的所有权有助于增强他们的工作动机，同时具有很强的实用性。[85]

很多公司在这方面似乎有所收缩。比如，时代华纳（Time Warner）、微软、安泰和嘉信理财公司（Charles Schwab）都宣布不再向大多数员工提供股票期权。包括微软公司在内的其他一些公司都采用直接的股权奖励方式取而代之。在现行的美国税法下，各家公司在授予股票期权时，必须将其作为一种费用计入公司账户，这种要求就大大削弱了股票期权作为一种“无成本”的报酬所具有的吸引力。微软和其他一些公司明确认识到，直接奖励股票而不是提供股票期权的做法，是一种能够更加直接和快捷地将薪酬和绩效挂钩的方式。[86]

12.6　设计有效的奖励计划

正如本章开头提到的，大约 70％的员工认为自己的公司所实施的奖励计划是无效的。这里，我们将讨论这些奖励计划失败的原因，以及应该怎样改善这些奖励计划的效果。[87]我们将从一个案例开始讲起。

12.6.1　研究透视：经济性激励和非经济性激励的影响

两位研究者对美国中西部的 21 家快餐店实施的经济性激励和非经济性激励对绩效产生的影响进行了考察。[88]两位研究者认真比较了这些快餐店在使用经济性激励和非经济性激励前后的绩效变化情况。每一家商店大约有 25 名员工和 2 名管理人员。研究人员对管理人员进行了培训，指导他们如何识别这样一些可观察和可测量的员工行为：这些行为能够影响商店的绩效，而员工目前在这些行为方面却存在不足。其中的行为样本包括“在免下车（drive through，顾客不用下车就可以享受服务）窗口保持双手移动”、“在空闲时间工作”以及“向顾客复述他们的订单”。[89]然后，他们制定了奖励计划。研究人员则通过总利润（收入减去成本）、免下车客人通过时间以及员工离职率等衡量商店的绩效。

经济性激励　某些商店的一些员工由于表现出了管理者期望的行为而得到了经

济性激励。经济性激励体现为包括在员工的工资单中的一笔一次性奖金。例如，如果一名管理人员观察到，一个员工工作小组在单个观察期内表现出 50 次理想行为，管理人员就会为商店中的每一位员工在该期间的工资单中增加 25 美元；50～100 次行为就增加 50 美元；超过 100 次行为则增加 75 美元。随着员工更清楚地了解了他们需要表现出哪些行为，商店的薪酬支出也随之增加。

非经济性激励 研究者同样培训一些商店的管理人员通过反馈和认可的形式向员工提供非经济性激励。比如，在提供绩效反馈时，管理人员在每天下班时会通过绘制一份图表的形式告诉大家，那些免下车顾客的平均通过时间是多少。管理人员会把这些图表张贴在员工打卡的地方，这样就能使所有的员工都了解本店的一些绩效情况，比如免下车顾客的平均通过时间。研究人员还培训管理人员如何对员工予以认可，例如，“我注意到今天的免下车顾客通过的时间非常短，这很好，因为这正是这些天我们非常关注的东西”。[90]

结果 经济性激励和非经济性激励都起到了改善员工个人和商店绩效的作用。[91]比如，在管理人员使用经济性激励的商店中，利润增加了 30%；在管理人员使用非经济性激励的商店中，利润增加了 36%。在这 9 个月的时间里，在实施经济性激励的商店中，免下车顾客的通过时间缩短了 19%；而在实施非经济性激励的商店中，免下车顾客的通过时间则缩短了 25%。在员工流动率方面，在实施经济性激励的商店中，员工流动率下降了 13%；而在实施非经济性激励的商店中，员工流动率也下降了 10%。

12.6.2 有效奖励计划的五个组成部分

这项研究中的这些奖励计划向我们展示了优秀的奖励计划的一些特点。我们可以总结如下：

1. 问这样一个问题：在这里使用奖励计划会起作用吗？[92]在以下几种情况下使用奖励计划会更有意义：

- 动机（而不是能力）是问题所在；
- 在员工的努力和产出的数量或质量之间存在非常明确的关系；
- 工作是标准化的；
- 工作流是规范化的；
- 对于计划实施激励的工作内容，员工是能够自己控制的；
- 出现工作延误的次数很少或者具有较高的一致性。

2. 将奖励与战略相结合。应当将奖励和对实现战略目标至关重要的行为联系起来。[93]例如，太阳微系统公司（现在是甲骨文公司的一部分）的一项奖励计划就对该公司制定的提高顾客满意度的目标提供了支持。企业根据员工在诸如准时交货以及吸引回头客等活动方面的改善情况，向他们提供相应的奖励。[94]

3. 确保计划是具有激励性的。弗鲁姆认为，在员工的努力和绩效之间、员工的绩效和报酬之间应当具有清晰、明确的联系，并且这些报酬还必须对员工具有吸引力。

4. 制定全面的标准。比如，如果质量是一个重要问题，那么就不要只对数量提供奖励。

5. 科学化。不要在那些看起来振振有词但是并不会对绩效有所贡献的奖励计划上浪费金钱。收集证据并分析过去的奖励计划所产生的影响，以确保奖励计划真正影响你期待通过这些计划改善的衡量指标（比如员工流动率等）。[95]

12.6.3 实践中的奖励计划：纽柯公司

纽柯公司（Nucor Corp.）是美国最大的钢铁生产商。不仅如此，在美国的钢铁行业中，该公司不仅生产率最高，而且每吨钢铁的人工成本也是最低的。[96]在该公司中，员工能够得到和基本薪酬一样高甚至更高的奖金，并且所有的员工都参与了四种绩效奖励计划中的一种。其生产奖励计划规定，生产类和维修类的员工和主管人员每周可以根据他们生产小组的生产率得到奖金。部门经理奖励计划则是一种向各个部门经理发放的年终奖，奖励的依据主要是每个部门所获得的净收入与该部门所占用的资产总额之比。没有参与以上两种奖励计划的员工将参与专业技术人员和办公室文员奖励计划，他们能够根据所在部门的资产净收益率情况获得奖金。[97]最后，根据高层管理人员奖励计划，纽柯公司的高层管理人员（他们的基本薪酬低于竞争公司中的同行）将会根据公司净收益与股东权益之间的年度总体百分比得到奖金。[98]纽柯公司每年还向所有员工（不包括高层管理人员）发放10%的经营利润。根据公司绩效的差异，这部分奖金的金额可能达到员工薪酬的1%～20%。

本章内容概要

1. 在设计有效的经济性奖励计划时，理解金钱与激励之间的关系是非常重要的。

- 亚伯拉罕·马斯洛认为，人有五个层次的需要，而且首先会受到满足较低层次需要的激励。
- 弗雷德里克·赫茨伯格认为，激励员工的最佳方式是使工作能够提供反馈和富有挑战性，从而帮助员工满足高层次的需求。
- 爱德华·德西发现，外在报酬可能会削弱人的内部工作动机。
- 维克多·弗鲁姆的期望激励理论认为，一个人受到的激励取决于期望、关联性和效价。
- 心理学家斯金纳的行为塑造法意味着，根据绩效水平的高低对一个人进行奖赏或惩罚，从而改变这个人的行为。

2. 一些奖励计划是针对员工个人的激励和认可计划。计件工资制是指根据员工生产的单位数量支付报酬的计划。绩效加薪是指根据员工个人的绩效水平来提高员工的基本薪酬。非经济性报酬以及认可型报酬正变得越来越重要，这些报酬形式包括员工认可、礼品券以及个人旅游。很多公司都在运用企业奖励管理系统来实现奖励计划的规划、分析及管理的自动化。

3. 销售人员奖金通常特指销售佣金。尽管销售佣金占薪酬的比例从0～100%不等，但是一项研究发现，高绩效公司的销售人员得到的与销售相关的可变薪酬大约占总薪酬的38%。

4. 管理人员在制定中高层管理人员的奖励计划时，需要考虑很多方面的因素。很多公司为了激励管理人员实现短期绩效，都设置了年终奖。这种奖励计划通常取决于个人绩效和组织绩效的某种结合，因此，即使在公司绩效较低时，高绩效的管理人员也有可能得到奖金。长期奖励计划包括股票期权计划、“金手铐”以及股票增值权。

5. 随着越来越多的公司都在组织团队工作，针对团队和整个组织的奖励计划变得更加重要。在团队奖励计划中，一个主要问题在于，到底是应当根据个人绩效还是团队绩效来对团队成员实行奖励。这两种做法各有其优缺点。针对整个组织的奖励计划是指所有员工或大部分员工都能够参与的奖励计划，其中包括利润分享计划、收益分享计划。收益分享计划，其中包括斯坎伦计划，能够使员工通过共同努力达成生产率目标并且分享收益。员工持股计划是一项整个公司范围内的计划，公司会把自己的股份投入到一个信托机构之中，这个机构代表员工来购买公司的股票。

6. 由于太多的奖励计划遭遇失败，所以设计有效的奖励计划显得非常重要。在这方面有五个重要的特征：确定激励是否会起作用；将奖励和战略联系在一起；确保计划具有激励性；设定全面的标准；科学地分析奖励计划的实施效果。

讨论题

1. 试对六种奖励计划加以对比分析。

2. 请阐述导致奖励计划失败的五种原因。

3. 请阐述一些重要的管理人员奖励计划的性质。

4. 你会在什么时候对一位销售人员提供基本薪酬加佣金的薪酬计划？为什么？

5. 什么是绩效加薪？你认为对员工提供绩效加薪是一种好的做法吗？为什么是或不是？

6. 在本章中，我们列举了专家们指出的许多不实行绩效奖励计划的原因。你认为这些观点（或其中的某些观点）正确吗？为什么正确或不正确？

7. 什么是斯坎伦计划？请根据你在本章阅读到的内容，说明在斯坎伦计划中包括哪些有效的奖励计划所具有的特征。

8. 请举出四个例子来说明你什么时候会建议采用团队或群体奖励计划，而不是个人奖励计划。

个人和小组活动

1. 以个人或小组为单位，为以下几种职位制定一项奖励计划：化学工程师、工厂厂长以及二手汽车销售员。在制定这些奖励计划时，你需要考虑哪些方面的因素？

2. 位于美国东南部的一所大学最近为自己的教师制定了一项“教师奖励计划”。这一方案要求该大学每个学院中的教师委员会为所属教师中大约 40%的人提供 5 000 美元的加薪（而不是奖金），而加薪的依据则是教师在本科教学活动中的工作效果和每年的教学课时量。这种奖励计划存在哪些方面的优点和潜在缺点？你认为这种计划被教师接受的程度如何？你认为它能够达到预期的效果吗？

3. 本书末附录中的美国人力资源认证机构提供的“考试指南”部分，列出了想要通过人力资源资格认证考试的人需要了解的各个方面的人力资源管理知识（例如战略人力资源管理、员工队伍规划、人力资源开发等）。请以 4～5 人为一组，完成下列四项任务：（1）浏览该附录中的内容；（2）明确在本章所讲授的内容中有哪些与附录中列出的需要参加考试者掌握的知识是相关的；（3）根据这些与考试相关的内容，编写出你们认为适合作为这种人力资源认证资格考试考试题的 4 道多项选择题；（4）如果时间允许的话，你们小组派出一个人将你们编写的考试题在课堂上展示给大家，这样各个小组的学生就能够回答其他小组编写的考试题了。

4. 几年前，美国公用事业工人工会的养老金计划建议多米尼资源公司（Dominion Resources）的股东修改公司章程，这样，如果公司高层管理人员的薪酬在将来想超过 100 万美元，就必须经过股东的同意，同时公司其他的高层管理人员奖励计划也必须经过股东许可才能通过。很多工会——其中大多数都有自己的养老基金，并且在美国公司中有巨额的投资——都在采取类似的措施。它们指出，根据美国国税局的法律规定，如果一家公司中薪酬水平最高的 5 名高层管理人员的薪酬超过 100 万美元，则在通常情况下，对于超过 100 万美元以上的那部分薪酬是不能作为税前抵扣的。根据工会努力推动的新法规，董事会已经不能再决定 100 万美元以上的高层管理人员薪酬；相反，应当由股东对此进行投票表决。从有效经营公司的角度来说，你认为工会的建议有哪些优点和缺点？你会支持还是反对工会这些建议？为什么？

体验式练习

激励运通汽车公司的销售人员

目的：本练习的目的在于使你得到一次制定奖励计划的实际体验。

必须理解的内容：对本章中讨论的内容相当熟悉，并且阅读下面的内容。

运通汽车公司是一家大型的小轿车经销商，该公司一共拥有 600 名员工，销售 22 个品牌的汽车。最近，该公司得到了一份令人非常沮丧的调查结果。公司的客户满意度已经连续第 9 个季度出现下滑。客户的抱怨主要集中在以下几个方面：

第一，他们很难得到维修人员通过电话为他们提供的快速反馈。

第二，销售人员经常不给他们回电话。

第三，公司的财务人员似乎“热心过头”。

第四，新汽车常常不能得到恰当的清洁，或者有些汽车的小部件在刚购买时就需要进行维修或者调整。

第五，送来维修的汽车在开走后常常需要再次回来重做一遍维修。

运通汽车公司当前的薪酬体系如表 12—3 所示。

表 12—3　运通汽车的薪酬体系

运通汽车销售团队	团队的职责	当前的薪酬支付方法
1. 销售人员	说服客户购买一辆小轿车。	很少的基本薪酬（最低工资）加上佣金。月汽车销售每增加 20 辆，则佣金比率随之上升。
2. 财务人员	帮助完成销售过程；说服客户采用公司制定的财务计划。	基本薪酬再加上帮助公司每完成 1 万美元的金融服务而提供的奖金。
3. 汽车检查员	检查从工厂接收的轿车，对车辆进行清洁并进行细微的调整。	根据每天检查的车辆数量支付计件工资。
4. 维修人员	提供工厂承诺的各种服务，维护和修理小轿车。	较低的小时工资率，再加上根据两个因素支付的奖金：一是每天完成维修的小轿车数量；二是完成每一辆汽车维修工作的工时耗费比标准维修时间少用的那部分时间。
5. 接待人员/电话服务人员	充当客户和销售员、财务人员以及维修人员之间的主要联络人。	最低工资。

如何进行练习/指导：将全班分为若干组，每组有 5～6 名学生组成。将一个或多个学生小组指定为运通汽车公司的 5 个员工团队。每一个学生小组都应当分析公司为本团队制定的薪酬系统。每一个小组都必须能够指出，当前的薪酬计划是怎样帮助公司实现自己的绩效以及/或者是阻碍公司绩效达成的。一旦每一个小组都完成了分析，则全班共同讨论下列问题：

1. 你们小组的薪酬计划可能会以何种方式对解决公司的客户服务问题作出自己的贡献？

2. 为了使公司的薪酬系统有利于提升公司的客户满意度，你会提出什么样的薪酬体系改善建议？

应用案例

应当将团队的概念引入薪酬系统吗？

桑迪·卡尔德维刚到哈萨维制造公司人力资源部上任，他最想做的事情之一就是通过公司每一个层级的团队合作来改善生产率。作为这家位于郊区的工厂的新任人力资源总监，桑迪准备改变公司的文化，从而实施他上任伊始就非常热衷的团队工作计划。

桑迪首先在高层管理人员中灌输团队管理的概念，使大家自上而下地审视工厂的总体运营状况。在公司的新管理团队中包括制造、销售、计划、技术部门以及人力资源管理方面的高层经营管理人员。他们为这个拥有500名员工的工厂制定了一个新的愿景，即“共同追求卓越”。他们还为公司拟定了新的使命陈述，这一使命强调公司要成为一个客户推动型的、以团队为基础的组织，同时号召员工提高对于公司的忠诚度，并且像“公司所有者”那样为公司工作。

桑迪下一步采取的措施是将团队的理念传递到整个公司中的所有员工。沟通的过程进行得出乎意料的顺利，他非常高兴地看到，自己宣传的“所有者员工”的理念正在逐渐形成。团队成员在一起接受培训，一起制定生产计划，热烈地欢迎360°反馈——即由上级、下级、同事以及其他内部和外部客户共同完成对员工的绩效评价。公司绩效开始改善，员工士气逐渐高涨，生产率也开始出现了上升的势头。公司甚至已经开始偶尔召开庆祝会来欢庆团队所取得的成就，团队结构似乎已经稳稳当当地建立了起来。

然而，桑迪还想实现进一步的完善。哈萨维公司长期以来形成的一个政策是，给所有的员工提供相同幅度的年度加薪。但是，桑迪认为，在新型的团队环境中，杰出的绩效应当成为加薪的标准。在与公司首席执行官雷吉纳·西奥弗协商之后，他向所有的员工发出了一份备忘录，宣布公司将转向实行以团队为基础的绩效薪酬。

员工立即作出了反应，大家100%地反对。没有一位员工对于这种变革感到舒服。在他们提出的抱怨中，有两条是最为显著的。第一，由于360°反馈系统使每一个人都要对其他人的绩效作出自己的评价，因此没有人愿意看到自己的加薪会受到自己同事的意见的左右。第二，大家普遍有这样一种感觉，即作出这种变革决策的方式以及宣布变革的方式似乎表明，公司并不是真的愿意以团队的方式来完成工作。简而言之，员工觉得他们被排除在决策过程之外。

桑迪和雷吉纳在第二天一早安排了会面。他们在办公室里一边喝着咖啡，一边开始进行令人不愉快的争论。到底是应当取消这一刚刚通过的政策，还是应当继续坚持实施下去呢？

［问题］

1. 绩效奖励计划对于该公司来说是一个好的思路吗？为什么是或不是？

2. 在桑迪和雷吉纳进行决定时，你会给他们提出怎样的建议？

3. 在制定并传达新的薪酬计划时，他们犯了哪些错误？桑迪本来可以采取何种不同的方式来推动这场重大变革？

4. 假定新的薪酬计划最终被接受了，你会遇到这样一个问题，即在新的绩效评价系统中，员工的评价会对他们的同事的薪酬水平产生影响。你将如何处理这样一个问题？

说明：本案例中的事件根据发生在纽约柯克伍德的菲多利商品店中的真实事件改编，请参见 C. James Novak，“Proceed with Caution When Paying Teams”，*HR Magazine*，April 1997，p. 73。

连续案例

卡特洗衣公司

奖励计划

到底是应当向卡特洗衣公司的员工支付小时工资还是激励工资，这一问题一直困扰着杰克·卡特。

他的基本政策是向员工支付小时工资，但是管理人员能够得到年终奖，而年终奖的基础正如杰克所说，则是“他们管辖的洗衣店在这一年中的工作做得好不好”。

不过，他正在考虑在一家洗衣店中采用奖励计划。杰克知道，一名熨衣工每小时能熨 25 件上装（夹克、连衣裙和衬衫），但是大部分工人都达不到这个理想标准。这里有一个例子，一位叫沃特的熨衣工的小时工资是 8 美元，但杰克注意到，不管他的工作量有多少，沃特总是会在下午 3 点结束工作回家，所以他每星期都能够得到 300 美元的报酬。比如在假期中，有很多衣服需要熨烫，他每小时能熨烫 22～23 件上衣（其他人熨烫裤子），因此在得到 300 美元之后，他仍然可以在下午 3 点准时离开洗衣店，去接他放学的孩子。但是当店里的活不是那么紧的时候，他的生产率就会下降到每小时只能熨烫 12～15件上衣，所以在一周结束时，他能得到的收入大概不超过 280 美元，同时也并没有比工作繁忙时更早一点回家。

杰克跟沃特谈了好几次，尽管沃特每次都承诺更加努力地工作，但杰克后来很清楚地看到，无论如何，沃特都能每周很轻松地赚到 300 美元。杰克还感觉到，沃特需要养家糊口，不管店里繁忙还是清闲，他都不想让自己赚到的钱低于他的“目标”工资。问题在于，沃特每天从事熨烫工作的时间越长，蒸汽锅炉和压缩机就不得不在更长的时间里保持马力，仅燃料费都要上涨到每小时 6 美元了。由于燃料费用降低了总利润，所以杰克需要找到某种方法，从而在不解雇沃特的情况下解决这个问题。

杰克的解决方法是，告诉沃特自己不再对他支付每小时 8 美元的工资，从今以后，沃特每熨烫一件衣服，将会得到 0.33 美元。杰克想，在这种情况下，只要沃特熨烫一件衣服的报酬为 0.33 美元，那么，只要他每小时能够熨 25 件衣服，他的工资实际上就会出现小幅上涨。由于他每小时熨烫更多件衣服，因此，洗衣店就能早一点关掉机器。

总的来说，这个实验运行良好。沃特现在一般每小时能够熨烫 25～30 件衣服。他能够更早下班，并且由于薪酬水平出现了小幅上升，所以他也能挣到目标工资。但是，也出现了两个问题。一是沃特的工作质量有所下降；二是洗衣店的管理人员不得不每小时花 1～2 分钟的时间来检查沃特在那一个小时的时间里熨烫了多少件衣服。此外，杰克非常满意这项奖励计划的实施效果，他在考虑是否能够将这项计划推广到其他的员工和其他洗衣店里。

[问题]

1. 这项计划应该推广到其他洗衣店中的熨衣工吗?

2. 其他类型的员工（洗衣工和柜台员工）也应该实行类似的奖励计划吗？为什么应当或不应当？如果要实行，具体应当如何实行?

将战略转化为人力资源管理政策和实践的案例

巴黎酒店

巴黎酒店的竞争战略是：“通过卓越的顾客服务将自己与同行区别开来，以吸引顾客延长入住时间，提高顾客再次入住比率，从而提高酒店的收入和利润水平。”酒店人力资源经理莉萨·克鲁兹现在必须制定和实施战略性人力资源管

理政策和活动，通过帮助酒店获得战略所需的员工行为和胜任素质来支持酒店的这一竞争战略。

在薪酬方面，莉萨·克鲁兹最关心的是巴黎酒店的薪酬计划并没有把薪酬与绩效有效地联系起来。由于巴黎酒店的薪酬过去不具有外部竞争力，所以现在的管理人员倾向于实行一次全面的普遍加薪。这就意味着，业绩良好的员工所得到的薪酬涨幅与业绩较差的员工是一样的。同样，巴黎酒店也没有任何一种奖金或奖励计划关注把员工的绩效与一些同战略相关的员工能力和行为——其中包括友好地跟客户打招呼、提供快速的入住与结账服务等——联系起来。

基于他们的分析，莉萨·克鲁兹和首席财务官得出了这样一个结论：无论从哪个角度来说，公司现行的奖励计划都是完全不适合的。员工的绩效加薪或奖励薪酬根本就没有与员工的绩效有效地联系起来，因为管理人员的绩效薪酬是由董事会授予的，所以只有不到5%的员工（仅限于管理人员）符合领取奖励薪酬的条件。并且，低绩效和高绩效员工所获得的奖励薪酬也相差不到2%。通过阅读行业研究资料，莉萨意识到，在高绩效公司中，至少有80%的员工都有机会获得与其绩效相关的加薪或者奖励薪酬；同时，她还意识到，在一家高效运作的公司中，低绩效员工和高绩效员工得到的奖励薪酬之间的差异至少要达到5%或6%。首席财务官批准莉萨为巴黎酒店员工设计一个以战略为导向的新奖励计划。他们的总体目标是设计一个适用于公司全体员工的薪酬奖励计划。

对于新型奖励计划必须达到的标准，莉萨和首席财务官提出了三条明确的要求。第一，巴黎酒店中至少应当有90%的员工（或者全部员工）符合得到绩效加薪或奖励薪酬的条件，并且绩效加薪或奖励薪酬与员工的业绩要有联系。第二，低绩效员工和高绩效员工得到的奖励薪酬之间的差异至少要达到10%。第三，新的奖励计划必须包括特殊奖金和评价机制，并且它们应该能够将员工在各类职位上的行为与同战略相关的员工能力和行为联系起来。例如，前台服务人员的报酬可以部分地取决于他们为顾客登记入住与结账时的友好态度及速度；对客房清洁工的评估与奖励可以部分地取决于客房清洁的损耗状况等。

［问题］

1. 讨论你对莉萨和首席财务官为新的奖励计划设定的那些可衡量标准的看法。

2. 举出你所知道的巴黎酒店的战略目标，为下列员工列出3～4项你想要激励的具体行为：前台服务人员、酒店管理人员、门童和客房经理。

3. 请为巴黎酒店的管理人员设计出一整套奖励计划（包括所有的长期和短期奖励计划）。

注释

[1] Even the traditional holiday bonus is being replaced by performance-based pay. A survey by consultants Hewitt Associates found that only about 5% of employers surveyed would distribute holiday cash bonuses. About 78% said they were offering performance-based awards, up from 51% about 15 years previously. "Cash Bonuses Are Ghosts of Holidays Past, Survey Says," *BNA Bulletin to Management*, December 13, 2005, p. 396. See also "Aligning Rewards with the Changing Employment Deal: 2006/2007 Strategic Rewards®Report," www.watsonwyatt.com/research/resrender.asp?id=2006-US-0038&page=1, accessed May 20, 2007.

[2] "Few Employees See the Pay for Performance Connection," *Compensation & Benefits Review* 17, no. 2 (June 2003); "Most Workers Not Motivated by Cash," *Incentive Today*, July–August 2004, p. 19; and "Pay-for-Performance Plans' Impact Uncertain: Study," *Modern Healthcare*, May 24, 2004, p. 34.

[3] Kathy Chu, "Employers See Lackluster Results Linking Salary to Performance," *The Wall Street Journal*, June 15, 2004, p. D2.

[4] Ted Turnasella, "Pay and Personality," *Compensation & Benefits Review*, March/April 2002, pp. 45–59.

[5] Jason Shaw et al., "Reactions to Merit Pay Increases: A Longitudinal Test of a Signal Sensitivity Perspective," *Journal of Applied Psychology* 88, no. 3 (2003), pp. 538–544.

[6] See, for example, Edward Deci, *Intrinsic Motivation* (New York: Plenum, 1975).

[7] Ruth Kanfer, "Motivation Theory," in Harry C. Triandis, Marvin D. Dunnette, and Leaetta M. Hough, *Handbook of Industrial and Organizational Psychology*, (Palo Alto, CA: Consulting Psychologists Press, c1990–c1994), p. 113.

[8] For a discussion, see John P. Campbell and Robert Prichard, "Motivation Theory in Industrial and Organizational Psychology," in Marvin Dunnette (ed.), *Industrial and Orga-*

nizational Psychology (Chicago: Rand McNally, 1976), pp. 74–75; and Kanfer, op cit. pp. 115–116.

[9] See, for example, Aubrey Daniels et al., "The Leader's Role in Pay Systems and Organizational Performance," *Compensation & Benefits Review*, May/June 2006, pp. 58–60; and Suzanne Peterson and Fred Luthans, "The Impact of Financial and Non-Financial Incentives on Business Unit Outcomes Over Time," *Journal of Applied Psychology* 91, no. 1 (2006), pp. 156–165.

[10] See, for example, Mary Ducharme and Mark Podolsky, "Variable Pay: Its Impact on Motivation and Organisation Performance," *International Journal of Human Resources Development and Management* 6 (May 9, 2006), p. 68.

[11] Ibid.

[12] "Employers Use Pay to Lever Performance," *BNA Bulletin to Management*, August 21, 1997, p. 272.

[13] See, for example, Kenan Abosch, "Variable Pay: Do We Have the Basics in Place?" *Compensation & Benefits Review*, July/August 1998, pp. 2–22.

[14] See, for example, Diane Cadrain, "Cash Versus Non-Cash Rewards," *HR Magazine*, April 2003, pp. 81–87.

[15] Richard Henderson, *Compensation Management* (Upper Saddle River, NJ: Prentice Hall, 2000), p. 463.

[16] For a discussion of these, see Thomas Wilson, "Is It Time to Eliminate the Piece Rate Incentive System?" *Compensation & Benefits Review*, March/April 1992, pp. 43–49.

[17] K. Oanh Ha, "California Workers Named in Articles Not Asked to Help in Piecework Probe," *Knight Ridder/Tribune News*, March 23, 2000, item 0008408e.

[18] William Atkinson, "Incentive Pay Programs That Work in Textile," *Textile World* 151, no. 2 (February 2001), pp. 55–57.

[19] See, for example, "Bias Creeps into Bonus Process, MIT Study Finds," *Workforce Management*, September 20, 2008, pp. 8–9.

[20] The average uncorrected cross-sectional correlation was 17. Michael Harris et al., "A Longitudinal Examination of a Merit Pay System: Relationships Among Performance Ratings, Merit Increases, and Total Pay Increases," *Journal of Applied Psychology* 83, no. 5 (1998), pp. 825–831.

[21] Eric R. Schulz and Denise Marie Tanguay, "Merit Pay in a Public Higher Education Institution: Questions of Impact and Attitudes," *Public Personnel Management* 35, no. 1 (Spring 2006), p. 71(18); Thomas S. Dee and Benjamin J. Keys, "Does Merit Pay Reward Good Teachers? Evidence from a Randomized Experiment," *Journal of Policy Analysis & Management* 23, no. 3 (Summer 2004), pp. 471–488. See also David N. Figlio and Lawrence W. Kenny, "Individual Teacher Incentives and Student Performance," *Journal of Public Economics* 91, no. 5–6 (June 2007), p. 901(14).

[22] Jonathan Glater, "Varying the Recipe Helps TV Operations Solve Morale Problem," *The New York Times*, March 7, 2001, p. C1.

[23] Esther Shein, "Team Spirit: IT Is Getting Creative with Compensation to Foster Collaboration," *PC Week*, May 11, 1998, pp. 69–72. See also Fay Hansen, "Short-Term Incentive Programs Are Most Effective in Driving IT Performance," *Compensation & Benefits Review*, November/December 2003, pp. 11–12.

[24] Ann Harrington, "Saying 'We Love You' with Stock Options," *Fortune*, October 11, 1999, p. 316.

[25] Betty Sosnin, "A Pat(ent) on the Back," *HR Magazine*, March 2000, pp. 107–8, 110, 112.

[26] Suzanne Peterson and Fred Luthans, "The Impact of Financial and Nonfinancial Incentives on Business Unit Outcomes Over Time," *Journal of Applied Psychology* 91, no. 1 (2006), p. 158.

[27] See, for example, ibid., pp. 156–165.

[28] "Employee Recognition," *WorldatWork*, April 2008, at http://www.worldatwork.org/waw/adimLink?id=25653, accessed November 3, 2009.

[29] See, for example, Leslie Yerkes, *Fun Works: Creating Places Where People Love to Work*, (San Francisco, CA: Berrett-Koehler Publishers, 2007).

[30] Charlotte Huff, "Recognition That Resonates," *Workforce Management*, September 11, 2006, pp. 25–29. See also Scott Jeffrey and Victoria Schaffer, "The Motivational Properties of Tangible Incentives," *Compensation & Benefits Review*, May/June 2007, pp. 44–50.

[31] Bob Nelson, *1001 Ways to Reward Employees* (New York : Workman Pub., 1994), p. 19. See also Sunny C. L. Fong and Margaret A. Shaffer, "The Dimensionality and Determinants of Pay Satisfaction: A Cross-Cultural Investigation of a Group Incentive Plan," *International Journal of Human Resource Management* 14, no. 4 (June 2003), p. 559(22).

[32] William Bulkeley, "Incentives Systems Fine-Tune Pay/Bonus Plans," *The Wall Street Journal*, August 16, 2001, p. B4.

[33] Jeremy Wuittner, "Plenty of Incentives to Use E.I.M. Software Systems," *American Banker* 168, no. 129 (July 8, 2003), p. 680.

[34] Nina McIntyre, "Using EIM Technology to Successfully Motivate Employees," *Compensation & Benefits Review*, July/August 2001, pp. 57–60.

[35] Straight salary by itself is not, of course, an incentive compensation plan as we use the term in this chapter.

[36] Sonjun Luo, "Does Your Sales Incentive Plan Pay for Performance?" *Compensation & Benefits Review*, January/February 2003, pp. 18–24.

[37] Ibid., pp. 331–345. See also James M. Pappas and Karen E. Flaherty, "The Moderating Role of Individual-Difference Variables in Compensation Research," *Journal of Managerial Psychology* 21, no. 1 (January 2006), pp. 19–35; and T. B. Lopez, C. D. Hopkins, and M. A. Raymond, "Reward Preferences of Salespeople: How Do Commissions Rate?" *Journal of Personal Selling & Sales Management* 26, no. 4 (Fall 2006), p. 381(10).

[38] David Harrison, Meghan Virick, and Sonja William, "Working Without a Net: Time, Performance, and Turnover Under Maximally Contingent Rewards," *Journal of Applied Psychology* 81, no. 4 (1996), p. 332.

[39] Bill O'Connell, "Dead Solid Perfect: Achieving Sales Compensation Alignment," *Compensation & Benefits Review*, March/April 1996, pp. 46–47. See also C. Albrech, "Moving to a Global Sales Incentive Compensation Plan," *Compensation & Benefits Review* 41, no. 4 (July/August 2009), p. 52.

[40] In the salary bonus plan, salespeople are paid a base salary and are then paid a bonus for carrying out specific activities.

[41] Leslie Stretch, "From Strategy to Profitability: How Sales Compensation Management Drives Business Performance," *Compensation & Benefits Review*, May/June 2008, pp. 32–37.

[42] S. Scott Sands, "Ineffective Quotas: The Hidden Threat to Sales Compensation Plans," *Compensation & Benefits Review* (March/April 2000): 35–42. See also "Driving Profitable Sales Growth: 2006/2007 Report on Sales Effectiveness," http://www.watsonwyatt.com/research/resrender.asp?id=2006-US-0060&page=1, accessed May 20, 2007.

[43] Peter Gundy, "Sales Compensation Programs: Built to Last," *Compensation & Benefits Review* (September/October 2002): 21–28. See also T. B. Lopez, C. D. Hopkins, M. A. Raymond, "Reward Preferences of Salespeople: How Do Commissions Rate?", *Journal of Personal Selling & Sales Management* 26, no. 4 (Fall 2006), p. 381(10).

[44] "Driving Profitable Sales Growth: 2006/2007 Report on Sales Effectiveness," www.watsonwyatt.com/research/resrender.asp?id=2006-US-0060&page=1, accessed May 20, 2007.

[45] Bob Conlin, "Best Practices for Designing New Sales Compensation Plans," *Compensation & Benefits Review*, March/

April 2008, p. 51.
[46] Ibid, p. 53.
[47] www.vuesoftware.com/Product/Compensation_Management.aspx, accessed March 4, 2009.
[48] Ibid.
[49] Peter Glendinning, "Kicking the Tires of Automotive Sales Compensation," *Compensation & Benefits Review*, September/October 2000, pp. 47–53; and Michele Marchetti, "Why Sales Contests Don't Work," *Sales and Marketing Management* 156 (January 2004), p. 19. See also "Salary and Bonus Gain Favor in Sales Pay (for Motor Vehicle Salespeople)," *Automotive News* 75, no. 5915 (February 5, 2001), p. 50.
[50] Mark Meltzer and Howard Goldsmith, "Executive Compensation for Growth Companies," *Compensation & Benefits Review*, November/December 1997, pp. 41–50; and Barbara Kiviat, "Everyone into the Bonus Pool," *Time* 162, no. 24 (December 15, 2003), p. A5.
[51] www.mercer.com/pressrelease/details.jhtml/dynamic/idContent/1263210, accessed January 2, 2007.
[52] "Short-Term Incentives Considered Ineffective, Survey Reveals," *Society for Human Resource Management*, January 2000, p. 5. See also Steven Balsam and Setiyono Miharjo, "The Effect of Equity Compensation on Voluntary Executive Turnover," *Journal of Accounting and Economics* 43, no. 1 (March 2007), p. 95(25).
[53] See "The Impact of Sarbanes-Oxley on Executive Compensation," www.thelenreid.com, downloaded December 11, 2003. See also Brent Longnecker and James Krueger, "The Next Wave of Compensation Disclosure," *Compensation & Benefits Review*, January/February 2007, pp. 50–54.
[54] Meltzer and Goldsmith, "Executive Compensation for Growth Companies," pp. 44–45. See also Robert E. Wood et al., "Bonuses, Goals, and Instrumentality Effects," *Journal of Applied Psychology* 84, no. 5 (1999), pp. 703–720.
[55] Ibid., pp. 188. Meltzer and Goldsmith, "Executive Compensation for Growth Companies," p. 44. Fay Hansen, "Salary and Wage Trends," *Compensation & Benefits Review*, March/April 2004, pp. 9–10.
[56] Bruce Ellig, "Executive Pay Financial Measurements," *Compensation & Benefits Review*, September/October 2008, pp. 42–49.
[57] "Base Pay Will Rise More Slowly in 2009," *Compensation & Benefits Review*, November/December 2008, p. 5.
[58] Ibid.
[59] Employers need to beware of piling so many new stock incentives on top performers during challenging times that when buoyant economic times return, the employees receive a windfall. See, for example, Jack Dolmat-Connell et al., "Potential Implications of the Economic Downturn for Executive Compensation," *Compensation & Benefits Review* 41, no. 1 (January/February 2009), pp. 33–38.
[60] Benjamin Dunford et al., "Underwater Stock Options and Voluntary Executive Turnover: A Multidisciplinary Perspective Integrating Behavioral and Economic Theories," *Personnel Psychology* 61 (2008), pp. 687–726.
[61] Phred Dvorak, "Slump Yields Employee Rewards," *The Wall Street Journal*, October 10, 2008, p. B2; Don Clark and Jerry DiColo, "Intel to Let Workers Exchange Options," *The Wall Street Journal*, March 24, 2009, p. B3.
[62] Wm. Gerard Sanders and Donald Hambrick, "Swinging for the Fences: The Effects of CEO Stock Options on Company Risk-Taking and Performance," *Academy of Management Journal* 50, no. 5 (2007), pp. 1055–1078.
[63] "Study Finds That Directly Owning Stock Shares Leads to Better Results," *Compensation & Benefits Review*, March/April 2001, p. 7. See also Ira Kay, "Whither the Stock Option? While Stock Options Lose More Luster as Executive Motivators, Compensation Committees Face Challenges, Including Selecting Other Forms of Stock Incentives," *Financial Executive* 20, no. 2 (March–April 2004), p. 46(3); and Lucian A. Bebchuk and Jesse M. Fried, "Pay Without Performance: Overview of the Issues," *Academy of Management Perspectives*, Feb. 2006, v20 i1 p. 5(20).
[64] www.mercer.com/pressrelease/details.jhtml/dynamic/idContent/1263210, accessed January 2, 2007.
[65] Louis Lavelle, "How to Halt the Options Express," *BusinessWeek*, September 9, 2002.
[66] Under IRS regulations, companies cannot deduct all golden parachute payments made to executives, and the executive must pay a 20% excise tax on the golden parachute payments. "Final Regs Issued for Golden Parachute Payments," *Executive Tax and Management Report* 66, no. 17 (September 2003), p. 1.
[67] "Conseco Not Alone on Executive Perks," *Knight-Ridder/Tribune Business News*, August 28, 2003, item 03240015. See also "Realities of Executive Compensation—2006/2007 Report on Executive Pay and Stock Options," www.watsonwyatt.com/research/resrender.asp?id=2006-US-0085&page=1), accessed May 20, 2007.
[68] Meltzer and Goldsmith, "Executive Compensation for Growth Companies," pp. 41–50. See also Patricia Zingheim and Jay Schuster, "Designing Pay and Rewards in Professional Companies," *Compensation & Benefits Review*, January/February 2007, pp. 55–62; and Ronald Bottano and Russell Miller, "Making Executive Compensation Count: Tapping into the New Long-Term Incentive Portfolio," *Compensation & Benefits Review*, July/August 2007, pp. 43–47.
[69] Other suggestions are as follows: equal payments to all members on the team; differential payments to team members based on their contributions to the team's performance; and differential payments determined by a ratio of each group member's base pay to the total base pay of the group. See Kathryn Bartol and Laura Hagmann, "Team Based Pay Plans: A Key to Effective Team Work," *Compensation & Benefits Review*, November–December 1992, pp. 24–29. See also Charlotte Garvey, "Steer Teams with the Right Pay," *HR Magazine*, May 2002, pp. 70–71, and K. Merriman, "On the Folly of Rewarding Team Performance, While Hoping for Teamwork," *Compensation & Benefits Review* 41, no. 1 (January/February 2009), pp. 61–66.
[70] Richard Seaman, "The Case Study: Rejuvenating an Organization with Team Pay," *Compensation & Benefits Review*, September/October 1997, pp. 25–30. See also Peter Wright, Mark Kroll, Jeffrey A. Krug, and Michael Pettus, "Influences of Top Management Team Incentives on Firm Risk Taking," *Strategic Management Journal* 28, no. 1 (January 2007), pp. 81–89.
[71] K. Merriman, "On the Folly of Rewarding Team Performance, While Hoping for Teamwork," *Compensation & Benefits Review*, January/February 2009, pp. 61–66.
[72] Seongsu Kim, "Does Profit Sharing Increase Firms' Profits?" *Journal of Labor Research*, Spring 1998, pp. 351–371. See also Jacqueline Coyle-Shapiro et al., "Using Profit-Sharing to Enhance Employee Attitudes: A Longitudinal Examination of the Effects on Trust and Commitment," *Human Resource Management* 41, no. 4 (Winter 2002), pp. 423–449.
[73] Kaja Whitehouse, "More Companies Offer Packages Linking Pay Plans to Performance," *The Wall Street Journal*, December 13, 2005, p. B4.
[74] Under the U.S. tax code, "any arrangement that provides for the deferral of compensation in a year later than the year in which the compensation was earned may be considered a deferred compensation arrangement." Steven Friedman, "2008 Compliance Strategies for Employers in Light of Final 409A Regulations," *Compensation & Benefits Review*, March/April 2008, p. 27.

[75] Joseph Martocchio, *Strategic Compensation* (Upper Saddle River, NJ: Prentice Hall, 2006), pp. 163–165.

[76] Brian Graham-Moore and Timothy Ross, *The Scanlon Way to Improved Productivity: A Practical Guide* (New York: Wiley, 1978), p. 2.

[77] These are based in part on Steven Markham, K. Dow Scott, and Walter Cox Jr., "The Evolutionary Development of a Scanlon Plan," *Compensation & Benefits Review*, March/April 1992, pp. 50–56. See also Woodruff Imberman, "Are You Ready to Boost Productivity with a Gainsharing Plan? To Survive and Prosper in Our Hyper-competitive Environment, Board Converters Must Motivate Employees at All Levels," *Official Board Markets* 82, no. 47 (November 25, 2006), p. 5(2); and James Reynolds and Daniel Roble, "Combining Pay for Performance with Gainsharing," *Healthcare Financial Management* 60, no. 11 (November 2006), p. 50(6).

[78] Markham et al., "The Evolutionary Development of a Scanlon Plan," p. 51.

[79] Barry W. Thomas and Madeline Hess Olson, "Gainsharing: The Design Guarantees Success," *Personnel Journal*, May 1998, pp. 73–79.

[80] Paraphrased from Woodruff Imbermann, "Boosting Plant Performance with Gainsharing," *Business Horizons*, November–December 1992, p. 77. See also Max Reynolds and Joane Goodroe, "The Return of Gainsharing: Gainsharing Appears to Be Enjoying a Renaissance," *Healthcare Financial Management* 59, no. 11 (November 2005), p. 114(6); and Dong-One Kim, "The Benefits and Costs of Employee Suggestions Under Gainsharing," *Industrial and Labor Relations Review* 58, no. 4 (July 2005), p. 631(22).

[81] Paul Rossler and C. Patrick Koelling, "The Effect of Gainsharing on Business Performance at a Paper Mill," *National Productivity Review*, Summer 1993, pp. 365–382.

[82] For a discussion of the effects of employee stock ownership on employee attitudes, see John Gamble, "ESOPs: Financial Performance and Federal Tax Incentives," *Journal of Labor Research* 19, no. 3 (Summer 1998), pp. 529–542.

[83] Steven Etkind, "ESOPs Create Liquidity for Share Holders and Help Diversify Their Assets," *Estate Planning* 24, no. 4 (May 1998), pp. 158–165. See also S. Coomes, "Employee Stock Plans Can Save Taxes, Attract Talent," *Nation's Restaurant News* 42, no. 36 (September 15, 2008), p. 12.

[84] William Smith, Harold Lazarus, and Harold Murray Kalkstein, "Employee Stock Ownership Plans: Motivation and Moral Issues," *Compensation & Benefits Review*, September/October 1990, pp. 37–46. See also "ESOP Trustees Breached Their Fiduciary Duties Under ERISA by Failing to Make Prudent Investigation into Value of Stock Purchased by ESOP," *Tax Management Compensation Planning Journal* 30, no. 10 (October 4, 2002), p. 301(1); and J. D. Mamorsky, "Court Approves ERISA Action Against ENRON Executives, Trustee, and Plan Auditor for Retirement Plan Losses," *Journal of Compensation and Benefits* 20, no. 1 (January–February 2004), p. 46(7).

[85] James Sesil et al., "Broad-Based Employee Stock Options in U.S. New Economy Firms," *British Journal of Industrial Relations* 40, no. 2 (June 2002), pp. 273–294.

[86] Eric Dash, "Time Warner Stops Granting Stock Options to Most of Staff," *The New York Times*, February 19, 2005, item 128921996.

[87] Peter Kurlander, "Building Incentive Compensation Management Systems: What Can Go Wrong?" *Compensation & Benefits Review*, July/August 2001, pp. 52–56. The average percentage of payroll employers spent on broad-based performance pay plans rose till 2005, and then has fallen for the past few years. "Companies Pull Back from Performance Pay," *Workforce Management*, October 23, 2006, p. 26. For one of many good discussions of why pay for performance tends to be ineffectual, see Fay Hansen, Where's the Merit-Pay Payoff? *Workforce Management*, November 3, 2008, pp. 33–39.

[88] Suzanne Peterson and Fred Luthans, "The Impact of Financial and Nonfinancial Incentives on Business Unit Outcomes over Time," *Journal of Applied Psychology* 91, no. 1, 2006, pp. 156–165.

[89] Ibid., p. 159.

[90] Ibid., p. 159.

[91] Ibid., p. 162. See also "Delivering Incentive Compensation Plans That Work," *Financial Executive* 25, no. 7 (September 2009), pp. 52–54.

[92] Reed Taussig, "Managing Cash Based Incentives," *Compensation & Benefits Review*, March/April 2002, pp. 65–68. See also Nigel Nicholson, "How to Motivate Your Problem People," *Harvard Business Review*, January 2003, pp. 57–65; and "Incentives, Motivation and Workplace Performance," Incentive Research Foundation, www.incentivescentral.org/employees/whitepapers, accessed May 19, 2007.

[93] "Two Frameworks for a More ROI-Minded Rewards Plan," *Pay for Performance Report*, February 2003, p. 1, at http://www.ioma.com/issues/PFP/2003_02/518132-1.html, accessed November 3, 2009; and Alan Robinson and Dean Schroeder, "Rewards That Really Work," *Security Management*, July 2004, pp. 30–34. See also Patricia Zingheim and Jay Schuster, "What Are Key Pay Issues Right Now?" *Compensation & Benefits Review*, May/June 2007, pp. 51–55.

[94] See, for example, Jessica Marquez, "Retooling Pay: Premium on Productivity," *Workforce Management* 84, no. 12 (November 7, 2005), pp. 1, 22–23, 25–26, 28, 30; http://www.scribd.com/doc/12824332/NUCOR-CORP-8K-Events-or-Changes-Between-Quarterly-Reports-20090224, accessed November 3, 2009; and http://www.nucor.com/careers, accessed November 3, 2009.

[95] Theodore Weinberger, "Evaluating the Effectiveness of an Incentive Plan Design Within Company Constraints," *Compensation & Benefits Review*, November/December 2005, pp. 27–33; Howard Risher, "Adding Merit to Pay for Performance," *Compensation & Benefits Review*, November/December 2008, pp. 22–29.

[96] Janet Wiscombe, "Can Pay for Performance Really Work?" *Workforce*, August 2001, p. 30.

[97] Susan Marks, "Incentives That Really Reward and Motivate," *Workforce*, June 2001, pp. 108–114.

[98] Although not an issue at Nucor, the employer needs to beware of instituting so many incentive plans (cash bonuses, stock options, recognition programs, and so on) tied to so many different behaviors that employees don't have a clear priority of the employer's priorities. See, for example, Stephen Rubenfeld and Jannifer David, "Multiple Employee Incentive Plans: Too Much of a Good Thing?" *Compensation & Benefits Review*, March/April 2006, pp. 35–43.

第13章
福利与服务

当在全球拥有1万家店面的时候，很显然就不可能再通过逐一巡视的方式来了解每一个店面的情况了。这也许正是星巴克实施其与众不同的员工福利政策的原因之一。在这家公司，每一位合伙人（员工）都有一个专属的总薪酬和福利“特别配方”。星巴克最基本的福利包括卫生保健福利、退休储蓄计划、人寿和伤残保险、领养援助计划、内部合伙人福利，（当然）还有每人每周一磅咖啡。[1]

我们学到哪了

我们已经讨论了薪酬计划的三个组成部分中的两个——薪资（或工资）以及激励性薪酬。第13章的主要内容就是讨论员工福利。我们主要讨论四种形式的福利计划：补充薪酬性福利（比如员工病假工资以及带薪休假工资）、保险类福利（比如工伤保险等）、退休福利（比如养老金计划等）以及员工服务福利（比如儿童看护设施）。因为在福利决策中法律因素的影响很大，所以我们还会讨论美国联邦政府相关法律条文的内容，以及它们对管理人员的启示。本章将进一步完善此前在员工薪酬福利方面的讨论。而下一章，也就是第14章将集中讨论人力资源管理中的另外一个非常重要的任务——员工关系管理。

学习目标

1. 指出并界定各种针对非工作时间提供的薪酬。
2. 描述几种主要的保险类福利计划。
3. 讨论几种常见的退休福利计划。
4. 列举几种主要的员工服务福利计划。
5. 解释几种主要的弹性福利计划。

13.1　当前福利概况

"你们公司有哪些福利?"这是许多求职者首先要问的一个问题。**福利**（benefits）——指员工因为保持与企业之间的雇佣关系而获得的各种间接的经济性或非经济性的报酬，是任何一位员工的薪酬收入中一个非常重要的组成部分。[2]福利包括健康与人寿保险、养老金、非工作时间的薪酬以及儿童看护方面的服务等。

在美国，大多数全日制员工都能够享受各种福利。事实上，所有的企业都会为员工提供某些健康医疗保险。[3]员工福利一般相当于工资和薪金（即基本薪酬）的33%～40%（或者占总薪酬的28%）；法定福利项目（例如失业保险）是成本最高的福利项目，其次是医疗保险项目。

如图 13—1 所示，医疗保险费用正在迅速上升。2001 年以来，医疗保险费用上涨了 78%，而与此同时，物价只上涨了 17%。[4]（不过，与 2002 年以来员工的成本平均上涨了 15%这种情况相比，2009 年的员工成本只上涨了 6.4%，这主要是因为公司在成本控制方面所做的努力，随后我们将讨论这个问题。[5]）根据韬睿咨询公司的估计，目前，每个家庭每月的医疗费用为 888 美元。[6]图 13—2 总结了各项福利相当于工资和薪资的百分比。[7]

卫生保健总开支	1.9 万亿美元	2.9 万亿美元	4 万亿美元
占国民生产总值的百分比	16% 2004 年	18% 2009 年	20% 2015 年

图 13—1　美国医疗保健成本的上升

说明：2009 年和 2015 年的数据系估算得出。2004 年医疗保健成本上升了 7.9%，几乎是通货膨胀率的 2 倍，因此，预计这样的上升速度将持续到 2015 年。

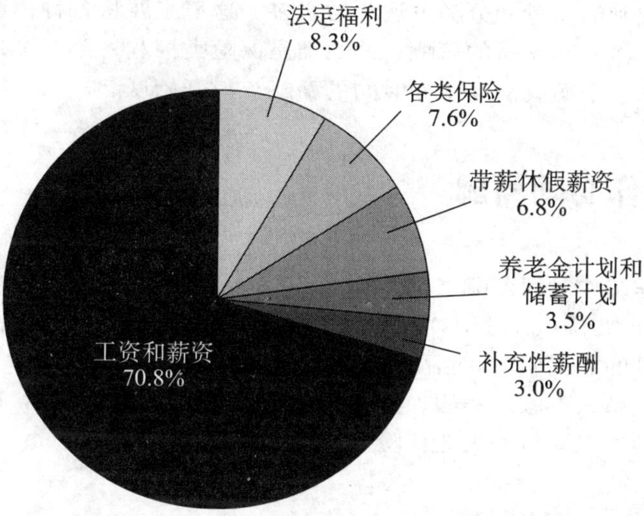

图 13—2　私营企业中各项员工福利成本所占的比例，2009 年 3 月

资料来源：www.bls.gov/news.release/pdf/ecec.pdf，accessed：April 29，2009.

员工很清楚医疗保健福利的重要性。一项调查表明，员工更愿意在提供医疗保健福利的公司工作，即使这意味着他们的工资可能会比在不提供此项福利的公司中工作时减少 20%。[8]在另一项调查中，78%的员工认为医疗保健福利是组织留住他们的一个重要因素，而 75%的受访者认为，薪酬是留住他们的重要因素。但这项调查也发现，只有 34%的受访者对公司提供的医疗保健福利感到满意。[9]

政策问题 在制定福利计划的时候，企业必须考虑一系列政策问题，其中包括：提供何种福利；谁能够享受福利；是否将离退休人员纳入该计划；员工在最初的试用期内是否也能够享受福利；如何为福利计划筹集资金；在福利计划中为员工提供的选择余地多大；福利计划的成本控制程序是什么；怎样就各种可选择的福利与员工进行沟通。[10]

法律因素对福利计划的影响很突出，联邦政府的法律对一些福利作出了强制要求（例如社会保险），而其他一些福利计划则由企业自主决定是否实施（见表 13—1）。但是，联邦政府的法律对于本应由企业自主决定的福利，比如带薪休假，也会施加一些影响。此外，企业还必须遵守其所在州的相关法律。例如，加利福尼亚州就要求大部分州政府项目承包商为员工提供同居伴侣福利。[11]

表 13—1　一些法定和自主确定的福利项目举例

联邦政府法律或大多数州法律规定的福利	企业可以自主决定的福利*
社会保障	伤残、健康和人寿保险
失业保险	养老金计划
工伤保险	休假、节假日、病假、事假、法律义务假等的薪酬支付
《家庭和医疗休假法》允许的休假	各种员工援助和咨询计划；儿童看护、老人护理和弹性工作时间安排等“家庭友好型”福利；高层管理人员特殊福利

* 尽管这些福利并不是联邦政府的法律要求的，但这些福利都会以某种形式受到联邦政府法律规定的约束，本章后面对此有所解释。

福利的数量和分类方法非常之多。这里主要将各种福利分为四大类。第一类是对非工作时间支付的薪酬；第二类是保险类福利；第三类是退休福利；第四类是各种服务。下面就从非工作时间的薪酬支付开始谈起。

13.2 非工作时间薪酬

非工作时间薪酬（pay for time not worked）又称为**补充性薪酬型福利**（supplemental pay benefits），是大多数企业的福利计划中所占比重极大的一种福利。最常见的非工作时间薪酬包括员工在节假日、休假、法律义务假、丧葬假、军事义务假、私人事假、病假、年休假、产假时所享受的薪酬，以及向被临时解雇或永久解雇的员工支付的失业保险金。

13.2.1 失业保险

美国各州都制定了**失业保险法案或失业补偿法案**（unemployment insurance or

compensation laws)。失业保险是指在员工不是由于自身原因而不能继续工作的情况下，企业向他们支付的一定数量的福利。这种福利的来源是企业缴纳的工薪税，在大多数州，这一税收的水平通常介于可征税总薪酬的 0.1% ～5%。一家企业需要缴纳的失业保险税率取决于企业解雇员工的历史比率。尽管美国各州都有自己的失业保险法律，但是它们都遵守联邦政府的统一指导原则。

国家并不要求企业向被解雇的每一位员工支付失业福利——只需要向那些不是因为个人的过错而被解雇的员工提供这种福利。因此，严格来说，一位因为长期迟到而被解雇的员工是无权要求获得失业福利的。但是，许多管理人员在这种能够保护企业利益的方面却经常疏忽大意。因此，很多企业每年在失业保险税方面要多支出数万美元的费用，而如果企业的管理人员注意在这方面保护企业利益的话，这些钱本来是不必要支出的。

在这方面，主要的工作就是整理好一系列已有书面警告的目录。此外，表 13—2 所示的核查清单也有助于保护企业的利益。确定在回答下列这样一些问题时，能够回答"是的"："你们公司有没有制定这样的规则：如果员工在未提前请假的情况下连续旷工 3 天，那么公司会将他们自动除名？"企业采取这样一些行为有助于证明，企业之所以解雇一位员工，是因为其工作表现不佳。（顺便说一下，那些还在"90 天试用期"内被解雇的员工，也同样有资格领取失业保险，所以有必要对这些人也同样列出书面警告清单。）

表 13—2　　失业保险成本控制核查清单

你是否：
- □ 保存了关于员工迟到、缺勤和收到警告通知的书面记录。
- □ 在解雇某位长期迟到的员工之前对其提出过警告。
- □ 明确规定如果员工在未请假情况下连续旷工 3 天，会被自动除名。
- □ 要求因病缺勤员工在回来上班时提供医生出具的证明。
- □ 对事假实行书面批准。
- □ 规定员工请假后返回工作岗位的时间。
- □ 要求得到离职者提供有签名的辞职申明。
- □ 如果员工不能按时返回工作岗位，向员工寄出解职信件。
- □ 以书面形式记载员工绩效不佳的所有实例。
- □ 要求员工的直接上级以书面形式记录，他们采取了哪些措施帮助员工改善不良绩效。
- □ 将员工拒绝接受建议和上级指导的情况记录下来。
- □ 要求所有的员工都以签名的形式认可公司的政策和规章规则。
- □ 及时（通常在 10 天以内）出具文件，否决公司原来的员工提出的失业福利申请。
- □ 在失业福利申请表中使用适当的术语并附上关于员工离开企业的事实方面的证明文件。
- □ 出席听证会并对不合理的失业福利申请提出申诉。
- □ 根据员工个人的人事档案来核查员工提出的所有失业福利申请。
- □ 做好日常离职面谈工作，以获得能帮助企业拒绝不合理的失业福利申请的相关信息。

13.2.2　休假和节假日薪酬

很多企业都提供带薪休假福利。84%的人力资源专业人员称，他们所在的公司为员工提供带薪休假，而 51%的人力资源专业人员表示，他们的公司还提供带薪事假。[12]就平均情况而言，美国员工的平均带薪休假时间为：工作 1 年后可享受8～9 天的假期；工作满 3 年可享受 11 天的休假；工作满 5 年可享受 14 天的休假；而工作满 10 年则可享受 16 天的休假。[13]在其他国家，员工可以享受的带薪年休假天数分别为：墨西哥 6 天，日本 10 天，瑞典和法国各 25 天，丹麦 33 天。

在美国，最常见的带薪节假日包括元旦、阵亡将士纪念日、独立日、劳动节、感恩节以及圣诞节。其他常见的节日还包括马丁·路德·金纪念日、耶稣受难日、总统纪念日、老兵节以及感恩节后的星期五、圣诞节前一天以及元旦前一天。[14]

企业必须就节假日和年休假的问题制定自己的政策。它们必须就以下问题作出决定：让员工得到多少天的休假，哪些节假日（如果有的话）是可以带薪的。其他一些相关的政策决策还包括：

● 员工在享受年休假期间的薪酬是应该根据他们的正常基本薪酬还是平均总薪酬（可能包括加班工资在内）决定？

● 如果员工在没有享受带薪年休假之前就离职了，那么企业是否应当根据他们累积的未享受年休假天数提供现金补偿呢？

● 如果员工在休假的前一天或后一天没有来工作，那么公司是否也要向员工支付相当于休假时的薪酬呢？

● 当员工在节假日期间工作时，企业是否应当提供某种特殊补贴——例如，提供相当于基本薪酬 1.5 倍的加班工资？

越来越多的公司都在向更具弹性化的休假制度发展。例如，IBM 公司的 35 万多名员工至少都有 3 个星期的年休假。然而，IBM 公司并不会追究每个人到底休了多少天假期，或者什么时候休假。相反，员工只需要与他们的直接上级达成关于休假的非正式安排就行。[15]

薪酬调查网站以及像 www.hrtools.com 这样的网站提供了一些可以包含在员工手册中的休假政策的案例。

休假和节假日政策中的一些法律问题 尽管联邦政府的法律没有对休假福利作出强制性要求，但企业必须在休假政策上小心谨慎。举例来说，当员工离职时，如果他还有未使用的休假天数，企业通常需要向该员工支付一定的补偿。比如，很多企业的休假政策表明，员工工作两周以上即可以享受带薪休假。这样，在员工离职时，企业就不得不按休假薪酬的一定比例向员工提供补偿。但是，如果企业的规定是员工必须在工作满一年之后才有资格享受带薪休假，那么，如果有员工在一年之内离职，他们便不能享受带薪休假。

这里可能存在的一个问题是，企业是否有权取消员工事先已经安排好的休假，例如，因为订单繁忙而让员工取消休假。因此，很重要的一点是，企业要明确制定自己的休假政策，清楚地指出，在生产需要的情况下，企业保留要求员工取消休假并重新安排休假时间的权利。

13.2.3 病假

病假（sick leave）是指当员工因为疾病而不能工作时，企业仍然向员工支付薪酬。大多数公司的病假政策都允许员工在一个规定的病假期内——通常是每年最多 12 天左右——享受全额的薪酬待遇。病假的时间长短往往是按照员工服务时间的一定比率来确定的，例如，每工作一个月可以享受一天的病假。

支付病假工资给企业带来了很多麻烦。这里的一个主要问题是：尽管许多员工都是在确实生病的情况下才休病假的，但也有些员工不论是否真的生病了，都把病假当作一种事假来休。例如，一项调查发现，真正因为生病而请的病假在所有的计划外病假缺勤中往往只占 45%。员工请病假的其他原因分别是：家庭问题占 27%；个人需要占 13%；出于“应得权利”考虑的占 9%。[16]另一项调查则发现，每个员工每年的缺勤成本约为 789 美元，而个人病假占总缺勤时间的 1/3。[17]

成本控制策略 企业可以采取一些策略来减少上述问题的发生。一些企业在每年年底会将员工未休满的病假“买”下来，即对于员工可休而未休的病假，企业按照正常的日薪酬水平向员工支付报酬。但这种政策的缺点是，它可能会鼓励员工即使是在真的生病的情况下，仍然带病坚持工作。还有一些企业则组织那些在一个月中出全勤的员工进行抽奖，抽中的员工可以获得相应的现金奖励。在万豪国际酒店，员工可以根据病假的价值来换取其他一些福利。还有一些企业则对所有的缺勤者进行突击检查，例如，当员工声称因病缺勤时，公司给员工的家里打电话以检查他们是否真的生病了。[18]

很多企业——大约 66%——选择了带薪休假储蓄计划（pooled paid leave plans）。[19]这种做法实际上是将病假、休假和事假整合在一起，提供每年的总休假天数，然后让员工自己决定怎样休假。例如，一家医院过去为每一位新员工提供每年 25 天的休假时间（10 天的年休假、3 天事假、12 天病假）。在这 12 天的病假中，员工平均使用的休假天数是 5 天（年休假和事假的情况也差不多）。[20]而这家医院实行的带薪休假储蓄政策则允许每一位新员工在他们认为合适的时间使用自己累积的 18 天带薪休假。（“灾难休假”的天数可以单独计算——所谓灾难休假，是指由于短期生病而造成连续缺勤超过 5 个工作日以上以及因处理丧葬事宜等而造成的特殊缺勤。）这家医院的带薪休假储蓄计划有效地减少了缺勤的情况。本章的“循证人力资源管理”专栏将进一步讨论这个问题。

循证人力资源管理

跟踪病假

对于很多企业来说，员工的病假处于失控状态，但这可能仅仅是因为它们没有花时间追踪病假的情况。翰威特咨询公司开展的一项调查显示，只有 57%的企业对其豁免性员工实行了正式的病假跟踪制度，只有 46%的企业会跟踪员工请事假的情况。[21] 3/4的企业甚至不能估计公司的病假成本在薪酬总额中所占的比例。因此，在采取成本控制的措施前，企业应该有一套监测病假以及衡量其财务影响的系统。然后，转而实行带薪休假储蓄政策的话，企业会更容易管理、跟踪和量化员工的休假时间。

（顺便说一下，这种循证方法也适用于控制医疗保险费用。有人估计，在参加医疗保险计划的人中，有 5%～15%的被抚养人或被赡养人——例如前配偶和成年子女——并不具备享受这些计划的资格。因此，若能定期审查医疗保险受益者的资格背景，则会显著减少企业支付的医疗保健费用。[22]）

13.2.4 产假及《家庭和医疗休假法》

产假是一项非常重要的福利。在今天的员工队伍中，大约有一半是女性，在她们当中又大约有 80%的人会在工作期间怀孕。另外，许多女性和男性都是单亲家庭的户主。根据《反怀孕歧视法》（Pregnancy Discrimination Act），对于申请休产假的女性员工，企业必须对她们与根据公司政策申请其他假期的员工一视同仁。此外，美国前总统克林顿在 1993 年签署了《家庭和医疗休假法》（Family and Medical Leave Act of 1993）。除了赋予员工一些权利（见图 13—3）外，该法案还有以下几个方面的规定[23]：

1. 雇用员工人数在 50 人以上的企业必须为符合条件的员工（无论男性还是女性）提供最长达 12 周的非带薪休假，供员工在患严重疾病，需要生育或领养孩子，需要照顾患有严重疾病的孩子、配偶或父母时使用。

2. 企业可以要求员工把他们没有用掉的带薪病假或年休假作为该法案规定的 12 周休假权利的一个组成部分。

3. 员工在非带薪休假期间有权享受医疗保健福利，享受的条件和待遇与他们在工作期间相同。

4. 企业必须保证，员工在休假结束之后能够重新回到原来的工作岗位或者相同级别的岗位，并且不会遭受任何福利损失。

然而，很多企业表示了对这项法案的不满。一项对 416 位人力资源专业人员的调查显示，约半数的人都说他们曾经批准一些自己认为并不合法的请假申请，原因是这部法律的条文对于有些请假情况的解释过于模糊，自己不得不批准。[24]而对休假的跟踪又是另一个难题。[25]

家庭及医疗假通常是不带薪的，但是这种休假对于企业来说也并非没有成本。企业在招募临时性替代员工、对他们进行培训以及对他们的低生产率提供薪酬等方面需要承担的成本都是不小的开支。

《家庭和医疗休假法》指南 那些想要避免批准员工不必要的家庭和医疗休假申请的管理人员，需要对《家庭和医疗休假法》的细节有更多的了解（正如在图 13—3 中总结的那样）。例如，根据《家庭和医疗休假法》，员工若想申请这类休假，至少应该为企业工作了 12 个月时间，或者在过去的连续 12 个月中至少为企业工作了 1 250 个小时（不仅仅是指被支付薪酬的时间，还包括可能在休假的时间）。[26]如果员工不符合这样的条件，他们就不能申请这类休假。

因此，企业需要制定明确的缺勤休假申请程序（包括《家庭和医疗休假法》中提及的那些休假）。这些包括：

- 总的来说，在没有弄清楚员工请假的理由之前，任何员工都不能获准休假。
- 如果员工是因为医疗或者家庭原因而申请休假，企业应当要求员工提供由主治医生或执业医生出具的医疗证明。应使用一张标准化的表格，记录员工预定返回工作岗位的日期，还要明确一点，即在没有得到任何授权可以延期的情况下，如果员工延长休假时间，则企业可以解除与他的雇佣关系（见图 13—4）。

<table>
<tr><th colspan="2">员工根据《家庭和医疗休假法》(1993 年修订) 应当享有的权利</th></tr>
<tr><td colspan="2">《家庭和医疗休假法》要求，被该法覆盖、在方圆 75 英里内至少雇用了 50 名员工的企业，则需要向“符合条件的”员工提供最长达 12 周的非带薪休假且休假期间的工作岗位受到保护，以满足员工的家庭和医疗的需求。“符合条件的”情况是指员工应该至少为企业工作满 12 个月或者在过去的连续 12 个月中为企业工作了至少 1 250 个小时。《家庭和医疗休假法》允许员工在某些情况下间断性地请假或者减少工作时间。</td></tr>
<tr><th>请假事由:</th><th>企业的违规行为:</th></tr>
<tr><td>员工因以下原因请假时，企业必须批准员工的非带薪休假:
● 为了在孩子出生后照顾婴儿，或者对领养和寄养的小孩进行照顾;
● 为了照顾患重病的配偶、儿女或父母;
● 因为患有严重程度达到无法正常工作的疾病。
员工或者企业可以选择将某些带薪休假转换为非带薪休假。</td><td>根据《家庭和医疗休假法》，企业的以下行为将被视为违法:
● 干涉、剥夺或者否决《家庭和医疗休假法》赋予员工的权利;
● 解雇或歧视任何因企业违反《家庭和医疗休假法》的行为而提出抗议或者参与与《家庭和医疗休假法》有关的诉讼活动的员工。</td></tr>
<tr><th>提前通知和医疗证明:</th><th>强制实施:</th></tr>
<tr><td>员工需要提供事先请假通知和医疗证明。如果不满足这些条件，请假可能不会得到批准。
● 对于“可预见的”请假，员工通常应该提前 30 天通知企业;
● 如果员工因为严重的健康状况请假，企业可以要求员工提供医疗证明，而且企业可以要求员工提供第二次或者第三次诊断意见 (费用由企业承担) 以及适合返回工作岗位的健康证明。</td><td>● 美国劳工部有权展开调查并解决因违反该法案的规定而提起的诉讼;
● 符合条件的员工可以对企业的违法行为提起民事诉讼。
《家庭和医疗休假法》不会影响含有禁止歧视条款的联邦法律或州法律，也不会取代任何提供更多的家庭和医疗休假权的州立法或地方法律以及集体谈判协议。</td></tr>
<tr><th>工作福利与保护:</th><th>其他信息:</th></tr>
<tr><td>● 在员工享受《家庭和医疗休假法》规定的休假时，企业必须在任何“团体健康计划”中保留员工的健康保险福利;
● 休假结束后，大多数员工必须被重新安置到他们原来的岗位上或者类似的岗位上，并且享有同等的薪酬、福利和其他工作待遇;
● 员工使用这些休假权不能导致员工在休假前就开始积累的员工福利受到损失。</td><td>如果你能上网，请访问《家庭和医疗休假法》网站 http: //www. dol. gov。找出离你最近的工资和工时 (Wage-Hour) 办公室，我们的工资和工时免费信息和帮助热线是 1-866-4USWAGE (1-866-487-9243)；将有一个客户服务代表在你所在时区的上午 8 点至下午 5 点为你提供相关信息；此外，你还可以登录我们的主页 http: //www. wagehour. dol. gov 查找所需的其他信息。</td></tr>
<tr><td>美国劳工部
就业标准管理局
工资和工时处 (WH)
华盛顿特区 20210</td><td>工资和工时处出版物 1420 号
2001 年 8 月修订</td></tr>
</table>

图 13—3　《家庭和医疗休假法》

休假资格要求

就业状况：

□ 正式全职　□ 正式短期小时工　□ 全职项目制员工　□ 短期项目制小时工

你是否至少为公司工作了一年时间？　是　否

在过去的12个月中，你是否至少已经工作了1 250个小时？　是　否

如果你休假是为了照顾孩子，那么你是否在过去12个月内曾经生育或收养过孩子？　是　否

如果你要休产假，那么你是否在过去的6个月内曾经生育或收养过孩子？　是　否

你有没有关于孩子出生或被收养的备份文件？　是　否

如果你对上述问题中的任意一个问题回答了“不是”，那么你就不符合《家庭和医疗休假法》或者家庭假中的产假/重病假所要求的条件。

在过去的12个月中，你是否曾经休过《家庭和医疗休假法》所规定的假期或者是家庭假中的产假/重病假？　是　否

如果你选择了“是”，请指明最后一次休假的开始和结束时间：开始日期____结束日期____

如果你在过去的一年中已经休完了《家庭和医疗休假法》所规定的12周休假时间以及（或）2周的家庭假中所规定的产假/重病假，那么在自你之前休假的起始日起的一年之内，你已经没有资格再申请《家庭和医疗休假法》规定的休假以及（或）家庭假中的规定的产假/重病假。

请选择以下合适的选项，从而决定你继续填写下面的哪份表格：

请假的类型	请假的要求
□ 员工本人因病重而申请《家庭和医疗休假法》规定的休假	● 填写本表格的第一部分内容 ● 和人力资源部经理协调获得短期伤残或工伤假
□《家庭和医疗休假法》规定的休假 / 产假	● 填写本表格的第一部分内容
□《家庭和医疗休假法》所规定的休假/家庭假中的重病假	● 填写本表格的第一部分和第二部分内容
□《家庭和医疗休假法》所规定的休假/非带薪的家庭和医疗假	● 填写本表格的第一部分和第二部分内容
□ 非带薪的个人事假	● 填写本表格的第一部分内容

图13—4　网上请假申请表

资料来源：www.opm.gov/FORMS/PDF _ FILL/opm71.pdf，accessed April 28，2009.

● 一位研究雇佣关系的律师指出，企业在决定员工的休假是否符合《家庭和医疗休假法》的规定时，所持的基本态度应该适当地“靠近认可而不是否定的那一端”，即不要立刻拒绝员工的休假申请。[27]不过，企业在同意员工根据《家庭和医疗休假法》请带薪残疾休假之前，可以聘请独立的医疗评价机构来作出鉴定。[28]

一些企业将它们的产假计划设计得更为丰富，使其更能吸引女性员工在结束产假后回到工作岗位。这方面的策略包括：前瞻性地沟通相关的福利和支持计划；在整个产假期间与员工保持沟通；提供差旅时间和工作时间都有所减少的弹性工作机会；提供获取奖金和奖励性薪酬的公平渠道；提供更长的假期等。[29]

还有其他的一些法律适用于病假的情况。根据《美国残疾人法案》，如果某种假期对于员工适应工作是有必要的，则残疾员工可以申请休假。根据很多州的工伤保险法律，员工可以因与工作相关的受伤而提出休假申请。很多州还有自己制定的包含更多限制条件的休假法版本。[30]

13.2.5 遣散费

许多企业都提供**遣散费**（severance pay）——当企业与一位员工终止雇佣关系时向员工支付的一种一次性补贴。这是一种人道主义的姿态，而且有利于塑造良好的公共关系。此外，大多数管理人员都希望员工在打算离职的时候，至少提前一两周告知他们。因此，企业在解雇一位员工时向其支付一笔遣散费的做法也是合情合理的。另一个原因则是，发放遣散费的做法还有利于避免那些心怀不满的被解雇员工起诉企业。此外，遣散费还有助于使公司裁员后留下的员工感到更放心，他们如果在某一天也被裁掉了，也同样会得到一定的经济援助。

无论出于哪方面的原因，遣散费都已经变得日益常见。在一项对 3 000 名人力资源经理所做的调查中，82%的受调查者回答说，他们的公司有发放遣散费的政策。[31]

员工被解雇的理由会影响到员工能否获得遣散费。例如，在由于企业裁员而失去工作的员工中，大约有 95%的人得到了遣散费，相比之下，只有大约 1/3 的企业愿意向因绩效不良而被解雇的员工支付遣散费。因员工主动提出辞职而向员工支付遣散费的情况并不多见。就平均状况来看，数额最大的遣散费是向高层管理人员支付的相当于 39 周薪酬的遣散费，以及向被精简的普通员工支付的大约相当于 30 周薪酬的遣散费。[32] 在受访企业中，大约有一半的企业在遣散费方面作出的规定是：对于白领员工和豁免性员工来说，在企业中服务每满一年的时间，就支付相当于一周薪酬的遣散费；而约 1/3 的公司也对蓝领员工制定了类似的政策。[33] 如果一家企业承诺支付遣散费（例如，在员工手册中有这样的说明），那么它的这种“自愿性”计划就必须遵循《员工退休收入保障法》中的那些附加条款的约束。[34]

遣散费发放指南　无论在什么情况下，在设计遣散费计划时都要注意以下几个方面的问题：

● 列出公司需要支付遣散费的各种情况，例如因为企业重组导致的临时解雇等，并说明在必要时管理人员也会采取其他一些行动方案。

● 在发放任何一笔遣散费之前，都应要求员工签署一份知情且自愿放弃起诉权利的承诺书或一般性的免责确认书，这样就能使企业免于承担与雇佣关系相关的法律责任。

● 保留终止或者改变遣散费政策的权利。

● 要明确说明遣散费的支付只能持续到某个明确说明的具体截止日期，或者是直到员工找到一份新的工作，哪个时间先到则以哪个时间为准。

● 记住，如果支付遣散费，则与所有的其他人力资源管理措施一样，企业必须确保支付的公平性。[35]

13.2.6 补充性失业福利

在有些行业，比如汽车制造业，为减少存货或改变机器设备而关闭生产线是一件很常见的事情。这样，那些被临时解雇或者被强迫休假的员工就只能依靠失业保险维持生计了。2009 年，不少汽车公司纷纷向联邦政府寻求紧急援助，美国国会向这些汽车公司提出的一些关于**补充性失业福利**（supplemental unemployment benefits）的问题让它们很头痛。正如其名称所暗示的，这些福利实际上是对失业保险福利的一种补充，其目的在于帮助员工在失业时期维持基本的生活水平。企业通常在以下三种情况下向员工支付国家法定失业补偿之外的补充性失业福利，即临时性解雇、周工作时间压缩以及企业迁址。

13.3 各种保险福利

大多数企业还为员工提供各种法定或自愿的保险福利，例如工伤保险和健康保险。

13.3.1 工伤保险

国家制定**工伤保险**（worker's compensation）方面的法律的目的在于，向工伤事故受害者及其抚养对象或赡养对象提供可靠、及时的收入补偿以及医疗福利，而无论工伤事故的责任方是谁。美国的每个州都有自己的工伤保险法律及其管理委员会，有些州还建立了自己的保险计划。然而，大多数州都要求企业通过得到政府授权的私人保险公司，为员工建立工伤保险。美国联邦政府和州政府都不会为工伤保险基金提供任何资金投入。

如何确定工伤保险 工伤保险福利的提供方式既可以是货币型的，也可以是医疗服务型的。如果员工因工伤而死亡或致残，那么，企业应当向员工的抚养对象或赡养对象支付一笔现金，其数量根据员工过去的收入确定——通常是根据员工的服务周数，依照员工过去平均周工资的 1/2～2/3 进行补偿。在大多数州中，都对可以领取工伤保险福利的时间长度有所限制——比如最长不超过 500 个星期。如果工伤造成了员工身体的某部位缺失（如失去了一只手臂），那么即使员工可以重返工作岗位，企业仍然需要根据法定的伤残条款，向员工支付一些额外的福利。除了这些现金福利，企业还必须向员工提供各种必要的医疗、手术和护理费用。

由于工伤保险福利仅仅适用于因工受伤或患上与工作有关的疾病这两种情况，因此，只有员工是在工作岗位上受伤或患病时，员工才能享受工伤保险。至于工伤的责任是否在于员工本人则无关紧要。如果工伤事故发生时员工确实是在工作岗位上，那么他就有资格获得工伤保险。例如，假设要求所有的工人在操作机器时都必须戴护目镜，但有一位工人却没有遵守公司的规定，并且在工作中受伤了，那么公司仍然必须为其提供工伤保险福利。

记住，《美国残疾人法》中的一些条款通常禁止企业调查求职者过去享受工伤保险的状况。此外，如果不让享受工伤保险的受伤员工重返工作岗位，或者未能为使员工重返工作岗位做好一些必要的适应性调节，企业都有可能会面临员工依据《美国残疾人法》而提起的诉讼。

工伤保险成本的控制 控制员工提出的工伤保险申请数量（以及因此而产生的费用）是一个非常重要的问题。尽管工伤保险通常是由企业投保的保险公司支付的，但是企业必须向保险公司支付的保险费却反映了工伤保险索赔案件的数量。[36]而工伤保险索赔数量又与工伤事故的发生数量密切相关，因此，工伤保险索赔案件越少，则说明工伤事故越少。

在实践中，有几种方法能够帮助企业有效地减少员工提出的工伤保险索赔案件数量。首先，可以在录用员工时就将那些容易发生事故的人筛掉。其次，可以减少工作场所中存在的各种事故隐患。再次，还可以采取相关措施来减少可能引发员工提出索赔的各种事故以及职业健康问题——例如，制定有效的安全与健康保障计划，严格遵守政府的安全标准规定。此外，尽管很多工伤保险索赔都是合法的，但也有一些是不合法的。因此，管理人员必须注意那些典型的欺诈性索赔的危险信号。这些信号包括：模糊的事故细节描述、小事故引起大伤害的情况、缺乏证人、发生在周五晚上或者周一一大早的事故，以及延迟报告的事故等。[37]其他一些控制工伤保险赔偿费用的技术还包括监控医疗服务提供者的收费标准以及审核医疗费用。[38]个案管理（case management）是目前越来越普遍的一种选择。它是指"由一名指定的负责人——通常是注册护士——以个案的形式对受伤员工进行治疗，此人负责与医生和康复计划进行协调，从而从护理质量和成本的角度确定最为有效的护理治疗方案"。[39]

另外，让受伤的员工尽快重返工作岗位也是非常重要的。这是因为员工因受伤而不能返回工作岗位的时间越长，工伤保险的成本就越高。许多企业都制定了医疗康复计划以方便员工重新回归员工队伍，包括身体治疗；通过提供职业咨询来引导受过工伤的员工适应、强度有所减小的新工作；为受过工伤的员工提供护理帮助等。[40]

13.3.2　住院保险、健康保险和残疾保险

是否提供健康保险是很多人在选择企业时会考虑的一个非常重要的因素，因为这些保险太昂贵了。在最近的一项调查中，75％的员工都把健康保险列为他们最重要的福利项目。[41]住院保险、健康保险和伤残保险可以使员工在发生工伤或职业病时，能够支付住院治疗所需的费用，同时弥补他们在因工伤或职业病而无法工作期间遭受的收入损失。大多数企业都会向人寿保险公司、伤残保险公司、蓝十字（主要用于支付住院费用）以及蓝盾（主要用于提供医生治疗费用）等机构购买这类保险。还有一些企业则采取与健康维护组织或自选医疗服务组织签订合同的做法。这方面的计划通常会由企业和员工共同完成。表 13—3 列出了目前通行的一些与健康相关的福利项目。

表 13—3　　提供通行的健康福利的企业所占的比例——随时间而变化

	企业比例（%），2005 年	企业比例（%），2009 年
处方药保险计划	97	96
牙科保险	95	96
邮购处方计划	90	91
自选医疗服务组织	87	81
脊椎骨调整保险	56	80
心理健康保险	72	80
视力保险	80	76
员工援助计划	73	75
医疗支出账户	80	71
为被抚养或赡养者提供的人寿保险	67	58
健康维护组织	53	35

资料来源：Adapted from 2009 SHRM Employee Benefits Survey Report，p. 5.

适用范围　大多数医疗保险计划都会以团体费率向符合条件的员工至少提供基

本的住院、手术以及医疗方面的保险。这种保险通常适用于全体员工——包括不在试用期内的新入职员工，且不考虑员工的健康状况或身体状况。大多数基本的健康保险计划都会为员工支付住院食宿费、手术费以及各项医疗费用（如医生出诊费用）。一些健康保险计划还提供“大病医疗”保险，以供员工支付因长期患病或患有严重疾病而引起的高额医疗费用。

许多企业还资助其他一些保险计划，如提供医生出诊、眼保健和牙科服务等相关费用。还有一些保险计划帮助被保险人支付到医生的诊所就诊、视觉护理、听力保健以及购买处方药等方面的费用。伤残保险（disability insurance）则在员工由于疾病或意外事故而遭受收入损失时，为他们提供一定的收入保障。这种伤残保险通常在员工休完病假之后开始支付，并且可以一直持续到员工年满 65 岁甚至 65 岁以上。如果员工出现了伤残，他能得到的伤残保险通常可以达到个人基本薪酬的 50%～75%的水平。

健康维护组织　许多企业把加入**健康维护组织**（health maintenance organizations，HMOs）作为提供住院保险或医疗保险的一种替代方式。健康维护组织本身是一个医疗组织，其中包括许多专家（如外科医生、精神病医生等），它在社区医疗保健中心之外独立运营。它向那些在名义上缴纳一定费用的员工提供常规医疗服务。该组织向员工提供的医生是需要从主治医生那里获得批准任命的执业医生。健康维护组织会根据员工的人数向企业（或员工和企业双方）收取固定的年费，而不论它们是否为员工实际提供了医疗服务。

自选医疗服务组织　**自选医疗服务组织**（preferred provider organizations，PPOs）是介于健康维护组织和传统的医生—病人模式之间的一种医疗服务提供系统：它们是“与企业、保险公司或第三方支付人签订合同，以降低收费的形式提供医疗服务的健康服务提供者团体”。[42]与健康维护组织不同，自选医疗服务组织让员工从范围相对较大的列表中选择自己想要的医疗服务提供者（例如医生），然后到这些医疗服务提供者的工作场所就医，而且通常无须得到主治医生的批准。这些医疗服务提供者同意提供一定的折扣，并且承诺接受特定的医疗服务质量控制，例如，控制可以对病人进行诊断测试的次数。[43]

精神健康福利　据世界卫生组织估计，美国 18～64 岁人群中，有 3 400 多万人患有精神疾病。[44]在报告显示的所有残疾类型中，精神疾病占 24%以上，这比受伤致残、呼吸系统疾病、心血管疾病和癌症等的总和还要多。

精神健康福利的费用日益增加，其原因包括：滥用毒品和酒精的问题越来越严重；越来越多的州已经要求企业必须提供某一最低标准的精神健康福利计划；此外，事实上，在精神健康保险方面提出享受申请次数较多的人，也恰恰是在其他健康保险方面提出申请次数较多的人。1996 年颁布的《精神健康平等法》（于 2008 年进行了修订）规定了国家关于精神健康保险福利的最低标准。此外，该法还禁止企业的团体健康计划出现这样一种情况：在精神健康福利方面设定限制条件，但在医疗和手术福利上却没有相应的限制条件。[45]

13.3.3　健康福利的相关法律

随着美国推出了新的健康保险法律，联邦政府对健康福利的影响在未来几年会越来越大。这些法律甚至可能会对企业的健康福利作出强制性规定。事实上，即使是在 2009 年以前，美国联邦政府的法律也已经产生了很大的影响。

《综合预算调节法》　在这些法律中，对企业很不利的《综合预算调节法》（COBRA）是最有强制力的。它要求大多数私营企业向那些已经被解雇的员工或退休员工及其家庭继续提供一段时间的健康保险福利，时间通常为 18 个月。[46]不过，这些前雇员也必须支付一定的保险费。

那些不遵守《综合预算调节法》相关规定的企业会将自己置于一个危险的境地。首先，你肯定不愿意看到这样一种情况：一位已经被解雇或退休的员工受了伤，却跑去告诉法院，说你们公司从未告诉过他，在被解雇或退休之后仍然有资格享受健康福利。因此，当一位新员工有资格参加你们公司的保险计划时，你就应当让他收到（同时让他们声明自己已经收到）一份关于《综合预算调节法》赋予的权利的书面文件。类似的，所有的离职员工都必须签署一份正式的声明，表明他们已经获得并理解《综合预算调节法》赋予的权利。图 13—5 提供了一份有关遵守《综合预算调节法》的核查文件清单。随着美国陷入经济衰退，美国国会对《综合预算调节法》做了一定的修改，以保证那些失业人员的保险需求。下面的“在充满挑战的时代管理人力资源”专栏会作出具体的解释。

详尽的文件记录对于遵守《综合预算调节法》来说非常重要。下面的核查清单用于确保企业做了适当的记录，从而避免在遵守《综合预算调节法》时遇到问题。

	是	否
● 你们是否有相关的文件记录，从而能比较容易地确定哪些人能够享受你们公司的团体健康福利计划？	□	□
● 一旦有员工离职，你们是否记录这些原本纳入健康福利计划的员工已经离职的情况？	□	□
● 你们记录了被团体健康福利计划覆盖的员工的工时减少情况吗？	□	□
● 你们记录了被团体健康福利计划覆盖的员工的死亡情况吗？	□	□
● 你们记录了被团体健康福利计划覆盖的员工的休假情况吗？	□	□
● 你们记录了被团体健康福利计划覆盖的员工的医疗保险资格情况吗？	□	□
● 你们记录了被团体健康福利计划覆盖的员工的残疾情况吗？	□	□
● 你们记录了被团体健康福利计划覆盖的离退休人员情况吗？	□	□
● 你们记录了员工的当前住址吗？	□	□
● 你们记录了享受与《综合预算调节法》相关福利的员工的当前住址吗？	□	□
● 你们有没有要求员工提供一份书面的确认书，以表明他们收到了关于他们可以根据《综合预算调节法》享受相关福利的通知？	□	□
● 你们有没有专门的系统来确认谁按时缴纳了与《综合预算调节法》相关的保险费？	□	□
● 你们有没有一个系统来确定哪些人已经参与到其他团体健康保险计划之中，从而不再适用《综合预算调节法》？	□	□
● 你们有没有对询问《综合预算调节法》相关问题的电话做好来电记录？	□	□
● 你们有没有记录自己的保险计划发生的任何变化？	□	□
● 你们有没有记录保险费的核算方法？	□	□
● 你们有没有记录哪些员工与《综合预算调节法》相关的权利被你们公司否决了？	□	□
● 你们有没有记录为什么企业不让有些员工享受《综合预算调节法》中的相关权利？	□	□

图 13—5　表明企业遵守《综合预算调节法》的记录文件核查清单

资料来源：Reprinted from www. HR. BLR. com with permission of the publisher *Business and Legal Resources, Inc.*, 141 Mill Rock Road East, Old Saybrook, CT © 2004 BLR ©.（Business and Legal Resources, Inc.）.

在充满挑战的时代管理人力资源

提供更广泛的健康福利

正常情况下，《综合预算调节法》为那些已经离开公司的前员工提供了一条保持健康和住院保险的途径，但这些（前）员工必须支付保险费。随着失业水平的上升，美国国会通过了《美国复苏和再投资法案》（American Recovery and Reinvestment Act），2009 年 2 月 17 日，美国总统奥巴马签署了该法案。

这项新的法案立即生效，使那些在 2008 年 9 月 1 日之后（该法案是有回溯力的）因任何原因（而不是因为严重的不良行为）被非自愿性解雇的员工可以申请该法案的保护。它使员工能更方便地利用该法案，因为新的法律条文要求企业支付保险费总额的 65%。（然后，企业又可以从美国政府那里得到这笔保险费的全额返还。[47]）而企业的前员工则需支付余下的 35%的费用。

其他相关法律 还有其他一些联邦政府法律也与此相关。例如，《员工退休收入保障法案》设立了私人企业在自愿设立的养老金计划和健康计划方面的最低标准。[48]《新生儿母亲保护法》（Newborn Mother's Protection Act，1996）则禁止企业的健康计划采用某些激励措施，鼓励员工在法律规定的生育休假最低标准时间内返回工作岗位。提供医疗保健服务的企业必须遵守 1991 年颁布的《健康保险转移和责任法案》（Health Insurance Portability and Accountability）的隐私规则。[49]对于那些年满 65 周岁的员工，企业必须向他们提供与其他年轻员工一样的医疗保健福利，即使他们与此同时还有资格享受联邦政府的医疗健康保险。根据《美国残疾人法》，医疗保健计划不能对残疾人有任何歧视。此外，正如前面提到的，《反怀孕歧视法》要求，在所有福利项目方面，企业在对待那些怀孕的或处于生育期或其他相关医疗状态的女性时，要与其他因任何其他原因不能工作的员工一视同仁。

13.3.4 控制企业保健成本的若干趋势

今天的企业正在努力控制日益上涨的医疗保健成本。很多企业雇用成本控制专家来帮助企业减少医疗保健方面的成本。而且，大多数企业在与其医疗保险提供商进行谈判时都变得更加强硬，并且要求员工自付更高额度的保险费或者采用可扣除和共同支付的方式。[50]接下来，我们将讨论其他一些重要的成本控制新趋势。

沟通和授权 最重要的是，企业要确保员工知道他们在医疗福利上的费用支出。[51]例如，可以定期给每一位员工寄一份他们在每一项医疗福利上的开支清单。正如一位专家所说，“对目前的医疗保健管理最大的批评就是，医疗保险的消费者在治疗方案方面的财务利害关系太小。”[52]所以，可以采取的办法包括：让员工在线了解基本的医疗保险费用和福利信息，改善网络在线服务，鼓励员工重新评估他们的医疗保健福利的选择。在线选择福利能够使员工选择更好的医疗保健方案，这主要是通过综合考虑其他员工在医生出诊和专家治疗方面的选择来实现的。

身心修炼计划 很多疾病都是可预防的。一项调查发现，“那些对心血管疾病采取预防措施的企业声称，它们的病假申请数量平均减少了 28%，（而且）直接的医疗保健费用也减少了 26%”。[53]因此，很多企业都提供预防性的医疗服务。[54]这些临床预防计划包括乳房 X 光检查、免疫力检查和常规检查等。沃尔格林公司最近收购了两家提供乳房 X 光检查等现场医疗服务（on-site health care services）的公司。[55]健康促进和疾病预防计划（health promotion and disease prevention）则包括召开研讨会和实施旨在减少不健康行为的激励性措施。[56]热门保健方案包括肥胖管理、压力管理、高级健康改善以及戒烟计划等。[57]但基于激励的保健方案可能会适得其反。惠而浦公司向非烟民员工提供价值约 500 美元的医疗保险费折扣。但最近该公司的 39 名员工被勒令停职了，原因是他们在福利注册表上声称自己是非烟民，但却被发现在工厂外吸烟。[58]

健康储蓄账户　《医疗保险现代化法案》（Medicare Modernization Act, 2003）允许企业建立免税的健康储蓄账户（health savings accounts）。[59]在企业或员工，或者两者将税前薪酬（当然是享受税收优惠的）存入员工的健康储蓄账户后，员工或者他们的家人就能用他们的健康储蓄账户资金来支付“较便宜的”（而不是灾难性的）医疗费用。[60]这里的假设前提是，这样做会激励员工使用较为便宜的医疗保健选项，从而避免出现较大的免赔额。

福利申请审计　如果企业因为收到很多不正当的享受福利申请而需要支付上万美元甚至上百万美元的费用，那么，不管是采取预防性保健方案，还是健康储蓄账户，都没有太大的意义。遗憾的是，由于医疗保健计划变得越来越复杂，不正当的医疗福利申请发生的可能性也越来越大了。人力资源咨询公司韬睿进行了一项关于福利申请支付的调查。不正当福利申请所占的比例在行业中的标准为 3%，但韬睿公司发现，近两年的实际不当福利申请比分别为 6.3%和 6.6%。不正当福利申请的实际支付百分比的行业标准为 1%，但近两年的不正当福利申请实际支付百分比却分别为 3.5%和 3.3%。因此，建立不正当福利申请的衡量标准并且严格审核所有的福利申请，可能是一种减少企业医疗保健开支的最直接方式。[61]

其他成本控制选择　企业也可以采取其他一些措施。一个就是强制进行网上报名。[62]还有一些企业运用固定缴费制的医疗保健计划（defined contribution health care plans）。在这样的计划中，每一位员工都会得到一个具体金额，用来与企业共同支付医疗费用或支付自由裁量的医疗成本，它不像过去的那些不设成本上限的一揽子医疗保健计划。[63]其他的选择还包括把医疗保健计划管理以及对员工的援助和咨询等工作外包给外部公司。[64]一项调查发现，约 13%的受访企业减少了对退休人员的保健福利补贴。[65]一些小公司加入了福利购买联盟（benefits purchasing alliances），以集体购买健康福利项目。有些企业则提倡医疗旅行主义（medical tourism），即让员工到医疗成本较低的国家去治疗非急诊性疾病。[66]但是，一种最简单的方法也许就是，确保登记的被抚养及赡养对象都是有资格参保的。[67]

13.3.5　长期护理

今天，最早一批在“婴儿潮”时期出生的人已经到了 60 多岁的年龄，因此，长期护理保险（long-term care insurance）——例如向年老的员工提供护理援助已经成为一种非常重要的福利。1996 年颁布的《健康保险转移和责任法案》，允许企业和员工从年收入所得税中扣除长期护理保险的费用，这就使这项福利变得更具吸引力了。[68]企业可以选择提供几种不同类型的长期护理保险福利，例如老人日间护理、生活起居辅助护理以及监护护理等。

13.3.6 人寿保险

除了住院保险以及医疗保险，大多数企业还为其员工提供**团体人寿保险**（group life insurance）计划。通常来说，员工通过组成一个群体投保，可以享受较低保险费率的好处。此外，团体保险计划通常会接纳所有的员工，其中包括已经度过了试用期的新入职员工，而不考虑员工个人的身体健康状况如何。

在许多情况下，企业会支付 100%的基本保险费，投保金额通常相当于员工两年的薪酬总额。在企业投保的基础上，员工个人可以根据自身需要再增加任何数量的人寿保险。在有些情况下，即使是基本的人寿保险费，也往往会在企业和员工之间进行分摊。一般情况下，在这方面，需要明确三项比较关键的人事政策：保险福利金支付表（人寿保险的福利金额通常同员工的年收入挂钩）；附加福利（如在员工退休后继续享受人寿保险福利等）；保险资金的筹集（员工需要缴纳的保险费金额和比率）。如果发生意外死亡，则除了人寿保险，意外死亡及伤残保险（Accidental death and dismemberment coverage）会提供一笔一次性的救济金；如果是意外丧失肢体或视力，也会有相应的救济。

13.3.7 非全职员工和临时性员工的福利

美国从事非全职工作的劳动者（也就是每周的工作时间不足 35 小时的员工）大约为 1 900 万人。之所以会出现非全职工作队伍扩大的情况，可能是因为以下几个方面的原因：经济衰退；退休计划的多阶段实施；人们对于在工作和家庭生活之间找到平衡的愿望越来越强烈；越来越多的女性进入劳动力队伍，等等。然而，无论是出于何种原因，大多数企业都会为非全职员工提供节假日、病假和休假等福利，70%以上的企业还为他们提供某种形式的健康保险福利。[69]不过，需要再次申明的是，企业一定要注意不能把非全职员工错误地划分为“独立承包商”。[70]

13.4 退休福利

第一批在“婴儿潮”时期出生的人即将在 2011 年达到 65 岁，而且根据调查，很多人都不会等到那么晚才考虑退休。对于企业来说，这意味着会面临两大挑战。首先，（正如我们在第 10 章中讨论的，）企业常常采取一些措施来吸引年老的员工继续承担一定数量的工作。[71]第二，退休金是个大问题。我们下面主要讨论的退休福利包括：联邦政府的社会保障计划以及企业提供的养老金或退休金计划，比如 401（k）计划。

13.4.1 社会保障

大部分人都认为，只有在他们到了 62 岁以后才能享受**社会保障**（social security）提供的系统性收入，但实际上，社会保障提供三种形式的福利。大家所熟悉的退休福利（retirement benefits）是指员工按照美国《社会保障法》（Social Security Act）的要求投保的情况下，在到 62 岁或者更晚时候退休以后能够得到的收入补贴。第二种福利叫做抚恤金（survivor's / death benefits）。这种福利是在员工按照美国《社会保障法》的要求投保的情况下，不论员工死亡时的年龄是多大，其家属每个月都能得到的收入补贴。社会保障系统提供的最后一种福利是伤残补贴（disability payments）。这种福利是在员工完全丧失劳动能力的情况下，员工本人（及其抚养或赡养的对象）每个月都能得到的收入补贴，但享受这种收入补贴的前提条件是员工要符合相关要求。美国的国家社会保障系统还执行一种医疗保险计划，该计划为 65 岁或 65 岁以上的老人提供各种健康服务。根据美国《社会保障法》的规定，"完全退休年龄"是指 65 岁——即通常的退休年龄。然而，完全退休年龄目前却在向后推：对于那些出生于 1960 年以及 1960 年以后的员工来说，他们的完全退休年龄已经延长到 67 岁。

社会保障基金（用一个技术名词来说，就是"联邦老龄及遗属保险"）的来源是根据员工的工资征收的税收，这笔税是由员工和企业平摊的。截至 2009 年，美国社会保障基金征税的收入上限为 106 800 美元。[72]企业和员工需要各支付 7.65%的保费。[73]

13.4.2 养老金计划

养老金计划（pension plans）是指为退休员工提供一定收入的财务计划。然而在现实中，只有大约一半的员工在工作期间参加了某种养老金计划。在工作期间参加养老金计划的员工在全部全日制员工中所占的比例取决于几个方面的要素，比如，年龄较大的员工参加某种养老金计划的比例往往比较高；而大企业的员工参与养老金计划的比例则为小企业员工的 3 倍之多。

我们可以用三种不同的方法来对养老金计划进行分类。第一种分类方法是：缴费计划和非缴费计划（contributory and noncontributory）；第二种分类方法是：有税收优惠计划和无税收优惠计划（qualified and nonqualified）；第三种分类方法是：固定收益制计划和固定缴费制计划（defined benefit and defined contribution）。[74]在缴费型养老金计划中，员工需要向养老金计划中缴纳一定的保险费，而在非缴费养老金计划中，企业会向养老金计划中缴纳全部费用。在享受税收优惠的养老金计划下，企业向养老金计划中缴纳的费用可以享受相应的税收优惠，比如所缴纳的保险费可以在纳税时作为成本扣减。而在无税收优惠的养老金计划中，员工和企业在缴纳养老保险费用时能够得到的税收优惠就很少。

固定收益制计划 **在固定收益制计划**（defined benefit plans）中，员工可以提前知道他们将来在退休时能够享受到的养老金福利水平（该福利是"固定的"或者是由某种公式确定的）。这种固定的养老福利水平通常是根据一个公式确定的，而这个公式通常会将员工在退休时能够领取的养老金数量确定为员工退休前收入（比如，员工在退休前 5 年的平均年收入）的一定百分比，然后乘以员工为这家企业服务的年限。（与所有薪酬计划的构成一样，企业需要确保退休福利能够支持它们的战略需求，而这可以通过设定下列指导方针来实现：例如"有助于吸引员工"以及"有助于留住经验丰富的员工"。）[75]

固定缴费制计划 **固定缴费制计划**（defined contribution plans）只确定企业

和员工分别应当在员工的退休基金或储蓄基金中缴纳的保险费数额。在固定收益制养老金计划中，员工们在退休前就可以确定自己在退休后可以得到的养老金数额。而在固定缴费制养老金计划下，员工将来退休后能够领取的养老金数额取决于已经向养老金计划中缴纳的保险费数额以及整个退休基金的投资收益。固定缴费制计划在当今企业中变得越来越普遍，这是因为它们减少了企业在资产负债表上需要（对退休人员）承担的负债，同时税收待遇更为优惠，而且它的管理相对容易。特别是在股价不断上涨的今天，这种计划对员工来说也很有吸引力。但是，如果股价出现滑坡，那些参与固定缴费制计划的员工很可能又会羡慕固定收益制养老金计划所能够带来的安全感。

随着固定收益制向固定缴费制转变的趋势，养老金的**可转移性**（portability）——使那些在退休之前就离开公司的员工能更方便地带走他们之前积累的养老金——得到了强化。因此，对于那些准备在某公司中一直工作到退休的员工而言，固定收益制计划会更有利。

401（k）计划　401（k）计划（401（k）plan）是一种比较流行的固定缴费制计划，这种计划是基于《美国国内税收代码》《Internal Revenue Code》的第 401（k）条款的规定建立的，因而称为 401（k）计划。在这个计划中，员工授权企业从自己的税前薪酬中扣除一部分投资到 401（k）计划之中。这部分钱是从税前收入中扣除的，所以除非员工退休（或者需要从 401（k）计划中将钱取出），否则，他们暂时是不必为这笔钱纳税的。至于企业从员工薪资中扣除多大一部分储存到 401（k）计划中，则是由员工自己决定的，只要不超过法定的最高限额即可（目前，美国国税局确定的最高限额为 1.5 万美元）。企业通常会安排一家投资公司——比如忠信投资公司（Fidelity Investment）——管理自己的 401（k）计划，并且就 401（k）计划能够投资的范围设计各种投资选择。可以作出的主要投资选择通常包括互助股票基金和债券基金。由于 2008 年以来美国的经济衰退加重，越来越多的员工从他们的 401（k）计划中提取“困难提款”（这时一次性取款是不需要纳税的）。[76]

然而，企业在选择为自己的员工提供 401（k）计划的提供商时，却必须非常谨慎。企业要对员工承担信托责任，所以企业必须对养老基金及其管理过程进行监督。[77]此外，企业想要变更 401（k）计划的提供商，可能非常麻烦。[78]除了可靠性问题，401（k）计划的提供商还应当保障员工能比较容易地注册和参与该计划。[79]例如，忠信投资公司以及其他公司都建立了基于网络的 401（k）计划在线管理工具——例如“资产配置规划师”，即使是对小公司，它们也提供这种网上的计划管理工具。

根据 2006 年通过的美国《养老金保护法案》（Pension Protection Act），如果企业为员工提供的养老金计划能够实现自动注册和缺省投资配置服务（例如适龄的“生活方式基金”），企业就可以减少自己的守法成本。[80]但是，在 2008 年之后（后金融危机时代），很多人——比如 47 岁的工程师戴维——所遇到的情况表明，大家就需要非常谨慎了。戴维的顾问说：“即使他非常节省，可能也得到 70 岁才能退休。”他的这种经历表明，对员工加强这方面的教育和培训是非常必要的，或者，也可以直接将养老基金直接投入到（相对）保险的缺省投资之中。[81]

其他类型的固定缴费制计划　401（k）计划是**储蓄节约计划**（savings and thrift plan）的一个例子。[82]在储蓄节约计划中，员工将他们收入的一部分投入某个基金；企业通常会根据员工投入的情况以全额对等或部分对等的形式投入一部分配套资金。

正如在第 12 章中所讲授的，企业常运用**延期利润分享计划**（deferred profit-sharing plan）将它们所得利润的一定比例投入到养老基金之中，而不考虑员工个人的缴费水平如何（这些缴费的税收会延期到员工退休或离开企业时才需要支付）。**员工持股计划**（employee stock ownership plan，ESOP）是一种符合相关税收规定的，从而能够获得税收减免优惠的固定缴费制计划。在这种计划下，企业将自己的一部分股票交给一个信托机构，其最终目的是让员工获得这些股票。

现金余额养老金计划　**现金余额养老金计划**（cash balance plans）是一种混合型养老金计划。[83]为了从固定收益计划中获得最大的收益，员工通常必须在公司中工作满 30 年或 30 年左右的时间。这种计算方法通常有利于年龄较大的员工（这是因为年龄较大的员工不仅收入往往比较高，而且在公司中工作的时间也比较长）。但对于那些年轻的员工以及（或者）想在比如七八年之后带着自己的既得养老金收益去其他公司工作的员工而言，可能会更愿意选择固定缴费型养老金计划。

在这种现金余额养老金计划中，员工能够在离开公司时获得其所有既得养老金。但在现金余额养老金计划中，企业每年都按员工当前薪酬的一定百分比向员工的养老金计划中投入一定的资金，而员工则可以获取这笔资金的利息。[84]因此，现金余额养老金计划实际上是将固定缴费制养老金计划所具有的可转移性特点与固定收益制养老金计划的可预见性结合在了一起。

13.4.3　养老金计划与法律

没人愿意一觉醒来，发现自己的养老金竟然全都没了。因此，美国联邦政府的法律对于养老金的规划和管理有着严格的控制。一般来说，要想制定一项养老金计划，没有专家的帮助是不可能实现的。

1975 年通过的美国**《员工退休收入保障法》**（Employee Retirement Income Security，ERISA）是这方面的一项基本法律。它要求企业必须有书面形式的养老计划文件，并且遵守一些基本原则，例如确定谁有资格参与该计划，以及企业的缴费在什么时候会转化为员工的收入（下面将就这一点进行更为深入的讨论）。[85]《员工退休收入保障法》通过要求那些控制养老金计划的人员采取负责的行为，来保护企业的养老金计划和医疗保健计划中的财产。美国劳工部称，受托单位的主要职责就是，完全从养老金计划参与者和受益者的利益出发来运行该计划。

还有其他一些法律也与此相关。企业（以及员工）通常希望确保其养老金计划是“符合相关税收规定”的，或者是可以获得减税待遇的，而这就要求它们必须遵守相关的收入所得税法律条文的规定（income tax codes）。根据各种劳工关系法的规定，企业还必须让工会参与养老金计划的管理过程。《岗位创造与员工援助法案》（Job Creation and Worker Assistance Act）还规定了企业在估算它们的养老金计划价值时所使用的回报率应该是多少。

养老金担保公司　根据美国《员工退休收入保障法》，美国政府还建立了**养老金担保公司**（Pension Benefits Guarantee Corporation，PBGC）来监管养老金计划，并叫停那些没有足够资金保证员工的既得养老金权利的养老金计划。但是，养老金担保公司所要保障的是固定收益制的养老金计划，而不是固定缴费制的养老金计划。此外，对于年满 65 岁而在 2009 年被终止养老金计划的人，养老金担保公司付给个人的养老金总额最高不超过每年 5.4 万美元。[86]因此，高收入员工若遭遇公司破产，就不得不面对原本期望获得的养老金大部分蒸发掉的局面。

13.4.4　一些关键的养老金政策问题

为了使养老金计划能够满足相关法律要求，企业必须考虑以下几个方面的关键性政策问题。一是养老金福利的计算公式（benefits formula）。（在固定收益制养老金计划中）通常的做法是，把养老金福利与员工在工作期间的最后阶段的收入，或者员工在工作期间的最后 3～4 年的年平均收入挂钩。还有一个是养老金的基金筹集问题（plan funding）。具体而言就是，如何获得养老金计划需要的那些资金？员工需要缴费还是不需要缴费？计划参与者的资格要求和员工的既得退休金权利则是另外两个大问题。

计划参与者的资格要求　员工什么时候可以有资格参加养老金计划？根据 1986 年《税收改革法案》（Tax Reform Act），企业可以作出这样的规定，即员工必须在该公司中工作不超过两年，方有资格加入养老金计划。但是，如果企业要求员工必须在公司中工作一年以上方具备参加养老金计划的资格条件，则在此时期快要结束时，必须让员工立即全额获得既得养老金权利。

既得养老金权利授予　既得养老基金是指企业和员工共同投入到员工个人的养老基金账户中的不能以任何理由被没收的钱。当然，员工投入到养老基金当中的钱从来都是他们自己的。但是，直到《员工退休收入保障法》通过之前，许多养老金计划在员工没有到达退休年龄前是不会将企业投进去的那部分钱给予员工的。因此，一位员工即使为某公司连续工作了 30 年，但是如果在他达到退休年龄的前一年这家公司倒闭了，那么，这位员工在退休时就会一分钱养老金也拿不到。不过，现在由于养老金担保公司出面担保，这种事情基本上不会发生了。

企业可以从授予既得养老金权利的两种时间中选择其中最短的（企业可以允许员工更快获得既得养老金权利，如果他们愿意这样做的话）。若选择一次性既得养老金权利授予（cliff vesting），则员工必须在第 3 年末获得企业的配对性投入（如果有的话）的非收回性权利。第二种选择是阶段性既得养老金权利授予（graded vesting），养老金计划的参与者必须能按如下的程序获得公司配对投入的非收回性权利：2 年后获得 20%，然后在接下来的每年都得到 20%，这样，在第 6 个年头就能获得 100%的非收回性权利。

13.4.5　养老金与提前退休

为了精简员工队伍或者出于其他方面的原因，一些企业会鼓励员工提前退休。其中很多计划都采取了**提前退休窗口**（early-retirement window）这种形式。在这种情况下，只有符合某种特定条件的员工（通常是年龄在 50 岁以上者）才有资格参加。“窗口”的含义是，在某一个有限的时间段内，公司向员工提供一个可以比正常退休年龄提前一段时间退休的机会。这种鼓励员工提前退休的计划所采用的经济刺激手段通常是：提高养老金的福利水平或者是赋予慷慨的养老金权利，再加上一定的现金奖励。

但提前退休计划也可能会适得其反，这主要有两个方面的原因。一是有些计划“过于成功”。当 Verizon 电信公司为员工提供极有吸引力的养老金福利以鼓励他们提前退休时，公司原本估计会有 1.2 万员工接受提前退休计划，但事实上有 2.1 万员工参与了该计划。结果导致公司不得不重新找人替代离职的 1.6 万名管理人员。[87]

年龄歧视则是提前退休计划面临的另一个潜在的问题。如果提前退休计划设计不当，很容易受到指控，被认为属于一种在违反老年员工意愿的情况下强行解雇老年员工的计划。虽然采用激励性的政策鼓励员工提前退休是合法的，但员工在作出是否提前退休的决策时却必须是自愿的。例如，有这样一个案件，被诉公司于 10 月 12 日通知员工，他们有资格参加一个“完全自愿性的”提前退休计划，但是同时却要求员工，如果他们想参加这一福利计划，就必须在 10 月 18 日之前将自己的决定通知公司。可是直到 10 月 15 日，公司才告知员工这一计划的细节。因此，那些当初选择了提前退休的员工随后即以被强制要求退休为由向法院起诉。法院支持了员工的上诉，认为该公司的做法不合理。[88]《老龄员工福利保护法》（Older Workers' Benefit Protection Act）就针对这种情况专门制定了一些限制性的条件。如果企业想让提前退休员工签署弃权申明*，则员工必须是知情而且自愿的。此外，企业还应当为员工留出足够的时间来考虑是否接受提前退休计划以及咨询法律顾问。

13.4.6　通过人力资源管理信息系统提高生产率：在线福利管理系统

福利管理是一项很费力费时的工作。[89]如果不能通过自动化程序来完成这项工作，很可能会导致企业不得不要求人力资源管理专业人员花费数百小时甚至上千小时的时间，来回答员工关于福利项目的相互比较问题以及更新员工的福利信息。员工提出的典型问题包括：“我参与的是哪一种医疗保健计划？”“如果我在两年内退休，那么我每个月的退休金收入会是多少？”为了回答诸如这样的一些问题，企业就迫切需要能够在线管理的自助式福利管理系统。

BeneLogic 公司　举例来说，当协助美国宾夕法尼亚州各学区处理各种保险需求的组织决定帮助这些学校的董事会实现它们的福利管理自动化时，它们选择了 BeneLogic 这家公司。[90]这家公司提出的方案称为“员工福利电子化服务工具”，这种工具可以让用户通过自己的浏览器对福利的各个方面进行管理，其中包括福利登记、福利计划描述、福利资格确定以及保费处理等。[91]

BeneLogic 公司在自己的服务器上组织并维护通过网络提出的各种福利申请，然后为每个学区创建一种客户化的、基于网络的福利申请表格。该系统支持基于网络的员工福利登记，并且提供集中的呼叫中心来解答与福利相关的各种问题。它甚至还能通过与像自动数据处理公司（ADP）（主要负责薪酬发放）和甲骨文仁科公司（Oracle PeopleSoft，主要服务于学区董事会的人力资源信息系统）等的合作，实现与福利相关的薪酬支付、人力资源信息系统以及其他类似的功能。每个学校的董事会成员都能通过自己董事会的网站链接，进入 BeneLogic 公司的网站。

福利网站　很多企业都在自己的福利网站上添加了很多新的服务项目。除了提

* 即表明他们自愿放弃在未来根据年龄歧视法律起诉企业的权利。——译者注

供自主注册这样的项目，USAA 保险公司的网站（www. usaa. com）还帮助员工达成更好地工作和生活平衡。例如，通过点击“今天，我感觉……”这个菜单，员工可以用一系列的词语来作出回答（例如“有压力”），从而可以从上面得到关于如何应对压力（就这个例子而言）的建议。点击“我的孩子今天表现不好……”，那么员工就能得到诸如“应对各种儿童行为问题的指南”这样的资源。[92]波音公司的薪酬与福利网站还可以让员工得到关于他们的薪资、奖金、福利、养老金，甚至是儿童看护服务提供商等方面的实时信息。[93]

13.5 个人服务和家庭友好型福利

尽管带薪休假、保险以及退休福利构成了企业福利成本开支的绝大部分内容，但大多数企业还会为员工提供各种各样的服务福利，其中主要包括：个人服务（比如法律和个人咨询）、家庭友好型服务（如托儿设施）、教育津贴以及高层管理人员特殊福利（如使用公司的轿车等）。

13.5.1 个人服务

很多公司都为员工提供他们在某些时候会需要的一些个人服务。其中包括信用互助会、法律服务、咨询以及一些社交和娱乐机会。（一些企业用自愿福利这个术语涵盖各种个人服务，其中包括宠物保险、汽车保险等方面。[94]）下面，我们来具体看一看这些服务项目。

信用互助会 信用互助会通常都是由一些独立的公司建立的独立业务机构，其目的是帮助员工满足借款和储蓄的需要，不过，有些企业也会自行建立这种互助会。员工通常是通过以很低的价格——例如 5 美元或 10 美元——购买信用互助会的股份成为互助会成员的。这样，互助会成员就可以在互助基金中进行储蓄，根据信用互助会董事会决定的利率获得利息。信用互助会的贷款资格要求和贷款利率通常会比银行和财务公司规定的标准更为优惠。

员工援助计划 **员工援助计划**（Employee Assistance Programs，EAPs）主要是针对诸如个人法律和经济服务、儿童和老人看护帮助、领养援助、心理健康咨询和人生大事规划等方面的问题而给员工提供的各种咨询或治疗服务。[95]员工援助计划现在越来越受欢迎，60%的大公司都提供这样的服务。一项研究发现，个人心理健康问题是员工援助计划关注的一种最常见问题，其次则是各种家庭问题。[96]

对于企业而言，尽管员工援助计划会带来一定的成本，但是它们能够得到的则是更多的好处。例如，家庭成员患病以及患上抑郁症等个人问题是导致很多员工请病假的重要原因之一。员工援助计划可以通过提供针对诸如老年人看护等方面问题的专家建议，避免员工出现类似的缺勤。[97]尽管目前还很少有公司建立自己员工援助计划，但是一般的大公司都会有自己的员工援助计划。大部分公司是与麦哲伦卫生服务公司（Magellan Health Services）和信诺行为健康公司（CIGNA Behavioral Health）等专业机构签订合同，由这些机构负责提供员工援助计划所需的专业工作人员，并提供各种专门的服务。[98]

不管是哪一种情况，企业和管理人员都需要注意一些问题。每个参与员工援助计划的人，包括各级主管人员、秘书以及辅助类人员，都必须明白保密的重要性。类似的，还要确保相关文件是上锁的，任何访问都是受限制并且受到监控的，此外，还必须将身份类信息尽可能减到最少程度。当然，很重要的一点是要注意法律问题。例如，在很多州中，咨询师必须将涉嫌虐待儿童的行为报告给州立相关机构。因此，管理人员需要明确该项目的目的、员工参与该项目的资格条件要求、员工援助计划以及企业人事部门所扮演的角色和需要承担的责任，还有运用该计划的程序等。此外，还要确保公司使用的供应商能够达到专业方面的要求以及州政府的许可要求（professional and state licensing requirements）。

13.5.2　家庭友好型（工作—生活平衡）福利

福利管理这一领域正随着以下几个方面的发展趋势而发生变化：越来越多的家庭属于双职工家庭；更多的单亲家庭出现；更多的女性加入了劳动力队伍；55 岁以上的员工在劳动力队伍中的人数越来越多。同时，还出现了“时间约束”的现象——人们的工作时间越来越长，以至于没有时间去做他们想要做的很多事情。这些问题不仅困扰着男性劳动者，同时也影响着女性劳动者。[99]

这些压力使得很多企业开始实施一种所谓的**“家庭友好型或工作—生活平衡型福利”**（family-friendly /work-life benefits）。（在美国，从没结过婚的人越来越多，因此，“工作—生活平衡型福利”这个新术语关注的是所有员工的工作—生活状况，而不仅仅是对那些有家庭的员工而言的。[100]）这种福利通常包括儿童看护、老人看护、健身设施、弹性工作时间安排等这样一些有助于员工更好地满足其工作和家庭生活需要的内容。[101]例如，一项由美国人力资源管理协会进行的调查发现，29%的企业提供某些类型的儿童看护援助，55%的企业提供弹性工作安排福利。[102]下面让我们来看一看一些具体的例子。

儿童看护补贴　一方面要完成工作任务，另一方面还要赡养家庭，这对于员工来说的确是个挑战，对那些作为单身父母的员工来说，更是如此。大多数人仍然通过个人方式来解决他们的孩子看护问题。例如，一项调查表明，由亲属看护孩子的情况所占的比例大约为 48%。[103]各种有组织的日托中心占 30%左右，而在剩下的儿童看护方式中，大多是通过非亲属照顾的形式来完成的。

对于很多企业来说，要想减少员工因寻找可靠的儿童看护服务而带来的精力分散，它们可以通过很多不同的途径来达到目的。许多企业所做的仅仅是调查一下公司所在社区的日托设施，然后向感兴趣的员工做个推荐就完事了。而更多的企业则建立了由公司资助的日托中心，这既是为了吸引员工，同时也是为了降低缺勤率。例如，雅培实验室（Abbott Laboratories）在其位于芝加哥北部的总部中就耗资 1 000万美元建立了一个日托中心，负责对在其实验室中工作的员工需要抚养的 400 名儿童进行日间看护。[104]

通过建立得到企业补贴的日托中心，企业可以获得很多好处，这主要表现在：招募效果改善；缺勤率下降；员工士气提高；企业公众形象改善；员工流动率下降，等等。但是，为了确保这一计划是有利的，并且是具有成本有效性的，还必须作出良好的规划。在这方面，通常需要先对员工进行一项问卷调查，让他们回答这样一些问题，比如“如果在你的工作地点附近有一个托儿所可以帮助您照顾孩子，你愿意为每个孩子支付的看护费用是多少？”

患病儿童照看福利 如果你的孩子生病了，而你又必须去上班的话，你会怎么办呢？一项调查发现，最近，意外缺勤时间占总工时数量的大约 2.4%左右，而员工每次缺勤给企业带来的单次成本平均大约为 700 美元（这主要是因为聘请临时员工所产生的费用以及生产率下降带来的成本）。因此，越来越多的企业提供应急儿童看护福利，例如，当员工聘请的日常幼儿保姆不能到岗时，为员工提供儿童看护服务。得州仪器公司建立了一个网络数据库，以便让公司员工能够在关键时刻找到照看幼儿的人。其他一些企业，例如加拿大金融服务公司（Canadian financial services company，CIBC），则正在扩大其工作场所内的日托中心规模，以帮助员工处理一些在关键时刻出现的紧急情况。[105]

老人护理 由于与儿童福利类似的原因，老人护理福利也非常重要。一些员工由于需要承担照顾老年亲属的责任，所以可能会影响到他们的工作业绩。[106]当员工必须照顾年老的家人时，他们需要如何调整自己的工作时间安排呢？一项调查表明，64%的员工选择休病假或使用带薪假期；33%的员工选择减少工作时间；22%的人选择休事假；20%的人选择将全日制工作调整为非全日制工作；16%的人选择离职；13%的人选择提前退休。随着年龄超过 65 岁的老年人群体不断扩大，这个问题会变得更加严重。美国的一项调查表明，大约 1.2 亿人正面临或者曾面临照顾年老的亲人或朋友的情况。[107]

因此，越来越多的企业开始提供老人护理福利。例如，美国汽车工人联合会和福特汽车公司就为在福特汽车公司中领取薪酬的员工提供老年看护指导服务。这项服务提供了对员工老年亲属的需求所做的详尽评估以及对所需的最优看护服务的建议。[108]老龄问题全国委员会（National Council on Aging）则专门建立了一个网站来帮助老年人及其看护者寻找合适的福利计划：www.benefitscheckup.org。

休假 一项调查（需要指出的是，这项调查是在 2008 年经济衰退之前进行的）发现，在受访的 2 586 名员工中，约有一半的人感到他们的工作量过大，因而只能投入很少的时间来做“那些对他们的生活真正有意义的事情”。因此，哈特福德金融服务集团（Hartford Financial Services Group）和全美互助保险公司（Nationwide Mutual Insurance）等企业改变了它们的休假政策。例如，它们将休假作为绩效奖励的一种方式，通过跟踪员工休假状况来避免员工出现工作倦怠，为新员工提供更多的假期时间，并且给员工提供更长的周末时间和节假日。[109]

家庭友好型福利及其底线 在当前这个充满挑战的时代，企业需要权衡这些福利的成本和它们能够带来的好处。但要衡量这些计划的“收益性”却并不容易。当然，这些计划的成本是很显然的。例如，安泰公司就发现，通过让位于宾夕法尼亚州蓝钟市的公司办公室员工自己购买咖啡和茶叶，公司竟然节约了 40 万美元的成本。[110]

要衡量这种计划的积极成效并没有这么简单。“家庭友好型”的大公司，例如北欧航空公司（SAS）定期登上“最佳企业”的榜单，这几乎毫无疑问能让它更容易地招募和保留优秀的员工。有些员工甚至愿意为了该公司提供的内部日间儿童看护福利而放弃其他企业的高薪诱惑。而这些计划给企业带来的很多好处则是间接的。例如，那些遭受工作—家庭冲突的员工很可能会产生愤怒情绪并且影响他们的工作绩效，而家庭友好型的服务则有助于改善这种状况。[111]

因此，尤其是在当前这个充满挑战的时代，一个最关键的问题就是，企业需要谨慎决定缩减哪些福利项目。例如，即使是以提供让其他企业望尘莫及的福利计划

(例如市内免费班车、工作场所日托、餐馆福利等)而著称的谷歌公司，近年来也开始缩减福利计划了。

13.5.3 其他与工作相关的福利

很多公司还提供各种各样的其他福利。一些公司提供员工交通补贴(employee transportation)，例如递增的里程津贴和公共交通贴现。[112]谷歌公司的网站上列出了领养援助、谷歌儿童看护中心、从旧金山出发的免费班车服务、工作场所干洗服务、儿童看护援助等福利，以及工作场所的内科和牙科保健等。很多企业还通过某些形式提供餐饮服务(food services)；它们使员工可以用相对较低的价格购买各种膳食、快餐或者咖啡。

人力资源管理应用程序

工作中的 iPod

一些企业禁止员工在上班时间使用 iPod。一个网上的专栏作家还专门写了一些文章支持公司的这种禁令。当然，很多员工也发表评论来支持在工作时间使用 iPod。下面是其中的一些精彩评论：[113]

> 要我一整天一个人安静地坐在办公室里，既不能听音乐也不能听谈话类的电台节目???!!! 那干脆把白大褂医生叫过来吧，让我直接去精神病医院得了。

> 就算是在较高的管理职位上，还是会有很多不需要动脑子的死记硬背的工作，因此只有电台才能让我保持头脑清醒一点。

> 通常情况下，工作中的例行公事都会让我感到抓狂，但如果我打开电台，我就能乖乖地坐在椅子上，花更短的时间完成我的工作任务。

教育补贴 像报销学费等这样一些教育补贴(educational subsidies)是长期以来一直存在的一种非常普遍的福利项目。教育补贴计划多种多样，既有全额报销学费和相关学习费用的计划，也有每年为员工报销一个固定金额的学费(比如几百美元)的计划。一项调查发现，在受访的 579 家企业中，有 72%的企业为员工参加与工作相关的大学课程而付费。大多数公司还报销与员工当前的工作无关但是与公司经营有关的一些培训课程的费用(例如网页设计人员参加会计课程的学习)。一些企业还为员工参加提高个人能力的培训而付费，比如参加外语学习，即使这种学习与公司的业务和员工当前的工作都无关(尽管现在的趋势是减少这种福利)。[114]一些企业还在公司内部开设教育课程。而其他的一些教育福利计划则包括基本的文化知识补习课程等。

在这方面存在的问题在于，你可能会为你最优秀的员工付费，但结果却是他们因此而离开公司。两位学者研究了由公司资助的大学业余课程是如何影响员工的流动性的。他们研究的对象是美国海军的学费资助计划。结果表明，员工在得到学费资助后极大地降低了他们留在海军队伍中的可能性。[115]因此，企业需要仔细审视它们的学费资助计划中的相关条款，同时还要审查这些计划在若干年中所产生的结果。此外，如何将这些福利扩大到员工的同居伴侣也是一个重要的问题。接下来的

“管理新型员工队伍”专栏将会对此进行具体的讨论。

管理新型员工队伍

同居伴侣福利

一项由美国人力资源管理协会进行的调查发现，在受访的 578 家公司中，有大约 23%的公司提供同性同居伴侣福利，31%的公司提供异性同居伴侣福利，而 2%的公司打算实施其中一种或两种福利。[116]例如，诺思罗普-格鲁曼公司（Northrop Grumman Corp）将同居伴侣福利扩大到覆盖在纽波特纽斯船厂（Newport News shipyard）中工作的 9 500 名领取薪酬的员工。[117]

当企业向员工提供同居伴侣福利时，通常意味着员工的同性或者异性同居伴侣有资格接受等同于员工的丈夫、妻子或其他法定受赡养对象所能享受的同等福利（其中包括医疗保健、人寿保险等）。[118]根据 1996 年通过的《婚姻守护法》（Defense of Marriage Act），美国任何一个州或其他行政区域都不必像对待员工的配偶那样对待员工的同性同居伴侣，而且，由于联邦政府法律的相关规定，联邦政府可能也不会这么做。因此，这就导致了关于这些扩大到同居伴侣的福利是否能够享受联邦政府的免税待遇的讨论，因为那些免税条款一般是针对提供给员工亲属的福利计划的。

13.5.4 高层管理人员特殊福利

当你达到了一个组织的金字塔顶端时——或者至少是已经接近顶端时——你会发现，等待你的是高层管理人员的特殊福利（Executive Perk）。我们曾在第 11 章中提到，管理人员的特殊福利往往只有少数几位高层管理人员才能享受。这种特殊福利的内容既包括成本很高的福利项目（例如公司的专机），也包括一些几乎可以忽略不计的福利项目（例如专用卫生间等）。

在这两个极端之间，还存在各种常见的高层管理人员特殊福利。其中包括：管理人员贷款（通常是用来鼓励高层管理人员行使他们的股票期权的）；在公司成为被兼并或收购的目标时，对高层管理人员提供的年薪保障（也称为“金色降落伞”）；财务咨询（帮助高层管理人员处理各种投资计划）；安家福利，通常包括房屋抵押补贴、公司购买高层管理人员的现有住房以及支付他们的实际搬家费用等。[119]高层管理人员的其他特殊福利还包括非工作时间报酬（其中包括带薪休假以及遣散费）、再就业援助、公司公用车、配备私人司机的豪华轿车、高层管理人员餐厅、健身计划、法律服务、税收协助、数量可观的可支配账户、俱乐部成员资格、体育娱乐季票以及孩子教育补贴等。正如我们所看到的，企业有很多途径使努力工作的管理人员的生活过得尽可能愉快！

但 2008 年以来的经济衰退导致很多董事会和公司开始削减高层管理人员的特殊津贴。当美国汽车行业的老总们乘专机到华盛顿向国会请求援助时，很多人表示抗议。第二次，他们就从底特律开车前往了。很多企业也相应地减少了那些过于奢华的特殊津贴，例如高层管理人员餐厅等。正如我们在第 11 章中提到的，如果公司的高层管理人员特殊津贴总价值超过 10 万美元的话，上市公司必须列出所有的特殊津贴条目。

13.6 弹性福利计划

员工一般都希望他们的福利计划具有一定的灵活性。比如，在一项对双职工夫妇所做的调查中，83%的人选择灵活的工作时间安排（如果有这种选择的话），69%的人选择具有弹性的一揽子福利计划，而 75%的人则表示希望自己的公司也能提供具有灵活性的弹性福利计划。[120] 发布在线职位空缺公告的服务商 jobtrack. com 公司对高校的在校生和刚毕业的大学生做了一项调查，询问他们这样一个问题："你最想得到的福利项目是什么?" 35%的人选择了灵活的工作时间安排；19%的人选择股票期权计划；13%的人选择了更多的休假时间；12%的人选择了更好的健康计划。可见，大多数人选择的福利项目都是与生活方式，而不是财务有关的。[121]

考虑到这种情况，企业应该有先见之明，即先调查员工在福利方面的偏好，这也许可以用到图 13—6 中的表格。无论如何，企业应该在设计福利计划时，为员工提供一定的选择余地。

13.6.1 自助餐式福利计划

由于员工对不同福利计划的偏好不同，因此现在越来越多的企业开始让员工自己设计本人的个性化福利计划。"自助餐式福利计划"就是实现这种目的的主要方式之一（薪酬专家常常将**弹性福利计划**（flexible benefits plan）和**自助餐式福利计划**（cafeteria benefits plan）作为同义词使用）。自助餐式福利计划的含义是，企业为每一位员工提供一个固定的福利基金预算，让员工在这个预算的范围内选择自己感兴趣的福利，这种自助餐式福利计划有两个约束条件。第一，企业必须严格限定每个员工的福利计划包所能够达到的总成本定额。第二，在每个福利计划包中都必须包含一些特定的福利项目——例如社会保障、工伤保险以及失业保险等。通常情况下，员工可以在每年的年中调整一次自己的个人福利计划，例如，如果他们的儿童护理或老人护理费用增加了，那么他们可能希望将自己的一部分福利费用从其他项目转移到这种护理福利。[122]美国国税局规定，企业必须有自助餐式福利计划的书面计划书，其内容包括福利项目以及选择福利项目的程序。[123]

自助餐式福利的种类　自助餐式福利计划有几种不同的表现形式。为了让员工在选择福利计划时能有更多的自主性，约 70%的企业向员工提供弹性支出账户（flexible spending accounts），使员工可以用来支付医疗和其他费用。这种计划使员工可以用税前账户支付某些类型的福利（因此，美国国税局事实上是为员工的开支提供一定的补贴的）。为了鼓励员工真正使用这种福利计划，而不是兑换现金。一些公司还向员工提供借记卡，使员工可以在医疗服务提供商那里和药店中使用。[124]核心项目加可选项目福利计划（core plus option plans）则首先建立一套通常是国家强制要求对每一位员工都要提供的核心福利项目（如医疗保险），然后员工才可以在这些核心福利项目之外选择其他种类的福利项目。[125]

人力资源—员工福利调查

请花点时间告诉我们你们对公司福利计划的看法，你们的意见会让我们做得更好。

医疗健康福利

请为以下项目打分

1 为“非常满意”，5 为“非常不满意”

	1	2	3	4	5
医疗计划					
牙科保健计划					
视力保健计划					

退休及储蓄计划

请为以下项目打分

1 为“非常满意”，5 为“非常不满意”

	1	2	3	4	5
401（k）计划和利润分享计划					
员工持股计划					
伤残（短期和长期）补助计划					

其他福利计划

请为以下项目打分

1 为“非常满意”，5 为“非常不满意”

	1	2	3	4	5
意外死亡和伤残保险					
休假计划					
教育补贴计划					
人寿保险计划					

4. 你希望公司对福利计划加以修改吗？

是　　否

5. 如果“是”，请描述你希望作出的修改：

6. 你曾经与公司的福利管理部门联系过吗？

7. 你对公司的福利管理部门感到满意的程度是：

□ 非常满意
□ 满意
□ 不确定
□ 不满意
□ 非常不满意

图 13—6　对员工的福利偏好所做的在线调查

资料来源：https：//data. grapevinesurveys. com/survey. asp？ sid＝20062143964099，accessed April 29，2009.

13.6.2　福利和员工租赁

很多企业——尤其是小型企业——并不具有支持我们讨论的这些福利计划的资源和员工基础。这就是它们采用“员工租赁”这一做法的一个重要原因。

员工租赁公司（通常称为专业化的企业组织（professional employer organizations）或者员工租赁公司（staff leasing firms））承担企业的全部或者大部分人力

资源工作，它们也成为这些企业的员工在档案记录上所显示的“雇主”。因此，员工租赁公司就成为员工的法定企业，并且通常需要处理与员工有关的所有活动，比如招募、雇佣（需经过客户公司主管人员的同意）、纳税（社会保障税、失业保险税等）。

保险和福利管理通常是员工租赁公司对于中小企业最有吸引力的一个方面。对于一家小公司来说，要想获得健康保险和其他保险通常是一个很大的问题。即使采取团队保险的形式，对于一家只有 20～30 个人的小公司来说，它需要缴纳的人寿保险或健康保险的团体费率也仍然非常高。在这种情况下，员工租赁公司就出现了。必须记住的是，员工租赁公司是你所使用的员工的法定雇主。这样，你的员工就被纳入了一个更大的员工群体，在这个员工群体中还包括其他一些企业雇用的员工，这样，这个员工群体可以集体缴纳保险。于是，小企业现在就能够为其员工提供过去无法提供的一些保险了。此外，这种做法还有另外一个好处，即小企业可以从全部或者大部分人力资源相关事务中抽身。正因为如此，很多小企业认为，它们因为无须再管理人力资源活动而节约的成本完全可以抵消向员工租赁公司支付的费用。

第一秤制造公司案例 在位于佛罗里达州斯坦福市的第一秤制造公司中工作的 40 名员工，并不是在为一个大型公司工作，但是他们却获得了只有在大型企业工作的员工才能享受的员工福利和人力资源服务。这是因为第一秤制造公司的老板汤姆·斯托塞与一家名为 ADP 的公司（ADP Total Source）——一家专业化的人力资源服务公司——签订了一份协议，让该公司来处理第一秤制造公司的所有人力资源管理问题。“我没有足够的时间和人手来处理公司的人力资源问题、生产安全问题以及《国家职业安全与健康法》（OHSA）规定的各种事务”，汤姆说，“我们一直都在寻找一种新型的保险。”[126]现在，如果斯托塞有员工法律方面的问题或者安全方面的问题，他只需要打电话给该员工租赁公司中负责本公司业务的代表就可以解决了。而且，对于斯托塞来说，更重要的是，ADP 公司能够给斯托塞的员工提供比他通过第一秤制造公司能够提供的更好的健康福利。

员工租赁可能会因为看上去太好了，以至于让人觉得不真实，而且事实也确实如此。许多企业对于让第三方成为其员工的法定雇主都会感到不舒服。尤其是对于那些依靠工程师这类员工资源建立比较优势的企业，若将人力资源管理工作，比如甄选、培训、职业规划等都交给外部人员处理，可能会让人觉得靠不住。几年以前，由于一两家员工租赁公司人为操纵高薪员工的养老金福利而导致这一行业染上了污点。[127]此外，员工租赁同样会带来责任方面的问题。比如，在一份比较典型的员工租赁合约中，专业租赁组织和客户公司达成协议来分担需要承担的对员工的各项责任，这就是所谓“共同雇佣”概念。这样的话，比如，如果某个州的法院还没有将工伤保险视为对员工在工作期间受伤进行补偿的一种合法形式（确实有这样的一些州），那么就必须明确承担对受伤员工赔偿责任的到底应该是客户公司还是租赁公司。[128]此外，如果员工租赁公司突然破产，企业必须以极快的速度寻找新的医疗健康保险途径。

13.6.3 弹性工作时间安排

弹性工作时间安排现在正变得日渐流行。[129]单身父母亲非常重视工作和家庭之间的平衡。而且，对于很多在新千年进入劳动力队伍的员工来说，弹性工作时间安排给他们提供了一个在追求事业的同时，又不至于牺牲他们的生活质量的途径。下面让我们来具体讨论一些弹性工作安排方式。

弹性工作时间计划 **弹性工作时间计划**（flextime）是指员工的工作日围绕一个公共核心时段——例如上午 11 点至下午 2 点——作出安排，核心时间段的两端是弹性时间段。员工可以自主决定上下班时间。例如，他们可能选择从上午 7 点工作到下午 3 点，或者从上午 11 点工作至下午 7 点。参与正式的弹性工作计划的员工数量——大约有 4%的操作类人员和 17%的高层管理人员——并不能说明弹性工作时间计划的总体情况。更多的其他员工，可能大概占到员工总数的一半，实际上采用的都是非正式的弹性工作时间安排。[130]在实践中，大多数企业的上班时间基本上都接近于传统的早上 9 点至下午 5 点这一时间段。因此，弹性工作时间安排给大多数员工带来的变化就是，他们可以自主决定早上 9 点以前或者下午 5 点以后的那一个小时。

周工作时间压缩 很多员工——例如飞行员——并不按照传统的每周工作 5 天、总共工作 40 小时的方式上班。类似的，医院可能希望医生和护士能提供对病人的持续护理，制造商可能想减少因员工倒班带来的生产率损失，消防员则通常会连续几天不停地工作。像这样的员工一般都有**周工作时间压缩安排计划**（compressed workweek），也就是说他们每周的工作天数会更少，但每天的工作时间会更长。这种非传统的工作周时间安排有很多种。有些公司采用的是每周工作 4 天、每天工作 10 小时的方式。而有些员工——例如医院的员工——则可能会连着工作 3 天，每天工作 12 小时，然后在剩下的 4 天里休息。[131]

弹性工作时间安排的成效 研究表明，弹性工作时间安排对员工的生产率、工作满意度和缺勤率有积极的影响；对缺勤率的积极影响要比对生产率的影响大。周工作时间压缩会对员工的工作满意度产生积极的影响；缺勤率并未上升，而生产率却并未受到积极的影响。事实上，高弹性的计划反而不如低弹性的计划更有效。[132]

一些专家称，长时间——比如每班 12 小时——的轮班制可能会增加疲劳和事故发生概率。然而，一项调查却发现，从某些方面来说，12 小时的轮班制反而会更加安全。例如，12 小时轮班制可以减少那种在轮班期间经常发生的“一般性工作场所困扰”，因为在这种轮班制下，员工每天的轮班班次比过去更少了。为了减少一些潜在的负面作用，一些企业还专门配置了跑步机和锻炼用的自行车，以及能模拟日光的“灯箱”。

工作场所弹性制 只要是周围有经常跟电脑打交道的人都知道，员工越来越多地利用一些非传统的设备来开展工作，例如使用 iPod 和黑莓手机。[133]**工作场所弹性制**（workplace flexibility）意味着用信息科技工具来武装员工，让员工无论身处何地都能开展他们的工作。例如，第一资本金融公司有一个“未来工作计划”（Future of Work program）。在该计划下，员工从公司那里得到能无线上网的笔记本电脑和黑莓手机等移动技术工具。这个计划似乎将工作场所满意度提高了 1%，将员工从同事那里获取信息的时间缩短了 31%，而且还使认为工作场所的群体生产率得到提升的员工人数增加了 53%。[134]

其他弹性工作安排 很多企业还采取了其他一些措施来满足员工对弹性工作的需求。**职位分享**（job sharing）允许两位或者多位员工共同分担一个全日制的职位。例如，两个人可能分担一个在传统上需要每周 40 小时的职位，一个人上午上班，而另一个人下午下班。在一项调查中，22%的受访企业说它们允许员工进行职位分享。[135]职位分享对那些处于离退休年纪的员工尤其有用，因为它一方面可以让这些员工减少工作小时数，另一方面又能让公司利用他们的专长。[136]**工作分享**（work sharing）则是指在经济衰退时期，一组员工的工作时间都暂时性地减少，从而避免裁员的发生。因此，可能会出现 400 名员工同意每周只工作 35 小时（同时只领取相应时间的薪酬），以避免公司裁掉 30 名员工。

本章内容概要

1. 由于福利对员工而言如此重要，因此所有的管理者都应该很清楚当今企业的福利情况。除了福利对于员工很重要这一事实，另一个大问题在于，整体福利尤其是医疗保健费用的上涨速度非常快。大约 78%的员工将医疗保健福利列为公司留住他们的最为重要的福利项目。

2. 很多企业都提供多种非工作时间报酬。

● 失业保险是在员工不是由于自己的原因而不能工作的情况下，向他们支付的一定数量的福利。企业要想避免缴纳不必要的失业税，需要遵循的一个主要规则就是保留向员工发出的所有书面警告的目录。

● 美国员工在工作一年之后一般能得到 8～9 天的休假时间。

● 病假是指当员工因为疾病而不能工作时，企业仍然向员工支付薪酬的一个时间段。如何最大限度地减少病假支出非常重要，针对这个问题的成本缩减策略包括：购买员工未使用的病假，或者将病假、休假和事假整合在一起形成带薪休假银行。

● 在设计产假时，企业需要注意两项相关的法案：一是《家庭和医疗休假法》，该法案要求大型企业必须为符合条件的员工提供长达 12 周的非带薪休假，以方便他们处理与家庭有关的各种事务；二是《美国残疾人法》。

● 遣散费是当企业同一位员工终止雇佣关系时向其支付的一种一次性补贴。

3. 大多数企业还为员工提供各种法定的或自愿的保险福利。国家制定工伤保险方面法律的目的在于，向工伤事故的受害者及其抚养或赡养对象提供可靠、及时的收入补偿和医疗福利，而无论工伤事故的责任人是谁。住院、健康和残疾等几种保险的成本正在快速上升，而大多数企业的健康计划会为那些符合条件的员工提供至少是基本的医疗、手术和护理保险。很多企业采取与自选医疗服务组织或健康维护组织签订合同的做法来提供这些福利。当员工被解雇或者雇佣关系终止时，企业有必要让员工知晓他们根据《综合预算调节法》的相关条款享有的权利。医疗保健成本控制的基本趋势是采取各种措施（例如，沟通和授权、健康储蓄账户、理赔审核）来控制医疗保险的成本。

4. 特别是在当前这个股市动荡的时代，退休福利对员工来说非常重要。社会保障是一个美国联邦范围内的计划，旨在向 62 岁及 62 岁以上年龄的退休老年人提供退休后的收入及其他福利。很多企业有现成的养老金计划；当员工达到退休年龄时或因为残疾而不能再继续工作时，企业会向员工支付一定的收入。在固定收益制计划中，员工可以提前知道他们将来在退休时能够享受到的养老金福利水平，而固定缴费制计划则只确定企业和员工分别应当在员工的退休基金或储蓄基金中缴纳的保险费数量。401（k）计划可能是最为大家熟悉的固定缴费制计划，该计划是基于《美国国内税收代码》的第 401（k）条款建立的，故称为 401（k）计划。1975 年通过的《员工退休收入保障法案》要求企业必须有书面的养老金计划文件，并且根据该法案建立了养老金担保公司来监管各种养老金计划。养老金计划参与者的资格要求和既得退休金权利的授予是养老金计划的两个大问题。

5. 大多数企业还提供各种个人服务和家庭友好型福利。其中包括信用互助会、员工援助计划、儿童看护补贴和老人护理补贴。

6. 员工希望能自主选择自己的福利计划，所以弹性福利计划有重要的意义。弹性福利或者自助式福利都是个性化的福利计划，可以满足员工对福利的不同偏好。一些企业转向接受员工租赁公司的服务，利用这些租赁公司的大规模员工基础，为它们的员工寻求更好的福利项目。企业还实施各种弹性工作时间安排福利，其中包括弹性工作时间、周工作时间压缩以及其他弹性工作安排，例如职位分享等。

讨论题

1. 假定你在申请一个管理类职位，现在正处于薪资和福利的谈判阶段。在福利方面，你会对未来的企业提出哪些问题？请描述你通过谈判争取获得的一揽子福利计划会包括哪些内容。

2. 什么是失业保险？企业必须为所有被解雇员工都提供此项保险吗？请谈一谈你将如何使你们公司必须缴纳的失业保险税降到最低水平。

3. 请解释《员工退休收入保障法》是如何保护员工的养老金权利的。

4. 什么是“（养老金的）可转移性”？请解释为什么这一特征对于新毕业的学生来说很重要（或者不是很重要）。

5.《家庭和医疗休假法》中主要包括哪些条款？

个人和小组活动

1. 以个人或者小组为单位，找出你们州的失业保险税率以及相关的法律规定。写一篇综述，详细说明你们州的失业保险法律。假如 X 公司的人员辞退率为 30%，请根据你们州的失业保险法律规定计算出 X 公司应当缴纳的失业保险税税率。

2. 假设你在经营一家小公司。请以个人或者小组的形式登录网站 www.dol.gov/elaws 进行查询，然后写一份两页纸的概述来解释这样两个问题：第一，对于小公司来说，可用的退休储蓄计划有哪些；第二，你会为自己的小公司选择哪些退休储蓄计划，并解释原因。

3. 你是一家只有 40 人的小公司的人力资源顾问。目前该公司只提供每年 5 天的带薪休假、5 天的带薪节假日以及像失业保险等这样的法定福利。请列出你认为该公司应该提供给员工的福利，并说明你为什么会建议该公司提供这些福利。

4. 本书末附录中的美国人力资源认证机构提供的“考试指南”部分，列出了想要通过人力资源资格认证考试的人需要了解的各个方面的人力资源管理知识（例如战略人力资源管理、员工队伍规划、人力资源开发等）。请以 4～5 人为一组，完成下列四项任务：（1）浏览该附录中的内容；（2）明确在本章所讲授的内容中有哪些与附录中列出的需要参加考试者掌握的知识是相关的；（3）根据这些与考试相关的内容，编写出你们认为适合作为这种人力资源认证资格考试考试题的 4 道多项选择题；（4）如果时间允许的话，你们小组派出一个人将你们编写的考试题在课堂上展示给大家，这样各个小组的学生就能够回答其他小组编写的考试题了。

体验式练习

目的：本练习的目的在于使你亲身体验如何为一家小公司设计一揽子的福利计划。

必须理解的内容：对本章中讨论的内容相当熟悉。此外，还要复习第 11 章中的内容，以使你熟悉薪酬调查的信息来源有哪些，然后到课堂上与其他同学共同分享你为你自己的小企业，或者是你熟悉的某个供职的小企业设计的一揽子福利计划。

如何进行练习/指导：将全班分为若干个小组，每组有 4～5 名学生。你们的任务如下：玛利娅·科茨在迈阿密经营着一家小型的人事招募公司，她决定为其 25 位员工提供一份范围更大的一揽子福利计划。该公司目前提供的福利仅仅包括每年 7 天的带薪节假日以及 5 天的病假。在她公司里，还有其他两位经理以及 17 名全职的招募专员和 5 名秘书和行政人员。在规定的时间里，你们小组将要根据该公司的规模和需要，制定一份合适的一揽子福利计划。

应用案例

为福利而罢工

截至 2004 年 2 月，南加利福尼亚杂货店的员工针对该州最大的超级市场连锁店的罢工已经持续了 5 个月。由于如此众多的员工（7 万人）都参与了此次罢工行动，再加上涉及的是罢工问题，全国的工会和企业都密切地关注着谈判的进程。

事实上，杂货销售行业的工会合同将会于 2004 年后期在几个城市中到期，很多人相信加利福尼亚州的工会合同——如果能签订的话——将会确立一种新的工会合同模式。

罢工的主要问题是员工福利，尤其是员工在健康保险福利（如果有的话）需要缴纳的费用中，有多大部分需要自己承担。基于现行的合同，南加利福尼亚的杂货店员工通常能拥有不错的健康福利。比如，在健康保险方面，他们自己无须承担任何费用，而且对于医生的出诊费，他们也只需承担 10 美元的共同分担费用。但是，为了支撑这些优越的健康福利，南加利福尼亚杂货连锁店每小时需要在每位员工身上支出的费用超过 4 美元。对此，这个巨大的杂货连锁店并没有提出降低现有员工的健康保险福利，而是提出，在新工会合同生效之后受雇的员工适用于新的保险政策，即他们需要自行承担每小时 1.35 美元的健康保险费用。这就意味着，新员工需要每周为自己的健康保险支付 10 美元的费用。而且，如果这 10 美元不够支付卫生保健的费用，员工自己还不得不支付更多的费用，或者是会失去部分福利。对于涉及该问题的各方来说，这都是一个艰难的形势：对于杂货连锁店行业的企业来说，一路猛涨的健康保健费用正在逐渐侵蚀着它们的竞争力；而现有的员工则担心，只要允许在如此“光滑的斜坡”上向下走任何一步，最终都会导致自己的健康福利被削减；工会也不希望造成一种这样的困境——即不得不代表两类员工：一类（现有员工）享受着优质的健康保险福利，而另一类（新员工）只能享受相对较差的福利，这种情况很可能会导致新员工在得到工作和参加工会的那一刻起，就已经开始滋生不满情绪。

［问题］

1. 假设你正在调停这场争端。请讨论五种创造性的解决方案，使杂货商在不需要员工支出更多费用的情况下，健康保险福利和整套福利政策的支出费用有所减少。

2. 从杂货连锁店的角度出发，将员工分成两类（其中一类拥有相对优越的健康保险）的弊端是什么？你建议它们如何处理这个问题？

3. 同样，从工会的角度出发，不得不作为两类员工的代表会存在的不利是什么？你建议它们如何解决这个问题？

连续案例

卡特洗衣公司

新的福利方案

卡特洗衣公司过去只向员工提供法律规定的福利，其中包括加入国家失业补偿计划、社会保障和工伤保险（这种保险的提供商就是向该公司提供偷盗和火灾保险的同一家保险公司）。该公司的负责人——杰克、詹妮弗和他们的家人——拥有个人和家庭的健康和人寿保险。如今，詹妮弗发现了公司在福利和服务方面存在的一些潜在问题。

其中一个问题就是员工的流动问题。她想做一项研究来搞清楚，其他公司通过支付健康保险和人寿保险福利的做法，是否确实导致这些公司的员工流动情况有所减少，并且，没准还能使它们支付较低的工资。詹妮弗很关注的另一点是，本公司没有制定关于假期、带薪休假或者病假等方面的正式政策。通常情况下，一位员工在工作一年后至少能获得一个星期的假期，但是以往关于新年或者感恩节的带薪休假政策却非常不稳定。有时，一个刚刚工作两周或三周的员工就能够享受全额的带薪假期；而有时，已经在公司工作了半年或者更长时间的员工却只能享受半额的带薪假期。詹妮弗明白，这项政策必须改进，以使其更加稳定一致。

她同时也在考虑，公司是否可以为员工的子女建立日托中心。她了解到，很多员工的子女要么是白天没有地方可去（学龄前儿童），要么是在放学后无处可去。她思考着，建立日托中心这样的福利政策能否给公司带来很大的利益。

［问题］

1. 请为卡特洗衣公司制定一项关于假期、病假和带薪休假的政策。

2. 你能告诉詹妮弗，为员工提供健康、医疗和人寿保险会给卡特洗衣公司带来哪些有利和不利的方面吗？

3. 你会建议卡特洗衣公司为员工建立日托中心吗？为什么？

将战略转化为人力资源管理政策和实践的案例

巴黎酒店

新的福利计划

巴黎酒店的竞争战略是："通过卓越的顾客服务将自己与同行区别开来，以吸引顾客延长入住时间，提高顾客再次入住比率，从而提高酒店的收入和利润水平。"酒店人力资源经理莉萨·克鲁兹现在必须制定和实施战略性人力资源管理政策和活动，通过帮助酒店获得战略所需的员工行为和胜任素质来支持酒店的这一竞争战略。

虽然巴黎酒店为员工提供的福利（就休假和卫生保健方面而言）与其他酒店相比并不逊色，但是莉萨·克鲁兹知道，要实现公司追求的高品质服务，目前所做的还不够。事实上，这种与其他类似公司几乎不相上下的福利政策似乎并没有让巴黎酒店的员工感到满意，至少有60%的员工时常抱怨说对于自己得到的福利颇为不满。莉萨担忧的是（同时也是首席财务官担忧的），员工对于福利政策的不满会降低他们应有的工作热情和责任感，从而阻碍巴黎酒店实现自己的战略目标。所以，莉萨开始着手评估和重新设计公司的各项福利计划。

当莉萨·克鲁兹和公司首席财务官看到福利计划的相关数据时，都感到更为担忧了。他们为公司计算出几项与福利计划相关的数据，其中包括福利支出在薪酬总支出中所占的百分比、全日制员工平均每人每年的病假天数、本公司福利的支出与竞争对手的福利支出之间的比例以及对员工提供补偿的历史经验评级。正如首席财务官所说的，结果是“喜忧参半”。可喜的是，这些数据大体上与竞争对手相同；可忧的是，这些结果与以高质量服务为导向的企业相比相距甚远。

首席财务官授权莉萨设计和提出一项新的福利计划方案。莉萨知道自己想要通过这个方案成功实现多个目标。她希望这个方案能够鼓舞员工的工作士气，增强他们的责任感。同时，她也希望这一方案的内容能够使员工更加轻松地应对自己的工作——这样，正如她说的那样：“当员工来上班的时候，能够全身心地投入工作，集中精力为客人提供优质的服务，而不用在工作的同时还担心着孩子的看护问题，也不必再为其他家庭事务而分心。”

在所得到的这些数据中，莉萨和她的团队尤其想解决的是巴黎酒店相对较高的员工缺勤率问题。由于很多工作都是与顾客直接接触的——服务生、轿车司机、前台接待员等——所以如果有人缺勤，就意味着工作无法顺利进行。而进一步的结果就是，低出勤率还会增加加班费和临时性员工的工资等费用。在这方面，在薪酬顾问的建议下，莉萨决定研究一个与万豪酒店的“福利交易”相似的系统。在这种福利系统中，员工能够用病假的价值交换其他福利。正如莉萨所说：“我宁愿看到我们的员工利用他们的病假交换像卫生保健这样的福利，如果这样能使他们在以病假的名义做私事前再三考虑的话。”

［问题］

1. 由于企业一般都会让所有的员工享受福利，因此福利可能就不能产生激励计划原本想要达到的那种效果。有鉴于此，你认为巴黎酒店可以通过制定一个新的福利方案来实现哪五种员工行为的改进？请说明你为什么会选择这五个方面的行为。

2. 在你对上一个问题回答的基础上，解释你会建议巴黎酒店采取哪些福利措施来达到改进酒店员工的这五个方面行为的效果。

注释

[1] www.starbucks.com/aboutus/jobcenter_thesbux experience.asp, accessed March 24, 2009.

[2] Based on Frederick Hills, Thomas Bergmann, and Vida Scarpello, *Compensation Decision Making* (Fort Worth, TX: The Dryden Press, 1994), p. 424. See also Fay Hansen, "The Cutting Edge of Benefit Cost Control," *Workforce*, March 2003, pp. 36–42; Crain's Benefits Outlook 2009, www.crainsbenefits.com/news/survey-finds-nearly-20-percent-of-employers-plan-to-drop-health-benefits.php, accessed July 28, 2009.

[3] "Survey Finds 99 Percent of Employers Providing Health-Care Benefits," *Compensation & Benefits Review*, September/October 2002, p. 11. See also "National Compensation Survey: Employee Benefits in Private Industry in the United States, March 2006," U.S. Department of Labor, U.S. Bureau of Labor Statistics, August 2006.

[4] "Health Coverage Premiums: Upward Bound," *HR Trendbook*, 2008, p. 8.

[5] "Hewitt Says Employer Measures to Control Increases in Health Care Costs Are Working," *BNA Bulletin to Management*, October 7, 2008, p. 323.

[6] "Employers Face Fifth Successive Year of Major Heath Cost Increases, Survey Finds," *BNA Human Resources Report*, October 6, 2003, p. 1050; and "National Compensation Survey: Employee Benefits in Private Industry in the United States, March 2006," U.S. Department of Labor, U.S. Bureau of Labor Statistics, August 2006.

[7] It's not clear why, but between 1992/1993 and 2003, the percentage of private-sector workers participating in employer-provided medical care plans declined, as did those participating in retirement plans. "These declines may be the result of shifts in the composition of the labor force, changes in employer decisions to offer coverage, or employee decisions to choose coverage or some combination of these and other factors." William Wiatrowski, "Medical and Retirement Plan Coverage: Exploring the Decline in Recent Years," *Monthly Labor Review* 127, no. 8 (August 2004), pp. 29–36.

[8] Craig Olson, "Will Workers Accept Lower Wages in Exchange for Health Benefits?" *Journal of Labor Economics* 20, no. 2 (April 2002), pp. S91–S114.

[9] "Trouble Ahead? Dissatisfaction with Benefits, Compensation," *HR Trendbook*, 2008, p. 16.

[10] Joseph Martocchio, *Strategic Compensation* (Upper Saddle River, NJ: Prentice Hall, 2001), p. 262.

[11] "California Domestic Partner Benefits Mandate Carries

Likely Impact Beyond State's Borders," *BNA Bulletin to Management*, November 6, 2003, p. 353.

[12] "2007 Benefits," A Survey Report by the Society for Human Research Management, 2007.

[13] "National Compensation Survey: Employee Benefits in Private Industry in the United States, March 2006," U.S. Department of Labor, U.S. Bureau of Labor Statistics, August 2006, p. 26.

[14] Ibid.

[15] Ken Belson, "At IBM, a Vacation Anytime, or Maybe No Vacation at All," *The New York Times*, August 31, 2007, pp. A1–A18.

[16] Ibid., p. 116. See also "Spurious Sick-Notes Spiral Upwards," *The Safety and Health Practitioner* 22, no. 6 (June 2004), p. 3.

[17] "Unscheduled Employee Absences Cost Companies More Than Ever," *Compensation & Benefits Review*, March/April 2003, p. 19.

[18] "Making Up for Lost Time: How Employers Can Curb Excessive Unscheduled Absences," *BNA Human Resources Report*, October 20, 2003, p. 1097. See also W. H. J. Hassink et. al., "Do Financial Bonuses Reduce Employee Absenteeism? Evidence from a Lottery," *Industrial and Labor Relations Review* 62, no. 3 (April 2009), pp. 327–342.

[19] "SHRM Benefits Survey Finds Growth in Employer Use of Paid Leave Pools," *BNA Bulletin to Management*, March 21, 2002, p. 89.

[20] This is based on M. Michael Markowich and Steve Eckberg, "Get Control of the Absentee-Minded," *Personnel Journal*, March 1996, pp. 115–120. See also "Exploring the Pluses, Minuses, and Myths of Switching to Paid Time Off Banks," *BNA Bulletin to Management* 55, no. 25 (June 17, 2004), pp. 193–194.

[21] "Creating Holistic Time Off Programs Can Significantly Reduce Expenses," *Compensation & Benefits Review*, July/August 2007, pp. 18–19.

[22] See, for example, Rita Zeidner, "Strategies for Saving in a Down Economy," *HR Magazine*, February 2009, p. 28.

[23] The Department of Labor updated its revised regulations for administering the Family and Medical Leave Act in November 2008. See "DOL Issues Long-Awaited Rules; Address a Serious Health Condition, Many Other Issues," *BNA Bulletin to Management*, November 18, 2008, p. 369.

[24] "Ten Years After It Was Signed into Law, FMLA Needs Makeover, Advocates Contend," *BNA Bulletin to Management*, February 20, 2003, p. 58.

[25] "HR Professionals Face Sundry Challenges Administering FMLA Leave, Survey Asserts," *BNA Bulletin to Management*, July 20, 2007, p. 233.

[26] Based on Dennis Grant, "Managing Employee Leaves: A Legal Primer," *Compensation & Benefits Review* 35, No. 4 (2003), p. 41. There are several unresolved issues in what "12 months' employment" means. For example, several courts recently held that an employee *can* count previous periods of employment with the employer to satisfy the 12-month requirement. See Daniel Ritter et al., "Recent Developments Under the Family and Medical Leave Act," *Compensation & Benefits Review*, September/October 2007, p. 33.

[27] Gillian Flynn, "Employers Need an FMLA Brush-Up," *Workforce*, April 1997, pp. 101–104. See also "Worker Who Was Employee for Less Than One Year Can Pursue FMLA Claim, Federal Court Determines," *BNA Fair Employment Practices*, April 26, 2001, p. 51.

[28] "Workers Who Come and Go Under FMLA Complicate Attendance Policies, Lawyer Says," *BNA Bulletin to Management*, March 16, 2000, p. 81.

[29] Sue Shellenbarger, "The Mommy Drain: Employers Beef Up Perks to Lure New Mothers Back to Work," *The Wall Street Journal*, September 28, 2006, p. D1.

[30] Jill Fisher, "Reconciling the Family Medical Leave Act with Overlapping or Conflicting State Leave Laws," *Compensation & Benefits Review*, September/October 2007, pp. 39–44.

[31] "Severance Practices," *BNA Bulletin to Management*, January 11, 1996, pp. 12–13; and Neil Grossman, "Shrinking the Workforce in an Economic Slowdown," *Compensation & Benefits Review*, Spring 2002, pp. 12–23.

[32] "Severance Pay," July 2007, Culpepper Compensation & Benefits Surveys.

[33] Terry Baglieri, "Severance Pay," www.SHRM.org, downloaded December 23, 2006.

[34] Ibid.

[35] Ibid.

[36] "Workers' Compensation Costs Are Rising Faster Than Wages," *BNA Bulletin to Management*, July 31, 2003, p. 244.

[37] "Workers' Comp Claims Rise with Layoffs, But Employers Can Identify, Prevent Fraud," *BNA Bulletin to Management*, October 4, 2001, p. 313.

[38] "Firms Cite Own Efforts as Key to Controlling Costs," *BNA Bulletin to Management*, March 21, 1996, p. 89. See also "Workers' Compensation Outlook: Cost Control Persists," *BNA Bulletin to Management*, January 30, 1997, pp. 33–44; and Annmarie Lipold, "The Soaring Costs of Workers' Comp," *Workforce*, February 2003, p. 42ff.

[39] "Using Case Management in Workers' Compensation," *BNA Bulletin to Management*, June 6, 1996, p. 181.

[40] See, for example, Betty Bialk, "Cutting Workers' Compensation Costs," *Personnel Journal*, July 1987, pp. 95–97.

[41] "Healthcare Tops List of Value Benefits," *BNA Bulletin to Management*, April 24, 2007, p. 132.

[42] Hills, Bergmann, and Scarpello, *Compensation Decision Making*, p. 137.

[43] George Milkovich and Jerry Newman, *Compensation* (Burr Ridge, IL: McGraw-Hill, 1993), p. 445.

[44] Society for Human Resource Management, "Mental Health Trends," *Workplace Visions*, no. 2, http://moss07.shrm.org/Research/FutureWorkplaceTrends/Pages/0303.aspx, accessed July 28, 2009.

[45] "Mental-Health Parity Measure Enacted as Part of Financial Rescue Signed by Bush," *BNA Bulletin to Management*, October 7, 2008, p. 321.

[46] See, for example, Karli Dunkelberger, "Avoiding COBRA's Bite: Three Keys to Compliance," *Compensation & Benefits Review*, March/April 2005, pp. 44–48. As an example of the direction new federal health insurance may take post-2009, see A. Mathews, "Making Sense of the Debate on Health Care," *Wall Street Journal* (Eastern Edition) (September 30, 2009), pp. D1, D5.

[47] www.recovery.gov, accessed March 21, 2009.

[48] www.DOL.gov, downloaded December 23, 2006.

[49] Larri Short and Eileen Kahanar, "Unlocking the Secrets of the New Privacy Rules," *Occupational Hazards*, September 2002, pp. 51–54.

[50] "Hewitt Says Employer Measures to Control Increases in Health Care Costs Are Working," *BNA Bulletin to Management*, October 7, 2008, p. 323.

[51] Alan Cohen, "Decision-Support in the Benefits Consumer Age," *Compensation & Benefits Review*, March/April 2006, pp. 46–51.

[52] Ibid., p. 40. See also "Employers Explore Range of Tactics to Rein In Rising Health Costs for 2005 Plan Year," *BNA Bulletin to Management* 55, no. 27 (July 1, 2004), p. 219.

[53] Ron Finch, "Preventive Services: Improving the Bottom Line for Employers and Employees," *Compensation & Benefits Review*, March/April 2005, p. 18. Note that prevention/wellness programs can run afoul of the Americans with Disabilities Act. So, for instance, employers should not make participation in such plans mandatory or use information obtained in such programs in such a way that violates ADA

confidentiality requirements or discriminates against employees who are not physically fit. Here, see "Despite Good Intentions, Wellness Plans Can Run Afoul of ADA, Attorney Cautions," *BNA Bulletin to Management* 56, no. 51 (December 20, 2005), p. 41.

[54] "Employer Partners to Launch a Three-Year Wellness Initiative," *BNA Bulletin to Management*, August 7, 2007, p. 255.

[55] "On-Site Clinics Aimed at Cutting Costs, Promoting Wellness," *BNA Bulletin to Management*, March 25, 2008, p. 103.

[56] Ibid. See also Josh Cable, "The Road to Wellness" *Occupational Hazards*, April 2007, pp. 23–27.

[57] George DeVries, "The Top 10 Wellness Trends for 2008 and Beyond," *Compensation & Benefits Review*, July/August 2008, pp. 60–63.

[58] Christine Keller and Christopher Condeluci, "Tax Relief and Health Care Act Should Prompt Re-Examination of HSAs," *SHRM Legal Report*, July–August 2007, p. 1.

[59] In contrast, with health reimbursement arrangements (HRA) only the employer makes contributions. See "Types of Tax Favored Health Accounts," *HR Magazine*, August 2008, p. 76.

[60] Michael Bond et al., "Using Health Savings Accounts to Provide Low-Cost Health-Care," *Compensation & Benefits Review*, March/April 2005, pp. 29–32.

[61] Vanessa Fuhrmanns, "Oops! As Health Plans Become More Complicated, They're Also Subject to a Lot More Costly Mistakes," *The Wall Street Journal*, January 24, 2005, p. R4.

[62] "As Workers Feel the Effect of Cost Hikes, Employers Turn to Health Remedies," *BNA Bulletin to Management*, April 18, 2002, p. 121.

[63] "High Deductible Plans Might Catch On," *BNA Human Resources Report*, September 15, 2003, p. 967.

[64] "HR Outsourcing: Managing Costs and Maximizing Provider Relations," *BNA, Inc.* 21, no. 11 (Washington, DC: November 2003), p. 10.

[65] "One in Five Big Firms May Drop Coverage for Future Retirees, Health Survey Finds," *BNA Bulletin to Management*, December 12, 2002, p. 393. Reducing retiree benefits requires a preliminary legal review. See James McElligott Jr., "Retiree Medical Benefit Developments in the Courts, Congress, and EEOC," *Compensation & Benefits Review*, March/April 2005, pp. 23–28; and Natalie Norfus, "Retiree Benefits: Does an Employer's Obligation to Pay Ever End?" *Compensation & Benefits Review*, January/February 2008, pp. 42–45.

[66] Robert Christadore, "Benefits Purchasing Alliances: Creating Stability in an Unstable World," *Compensation & Benefits Review*, September/October 2001, pp. 49–53. Betty Liddick, "Going the Distance for Health Savings," *HR Magazine*, March 2007, pp. 51–55. J. Wojcik "Employers Consider Short-Haul Medical Tourism," *Business Insurance* 43, no. 29 (August 24, 2009), pp. 1, 20.

[67] "Dependent Eligibility Audits Can Help Rein In Health Care Costs, Analysts Say," *BNA Bulletin to Management*, September 9, 2008, p. 289.

[68] Carolyn Hirschman, "Will Employers Take the Lead in Long-Term Care?" *HR Magazine*, March 1997, pp. 59–66. For recent perspective, see A. D. Postal, "Industry Ramps Up Opposition To LTC Program In Senate Health Bill," *National Underwriter* (Life & Health/Financial Services Edition) 113, no. 14 (July 20, 2009), pp. 10, 32.

[69] Bill Leonard, "Recipes for Part-Time Benefits," *HR Magazine*, April 2000, pp. 56–62.

[70] As we explained earlier in this book, do not confuse independent contractors with part-time workers. As three attorneys put it, "Short-term, just-in-time workers provided by staffing agencies are not an issue. However, the employer's policy for workers who are still on the job after 1,000 to 1,500 hours should require that they be provided with benefits, either through the staffing agency or by outsourcing their administration to an administrative employer who can provide benefits." Bob Lanza et al., "Legal Status of Contingent Workers," *Compensation & Benefits Review*, July/August 2003, pp. 47–60.

[71] Brenda Paik Sunoo, "Millions May Retire," *Workforce*, December 1997, p. 48. See also "Many Older Workers Choose to 'Un-Retire' or Not Retire at All," *Knight Ridder/Tribune Business News*, September 28, 2003, item 03271012; Patrick Purcell, "Older Workers: Recent Trends in Employment and Retirement," *Journal of Deferred Compensation* 8, no. 3 (Spring 2003), pp. 30–54; and "For Many Seniors, a Job Beats Retirement," *Knight Ridder/Tribune Business News*, February 9, 2003, item 3040001.

[72] www.ssa.gov/pressoffice/colafacts.htm, accessed March 6, 2009.

[73] The 7.65% tax rate is the combined rate for Social Security and Medicare.

[74] Martocchio, *Strategic Compensation*, pp. 245–248; Lin Grensing-Pophal, "A Pension Formula That Pays Off," *HR Magazine*, February 2003, pp. 58–62; Jim Morris, "The Changing Pension Landscape," *Compensation & Benefits Review*, September/October 2005, pp. 30–34.

[75] For one recent example of how to do this, see Gail Nichols, "Reviewing and Redesigning Retirement Plans," *Compensation & Benefits Review*, May/June 2008, pp. 40–47.

[76] Jessica Marquez, "More Workers Yanking Money Out of 401(k)s," *Workforce Management*, August 11, 2008, p. 4.

[77] Nancy Pridgen, "The Duty to Monitor Appointed Fiduciaries Under ERISA," *Compensation & Benefits Review*, September/October 2007, pp. 46—51; "Individual 401(k) Plan Participant Can Sue Plan Fiduciary for Losses, Justices Rule," *BNA Bulletin to Management*, February 20, 2008, p. 65.

[78] Lindsay Wyatt, "401(k) Conversion: It's as Easy as Riding a Bike," *Workforce*, April 1997, p. 66. See also Carolyn Hirschman, "Growing Pains. Employers and Employees Alike Have Lots to Learn About 401(k) Plans," *HR Magazine*, June 2002, pp. 30–38.

[79] "Benefit Trends: Automatic Enrollment Takes Off," *Compensation & Benefits Review*, September/October 2008, p. 14.

[80] Jack VanDerhei, "The Pension Protection Act and 401(k)s," *The Wall Street Journal*, April 20, 2008, p. 12.

[81] Jessica Marquez, "Retirement Out of Reach," *Workforce Management*, November 3, 2008, pp. 1, 24.

[82] Wyatt, "401(k) Conversion," p. 20.

[83] "New Pension Law Plus a Recent Court Ruling Doom Age-Related Suits, Practitioners Say," *BNA Bulletin to Management* 57, no. 36 (September 5, 2006), pp. 281–282.

[84] Harold Burlingame and Michael Gulotta, "Cash Balance Pension Plan Facilitates Restructuring the Workforce at AT&T," *Compensation & Benefits Review*, November/December 1998, pp. 25–31; Eric Lekus, "When Are Cash Balance Pension Plans the Right Choice?" *BNA Bulletin to Management*, January 28, 1999, p. 7.

[85] This is based on Eric Parmenter, "Employee Benefit Compliance Checklist," *Compensation & Benefits Review*, May/June 2002, pp. 29–38.

[86] www.pbgc.gov/workers-retirees/benefits-information/content/page789.html, accessed March 6, 2009.

[87] Patrick Kiger, "Early-Retirement Plans Backfire, Driving Up Costs Instead of Cutting Them," *Workforce Management*, January 2004, pp. 66–68.

[88] *Paolillo v. Dresser Industries*, 821F.2d81 (2d cir., 1987).

[89] "Benefits Cost Control Solutions to Consider Now," *HR Focus* 80, no. 11 (November 2003), p. 1.

[90] Johanna Rodgers, "Web Based Apps Simplify Employee Benefits," *Insurance and Technology* 28, no. 11 (November 2003), p. 21.

[91] Ibid.

[92] Scott Harper, "Online Resources System Boosts Worker

Awareness," *BNA Bulletin to Management*, April 10, 2007, p. 119.
[93] Drew Robb, "A Total View of Employee Records," *HR Magazine*, August 2007, pp. 93–96.
[94] Carolyn Hirschman, "Employees' Choice," *HR Magazine*, February 2006, pp. 95–99.
[95] Joseph O'Connell, "Using Employee Assistance Programs to Avoid Crises," *Long Island Business News*, April 19, 2002, p. 10.
[96] See Scott MacDonald et al., "Absenteeism and Other Workplace Indicators of Employee Assistance Program Clients and Matched Controls," *Employee Assistance Quarterly* 15, no. 3 (2000), pp. 51–58. See also Paul Courtis et al., "Performance Measures in the Employee Assistance Program," *Employee Assistance Quarterly* 19, no. 3 (2005), pp. 45–58.
[97] See, for example, Donna Owens, "EAPs for a Diverse World," *HR Magazine*, October 2006, pp. 91–96.
[98] "EAP Providers," *Workforce Management*, July 14, 2008, p. 16.
[99] "Fathers Fighting to Keep Work–Life Balance Are Finding Employers Firmly in their Corner," *BNA Bulletin to Management* 56, no. 24 (June 14, 2005), p. 185.
[100] Susan Wells, "Are You Too Family-Friendly?" *HR Magazine*, October 2007, pp. 35–39.
[101] Maureen Hannay and Melissa Northam, "Low-Cost Strategies for Employee Retention," *Compensation & Benefits Review*, July/August 2000, pp. 65–72. See also Roseanne Geisel, "Responding to Changing Ideas of Family," *HR Magazine*, August 2004, pp. 89–98.
[102] Mary Burke, Euren Esen, and Jessica Cullison, "2003 Benefits Survey," SHRM/SHRM Foundation, 1800 Duke Street, Alexandria, VA, 2003, pp. 8–9.
[103] "Child Care Options," *BNA Bulletin to Management*, July 4, 1996, p. 212. See also "Child Care Report Boasts of Its Benefit to California Economy," *Knight Ridder/Tribune Business News*, January 9, 2003, item 03009011.
[104] Patrick Kiger, "A Case for Childcare," *Workforce Management*, April 2004, pp. 34–40.
[105] www.SHRM.org/rewards/library, downloaded December 23, 2006. See also Kathy Gurchiek, "Give Us Your Sick," *HR Magazine*, January 2007, pp. 91–93.
[106] Kelli Earhart, R. Dennis Middlemist, and Willie Hopkins, "Elder Care: An Emerging Assistance Issue," *Employee Assistance Quarterly* 8, no. 3 (1993), pp. 1–10. See also, "Finding a Balance Between Conflicting Responsibilities: Work and Caring for Aging Parents," *Monday Business Briefing*, July 7, 2004; and "Employers Feel Impact of Eldercare: Some Expanded Benefits for Workers," *Knight Ridder/Tribune Business News*, June 13, 2004, item 04165011.
[107] "Employers Gain from Elder Care Programs by Boosting Workers' Morale, Productivity," *BNA Bulletin to Management* 57, no. 10 (March 7, 2006), pp. 73–74.
[108] Rudy Yandrick, "Elder Care Grows Up," *HR Magazine*, November 2001, pp. 72–77.
[109] Sue Shellenbarger, "Companies Retool Time Off Policies to Prevent Burnout, Reward Performance," *The Wall Street Journal*, January 5, 2006, p. D1.
[110] Matthew Boyle, "How to Cut Perks Without Killing Morale," *Fortune*, February 19, 2001, pp. 241–244.
[111] Susan Lambert, "Added Benefits: The Link Between Work Life Benefits and Organizational Citizenship Behavior," *Academy of Management Journal* 43, no. 5 (2000), pp. 801–815. Timothy Judge et al., "Work Family Conflict and Emotions: Effects at Work and Home," *Personnel Psychology* 59 (2006), pp. 779–814.
[112] "Rising Gas Prices Prompting Employers to Consider Varied Computer Benefit Options," *BNA Bulletin to Management*, June 20, 2008, p. 201.
[113] Quoted from http://hrdailyadvisor.blr.com/tipArchive.aspx, accessed March 23, 2009.
[114] SHRM, "2003 Benefits Survey," op. cit., p. 30. See also Michael Laff, "U.S. Employers Tighten Reins on Tuition Reimbursement," *Training & Development*, July 2006, p. 18.
[115] Richard Buddin and Kanika Kapur, "The Effect of Employer-Sponsored Education on Job Mobility: Evidence from the U.S. Navy," *Industrial Relations* 44, no. 2 (April 2005), pp. 341–363.
[116] SHRM, "2003 Benefits Survey," op. cit., p. 2.
[117] Carolyn Shapiro, "More Companies Cover Benefits for Employee's Domestic Partners," *Knight-Ridder/Tribune Business News*, July 20, 2003.
[118] "What You Need to Know to Provide Domestic Partner Benefits," *HR Focus* 80, no. 3 (August 2003), p. 3.
[119] Martocchio, *Strategic Compensation*, pp. 308–309.
[120] "Couples Want Flexible Leave, Benefits," *BNA Bulletin to Management*, February 19, 1998, p. 53; SHRM, "2003 Benefits Survey," op. cit., p. 14. See also Paul Harris, "Flexible Work Policies Mean Business," *Training & Development*, April 2007, pp. 32–36.
[121] "Money Isn't Everything," *Journal of Business Strategy* 21, no. 2 (March 2000), p. 4; see also "CEOs in the Dark on Employees' Benefits Preferences," *Employee Benefits News*, September 1, 2006, item 06244007.
[122] Carolyn Hirshman, "Kinder, Simpler Cafeteria Rules," *HR Magazine*, January 2001, pp. 74–79.
[123] "Employers Should Update Cafeteria Plans Now Based on Proposed Regs, Experts Say," *BNA Bulletin to Management*, September 4, 2007, pp. 281–282.
[124] "Debit Cards for Health-Care Expenses Receive Increased Employer Attention," *BNA Bulletin to Management*, September 25, 2003, p. 305.
[125] Martocchio, *Strategic Compensation*, p. 263.
[126] Jane Applegate, "Employee Leasing Can Be a Savior for Small Firms," *Business Courier Serving Cincinnati–Northern Kentucky*, January 28, 2000, p. 23.
[127] Ibid.
[128] Diana Reitz, "Employee Leasing Breeds Liability Questions," *National Underwriter Property and Casualty Risk and Benefits Management* 104, no. 18 (May 2000), p. 12.
[129] Elka Maria Torpey, "Flexible Work: Adjusting the When and Where of Your Job," *Occupational Outlook Quarterly*, Summer 2007, pp. 14–27.
[130] "Slightly More Workers Are Skirting 9–5 Tradition," *BNA Bulletin to Management*, June 20, 2002, p. 197.
[131] See, for example, "Compressed Workweeks Gain Popularity, but Concerns Remain About Effectiveness," *BNA Bulletin to Management*, September 16, 2008, p. 297.
[132] Boris Baltes et al., "Flexible and Compressed Workweek Schedules: A Meta-Analysis of Their Effects on Work-Related Criteria," *Journal of Applied Psychology* 84, no. 4 (1999), pp. 496–513. See also Charlotte Hoff, "With Flextime, Less Can Be More," *Workforce Management*, May 2005, pp. 65–66.
[133] Farrokh Mamaghani, "Impact of Information Technology on the Workforce of the Future: An Analysis," *International Journal of Management* 23, no. 4 (2006), pp. 845–850; Jessica Marquez, "Connecting a Virtual Workforce," *Workforce Management*, September 20, 2008, pp. 1–3.
[134] Ann Pomeroy, "The Future Is Now," *HR Magazine*, September 2007, pp. 46–52.
[135] SHRM, "2003 Benefits Survey," op. cit., p. 2.
[136] "With Job Sharing Arrangements, Companies Can Get Two Employees for the Price of One," *BNA Bulletin to Management* 56, no. 47 (November 22, 2005), pp. 369–370.

第5篇 员工关系

Employee relations

第 14 章 人力资源管理中的道德、公正和公平对待问题

美国政府花费了 1 700 亿美元帮助美国国际集团重获新生后不久，就有消息说，美国国际集团向某个部门的员工支付了 1.65 亿美元奖金，而这个部门据称恰恰是应当对该公司此前出现大规模亏损负主要责任的部门。正如我们在 11 章中提到的，国会被这一消息激怒了，并警告国际集团说，将通过对其征收新税来追回这些发放出去的奖金。这次事件引起了整个社会对于伦理道德问题的讨论。这些奖金毫无疑问是合法的，因为美国国际集团是根据与员工签订的雇佣合同支付这些奖金的。但是，对于在那个部门中工作的那些员工来说，接受这些奖金的行为是不是符合伦理道德的要求呢？公司支付这些奖金的做法会不会是合法的，但是却不符合伦理道德的要求？国会针对美国国际集团的这部分员工征税的做法是合法的吗？在这种情况下，伦理道德的问题就出现了。

我们学到哪了

对于很多管理者来说，招募、配置、培训和开发员工以及向他们支付薪酬都是人力资源管理的核心内容。但是，员工的期望还远不止这些。他们期望得到雇主的公平对待，能够有一个安全的工作环境。在第 5 篇中，我们将讨论员工的公正、安全和工会关系方面的问题。第 14 章的主要目的是解释人力资源管理中的伦理道德、公正和公平对待问题，这些问题对于塑造积极的员工关系是非常重要的。本章的主题包括工作中的伦理道德和公平对待问题、影响工作场所中的道德行为的因素，以及管理者在良好的工作场所伦理道德培育、员工惩戒和员工解雇等方面扮演的角色。

学习目标

1. 解释工作场所中的道德行为的含义。
2. 讨论在塑造工作场所中的道德行为的过程中起作用的各种重要因素。
3. 至少从四个方面描述人力资源管理对工作场所中的道德行为所产生的影响。
4. 实施公平的员工惩戒。
5. 至少列出与有效管理员工解雇有关的四个方面的重要因素。

14.1 工作中的道德和公平对待问题

人们每天都会面临很多道德选择。可不可以把公司信用卡用于个人消费？给顾客送一件 50 美元的小礼物合适吗？请完成在线测试（http：//encarta. msn. com/encnet/departments/elearning/？ page＝BizEthicsQuiz&Quizid＝188&GT1＝7004，accessed April 28，2009.），并将你的答案与大家的答案进行比较。

几乎每一个阅读本书的人都会将自己视为一个有道德的人，所以我们需要首先回答这样一个问题："为什么要在一本讲授人力资源管理的教材中讨论道德方面的问题？"这里的原因有两个：第一，道德问题不仅仅是一个理论问题。相反，它是使经营活动得以顺利开展的润滑剂。那些承诺为员工加薪却没有兑现诺言的管理者，那些说"订单马上就会到"但事实上并没有拿到订单的销售人员，那些从供货商那里收取回扣的生产经理，都破坏了作为日常商业交易达成基础的信任，而且最终会对商业经营（或者至少是管理者）造成损害。在最近的一桩诉讼案件中，辉瑞公司（Pfizer）的营销商由于对辉瑞公司施加影响，让其压下了对某种药品的销售具有不利影响的几项研究结果[1]，结果导致原告对辉瑞公司提出了数十亿美元的索赔。

第二，更具体来说，管理者的人力资源决策通常都会产生道德方面的后果。[2]例如，一项调查发现，在 10 种最严重的工作道德问题中，有 6 种——工作场所安全、员工档案资料安全、员工盗窃、积极的反歧视行为、可比性工作以及员工的隐私权——都与人力资源管理相关。[3]另一项面向人力资源专家所做的调查显示，54%的受访者曾看到一些不当的行为，其中包括从违反《民权法案》第七章到违反《职业安全与健康法案》的各种不当行为。[4]表 14—1 列出了员工看到的各种不道德行为所占的比例。

表 14—1　　被观察到的一些不道德行为的具体事例

虐待或威胁员工的行为	21%
对员工、顾客、供应商或公众撒谎	19%
将员工利益置于组织利益之上的某种情形	18%
违反安全规定	16%
虚报实际工作时间	16%
滥用邮件和互联网	13%
因种族、肤色、性别、年龄或其他类似原因歧视员工	12%
偷盗或盗窃	11%
性骚扰	9%

续前表

提供不达标的物品或服务	8%
不当使用保密信息	7%
篡改文件	6%
篡改或编造财务记录或报告	5%
不当使用竞争对手的内部信息	4%
操纵价格	3%
行贿或收受贿赂、回扣或不当礼物	3%

资料来源：*2005 National Business Ethics Survey*：*How Employees Perceive Ethics at Work*，2005，p. 25. Copyright © 2006，Ethics Resource Center（ERC）. Used with permission of the ERC，1747 Pennsylvania Ave.，N. W.，Suite 400，Washington，DC 2006，www. ethics. org. Reprinted in O. C. Ferrell，John Fraedrich，and Linog Ferrell，*Business Ethics*（Boston：Houghton Mifflin，2008），p. 61.

因此，所有的管理者都应当理解道德的基本原理以及他们所作出的与人有关的决策所涉及的道德问题。我们首先来看一看道德的含义。

14.1.1　道德的含义

道德（ethics）是指“规范个人或群体行为的若干准则”，具体来说，就是决定应该采取什么行为所参照的标准。[5]

作出合乎道德的决定通常包括两个方面的内容。第一，它通常包括规范性判断。[6]规范性判断的意思是，判断某件事情是好的还是坏的，是正确的还是错误的，或者是更好还是更坏。“你穿着一条裙子和一件衬衫”是一种非规范性的判断；“这是一套很好的装备！”的说法则是一种规范性判断。

第二，道德决策通常涉及道德的问题。道德是社会公认的最高行为标准。道德标准有助于我们判断那些可能对社会福祉造成最严重后果的行为——例如谋杀、撒谎以及诽谤等。像立法机关这样的权威机关也不能改变道德的内涵。道德判断还会引发强烈的情感。因此，违反道德标准可能会让人觉得羞耻或悔恨。[7]

如果我们总是能够清楚地指出一个人的决定是不是合乎道德的，那么事情就简单了。但遗憾的是，在很多情况下问题并非如此简单。如果某个决定让一个人感到羞愧或者悔恨，或者导致引起严重后果的某种行为比如谋杀的发生，那么，这种决定很可能就是不道德的。

14.1.2　道德与法律

此外，问一句“我做的事情合法吗?”并不能够必然表明这种做法是否合乎道德。无故解雇一位 39 岁且已有 20 年工龄的员工可能并不违反法律，但是有些人会认为这种决策是不道德的。一位公司高层管理人员这样说：“道德意味着你应当去做那些能够代表你所代表的人的决定，而不仅仅是符合法律要求的决定。”[8]而有些行为则是既不合法，也不道德的。例如，美国的一家大型肉类加工厂为了降低成本，竟然从墨西哥偷渡来一批非法移民为自己工作，而它最终不得不面临美国联邦政府的起诉。[9]

14.1.3 道德、公正和公平对待

类似的，公平也是大多数人力资源决策都会涉及的一个问题。你雇用一位求职者，而拒绝了另外一位求职者；你提拔了一位员工，却将另外一位员工降了级。员工对这些决策会作出何种反应，在某种程度上取决于他们是否认为这些决策结果以及制定这些决策的过程是公平的。

公平与大多数人对“公正”的看法其实密不可分。一家公正的公司应当是在行事时保持平等、公平、不偏不倚且没有偏见的。从员工关系方面来讲，专家常常认为组织公正包括两个方面的内容，即分配公正和程序公正。

- **分配公正**（distributive justice）是指决策结果的公平性和公正性（例如，我得到公平的加薪了吗?）。
- **程序公正**（procedural justice）是指过程的公平性（例如，公司分配绩效加薪的过程是公平的吗?）。[10]

在实践中，公平对待反映在更为具体的行动中（见图 14—1）。[11]在这些行动中包括“员工受到尊重对待”。[12]从理论上说，道德、公正和公平对待可能是独立，但是具有相关性的概念。但在实践中，当员工判断自己在工作期间所受到的对待时，大部分人或许不能也不会专门去搞明白在道德、公平或公正几个概念之间到底存在何种差异。[13]

你所在的组织在大多数情况下是什么样的？如果你的组织符合下列问项的描述，请选“是”，若不符合，请选“否”，若感到不确定，请选“?”

在我所在的组织中：

1	员工会因工作干得好而受到表扬	是	?	否
2	主管人员对员工大吼大叫（R）	是	?	否
3	主管人员对员工厚此薄彼（R）	是	?	否
4	员工受到信任	是	?	否
5	员工的抱怨会得到有效处理	是	?	否
6	员工会得到孩童般的精心对待（R）	是	?	否
7	员工受到尊重对待	是	?	否
8	员工的问题和困难会得到快速响应	是	?	否
9	组织会对员工说谎（R）	是	?	否
10	员工提出的建议受到忽视（R）	是	?	否
11	主管人员辱骂员工（R）	是	?	否
12	员工的辛勤工作受到赏识	是	?	否
13	主管人员威胁员工要开除或解雇他们（R）	是	?	否
14	员工受到公平对待	是	?	否
15	同事之间相互帮助	是	?	否
16	同事之间相互争论（R）	是	?	否
17	同事之间相互贬低（R）	是	?	否
18	同事之间相互尊重	是	?	否

图 14—1 人际对待的公平性感知量表

说明：R 表示该问项反向计分。

资料来源：Michelle A. Donovan et al.,“The Perceptions of Their Interpersonal Treatment Scale: Development and Validation of a Measure of Interpersonal Treatment in the Workplace,” *Journal of Applied Psychology* 83, no. 5 (1998), p. 692.

14.1.4　员工的权利

当然，很少有哪个社会完全依靠管理人员的道德或公平感来确保他们所做的事情会被员工认为是正确的。事实上，大多数社会都会为此制定很多法律。这些法律，比如美国的《民权法案》第七章就赋予员工（或未来的员工，有时候还包括过去的员工）很多权利。《职业安全与健康法案》赋予员工拒绝在危险环境下工作的权利。[14]图 14—2 列举了赋予员工各种权利的其他一些法律。[15]

● 缺勤和休假权	● 员工精神方面的权利
● 休工伤和病假权	● 与受诽谤有关的权利
● 竞业禁止协议方面的权利	● 与受欺诈有关的权利
● 员工在公司政策方面的权利	● 与受攻击和殴打有关权利
● 惩戒方面的权利	● 与受到忽视有关的权利
● 个人资料保密权	● 政治活动权利
● 员工养老金权	● 工会/团体活动权
● 员工福利权	● 举报权
● 推荐权	● 工伤保险方面的权利
● 犯罪记录方面的权利	

图 14—2　员工享有法定权利的某些领域

除了法律，判例法也赋予员工很多特定的权利。[16]例如，根据判例法，如果主管人员公开了某种令员工尴尬的隐私或私人信息，则员工有权对雇主提起诉讼。[17]

14.2　工作中的道德行为的决定因素

一个人在工作中的行为是否合乎道德，通常并不是任何一个单一事件所产生的结果。例如，我们能够简单地说，跑到那些引发次贷危机的银行取钱的人都是不道德的吗？有这种可能，但是这种可能性并不大。肯定还有其他方面的原因。

14.2.1　研究结果：我们对工作中的道德行为了解多少？

幸运的是，我们能够找到一些确凿的证据（不仅仅是与银行有关的）。一些专家梳理了与组织中的道德行为影响因素有关的多项研究，下面就是他们发现的一些研究结论。[18]

● 道德行为首先从道德意识开始。换言之，人们是否意识到在某种情况下存在道德方面的问题？

● 管理人员可以通过多种方式影响员工的道德：认真培育各种正确的规范、领导力、报酬系统以及组织文化。

● 当人们进入道德解脱状态时就会出现道德滑坡。在这种状态下，人们不再会有因违反道德准则而产生的罪恶感。例如，当你将受害者视为“局外人”时，你更有可能伤害他。

● 最有力的道德约束来自内心。事实上，当有道德的人问："为什么要做有道德的人?"时，他们的答案就是"因为我本来就是有道德的人"。在这种情况下，不道德的行为会导致一个人情绪上的不安，并且实际上变成对自己的背叛。[19]

● 要意识到未实现的目标所产生的诱惑力。盲目追求未实现的目标可能会导致不道德的行为。[20]

● 为道德行为提供报酬可能会适得其反。这样做有可能破坏道德行为的内在价值。

● 不要在无意中奖赏某人的坏行为。例如，不要晋升那些通过不正当手段完成大笔销售额的人。[21]

● 雇主应该惩罚不道德的行为。那些目睹了不道德行为的员工会期望组织惩罚那些肇事者。

● 员工在多大程度上公开讨论道德问题能很好地预测道德行为。相反，那些以"道德沉默"为特征的组织更有可能受到不道德行为的损害。

● 当人们加入一个组织的时候，会倾向于改变自己的道德准则。他们会不加批判地将"什么对这个组织（或团队或部门）最好"等同于"什么是正确的事情"。

在这些事实的基础上，我们将集中讨论决定工作中的道德行为的一些重要因素。

14.2.2 本人

最有力的道德约束来自内心。因为人们在来工作的时候已经有了自己关于是非对错的一些观念，所以一个人因道德选择而得到的赞扬（或者谴责）必须由其个人来承担。例如，有一项调查试图考察首席执行官在套取竞争者的技术秘密以及贿赂外国官员方面的意愿（或不这么做的意愿）。从事这项研究的人得出的结论是，与环境压力和组织特征相比，个人意愿对于这种决策的影响更大。[22]你怎么评价自己的道德水平？图 14—3 是一个简单的自我评价调查，它可以帮助你回答这个问题。但要注意谨防一点：在进行自我评价时，自我欺骗所产生的影响超出大多数人的想象。[23]

14.2.3 上级

管理者可以通过多种方式影响道德行为。员工甚至连上级传递过来的微妙压力都很难抵挡，更别说来自上级的强迫了。例如，一份报告表明，"当员工说他们的直接上级表现出合乎道德的行为时，工作场所中的不良行为发生的频率会大大降低"。在那些认为自己的直接上级"树立了商业道德行为榜样"的员工中，只有25%的人说，他们在过去的一年中曾看到不正当的行为，而在那些没有觉得自己的直接上级在这方面树立好榜样的员工中，看到不正当行为的员工所占的比例却高达72%。[24]下面是一些直接上级如何有意（或无意）让下属误入歧途的例子：

● 告诉自己的员工，他们可以做任何有助于达到结果的事情。

● 为了保证工作任务按时完成，让高绩效员工超负荷工作。

● 在不道德行为发生时，从其他角度看待这个问题。

● 把别人的工作成果据为己有或者把责任推给他人。[25]

工具

请运用以下评价尺度来评价你赞同这 15 种陈述的程度：

1 = 完全不同意
2 = 不同意
3 = 既不同意也不反对
4 = 同意
5 = 完全同意

1	商业经营的唯一道德就是赚钱。	1	2	3	4	5
2	在经营方面取得成功的人是不必担心道德问题的。	1	2	3	4	5
3	只要做到依法办事就不会在道德方面犯错误。	1	2	3	4	5
4	商业道德基本上就是在对人们的行为期望以及他们的行为方式之间进行调整。	1	2	3	4	5
5	商业决策涉及现实的经济态度，而不是道德观念。	1	2	3	4	5
6	“商业道德”只是一个公共关系概念。	1	2	3	4	5
7	竞争和盈利是重要的价值观。	1	2	3	4	5
8	自由经济的条件是最能满足社会需要的。限制竞争只会对社会有害，并且实际上会违反基本的自然规律。	1	2	3	4	5
9	作为一位投保人，我在提出汽车保险索赔时，会尽可能得到更多的赔偿，而不管汽车的实际受损程度如何。	1	2	3	4	5
10	在超市买东西时，把商品外包装上的价签换成更便宜的，是一种合适的做法。	1	2	3	4	5
11	作为一名员工，我可以把办公用品带回家，这种做法不会伤害到任何人。	1	2	3	4	5
12	我认为病假是我应得的假期。	1	2	3	4	5
13	员工的工资应该由供求规律来决定。	1	2	3	4	5
14	商界有自己的规则。	1	2	3	4	5
15	一位好的商人就是一位成功的商人。	1	2	3	4	5

分析和解释

本工具不是为了澄清何谓“正确的”答案，当你把自己的答案和别人的答案对比后，这份测试量表的作用才能真正发挥出来。在记住了这一点后，再来看一看 243 名管理专业学生回答这些问题的平均得分。你的答案与他们相比情况如何？

1. 3.09	6. 2.88	11. 1.58
2. 1.88	7. 3.62	12. 2.31
3. 2.54	8. 3.79	13. 3.36
4. 3.41	9. 3.44	14. 3.79
5. 3.88	10. 1.33	15. 3.38

图 14—3　我的道德水平如何？

资料来源：Adapted from A. Reichel and Y. Neumann, *Journal of Instructional Psychology*, March 1988, pp. 25-53.

组织文化　这些例子都说明了直接上级在对员工行为的影响方面所具有的一个重要特点：这些影响通常都是以很微妙的形式发生的。他们向自己的下级传递了应当如何做事的信号，而这些信号就构成了员工需要对之作出回应的文化。我们可以将**组织文化**（organizational culture）定义为“一家公司的员工共享的、有本组织特色的价值观、传统和行为方式”。价值观是一种关于什么是对、什么是错，以及什么应当做、什么不应当做的基本信仰。（“诚信第一”就可能是一种价值观。）价值观非常重要，因为它们会引导并规范行为。因此，对员工的管理和行为塑造就有赖于塑造他们用作自己的行为指南的价值观。因此，公司文化就要传递一个清晰的信号，告诉大家哪些行为是可接受的，哪些行为是不能接受的。例如，如果管理人员确实信奉“诚信第一”，那么在他们所遵循的书面规则以及他们所做的事情就应该反映出这种价值观。

因此，管理人员应当向他们的员工发出正确的信号。下面是一些指导原则：

- **阐明期望**。首先，明确你在那些你认为非常关键的价值观方面的期望。例如，强生公司的道德准则是：“我们认为我们的首要责任是对医生、护士和病人的责任，对母亲和父亲的责任，以及对其他所有使用我们的产品和服务的人的责任。”这种价值观就是公司期望自己的所有员工都能够坚守的价值观。
- **言行一致**。员工会从自己上级的行为中得到信号。管理人员应当是“说到做到”的。他们不能一方面说“不要捏造财务数据”，另一方面自己却那样做。
- **提供物质支持**。对管理者倡导的价值观进行物质上的强化——例如，他们提供的奖金、绩效评价标准以及所使用的惩戒程序等——都在员工应当做什么以及不应当做什么方面传递了强烈的信号。你会对道德行为进行奖励还是惩罚呢？

14.2.4 公司

人们倾向于在加入一个组织时，改变自己的道德准则。到底有没有道德沦丧的公司呢？有些人认为是有的。一家道德沦丧的公司所具有的特点是，在这家公司中没有任何一种用来减少不良行为的常规程序。例如，管理者向员工施加压力，让他们采取不道德的行为，甚至对员工的不道德行为提供报酬；公司中没人公开提出“不要贿赂官员”等诸如此类的道德标准；没有人花时间去追踪或审计不道德的行为。在这样的公司中出现道德沦丧的问题可能是完全可以理解的。但奇怪的是，即使是在那些看似道德状况正常的公司中，也有可能会在这方面出问题。

然而，这种情况可能也没有那么令人奇怪。几年前，美国政府起诉一家大公司的首席财务官，理由是他指导下属员工在会计明细簿上欺诈性地记账，并且向美国证券交易委员会提交虚假报表。这位首席财务官为什么要这样做呢？“我也知道自己这样做不对，但公司当时遇到了我自己认为属于短暂的困难，因此想要通过做这些事情来保住这家公司。”[26] 所以，一件关于工作中的不道德行为的很可怕的事情就是，这些行为往往并不仅仅是受个人利益的驱动。表 14—2 总结了一项调查所得到的结果。这些结果是从来自六个不同层级的员工和管理者的回答中总结出来的导致道德滑坡的主要原因。正如你看到的，大家指出，所面临的强大工作压力是导致道德滑坡的排在第一位的因素。对大部分员工来说，“面临过高的财务或业务目标”以及“帮助公司渡过难关”是另外两个排在最前面的因素。但“促进本人的事业发展以及获得经济利益”则排在最末位。因此，（至少在这项调查中）大部分道德滑坡现象的发生，都是因为员工将自己的道德指南转向了“我必须帮助自己的公司”。而防范这样一种压力的出现则是阻止道德滑坡的方式之一。

表 14—2　在道德方面妥协的主要原因

	高层管理者	中层管理者	一线管理者	非管理类专业人才	领薪金的行政人员	小时工人
面临工作日程的压力	1	1	1	1	1	1
面临过高的财务和业务目标	3	2	2	2	2	2
帮助公司渡过难关	2	3	4	4	3	4
帮助直接上级取得职业发展	5	4	3	3	4	5
感觉到来自同事的压力	7	7	5	6	5	3
抵制竞争威胁	4	5	6	5	6	7
保住工作	9	6	7	7	7	6
取得个人的职业发展或谋求经济利益	8	9	9	8	9	8
其他	6	8	8	9	8	9

说明：1 表示高，9 表示低。

资料来源：O. C. Ferrell and John Fraedrich，*Business* Ethics，3rd ed.（New York：Houghton Mifflin，1997），p. 28；adapted from Rebecca Goodell，*Ethic in American Business*：*Policies*，*Programs*，*and Perceptions*（1994），p. 54. Permission provided courtesy of the Ethics Resource Center，1120 6th Street NW，Washington，DC，2005.

企业能做什么？　企业通过多种方式来做到这一点。管理者和员工培训是其中一种方式。我们很快就将看到，很多企业投入了大量的时间和精力，向全体员工展示什么是合乎道德的正确行为方式。举报政策有助于减少企业的不道德行为。举报者是个人，通常是公司内部员工，他们通过特定的程序或法定渠道向公司道德官或法律权威部门报告所发生的不道德行为。尽管很多企业对于举报者感到担忧，但也有一些企业通过开通道德热线等方式对这些人加以鼓励。[27]类似地，**道德准则**（ethics code）是企业希望其员工能遵守的行为标准，例如在贿赂他人方面的行为标准。美国的所有上市公司都应该有自己的道德准则。（在一系列公司高层管理人员道德丧失事件发生后通过的）《萨班斯-奥克斯利法案》就要求上市公司申报本公司是否制定了行为准则。依据美国联邦审判指南，如果一家公司制定了行为准则，那么，它们在违反道德规范时所受到的处罚可以减轻。

一些公司会要求员工做一项快速的道德测试，以评估他们将来会做的事情是否符合公司的行为准则。例如，雷声公司（Raytheon Company）要求员工在遇到道德困境时，问自己这样一些问题：

- 这样做合法吗？
- 这样做正确吗？
- 这个决定会影响到谁？
- 这样做符合雷声公司的价值观吗？
- 这种做法在事后会让人“感觉”如何？
- 如果这件事在报纸上报道出来，人们会怎样看？
- 这种做法会对公司产生负面影响吗？[28]

14.3 管理者如何运用人事方法提高道德水平和强化公平对待？

管理者可以采取的提高道德水平的很多措施都属于人力资源管理实践的范畴。下面讨论一些具体的例子。

14.3.1 甄选

一位作家说道："从道德方面来说，对一个组织进行调整的最简单办法就是雇用更符合道德要求的人。"[29]企业通过在招募材料中强调伦理道德问题，甚至可以在求职者开始求职之前就开始这一过程。（微软网站就是这方面的一个例子。）运用诸如诚实性测试以及背景调查（我们在第 6 章讨论过）来剔除那些不符合条件的求职者。[30]可以问他们这样一些行为方面的问题，例如，"你看到过有人在工作过程中违反规定吗？你当时是怎么做的？"[31]

公平 对求职者进行面试的管理者还需要确保甄选过程是公平的。"如果潜在的求职者认为雇佣程序并没有公平地对待每一个人，他们很可能（也）会认为，道德行为其实并没有那么重要。"[32]在这里需要记住以下几点：

- 求职者通常会通过对正式程序（例如面试）的公平性进行审查，判断依据是企业的甄选程序在多大程度上测试了与职位有关的标准，以及为求职者提供了展现个人工作能力的机会。
- 求职者希望得到尊重。人际对待则反映在提问题者的礼节、评价者的礼貌以及双向沟通的程度上。
- 求职者在对甄选程序的公平性进行判断时，还会考虑企业对员工或求职者在甄选过程中的表现提供反馈的程度。[33]

14.3.2 道德培训

从各种实用目的来说，道德培训应该是强制性的。美国联邦政府的审判指南会对那些受控存在不道德行为但是却实施了道德行为准则和道德培训的公司减轻处罚的力度。关于这些指南的一项最新修正案提出了更为严格的道德培训要求。[34]道德培训通常包括向员工说明如何识别道德困境，如何运用道德框架（例如道德行为准则）来解决问题，以及如何以符合伦理道德的方式来开展各种人力资源活动（例如面试和员工惩戒）。

这样的培训并不复杂。例如，洛克希德·马丁公司就向员工提供简短的、"如果……那么"表述形式的道德情景，从而向员工揭示应当如何识别和处理各种存在利益冲突的情况。培训应当强调在这些道德选择背后隐含的道德基础，以及公司对诚信以及道德的高度承诺。此外，高层管理人员的参与也会强化这些承诺。[35]

道德培训常常是通过网络进行的。例如，洛克希德·马丁公司的 16 万名员工就是通过内网来接受道德和守法方面的培训的。洛克希德·马丁公司的网上道德培训项目软件还会不断跟踪公司和员工在保持高道德标准方面的实践情况。这个项目帮助管理人员看到，公司在一年内受到的道德指控中，4.8%的案件涉及利益冲突，而要完成一项内部道德调查，需要 30 天的时间。[36]在线道德培训工具包括技能软件公司（SkillSoft）开发的“管理者商业道德”软件。[37]

图 14—4 总结了企业在进行道德培训时使用的部分工具和技术。正如你看到的，新员工入职培训、年度进修培训以及发布公司的政策和员工手册等都很重要。

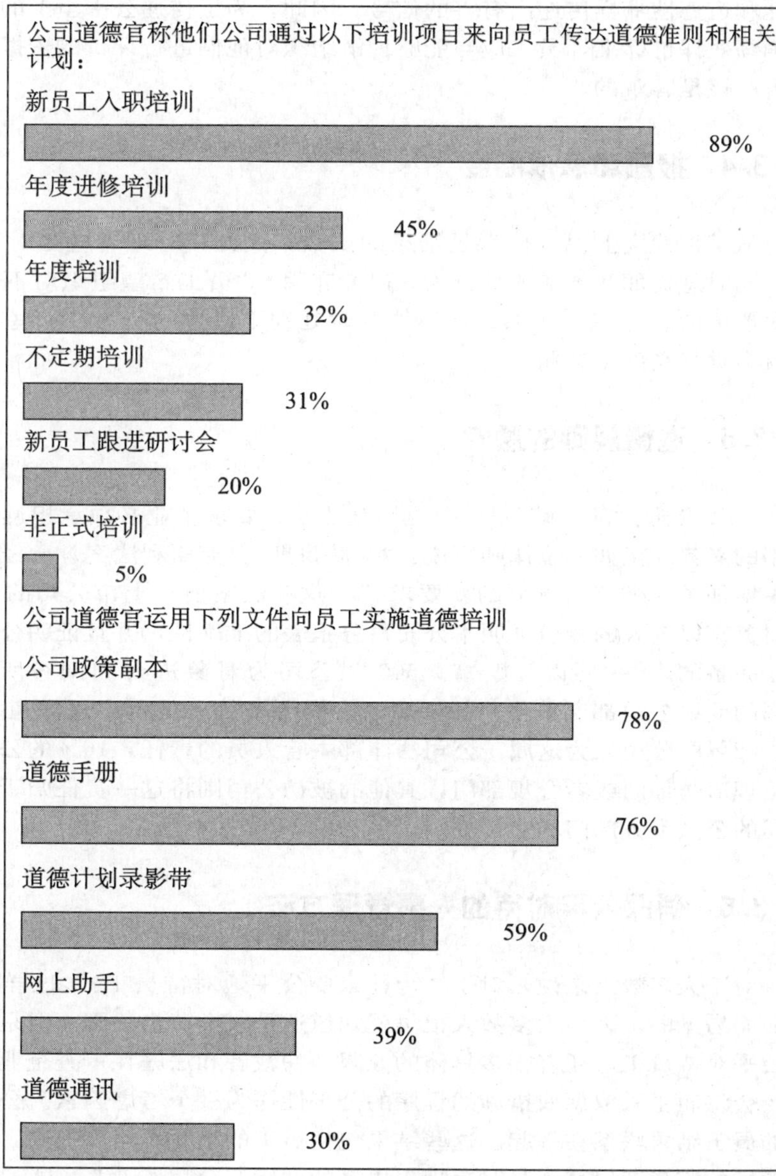

图 14—4　道德培训扮演的角色

资料来源：Susan Wells，“Turn Employees into Saints，” *HR Magazine*，December 1999，p. 52. Reproduced with permission via Copyright Clearance Center.

14.3.3　绩效评价

如何进行绩效评价是非常重要的。研究（和实际经验）证明，在实践中，有些管理人员忽略了绩效评价的精确性问题，相反，他们将绩效评价过程用于政治目的（例如促使那些与他们相处不好的员工离开公司）。[38]很少有什么事情能像公司的公平性和道德性那样传递出有害的信号。因此，为了传递公平至上的信号，公司应该明确绩效评价标准，员工应当能够理解组织对他们进行评价的依据，而且绩效评价本身应该是客观的。

14.3.4　报酬和惩戒制度

从某种程度上说，行为是结果的函数，因此，管理者应当对道德行为提供报酬，同时惩罚那些不道德的行为。研究表明，“员工希望组织对不道德的行为给予相对严厉的惩罚。”[39]如果公司不能及时处理不道德的行为，那些有道德的员工通常就会觉得受到了惩罚。

14.3.5　道德规则的遵守

2002 年通过的《萨班斯-奥克斯利法案》要求企业必须承担遵守相关伦理道德规则的义务。正如一位律师所说：“《萨班斯-奥克斯利法案》已经在传统的合规功能中增加了一个范围更大的新要求。”[40]这项法案要求上市公司的首席执行官和首席财务官以个人的身份证明本公司财务报表的准确性，并且证明公司的内部控制手段是完备的。[41]一项以《财富》500 强公司为对象进行的调查所得出的结论是，28%的受访公司都说本公司的一名人力资源主管人员负责遵守道德规范项目的实施，28%的公司认为这属于公司法律部主管人员的责任，16%的公司还建立了单独的伦理道德部门或者合规部门，其他的被访公司则将这一责任归于审计部门，或者公司的公共事务部门和宣传部门。[42]

14.3.6　确保公平对待的人事管理方法

对于大多数人来说，对于“为什么要公平地对待员工？”这样一个问题，答案是显而易见的，因为大多数人很早就知道这是一个黄金法则。但是，管理者之所以要公平对待员工，还有很多具体的原因。仲裁者和法庭在审查企业的员工惩戒决定时，会将雇主采取惩戒措施的程序的公平性作为一个考虑因素。公平性还与很多积极的员工结果联系在一起。这些结果包括员工的组织承诺度提高，对组织、工作以及领导的满意度提高，同时表现出更多的“组织公民行为”（员工为了支持组织的利益而采取的行动）。[43]感到自己受到不公平对待的求职者会表达出希望对最终结果提起申诉的更强烈愿望。那些认为公司的测试程序公平的人会对甄选程序作出更为积极的反应，而且认为公司和职位更具吸引力。[44]因此，组织之所以要公平对待员工，实际上是有很多实际的理由的（而不仅仅是因为它是一个黄金法则）。

研究透视　一项调查证实了上述观点。这项调查的对象是大学教师，询问他们认为学校在对待他们时的程序公正和分配公正的情况。程序公正的调查问项包括“总的来说，我们学院或学校的工作程序允许我们提出提供更多信息的要求，以澄清作出某一决定的理由”。分配公正的问项则包括“考虑到我所承担的责任，我认为自己在得到的奖励方面是公平的”。这些教师还参加了一些态度方面的调查，其中的问项包括“我可以很自豪地告诉别人，我是这个学院或学校的一分子”。这些教师的学生也接受了调查，其中的问项包括“这位教师投入了很大的精力来规划本门课程的内容”，“这位教师非常理解我们的需求”，以及“这位教师能够公平对待我们”。

调查结果令人印象深刻。那些认为自己所受到的对待具有较高程度的程序公正和分配公正的教师对于他们所在的学校和工作的承诺度也更高。而且，他们的学生也说这些教师投入了较大的精力，表现出更多的亲社会行为，以及对学生更加公平。[45]

不公平的行为　工作场所中的不公平通常是难以察觉的，但有时也会非常明显。有些主管人员成了工作场所中的暴徒，他们冲下属大喊大叫，甚至威胁他们。企业当然应当禁止这样的行为。很多公司都制定了反骚扰政策。（例如，在一个州立机构中就有这样一个规定，“本部门的政策是，所有的员工、顾客、承包商以及来到工作场所的参观者都有权获得一个积极的、尊重人的以及高效的工作环境……”）[46]毫不奇怪，那些滥用权力的主管人员的下属更有可能会辞去工作，同时报告说自己的工作满意度和生活满意度更低，而且压力更大。[47]对员工的不当对待还更有可能导致员工产生更高的“工作撤出”（虽然人来上班，但是并不尽心尽力做好自己的工作）。[48]他们还会表现出更多的工作场所越轨行为，例如，盗窃以及蓄意破坏。[49]

导致不公平行为产生的原因　激励管理人员表现得更为公平的有些因素可能会（也可能不会）让人感到意外。一方面，常说的“会哭的孩子有奶吃”这样的情况似乎确实是存在的。一项研究调查了下属的进取程度对于他们的上级在对待他们时的公平程度所产生的影响。[50]结果显示，主管人员对那些进取心更强的员工会更加公平：“那些在沟通时显得更有进取心的人更有可能得到决策者的公平对待。”此外，那些不公平的主管人员在面对他们认为好欺负或者对自己挑衅的下属时，还会表现出滥用职权的行为。[51]很多研究还建议，大型组织应该特别注意努力使员工认为自己是在一个公平的工作场所中工作。[52]

主管人员公平行为指南　对一个人来说是“公平的”事情，对另一个人来说可能却是不公平的。人们常常要比别人对他们自己的绩效作出的评价更高，而且对平等和公平的问题会非常敏感。因此，即使是努力公平行事的主管人员有时也有可能会听到下属人员的这样一种抱怨：“你对我不公平”。一项研究得出的结论指出，有三种管理者行为会影响员工对公平的感知。[53]

● 让员工参与对他们有切实影响的各种决策制定的过程，询问他们的意见，并且允许他们反驳别人的观点以及假设。

● 确保被涉及的以及受决策影响的每个人都能理解制定这种最终决策的原因以及隐含在这些决策背后的理论基础。

● 确保让每个人都能提前知道你是依据什么标准来评价他们的。

实用沟通技巧　因此，提供双向沟通的机会在培育员工的公平感方面，具有非常重要的作用。这方面的一些指导原则包括：

● 提出问题并且认真倾听。例如，问他们“你们能够明确地告诉我，你们认为在我的决策中有哪些地方是不公平的吗？”[54]

● 不要作出防御性的反应。相反，你可以这样说：“我能理解你为什么会有这种感受。”

● 巧妙地转变话题。例如，不要因为将一个人的加薪情况与其他人加以比较而陷入争论。相反，你可以说：“为了对他公平起见，我们来具体谈一谈你的情况吧——恐怕你也不希望我跟他讨论你的薪资情况吧。”

● 询问员工这句话：“你想让我为你做点什么呢？”事实上，员工有可能只不过是想找一个人倾诉而已。

● 注意细节的处理。如果员工确实是想让你改变决定，就让他给出这么做的具体理由。

很多企业都建立了专门的渠道让员工来表达他们的关注。例如，位于肯塔基州莱克星顿市的丰田汽车制造公司就开通了一条电话热线，让员工以匿名的方式提出各种问题或者困难，从而引起管理人员的注意。员工可以拿起任何一部电话，拨通热线电话号码，然后就可以进行语音留言了。人力资源经理会对所有的电话留言进行审查并作出回复。而联邦快递公司的调查反馈行动（SFA）计划也包括一项匿名的调查，可以让员工表达他们对公司和主管人员的感受。下面就是这些问项的一些例子：

● 我能把自己的想法告诉自己的上级。

● 我的上级会告诉我他对我的期望。

● 我的上级会倾听我的想法。

● 我的上级会随时将有关事宜告知我。

然后，每一位管理人员都会有机会与他们的下属员工讨论大家对本部门的反馈结果，并且为提高工作团队的承诺度制定行动计划。

14.4 员工惩戒和隐私的管理

惩戒的目的是让员工在工作中有合理的表现（这里的“合理”指的是遵守公司的各项规章制度）。当员工违反了这些规章制度时，对他们进行惩戒就是很有必要的。[55]

出于多方面的原因，恰当的惩戒程序是非常重要的（这仅仅是因为对员工进行惩戒本身就是应该做的一件事情）。一项研究对公布的 45 项仲裁结果进行了考察，这些仲裁案件都涉及员工因为迟到而受到惩戒或解雇的问题。在仲裁者最终推翻了企业的处理决定的案例中，通常都是因为企业不能明确说明“迟到”到底意味着什么。导致仲裁者裁定企业方决策不当的其他一些问题还包括企业不能清楚地说明员工多长时间能够迟到一次，或者对员工的惩戒明显偏重。不公平的惩戒程序还有可能会以其他方式产生事与愿违的后果。例如，不公平的惩戒程序有可能会引发员工的报复性破坏，因而会催生出一些不当的行为。[56]

然而，建立一个公平的惩戒程序却没有看起来那么简单。这里的“管理新型员工队伍”专栏会涉及这些问题的一个方面。

管理新型员工队伍

对惩戒过程中的男性和女性的对比

在观看《亚瑟王》这样的电影时，人们很可能会得出这样的结论：总体上的骑士精神以及对女性的保护态度在很多社会都已经成为约定俗成的价值观，但是，有时情况却并非如此。骑士精神不仅不一定成为主流价值观，在研究文献中甚至出现了一个与之完全相反的假设。[57]有一种观点被一些持反对意见的研究人员称为“恶妇假说”，但是这种观点实际上并不是说所有的女性都是邪恶的。相反，这种观点“强调指出，那些犯了（某些）罪的女性实际上违反了人们对于女性的得体行为所形成的刻板假设。因而，这种女性不仅会因为她们所犯的罪行而受到惩罚，还会因为她们所采取的不恰当的性别角色行为而受到更多的惩罚”。换言之，这种观点认为，当一位女性没有按照男性以及其他女性认为她应当表现的那种方式来行事时，那么，与犯同样罪行的男性相比，无论是男性还是其他的女性，通常都会对此作出过度的反应，对这位女性进行更为严厉的惩罚。

尽管这种观点从表面上看似乎很荒谬，但至少有一项很细致的研究似乎对这种观点提供了支持。在这项调查中，360 名商学院在读的本科生和研究生共同审查了一起劳动争议仲裁案件。这个案件涉及一男一女两名员工，两人在各自企业中的工作记录相似，任职年限也差不多。两个人都因为违反了公司关于酒精和毒品滥用方面的规定而遭到解雇。这个案件将其中一名员工描绘成有着更为严重地违反公司规定的行为：这位更应当受到处罚的员工（在这项研究的前一部分是那位男员工，而在研究的后一部分则是那位女员工）竟然带着违禁物品上班。这些学生需要通过两种不同的方法来达成一致，以解决这项由于解雇而引发的争议。

在这项研究中，研究者发现，男生和女生都对这位女性员工持有偏见。针对这个案件中的女员工，这些男生和女生都提出了给予更为严厉处罚的建议。正如研究人员所得出的结论：“作为决策者的女性似乎与男性一样，倾向于对女性施加比对男性更为严厉的惩罚。”

14.4.1　公平与公正的惩戒程序的基本构成要素

企业都希望自己的员工惩戒程序能既有效（从打击不当行为的角度来说），同时又公平。企业需要将这样的惩戒程序建立在三根支柱的基础上：明确的规章制度、渐进式的惩罚系统以及申诉程序。

规章制度　首先，规章制度主要用于解决员工偷窃、破坏公司财产、工作时间饮酒以及不服从上级命令等问题。违反规章制度的例子包括：

- **工作绩效不佳**。每位员工都应当正确而有效地完成自己的工作任务。
- **工作中不得饮酒或吸食毒品**。无论是在上班时间还是在上班的路上饮酒或者吸食毒品，都是被禁止的。

规章制度的作用是提前告知员工，让他们知道什么样的行为是可以接受的，什么样的行为是不可以接受的。在雇用新员工的时候就应当并且最好是以书面的形式告诉他们，哪些行为是被公司禁止的。在员工手册中通常会包括公司的各项规章制度。

渐进式惩戒 渐进式惩戒系统是有效惩戒的第二根支柱。惩戒手段通常包括口头警告、书面警告、停职以及解雇。

惩戒措施的严重程度主要取决于违规行为的类型及其发生的次数。举例来说，大多数公司都会对首次出现的无故迟到现象提出警告（见图 14—5）。若无故迟到的次数达到 4 次，则解雇就是通常会采用的惩戒措施了。

惩戒行动表格

日期：________________________

姓名：________________________

部门：________________________

惩戒：

□ 口头警告* □ 书面警告 □ 书面警告及停职 □ 解雇

致员工：

您的工作表现因为下述原因而不能令人满意。如果您不能及时采取措施加以改进或避免再出现同样的问题，则会受到进一步的惩戒。

详细信息：________________________________

____

____

____

该警告书的副本由下列人员当面交给上述员工：

主管姓名________________

转交日期________________

我已经收到并阅读了此项警告。我已经得到通知，这份警告的副本会放入我的个人档案之中。

员工姓名_____________

接收日期_____________

* 如果惩戒行动仅仅是口头警告性质的话，填写此表的目的仅仅是作为文件保存，而不应该放入员工的个人档案之中。

图 14—5 惩戒表格

资料来源：Reprinted from www. HR. BLR. com with permission of the publisher *Business and Legal Resources*，*Inc.*，141 Mill Rock Road East，Old Saybrook CT，© 2004. BLR ©（Business and Legal Resources, Inc.）.

正式的惩戒申诉程序 除了制定规章制度和采取渐进式惩戒手段，在惩戒程序中还需要包括一个申诉程序（见图 14—6）。

在几乎所有的工会合同中都会包括惩戒申诉程序，但是这种申诉程序并不仅仅限于组建了工会的组织。例如，联邦快递公司就设计了一个由三个步骤组成的申诉程序，该程序的正式名称为公平对待保障计划：

● 第一步，管理人员审查。申诉者在 7 天内向某位管理人员（经理、高级经理或总监）提交书面的申述申请。

● 如果申诉者对第一步的决定感到不满意，就会进入第二步——部门高层管理人员申诉。申诉者可以向本事业部的副总裁或者高级副总裁提交一份书面申诉申请。

● 最后，第三步是公司高层管理委员会上诉审查。申诉者可以在第二步决定作

维克森林大学（Wake Forest University）
人力资源部　　　　　　　　　　　　　　　　　　　　职员申诉表格

维克森林大学的职员可根据本表格提起一项正式的申诉（第二步），以寻求解决与工作相关的问题或者是一位员工认为不公平、不平等或阻碍其工作绩效提升的雇佣条件。员工如果想提出一份正式的申诉，必须首先与自己的直接上级进行沟通，寻求解决问题的途径（第一步）——关于这个步骤，我们在职员争议和申诉流程中都已经作出了规定。在填写完本表格之后，请将表格提交给学校人力资源部（员工关系处）——地址是雷诺德大厦 116 号房间。

申诉者姓名：＿＿＿＿＿＿＿＿　　电话号码：＿＿＿＿＿＿＿＿
职位：＿＿＿＿＿＿＿＿
所在部门/办公室：＿＿＿＿＿＿＿＿
直接主管上级姓名：＿＿＿＿＿＿＿＿
与直接主管上级对争议进行非正式讨论的日期：（第一步）＿＿＿＿＿＿＿＿
员工对争议的陈述：（请提供一份关于争议事实的准确陈述（其中包括日期），以明确指出你认为不公平的、不平等的或阻碍你达成有效的工作绩效的工作相关问题或雇佣条件。如果需要的话，可以另附页）

申诉者提出的补救措施或解决问题的办法：（请具体说明你所寻求的解决问题的办法）

＿＿＿＿＿＿＿＿＿＿＿＿　　　　＿＿＿＿＿＿＿＿
争议申诉者签名　　　　　　　　日期
人力资源部收到争议申诉的日期：＿＿＿＿接收者签名：＿＿＿

WFU-HR-0013
发布：5-17-00
修改：5-16-01

图 14—6　作为申诉程序一部分的申诉表格

资料来源：www.wfu.edu/hr/forms/staffgrievance.pdf，accessed May 24，2007. 经允许后使用。

出后的 7 天之内，向员工关系部门提交书面申诉。然后该部门会展开调查，并为公司高层申诉审查委员会整理出一份申诉案件档案。这个高层申诉委员会——由首席执行官、首席运营官、首席人事官以及三位高级副总裁共同组成——将对所有的相关信息进行审查，然后决定到底是维持或推翻原来的处理决定，还是重新组建一个委员会对申诉案件进行审查，或者是采取其他某种合适的行动。

有些公司还有独立的意见调查员以及位于公司正常指挥链之外的保持中立的顾问，员工可以去找他们获取一些私下的建议。[58]

无惩罚措施的惩戒　传统的惩戒有两个潜在的缺点。一是没有人喜欢受到惩罚；二是惩戒往往只能获得员工的短期服从，而不是企业通常想达到的那种长期合作。

采用无惩罚措施的惩戒（或者称为**非惩罚性惩戒**（nonpunitive discipline））的目的就是避免上面这两个方面的缺点。这种做法一方面能够使员工接受规章制度，另一方面又减少了惩戒本身的惩罚性质。下面就是其基本做法[59]：

1. **口头提醒**。目的是让员工同意在将来避免出现同样的违规行为。

2. **如果在 6 周内重犯，则发出正式书面警告并将副本放入员工个人档案**。此外，与员工进行第二次私下讨论，同样不带有任何威胁的成分。

3. **提供一天的带薪“决策假”**。如果在 6 周左右的时间内再次重犯，则为员工提供一天的带薪假期，让员工待在家里好好思考一下，他是否觉得这份工作不适合自己，以及他是否想遵守公司的规章制度。在员工回到工作岗位之后，与其会面，让员工告诉你他是否决定遵守公司的规章制度。

4. **如果在接下来的一年中没有再犯，则可从员工个人档案中撤出曾经的带薪停职记录**。但如果不当行为再次发生，那么通常来说，下一步要做的就是解雇他们了。

在某些特殊情况下，这种无惩罚性的惩戒程序并不适用。比如，如果员工有犯罪行为或者在工作场所打架斗殴的行为，则可能应当立即予以解雇。此外，如果在很短的时间内多次违反规章制度，也可以直接跳过第二步——即书面警告那一步。

总结：热火炉规则　管理人员常常会在实施惩戒时，运用所谓的“热火炉规则”的四个要点。如果一个人去触摸上面写有“禁止触摸”的热火炉，那么这个人就会得到警告，并且这种疼痛是持续性的、不讲情面的，而且是直接的。图 14—7 总结了一些有用的公平惩戒指南。

- 确保有证据支持惩戒决定。
- 确保员工的正当程序权受到保护。
- 警告员工受到惩戒的后果。
- 宣称员工违反的那些规定应该与工作环境的有效和安全运行“存在合理联系”。
- 在实施惩戒之前，对事件进行公正且充分的调查。
- 调查行动应当能够得到员工存在大量不当行为的证据。
- 公正无私地运用所有的规则、命令和惩戒措施。
- 惩戒应当与员工的不当行为及其过去的工作存在合理的联系。
- 赋予员工去寻求咨询的权利。
- 不要伤害员工的尊严。
- 一定要记住，提供证据的责任在你身上。
- 了解事实。不要基于传闻或是自己的笼统印象来作出惩戒决定。
- 不要在发怒时做决定。
- 通常情况下，不要试图针对员工的“恶劣态度”实施惩戒，应当重点注意改进引发工作场所问题的那些具体行为上。

图 14—7　公平惩戒指南总结

14.4.2　员工隐私

对于大多数人来说，侵犯个人隐私既是一种不道德的行为，也是一种不公平的行为。[60]法院认定的属于侵犯员工个人隐私的四种主要类型包括：非法入侵（例如对更衣室和浴室进行监视）、公开员工私人事务、披露员工医疗记录以及将员工的姓名和肖像用于商业用途。[61]（正如我们在第 5 章即招募中讨论的，破坏员工档案安全也属于侵犯员工个人隐私的问题。在一项对安全专家所做的调查中，在负责保护此类信息的安全的所有部门中，人力资源部门被排在最后一位。[62]）在实践中，背景调查、对员工下班后的行为和生活方式进行监控、毒品测试、工作场所搜查以及对员工在工作场所中的活动进行监控等，是引发隐私诉讼最多的原因。[63]我们接下来将仔细讨论有关监控的问题。

14.4.3 员工监控

今天对员工的监控已经不仅仅是对电话的监听了。生物测定学——像使用指纹这样的物理特征或用来识别身份的虹膜扫描等——就是这方面的一个例子。随着指纹技术的发展，使用者可以把个人的指纹存在一个光学扫描器上，或者压制在一个计算机芯片上。位于纽约的布朗克斯黎巴嫩医院（Bronx Lebanon Hospital）运用生物识别扫描仪，以确保早上打卡签到的员工确实是其本人。[64]虹膜扫描可以算得上是最精确的权威设备了。美国宇航局运用这种技术来控制员工对信息系统的使用权。[65]半数以上的企业报告说它们会对员工的往来邮件进行监控；27%的企业甚至对公司内部的往来电子邮件也进行监控。[66]一项调查发现，41%的大型企业有专门的人员来审阅员工的电子邮件。[67]96%的企业阻止员工访问互联网上的成人网站；61%的企业阻止员工访问游戏网站。[68]

定位监控目前已经越来越普遍。正如它的名称所暗示的，它包括检查员工所在的地点以及流动情况。[69]无论是联合包裹服务公司还是加利福尼亚州奥克兰市政府，都用全球定位设备来监控它们的卡车和街道清洁车的具体行踪。基于全球定位的即时移动电话使定位监控得到越来越广泛的应用。[70]

监控普遍化　对员工的监控活动正变得越来越广泛。如前所述，半数以上的企业都监控员工的电子邮件，3/4 的企业都监控员工的使用网络的情况，还有 40%的企业监控员工的通话。[71]企业大部分时候都宣称它们之所以这样做，主要是为了提高生产率、免受电脑病毒的侵扰、避免机密信息泄露以及避免受到性骚扰诉讼。[72]此外，如果员工使用公司的电脑购买和下载音乐，还有可能会使企业陷入一些非法活动之中。[73]在一个案例中，美国新泽西州的一家公司因为一位员工在工作期间使用公司电脑散布儿童色情信息而被判有罪。（有人之前曾警告过该公司要注意这种可疑的活动，但是这家公司并没有采取行动。）[74]

很多企业都会定期使用专门的软件来监测其员工在网上都在干些什么。当一家公司发现自己的员工提出越来越多的获得加班费的要求时，它安装了一种新型软件，结果发现很多员工每天都要花好几个小时的时间到网上购物，而不是在工作。

监控的限制　在美国，对工作场所的监控有两个方面的法律限制：一是**《电子通信保密法》**（Electronic Communications Privacy Act，ECPA）；二是防止侵犯隐私权的一些普通法。《电子通信保密法》是一部联邦法律，旨在限制对于口头和有线通信所进行的拦截和监控。它包括两种例外情况，一是“出于商业目的的例外情况”，它允许企业在能够证明这样做有合法的商业理由时，对员工的通信情况进行监控；二是“许可例外”，它允许企业在征得员工同意的情况下对员工的通信情况进行监控。[75]

因此，电子监听是合法的，或者说至少在一定程度上是合法的。美国联邦政府的法律以及大多数州的法律都允许企业在日常商务过程中监听员工的电话，但是，一旦发现员工的谈话明显属于私人性质而非商务性质的，企业就必须停止监听。此外，企业也可以监控自己的电子邮件系统，因为毕竟那是它们自己的财产。但是，为安全起见，企业应当提醒员工，本企业的电子邮件系统应当仅仅用于商务目的。最近的一起由美国上诉法庭判决的诉讼案给我们带来的启示就是，企业实际上拥有的监控权可能比它们自认为的要少。[76]企业应当让员工签署一份如图 14—8 所示的电子邮件及电话监控认可书。

我知道 XYZ 公司会定期利用公司的邮件系统监控员工撰写、发送以及收到的电子邮件。因此，我知道我的邮件可能会被除收件人之外的其他人阅读。我也了解，XYZ 公司会定期监听我在工作期间的通话，例如，出于提高顾客服务质量目的。	
本人签字	日期
打印姓名	部门

图 14—8　电子邮件监控认可书示例

人力资源管理应用程序

上班时间使用 iPod 与道德

随着越来越多的员工在上班期间使用 iPod 和其他类型的 MP3 音乐播放器，企业对此越来越感到不安。这不仅仅是一个浪费时间的问题。一家公司一开始的时候向员工发放 iPod 作为奖励，后来却发现，员工因为非法下载音乐而堵塞了公司的服务器。[77]安全则是另外一个需要考虑的问题。一家公司指出，一个“4G 容量的 MP3，例如第一代的迷你 iPod，就能将公司的很多资料带回家”（有人将这个过程形象地称为“iPod 式啜食”[78]）。因此，允许员工在上班时间使用 iPod 似乎需要制定一些特别的计划和政策。

如果对工作场所进行录像监控，则需要更加注意。例如，美国上诉法院第一巡回法庭就曾经作出这样的裁决，即一家企业对办公场所中的员工进行持续视频监控的做法并不构成违反宪法规定的侵犯个人隐私罪。[79]但是，最近，一家位于波士顿的企业却因为在员工更衣室中偷偷拍摄录像而被起诉到法院，结果法庭判决该公司向 5 位员工支付 20 多万美元的赔偿金。[80]

14.5　解雇管理

解雇（dismissal）是企业能够对员工采取的最严厉的惩戒步骤。正因为如此，所以企业要对解雇给予特别的注意。解雇应当有充足的理由，而且（作为一项基本原则）只有在对员工采取各种合理的帮助或挽救措施但均不见效的情况下，才能解雇员工。但有时，在必须解雇员工的时候就必须及时解雇，甚至是立即予以解雇。

“应对”解雇问题的最好方式就是首先要尽量避免解雇员工。很多时候，解雇之所以发生，都是由于企业的雇佣决策失误造成的。运用有效的甄选方式，其中包括各种评价测试、参考材料和背景调查、毒品测试以及清楚地界定职位描述，都可以减少企业解雇员工的需求。

14.5.1　自由解除雇佣关系和不正当解雇

100 多年来，美国盛行的与解雇有关的规则都是自由解除雇佣关系。**自由终止解除关系**（termination at will）意味着在没有雇佣契约的情况下，企业或员工中的任何一方都可以自由终止雇佣关系。员工可以因任何原因而按照自己的意愿离职，而企业也同样可以因任何理由随时解雇员工。[81]

但是在今天，越来越多遭到解雇的员工向法院提起了诉讼；在美国的许多州，企业发现它们不再拥有那么大的解雇权。相反，美国联邦政府的《公平就业机会法》和其他一些法律，以及各州的法律及法院的判决，都越来越限制管理层随意解雇员工的权利。例如，解雇一位举报者可能会导致“公共政策”对企业的自由解雇权制定一些例外的情况；或者是在员工手册中的某项声明暗含了与一位员工持续保持雇佣关系的潜在含义。《商业周刊》杂志最近描述了一些企业由于害怕陷入法律诉讼而不愿意解雇那些捣乱的员工——即使这些员工存在偷窃行为。尽管在实践中，原告获胜的情况只占很小一部分，但企业为自己辩护的诉讼费用却是金额不菲。[82]

不正当解雇　不正当解雇（wrongful discharge）是指解雇员工的行为违反了法律规定或者企业未能遵守与员工签订的明文契约安排或隐含契约——例如，在员工手册中就存在这样的隐含契约。

为防止出现不正当解雇而采取的三种主要保护政策已经削弱了自由解除雇佣关系规则，这三种保护政策分别是法定的例外情况、普通法规定的例外情况以及公共政策规定的例外情况。

首先是法定的例外情况。美国联邦和各州的公平就业和工作场所方面的法律都禁止实施几种特定类型的解雇。例如，职业安全方面的法律禁止企业因员工告发存在危险工作环境而解雇员工。[83]

其次，还有很多普通法规定的例外情况。例如，有些州的法院承认在企业雇用员工时是存在隐含契约的概念的。因此，法庭可能会认为，如果企业在员工手册中保证，只有在“存在正当理由”的情况下，企业才会解雇员工，那么这种说法就属于自由雇佣规则的一种例外情况。

最后，根据公共政策规定的例外情况，如果法院认为一种解雇行为违反了明显属于广为接受的公共政策（例如，企业不能因为员工拒绝实施违法行为而解雇他们），则法院将认为这是一种不正当解雇。

14.5.2　解雇的原因

企业解雇员工的原因主要有以下四种：工作绩效达不到要求；有不当行为；不具备承担本职工作的任职资格；岗位要求发生了变化（或岗位被撤销）。下面将分别进行讨论。

工作绩效达不到要求是指员工持续不能完成指定的工作任务或不能达到预定的工作标准。[84]具体的原因则包括缺勤次数过多、迟到、长期不能达到正常工作要求，或者对公司、直接上级、同事等持一种敌对态度。

行为不当是指有目的地蓄意违反企业的规章制度，在这些行为中可能还包括偷盗、行为粗暴以及不服从上级。有时，不当行为的性质还会更为严重，尤其是当这种行为导致他人受到伤害的时候。举例来说，一位在一家全国性比萨饼连锁店中工作的员工近日录下了店里的某位厨师正在往比萨饼中放入各种低劣的外国原料的场景（还上传到了 YouTube 网站上）。图 14—9 说明了企业应当如何从总体上识别这些不当的行为。

- 有人身体上受到伤害吗？有多严重？
- 员工意识到自己行为的严重性了吗？
- 其他员工受到了显著影响吗？
- 企业的声誉受到严重损害吗？
- 企业会因为这种行为失去重要的业务或遭受经济损失吗？
- 企业会因为这位员工的行为不当而丢掉营业执照吗？
- 员工会因此而失去为公司工作所需要的任何执照（例如，驾照）吗？
- 有没有涉及犯罪活动？
- 有没有涉及诈骗？
- 有没有违反安全法规？
- 有没有违反民事法规？
- 行为是有目的的吗？
- 行为是在上班期间发生的吗？
- 员工违反的政策是公司员工众所周知的吗？
- 发生这种行为之后应当立即与员工终止雇佣关系吗？
- 企业是否立即解雇了其他有过类似行为的员工？

图 14—9　这种行为属于不当行为吗？

不具备承担本职工作的任职资格是指员工尽管很努力，但是却仍然无法完成指定给他的工作任务。如果员工确实是在努力工作，那么，企业就应当尽力想办法帮助他们，比如为他们重新安排工作。

“岗位要求发生变化”是指在企业改变了工作岗位的性质之后，员工没有能力再承担那个岗位的工作。在这种情况下，员工本人可能还是很勤勉的，因此，合理的做法是尽可能地留用员工或将他们调动到其他岗位。

不服从上级　**不服从上级**（insubordination）是不当行为的一种，基本上是指不服从上级指示或者违抗上级命令。偷盗、长期怠工、工作质量不佳等都是很明显的可以解雇员工的理由，但是对于不服从上级的行为，有时却更加难以明确地界定。不过，有些行为通常还是很容易被认定为属于不服从上级的行为的，比如：

1. 直接漠视上级的权威。
2. 直接违抗或拒不服从上级的命令，特别是当着他人的面。
3. 故意蔑视公司明文规定的政策、规则、规章制度和程序。
4. 当众批评自己的上级。
5. 公然蔑视上级的合理指令。
6. 表现出对上级的轻蔑和不尊重。

7. 通过经常绕过直接上级提出申诉、建议或者采用其他政治策略来表示对指挥链的蔑视。

8. 参与（或领导）某种破坏上级的权威或者是试图挤走上级的活动。[85]

解雇的公正性　解雇员工绝对不是一件令人愉快的事情，但是可以采取三个措施保证解雇的公正性。[86]第一，“那些表示自己得到了解释，知道自己为什么被解雇以及企业作出解雇决策的程序的员工，更有可能觉得自己被解雇是公正的……并表示自己不会对过去就职的企业提起法律诉讼。”

第二，设计一个正式的包括多个步骤的程序（其中包括警告）以及一个中立的申诉程序。

第三，由谁执行解雇决定也很重要。一项研究表明，员工认为，自己的直接上级通知自己被解雇的做法，要比人力资源管理人员通知自己被解雇的做法显得更加公正。（一家公司最近采取了一种不太好的解雇方法。这家公司开会宣布了裁员的决定，但是那些远程办公的员工则是通过电子邮件获知裁员信息的。在一项调查中，约 10%的受访企业表示，它们曾经采用电子邮件通知的方式解雇过员工。）[87]

安全措施　无论在什么时候解雇员工，安全保障措施都很重要。一种比较常见的好的做法是，利用一张核查清单来确保被解雇的员工交还所有的钥匙、公司财产，然后（通常）还要陪他们走出办公室以及办公大楼。企业还应当废止被解雇员工的上网密码和账户，堵住这些过去的员工非法进入公司内网的入口，同时制定将笔记本电脑和台式电脑等交还给公司的正式规定。一位主管技术的企业负责人说：“具体措施包括直接阻止接入、更改密码、重新安装网络系统和改变 IP 地址、远程接入程序以及电话号码等”。[88]

14.5.3　避免不正当解雇诉讼

正如我们在前面提到的，不正当解雇发生在企业在不遵守法律或者违反企业与员工签订的明文契约或隐含契约的情况下解雇员工的时候。（在建设性解雇诉讼中，原告会声称，他之所以不得不辞职，是因为企业提供的工作环境让自己难以忍受。）[89]

避免不正当解雇诉讼需要三种前后连贯的方法。[90]首先，制定包括争议解决程序（如本章中的这些程序）在内的雇佣政策，以使员工感觉到企业对他们是很公正的。类似的，企业还可以支付遣散费，使被解雇者少受一些被解雇的痛苦。[91]（图 14—10 总结了在制造业和服务业中一些比较典型的遣散费支付政策。）虽然这种做法也很难使被解雇变成一件令人愉快的事情，但是公正地实施解雇至少可以作为防御企业遭遇法律诉讼的第一道防线。[92]

其次，审查并且完善所有与雇佣相关的政策、程序和文件，以减少将来受到的挑战。要让求职者在雇佣申请表上签字，并确保在表格中包括这样的陈述，即雇佣关系是没有固定期限的，同时企业可以在任何时候终止雇佣关系。尤其要注意员工手册，在员工手册中应当包括一张如图 14—11 那样的确认表格。可以考虑删除像“只能在存在正当理由的情况下公司才会解雇员工”这样的条款。此外，还要仔细保存所有涉及员工的行动记录，例如员工的绩效评价结果、发给员工的警告或通知以及提醒员工应当怎样改进绩效的备忘录等。

遣散费的计算方法	平均支付的遣散费周数		
	高层管理人员	中层管理人员	专业技术人员
固定值	26	6	4
根据服务年限计算的可变周数			
1年	4	2	2
3年	7	5	5
5年	10	7	7
10年	20	12	10
15年	26	16	15
最大值	39	26	24

图 14—10　按职位级别支付遣散费的平均周数

资料来源：*Severance Pay*：*Current Trends and Practices*，July 2007，Table 4，www. culpepper. com/ info/CS/default. asp. Culpepper eBulletin，accessed July 2007. Complimentary subscriptions at www. culpepper. com/eBulletin.

员工手册确认书

在本员工手册中包括与公司有关的重要信息，我已了解可以就本手册中未回答的任何问题，咨询行政经理/办公室经理/总经理/分支机构经理/人力资源经理（设定任何一位）。我已自愿与公司形成雇佣关系，并了解公司没有明确规定具体的雇佣期限。相应地，无论有无原因，有无提前通知，公司和本人中的任何一方均可在任何时候自愿终止雇佣关系。

我了解并同意，除了公司的执行董事/董事长/首席执行官（设定任何一位）才能与本人订立具有具体期限的雇佣合同，或订立任何与公司明确制定的自由雇佣政策不一致的雇用协定。

由于本员工手册中提供的各种信息以及描述的政策、福利等都可能会有所变更，我认可对此手册所做的修订，但公司的自由雇佣政策不在修订之列。对本员工手册所做的所有修订通常都将通过官方途径通知，我知道，修订之后的信息可能会取代、修改或废除现有的政策。唯有公司总裁有权接受对本手册中的政策所做的任何修订。

此外，我知道，本员工手册既非雇佣合同，也非具有法律约束力的合同。我已经阅读了本手册的内容，并且知道，如果对本手册中的任何内容有问题，我都可以向主管人员或人力资源部员工询问。我接受本手册中的各个条款，并且明白自己有责任遵守手册中包含的这些政策及对其可能的修订。我还同意，如果在公司对员工手册进行修订之后，我还愿意继续在本公司中工作，则我接受并同意这些修订的内容。

我在以下日期收到公司员工手册一本，我知道公司期望我阅读这本员工手册的全部内容。此外，我还在以下日期签署了两份员工手册确认书，我自己保留一份，另外一份上交给下列公司代表。我知道，本表格将会存入我的人事档案。

________________　________________

员工签字　　　　　　日期

____

员工签字（印刷体）

________________　________________

公司代表　　　　　　日期

图 14—11　员工手册确认表

资料来源：www. twc. state. tx. us，accessed April 28，2009.

最后（但也很重要），要确保让员工清楚地知道组织对他们的工作期望，在这方面做不好可能会导致很多不正当解雇方面的诉讼。[93]

14.5.4　管理者个人的责任

有时，法院会判定管理人员对某些管理行为承担责任（包括惩戒和解雇），尤其是在《公平劳工标准法案》和《家庭与医疗休假法案》中涉及的一些行为。[94]《公平劳工标准法案》所定义的雇主包括“在涉及员工关系时，直接或者间接地代表公司利益的任何人”，因此，这就这意味着管理者个人也是雇主的一部分。

避免承担个人责任的方法有很多。首先，管理者应当非常熟悉美国联邦政府、州政府和地方政府的法令（例如《民权法案》第七章）。其次，要遵守公司的各项政策和程序（因为员工可能会宣称你没有遵守公司的相关政策和程序）。由于很多解雇诉讼在本质上都是因为原告认为自己所受到的对待与别人不一样，所以一致性地应用规则就显得非常重要。在实施惩戒的时候，尽可能地不给员工增添情感痛苦（比如在公开场合解雇某位员工就会这样产生这种后果）。大多数员工都会试图从他们的角度来展示某件事情，而为他们提供这样的机会则会使他们得到一定程度的满足。此外，不要在愤怒的时候采取行动，因为这时采取行为会在表面上有损这种行动的客观性。最后，可以寻求人力资源部门的建议，以了解如何处理复杂的惩戒事务。

14.5.5　离职面谈

解雇员工是管理人员在工作中可能会遇到的最为困难的任务之一。在一项持续 5 年的调查中，一些医生访问了 791 名刚刚患过心脏病的工作者，其目的是找出引发心脏病的主要原因。这些研究人员得出的结论是，在解雇工作完成之后的那一周中，负责解雇工作的人所产生的与解雇相关的压力会让他们的心脏病发病率比正常情况下高一倍。[95]而且，即使是在被解雇之前已经受到过多次警告，被解雇的员工往往仍然会表现出不信任，或者甚至采取暴力行动。[96]下面是一些关于**解雇面谈**（termination interview）的指导原则：

1. **精心做好面谈准备**。根据合益集团专家的意见，这方面的做法包括：

- 确保员工会如期到场。
- 面谈只需 10 分钟时间足够。
- 选择一个中性的地点，不要在自己的办公室里。
- 事先准备好员工协议及解雇通知。
- 准备好在出现医疗或安全紧急情况时可用的电话号码。

2. **直奔主题**。不要闲聊。在员工进入面谈现场之后，给他提供片刻的放松时间，然后直接将你的决定告诉他。

3. **说明情况**。简要解释为什么要解雇他。例如，“你的产量比标准低 6%。在过去的 3 个月里，我们已经就此问题谈了好几次。我们不得不换一种做法。”记住，要强调具体情况，而不是强调员工个人的问题或者缺点。而且，强调这一决定是不可改变的最终决定。

4. **倾听**。从实用的角度来说，解雇面谈要持续几分钟的时间，一直到那位员工看起来能很放松地谈话，比较心平气和地接受自己被解雇的事实，以及接受自己即将得到的补偿计划，包括遣散费等。

5. **检查遣散计划中的各项内容**。简要说明遣散费、福利、可以寻求的办公室人员的帮助以及公司如何为他们提供证明信。（人力资源部门可能会重点跟员工谈这些问题。）但是，不要作出任何超出既定遣散计划范围的承诺。

6. **确定下一步计划**。被解雇的员工可能会感到迷惘，不知道自己下一步要做些什么。你可以告诉员工在面谈结束后可以去哪里。通常情况下，最好是找个人陪同被解雇的员工走出公司大门。

重新谋职咨询　**重新谋职咨询**（outplacement counseling）是一个让专家为被解雇员工提供培训和咨询服务的正式过程，涉及的内容则包括自我评价技术以及获取新职位的技能。重新谋职咨询并不意味着企业有责任为被解雇员工安排一份新的工作。相反，这只是一种咨询服务，其目的是为被解雇员工提供建议、指导以及反馈，以帮助他们明确自己的职业发展目标，并且依靠自己的力量成功地找到一份新的工作。重新谋职咨询属于对被解雇员工提供的解雇支持或遣散计划中的一个组成部分，这种服务通常是由企业外部的专业机构提供的。

负责提供重新谋职服务的机构不仅为被解雇的员工提供咨询服务，而且还帮助企业设计解雇计划。例如，在宣布裁员计划之前，比较稳妥的做法是，与提供重新谋职服务的机构共同决定如何宣布这一消息以及如何应对被解雇员工可能作出的各种情绪反应。

离职面谈　很多企业都与出于各种原因而即将离开公司的员工进行**离职面谈**（exit interviews）。这种谈话通常是在员工离开公司之前由人力资源部门来完成的；这种谈话的主要目的是了解员工对于工作或公司的看法和意见，从而帮助企业更好地认识到它们在哪些方面做得好，哪些方面做得不好。在离职面谈中问到的问题包括："你当初为什么要加入本公司?""当时公司方面对你所从事的职位所做的介绍是否准确、正确?""您认为本公司是否存在某些特定的问题?"[97]由于女性员工和少数族裔员工通常更有可能较早辞职，因此，这可能是企业需要特别注意的一个问题。[98]图14—12展示的是一份离职面谈表格。

离职面谈的一个基本假设是，员工因为即将离开企业，所以应该会比较坦率地表达自己的看法。但事实上，企业从离职面谈中得到的信息也可能有问题。[99]

研究人员发现，在离职面谈过程中，即将离职的人员中有38%的人指责的对象是公司的薪资和福利，只有4%的人责备自己的上级主管人员。但在员工离职18个月以后再去调查，24%的人指责的对象是自己原来的直接主管人员，只有12%的人指责原来那家公司的薪资和福利。由此看来，要想通过离职面谈发现真正的问题，可能还需要做进一步的挖掘。当然，离职面谈仍有一定用处。例如，在位于美国宾夕法尼亚州东北部的蓝十字联合会（Blue Cross）所做的离职面谈中，许多员工都指出，"这不是一个稳定的工作场所"。于是该公司采取了相应的措施，以纠正那些继续留在组织中工作的人形成的这种错误认知。

美国大学大气研究联盟离职面谈

员工姓名＿＿＿＿＿＿＿＿＿＿　　主管人员姓名＿＿＿＿＿＿＿＿＿＿

所属分支机构＿＿＿＿＿＿＿＿　　职位名称＿＿＿＿＿＿＿＿＿＿

雇用日期＿＿＿＿＿＿＿＿＿＿　　解雇时间＿＿＿＿＿＿＿＿＿＿

1. 您为什么要离开美国大学大气研究联盟？

＿＿＿＿＿＿＿＿＿＿＿＿＿＿＿＿＿＿＿＿＿＿＿＿

＿＿＿＿＿＿＿＿＿＿＿＿＿＿＿＿＿＿＿＿＿＿＿＿

＿＿＿＿＿＿＿＿＿＿＿＿＿＿＿＿＿＿＿＿＿＿＿＿

2. 哪些情况会让您愿意选择继续留在这里工作？

＿＿＿＿＿＿＿＿＿＿＿＿＿＿＿＿＿＿＿＿＿＿＿＿

＿＿＿＿＿＿＿＿＿＿＿＿＿＿＿＿＿＿＿＿＿＿＿＿

3. 您最喜欢自己工作中的哪些方面？

＿＿＿＿＿＿＿＿＿＿＿＿＿＿＿＿＿＿＿＿＿＿＿＿

＿＿＿＿＿＿＿＿＿＿＿＿＿＿＿＿＿＿＿＿＿＿＿＿

4. 您最不喜欢自己工作中的哪些方面？

＿＿＿＿＿＿＿＿＿＿＿＿＿＿＿＿＿＿＿＿＿＿＿＿

＿＿＿＿＿＿＿＿＿＿＿＿＿＿＿＿＿＿＿＿＿＿＿＿

5. 从以下几个方面来看，您如何评价自己的直接上级？

	总是	经常是	有时是	从不
做事一贯公平公正	（ ）	（ ）	（ ）	（ ）
认可和赏识员工	（ ）	（ ）	（ ）	（ ）
解决员工提出的抱怨	（ ）	（ ）	（ ）	（ ）
对员工的需求很敏感	（ ）	（ ）	（ ）	（ ）
对员工提供绩效反馈	（ ）	（ ）	（ ）	（ ）
愿意进行开放的交流	（ ）	（ ）	（ ）	（ ）
遵守美国大学大气研究联盟的各项政策	（ ）	（ ）	（ ）	（ ）

图 14—12　员工离职面谈问卷

资料来源：http：//www. fin. ucar. edu/ forms/HR/exit _ form/exit. pdf，accessed May 24，2007. Used with permission.

14.5.6　临时性解雇、裁员与闭厂的相关法律

非惩戒性遣散是公司经营中经常会遇到的一种正常现象。对企业来说，销售额和利润下降时可能就不得不进行临时性解雇或裁员。临时性解雇一般是指让一部分员工暂时离开工作岗位，但到将来某个时候还会再重新雇用他们。裁员是指为了提高生产率以及强化竞争力而永久性地解雇相对较大规模的员工。还有一些员工则会因为退休或为了找到更好的工作而主动辞职。

《工厂关闭法》　在 1989 年之前，美国联邦政府还没有制定相关法律，要求企业在决定关闭某一工作机构之前必须提前通知员工。但是，1989 年美国国会通过了《员工调整与再培训通告法案》（一般称为《工厂关闭法》（plant closing law））。

这部法律要求雇用员工人数达到及超过 100 人以上的公司，在关闭一家工厂或准备一次性解雇 50 及 50 名以上的员工时，必须提前 60 天发布通知。这部法律并不阻止企业关闭某一下设机构，也并不硬性要求企业保留工作岗位。它只是要求企业提前通知员工，以便他们能够有时间去寻找其他的工作或者得到再培训。尽管存在一些例外情况，但如果企业不提前通知员工，法院会根据应该提前通知的天数来处罚企业，处罚的标准是，每晚通知一天，则企业需要向员工支付相当于他们一天的薪酬和福利的补偿，最长补偿天数为 60 天。

该法案对如何向员工提前发布通知并没有作出十分明确的规定。但是，如果企业要给将被解雇的员工个人写信的话，下面这段话还是比较合适的：

> 请将此信视为一份根据美国联邦政府的《工厂关闭法》而发出的官方通知，由于预计会在（日期）开始的（临时性解雇或闭厂），您在本公司中的现有岗位将会从今日起的 60 天后不复存在。到那天之后，您与本公司的雇佣关系将会终止，您的名字将不会再被列入我们的薪酬发放名单。有关工厂关闭法律或本通知的任何问题，都将由本公司的人力资源办公室负责解释。[100]

临时解雇程序　一项研究对一家公司的裁员程序进行了考察。在这家公司中，高层管理人员首先开会，作出了缩小经营规模以及临时解雇员工的时间等方面的战略决策。这些高层管理人员还讨论了对于公司的未来发展而言，各种所需技能的相对重要程度。一线主管人员会对他们的下属进行评估，将他们手下那些没有加入工会的员工划分为 A，B，或 C 三个等级（工会会员则按工会合同规定来办，在实施临时解雇措施时根据工作资历决定）。接下来，一线管理人员需要告知每一位下属，让他们知道自己的等级到底是 A，B 还是 C，然后告诉那些被评为 C 的员工，他们被组织定义为"冗余人员"，而他们是最有可能被临时解雇的。[101]

比较稳妥的临时性解雇应该包括以下几个步骤[102]：

- **明确目标和约束条件**。例如，决定在哪些地点撤销掉多少个职位，以及撤销这些职位的标准是什么。
- **组建裁员工作小组**。这个团队应当制定一项沟通策略，以解释此次裁员的原因，确定雇佣和晋升的层级，编制裁员时间表，同时监管这些可能被裁减的员工的福利计划。
- **重视法律问题**。在最终确定和公布解雇人员名单之前，要审核员工的年龄、种族和性别。
- **制定裁员后的行动计划**。对于那些在裁员之后被留下的员工而言，对他们进行调查以及召开裁员问题说明会之类的活动可能会有助于保持他们的士气。
- **重视安全保障问题**。在进行大规模的临时性解雇时，安排一些安全保卫人员可能是比较稳妥的做法。
- **尽可能让员工了解情况**。如果在大规模的临时性解雇发生之后，出现了员工起诉企业的情况，通常都是因为他们不满意企业在进行临时性解雇过程中的问题处理方式。提前发布与临时解雇相关的通知以及保持人际关系的敏感度（主要通过管理人员在处理临时性解雇过程中的行为举止表现出来）都有助于减轻这种负面的影响。[103]那些宣布裁员以及处理各种员工问题的人应当诚实地解释到底发生了什么事情。[104]

正如接下来的专栏中将会解释的，了解应当如何做好临时性解雇员工的准备，也是"在充满挑战的时代管理人力资源"的一个重要组成部分。

在充满挑战的时代管理人力资源

为临时解雇员工做好准备

由于美国经济进入衰退时期，大规模临时解雇现象愈演愈烈。在 2009 年中期，临时解雇的比例已经达到 9.4%。那么，在这个充满挑战的时代，管理人员需要怎样做好准备才能迎接不可避免地会遇到的临时解雇挑战呢？

有趣的是，最初的关注焦点并不在临时解雇本身，而是在员工绩效考核系统上。一位专家指出，在为实施一次大规模的临时解雇做准备时，公司的管理层需要做到[105]：

- 确保及时更新绩效考核信息。
- 找出高绩效的员工，让他们继续为公司的未来好好工作。
- 让领导层对公司转型作出承诺。

另一位人力资源顾问则指出："那些从来都没有认真地管理过自己的绩效考核系统的公司在裁员过程中会突然发现，在总分为'5 分'的绩效考核系统中，自己的每一位员工的得分都是'4 分'"；"这种考核信息是毫无意义的"。[106]

因此，关于临时解雇的本质就是，要确保在此之前公司存在有效的绩效考核系统。如果没有，那么在需要临时解雇大批员工的时候，公司就会发现根本找不到决定员工去留的合理依据。

解雇的影响 毫无疑问，临时解雇常常会给员工带来心理和生理上的伤害，这种伤害不仅是针对那些丢掉了工作的员工，同时也会涉及那些面临未知数的幸存者。[107]

此外，受到伤害的还不止这些临时解雇过程中的"受害者"和"幸存者"。研究人员从 410 位管理人员那里收集了一些数据，在这些管理人员中，有些人曾经不得不告知下属让他们感到出乎意料的大规模临时解雇信息，而另外一部分人则没有遇到过这样的情况。这些研究人员发现，"无论这些管理人员的年龄、性别和婚姻状况如何，他们越有可能需要向员工发布大规模解雇的通知，就越有可能会遇到健康方面的问题，并且越有可能寻求这方面的治疗，还越有可能抱怨睡眠状况不佳。"[108]

临时解雇程序 正如我们在前面提到的，临时解雇一般是指让部分员工暂时离职，但将来还能回到工作岗位上。实施临时解雇通常具备三个条件：(1) 公司没有工作可提供给员工去做；(2) 管理层预测这种无工作提供给员工的状况是暂时性的，或者可能是短期的；(3) 在重新有工作可以提供时，管理层愿意召回那些暂时离开公司的员工。因此，临时解雇不等于完全解雇，完全解雇是一种彻底解除雇佣关系的情况。不过，有些企业的确是用临时解雇作为解雇或解除雇佣关系的一种委婉说法。(而其他一些企业则把临时解雇称为"生产率转化计划"。)[109]

那些面对频繁的业务衰退的企业一般都会制定相关的临时解雇程序，从而使员工能够利用自己的资历保住自己的工作。大多数这种**临时解雇程序**（bumping/layoff procedures）都有以下几个方面的共同特点：

1. 资历通常是决定谁去谁留的最重要因素。

2. 资历的作用有时可能会不如绩效或能力大，但通常都是在没有资深员工够格胜任某一特定工作岗位时才会出现这种情况。

3. 资历通常从该员工加入公司的那一天开始算起，而不是从他们承担某一特定工作岗位的日期开始算起。

4. 因为资历通常是指在公司中工作的年限，所以，如果资历长的员工能够承担某一岗位的工作，则某个岗位上的资深员工通常可以替换掉另一个工作岗位上的资历较浅的员工。

临时解雇和裁员的替代方案 由于临时解雇和裁员通常对牵扯的各方来说都是令人不快的，而且还使公司承担了自己花大量精力培养的员工流失的损失。因此，企业常常试图寻找一些替代的办法。

在这方面有几种替代方案。这方面的建议包括：寻找那些本来就愿意每天从事较短时间的工作或者兼职工作的自愿者；削减每天的工人；甚至通过网络与需要暂时或者永久性重新安排员工的当地其他企业进行交流。在实施自愿降薪计划的情况下，全体员工都同意降低一部分薪酬以确保每一位员工都有工作可做。还有一些企业则让所有或大部分员工在经营滑坡时期集中休假，这样它们就不必为应对经营的高峰期而去找临时工替代休假的员工，企业的雇用人数在经营滑坡期也会自动减少。例如，太阳微系统公司（以及硅谷的许多其他企业）则在经济开始放缓时，就让全体员工在家休息一周。还有其他一些员工同意采取自愿休假的做法。这种方法也可以降低企业的薪酬成本，从而避免员工被解雇的情况出现。

还有很多企业在雇用一些员工的时候就让他们知道，自己所做的工作只是暂时性的。因此，当企业需要临时解雇员工的时候，这些人就会是最先离开的人。还有一些企业则寻找自愿离职的员工，以此作为替代大量裁减员工的措施。例如，不少企业都为很多员工提供一揽子的买断方案。

14.5.7 通过裁员和兼并来进行调整

许多企业经常通过**裁员**（downsizing）来改善自己的财务状况。但是，许多企业最终却发现，在进行了大规模的裁员之后，企业的利润并没有提高。导致这种情况的部分原因可能在于那些在裁员中幸存的员工的士气低落。

正因为如此，对于企业来说，采取一些措施来减少这些留任员工感受到的不确定性，同时提高他们的士气，就显得很有意义。[110]金霸王公司（Duracell，Inc.）（现在是陶氏化学的一部分）进行裁员时，在它的裁员计划中就包括一系列在宣布裁员后准备采取的活动，其中包括在公司中举行全员大会；然后在会后将留任的员工进行分组，让资深管理人员到各组中回答员工的各种疑问；为留任员工提供一些长期性的支持，比如鼓励各级主管人员经常与员工进行见面，从而鼓励形成一种开放沟通的氛围。

兼并指南 从解雇员工的角度来说，兼并和收购通常是一回事。在这种情况下，被收购公司中的留任员工对于那些即将被裁减的过去的同事受到的不公正对待可能会很敏感。因此，公司管理者对那些即将被解雇的员工应当以礼相待。下面是企业应当遵循的一些原则：

- 不要表现得过于强势或主导性过强。
- 不要表现出非赢即输的行为。
- 在整个工作过程中始终保持一定商业水准和专业化水平。
- 对被收购公司尽可能保持一种积极的感情。
- 牢记一点，你们公司对待被收购公司的员工表现得周到和尊重的程度，会影响那些留任员工的信心、生产率以及忠诚度。[111]

本章内容概要

1. 在对工作中的员工进行管理方面，道德与公平对待扮演着重要的角色。道德是指对一个人或一个群体的行为具有指导作用的各项原则。道德、公正和公平对待的概念是相互交织的。例如，公平是与每一位员工个人眼中的"公正"的概念密不可分的。很少有哪个社会单纯依靠管理者的道德或公平感，而是通常制定一些法律明确员工的权利，例如员工的养老金权利、推荐权、不受诽谤权以及工会活动权。

2. 很多因素都会影响工作中的道德行为。通过一些研究我们知道，道德意识、管理者本人、道德准则、道德观、未实现的目标以及报酬等都会影响道德行为。员工个人也很重要，因为人们在进入工作场所的时候就已经具有自己的道德是非观念。企业老板以及他们塑造组织文化的方式也会对道德行为产生很大的影响，这是因为员工甚至连老板施加的无形压力都很难抵抗。企业可以采取各种措施，例如通过培训、举报计划以及制定道德准则等，支持道德行为。

3. 管理者可以运用人事手段来促进道德行为和公平对待。例如，在甄选过程中，管理者可以雇用有道德的人，并且强调甄选过程的公平性。类似的，实施道德培训，进行公平、公正的绩效评价，奖励符合道德的行为，以及对员工一视同仁等，都会有助于提高道德水平和员工对公平的感知。沟通在公平对待中扮演着重要的角色。例如，询问问题并且认真倾听，不要表现出防御性，并且问一下："你希望我为你做些什么呢？"

4. 员工惩戒和隐私管理是非常重要的管理技能。构成一个公平、公正的惩戒程序的基础包括清晰的规章制度、渐进惩戒系统以及申诉程序。有些企业采用非惩罚性的惩戒方法，这种惩戒方法通常包括口头警告以及带薪"决策假"等内容。"热火炉规则"则意味着在实施惩戒时，首先向员工提出警告，然后让他们感觉的疼痛是持续的、客观的，而且是及时的。随着越来越多的企业采用互联网监控手段以及一些诸如生物测定学之类的技术，对员工的监控变得越来越广泛。《电子通信隐私法》和一些普通法试图保护员工在工作场所中接受监控时，个人的隐私不受侵害。企业应当让员工签署电子邮件和电话监控认可书。

5. 无论对于管理者还是被解雇的员工来说，解雇都会带来创伤，所以管理人员在管理解雇过程时一定要特别小心。

- 自由终止雇佣关系意味着在没有雇佣契约的情况下，雇主或员工中的任何一方都可以随意终止雇佣关系。
- 不正当解雇是指解雇员工的做法违反了法律，或者是企业未能遵守自己与员工正式签订的或隐含的契约。
- 公司解雇员工的原因主要有以下四种：工作绩效达不到要求；行为不当（其中包括不服从上级）；缺乏承担本职工作所需具备的任职资格条件；工作岗位的要求发生了变化。
- 在以下几种情况下，解雇的公平性会得到强化：员工得到了解释，知道企业作出解雇决策的理由以及相应的决策方式；解雇决策经过了多步骤的程序，其中包括警告等；让员工的直接上级而不是第三方来实施解雇。
- 管理者个人可能需要对不公平解雇负责，因此，建议管理人员不要在愤怒的时候行事，要遵循公司的各项政策和程序，并且避免给员工增加情感上的痛苦。
- 应当仔细做好离职面谈计划，主管人员应当直入主题，首先说明情况，接着倾听员工的想法，随后检查遣散计划中的所有各个项目，然后再确定下一步的行动。为了使离职面谈更容易进行，有些企业还为离职员工提供重新谋职咨询服务。
- 《工人调整与再培训通告法》（即《工厂关闭法》）要求较大规模的企业在关闭工厂或者是一次性临时解雇的员工人数达到或超过 50 人时，必须提前 60 天发布通知。
- 为了避免在将来出现短期经营滑坡时不得不大规模解雇员工，一些企业正在采用减少工作时间或者自愿降薪计划来暂时性地减少人工成本和薪酬负担。

讨论题

1. 解释如何在惩戒过程中确保公平，尤其要讨论实施惩戒的先决条件、惩戒指南以及一些非惩罚性的惩戒手段。

2. 在当今这种人们喜欢提起诉讼的社会中，为什么正确管理解雇具有非常重要的意义？

3. 你会采用什么技术作为传统惩戒手段的替代方式？这种替代方法与组织公平存在何种联系？鉴于当今的企业对于高承诺度的员工具有很强的需要，谈谈你为什么认为这些替代方法很重要。

4. 请举出三个可能合法但是却不道德的行为的例子，同时，举出三个可能非法但却符合道德的行为的例子。

5. 列举你们学院或大学做了哪十件事情来激发学生和教员的道德行为。

6. 假设你需要为你自己的或者亲戚的孩子挑选一位道德水平较高的保姆。在学习本章知识的基础上，你会做哪些事情来确保你找到的是一位道德水平较高的保姆？

7. 假如你认为你的下属存在不服从上级的问题，那么你将如何证实这一点？如果情况确实属实，你准备怎么做？

8. 几年前，沃尔玛公司制定了一种新的工作时间安排系统，这个系统使得员工更不容易准确地知道他们需要工作多长的时间。一般情况下，如果商店在哪一天开门营业，商店经理会在最后一分钟才通知大家来上班。请基于本章的知识说明，你认为这个新的排班系统符合道德标准吗？为什么符合或不符合？这个系统对员工公平吗？如果你是沃尔玛公司的一名员工，你会怎么做？

个人和小组活动

1. 以个人或者小组为单位，访问你们公司或大学的管理人员，以确定你们公司或大学在多大程度上在努力建立一种双向沟通，并说明具体使用的计划是何种类型的。管理人员认为这些计划是有效的吗？员工（或教职工）对这些正在使用的计划的看法是什么？

2. 以个人或小组为单位，找到你们学校的学生手册副本，以确定你们学校的学生在多大程度上能通过正式的程序提起申诉。根据你们与其他同学的接触，你们认为这是一种有效的申诉渠道吗？为什么？

3. 以个人或小组为单位，搞清楚你们学校的学术惩戒程序的性质是什么。你认为这种程序有效吗？在学习本章知识的基础上，你会建议学校对这一程序做哪些修订？

4. 本书末附录中的美国人力资源认证机构提供的“考试指南”部分，列出了想要通过人力资源资格认证考试的人需要了解的各个方面的人力资源管理知识（例如战略人力资源管理、员工队伍规划、人力资源开发等）。请以 4～5 人为一组，完成下列四项任务：（1）浏览该附录中的内容；（2）明确在本章所讲授的内容中有哪些与附录中列出的需要参加考试者掌握的知识是相关的；（3）根据这些与考试相关的内容，编写出你们认为适合作为这种人力资源认证资格考试考试题的 4 道多项选择题；（4）如果时间允许的话，你们小组派出一个人将你们编写的考试题在课堂上展示给大家，这样各个小组的学生就能够回答其他小组编写的考试题了。

5. 在俄亥俄州立大学最近完成的一项研究中，一位教授发现，即使是诚实的人，在没有监管的情况下，也会从公司偷盗物品。[112]在这项研究中，研究人员首先让财务部门的员工在下班后参与一项薪酬明显不足的加班工作，同时让他们获得一个从公司偷取少量现金的机会。那么，这些员工会不会通过偷点公司的现金来补偿自己得到的数量不足的薪酬呢？在大多数情况下，这个问题的答案是“会的”。那些在诚实性测试中得分较低的人无论如何都会偷窃，不管他们所在的财务办公室有没有制定相应的道德计划，从而明确指明从公司盗窃钱财属于违法行为。而那些在诚实测试中得分较高的人也存在偷窃行为，但只是当他们所在的办公室没有制定这样的道德计划时才会实施偷窃——也就是说，如果制定了道德政策的话，这些“诚实”的人本来是不会偷窃的。

以 4～5 人为一个小组，回答下列问题：你认为这项调查的结果具有普遍性吗？换言之，这些调查结果同样适用于其他公司和其他情况吗？如果你的回答是“是的”，那么，你认为这项研究结论对于制定道德计划的需要以及如何制定这种计划有何启示？

体验式练习

惩戒还是不惩戒?

目的：本练习的目的让你体验一次分析和处理实际的惩戒问题的机会。

必须理解的内容：学生应当充分了解下面的题为“搞砸了的批处理”的案例。但是，必须等到小组完成了自己的思考之后，才能阅读“判决”和“讨论”两部分内容。

如何进行练习/指导：将全班分为若干小组，每组由 4～5 人组成。每个小组都应当从仲裁员的角度来看问题，并且假设自己要分析这个案例，然后作出仲裁决定。从这个立场出发再对本案例进行一次审阅，但不要阅读“判决”和“讨论”两个部分的内容。每个小组都要回答下列问题：

1. 基于对本章内容（其中也包括所有的相关指南）的学习，请说明，如果你们是仲裁员，你们会作出什么样的决定？为什么？

2. 你们认为要求仲裁的双方在经历了这次仲裁之后，是否或多或少地更倾向于自己解决问题而不是寻求仲裁？

搞砸了的批处理

事实：计算机部门的一位员工犯了一个登录错误，搞砸了整个计算机报告的运行。为了矫正这个错误所做的努力又生成了第二批不恰当的运行报告。由于这一系列的错误，企业不得不多支付了 2 400 美元的成本，同时还搭上整个计算机部门的其他员工加班一周。公司管理层决定让该员工为其工作疏忽停职 3 天，同时还撤销了在事故发生之前就已经作出的关于该员工的晋升决定。

这位员工对公司的惩戒决定表示抗议，她强调说，在计算机运行错误发生的初期，自己就曾向计算机部门的业务经理报告过自己所犯的错误，从而试图纠正已经出现的错误。如果这位经理把她的报告当回事，并且停止了初始的运行，那么就可以避免后来的一连串的错误。这名员工认为她受到了不公正的对待，因为这位经理虽然也应当对造成那个问题负责，但是却没有受到处罚，而她却受到了严厉的惩戒。此外，她还引用自己“无可挑剔”的工作记录以及管理层关于“她一直是一位模范员工”的评价，坚持认为公司撤销之前已经批准的让她得到晋升的决定是“不合理的”。

（在你们完成本练习之前请不要阅读以下内容。）

判决：仲裁员赞成对员工停职 3 天的处罚，但是却裁定公司应当恢复对该员工的晋升。

讨论：“毫无疑问”，仲裁员指出，这位员工的疏忽行为“引发的一系列问题最终导致两套带有错误信息的完整报告生成”。仲裁员强调，雇主因为这个错误付出了实实在在的代价，仲裁员还引证说，对于以往犯有同类错误的员工，管理层也同样给予停职 3 天的处分，因此这种做法是“无可指责”的。因此，仲裁员裁定，该雇主对工作疏忽给予的“公平”处罚属于有正当理由的行为。

至于撤销已作出的晋升决定，仲裁员指出，这种做法应当被视为“等同于因各种惩戒原因而予以降级处理”。仲裁员认为，在这种情况下，管理层通常是根据员工的某种令人不满意的行为、员工没有能力完成工作或者其他的类似理由作出这种决定的。这家公司的管理人员过去从未将撤销晋升决定作为惩戒的手段之一，因此，仲裁员指出，在本案中，这家企业采取撤销晋升决定的做法，实际上已经极大地改变了原来的惩戒规定。由于管理方的这种行动是不公平的，因此，仲裁员裁决公司应当恢复对员工的晋升。[113]

应用案例

安然公司、道德与组织文化

对很多人来说，一家名叫安然的公司至今仍然是道德沦丧史上的一个经典例子。在20世纪90年代和21世纪初，安然公司主要从事天然气和电力的批发经营。但安然公司本身并不拥有天然气或电力，它只是作为天然气和电力的供应商与顾客之间的中介来赚钱。尽管我们并不清楚全部的细节，但是鉴于安然公司所从事业务的类型以及安然公司并不拥有这些资产这样一个事实，这意味着安然公司的会计程序很不一般。例如，表明该公司的资产和负债情况的利润表和资产负债表让人很难看明白。

结果就是，由于缺乏财务的透明度，安然公司的管理人员得以让公司的财务状况看起来比实际情况要好得多。外部专家从2001年开始质疑安然的财务报表。很快，安然公司就倒闭了，法院宣判安然公司的多名高管人员犯有操纵公司对外公布的资产和盈利等罪行。很多投资商（包括很多安然公司的前员工）都损失了自己在安然公司的全部或大部分投资。

事后再来回顾这样的道德沦丧事件，似乎总是要比事前就预计到事情的发展容易得多。然而，安然事件中发生的道德沦丧却比一般情况更令人困惑。正如一个作家最近写道的：

> 安然公司具备完整的伦理道德计划和守法计划所要求的各种要素：道德行为准则；报告系统，以及由（公司的高层管理人员）出面拍摄的关于公司愿景和价值观的培训视频。[114]

对于这家在表面上看似道德水平很高，但实际上却在其他管理人员（以及董事会）没有注意的情况下作出了如此多不道德决策的公司，专家作出了多种解释。其中包括“公司的高层管理人员蓄意隐瞒信息”，还包括更具心理学意义的解释（例如员工不愿意与自己的上级出现矛盾），还包括“在决策制定过程中存在令人吃惊的非理性因素”。[115]

但对于这种看似道德水平很高但实际上却道德败坏的公司，最有说服力的解释可能与组织文化有关。这里的基本逻辑是，决定员工的行为是否符合道德要求的并不是规章制度，而是员工觉得他们应该怎么做。例如，（总的来说，并非仅仅针对安然公司）伦理道德管理协会的理事长是这样解释的：

> 我们是一个法治社会，我们制定了一系列的法律。同时我们假设，如果你清楚这些法律，那么你就会按法律的要求行事。但是，猜猜看会出现什么情况？你永远无法制定出足够多的法律来告诉我们，在这个世界的任何一个角落，在每个星期的每一天的每时每刻，我们应该怎么做。我们应该开发人们的批判性思维和批判性推理能力，这是因为我们今天需要处理的大部分道德问题都处在道德的灰色地带。事实上，过去的一年中，几乎每个立法机构都出台文件说明，除了法律规定，企业还需要创建合乎法律要求的道德标准和公司文化。[116]

那么，人们怎样才能识别和衡量公司是否有“符合道德要求的文化”呢？一个健康的道德文化主要具有以下几个特征：

● 员工对自己以及他人的行为有责任感。[117]

● 员工可以自由地提出问题和自己感到的担忧，而无须担心受到报复。

● 管理人员会在要求员工做到的事情方面首先做到以身作则。

● 在需要作出一些很难的决定时，管理者会传达诚实的重要性。

[问题]

1. 基于本章所学习的内容，用不多于一页纸的篇幅来总结你对安然公司的道德沦丧所做的解释。

2. 据说，当一个证券分析师试图质疑安然公司的显得很异常的会计报表时，该公司的首席执行官公开用一种很粗俗的语言来形容这位分析师，而安然公司的员工却认为自己的首席执行官这么做很幽默。如果这种传闻是真的，这种情况说明了安然公司的道德文化出了什么问题？

3. 这个案例和本章中的内容都想说明组织文化对道德行为的影响。你认为组织文化在安然公司扮演了什么样的角色？请举出 5 个例子来说明，安然公司的首席执行官本来可以采取哪些措施来创建一种健康的符合伦理道德要求的文化。

连续案例

卡特洗衣公司

确保公平对待

身在洗衣和清洁行业，卡特父女两人总是坚定地认为，不允许员工在店里吸烟、吃东西或者喝水。因此，当詹妮弗走进下属的一家洗衣店，看到两位员工正在柜台上吃午饭的时候，她感到非常惊讶。在柜台上的盒子里有一张很大的比萨饼，两位员工一边喝着可乐，一边吃比萨饼和纸碟上的三明治。这不仅让人看起来感到很脏，而且还把油和苏打水溅到了柜台上，尽管店里有一个 4 英尺宽的大排风扇在开着，但是店里依然弥漫着洋葱和意大利香肠的味道。这样的情景让顾客很倒胃口，柜台上的狼藉还可能弄脏顾客的订单。

尽管这确实是一个很严重的问题，但是詹妮弗和她父亲都觉得，不能仅仅因为员工在柜台上吃饭就立即解雇他们，其中的部分原因肯定是这家洗衣店的经理容忍了下属的这种行为。现在的问题是，他们也不知道该怎么办。看起来面对这件事情，他们所要做的应该是比警告严重一些，但是比解雇又轻一些的处罚。

[问题]

1. 如果你是詹妮弗，你会怎么做？为什么要那么做？

2. 卡特洗衣公司应该建立一套惩戒系统吗？

3. 如果你认为应该建立这种惩戒系统的话，那么这套系统中应该包含哪些内容？你会建议这套系统怎样处理像员工在柜台吃饭这种不符合规定的情况？

4. 你会怎样处理这家分店的经理？

将战略转化为人力资源管理政策和实践的案例

巴黎酒店

巴黎酒店的新道德、公正和公平对待程序

> 巴黎酒店的竞争战略是："通过卓越的顾客服务将自己与同行区别开来，以吸引顾客延长入住时间，提高顾客再次入住比率，从而提高酒店的收入和利润水平。"酒店人力资源经理莉萨·克鲁兹现在必须制定和实施战略性人力资源管理政策和活动，通过帮助酒店获得战略所需的员工行为和胜任素质来支持酒店的这一竞争战略。

作为巴黎酒店的人力资源经理，莉萨·克鲁兹特别关注怎样让公司达到最高水平的道德标准。她的担心源于两个方面。首先，从现实的角度来看，在连锁酒店这种行业中，每天都可能会有成百上千的机会让顾客感受到不道德的遭遇。例如，在任何一家酒店中，每天都至少有十几个人（包括客房清洁工、前台职员和保安等）很容易进入顾客的房间，接触到顾客的私人物品。而顾客——很多人都是年轻人，并不是很警惕——常常会在不受保护的情况下在大厅中走进走出。所以，在这样的一家服务型公司中，根本就不允许存在道德方面的失误。

但她对道德问题的担心还有其他原因。她很早就知道，员工不喜欢受到不公平对待，而且任何形式的不公平都可能导致员工的士气低落、承诺度下降以及绩效水平不高。事实上，也许导致公司的员工士气低落和承诺度不高——从公司的员工态度调查中得出的结论——的部分原因就是员工认为酒店经理对他们的不公平对待。因此，莉萨回过头来准备完成这样一项任务，即评估和重新设计巴黎酒店集团的伦理道德、公正和公平对待程序。

为了完成这一任务，莉萨和她的团队准备通过公司的整个人力资源过程有条不紊地推进，首先从招募和甄选环节开始。例如，他们与公司的总法律顾问合作，拟定了巴黎酒店的新道德准则和更完整的道德指南，并且把它们提交给了首席执行官。现在，这些内容已经出现在巴黎酒店网站的相关链接上，而且已经成为新员工入职培训计划的一个组成部分。他们还与一家供应商签订合同，聘请该机构为酒店提供客户化定制的基于网络的道德培训项目，并且明确指出，首批参加该培训的员工就是公司的高层管理人员。然而，她很清楚，这还只是一个开始。

［问题］

1. 列举巴黎酒店为提高公司的道德水平，应该在每一个人力资源管理职能领域（甄选、培训等）中采取的三个具体步骤。

2. 基于本章的学习内容，设计一份纲要式的战略地图，表明巴黎酒店的人力资源职能如何能够培养员工的道德水平。

3. 基于本章的学习内容，写一份简短的说明（不多于一页纸），使莉萨能够向酒店的高层管理人员解释改善整个酒店的公正和公平程序的必要性。

注释

[1] Keith Winstein, "Suit Alleges Pfizer Spun Unfavorable Drug Studies," *The Wall Street Journal*, October 8, 2008, p. B1.

[2] "What Role Should HR Play in Corporate Ethics?" *HR Focus* 81, no. 1 (January 2004), p. 3. See also Dennis Moberg, "Ethics Blind Spots in Organizations: How Systematic Errors in Person Perception Undermine Moral Agency," *Organization Studies* 27, no. 3 (2006), pp. 413–428.

[3] Kevin Wooten, "Ethical Dilemmas in Human Resource Management: An Application of a Multidimensional Framework, A Unifying Taxonomy, and Applicable Codes," *Human Resource Management Review* 11 (2001), p. 161. See also Sean Valentine et al., "Employee Job Response as a Function of Ethical Context and Perceived Organization Support," *Journal of Business Research* 59, no. 5 (2006), pp. 582–588.

[4] Paul Schumann, "A Moral Principles Framework for Human Resource Management Ethics," *Human Resource Management Review* 11 (2004), p. 94.

[5] Manuel Velasquez, *Business Ethics: Concepts and Cases* (Upper Saddle River, NJ: Prentice Hall, 1992), p. 9. See also O. C. Ferrell, John Fraedrich, and Linda Ferrell, *Business Ethics* (Boston: Houghton Mifflin, 2008).

[6] The following discussion, except as noted, is based on Manuel Velasquez, *Business Ethics*, pp. 9–12.

[7] For further discussion of ethics and morality, see Tom Beauchamp and Norman Bowie, *Ethical Theory and Business* (Upper Saddle River, NJ: Prentice Hall, 2001), pp. 1–19.

[8] Richard Osborne, "A Matter of Ethics," *Industry Week*, September 4, 2000, pp. 41–42.

[9] Carroll Lachnit, "Recruiting Trouble for Tyson," *Workforce, HR Trends and Tools for Business Results* 81, no. 2 (February 2002), p. 22.

[10] Daniel Skarlicki and Robert Folger, "Fairness and Human Resources Management," *Human Resource Management Review* 13, no. 1 (2003), p. 1.

[11] Gary Weaver and Linda Trevino, "The Role of Human Resources in Ethics/Compliance Management: A Fairness Perspective," *Human Resource Management Review* 11 (2001), pp. 113–134.

[12] Michelle Donovan et al., "The Perceptions of Fair Interpersonal Treatment Scale: Development and Validation of a Measure of Interpersonal Treatment in the Workplace," *Journal of Applied Psychology* 83, no. 5 (1998), pp. 683–692.

[13] Gary Weaver and Linda Trevino, "The Role of Human Resources in Ethics/Compliance Management: A Fairness Perspective," *Human Resource Management Review* 11 (2001), p. 115.

[14] Kenneth Sovereign, *Personnel Law* (Upper Saddle River, NJ: Prentice Hall, 1999), p. 150.

[15] This list is from www.legaltarget.com/employee_rights, accessed January 3, 2008.

[16] Basically, *common law* refers to legal precedents. Judges' rulings set precedents, which then generally guide future judicial decisions.

[17] Sovereign, op. cit, p. 192.

[18] This list is based on Linda K. Trevino, Gary R. Weaver, and Scott J. Reynolds, "Behavioral Ethics in Organizations: A Review," *Journal of Management* 32, no. 6 (2006), pp. 951–990.

[19] R. Bergman, "Identity as Motivation: Toward a Theory of the Moral Self." In D. K. Lapsley and D. Narvaez (eds.), *Moral Development, Self and Identity* (Mahwah, NJ: Lawrence Erlbaum, 2004), pp. 21–46.

[20] M. E. Schweitzer, L. Ordonez, and B. Douma, "Goal Setting as a Motivator of Unethical Behavior," *Academy of Management Journal* 47, no. 3 (2004), pp. 422–432.

[21] N. M. Ashkanasy, C. A. Windsor, and L. K. Treviño, "Bad Apples in Bad Barrels Revisited: Cognitive Moral Development, Just World Beliefs, Rewards, and Ethical Decision Making," *Business Ethics Quarterly* 16 (2006), pp. 449–474.

[22] Sara Morris et al., "A Test of Environmental, Situational, and Personal Influences on the Ethical Intentions of CEOs," *Business and Society*, August 1995, pp. 119–247.

[23] Vikas Anand et al., "Business as Usual: The Acceptance and Perpetuation of Corruption in Organizations," *Academy of Management Executive* 18 no. 2 (2004), pp. 40–41.

[24] "Ethics Policies are Big with Employers, but Workers See Small Impact on the Workplace," *BNA Bulletin to Management*, June 29, 2000, p. 201.
[25] From Guy Brumback, "Managing Above the Bottom Line of Ethics," *Supervisory Management*, December 1993, p. 12. See also E. E. Umphress et al., "The Influence of Distributive Justice on Lying for and Stealing from a Supervisor," *Journal of Business Ethics* 86, no. 4 (June 2009), pp. 507–518.
[26] "Former CEO Joins WorldCom's Indicted," *Miami Herald*, March 3, 2004, p. 4C.
[27] See, for example, Roberta Johnson, *Whistleblowing: When it Works—and Why* (USA: Lynne Rienner Publishers Inc, 2002).
[28] Dayton Fandray, "The Ethical Company," *Workforce*, December 2000, pp. 74–77.
[29] J. Krohe Jr, "The Big Business of Business Ethics," *Across the Board* 34 (May 1997), pp. 23–29; Deborah Wells and Marshall Schminke, "Ethical Development and Human Resources Training: An Integrative Framework," *Human Resource Management Review* 11 (2001), pp. 135–158.
[30] "Ethical Issues in the Management of Human Resources," *Human Resource Management Review* 11 (2001), p. 6; see also Joel Lefkowitz, "The Constancy of Ethics Amidst the Changing World of Work," *Human Resource Management Review* 16 (2006), pp. 245–268.
[31] William Byham, "Can You Interview for Integrity?" *Across-the-Board* 41, no. 2 (March/April 2004): 34–38. For a description of how the United States Military Academy uses its student admission and socialization processes to promote character development, see Evan Offstein and Ronald Dufresne, "Building Strong Ethics and Promoting Positive Character Development: The Influence of HRM at the United States Military Academy at West Point," *Human Resource Management* 46, no. 1 (Spring 2007), pp. 95–114.
[32] Weaver and Trevino, "The Role of Human Resources," p. 123. See also Linda Andrews, "The Nexus of Ethics," *HR Magazine*, August 2005, pp. 53–58.
[33] Russell Cropanzano and Thomas Wright, "Procedural Justice and Organizational Staffing: A Tale of Two Paradigms," *Human Resource Management Review* 13, no. 1 (2003), pp. 7–40.
[34] Kathryn Tyler, "Do the Right Thing, Ethics Training Programs Help Employees Deal with Ethical Dilemmas," *HR Magazine*, February 2005, pp. 99–102.
[35] Weaver and Trevino, "The Role of Human Resources," p. 123.
[36] M. Ronald Buckley et al., "Ethical Issues in Human Resources Systems," *Human Resource Management Review* 11, no. 1, 2 (2001), pp. 11, 29. See also Ann Pomeroy, "The Ethics Squeeze," *HR Magazine*, March 2006, pp. 48–55.
[37] Tom Asacker, "Ethics in the Workplace," *Training & Development*, August 2004, p. 44; http://skillsoft.com/catalog/search.asp?title=Business+Ethics&type=Courses&submit.x=45&submit.y=15, accessed August 11, 2009.
[38] Weaver and Trevino, "The Role of Human Resources," pp. 113–134.
[39] Weaver and Trevino, "The Role of Human Resources," p. 114.
[40] Ibid.
[41] Michael Burr, "Corporate Governance: Embracing Sarbanes-Oxley," *Public Utilities Fortnightly*, October 15, 2003, pp. 20–22.
[42] "Corporations' Drive to Embrace Ethics Gives HR Leaders Chance to Take Reins," *BNA Bulletin to Management*, November 7, 2002, p. 353.
[43] Weaver and Trevino, "The Role of Human Resources," p. 117.
[44] Russell Cropanzano and Thomas Wright, "Procedural Justice and Organizational Staffing: A Tale of Two Paradigms," *Human Resource Management Review* 13, no. 1 (2003), pp. 7–40.
[45] Suzanne Masterson, "A Trickle-Down Model of Organizational Justice: Relating Employees' and Customers' Perceptions of and Reactions to Fairness," *Journal of Applied Psychology* 86, no. 4 (2001), pp. 594–601.
[46] Rudy Yandrick, "Lurking in the Shadows," *HR Magazine*, October 1999, pp. 61–68. See also Helge Hoel and David Beale, "Workplace Bullying, Psychological Perspectives and Industrial Relations: Towards a Contextualized and Interdisciplinary Approach," *British Journal of Industrial Relations* 44, no. 2 (June 2006), pp. 239–262.
[47] Bennett Tepper, "Consequences of Abusive Supervision," *Academy of Management Journal* 43, no. 2 (2000), pp. 178–190. See also Samuel Aryee et al., "Antecedents and Outcomes of Abusive Supervision: Test of a Trickle-Down Model," *Journal of Applied Psychology*, no. 1 (2007), pp. 191–201.
[48] Wendy Boswell and Julie Olson-Buchanan, "Experiencing Mistreatment at Work: The Role of Grievance Filing, Nature of Mistreatment, and Employee Withdrawal," *Academy of Management Journal* 47, no. 1 (2004), pp. 129–139. See also Samuel Aryee et al., 2007, op. cit.
[49] Bennett Tepper et al., "Abusive Supervision and Subordinates' Organization Deviance," *Journal of Applied Psychology* 93, no. (2008), pp. 721–732.
[50] M. Audrey Korsgaard, Loriann Roberson, and R. Douglas Rymph, "What Motivates Fairness? The Role of Subordinate Assertive Behavior on Manager's Interactional Fairness," *Journal of Applied Psychology* 83, no. 5 (1998), pp. 731–744.
[51] Bennett Tepper et al., "Procedural Injustice, Victim Precipitation, and Abusive Supervision," *Personnel Psychology* 59 (2006), pp. 11–23.
[52] Marshall Schminke et al., "The Effect of Organizational Structure on Perceptions of Procedural Fairness," *Journal of Applied Psychology* 85, no. 2 (2000), pp. 294–304.
[53] W. Chan Kim and Renee Mauborgne, "Fair Process: Managing in the Knowledge Economy," *Harvard Business Review*, July/August 1997, pp. 65–75.
[54] Kelly Mollica, "Perceptions of Fairness," *HR Magazine*, June 2004, pp. 169–171.
[55] Lester Bittel, *What Every Supervisor Should Know* (New York: McGraw-Hill, 1974), p. 308; and Thomas Salvo, "Practical Tips for Successful Progressive Discipline," SHRM White Paper July 2004, ww.shrm.org/hrresources/whitepapers_published/CMS_009030.asp, accessed January 5, 2008.
[56] David Campbell et al., "Discipline Without Punishment—At Last," *Harvard Business Review*, July/August 1995, pp. 162–178.
[57] Robert Grossman, "Executive Discipline," *HR Magazine* 50, no. 8 (August 2005), pp. 46–51; "The 'Evil Women' Theses," discussed in Sandra Hartman et al., "Males and Females in a Discipline Situation: Exploratory Research on Competing Hypotheses," *Journal of Managerial Issues* 6, no. 1 (Spring 1994), pp. 57, 64–68; "A Woman's Place," *The Economist* 356, no. 8184 (August 19, 2000), p. 56.
[58] "Employers Turn to Corporate Ombuds to Defuse Internal Ticking Time Bombs," *BNA Bulletin to Management*, August 9, 2005, p. 249.
[59] Dick Grote, "Discipline Without Punishment," *Across the Board* 38, no. 5 (September 2001), pp. 52–57.
[60] Milton Zall, "Employee Privacy," *Journal of Property Management* 66, no. 3 (May 2001), p. 16.
[61] Morris Attaway, "Privacy in the Workplace on the Web," *Internal Auditor* 58, no. 1 (February 2001), p. 30.
[62] Rita Zeidner, "Out of the Breach," *HR Magazine*, August 2008, p. 38.
[63] Declan Leonard and Angela France, "Workplace Monitoring: Balancing Business Interests with Employee Privacy Rights," *Society for Human Resource Management Legal Report*, May–June 2003, pp. 3–6; "Blogs, Networking Sites Drive Workplace Privacy Disputes," *BNA Bulletin to Management*,

August 5, 2008, p. 255.

[64] "Time Clocks Go High Touch, High Tech to Keep Workers from Gaming the System," *BNA Bulletin to Management*, March 25, 2004, p. 97.

[65] Andrea Poe, "Make Foresight 20/20," *HR Magazine*, February 2000, pp. 74–80.

[66] Rita Zeidner, "Keeping E-Mail in Check," *HR Magazine*, June 2007, pp. 70–74.

[67] Frederic Leffler and Lauren Palais, "Filter Out Perilous Company E-Mails," *Society for Human Resource Management Legal Report*, August 2008, p. 3.

[68] Bill Roberts, "Stay Ahead of the Technology Use Curve," *HR Magazine*, October 2008, pp. 57–61.

[69] Gundars Kaupin et al., "Recommended Employee Location Monitoring Policies," www. SHRM.org, downloaded January 2, 2007.

[70] "Do You Know Where Your Workers Are? GPS Units Aid Efficiency, Raise Privacy Issues," *BNA Bulletin to Management*, July 22, 2004, p. 233. See also www.WORKRIGHTS.ORG/issue_electronic/NWI_GPS_report.pdf, downloaded January 2, 2007.

[71] Eileen Zimmerman, "HR Must Know When Employee Surveillance Crosses the Line," *Workforce*, February 2002, pp. 38–44. See also Rita Zeidner, "Keeping E-Mail in Check," *HR Magazine*, June 2007, pp. 70–74.

[72] "Workers Sharing Music, Movies at Work Violates Copyrights, Employer Finds," *BNA Bulletin to Management*, June 19, 2003, p. 193.

[73] Cynthia Kemper, "Big Brother," *Communication World* 18, no. 1 (December 2000/January 2001), pp. 8–12.

[74] "After Employer Found Liable for Worker's Child Porn, Policies May Need to be Revisited," *BNA Bulletin to Management*, March 21, 2006, p. 89.

[75] *Vega-Rodriguez v. Puerto Rico Telephone Company*, CA1, #962061, 4/8/97, discussed in "Video Surveillance Withstands Privacy Challenge," *BNA Bulletin to Management*, April 17, 1997, p. 121.

[76] *Quon v. Arch Wireless Operating Co.*, 529f.3d 892 (Ninth Circuit, 2008), "Employers Should Re-Examine Policies in Light of Ruling," *BNA Bulletin to Management*, August 12, 2008, p. 263.

[77] Kathy Gurchiek, "iPods Can Hit Sour Note in the Office," *HR Magazine*, April 2006.

[78] Bill Roberts, "Are You Ready for Biometrics?" *HR Magazine*, March 2003, pp. 95–96.

[79] "Secret Videotaping Leads to $200,000 Settlement," *BNA Bulletin to Management*, January 22, 1998, p. 17.

[80] Ibid.

[81] Charles Muhl, "The Employment at Will Doctrine: Three Major Exceptions," *Monthly Labor Review* 124, no. 1 (January 2001), pp. 3–11.

[82] Michael Orey, "Fear of Firing," *BusinessWeek*, April 23, 2007, pp. 52–54.

[83] Robert Lanza and Martin Warren, "United States: Employment at Will Prevails Despite Exceptions to the Rule," *Society for Human Resource Management Legal Report*, October–November 2005, pp. 1–8.

[84] Joseph Famularo, *Handbook of Modern Personnel Administration* (New York: McGraw-Hill, 1982), pp. 65.3–65.5. See also Carolyn Hirschman, "Off Duty, Out of Work," *HR Magazine*, www.shrm.org/hrmagazine/articles/0203/0203hirschman.asp, accessed January 10, 2008.

[85] Kenneth Sovereign, *Personnel Law* (Upper Saddle River, NJ: Prentice Hall, 1999); Connie Wanberg et al., "Perceived Fairness of Layoffs Among Individuals Who Have Been Laid Off: A Longitudinal Study," *Personnel Psychology* 2 (1999), pp. 59–84.

[86] Connie Wanberg et al., "Perceived Fairness of Layoffs Among Individuals Who Have Been Laid Off: A Longitudinal Study," *Personnel Psychology* 2 (1999), pp. 59–84; Brian Klass and Gregory Dell'omo, "Managerial Use of Dismissal: Organizational Level Determinants," *Personnel Psychology* 50 (1997), pp. 927–953; Nancy Hatch Woodward, "Smoother Separations," *HR Magazine*, June 2007, pp. 94–97.

[87] "E-Mail Used for Layoffs, Humiliation," *BNA Bulletin to Management*, October 2, 2007, p. 315.

[88] Jaikumar Vijayan, "Downsizings Leave Firms Vulnerable to Digital Attacks," *Computerworld* 25 (2001), pp. 6–7.

[89] Paul Falcon, "Give Employees the (Gentle) Hook," *HR Magazine*, April 2001, pp. 121–128.

[90] James Coil III and Charles Rice, "Three Steps to Creating Effective Employee Releases," *Employment Relations Today*, Spring 1994, pp. 91–94; Richard Bayer, "Termination with Dignity," *Business Horizons* 43, no. 5 (September 2000), pp. 4–10; Betty Sosnin, "Orderly Departures," *HR Magazine* 50, no. 11 (November 2005), pp. 74–78; "Severance Pay: Not Always the Norm," *HR Magazine*, May 2008, p. 28.

[91] See, for example, Richard Hannah, "The Attraction of Severance," *Compensation & Benefits Review*, November/December 2008, pp. 37–44.

[92] Jonathan Segal, "Severance Strategies," *HR Magazine*, July 2008, pp. 95–96.

[93] "Lawyers Say Reasonable Employer Is Best Defense Against Wrongful Termination Claims," *BNA Bulletin to Management*, November 20, 2007, p. 379.

[94] Based on Coil and Rice, "Three Steps to Creating Effective Employee Releases," pp. 91–94.

[95] "One More Heart Risk: Firing Employees," *Miami Herald*, March 20, 1998, pp. C1, C7.

[96] Kemba Dunham, "The Kinder Gentler Way to Lay Off Employees—More Human Approach Helps," *The Wall Street Journal*, March 13, 2001, p. B1.

[97] Paul Barada, "Before You Go . . . ," *HR Magazine*, December 1998, pp. 89–102; Marlene Piturro, "Alternatives to Downsizing," *Management Review*, October 1999, pp. 37–42; "How Safe Is Your Job?" *Money*, December 1, 2001, p. 130.

[98] Peter Hom et al., "Challenging Conventional Wisdom About Who Quits: Revelations from Corporate America," *Journal of Applied Psychology* 93, no. 1 (2008), pp. 1–34.

[99] Joseph Zarandona and Michael Camuso, "A Study of Exit Interviews: Does the Last Word Count?" *Personnel* 62, no. 3 (March 1981), pp. 47–48. For another point of view, see "Firms Can Profit from Data Obtained from Exit Interviews," *Knight Ridder/Tribune Business News*, February 13, 2001, Item 0104 4446.

[100] See Nancy Ryan, "Complying with the Worker Adjustment and Retraining Notification Act (WARN act)," *Employee Relations Law Journal* 18, no. 1 (Summer 1993), pp. 169–176; and Emily Nelson, "The Job Cut Buyouts Favored by P&G Pose Problems," *The Wall Street Journal*, June 12, 2001, p. B1. See also Rodney Sorensen and Stephen Robinson, "What Employers Can Do to Stay Out of Legal Trouble When Forced to Implement Layoffs," *Compensation & Benefits Review*, January/February 2009, pp. 25–32.

[101] Leon Grunberg, Sarah Moore, and Edward Greenberg, "Managers' Reactions to Implementing Layoffs: Relationship to Health Problems and Withdrawal Behaviors," *Human Resource Management* 45, no. 2 (Summer 2006), pp. 159–178.

[102] These are suggested by attorney Ethan Lipsig and discussed in "The Lowdown on Downsizing," *BNA Bulletin to Management*, January 9, 1997, p. 16. See also Stephen Gilliland and Donald Schepers, "Why We Do the Things We Do: A Discussion and Analysis of Determinants of Just Treatment in Layoff Implementation Decisions," *Human Resource Management Review* 13, no. 1 (2003), pp. 59–84.

[103] "Communication Can Reduce Problems, Litigation After Layoffs, Attorneys Say," *BNA Bulletin to Management*, April 24,

2003, p. 129.

[104] John Kammeyer-Mueller and Hui Liao, "Workforce Reduction and Jobseeker Attraction: Examining Jobseekers' Reactions to Firm Workforce-Reduction Strategies," *Human Resource Management* 45, no. 4 (Winter 2006), pp. 585–603.

[105] Adrienne Fox, "Prune Employees Carefully," *HR Magazine*, April 1, 2008.

[106] Ibid.

[107] Leon Grunberg, Sarah Moore, and Edward Greenberg, "Managers' Reactions to Implementing Layoffs: Relationship to Health Problems and Withdrawal Behaviors," *Human Resource Management* 45, no. 2 (Summer 2006), pp. 159–178.

[108] In one recent year, U.S. employers implemented about 1,300 mass layoffs, involving a total of almost 133,000 workers. "Layoffs: 133,914 Workers Idled by Mass Layoffs in April, BLS Says," *BNA Bulletin to Management*, June 3, 2008, p. 181.

[109] "Calling a Layoff a Layoff," *Workforce Management*, April 21, 2008, p. 41.

[110] See, for example, "Cushioning the Blow of Layoffs," *BNA Bulletin to Management*, July 3, 1997, p. 216.

[111] Steve Weinstein, "The People Side of Mergers," *Progressive Grocer* 80, no. 1 (January 2001), pp. 29–31.

[112] Based on "Theft Is Unethical," *HR Solutions* 34 (October 2002), p. 66.

[113] Bureau of National Affairs, *Bulletin to Management*, September 13, 1985, p. 3.

[114] David Gebler, "Is Your Culture a Risk Factor?" *Business and Society Review* 111, no. 3 (Fall 2006), pp. 337–362.

[115] John Cohan, "'I Didn't Know' and 'I Was Only Doing My Job': Has Corporate Governance Careened Out of Control? A Case Study of Enron's Information Myopia," *Journal of Business Ethics* 40, no. 3 (October 2002), pp. 275–299.

[116] Gebler, op. cit.

[117] Ibid.

第 15 章 劳资关系和集体谈判

最近，星巴克由于试图阻止纽约一些分店中的员工组建工会，被美国劳资关系委员会指控违法。此外，该委员会还指控这几家店的管理人员试图通过探究员工加入工会的倾向，对那些想加入工会的员工实施打击报复。星巴克的一位发言人则公开宣称，上述指控都是毫无根据的，公司将坚决捍卫自己的利益。[1]

我们学到哪了

第 14 章讨论了员工的伦理道德和公正问题——这些问题在决定员工是否倾向加入工会方面都是非常重要的。本章的主要目的是帮助企业有效处理工会和争议问题。我们将首先简要地讨论美国劳工运动的历史，然后介绍一些基本的劳工法律，其中包括不公正的劳工关系实践。我们将解释劳资谈判，其中包括在工会组建以及工会选举过程中工会可能采取的行动。我们还会谈到在实际的谈判过程中，企业可能会遇到的一些情况以及如何处理双方之间的争议。

学习目标

1. 简要介绍美国劳工运动史。
2. 讨论至少三部主要美国劳工法律的主要特点。
3. 举例说明在工会组建和选举时可能会出现的一些情况。
4. 描述在国家劳资关系委员会选举中可能会导致失败的五种原因。
5. 举例说明什么是“无诚意谈判”。
6. 设计一个争议解决程序。

15.1 劳工运动

工会运动很重要。美国有超过 1 770 万劳动者加入了工会——大约占全国劳动力人口总数的 12.4%。[2]在这些人中不仅包括蓝领工人、医生、心理学家、研究生助教、政府机构工作人员，甚至包括时装模特等，也正在组建工会或加入工会。[3]在美国联邦政府、州政府以及地方政府的2 000万公共部门员工中，大约有40%加入了工会。[4]在有些行业中——其中包括运输业和公用事业领域，26%以上的员工都是工会会员——到现在为止，劳动者不加入工会是很难找到工作的。[5]在其他国家中，虽然工会会员的人数正在减少，但是仍然保持较高的比例（比如，在加拿大、墨西哥、巴西和意大利等国的就业人口中，37%以上的人都是工会会员）。

此外，武断地认为工会只会给企业带来负面影响的假设也是错误的。例如，有时，工会通过提升员工的专业性水平以及促使公司的管理实践变得更加系统化，是可以起到帮助企业改进绩效的作用的。在一项研究中，与护士没有加入工会的那些医院相比，在护士加入了工会的医院中，因为心脏病而导致的病人死亡率要低5%～9%。[6]另一项研究也显示，在是否属于工会会员和员工的离职意向之间存在明显的负相关关系。[7]

在本章中，我们将了解工会以及处理与工会相关的各种问题。

15.1.1 美国工会运动简史

要想了解工会想得到什么，就要先了解工会过去是怎样的。美国工会运动的历史是一个扩张与收缩不断交替的过程。[8]早在 1790 年，熟练的手工业者（鞋匠、裁缝、印刷工等）就组建了同业工会。他们提出最低工资水平的要求，并组建了“巡视委员会”，通过对各个店铺进行巡视来确保工人的工资不低于最低工资水平。从那时起，工会会员的人数就一直呈增长态势，直到 1837 年的经济大萧条导致工会会员人数出现了下降。随着美国进入工业革命时期，工会会员的人数又开始增长。1869 年，一群裁缝聚集在一起成立了“劳工骑士团”（Knights of Labor）。劳工骑士团的成员对于政治改革十分感兴趣。到 1885 年，它已经拥有 10 万名成员。第二年，（由于取得了一次铁路大罢工的胜利）其成员骤增至 70 万人。后来，一方面由于他们在社会革命方面投入了过多的精力，另一方面也由于一系列的罢工失败，劳工骑士团的成员人数锐减，到 1893 年，该组织最终解体。

1886 年，塞缪尔·冈帕斯（Samuel Gompers）创立了美国劳工联合会（American Federation of Labor，AFL）。该联合会的成员大部分是技术工人，并且，与劳工骑士团不同的是，它专注于为自己的会员谋求实实在在的经济利益。劳工骑士团通过阶级斗争来改变社会形态，从而为自己的成员谋求更大的利益。而冈帕斯则力图通过提高组织成员的工资水平以及改善工作条件来实现同样的目标。直到第一次世界大战结束，美国劳工联合会一直都发展很快，当时它的会员人数已超过

550 万人。

20 世纪 20 年代是美国工会运动的停滞期和衰退期。这种趋势是多种因素共同影响的结果，其中包括战后的经济萧条、制造企业开始重新抵制工会、塞缪尔·冈帕斯去世以及 20 世纪 20 年代出现的表面繁荣。到 1929 年下半年，由于大萧条的出现，成千上万的工人失去了工作。到 1933 年时，工会会员的人数下降到不足 300 万人。

20 世纪 30 年代中期，美国的工会会员人数又开始增长了。作为新政的一部分，罗斯福总统颁布了《国家工业复兴法》（National Industrial Recovery Act），它使得组建工会更为容易。其他一些联邦法律的出现、经济的繁荣以及第二次世界大战等因素，也促使工会会员人数出现了迅速的增长，到 20 世纪 70 年代，工会会员人数达到了顶峰，大约有2 100万人。此后，在若干因素的作用下，工会会员的人数又开始下降。这些因素包括制造业中的工作岗位向服务业中转移，一些新的法律（例如，职业安全方面的法律）为工人提供了某些过去只能依靠工会才能获得的保护。[9]

15.1.2 工人为什么要组织起来?

专家花费了大量时间和经费来研究工人为什么要加入工会，并且提出了许多与此相关的理论。由于每一位劳动者可能都有自己加入工会的个人原因，因此，对这个问题并没有一个简单的答案。

然而，工人却并不仅仅是因为想得到更多的工资或更好的工作条件而组建工会，尽管这些因素非常重要。例如，近期的工会会员周薪中值为 781 美元，而非工会会员的周薪中值则为 612 美元。[10]工会会员还比非工会会员显然能够享受更多的假期、病假、非带薪休假、各种保险福利、长期伤残福利以及其他各种各样的福利。在大多数行业中，工会还能在一定程度上削弱（当然无法消除）裁员和降薪所产生的影响。[11]

除了金钱的因素，其他两个方面的因素——雇主方的不公正以及工会的力量——也很重要。在一家位于澳大利亚的公司中，研究者发现，“那些认为公司的规章制度和政策不公正或损害其利益的员工，更有可能加入工会……”[12]但是，为了让工人投票支持工会，就必须让他们相信工会能够改善其工资、福利和其他一些待遇。

基本条件 组建工会的基本条件是，工人认为只有联合起来才能保护自己免受雇主单方意愿的侵害。当凯萨医疗集团（Kaiser Permanente）所属的旧金山医药中心减少了药剂师和其他员工的假期和病假时，药剂师联合会为工人赢回了本已失去的假期。正如一名药剂师所说，“其实凯萨集团已经是一家相当仁慈的公司，只不过员工想通过工会活动得到更多的利益罢了。”[13]一位劳资关系律师这样说道：“工会带来的最主要的好处是，雇主不能随心所欲地解雇你了，而是必须给出充足的理由才能解雇，否则你就可以就此申请听证和仲裁。”[14]因而，在实践中，如果员工的士气低落、担心会失去工作以及雇主方实施了专断的管理行为等，都会促使工人组建工会。忽视这些情况的雇主将会为此付出代价。

从某些方面来说，这些因素多年来一直没有改变。下面是一位作者对于早期的汽车工人组建工会的动机所做的描述：

> 在未来几年中，经济问题将成为工会与资方进行谈判的主题。但是，在早些年，工资率并不是汽车工人抱怨的主要问题……具体来说，汽车工人抱怨的主要问题是生产速度加快以及缺少任何一种工作保障机制。当产量下降时，解雇工人的决定主要是由工头和其他一些基层监督人员作出的……总之，工人所要反对的是人的尊严和个性的丧失以及过于非人性化的冷酷的工作关系，他们希望自己能够被当作人——而不是表盘上冷冰冰的数字——对待。[15]

15.1.3　工会想得到什么？

总的来说，我们可以认为工会主要有两个方面的目标：一方面是寻求工会的保障性；另一方面是改善工会会员的工资、工时、工作条件以及福利。

工会的保障性　首先（并且可能也是最重要的），工会会寻求自身的保障性。它们会努力争取赢得代表一家企业中的员工的权利，并且努力成为能够代表该企业中的全体员工的唯一谈判代表。（这样它们就能够为全体员工，其中也包括那些没有加入工会的员工，进行集体合同的谈判。）工会可能采取的保障方式有五种：

1. **封闭型企业**（closed shop）。[16]这种企业只雇用工会会员。这种工会保障形式已于 1947 年被美国国会宣布为非法，但至今仍存在于某些行业（例如印刷业）。只有不到 5%的工会合同属于此种类型。

2. **工会制企业**（union shop）。这种企业可以雇用非工会会员，但这些人必须在规定的时间过后加入工会，并缴纳会费。（如果不加入工会，他们可能会被解雇。）这种类型的工会合同大约占 73%。工会和雇主还倾向于对工会制企业的某种变通形式进行协商（例如，当工会合同期满时，允许一些年龄较大的员工退出工会）。

3. **工会代理制企业**（agency shop）。在这种情况下，那些不属于工会会员的员工也必须缴纳等额的工会会费（这里的一个基本假设就是，工会所做的努力会惠及全体员工）。

4. **工会会员优先企业**（preferential shop）。在这种企业中，工会会员可以得到优先录用，但雇主仍有权雇用非工会会员。

5. **会员资格保持型企业**（maintenance of membership arrangement）。员工不必加入某一工会。但是，受雇于该企业的工会会员在工会合同期内却必须保持自己的工会会员身份。大约有 4%的工会合同属于此类。

并不是所有州都赋予了工会这样一种权利，即要求工人必须先加入工会，才有可能得到雇用。**工作权利**（right to work）概念所描述的恰恰是："州法律或宪法相关条款禁止将加入工会作为雇用条件之一。"[17]工作权利法没有把工会列为非法组织，但确实（在已经通过工作权利法的各州中）将各种形式的工会保障都视为违法的。这种要求实际上可以被理解为，禁止在通过了工作权利法的州中组建工会。到 2008 年，美国一共有 23 个州通过了工作权利法。[18]几年前，俄克拉何马州成为第 22 个通过工作权利法的州。一些人认为，工作权利法的通过——以及大量的制造业工作岗位的减少——可以解释为什么俄克拉何马州的工会会员人数在接下来的 3 年中出现了急剧下降。[19]

为会员改善工资、工时和福利　一旦工会在某一公司中的地位有了保障，它就会开始为会员努力争取改善工资、工时和工作条件。典型的劳资协议还允许工会参与其他一些人力资源管理活动，其中包括员工的招募、甄选、薪酬决定、晋升、培训以及解雇等。

15.1.4　美国劳联—产联

美国劳工联合会和产业组织联合会（American Federation of Labor and Congress of Industrial Organizations，AFL-CIO）是一个由大约 56 个全国性工会和国际性工会自愿组织起来而形成的联盟。原本分设的劳联和产联于 1955 年合并为劳联—产联。对于许多美国人来说，劳联—产联就是工会的同义词。

劳联—产联（以及其他美国工会）的结构有三个层次。第一层是地方性工会。这是工人实际加入并缴纳会费的地方。地方性工会通常也负责签署决定工资和工作条件的集体谈判协议。第二层是全国性工会。地方性工会是全国性工会的单独组成部分。例如，如果你是底特律的一名教师，你就属于那里的地方教师工会，地方教师工会是美国教师联合会（American Federation of Teachers）的数百个地方分会中的一个。第三层是全国联合会，在这里就是劳联—产联。

许多人通常会将劳联—产联视为劳工运动中最为重要的部分，其实不然。事实上，除了组成劳联—产联的那些全国性和国际性工会允许它行使的那部分权力，劳联—产联本身只有很小的权力。因此，教师工会主席的实际权力要比担任劳联—产联副主席的权力更大。然而，劳联—产联的确在充当劳工的发言人，劳联—产联现任主席理查德·特拉姆卡（Richard Trumka）可不仅仅是个名义上的主席，他的政治影响力远大于此。

组成劳联—产联的工会在不断的变动之中。几年前，有六大工会——服务业员工国际工会（SEIU）、卡车司机国际联合会、美国食品和商品工会、美国农业工人工会、劳工国际工会以及名为“团结工会”（UNITE HERE）的代表制衣和服务业工人的工会都离开了劳联—产联，然后建立了它们自己的联合会，起名为“改革制胜联盟”（Change to Win Coalition）。这六大工会占劳联—产联 1/4 的会员人数和预算。它们新组建的联合会计划比劳联—产联更为积极地将工人们组织起来。[20]后来，2009 年，“团结工会”又重新加入了劳联—产联，这种情况可能会放慢“改革制胜联盟”的发展步伐。

15.2　工会与法律

直到 1930 年左右，美国还没有专门的劳工法律，也没有要求雇主与员工进行集体谈判，实际上也没有限制雇主对工会采取的行为，使用间谍、整理黑名单以及解雇工会煽动者的现象十分普遍。许多雇主强迫员工签订“黄狗契约”，即资方可以借此要求员工不加入工会，并将其作为得到雇用的一个条件。当时，大多数工会可以使用的武器——甚至罢工——都是非法的。

这种一边倒的情形一直持续到大萧条时期（大约 1930 年）。此后，为了适应公众态度、价值观以及经济形势的变化，劳工法律经历了三个很清晰的发展时期：从对工会的“积极鼓励”，到“有条件鼓励加规范管理”，到最后发展成“对工会内部事务的具体规范管理”。[21]

15.2.1　积极鼓励时期：《诺里斯-拉瓜迪亚法》（1932 年）与《国家劳资关系（或瓦格纳）法案》（1935 年）

1932 年的**《诺里斯-拉瓜迪亚法》**（Norris-LaGuardia Act）拉开了积极鼓励工会活动的新时代的帷幕。它保护每一位员工“不受干涉、限制或强迫”地进行集体谈判的权利。它宣布不可强迫员工签订黄狗契约，并且限制法院对诸如和平纠察活动以及支付罢工福利的做法发布禁令（或停止令）的权力。

但是，这项法案在限制雇主采取各种可能的手段来对抗劳工组织方面所起的作用甚微。因此，美国于 1935 年通过了**《国家劳资关系（或瓦格纳）法》**（National Labor Relations（or Wagner）Act），以加强《诺里斯-拉瓜迪亚法》的力度。它通过以下规定实现了这一目的：（1）禁止某些不正当的劳资关系行为；（2）规定了用秘密投票选举的方式和多数的原则来确定一个企业中的员工是否愿意组建工会；（3）建立了**国家劳资关系委员会**（National Labor Relations Board，NLRB）来执行上述两项规定。

雇主方的不正当劳资关系行为　《瓦格纳法》认为，雇主采取的以下五种不正当的劳资关系行为属于“违法”（但不构成犯罪）：

1. 雇主“干涉、限制或强迫员工”行使法律准许的组建工会的权利是不正当的。

2. 公司方代表主导或干预工会的组建或管理活动的做法是不正当的。根据上述《瓦格纳法》的第一条和第二条的规定，在不正当劳资关系行为中包括：贿赂员工、使用公司的间谍系统、为避免工会化而搬迁企业、将支持工会的人列入黑名单等。

3. 禁止雇主以任何方式歧视参加合法工会活动的员工。

4. 禁止雇主仅仅因员工对公司提出了“不正当劳资关系行为”的指控，就解雇或歧视员工。

5. 雇主拒绝与员工通过正式选举产生的代表进行谈判的做法属于不正当劳资关系行为。

工会可以向国家劳资关系委员会提出不正当劳资关系行为方面的指控（见图 15—1）。国家劳资关系委员会将对这种指控进行调查，并决定是否需要采取相应的行动。该委员会可能采取的行动包括：驳回争议；请求对雇主发出禁令；要求雇主暂停和终止不正当的劳资关系行为。

这些争议都是很常见的。例如，当奈特瑞德报业集团（Knight Ridder）将几个独立运营的机构合并为一个新的 Knight Ridder. com 网站时，就引起了一场劳资纠纷。公司工会要求国家劳资关系委员会调查该公司是否存在违反劳工法相关规定的情况，因为公司没有与工会协商过员工的调动问题。[22]（后来，麦克莱齐公司收购了奈特瑞德报业集团的这些报纸。）

<table>
<tr><td colspan="6">国家劳资关系委员会
对雇主的指控</td></tr>
<tr><td colspan="3" rowspan="2">导语：申请人需向不正当劳资关系行为发生地的美国国家劳资关系委员会（NLRB）负责人提交此表原件和四份复印件。</td><td colspan="3">无须填写此栏</td></tr>
<tr><td colspan="2">案件编号</td><td>归档日期</td></tr>
<tr><td colspan="6">1. 涉案雇主</td></tr>
<tr><td colspan="3">a. 雇主名字</td><td colspan="3">b. 雇用人数</td></tr>
<tr><td>c. 公司所在地</td><td colspan="3">d. 雇主联系人</td><td colspan="2">e. 电话</td></tr>
<tr><td colspan="2">f. 公司类型（工厂、矿场、批发市场）</td><td colspan="4">g. 主要产品或服务</td></tr>
<tr><td colspan="6">h. 上述雇主实施了《国家劳资关系法》8（a）章第一款以及第________款中所指出的不正当劳资关系行为，并且这些不正当劳资关系行为对商业造成了不当影响。</td></tr>
<tr><td colspan="6">2. 该指控的证据（具体的事实、姓名、地址、涉案工厂、时间、地点等）

通过上述证据可以证实雇主存在干预、限制和强迫员工的行为，危害到了《国家劳资关系法》第七章所保障的那些员工权利。</td></tr>
<tr><td colspan="6">3. 提起诉讼一方的名称（如果是劳工组织，请填写全称，包括当地分支组织的名称和编号）</td></tr>
<tr><td colspan="3">4a. 地址（街，城市，州和区号）</td><td colspan="3">4b. 电话号码</td></tr>
<tr><td colspan="6">5. 所属的国内或国际劳工组织的全称（如果是劳工组织提起诉讼，请填写此栏）</td></tr>
<tr><td colspan="6">6. 申明
我申明，我已经核对过上述陈述和指控，并保证我所提供的这些信息属实。
签字______________________
地址________ 电话________ 日期________</td></tr>
<tr><td colspan="6">此表中的信息若存在蓄意弄虚作假，填写者将受到罚款或监禁（美国《宪法》第 18 章第 1001 节。）</td></tr>
</table>

图 15—1 国家劳资关系委员会 501 表：提起不正当劳资关系行为争议

1935—1947 年 1935 年《瓦格纳法》通过后，工会会员人数迅速增长。当然，这种增长状态也受到了其他一些因素的影响，比如经济形势好转、工会领导人比较强硬等。但是到了 20 世纪 40 年代中期第二次世界大战结束之后，这一趋势开始逆转。这主要是因为当时出现的一系列声势浩大的战后罢工导致公共政策开始转向应对当时许多人认为的工会势力过大局面。在这一阶段，《塔夫托-哈特利法》应运而生。

15.2.2 有条件鼓励和规范管理时期：《塔夫托-哈特利法》（1947 年）

《塔夫托-哈特利（或劳资关系）法》（1947 年）（Traf-Hartley Act）反映了美国公众对工会热情的下降。它修正了《国家劳资关系（瓦格纳）法》，通过以下四种措施对工会加以限制：（1）禁止工会采取不正当的劳资关系行为；（2）列明员工作为工会会员所拥有的权利；（3）列明雇主所拥有的权利；（4）允许美国总统临时性地禁止工会举行全国紧急罢工。

15.2.3 工会方的不正当劳资关系行为

《塔夫托-哈特利法》列举出了禁止工会采取的几种劳资关系行为：

1. 首先，它禁止工会限制或强迫员工行使其受法律保护的谈判权利。（工会的某些特定行为会被法院判定为非法，这些行为包括：告诉那些反对工会的员工，一旦工会的合法地位得到了承认，他们就将失去自己的工作；在工会组建运动期间，公然发布虚假声明。）

2. 工会为了鼓励员工获得工会会员资格，促使雇主以任何一种方式对员工实施歧视的做法均属不正当劳资关系行为。例如，工会不能因员工没有参加工会会议、反对工会政策或拒绝加入工会，就迫使雇主解雇员工。但有一种情况属于例外，即在封闭型企业或工会制企业中（获得工会会员资格是得到雇用的前提），工会可以因工人不缴纳工会入会费和年会费而要求雇主解雇员工。

3. 工会拒绝诚心诚意地与雇主就工资、工时以及其他雇佣条件进行谈判的做法属于不正当劳资关系行为。某些罢工和联合抵制活动也属于不正当劳资关系行为。

4. 工会参与促使雇主超额雇工（即要求雇主为未提供的服务向一位员工支付报酬）的行为属于不正当劳资关系行为。

员工的权利 《塔夫托-哈特利法》也保护员工的权利不受工会侵犯。例如，许多人认为，强制性的工会主义侵犯了美国公民享有的结社自由这一基本权利。于是，美国有 19 个州（现在是 23 个州）（主要是南部和西南部的一些州）颁布了新的工作权利法。例如，在纽约，许多印刷厂就实行了要求员工限期加入工会的制度。在那里，除非属于某个印刷工人工会，否则就不能从事印刷工作。在佛罗里达州，这种要求限期加入工会的企业（受《铁路劳工法》管辖者除外）则是非法的。在那里，印刷厂通常既雇用加入工会的操作工，也雇用没有加入工会的操作工。直到今天，美国各州的工会会员比例仍相差很大，比例高的如纽约州为 26.8%，比例低的如南加州只有 3.7%。[23]这项关于员工权利的规定还允许员工直接向雇主提出争议（不通过工会）。它还要求工会在从员工的薪酬中扣除工会会费之前，必须首先征得员工的同意。

总之，《国家劳资关系法》限制工会采取不正当劳资关系行为的程度，不如对雇主的限制那样严格。它只是说工会不能约束或强迫员工，然而，“要想让国家劳资关系委员会认定工会存在不正当劳资关系行为，工会必须首先有违法行为出现，或者是实施了威胁、明显强迫或恫吓员工的各种活动”。[24]具体情况包括殴打、威胁使用暴力、实施经济报复以及集体封锁工作场所的合法进出通道等。

雇主的权利 《塔夫托-哈特利法》同样也明确赋予了雇主某些权利。首先，该法案给予雇主充分表达自己对工会组织的看法的自由。例如，作为一名管理人员，你可以告诉你的员工，你认为工会是没有价值的、对经济有害的、不道德的。一般来说，你甚至可以暗示员工：工会化以及随之而来的高工资要求，可能会导致工厂被永久性关闭（而不是搬迁到其他地方）。在合适的情况下，雇主还可以披露工会暴力和腐败方面的记录。事实上，这一法律对雇主的唯一限制是：雇主必须避免对正在准备做决定的员工采用威胁、许诺、强迫和直接干预的手段，不得威胁员工自己将实施报复，不得强迫员工，也不得许诺给员工提供某种利益。[25]

此外，雇主还不能做以下两件事：(1) 在 24 小时内就要进行工会选举时，在工作时间会见员工；(2) 当员工在自己的家中或雇主的办公室里时，建议员工对组建工会投反对票（虽然当员工在工作场所或日常聚会的地方时雇主可以这样做。）

全国紧急罢工 《塔夫托-哈特利法》还允许美国总统干预**全国紧急罢工**（national emergency strikes）。对这些"可能威胁国家安全和健康的罢工"（例如钢铁公司员工的罢工），总统可以任命一个调查委员会，并根据该委员会的报告，发布 60 天内限制罢工的命令。如果在此期间，劳资双方没有达成和解，则总统可以将限制罢工的命令延期 20 天。在这个最后的期限里，员工通过进行秘密投票来确定是否愿意接受雇主的最后条件。

对工会内部事务实施具体规范管理时期：1959 年《兰德勒姆-格里芬法》 20 世纪 50 年代，美国参议院的一些调查委员会揭露了某些工会的一些声名狼藉的行为，结果导致了 1959 年**《兰德勒姆-格里芬法》**（Landrum-Griffin Act）的出台。该法案的正式名称为《劳资关系报告与公告法案》（Labor Management Reporting and Disclosure Act）。其最终目的是保护工会会员免遭工会违法行为的侵害。该法案还修正了《国家劳资关系（瓦格纳）法》。

首先，该法案包含一个关于工会会员权利的议案。此外，它还规定了工会会员在工会办公机构候选人的提名方面享有的某些权利。它还确定了工会会员有起诉工会的权利，并保证未经正当程序，不能对工会会员进行罚款或停职处理。

该法案还规定了工会的选举规则。例如，全国性工会和国际性工会必须采用某种秘密投票方式，至少每 5 年进行一次选举。它规定了何种人可以担任工会官员。例如，被证明犯有重罪（行贿、谋杀等）的人在定罪之后的 5 年之内不得担任工会官员。

美国参议院的调查员还发现了一些臭名昭著的雇主采取的不道德行为的案例，例如，雇主与其"劳资关系顾问"贿赂工会代表和工会官员。《塔夫托-哈特利法》颁布之后，政府已经将这些贿赂的做法定为联邦犯罪行为。但是，《兰德勒姆-格里芬法》又增列了许多非法雇主行为。例如，公司不再能够通过收买员工来引诱他们不加入工会。该法案还要求工会和雇主报告自己聘请劳资关系顾问之类的事情。

15.3 工会启动与工会选举

工会通过工会启动和工会选举使各方承认，工会可以作为员工的代表。这个过程包括五个基本步骤。

15.3.1 步骤一：最初接触

在最初接触阶段，工会确定员工对组建工会感兴趣，然后成立一个工会组织委员会。

员工与工会之间发生的第一次接触可能是由员工发起的，也可能是由已经成为本企业其他员工的代表的某个工会发起的，还可能是由作为其他地方工人的代表的某个工会发起的。无论如何，必须有一个最初接触的过程。

一旦某位雇主成为组建工会的目标，工会官员通常就会派一名代表去评估员工组建工会的兴趣。这位代表会访问这家公司，确认是否有足够数量的员工对组建工会感兴趣，从而值得发起一场组建工会的运动。这位代表还要物色那些在组建工会的过程中能够成为好的领导者的员工，并邀请他们共同建立一个工会组织委员会。工会的目的是通过教育使该委员会的成员了解组建工会的好处、在建立地方工会时会涉及的法律和程序。

工会在开始接触员工时，必须遵守某些规则。只要不影响员工的工作绩效和安全，法律都允许工会组织者劝说员工加入工会。因此，大部分接触都是在工作之外进行的，例如，在员工家中或工作地点附近的餐饮场所。组织者还可以在工作以外的时间（比如午餐或工间休息时间）在公司里与员工进行接触。在某些情况下，工会代表可以在员工的工作地点劝说员工加入工会，但这种情况并不多见。然而，实际上，当员工在讨论组建工会的好处时，非正式的工会组建活动就已经在工作场所发生了。在任何情况下，最初接触阶段都可能会显得比较平静。有时，企业管理人员首次觉察到公司里存在组建工会运动的迹象，是看到工会为了发展工会会员而分发和张贴的传单。

电子邮件这种技术手段当然也在影响工会的组建过程。但是，要想做到防止工会员工通过公司的电子邮件系统来发送赞成工会的电子邮件，却是一件说起来容易做起来难的事情。你不能歧视工会的活动，因而单独禁止工会的电子邮件可能是违反劳资关系委员会的决定的。如果公司实际上很少阻止电子邮件，那么，单独制定一项禁止员工将电子邮件用于任何与工作无关的事情的规定，也可能是无效的。

劳资关系顾问　现在，资方和工会方都聘请外部顾问，这些劳资关系顾问对工会化过程的影响正在日益增强。这种顾问可以是法律事务所的律师、研究人员、心理学家、劳资关系专家或公共关系事务所成员。有的顾问以前就曾经是工会组织者，现在则开始为雇主代言。[26]

无论如何，这些咨询顾问的任务都是提供建议和一些相关服务，并且不仅局限在工会投票时，而且适用于其他时候（虽然在工会选举时聘请外部顾问的做法是最多的）。对于雇主来说，这些顾问所提供的服务包括从确保公司正确填写一些例行表格，到控制整个工会选举过程的方方面面。（这样做的目的是促使股东和出资者授权管理层同意工会的要求。）

这种顾问的广泛使用（其中实际上只有一部分人是律师）已经引起了人们的疑问：有些顾问是否建议他们的委托人实施某些违法行为或者开展某些不符合劳工法律的活动。例如，雇主的策略之一就是，通过冗长的国家劳资关系委员会听证会来拖延工会投票。它们认为，推迟投票的时间越久，雇主就越有时间向员工进行反工会的宣传。

工会渗透　工会不通过创造性的途径就不能赢得工会选举的胜利。国家劳资关系委员会将**工会渗透**（union salting）定义为"为了在那些尚未建立工会的企业中组建工会而安插工会成员进入该企业"。批评者认为，工会渗透会干预企业的运营，并且对员工的利益造成损害。[27]美国最高法院裁定，采取工会渗透策略进入企业的员工同样受《国家劳资关系法》的保护。国家劳资关系委员会规定，如果雇主因为工会渗透者试图组建工会而解雇他们，则需要为此支付赔偿。[28]对于管理者而言，解决这一问题的办法是，从一开始就搞清楚所雇用的求职者的背景。然而，如果企业不雇用某人的原因仅仅是他是一名工会会员、工会支持者或者工会派来的渗透者，那么，这样的行为将会被控具有歧视性。[29]

15.3.2　步骤二：取得授权卡

工会为了向国家劳资关系委员会申请举行选举的权利，必须说明有相当多的员工对组建工会感兴趣。因此，对于工会组织者来说，下一步就是要努力让员工签署**授权卡**（authorization cards）。这通常包括授权工会组织一次代表权选举，并且声明员工本人已经申请加入工会。在一个谈判单位中，只有当 30%的合格员工签署了授权卡时，工会才能向国家劳资关系委员会申请进行选举。

对于一线管理人员来说，这个阶段是一个危险时期。在这个阶段，工会和资方都会进行各种各样的宣传。工会声称自己能够改善工作条件、提高工资、增加福利，并且通常能使员工得到更好的待遇。资方则可以在道德和伦理方面抨击工会，引证说明获得工会会员资格需要付出的代价。资方还可以解释它的历史轨迹，表达事实和观点，说明适用于工会组建运动的法律。但是，双方都不得威胁、贿赂或强迫员工。雇主不得许诺给员工提供好处，或单方面改变在工会组建活动之前执行的并且此前并无修订计划的雇佣期限和雇佣条件。

可采取的措施　关于授权卡本身，资方也可以采取几项措施。例如，国家劳资关系委员会规定："即使员工没有索取这种信息，雇主也可以合法地告知员工，他们有撤回授权卡的权利。"雇主还可以分发专门说明员工如何撤回授权卡的小册子。但是，除此之外，资方不能再做其他的事情。法律禁止雇主为此提供任何物质援助，比如邮资或文具。雇主也不能核实哪些员工已撤回了授权卡。

在对尚未签署授权卡的员工进行教育方面，企业还可以做什么呢？直接告诉员工他们不能签署授权卡是不正当劳资关系行为。企业可以做的是，对基层管理人员进行培训，从而使他们能够解释授权卡实际上是授权工会做什么。例如，典型的授权卡实际上有三种功能：它使工会可以申请举行代表权选举；它指定工会作为员工的所有雇佣事务的谈判代表；它声明员工本人已经申请加入工会，并且愿意遵守工会的规则和章程。这一点特别重要，例如，工会可以强迫工人担任纠察，并对不遵守工会指令的会员处以罚款。因此，向员工解释签署授权卡的严重法律后果以及实际的后果，可以成为资方的一种有效武器。现在，工会可以使用互联网来发放和收集授权卡。

资方不应当做的事情之一是，当着工会代表的面审核已经签署的授权卡。国家劳资关系委员会可以将这种做法视为不正当劳资关系行为、一种对那些已经签署授权卡的员工所实施的监视。如果公司日后对某位签署了授权卡的员工实施纪律惩处，则上述行为便可能会成为控告雇主因工会活动而歧视员工的证据。

在这个阶段，工会可以在公司设立纠察，但要受到三个条件的限制：（1）工会必须在开始纠察活动后的 30 天内提出选举申请；（2）公司里不能有已经得到合法承认的其他工会；（3）在过去的 12 个月里未举行过有效的国家劳资关系委员会选举。

15.3.3　步骤三：举行听证会

一旦取得了授权卡，就可能出现以下三种情况之一：如果雇主对组建工会没有异议，各方就不必再举行听证会，而是直接举行"同意选举"；如果雇主对工会的选举权，或谈判单位的范围，或哪些员工在选举中有投票资格没有异议，就不必举行听证会，各方可以约定组织选举；如果雇主确实想就工会的选举权进行争辩，则可以坚持要求举行听证会，以澄清那些相关的问题。雇主作出是否坚持举行听证会的决定实际上是一种策略，它取决于每种情况的具体情形，以及雇主是否需要更多的时间说服大部分员工，不要选举工会作为他们的代表。

大多数公司的确会对工会代表本公司员工的权利表示异议，声称相当多的员工并非真的需要工会。在这种情况下，国家劳资关系委员会就会介入。通常是由工会与国家劳资关系委员会联系，申请举行一次听证会。然后，国家劳资关系委员会的地区负责人会派一名听证官员去进行调查。听证官员向资方和工会发出听证会通知(国家劳资关系委员会 852 表，见图 15—2)，说明听证会的时间和地点。

美国国家劳资关系委员会关于劳资双方派代表参加听证会的通知

案件编号：

上述申请者根据《国家劳资关系法》第 9 章第 3 款（美国《宪法》第 29 章第 151 款）之规定，提出举行听证会的请求（申请书请参见附件），该申请者认为存在对商业产生影响的员工代表权问题。

因而，根据该法第 3 章第 2 款和第 9 章第 3 款的规定，我们通知您于（日期）派代表出席在（地点）举行的听证会。

听证会将在美国国家劳资关系委员会的主持下举行，就组建工会对公司运营产生影响一事进行听证，请各方派代表出席并作证。

地区总监，国家劳资关系委员会地区委员会

图 15—2　国家劳资关系委员会 852 表：代表权听证通知

听证会要弄清几个问题：第一，是否有充分的证据显示需要举行一次工会选举?（例如，在一个合适的谈判单位中是否有 30%以上的员工签署了授权卡?）第二，听证官员（即检察员）必须裁定具体的谈判单位是什么。这一点对工会、员工、雇主都非常重要。**谈判单位**（bargaining unit）是工会将被授权代表并为之进行集体谈判的员工群体，虽然工会可能主要是以蓝领工人为目标的，但如果将整个组织作为一个谈判单位的话，工会就可以代表全体非一线主管类、非管理类和非保密类员工。（只有在专业人员同意的情况下，才可以将专业类和非专业类员工包括在同一个谈判单位之中。）如果你们公司不同意听证官所作出的关于谈判单位的裁定，还可以对此裁定提出异议，不过，这要经过另外的步骤和国家劳资关系委员会的裁定。

国家劳资关系委员会听证会还要弄清其他一些问题，其中包括：“这位雇主是否属于国家劳资关系委员会的管辖范围？”“该工会是不是《国家劳资关系法》中定义的劳工组织？”

如果听证会的结果有利于工会，则国家劳资关系委员会将裁定可以举行工会选举。国家劳资关系委员会将发布一项选举通知（国家劳资关系委员会707表），并要求雇主张贴。

15.3.4 步骤四：竞选活动

在工会选举之前的竞选期间，工会和雇主都会呼吁员工投票支持自己。工会强调它将防止组织内的不公正行为，建立争议和资历制度，改善令人不满的工资状况。它们会说，工会的力量将使员工能在工资和工作条件的决定过程中发表意见。资方则会强调，工会方面许诺的各种改善实际上是不需要通过组建工会就能实现的，在没有工会的情况下，员工也可以得到与通过组建工会所能得到的工资水平相当甚至更高的工资。资方还会强调，工会会费是一种财务负担，工会是“局外人”，如果工会获胜，将发生罢工等事件。资方甚至可以从道德和伦理方面攻击工会，同时坚持告诉员工，加入工会并不能改变他们自己的状况，而且可能会失去自由。但是，资方和工会都不得威胁、贿赂或强迫员工。

15.3.5 步骤五：正式选举

在国家劳资关系委员会发布《选举决定与选举指南》后的30～60天之内，要举行工会代表权选举。选举采取秘密投票的方式进行。国家劳资关系委员会提供选票（见图15—3）、选举站、投票箱，并负责计算得票数和认证选举结果。

美国国家劳资关系委员会
正式选票

你是否愿意由××工会代表你进行集体谈判？请在相应的方格里标记。

同意 □　　　　不同意 □

不要在选票上签名。请将选票对折并将其投到选举箱中。如果此张选票受到污损，请到委员会办事处换取新的选票。

图15—3 国家劳资关系委员会选票样张

如果工会赢得选举，那么它就成了员工的代表。所谓赢得选举，是指获得了多数选票，而不是得到谈判单位中的多数工人的支持。（还要记住，如果雇主实施了不正当劳资关系行为，则国家劳资关系委员会可以推翻“不组建工会”的选举结果。因此，作为雇主的代表，管理人员必须小心，不要出现不正当的劳资关系行为。）

有几个方面的因素会影响工会能否最后赢得选举。在工会会员比例较高的地区，工会获胜的几率比较高。失业率高似乎会导致选举的结果对工会不利，这也许是因为员工害怕成立工会可能会导致自己的工作保障性下降或者遭到雇主的报复。工会通常会细心选择自己的谈判单位规模（例如，选定该公司中的所有事务类员工，或者只选择某家工厂中的事务类员工等），因为很显然，谈判单位越大，工会获胜的可能性越小。参加选举的工人越多，工会获胜的可能性越小，这可能是因为参加选举的工人越多，其中不坚决支持工会的工人也就越多。还有一点对工会来说也很重要，即与其他工会相比，卡车司机工会取得代表选举胜利的可能性更小。[30]

15.3.6 容易导致在国家劳资关系委员会选举中失利的做法

在最近几年中，工会每年一般都能赢得 55%的选举。[31]根据专家马斯洛·古德费鲁（Mathew Goodfellow）的观点，并不存在某种保证雇主在工会资格选举中获胜的万无一失的方法，但以下五种做法却一定会使雇主在这种选举中失利。[32]

原因一：在关键问题上麻痹大意　一项研究表明，在工会选举中失利的公司中，有 68%的公司的高层管理人员都处于麻痹大意状态。在这些公司中，人员流动率和缺勤率上升，生产率上下波动，安全状况很差，几乎没有争议处理程序。当关于工会已经在分发授权卡的第一份报告缓慢地传递到高层管理人员手中时，他们通常的反应是：没完没了地用各种信件向员工描述公司是怎样的“一个大家庭”，并且呼吁大家共同付出“团队努力”。正如古德费鲁看到的：

> 最佳的策略是在第一时间就不要麻痹大意：总的来说，审慎就是指管理层即使是在气氛很平静的情况下，也要花时间和精力了解员工的情绪，并想方设法消除不满因素。这样做就可以减少工会选举发生的可能性……[33]

原因二：指定一个委员会　在那些落败于工会选举的公司中，36%的公司成立了管理工会组建运动的委员会。根据上述专家的看法，这样做会存在三个方面的问题：（1）及时性是工会选举的基本要求，而委员会却以动作缓慢被诟病已久。（2）大多数委员会成员是刚刚接触国家劳资关系委员会的新人，因此，他们的观点所反映的大部分是愿望，而不是经验。（3）委员会决策通常是一种妥协的决策。其得出的结果并不一定是最明智或最有效的观点。专家的建议是，将全部的职责都赋予一位有决定权的高层管理人员，然后让人力资源总监和富有劳资关系经验的顾问来协助此人。

原因三：过于关注金钱和福利　在被研究的工会选举案例中，有 54%的公司是因为将注意力集中于一些错误的事情（比如金钱和福利）而在选举中失利的。正如上述专家所说：

> 员工可能需要更多的钱，但同样常见的是，如果他们觉得公司对待他们的方式是公平、尊重和诚信的，他们就会对比较合理的、有竞争性的工资水平和福利感到满意。只有当他们感到自己被忽视、不被关心、被漠视的时候，金钱才会成为表达他们的不满情绪的一个主要载体。[34]

原因四：行业盲点　研究人员发现，某些行业中的员工比其他行业中的员工感到更受忽视。例如，在高度自动化的行业（比如造纸行业和汽车行业）中，存在高层管理人员忽视小时工人的倾向，虽然今天随着越来越多的企业实施质量改进计划，这种现象正在改变。解决这个问题的办法是（如原因三所述），要对员工的需要和态度给予更多的关注。

原因五：过度授权　对于在全国各地都设有工厂的公司来说，有几家工厂组建了工会便为工会提供了诱导其他工厂中的工人也组建工会的契机。在一个或多个工厂中组建工会通常会导致其他工厂中也成立工会。解决这种问题的方法是，不要将所有的人事和劳资关系决策都交给工厂管理人员。[35]要有效地预防工会化倾向（监控员工的态度、当工会出现时采取适当的行动等），就必须由公司总部及其人力资源管理人员提供集中指导。

前面是从雇主的角度讲述企业在工会选举中失利的原因，然而从工会的角度来说，它们该采取怎样的措施来增加赢得选举的机会呢？这里的“循证人力资源管理”专栏介绍了工会为取得选举胜利而采取的若干策略，这些值得引起管理者的警觉。

循证人力资源管理

我能够预见到的工会为了赢得选举可能会做哪些事？

一位研究者分析了由国家劳资关系委员会组织的261次工会选举的相关数据。她的研究目的在于，明确哪些变量能够解释工会为何赢得或失去选举。

她发现了两个要点：首先，与雇主策略、谈判单位中的人口特征、组织者背景、选举背景和雇主特征以及选举环境等变量相比，工会策略对选举结果的影响更大。因而，工会自己的行为才是最为关键的。

其次，她发现，工会取胜的最好方式是追求她所谓的“普通员工战略”。此战略包含以下六项具体的工会策略。[36]

1. “依靠给员工家里打电话、组织小群体会议以及在组建工会前形成一些联盟等这样一些渐进式的、隐蔽的、个人间的活动来培育工会的领导力和对工会的承诺，并且在雇主意识到工会组建活动之前，就帮助员工为应对雇主可能采取的反工会战略做好准备。”

2. 工会将重点放在普通员工的积极参与方面，其中包括成立一个较大规模的普通员工组织委员会，从而反映谈判单位中的各种不同利益群体的意见。

3. 在工会组建过程中的早期阶段，工会将通过施压来尽早获得第一份合同。

4. 工会将使用“内部和外部施压技巧来建立员工对工会的承诺，并且迫使雇主开展一场公平的工会选举活动”。

5. 在组建工会过程中，工会不仅会提及传统的工资、福利和工作保障等满足员工基本需求的因素，应该还会强调尊重、尊严和公正等内容。

6. 工会将全力以赴以取得选举的胜利。其影响因素包括国际工会对地方工会组建活动的参与程度，以及来自已经组建工会的谈判单位的普通志愿者的帮助等。

15.3.7 基层主管人员的角色

基层主管人员是雇主防止工会化的第一道防线。例如，他们通常处在最容易了解员工态度问题的位置上，并且也最容易最早发现工会活动的苗头。遗憾的是，事情总有两面性，另一方面，他们也可以在不经意间损害雇主为抵御工会所做的各种努力。

因此，需要对基层主管人员进行特殊的培训。具体来说，他们必须了解在合法牵制工会组建活动方面可以做什么以及不可以做什么。不正当的劳资关系行为可能包括：（1）在本公司已经赢得前一轮工会代表权选举之后，促使国家劳资关系委员会再举行新一轮的选举；或者（2）导致本公司在第二轮工会选举中落败，从而不得不直接进入合同谈判阶段。

在一个案例中，一位工厂主管人员禁止工会在工厂餐厅中分发宣传品，以此来反对工会的组建。由于在非工作区域游说当时并不当班的工人通常属于合法行为，因此，后来该公司允许工会在公司布告栏中张贴工会印刷品，以及在工厂的非工作区域中分发工会的印刷品。但是，国家劳资关系委员会仍然裁定，该公司最初的做法属于不正当劳资关系行为，该公司后来的做法也不能改变其最初做法的不正当性。国家劳资关系委员会以该主管人员的做法不正当为由，宣布该公司本已获胜的第一次工会代表权选举无效。[37]

一些建议　基层主管人员可以利用"TIPS"原则来记住在工会组建活动时不能做什么事情。[38]即不要威胁、盘问员工，不要向员工许诺或监视员工。还可利用"FORE"原则来提醒自己可以做些什么。即你可以向员工交代事实（例如，签署授权书意味着什么）；表达你对工会的看法；解释与事实相符的正确规则（例如法律允许永久性替换罢工的员工）；分享你与工会打交道的经验，等等。图 15—4 总结了基层主管人员需要牢记的其他一些事情。

在公司中出现工会活动时，人力资源管理专业人员要加倍小心做好以下事情：

- 小心你的言论。当时产生的愤怒的感觉会使你陷入麻烦。
- 不要威胁员工说，如果工会参与进来，你就会做什么或者会发生什么。例如，不要说企业会倒闭或搬迁，工资水平会下降，加班将受到限制，或者将会处分参与工会活动的员工。
- 不要告诉工会支持者，说他们将会因支持工会受到各种形式的惩罚。不要因为其参与工会而处罚员工，甚至解除与员工的合同。
- 不要调查和询问工人有关工会支持者或组织者的事情。
- 如果你允许员工使用其他组织的电脑屏幕保护图像和活动徽章，就不要要求员工换掉工会屏保或者徽章。
- 不要对支持工会的员工和反对工会的员工予以差别对待。
- 不要以是否加入工会或支持工会作为为工人换岗的标准。
- 不要询问员工将如何投票或者其他人将会怎样投票。
- 不要询问员工有关工会会议的事情或其他与工会有关的事。你可以听，但不要打听细节。
- 不要向员工许诺，如果他们对工会投反对票就将获得一定的福利、晋升或其他利益。
- 避免卷入任何工会选举或活动的细节之中，并且不要参与任何反对工会的请愿活动。
- 不要为工会提供任何资金或其他支持。

以上任何一项都有可能成为存在不正当劳资关系行为的证据，而这会导致工会无须经过选举就可以得到认可，以及公司被罚款。

图 15—4　面对工会时不能做的事情

资料来源：From the BLR Newsletter "Best Practices in HR," *Business & Legal Resources*, *Inc.*, 141 Mill Rock Road East, Old Saybrook, CT © 2004. Reprinted with permission of the publisher, BLR © (Business and Legal Resources, Inc.).

15.3.8　与印刷品和游说有关的规则

雇主可以采取以下几个步骤合法限制工会组建活动。[39]

1. 雇主完全可以禁止非本公司员工在工作时间——员工当班时间和非工休时间——游说员工。

2. 如果游说员工和被游说员工都正在带薪上班的时间，则雇主通常可以禁止员工以任何目的游说其他员工。

3. 作为私有财产所有者的一项权利，大多数雇主（不包括零售店、购物中心以及某些其他雇主）都可以禁止非本公司员工进入自己的办公楼和工作区域。雇主有时还可以禁止非本公司员工进入外部的私人区域，比如停车场，如果这么规定的理由不仅仅是针对工会组织者的。[40]

4. 雇主如果能证明禁止正在当班或不当班员工进入内部或外部区域的规定，确实是出于生产、安全或纪律等方面的要求，则可以执行这种规定。

同理，只有在雇主不是歧视工会的情况下，这些限制才是有效的。例如，如果雇主允许员工在工作时间为购买婴儿礼物而筹款，或者销售雅芳产品或特百惠塑料制品，或进行其他游说活动，那么，它就不能合法地禁止员工在工作时间进行工会游说活动。以下是两条旨在限制工会组建活动的规则举例：

> 在工作时间在公司财产范围内游说员工妨碍了公司业务的有效运营。非本公司员工不得以任何目的在公司范围内游说本公司员工。除了在休息区域且双方都处在休息时间或为不当班员工的情况之外，任何员工不得以任何目的在工作时间游说其他员工。
>
> 在公司财产范围内分发印刷品不仅会引发一些小问题，而且会分散我们的工作注意力。非本公司员工不得在公司财产范围内分发印刷品。除履行本岗位工作职责的情形之外，除印刷品分发者和接受者都未当班或处在规定的休息区或公司财务范围之外，本公司员工不得分发印刷品。公司可以因一些特殊理由对上述规则做例外处理，但分发者首先必须取得公司的书面许可，并且只允许在休息期间进行游说。[41]

15.3.9 代表资格取消选举：驱逐工会

赢得选举和签署协议并不一定意味着工会将永远存在于一家公司中。法律既赋予了员工组建工会的权利，也赋予了员工合法地终止工会代表员工的权利。这个过程称为**代表资格取消**（decertification）。每年有 450～500 次取消工会的代表资格的选举，其中，工会一般能赢得大约 30%的选票。[42]与发起工会及得到代表权选举时的比例相比，这个比例对资方更为有利。

取消代表权选举与赋予代表权选举的差别不太大。[43]工会组织工会会员开会，挨家挨户地拜访员工，给员工家中寄送资料、打电话，向国家劳资关系委员会投诉，有时甚至通过威胁和骚扰赢得选举。[44]另一方面，资方则利用会议（包括一对一的会谈、小群体会议以及整个单位的全体员工会议）、法律或专家的援助、信函游说以及承诺改善工作条件、隐蔽的或直接的威胁，极力施加对这种选举的影响。

15.4 集体谈判过程

15.4.1 什么是集体谈判?

一旦工会成为员工的代表，就会确定资方与劳方在某一天会面，并就劳资协议进行协商。在劳资协议中将包括有关工资、工时及工作条件等方面的具体条款。

那么，到底什么是**集体谈判**（collective bargaining）呢？《国家劳资关系法》的定义是：

> （本法案所规定的）集体谈判的目的是，雇主与员工代表共同履行以下义务：在合适的时间会晤，并诚心诚意地就工资、工时以及雇佣期限、雇佣条件等问题进行磋商，或就协议进行谈判，或就引发的任何问题进行讨论，或应任何一方的要求签署已达成协议的书面合同；但是，这种义务并不强迫任何一方必须同意某个建议或要求任何一方作出让步。

通俗地讲，这就是说，法律要求劳资双方就工资、工时以及雇佣期限和雇佣条件等进行有诚意的谈判。

15.4.2　什么是诚意？

有诚意的谈判（good faith bargaining）是有效的劳资关系的基础。它意味着劳资双方通过沟通和协商，就对方的建议提出相应的意见和建议，双方为达成协议而尽可能作出合理的努力。它并不意味着一方强迫另外一方同意某个建议，也不要求任何一方作出任何特殊的让步（尽管在实践中可能需要作出某些让步）。[45]

那么，谈判在什么情况是没有诚意的呢？这包括以下 10 种情况：

1. **表面谈判**。谈判走过场，而不打算真的形成任何正式协议。

2. **妥协意愿不足**。没有妥协的意愿。即使不要求任何人作出让步，但妥协的意愿是有诚意谈判的重要因素。

3. **提出不合适的建议和要求**。国家劳资关系委员会认为，提出建议是确定谈判一方在总体上是否有诚意的一个积极因素。

4. **拖延策略**。法律要求双方会晤，并“在合理的时间以及合理的间歇期间内进行磋商”。显然，拒绝与工会碰面的做法就是不履行法律要求雇主承担的义务的表现。

5. **强加条件**。强加不合理的或苛刻的条件是没诚意的表现。

6. **单方面改变条件**。这是雇主缺乏在谈判中达成协议的诚意的明显迹象。

7. **回避工会代表**。资方进行有诚意的谈判的最低义务包括，承认工会代表是雇主在进行谈判时必须面对的人。

8. **在谈判期间采取不正当劳资关系行为**。这种行为可能会反映出过错方缺乏谈判的诚意。

9. **拒绝提供信息**。雇主必须根据工会的要求为其提供信息，以便工会能够理解和理性地讨论在谈判中提出的问题。

10. **忽视谈判主题**。表现为拒绝按规定主题（必须谈判的内容）进行谈判，或者坚持针对允许谈判的主题（可以谈判的内容）进行谈判。[46]

当然，要求进行有诚意的谈判并不是说谈判过程就不能暂停。例如，美国西北航空公司就不让其谈判代表会见机械师工会的代表，西北航空公司的理由是，该工会没有对最近三次会面的建议作出答复。[47]

15.4.3　谈判小组

工会和资方都要派遣谈判小组参加谈判，双方的谈判小组通常都会在坐在谈判桌旁边之前“做他们的家庭作业”。工会代表已经了解了工会会员的愿望，并且与相关工会的代表交换过意见。

资方利用一些技术和程序来为谈判做准备。首先，它要准备好作为谈判立场的数据。[48]它会收集工资和福利方面的数据，包括与当地工资水平进行比较情况以及对同行业内相同岗位的工资水平所做的评估。有关劳动力队伍的结构分布情况（例如年龄、性别和资历等）的数据也很重要，因为这些因素决定了公司在福利方面的实际支出。有关福利成本、整体收入水平以及加班时间和成本等内部经济数据也很重要。

资方还将计算当前劳资合同的成本，并确定按工会要求增加的成本，其中包括总成本和每个工时的成本。它将利用来自员工争议的信息和来自基层主管人员的反馈信息来确定工会的要求可能是什么，从而准备好如何进行辩论和还价。[49]其他常见的策略包括：进行员工态度调查，测验员工对资方认为可能需要改变的合同条款会作出的反应；与地方工会负责人举行非正式会议，讨论合同在操作上的有效性，并对资方的改革意见做些试探。

集体谈判专家强调，有必要仔细计算工会提出的各项要求的成本。一位专家这样说：

> 我最常见到的错误是，人力资源管理专业人员来参加谈判，却未能理解他们正对谈判内容可能产生的经济影响。例如，工会要求新增 3 个假期。这听起来好像并不多，但在一些州中，如果员工离开该企业，雇主需要对其未使用的假期付酬。因而，你的一项决定可能会导致雇主一直承担这一责任。[50]

15.4.4　谈判主题

在实践中，只是单纯地说需要就“工资、工时和工作条件”进行谈判似乎太过笼统。劳资关系方面的法律规定了谈判主题的类别。谈判主题分为强制性主题、自愿性主题和非法主题。

自愿性（或允许的）谈判主题（voluntary or permissible bargaining items）不是强制性的，也不是非法的。只有在资方和工会双方同意的前提下，它们才能成为谈判内容的一个组成部分。任何一方都不能强迫对方就自愿性主题进行谈判。任何一方不得因对方拒绝就自愿性主题进行谈判而不签署劳资合同。退休福利就属于此类主题。

非法谈判主题（illegal bargaining items）是法律禁止谈判的内容。例如，在执行工作权的州中，同意只雇用工会会员的条款就是非法的。

表 15—1 中介绍了 70 多个**强制性谈判主题**（mandatory bargaining items）中的一部分，法律规定，对这些主题的谈判是强制性的。它们包括工资、工时、休息时间、解雇、调动、福利以及遣散费。其他如药物检测等，也随着该法律的发展而被纳入其中。

表 15—1　谈判主题

法定谈判主题	自愿性谈判主题	非法谈判主题
工资率	赔偿金	封闭型企业
工资	工会事务的管理权限	根据种族隔离员工
雇用小时数	退休员工的养老金福利	对员工区别对待
加班费	集体谈判的范围	
轮班	合同中是否包括一线主管人员	
节日	合同中的第三方，例如国际工会组织	
假日	工会标签的使用	
遣散费	对不公正雇佣行为指控的处理	
养老金	餐厅价格	
保险福利	过去合同的续签	
利润分享计划	集体谈判小组的成员	
圣诞节奖金	罢工者的雇佣	
公司住房津贴、餐补		
员工安全		
工作绩效		
工会保障		
劳资关系		
员工吸毒测试		

资料来源：Michael R. Carrell and Christina Heavrin，*Labor Relations and Collective Bargaining*：*Cases，Practices，and Law*（Upper Saddle River，NJ：Prentice Hall，2001），p. 117.

15.4.5　谈判阶段

实际谈判通常要经过几个阶段。[51]第一，双方提出各自的要求。在此阶段，双方对某些问题通常会存在很大的分歧。第二，双方降低各自的要求。在此阶段，双方用某些要求来交换其他的利益。第三，分委员会进行调查。双方联合组成分委员会，努力找出合理的解决方案。第四，双方达成非正式解决意见，然后双方的谈判委员会成员返回去与各自的决策者协商。工会代表要非正式地与其上级以及工会会员进行意见核对，资方代表则要与高层管理人员核实意见。最后，一旦一切就绪，双方就起草并签署正式协议。

15.4.6　谈判须知

专家瑞德·理查德森（Reed Richardson）向谈判者提出了以下几点建议：

1. 确信自己已经为每一个谈判主题设立了明确的目标，并理解确立每一个目标的原因。

2. 从容不迫。

3. 若有疑问，要与同事开会商讨。

4. 充分掌握能够支持自己观点的确切数据。

5. 对自己的主张总是保持一定的弹性。

6. 不要只在意对方所说和所做的，而是要找出相关的原因。

7. 重视保全对方的面子。

8. 时刻注意对方的真实意图——不仅注意对方的目标，还要注意目标的优先顺序。

9. 做一个善于倾听的人。

10. 树立一个公正而稳定的形象。

11. 学会控制自己的情绪并将此作为一种手段。

12. 在完成每个谈判步骤的过程中，确信你知道它与其他所有谈判步骤之间的关系。

13. 用你的目标来衡量谈判的每一个步骤。

14. 记住，集体谈判是一个妥协过程。世上没有独占全部利益的好事。

15. 努力理解人及其个性。[52]

15.4.7 僵持、调解和罢工

在集体谈判中，当谈判双方不能进一步接近最终解决方案时，就出现了**僵持**（impasses）局面。僵持局面通常是由于一方的要求远远超过对方的出价而形成的。有时，僵持局面可以通过“第三方”（诸如调解人或仲裁人等没有利益在其中的第三方）来化解。如果第三方也不能化解僵局，则工会可能会号召工会会员停工或罢工，对资方施加压力。[53]

第三方介入 谈判者可以利用三种类型的第三方干预来打破僵局：调解、事实调查和仲裁。在**调解**（mediation）过程中，一个中立的第三方努力帮助谈判双方达成协议。调解员通常会与双方举行会议，确定双方各自的立场，然后从中找到一些继续进行谈判的共同立场。调解员总是充当斡旋者，无权规定条款或要求哪一方作出让步。他们需要与双方沟通自己对发生罢工的可能性所做的评估，以及可能达成和解的一揽子方案等。

在某些特定的情况下，例如处于全国性的紧急争议状态时，可以任命一位实情调查员。**实情调查员**（fact finder）是一个中立的第三方，他要调查存在争议的问题并就合理的解决方案提出公开建议。[54]例如，总统紧急状态调查委员会已经成功地化解了某些关键的运输业争端中出现的僵局。

仲裁（arbitration）是最后一种第三方干预形式，因为仲裁员通常有权确定和规定解决方案。与调解和调查不同，仲裁可以保证解决僵持局面。在实施约束性仲裁的情况下，双方都必须接受仲裁员的裁定。在实施非约束性仲裁的情况下，双方则可以不接受。仲裁也可以是自愿性的或强制性的（换言之，由政府机构强制要求的）。在美国，自愿的约束性仲裁最为普遍。

仲裁主要分为两类主题。利益仲裁以达成劳资协议为中心，当劳资双方要通过谈判达成新的劳资合同或者对原有的合同做修改时，他们利用的就是利益仲裁。权利仲裁实际上是“合同解释仲裁”。涉及对现有的合同条款进行解释，例如，当一位员工质疑雇主是否有权采取某些处分措施时，便可以提出权利仲裁。[55]

第三方介入的来源 各种公共机构和专业机构都可以充当仲裁者和调解者。例如，美国仲裁协会为雇主和工会提供了数千种仲裁和调解服务。美国政府的联邦调解机构既提供仲裁服务，也提供调解服务（详见图 15—5）。[56]例如，它的仲裁办公室列出了一份清单，列明了哪些仲裁机构有资格听证和处理与集体谈判协议的运用有关的争端。此外，美国的绝大多数州政府也提供仲裁和调解服务。

联邦政府劳资关系部门
有关联邦机构仲裁和调解服务的通知

通知处理单位
联邦仲裁和调解服务机构
2100 K 街道，N. W.
华盛顿特区，20427

此通知是有关于：

□初始合同　　　　（包括确认码）＿＿＿＿＿
□重新谈判合同　　重新谈判时间：＿＿＿＿＿
□现有合同到期　　到期时间：＿＿＿＿＿

□联邦政府仲裁和调解机构介入此次集体谈判的其他要求

有关争议调解的要求＿＿＿＿＿

联邦机构的名称（其分支的名称）＿＿＿＿＿

该机构地址：＿＿＿街＿＿＿城＿＿＿州　　邮编＿＿＿＿＿

联系人＿＿＿＿＿　　区号和电话＿＿＿＿＿

国内工会或所属总工会的名称＿＿＿＿＿　　名字和当地人数＿＿＿＿＿

地址：＿＿＿街＿＿＿城＿＿＿州　　邮编＿＿＿＿＿

联系人＿＿＿＿＿　　区号和电话＿＿＿＿＿

进行仲裁和协调的地点＿＿＿＿＿

地址：＿＿＿街＿＿＿城＿＿＿州　　邮编＿＿＿＿＿

员工中大约有多少人参与此次集体谈判＿＿＿＿＿　　员工总数＿＿＿＿＿

此通知是以谁的名义＿＿＿＿＿工会　　联邦机构＿＿＿＿＿

提交此通知的官员的名字＿＿＿＿＿　　区号和电话＿＿＿＿＿

地址：＿＿＿街＿＿＿城＿＿＿州　　邮编＿＿＿＿＿

对于争议的调解需要双方签字

签字（政府机构）＿＿日期＿＿＿＿　　签字（工会）＿＿日期＿＿＿＿

图 15—5　联邦调解在线申请

罢工　罢工（strike）是一种停止劳动的方式，罢工一共有四种类型。**经济罢工**（economic strike）产生于双方不能就劳资合同条款达成一致的情形。工会号召会员采用**反不正当劳资关系行为罢工**（unfair labor practice strikes）来抗议雇主的非法行为。**野猫罢工**（wildcat strike）是在劳资合同期内发生的未经批准的罢工。**同情罢工**（sympathy strike）是一个工会为支持另一个工会发起的罢工而举行的罢工。[57]例如，出于对《底特律新闻报》（*Detroit News*）、《底特律自由新闻报》（*Detroit Free Press*）以及《今日美国报》（*USA Today*）员工的同情，美国汽车工人联合会举行了为期近 6 年的联合抵制这些报纸的活动，阻止这些报纸在底特律地区的汽车厂中销售。在此期间，抵制导致这些报纸的日销售量大约减少了 2.5 万份。[58]

1965—1975 年，每年的主要罢工有 400 次，现在只有 20 次左右。

设置纠察（picketing）或者是让员工带着表明他们所关注问题的标识在雇主的办公场所周围走动，是在一次罢工期间出现的第一种活动。其目的是将存在劳资争议的事实公之于众，这通常会鼓励其他人不要与正面临罢工的雇主做生意。

在面临罢工的时候，雇主可以采取以下几个方面的措施：一是关闭受影响的区域，停止运营，直到罢工结束。二是为减少罢工对雇主产生的影响，将工作外包出去。三是继续运营，或许能够用一线主管人员和其他不参加罢工的员工来代替罢工者。第四个选择是雇用新员工来替代罢工者。

由于工会力量的削弱和竞争压力的增加，越来越多的雇主采用永久性替代者来取代（或者至少是考虑取代）罢工工人。一项对人力资源经理的研究发现，被调查者中，有 18%的人在罢工时“不会考虑替代罢工的工人”，而有 31%的人作出的选择是“不太可能”，23%的人选择的答案是“有点可能”，21%的人选择的答案则是“非常可能”。[59]当西北航空公司用1 500名工人替代了参加罢工的技工时，由美国航空技工联合会组织的罢工就彻底瓦解了。[60]

一般情况下，雇主是能够替换罢工者的。在一个很重要的名为 Mackay 的劳资关系判例中，美国最高法院作出裁决，虽然《国家劳资关系法》禁止雇主干涉员工的罢工权，但雇主仍有权继续生产，从而有权找其他人来替代参加罢工的员工完成工作。国家劳资关系委员会在后来的裁决中对上述条款作出了一定限制。例如，如果员工的罢工是为了抗议不正当的劳资关系行为，则雇主不能永久性替代这些罢工者。而且，如果罢工者申请回到原职位工作，则雇主必须无条件重新雇用他们。

在罢工迫在眉睫的时候，公司必须制定相应的计划去应对。例如，当明尼苏达州的亥兵塔克奈特钢铁厂（Hibbing Taconite Steel Plant）与美国钢铁工人联合会（United Steelworkers of America）之间的谈判接近最后期限时，该公司就让负责安保的员工以及供这些人临时居住的拖车准备到位了。

两位专家指出，遵循以下准则可以最大限度地减少混乱：

● 在罢工的第一天就将欠罢工员工的钱悉数付给他们。

● 保护公司设施。管理人员应当控制人员接近公司财产。如果必要的话，公司应当考虑雇用安保人员来保护作为替代者的工作人员上下班。

● 通知所有客户，并准备好应对所有询问的官方标准解答。

● 与所有的供应商及其他必须通过纠察线进入公司的人取得联系。建立其他的获得物资供应的渠道。

● 在必要时为万一需要在公司工作场所通宵滞留和送餐做好安排。

● 将你需要用人替代罢工员工的情况通知当地的失业办公室。

● 在罢工工人设置纠察之前、期间以及之后分别对办公设施进行拍照。如果需要，安装录像设备和仪器，以监测纠察人员的不正当行为。

● 记录任何和所有与罢工者的行为和活动有关的事实，以及诸如暴力、威胁、聚众纠察、财产破坏等事件或问题。

● 收集以下证据：纠察人员的人数和姓名、纠察时间、日期、地点，描述纠察人员佩带的所有标识，描述纠察车辆和牌号。[61]

其他选择 资方与劳方都还有其他一些可用于化解僵局，以达到本方目的的武器。例如，工会可以诉诸联合施压运动。**联合施压运动**（corporate campaign）是工会进行的一种有组织的活动，其目的是通过给公司的其他工会、股东、董事、客户以及政府机构等施加压力（这种压力通常是直接的），从而对公司施加压力。因此，工会可能会通过在董事会成员家附近设置纠察哨的做法引起他们的警觉，工会也可能会组织与公司有业务往来的银行进行**联合抵制**（boycott）。[62]

互联网也是工会的一种有效武器。例如，当旅店业与餐饮业员工工会的第二地方工会想在位于旧金山的万豪酒店掀起工会热潮的时候，它们就开办了一个新的网站。该网站介绍了该工会发起的为期 8 个月的联合抵制活动，并提供了一份得到工会支持的旅店的名单，推荐客人入住这些酒店。网站上还列出了响应联合抵制行动，决定到其他旅店住宿的一些组织的名单。[63]

内部博弈是工会的另一个策略。**内部博弈**（inside games）就是工会通过一些特定的手段，比如通过放慢工作速度、拒绝加班、向政府机构提出大规模指控、在没有收到基层主管人员的详尽指令时拒绝工作，以及进行其他一些破坏活动，比如请病假等，让雇主看到阻止或破坏生产所产生的后果。[64]内部博弈基本上就是罢工了——只是在这种"罢工"期间，公司还在继续为他们付酬。在卡特彼勒公司位于伊利诺伊州的奥罗拉工厂中开展的一次内部博弈活动中，美国汽车工人联合会提起的争议从 22 起增加到 336 起。这种做法所产生的效果是将工人和资方的精力纠缠到非生产性的时间之中，从而浪费公司的时间。[65]

从雇主方面来考虑，企业可以通过停业来努力打破僵局。**闭厂**（lockout）是指雇主拒绝提供工作机会。在这种情况下，它将员工关在工厂大门之外，不让他们从事他们的工作（从而得不到工资）。国家劳资关系委员会通常不会把闭厂的做法视为不正当劳资关系行为。只有在雇主出于法律禁止的目的而采取闭厂措施的情况下，国家劳资关系委员会才会将闭厂视为一种不正当的劳资关系行为。而努力达成有利于雇主的解决方案这种做法本身，并不是法律所禁止的。今天，雇主较少使用闭厂这种手段，在员工愿意继续工作（即使在谈判桌上出现僵局）的情况下，雇主通常也不会停止运营。

如果认为对方正在采取可能会对本方造成不可挽回的损害的行为，则雇主和工会都可以请求法院颁布禁令。**禁令**（injunction）是法院强制一方或双方恢复或终止某种行为的一种法院命令。[66]

15.4.8 劳资合同协议

真正的合同协议可能是一份 20～30 页甚至更长的文件。它可能只包括有关政策的总体声明，也可能包括详细的规则和程序。当前的趋势是合同越来越长、越来越详细具体。这在很大程度上是协议所涵盖的主题数量不断增加的结果。

合同的主要章节一般涵盖以下主题：（1）资方权利；（2）工会保障和代扣会费；（3）争议处理程序；（4）争议仲裁；（5）惩戒程序；（6）薪酬水平；（7）工时和加班；（8）福利：休假、节假日、保险、养老金；（9）健康与安全规定；（10）基于资历的员工保障条款；（11）合同终止日期。

15.5 争议处理

锤炼出一份劳资协议并不是集体谈判的最后一个步骤，从某些方面来说，它仅仅是个开始。没有哪一份劳资合同能够涵盖所有可能发生的情况以及回答所有的问题。例如，假定合同规定你只能因正当理由解雇员工，而你后来却因某人在背后说你坏话而将其解雇。那么，这种解雇在你的权限范围之内吗？在背后说你坏话是解雇员工的正当理由吗？

劳资合同的**争议处理程序**（grievance procedure）通常就是用来处理这类问题的。这种程序提供了一种有序的制度，雇主和工会都可以通过它来确定某种行为是否违反了劳资合同。[67]争议处理程序是进行劳资合同日常管理的一种手段。争议处理程序使双方都可以解释和定义条款的含义，将合同转化为一种“活生生的有机体”。要记住，日常的集体谈判只做口头解释，通常并不协商新的条款或改变现有条款。

15.5.1 争议的来源

从实践的角度来说，与列出会导致争议的条款相比，列出不会导致争议的条款可能更容易。员工可能会将几乎任何涉及工资、工时或雇佣条件的因素作为提出争议的依据。

但是，有些争议是比较严重的，因为它们通常更难解决。惩戒和资历问题（包括晋升、调动和解雇）是最难解决的问题。其他问题则包括因职位评价和工作任务分派、加班、假期、奖励计划以及节假日而引发的争议。[68]以下是三个有关争议的例子：

- 缺勤。雇主因员工缺勤过多而将其解雇。员工提出争议，说在此之前企业并没有对自己缺勤过多的情况提出过警告或惩戒。
- 不服从上级。有一位员工在两个场合拒绝了上级主管人员提出的要求与其见面的命令，除非工会的代表也参加会见。结果，这位员工被解雇，然后，他提出了争议，以抗议自己被解雇。
- 工厂的规章制度。一家工厂公布了一项禁令，禁止员工在非规定休息时间吃喝东西。于是员工提出争议，声称这种规定太过专断。[69]

争议通常只是存在潜在问题的一种征兆。有时，直接主管人员与下属之间的关系不好也会引起争议：例如，这往往是在“公平对待”方面出现争议的原因。导致员工受到困扰的职位描述模糊等组织因素也会引起争议。激进的工会主义则是另外一个方面的原因，工会可能会以无效的监督为由游说员工提出争议。问题员工也是争议的一个来源。有些员工在本性上就比较消极、不满，有抱怨倾向。此外，惩戒和免职（请参见第 14 章）也是争议的两个主要来源。

15.5.2 争议处理程序

大多数集体谈判合同中都会规定一个非常具体的争议处理程序。在这个程序中会列出各个步骤、各个步骤的持续时限，以及诸如“一切有关违反合同的指控必须以书面形式提出”等具体的规定。事实上，现在的每一份劳资合同都有争议处理程序方面的条款。（非工会化的雇主也需要这样的一些程序，详见第 14 章。）

不同公司中的工会争议处理程序是不同的。一些公司只包括两个简单的步骤。在出现争议的时候，争议者、工会代表和公司代表要开会讨论出现争议的问题。如果他们没有找到令人满意的解决方案，就要将争议提交给独立的第三方仲裁员，仲裁员将听取双方的意见，详细记录，然后作出裁决。

在相反的另一个极端上，争议处理程序可能包括 6 个以上的步骤。第一步可能是争议者和工会代表与争议者的直接上级进行非正式会晤，努力探讨解决问题的办法。如果他们没有找到解决问题的办法，这位员工便可提出正式争议，员工、工会代表与员工直接上级的上级进行会谈。下一步就是争议者、工会代表与更高一级的管理人员会谈。最后，如果高层管理人员和工会不能达成一致意见，争议就可能进入仲裁阶段。

有时，争议处理过程会失控。例如，几年前，美国邮政工人工会第 482 地方工会的会员对位于罗安洛克的邮政局的邮件处理厂提出了1 800起争议（通常的争议率为每年 800 起）。显然，这些员工是在反对工作变化，其中包括邮政局在进一步实现邮件处理自动化方面所做的努力。[70]

15.5.3　争议处理指南

处理争议的最佳做法就是培育良好的工作氛围，从根本上消除可能的争议。在员工的不满情绪发展成为争议之前，要锻炼你识别、诊断和纠正可能引起员工不满的原因（比如不公正的绩效评价、不公平的工资或沟通不畅等）的能力。

作为管理者，你处在第一线，因此必须在公平对待员工和维护管理人员权利及特权之间把握好方向。有位专家制定了一份应当做什么与不应当做什么的清单，可以有效指导企业处理争议。[71]其中的关键内容如下：

应当做的：

1. 基于争议最后会导致仲裁这样一种假设去调查和处理每个争议案件。
2. 与员工讨论他们的争议，充分听取他们的意见。
3. 要求工会明确他们声称雇主违反了哪些具体的合同条款。
4. 遵守合同规定的争议处理时限。
5. 走访争议事实发生的工作区域。
6. 确定是否有证人。
7. 核查争议者的人事档案。
8. 全面检查过去的争议记录。
9. 平等对待工会代表。
10. 私下展开争议讨论。
11. 让你自己的上级充分了解出现争议的问题。

不应当做的：

1. 与工会会员单独讨论争议案件——争议者本人应当在场。
2. 与员工个人达成与劳资协议不一致的安排。
3. 在公司有错的情况下迟迟不采取补救措施。
4. 被动地受以往做法的约束。
5. 面对工会时放弃作为管理者应当行使的权利。
6. 根据所谓的“公平”原则来解决争议。相反，你应当坚持劳资协议的规定。
7. 就劳资合同之外的主题进行谈判。
8. 把惩戒或解雇管理人员的要求作为仲裁的主题。
9. 针对争议提供冗长的书面答复。
10. 用解决一起争议的做法来换取员工撤回另一起争议。
11. 以自己没有自主权为由拒绝处理争议。
12. 同意对劳资合同进行非正式的修正。

15.6　工会运动的今天与未来

20 世纪 60 年代，美国大约有 35％的非农业劳动力加入工会。然而近年来，这一数字下降为12.4%。这一现象背后的原因是什么？工会运动的未来又会怎样呢？

正如前面提到的，以下原因导致了工会会员比例的下降。《职业安全与健康法》和《民权法案》第七章等法律的颁布，减少了工人对工会保护的需求。全球竞争的加剧以及诸如互联网和零库存生产系统等新技术，迫使雇主致力于通过自动化或将工作外包给劳动力价格低廉的国家来削减成本、提高效率。新的外资汽车公司，如丰田汽车公司和戴姆勒汽车公司，大多未成立工会。现在，美国只有15%的工人在制造业和建筑业工作，因而工会的传统会员来源在萎缩。

这一切都构成了对工会的威胁。例如，多年来，美国汽车工人联合会福特汽车公司主席一直致力于为增加其会员的福利而抗争。但是最近，他却敦促其成员接受提高生产率的计划，例如将福特汽车工厂的工作外包给薪酬水平较低的工人。"福特公司正面临绝境，"他说，"如果公司倒闭，我希望当我看着镜子时能问心无愧地说，我尽力了。"[72]同样，其他工会也逐渐放弃了激进的手段。

15.6.1 工会会员的比例正在回升吗?

然而，工会前途也并非暗淡无光。[73]一方面，12.4%这一比例比前几年已经有所上升[74]；另一方面，单纯看数字实际掩盖了工会的真实影响力。各州的工会会员情况千差万别，因而，工会在有些州（例如密歇根州和纽约州）仍旧具有相当大的影响力。并且，美国35%的蓝领工人——特别是在制造业和建筑业中——加入了工会。而且，在现在的工会会员中，略多于一半（大约51%）的工会会员是白领工人，这就意味着工会正渗透到这部分正在快速增长的劳动力大军之中。例如，美国宇航局的一名光物理学家也是他所在的地方工会的主席。[75]白领工会会员包括40%的大学教师、4.5万名物理学家和5万名工程师。并且，大约有10万名护士加入了工会（同样，大多数职业橄榄球队、足球队、篮球队以及曲棍球队队员也加入了工会）。大约有40%的联邦政府、州政府和地方政府的员工也加入了工会。工会会员比例下降的趋势似乎已经趋于平稳。[76]此外，正如我们所看到的，工会自身正变得越来越积极。

15.6.2 公共部门员工与工会

正如我们所说，工会运动的一大亮点在于它们成功地将联邦政府、州政府和地方各级政府的员工组织起来。公共部门员工组织的三大工会——国家教育联合会、美国州县市员工联合会以及美国教师联盟——位于美国最大的工会之列。

工会在组织公共部门员工方面的成功部分反映了多年来公共部门集体谈判和劳资关系立法的变化。例如，1962年，肯尼迪总统签署了第10988号总统令。它承认了联邦政府员工有权加入或拒绝加入劳工组织，并且认可了这些劳工组织。1978年，国会通过了《公务员改革法》（Civil Service Reform Act）（也称《联邦政府劳资关系法》），其中，第七条的规定与《国家劳资关系法》是类似的。它赋予了新的联邦政府劳资关系局（Federal Labor Relations Authority）监督公共部门劳资关系的权限。除其他规定外，第七条还禁止各级政府制约或强制员工行使他们的结社权，禁止鼓励或打击工会会员。[77]

15.6.3 组织专业人员和白领员工

值得注意的是，工会还进入了专业人员和白领员工队伍之中。据最近的报告，IBM 公司把系统分析的工作转移到了国外，华尔街众多公司更多地让外国公司从事证券分析，医院让国外的医生来查看数字化的 X 光片并进行诊断，这些现象解释了专业人员的担心。几年前，波音公司开始关注削减成本和财务结果，但是（从工程师的角度来说），却较少关注工程设计的杰出性。工程师士气下降，直到波音公司惊讶地发现，它的工程师加入了西雅图专业工程员工协会。[78]

15.6.4 授权卡核对和其他一些工会新策略

工会正变得越来越积极主动。工会正推动美国国会通过员工自由选择法案。这一法案的通过将使雇主阻止工人加入工会变得更加困难。作为替代秘密投票选举的一种手段，该法案将建立一套授权卡核对系统。只要大多数工人签署了表明他们想加入工会的授权卡，工会就取得胜利了。（包括新格勒无限公司在内的几家大公司已经同意这一流程。）[79]该法案还规定，如果公司和工会未能通过谈判在 120 天内达成一致协议，则通过约束性的仲裁来确定第一份劳资合同的条件。[80]为了对雇主施压，工会还采用集体诉讼的方式来支持那些未设立工会的企业中的员工利益诉求。例如，最近工会就利用集体诉讼支持了工人受到公平劳工标准法和平等薪酬法保护的权利。[81]

一个名为“优耐特”（UNITE）的工会针对信达思公司（Cintas）采取的措施很好地说明了工会的新策略。在对付信达思公司的过程中，该工会并没有寻求向国家劳资关系委员会申请选举，而是使用了签署授权卡的流程。它还针对该公司发起了 1 亿美元的集体诉讼。然后，位于加利福尼亚州的该公司的工人提起诉讼，指出该公司违反了附近城市的“生活工资”法。后来，该工会又和卡车司机工会结盟，后者瞄准的则是信达思公司中的运输人员。[82]

改革制胜 “改革制胜联盟”（其成员大多来自美国劳联—产联）的优先工作顺序能够帮助我们更好地理解工会的新战略。

我们要做的第一件事是帮助上百万工人组建工会，这样，他们就能够发动强有力的工会运动，为美国工人争取工作报酬；如果将同一行业中的所有工人联合起来，就能够同当今的大型跨国公司为每一位员工的利益进行谈判；我们要对当今的劳动力队伍多元化作出反应，并且应对今天的劳动力队伍所出现的各种变化；基于经济问题和政党形成劳动者在政治领域中日益扩大的发言权；通过将劳联—产联的战略、结构以及优先工作顺序进行现代化调整，使上述改变成为可能。[83]

在实践中，这就意味着改革制胜联盟将会在组织国内以及国外劳动者方面变得非常积极。[84]

工会全球化 沃尔玛公司曾经竭力阻止在其超市中建立工会，但是最近它却不得不同意其在中国的员工加入工会。

沃尔玛在中国的这一退让部分源于服务业员工国际工会（Service Employees'

International Union）开展的全球工会运动。正如服务业员工国际工会所指出的，这些工会运动反映了这样一个观点，即“巨大的全球性服务业公司通常会跨越国家边界和行业链，将其运营转移到那些劳动力价格和福利水平最低的地方”。因而，服务业员工国际工会正在加强同其他国家工会的联盟，其目的在于将某些特定的跨国公司和某个行业中的全球员工团结起来。[85]例如，最近服务业员工国际工会正在同中国的中华全国总工会合作，帮助后者组建沃尔玛在中国的各家超市中的工会。[86]此外，最近，美国钢铁工人联合会与英国最大的工会合并组建了“工作联盟”（Working Uniting）工会，以帮助工会应对跨国公司员工的问题。[87]因而，任何想通过离岸经营来避免工会化的公司都会惊讶地发现自己打错了如意算盘。

15.6.5 通过人力资源管理信息系统改进生产率：工会走向高科技

正如一位专家所说：“如果更为快速和有力的沟通方式能够帮助企业在快速变化和充满挑战的环境中竞争，那么难道它们不能够使工会变得更强大和更有效吗？”[88]

事实上，它们同样可以帮助工会。电子邮件和互联网意味着工会可以向参与集体谈判的工会成员群发通知信息，并且通过电子邮件联系到支持本公司工会运动的支持者和政府官员。

例如，工会正试图让星巴克的员工建立自己的网站（www.starbucksunion.org）。在这个网站上有这样一条提示：“一些内部邮件显示，星巴克管理者监控网络聊天室，并偷听各派在一次秘密选举中的对话，以确定员工是否在鼓动在星巴克的连锁咖啡店中成立工会。”[89]

人力资源管理应用程序

通过 iPod 组织工会

工会也正在使用移动设备支持其组建工会的活动。下面是国家教育联合会的一张演示文稿。[90]

用于组建工会和发展工会会员的网络资源和技术

工具	技术	功能/活动
网址	● 表格 ● 民意调查 ● 信息页	● 如何加入工会 ● 集体合同信息 ● 吸引提出建议 ● 提供接触信息、新闻和工会消息更新
电子邮件和电子简报	● 电子邮件自动回复 ● 消息提示	● 发送欢迎加入工会的信息 ● 工会新消息（争议处理程序的更新、会议通知） ● 保证工会会员了解相关信息 ● 邀请受众再次浏览工会网页

15.6.6　高绩效工作系统、员工参与和工会

对于一些工会来说，员工参与计划绝不是什么好事。许多雇主鼓励员工参与质量圈之以及其他一些类似的员工参与小组。这样做的目的是，帮助企业解决与工作相关的问题以及建立高绩效工作系统。美国联合包裹服务公司的一个计划就很典型。根据这个计划，自我指导小组中的小时工作制员工需要确定自己的优先工作顺序。工会怀疑这个计划即使不是蓄意的，也在客观上篡夺了工会的传统职责。

在此，雇主面临着一个问题。要理解这个问题，就应当了解《国家劳资关系（或瓦格纳）法》的一个目标是禁止"虚假工会"。在《国家劳资关系法》通过的两年之前，《国家复兴法》曾努力赋予员工组织起来以及进行集体谈判的权利。这项法案导致虚假工会激增，它们实际上是受公司支持的、以排挤合法工会为目的的组织。这种情况促使美国通过了《国家劳资关系法》。问题在于，法庭可能会将美国联合包裹服务公司实施的这些员工参与项目视为虚假工会。如果这些员工委员会的注意力仅仅是质量和生产率改进，则法庭更可能将其视为不受《国家劳资关系法》约束的行为。但如果员工参与涉及协商工资和工作条件等属于工会职责范畴的事务，则会更具争议性。

现在，雇主可以采取以下步骤来避免其员工参与计划被视为虚假工会[91]：

● 最大限度地让员工参与这些计划的设计过程。

● 不断地向员工强调，委员会以解决诸如质量和生产率等方面的问题为唯一目的，而不会与资方共同涉及强制性的谈判主题（如工资和工作条件）。

● 不要在工会开始在公司中发起组建活动的同时建立这种委员会。

● 由自愿者而不是由选举出来的员工代表组成这种委员会，并且经常轮换委员会成员，以确保广大员工的参与。

● 尽可能少地参与委员会的日常活动，以避免产生非法干预甚至主导委员会的活动之嫌。

最近一项对有关工会的研究和文献所做的综述提供了一些新的观点。作者总结道："那些能够与公司管理者建立合作关系的工会，在帮助组织克服障碍、采取有利于组织竞争力提升的有效措施方面，发挥着重要的作用。"[92]然而，她也总结道，雇主如果想要利用这种潜在的优势，就需要改变他们的一贯思维方式，避免敌对型劳资关系，并强调与工会的合作型伙伴关系。

本章内容概要

1. 劳工运动是非常重要的。美国大约有 1 800万工人加入了工会，占工人总数的 12.4%。工人们组建工会不仅仅是为了得到更多的薪酬或者更好的工作条件；不正当劳资关系的存在和工会的力量也是非常重要的原因。工会的首要目的是寻求工会的保障性，并改善其会员的工资、工时和工作条件。工会的保障性可能有五种形式：封闭型企业、工会制企业、工会代理制企业、工会会员优先企业，以及会员资格保持型企业。美国劳联—产联作为一个由美国 56 个全国性和国际性工会自愿组成的联盟，在工会运动中扮演了重要的角色。

2. 为了理解工会及其所产生的影响，就

有必要理解工会和法律之间的相互关系。总的来说，劳工法律经历了鼓励工会阶段、有条件鼓励加上规范管理阶段以及最后详尽规范工会内部事务阶段。今天的法律环境似乎在朝着更多地鼓励工会发展的方向转变。在历史上，有关鼓励工会发展的法律包括 20 世纪 30 年代颁布的《诺里斯-拉瓜迪亚法》与《国家劳资关系（或瓦格纳）法》。这些法律规定了某些不正当劳资关系行为属于违法，并且使组建工会变得更容易。《塔夫托-哈特利法》或 1974 年的《劳资关系法》规定，工会不能强制性地要求员工加入工会，并罗列了一些不正当的工会行为。20 世纪 50 年代的《兰德勒姆-格里芬法》（严格地说是《劳资关系报告与公告法》）进一步保护工会会员免受其所在工会的某些不正当行为的损害。

3. 当工会刚开始组建时，所有的管理者和基层主管人员通常都会被牵扯进来，因而有必要让他们理解工会的启动和选举机制。主要的步骤包括：早期接触、取得授权卡、举行听证会、开展拉票运动、选举。各级监督管理人员必须理解他们在上述每一个步骤中扮演的角色。首先要遵循“TIPS”原则——不要威胁、质询、许诺或者做间谍，然后遵循“FORE”原则——提供事实、解释观点、解释正确的规则以及分享自己的经验。管理者需要了解工会分发小册子和吸引工人入会的手段方面的一些规则。例如，雇主可以禁止非本公司员工在员工的工作时间说服他们加入工会，还可以禁止已加入工会的员工在工作时间向其他正在工作的员工进行游说活动。

4. 雇主和工会通过集体谈判过程达成协议。集体谈判的关键是有诚意的谈判，这意味着劳资双方必须尽可能作出各种合理的努力来达成协议，双方针对对方的建议提出相应的匹配性意见。谈判双方都需要努力理解他们各自所代表的那一方的需求，并且量化双方的这种需求。在实际的谈判主题中，包括像工资等这样一些强制性谈判主题、非法谈判主题以及诸如退休福利等这样一些自愿性谈判主题。如果集体谈判过程进展不顺利，谈判双方就会引进第三方的介入，其中包括调查、调解和仲裁。罢工是一种停止劳动的方式，由于劳资双方没能就合同达成一致意见可能会导致经济性罢工、不正当劳资关系行为罢工、野猫罢工和同情罢工。在罢工期间，可能会出现设置纠察的情况。其他策略则包括联合施压、联合抵制、内部博弈和闭厂。

5. 绝大多数管理者在其职业生涯中都会涉及劳资争议。绝大多数集体谈判合同都包括一个具体的争议处理程序，列明了处理争议的步骤。总的来说，应对争议的最好办法是营造一种氛围，使争议从一开始根本就不会发生。然而，如果争议真的发生了，管理者要做的事则包括调查、认真处理个案，就好像每一个案件都会导致发展到接受仲裁那样重视它们，同员工就争议进行沟通，遵守集体谈判中规定的争议处理时限。另一方面，不要与员工个人达成不符合劳资合同规定的协议，或者采取公司做错事情后却拒绝采取补救措施的做法。

6. 今天的工会在许多方面都变得越来越有影响力，所以有必要理解工会的现状及其未来发展趋势。例如，工会在推动美国国会通过员工自由选择法案方面，正在发挥着越来越积极的作用，该法案使员工无须经过正式的工会选举，而是通过签署授权卡的方式就能为组建工会投票。新的工会联盟，例如“改革制胜联盟”，在组织工人方面正表现得越来越积极，并且工会正在走向全球化，例如，其实现方式之一是，帮助在沃尔玛中国公司工作的员工在当地组建工会。

讨论题

1. 为什么员工会加入工会？成为工会会员的优点和缺点各是什么？

2. 讨论必然会导致企业在国家劳资关系委员会选举中落败的五种做法。

3. 描述你认为在工会开始活动时以及选举期间，工会将采取的几种重要策略。

4. 简要说明劳工法律为什么不断地经历着对工会从抑制到鼓励的循环。

5. 具体说明在工会开始活动和选举过程中的每一个步骤。

6. 有诚意的谈判的内涵是什么？在什么情况下谈判是无诚意的？

7. 详细说明僵持、调解和罢工，并说明可以用于化解僵局的各种方法。

个人和小组活动

1. 假设你是一家小型制造工厂的管理人员，适用于你们工厂大多数员工的工会合同将要到期。请以个人或小组为单位，讨论如何为工会合同的谈判做好准备。

2. 以个人或小组为单位，利用互联网查找公司管理层和工会在谈判过程中形成僵局，但最终又化解了僵局的案例。描述导致双方僵持的问题。他们是如何化解僵局的？最后的结局是什么？

3. 本书末附录中的美国人力资源认证机构提供的“考试指南”部分，列出了想要通过人力资源资格认证考试的人需要了解的各个方面的人力资源管理知识（例如战略人力资源管理、员工队伍规划、人力资源开发等）。请以4～5人为一组，完成下列四项任务：(1) 浏览该附录中的内容；(2) 明确在本章所讲授的内容中有哪些与附录中列出的需要参加考试者掌握的知识是相关的；(3) 根据这些与考试相关的内容，编写出你们认为适合作为这种人力资源认证资格考试考试题的4道多项选择题；(4) 如果时间允许的话，你们小组派出一个人将你们编写的考试题在课堂上展示给大家，这样各个小组的学生就能够回答其他小组编写的考试题了。

4. 几年前，8 000名美国铁路客运公司的工人一致决定不采取罢工的做法，起码一直到法庭举行听证会之前如此。美国铁路客运公司要求法庭颁布临时禁令，而美国运输工人工会也乐得因此而拖延罢工。工人们很明显并不是对该公司不满，而是对美国国会没有能够为该公司提供足够的资金感到不满。作为管理者，当你发现员工威胁要举行罢工，但却并不是因为公司做错了什么，而是因为第三方——在这个案例中是指美国国会——有某种作为或某种不作为时，你能采取哪些措施？哪些法律可以阻止此案中的工会举行罢工？

体验式练习

目的：本练习的目的就是让你实际处理与工会组建运动相关的某些问题。[93]

必须理解的内容：你应当熟悉本章所讲授的所有内容以及以下事件：“校园中的工会组建问题”。

事件：校园中的工会组建问题：阿特·提普顿是皮尔斯大学的人力资源总监。这所大学是一所位于某大都市的私立大学。该校维修与房屋管理服务部主任露丝·安·兹默刚刚来到阿特的办公室讨论她的处境。兹默所在的部门负责维修和清洁该校校园中的各种设施。兹默是负责对从事校园宿舍维护和保洁工作的员工进行监督管理的部门主管之一。

接下来，兹默表达了自己对已经在其管理的员工中产生影响的工会组建运动的担心。兹默说，服务业工人工会的代表已经在与许多工人会面，力劝他们签署授权卡。她亲眼看到她的几位员工把其他员工“挤在墙角”，跟他们讲有关加入工会的事，并且力劝他们签署授权卡。兹默甚至发现这种事情发生在工作时间，是当她的那些工人正在宿舍里从事日常维护和清洁工作时做这一切的。兹默汇报说，她的许多员工已经来问过她本人对工会的看法。他们说，本部门的其他几位主管已经告诉过他们的员工，不要签署工会授权卡，在校园里的任何时候都不要谈论工会。兹默还汇报说，一位同级主管人员在会上告诉其手下的员工，任何人谈论工会或工会授权卡，一经发现将会受到惩戒并可能会被开除。

兹默说，员工对自己的工资以及长期忍受学生、主管人员及其他职员的情况感到非常不满。她说，有几位员工告诉她，他们已经签署了工会授权卡，因为他们相信，如果员工有工会作为自己的代表，就会使大学管理部门更加重视他们所关心的问题，这是唯一的途径。兹默说，她制作了一份名单，在上面列举出了她觉得可能已经加入工会或者对工会很感兴趣的员工，如果提普顿想亲自与这些员工接触的话，她可以给他提供这份名单。最后，兹默表示，她和其他部门主管人员必须能够知道，为消除其部门中存在的工会化威胁，自己应当做些什么。

如何进行练习/指导：将全班分为每组5～6人的若干小组。设想你是受雇于该大学的劳资关系顾问，你的任务是确定牵扯的问题以及主题，并就该大学的权利以及下一步所要做的事情向阿特·提普顿提供咨询。每个小组要用大约 45 分钟时间讨论这些问题，然后对这些问题以及提普顿需要采取的行动计划加以描述。他下一步应当做些什么？

如果时间允许，每个小组的报告人应在黑板上列举出自己认为涉及的主题以及本小组提出的建议，说明阿特到底应当做什么。

应用案例

与美国编剧协会的谈判

2007 年，美国编剧协会和美国电影电视制片人联盟之间的对话开始变得紧张，之后局势变得更糟。在他们的第一次会晤中，双方没能达成任何协议。正如《法律与秩序》制片人迪克·沃尔夫（Dick Wolf）所说："会议室里的每个人都在担心这件事。"[94]

在所有的问题上，双方都存在很大分歧。然而，最大的问题是如何对从新媒体形式（例如，当电视节目被刻录成光碟或者放在网络上时）中获得的收入进行分配。这位制片人说，他们想要一种利润分享系统，而非现在的剩余分享系统（residual system）。现在的剩余分享系统下，只要编剧的作品被播放一次，他们就能从中得到收入（例如当《欢乐单身派对》（Seinfeld）在首播后再次播放时）。美国编剧协会的高层管理者还做了其他一些功课。例如，他们争辩道，电影院的数据说明，2002—2006 年，制片商从广告和认购费中获得的收入上涨了 40%。[95]

形势变得越来越紧张。在经过几次最初的会谈之后，一位制片人代表说："我们可以拭目以待，看哪一方将取得这场鏖战的胜利。问题的关键在于，双方是愿意都作出适当的让步，首先达成一份协议，然后再各自回去医治自己的伤口——这对双方来说都不是最坏的结局——还是在达成协议之前，双方都继续停工，让大家都承受对彼此没有好处的持续损害。"[96]然而，在双方已经会晤了 6 次之后，情况似乎是"双方唯一能够达成共识的一点是，任何实质性的谈判都尚未发生"。[97]

2007 年 10 月，美国编剧协会要求其会员给予罢工授权，制片人指责说，编剧协会是在拖延一切协商，直到现在的合同到期（10 月末到期）。制片人协会主席指出："我们已经进行了 6 轮谈判，而编剧协会的领导者在会议上的表现只有沉默和不配合……我们尝试着触及主要议题，但对方的领导者却一言不发……很明显，对方根本不是在进行有诚意的谈判。”[98] 作为证据，制片人协会指出，有一次编剧协会的领导在集体谈判开始不到一小时就离场了。

双方都知道谈判时间的重要性。秋季和春季正是电视剧的旺季。因而，编剧们现在举行罢工要比等到夏季再举行罢工所产生的影响更大。毫不令人惊讶，到了 2008 年 1 月，人们能够看到一些明显的举动。在制片人协会内部的一次单独谈判中，制片人协会同其各制片人成员就编剧们关注的诸如如何分配新媒体收入等问题达成了协议。[99] 2008 年 2 月，双方最终达成了协议。新的合同是“双方长期谈判的直接结果，这样一场包括美国作家协会官员、迪士尼公司和新闻媒体高层管理人员在内的马拉松式的谈判，终于在周五结束”。[100]

［问题］

1. 制片人协会指责美国编剧协会没有进行有诚意的谈判。他们这样说的含义是什么？你认为制片人协会给出的证据足以证明他们提出的这种指责吗？

2. 美国编剧协会最终确实举行了罢工。罢工开始后，制片人方面采取了哪些策略予以反击？你认为美国编剧协会又采取了哪些策略？

3. 这是一场在专业从事创作的编剧和电影电视制片人之间发生的冲突。在你看来，这会使它在某些方面有别于生产汽车和卡车的工人与汽车公司或卡车公司之间的冲突吗？为什么？

4. 举例说明在这场谈判中，谈判技巧扮演了何种角色？

连续案例

卡特洗衣公司

争议处理

在走访卡特洗衣公司的一家分店时，詹妮弗十分惊讶地被一位公司的老员工拉到停车场旁边。乔治跟詹妮弗说，他由于上个周四迟到而被扣两天工资。“我实在是很沮丧，但是在这里，店面经理的话似乎就是法律不能违背，并且似乎任何想争议的人所能采取的唯一方式就是像现在这样在停车场见到你或者你父亲。”詹妮弗为这个事实所震惊，并向该员工许诺她将调查并同她父亲商讨这个问题。在驱车回总部的途中，她开始仔细琢磨卡特洗衣公司能够采取的备选方案。

［问题］

1. 你认为卡特洗衣公司有必要建立正式的争议处理程序吗？为什么？

2. 基于你对卡特洗衣公司的了解，列出你认为适合该公司的争议处理程序的框架。

3. 除了争议处理程序，你认为卡特洗衣公司还可以采取哪些措施确保类似的争议和抱怨能够被高层管理者获悉？

将战略转化为人力资源管理政策和实践的案例

巴黎酒店

巴黎酒店的新劳资关系实践

巴黎酒店的竞争战略是：“通过卓越的顾客服务将自己与同行区别开来，以吸引顾客延长入住时间，提高顾客再次入住比率，从而提高酒店的收入和利润水平。”酒店人力资源经理莉萨·克鲁兹现在必须制定和实施战略性人力资源管

理政策和活动，通过帮助酒店获得战略所需的员工行为和胜任素质来支持酒店的这一竞争战略。

莉萨·克鲁兹的父母都是工会会员，对于工会，她并没有强烈的反感。然而，作为巴黎酒店的人力资源总监，她的确强烈地感觉到雇主应该尽可能去做任何法律允许的事情，以使酒店保持非工会化的状态。她知道，这也是连锁店的所有者和高层管理人员的想法，而且似乎也有足够的证据支持他们采取这种立场。她看到过的一项研究总结说，有30%或更多的工人加入工会的企业，其业绩排在倒数10%的位置，而那些只有8%或9%的工人加入工会的企业，业绩往往排在前10%之列。[101] 问题是，巴黎酒店并没有特别的政策和程序帮助管理人员和基层主管人员处理与工会组建有关的活动。由于知道法律对于雇主及其管理人员在面对工会组建活动时能做什么和不能做什么，莉萨很清楚，自己的公司实际上处于一种“坐等问题发生”的状态。她把自己的注意力转向了她和她的团队在劳资关系和集体谈判方面应当采取什么步骤这样一个问题。

莉萨和首席财务官知道，工会化是巴黎酒店需要面对的现实。在美国连锁店员工中，5%的人已经参加了工会，工会在这些地区很活跃。例如，莉萨和首席财务官为了更好地估计形势，上网收集了一些信息。他们在酒店与餐饮业员工工会第 26 地方工会的网站链接上（www. http：// hotelworkersrising. org/Campaign/）找到了一个有趣的网站。该网站介绍了工会在几次集体合同谈判中所取得的成功，还介绍了工会在一些当地酒店中取得的成果，其中包括威斯汀和希尔顿集团的连锁酒店。莉萨和首席财务官一致认为，她和她的团队必须制定和设计一套新的政策和措施，使巴黎酒店能够降低进一步工会化的可能性，并且更有效地处理工会问题。他们在劳资关系律师的帮助下，开始着手完成此项任务。

［问题］

1. 巴黎酒店战略的细节如何影响这些新的与工会相关的人力资源管理实践（例如争议处理程序）？

2. 请列举并简要描述你认为为了降低员工加入工会的可能性，该酒店的管理层能够采取的最主要的三个步骤。

3. 请为编写一本题为“当工会发起行动时你需要知道什么”的手册，准备一份较为详尽的两页纸的提纲。莉萨将把这份手册发给酒店的中层和基层管理人员，告诉他们应当如何去发现可能出现的工会组建活动，告知他们应当如何完成与实际工会组建程序相关的监督管理任务。

注释

[1] Steven Greenhouse, “Board Accuses Starbucks of Trying to Block Union,” *The New York Times*, April 3, 2007, p. B2; www.starbucksunion.org, accessed March 25, 2009.

[2] www.bls.gov/news.release/union2.nr0.htm, accessed April 2, 2009.

[3] Ibid.; “Union Membership Rises,” *Compensation & Benefits Review*, May/June 2008, p. 9.

[4] Joseph Adler, “The Past as Prologue? A Brief History of the Labor Movement in the United States,” *Public Personnel Management*, December 22, 2006, pp. 311–329.

[5] Ibid.

[6] Michael Ash and Jean Seago, “The Effect of Registered Nurses’ Unions on Heart Attack Mortality,” *Industrial and Labor Relations Review* 57, no. 3 (April 2004), pp. 422–442.

[7] Steven Abraham et al., “The Impact of Union Membership on Intent to Leave: Additional Evidence on the Voice Face of Unions,” *Employee Responsibilities and Rights* 17, no. 4 (2005), pp. 21–23.

[8] For a good description, see Arthur Sloane and Fred Witney, *Labor Relations* (Upper Saddle River, NJ: Prentice Hall, 2004), pp. 45–78.

[9] James Bennett and Jason Taylor, “Labor Unions: Victims of Their Political Success?” *Journal of Labor Research* 22, no. 2 (Spring 2001), pp. 261–273.

[10] Paul Monies, “Unions Hit Hard by Job Losses, Right to Work,” *The Daily Oklahoman* (via *Knight Ridder/Tribune Business News*), February 1, 2005, accessed May 25, 2005. Now accessible at www.accessmylibrary.com/article-1G1-127994772/unions-hit-hard-job.html, accessed August 11, 2009.

[11] Dale Belman and Paula Voos, “Changes in Union Wage Effects by Industry: A Fresh Look at the Evidence,” *Industrial Relations* 43, no. 3 (July 2004), pp. 491–519.

[12] Donna Buttigieg et al., “An Event History Analysis of Union Joining and Leaving,” *Journal of Applied Psychology* 92, no. 3 (2007), pp. 829–839.

[13] Kris Maher, “The New Union Worker,” *The Wall Street Journal*, September 27, 2005, pp. B1, B11.

[14] Robert Grossman, "Unions Follow Suit," *HR Magazine*, May 2005, p. 49.

[15] Warner Pflug, *The UAW in Pictures* (Detroit: Wayne State University Press, 1971), pp. 11–12.

[16] Arthur Sloane and Fred Witney, *Labor Relations* (Upper Saddle River, NJ: Prentice Hall, 2007), pp. 335–336.

[17] Benjamin Taylor and Fred Witney, *Labor Relations Law* (Upper Saddle River, NJ: Prentice Hall, 1992), pp. 170–171.

[18] www.dol.gov/esa/programs/whd/state/righttowork.htm, accessed January 13, 2008.

[19] Paul Monies, "Unions Hit Hard by Job Losses, Right to Work," *The Daily Oklahoman* (via *Knight Ridder/Tribune Business News*), February 1, 2005, op cit.

[20] Steven Greenhouse, "4th Union Quits AFL-CIO in a Dispute over Organizing," *The New York Times*, September 15, 2005, p. A14.

[21] The following material is based on Arthur Sloane and Fred Witney, *Labor Relations* (Upper Saddle River, NJ: Prentice Hall, 2001), pp. 46–124.

[22] Elizabeth Bennett, "Online Staffers in Dispute with Papers," *Philadelphia Business Journal*, January 12, 2001, p. 6.

[23] "Union Membership by State and Industry," *BNA Bulletin to Management*, May 29, 1997, pp. 172–173; "Regional Trends: Union Membership by State and Multiple Jobholding by State," *Monthly Labor Review* 123, no. 9 (September 2000), pp. 40–41.

[24] Michael Carrell and Christina Heavrin, *Labor Relations and Collective Bargaining* (Upper Saddle River, NJ: Prentice Hall, 2004), p. 180.

[25] Sloane and Witney, *Labor Relations*, p. 121.

[26] Kris Maher, "Unions' New Foe: Consultants," *The Wall Street Journal*, August 15, 2005, p. B1.

[27] "Some Say Salting Leaves Bitter Taste for Employers," *BNA Bulletin to Management*, March 4, 2004, p. 79; and www.nlrb.gov/global/search/index.aspx?mode=s&qt=salting&col=nlrb&gb=y, accessed January 14, 2008. For a management lawyer's perspective, see www.fklaborlaw.com/union_salt-objectives.html, accessed May 25, 2007.

[28] "Spurned Union Salts Entitled to Back Pay, D.C. Court Says, Affirming Labor Board," *BNA Bulletin to Management*, June 21, 2001, p. 193.

[29] D. Diane Hatch and James Hall, "Salting Cases Clarified by NLRB," *Workforce*, August 2000, p. 92. See also www.fklaborlaw.com/union_salt-objectives.html, accessed May 25, 2007.

[30] Edwin Arnold et al., "Determinants of Certification Election Outcomes in the Service Sector," *Labor Studies Journal* 25, no. 3 (Fall 2000), p. 51.

[31] "Number of Elections, Union Wins Increased in 2002," *BNA Bulletin to Management*, June 19, 2003, p. 197.

[32] This section is based on Matthew Goodfellow, "How to Lose an NLRB Election," *Personnel Administrator* 23 (September 1976), pp. 40–44. See also Matthew Goodfellow, "Avoid Unionizing: Chemical Company Union Election Results for 1993," *Chemical Marketing Reporter* 246 (July 18, 1994) p. SR14; Gillian Flynn, "When the Unions Come Calling," *Workforce*, November 2000, pp. 82–87.

[33] Ibid.

[34] Ibid.

[35] Harry Katz, "The Decentralization of Collective Bargaining: A Literature Review and Comparative Analysis," *Industrial and Labor Relations Review* 47, no. 1 (October 1993), p. 11.

[36] The following are adapted and/or quoted from Kate Bronfenbrenner, "The Role of Union Strategies in NLRB Certification Elections," *Industrial and Labor Relations Review* 50 (January 1997) pp. 195–212.

[37] Frederick Sullivan, "Limiting Union Organizing Activity Through Supervisors," *Personnel* 55 (July/August 1978), pp. 55–65. See also Edward Young and William Levy, "Responding to a Union-Organizing Campaign: Do You and Your Supervisors Know the Legal Boundaries in a Union Campaign?" *Franchising World* 39, no. 3 (March 2007), pp. 45–49.

[38] Ibid., pp. 167–168.

[39] Jonathan Segal, "Unshackle Your Supervisors to Stay Union Free," *HR Magazine*, June 1998, pp. 62–65. See also www.nlrb.gov/workplace_rights/nlra_violations.aspx, accessed January 14, 2008.

[40] Whether employers must give union representatives permission to organize on employer-owned property at shopping malls is a matter of legal debate. The U.S. Supreme Court ruled in *Lechmere, Inc. v. National Labor Relations Board* that employers may bar nonemployees from their property if the nonemployees have reasonable alternative means of communicating their message to the intended audience. However, if the employer lets other organizations like the Salvation Army set up at their workplaces, the NLRB may view discriminating against the union organizers as an unfair labor practice. See, for example, "Union Access to Employer's Customers Restricted," *BNA Bulletin to Management*, February 15, 1996, p. 49; "Workplace Access for Unions Hinges on Legal Issues," *BNA Bulletin to Management*, April 11, 1996, p. 113.

[41] "Union Access to Employer's Customers Restricted," *BNA Bulletin to Management*, February 15, 1996, pp. 4–65. The appropriateness of these sample rules may be affected by factors unique to an employer's operation, and they should therefore be reviewed by the employer's attorney before implementation.

[42] Clyde Scott and Edwin Arnold, "Deauthorization and Decertification Elections: An Analysis and Comparison of Results," *WorkingUSA* 7, no. 3 (Winter 2003), pp. 6–20; www.nlrb.gov/nlrb/shared_files/brochures/rpt_september2002.pdf, accessed January 14, 2008.

[43] Carrell and Heavrin, *Labor Relations and Collective Bargaining*, pp. 120–121.

[44] See, for example, David Meyer and Trevor Bain, "Union Decertification Election Outcomes: Bargaining Unit Characteristics and Union Resources," *Journal of Labor Research* 15, no. 2 (Spring 1994), pp. 117–136.

[45] www.nlrb.gov/nlrb/shared_files/brochures/basicguide.pdf, accessed January 14, 2008.

[46] Carrell and Heavrin, *Labor Relations and Collective Bargaining*, pp. 176–177.

[47] "No Talks Until Mechanics Union Softens Demand, Northwest Airlines Says," *Knight Ridder/Tribune Business News*, March 28, 2001, Item 01087165.

[48] John Fossum, *Labor Relations* (Dallas: BPI, 1982), pp. 246–250.

[49] *Boulwareism* is the name given to a strategy, now generally held in disfavor, by which the company, based on an exhaustive study of what it believed its employees wanted, made but one offer at the bargaining table and then refused to bargain any further unless convinced by the union on the basis of new facts that its original position was wrong. The NLRB subsequently found that the practice of offering the same settlement to all units, insisting that certain parts of the package could not differ among agreements, and communicating to the employees about how negotiations were going amounted to an illegal pattern. Fossum, *Labor Relations*, p. 267. See also William Cooke, Aneil Mishra, Gretchen Spreitzer, and Mary Tschirhart, "The Determinants of NLRB Decision-Making Revisited," *Industrial and Labor Relations Review* 48, no. 2 (January 1995), pp. 237–257.

[50] Kathryn Tyler, "Good-Faith Bargaining," *HR Magazine*, January 2005, p. 52.

[51] See, for example, Arthur Sloane and Fred Witney, *Labor Relations* (Upper Saddle River, NJ, Prentice Hall, 2004), pp. 177–218.

[52] Reed Richardson, *Collective Bargaining by Objectives* (Upper Saddle River, NJ: Prentice Hall, 1977), p. 150.

[53] With or without reaching a solution, impasses and union–management conflict can leave union members demoralized. See, for example, Jessica Marquez, "Taking Flight," *Workforce*, June 9, 2008, pp. 1, 18.

[54] Fossum, *Labor Relations*, p. 312. See also Thomas Watkins, "Assessing Arbitrator Competence," *Arbitration Journal* 47, no. 2 (June 1992), pp. 43–48.

[55] Carrell and Heavrin, *Labor Relations and Collective Bargaining*, p. 501.

[56] http://fmcs.gov/assets/files/annual%20reports/FY2006_Annual_Report.pdf, accessed January 14, 2008.

[57] Fossum, *Labor Relations*, p. 317.

[58] Mark Fitzgerald, "UAW Lifts Boycott," *Editor & Publisher*, February 26, 2001, p. 9.

[59] "Striker Replacements," *BNA Bulletin to Management*, February 6, 2003, p. S7.

[60] Micheline Maynard and Jeremy Peters, "Northwest Airlines Threatens to Replace Strikers Permanently," *The New York Times*, August 26, 2005, p. C3.

[61] Stephen Cabot and Gerald Cuerton, "Labor Disputes and Strikes: Be Prepared," *Personnel Journal* 60 (February 1981), pp. 121–126. See also Brenda Sunoo, "Managing Strikes, Minimizing Loss," *Personnel Journal* 74, no. 1 (January 1995), pp. 50ff.

[62] For a discussion, see Herbert Northrup, "Union Corporate Campaigns and Inside Games as a Strike Form," *Employee Relations Law Journal* 19, no. 4 (Spring 1994), pp. 507–549.

[63] Jessica Materna, "Union Launches Web Site to Air Grievances Against San Francisco Marriott," *San Francisco Business Times*, May 4, 2001, p. 15.

[64] Northrup, "Union Corporate Campaigns and Inside Games," p. 513.

[65] Ibid., p. 518.

[66] Clifford Koen Jr., Sondra Hartman, and Dinah Payne, "The NLRB Wields a Rejuvenated Weapon," *Personnel Journal*, December 1996, pp. 85–87.

[67] Sloane and Witney, *Labor Relations*, 10th ed., pp. 221–227.

[68] Carrell and Heavrin, *Labor Relations and Collective Bargaining*, pp. 417–418.

[69] Richardson, *Collective Bargaining*.

[70] Duncan Adams, "Worker Grievances Consume Roanoke, VA Mail Distribution Center," *Knight Ridder/Tribune Business News*, March 27, 2001, Item 01086009.

[71] See M. Gene Newport, *Supervisory Management*, (West Group, 1976), p. 273, for an excellent checklist. See also Mark Lurie, "The Eight Essential Steps in Grievance Processing," *Dispute Resolution Journal* 54, no. 4 (November 1999), pp. 61–65.

[72] Jeffrey McCracken, "Desperate to Cut Costs, Ford Gets Union's Help," *The Wall Street Journal*, March 2, 2007, pp. A1, A9.

[73] See, for example, Jo Blanden et al., "Have Unions Turned the Corner? New Evidence on Recent Trends in Union Recognition in UK Firms," *British Journal of Industrial Relations* 44, no. 2 (June 2006), pp. 169–190.

[74] www.bls.gov/news.release/union2.nr0.htm, accessed April 2, 2009.

[75] Kris Maher, "The New Union Worker," *The Wall Street Journal*, September 27, 2005, pp. B1, B11.

[76] Andy Meisler, "Who Will Fold First?" *Workforce Management*, January 2004, p. 30.

[77] Carrell and Heavrin, *Labor Relations and Collective Bargaining*, pp. 34–36.

[78] Woodruff Imberman, "Why Engineers Strike: The Boeing Story," *Business Horizons* 44, no. 6 (November 2001), pp. 35–39.

[79] "The Limits of Solidarity," *The Economist*, September 23, 2006, p. 34.

[80] Kris Maher, "Specter Won't Support Union-Backed Bill," *The Wall Street Journal*, March 20, 2009, p. A3.

[81] "Unions Using Class Actions to Pressure Nonunion Companies," *BNA Bulletin to Management*, August 22, 2006, p. 271. Some believe that today, "long-term observers see more bark than bite in organized labor's efforts to revitalize." For example, Robert Grossman, "We Organized Labor and Code," *HR Magazine*, January 2008, pp. 37–40.

[82] Andy Meisler, "Who Will Fold First?" pp. 28–38.

[83] Jennifer Schramm, "The Future of Unions," *Workplace Visions* (Society for Human Resource Management, 2005), no. 4, pp. 1–8.

[84] Ibid.

[85] Ibid, p. 6.

[86] Mei Fong and Kris Maher, "US Labor Chief Moves into China," *The Wall Street Journal* (Asia), June 22–24, 2007, p. 1.

[87] Steven Greenhouse, "Steelworkers Merge with British Union," *The New York Times*, July 3, 2008, p. C4.

[88] Gary Chaison, "Information Technology: The Threat to Unions," *Journal of Labor Research* 23, no. 2 (Spring 2002), pp. 249–260.

[89] www.starbucksunion.org, accessed January 14, 2008.

[90] Cathie Sheffield-Thompson, "Web Resources and Techniques for Organizing and Membership Development," 2006 Higher Ed State Staff Training, December 7–9, 2006, NEA Research, csheffield@nea.org, accessed March 23, 2009.

[91] "Employer's System of Worker Empowerment Does Not Fall Prey to Labor Act, NLRB Rules," *BNA Bulletin to Management*, August 2, 2001, p. 241.

[92] Carol Gill, "Union Impact on the Effective Adoption of High Performance Work Practices," *Human Resource Management Review* 19 (2009), pp. 39–50.

[93] Raymond Hilgert and Cyril Ling, *Cases and Experiential Exercises in Management* (Upper Saddle River, NJ: Prentice Hall, 1996), pp. 201–203.

[94] Chris Pursell, "Rhetoric Flying in WGA Talks," *TelevisionWeek*, July 23, 2007, pp. 3, 35; Peter Sanders, "In Hollywood, a Tale of Two Union Leaderships," *The Wall Street Journal*, January 7, 2008, p. B2.

[95] Pursell, "Rhetoric Flying in WGA Talks."

[96] Ibid.

[97] James Hibberd, "Guild Talks Break with No Progress," *TVWeek* 26, no. 38 (October 8, 2007), pp. 1, 30.

[98] Ibid.

[99] "DGA Deal Sets the Stage for Writers," *TelevisionWeek*, January 21, 2008, pp. 3, 33.

[100] "WGA, Studios Reach Tentative Agreement," UPI NewsTrack, February 3, 2008.

[101] Brian Becker et al., *The HR Scorecard* (Boston: Harvard Business School Press, 2001), p. 16.

第 16 章
员工安全与健康

这一定是一种非常令人恐惧的死亡方式：一名 30 岁的工人被“滚滚落下的泥土和瓦砾埋住了胸部以下的部位，尽管他的头还露在外面，但是巨大的压力使他难以呼吸”。其他工人在此之前早已向这个位于布鲁克林的建筑工地的老板发出过警告，说这个沟渠随时都有可能发生意外事故，然而，老板却似乎对此无动于衷。检察官随即控告他犯有过失杀人罪。[1]

我们学到哪了

伦理道德和劳资关系都是影响员工工作质量的重要因素。而本章的主要目的则是为读者提供更为有效的基本知识，以处理员工在工作中存在的安全及健康问题。每一位管理人员都必须了解《职业安全与健康法》的有关知识，因此，这一章将讨论《职业安全与健康法》的目的、标准和审查程序，以及员工和企业双方的权利和责任。我们将分析导致事故发生的三个基本原因：偶然事件、不安全的工作条件和不安全的行为，以及几种预防事故的方法。我们还将讨论几个重要的员工健康问题，比如药物滥用和工作场所的暴力。

学习目标

1. 说明基层管理人员在安全方面扮演的角色。
2. 解释与《职业安全与健康法》以及其他安全方面的法律有关的基本情况。
3. 回答这样一个问题：“导致事故发生的原因是什么？”
4. 列举并解释防止事故发生的五种办法。
5. 说明如何最大限度地减少员工的不安全行为。
6. 列举工作场所中存在的五种健康危害，并说明应当如何应对这些问题。
7. 讨论一项安全计划的前提条件，以及如何实施一项基本的安全计划。

16.0.1 为什么安全如此重要?

管理人员之所以关注安全问题和事故的预防，主要是基于以下几个方面的原因。首先，在工作场所中发生的事故数量多得惊人。最近一年中，有 5 559 名美国工人死于工作场所事故。[2]美国劳工部的报告指出，美国每年有超过 380 万名工人由于工作事故而受伤、致病，也就是说，美国每百名全日制工人中每年大约有 4.4 人遭受工伤事故。[3]这其实还低估了工伤事故的实际情况，实际上，遭受职业伤害和患职业病的工人数量要高出这个数字 2～3 倍。[4]

而且，工伤并不只是在建筑业等传统意义上的危险行业中才存在的问题。例如，在计算机及计算机配件制造行业的工人中，每年有 1.5 万多件应当报告的工伤或因工致病事故；在提供商业服务的厨房中存在刀具过多和地板过滑所带来的危险[5]；新的计算机也成为导致“办公楼综合征”的元凶之一，这种综合征会引起头疼和鼻塞等典型症状，也有些专家将其归咎于办公室通风不良[6]。（新的计算机会散发出化学气体，这种气体只有在新计算机连续运转一周后才会减少。[7]）在办公室中工作实际上很容易受到其他许多安全和健康问题的困扰，其中包括“使用计算机造成的重复性损伤、由于室内空气质量差造成的呼吸道疾病，以及与各种因素相关的较大压力”。[8]

隐藏的事实 但是，这些事实还没有说明全部问题。它们没有反映出工人及其家庭所遭受的人身痛苦，也没有反映企业所蒙受的经济损失。[9]例如，一次升降机事故造成的直接损失是 4 500 美元，但是，误工时间、维修时间和应急设备等带来的间接损失会使总损失甚至超过 1.8 万美元。[10]它们也没有反映出这些事故产生的法律后果。例如，福特汽车公司的罗杰电厂（Ford's Rouge Power Plant）发生的一次锅炉爆炸事故造成 6 名工人丧生，14 名工人受伤，福特汽车公司为此支付了 150 万美元的罚款，并且同意投资 600 万美元设立各种安全措施。[11]

然而，仍有很多企业对安全问题不够重视。例如，《纽约时报》最近报道了一则题为“一个家族的利润：榨取血汗”的新闻。这家铸铁厂“自 1995 年以来，因违反安全措施而被法院传讯 400 多次，这一数字相当于它的 6 家主要竞争对手总和的 4 倍”。[12]

16.0.2 管理层在安全问题中扮演的角色

所有这些情况都引出了一个关键的问题。在本章接下来的内容中我们将看到，要减少事故的发生，总的来说就是要减少引发事故的工作条件因素和工作行为因素。但是，安全专家认为，安全问题总是“自上而下”出现的。如果企业中的每一个人都觉得管理层并不重视安全问题，那么，仅仅告诉基层主管人员“注意不要发生溢漏”以及告诉员工“要以安全方式工作”是没用的。

例如，从历史上看，杜邦公司的事故率一直大大低于整个化学行业的水平，其良好的安全记录在一定程度上源于企业对安全问题的切实投入，这一点在以下描述中是显而易见的：

据我所知，德国的杜邦公司是这方面的标杆之一，它把安全生产放在最重要的位置。每天早晨，杜邦公司的涤纶和尼龙工厂的经理及其助手都会在8:45碰面，检查工厂在过去24小时的情况。他们讨论的第一件事不是生产，而是安全。只有在检查完事故和险情报告，并确信已经采取了行之有效的纠正行动之后，他们才会接着考察产量、质量以及成本方面的问题。[13]

16.0.3 高层管理者能够做些什么?

类似这样的政策是从高层开始做起的。理论上说，“安全是整个系统一个不可或缺的组成部分，必须将其纳入每一位管理人员的胜任素质要求，并作为每个人日常工作职责中的一个组成部分”。[14]企业应该通过安全政策规定，将管理人员对安全应负的责任制度化并公之于众。并且，应该把安全问题放在各级会议的优先位置：生产建筑用品的路易斯安那-太平洋集团（Louisiana-Pacific Corp.）召开的每次会议，包括董事会会议，都是从安全简报开始的。[15]此外，企业还要分析所发生的意外事故和安全事件的数量，然后确定具体的、可实现的安全目标。（乔治亚-太平洋公司（Georgia-Pacific）通过要求管理人员将事故的数量降至原来的一半实现了工伤保险成本的下降，如果管理人员做不到，公司就会扣发他们30%的奖金。）还要为公司中负责安全事务的管理人员提供较高的职务级别和地位，在新员工培训中安排安全培训的内容，等等。

重视安全不仅仅是法律或人道主义的问题。一项针对两个组织的研究得出的结论是：仅仅根据企业在过去4年中节约的工伤保险成本这种直接收益计算，安全活动的收益和投资比例为10∶1。[16]

16.0.4 基层主管人员在安全问题中扮演的角色

在检查完工人在一道4英尺深的沟里安装管道的现场作业后，美国职业安全和健康管理局的一名检察官传讯了这家施工企业，因为其违反了在深沟里进行挖掘作业的员工要有“楼梯、阶梯、坡路或其他安全出口”的规定。[17]一旦沟渠塌方，员工需要有快速离开的通道。在大多数案件中，企业对安全负有最基本的责任，而一线的基层主管人员则负责日常的安全检查工作。在这起事故中，这位主管人员没有完全尽到日常检查的责任。这个沟渠最终还是发生了坍塌，导致一些员工受了重伤。

这起事故的教训就是，安全检查应当是基层主管人员日常工作的一个组成部分。例如，“每天到你的工作场所去转一转——无论是当你在室外从事建筑工作时，还是在室内从事制造工作时，或者是在其他任何可能会面临安全危害的地方——这是你工作中必不可少的一部分”。[18]

检查的具体内容取决于各种情况。例如，在建筑工地和干洗店中引发危险的情况就有所不同。但是，通常来说，可以利用一份“不安全工作条件清单”（图16—6就是这样的一个例子）来发现安全问题。

16.1 职业安全法律

“为了确保国家的每一位男女员工都处在安全和健康的工作环境之中，保护我们的人力资源”，1970 年，美国国会通过了**《职业安全与健康法》**（Occupational Safety and Health Act of 1970）。[19] 该法案未覆盖的企业只包括自雇用者、只雇用自家亲属的农场主，以及已经受到其他联邦政府机构或法律保护的其他工作场所。虽然该法案中的条款通常不适用于州政府和地方政府的机构，但却适用于联邦政府的机构。

根据该法案的规定，美国在劳工部内设立了**职业安全和健康管理局**（Occupational Safety and Health Administration，OSHA）。职业安全和健康管理局的基本使命是制定和执行几乎适用于美国所有劳动者的安全和健康标准。该标准由美国劳工部负责执行，为确保企业遵守这些标准，职业安全和健康管理局在美国各分部的办公室都设有检察官。

16.1.1 职业安全和健康管理标准与记录程序

职业安全和健康管理局根据“总则”的标准条款开展工作，它要求每一家企业：

> 应当为每位员工提供不存在正在引起或可能引起员工死亡，或身体受到严重伤害的公认危险因素的工作和工作场地。

为了达成这一基本使命，职业安全和健康管理局负责发布具有法律强制力的标准。这些标准共有五卷，覆盖了一般工业标准、海事标准、建筑标准、其他规定和程序以及一份野外作业手册。

这些标准非常完善，几乎涵盖了各种能够想象到的危险情形。（图 16—1 介绍的是管理脚手架栏杆标准中的一小部分。）而且，职业安全和健康管理局的规定并不仅仅是列出了企业要遵守的具体的化工标准和结构标准，同时还说明了如何实施这些标准。例如，职业安全和健康管理局制定的有关呼吸道保护的标准就包括项目管理和员工培训方面的内容。[20]

> 脚手架栏杆不小于 2 英寸×4 英寸或等值的尺寸，如果不低于 36 英寸或高于 42 英寸，则应在必要时安装 1 英寸×4 英寸的木材或同等材料制成的中间栏杆，所有高于地面或楼面的脚手架的所有敞口处都应安装轴踵板。轴踵板的最低高度为 4 英寸。金属线网应当根据本节（a）（17）段的规定安装。

图 16—1 职业安全和健康管理标准示例

资料来源：www.osha.gov/pls/oshaweb/owadisp.show _ document? p _ id=9720&p _ table=STANDARDS，accessed May 25，2007.

根据职业安全和健康管理局的规定，有 11 人或 11 人以上员工的企业必须对所发生的职业伤害和疾病保持记录并提交报告。**职业病**（occupational illness）是指由于接触与工作相关的环境因素而引起的任何反常情况或失调状态。这包括由于吸入、吸收、吞咽或直接接触有毒物质或有害媒介而引起的急性或慢性疾病。

企业必须报告哪些内容？　如图 16—2 所总结的，企业必须向政府报告所有的职业病。[21]它们还必须向政府报告大部分职业伤害，特别是那些导致医疗处理（急救除外）、失去知觉、工作受限（缺勤一个工作日以上）、行动受限以及工作调动的职业伤害。[22]如果工伤事故导致 1 名员工死亡或 5 名及 5 名以上员工住院，则任何企业，无论其规模大小，都必须向距离最近的职业安全和健康管理局办公室做详细报告。

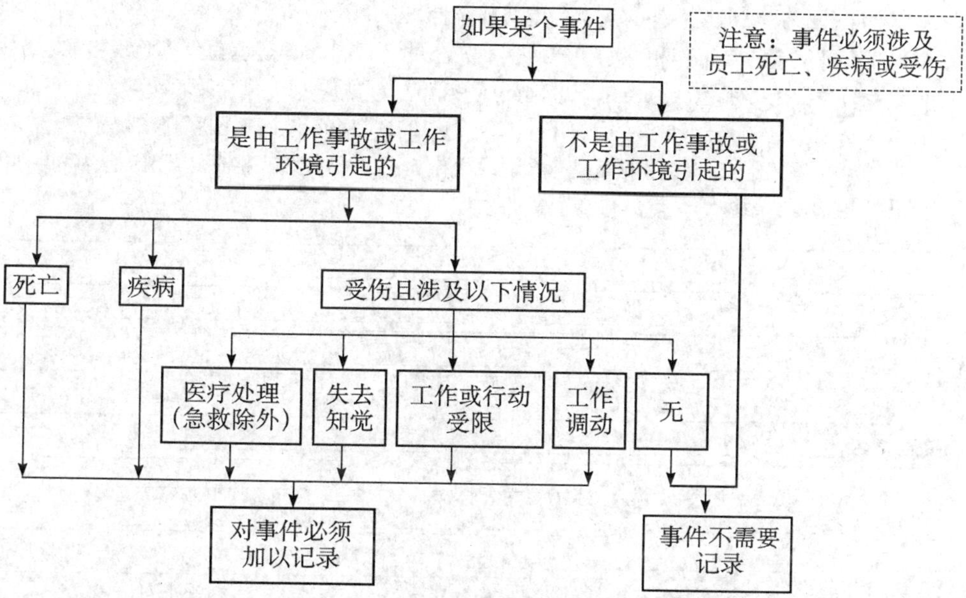

图 16—2　企业必须根据《职业安全与健康法》报告哪些事故？

职业安全和健康管理局目前的规定使得企业在报告职业伤害和职业病方面的工作更加精简了。[23]这些规定依然假设，由于工作环境或暴露在这样的工作环境中所导致的受伤或疾病，是“与工作相关”的（所以需要上报）。然而，根据这些规定，企业可以得出这样的结论，如果（与工作无关的）证据确凿，该事件就不必上报。例如，如果一名员工在公司停车场停车时被安全带绊倒而扭伤脚踝，就不必上报。

然而，职业安全和健康管理局对保持记录的要求比你想象的要广泛得多。[24]可记录的情况包括：员工在企业的餐厅进餐后发生的食物中毒；在根据公司的要求参加公司统一组织的野餐活动时，由于参加垒球赛而发生的踝关节扭伤等。

在调查期间，职业安全和健康管理局会追查违反保持相关记录规定的行为，因此，企业最好是认真做好有关工作中的伤害和疾病的记录。图 16—3 是职业安全和健康管理局制作的用于报告职业伤害或职业病的表格。

16.1.2　检查与传讯

职业安全和健康管理局通过检查和传讯（如果需要），执行其规定的各项安全标准。检查通常不会预先通知。未经企业同意，职业安全和健康管理局不能进行未经授权的检查。但是，可以在获得授权许可或同等许可之后进行检查。[25]在检察员人数有限的情况下，职业安全和健康管理局最近关注“公正而有效的执行力”，它

职业安全和健康管理局第 301 号表格
工作伤害与疾病事故报告

来源：美国劳工部职业安全和健康管理局

注意：此表格包含与员工健康相关的信息，必须尽可能以保护员工隐私的方式使用，同时，仅作职业安全与健康目的的使用。

这份《工作伤害与疾病事故报告》是当可记录的工作伤害或疾病发生时，需要首先填写的表格之一。其他的表格还包括《工作伤害与疾病日志》和《总结摘要》，这些表格可以帮助企业与职业安全和健康管理局了解与工作相关的此类事件的发生程度与严重性。

在得知有可记录的与工作相关的伤害或疾病发生的 7 日内，必须填写完成此表格或与之相当的表格，但与之相当的表格也必须包含此表格中询问的所有信息。

根据《公法》第 91 章 596 条款（Public Law 91-596）、1904 年《美国联邦法规》第 29 条款（29 CFR 1904）的规定以及职业安全和健康管理局的记录规定，必须在自此表格适用期限开始后再存档 5 年。

如果需要此表格的副本，可以依需要进行复印。

由________________________________完成

职位名称________________________________

电话(____)______—______ 日期____/____/____

员工个人信息

1）员工姓名______________________________

2）街区______________________________

城市__________州__________邮政编码________

3）出生日期____/____/____

4）入职日期____/____/____

5）性别 □男 □女

医生及其他医疗保健专业人士的信息

6）医生及其他医疗保健专业人士的姓名____________

7）如果治疗是在工作场所以外进行的，在哪里治疗的？

机构______________________________

街区______________________________

城市__________州__________邮政编码________

8）员工是在急救室中治疗的吗？

□是 □否

9）员工是否作为门诊病人连夜住院？

□是 □否

事件信息

10）日志中的事件编号____（在你记录事件后，请将日志中的事件编号抄写在此处）

11）受伤或疾病日期____/____/____

图 16—3 用于记录职业伤害或职业病的表格

资料来源：U. S. Department of Labor.

12）员工开始工作的时间＿＿＿＿＿＿＿＿＿上午/下午
13）事件发生的时间＿＿＿＿＿＿＿＿＿＿＿＿＿＿＿上午/下午 □ 如果不能确定时间，需要进行核查
14）在事故发生前，员工在做什么？ 描述员工的活动以及使用的工具、机械或材料。请具体描述，例如，“员工爬上梯子时，拿着覆盖屋顶的材料”；“用手动喷雾器喷洒氯水”；“日常的计算机录入”。
15）发生了什么事故？告诉我们事故是如何发生的。例如，“梯子在湿滑的地板上滑倒，员工从 20 英尺高的地方摔下”；“员工在喷洒氯水时，更换的垫片坏了”；“随着时间的推移，员工手腕开始疼痛”。
16）伤害或者疾病是什么？告诉我们受影响的身体部位以及是如何影响的；不要仅描述为“伤”、“痛”或者“酸”。例如，“背部拉伤”；“手部被化学药品灼伤”；“腕管综合征”。
17）什么物品或物质直接伤害了员工？ 例如，“水泥地”；“氯水”；“旋臂锯机”。如果此问题不适于描述事故，则此处留空。
18）如果员工死亡，什么时候发生的？ 死亡日期＿＿＿＿/＿＿＿＿/＿＿＿＿

图 16—3（续）

结合了延伸服务、教育和执行协助以及职业安全和健康管理局与企业之间的合作计划（如“自愿防护计划”）。[26]

检查重点　但是，职业安全和健康管理局仍然广泛采用检查的方式。职业安全和健康管理局采用“最严重的最优先检查”的方法来确定检查的优先顺序。从重视程度的最高到最低，优先顺序的排列分别是：马上发生的危险、重大灾难事故、死亡事故、员工投诉、高风险行业检查和追踪检查。[27]职业安全和健康管理局在最近一年进行的检查就超过了 3.9 万次。在这些检查中，员工的投诉和事故有 9 176 起，对高风险行业的检查有 21 500 起，追踪检查和被推荐检查有 8 415 起。[28]

根据检查的优先顺序，如果投诉表明某种情况是马上会发生的危险，则职业安全和健康管理局会在 24 小时内进行检查；如果是存在严重危险的，则在 3 个工作日内进行检查。对于工人或工会以书面形式提交的“不严重”投诉，职业安全和健康管理局会在 20 个工作日内给予回复。对其他不严重的投诉，职业安全和健康管理局会给企业写信，要求其采取纠正措施。

检查过程　当职业安全和健康管理局官员到达工作现场时，检查过程便开始了。[29]这位官员会出示资格证件并要求面见企业代表。（企业应当坚持查看对方的资格证件，包括证件上的照片和序号。）该官员要说明来访目的、检查范围以及适用的标准。在检查期间，可授权一名员工代表陪同。该官员还可以停下来询问工人（如果必要，可以私下询问）有关安全和健康状况的问题。该法案保护所有的员工都不会因其行使检举权而遭受雇主歧视。职业安全和健康管理局要求员工更深入地参与职业安全和健康管理局的现场咨询，并将检查结果通知员工。[30]

职业安全和健康管理局的检查员会对各种违法情况进行调查，但是有些容易出问题的领域，比如脚手架和坠落保护，似乎更容易引起他们的注意。职业安全和健康管理局最常检查的违法行为涉及五大领域：脚手架、坠落保护、有害通信、阀门闭锁（因电力中断而出现）以及呼吸问题。

最后，在检查完厂房和企业的记录之后，检查员与企业代表一起开一个总结会。会上，检查员将与企业讨论其存在的某些明显违法行为，而这些行为可能会招致职业安全和健康管理局的**传讯**（citation）和罚款。此时，企业可以做好记录以示服从。图 16—4 列出的是最近一年来受到传讯最多的几种风险。脚手架安装不当或者对坠落保护不足是受到传讯最多的风险种类之一。

美国劳工部
职业安全和健康管理局

引用的均为标准工业代码中规定的标准
所有的均为标准工业代码

下列表格是 2007 年 10 月—2008 年 9 月期间，联邦职业安全和健康管理局引用的标准。显示的处罚金是当前的金额，而非初始的。更多的信息请参见定义。

标准（件）	传讯	审查	罚金（美元）	描述
总计	115 044	29 042	105 224 214	
19260451	10 223	3 962	9 497 057	基本要求
19260501	7 081	6 422	9 664 000	坠落保护职责
19101200	7 061	3 712	1 808 357	有害通信
19100147	4 271	2 262	4 201 860	危险能源控制
19100134	4 187	1 811	1 662 891	呼吸保护
19100305	3 484	2 144	2 050 473	使用的线路、零件及器械
19100178	3 427	2 286	2 826 717	机动工业车辆
19261053	3 061	2 270	1 863 798	梯子
19100212	2 937	2 414	3 558 430	所有机器的基本要求

图 16—4　经常出现的传讯风险

处罚　职业安全和健康管理局也可以处以罚款。对故意或多次严重违法的行为，一般处罚款 5 000～15 000 美元，而实际上的罚款额可能高得多，例如，福特汽车公司的罗杰工厂被罚了 150 万美元。[31]双方当事人在正式提起诉讼之前，即在“沉淀解决期”通常会解决许多违反职业安全和健康管理局规定的案件：职业安全和健康管理局在与企业协商之后，同时发出传讯和罚款同意书。[32]如果企业没有纠正违法行为，则还可以处以最高每天 7 000 美元的罚款。对于轻度的违法行，为通常不采取处罚措施。

一般而言，职业安全和健康管理局的罚款除了要考虑违法的严重程度之外，还要考虑企业规模、遵守法律的历史记录以及企业的诚意等因素。[33]在实际过程中，职业安全和健康管理局必须从独立的职业安全和健康审查委员会（Occupational Safety and Health Review Commission，OSHRC）那里得到最后的命令，才能执行罚款。[34]提出抗辩的企业可能要上诉若干年。许多企业会对传讯提出申诉，至少是向职业安全和健康管理局的地区办公室提出申诉。[35]

让一些企业恼火的是，职业安全和健康管理局会在网上公布检查的结果。例如，职业安全和健康管理局的网站（www.osha.gov）使你能够轻易地了解职业安全和健康管理局对你们企业（或者你们的竞争对手）的执法历史。

管理者应对检查指南 在职业安全和健康管理局检查员出乎意料地出现时，企业的管理人员应当做什么？这里有一些指南：

最初接触

● 在负责相关事务的本公司管理人员或职业安全和健康管理局的协调员到达现场之前，限制检查员的进入。[36]

● 检查该检查员的资格证书。

● 询问该检查员为什么来检查公司的工作场所：是收到了投诉还是例行来访？

● 如果是因收到投诉来检查，你有权知道投诉者是不是现有的员工，尽管不能知道这个人的姓名。

● 通知公司的律师，应当由律师审查所有的文件和信息。

召开会议

● 确定准备检查的重点和范围。

● 讨论保护涉及商业机密区域的程序。

● 向检查员表明公司已经制定了安全计划。如果你们公司的文件是完善并且及时更新的，检查员可能就不会到工作现场去了。

巡视检查

● 陪同检查员进行检查并做好详细记录。

● 如果检查员拍照或摄像，那么你也应拍照或摄像。

● 索取所有物质样本的复制品和所有测试结果的复印件。

● 为检查员提供帮助和协作，但不要主动提供信息。

● 在可能的范围内，应立即纠正检查员确定的任何违法问题。[37]

《职业伤害风险》(*Occupational Hazards*) 杂志调查了 12 位健康与安全专家，让他们指出导致企业不得不与职业安全和健康管理局打交道的“十种最容易的方法”。[38]其中一些方法就是与应对职业安全和健康管理局的检查相关的，包括以下内容：

1. 在检查期间与职业安全和健康管理局进行对抗或者对其撒谎。

2. 安全与健康记录不准确，并且没有整齐有序的安全文档。

3. 在检查期间和检查完成后对信息流失控。(企业不应该主动向职业安全和健康管理局的检查员提供任何没有被索要的信息，同时还应当对企业提供给检查员的所有材料进行严密监控。)

职业安全和健康管理局的免费现场检查 职业安全和健康管理局为小企业提供免费的现场安全与健康服务。[39]这项服务是请各州政府的安全专家在企业的工作场所中提供咨询服务。企业可以与离自己最近的职业安全和健康管理局的地区办公室取得联系，与其援助专家进行交谈。根据职业安全和健康管理局的规定，这种安全与健康咨询既不会作出传讯，也不会对企业处以罚款。

企业可以要求职业安全和健康管理局进行自愿咨询，这样就启动了咨询程序。企业先要和安全专家召开一次公开的会议，带领其在工厂里转一转，然后咨询专家要与企业召开一个总结会议，讨论专家观察到的一些问题。接下来，这名专家会提供一份报告来阐释他的调查结果。企业唯一的责任就是及时纠正一些严重的工作安全与健康危险问题。一家小企业的老板说：“我们支付的工伤保险的成本大幅下降，我们不再发生事故了，而且大家都认识到，我们应该认真看待安全问题。”[40]

16.1.3 企业和员工的责任和权利

根据《职业安全与健康法》，企业和员工都有相应的责任和权利，例如，企业有义务提供“一个没有公认的危险因素的工作场所”；有义务熟悉强制性的职业安全和健康管理标准；有义务检查工作场所中的各项条件，以确保其符合适用的标准。企业有权从职业安全和健康管理局得到建议和外部咨询，在接受检查前有权要求并核实职业安全和健康管理局的执法官员的有关身份证明，有权了解执法官员进行检查的原因。

员工也有自己的权利和责任，但他们不会因为没有承担责任而被职业安全和健康管理局传讯。例如，员工有责任遵守所有相应的职业安全和健康管理标准，遵守企业制定的所有安全与健康规定，向上司报告危险情况。员工有权要求企业保障自己在工作中的安全与健康，而无须担心因此受到惩罚。法律禁止企业惩罚和歧视向职业安全和健康管理局投诉在工作安全与健康方面存在危险的员工。（参见图 16—5 所示的职业安全和健康管理局的海报。）

你有权利要求企业保障自己在工作中的安全与健康

因为这是法律赋予你的权利！

- 如果在你的工作场所中存在风险，你有权告知自己的企业或职业安全和健康管理局。你可以让职业安全和健康管理局对你的姓名进行保密。
- 如果你认为在你的工作场所中存在不安全或者不健康的环境因素，你有权要求职业安全和健康管理局进行检查。你可以与企业代表一同参与检查过程。
- 你可以根据《职业安全与健康法》行使自己的权利，针对企业的安全与健康歧视，在 30 天内向职业安全和健康管理局提出申诉。
- 你有权查看职业安全和健康管理局向企业发出的传讯通知。企业必须将传讯通知张贴在涉嫌违反法律的场所附近。
- 企业必须在传讯的截止日期前，纠正工作场所的风险，而且必须证明这些风险已经减少或消除。
- 你有权查看医疗记录以及你接触有毒有害物质或环境的记录副本。

1-800-321-职业安全和健康管理局

www.osha.gov

美国劳工部职业安全和健康管理局

图 16—5 职业安全和健康管理局的安全海报

如何应对员工抵制 虽然员工有义务遵守职业安全和健康管理标准，但事实上他们经常采取抵制行为，在这种情况下，企业通常很有可能会受到法律的惩罚。例如，有些工人拒绝戴硬壳安全帽就是一种典型的抵制行为。

企业在因为没有遵守规定而受到罚款处理时，可能会辩解说，是工人自己拒绝这样做的，而且它担心工人会为此发动罢工。但在大多数情况下，法庭判决还是认为，企业应对工人违反安全规定的行为负责。

然而，企业还是有可能减轻自己的责任的，因为“法庭已经承认，不可能完全消除员工造成的全部危险”。[41]在这个问题上，法庭可能会考虑一些具体情况，例如，企业的安全程序是否合适；培训是否真的让员工能够理解并且具备要求的相关知识和技能，从而安全地履行自己的职责，以及企业是否真正要求员工遵守这些程序，等等。

还有其他几种办法可以解决这个责任问题。[42]首先，企业可以与工会进行谈判，使企业有权处分任何不遵守职业安全和健康管理标准的员工。也可以利用正式的劳资仲裁程序，相对较快地解决一些与职业安全和健康管理相关的纠纷。还有一些企业采取积极的措施执行法律规定，对员工进行培训，从而使他们遵守规定。稍后将对此进行详细的叙述。职业安全和健康审查委员会由独立的三个人组成，负责审查职业安全和健康管理局的决定，认为企业必须“努力阻止员工违反安全规定，在必要时可以采取相应的惩罚措施”。[43]但是，唯一能够确保自己没有责任的方法就是避免出现违反安全的事件。

16.2 引发事故的原因是什么？

导致工作场所事故发生的基本原因主要有以下三个：偶然事件、不安全的工作条件、员工的不安全行为。偶然事件（例如走过玻璃窗的时候正好有人用球打碎了那块玻璃）或多或少超出管理人员的控制。因此，我们将集中讨论不安全的工作条件和不安全的行为。

16.2.1 不安全的工作条件以及其他工作相关因素

不安全的工作条件（unsafe condition）是引发事故的一个主要原因。它包括：

- 设备防护不当；
- 设备本身缺陷；
- 在机器设备内部、表面以及周围存在的一些危险操作程序；
- 不安全的储存——挤压、超载；
- 不当照明——光线眩目或光线不足；
- 不当通风——通风不足、空气源受到污染。[44]

这个问题的解决办法是识别并消除这些不安全的工作条件。职业安全和健康管理标准的一个主要目的就是阐明引起事故的机械和物理条件。企业的安全部门（如果有的话）、人力资源管理者以及高层管理人员都应该负责明确确认这些不安全的工作条件。

危险区域　虽然事故在任何地方都有可能发生，但有些区域的危险性更高。大约 1/3 的工业事故都发生在叉式起重机、独轮手推车以及其他加工和搬运区域周围。最严重的事故通常发生在金属和木工机器和锯附近，或者齿轮、滑轮、飞轮之类的传送机械周围。工业事故的第三类最普遍原因是楼梯、梯子、走道以及脚手架坍塌。手工工具（如凿子和螺丝刀）和电工设备（如延长线、吊灯等）也是造成事故的重要原因。[45]

有些工作本身就比较危险。例如，起重机操作工和基层主管人员相比，因工作事故去医院的次数大约是后者的 3 倍。[46]

工作进度和疲劳也会影响事故率。在每个工作日开始的 5～6 小时里，事故率一般不会有明显增加。但超过这个时间，事故率就会加速增长。这其中部分是疲劳所致，另外也是由于夜班期间更容易发生事故。

令人遗憾的是，有些与工作条件有关的最为重要的事故成因却不是那么显而易见的，因为它们与工作场所中的"氛围"和心理状态有关。一位研究人员研究了英国北海地区海上石油工人发生的重大事故的官方听证会。[47]由于公司要尽快完成任务，这就使员工产生了一种巨大的精神压力。员工处于如此重压之下，再加上缺乏安全氛围，例如，基层主管人员从来不提安全问题，就导致了事故的发生。同样，在季节性解雇率比较高、员工中存在敌意、工资被扣发以及生活条件很差的工厂中，事故的发生率也比较高。

16.2.2　什么原因引发了不安全的行为？（引发事故的第二个基本原因）

如果员工有不安全的行为，那么企业在减少不安全的工作条件方面做再多的努力都是徒劳的。问题在于，是什么原因导致人们采取如此不计后果的行为？这个问题的答案还不得而知。

很明显，似乎有些人更容易发生事故。但是，这方面的研究结果并不明确。[48]一项深入研究的结果表明，一些"屡出事故者"仅仅是因为非常不走运，或者比其他人更详细地报告了自己的事故而已。[49]然而，越来越多的证据表明，具有某些人格特质的人更容易引发事故。例如，易冲动的、追求刺激的、极度外向的以及不认真（这里指的是不太讲究、不值得信任）的员工更容易引发事故。[50]

此外，在某一岗位上有事故倾向的人，在另外一个岗位上可能却并非如此。开车就是一个例子。与提出车辆保险索赔申请相关度较高的人格特质包括权利意识（"认为他们没有理由不开快车"）、不耐烦的（"总是'匆匆忙忙'"）、冲动的（"灯变绿之后第一个冲出去"）以及注意力不集中（"常常因为接打手机、吃饭等事情分心"）。一项在泰国进行的研究得到了类似的发现，即容易发生事故的司机一般都有争强好胜和容易发怒的性格。[51]

接下来，我们将转向与企业如何减少不安全的行为和工作条件相关的内容。

16.3　如何预防事故的发生？

实际上，事故的预防主要可以归结为两个方面的基本活动：（1）减少不安全的工作条件因素；（2）减少不安全的行为。在大工厂中，由首席安全官（通常称为"环境健康和安全官"）负责这些活动。[52]在小企业里，负责这些活动的管理人员通常来自人力资源部门、工厂管理层以及基层主管人员。

16.3.1　减少不安全的工作条件

减少不安全的工作条件永远是企业预防事故发生的第一道防线。安全工程师应当通过工作设计来消除或减少工作中的物理风险。而且，基层主管人员和经理人员在这方面也可以发挥作用。图 16—6 和图 16—7 所示的清单或图 16—11 中的自我核查清单都可以帮助企业确定和消除一些潜在的危险。

Ⅰ. 室内总体管理

- 数量足够且宽敞的通道——没有材料堆在通道中
- 使用后安全存放零件与工具——不要放在可能使它们滑落的危险位置
- 均匀和坚固的地面——没有引起跌倒或摔跤的有缺陷的地面或斜坡
- 垃圾箱和沙桶——安全放置和正确使用
- 过道干净，标记正确，没有电线通过
- 安全堆放材料——位置不要太高或太靠近喷洒龙头
- 地板——清洁干燥
- 灭火设备——无故障
- 工作台摆放有序
- 推车和垫板安全放置，不要放在过道或走廊上

Ⅱ. 材料处理设备和运输

所有的运输方式，无论是电动的还是手工的，务必仔细核查，确保下列各项均处于正常工作状态：

- 刹车——正确调试
- 操控轮不要太松
- 警戒设施——安装到位且运转正常
- 轮子——放置安全，充气适当
- 燃料和汽油——数量足够且种类恰当
- 无松动部件
- 电缆、钩子或链子——无磨损或缺陷
- 悬挂的链子或钩子要注意
- 负载安全
- 储存正确

Ⅲ. 梯子、脚手架、阶梯、楼梯等

以下各项是检查的重点：

- 直梯的落脚处安全
- 护栏或扶手
- 梯面不滑
- 没有裂痕且不摇晃
- 存放适当
- 梯子延伸部分状态良好
- 踏板

Ⅳ. 电动工具（固定的）

保护操作要点：

- 保护装置适当调试
- 齿轮、皮带、轴、平衡锤受到保护
- 脚踏板受到保护
- 备有清洗机器的刷子
- 充足的照明
- 放在地板的适当位置
- 适当调试工具或材料
- 机器周围有充分的工作空间
- 控制钮容易接触
- 戴护目镜
- 处理粗糙或尖利材料的人要戴手套
- 操作机器的人不戴手套，不穿宽松的衣服

Ⅴ. 手工工具和各种工具

- 处于良好状态——无裂开、磨损或其他缺陷
- 存放适当
- 使用正确的工具
- 在必要的情况下佩戴护目镜、防毒面具和其他个人防护设备

Ⅵ. 焊接

- 电弧防护
- 火险控制
- 操作员使用适当的保护设备
- 良好的通风
- 氧气瓶保护
- 不用时关闭阀门

Ⅶ. 喷漆

- 防爆电子设备
- 油漆和稀释剂正确地存放在经批准的金属容器中
- 灭火器充足且适当，便于获取
- 工作场地存货最少

图 16—6　引发机械与物理事故的工作条件清单

资料来源：Courtesy of the American Insurance Association. From “A Safety Committee Man’s Guide”, pp. 1 - 64.

Ⅷ. 灭火器

- 运转正常、标识明确
- 便于获取
- 数量充足且适合完成相关操作

图 16—6（续）

CD-574（9/02）表

美国商务部

适用于基层主管人员以及安全项目经理的办公室安全检查核查清单

姓名：	部门：
地址：	日期：
签名：	

此清单旨在协助基层主管人员以及安全项目经理进行安全与健康管理检查。内容包括一般的办公室安全、人类工程学、火灾预防、电力安全等问题。如果回答了“否”，则需要纠正问题。如果有问题，可以向安全办公室寻求帮助。登录美国商务部安全办公室的网站 http://ohrm.doc.gov/safetyprogram/safety.htm，可以得到更多的信息。

工作环境

是	否	问题不适用	
○	○	⊙	所有的工作区域都干净、卫生、整洁吗？
○	○	⊙	光照充足吗？
○	○	⊙	噪声分贝过高吗？
○	○	⊙	通风足够吗？

地面、工作场所表面

是	否	问题不适用	
○	○	⊙	在走廊和过道中，有没有可能绊倒人的堆积物品？
○	○	⊙	在厨房、洗手间的瓷砖地面上，有没有水和湿滑物品？
○	○	⊙	在地毯以及小块地毯上有没有撕破或绊倒的危险？
○	○	⊙	在所有楼梯上都有固定的扶手吗？
○	○	⊙	提供了防滑的踩踏表面吗？
○	○	⊙	到头顶上的区域取物品提供梯子吗？物品存放安全吗？
○	○	⊙	存放文件的抽屉在不用时锁上了吗？
○	○	⊙	定期检查客运、货运电梯了吗？在现场能够看到检查的认定证书吗？
○	○	⊙	地面上的坑或裂痕被覆盖或用其他方式保护起来了吗？
○	○	⊙	当走廊或过道被抬升到高出相邻地板或地面 48 英寸以上时，提供标准护栏了吗？
○	○	⊙	存在不安全或有瑕疵的家具吗？
○	○	⊙	暖气和空调的通风口上有覆盖物吗？

图 16—7　在线安全核查清单

人体工程学

是	否	问题不适用	
○	○	⊙	为员工提供了正确的举起重物的技术吗？
○	○	⊙	为了预防一般的人体工程学问题，工作台进行改装了吗？（例如，椅子的高度可以使员工的双脚平放地面上，大腿与地面平行；电脑屏幕的上端略低于视线；键盘与肘部一样高。关于工作台改装的更多信息，请登录美国商务部安全审查办公室网站 http://ohrm.doc.gov/safetyprogram/safety.htm。）
○	○	⊙	在需要的地方提供了机械帮助或仪器吗？如举重物设备、手推车、小车等。
○	○	⊙	每年针对员工关注的人体工程学问题进行调查了吗？

紧急信息（张贴）

是	否	问题不适用	
○	○	⊙	万一发生紧急情况，很容易找到张贴的紧急电话号码吗？
○	○	⊙	对员工进行紧急程序培训了吗？
○	○	⊙	张贴消防疏散程序或图表了吗？
○	○	⊙	在储存危险废物的每个区域，张贴紧急信息了吗？
○	○	⊙	在电话附近张贴了已经建立的工作场所应急信息了吗？
○	○	⊙	在显眼的地方张贴职业安全和健康管理局的海报以及其他要求张贴的海报了吗？
○	○	⊙	提供足够的急救用品并进行适当维护了吗？
○	○	⊙	在医疗援助达到之前，为了应对员工受伤与疾病状况，提供充足的训练有素的急救人员了吗？
○	○	⊙	在工作现场提供防火与紧急行动计划的副本了吗？
○	○	⊙	有危险警告标识或警告牌用来警告员工存在相关危险了吗？

预防火灾

是	否	问题不适用	
○	○	⊙	易燃液体如汽油等妥善存放在安全罐中，并置于易燃液体防火柜中了吗？
○	○	⊙	手提式灭火器分布恰当吗？（可燃距离不超过 75 英尺，易燃距离不超过 50 英尺）
○	○	⊙	培训员工如何使用手提式灭火器了吗？
○	○	⊙	这些手提式灭火器每个月都进行目测检查，每年进行维护了吗？
○	○	⊙	放置手提式灭火器的地方没有阻挡并张贴标签了吗？
○	○	⊙	产生热量的仪器放置在通风良好的地方了吗？
○	○	⊙	火灾报警站被清楚地标明且没有被阻挡吗？
○	○	⊙	在防火洒水头下保持适当的空隙（如 18 英寸）了吗？

紧急出口

是	否	问题不适用	
○	○	⊙	那些既不是出口也不能通向出口，但是却可能会被误认为是出口的门、走廊或楼梯，标记“非出口”、“通往地下室”、“库房”等名称了吗？

图 16—7（续）

是	否	问题不适用	
○	○	⊙	有足够数量的安全出口吗？
○	○	⊙	安全出口没有被堵塞或锁住，从而阻碍员工立刻逃走吗？
○	○	⊙	安全出口提供了妥善的标识或照明吗？
○	○	⊙	明确标明了通向安全出口的方向吗？
○	○	⊙	在使用建筑物时，如果不用钥匙或其他特殊知识，从紧急出口方向到出口的大门都是敞开的吗？
○	○	⊙	存在这样的出口吗——员工从出口离开，却到达了存在火灾危险的区域？

电气系统

（在这部分检查中，请让设施维护人员或电工跟随协助）

是	否	问题不适用	
○	○	⊙	所有的电线和电缆都连接完好且安全吗？
○	○	⊙	电源插座没有超负荷吗？
○	○	⊙	使用固定布线而不是软线或延长线了吗？
○	○	⊙	配电板和断路器的周围区域没有阻挡吗？
○	○	⊙	高压电服务室处于锁好状态吗？
○	○	⊙	电线的布线没有接触尖锐物品且清晰可见吗？
○	○	⊙	所有的电线都是接地的吗？
○	○	⊙	所有的电线都状态良好（例如没有拼接、磨损）的吗？
○	○	⊙	所有的电器都是得到（例如 Underwriters Laboratory 等）批准使用的吗？
○	○	⊙	电扇有不超过 0.5 英寸的防止手指接触的保护装置吗？
○	○	⊙	空间加热器得到保险商实验室认证，且安装当加热器过热时设备自动关闭的装置了吗？
○	○	⊙	空间加热器远离可燃物且放置在通风良好的地方了吗？
○	○	⊙	在电气室中，所有的电器电线管和外壳都是固定的吗？
○	○	⊙	为插头、容器、工具、仪器处的软线或延长线提供夹子或其他安全手段且有安全电线护套吗？
○	○	⊙	对于所有电器许可的准备、安全操作、维护工作，提供了足够的工作、维护场所吗？（600 伏特以下 3 英尺，600 伏特以上 4 英尺）

物品存放

是	否	问题不适用	
○	○	⊙	储存架、货架具有承载预期存放的物品的能力吗？
○	○	⊙	货架是否很安全，货物不会掉下来？
○	○	⊙	办公设备是否处于稳定状态，不会掉下来？

图 16—7（续）

企业在更多地利用计算机辅助工具设计更加安全的设备。例如，来自密歇根州安阿伯的安全设计工程公司开发的安全设计工具 Designsafe 就可以帮助企业自动完成危险分析、风险评估以及作出安全生产方式的选择。这种设计安全工具能够帮助安全设计员选择合适的安全控制装置，比如可调式围栏、现场判断装置和个人保护设备，从而保证工人的安全。[53]

要想排除不安全的工作条件，解决方案有时是显而易见的，但有时却是隐藏极深的。例如，工作时失足和摔倒常常是由碎片或地板滑所致。[54]地板防滑覆盖物、改善照明等都是比较明显的补救措施。但是，有的解决方案可能不大明显，例如鞋底带沟槽的防滑鞋等个人安全用具可以减少滑倒和摔倒；防切削手套也可以减少在工作时因锋利物造成的危险。[55]（美国每年有 100 万工人因手部受伤被送到医院急诊室。[56]）图 16—8 列出了一些可用的方法。

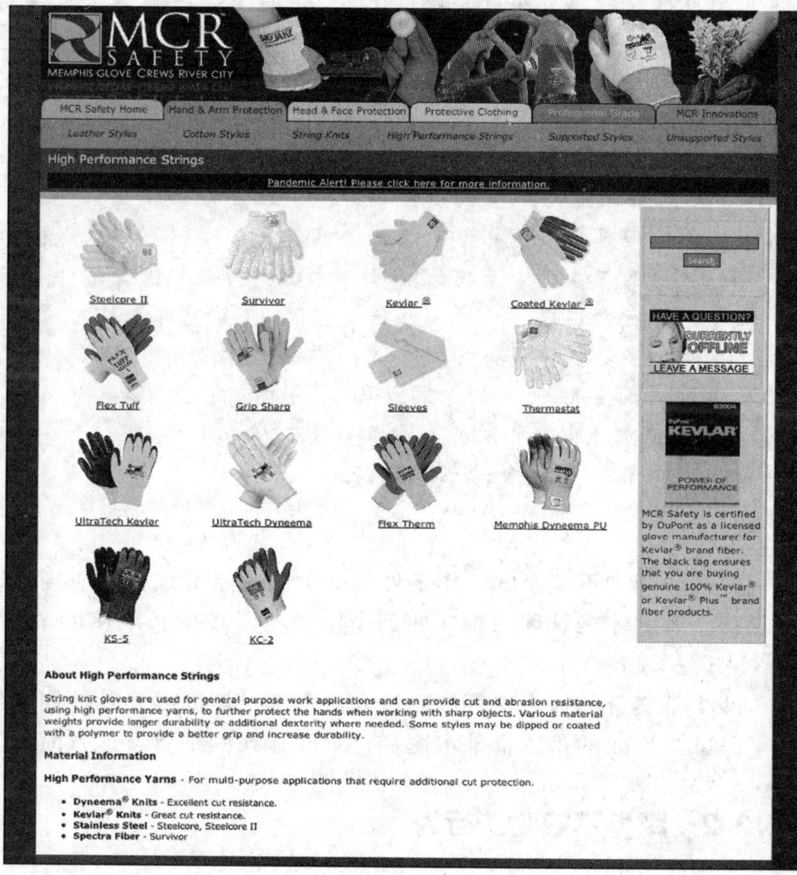

图 16—8　防切削手套网页广告：MCR 公司提供公司在安全操作时所需的手部保护，员工既可戴手套工作又能保证安全

资料来源：Courtesy of Occupational Hazards，Penton Media，Inc.

个人保护设备　让员工穿上个人保护设备（PPE）可能是一件很困难的事。防护服的性能很重要，除了提供可靠的保护，防护用具还应具备以下特点：大小合身、易于保管和维修；灵活轻巧；给人舒适感并具有良好的散热性；纹理粗糙；比较容易穿脱；容易清洁、处理和回收。[57]很多企业，如金佰利-克拉克公司（Kimberly-Clark）和MCR安全公司都在研究跑步运动员、滑雪运动员和美式赛车手所用的新型纤维和布料，以设计出更适合穿着的高科技解决方案。[58]让员工参与安全计划决策以及强调舒适性问题，有助于提高员工使用防护设备的意愿。[59]这里的“管理新型员工队伍”专栏对此进行了详细的描述。

管理新型员工队伍

保护易受伤害的工人

在营造安全和健康的工作环境时，企业要对那些易受伤害的工人给予特别的关注。易受伤害的工人指的是“那些不能处理工作中的危险的工人”，这些人之所以易受伤害，或者是由于缺乏教育、个人保护设备操作不当、生理缺陷，或者是文化原因所致。这其中包括年轻工人、移民工人、老人和女性工人。[60]（《公平劳工标准法》严格限制年轻工人从事高危工作，但是在最近一年中，大约有64名不到18岁的工人死于工伤。[61]）

例如，如今虽然女性占据了劳动者队伍的半壁江山，但是大多数机械设备和个人防护设备（如手套）是为男性设计的。因此，女性劳动者只能用临时搭建的平台或凳子来操控机械设备，或戴着并不适合的护目镜。解决办法是确保女性工人使用的设备和机械尺寸大小适合她们。[62]

同样，随着越来越多的工人延期退休，老年工人在更多地从事制造工作。比如，在ATI公司的阿勒格尼·路德鲁工厂（ATI Allegheny Ludlum）（生产不锈钢）中，大约2/3的员工10年之内就要退休。[63]虽然他们能够高效地完成这些工作，但是随着年龄的增长，会出现很多潜在的生理变化，包括力量变弱、肌肉灵活性下降以及反应速度变慢等。[64]这意味着企业必须采取一些特殊的措施，如设计出能减少超重货物、提高光照水平的工作。[65]老年工人的死亡率大约是年轻工人的3倍。[66]

但是，减少不安全的工作条件（如关闭嘈杂的设备）应当永远是预防事故的第一选择。其次才是管理控制（如工作轮换可以减少长期接触危险的情况）。再次才是个人防护设备。[67]

减少不安全的行为，例如通过人员甄选、培训或奖励计划等手段来强调安全问题，是减少事故的第二个基本途径。下面让我们来看看这方面的措施。

16.3.2 减少不安全的行为

尽管减少不安全的工作条件是第一道防线，但是员工的不安全行为甚至能使那些最好的安全措施失效。有时，不安全的行为是员工故意采取的，但通常不是这种情况。比如，分心——未能注意到移动或静止的物体或者地板是湿滑的——常常会引发事故。[68]而且，具有讽刺意味的是，“通过机械或者个人防护设备来保证安全，实际上降低了工人的危机意识，因此导致不安全的行为增多”。[69]

如上所述，管理者在减少员工的不安全行为方面起着重要的作用。例如，基层主管人员应当做到：

- 在员工选择采取安全行为时予以表扬；

- 在员工对安全问题提出建议、表示担心或抱怨时注意聆听；
- 以身作则，遵守各项安全规则和程序。[70]

然而，对于禁止不安全的行为来说，仅仅赞扬员工是远远不够的。实际上，减少不安全的行为需要一个过程。首先要识别并努力消除潜在的危险，如没有防护的设备。其次，应减少可能导致员工分心的因素，如噪音、热度和压力等。最后，还要仔细地筛选和培训员工，接下来将讨论这方面的内容。

16.3.3 通过人员甄选和配置减少不安全的行为

恰当的人员甄选和配置能够减少不安全行为的发生。在这个过程中企业的目标是，找出那些能够预示求职者在相应职位上容易发生工伤事故的人格特质，然后筛选掉具有这些人格特质的求职者。例如，“员工可靠性指数”（ERI）（请参见 www. ramsaycorp. com/products/criphonc. asp）就是一种用于测量各种可靠性维度的工具，其中包括的可靠性维度包括情绪成熟度、责任感和安全工作绩效等。[71]虽然目前尚无定论，但是一项研究表明，在人员甄选过程中使用员工可靠性指数的确有助于减少与工作有关的事故。其他一些企业则利用工作模拟测试（这种测试试图通过模拟实际需要完成的工作活动对求职者进行测试）和身体机能测试（测试求职者的肌肉力量和运动能力），来预测哪些求职者更可能引发事故。[72]

类似的，基于行为的面试问题也能反映相关的信息，比如可以这样提问：“如果你看见其他员工正在用不安全的方式工作，你会怎么办？”“如果你的上司交给你一项工作任务，但是不为你提供有关如何安全地执行该任务的培训，你会怎么办？”[73]

询问求职者的工伤历史乍看起来是很明智的，但是，根据《美国残疾人法》，（在雇用之前）询问求职者因工伤申请工伤保险的情况是非法的。而且，也不能问求职者是否有残疾，或要求他们参加可能是甄别残疾人的测验。但是，一般可以问求职者是否有能力完成某一工作。甚至可以问：“你是否知道，由于你自身存在的某种原因，可能会导致你无法圆满完成你目前正在申请的工作所承担的各项职能？”[74]

16.3.4 通过培训减少不安全行为

安全培训能够减少不安全行为的发生，对新员工来说，这一点特别适用。应当教会他们安全工作规定和程序，警告他们在哪里存在潜在的危险，并帮助他们树立安全意识。职业安全和健康管理局已经出版了两本很实用的小册子，即《职业安全和健康管理局培训要求》和《工作场所安全与健康教育》。职业安全和健康管理局、全国职业安全与健康协会（NIOSH）以及许多私营培训服务供应商都提供在线的安全培训。[75]职业安全和健康管理局还通过其在芝加哥的学会以及 20 个来自美国各学院和大学的教育中心，提供此类培训。

要达到职业安全和健康管理局的标准，仅仅依靠培训是不够的。企业必须证明，员工确实学会了该做什么。例如，职业安全和健康管理局的呼吸保护标准要求，每位员工都能够证明自己知道应当如何检查、打开、移动呼吸器密封装置。[76]这里的“管理新型员工队伍”专栏提供了更多这方面的内容。

管理新型员工队伍

对西班牙裔工人的安全培训

随着美国的西班牙裔工人数量增多，专家表达了对他们的安全状况的担忧。例如，21世纪初，在建筑行业中，西班牙裔工人的死亡率上升了近50%，这是因为现在有太多的西班牙裔人在从事建筑工作。[77]

在这样的统计数据面前，许多建筑公司开始为西班牙裔工人提供特别的安全培训项目。例如，在达拉斯的福特·沃斯机场扩建项目中，建筑工人接受了40小时的安全培训。该公司认为，这个新的培训计划在一定程度上促进了机场安全水平的改善。通过这个项目的显著成功，可以总结出几条有用的结论，以说明这样的培训计划应该是什么样的。

- 第一，要用工人的语言来实施培训。
- 第二，用西班牙语（或其他适当的语言）进行培训只是"用工人的语言"的一部分。企业还要招募和受训人员属于同族裔的指导老师。
- 第三，在某些阶段提供多语言交叉培训，例如，有的课程就教非西班牙裔的受训者学会用西班牙语说"危险"或"小心"。[78]
- 第四，不要吝啬培训开支。由于增加了文化和多语言方面的内容，专家认为这样的培训最少需要24小时。在达拉斯的福特·沃斯机场开设的40小时的课程成本是每名学员500美元（不包括工人的工资）。

企业还可以通过网络来寻求对安全培训项目的支持。[79]例如，"安全百分百"网站（PureSafety）（www.puresafety.com）就能帮助企业创建它们自己的培训网页，在该网页中还包括"来自安全指导人员的信息"。一旦企业在创建了安全百分百网页之后，就能够通过网站，将其他公司提供的健康与安全课程补充到自己的页面上。这些课程本身可以通过许多不同的格式进行编排，其中包括视频培训和幻灯片展示等。[80]

16.3.5 通过激励手段减少不安全行为：各种海报、奖励计划和正强化

企业也可以利用各种工具来激励工人安全地工作。安全海报就是其中一种手段。安全海报能够明显增加安全行为，但是它不能替代全面的安全计划。企业应当将海报与其他手段（比如人员甄选和培训）结合使用，以减少不安全的工作条件和行为，同时还要经常更新这些海报。

各种奖励计划也很有用处。[81]位于加利福尼亚的金鹰精炼厂（Golden Eagle refinery）就出台了这样的奖励计划。在28项安全活动中，员工参加其中的一项或多项，如召开安全会议、参加应急培训等，就能获得"金鹰翅膀"积分。[82]通过积累这样的分数，员工最多每个月能多赚20美元。其他企业还会奖励员工礼品卡。

有些人认为，这样的计划会对员工产生误导。例如，职业安全和健康管理局认为，这些计划没有减少实际事故或疾病的发生，只是减少了事故和疾病的报告。一位专家认为，通过鼓励这种习惯性的行为，企业可能会引导员工放松安全警惕。[83]一种解决方法是，强调非传统性的奖励，比如认可。例如，对识别危险的员工予以

认可。[84]总之，激励措施必须成为全面的安全计划的一个组成部分。[85]

研究透视：正强化　很多企业成功地运用正强化计划改善了安全状况。这样的计划要求持续向员工提供积极的反馈来塑造员工的安全行为，反馈形式通常是图表绩效报告以及一线主管人员的支持。

研究人员在一家面包批发企业引进了这样一个项目。[86]在这项研究开始之前，研究人员对该工厂中与安全有关的工作条件现状进行了分析，得出的结论是很多方面都需要改进。例如，新员工没有得到正式的安全培训；管理人员很少在日常工作中提到安全问题。

新的安全计划包括正强化和培训。研究者制定并公布了合理的安全目标（根据所看到的安全操作的行为事件）。接下来，在 30 分钟的培训阶段，员工共同观看研究人员设计好的描述在工厂中发生的一些情景的幻灯片。例如，一张幻灯片展现了一位基层主管人员爬过传送机的情景，另一张类似的幻灯片则展现了这位基层主管人员绕过传送机行走的情景。在观看了不安全的行为之后，员工必须指出其中的“不安全情况表现在哪里”。在揭示出问题之后，研究人员用安全的方式将事情的做法重新示范一遍，并且明确陈述安全的行为规则（比如“绕着传送机行走，而不要在传送机上面或下面行走”）。

在培训阶段结束时，基层主管人员向员工展示一张说明员工在培训前的安全记录的图表（标有看到的安全行为事件），鼓励员工提高安全工作绩效，达到新的安全目标。这样既可以保护他们自己的安全，也能为公司减少成本，帮助工厂摆脱在母公司的安全排名中落后的状况。然后，研究人员将这张图表和安全规则清单张贴在工作区域的显要位置。

观察员无论什么时候到工厂收集安全数据，都会在图表上公布观察到的整个工人遵守安全行为规则的事件所占的百分比，从而使工人得到有关安全工作绩效的反馈。工人可以将其目前的安全绩效与以往的安全绩效以及指定给他们的安全工作目标加以对比。此外，当工人安全完成了特定的事情时，基层主管人员会对他们加以赞许。后来，这家工厂的安全水平得到了明显改善。

16.3.6　行为安全教育

行为安全教育（behavior-based safety）是指首先确定造成工伤事故的员工行为，然后对员工进行培训，使他们避免再出现这些行为。例如，泰尼克公司（Tenneco Corporation）（该公司生产摩尔牌悬浮液）在其位于 20 个国家的 70 个生产场所都实施了一项行为安全教育计划。这家企业从质量管理人员、培训管理人员、工程师以及生产工人中挑选出内部顾问。经过培训之后，这些内部顾问将五种关键行为确定为公司的第一个安全计划所要解决的问题。比如，“眼睛注视作业”：该员工在执行作业的时候是否看着自己的手？内部顾问进行观察，收集有关行为的数据，然后制定现场培训计划，让员工学会如何正确地采取这五种行为。[87]

16.3.7　员工参与

之所以要让员工参与安全计划的设计过程，主要有两个方面的原因：其一，管理层从他们那里可以知道潜在的问题是什么，应该如何加以解决；其二，员工的参与能够使他们更容易接受这项安全计划。

例如，当国际卡车和机车公司（International Truck and Engine Corp.）设计位于俄亥俄州斯普林菲尔德的自动控制型新工厂时，管理层就让员工参与了设计过程。[88]

管理层在每个部门任命了劳资联合安全管理团队。在设备运达之前，项目工程师就开始要求安全团队的代表设计自控设备的安全制度。公司甚至派遣一个安全团队到日本去观看这套设备的操控过程，并列出一份需要注意的内容清单。当他们回到俄亥俄州时，这个团队的成员要与员工一起讨论可能存在的危险，开发出一些能更好地保护员工的新设备（如彩色条码锁）。[89]

一旦双方关于安全问题的想法达成了一致，就可以制定一份如图 16—9 所示的清单，以提醒员工应该注意哪些问题。

员工安全责任核查清单

- ☐ 知道安全隐患的构成因素
- ☐ 持续关注安全隐患
- ☐ 立刻纠正或报告安全风险
- ☐ 了解并遵守安全工作程序
- ☐ 避免不安全的行为
- ☐ 保持工作区域的干净整洁
- ☐ 立即报告意外事故、伤亡事故、接触危险物品以及可能将要发生的事故
- ☐ 有些行为和工作环境看上去不太正常，即使在你不确定是否有危险时也要报告
- ☐ 在内部检查和工作风险分析中保持合作
- ☐ 遵守公司的安全规章
- ☐ 寻找使工作更安全的工作方法
- ☐ 积极参与安全培训
- ☐ 把安全视为最重要的工作职责

图 16—9　员工安全责任核查清单

资料来源：Reprinted from www. HR. BLR. com with permission of the publisher Business and Legal Resources，INC，141 Mill Rock Road East，Old Saybrook，CT © 2004. BLR ©（Business and Legal Resources，Inc.）.

16.3.8　安全与健康审计与检查

但是，需要再次指出的是，减少不安全行为的计划并不意味着可以在消除危险因素方面减少努力。因此，管理者要借助安全核查清单，对所有可能引起安全与健康问题的因素进行例行检查。对所有的事故和“差一点就发生的事故”进行调查。建立一种让员工向管理人员报告危险情况的制度。[90]员工安全委员会也应该评价安全程度，监控安全审计结果，并提出改进健康与安全工作绩效的战略。[91]

人力资源管理应用程序

个人数字助理安全审计

管理者可以使用个人数字助理[92]（PDA）加速完成安全审计工作。例如，过程与绩效测量（PPM）就是一款设计并完成安全审计问卷的视窗化应用软件。要想运用该应用软件，管理人员需要对安全审计进行命名，输入一些审计问题，并列出可能出现的问题。例如，对于灭火器的典型审计问题包括："灭火器是否放在明显的位置，并且易于获取？"以及"只有在工作场所才允许使用灭火器吗？"[93]主管人员和员工可以用自己的个人数字助理记录审计工作，并将记录发送至公司的安全部门。

16.3.9　研究透视：高绩效系统与安全

最后，非常重要的一点是，不能只见树木不见森林。安全培训和激励等单项实践通常反映的是企业整体的良好管理实践。

一项关于高绩效管理系统的研究向我们说明了这个问题。我们已经看到，高绩效工作系统通常包括员工安全、雇佣甄选、综合培训、自我管理团队、决策授权和管理实践测量等实践。[94]

这项研究发现，高绩效工作系统使伤害事故明显减少。研究人员总结道："我们不能再认为职业安全仅仅是员工个人、人体工程学设计和政府对集体协议规制的首要关注点。相反，我们的研究结果表明，高绩效工作系统是和职业安全具有紧密联系的。"[95]总之，卓越的企业也是更安全的企业。

表 16—1 总结了减少不安全的工作条件和不安全的工作行为的建议。[96]

表 16—1　　减少不安全的工作条件和不安全的工作行为：小结

减少不安全的工作条件
识别并清除不安全的工作条件。
运用一些管理手段，如实行工作轮换。
使用个人防护设备。
减少不安全的工作行为
强调高层管理人员的重视和投入。
强调安全。
制定安全政策。
通过人员甄选减少不安全的行为。
提供安全培训。
利用海报及其他宣传手段。
利用正强化手段。
利用基于行为的安全计划。
鼓励员工参与。
定期进行安全与健康检查。

16.3.10 控制工伤成本

一旦发生事故，员工可以利用企业提供的工伤保险来支付相关费用和损失。反过来说，企业的工伤保险费支出可以反映工伤保险申请的数量和规模。工伤保险申请通常在周一达到高峰，这或许是因为一些工人把周末发生的伤害描述为和工作相关的伤害。[97]我们已经在第13章中讨论了工伤保险问题，在此继续讨论其他一些相关的问题。

事故发生之前 控制工伤保险申请的恰当时间应该是在事故发生之前，而不是在事故发生之后。这包括采取前面讲过的所有措施。[98]控制的方法不必很复杂。例如，位于犹他州瑞姆的LKL联合股份有限公司（LKL Associates，Inc.）通过书面形式让工人了解有关安全和药物滥用的规定，然后严格执行这些规定，就将其必须缴纳的工伤保险金减少了一半。[99]

事故发生之后 对于员工来说，职业伤害可能是一种心理创伤，因而企业处理这类事件时采用的方法很关键。员工会有许多问题，比如应该到什么地方寻求医疗救助，在缺勤期间能否得到工资。通常也就是在这种时候，员工会决定是否请工伤保险律师来为自己的案件辩护。

这时，企业一定要采取积极行动：提供急救，确保受伤工人得到迅速的医疗处置，明确表示企业很重视受伤的工人，建立事故档案，提交必要的事故报告，并鼓励工人尽快返回工作岗位。[100]

在获得赔偿后返回工作岗位的员工中，有一半人面对的却是漠不关心、批评或者解雇，这些做法其实都是不利的。[101]企业能做的最重要的事情就是设计一项积极的重返工作岗位计划，比如说提供较为轻松的工作等。对于员工和企业双方而言，最佳解决办法是让受伤的工人再次成为富有生产力的公司成员，而不是依靠福利生活的受害者。[102]

工伤保险申请分析 工伤保险申请跟踪分析软件可以帮助企业了解究竟是什么原因驱使员工提出工伤保险要求。例如，位于缅因州班戈市的一家保健服务机构从福利软件股份有限公司（Benefit Software Inc.）购买了一套CompWatch软件，这是一种管理和追踪工伤保险申请要求的软件。企业可以运用这一软件，跟踪和分析每一起工伤保险申请案件。该机构将自己以往的所有工伤保险申请案件输入该软件之中，然后利用该软件进行趋势分析。结果发现，一些汽车事故很明显是因为司机缺乏培训，在这种情况下，该机构便引入一种司机安全计划。在某个部门中，这种做法使其在此后一年中的汽车事故比上年减少了42%。[103]

在充满挑战的时代，控制各种形式的安全和健康成本成为一个更加紧迫的问题。下面的“在充满挑战的时代管理人力资源”专栏将为我们说明这个问题。

在充满挑战的时代管理人力资源

在不降低成本的情况下降低安全成本

在当前经济日益充满挑战的情况下，没有比通过降低在员工安全和健康方面的支出来降低成本更不可靠的方法了。从短期来看，减少安全培训和安全奖励能够降低成本，但是，这很有可能会以同样快的速度增加企业在安全事故方面的支出，其中包括工伤保险支出等。

解决问题的措施不是通过董事会减少安全投入，而是有选择地并且更加聪明地减少支出。例如，企业可以将昂贵的课堂培训变成相对便宜的在线培训。还可以将在线安全培训中的很多培训项目由付费项目转变成免费项目，如全国职业安全与卫生研究所（NIOSH）和 www.freetraining.com 提供的相关培训项目。同样，企业也可以应用本章提到的一些实践，如认真审查工伤保险申请，通过更仔细的安全审查和审计以及更认真的员工背景调查来避免事故的发生。

当你将目光集中于如何降低成本时，那么现在就是反思你究竟应当如何实施你的培训计划的绝佳时机了。比如，现在有很多在线安全管理网站（按月收费）以及可以安装到企业电脑里的计算机程序包。ZeraWare 安全程序（www.zeraware.com）就是其中一个例子。[104]

该安全程序包括四个模块：

- 事件报告；
- 事故调查；
- 安全检查；
- 职业安全和健康管理局工伤记录。

这四个模块组合在一起，通过以下措施帮助企业控制其安全和健康计划的成本：

- 追踪事故，完成调查和检查；
- 定制职业安全和健康管理局检查清单；
- 追踪安全检查和调查提出的纠正措施；
- 分析处理事故信息，撰写报告；
- 迅速识别事故的类型和问题；
- 建立安全责任与问责制度；
- 统一各地分公司的安全职能；
- 填写职业安全和健康管理局的 300，301 和 300A 表格。

16.4 工作场所安全风险：问题与对策

大多数工作场所的危险并不像没有“防护设备”或者“地板湿滑”那样明显。许多危险（像霉菌那样）作为企业生产过程的一个副产品是看不见的。此外，还有滥用药物等问题则是员工自己制造出来的问题。无论是哪种情况，与那些显著的危险（如地板湿滑）相比，这些危险对工人健康与安全构成的危害有过之而无不及。在工作场所中的典型危险有：化学和其他危险物质、极端的温度、生物性危害（包括常规发生的，如霉菌，以及人造的病菌，如炭疽）以及人类工程学风险（例如，设计不当或不舒适的设备）。[105]

16.4.1 基本的工业卫生计划

职业安全和健康管理局对 600 种化学品的接触限度标准作出了规定。表 16—2 列出了职业安全和健康管理局对特定物质规定的健康标准。这些有危险的物质要求采取对空气取样以及其他防护和预防措施。许多管理人员没有充分认识到这些危害的普遍性。例如，在很多油漆和粉刷颜料中都含有镉色素，乙醇在工业上常被用做溶解剂。

表 16—2　　美国职业安全和健康管理局公布的特定物质健康标准

物质名称	允许接触的限度
石棉	0.100 1
氯乙烯	0.101 7
无机砷化物	0.101 8
铅	0.102 5
镉	0.102 7
苯	0.102 8
炼焦炉排放物	0.102 9
棉尘	0.104 3
二溴氯丙烷	0.104 4
丙烯腈	0.104 5
环氧乙烷	0.104 7
甲醛	0.104 8
亚甲基二苯胺	0.105 0
二氯甲烷	0.105 1

资料来源：John F. Rekus，"If You Thought Air Sampling Was Too Difficult to Handle，This Guide Can Help You Tackle Routine Sampling with Confidence，Part I，" *Occupational Hazards*，May 2003，p. 43.

管理这些危险属于工业卫生的范围，包括识别危险、评估危险和控制危险。首先，负责员工健康与安全的管理人员（可能要和主管人员或员工团队一起）识别可能存在的危险。这个过程包括：在工厂或工作场所巡视调查、找员工谈话、翻看以前的记录，还要查询与各种职场危险有关的政府（职业安全和健康管理局）标准和非政府标准。

识别出某种可能的危险之后，就要对其进行评估。评估是为了确定危险的程度有多大。这通常要衡量某种危险物质存在的数量，把它与某些标准（见表 16—2）进行比较，并决定这种危险是否在可容忍的范围之内。[106]

最后，要控制危险，也就是采取措施降低或消除这些危险。要注意，在处理危险时，个人防护用具（如面罩）只是最后的选择。在依赖这些东西之前，企业必须安装一些工程上的控制设施（如密封或通风设备），并且采取一些管理上的控制措施（包括培训、改善整理和清洁工作）。这是职业安全和健康管理局的强制要求。

16.4.2 在工作中接触石棉的问题

石棉、硅、铅和二氧化碳是引发呼吸系统职业病的四大元凶。在这些物质中，石棉成为人们主要担心的问题。这在某种程度上是因为在 20 世纪 70 年代以前，石棉就被广泛运用于建筑物中。现在，人们正在努力消除建筑物使用这类物质的情况。

对石棉而言，职业安全和健康管理局的标准要求企业采取以下措施。首先，要求无论在什么时候，只要企业预计石棉水平会上升到允许限度（每立方厘米 0.1 根纤维）的一半，就必须对空气进行监控。其次，要求通过工程设计控制（墙、特殊过滤装置等）使石棉水平符合职业安全和健康管理局的标准。只有在必须通过其他方面的努力才能符合标准的情况下，企业才能利用防毒面具。

16.4.3　通过人力资源管理信息系统提高生产率：基于互联网的安全改进方案

在今天的商业环境中，公司不管在什么方面都要保持高效率，而基于互联网的信息系统可以帮助公司更为有效地提高安全生产水平。例如，任何员工如果要接触危险的化学品，就必须熟悉这些化学品的材料安全数据单（MSDS）。例如，在一家干洗店，洗衣工要了解氢氟酸（用于去污）和全氯乙烯（用于清洗）等化学品的材料安全数据单。

对于大型企业来说，每年在管理材料安全数据单方面的支出可能达数百万美元。企业需要把合适的材料安全数据单分发给每一位员工，保证员工学习数据单上的内容，并根据职业安全和健康管理局的最新信息不断更新这些数据单。如今，互联网提供了一个平台，企业可以在网上发布所有有关材料的安全数据单，需要的员工可以从网上得到这些数据单；企业可以在网上监督和测试员工使用这些数据单的情况，并且根据要求更新这些数据单。[107]

16.4.4　传染病

由于很多员工在各个国家间出差往来，因此监视和控制传染病已经成为一个非常重要的安全问题。[108]

企业可以采取一些措施防止传染病进入工作场所并进一步扩散。这些措施包括：

1. 严密监视疾病控制预防中心（Centers for Disease Control and Prevention, CDC）的旅行警告。疾病控制预防中心会提出旅行建议和旅行警告，这些信息可以在网站 www.cdc.gov 上找到。
2. 为从疫区返回的员工提供例行的医疗检查。
3. 禁止其他员工在 10 天内接触从疫区返回的员工或访客，特别是那些与疑似病例有过密切接触的人。
4. 如果员工有发烧或呼吸道感染症状，让他们待在家里。
5. 定期清洁工作场所和办公设备的表面。
6. 把休息时间错开。提供不同的午餐时段，以免过度拥挤。
7. 向员工强调经常洗手的重要性，还要在整个工作场所放置含有酒精的消毒液，使员工容易拿到。

16.4.5　酗酒和滥用药物

酗酒和滥用药物是在工作中普遍存在的严重问题。酗酒者中有 2/3 的人从事全职工作。[109]大约 15%的美国劳动力（约 1 900 万人）“在过去的一年中，至少有一次在办公场所醉酒，或在上班前饮酒，或在工作时饮酒”。[110]一些专家估计，“问题员工”中高达 50%的人实际上是酗酒者。[111]吸食毒品的员工发生工伤事故的可能性是其他员工的 3.5 倍。[112]

酗酒的影响　酗酒对工人以及工作的影响是严重的。[113]酗酒导致的“在岗缺勤”会使工作数量和质量急剧下降。酗酒者的在岗事故数量看起来通常并没有明显增多，因为他们会变得更加小心谨慎。但是，他们在非工作时间的事故率却比非酗酒者高。由于其他工人不得不承担酗酒的同事的工作任务，因此，他们的士气会有所下降。

识别在岗酗酒也是一个问题。酗酒的早期症状，比如行动迟缓，与其他问题的早期症状相似，从而难以区分。基层主管人员不是精神病医生，没有接受过专门的培训，在确定和处理酗酒问题时会比较困难。

表 16—3 是预示酗酒相关问题的显在行为模式的一个图表。你可以看到，与酗酒相关的问题包括从酗酒早期阶段的行动迟缓到后期阶段持久的、无法预料的缺勤等一系列问题。

表 16—3　　预示可能酗酒的显在行为模式

酗酒阶段	酗酒的一些可能标志	酗酒可能引起的绩效问题
早期	迟到 说谎 早退	工作效率低 无法按时完成任务
中期	常常缺勤，尤其是在周一 同事认为其行为不稳定 情绪波动 焦虑 在午饭后迟到 连续多天缺勤	发生工作事故 受到老板警告 绩效显著下降
晚期	个人疏忽 步履蹒跚 引发暴力行为 发昏、健忘 可能在工作中喝酒	经常摔倒或发生事故 受到严厉处分 基本上不能胜任工作

资料来源：Gopal Patel and John Adkins Jr.，“The Employer's Role in Alcoholism Assistance,” *Personnel Journal* 62，no. 7（July 1983），p. 570；Mary-Anne Enoch and David Coldman，“Problem Drinking and Alcoholism：Diagnosis and Treatment,” *American Family Physician*，February 1，2002，www. aafp. org/afp/20020201/441. html，accessed July 20，2008；and Ken Pidd et al.，“Alcohol and Work：Patterns of Use，Workplace Culture，and Safety,” www. nisu. flinders. edu. au/pubs/reports/2006/injcat82. pdf，accessed July 20，2008.

处理药物滥用问题　许多企业通常从进行药物滥用检测入手来处理酗酒和药物滥用问题。企业在正式雇用员工之前对求职者进行药物滥用测试，正变得越来越普遍。很多州制定了强制对从事高风险行业的工人进行随机药物测试的制度。例如，2008 年，新泽西州要求对电力工人进行随机药物测试。[114]

对于药物测试是否能够减少工作事故，目前还存在争论。其中一种说法是，雇用前的测试只能筛选出一半滥用药物的员工，因此，持续的随机药物测试是明智的。一项对三家宾馆进行调查的研究认为，雇用前的药物测试对工作事故几乎没有任何作用。但是，将雇用前测试与随机药物测试结合使用，就能够有效地减少工作事故。[115]

雇用前药物测试可以阻止那些吸毒人员到采用这些测试的企业求职或工作。一项研究发现，超过 30％使用毒品的全日制员工说，他们不太可能去会进行就业前甄选的公司就业。[116]有些求职者或员工会设法逃避测试，例如，购买“干净”的血液样本。有些州的法律将在药物测试中的欺诈行为认定为犯罪。[117]然而，最新的一种口液药物测试解决了"干净样本"的问题，而且实施的成本更低。[118]

重要的问题是，如果已入职的员工药物测试结果为阳性怎么办。四种传统的方法是惩戒、解雇、内部咨询和转诊到外部机构。大多数企业并不是直接解雇这样的员工，起码不会一开始就这么做，而是进行劝告。它们还强调说，无论是主管人员还是一般朋友，如果发现了员工的问题，最好都不要忽略它。

在实践中，每个企业都倾向于用自己的办法处理药物滥用问题。一名人力资源总监这样说道：

> 有些企业毫不容忍这种员工，对这种员工立即予以解雇，没有选择的余地（例如，制药实验室）。还有一些企业则宽宏大量。我们的政策是事不过三。第一步是发出警告通知，要求员工同意我们可以在任何时候（比如5年一个周期）对其进行测试。第二步是采取强制性的药物滥用戒免计划，并且由员工自己付费……第三步就是立即解雇。[119]

药物滥用的公司政策 企业还应当制定并推行相关的公司政策。这种政策应当声明管理层对酗酒、滥用药物以及员工使用和窝藏违禁药品的立场。它还应当说明确定导致不良工作绩效的原因的方法（如尿检），说明公司对戒酒/戒毒（包括工作场所咨询）活动的观点，以及对违规行为的处罚标准。企业还可以采取其他一些措施，例如，检查工作场所（了解员工是否使用非法物品）以及利用卧底人员等。

基层主管人员培训 培训基层主管人员识别酗酒和滥用药物者以及他们可能引发的问题，是非常明智的做法。但是，基层主管人员处于一种非常微妙的地位：他们应当是公司抗击工作场所滥用药物战的第一道防线，但也应当避免变成侦探或医学诊断专家。基层主管人员应当遵守以下指南：

● 如果某位员工看起来有滥用药物或酗酒的迹象，问其感觉如何，并寻找其受酒精或药物损害的征兆，比如说话含糊不清（见表16—3）。将确定不能履行工作职责的员工送回家中。

● 书面记录观察到的事实，跟踪每一事件。此外，管理人员还应当通知员工，在作出解雇处理之前，公司会对其予以警告的次数。

● 将有麻烦的员工列入公司的员工援助计划。

工作场所药物滥用的法律问题 联邦政府的《无毒品工作场所法》要求与联邦政府签订合同或获得联邦政府资助的企业采取各种措施确保在工作场所中没有毒品。例如，企业必须同意：

● 公布有关禁止在工作场所中非法生产、配送、拥有或使用受控制药物的规定。

● 制定无毒品宣传计划，让员工了解在工作场所滥用药物的危险性。

● 让员工知道，作为得到雇用的条件之一，他们不仅应当遵守企业的规定，而且要报告与在工作场所滥用药物相关的犯罪行为。[120]

美国交通部就交通行业的药物测试，有自己的规定。[121]这些规定要求进行随机酒精呼吸测试，以及在雇用前、事故后、产生合理怀疑以及交接班时，对交通运输业中从事具有安全敏感性工作的工人进行测试。

一般来说，企业可以对酒精依赖型员工和非酗酒者提出相同的绩效标准要求。根据《美国残疾人法》，酗酒是否表现为"能力缺陷"取决于许多方面，包括酗酒者是否确为酒精依赖者。[122]然而，还有其他方面的一些法律风险。员工已经以侵犯个人隐私、非法解雇、诽谤以及非法搜查等为由提出了起诉。因此，在实施药物控制计划之前，企业需要做到：

● 利用员工手册、公告栏通告、工资单中夹带传单等方式，宣传有关药物滥用的规定。

● 说明可能会在什么条件下进行药物测试以及处理拒绝接受测试的员工的相应程序。

● 对于自愿寻求治疗的员工，企业会提供什么生活条件。根据联邦政府和一些州政府的法律，滥用药物可能属于一种身体残疾。

16.4.6 工作压力、工作倦怠和情绪低落

有时，酗酒和滥用药物这样的问题可以反映出员工的一些潜在心理障碍，如工作压力、情绪低落等。反过来，各种与工作相关的因素，如工作进度、工作速度、工作保障、上下班路线、工作场所噪音、不健全的监督、顾客和客户的数量和特性等，也会导致员工巨大的压力。[123]

个人因素也会影响压力。例如，A型性格者（沉迷于工作，总是感到有一种力量驱使自己按时完成工作任务）通常将自己置于比别人更大的压力之下。除了工作本身的压力，还有非工作问题（如离婚）所引起的压力，你可以想象，许多工人都会遇到这样的问题。

工作压力对企业和员工双方都有严重的后果。个人方面的后果包括焦虑、沮丧、愤怒、心血管疾病、头疼、事故，甚至是早期的老年痴呆症。[124]对于组织来说，后果包括工作成果的质量和数量下降，缺勤率和人员流动率上升，等等。一项针对4.6万名员工的研究表明，处于高压力下的员工的健康护理支出比压力低的员工高46%。[125]但是，只有5%的受访美国企业说，它们正在着手解决员工的工作压力问题。[126]

减轻工作压力 有许多方式可以减轻功能失调型压力，包括一般补救方法（比如增加睡眠、食补）和其他治疗方法（比如生物反馈疗法和冥想疗法）。还有一些合理的做法是，找一份更合适的工作、寻求咨询顾问的帮助、设计和组织每天的活动等。[127]卡尔·阿尔伯切特博士（Dr. Karl Albrecht）在其《压力与管理者》一书中建议，采用以下方法减轻工作压力[128]：

- 与同事和员工建立有益的、愉快的、合作的关系。
- 量力而行。
- 与上司建立一种特别有效的、能获得支持的关系。
- 与上司协商确定重要项目的切实可行的截止日期。
- 尽可能多地了解即将发生的事件，并尽可能多地获得提前准备的时间。
- 每天都要找时间放松身心。
- 在办公室周围散散步，以振作身心。
- 想办法减少不必要的噪声。
- 减少工作中的琐事，只要有可能，就将日常事务分派出去。
- 限制打扰。
- 不拖延处理令人讨厌的问题的时间。
- 制作一张有建设性意义的“烦恼清单”，列出问题以及每个问题的解决办法。
- 保证时间充足、质量更高的睡眠。[129]

另外一种方法就是冥想。找一个安静恬适、灯光柔和的地方坐下，集中精力思考，或者数深呼吸的次数，或者想象一个安静的地方，比如说海滩。当你又要走神时，及时把你的思路收回到你的呼吸或者那个海滩上。[130]

在减轻工作压力方面，企业的人力资源部门和基层主管人员也可以发挥作用。积极为员工提供支持的基层主管人员和公平对待是两个很重要的成功因素。其他措施还包括减少工作方面的个人冲突，鼓励管理层与员工之间进行开放的沟通。位于加利福尼亚州帕萨迪纳市的亨廷顿医院（Huntington Hospital）引入了一项现场礼宾服务计划来帮助员工减轻工作压力，主要是帮助员工邮寄账单和制定假期计划等。[131]

一家英国公司采用了一种缓解员工压力的三级方法。[132]首先是一级预防，确保正确的工作设计和工作流程；第二是干涉，包括员工个人的评价、用来发现工作压力和工作中个人冲突来源的态度调查以及基层主管人员的干预调停等；第三是通过员工援助计划和咨询项目的方法进行恢复。

工作倦怠　工作倦怠（burnout）是一种与工作压力紧密相关的现象。专家将工作倦怠定义为：由于过分努力地追求不现实的工作目标而导致的体力和脑力资源全面耗竭。它是一个慢慢积累的过程，通过一系列的症状表现出来，这些症状包括易怒、沮丧、情绪低落、愤世嫉俗、欺骗和怨恨。[133]

企业可以通过监督从事潜在高压力工作的员工等方式来减少工作倦怠。[134]出现工作倦怠的员工应该怎么做呢？在《如何降低成功的高成本》一书中，赫尔伯特·弗雷登伯格博士（Dr. Herbert Freudenberger）提出了以下建议：

- **打破你的模式**。首先，你是做不同的事情，还是反复做同样的事情？你的生活越丰富多彩，你就越能有效地预防工作倦怠。
- **定期完全放下工作**。安排出专门用于进行内省的时期，在此期间，你可以完全摆脱日常工作。
- **根据内在价值重新评价你的目标**。你设立的目标是符合实际、可达到的吗？这些目标真的值得你作出牺牲吗？
- **思考你的工作**。不如此紧张，你可以同样做好工作吗？

研究透视　一项研究结果认为，如果你在考虑休一次假来消除你的工作倦怠感，你甚至还能省钱。[135]在这项研究中，以色列中部某电子企业总部的 76 名行政管理部员工回答了有关工作压力的问卷，该问卷用来测量员工在休假之前的工作压力和工作倦怠的严重程度。这些员工在休假前填写了两次问卷，在休假期间填写了一次问卷，休假之后填写了两次问卷。

休假期间，这些员工的工作倦怠感肯定是减轻了。问题是，在休假之后，这种感觉又迅速回来了。休假过后的第三天，员工的工作倦怠感就回到了休假前一半的水平，而返回工作岗位 3 周之后，他们的工作倦怠感就完全回到了休假前的水平。[136]正如研究人员所指出的，这意味着工作日中的短暂休假，“比如工间操、冥想、打盹以及沉思”，都有助于减轻压力和工作倦怠。随后的一项独立研究认为，假期的质量，如放松程度和远离工作烦恼的程度，会影响到假期的减压效果是否减弱。[137]

员工情绪低落　员工情绪低落是一个严重的工作问题。专家估计，美国每年因为这个问题而损失的工作日价值超过 20 亿美元，而每年因为缺勤和工作效率低下给美国企业带来的损失高达 240 亿美元。[138]情绪低落的人的安全记录也不好。[139]

企业要更加努力地发挥作用，以确保情绪低落的员工能够充分利用企业提供的支持性服务。一项调查发现，尽管大约 2/3 的大企业提供了员工援助计划，其中涵盖了员工的情绪低落问题，但是在情绪低落的员工中，只有 14%的人说他们曾经使用这些计划。[140]

因此，企业需要采取措施培训基层主管人员识别情绪低落的警示信号，劝说和鼓励那些需要的员工利用企业的员工援助计划。[141]情绪低落是一种疾病。告诉一个情绪低落的人要“重新振作”起来，并不比告诉一个心脏不好的人不要劳累更有用处。情绪低落（如果超过两周以上的时间）的典型警示信号包括：情绪上持续悲伤、焦虑或者茫然；睡眠太少；食欲不振；对过去喜欢的活动不再感兴趣；坐卧不安或者动不动就发脾气；注意力很难集中等。[142]

16.4.7 解决与计算机相关的人体工程学问题

虽然计算机显示器技术在不断进步，但是仍然存在一些与显示器相关的健康问题。比如，眼部烧灼感、痒、流泪、眼疲劳以及眼痛等。后背和脖子疼也是非常普遍的。发生这些问题的原因通常是，员工为了解决一些问题（如反光），而不得不将身体保持在一个不恰当的位置。使用计算机的员工通常还可能发生累积性运动技能失常，例如，腕管综合征，这是因为反复以不舒服的角度使用手臂所造成的。[143]职业安全和健康管理局没有适用于电脑工作场所的具体标准，只有一些通用的标准，例如辐射、噪音和用电危险。[144]

就使用显示器而言，全国职业安全与健康协会提出了一些一般性的建议，这些建议大多和人体工程学、人机界面的设计有关。具体如下：

1. 员工在电脑前每工作 20～40 分钟就应该休息 3～5 分钟，利用这段时间做其他工作，如复印文件等。

2. 在设计时尽可能增大工作台的灵活性，使之能够适应操作者个人特点。例如，使用椅背中间有支撑的可调式座椅。不要在一个地方待太长的时间。

3. 使用设备来减轻强光的影响，如在窗户上安装遮阳棚，或使用凹光或间接式照明。

4. 对员工进行全面的上岗前视力测试，以确保适当矫正视力，减少眼疲劳。[145]

5. 让使用者坐在其手腕与肘处在同样高度的位置上。

6. 将显示器放置在与操作者眼睛持平或低于眼睛高度的位置上，并与眼睛保持 18～30 英寸的距离。

7. 让手腕轻轻放在垫子上以便有支点。

8. 让脚平坦地放在地板或脚凳上。[146]

16.4.8 工作场所吸烟问题

吸烟对员工和企业都是一个很严重的健康和成本问题。对于企业而言，吸烟的成本来自更高的健康保险和火灾保险费用，以及缺勤率的上升、生产率的下降（例如，吸烟者要花 10 分钟时间才能在商店后面抽完一支烟）。

而且，一些不抽烟的员工由于担心吸入二手烟，可能会对企业提起诉讼。加利福尼亚环境保护局估计，在美国，每年有 3 000 人死于被动吸烟引起的肺癌，有 3.5 万～6.2 万人因被动吸烟而患心脏病（并非都与工作有关）。[147]

该做和不该做的事情　企业能发布禁烟令吗？这个问题的答案取决于几个方面的情况，比如所在州的情况以及企业是否已经被工会化。例如，如果想要在一个以前允许员工吸烟的工会化企业中实行禁烟，就需要通过集体谈判来决定。[148]许多州和城市现在禁止在室内公共场所吸烟（参见 www. smokefreeworld. com/usa. shtml）。

总的说来，只要企业不把吸烟作为某种歧视的代用手段，是可以不雇用吸烟者的。根据一名专家的观点："不雇用吸烟者"的政策并没有违反《美国残疾人法》（因为吸烟没有被视为残疾）。总的来说，"根据联邦法律，企业采取不雇用吸烟者的政策并不违法……"在参加美国人力资源协会举办的在线调查的 270 名人力资源管理专家中，大约 72%的人说他们的企业指定了办公室外的吸烟区域，32%的人说他们公司制定了戒烟计划，27%的人说他们公司出台了限制员工休息次数的政策，19%的人说他们公司禁止在工作场所内外吸烟。[149]

有些企业则采取非常强硬的措施。威尔克股份有限公司（WEYCO）是一家位于密歇根州的福利服务企业，它首先对员工进行为期 15 个月的警告，同时提供戒烟援助，然后开始解雇或者赶走所有吸烟的员工，甚至包括只在家里吸烟的员工。[150]

16.4.9　工作中的暴力问题

一名怒气冲冲的员工闯进克莱斯勒公司位于俄亥俄州的一家吉普车组装工厂，然后朝一名工人开了一枪，据说此前这名员工曾与一名基层主管发生过争吵。[151]

对员工实施暴力行为已经成为工作场所中的一个严重问题。谋杀是工作场所中发生死亡案件的第二大原因。根据美国国家职业安全与健康研究所的调查，每年在工作场所中发生的非致命性的袭击事件导致的工作日损失超过 100 万天。虽然抢劫是工作场所谋杀的首要动机，但在工作场所中发生的每七起谋杀案中，就有一起是同事或共事的相关人员干的。[152]在一项调查中，一半以上的人力资源总监或安全总监报告说，在过去的一年中，自己的公司里曾经发生过心怀不满的员工对高层经理人员进行威胁的事件。[153]

谁处于危险之中？　暴力更多的是与某些特定的工作相联系的。在一项研究中，研究人员制作了一份"暴力风险评价量表"，在上面列出了研究人员认为与工作暴力存在联系的 22 种工作特征。这些更有可能发生暴力事件的工作包括要为别人的身体提供保护的工作、个人决策会影响到其他人生活的工作、与处理枪支有关的工作、履行安全警卫职能的工作、需要从身体上控制他人的工作、需要与失败者打交道的工作，以及需要处理非枪支类武器的工作，等等。[154]

男性受到的致命性职业伤害要多于女性，但女性遭受袭击的比例要比男性高得多。《性别动机暴力法》作为 1994 年美国国会通过的《针对女性的暴力行为法》的一个组成部分，强制性地规定，如果女性员工成为暴力行为的受害者，则企业要承担重大责任。[155]大多数被杀害的女性（许多是在零售机构中工作的此类女性）是因不认识的攻击者随机实施的暴力犯罪致死的，这种情况可能发生在抢劫过程中。其余的女性则是被同事、家庭成员或过去的朋友或熟人杀害的。

你能够预测并避免很多工作场所中的事故。《风险管理》（*Risk Management*）杂志估计，大约 86%的工作暴力事件在早期阶段就能被同事发现，这些同事能够在事故发生之前就向管理人员报告，从而引起他们的注意。然而，在大多数此类案件中，管理人员几乎无所作为。[156]企业可以采取几个方面的具体措施来减少工作场所暴力事件。下面让我们来看一看。

加强安全措施 加强安全措施是企业的第一道防线。美国国家职业安全与健康研究所建议采取以下几种防范措施：改善外部照明；利用活动式保险箱，以最大限度地减少存放在手头的现金量，并且挂上说明目前只有少量现金的标识；安装无声报警器和摄像头；增加值班人员；对工作人员进行与解决冲突和作出非暴力反应有关的培训；在深夜和凌晨高危险时段关闭工作场所，等等。[157]企业还可以发布有关武器的规定，例如，规定员工不能携带枪炮及其他危险武器或致命武器进入工作场所等。

由于近半数发生在工作场所中的杀人案件都发生在零售行业，因此，美国职业安全和健康管理局提出了企业自愿遵守的旨在减少在这类企业中出现的杀人和伤害事件的建议。尤其是对在深夜或凌晨工作的零售人员提出了以下建议：安装镜子和改善照明；提供无声的随身报警器；减少高危险时段的营业时间；利用活动式保险箱，以最大限度地减少存放在手头的现金量，并且挂上说明目前只有少量现金的标识；安装防弹围栏；在高危险时间增加值班人员的数量。[158]

改进员工甄选工作 通过测试能够筛选掉那些在工作场所中具有明显攻击倾向的人。在一项研究中，研究者试图测量人格之间的关系，例如，“愤怒”（例如，在完成了工作却没有得到认可的情况下，员工会如何作出反应）与“对报复的态度”（所要测量的当然是一个人对实施报复行为持有何种态度）之间的关系。研究者发现，愤怒等此类可衡量的个人特征差异“可以解释不同的人在实施工作场所攻击行为方面存在的差异中大约 60％的部分”。[159]

至少在雇用员工之前，企业应当进行严格的背景资料核查。要拿到求职者的详细求职申请书，弄清求职者的就业历史、教育背景以及推荐人的意见。还应当对求职者进行面试、各种人事测验以及审查和确认求职者提供的所有信息。例如，在面试中可以询问这样的问题：“哪些事情会让你觉得很有挫折感？”以及“你曾经遇到过的最糟糕的主管人员是谁？为什么这么说？”[160]

关于求职者的某些背景情况表明了企业必须对求职者做更为深入的背景调查。这些危险的信号包括[161]：

- 在就业经历中有一段没有加以说明的空白期；
- 简历或求职申请表中存在不完整的或虚假的信息；
- 负面的、不利的或虚假的推荐意见；
- 在过去的工作中发生过不服从行为或暴力行为；
- 存在与骚扰行为或暴力行为有关的犯罪历史；
- 对过去离职的原因不加解释或解释不可信；
- 严重的精神问题或精神病史；
- 有滥用药物或酗酒的历史；
- 在个人的工作或生活中存在极不稳定的情况，比如经常变换工作或者在不同地区之间迁移；
- 执照或资格证书已失效或遗失。[162]

有关工作场所暴力的培训 有些供应商可以提供与如何应对工作场所中的暴力有关的视频培训。这种视频培训解释了什么是工作场所暴力，说明了工作场所暴力发生的原因及其征兆，同时还向主管人员提供有关如何防范工作场所暴力以及在暴力事件发生时应当如何处理的一些小技巧。

企业还应当对基层主管人员进行培训，使他们能够识别暴力事件发生之前的线索，这些线索包括[163]：

● **典型画像**（typical profiles）。典型的行凶者是男性，年龄介于 25～40 岁之间，表现出自己无法解决压力问题，有试图控制他人的行为，同时总是在不断地抱怨。当然，许多没有暴力倾向的员工也可能会表现出这些特征，但行凶者还会表现出其他一些特征，具体如下。

● **口头威胁**（verbal threats）。这些人常常满怀嫉妒，并提到他们想要做什么，例如"身后的丙烷罐很容易就爆炸"。

● **身体行为**（physical actions）。受麻烦困扰的员工可能会企图胁迫他人，侵入不属于他们的地方，或者在工作场所中亮出隐蔽的武器。

● **挫折**（frustration）。例如，大多数案件都涉及自认为应当得到晋升却未遂，从而很受挫折的员工。

● **强迫症**（obsession）。员工可能对某位同事或主管人员怀恨在心，有些案件则可能是由感情方面的原因引起的。[164]

组织公正性 正如三位研究者所说，在工作中，"暴力事件通常是由于在此之前感到某种不公平引发的"。[165]研究者让被调查者回答这样一些问题："请回想一下，作为当前组织中的一名员工，你曾经受到过其他员工冒犯的情景。"研究者还询问了被调查者对于那些冒犯是如何作出反应的。一个责怪其他人冒犯自己的员工更容易寻求报复（尤其是报复那些看上去并不强大的冒犯自己的人），而不是和解。[166]有一个案例很值得深思，有位企业高层主管人员涉嫌故意破坏其此前就职的企业的计算机系统，而该事件导致该公司蒙受高达 2 亿美元的损失。那么，究竟是什么原因使得这个年收入达到 18.6 万美元的人去做这样的事情呢？他给该公司总裁写的一封匿名信为我们提供了一些他为什么这样做的线索：

> 30 多年来，无论在公司经营良好还是经营不佳时，我对公司都忠心耿耿……而最令我恼火的则是公司选择与我终止雇佣关系的方式。我期望公司能有一位高层管理人员从高高的塔顶走下来，直接面对我们来宣布裁员的消息，而不是派一位带着保安的厨房主管像押送罪犯一样把我们送出公司……我们不会等着上帝去惩罚你的，我们会自己动手来采取措施的。[167]

因此，从道德的层面来说，要想减少暴力，就要努力确保公平对待。

更加关注员工的留用和解雇 企业必须采取有效的程序来识别和处理存在潜在暴力危险的员工。第一步就是出台关于工作场所暴力的政策，这种政策应规定哪些员工行为是不可接受的，同时说明公司和对工作场所暴力的零容忍态度。[168]特别需要注意的行为包括：

● 工作中或工作之外发生的暴力行为；
● 证明一个人存在丧失行为意识的古怪行为；
● 过度的防卫、强迫或妄想倾向；
● 过度的对抗或反社会行为；
● 性攻击行为；
● 孤立倾向或孤独倾向；
● 有暴力暗示的不服从行为；

- 对批评作出过度反应的倾向；
- 对战争、枪械、暴力、大灾难过分感兴趣；
- 犯有严重违反安全规定的犯罪行为；
- 在工作场所持有武器、枪支、刀具[169]；
- 侵害他人隐私权，比如搜查他人的办公桌或悄悄跟踪；
- 长期发出抱怨，经常提出不合理的争议；
- 有报复导向或者报复态度。[170]

解雇有暴力倾向的员工 在解雇或惩处有暴力倾向的员工时，要小心谨慎。在解雇有暴力倾向的员工时，一定要注意：

- 根据员工的个人历史，分析和预测可能会发生何种类型的攻击行为。
- 在解雇员工时有保安人员在附近。
- 清走该员工可能会丢弃的家具和物品。
- 不穿宽大的衣服，以防被其抓住。
- 不要让员工觉得你是在谴责他，而要说你是在根据公司的政策要求采取行动。
- 维护员工的个人尊严，努力强调员工某些好的方面。
- 为被解雇员工提供求职咨询服务，帮助员工度过解雇后的创伤调整期。[171]
- 对于那些表现出要在工作场所实施暴力行为的人，考虑要求法院发布针对这些人的限制令。人力资源经理应该了解限制令并且清楚获得限制令的程序。[172]

应对愤怒的员工 在面对怒气冲冲、可能一触即发的员工时，你怎么办？以下是这方面的一些建议[173]：

- 保持目光交流；
- 放下手头的事，全神贯注地应对；
- 用平静的声音说话，创造一个宽松的环境；
- 坦率、诚实；
- 让对方说话；
- 了解使对方感到恼火的具体事例；
- 谨慎地界定问题；
- 提出开放式的问题，以从各方面了解存在的问题；
- 倾听：正如某位专家所说，“生气的人往往只想让别人听他说。他们需要自己能信任的人来充当支持和同情他们的听众”。[174]

减少工作场所暴力行为的法律问题 努力通过筛选剔除存在潜在暴力倾向的员工是明智的，但是这么做可能会招致法律上的风险。大多数州都制定了政策，鼓励那些过去存在暴力前科的人重新实现就业和康复，因此，有些州限制企业将犯罪记录作为作出雇佣决策的依据。[175]例如，《纽约校正法》第23章A条款规定，除了在某些有限的场合，根据求职者过去的犯罪事实对其实施歧视对待的做法属于违法行为。同样，法院在对1964年《民权法》第七章作出解释时，也会限制企业根据拘捕记录作出雇佣决策，因为这样做可能会对少数族裔劳动者产生不公正的歧视。

且不论美国联邦法律，大多数州都禁止对有被拘捕记录和犯罪前科的求职者进行歧视，除非在犯罪前科与当前职位之间存在直接的关系，或者雇用此人确实会带来不合理的风险。[176]绘制一幅“暴力员工”画像的做法最后很可能是描绘一个只不过存在单纯的精神障碍的人，因而违反了《美国残疾人法》。[177]

16.5 职业安全与健康

大多数企业都实施了各种安全保护措施。[178]图 16—10 清楚地说明了这个问题。例如，在被调查企业中，46%的企业至少会向某些特定的员工（比如收发室中的员工）发放工作手套、面罩以及其他一些个人防护用品；43%的企业实施了新的更严格的进大门程序。在 2001 年 11 月以后，要求进入者提供身份证明以及雇用保安人员的措施迅速增多。来自美国人力资源管理协会的一项调查发现，大约 85%的被调查企业现在制定了正式的灾难应对方案。[179]很多企业还针对可疑的邮包制定了特殊的处理程序，并进行了常规性的应急疏散演习。

具体措施	实施该措施的公司比例（%）
	（146）
安全和保障	
个人防护设备	46
新的更严格的大门进入程序	43
限制进入某些区域	19
关闭入口或区域	17
新的或更多的安保人员	12
延长保安的工作时间	10
新的安全设施（如金属探测器）	10
新的或更严格的求职面试	7
大楼入口加设障碍物	5
应急计划和灾后恢复计划	
审核应急计划和灾后恢复计划	46
修改应急计划和灾后恢复计划	32
实施新的或修改过的疏散演习	23
组织委员会或任务小组实施应急计划和灾后恢复计划	15
开发应急计划和灾后恢复计划	14
开发或修改数据备份程序	14
开发或修改追踪员工下落的程序	10

图 16—10 恐怖袭击事件发生后的安全保障和应急计划

资料来源：Adapted from "After Sept. 11th, Safety and Security Moved to the Fore," *BNA Bulletin to Management*, January 17, 2002, p. 52.

以上很多措施都源于过去几年中企业对危机管理给予越来越多的关注。识别公司中存在的安全和其他方面的危险情况属于企业危机管理的范畴，企业危机管理是指识别危险、制定计划降低危险并且在实际上确实降低了危险的各种管理措施。作为其危机管理的一部分，沃尔玛会问这样的问题："什么是危险？我们应当如何应对这些危险？"[180]在这里，减少犯罪和强化安全保障是两种重要的方法。

16.5.1 预防犯罪计划必须具备的基本条件

正如一家企业的安全总结报告所说，"工作场所中的安全保障工作所涉及的不仅仅是追踪有什么人从窗户爬了进来、安装警报系统，或者是在下班后雇用安全警卫人员。整个组织还要制定培育真正的安全意识的计划，同时执行相关的安全政策和计划，从而让员工参与进来，保护自己免受那些已知的危险和威胁的危害。”[181]

从理论上说，一项综合性企业预防犯罪计划应该从以下几个方面入手：

1. 企业对犯罪的理念和政策——特别是要让员工真正理解，任何犯罪行为都是不可接受的，企业绝对不会容忍员工的任何犯罪行为。

2. 求职者调查——在为填补每个职位而实施的人员甄选过程中，一定要全面检查求职者的所有背景。

3. 犯罪知觉培训——在员工培训以及新员工引导过程中，要清楚地说明企业对工作场所中的犯罪行为绝对不会手软。

4. 危机管理——要制定一些应对炸弹袭击、火灾或其他紧急事件的程序，并告知员工。

16.5.2 制定基本的安全计划

以最简单的方式来表述，要想建立一项基本的安全计划，通常需要以下四个步骤：分析现有的危险水平，然后建立机械的、自然的和组织的安全保障系统。[182]

安全计划首先要分析企业现有的危险水平。企业应该在安全专家的帮助下，评估公司的安全状况。符合逻辑的做法是从明显存在的危险开始进行分析，例如，工作场所周围的情况怎么样；在公司所在的办公场所（如所在的大厦中）是否存在可能会带来安全隐患的其他公司或个人（比如执行机构）。作为最初的危险评价阶段的一个组成部分，企业至少要检查以下六个方面：

1. **前台进入通道**，包括入口的数量以及联系应急人员的“紧急按钮”。

2. **内部安全**，包括是否需要门禁卡、安全休息室，以及更容易识别的安全出口。

3. **官方参与**，与当地的执法机构共同制定某些特定的应急安全处理程序。

4. **邮件处理**，包括员工应当如何筛选和打开邮件，以及邮件是从哪里进入建筑物之中的。

5. **撤离疏散**，包括对撤离疏散程序的全面审查以及相关的培训。

6. **备份系统**，例如在遭受灾难打击时，公司能够在其他地方存储数据信息。

在对现有的危险水平进行评估后，企业转而需要注意改善工作场所安全状况的三个方面：自然安全、机械安全和组织安全。[183]

自然安全 **自然安全**（natural security）是指利用工作场所的自然或人工条件来减少安全隐患。例如，停车场有黑暗的地方吗？入口太多是不是意味着公司难以控制人们进入工作场所？

机械安全 **机械安全**（mechanical security）是指利用诸如锁、入侵报警器、门禁控制系统、监视系统等安全系统，有效地降低人员监控需要。[184]这时，技术进步使企业可以很容易地安装新的安全设施。现在，许多邮件收发室都利用扫描仪检查邮件的安全性。在门禁安全方面，可以利用一些生物技术鉴定扫描仪，识别拇指指纹或手掌纹、视网膜或声音，从而保证工作场所的安全。（批评者认为，这会侵犯员工的隐私，例如，企业无论在什么时候都可以识别出员工所在位置的做法。[185])

组织安全 最后，**组织安全**（organizational security）是利用优良的管理来提高安全水平。例如，要对安全保卫人员进行适当的培训和激励，并吸引大家参与各种安全活动。此外，还应当对安全人员作出书面规定，说明他们的职责，特别是在发生火灾、电梯故障、危险物质泄漏、医疗紧急事件、恶意入侵、可疑包裹、内部混乱以及工作场所暴力行为时应当做什么。[186]其他需要提问的一些问题包括：准确地调查新员工的背景了吗？对提供安全服务的承包商和进入工作场所的其他人员，也要求进行同样的背景调查吗？此外，为新员工提供安全保障方面的培训了吗？

16.5.3 人员疏散计划

由火灾、爆炸等类似原因引发的紧急事件，要求企业应当有相应的告知和人员疏散计划。[187]这种计划应该包括以下几部分内容：较早发现问题；确定与外部机构沟通紧急情况的途径；启动疏散计划时以及为需要疏散人员的企业提供信息时采用的沟通计划。只有报警器是远远不够的。从理想的角度来说，应当是先有警报，企业在警报发出之后，紧接着向大家提供关于紧急情况的一些具体信息，从而让员工知道他接下来应该采取什么行动。有一些企业会利用手机短信传递信息。[188]

16.5.4 企业安全与员工隐私

伴随着这些安全计划出现的是，很多企业对员工交流和工作活动实施的监视不断增加，这使很多人产生了这样一个疑问：这种监视是否侵犯了员工的隐私权？

正如本书前面提到的，当企业利用监视设备调查员工是否违反安全规定时，要考虑员工的隐私问题。从理论上说，企业应该征得员工的同意之后再进行监视，例如，当员工在入职培训会上签收公司手册时就向他们征求意见。但如果公司的政策明确指出，员工应该已经知道公司会采取这些监视措施，那么企业就可以进行监视。

企业可以通过采取一些步骤更容易地调查员工是否存在潜在的违反安全规定的行为。这些步骤包括[189]：

1. 发布一项公司政策，一方面说明公司有权检查和搜查员工及其私人物品、电子媒介和文件，另一方面强调公司提供给员工的很多便利设施（比如柜子和桌子等）仍然是公司的财产，因而公司有权控制和搜查这些设施。

2. 对调查人员实施培训，使他们更加关注事实，避免指责个人。

3. 确保公司的调查人员明白，被调查的员工可以要求在接受询问时有员工代表在场。

4. 确保所有的调查和搜查活动都是公平进行的，不存在歧视。

本章内容概要

1. 管理人员关注安全问题和事故预防的原因包括几个方面。其中一个原因就是，工作场所的事故数量多得惊人。正因为如此，所有的管理人员都应当熟悉职业安全方面的法律。1972 年美国国会通过了《职业安全与健康法》，其目的是尽可能为所有在美国工作的人提供安全和健康的工作环境，并保护人力资源。根据这项法案创建了美国职业安全和健康管理局。职业安全和健康管理局颁布了上千条企业必须遵守的具体政策和标准。职业安全和健康管理局通过检查、传讯和罚款（如果必要的话）等措施来执行这些标准。检查人员不能进行未经许可的检查，如果检察人员要求进入企业工作场所，管理者首先要保证有一名指定的职业安全和健康管理局协调者在场。

2. 导致工作场所事故的基本原因有以下三个：偶然事件、不安全的工作条件、员工的不安全行为。不安全的工作条件包括不合理的设备防护和有风险的操作程序。不安全的行为有时反映了不耐心和注意力不集中等人格特点。

3. 在现实中，如何预防事故的问题可以归结为减少不安全的工作条件和不安全的工作行为。减少不安全的工作条件是第一道防线，通常包括使用核查清单及遵守职业安全和健康管理局的各项标准。在采取了所有的必要措施之后，企业还要鼓励员工使用带有个人防护设施的设备。有一些基本方法有助于减少不安全的行为，比如，适当的人员甄选和配置；培训、激励和正强化；行为安全教育；员工参与；进行安全和健康审计，等等。

4. 大多数工作场所中的健康风险是不明显的，比如没有防护设施的设备。

● 一些暴露性的典型风险包括化学品、生物危害和设计不合理的机器设备。

● 管理像这样的风险属于工业卫生的范畴，包括识别、评价和控制风险三个步骤。一些明显的需要关注的方面包括接触石棉、传染病等。

● 管理人员应熟悉酗酒、滥用药物及其在工作中的表现，尤其应熟悉出现这些问题的信号以及解决这些问题的措施。

● 在工作中，压力、工作倦怠和情绪低落的严重程度要比人们认识到的水平高得多。员工和企业都可以采取一些措施解决这些问题。企业尤其要培训基层主管识别情绪低落的标志，同时向需要得到特殊服务的员工提供咨询。

● 针对员工的暴力是个非常严重的问题，女性员工尤其处于更大的危险之中。强化安全措施是预防暴力事件的第一道防线，它包括改善外部照明、利用保险箱减少手头存放的现金数量等。

● 改进员工甄选程序能够减少雇用存在潜在暴力倾向员工的风险。但是，企业还要提供如何在工作场所应对暴力行为方面的培训（比如，留意言语威胁），加强对员工留用和解雇程序的关注等。

5. 今天的大多数企业都制定了职业安全与健康计划。制定一项基本的安全计划涉及分析现有的危险水平以及建立机械性、自然性和组织性的安全系统等内容。

讨论题

1. 说明如何最大限度地减少员工方面出现的不安全的行为。

2. 讨论有关美国职业安全和健康管理局的一些基本情况，比如它的目的、标准、检查、权利和责任。

3. 说明基层主管人员在安全方面扮演的

角色。

4. 说明引起不安全的行为的原因。

5. 至少阐述五种有助于减少事故的方法。

6. 说明你会如何减轻自己的工作压力。

7. 描述企业可以采取的减少工作场所暴力的措施。

个人和小组活动

1. 以个人或小组为单位，回答这样一个问题："是否存在所谓的'有事故倾向的人'这样一回事？"用你实际了解到的似乎存在某种事故倾向的人为例加以说明。

2. 以个人或小组为单位，整理出一份清单，列举哪些工作或学校中的因素会使你产生功能失调性压力。你是采用什么方法来应对这些压力的？

3. 本书末附录中的美国人力资源认证机构提供的"考试指南"部分，列出了想要通过人力资源资格认证考试的人需要了解的各个方面的人力资源管理知识（例如战略人力资源管理、员工队伍规划、人力资源开发等）。请以 4～5 人为一组，完成下列四项任务：(1) 浏览该附录中的内容；(2) 明确在本章所讲授的内容中有哪些与附录中列出的需要参加考试者掌握的知识是相关的；(3) 根据这些与考试相关的内容，编写出你们认为适合作为这种人力资源认证资格考试考试题的 4 道多项选择题；(4) 如果时间允许的话，你们小组派出一个人将你们编写的考试题在课堂上展示给大家，这样各个小组的学生就能够回答其他小组编写的考试题了。

4. 《职业风险》杂志向我们提供了一些信息，这些信息描述了当美国职业安全和健康管理局向美国司法部提交起诉书，起诉企业故意违反职业安全和健康管理标准时所发生的一些事情。在 1982—2002 年间，美国职业安全和健康管理局总共就 119 起严重事故向美国司法部提起了刑事诉讼，据称这些企业存在故意违反职业安全和健康管理标准的情况。司法部拒绝受理其中 57%的案件，其中一些是出于其他原因未被受理。在剩下的 51 起案件中，63%的案件是司法部通过预审程序解决的，这样就不涉及入狱的惩罚。所以，整体上，在职业安全和健康管理局向美国司法部提起的 119 起诉讼案件中，只有 9 起案件导致至少一名被告入狱。"司法部真丢人，"他们指控一家公司的创始人应当对在该公司工作的其一位家属的因工死亡负责。低定罪率的一个可能原因是，这些案件中的犯罪行为通常都是轻微的犯罪，而不是重罪，而司法部主要关注那些涉及严重犯罪的案件。了解了这个信息之后，你认为这会对企业及其管理者管理他们的安全计划产生何种影响？你为什么会这样认为？

5. 最近，在俄亥俄州东托莱多市的一个建筑工地上，一台 315 英尺高、200 万磅重的起重机倒塌，造成 4 名钢架工人死亡。你认为像这样悲惨的事故是可以避免的吗？如果可以避免，你会建议总承包商采取哪些措施来避免这样的惨剧发生？

体验式练习

我们大学的安全性怎么样？

目的：本练习的目的是，让你练习确定不安全的工作条件。

必须理解的内容：你应当熟悉本章所提供的材料，尤其是有关不安全工作条件的材料以及图 16—6、图 16—7 和图 16—11 中的内容。

如何进行练习/指导：将全班分为分别若干个由 4 个人组成的个小组。

假设每个小组都是一个由学校安全工程师组成的安全委员会，其职责是确定和报告在学校建筑物内及其周围存在的各种可能的不安全工作条件。每个小组都要在这些建筑物内及其周围进行 45 分钟的检查，并列出可能存在的不安全工作条件。（利用图 16—6、图 16—7 和图 16—11 中提供的核查清单。）

在大约 45 分钟之后回到教室。每组应指定一人发言，在黑板上列出本组已经确定的不安全工作条件。总共有多少项不安全的工作条件？你们认为这些条件也违反了职业安全和健康管理局的标准吗？你们将会怎样进行核查？

一般问题	是	需采取的行动
1. 你们公司是否在所有员工都能看得到的地方张贴了美国职业安全和健康管理局要求企业在工作场所中张贴的海报？	☐	☐
2. 你们知道在工作场所伤亡或严重事故（5 人以上住院）发生的 48 小时内，向联邦政府或州政府职业安全和健康管理办公室提交报告的所有要求吗？	☐	☐
3. 是否根据职业安全和健康管理局的要求妥善保管了工作场所中发生的伤病记录？	☐	☐
4. 你们是否知道，必须在每年 2 月 1 日—3 月 1 日在公司张贴美国职业安全和健康管理局发布的年度工作场所伤病报告总结？	☐	☐
5. 你们是否知道，美国职业安全和健康管理局免除 10 人以下的企业保存相关记录的要求，除非这些企业是美国劳工统计局或州政府的调查对象，并且得到了具体的指示要求它们保存这些记录？	☐	☐
6. 你们有没有通过制定政策并向全体员工传达这些政策来表明自己是积极关注企业中的安全与健康事宜的？	☐	☐
7. 你们公司设立一个安全委员会或安全小组，让员工参与安全与健康活动了吗？	☐	☐
8. 该安全委员会或安全小组定期召开例会，并书面报告其活动了吗？	☐	☐
9. 你们为需要接受安全与健康培训的员工提供培训，并且做好相关的培训记录了吗？	☐	☐
10. 你们公司是否有一个人明确负责企业的安全与健康活动？	☐	☐
11. 所有的员工都知道在紧急情况下应该怎么办吗？	☐	☐
12. 你们公司张贴紧急电话号码了吗？	☐	☐
13. 你确定相关程序来处理员工提出的安全与健康问题的投诉了吗？	☐	☐
工作场所（电线、装备与控制器）	是	需采取的行动
1. 工作场所的电工熟知国家电气规范（NEC）的要求吗？	☐	☐
2. 你们规定所有的电力工程合同都要遵守国家电气规范吗？	☐	☐
3. 如果你们在危险的粉尘、蒸汽区域安装了电气装置，这些区域符合国家电气规范中关于危险地点的标准要求吗？	☐	☐
4. 所有的电线都连成串，从而不会挂在管道、钉子、钩子上吗？	☐	☐

图 16—11　安全与健康自我核查清单

说明：该清单中的问题只是范例，请设计出符合你们自己需要的核查清单。

5. 所有的管道、柔韧管道中的电缆都正确地连接到接线盒和插座上了吗？	☐	☐
6. 有没有电线磨损？	☐	☐
7. 橡胶线远离油脂、油、化学品了吗？	☐	☐
8. 金属电缆和管道系统都正确地接地了吗？	☐	☐
9. 便携式电动工具接地或者双重绝缘了吗？	☐	☐
10. 所有的地面连接电路都干净且紧密连接了吗？	☐	☐
11. 对于每个电路的负载而言，保险丝、断路器的类型和大小都是正确的吗？	☐	☐
12. 所有的保险丝都不是用硬币或金属丝“代替”的吗？	☐	☐
13. 开关显示过热了吗？	☐	☐
14. 开关安装在了干净、密封的金属盒里吗？	☐	☐
15. 所有的开关都标明用途了吗？	☐	☐
16. 电机干净且没有过多的油脂吗？	☐	☐
17. 电机妥善保存并提供足够的过电流保护了吗？	☐	☐
18. 轴承状态良好吗？	☐	☐
19. 为相关人员配备手提灯了吗？	☐	☐
20. 所有的灯都远离可燃物品了吗？	☐	☐
21. 有胜任国家电气规范要求的员工负责定期检查企业的电气系统吗？	☐	☐
安全出口与通道	是	需采取的行动
1. 所有的出口都可见且畅通吗？	☐	☐
2. 所有的出口都有明显可见的标识且照明充足吗？	☐	☐
3. 有足够的出口确保在紧急情况下迅速逃生吗？	☐	☐
4. 标明限制占用的区域，并由经过授权的专人负责该区域的进出吗？	☐	☐
5. 在员工建造和修理操作时采取特别的预防措施保护员工了吗？	☐	☐
火灾预防	是	需采取的行动
1. 有数量充足和类型齐全的便携式灭火器吗？	☐	☐
2. 每个月对灭火器进行总体状态检查，并标注在检查标签上了吗？	☐	☐
3. 定期对灭火器进行原料补充，并标注在检查标签上了吗？	☐	☐
4. 灭火器安置在易于触及的位置了吗？	☐	☐
5. 对室内的储水设备、闸门（如果有的话）等定期检查了吗？	☐	☐
6. 至少每年对火灾报警系统（如果有的话）进行测试了吗？	☐	☐
7. 定期培训员工如何使用灭火器、防火程序了吗？	☐	☐
8. 对室外的自用消防栓（如果有的话）在上一年注满水并定期维护了吗？	☐	☐
9. 防火门、百叶窗状态良好吗？	☐	☐
防火门、百叶窗畅通无阻且有防堵塞措施吗？	☐	☐
10. 有熔断器吗？	☐	☐
11. 当地消防部门熟悉你们的工厂、地理位置以及具体的危险吗？	☐	☐
12. 自动洒水喷头：		
水控制阀、空气、水压每周进行检查了吗？	☐	☐
开放式控制阀被锁住了吗？	☐	☐
有专人或洒水喷头承包商负责系统维护吗？	☐	☐
洒水喷头可能产生机械损伤的地方有金属保护吗？	☐	☐
在喷头处有适合的最小间隙吗？	☐	☐

图 16—11（续）

内部清洁与一般工作环境	是	需采取的行动
1. 只在指定的“安全区”允许吸烟吗？	☐	☐
2. 在放有可燃、易燃物的地方张贴了醒目的禁烟标志吗？	☐	☐
3. 对油性和涂料浸泡过的垃圾是用金属废料存储罐存放的吗？每天都清空吗？	☐	☐
4. 对喷漆室、浸泡槽及其排出的废尘进行定期清理了吗？	☐	☐
5. 在潮湿环境中，在潮湿的地板上为员工提供了站立的垫子、平台或类似的保护装置吗？	☐	☐
6. 提供废物容器并定期清空了吗？	☐	☐
7. 厕所设施符合卫生规范的要求吗？	☐	☐
8. 提供洗手池了吗？	☐	☐
9. 所有工作区域都有充足的照明吗？	☐	☐
10. 在二楼、阁楼、储存区张贴了有关楼板承载力的标识吗？	☐	☐
11. 地板开口提供了隔板、扶手或地板孔盖子吗？	☐	☐
12. 楼梯处于良好状态，每层阶梯有 4 个或更多阶梯竖板，并安装标准的扶手了吗？	☐	☐
13. 根据需要提供良好的可移动型木梯、金属梯并配有安全脚蹬吗？	☐	☐
14. 固定梯子充足且状态良好，配备了侧边扶手、支架或特殊的安全登梯设备吗？	☐	☐
15. 对于装卸码头：		
钢板处于工作状态且防滑吗？	☐	☐
在钢板处于工作状态时，有办法防止汽车、卡车滑动吗？	☐	☐
机器及设备	是	需采取的行动
1. 所有的机器、设备都有充足的保护，以防止操作工或员工遭受旋转部件、夹点、飞片、颗粒、火花伤害吗？	☐	☐
2. 机械动力传送带和夹点有安全防护吗？	☐	☐
3. 离地面不高于 7 英尺的动力轴承有安全防护吗？	☐	☐
4. 对手工工具和其他设备的安全状况进行定期检查了吗？	☐	☐
5. 用于净化的压缩空气减少到不高于 30 磅/平方英寸了吗？	☐	☐
6. 电锯和类似设备有安全防护吗？	☐	☐
7. 砂轮工具设置在 1/8 英寸或小于轮子吗？	☐	☐
8. 有针对小型手工工具如旋转钻头、分裂把手等的检查系统吗？	☐	☐
9. 定期检查压缩气体容器是否有瑕疵、生锈或泄漏了吗？	☐	☐
10. 妥善处理和储存容器、阀门以防止损坏了吗？	☐	☐
11. 所有的空气接收器包括安全阀都定期检查了吗？	☐	☐
12. 对安全阀进行定期、频繁的测试了吗？	☐	☐
13. 火炉、炉子与树干、木制品、其他可燃物之间有足够的间隙吗？	☐	☐
14. 在涉及明火的加热装置前——如气体辐射加热器——以及在火炉、炉子门前，至少保持 4 英尺的间隙了吗？	☐	☐
15. 所有的石油和燃气装置都装有控制熄火器，以防飞行员或主要燃烧器不工作时漏油了吗？	☐	☐

图 16—11（续）

16. 砖砌烟囱与所有木制品、可燃物之间至少保持 2 英寸的间隙了吗？	☐	☐
17. 焊接与火焰切割作业：		
只有获得授权、经过培训的人员才允许使用这些设备吗？	☐	☐
为操作工提供操作说明的副本并要求他们按照说明操作了吗？	☐	☐
焊气瓶得到妥善储存从而不会受到损害了吗？	☐	☐
所有的容器在不使用时都有阀门进行保护吗？	☐	☐
在操作工附近的可燃物都覆盖了保护隔层进行保护吗？	☐	☐
在焊接地点提供灭火器了吗？	☐	☐
操作工配有防护服或防护设备吗？	☐	☐
材料	是	需采取的行动
1. 处理和管理易燃液体时，使用经过批准的安全罐或其他可用容器了吗？	☐	☐
2. 建筑物内的所有易燃液体都存放在了合适的容器或橱柜中吗？	☐	☐
3. 在使用易燃液体进行喷涂或浸渍罐操作时，符合职业安全和健康管理局的标准吗？	☐	☐
4. 氧化物与其他有机材料（除外装运袋）分开存放了吗？	☐	☐
5. 在存放、使用危险物品的区域有强制的禁烟令吗？	☐	☐
6. 在需要的地方张贴了“请勿吸烟”标志吗？	☐	☐
7. 从工厂场所中清除空气污染物的通风设备——这些污染物源于生产研磨、抛光、喷漆和蒸汽脱脂等程序——运行正常吗？	☐	☐
8. 在进行有 X 射线或其他辐射的操作时，有保护措施吗？	☐	☐
9. 对于叉车操作：		
只有经过培训的人员才能够操作叉车吗？	☐	☐
在可提升卡车上有头顶保护措施吗？	☐	☐
10. 对于有毒物质：		
工厂所用的材料都进行毒性检查了吗？	☐	☐
对于有毒物质实施了正确的控制程序——如通风系统、封闭操作、安全操作实践、适当的个人防护设备（如呼吸装置、眼镜或护目镜、手套等）吗？	☐	☐
员工保护	是	需采取的行动
1. 在企业附近有医院、诊所或医务室吗？	☐	☐
2. 如果附近没有医疗或急救机构，有一个以上在急救方面训练有素的员工吗？	☐	☐
3. 对于工作场所中的潜在伤害，有足够的急救用品吗？	☐	☐
4. 员工碰到腐蚀性物质时有快速的冲洗设施吗？	☐	☐
5. 如果存在高处坠落物体的危险，提供了可佩戴的安全帽吗？	☐	☐
6. 如果存在飞溅粒子或腐蚀性物质，提供了护目镜或眼镜吗？	☐	☐
7. 为了防止尖锐、灼热或腐蚀性物质伤害，提供了手套、围裙、挡板等吗？	☐	☐
8. 根据日常或紧急所需提供了防毒面罩吗？	☐	☐
9. 所有的防护设备都处于卫生条件并且是现成的吗？	☐	☐
10. 对于电气工人而言，在需要特殊设备的地方就有这些设备吗？	☐	☐
11. 如果需要在工作的地方吃午饭，有既无有毒物质又非厕所的地点吗？	☐	☐
12. 如果工作噪音超过了职业安全和健康管理局的噪音标准，有相应的保护措施吗？	☐	☐

图 16—11（续）

应用案例

新的安全与健康计划

乍看起来，你会认为网站是安全和健康危险最小的地方之一，"动中学"网站（Learn In Motion. com）的所有者就是这样认为的。公司中没有运行的机械方面的危险，没有高压线路，没有切割或举重活动，也没有铲车式货车。但是，在那里实际上也存在着安全与健康问题。

例如，就引起事故的条件而言，网站公司存在的一个问题就是有许多电缆和电线。有连接计算机主机与显示器、服务器的电缆，有的电缆常常是从某些计算机连接到各个打印机上。某办公室中有10部电话，所有的电话都连着15英尺长的电话线，它们总是迂回缠绕着桌子和椅子。实际上，考虑到这间办公室几乎没有所谓的无线电缆，且只有不到10名员工，其电缆数量之多的确令人惊异。在安装专家为该办公室布线（如电源线、高速电缆、电话线、防盗警报器以及计算机）的时候，他们估计需要使用的各种电缆长达5英里。尽管大多数电缆藏在墙壁或天花板中，但还是有许多电缆在办公桌之间以及在门口绕来绕去。有几位员工已经在试图减少被电线绊倒的情况发生，因为无论什么时候，只要他们站起来，塑料椅垫就会压住离他们最近的电线。但是，仍有许多电线没有被保护起来。有时，员工自己带来包装胶袋，并试图将他们觉得特别麻烦的地方（比如横跨门口）的电线捆扎起来。

电缆和电线只是比较明显的可能引起事故的工作条件之一。该公司的程序员在离开该公司之前曾试图修理主服务器，当时各个科室的用电仍很正常。到他离职时，剩下的员工不是特别清楚他拧过哪些螺丝，但他们知道正如某位经理说过的，这位程序员"曾经在屋子里到处修理"。他没出什么事，但情况仍然令人不安。虽然他们还没有收到任何投诉，但每个员工都长时间在计算机前工作，因此，他们可能会出现腕管综合征，同样，还会出现诸如眼疲劳和背部疲劳之类的其他问题。

最近发生的一起事故尤其使他们感到害怕。该公司让独立承包商负责在纽约和其他两个城市配送公司的课程图书和课程光盘。一名配送员在纽约第二大道与东64街的交汇路口骑车时，被一辆汽车撞了，当时那辆车正向南开往第二大道。幸运的是，这位员工没有受伤，但自行车的前轮被轧坏了，这种极端危险的情况使公司的两位老板——梅尔和詹妮弗认识到，他们缺少安全计划。

该公司的两位所有者不仅担心物理工作条件问题，他们对工作压力以及精力耗竭等潜在的健康问题也有些担心。虽然公司在物质条件方面可能是（相对而言）安全的，但就其对工作时间和工作完成日期的要求来看，员工的工作压力也是相对比较大的。对于员工来说，他们从上午7：30或8点开始，一直工作到夜里11点或12点，每周至少工作5天，有时甚至需要工作6～7天，这些都是司空见惯的。

至少，梅尔和詹妮弗都相当明确地认识到，他们必须在实施健康与安全计划方面做些努力。现在，他们希望你——他们的管理顾问来帮助他们实施这方面的计划。以下是他们希望你为他们做的事情。

［问题］

1. 根据你所掌握的健康与安全方面的知识以及你了解到的与他们公司类似的其他企业的情况，制作一份清单，列出员工以及其他人在"动中学"网站面对的潜在危险条件。公司应当做些什么才能减少最为严重的5种潜在危险因素的严重性？

2. 对于他们来说，建立一套程序来淘汰那些有工作压力倾向或事故倾向的人是否可行？为什么？如果可行，他们应当如何进行筛选？

3. 写一篇有关下列主题的短文：“为了使我们全体员工的工作行为更加安全，我们应当做什么？”

4. 根据你所了解的情况以及其他网站正在做的事情，写一篇有关以下主题的短文：“为了减少我们公司现在面临的工作压力和工作倦怠问题，我们可以做什么？”

连续案例

卡特洗衣公司

新的安全计划

在洗衣和清洁企业，员工的安全和健康是一个很重要的问题。每一家洗衣店都是一个小型生产厂，在那里，有以高压蒸汽和压缩空气为动力的机械，它们在高温、湿滑的条件下清洗和熨烫衣物，不断地产生化学水蒸气，而且在清洁过程中还要使用腐蚀性的化学物品。高温蒸馏器不断“烹煮”清洁剂，以去除杂质，使清洁剂得以重新使用。如果在这个过程中出错，比如如果将过多的蒸汽注入蒸馏器中，就会发生沸溢，也就是说，沸腾的化学溶剂会喷出蒸馏器，喷到地上和旁人身上。

由于存在这些危险，并且在这些洗衣店里不断产生有危险的化学废料，几家政府机构（包括职业安全和健康管理局和环境保护局）已经就这些工厂的管理制定了严格的准则。例如，在每一家洗衣店中都必须张贴海报，让员工知道自己有权被告知自己在与哪些危险的化学物品打交道，同时让他们知道处理这些化学物品的正确方法是什么。必须让专门从事废料管理的企业来收集和适当处置这些危险废物。

卡特洗衣公司（同样也是其他洗衣店主）长期面对的问题是，洗衣工通常不愿意戴安全护目镜。并非他们所使用的所有化学物质都要求戴安全护目镜，但是有些化学物质，比如用来清除衣物锈污的氢氟酸，就是非常危险的。氢氟酸被装在特殊的塑料容器中，因为它能溶解玻璃。有些员工觉得戴安全护目镜可能很麻烦，它们让人感到有些不舒服，也容易被弄脏从而影响视线。因此，杰克发现，几乎总是很难让员工自觉戴上护目镜。

［问题］

1. 企业应该如何识别需要纠正的危险工作条件？利用图 16—6 和图 16—11，列举至少 10 种在干洗店中存在的潜在危险条件。

2. 对于企业来说，建立一种淘汰有发生事故倾向的人的程序是可取的吗？如何建立这种程序呢？

3. 为了让所有的员工表现出更安全的工作行为，你会向卡特公司提出哪些建议？为了让那些应当戴安全护目镜的员工戴上护目镜，你会向公司提什么建议？

将战略转化为人力资源管理政策和实践的案例

巴黎酒店

新的安全与健康计划

巴黎酒店的竞争战略是：“通过卓越的顾客服务将自己与同行区别开来，以吸引顾客延长入住时间，提高顾客再次入住比率，从而提高酒店的收入和利润水平。”酒店人力资源经理莉萨·克鲁兹现在必须制定和实施战略性人力资源管

理政策和活动，通过帮助酒店获得战略所需的员工行为和胜任素质来支持酒店的这一竞争战略。

尽管当我们想到酒店的时候，脑海里浮现的第一件事可能不是“危险的工作条件”，但是莉萨·克鲁兹知道，安全和健康问题在巴黎酒店的确是个严重问题。事实上，在你能看到的任何一个地方——从迎宾员在车道上将汽车门打开，到湿滑的游泳池，再到酒店每年用于清洁和洗涤的几千磅氨水、漂白剂和其他腐蚀性化学品，酒店确实是一个很容易发生意外事故的地方。很明显，危险的工作条件对巴黎酒店是有害的。事故发生率太高不仅对员工不人道，而且还可能影响员工的士气，从而影响他们的服务水平。事故多还会提高公司的成本，减少盈利，因为要承担工伤保险的费用，同时员工还可能会缺勤。莉萨知道，她必须健全公司的安全与健康制度。

莉萨和酒店的首席财务官审查了公司的安全记录，结果让他们感到很不安。他们发现，与其他连锁酒店和服务性企业相比，无论用什么标准来评估酒店的安全状况，包括每年的事故成本、事故损失的工作时间、每位员工的工伤保险金以及安全培训项目次数，巴黎酒店的情况都不太妙。公司首席执行官说：“为什么仅以工伤保险成本来计算，巴黎酒店一年就要比应当支付的成本超出50万美元?”这还不包括因为事故而损失的工作时间，或者事故对员工士气产生的负面作用，或者诉讼成本（例如，游泳池的服务员没有把漂白剂封好，导致一位住酒店的顾客意外被漂白剂烧伤）。首席财务官授权莉萨制定一项新的安全和健康项目。

［问题］

1. 根据本章学到的内容，作为这项新的安全和健康计划的一个组成部分，巴黎酒店应当采取的第一个步骤是什么？为什么？

2. 举例说明你认为莉萨和她的团队需要注意的在一家典型的酒店中常见的10个高危险区域。

3. 举出三个具体案例来说明巴黎酒店应当如何利用人力资源管理实践来提升安全性。

4. 就以下主题写一篇一页纸的总结：“安全和健康问题的改善将如何推动巴黎酒店的战略目标实现?”

注释

[1] Michael Wilson, “Manslaughter Charge in Trench Collapse,” *The New York Times*, June 12, 2008, p. B1.

[2] For a discussion of specific strategies for reducing fatalities at work, see, for example, Laura Walter, “Facing the Unthinkable: Fatality Prevention in the Workplace,” *Occupational Hazards*, January 2008, pp. 32–39.

[3] All data refer to 2006. See www.bls.gov/iif/oshwc/osh/os/ostb1757.txt, accessed January 19, 2008.

[4] “BLS Likely Underestimating Injury and Illness Estimates,” *Occupational Hazards*, May 2006, p. 16; Tahira Probst et al., “Organizational Injury Rate Underreporting: The Moderating Effect of Organizational Safety Climate,” *Journal of Applied Psychology* 93, no. 5 (2008), pp. 1147–1154.

[5] Greg Hom, “Protecting Eyes from High-Tech Hazards,” *Occupational Hazards*, March 1999, pp. 53–55; “Workplace Injuries by Industry, 2002,” *Safety Compliance Letter*, no. 2438 (February 2004), p. 12. See also Katherine Torres, “Stepping into the Kitchen: Protection for Food Workers,” *Occupational Hazards*, January 2007, pp. 29–30.

[6] “Blame New Computers for Sick Buildings,” *USA Today* 129, no. 2672 (May 2001), p. 8.

[7] Michael Pinto, “Why Are Indoor Air Quality Problems So Prevalent Today?” *Occupational Hazards*, January 2001, pp. 37–39.

[8] Sandy Moretz, “Safe Havens?” *Occupational Hazards*, November 2000, pp. 45–46.

[9] See, for example, “Workplace Fatalities: The Impact on Coworkers,” *Occupational Hazards*, March 2008, p. 18.

[10] David Ayers, “Mapping Support for an E. H. S. Management System,” *Occupational Hazards*, June 2006, pp. 53–54.

[11] Todd Nighswonger, “Rouge Settlement Sparks Safety Initiative at Ford,” *Occupational Hazards*, October 1999, pp. 101–102; Karen Gaspers, “It's Painful for the Bottom Line, Too,” *Safety and Health* 168, no. 14 (October 2003), p. 323.

[12] David Barstow and Lowell Bergman, "Family's Profits, Wrung from Blood and Sweat," *The New York Times*, January 9, 2003, p. 81.

[13] Willie Hammer, *Occupational Safety Management and Engineering* (Upper Saddle River, NJ: Prentice Hall, 1985), pp. 62–63. See also "DuPont's 'STOP' Helps Prevent Workplace Injuries and Incidents," *Asia Africa Intelligence Wire*, May 17, 2004.

[14] F. David Pierce, "Safety in the Emerging Leadership Paradigm," *Occupational Hazards*, June 2000, pp. 63–66. See also, for example, Josh Williams, "Optimizing the Safety Culture," *Occupational Hazards*, May 2008, pp. 45–49.

[15] Sandy Smith, "Louisiana-Pacific Corp. Builds Safety into Everything It Does," *Occupational Hazards*, November 2007, pp. 41–42.

[16] Donald Hantula et al., "The Value of Workplace Safety: A Time Based Utility Analysis Model," *Journal of Organizational Behavior Management* 21, no. 2 (2001), pp. 79–98.

[17] Ibid. In a similar case, in 2008 the owner of a Brooklyn, New York, construction site was arrested for manslaughter when a worker died in a collapsed trench. Michael Wilson, "Manslaughter Charge in Trench Collapse," *The New York Times*, June 12, 2008, p. B1.

[18] "A Safety Committee Man's Guide," Aetna Life and Casualty Insurance Company, Catalog 87684, pp. 17–21.

[19] Based on "All About OSHA" (Washington, DC: U.S. Department of Labor, 1980), www.OSHA.gov, accessed January 19, 2008.

[20] "Safety Rule on Respiratory Protection Issues," *BNA Bulletin to Management*, January 8, 1998, p. 1.

[21] "OSHA Hazard Communication Standard Enforcement," *BNA Bulletin to Management*, February 23, 1989, p. 13. See also William Kincaid, "OSHA vs. Excellence in Safety Management," *Occupational Hazards*, December 2002, pp. 34–36.

[22] "What Every Employer Needs to Know About OSHA Record Keeping," U.S. Department of Labor, Bureau of Labor Statistics (Washington, DC), Report 412–3, p. 3.

[23] Arthur Sapper and Robert Gombar, "Nagging Problems Under OSHA's New Record-Keeping Rule," *Occupational Hazards*, March 2002, p. 58.

[24] Brian Jackson and Jeffrey Myers, "Just When You Thought You Were Safe: OSHA Record-Keeping Violations," *Management Review*, May 1994, pp. 62–63.

[25] "Supreme Court Says OSHA Inspectors Need Warrants," *Engineering News Record*, June 1, 1978, pp. 9–10; W. Scott Railton, "OSHA Gets Tough on Business," *Management Review* 80, no. 12 (December 1991), pp. 28–29; Steve Hollingsworth, "How to Survive an OSHA Inspection," *Occupational Hazards*, March 2004, pp. 31–33.

[26] http://osha.gov/as/opa/oshafacts.html, accessed January 19, 2008; Edwin Foulke Jr., "OSHA's Evolving Role in Promoting Occupational Safety and Health," *EHS Today*, November 2008, pp. 44–49. Some believe that under the new Democratic administration of President Obama, OSHA may move from voluntary programs back to increased attention on inspections. See, for example, Laura Walter, "Safety Roundtable: The View from the End of an Era," *EHS Today*, December 2008, pp. 30–31.

[27] www.osha.gov/Publications/osha2098.pdf+OSHA+inspection+priorities&hl=en&ct=clnk&cd=1&gl=us, accessed January 19, 2008.

[28] www.OSHA.gov, downloaded May 28, 2005, and http://osha.gov/pls/oshaweb/owadisp.show_document?p_table=NEWS_RELEASES&p_id=14883, accessed January 19, 2008.

[29] This section is based on "All About OSHA," pp. 23–25. See also "OSHA Final Rule Expands Employees' Role in Consultations, Protects Employer Records," *BNA Bulletin to Management*, November 2, 2000, p. 345.

[30] D. Diane Hatch and James Hall, "A Flurry of New Federal Regulations," *Workforce*, February 2001, p. 98.

[31] For example, OSHA recently settled with Murphy Oil USA, with Murphy paying just over $179,000 in OSHA fines for a variety of violations and OSHA recently proposed a penalty of $195,200 against a masonry contractor with a total of 21 violations. See "Enforcement Briefs," *Occupational Hazards*, March 2008, p. 13.

[32] www.osha.gov/Publications/osha2098.pdf+OSHA+inspection+priorities&hl=en&ct=clnk&cd=1&gl=us, accessed January 19, 2008.

[33] "Enforcement Activity Increased in 1997," *BNA Bulletin to Management*, January 29, 1998, p. 28. See also www.osha.gov/as/opa/osha-faq.html, accessed May 26, 2007.

[34] Ibid., p. 28.

[35] For a discussion of how to deal with citations and proposed penalties, see, for example, Michael Taylor, "OSHA Citations and Proposed Penalties: How to Beat the Rap," *EHS Today*, December 2008, pp. 34–36.

[36] Patricia Poole, "When OSHA Knocks," *Occupational Hazards*, February 2008, pp. 59–61.

[37] Robert Grossman, "Handling Inspections: Tips from Insiders," *HR Magazine*, October 1999, pp. 41–50; and "OSHA Inspections," OSHA, www.osha.gov/Publications/osha2098.pdf, accessed May 26, 2007.

[38] These are based on James Nash, "The Top Ten Ways to Get into Trouble with OSHA," *Occupational Hazards*, December 2003, pp. 27–30.

[39] Sean Smith, "OSHA Resources Can Help Small Businesses with Hazards," *Westchester County Business Journal*, August 4, 2003, p. 4. See also www.osha.gov/as/opa/osha-faq.html, accessed May 26, 2007.

[40] Lisa Finnegan, "Industry Partners with OSHA," *Occupational Hazards*, February 1999, pp. 43–45.

[41] Charles Chadd, "Managing OSHA Compliance: The Human Resources Issues," *Employee Relations Law Journal* 20, no. 1 (Summer 1994), p. 106.

[42] These are based on Roger Jacobs, "Employee Resistance to OSHA Standards: Toward a More Reasonable Approach," *Labor Law Journal*, April 1979, pp. 227–230. See also "Half of All Working Americans Feel Immune to Workplace Injuries," https://www.mem-ins.com/newsroom/pr072803.htm, accessed August 11, 2009.

[43] Arthur Sapper, "The Oft-Missed Step: Documentation of Safety Discipline," *Occupational Hazards*, January 2006, p. 59.

[44] "A Safety Committee Man's Guide," Aetna Life and Casualty Insurance Company, Catalog 87684. See also Dan Petersen, "The Barriers to Safety Excellence," *Occupational Hazards*, December 2000, pp. 37–39.

[45] "Did This Supervisor Do Enough to Protect Trench Workers?" *Safety Compliance Letter*, October 2003, p. 9.

[46] Julian Barling et al., "High-Quality Work, Job Satisfaction, and Occupational Injuries," *Journal of Applied Psychology* 88, no. 2 (2003), pp. 276–283.

[47] For a discussion of this, see David Hofmann and Adam Stetzer, "A Cross-Level Investigation of Factors Influencing Unsafe Behaviors and Accidents," *Personnel Psychology* 49 (1996), pp. 307–308. See also David Hofman and Barbara Mark, "An Investigation of the Relationship Between Safety Climate and Medication Errors as Well as Other Nurse and Patient Outcomes," *Personnel Psychology* 50, no. 9 (2006), pp. 847–869.

[48] Duane Schultz and Sydney Schultz, *Psychology and Work Today* (Upper Saddle River, NJ: Prentice Hall, 1998), p. 351.

[49] Robert Pater and Robert Russell, "Drop That 'Accident Prone' Tag: Look for Causes Beyond Personal Issues," *Industrial Safety and Hygiene News* 38, no. 1, (January 2004): 50,

http://findarticles.com/p/articles/mi_hb5992/is_200401/ai_n24195869/ accessed August 11, 2009.

[50] Discussed in Douglas Haaland, "Who's the Safest Bet for the Job? Find Out Why the Fun Guy in the Next Cubicle May Be the Next Accident Waiting to Happen," *Security Management* 49, no. 2 (February 2005), pp. 51–57.

[51] "Thai Research Points to Role of Personality in Road Accidents," http://www.driveandstayalive.com/info%20section/news/individual%20news%20articles/x_050204_personality-in-crash-causation_thailand.htm, February 2, 2005, accessed August 11, 2009; Donald Bashline et al., "Bad Behavior: Personality Tests Can Help Underwriters Identify High-Risk Drivers," *Best's Review* 105, no. 12 (April 2005), pp. 63–64.

[52] Todd Nighswonger, "Threat of Terror Impacts Workplace Safety," *Occupational Hazards*, July 2002, pp. 24–26.

[53] Michael Blotzer, "Safety by Design," *Occupational Hazards*, May 1999, pp. 39–40; and www.designsafe.com/dsesoftware.php, accessed May 26, 2007.

[54] Susannah Figura, "Don't Slip Up on Safety," *Occupational Hazards*, November 1996, pp. 29–31. See also Russ Wood, "Defining the Boundaries of Safety," *Occupational Hazards*, January 2001, pp. 41–43.

[55] See, for example, Laura Walter, "What's in a Glove?" *Occupational Hazards*, May 2008, pp. 35–36.

[56] Donald Groce, "Keep the Gloves On!" *Occupational Hazards*, June 2008, pp. 45–47.

[57] James Zeigler, "Protective Clothing: Exploring the Wearability Issue," *Occupational Hazards*, September 2000, pp. 81–82.

[58] Sandy Smith, "Protective Clothing and the Quest for Improved Performance," *Occupational Hazards*, February 2008, pp. 63–66.

[59] Tim Andrews, "Getting Employees Comfortable with PPE," *Occupational Hazards*, January 2000, pp. 35–38. Note that personal protective equipment can backfire. As one expert says, ". . . making a job safer with machine guards or PPE lowers people's risk perceptions and thus can lead to an increase in at-risk behavior." Therefore, also train employees not to let their guards down. E. Scott Geller, "The Thinking and Seeing Components of People-Based Safety," *Occupational Hazards*, December 2006, pp. 38–40.

[60] Sandy Smith, "Protecting Vulnerable Workers," *Occupational Hazards*, April 2004, pp. 25–28.

[61] Katherine Torres, "Challenges in Protecting a Young Workforce," *Occupational Hazards*, May 2006, pp. 24–27.

[62] Linda Tapp, "We Can Do It: Protecting Women Workers." *Occupational Hazards*, October 2003, pp. 26–28.

[63] Katherine Torres, "Don't Lose Sight of the Older Workforce," *Occupational Hazards*, June 2008, pp. 55–59.

[64] Robert Pater, "Boosting Safety with an Aging Workforce," *Occupational Hazards*, March 2006, p. 24.

[65] Michael Silverstein, M.D., "Designing the Age Friendly Workplace," *Occupational Hazards*, December 2007, pp. 29–31.

[66] Elizabeth Rogers and William Wiatrowski, "Injuries, Illnesses, and Fatalities Among Older Workers," *Monthly Labor Review* 128, no. 10 (October 2005), pp. 24–30.

[67] "The Complete Guide to Personal Protective Equipment," *Occupational Hazards*, January 1999, pp. 49–60. See also Edwin Zalewski, "Noise Control: It's More Than Just Earplugs: OSHA Requires Employers to Evaluate Engineering and Administrative Controls Before Using Personal Protective Equipment," *Occupational Hazards* 68, no. 9 (September 2006), p. 48(3). You can find videos about new spersonal protective products at "SafetyLive TV" at www.occupationalhazards.com, accessed March 14, 2009.

[68] Robert Pater and Ron Bowles, "Directing Attention to Boost Safety Performance," *Occupational Hazards*, March 2007, pp. 46–48.

[69] E. Scott Geller, "The Thinking and Seeing Components of People-Based Safety," *Occupational Hazards*, December 2006, pp. 38–40.

[70] William Kincaid, "10 Habits of Effective Safety Managers," *Occupational Hazards*, November 1996, pp. 41–43. See also Sandy Smith, "Breakthrough Safety Management," *Occupational Hazards*, June 2004, p. 43.

[71] Gerald Borofsky, Michelle Bielema, and James Hoffman, "Accidents, Turnover, and the Use of a Preemployment Screening Inventory: Further Contributions to the Validation of the Employee Reliability Inventory," *Psychological Reports*, 1993, pp. 1067–1076.

[72] Ibid., p. 1072. See also Keith Rosenblum, "The Companion Solution to Ergonomics: Pretesting for the Job" *Risk Management* 50, no 11 (November 2003), p. 26(6).

[73] Dan Hartshorn, "The Safety Interview," *Occupational Hazards*, October 1999, pp. 107–111.

[74] Gaye Reese and Joy Waltemath, *Workers' Compensation Manual for Managers and Supervisors: A Guide to Effective Workers' Compensation Management* (Chicago, IL: CCH Incorporated, 1996), pp. 22–23.

[75] Laura Walter, "Surfing for Safety," *Occupational Hazards*, July 2008, pp. 23–29.

[76] John Rekus, "Is Your Safety Training Program Effective?" *Occupational Hazards*, August 1999, pp. 37–39.

[77] James Nash, "Rewarding the Safety Process," *Occupational Hazards*, March 2000, pp. 29–34.

[78] Quoted in Josh Cable, "Seven Suggestions for a Successful Safety Incentives Program," *Occupational Hazards* 67, no. 3 (March 2005), pp. 39–43. See also Jill Bishop, "Create a Safer Work Environment by Bridging the Language and Culture Gap," *EHS Today*, March 2009, pp. 42–44.

[79] See, for example, Ron Bruce, "Online from Kazakhstan to California," *Occupational Hazards*, June 2008, pp. 61–65.

[80] Michael Blotzer, "PDA Software Offers Auditing Advances," *Occupational Hazards*, December 2001, p. 11. See also Erik Andersen "Automating Health & Safety Processes Creates Value," *Occupational Hazards*, April 2008, pp. 53–63.

[81] See, for example, Josh Cable, "Seven Suggestions for a Successful Safety Incentive Program," *Occupational Hazards* 67, no. 3 (March 2005), pp. 39–43. See also J. M. Saidler, "Gift Cards Make Safety Motivation Simple," *Occupational Health & Safety* 78, no. 1 (January 2009), pp. 39–40.

[82] Don Williamson and Jon Kauffman, "From Tragedy to Triumph: Safety Grows Wings at Golden Eagle," *Occupational Hazards*, February 2006, pp. 17–25.

[83] See, for example, Josh Cable, "Safety Incentives Strategies," *Occupational Hazards* 67, no. 4 (April 2005), p. 37; E. Scott Geller, op. cit.

[84] James Nash, "Construction Safety: Best Practices in Training Hispanic Workers," *Occupational Hazards*, February 2004, pp. 35–38.

[85] Ibid., p. 37.

[86] Judi Komaki, Kenneth Barwick, and Lawrence Scott, "A Behavioral Approach to Occupational Safety: Pinpointing and Reinforcing Safe Performance in a Food Manufacturing Plant," *Journal of Applied Psychology* 63 (August 1978), pp. 434–445. See also Anat Arkin, "Incentives to Work Safely," *Personnel Management* 26, no. 9 (September 1994), pp. 48–52; Peter Makin and Valerie Sutherland, "Reducing Accidents Using a Behavioral Approach," *Leadership and Organizational Development Journal* 15, no. 5 (1994), pp. 5–10; Sandy Smith, "Why Cash Isn't King," *Occupational Hazards*, March 2004, pp. 37–38.

[87] Stan Hodson and Tim Gordon, "Tenneco's Drive to Become Injury Free," *Occupational Hazards*, May 2000, pp. 85–87. For another example, see Terry Mathis, "Lean Behavior-Based Safety," *Occupational Hazards*, May 2005, pp. 33–34.

[88] Tim McDaniel, "Employee Participation: A Vehicle for Safety by Design," *Occupational Hazards*, May 2002, pp. 71–76.

[89] For another good example, see Christopher Chapman, "Using Kaizen to Improve Safety and Ergonomics," *Occupational Hazards*, February 2006, pp. 27–29.

[90] Linda Johnson, "Preventing Injuries: The Big Payoff," *Personnel Journal*, April 1994, pp. 61–64; David Webb, "The Bathtub Effect: Why Safety Programs Fail," *Management Review*, February 1994, pp. 51–54. See also www.osha.gov/Publications/osha2098.pdf, accessed May 26, 2007.

[91] Lisa Cullen, "Safety Committees: A Smart Business Decision," *Occupational Hazards*, May 1999, pp. 99–104. See also www.osha.gov/Publications/osha2098.pdf, accessed May 26, 2007; and D. Kolman, "Effective Safety Committees," *Beverage Industry* 100, no. 3 (March 2009), pp. 63–65.

[92] www.aihaaps.ca/palm/occhazards.html, accessed April 26, 2009.

[93] Michael Blotzer, "PDA Software Offers Auditing Advances," *Occupational Hazards*, December 2001, p. 11.

[94] Anthea Zacharatos et al., "High-Performance Work Systems and Occupational Safety," *Journal of Applied Psychology* 90, no. 1 (2005), pp. 77–93.

[95] Ibid., p. 89.

[96] Note that the vast majority of workers' injury-related deaths occur not at work, but when the employees are off the job, often at home. More employers, including Johnson & Johnson, are therefore implementing safety campaigns encouraging employees to apply safe practices at home, as well as at work. Katherine Torres, "Safety Hits Home," *Occupational Hazards*, July 2006, pp. 19–23.

[97] Michele Campolieti and Douglas Hyatt, "Further Evidence on the 'Monday Effect' in Workers' Compensation," *Industrial and Labor Relations Review* 59, no. 3 (April 2006), pp. 438–450.

[98] See, for example, Rob Wilson, "Five Ways to Reduce Workers' Compensation Claims," *Occupational Hazards*, December 2005, pp. 43–46.

[99] "Strict Policies Mean Big Cuts in Premiums," *Occupational Hazards*, May 2000, p. 51.

[100] See, for example, *Workers' Compensation Manual for Managers and Supervisors*, pp. 36–39.

[101] "Study: No Warm Welcome After Comp Leave," *Occupational Hazards*, February 2001, p. 57.

[102] Ibid., p. 51.

[103] Donna Clendenning, "Taking a Bite Out of Workers' Comp Costs," *Occupational Hazards*, September 2000, pp. 85–86.

[104] www.zeraware.com, accessed March 22, 2009.

[105] This is based on Paul Puncochar, "The Science and Art to Identifying Workplace Hazards," *Occupational Hazards*, September 2003, pp. 50–54.

[106] Ibid., p. 52.

[107] Mark Wysong, "A Prescription for Managing Chemicals: Use These Strategies for Successful Electronic MSDS," *Industrial Safety and Hygiene News* 37, no. 1 (January 2003), p. 42.

[108] Sandy Smith, "SARS: What Employers Need to Know," *Occupational Hazards*, July 2003, pp. 33–35.

[109] Based on the report "Workplace Screening and Brief Intervention: What Employers Can and Should Do About Excessive Alcohol Use," http://www.ensuringsolutions.org/resources/resources_show.htm?doc_id=673239, accessed August 11, 2009.

[110] "15% of Workers Drinking, Drunk, or Hungover While at Work, According to New University Study," *BNA Bulletin to Management*, January 24, 2006, p. 27.

[111] "Facing Facts About Workplace Substance Abuse," *Rough Notes* 144, no. 5 (May 2001), pp. 114–118.

[112] Todd Nighswonger, "Just Say Yes to Preventing Substance Abuse," *Occupational Hazards*, April 2000, pp. 39–41. See also L. Claussen, "Can You Spot the Meth Addict?," *Safety & Health* 179, no. 4 (April 2009), pp. 48–52.

[113] See, for example, Kathryn Tyler, "Happiness from a Bottle?" *HR Magazine*, May 2002, pp. 30–37.

[114] "New Jersey Union Takes on Mandatory Random Drug Tests," *Record* (Hackensack, NJ), January 2, 2008.

[115] Frank Lockwood et al., "Drug Testing Programs and Their Impact on Workplace Accidents: A Time Series Analysis," *Journal of Individual Employment Rights* 8, no. 4 (2000), pp. 295–306; and Sally Roberts, "Random Drug Testing Can Help Reduce Accidents for Construction Companies; Drug Abuse Blamed for Heightened Risk in the Workplace," *Business Insurance* 40 (October 23, 2006), p. 6.

[116] William Current, "Pre-Employment Drug Testing," *Occupational Hazards*, July 2002, p. 56. See also William Current, "Improving Your Drug Testing ROI," *Occupational Health & Safety* 73, no. 4 (April 2004), pp. 40, 42, 44.

[117] Diane Cadrain, "Are Your Employees' Drug Tests Accurate?" *HR Magazine*, January 2003, pp. 41–45.

[118] Sally Roberts, "Random Drug Testing Can Help Reduce Accidents for Construction Companies; Drug Abuse Blamed for Heightened Risk in the Workplace," *Business Insurance* 40 (October 23, 2006), p. 6.

[119] Ibid., p. 94. See also Carrie Printz, "No Practice Is Immune," *American Medical News* 49, no. 2 (January 16, 2006), p. 21(2).

[120] "Alcohol Misuse Prevention Programs: Department of Transportation Final Rules," *BNA Bulletin to Management*, March 24, 1994, pp. 1–8. See also www.dol.gov/elaws/drugfree.htm and www.dot.gov/ost/dapc, both accessed May 26, 2007.

[121] "Stress, Depression Cost Employers," *Occupational Hazards*, December 1998, p. 24. See also Charlene Solomon, "Stressed to the Limit," *Workforce*, September 1999, pp. 48–54; and "To Slash Health-Care Costs, Look to the Company Culture," *Managing Benefits Plans*, December 2004, p. 1(5).

[122] Beth Andrus, "Accommodating the Alcoholic Executive," *Society for Human Resource Management Legal Report*, January 2008, pp. 1, 4.

[123] Eric Sundstrom et al., "Office Noise, Satisfaction, and Performance," *Environment and Behavior*, no. 2 (March 1994), pp. 195–222; and "Stress: How to Cope with Life's Challenges," *American Family Physician* 74, no. 8 (October 15, 2006).

[124] "Failing to Tackle Stress Could Cost You Dearly," *Personnel Today*, September 12, 2006; http://www.sciencedaily.com/releases/2007/06/070604170722.htm, accessed November 3, 2009.

[125] This is quoted from "Drug-Free Workplace: New Federal Requirements," *BNA Bulletin to Management*, February 9, 1989, pp. 1–4. Note that the Drug-Free Workplace Act does not mandate or mention testing employees for illegal drug use. See also www.dol.gov/elaws/drugfree.htm and www.dot.gov/ost/dapc (this site contains detailed guidelines on urine sampling, who's covered, etc.), both accessed May 26, 2007.

[126] "Few Employers Addressing Workplace Stress, Watson Wyatt Surveys Find," *Compensation & Benefits Review*, May/June 2008, p. 12.

[127] See, for example, Elizabeth Bernstein, "When a Coworker Is Stressed Out," *The Wall Street Journal*, August 26, 2008, pp. B1, B2.

[128] Karl Albrecht, *Stress and the Manager* (Englewood Cliffs, NJ: Spectrum, 1979). For a discussion of the related symptoms of depression, see James Krohe Jr., "An Epidemic of Depression?" *Across-the-Board*, September 1994, pp. 23–27; and Todd Nighswonger, "Stress Management," *Occupational Hazards*, September 1999, p. 100.

[129] Sabine Sonnentag et al., "'Did You Have a Nice Evening?' A Day-Level Study on Recovery Experiences, Sleep, and Affect," *Journal of Applied Psychology* 93, no. 3 (2008), pp. 674–684.

[130] "Meditation Gives Your Mind Permanent Working Holiday; Relaxation Can Improve Your Business Decisions and Your Overall Health," discussed in *Investors Business Daily*, March

24, 2004, p. 89. See also "Meditation Helps Employees Focus, Relieve Stress," *BNA Bulletin to Management*, February 20, 2007, p. 63.

[131]Kathryn Tyler, "Stress Management," *HR Magazine*, September 2006, pp. 79–82.

[132]"Going Head to Head with Stress," *Personnel Today*, April 26, 2005, p. 1.

[133]See, for example, Christina Maslach and Michael Leiter, "Early Predictors of Job Burnout and Engagement," *Journal of Applied Psychology* 93, no. 3 (2008), pp. 498–512.

[134]Christina Maslach and Michael Leiter, "Early Predictors of Job Burnout and Engagement," *Journal of Applied Psychology* 93, no. 3 (2008), pp. 498–512.

[135]Mina Westman and Dov Eden, "Effects of a Respite from Work on Burnout: Vacation Relief and Fade-Out," *Journal of Applied Psychology* 82, no. 4 (1997), pp. 516–527.

[136]Ibid., p. 516.

[137]Ibid., p. 526. See also Charlotte Fritz and Sabine Sonnentag, "Recovery, Well-Being, and Performance-Related Outcomes: The Role of Workload and Vacation Experiences," *Journal of Applied Psychology* 91, no. 4 (July 2006), p. 936(10).

[138]Todd Nighswonger, "Depression: The Unseen Safety Risk," *Occupational Hazards*, April 2002, pp. 38–42.

[139]Ibid., p. 40.

[140]"Employers Must Move from Awareness to Action in Dealing with Worker Depression," *BNA Bulletin to Management*, April 29, 2004, p. 137.

[141]See, for example, Felix Chima, "Depression and the Workplace: Occupational Social Work Development and Intervention," *Employee Assistance Quarterly* 19, no. 4 (2004), pp. 1–20.

[142]Ibid.

[143]"Risk of Carpal Tunnel Syndrome Not Linked to Heavy Computer Work, Study Says," *BNA Bulletin to Management*, June 28, 2001, p. 203.

[144]www.OSHA.gov, downloaded May 28, 2005.

[145]Anne Chambers, "Computer Vision Syndrome: Relief Is In Sight," *Occupational Hazards*, October 1999, pp. 179–184; and www.OSHA.gov/ETOOLS/computerworkstations/index.html, downloaded May 28, 2005.

[146]Sandra Lotz Fisher, "Are Your Employees Working Ergosmart?" *Personnel Journal*, December 1996, pp. 91–92. See also www.cdc.gov/od/ohs/Ergonomics/compergo.htm, accessed May 26, 2007.

[147]Ronald Davis, "Exposure to Environmental Tobacco Smoke: Identifying and Protecting Those at Risk," *Journal of the American Medical Association*, December 9, 1998, pp. 147–148; see also Al Karr, "Lighting Up," *Safety and Health* 162, no. 3 (September 2000), pp. 62–66.

[148]Kenneth Sovereign, *Personnel Law* (Upper Saddle River, NJ: Prentice Hall, 1999), pp. 76–79.

[149]Daniel Warner, "We Do Not Hire Smokers: May Employers Discriminate Against Smokers?," *Employee Responsibilities and Rights Journal*, 7, No. 2 (1994), p. 138. See also "Workplace Smoking: How Far Should You Go?" *Managing Benefits Plans* 5, no. 6 (June 2005), p. 2(2).

[150]Steve Bates, "Where There Is Smoke, There Are Terminations: Smokers Fired to Save Health Costs," *HR Magazine* 50, no. 3 (March 2005), pp. 28–29.

[151]"Worker Opens Fire at Ohio Jeep Plant," *Occupational Hazards*, March 2005, p. 16.

[152]Guy Toscano and Janice Windau, "The Changing Character of Fatal Work Injuries," *Monthly Labor Review*, October 1994, p. 17. See also Robert Grossman, "Bulletproof Practices," *HR Magazine*, November 2002, pp. 34–42; and Chuck Manilla, "How to Avoid Becoming a Workplace Violence Statistic," *Training & Development*, July 2008, pp. 60–64.

[153]Kelly Gurchiek, "Workplace Violence on the Upswing," *HR Magazine*, July 2005, p. 27.

[154]Manon Mireille LeBlanc and E. Kevin Kelloway, "Predictors and Outcomes of Workplace Violence and Aggression," *Journal of Applied Psychology* 87, no. 3 (2002), pp. 444–453.

[155]Kenneth Diamond, "The Gender-Motivated Violence Act: What Employers Should Know," *Employee Relations Law Journal* 25, no. 4 (Spring 2000), pp. 29–41.

[156]Paul Viollis and Doug Kane, "At Risk Terminations: Protecting Employees, Preventing Disaster," *Risk Management Magazine* 52, no. 5 (May 2005), pp. 28–33.

[157]"Workplace Violence: Sources and Solutions," *BNA Bulletin to Management*, November 4, 1993, p. 345. See also "Creating a Safer Workplace: Simple Steps Bring Results," *Safety Now*, September 2002, pp. 1–2; and L. Claussen, "Disgruntled and Dangerous," *Safety & Health* 180, no. 1 (July 2009), pp. 44–47.

[158]"OSHA Addresses Top Homicide Risk," *BNA Bulletin to Management*, May 14, 1998, p. 148. See also www.osha.gov/Publications/osha3148.pdf, accessed May 26, 2007.

[159]Scott Douglas and Mark Martinko, "Exploring the Role of Individual Differences in the Prediction of Workplace Aggression," *Journal of Applied Psychology* 86, no. 4 (2001), p. 554.

[160]Dawn Anfuso, "Deflecting Workplace Violence," *Personnel Journal*, October 1994, pp. 66–77.

[161]Alfred Feliu, "Workplace Violence and the Duty of Care: The Scope of an Employer's Obligation to Protect Against the Violent Employee," *Employee Relations Law Journal*, 20, no. 3 (Winter 1994–5), p. 395.

[162]Ibid., p. 395.

[163]"Preventing Workplace Violence," *BNA Bulletin to Management*, June 10, 1993, p. 177. See also Paul Viollis and Doug Kane, "At-Risk Terminations: Protecting Employees, Preventing Disaster," *Risk Management* 52, no. 5 (May 2005), p. 28(5).

[164] Quoted or paraphrased from Beverly Younger, "Violence Against Women in the Workplace," *Employee Assistance Quarterly* 9, no. 3/4 (1994), p. 177, and based on recommendations from Chris Hatcher. See also Paul Viollis and Doug Kane, "At-Risk Terminations: Protecting Employees, Preventing Disaster," op. cit.

[165] Karl Aquino et al., "How Employees Respond to Personal Offense: Effect of Blame Attribution, Victim Status, and Offender Status on Revenge and Reconciliation in the Workplace," *Journal of Applied Psychology* 86, no. 1 (2001), pp. 52–59. See also M. Sandy Hershcovis et al., "Predicting Workplace Aggression: A Meta-Analysis," *Journal of Applied Psychology* 92, no. 1 (2007), pp. 228–238.

[166] Ibid. p. 57.

[167] Eve Tahmincioglu, "Employers Maintaining Vigilance in the Face of Layoff Rage," *The New York Times*, August 1, 2001, pp. C1, C6.

[168] Jean Thilmany, "In Case of Emergency," *HR Magazine*, November 2007, pp. 79–82; Chuck Mannila, "How to Avoid Becoming a Workplace Violence Statistic," *Training & Development*, July 2008, pp. 60–64.

[169] Florida recently passed a law giving employees the right to carry guns in cars parked at work. See "Right to Carry Guns in Cars Parked at Work Becomes Loaded Issue in Florida, Elsewhere," *BNA Bulletin to Management*, May 13, 2008, p. 153.

[170] Feliu, "Workplace Violence," pp. 401–402.

[171] Shari Caudron, "Target HR," *Workforce*, August 1998, pp. 44–52.

[172] Diane Cadrain, "And Stay Out! Using Restraining Orders Can Be an Effective and Proactive Way of Preventing Workplace Violence," *HR Magazine*, August 2002, pp. 83–86.

[173] Donna Rosato, "New Industry Helps Managers Fight Violence," *USA Today*, August 8, 1995, p. 1.

[174] Helen Frank Bensimon, "What to Do About Anger in the

Workplace," *Training & Development* 51, no. 9 (September 1997), pp. 28–32. See also Paul Viollis and Doug Kane, "At-Risk Terminations: Protecting Employees, Preventing Disaster," *Risk Management* 52, no. 5 (May 2005), p. 28(5).

[175] Louis P. DiLorenzo and Darren J. Carroll, "The Growing Menace: Violence in the Workplace," *New York State Bar Journal*, January 1995, p. 25.

[176] Quoted from Feliu, "Workplace Violence," p. 393.

[177] DiLorenzo and Carroll, "The Growing Menace," p. 27.

[178] This is based on "New Challenges for Health and Safety in the Workplace," *Workplace Visions* (Society for Human Resource Management, 2003), no. 3, pp. 2–4. See also J. L. Nash, "Protecting Chemical Plants from Terrorists: Opposing Views," *Occupational Hazards*, February 2004, pp. 18–20.

[179] "Survey Finds Reaction to September 11 Attacks Spurred Companies to Prepare for Disasters," *BNA Bulletin to Management*, November 29, 2005, p. 377.

[180] Sources of *external* risk include legal/regulatory, political, and business environment (economy, e-business, etc.). *Internal* risks nclude financial, strategic, operational (including safety and security), and integrity (embezzlement, theft, fraud, etc.). William Atkinson, "Enterprise Risk Management at Wal-Mart," www.rmmag.com/MGTemplate.cfm?Section=RMMagazine&NavMenuID=128&template=/Magazine/DisplayMagazines.cfm&MGPreview=1&Volume=50&IssueID=205&AID=2209&ShowArticle=1, accessed April 1, 2009.

[181] "Focus on Corporate Security," *BNA HR Executive Series*, Fall 2001, p. 4.

[182] Unless otherwise noted, the following is based on Richard Maurer, "Keeping Your Security Program Active," *Occupational Hazards*, March 2003, pp. 49–52.

[183] Ibid., p. 50.

[184] Ibid., p. 50.

[185] Bill Roberts, "Are You Ready for Biometrics?" *HR Magazine*, March 2003, pp. 95–99.

[186] Maurer, "Keeping Your Security Program Active," p. 52.

[187] Craig Schroll, "Evacuation Planning: A Matter of Life and Death," *Occupational Hazards*, June 2002, pp. 49–51.

[188] Ibid., p. 52; and Li Yuan et al., "Texting When There's Trouble," *The Wall Street Journal*, April 18, 2007, p. B1.

[189] Louis Obdyke, "Investigating Security Breaches, Workplace Theft, and Employee Fraud," *Society for Human Resource Management Legal Report*, January–February 2003, pp. 1–2.

第 17 章 全球化人力资源管理

沃尔玛是一家以抵制工会而著称的美国公司，但是该公司最近却遇到了一些意想不到的情况。沃尔玛在中国开连锁店的速度非常迅猛，但它却试图阻止当地工会将本公司的员工组织起来。然而，中华全国总工会在政府的支持下，很快在多家沃尔玛超市建立了工会。在一开始的时候，这些工会似乎还能成功地将沃尔玛的中国员工组织起来，但是沃尔玛却一直在顽强地抵抗这股工会潮。[1]

我们学到哪了

现在，越来越多的管理者和企业发现，他们必须在全球范围内管理员工。本章的目的就是帮助管理者改进自己在遇到全球化的问题时应用人力资源管理知识和技能的有效性。我们将要讨论的话题包括：企业经营的全球化，影响人力资源管理的国家间差异，通过甄选、培训和留住国际员工来改善国际派遣工作的完成情况。

学习目标

1. 列举国际经营中面临的人力资源管理挑战。
2. 阐述国家间的差异会对人力资源管理活动产生怎样的影响。
3. 列举并简要描述为国际性组织配备人员的主要方法。
4. 讨论在培训、考核国际员工以及支付薪酬时需要牢记的一些重要问题。
5. 举例说明如何实施一项全球性人力资源管理方案。

17.1 人力资源与企业经营国际化

像 IBM 这样的大公司在开展海外经营方面已经有相当长的历史。[2]然而，随着经济的全球化趋势，甚至一些小公司也发现，它们的经营能否成功也取决于自己在海外市场上进行营销和管理的能力。[3]

17.1.1　管理者在全球化经营中面临的挑战

企业进行全球化经营肯定会遇到各种各样的管理挑战。企业应当设计和实施管理海外经营活动所需的各种管理系统。这些管理系统包括组织架构、管理控制、国际银行关系，以及用于招募、甄选、培训、评估海外员工以及向其支付报酬的各种人力资源管理系统。

在全球化背景下，管理人力资源会遇到一些独特的挑战。例如，“海外分支机构应当聘用当地的管理人员还是来自美国本土的管理人员？”“我们应当怎样对当地员工进行绩效评价并且向他们支付薪酬？”“我们应当怎么处理与海外分支机构所在地的工会之间的关系？”“我们怎样识别和获取我们所需要的正确的人才及其技能？”“我们应当怎样在海外分支机构的运营过程中传播我们的先进知识？”[4]

这些挑战还不仅仅源于地理距离遥远这个因素（尽管这确实是一个重要因素）。更大的问题在于如何处理国家间在文化、政治、法律和经济方面存在的差异。例如，在中国，工会势力相对较强，而在欧洲，要想解雇一名员工，可能要花上一年多的时间。下面就从考察这些国家间的差异开始。

17.1.2　国家间差异如何影响人力资源管理

总的来说，那些只在美国本土范围内经营业务的公司是非常幸运的，它们只需要处理变动范围相对较窄的经济、文化和法律方面的问题。尽管美国的劳动力队伍本身已经反映出文化和族裔的多元化，但是仍有一些共享价值观（比如崇尚民主）有助于使这些文化差异模糊化。尽管美国各州和一些重要的大城市可以制定自己在雇用员工方面的法律，但是联邦政府的基本法律框架却在就业歧视、劳工关系以及安全和健康等方面，为企业提供了一套完全可预测的法律指南。

然而，一家在很多国家开展经营活动的企业就无法获得这种同质性带来的便利了。比如，就法律规定的最低年休假时间来说，各国的情况就不一样，时间最短的如英国，根本就没有作出这方面的规定，而在卢森堡，则要求达到每年 5 个星期。再从董事会中要有员工代表方面来说，意大利对此没有作出正式的法律规定，而丹麦则有硬性要求。总而言之，管理者必须对自己的人力资源管理政策和实践进行调整，以适应不同国家之间的差异。下面就来看一看这方面的例子。

17.1.3　文化因素

不同的国家在文化方面存在的差异很大——换言之，不同国家中的人所遵循的基本价值观以及这些价值观在该国的艺术、社会活动以及行为方式中表现出来的形式都是不同的。比如，一项以中国香港、中国内地以及美国的 330 位管理人员作为研究对象的研究发现，美国的管理人员最为关注能否完成工作；中国内地的管理人员关注的是维持一种和谐的工作氛围；而中国香港的管理人员则处于这两者之间。[5]

吉尔特·霍夫斯泰德（Geert Hofstede）教授所做的一项经典研究则揭示了在其他方面存在的一些国际文化差异。比如，霍夫斯泰德认为，不同的社会在权力距离方面是不同的——也就是说，在一个机构中那些拥有较小权力的成员能在多大程度上接受和预想到权力分配方面的不平等。[6] 霍夫斯泰德教授得出了这样的结论：对权力不平等的接受程度在一些国家（如墨西哥）比在另外一些国家（如瑞典）要高一些。

类似的，与美国的企业相比，“在墨西哥的企业中，员工期望管理者与他们保持距离而不是很亲密，与他们维持正式的关系而不是非正式的关系”。[7] 在德国，做事必须准时，甚至迟到几分钟都不行，并且必须非常正式地称呼那些资深人士，还要加上他们的头衔。[8] 这种文化之间的差异就如同一个“双向车道”。[9] 举例来说，在英特尔公司提供的一本小册子《美国工作须知》中，来自海外的新员工需要了解的主题之一就包括性骚扰以及美国承认男女同性恋者的合法权利。[10]（而与此同时，全球化也使国家之间的文化差异变得越来越模糊，正如全球的人们都在开始分享麦当劳等共同的文化体验一样。[11]）

这样的文化差异会对人力资源管理的政策和实践产生影响。例如，美国对个人主义的大力强调可能会有助于理解这样一个现象，即为什么欧洲的管理人员在解雇员工等问题上会受到更多的束缚。[12] 另一个例子就是，在有独裁统治历史的国家中，员工常常不得不向上级私下透露有关同事的一些信息，在这种情况下，美国流行的公开举报规则就很可能会受到质疑。[13]

17.1.4 经济制度

不同的经济体制也会导致不同国家之间在人力资源管理实践方面出现差异。一方面，一些国家不是那么青睐资本主义的自由放任（不插手）的政策。例如，一些欧元区国家倾向于对员工的每星期法定工作小时数作出严格的规定。葡萄牙工人的年平均工作时间为 1 980 小时，而德国工人的年平均工作时间却只有 1 648 小时。

各国和地区的劳动力成本差异也非常大。以美元为单位对各国和地区生产工人的小时薪酬成本进行比较，其差别是非常大的：在墨西哥是每小时 2.75 美元，在中国台湾是每小时 6.43 美元，而在英国和美国则分别是每小时 23.82 美元和 27.10 美元，在德国则高达每小时 34.21 美元。[14]

一些欧洲国家，包括英国和德国，要求雇主在解雇工人的时候支付大量的遣散费。在德国，这笔遣散费相当于员工在企业中工作一年所能得到的报酬。另外，法国劳动者在一年当中的服务时间每满一个月，就可以享受两天半的带薪休假时间；而德国劳动者每年则可以享受相当于 18 个工作日的带薪休假。

17.1.5 法律、政治和劳工关系因素

即使是那些管理经验很丰富的公司，也有可能会遭受法律差异带来的打击。沃尔玛在花费数十亿美元打入德国市场后发现，德国的商业法律条文不允许发布基于价格差异的广告，因而只好撤出德国市场。

另外一个例子就是，美国的自由雇佣实践在欧洲是不存在的，欧洲的企业想要解雇或临时解雇工人，是一件既耗费时间又耗费金钱的事情。在许多欧洲国家，工

人理事会（work councils）代替了美国公司中的那种典型的劳资关系协调机制。工人理事会是正式的组织，由员工选举出来的工人代表组成，每个月都要与企业的管理人员会面，共同讨论包括禁止吸烟政策以及临时解雇等各种问题。[15]

在德国和其他一些国家，"劳资共决"是一条既定的规则，**"共决"**（codeterni-nation）意味着员工拥有在公司政策的制定过程中发表自己的意见的法定权利。工人选出他们的代表来参加雇主方的监督管理委员会。[16]而在美国，工资和福利等人力资源管理政策大多是由雇主单方面决定或者雇主与工会进行协商后决定的。

全球化经营还需要监测政治风险。政治风险是指"任何能对公司的长期盈利或价值观造成不利影响的政府行为或因政治动机而发生的事件"。[17]例如，委内瑞拉的总统正准备对该国的石油工业实现国有化。

17.1.6 伦理道德和行为准则

既然企业在不同的国家中开展经营活动，企业就需要确保其海外员工也能遵守本公司制定的伦理道德准则。

但是，要做到这样并不容易。一家企业要想输出自己的道德准则，需要做的不仅仅是让海外员工同样使用针对美国员工的手册。仅仅依靠这种手册还可能会引起很多问题。例如，只有很少的国家奉行"自由雇佣"政策，所以即使是包含自由雇佣免责声明的员工手册"也可能会成为具有约束力的合同"。[18]

一位专家认为，不应该只依靠员工手册，而要创建和发布全球性的行为准则。这里，企业主要关注的事情可能是制定既遵循美国法律，同时又具有跨国影响的全球通用标准。企业应当就歧视、骚扰、贿赂和《萨班斯-奥克斯利法案》等制定相关政策。对于其他一些企业，例如美泰公司（Mattel），其主要关注的问题则可能是强制执行一些行为准则，比如避免出现血汗工厂式的工作条件等。

下面将以欧洲和中国为例，集中讨论两者之间在文化、经济和法律及政治方面的差异。

17.1.7 海外人力资源：欧盟

在过去的 20 多年中，前欧洲共同体（EC）中独立存在的各个国家统一成立了一个包括商品、服务、资本甚至劳动力在内的共同市场，这个共同市场称为欧盟（EU）。商品在欧盟各国之间流动时的关税被取消了，同时，员工在不同欧盟国家之间变换工作的自由度也更大了（有些例外情况除外）。统一的货币——欧元的诞生也进一步模糊了这些国家之间存在的各种差异。

在欧洲开展经营业务的公司必须调整它们的人力资源管理政策和实践，以适应欧盟的各种指令以及各国自己的具体的雇佣方面的法律。这些指令基本上是在整个欧盟范围内都适用的法律，其目标在于将所有成员国联合起来（尽管每个国家也可以按自己的意愿决定是否实施这些指令）。例如，欧盟关于雇佣确认方面的指令就要求企业为员工提供关于就业待遇和就业条件方面的书面文件。然而，这些就业待遇在不同的国家之间也不一样。[19]在英国，法律要求雇主以书面形式详细说明雇佣合同的内容，其中涉及工资率、员工开始被雇用的日期以及工作小时数等诸多方面的内容。而德国却并不要求雇主提供书面的雇佣合同，它仍然习惯于让某个人来详细说明一些与工作有关的具体事项。

欧盟指令和各成员国法律之间的相互影响意味着，企业的人力资源管理实践必须因国家而异。例如[20]：

● **欧盟最低工资标准**。大多数欧盟国家都有最低工资方面的规定。有些国家设有全国性的最低工资标准，而有些国家则允许企业和工会自行决定员工的最低工资水平。

● **工作时间**。欧盟规定劳动者每周的工作时间最长不得超过 48 小时，而大部分欧盟国家都限定在 40 小时左右。

● **员工（工会）的代表性**。欧盟有不同层次的员工代表程度。例如，在法国，拥有 50 人以上员工的公司必须在诸如工作条件、培训和利润分享计划及解雇等问题上，与员工进行磋商。在意大利，拥有 15 名以上员工的企业必须和员工理事会商讨公司内部的工作规章制度等方面的问题。截至 2008 年，大部分公司——包括欧盟内部所有员工人数在 50 人以上的公司——都必须“通知员工并与员工商议”企业采取的与员工有关的各种行动，即使公司并没有在境外开展经营活动，也同样必须这样做。[21]

● **终止雇佣**。欧洲各国在解雇员工时的通知期限问题上也有区别，西班牙根本没有作出这方面的规定，而意大利的要求则是两个月。

17.1.8 海外人力资源：中国

相对缺乏的就业服务和日益活跃的工会活动是所有中国企业都需要应对的问题。然而，各家企业如何处理这些问题，则取决于它们的所有制状况。相比像联想集团这样的大型跨国企业，中国的国有企业更少使用现代人力资源管理方法。因此，在中国的不同企业之间、中国企业与外国企业之间，人力资源管理实践都存在很大的差异。[22]

招募 由于中国政府在移民和其他问题上的种种限制，要想在中国招募、雇佣或留住优秀的员工并不是一件易事。直到 2008 年的经济衰退时期，零星的劳动力短缺状况终于扩散开来，并且极有可能会卷土重来。中国（2007 年新出台）的《劳动合同法》规定，通常情况下，企业都应当在新员工入职的 30 天内将员工的姓名、性别、身份证号码和劳动合同条款上报当地的劳动部门。[23]

在中国，招募有效性在很大程度上取决于一些与招募无关的人力资源管理因素。中国的员工有很强的职业导向，并且青睐那些能提供最好的职业发展培训和进步机会的企业。[24]西门子中国（Siemens China）等有很好的培训和发展项目的公司，在吸引优秀求职者方面是不成问题的。在中国，对其他公司的员工进行挖角是一件很严重的事情，因此新雇主必须证实候选人能自由地签订新的就业协议。

甄选 在中国，最常见的甄选方法就是分析求职者的简历并对求职者进行面试。正如我们在第 6 章中讨论的，理想的方式就是建立结构化的面试程序，这也是大多数在中国经营的外国公司的通用做法。

评价 在中国现有的文化背景下，员工绩效评价是一个很敏感的问题。因此绩效评价需要采取维护员工的面子以及避免冲突或出现紧张局面的形式来开展。通常来说，最好就是只就客观的工作情况进行谈话（而不是对员工个人作出评价“例如，你做事的速度太慢了”，等等）。[25]

薪酬　尽管在中国有很多管理人员都赞成以绩效为基础的薪酬制度，但在大多数企业中，出于保持团队和睦的考虑，奖励性薪酬在总薪酬构成中只占很小的份额。此外，与其他亚洲国家一样，团队奖金在中国企业中也很受欢迎。

17.2 国际性组织的员工配置

为海外机构填补职位空缺向来都是全球化人力资源管理的核心所在。这个过程包括识别并筛选出适合职位需要的候选人，然后将员工配置到合适的职位上。

17.2.1 国际员工配置：母国员工还是当地员工

跨国公司通常雇用几种类型的国际员工：第一种是当地的管理人员，即跨国公司开展经营的当地国家的公民。第二种是**外派管理人员**（expatriates（expats）)，即从跨国公司开展经营的当地国家以外派来的其他国家的公民（例如一个在法国工作的美国人）。[26]在外派管理人员中又包括两种类型，一种是**母国管理人员**（home-country nationals)，即来自跨国公司总部所在国的公民（例如一位在中国的通用汽车子公司工作的美国人，同时也是外派人员)；另一种是**第三国管理人员**（third-country nationals)，即来自母国和东道国之外的其他第三国的公民——比如，被一家美国跨国银行派到东京分行工作的一位英国高级管理人员。[27]在跨国公司的管理人员中，外派管理人员只占很小的比重，而当地的管理人员则是其主要的员工来源。[28]

使用当地员工　跨国公司之所以愿意雇用东道国本地的管理人员来填补其海外分支机构中的管理类职位，主要是出于以下几个方面的原因。其一是许多人不喜欢到外国工作，并且在通常情况下，使用外派员工的成本要远远高于使用当地员工的成本。[29]在一项调查中，受访企业表示，外派人员的流失率为 21%，远远高于一般员工的 10%的流失率。[30]不仅如此，如果一家跨国公司使用当地的管理人才，它在当地人眼中还会被视为一个“好公民”。[31]有些政府甚至向跨国公司施加压力，促使它们实现当地管理者的“本土化”。此外，跨国公司可能还有这样一种担心，即外派员工知道他们被派往海外分支机构中从事工作的时间只有几年，这样他们可能会过度重视短期结果。[32]有些企业对外派人员所需的庞大费用也感到很吃惊。据安捷伦科技公司（Agilent Technologies）估计，维持一位员工在海外工作一年所需要支出的费用相当于外派人员年薪的 3 倍。但是，当安捷伦科技公司把它的外派项目外包出去时，却发现费用更高了。于是。该公司大幅削减了外派人员的数量，从每年的 1 000 人减少到了 300 人。[33]

从国外引进人员到美国工作也变得越来越困难。依据 2005 年开始生效的规定，美国企业在向美国劳工部提交外籍劳工认证要求之前，必须首先尝试招募美国劳动者。尤其是现在，企业必须在美国劳工部的职位数据库中张贴职位空缺信息，并且在向劳工部提交使用外籍劳工申请前，（至少）在两期周末版的报纸上刊登过招聘广告。[34]

使用外派员工　当然，使用外派员工——可以是母国员工，也可以是第三国员工——担任海外分支机构中的管理岗位的理由也有很多。其中，技术能力方面的原因是最主要的：换言之，跨国公司常常无法在海外分支机构的所在地找到具备所需技术条件的求职者。此外，许多跨国公司还将在国外成功地度过一段外派工作生活，视为高层管理人员开发过程中的一个必要的步骤。比如，通用电气公司的亚太区负责人在经过一段时期的海外工作之后，被调回通用电气公司总部担任副总裁这样的高层管理职位。使用外派人员的另一个重要原因是便于控制。这里的一个基本假设是：来自母国的管理人员已经完全融入公司的政策和文化，因此他们更有可能执行总部的指示，并且遵循总部的既定行为方式开展工作。

然而，在过去的十多年里，一个主要的发展趋势仍然是：雇用东道国的当地人或者使用别的办法。派遣员工到国外的费用非常昂贵，外派人员也越来越担心安全问题，返回本国的外派人员通常会在一两年后转到其他企业去就业，教育条件的差异也使得许多高质量的求职者不愿意接受外派工作，此外，在近年来的全球经济衰退背景下，企业在外派员工身上支出的高昂费用也使得外派员工更缺乏吸引力了。因此，不仅新的外派职位越来越少，而且很多企业实际上正把很多外派人员召回国内。[35]

其他解决办法 现在，除了外派人员和当地人员，还有一些其他选择。有些人将这种工作任务安排方式称为“短期用工”、“通勤者”或“常旅客”等。这些任务通常要求员工到处旅行，没有固定的驻地。[36]还有一些公司则利用基于互联网的视频技术和群体决策软件，让全球的虚拟团队共同开展工作，这样就既不需要旅行，也不需要固定的工作地点。[37]

一项调查表明，78%的受访企业中存在某种形式的“地方化”政策。这是一种把母国的员工转移到国外子公司作为“永久转移人员”的政策。在这种情况下，企业就不会把这些员工（他们中的多数都被认为是本来就想移居国外的人）当成是外派人员，而是比如在法国当地雇用的员工。[38]例如，美国IBM公司最近将5 000个岗位从美国转移到了印度，原本从印度来的员工就回去填补了这些职位。尽管这些员工要接受印度当地的工资率，但他们依然选择回到印度工作。

17.2.2 离岸经营

正如在第4章讲述的，离岸经营是一个很重要的国际员工配置问题。离岸经营意味着，让国外当地的员工去做那些原本由母国员工在公司内完成的工作。离岸经营的做法正变得越来越流行。刚才我们说道，IBM公司最近宣布将把5 000个原本在美国国内的软件和销售工作岗位转移到了印度。[39]福里斯特研究公司（Forrester Research）计划在2010年前将150万个岗位转移到国外，2013年前转移250万个，到2015年时转移300万个。[40]

离岸经营与人力资源离岸经营逐渐变成一种特别依赖人力资源管理的活动。公司一开始向海外发展的原因是开拓新市场，或者是通过设立新的生产机构来服务于当地市场。这样的话，负责市场、销售和生产的高层管理人员就扮演着重要的角色。另一方面，离岸经营在很大程度上涉及人力资源管理。想要通过离岸经营获得成本优势的企业，例如呼叫中心，则需要求助于人力资源管理人员来帮助它们识别高质量、低成本的海外人才，同时提供与当地的文化水平、国外工资水平以及工作条件等有关的必要信息。（例如，拥有高中毕业以上学历的年轻员工所占的比例，在印度尼西亚为5%～10%，而在韩国和新加坡则达到60%以上。参见图17—1。）

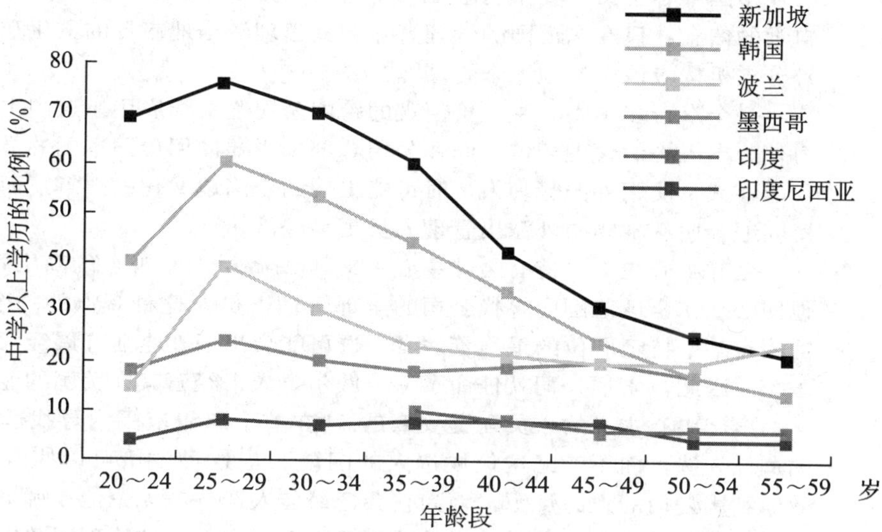

图 17—1　有中学以上学历的工人所占的比例

资料来源：Reprinted in Damien DeLuca and Han Hu, "Evaluate Workforces in Emerging Economies," *HR Magazine*, September 2008, p. 67.

为获得那种工资成本够低且技术水平过硬的工人而去寻找一个合适开展经营的国家只是进行成功离岸经营的一部分。此外，人力资源管理者还需要确保所有的员工都得到甄选并接受自己需要的培训。雇用当地的法律顾问是另一种可取的办法，这样做既是为了更好地顺应当地的法律要求，同时也是为了通过得到相关建议，了解应当如何以符合当地文化的方式形成自己的雇佣实践。[41]当然，人力资源管理者也想要确保员工对公司的薪酬政策和工作条件感到满意。

17.2.3　管理价值观和国际员工配置政策

我们已经看到，诸如技术能力之类的很多因素决定一家公司在海外分支机构到底是使用当地人员，还是使用外派人员。但影响此类决定的因素还不止这些。此外，高层管理人员的价值观也发挥了一定的作用。有些管理者会有更强的"外派人员导向"。专家有时把跨国公司高层管理人员的价值观划分为三种，即民族中心主义价值观、多国中心主义价值观以及全球中心主义价值观。下面分别予以分析。

民族中心主义　在一家民族中心主义大行其道的公司里，"一种占主导地位的态度就是，母国公司的态度、管理风格、知识、评价标准以及管理人员都应当比东道国的任何同类事物更受尊重"。[42]

这些价值观会表现在人力资源管理实践之中。在**民族中心主义**（ethnocentric）的国际员工配置政策中，公司海外分支机构中所有的关键管理类职位都是由母国员工承担的。[43]比如，在皇家荷兰壳牌石油公司，在其世界各地从事财务工作的管理人员大多是荷兰人。这些企业之所以采用这种民族中心主义的员工配置政策，其背后的支持理由包括：在东道国缺乏合格的高级管理人才；维护统一的公司文化并实施严格的控制，以及更迅速地将母公司的核心能力（比如，某种特定的制造技术）移植到海外分支机构。[44]

多国中心主义 在奉行**多国中心主义**（polycentric）的企业中，“有这样一种自觉的信念：只有东道国的管理者才能真正理解当地市场的文化和行为，所以，海外分支机构应该由当地人来管理”。[45]

一个奉行多国中心主义价值观的跨国公司通常会雇用东道国本国的员工来承担海外分支机构的管理职位，而在公司总部则主要使用母国本国的员工。这种做法不仅能够减少使用外派管理人员时可能出现的对当地文化的误解，而且几乎总是毫无疑问地会比从本国向外派出管理人员更为经济。[46]

全球中心主义 持有**全球中心主义**（geocentric）观点的高层管理人员则认为，他们必须在全球范围内寻找公司的全部管理人员。这种观点的一个基本假设就是：适用于某个特定职位的最优管理者人选可能会出现在企业开展经营活动的任何一个国家。因此，索尼公司就任命了一个威尔士人来经营其在美国的业务。

全球中心主义的人员配置政策是：“在整个组织范围内寻找适合某个关键职位的最佳人选，而不考虑这位候选人的国籍”。[47]这种政策可以使全球性公司更加有效地利用公司的人力资源，因为它会把最佳人选——无论他在哪里——调到某一个特定的职位空缺上。同时，这种政策还有助于在其全球管理团队中塑造一种更为强烈，同时也更加一致的文化和价值观体系。

17.2.4 外派管理人员的甄选

企业在甄选国内管理人员和外派管理人员时，在过程上显然有许多相似之处。比如，在任何一种情况下，候选人都必须具备完成工作所必需的技术知识和技能，以及作为一位成功的管理者所必需的智力和人际关系能力。[48]与选拔国内管理人员一样，各种测试、面试和背景调查等方式同样适用于选拔外派管理者。

然而，我们还是能够看到，外派工作与在本国工作确实存在很大差异。当一位管理人员被派驻海外时，他要承受独自在异国他乡的孤单和压力。此外，如果管理人员的配偶和孩子一同前往国外，整个家庭都有可能会面临其他一些压力。再者，东道国和母国的文化差异大小是一方面，员工个人的适应力也很重要。有些人在哪里都能适应，而有些人在哪里都适应不了。[49]

因此，为了挑选出能够胜任海外工作的人，企业就必须测试候选人是否具备能表明他们可以适应新环境的特定的个人特征。在一项研究中，研究人员要求来自各个国家和组织的 338 名国际外派管理人员来回答这样一个问题，即哪些个人特征对于管理人员成功完成海外工作任务是非常重要的。研究人员根据他们的回答，一共找出了五种有助于外派管理人员成功完成海外工作任务的因素：工作知识和动机、人际关系能力、灵活性或适应性、外部文化开放性以及家庭状况（配偶的积极态度、配偶到国外生活的意愿等）。图 17—2 展示了在这五种因素中包括的一些具体项目。“通常情况下，家庭状况是最为重要的影响因素，这一结果与对国际外派人员和工作调动的其他研究得出的结论是一致的。”对该研究的最新回顾“有力地支持”了人际关系能力和家庭适应能力等因素对于外派人员的适应能力起着重要作用。[50]

适应性测试 在此类研究结果中，外派人员的适应性往往被认为对外派工作的成功具有重要影响，因此适应性甄选有时就成为外派人员甄选过程的一个重要组成部分。一般来说，这种**适应性甄选**（adaptability screening）都是由心理学家或精神病学家完成的。这种甄选过程的目的是对外派人员（及其配偶）成功适应外派工

Ⅰ. 工作知识和动机
- 管理能力
- 组织能力
- 想象力
- 创造力
- 行政管理技能
- 警觉性
- 责任心
- 勤奋刻苦
- 主动性和精力
- 强烈的动机
- 真诚坦率
- 对使命和工作的信念
- 持之以恒

Ⅱ. 关系技能
- 尊重
- 礼貌和机智
- 表达敬意
- 善良
- 同情心
- 不武断
- 诚实正直
- 自信

Ⅲ. 灵活性/适应性
- 足智多谋
- 压力承受能力
- 灵活性
- 情绪稳定性
- 变革意愿
- 对模糊的容忍度
- 适应性
- 独立性
- 可靠性
- 政治敏感性
- 积极的自我形象

Ⅳ. 外部文化开放性
- 外部兴趣的多样性
- 对外国文化的兴趣
- 开放性
- 当地语言的知识
- 外向性和外倾性
- 海外经验

Ⅴ. 家庭状况
- 配偶和家庭的适应性
- 配偶的积极态度
- 配偶到国外生活的意愿
- 婚姻稳定性

图 17—2　有利于国际员工取得成功的五个因素及其组成部分

资料来源：Adapted from Arthur Winfred Jr. and Winston Bennett Jr.，"The International Assignee：The Relative Importance of Factors Perceived to Contribute to Success，" *Personnel Psychology* 18（1995），pp. 106 - 107.

作的可能性进行评估，同时使他们意识到在向海外迁移的过程中可能会遇到哪些问题（比如对孩子的影响等）。[51] 另外，海外经验往往是预测某位候选人能否在未来的外派工作中取得成功的最好指示器。因此，像高露洁-棕榄公司（Colgate-Palmolive）这样的企业在挑选外派候选人时，就非常注意考察这些候选人在工作和非工作经历、教育背景、语言技能等方面，是否已经显示出能够表明他们确实能成功地到另外一种不同文化环境中生活和工作的某些特征。[52] 甚至候选人曾经有几次暑假海外旅行经历或者参加过外国留学生项目等，也能使企业相信此人在到达海外之后，能够顺利地适应当地的环境。

许多公司还利用"外派工作测试题库"（OAI），对外派候选人进行测试。这项测试能够识别出外派候选人是否具备从事海外工作所要求的特征和态度。这种测试的出版商设立了不同地方的标准并在不断地进行效度研究。[53] 图 17—3 显示了外派工作测试题库的内容。

欢迎！

请在左侧的方框中录入已经提供给您的登录信息。接下来将直接引导您进入接受调查之前的登记页面。

在该网址上包含的内容有：

海外工作测试题库：一种用来评价员工及其配偶在接受国际外派工作任务方面的文化适应性的工具。

全球评价题库：一种用来评价一个人在多文化互动中能否取得成功的若干因素的工具。

人口结构特征

请完成要求填写的人口结构特征。注意，这里的回答并不影响您参与测试的结果。在填写完这些内容之后，您将可以直接进入测试的内容。

背景性信息

员工或配偶（或伙伴）	员工	配偶（或伙伴）
性别：		
国籍：		
年龄：		
孩子数量：		
是否在本国之外的海外其他国家旅行过：	是	否
是否在本国之外的海外其他国家居住过：	是	否
就业情况		
拟前往国家：		
当前就业国家：		

提交

测试问题（1～6 页）

请仔细阅读每一个问题，然后在相应的方框中做出选择。在回答这些问题时，记住答案没有对错之分。请选择最能反映您的想法或最经常的答案。有些问题可能看起来相似，但没有两个问题是完全一样的。请独立回答每一个问题，而不必考虑其他问题的答案。

1＝非常同意　2＝同意　3＝不确定　4＝不同意　5＝很不同意

1. 我不希望降低我现在的生活标准。	1	2	3	4	5
2. 我觉得舒适的环境与我准备前往的国家是很相似的。	1	2	3	4	5
3. 总的来说，我和我的配偶或伙伴之间能相互理解。	1	2	3	4	5
4. 总的来说，我是一个会最先开口讲话并且愿意带领一个群体的人。	1	2	3	4	5
5. 我很清楚在完成这次任务时自己的工作将会受到怎样的评价。	1	2	3	4	5
6. 我能熟练地口头运用准备前往国家的语言。	1	2	3	4	5

图 17—3　外派工作测试题节选

资料来源：

现实预览也很重要。这种现实预览涵盖的内容应当包括在未来的新工作中可能遇到的问题（例如大量的旅行）、东道国文化的优点和问题以及东道国的国家特征等。总之，正如一些专家所说，在这一问题上的基本原则就是：提前“把一切该想的都想到”。事实上，许多跨国公司也正是为其外派人员这样做的。[54]

然而，遗憾的是，理论并不总是能够转化为实践。尽管适应性甄选对于外派员工的工作成功具有如此重要的作用，但在一项调查中，70%的被调查企业都把“技能或能力”确定为选择外派人员时的一个最重要的甄选标准。“工作绩效”因素被排在重要性的第二位。而适应新的文化环境的能力——可以通过候选人“过去的国际生活经验或外派经历”，“对拟外派国家的熟悉程度”等因素来衡量他们在这方面的能力——却很少作为最重要或第二重要的甄选标准被列举出来。[55]一项研究还发现，一些跨国企业在选择外派人员时的做法非常不正规，因此，研究者将这些企业针对国外职位甄选人员的做法称为“咖啡机制度”：两位同事在办公室的咖啡机前碰见了对方，开始谈论关于到国外任职的可能性话题，而仅仅根据这次谈话以及很少的其他工作，公司就作出了外派人员的甄选决策。[56]这一点或许有助于解释为什么外派人员的工作失败率如此之高了。

下面的“管理新型员工队伍”专栏则提供了另一个视角，即这种不正规的外派人员甄选方法会对女性管理者造成何种影响。

管理新型员工队伍

将女性管理者派往国外

根据最近的一项调查，外派员工中有56%的人在 40 岁以下，43%的人是单身，女性占比为 21%。尽管女性在美国企业的中层管理者中占 50%，但是在外派人员队伍中，她们却只占 21%。虽然相比 20 世纪 80 年代的 3%和 2005 的 15%来说，这一比例已经有了很大的提高，但仍处于较低的水平。[57]为什么很多公司不愿意将女性管理人员派往国外工作呢？

事实上，近年来，阻碍女性员工从事外派工作的刻板印象依然存在。[58]一般的外派任务都是由直线管理者指派的，而他们中的大部分人都认为女性不想到国外工作，也不愿意把家搬到国外，或者是不能让其配偶一同搬到国外。[59]但事实上，这项调查发现，其实女性也想获得外派的机会，她们并没有那么不乐意搬家到国外，她们的配偶也没那么不乐意跟随她们搬到国外。

安全则是另一个方面的问题。企业倾向于认为，女性外派员工更有可能成为犯罪的受害者。但大部分受访的女性员工却说，与男性相比，女性的安全问题并没有严重多少。有人说过：“其实，外派人员是男性还是女性并不重要。只要那是个危险的地方，对任何人来说那个地方都是危险的。”[60]

对某些文化存在的女性偏见的恐惧，也是另一个常见的问题。在某些文化中，女性必须遵循一些特殊的规则，例如在着装上的要求等。但正如一位外派员工所说，“即使是在那些严苛的文化背景下，一旦他们意识到女性能把工作做好，而且表现出了她们的胜任力，这个问题就不会那么严重了。”[61]

企业采取了很多方法来消除上述这些误解，并且派遣更多的女性到国外任职。例如，设定一个程序来识别那些愿意被外派到国外的女性员工（在吉列公司，主管人员利用绩效审查过程来识别下属的职业兴趣，其中包括对从事外派工作的兴趣）；通过培训经理了解员工对从事外派工作的真实感受以及他们担心的安全和文化问题是什么；让成功的女性外派员工帮助企业招募潜在的外派女员工，并和她们一起探讨外派的好处和问题；为外派员工的配偶提供到国外工作的支持，等等。[62]

在选拔（或者培训）员工完成外派工作任务时，千万不要忽略法律问题。正如第 2 章讨论的，公平就业机会方面的法律，其中包括《民权法案》第七章、《反雇佣年龄歧视法》和《美国残疾人法》，都会影响美国公司决定派哪些员工去国外工作，也会影响到美国开展经营活动的外国公司。[63]如果美国的公平就业机会法与东道国的法律相冲突，则应当以当地的法律为准。[64]

17.2.5 使外派任务取得成功

很多企业都会派员工到国外工作，但令人遗憾的是，经常看到很多外派任务以失败而告终。[65]知道如何使外派工作取得成功是一项非常重要的管理技能。而要使外派工作取得成功，就要从外派过程的系统化处理入手。要确保公司制定了涵盖薪酬和迁移费用等相关问题的外派政策，此外，还应该有其他一些相关程序，比如要求负责外派工作预算的管理者分析预期的外派费用，并且得到各级管理人员对预算的审批。[66]然后，在选拔员工到国外之前，还要搞清楚可能会存在哪些潜在的问题。

成功外派工作者的人格特征　我们已经看到，具备合适的人格特征对于外派员工来说是非常重要的。例如，一项对 143 位外派员工的调查显示，外向、和善和情绪稳定的人不可能太早离开外派工作岗位。[67]（所以，毫不奇怪，善于交际、外向的员工更有可能在国外干好工作。[68]）此外，个人意向也很重要，那些渴望得到外派机会的员工会更加努力地适应国外的工作环境。[69]类似的，那些对工作更加满意的外派员工也更容易适应国外的工作任务。[70]还有一点就是，有些人有很强的文化适应力，他们到哪里工作都能习惯；而有些人则到哪里工作都难以适应。[71]

家庭压力　家庭压力等非工作因素在导致外派工作任务失败的原因中占据很大的比重。在一项调查中，美国管理人员依照重要性递减的顺序，列出了外派员工过早离开外派岗位的若干影响因素：配偶无法适应；管理者本人无法适应；其他家庭问题；管理者个人或者感情问题；很难承担海外工作中的重大责任。[72]与此类似，其他研究也强调了配偶不满会对外派工作造成的消极影响。[73]

这些调查结果道出了选拔外派人员时的一个真理：困难通常并不在于能力不够，而是来自家庭或者个人方面的问题。然而，正如此前刚提到的，企业仍然倾向于几乎完全依靠工作能力来选拔外派人员。[74]

考虑到在导致外派工作失败的因素中家庭所产生的影响，企业应当理解外派人员的配偶在异国环境下会多么郁闷和孤单。让我们来看看一位外派工作者的配偶是怎么说的[75]：

在国外很难结交到很亲近的朋友。很多外派人员都会有戒备心理，不希望与其他人走得太近。很多人都一次又一次地受到这样的伤害：原本找到了很亲近的朋友，最后却不得不面临其中一人要离开的事实。看到自己的孩子因为要离开他们最好的朋友也很令人沮丧。尽管我有很多熟人，但没有像我在美国那么亲近的朋友。因此，我的丈夫（妻子）就成为我唯一的依靠。[76]

一项调查表明，可以从三个方面使员工的配偶更好地适应新环境。第一是语言，因为如果他们难以和当地人进行沟通，他们就会更加觉得孤独。第二，如果孩子处于学前阶段（而不是学龄阶段或者根本没有孩子的阶段），配偶就更容易适应。“这可能是因为年纪尚小的孩子对父母的依赖日渐增加，这会让夫妻双方更明确他们作为父母的身份，同时明确对孩子都需要承担相同的责任。”[77]第三，如果外派人员的配偶能与同事保持较好的关系也会有所帮助。这可以让员工配偶得到情感上和社交上的支持，而这常常是员工配偶在国外感到缺失的东西。

企业能做什么 所以，企业可以做很多事情，以便外派工作能够更加顺利地完成。很明显，提供关于未来环境的现实预览，对外派候选人及其配偶进行仔细的甄选，提高海外派遣前的培训质量，以及提高福利待遇等，都是很有效的办法。另外一种很简单的办法就是，缩短外派工作时间。人和职位之间的匹配也很重要，目前看来，那些对他们所从事的工作感到更满意的员工也更有可能适应外派工作安排。[78]帮助外派员工的配偶在当地找工作，并且为外派人员及其家庭提供更多的支持也非常重要。[79]一些企业还设立了“全球伙伴”计划，即让在国外当地的管理者担任新到岗的外派人员的导师。[80]

17.3 外派员工的培训和保留

严格的甄选仅仅是确保外派员工到海外取得工作成功的第一步。接下来，企业还要向外派员工提供培训、支付薪酬并提供其他一些支持，才能使外派人员成功地开展工作。

17.3.1 国际外派员工的岗前引导和培训

尽管成功的外派工作要求企业对外派员工进行准确的岗前引导以及系统的培训，然而大多数美国公司在这方面所做的却是“形式多于内容”。虽然管理者也倾向于认为，外派人员在接受了他们所需的专门培训（例如语言和文化方面的培训）后能更好地完成工作，但是真正这样做的公司却是少数。

外派前培训 那么，准备派驻海外的员工到底需要得到一种什么样的专门培训呢？一家专门从事此类培训的公司提出了一种四步骤培训法。[81]

- 第一层次培训的着重点在于解释国家之间的文化差异会带来何种影响，旨在提高受训者对这种差异的知觉，同时使他们了解这种差异对经营结果所产生的影响。
- 第二层次培训的目的在于让受训者理解人的态度（包括积极的和消极的态度）是如何形成的，以及态度是如何对人的行为产生影响的。（比如，一位新任管理人员对于外国人的刻板印象会在潜意识中影响他到国外之后对待新的国外下属的方式。）
- 第三层次培训所要做的是向受训者提供有关拟派驻国家的一些实际情况的知识。

● 第四层次培训则在语言以及调整和适应能力等方面提供相应的技能培训。

越来越多的企业都在使用软件和网络，进行这种跨文化培训。例如，Bridging Cultures 就是这样的一个多媒体软件包，它可以让那些即将到国外旅行或者生活的用户进行自我培训。它用简短的视频片段来介绍一些跨文化问题的实例，然后指导用户在各种情况下选择最好的回应方式。提供跨文化培训的网站还包括 www. livingabroad. com 和 www. globaldynamics. com。[82]

有些企业还利用外派归来的管理人员作为资源，帮助那些即将赴任的员工培养"全球性思维"。例如，博世公司（Bosch）就定期举办研讨会，让那些刚刚从国外回来的外派人员将他们的知识和经验传授给即将出国的员工及其家属。

持续培训　除了任职前培训，还有很多公司在外派工作的早期阶段提供持续的、东道国国内的跨文化培训。

例如，在安顿好之后，外派管理人员还需要持续不断地得到其他一些传统的培训和技能开发。在很多公司，其中包括 IBM 公司，这种开发工作包括通过工作轮换使海外管理人员在专业方面迅速成长。同时，IBM 公司和其他许多公司还在世界各地建立了管理技能开发中心，这些公司的高层管理人员可以在那里进一步提高他们自己的技能。此外，一些课堂培训计划（如伦敦商学院的培训项目，或者位于法国的欧洲商学院的培训项目）也为海外高层管理人员提供了各种受教育的机会（如获得 MBA 学位等），这些教育培训项目与他们在美国本土工作的同事所能够得到的培训是类似的。

设计良好的国际管理技能开发活动除了能够提升管理者的技能，还会给管理人员和他们的公司带来一些相对不那么明显的好处。比如，工作轮换就不仅能够帮助管理人员与世界各地的同事建立联系，而且能够通过这种联系迅速作出决策。另外，各种定期召开的研讨会也可以把管理人员从相隔万里的不同分支机构中召集到一起，而这有利于建立统一的价值观、工作标准和企业文化。

17.3.2　外派人员的薪酬管理

总的来说，整个国际薪酬管理领域都包含很多比较棘手的问题。一方面，企业有必要维护薪酬水平和薪酬政策在整个公司范围内的一致性，比如，位于世界各地的各事业部的营销总监的薪酬收入应该都处于某一个浮动范围较小的薪酬区间。这种做法有助于减少大家产生不公平感的可能性，同时也大大简化了跟踪不同国家的薪酬水平变动的工作。

然而，从另一方面来看，如果不使员工的薪酬水平与当地的劳动力市场状况保持一致，这种做法带来的麻烦可能远远超过它所带来的便利。事实上，在一些国家（比如在日本）生活的成本要比在其他一些国家（如在印度）高得多。如果这些生活成本差异没有被考虑在内的话，企业可能就无法找到愿意接受需承担"高成本"外派工作的员工。但是，解决这种问题的办法也不能简单地变成这样，即支付给在某一个国家任职的营销总监的薪酬水平高于在其他国家担任同类职位的人。因此，解决这种问题的一个途径就是：在整个公司范围内为所有从事类似工作的人确定一个相似的基本薪酬，然后再根据各地的市场情况来增加各种补贴。[83]

不过，要在许多国家中确定一个公平的工资率却并不是一件容易的事情。在美国，我们可以得到大量的"成套的"薪酬调查数据，但是在国外，这类数据就很难获取了。因此，“跨国公司在全世界范围内进行总薪酬管理时遇到的最大困难之一就是，如何在不同国家之间确立一种具有一致性的薪酬衡量指标”。

有些跨国公司每年都要在公司所在地进行年度薪酬调查。比如，卡夫公司每年都会在比利时、德国、意大利、西班牙和英国进行总薪酬调查。这种调查的重点集中在这些公司中由当地员工担任的级别最高的前 10 个高级管理职位的各种薪酬形式。

资产负债表法　计算外派员工薪资的一种最为普遍的方法是，使员工在不同国家中工作时的购买力水平均等化，这种方法就是通常所说的资产负债表法。[84] 85%以上的北美公司在接受调查时都指出，本公司采用了这种方法。

资产负债表法的一个基本理念是：每位外派员工都应该享受与他们在国内工作时相同的生活标准。在采用资产负债表法确定外派人员的薪酬时，员工在母国工作时的四种主要消费项目是关注的焦点，即个人收入所得税、住房、商品和服务以及其他一些可自由支配的费用（抚养孩子、购车费用等一些类似开支）。企业通常首先要估计出员工在母国工作时消费的这四种项目分别包含哪些内容，同时还要确认这些员工到东道国工作时需要承担的这四类消费项目分别是什么情况。然后，企业补齐这两者之间的薪酬差距就行了——比如员工需要额外承担的个人收入所得税或者住房开支等。

比如，一般来说，外派人员的基本薪酬与在母国工作的国内员工的基本薪酬水平是在同一个薪酬区间的。但是，除此之外，外派人员往往还能够得到一笔海外或国外服务补贴。企业外派的高级经营管理人员得到的这种补贴相当于其基本薪酬的一定百分比，这种补贴中的一部分具有补偿的性质，即针对他们因在国外工作而不得不进行的文化和身体方面的调整，向他们提供的一定补偿。[85]其他一些补贴则包括住房补贴以及为外派员工的子女提供的教育补贴等。为了帮助外派人员管理好其在国内和国外的财务方面的事务，大多数企业采用的是分别支付薪酬的做法：比如，一半的实际薪酬用母国货币支付，而另一半薪酬则用东道国的货币支付。[86]

表 17—1 是资产负债表法的一个例子。在这个例子中，这位管理人员的年薪是 8 万美元，她需要在美国缴纳的所得税税率为 28%，需要在比利时缴纳的所得税税率为 70%。其他的一些成本则是根据国外生活成本指数确定的，这些成本指数在“美国国务院国外生活成本、季度补贴以及辛劳程度差别指数”中公布，这一信息可以从网站 http：//www. state. gov 上找到。

表 17—1　资产负债表法（假设在美国的基本年薪为 8 万美元）　单位：美元

每年的开支	美国芝加哥	比利时布鲁塞尔（等价美元）	补贴
住房和水电等	35 000	67 600	32 600
商品和服务	6 000	9 500	3 500
税收	22 400	56 000	33 600
可自由支配收入	10 000	10 000	0
总计	73 400	143 000	69 700

资料来源：Joseph Matocchio, *Strategic Compensation: A Human Resource Management Approach*, 2nd ed.（Upper Saddle River, NJ: Prentice Hall, 2001）, Table 12-15, p. 294.

奖励性薪酬　企业在国际薪酬中主要实行两种形式的奖励性薪酬。第一，正如我们提过的，企业会向员工支付各种奖励性薪酬来鼓励员工到国外任职。例如，**国外服务补贴**（foreign service premium）是在正常的基本薪酬基础之上额外增加的一部分经济补偿，其金额一般在基本薪酬的10%～30%这一范围内，一般以周或者每月的薪资补贴的方式表现出来。**艰苦补贴**（hardship allowances）是针对员工被派驻国外某地后，由于不得不在一种比较艰苦的生活和工作条件下开展工作而提供的一种补偿。（例如，被派往伊拉克的美国外交官除了能够得到其他一些奖励性薪酬，还能额外得到一笔相当于基本薪酬70%的补助。[87]）**迁移补贴**（mobility premiums）则是一种典型的一次性报酬，其目的是奖励那些从一个工作地点迁移到另外一个工作地点的员工。

很多企业还向外派员工和国外的当地管理人员提供绩效奖励。总的来说，全世界范围内的高层管理人员薪酬体系正变得越来越相似。[88]此外，就像在美国的情况一样，越来越多的跨国公司正在向更大范围的海外员工群体授予更多的股票期权。美国公司在向海外管理者支付长期奖励性薪酬时，一般都会使用公司的总体绩效标准（例如公司在世界范围内的利润）作为依据。

尽管情况正在有所改变，但欧洲企业使用以绩效为基础的奖励性薪酬的情况仍然比美国企业要少一些。欧洲公司传统上强调有保证的年薪以及整个公司范围内的年终奖。[89]不过，欧洲企业现在也正在朝着奖励性薪酬的方向发展。然而，它们仍然需要克服很多障碍——其中包括这一举措可能带来的公共关系方面的变化（考虑到全球银行家的奖金状况最近被披露这一情况）。在日本，员工在年终时通常会得到相当于其年薪总额一半左右的利润分享奖金。在亚洲，包括中国在内，奖励性薪酬非常流行，甚至生产工人也不例外。为了维持群体的和谐，团队奖金是一种比较可取的做法。[90]

无论如何，从薪酬购买力的角度来说，美国管理人员的薪酬并不处在靠近最前面的位置上。“企业在越来越开放和越来越具有竞争性的全球经济中开展业务，而且新兴市场国家向管理人员提供的可支配收入水平比发达国家要更高。”管理人员的平均可支配收入在全球差异很大，在印度尼西亚为72 000美元，在法国为98 000美元，在美国为105 000美元，在巴西为124 000美元，在乌克兰为149 000美元，而在沙特阿拉伯则为229 000美元。[91]

设计全球薪酬体系的步骤　要想既保持全球薪酬的一致性，同时又能考虑到各地的不同情况，首先就应当建立一个与企业的战略需要相吻合的薪酬体系。[92]在实践中，要做到这一点需要经过五个步骤（可能需要花上好几年的时间）。[93]

第一步：确定全球薪酬哲学框架。首先后退一步，扪心自问一下，你们希望薪酬的每个组成部分怎样帮助公司达成战略目标。

第二步：识别差距。接下来，审查你们公司现有的全球薪酬体系。在这里要问的问题是：“我们的全球薪酬计划能在何种程度上支持我们的战略目标？”

第三步：将薪酬体系系统化。然后，将全球的职位说明书和绩效目标系统化。例如，创建更具一致性的绩效评价方法，并为全球各地的类似职位建立一套一致的职位要求和绩效标准。

第四步：调整薪酬政策。在这一步，需要审查公司的全球薪酬政策（以建立基本薪酬级别、奖励性薪酬等）。接下来，要通过薪酬调查和对调查结果进行分析来评估当地的薪酬管理实践。然后，对公司的全球薪酬政策进行微调，以使这些政策在各个不同的地区都适用。

第五步：持续对薪酬系统进行评估。最后，要根据公司的战略需要和竞争者的薪酬管理实践来定期评估公司的全球薪酬政策。

这里的“在充满挑战的时代管理人力资源”专栏将解释，为什么在今天运用这些薪酬管理实践显得尤为重要。

在充满挑战的时代管理人力资源

如何做好全球薪酬管理?

来自翰威特公司的一份最新报告强调了很多在海外工作的管理人员面临的挑战。正如这份报告提到的：“尽管在过去的几年里，很多美国跨国企业取得了飞速的发展，但它们并没有谨慎地考虑它们在美国之外的薪酬成本结构。”

而现在，各种经济挑战使很多企业重新把注意力集中在全球薪酬管理实践的有效性问题上。一方面，企业更为仔细地确定到底应当由哪些人负责制定公司的全球薪酬决策，以及他们将如何制定这些决策。应当将海外的管理人员也吸收到这一决策过程之中吗？应当由母国的公司人力资源管理团队制定这些薪酬决策吗？明确应当由谁负责哪些事情了吗？负责制定全球薪酬决策的人是在公司的整体薪酬管理框架下作出这些决策的吗？问这些问题的目的是“确保公司的整体薪酬支出能够得到有效的管理”。

很多企业仍在关注其海外薪酬决策中的一些细节问题。例如，我们向海外员工支付的薪酬有竞争力吗？我们的海外薪酬决策是基于（正如翰威特公司提到的）“可靠且合理的市场数据”吗？[94]良好的薪酬管理实践总是非常重要的，尤其是在当前这个充满各种经济挑战的时代。

17.3.3 国际外派管理人员的绩效评价

有几个方面的因素使对外派人员的工作绩效进行评价变得非常复杂。一方面，应当由谁对外派人员的工作绩效进行评价是一个非常关键的问题。[95]很显然，当地的管理层应当在外派人员的绩效评价中起到一定的作用，但是不同国家之间的文化差异可能会导致绩效评价出现一定的变形。比如，如果一位印度籍的直接上级发现从美国外派来的一位管理人员采取了参与式决策方式，而这种决策方式并不太适合当地的文化传统，这位上级就可能会在对这位美籍外派人员进行绩效评价时作出某种消极评价。而另一方面，母国总部的管理人员由于与外派员工相隔甚远，所以无法对外派员工进行有效的绩效评价。类似的，具体的绩效评价程序可能会依据诸如利润和市场份额等客观标准，对外派人员的绩效进行衡量。不过，在国外当地发生的一些事件（比如政局不稳定等）也有可能会影响外派管理人员的工作绩效，而这些情况对于母国总部中的管理人员来说却是“看不见的”。关于改善外派管理人员的绩效评价的一些建议如下：

1. 把握不同外派工作任务的难度等级，使绩效标准适用于不同的情况。

2. 在对外派人员实施绩效评价的过程中，在国外当地工作的管理人员的评价应当比母国总部管理人员所做的评价占更高的权重。

3. 如果必须由母国总部的管理人员填写书面绩效评价结果，那么最好让这位评价者请一位过去曾经在海外同一地方工作过的管理者给自己提一些建议。

17.3.4 国际劳工关系

在国外设立分支机构的公司会发现，世界不同的国家和地区之间在劳资关系实践方面存在巨大的差别。记住这一点是非常重要的，这是因为尽管在美国工会会员的人数正在减少，但是国外的工会会员的人数依然相对较多，因而工会的影响力也相对更大。举例来说，尽管沃尔玛成功地瓦解了美国工会组织在其公司内部组建工会的企图，但它不得不接受其在中国的很多分店中出现工会的事实。

比如，可以看一看欧洲的情况。

欧洲的工会影响力很大，欧洲的劳资谈判和劳资关系就反映了这个事实。总体而言，欧洲的劳资关系具有以下四个方面的特点：

- **集中程度**。西欧国家的集体谈判主要是以行业为基本单位的，而美国的集体谈判总体上是发生在企业或工厂层级的。
- **雇主组织**。在欧洲，由于整个行业层级的集体谈判比较流行，因此企业主要借助雇主联盟，而不是以单个雇主的身份与劳工方面进行集体谈判。
- **工会认可**。欧洲对工会的认可方式没有美国那么正式。例如，甚至是在一个工会已经代表了 80%的工人的情况下，另外一个工会也可以将剩下的 20%的工人组织起来。
- **集体谈判的内容与范围**。美国劳资协议的内容主要集中于工资、工时以及工作条件等方面；而欧洲的劳资协议则比较简单，这样就为每家企业制定更为宽松的条款提供了余地。

17.3.5 恐怖主义、安全问题和全球人力资源管理

无论是美国与墨西哥边境的毒品之战，还是索马里附近海域的海盗船只，日益严重的恐怖主义威胁都在以各种方式影响着人力资源管理。一方面，越来越多的未来外派人员不愿意把家搬到国外，而那些愿意搬到国外的人又常常会要求得到更高的薪酬；另一方面，那些想到美国工作的外籍员工在办理手续方面需要花费的时间通常达几个星期甚至几个月，而不是几天。这是因为在大多数情况下，未来的外派人员需要首先在本地区接受美国使馆的面谈。此外，对于海外员工和工作设施来说，企业应当制定更为全面的安全保障计划，同时采取其他一些措施。

采取一些保护措施　很多企业都通过各种方式来采取一些保护措施。很多企业都通过自己的危机管理团队提供相关的服务。例如，如果公司得知犯罪分子绑架了自己的某位管理人员，公司就会召唤自己的这些危机管理小组。正如一位保险公司的高层管理人员所说："当你能够得到专家指导的时候，就会有更多的机会把人救回来。"[96]很多企业还会通过购买情报服务监控在国外可能会出现的一些潜在的恐怖主义威胁。一家情报公司的负责人估计，这种服务的成本为每年 6 000～10 000美元。[97]

绑架和赎金保险　然而，除了那些最大型的公司，雇用危机管理团队以及支付赎金的做法对于一般的企业来说可能都太昂贵了，所以很多企业都选择购买绑架和赎金保险。根据这种保险的规定，在几类特定的事件中，任何一个或一系列的事件

都有可能得到保险公司的赔偿。最明显的例子就是绑架（例如，直到雇主支付赎金之前，员工都会被扣押为人质）、敲诈勒索（威胁造成人身伤害）以及拘留（在没有赎金要求的情况下扣留员工）。

这种保险通常涵盖与绑架、诱拐或勒索等相关的成本。例如，这些成本可能包括雇用危机管理团队、支付绑架或勒索赎金的实际成本、保证赎金在运送过程中的安全的保险费用、法律费用以及员工死亡或被撕票的赔偿等。[98]

怎样让商务旅行者远离犯罪本身是一种专业范畴的事情，但是在这里仍可以给出一些建议。[99]

● 向外派员工提供一些一般性的培训，让他们了解一些与在国外旅行、生活以及将要被派驻的地方等有关的知识。这样，当他们到达目的地时，就更容易适应当地的环境。

● 告诉他们不要引起别人的注意，让别人注意到他们是美国人，比如不要穿着带有美国国旗或徽章的衣服，或者不要购买美国品牌的汽车，等等。

● 让商务旅行者在尽可能接近飞机起飞的时间抵达机场，并且在等待的时候避开交通主干道，从而使他们不被注意到。

● 在外派员工的汽车里和家中设置足够多的安全保卫系统。

● 告诉员工在上班时要经常改变他们的出发和到达时间，上下班时也要经常走不同的路线。

● 让员工通过定期查询比如美国国务院提供的旅游咨询服务以及领事提供的相关信息（请访问下列网页：http：//travel. state. gov/travel _ warning. html），了解与当地犯罪和其他问题有关的一些最新动态。

● 建议员工始终保持自信：身体语言可能会吸引歹徒，那些看起来就像受害者的人经常会真的成为受到伤害的人。[100]

人力资源管理应用程序

借助谷歌地图安全游世界

几乎所有的人都知道，谷歌地图是谷歌公司最受欢迎的应用程序之一。它也是一个可以让你在国外旅游时更加安全的应用程序。没有什么事比迷路（以及看起来迷路！）更可能让一位国际旅行者陷入危险的境地了。如果你从来没用过这个程序，你可以（从 www. google. com/mobile）下载谷歌地图到你的智能手机中，它可以提供很多地图服务，无论你身处何处几乎都能使用这些服务。举例来说，“我的所在地”会在地图上显示你现在所处的位置。谷歌地图还提供全程汽车导航服务。你可以通过搜索谷歌地图来寻找当地的企业以及其他一些你感兴趣的地方。此外，企业的信息技术管理人员还能通过使用谷歌的黑莓企业服务选择器在你的黑莓手机上安装谷歌地图程序。[101]

17.3.6　外派归国：问题及其解决思路

外派员工可能会遇到的一个非常令人不安的事实是，40%～60%的外派员工在回国后的 3 年内就离开了公司。[102]考虑到公司为了培训和派遣这些高潜质的员工到国外任职而作出的巨大投人，显然公司应该尽可能地努力将这些人留在公司中。为了做到这一点，正式的归国方案可能就非常有用。[103]一项调查发现，如果企业中有这种正式的外派人员归国方案，则外派人员在回国后辞职而去的比例就只有 5%，而在那些没有制定这种方案的公司中，外派归国人员辞职的比例则高达 22%。[104]

外派人员归国方案的核心和指导原则是：确保外派员工及其家庭成员不会觉得公司不再关心他们了。例如，美国电话电报公司有一个非常有效的由三个部分组成的外派员工归国方案，这个方案实际上在员工到海外赴任之前就开始启用了。[105]首先，美国电话电报公司为每位外派人员及其家庭成员都配备了一名心理学家，这些心理学家都受过归国问题方面的训练。这位心理学家会在他们出国前与他们会面，与他们探讨他们在国外期间可能会遇到的各种挑战，还会与他们一起评估他们在多大程度上能够适应新的文化，并且，这位心理学家在员工的整个外派期间都会与他们保持联系。（其他一些公司，例如陶氏化学公司也提供了书面的外派归国协议。这种协议以书面形式作出保证，承诺公司不会让外派员工在国外停留的时间超过某一特定的时间，比如 3 年，同时，公司保证在员工回国之后，将会给他们安排一个双方都能够接受的职位。）

第二，美国电话电报公司确保外派员工感觉到他们对公司总部发生的各种事情仍然保持着一种“在圈内”的状态。例如，美国电话电报公司给外派员工指派一名导师，定期将外派人员招回公司总部与同事进行社会交往。

第三，当外派人员及其家庭成员要回国时，美国电话电报公司会提供正式的归国服务。在外派人员的海外工作任务结束前大约 6 个月时，心理学家和人力资源代表会与外派人员及其家庭成员会面，从而让他们开始为回国做好准备。例如，他们帮助员工规划好未来的职业发展方向，帮助他们更新自己的简历，并开始帮他们与回国后的上司取得联系。他们与外派人员的家庭成员一起做好从国外往回搬家的工作。然后，在外派人员回国后的大约一个月时，外派员工及其家庭会参加一个“欢迎回家”的小型讨论会，在这个会议上共同讨论诸如外派归国的压力等方面的问题。[106]

17.3.7 通过人力资源管理信息系统提高生产率：使人力资源管理信息系统全球化

随着公司的成长，依赖手工的人力资源系统来管理全球安全、福利管理、薪酬和继任计划等事项变得非常困难。正如我们看到的，越来越多的公司正将它们的各种人力资源管理系统加以自动化处理，并且集成为人力资源管理信息系统（HRIS）。

对于全球性公司来说，将公司的人力资源管理信息系统扩展到海外机构更是有着特殊的意义。例如，电子元器件制造商托马斯 & 贝茨公司（Thomas & Betts）曾经需要 83 份传真才能点清其位于 24 个国家的 2.6 万多名员工的具体人数；而现在，由于有了全球人力资源信息系统，它只需要按一下按钮就能完成这一工作了。[107]类似的，如果没有覆盖全球各地的公司管理人才数据库，那么，要想为完成国际任务选拔管理人员，并且跟踪各个分支机构的薪酬计划和人事管理实践，可能就是一件令人头疼的事情。

当建设网公司（Buildnet，Inc.）决定把它的各个独立的人力资源管理系统——其中包括求职者追踪、培训和薪酬等——实现自动化并集合成为一个整体时，它选择了一个来自文件管理软件开发商 NuView 公司（www. nuviewinc. com）的基于互联网的程序包，这个程序包的名称为 MyHRIS。这是一个基于互联网的软件系统，其中包括人力资源和福利管理、求职者追踪以及简历筛选、培训管理、继任计划和职业发展等内容。[108]借助这种软件包，该公司位于全球各个分支机构中的任何一位管理人员都能访问并更新 200 多份内置的报告，例如“任期总结”或者“职位空缺”。[109]公司的母国管理人员实时访问相关数据，并且监控公司在全球的人力资源活动。

很多企业还越来越多地在全球推广员工的人力资源自助服务，例如时代华纳公司的“员工链接”门户就是这方面的一个例子。这个门户使得时代华纳在全球的 8 万名员工可以自己在网上管理本人的福利、薪酬规划、绩效考核以及个人信息的更新等。[110]

17.4　如何实施一套全球人力资源管理系统

随着很多企业越来越依靠本地员工而不是外派员工，海外员工的甄选、培训、绩效评价、薪酬以及其他人力资源管理实践的本土化就成为企业的首选之策。换言之，今天的企业对外派人员事务的关注越来越少，它们更关心如何对海外的当地员工进行管理。当然，管理海外当地员工的一种很有吸引力的做法就是将公司现有的人力资源管理实践照搬到国外。

考虑到人力资源管理实践中的跨文化差异，人们可能会问这样一个问题：“如果一家企业试图在全球各分支机构中都建立一套标准的人力资源管理系统，这样的做法现实吗？”一项研究表明，答案是肯定的。简单来说，这项研究的结果表明，在一些具体的人力资源管理政策方面，企业必须尊重国外当地管理人员的意见。不过，总的来说，研究结果也发现，在不同国家之间实行差别较大的人力资源管理系统并不必要，甚至并不可取。关键是如何实施这套全球人力资源管理系统。

在这项研究中，研究者与来自 6 家跨国公司——安捷伦科技有限公司、陶氏化学公司、IBM 公司、摩托罗拉公司、宝洁公司和壳牌石油公司的人力资源管理人员进行了面谈，同时还征求了很多国际人力资源顾问的意见。[111]这项研究的总体结论就是，那些成功地实施了全球人力资源管理系统的企业都运用了多种最佳实践。这使它们可以在全球范围内实施统一的人力资源政策和实践。这里的基本理念是，建立一种全球各分支机构中的员工都可以接受，并且有利于企业更为有效地实施管理的人力资源管理系统。下面将分别考察这三个方面的要求。

17.4.1　开发一套更有效的全球人力资源管理系统

首先，在确立自己的全球人力资源管理政策和实践时，这些企业通常会采取两种最佳实践。

形成全球人力资源网络　为了减少阻力，全球人力资源管理者应当将自己视为全球人力资源管理网络这个整体中的一部分。研究人员发现，在建立全球人力资源管理系统时，最关键的因素就是“在全球范围内建立广泛的伙伴关系，从而使企业可以从这种广泛的基础中获得支持、认同，以及便于在当地组织各种活动，同时使企业更好地了解自己的系统以及自己所面临的挑战”。[112] 此外，还要将当地的管理人员视为平等的伙伴，而不仅仅是执行者。这 6 家公司通过各种方式打下了这种坚实的基础。例如，它们组建了若干全球性团队来帮助自己建立新的人力资源管理系统。

记住，与具体方法的标准化相比，结果和胜任素质的标准化更为重要　例如，IBM 在全球范围内使用的几乎是一套标准化的招募和甄选程序。然而，“诸如由谁来进行面试（雇佣经理还是招募经理）或者预先筛选过程是通过电话还是当面完成这样的细节问题，则会因国家不同而异”。[113]

17.4.2　使全球人力资源管理系统更容易被接受

接下来，这些企业会实施三种最佳实践来使自己建立的全球人力资源管理系统能够被全球各地的管理人员接受。这些最佳实践包括：

记住：只有真正的全球性组织才会更容易建立全球人力资源管理系统　这些企业不仅仅是建立全球统一的人力资源管理系统，它们所做的每一件事情都是全球化的。例如，真正的全球化公司要求自己的管理人员在全球团队的基础上开展工作，在全球范围内寻找、招募和配置员工。正如壳牌石油公司的一位经理所说，“如果你是一家真正的全球化企业，那么你从这里（即美国）招募可以立刻到荷兰海牙去工作和生活的员工，反之亦然”。[114] 这种全球化思维方式使得每一个地方的管理人员都更容易接受建立一套标准化的人力资源管理系统。

调查来自差异化的压力并确定其合理性　对全球的甄选、培训和其他人力资源管理实践实施标准化管理仍然可能面临来自当地管理人员的抵制。他们这样坚持道：“你不能在这里这么做，因为我们的文化不同。”但研究人员发现，这些所谓的“差异”通常并没有说服力。例如，当陶氏化学公司想在海外推行使用在线招募和甄选工具时，海外的雇佣经理说，他们的管理人员不可能去使用这些工具。在对这些假定的文化障碍调查之后，陶氏化学公司仍然实施了这套新的制度。“我们发现，在使用了网上招募和甄选系统之后，求职者人数飙升，同时求职者的质量也提高了。”[115]

这里的一个至关重要的词就是“调查”。首先，要仔细评估当地的文化以及其他方面的差异是否会对新的系统造成破坏。其次，要了解当地的法律，并且在必要时采取因地制宜的做法。最后，还要对新的方法进行市场测试。

尝试在强公司文化背景下工作　创建了强组织文化的公司会发现，在地理位置相距甚远的员工之间达成一致变得更加容易。例如，正是由于宝洁公司形成的统一的招募、甄选、培训和报酬员工的方式，所以其管理人员对于共享价值观有着强烈的感受。宝洁公司在管理人员中鼓励形成较高程度的一致性。新员工很快就学会了从“我们”而不是“我”的角度来思考问题。他们学会了重视认真、一致、自律以及有条理的工作方式。由于在全球各地的宝洁公司管理人员都具有这种共享的价值观，因此与他们在地理上的距离相比，他们在心理上要接近得多。在价值观上具有这种全球一致性，就使得企业更容易在全球范围内建立和实施标准化的人力资源管理实践。

17.4.3　实施全球人力资源管理系统

最后，有两种最佳实践有助于确保全球一致的人力资源管理政策和实践能够得到实施。

“你怎么沟通都不过分”　记住一件事：“有必要与在每个国家工作的决策者以及在当地实施和使用这套系统的人保持联系。”[116]

提供充足的资源　例如，如果母公司总部不能提供额外的充足资源来支持国外机构实施新的职位分析程序，就不要对当地的人力资源管理部门开展此类活动。表17—2 总结了建立全球人力资源管理系统的过程中可以借鉴的一些最佳实践。

表 17—2　最佳全球人力资源管理实践总结

要做的……	不要做的……
● 在现存的当地人力资源管理系统下工作——将全球工具融入当地的管理体系中	● 试图在每个地方都以同样的方式行事
● 创建一种强公司文化	● 屈服于每个人提出的“我们的情况不同”的说法——让他们拿出证据
● 为系统的开发创建一个全球网络——全球性的投入是关键	● 把全球管理系统强加于当地员工
● 在系统开发过程中将当地员工视为平等伙伴	● 只是简单地让当地员工去执行政策
● 评估不同地区之间的共性因素	● 在全球使用相同的工具，除非能证明这些工具确实是有效的，并且适应当地的文化
● 重点关注评估内容，在评估方法上允许一定的灵活性	● 忽视文化差异
● 在核心要素的基础上允许增加一些地方要素	● 让技术来驱动系统设计——不能假设每个地方都能作出相同的技术投入以及获得这些技术
● 在必要时因地制宜	● 假定“只要我们建立了系统，就能自然而然地得到应用”——你需要推销你们的工具或系统，并且制定变革管理战略
● 培训当地人员，帮助他们在使用哪些工具以及如何使用这些工具方面作出更好的决策	
● 沟通，沟通，再沟通！	
● 为全球人力资源管理工作提供充足的资源	
● 知道或者接触那些了解每个国家中的法律规定的人	

资料来源：Ann Marie Ryan et al.，“Designing and Implementing Global Staffing Systems：Part2—Best Practices，” *Human Resource Management* 42，no. 1（Spring 2003），p. 93. Reproduced with permission of Society for Human Resource Management in the format Textbook via Copyright Clearance Center.

本章内容概要

1. 经营的全球化会对企业的人力资源管理过程产生影响。其中最大的问题在于处理国家之间在文化、政治、法律和经济方面的差异。例如，不同国家的公民会坚持不同的价值观，而且各个国家有不同的经济、法律、政治和劳资关系系统。

2. 为全球机构配备人员是一个重大挑战。很多公司可能会使用外派员工，这些外派员工可能是母国公民，也可能是第三国公民。离岸经营意味着让海外国家当地的员工来承担原本由母国公司员工完成的工作。那些想通过离岸经营获得成本优势的企业，需要依靠它们的人力资源管理者来帮助自己找到高质量、低成本的海外员工。高层管理人员的价值观会影响他们为海外分支机构配备人员的方式。奉行民族中心主义的公司倾向于强调母国的态度，奉行多国中心主义的公司更关注东道国员工，而奉行全球中心主义的企业则试图在全世界范围内寻找最优人选。能否甄选出能成功完成海外工作任务的员工，取决于很多因素，其中最重要的因素包括适应性甄选，以及确保员工的配偶及其家庭成员能够得到有助于他们完成过渡到国外的现实性预览、咨询以及相关支持。成功的外派人员通常具有外向、和善以及情绪稳定的特征。

3. 在甄选出派往海外工作的员工之后，接下来需要关注的问题就是如何培训和留住外派员工。

● 就外派员工赴任前的准备工作而言，理想的培训工作首先应涵盖文化差异所产生的影响方面的内容，然后重点转向让受训员工理解态度是如何对行为产生影响的；提供与东道国有关的一些知识；在语言和适应力等方面进行技能开发。

● 在外派管理人员的薪酬方面，大部分企业使用资产负债表的办法。这种方法强调四个方面的费用支出：收入所得税、住房、商品和服务以及其他一些可自由支配的费用。资产负债表法旨在通过提供补助的方式，使员工在海外的生活水平相当于其在国内的水平。通常的做法是提供诸如国外服务补贴和艰苦补贴等，鼓励员工到国外工作。

● 外派管理人员的绩效评价问题由于距离因素而变得更加复杂，所以谨慎的做法是让母国的直接主管人员和国外当地的主管人员共同完成对外派管理人员的绩效评价工作。

● 国外的劳资关系通常与美国不同。例如，欧洲就更为强调集中型的集体谈判。

● 由于受到恐怖主义的威胁，现在大多数企业都对自己的外派管理人员采取了各种保护措施，其中包括购买绑架和赎金保险。

● 为了减少刚刚归国的外派人员流失这一慢性问题，很有必要在深思熟虑的基础上建立企业的外派人员归国方案。这些方案强调让外派员工随时了解在母公司中发生的各种变化，定期让外派人员回到母公司，并且为这些外派人员及他们的家庭提供正式的归国服务，从而帮助他们做好回国的准备。

4. 由于企业越来越依赖国外当地员工，而不是外派人员，因此让管理者理解应当如何运用全球人力资源管理系统就显得尤为重要。一些研究表明，企业在全球各地的分支机构中建立标准化的人力资源管理实践的想法是可行的，尽管这意味着需要对这套标准化的人力资源管理实践进行“微调”，从而使它们适应当地的具体需要。这种基本方法包括三个步骤：（1）建立更为有效的全球人力资源管理系统（通过构建全球人力资源网络，并且切记，结果的标准化比具体做法的标准化更为重要）。（2）使全球人力资源管理系统更容易被接受（例如，通过对公司的一切事务都采取全球化的做法，对出现的实施差异化管理的压力进行调查并确定其合理性，创建强公司文化）。（3）实施全球人力资源管理系统（通过强调持续沟通和确保提供充足的资源）。

讨论题

1. 假定你是一家小企业的总裁，你认为“走向国际化”会通过哪些途径对你们公司的人力资源管理活动产生影响？

2. 一位国际化人力资源管理者通常需要从事哪些方面的独特的国际化管理活动？

3. 国家之间的差异会对人力资源管理产生怎样的影响？请举几个例子来说明国家间的每一种差异是如何对人力资源管理产生影响的。

4. 假如你是一家公司的人力资源经理

你们公司正打算把第一位员工派往海外新成立的分支机构。你的老板即公司总裁向你提出了这样一个问题：为什么各类外派工作安排经常会失败以及你计划采取哪些措施避免可能的失败？你将如何回答？

5. 外派候选人需要接受哪些方面的特定培训？这些培训与传统的多元化培训有哪些相似之处？又有哪些不同之处？

6. 对一位外派员工的绩效进行评价与对一位在公司总部工作的管理人员进行绩效评价存在哪些方面的不同？你将如何避免在对外派员工进行工作绩效评价时可能遇到的那些特殊问题？

7. 作为一名人力资源管理者，你会制定哪些计划来减少外派归国员工及其家庭可能面临的各种问题？

个人和小组活动

1. 假定你们的教授即将被学校派往保加利亚去讲授 3 年的人力资源管理课程，请以个人或小组的形式为你们的教授制定一份外派计划和归国计划。

2. 举出你所在地区的 3 家跨国公司的例子。通过互联网或与每一家公司取得联系的方式，确定这些公司在哪些国家开展了经营活动。说明它们所开展的经营的性质，并总结你们从这些公司的国际员工甄选和培训政策中发现了什么。

3. 选择 3 种有助于甄选外派人员的有用特征，然后设计出能够测量候选人的这三种特征的简单测试。

4. 利用图书馆或互联网上的信息资源，确定在 5 个国家中的本年度相对生活成本，然后说明在制定即将派往其中每一个国家的外派管理人员的薪酬计划时，这种差别会产生怎样的影响。

5. 本书末附录中的美国人力资源认证机构提供的“考试指南”部分，列出了想要通过人力资源资格认证考试的人需要了解的各个方面的人力资源管理知识（例如战略人力资源管理、员工队伍规划、人力资源开发等）。请以 4～5 人为一组，完成下列四项任务：(1) 浏览该附录中的内容；(2) 明确在本章所讲授的内容中有哪些与附录中列出的需要参加考试者掌握的知识是相关的；(3) 根据这些与考试相关的内容，编写出你们认为适合作为这种人力资源认证资格考试考试题的 4 道多项选择题；(4) 如果时间允许的话，你们小组派出一个人将你们编写的考试题在课堂上展示给大家，这样各个小组的学生就能够回答其他小组编写的考试题了。

6. 某一期《人力资源》杂志中有一篇名为“战后余震”的文章，其中提到，从伊拉克战场返回工作岗位的士兵可能会在处理“延迟性情绪创伤”方面需要人力资源方面的帮助。“延迟性情绪创伤”这个术语是指退伍士兵可能被触发的情绪，它是由战争创伤事件引起的愤怒、担忧、过敏以及迟到或旷工等问题。假设你是一家公司的人力资源经理，约翰·史密斯是你们公司的一位员工，他下周将结束在伊拉克的一年兵役回到公司上班。根据你在本章中所学的内容，你认为公司应当采取哪些措施来确保约翰能尽早顺利地融入公司？

体验式练习

外派人员的纳税问题

目的：本练习的目的在于让你练习识别和分析一些会对外派员工的薪酬产生影响的因素。

必须理解的内容：你应当充分熟悉本章所讲授的内容，同时熟悉网站 www.irs.gov 上的相关内容。

如何进行练习/指导：将全班分为分别由 4～5 个人组成的若干个小组。要求每个小组的成员完成以下任务：计算外派人员薪酬时涉及的一个最棘手的问题与外派人员需要缴纳的美国联邦政府所得税有关。登录美国国税局的网站 www.irs.gov。点击进入“个人”版块，选择“海外纳税人”一项。你的团队是你们公司中负责管理外派员工薪酬的任务团队，你们公司正准备派几位管理人员和工程师到日本、英国和中国香港工作。网站上的哪些信息有助于你们团队制定外派员工的税务和薪酬政策？根据这些信息为那些即将被外派到日本、英国和中国香港的员工制定薪酬政策时，你们团队应该牢记的最为重要的三件事情是什么？

应用案例

“老板，我想我们有麻烦了！”

中央钢制门业公司（Central Steel Door Corp.）已经有大约 20 年的成功经营历史，该公司主要销售一种钢制的工业用门以及这种门所需要的零部件和配套装置。该公司目前的业务主要集中在美国和加拿大，其业务是逐渐从纽约地区向外扩展的，首先是发展到了新英格兰地区，然后又扩展到了大西洋沿岸，最后再沿大西洋沿岸穿过美国的中西部和西部，一直进入加拿大。公司所采取的基本扩张战略一直都是相同的：选择一个合适的地区，设立一个营销中心，然后雇用一位当地的销售经理，让这位地区销售经理来帮助公司为这一分销机构配备人员并雇用一些当地的销售代表。

但遗憾的是，公司所采取的这种传统的招募和雇用销售人员的做法却无法成功地帮助其向海外延伸。随着新的欧洲货币的诞生，中央钢制门业公司总裁麦尔·费舍尔决定将公司的业务向海外拓展，进入欧洲市场。但是，公司的海外拓展进程却非常不顺利。他采取在《国际先驱论坛报》（*International Herald Tribune*）上刊登招聘广告的形式，连续花了 3 周的时间试图找到一位销售经理——这份报纸的很多读者都是欧洲的商业人士或者在欧洲生活和工作的美国公司的外派人员。此外，这则招聘广告还在这份报纸主办的网站上刊登了大约 1 个月时间。然而，尽管如此，费舍尔至今仍然只收到 5 份求职简历。而在这 5 份求职简历中，只有一位求职者似乎还可以，另外 4 份求职简历都来自那些被费舍尔称为“游魂”的人——这些人似乎把一生中的大部分时间都花在了从一个国家到另一个国家的无休止旅行上，他们偶尔需要停下来在路边的咖啡店里享受咖啡的味道。当费舍尔问他们最近 3 年都在做什么时，其中的一个人告诉费舍尔，他在“走路”。

该公司的其他国际人力资源管理活动也同样遇到了问题。费舍尔把两位美国销售经理派往欧洲，让他们临时主持欧洲机构的运营，但他却忽略了应当为外派管理人员制定一个整体性的薪酬计划，从而使他的员工能够负担在德国和比利时生活发生的相对较高的生活费用。结果，其中一人在形势比较好的时候工作了半年就离开了公司。而更让费舍尔感到吃惊的是，他收到了比利时政府的通知，说他的销售经理欠了几千美元的地方税。这两位经理在当地雇用了大约 10 名员工，为这两个位于欧洲的营销中心工作。由于没有全职的欧洲地区销售经理，公司的销售水平始终令人失望，因此，费舍尔决定解雇在这两个营销中心工作的大约一半的员工。然而，事情却没有这么简单。费舍尔突然接到了他派往德国的临时销售经理打来的紧急电话，这位经理在电话中说：“我刚刚被告知，所有的员工都必须有书面的雇佣合同，而且无论在何种情况下，如果我们没有提前 1 年通知员工，就不能解雇任何人。这里的地方政府已经插手这件事情了。老板，我想我们有麻烦了！”

［问题］

1. 根据本章的内容以及案例中的情形，列举出费舍尔到目前为止在国际人力资源管理方面已经犯下的 10 种错误。

2. 如果让你来雇用一位欧洲当地的销售经理，你会如何完成这项工作？为什么？

3. 如果你是费舍尔，你现在会做什么？

连续案例

卡特洗衣公司

卡特洗衣公司向海外发展

当詹妮弗逐渐接管了卡特洗衣公司之后，杰克决定开始他几年来的第一次长假，并且在 2008 年 1 月去墨西哥待了一个月。他发现了一件让他感到非常吃惊的事情：在阿卡普尔科享受日光浴的同时，他还在墨西哥城花了相当多的时间，他为当地洗衣公司的稀缺感到惊讶，尤其是考虑到墨西哥城严重的空气污染问题。从那里继续向北走，穿过墨西哥华雷斯市，他发现这些地方也几乎没有洗衣公司，这让他吃惊不已。

在返回得克萨斯的家中后，杰克开始思考将连锁商店扩大到墨西哥是不是一个明智之举。除了可能的经济效益，他已经喜欢上了在墨西哥体验到的那种生活方式，同时，他被那种可能面临的令人激动的挑战吸引，在他 20 年前在美国创建卡特洗衣公司时，他也面临过同样的挑战。"我猜企业家精神已经融入了我的血液之中，"这是他诠释自己的企业家精神的方式。当他开车回家与詹妮弗共进晚餐时，他开始思考在决定将公司扩张到海外之前需要问的许多问题。

［问题］

1. 如果他们决定在墨西哥开设 1～2 家门店，你认为杰克和詹妮弗需要面对的人力资源管理方面的挑战是什么？

2. 如果你是杰克或詹妮弗，你将怎样为在墨西哥开的新店挑选经理？例如，你是准备聘用当地人，还是准备从国内直接派人过去？为什么？

3. 在墨西哥生活的费用要远远低于卡特公司目前所在的这些地方的生活费用，如果决定将一名外派人员派到墨西哥担任经理，你将如何为其制定一项薪酬计划？

4. 请具体说明当你为墨西哥的新店选择外派管理人员时，你会考虑哪些方面的因素。

将战略转化为人力资源管理政策和实践的案例

巴黎酒店

管理全球人力资源

巴黎酒店的竞争战略是："通过卓越的顾客服务将自己与同行区别开来，以吸引顾客延长入住时间，提高顾客再次入住比率，从而提高酒店的收入和利润水平。"酒店人力资源经理莉萨·克鲁兹现在必须制定和实施战略性人力资源管理政策和活动，通过帮助酒店获得战略所需的员工行为和胜任素质来支持酒店的这一竞争战略。

巴黎酒店集团在欧洲和美国的 11 个城市都有分店，因此莉萨知道，公司必须做好管理全球人力资源的工作。例如，公司还没有一套正规的方法来识别和培训被派往海外的管理人员（无论是派往欧洲还是美国的管理人员）。此外，在花费 60 万美元的巨大代价派遣一位美国经理和她的家庭出国之后，由于这位经理的家人整日抱怨想念在国内的朋友，公司最近不得不让她返回美国。莉萨知道，这样做根本无法经营跨国业务。她将注意力转向了制定有助于公司更为有效地开展国际业务的人力资源管理政策。

通过回顾一些数据，莉萨和首席财务官发现，公司的全球人力资源管理政策可能正在阻碍巴黎酒店成为它所追求的那种世界顶级的客户服务公司。例如，高绩效的服务企业和酒店公司会为至少90%的外派员工提供正式的赴任前培训，但巴黎酒店并没有这样的项目。同样，由于每个城市的酒店都运行自己的人力资源管理信息系统，所以莉萨和首席财务官或首席执行官想要获得关于各家酒店中的流动率、缺勤率或员工薪酬成本等方面的数据报告就很困难。正如首席财务官所概括的："如果我们不能衡量每一家酒店在这些人力资源指标上做得怎么样，我们就无法管理这些活动，从而也就不能计算出我们有多少利润损失以及被浪费的努力正在拉每家酒店绩效的后腿。"现在，莉萨获准制定公司新的全球人力资源管理项目和实践。

［问题］

1. 请用一页纸的篇幅来概括地说明，为了让被派往海外的新员工——例如那些在巴黎酒店的管理技能开发项目中受训的员工——能够尽快适应海外的新环境，酒店的管理人员应当了解哪些方面的问题？

2. 在前面的各章中，你已经为巴黎酒店集团的人力资源管理实践提供了许多建议。从中任选一条建议，解释你为什么认为巴黎酒店同样可以将该项目推行到国外，你会建议他们怎样实施。

3. 选择一项你认为对巴黎酒店实现高品质服务目标最为重要的人力资源管理政策，并解释你将如何在该集团位于全球各地的酒店中实施这项政策。

注释

[1] http://talkingunion.wordpress.com/2008/09/27/is-union-reform-possible-in-china, accessed March 25, 2009.

[2] There is considerable debate regarding the pros and cons of globalization. Many economists, and, most recently, the international monetary fund, have concluded that globalization in the form of technology transfer and foreign investment may actually be fueling income inequality. See, for example, Bob Davis, "IMF Fuels Critics of Globalization," *The Wall Street Journal*, October 10, 2007, p. 89.

[3] See, for example, Kimberly Manion, "Venturing Abroad," *HR Magazine*, June 2008, pp. 86–90.

[4] See, for example, Chris Rowley and Malcolm Warner, "Introduction: Globalizing International Human Resource Management," *International Journal of Human Resource Management* 18, no. 5 (May 2007), p. 703(14).

[5] David Ralston, David Gustafson, Priscilla Elsass, Fannie Cheung, and Robert Terpstra, "Eastern Values: A Comparison of Managers in the United States, Hong Kong, and the People's Republic of China," *Journal of Applied Psychology* 71, no. 5 (1992), pp. 664–671. See also P. Christopher Earley and Elaine Mosakowski, "Cultural Intelligence," *Harvard Business Review*, October 2004, pp. 139–146.

[6] Geert Hofstede, "Cultural Dimensions in People Management," in Vladimir Pucik, Noel Tichy, and Carole Barnett (eds.), *Globalizing Management* (New York: John Wiley & Sons, 1992), p. 143.

[7] Randall Schuler, Susan Jackson, Ellen Jackofsky, and John Slocum Jr., "Managing Human Resources in Mexico: A Cultural Understanding," *Business Horizons*, May–June 1996, pp. 55–61.

[8] Valerie Frazee, "Establishing Relations in Germany," *Global Workforce*, April 1997, p. 17.

[9] Charlene Solomon, "Destination U.S.A.," *Global Workforce*, April 1997, pp. 19–23.

[10] Ibid., p. 21.

[11] Tyler Cowen, "Creative Destruction: How Globalization Is Changing the World's Cultures," Princeton University Press, Princeton, New Jersey, 2002.

[12] Chris Brewster, "European Perspectives on Human Resource Management," *Human Resource Management Review* 14 (2004), pp. 365–382.

[13] "SOX Compliance, Corporate Codes of Conduct Can Create Challenges for U.S. Multinationals," *BNA Bulletin to Management*, March 28, 2006, p. 97.

[14] Annual 2006 figures, www.bls.gov/news.release/ichcc.nro.htm, accessed January 27, 2008.

[15] See, for example, http://www.fedee.com/ewc1.html, accessed November 4, 2009.

[16] This is discussed in E. Gaugler, "HR Management: An International Comparison," *Personnel*, 1988, p. 28. E. Poutsma et. al., "The Diffusion of Calculative and Collaborative HRM Practices in European Firms," *Industrial Relations* 45, no. 4 (October 2006), p9. 513–546.

[17] Helen Deresky, *International Management* (Upper Saddle River, NJ: Prentice Hall, 2008), p. 17.

[18] Donald Dowling Jr., "Export Codes of Conduct, Not Employee Handbooks," *Society for Human Resource Management Legal Report*, January/February 2007, pp. 1–4.

[19] Phillips Taft and Cliff Powell, "The European Pensions and Benefits Environment: A Complex Ecology," *Compensation & Benefits Review*, January/February 2005, pp. 37–50.

[20] Ibid.

[21] "Inform, Consult, Impose: Workers' Rights in the EU," *The Economist*, June 16, 2001, p. 3. See also J. Banyuls et. al., "European Works Council at General Motors Europe: Bargaining Efficiency in Regime Competition?," *Industrial Relations Journal* 39, no. 6 (November 2008), pp. 532–547.

[22] See, for example, Syed Akhtar et al., "Strategic HRM Practices and Their Impact on Company Performance in Chinese Enterprises," *Human Resource Management* 47, no. 1 (Spring 2008), pp. 15–32.

[23] Andreas Lauffs, "Chinese Law Spurs Reforms," *HR Magazine*, June 2008, pp. 92–98.

[24] See, for example, Kathryn King-Metters and Richard Metters, "Misunderstanding the Chinese Worker," *The Wall Street Journal*, July 7, 2008, p. R11.

[25] Gary Dessler, "Expanding into China? What Foreign Employers Entering China Should Know About Human Resource Management Today," *SAM Advanced Management Journal*, August 2006. See also Joseph Gamble, "Introducing Western-Style HRM Practices to China: Shop Floor Perceptions in a British Multinational," *Journal of World Business* 41, no. 4 (December 2006), pp. 328–340; and Adrienne Fox, "China: Land of Opportunity and Challenge," *HR Magazine*, September 2007, pp. 38–44.

[26] John Daniels and Lee Radebaugh, *International Business*, (Upper Saddle River, N.J., Prentice Hall, 2001), p. 767.

[27] Arvind Phatak, *International Dimensions of Management* (Boston: PWS Kent, 1989), p. 106. See also Charles Hill, *International Business: Competing in the Global Marketplace* (Burr Ridge, IL: Irwin McGraw-Hill, 2001), pp. 564–566.

[28] Daniels and Radebaugh, *International Business*, p. 767.

[29] Ibid., p. 769; Phatak, *International Dimensions of Management*, p. 106.

[30] "Survey Says Expatriates Twice as Likely to Leave Employer as Home-Based Workers," *BNA Bulletin to Management*, May 9, 2006, p. 147.

[31] Phatak, *International Dimensions of Management*, p. 108.

[32] Daniels and Radebaugh, *International Business*, p. 769.

[33] Leslie Klass, "Fed Up with High Costs, Companies Winnow the Ranks of Career Expats," *Workforce Management*, October 2004, pp. 84–88.

[34] "DOL Releases Final Rule Amending Filing, Processing of Foreign Labor Certifications," *BNA Bulletin to Management*, January 11, 2005, p. 11.

[35] Michelle Rafter, "Return Trip for Expats," *Workforce*, March 16, 2009, pp. 1, 3.

[36] Helene Mayerhofer et al., "Flexpatriate Assignments: A Neglected Issue in Global Staffing," *International Journal of Human Resource Management* 15, no. 8 (December 2004), pp. 1371–1389; and Martha Frase, "International Commuters," *HR Magazine*, March 2007, pp. 91–96.

[37] Michael Harvey et al., "Global Virtual Teams: A Human Resource Capital Architecture," *International Journal of Human Resource Management* 16, no. 9 (September 2005), pp. 1583–1599.

[38] Timothy Dwyer, "Localization's Hidden Costs," *HR Magazine*, June 2004, pp. 135–144.

[39] William Bulkeley, "IBM to Cut US Jobs, Expand in India," *The Wall Street Journal*, March 26, 2009, p. B1.

[40] Based on Pamela Babcock, "America's Newest Export: White Collar Jobs," *HR Magazine*, April 2004, pp. 50–57.

[41] Mary Medland, "Setting Up Overseas," *HR Magazine*, January 2004, p. 71.

[42] Phatak, *International Dimensions of Management*, p. 129.

[43] Charles Hill, *International Business: Competing in the Global Marketplace* (Burr Ridge, IL: Irwin, 1994), p. 507.

[44] Ibid., pp. 507–510.

[45] Ibid.

[46] Ibid., p. 509.

[47] Ibid. See also M. Harvey et al., "An Innovative Global Management Staffing System: A Competency-Based Perspective," *Human Resource Management* 39, no. 4 (Winter 2000), pp. 381–394.

[48] Mason Carpenter et al., "International Assignment Experience at the Top Can Make a Bottom-Line Difference," *Human Resource Management* 30, no. 223 (Summer–Fall 2000), pp. 277–285. See also Gunter Stahl and Paula Caligiuri, "The Effectiveness of Expatriate Coping Strategies: The Moderating Role of Cultural Distance, Position Level, and Time on the International Assignment," *Journal of Applied Psychology* 90, no. 4 (2005), pp. 603–615.

[49] Sunkyu Jun and James Gentry, "An Exploratory Investigation of the Relative Importance of Cultural Similarity and Personal Fit in the Selection and Performance of Expatriates," *Journal of World Business* 40, no. 1 (February 2005), pp. 1–8. See also Jan Selmer, "Cultural Novelty and Adjustment: Western Business Expatriates in China," *International Journal of Human Resource Management* 17, no. 7 (2006), pp. 1211–1222.

[50] Winfred Arthur Jr. and Winston Bennett Jr., "The International Assignee: The Relative Importance of Factors Perceived to Contribute to Success," *Personnel Psychology* 48 (1995), p. 110; Gretchen Spreitzer, Morgan McCall Jr., and Joan Mahoney, "Early Identification of International Executive Potential," *Journal of Applied Psychology* 82, no. 1 (1997), pp. 62–69. For recent, similar conclusions, see, for example, Handan Kepir Sinangil and Deniz Ones, "Expatriate Management," in Neil Anderson, Deniz Ones, Handan Kepir Sinangil, and Chockalingam Viswesvaran (eds.), *Handbook of Industrial, Work and Organizational Psychology, Vol. 1: Personnel Psychology* (Thousand Oaks, CA: Sage Publications, 2002), pp. 424–443; Regina Hechanova, Terry Beehr, and Neil Christiansen, "Antecedents and Consequences of Employees' Adjustment to Overseas Assignment: A Meta-Analytic Review," *Applied Psychology: An International Review* 52, No. 2, (April 2003), pp. 213–236; and Raymond Edward Branton, "A Multifaceted Assessment Protocol for Successful International Assignees," *Dissertation Abstracts International: Section B: The Sciences and Engineering* 64, no. 8B, (2004), p. 4024.

[51] Phatak, *International Dimensions of Management*, p. 119. See also Arno Haslberger, "The Complexities of Expatriate Adaptation," *Human Resource Management Review* 15, no. 2 (June 2005), pp. 160–180.

[52] See, for example, Paul Blocklyn, "Developing the International Executive," *Personnel*, March, 1989, p. 45.

[53] www.performanceprograms.com/Surveys/Overseas.shtm, accessed January 31, 2008.

[54] Blocklyn, "Developing the International Executive," p. 45. See also Eric Krell, "Evaluating the Returns on Expatriates," *HR Magazine* 50, no. 3 (March 2005), pp. 61–65.

[55] "International Assignment Policies and Practices," *BNA Bulletin to Management*, May 1, 1997, pp. 140–141, based on a survey by Organization Resources Counselors, Inc., New York City. See also Michael Stevens et al., "HR Factors Affecting Repatriate Job Satisfaction and Job Attachment for Japanese Managers," *International Journal of Human Resource Management* 17, no. 5 (2006), pp. 831–841.

[56] Hilary Harris and Chris Brewster, "The Coffee Machine System: How International Selection Really Works," *International Journal of Human Resource Management* 10, no. 3 (June 1999), pp. 488–500.

[57] "More Women, Young Workers on the Move," *Workforce Management*, August 20, 2007, p. 9.

[58] For a good discussion of this, see Yochanan Altman and Susan Shortland, "Women and International Assignments: Taking Stock—A 25-Year Review," *Human Resource Management* 47, no. 2 (Summer 2008), pp. 199–216.

[59] Kathryn Tyler, "Don't Fence Her In," *HR Magazine* 46, no. 3 (March 2001), pp. 69–77.

[60] Ibid.

[61] Ibid.

[62] See Nancy Napier and Sully Taylor, "Experiences of Women Professionals Abroad," *International Journal of Human Resource Management* 13, no. 5 (August 2002), pp. 837–851; I. C. Fischlmayr, "Female Self-Perception as a Barrier to International Careers?" *International Journal of Human Resource Management* 13, no. 5 (August 2002), pp. 773–783; and Yochanan Altman and Susan Shortland, op cit.

[63] The following is quoted from or adapted from "The Equal Employment Opportunity Responsibilities of Multinational Employers," The U.S. Equal Employment Opportunity Commission, www.EEOC.gov/facts/multi-employers.html, downloaded February 9, 2004.

[64] See Donald Dowling Jr., "Choice of Law Contract Clauses May Not Fly Abroad," *Society for Human Resource Management Legal Report*, October–November 2008, pp. 1–2.

[65] Margaret Shaffer and David Harrison, "Expatriates' Psychological Withdrawal from International Assignments: Work, Nonwork, and Family Influences," *Personnel Psychology* 51 (1998), p. 88. See also Jan Selmer, "Psychological Barriers to Adjustment of Western Business Expatriates in China: Newcomers vs. Long Stayers," *International Journal of Human Resource Management* 15, no. 4–5 (June–August 2004), p. 794(21).

[66] Chuck Csizmar, "Does Your Expatriate Program Follow the Rules of the Road?" *Compensation & Benefits Review*, January/February 2008, pp. 61–69.

[67] P. Caligiuri, "The Big Five Personality Characteristics as Predictors of Expatriates' Desire to Terminate the Assignment and Supervisor-Rated Performance," *Personnel Psychology* 53, no. 1 (Spring 2000), pp. 67–88. See also Margaret A. Shaffer, David A. Harrison, Hal Gregersen, J. Stewart Black, and Lori A. Ferzandi, "You Can Take It with You: Individual Differences and Expatriate Effectiveness," *Journal of Applied Psychology* 91, no. 1 (January 2006), p. 109(17).

[68] Quoted in Meredith Downes, Iris I. Varner, and Luke Musinski, "Personality Traits as Predictors of Expatriate Effectiveness: A Synthesis and Reconceptualization," *Review of Business* 27, no. 3 (Spring–Summer 2007), p. 16(8).

[69] Jan Selmer, "Expatriation: Corporate Policy, Personal Intentions and International Adjustment," *International Journal of Human Resource Management* 9, no. 6 (December 1998), pp. 997–1007.

[70] Hung-Wen Lee and Ching-Hsing, "Determinants of the Adjustment of Expatriate Managers to Foreign Countries: An Empirical Study," *International Journal of Management* 23, no. 2 (2006), pp. 302–311.

[71] Sunkyu Jun and James Gentry, "An Exploratory Investigation of the Relative Importance of Cultural Similarity and Personal Fit in the Selection and Perfozrmance of Expatriates," *Journal of World Business* 40, no. 1 (February 2005), pp. 1–8. See also Jan Selmer, "Cultural Novelty and Adjustment: Western Business Expatriates in China," *International Journal of Human Resource Management* 17, no. 7 (2006), pp. 1211–1222.

[72] Discussed in Charles Hill, *International Business*, pp. 511–515.

[73] Charlene Solomon, "One Assignment, Two Lives," *Personnel Journal*, May 1996, pp. 36–47; Michael Harvey, "Dual-Career Couples During International Relocation: The Trailing Spouse," *International Journal of Human Resource Management* 9, no. 2 (April 1998), pp. 309–330.

[74] Barbara Anderson, "Expatriate Selection: Good Management or Good Luck?" *International Journal of Human Resource Management* 16, no. 4 (April 2005), pp. 567–583.

[75] Margaret Shaffer and David Harrison, "Forgotten Partners of International Assignments: Development and Test of a Model of Spouse Adjustment," *Journal of Applied Psychology* 86, no. 2 (2001), pp. 238–254.

[76] Ibid., p. 251.

[77] Ibid., p. 250.

[78] Hung-Wen Lee and Ching-Hsing, "Determinants of the Adjustment of Expatriate Managers to Foreign Countries: An Empirical Study," *International Journal of Management* 23, no. 2 (2006), pp. 302–311.

[79] Gary Insch and John Daniels, "Causes and Consequences of Declining Early Departures from Foreign Assignments," *Business Horizons* 46, no. 6 (November–December 2002), pp. 39–48.

[80] Eric Krell, "Budding Relationships," *HR Magazine* 50, no. 6 (June 2005), pp. 114–118.

[81] This is based on Krell, "Budding Relationships," p. 30. See also Jill Elswick, "Worldly Wisdom: Companies Refine Their Approach to Overseas Assignments, Emphasizing Cost-Cutting and Work-Life Support for Expatriates," *Employee Benefit News*, June 15, 2004, Item 0416600B.

[82] Mark Mendenhall and Gunter Stahl, "Expatriate Training and Development: Where Do We Go from Here?" *Human Resource Management* 39, no. 223 (Summer–Fall 2000), pp. 251–265.

[83] See, for example, Victor Infante, "Three Ways to Design International Pay: Headquarters, Home Country, Host," *Workforce*, January 2001, pp. 22–24; and Gary Parker and Erwin Janush, "Developing Expatriate Remuneration Packages," *Employee Benefits Journal* 26, no. 2 (June 2001), pp. 3–51.

[84] Stephenie Overman, "Focus on International HR," *HR Magazine*, March 2000, pp. 87–92; Sheila Burns, "Flexible International Assignee Compensation Plans," *Compensation & Benefits Review*, May/June 2003, pp. 35–44; Thomas Shelton, "Global Compensation Strategies: Managing and Administering Split Pay for an Expatriate Workforce," *Compensation & Benefits Review*, January/February 2008, pp. 56–59.

[85] Phatak, *International Dimensions of Management*, p. 134. See also "China to Levy Income Tax on Expatriates," *Asia Africa Intelligence Wire*, August 3, 2004, Item A120140119.

[86] Thomas Shelton, "Global Compensation Strategies: Managing and Administering Split Pay for an Expatriate Workforce," *Compensation & Benefits Review*, January/February 2008, pp. 56–59.

[87] Mark Schoeff Jr., "Danger and Duty," *Workforce*, November 19, 2007, pp. 1, 3.

[88] See, for example, "More Multinational Organizations Are Taking a Global Approach to Compensation," *Compensation & Benefits Review*, May/June 2008, p. 5.

[89] Except as noted, this section is based on Joseph Martocchio *Strategic Compensation* (Upper Saddle River, NJ: Prentice Hall, 2001), pp. 280–283. See also Gary Parker, "Establishing Remuneration Practices Across Culturally Diverse Environments," *Compensation & Benefits Review* 17, no. 2 (Spring 2001), p. 23.

[90] Gary Dessler, "Expanding into China? What Foreign Employers Entering China Should Know About Human Resource Management Today," *SAM Advanced Management Journal*, in press. See also Joseph Gamble, "Introducing Western-style HRM Practices to China: Shop Floor Perceptions in a British Multinational," *Journal of World Business* 41 no. 4 (December 2006), pp. 328–340; and Adrienne Fox "China: Land of Opportunity and Challenge," *HR Magazine* September 2007, pp. 38–44.

[91] "Managers Are Paid More in Emerging Economies, *Compensation & Benefits Review*, September/October 2007 p. 19.

[92] Robin White, "A Strategic Approach to Building a Consistent Global Rewards Program," *Compensation & Benefits Review*, July/August 2005, p. 25.

[93] Ibid., pp. 23–40.
[94] "Recommendations for Managing Global Compensation Clause in a Changing Economy," Hewitt Associates, www.hewittassociates.com/_MetaBasicCMAssetCache_/Assets/Articles/2009/hewitt_pov_globalcomp_0109.pdf, accessed March 22, 2009.
[95] See, for example, Jie Shen, "Effective International Performance Appraisals: Easily Said, Hard to Do," *Compensation & Benefits Review*, July/August 2005, pp. 70–78.
[96] Ibid.
[97] Fay Hansen, "Skirting Danger," *Workforce*, January 19, 2009, pp. 1, 3.
[98] Ibid.
[99] These are based on or quoted from Samuel Greengard, "Mission Possible: Protecting Employees Abroad," *Workforce*, August 1997, pp. 30–32. See also Z. Phillips, "Global Firms Consider Additional Cover for Overseas Execs," *Business Insurance* 43, no. 23 (June 15–22, 2009), pp. 4, 22.
[100] Ibid., p. 32.
[101] www.google.com/mobile/default/maps.html, accessed March 24, 2009.
[102] Carla Joinson, "Save Thousands Per Expatriate," *HR Magazine*, July 2002, p. 77.
[103] Kathryn Tyler, "Retaining Repatriates," *HR Magazine*, March 2006, pp. 97–102.
[104] Quoted in Leslie Klaff, "The Right Way to Bring Expats Home," *Workforce*, July 2002, p. 43.
[105] Ibid., p. 43.
[106] Ibid.
[107] Bill Roberts, "Going Global," *HR Magazine*, August 2000, pp. 123–128.
[108] Diane Turner, "NuView Brings Web-Based HRIS to Buildnet," *Workforce*, December 2000, p. 90.
[109] Jim Meade, "Web-Based HRIS Meets Multiple Needs," *HR Magazine*, August 2000, pp. 129–133. See also "Dynamic HR: Global Applications from IBM," *Human Resource Management* 48, no. 4 (July/August 2009), pp. 641–648.
[110] Drew Robb, "Unifying Your Enterprise with a Global HR Portal," *HR Magazine*, March 2006, pp. 119–120.
[111] Ann Marie Ryan et al., "Designing and Implementing Global Staffing Systems: Part 2—Best Practices," *Human Resource Management* 42, no. 1 (Spring 2003), pp. 85–94.
[112] Ibid., p. 89.
[113] Ibid., p. 90.
[114] Ryan et al., op cit., p. 86. See also M. Schoeff, "Adopting an HR Worldview," *Workforce Management* 87, no. 19 (November 17, 2008), p. 8.
[115] Ryan et al., op cit., p. 87.
[116] Ryan et al., op cit.., p. 92.

第 18 章 创业型企业中的人力资源管理

经营一家餐厅并不是一件容易的事：顾客众口难调，食品卫生问题也总是令人担忧。但最让许多餐厅老板头疼的事情恐怕还是，越来越难雇用到和留住优秀员工。在餐饮行业的所有员工中，有一半的人年龄都不到 30 岁，而且员工的年流动率超过 100%的情况也屡见不鲜。[1]乔·斯凯普彻（Joe Scripture）经营的 IHOP 餐厅在亚特兰大市附近一共有 11 家连锁店，看到餐饮行业的这些员工流动率数据，他知道自己应当和合伙人一起采取行动了。但是，到底应该做点什么呢?[2]

我们学到哪了

尤其是在当前这个充满挑战的时代，在未来几年中很多毕业生可能要么选择为小企业工作，要么创建属于自己的小企业。而创业者通常会遇到一些特定的人力资源管理需要。本章的主要目的就是帮助你运用所学的人力资源管理相关知识来经营一家小企业。我们在本章中讨论的主题将包括：小企业所面临的挑战；运用互联网以及政府提供的各种工具来支持小企业的人力资源管理活动；充分运用熟悉性、灵活性、公正性以及非正式性等工具来提升小企业的竞争力；有效利用专业性雇主组织，以及管理人力资源系统、程序以及文档工作，等等。

学习目标

1. 解释为什么小公司和大公司在人力资源管理方面会存在差异。

2. 请至少举出五个相关的例子来说明如何使用互联网和政府提供的各种工具来支持小公司的人力资源管理活动。

3. 请回答这样一个问题："为什么熟悉性、灵活性、公正性和非正式性是创业者在小公司中改善人力资源管理实践的重要工具?"

4. 解释什么是专业性雇主组织以及创业者应当如何利用这些组织。

5. 描述小公司的人力资源系统通常是如何发展起来的，并举例说明小企业可以怎样利用人力资源管理信息系统。

18.1　小企业面临的挑战

18.1.1　为什么创业如此重要

就美国目前的经济状况而言，**小企业***（small business）这样的称谓实际上有点名不副实。这是因为在美国的劳动力大军中，一半以上的人——也就是 1.18 亿人中的大约 6 800 万人——都是在为小企业工作的。[3]作为一个群体来说，小企业不仅在每年新创办的大约 60 万家公司中占绝大多数，而且是经营规模增长最快的公司（小公司的业务增长速度要快于大公司）。小企业每年为美国经济中的就业增长所作出的贡献为 3/4——换言之，在美国提供的新增工作岗位中，小企业提供的岗位占绝大多数。[4]

从统计数据来看，大多数大学毕业生在工作的头几年中要么会为小企业工作，要么会创建属于自己的小公司——即所雇用的员工人数少于 200 人的公司。因此，任何对小企业（或者人力资源管理）感兴趣的人，都需要理解人力资源管理在小企业和大型跨国公司之间存在怎样的差异。

18.1.2　小企业的人力资源管理有何不同

小企业人力资源管理的特殊性主要源于以下四个方面的原因：企业规模、工作重心、非正式性以及创业者特质。

企业规模　首先，我们很少看到一家真正的小企业——比如所雇用的员工人数少于 90 人左右的小企业——会拥有专职的人力资源管理人员。[5]常见的情况是，只有当一家公司所雇用的员工人数达到 100 人，它才有能力雇用一名人力资源管理专业人员。但这并不是说，小企业就不需要处理各种人力资源事务。因为即使是只有 5～6 个人的零售店，也必须实施员工招募、甄选、培训以及薪酬支付等工作。只不过在这种情况下，通常都是企业主以及（有时）其助理来完成这些人力资源管理方面的文档工作以及其他一些相关任务。美国人力资源管理协会的人力资本标杆管理研究发现，即使是那些员工数量少于 100 人的公司，每年也得花大约相当于两名工作人员的时间来处理各种人力资源管理问题。[6]当然，这些工作通常都是由老板自己每天工作更长的时间来完成的。

工作重心　小企业的经营者把更多的时间都用在了人力资源管理之外的其他问题上，这不仅仅是由小企业的规模决定的，还源于创业企业所处的现实情况。例如，一位研究者对英国的小型电子商务公司进行了一项研究，得到的结论是：尽管人力资源管理问题确实很重要，但是对于这些小公司而言，它并不是公司的头等大事。他指出：

---

* 英文中亦有“小规模商业”之意。——译者注

……由于在时间、资金、人员以及专业知识等方面都缺乏资源，一家典型的中小企业的管理者所面临的组织压力被认为集中在其他一些方面，包括财务、生产和市场营销等，至于人力资源管理的重要性，则相对较弱。[7]

非正式性　上述情况导致的一个结果就是，人力资源管理活动在小规模的企业中趋于更不正规。例如，一项研究分析了大约 900 家小企业（有家族性的，也有非家族性的）的培训实践。[8]这些企业的培训通常都是以非正式的方式完成的，在培训方法上主要强调通过同事和直接上级进行在职培训。

这种非正式性还不仅仅是因为缺乏专家和各种资源（尽管这也是其中的部分原因），另外一部分原因则涉及“生存问题”。创业者必须对各种竞争条件的变化作出迅速的反应。有鉴于此，保持在薪酬政策等方面的灵活性就具有其合理性。正如一位研究者所说，小企业必须针对所面临的各种竞争性挑战作出快速调整，这就意味着小企业必须以一种基于短期的非正式的、被动反应性的方式，来处理晋升、绩效评价以及休假等方面的问题。[9]

创业者特质　创业者是“在风险条件下创业的人”，从零开始创建一家新的企业总是会有风险的。因此，创业者需要高度敬业且富有远见。研究者认为，小企业的相对非正式性在一定程度上是由于创业者的独特个性造成的。创业者总是倾向于有较强的控制欲（当然还有其他一些特征）：“企业所有者往往会将自己的个性和管理风格强加于企业的各种内部事务，包括企业的主要目标和发展方向、工作条件和各种政策、企业的内外部沟通风格以及如何将这种风格传达到员工”。[10]你自己具备创业者特质吗？下面的“循证人力资源管理”专栏或许能帮你找到答案。

循证人力资源管理

你具有创业者特质吗?

你具有成为一位成功的创业者所必备的特质吗？心理学家已经对创业者的人格特质进行了研究，并得出了一些很有意义的见解。根据一些研究结果，研究者认为，创业者的人格特征包括自信、强烈的动机、充沛的精力、毅力、主动性、机智灵活、自我指导的愿望和能力以及对自主性的较高要求。[11]关于创业者的其他一些研究主要集中在“积极主动的人格”方面。积极主动的行为反映了人们在多大程度上“……采取行动去影响他们所处的环境”。[12]一项研究发现，积极主动的小企业所有者至少表面上看起来拥有最具创新力的公司。[13]当然，还有其他一些人专门研究创业者的所谓“阴暗面”。他们认为，创业者其实是受一些不那么积极的特质所驱动，例如控制欲、对他人的不信任、渴望被奉承以及总是有为自己的做法辩护的倾向。[14]

你仍然不确定自己到底是否具有创业者的特质吗？美国中小企业管理局（SBA）多年来积累的一些智慧可以为你提供更多的指导，因为它曾见证很多优秀的创业者，同时也见证过很多糟糕的创业者。它建议，如果你想知道自己是否适合去创业，可以先试着回答下面几个问题：

- 你是一个自我驱动的人吗？
- 你与有各种不同人格特点的人相处得来吗？
- 你擅长做决策吗？
- 你有经营一家公司所需的生理和心理

方面的精力吗（这可能意味着你要每周工作 6～7 天，每天工作 16 小时）？

- 你的计划能力和组织能力如何？
- 当你面对强大的阻力和倦怠时，你还能保持足够的动力吗？
- 创业将会对你的家庭生活产生何种影响（毕竟家庭需要花费你的很多精力）？

18.1.3　创业者所面临的高风险人力资源管理环境

如果你正在经营着一家小企业，那么，由于你处在一种（相对）既缺乏外界关注，同时又缺少专业知识的境况之中，你至少会面临五个人力资源管理方面的风险。

- 第一，小企业所有者会面临这样一种风险，即相对初级的人力资源管理实践会让他们处于不利的竞争地位。我们看到，大公司会采用诸如网络招募、计算机化的甄选测试以及基于公司内网的员工福利注册登记等工具来减少自己在这些事务上的资源消耗。而一家不使用这些工具的小企业所有者与那些（规模较大的）竞争对手相比，可能只能产生较差的经营结果。
- 第二，缺乏职业化的人力资源管理专家。[15]在大多数规模稍大的小企业中，最多也就只有一两位专职人力资源管理者负责履行各种人力资源管理职能，从招募到支付薪酬，再到员工安全。这就使它们更有可能会忽略某些特定领域中的问题，例如公平就业法律方面的问题。而这有可能会导致法律或其他方面的问题。
- 第三，小企业可能无法很好地应对一些潜在的工作场所诉讼。大多数小企业所有者都深知与雇佣问题相关的法律诉讼的危害。然而，由于公司的规模过小以及缺乏人力资源管理专家，所以他们不太可能很好地处理这方面的问题。例如，大多数小企业都不能提供充足的（甚至根本就不提供）雇佣歧视或性骚扰等方面的培训。
- 第四，小企业所有者可能不会完全遵守薪酬方面的法律法规。我们看到，薪酬和福利方面的法律对于雇主施加了很多约束。这些约束包括（例如）如何支付加班费以及如何区别正式员工和独立承包商。如果企业违反这些法律规定，就会产生严重的后果。
- 第五，重复性的工作和文档工作会导致低效率以及数据录入错误。很多小企业都不使用人力资源管理信息系统，员工数据（姓名、地址、婚姻状况等）通常记录在各种不同的人力资源管理表格之中。这些表格包括医疗保险登记表、牙齿保健登记表、W-4 表格等。每一次信息的变化都需要以手工方式修改所有的表格。而这不仅花费时间，导致低效率，而且很容易出错。

18.1.4　为什么人力资源管理对小企业如此重要？

聪明的创业者会谨记小企业可能存在的上述各种风险。小企业需要充分利用它们所能获取的所有优势，因此对它们来说，有效的人力资源管理实践就是获得竞争力的一个必备条件。与那些人力资源管理实践的有效性较差的小企业相比，那些形成了有效的人力资源管理实践的小企业所产生的效益要好得多。[16]例如，一些研究者对168家快速增长的中小型家族企业进行了研究。他们得出的结论是：与绩效较差的企业相比，成功实现高增长的中小企业更加注重培训和开发、绩效评价、一揽子招募计划、员工士气，并且设定一种有竞争力的薪酬水平等。“这些研究结果表明，这些人力资源管理活动（在小企业中）确实对绩效产生了积极的影响。”[17]

对很多小企业而言，有效的人力资源管理也是获得与留住大客户的一个条件。大多数供应商（以及它们自己的供应商）都必须遵守相关的国际质量标准，这就意味着即使是那些小企业也必须重视自己的人力资源管理程序。因此，为了遵守ISO 9000质量标准的要求，大客户“要么会直接检查（小供应商）是否制定了特定的人力资源管理政策，要么会要求它们在某些特定的方面——比如培训和工作设计方面——（为满足客户的要求）而作出某些必要的改变”。[18]

本章将讨论特定的创业者能够采用哪些方法来改善自己的人力资源管理实践。我们将首先从互联网和各种政府工具开始讨论。

18.2 利用互联网与各种政府工具支持人力资源管理工作

位于得克萨斯州的城市车库公司（City Garage）原先采用的雇佣程序是首先让求职者提交一份书面求职申请，然后进行一次面试，接着就决定雇用或不雇用某位求职者。[19]这个程序不仅占用了管理者太多的宝贵时间，而且并不是很有效。城市车库公司采取的解决方案是从托马斯国际公司（Thomas International USA）购买在线人格特征分析测试（Personality Profile Analysis，PPA）。现在，求职者只需经过一个简单的申请和背景核查程序，就可以开始参加一个时长为10分钟、涉及24个问题的人格特征分析测试了。然后，城市车库公司的员工会将答案输入人格特征分析软件的系统，在两分钟内就能得到测试的最终分析结果。

正如城市车库公司一样，在涉及人力资源管理方面的问题时，小企业所有者不一定要向竞争对手示弱。而改变劣势的一个途径就是，正如城市车库公司所做的，运用各种基于互联网的人力资源管理资源。另一种方式则是充分运用美国政府提供的各种免费资源。在下一节中，我们将看到如何运用这些资源。

18.2.1 遵守雇佣方面的相关法律

小企业所有者通常会花很多时间来处理与雇佣相关的法律问题。“我能问求职者什么样的问题？”“我必须向这个人支付加班费吗？”以及“我必须上报这次工伤情况吗？”等都是可能会出现的一些典型问题。[20]其实，他们完全可以在下列这样一些联邦政府机构的网站上找到这些问题的答案。

美国劳工部 美国劳工部网站上的“雇佣法律咨询顾问第一步”（www.DOL.gov/elaws/firststep）就可以帮助小企业所有者确定哪些法律对他们公司是适用的。首先，电子法律顾问会带领企业主回答一系列的问题，例如：“你们公司或你们组织在一个日历年度中雇用的或准备雇用的员工的最多人数是多少？”

一直跟着这个电子法律顾问的指引，就会来到一个“结果”网页。这就是说“根据你在回答电子法律顾问提出的各种问题时所提供的信息，由美国劳工部负责实施的下列雇佣法律可能适用于你所在的企业或组织”。[21]对于一家典型的小企业而言，这方面的法律可能包括《消费者信用保护法》(Consumer Credit Protection Act)、《员工测谎保护法》(Employee Polygraph Protection Act)、《公平劳工标准法》、《移民与国籍法》(Immigration and Nationality Act)、《职业安全与健康法》、《军事人员就业与再就业权利法》(Uniformed Services Employment and Reemployment Rights Act) 以及《举报法》(Whistleblower Acts) 等。

美国劳工部的网站上提供的链接 (www. dol. gov/esa/whd/flsa) 提供了《公平劳工标准法》的一些相关信息，其中还包括几个特定的“电子法律顾问”，每个电子法律顾问都会对一些类似于企业应当在什么情况下支付加班费这样的问题提供实用的指南。图 18—1 显示的是该网站上列举的一些电子法律顾问的清单。

- 覆盖范围与雇佣状况顾问帮助企业确认哪些员工是受到《公平劳工标准法》保护的。
- 工时顾问所提供的信息可以帮助企业确定：哪些在与工作有关的活动上花费的时间被《公平劳工标准法》认为属于“工作时间”，从而是必须支付工资的。
- 加班保障顾问帮助企业确定哪些员工是不受《公平劳工标准法》第 541 章中关于加班规则约束的，即可以不向这些员工支付最低工资和加班工资的。
- 加班计算器顾问可以根据用户提供的信息，帮助他们计算出在一个薪酬支付周期中应当支付的加班工资额。
- 童工规则顾问可以回答《公平劳工标准法》中与青少年雇佣条款有关的问题，其中包括年轻人在什么年龄可以工作以及可以从事哪些类型的工作。
- 第 14 (c) 节顾问帮助用户了解专门适用于残疾人的最低工资要求。

图 18—1　美国劳工部电子法律顾问示例

资料来源：www. dol. gov/esa/whd/flsa，accessed April 28，2008。

公平就业机会委员会　美国公平就业机会委员会 (EEOC) 负责实施下列法律：1964 年《民权法案》第七章、1967 年《反雇佣年龄歧视法案》、1990 年《美国残疾人法》第一章、1967 年《公平薪酬法》。在公平就业机会委员会的网站上 (www. EEOC. gov/employers) 提供了有关公平就业机会有关的一些重要信息，尤其是以下几个方面的信息：

- 我如何确定公平就业机会委员会负责实施的法律是否适用于我们这种规模的公司？
- 谁会向公平就业机会委员会提起歧视方面的指控？
- 一项歧视指控何时会被受理？
- 小企业能在不接受调查或不通过法律诉讼的情况下解决一项指控吗？

网站上提供的一些链接 (见 www. EEOC. gov/employers/smallbusinesses. html) 提供了很多非常实用的建议。例如“如果某个人对我们公司提起一项指控，我们该怎么办？”

职业安全和健康管理局　美国劳工部下设的职业安全和健康管理局网站 (www. OSHA. gov) 也为小企业所有者提供了一些类似的指南。职业安全和健康管理局的网站上提供的内容还包括一份“职业安全与健康管理局小企业指导手册”，为小企业所有者提供了很多实用信息，其中包括特定行业的安全和事故核查清单等。

18.2.2　雇佣计划与人员招募

在撰写职位描述以及建立求职者数据库方面，各种互联网资源可以帮助小企业所有者做到与那些大的竞争对手一样有效。

正如我们在第 4 章中讲到的，美国劳工部的 O * NET 在线职位系统（http://online.onetcenter.org）就是这方面的一个很好的例子。它的在线助手使得小企业所有者能够迅速创建准确、专业的职位描述和任职资格要求。

网络招募　小企业所有者还可以使用我们在第 4 章中讨论的在线招募工具。你可以在那一章中看到与此相关的详细说明，不过，大部分雇主（其中包括小企业所有者）其实都主要在 Careerbuilder.com 和 Monster.com 等互联网招募网站、专业协会的网站（如美国化学工程师协会）以及一些地方性报刊的网站上张贴职位空缺广告。

对于那些有自己的公司网站的企业来说，网络招募会更为有效。正如我们在第 4 章中解释的，这使求职者轻点鼠标，就能找到雇主在网上发布的职位空缺广告（雇主会在 www.goto.jobs 上注册）。例如，想到舒拉牛排屋（Shula's Steak Houses）求职的人可以直接登录 www.shula.jobs 网站。

18.2.3　甄选

对于小企业而言，在雇佣方面的一两个小错误就可能会导致大纰漏。因此，像城市车库公司所采用的那样一种正式测试程序就十分可取。

有些测试使用起来十分容易，所以对小企业特别适用。有一个万德里克人事测试是用来测试求职者的总体智力水平的。其中的问题有些类似学术能力评估测试。参加测试者只需要花不到 15 分钟的时间来回答一份 4 页纸的问题。测试组织者首先向参加测试的人阅读测试指南，然后在测试参加者回答测试中的 50 个问题时进行计时，再将回答正确的题目数量进行加总得出总分。最后，再通过比较测试参加者的实际得分与从事各种不同职业所要求的最低分数，确定该测试参加者是否达到了从事这类工作所需要达到的最低要求。

预测指数（Predictive Index）则是另外一种测试。它通过印在一张纸正反两面上的表格来测试与工作相关的求职者的人格特征、动机和行为——尤其是控制欲、外倾性、耐心以及规避责备等方面的情况。这种测试有一个模板，从而使得评分很容易。预测指数测试方案包括 15 种标准的标杆性人格特征。例如，其中有一种所谓的“社交兴趣”特征，这种人通常不自私、友善、会说服人、有耐心并且很谦逊。这种人能很好地与他人相处，可能成为比如很优秀的面试考官。

万德里克测试示例　包括万德里克公司以及帕安得克公司（Praendex，即发布预测指数的公司）在内的某些测试供应商还为企业提供对求职者进行在线整理和筛选的服务。万德里克公司所提供的服务（例如，对于一家拥有 35 名员工的客户公司来说，这项服务的花费大约是每年 8 500 美元）还能为客户公司的职位提供职位分析。此外，万德里克公司还为小企业的求职者提供一个网址，使他们可以登录这个网站来参加一项或几项测试（包括万德里克人事测试）。图 18—2为我们展示了一位求职者的测试结果报告样本。

这种在线测试安排不仅能够节省企业中负责雇佣工作的员工在测试求职者方面所花费的时间，还有其他很多好处。例如，这些网站是每周 7 天、每天 24 小时都在运行的，因而求职者可以在任何时间、任何地点登录并提出求职申请。这还意味着，企业能够获得一个更大的潜在人才库，同时更有可能雇用到优秀的员工。

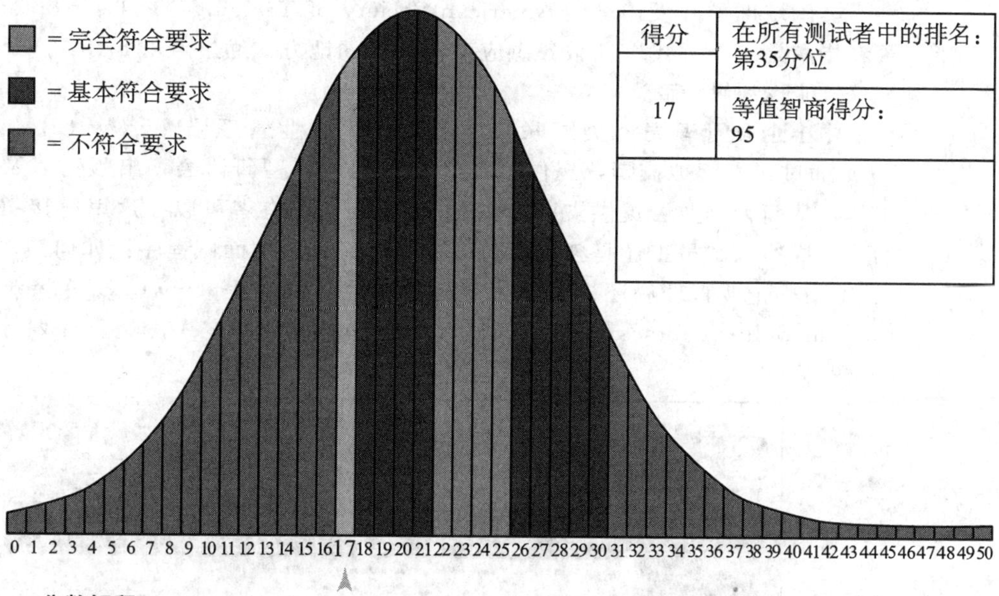

分数解释

职位匹配度：获得这一得分的被测试者未能达到这个职位的基本认知能力要求。这个职位所包含的复杂性意味着该被测试者难以在该职位上达到最低的工作绩效标准要求。

培训潜能：该被测试者可能会从一种有计划的学校或控制良好的培训中得到最大的收获。只要有足够的时间，该被测试者有能力学会有限的长期性、日常性的工作程序。但是，在让该被测试者独立开展工作之前，还应当提供足够长时间的手把手培训。

图 18—2　万德里克人事测试：部分测试报告样本

资料来源：万德里克公司（www. wonderlic. com）。

18.2.4　培训

尽管小公司的培训资源不能与像通用电气这样的大公司相比，但是网络培训却可以以相对低的成本，为小企业提供它们过去可望而不可即的专业性员工培训。

私营供应商　小企业所有者可以寻找很多提供成套培训解决方案的供应商。这些供应商提供的培训项目既包括美国管理协会（www. amanet. org）、美国人力资源管理协会（www. shrm. org）提供的一些自主学习项目，也包括一些专门的培训项目。例如，在像《今日环境安全健康》（www. ehs. com）——面向环境、健康与安全管理人员的一本杂志——这样的一些行业杂志中，就包含很多提供专门的成套培训解决方案（这里就指职业安全与健康方面的培训解决方案）的供应商的信息。比如，企业可以安排一家培训供应商（例如 www. puresafety. com），为员工提供一些职业安全方面的培训课程。

技能软件公司是这方面的另一个例子（http：//skillsoft.com/catalog/default.asp）。该公司提供的培训包括软件开发、经营战略与运营、专业有效性和台式电脑使用等方面的技能提升。例如，其中“如何有效地开展面试”培训所面对的是管理者、团队领导人以及人力资源管理的专业人员。在长达 2.5 小时的培训中，它会向受训者演示如何运用行为面试法对求职者进行面试。[22]

美国培训与开发协会（American Society of Training and Development）的购买者指南是一个寻找培训服务供应商的很好的地方（通过点击 http：//www.astd.org/就能找到供应商）。

中小企业管理局 美国联邦政府的中小企业管理局（www.SBA.gov/training）通过建立虚拟校园，提供各种在线课程、小型研讨会、出版物以及多种学习工具，从而为创业者提供支持。[23]例如，小企业所有者可以在这里链接“撰写有效的职位描述”、“员工还是独立承包商：有何区别”、“面试程序：如何甄选出正确的人”。中小企业管理局还提供越来越多的在线培训课程（www.SBA.gov/services/training/online courses/index.html），其中包括如何制定一份经营计划等在线课程（见图 18—3）。

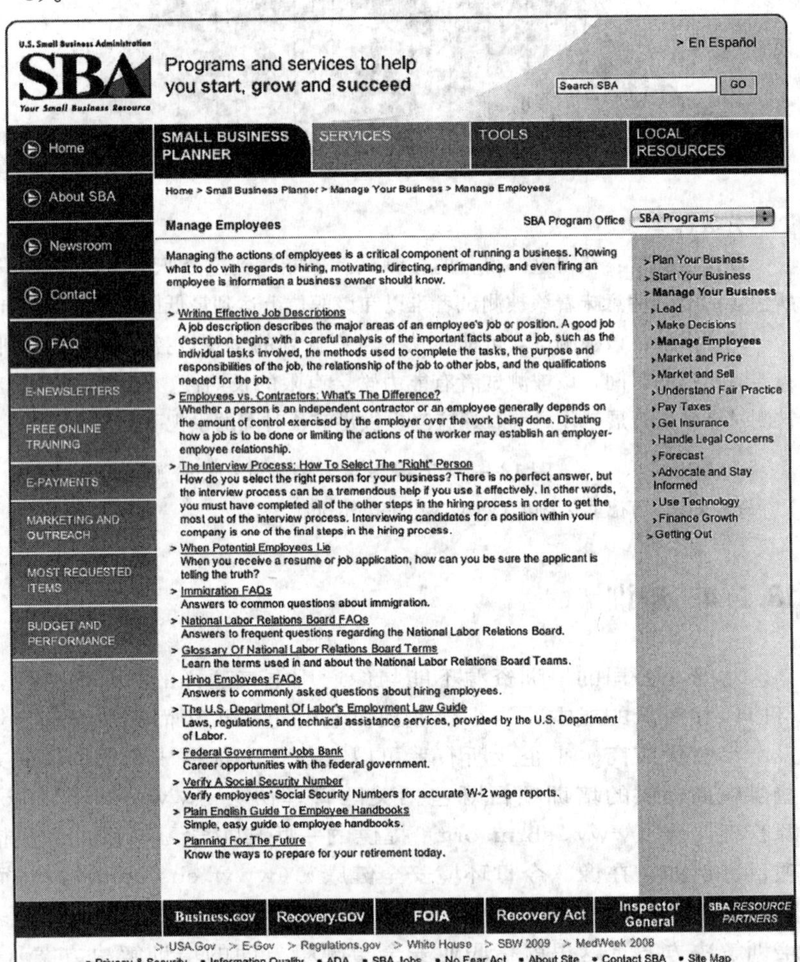

图 18—3 美国中小企业管理局为小企业进行培训提供的虚拟校园的部分内容

美国制造业协会　美国制造业协会（NAM）是美国最大的行业性组织。它一共有 1.4 万名制造商会员，其中包括 1 万家中小企业。

美国制造商协会的虚拟大学（www.namvu.com）能够帮助员工维持和更新自己的工作技能，并继续实现个人的专业发展。这所学校提供大约 650 门课程。[24]企业不需要签订长期合同，只需为每名员工支付每门课程 10～30 美元的学费。培训目录中包括职业安全与健康管理、质量以及技术方面的培训，以及诸如商务与财务、个人开发以及客户服务等方面的课程。

18.2.5　绩效评价与薪酬

我们已经看到了，即使是小企业所有者，也可以轻松地获得电子化的在线绩效评价与薪酬管理服务。

举例来说，小企业所有者可以通过与供应商签订合同来使用其提供的在线绩效评价服务。成功要素公司（SuccessFactors，www.employeeappraiser.com/index.php）提供的员工绩效评价者就是一种包括十几个绩效评价维度的菜单式软件包，这些绩效维度包括：可靠性、主动性、沟通能力、决策力、领导力、判断力、计划能力与生产率等。[25]在每个维度中又包括若干种不同的绩效要素，这些绩效要素同样是以菜单的形式呈现的。另一个例子是哈洛根软件公司（Halogen Software）提供的电子评价系统。[26]

同样的道理，由于不能实施简单易行的薪酬调查，小企业在调整其薪酬水平时不仅难度很大，而且耗费很多时间。如今，像 www.salary.com 这样的一些网站就使小企业所有者能够很容易地确定当地的薪酬水平了。

18.2.6　安全与健康

对于小企业所有者来说，安全是一个非常重要的问题。欧洲的一项研究发现，大多数工作场所中的事故以及一些严重的工伤事故都发生在员工人数不足 50 人的小公司中。[27]美国职业安全和健康管理局除了提供各种指导手册，还为一些小企业所有者提供其他几种免费的服务。

职业安全和健康管理局咨询　由于没有自己的人力资源管理人员或安全部门，小企业往往不知道应该到哪里寻求提高员工安全保障水平的帮助。很多人甚至持有一种（模糊的）观念，即《职业安全与健康法》不适用于小企业。[28]

美国职业安全和健康管理局为小企业提供免费的现场安全与健康服务。这项服务会请各州政府中的安全专家来提供咨询服务，这种咨询通常会在企业的工作现场进行。

例如，当科罗拉多某钢铁公司的总裁简·安德森（Jan Anderson）意识到，自己的公司为员工支付的工伤保险成本已经超出了支付给员工的薪酬总额时，她觉得自己有必要采取一些措施了。美国职业安全和健康管理局帮助其设计了各种新的安全系统，形成了各种教育培训材料，并且提供了若干次合作性而非敌对性的安全检查。结果，正如安德森所说："我们的工伤保险成本大幅下降，我们再没出现过工伤事故，而且员工都意识到我们是非常重视安全问题的。"[29]

职业安全与健康卓越计划　美国职业安全和健康管理局的职业安全与健康卓越

计划（OSHA Sharp program）是一个确认一些小企业所有者的安全意识已经达到较好水平的认证过程。小企业所有者首先要向职业安全和健康管理局提出咨询和来访邀请，并且要接受一次完整的危险鉴定调查。企业要承诺纠正职业安全和健康管理局确认的所有危险事项，然后执行和维护一套安全与健康管理系统，这一系统至少要满足职业安全和健康管理局制定的安全与健康计划管理者指南所提出的要求。这一过程除了能够证明企业有一个安全的工作场所，职业安全和健康管理局的现场项目官员还可以建议该局为这些通过安全与健康卓越计划的企业提供为期两年的常规性检查豁免。

18.3 充分利用小企业的规模优势：熟悉性、灵活性、非正式性与人力资源管理

小企业需要充分利用自身的优势，因此，在与员工打交道时，小企业应当首先利用自己的规模小这样一个特点。规模小可以理解为企业对每一位员工的优势、需求、家庭状况等都很熟悉。规模小的优势还可以转化为公司的人力资源管理政策与实践方面可以享有的相对灵活性和非正式的优势。如前所述，小企业经常需要快速适应竞争挑战等外部环境的变化。这往往意味着，创业者倾向于“在短时间内以非正式的、被动反应式的方法”来解决晋升、绩效评价以及休假等问题。[30]灵活性常常是关键所在。

18.3.1 福利和报酬的灵活性

例如，家庭与工作研究所（Family and Work Institute）对 1 000 家小型企业和大型企业的福利政策进行了调查。这个研究项目对包括弹性工作制、儿童看护援助、医疗保健等福利计划进行了考察。[31]毫不奇怪，他们的研究发现，大公司往往比小企业提供内容更为广泛的总体福利计划。然而，另一方面，很多小企业却通过提供更为灵活的福利计划来应对比自己规模更大的竞争对手。

灵活性文化 此项研究发现，规模小的公司正是由于老板每天都能与员工进行沟通和交流，因而彼此之间有更高的熟悉度，而这种熟悉程度更有利于培养一种“灵活性文化”。最为重要的是，“当员工遇到工作和生活之间的冲突时，管理者能够提供更多的支持和理解”。[32]位于加利福尼亚州长岛的沃德家具公司（Ward's Furniture）的情况就充分体现了这一点。在沃德公司的 17 名员工中，大多数人都已经在公司工作了 10～20 年。公司所有者布拉德·沃德（Brad Ward）把这种成就部分地归功于公司总是愿意根据员工的需求作出相应的调整。例如，员工可以共担一些工作职责，并且有部分时间在家办公。

工作—生活平衡福利 关键的一点在于，小企业虽然没有大公司那样财大气粗，但却可以为员工提供大公司无法企及的工作—生活平衡福利。下面是这方面的一些例子[33]：

● **额外的假期**。例如，一些小企业的老板在夏季的时候，会在周五下午给员工放假。

● **压缩工作周**。例如，在夏季时，让员工每周的工作天数压缩，从而让员工能

够享受时间更长的周末。

● **在重要时刻提供额外补贴**。小企业老板更有可能知道自己的员工在生活中发生了哪些事情。他们经常会利用自己知道的这些信息，为员工提供一些特殊的补贴，比如，在某位员工刚刚喜得贵子的时候。

● **灵活性**。小企业应当善于帮助员工处理儿童看护和老人照料等个人方面的需求。例如，“如果某位员工遇到了个人生活问题，那么就应该帮助这位员工创建一份新的工作时间表，从而使其能够更加顺利地解决所遇到的问题，而不是感到自己会陷入麻烦之中”。[34]

● **清楚员工的优缺点**。小企业老板和员工之间的相对紧密性使得老板能更好地针对员工的优点、缺点和需求来作出微调。因此，小企业所有者应关注自己的每一位员工所做的事情。询问这些员工做哪些工作的时候感觉最舒心，并且为他们提供得到培训以及做自己喜欢的工作的机会。

● **帮助他们提高自己**。例如，花钱让员工学习和参加培训，从而帮助他们发展自己的职业技能。

● **犒劳员工**。尤其是在员工在某一周中工作非常辛苦或者取得重大工作进展（如完成一大笔销售额）的时候，为他们提供一顿免费的大餐，比如公司花钱请他们吃午饭。

● **让员工有主人翁意识**。职位丰富化在小企业中相对更容易实现。例如，让员工参与公司的重大决策，直接与客户接触，获得客户的反馈，与员工分享公司的绩效信息，以及与他们分享公司的财务成果等。

● **确保他们拥有完成工作所需的一切资源**。对员工进行高水平的激励只不过是小企业面临的一部分挑战。此外，还需要确保他们拥有工作所需的各种工具和资源——例如，必要的培训、程序和计算机等。[35]

认可　很多研究表明，对员工的认可往往能够产生和经济报酬相同的效果。小企业所有者与员工之间的交流所具有的相对个人化性质，使得对员工进行认可不仅更为简单，同时也更为重要。正如我们在第 12 章中看到的，可以在日常工作中大量运用各种形式的认可报酬。这些认可报酬的一些形式包括[36]：

- 富有挑战性的工作任务；
- 更多员工偏爱的工作任务；
- 职位轮换；
- 鼓励学习与持续改善；
- 在他人面前表达对员工的欣赏；
- 感谢信；
- 特别的赞扬；
- 更大的办公室或者工作间。

简单化的退休福利　各种退休福利在大公司比小企业更为流行。大约 75%的大公司提供退休福利，而只有大约 35%的小企业有这样的福利。[37]

但小企业可以通过很多简洁的方式，为员工提供退休福利。2006 年颁布的《养老金保护法》中的一个条款提供了一种新的退休福利，这种退休福利把传统的收益固定制退休金制度与 401（k）计划结合了起来。[38]此规定仅适用于雇佣员工人数少于 500 人的企业，这一规定使小企业所有者得到豁免，不必再遵守那些大公司必须服从的复杂的养老金规则。有了这种新的福利，员工就能获得一个复合型的退休福利计划，其中既有受益固定的养老金计划成分，同时也有员工参与者自己缴费的那部分资金进行投资所得到的回报。[39]

对小企业而言，提供退休福利的最简单方式或许是通过一种简化的个人退休账户计划（SIMPLE IRA plan）。这是一种储蓄奖励匹配计划，在这种计划中，企业必须（同时员工也可以）向传统的员工个人退休账户中投入资金。不过，这些计划只适用于雇佣人数少于 100 名员工且没有其他类型的退休计划的小企业。

这种计划有很多优点，首先就是其简洁性。公司所有者只需要与一家有相关资格的金融机构联系，并填写几份个人退休账户表格即可。当然，这些金融机构首先要得到美国国税局的批准。不过，很多提供养老金计划的银行、共同基金、保险公司通常都有这种资格。[40]其次，这种计划的行政管理成本通常很低。企业向此账户中的缴费是可以获得减税的。在参加这种储蓄奖励匹配计划的情况下，员工的个人退休账户是永久性地授予员工本人的。[41]

根据这些计划，企业必须向账户缴费，而员工也可以向此账户中投入资金。一种比较典型的企业缴费情况是，在不超过员工薪酬水平 3%的情况下，企业会根据员工缴费的情况实行 1∶1 的匹配缴费。这些金融机构通常能够帮助企业处理美国国税局要求的各种文档工作和报告要求。

18.3.2　简单、非正式的员工甄选程序

我们在前面已经看到，小企业管理者可以很容易地利用基于互联网的招募与甄选工具来抵消自己在员工招募和甄选方面的不利。（例如，万德里克公司所提供的服务中就包括一个可以让小企业求职者在线参加的进行预先甄选的测试网站。）但总的来说，小企业与大公司相比，更倾向于依赖非正式的员工招募和甄选方式（例如内部员工推荐以及非结构化的面试等）。[42]大公司只不过是有更多的时间、资源以及专业化的支持来建立正式的招募与甄选程序。

然而，小企业也可以有很多技术含量稍低，但是成本也不高的方法来改善其甄选程序。我们在第 6 章以及第 7 章中曾经讨论过几种这样的技术。其中的一个例子就是第 7 章中的“如何进行有效的甄选面试”，另外一种就是工作样本测试。

工作样本测试　如果想雇用一名市场营销经理，同时还想通过一种简单但更为正式的方法对求职者进行甄选，应该怎么做呢？

设计一个工作样本测试是一种比较简单的解决问题的办法。工作样本测试就是指让求职者完成其申请的职位实际需要完成的各种任务的一些样本。这类测试有非常显著的表面效度（它们应该能清楚地衡量实际的工作职责），并且很容易设计开发。

这个过程很简单。把职位所承担的主要工作职责分解成为若干项工作任务，然后让求职者完成其中某一项具体任务。例如，对于市场营销经理这种职位的求职者来说，可以要求他们用一小时的时间来设计一份广告，或者是用半小时的时间来为某个假想的产品撰写一份市场研究计划。

18.3.3　培训的灵活性

小企业通常也会采取更不正式的方式来进行培训与开发。例如，一项研究考察

了欧洲的 191 家小企业和 201 家大公司，结果发现，小企业的培训与开发方式更不正式。[43]很多小企业都并不系统地监控自己的管理人员的技能需要，只有不到一半的小企业（而大公司中则有 70%）制定了管理人员职业开发计划。小企业在管理技能开发培训中，也更为注重学习与本企业相关的特定能力（例如如何推销本公司的产品）。它们往往不那么重视开发长期的管理技能。[44]其中的原因是，小企业不愿意在管理人员身上进行过多的投资，因为这些人将来有可能会离开公司。

无论小企业是否受到资源的限制，都必须有培训程序。即使拥有高潜力的员工，也并不能保证他们就一定能取得成功。相反，他们必须知道你希望他们做什么以及你希望他们怎样做。如果他们不知道，他们就会完全凭借即兴发挥或者做事完全没有效率。我们在第 8 章中曾经讨论过一种不太复杂但是依然有效的四步培训法。

非正式的培训方法　培训专家史蒂芬·柯维（Stephen Covey）认为，小企业实际上并不需要制定昂贵的正式培训计划，也一样能够通过做很多事情来实现与工作有关的个人改善。他的建议如下[45]：

- 报销员工参加某些特定培训课程的学费。
- 寻找各种在线培训的机会。
- 为员工提供包括磁带和 DVD 等工具在内的图书馆，以供员工在上下班途中进行系统性、条理性的学习。
- 鼓励员工在同事之间分享自己在工作中的最佳实践。
- 在可能的情况下，派员工参加一些专门的研讨会和行业协会会议，从而让他们学习，交流以及建立人际网络。
- 通过让每一位员工与他人分享自己学到的东西形成一种学习伦理。

18.3.4　公正性与家族企业

大多数小企业都是家族企业，这种企业的老板以及其中的一位或多位管理人员（也可能是员工）都是一个家族的成员。

在这种情况下，作为一名非家族成员的员工工作起来不那么容易。他们有时会感到自己是个局外人。此外，不公正地对待家族成员和非家族成员的做法可能也会破坏员工的公平感以及员工士气。如果果真如此，就会像一位作家所说的那样，“低落的士气和长期酝酿的不满情绪会对公司的运营产生消极影响，并且减少你的利润”。[46]减少这种“公正性”问题涉及需要采取很多步骤，其中包括[47]：

- **确定基本原则**。一位家族企业顾问指出：“在雇用员工的过程中，就应该让求职者（尤其是管理职位的候选人）知道，他们将来在公司中是否会有一席之地，或者是否存在潜在的晋升机会。最重要的一点是，要让员工形成更加清晰的期望，其中包括员工在公司中享有的权利以及决策权的大小等事项。”[48]
- **公平对待员工**。家族企业中的大部分员工都知道，他们不会受到与家族成员完全一样的对待。然而，他们确实希望你能够公平对待他们。从某种程度上说，这就意味着要努力避免产生“家族成员以牺牲他人的利益为代价来获益的不公正现象”。[49]正是由于这方面的原因，在很多家族企业中，家庭成员都注意避免购买豪华汽车等奢侈品。（几年前，有一本名为《隔壁的百万富翁》的书提到，由于一些小企业的老板很节俭，所以他们的邻居甚至没有意识到自己的邻居是百万富翁。）

● **正视家族事务**。家族成员在工作中的不和与紧张会影响到其他员工的工作，并降低他们的士气。因此，家庭成员必须正视他们之间存在的分歧并设法解决。

● **消除特权**。家族成员“应当注意避免任何可能会导致其他员工认为他们在工作任务或职责安排方面要求得到特殊待遇的行为”。[50]家族成员应该在上班时比其他员工提前到岗，更加努力地工作，并且比其他人更晚下班。还需要明确指出，家族成员必须通过自己的努力获得晋升。

18.3.5 加强沟通

有效的沟通对任何一位管理者而言都十分重要，尤其是对那些管理小企业的人。在一家员工数量超过 1 000 人的大公司中，即使有一两位员工因为觉得公司没有公平对待他们而感到不满，那么，这一两人也会被淹没在人群中。但如果是在一家小餐馆或者小型零售店中，一两位感到不满意的员工可能就会破坏整个公司的优质服务。由于小企业所有者总的来说并不具备实施成本昂贵的沟通计划的条件，所以像下面的这样一些简单的沟通计划就显得很重要。

在线报告 IHOP 餐厅的老板为了让自己的 11 家餐厅免受本行业的极高员工流失率的不利影响，找到了一个解决方案。他通过一个新的在线系统大大降低了员工的流失率。这个在线系统可以让新员工匿名发表他们对于整个雇佣过程的意见。[51]这种简单的沟通工具使管理者得以重新修改公司的培训与新员工入职指导的方法，并最终把员工流失率降低了大约 1/3。

时事通讯 位于佛罗里达州博尼塔·斯普林斯市的梅尔美食餐厅（Mel's Gourmet Diner）则通过每个季度一次的电子通讯，让员工了解公司的各种情况。公司不仅将这些电子通讯分别发送到下属的 10 家连锁店，而且还在公司的网站上发布，并且，公司还计划将这种通讯翻译成西班牙文。“这种做法听起来有点老掉牙，但我们的员工确实是我们成功的关键，”这家餐厅的老板认为，“我们希望确保能够为员工提供他们所需要的所有信息和相关工具”。[52]

在线通知 在位于佛罗里达州的坦帕自助餐厅（Tampa，Florida-based Let's Eat)，员工到公司的任何一部电脑上输入顾客的菜单时，都可以迅速浏览一下本连锁店的菜单变化、特价促销情况以及必须参加的员工会议的消息。[53]

串联会议 位于得克萨斯州圣安东尼奥市的海岛虾屋（Sea Island Shrimp House）让在自己的 7 家连锁餐厅中工作的员工保持相互沟通，并将其称为“串联碰头会”（cascading huddles)。在足球专业术语中，碰头会是指一次简短小会。每天早上 9 点，餐厅的高层管理者举行当天最早的“碰头会”。接下来是高层管理者与各连锁店经理的一次电话碰头会。然后，在餐厅开始营业前，每家餐厅的经理都要与餐厅中领取计时工资的员工碰头，以确保当天的新闻能够得到传递。“这是一种上下一致、良好而及时的沟通”，公司认为，“当天需要沟通的任何问题都会在这种一连串的碰头会上得到沟通”。[54]

18.4 利用专业性雇主组织

正如我们在第 13 章中解释的，在位于佛罗里达州斯坦福市的第一秤制造公司中工作的 40 名员工，并不是在为一家大公司工作，但是他们却获得了只有在大公司工作的员工才能享有的员工福利和服务。这是因为第一秤制造公司的老板汤姆·斯托塞与一家专业性雇主组织——ADP 公司——签署了一份协议，从而让这家企业来处理第一秤制造公司的所有人力资源管理流程。[55]

到了某一天时，很多小企业老板都会像汤姆·斯托塞一样，看着各种与人事管理有关的问题发愁，最终决定把所有或者大部分人力资源管理职能外包给外部的供应商（通常称为专业性雇主组织（PEOs）、人力资源外包服务商（HROs）或有时所称的员工或职员租赁公司）。正如我们在第 13 章中简要讨论的，很多企业之所以借用这些组织的服务，主要是为了获得更好的员工福利。但还有其他方面的一些原因。

18.4.1　专业性雇主组织是如何运作的?

能够提供人力资源外包服务的供应商服务能力差异很大，有的只处理薪酬支付事宜，有的则可以满足企业的所有人力资源管理需求。[56]一般情况下，这些公司至少能够帮助企业支付薪酬。[57]然而，此外，专业性雇主组织往往还能承担企业的大部分人力资源管理日常工作。

专业性雇主组织有几个特点。首先，通过将客户公司的员工转移到专业性雇主组织的薪酬发放名单上，它们也就成为这些客户公司的员工在档案记录上显示的共同雇主。这样就可以使专业性雇主组织把客户公司的员工纳入本组织的保险和福利计划——通常能够以较低的成本实现。专业性雇主组织通常负责处理各种与员工有关的活动，例如招募、雇佣（在得到客户公司管理人员批准的情况下）、薪酬支付以及税收事务（社会保障支付、失业保险等）。大多数此类专业性雇主组织重点服务的客户都是员工数量少于 100 人的公司，收费的标准大约为一家公司薪酬总额的 2%～4%。相比之下，人力资源外包服务提供商通常提供的是“单一行政管理服务”，这些人力资源外包服务提供商只是充当公司的“人力资源管理部”，公司的员工仍只是与公司构成雇佣关系。[58]

18.4.2　为什么要利用专业性雇主组织?

企业之所以需要专业性雇主组织的帮助，原因是多方面的。

缺乏专业化的人力资源支持　员工人数在 100 人左右的小企业通常没有专门的人力资源管理人员，甚至是在大公司中，也仅有为数不多的人力资源管理专业人员。这就意味着，几乎所有的人力资源管理负担都压在了企业所有者的肩上。

文档工作　根据美国中小企业管理局的估计，小企业所有者通常要将 25%的时间用在处理与人事管理相关的文档工作上。这些工作包括求职者的背景调查、福利的注册登记等。[59]人才租赁公司协会的估计则是，小企业在政府管制、文档工作以及遵守税法等方面需要承担的成本大约为每年每位员工 5 000 美元。[60]而专业性雇主组织则能承担其中的全部或者大部分工作。因此，很多小企业所有者发现，还不如把这些工作交给人才租赁公司去做，然后把节省的管理成本用于支付人才租赁公司的收费。例如，如果第一秤公司的斯托塞遇到员工法律方面的问题，他只需给 ADP 公司的服务代表打个电话就可以解决了。

法律义务 遵守关于养老金计划的各种规则、《民权法案》第七章、《职业安全与健康管理法》、《综合预算调节法》、《公平劳工标准法》以及其他各种与人事相关的法律都会让企业感到劳神。专业性雇主组织一般会根据法律的要求，“与客户公司明确划分各自需要承担的法律责任，并且有足够的兴趣阻止出现工伤事故以及员工诉讼案件”。[61]因此，专业性雇主组织应当帮助小企业切实履行所有与人事管理有关的法律责任。彼得·麦肯恩（Peter McCann）和他的完美形象刺绣公司（Ideal Images）所遇到的情形可以很好地佐证这种履行法律义务的问题：他的公司一共有 27 名员工，他对所有的员工皆一视同仁，但是，仍有一名过去的员工以种族歧视为由对公司提起了诉讼。这场诉讼的调查过程耗费了彼得好几周的宝贵时间。在此期间，他发现这些杂事“让他感到精疲力竭”，最后，他不得不向一家专业性雇主组织——联合集团寻求帮助。[62]

福利 我们可以看到，保险和福利往往是大型专业性雇主组织最具吸引力的地方。对于规模较小的企业来说，为员工购买健康保险和其他保险的确是一件棘手的事情。第一秤制造公司的健康保险承办公司在与其合作两年之后决定放弃合作，这样斯托塞就不得不寻找一家新的保险公司——结果，保费提高了 30%。

这就是一家员工租赁公司入驻第一秤制造公司时的背景。必须记住的是，员工租赁公司是你所使用的员工的法定雇主。这样，你的员工就被纳入了一个规模更大的被保险员工群体，在这个员工群体中还包括一些过去属于其他企业的员工。这样，这些小企业现在就能够获得它们过去不能为员工提供的保险了，此外还包括像 401（k）计划这样的福利。[63]

绩效 最后一点，但同样非常重要的一点是，专业性雇主组织在招募、甄选、培训、支付薪酬以及维护员工安全和总体福利等方面所具有的专业性，将会有效地改善员工与公司的绩效。

18.4.3 注意事项

请记住，员工租赁服务可能会因为看上去太好了，而让人觉得有些不真实，而且事实也常常如此。“如果你使用的专业性雇主组织出现管理不善甚至是破产，你可能就会发现，你的办公室里挤满了失去保险的员工。”[64]很多企业将自己的人力资源管理工作当成是自己的一个战略优势，而不是倾向于将甄选、培训等具有战略敏感性的工作任务交给第三方机构去完成。很多雇主不太愿意让一个第三方成为其员工的法定雇主。[65]

“有问题的专业性雇主组织”往往会在不知不觉中传递出一些信号。其中的一个信号就是不够尽责，它们是与客户公司共同分担责任的，所以首先就应当广泛地询问你们公司的工作场所安全性以及人力资源管理政策和实践方面的相关问题。[66]另一个信号就是近期更换过公司名称，通过查询互联网或者优良企业局进行咨询，看看这些公司最近是否更改过公司名称，公司之所以更改名称很可能是因为过去出现过问题。最后，企业与专业性雇主组织开展合作所能够获得的收益（如果有的话）其实并不会太大，最多也就是多多少少节约一点成本（相对于自己去处理各种人力资源管理事务而言）。因此，对于任何许诺能够提供巨大成本节约的公司，都应当保持谨慎。

18.4.4　专业性雇主组织的寻找与合作指南

小企业所有者应当谨慎挑选专业性雇主组织并处理好与它们之间的合作关系，一些相关的建议如下：

进行需求分析。提前弄清楚本公司想要解决的人力资源管理问题和风险管理问题。

审查你正在考虑的所有专业性雇主组织所提供的服务项目，然后确定到底哪一家能够满足所有需求。

考察这家公司是否可信。到目前为止，还没有针对专业性雇主组织的评价制度。不过，位于美国阿肯色州小石城的雇主服务保证公司（Employer Services Assurance corporation，www. Esacorp. org）对于加入该组织的专业性雇主组织会员的财务、审计和运营标准都有着更高的要求。[67] 此外，还可以查询全国专业性雇主组织协会的网站（www. NAPEO. org）。[68]

核查这家公司的银行账户、信用记录以及专业推荐材料。务必要求其提供关于保险提供商以及资金提供方的细节信息。

了解员工福利的资金来源。是全保还是要部分地自行缴费？谁是第三方管理者或运营方？此外，还要确保从签订合同的第一天起就能够得到服务。

检查与专业性雇主组织签订的合同是否符合所在州的雇佣法律要求。

仔细检查服务协议的内容。双方的责任和义务都已经划分清楚了吗？[69]

调查这家公司成立的时间。供应商应该表明自己的经营历史，以证明自己的经营管理水平。

对这些公司的职员进行核查。这些员工有能力和足够的经验提供该组织所承诺的那些服务吗？

询问这家公司将通过何种方式提供服务。面对面的方式、电话的方式还是网络的方式？

询问需预付的费用有哪些以及这些费用的确定方式。

定期确认工薪税和保险费支付无误，并查看所有法律方面的问题是否都得到正确处理。[70]

18.5　管理人力资源系统、程序以及文档工作

18.5.1　简介

想象一下一家总共才有 5 位员工的零售店需要完成的各种文档工作吧。首先，招募和雇用一位员工可能需要撰写招募广告，设计雇用申请表，审查面试名单以及各种证明材料——例如，受教育程度证明、移民身份证明等，可能还要审查推荐人电话单。然后，可能还需要签订一份雇佣合同、保密协议、竞业禁止协议以及雇主补偿协议等。为了雇用一位新员工，可能还需要进行员工背景调查，制作一份新员工注意事项清单，制作预扣税表格以及新员工数据表等。一旦员工开始入职工作，还需要对他们的工作情况进行跟踪，从而需要——这仅仅是一个开始——一张人事

信息数据表、员工每天和每周的工作时间记录表、按小时计酬员工的周工作时间表以及费用报告表等。接下来还要有绩效评价表、奖惩通知、职位描述、员工离职记录表、缺勤记录以及就业推荐反馈表等。

在本章的最后一节，我们将会看到，上面提到的这些清单还只是企业人力资源管理事务所涉及的政策、程序和文档工作中的一个很小的部分。在只有一两名员工的时候，你或许还可以用脑子记住一切，或者仅仅是为每一项人力资源活动写一份单独的备忘录，然后放入每一位员工的档案夹里。但是，如果你的员工不止几个人，你就需要创建一个包括各种标准化表格的人力资源管理系统了。随着公司发展壮大，你可能会希望本企业人力资源管理系统的很多组成部分——例如薪酬支付、绩效评价等——都实现电子化，以保持公司的竞争力。我们将会在最后一节中讨论手工的和电子化的人力资源管理系统。

18.5.2　手工人力资源管理系统的基本构成

规模非常小（比如员工人数在 10 人左右）的企业的所有者往往是先从手工人力资源管理系统开始的。从实践的角度来看，这通常意味着获取和创建一整套标准化的人事表格，这套表格既要涵盖人力资源管理的各个方面——招募、甄选、培训、绩效评价、薪酬管理、安全管理等，同时其中还要包括能够针对每一位员工来组织所有这些信息的方式。

各种基本表格　可以想象，即使是在一家小企业，需要的各种表格的数量也是相当大的。表 18—1 中列举的表格清单可以体现这一点，这份表格清单是从一本人力资源管理合同和表格汇编的目录表中截取下来的。[71]要想获得手工人力资源管理系统中需要包括的各种基本表格，一种比较好的方法就是从与此类似的一本表格汇编书籍入手。你可以根据自己的具体情况，对从这些书上得到的表格进行修改。

表 18—1　一些重要的雇佣表格

新员工适用表格	现任员工适用表格	员工离职表格
求职申请表	员工身份变更申请表	退休人员手续清单
新员工入职清单	员工信息记录表	解雇手续清单
雇用面试表	绩效评价表	《综合平衡预算法》承诺书
推荐材料核查表	警告通知	失业申明
推荐材料电话反馈报告	休假申请表	员工离职面谈记录表
员工手工签署确认书	试用通知表	
雇佣合同	职位描述	
员工免责声明表	直接存款确认书	
试用期评估表	缺勤报告表	
	惩戒通知书	
	员工保密协议	
	员工申诉表	
	费用报告表	
	401（k）选项确认书	
	工伤报告	

一些办公用品商店——例如欧迪办公用品公司和史泰博办公用品公司——也出售这种成套的人事表格。比如，欧迪办公用品公司既销售各种单独的人事表格，也销售包括以下 10 种表格在内的一套“人力资源管理工具箱”：求职申请表、雇用面试表、背景核查表、员工记录表、绩效评价表、警告通知、离职面谈记录表以及请假申请表，外加一份法律诉讼预防指南。[72]此外，该公司还提供一套员工记录文件夹（强烈推荐使用）。企业可以用这种文件夹来为每一位员工形成一整套文件；在文件夹的封皮上可以印上每位员工的信息，包括姓名、入职日期、公司福利等。

各种表格的来源　有几家直接邮寄产品目录的营销公司也同样提供各种人力资源管理方面的材料。例如，人力资源直达公司（HRdirect，位于特拉华州多佛尔市的企业广场 100 号，邮编 19901，电话：1-800-346-1231，www. hrdirect. com）就提供各种成套的人事表格，例如，其中包括短期和长期员工申请表、求职者面试表、员工绩效考核表、职位描述、离职面谈记录表以及缺勤记录和报告表。此外，还有各种不同的遵守法律法规要求的表格，包括标准化的反性骚扰政策以及《家庭和医疗休假法》通知表，以及各种海报（例如，按照法律要求企业必须张贴的关于《美国残疾人法》和《职业安全与健康法》的相关信息）。

位于佛罗里达州的尼尔日出公司（G. Neil Company of Sunrise，电话：1-800-999-9111，www. gneil. com）是另外一家可直接邮寄产品目录的提供各种人力资源管理材料的公司。除了完整成套的各种人事表格、文档和海报，该公司还提供与以下各种主题有关的手工人力资源管理系统表格，例如出勤记录、职位分析以及用于追踪休假申请和安全记录的表格。它还有一个完整的人力资源管理“启动”工具箱，其中包括在一个手工人力资源管理系统中需要的 25 种基本表格的副本。这些表格包括雇用申请表、考勤记录表、绩效评价表、薪酬/员工身份变更通知表、缺勤报告表、休假申请及批准表，它们都包含在一个文件夹中。

18.5.3　各项人力资源管理任务的自动化

随着小企业的发展，仅仅依靠手工的人力资源管理系统将会变得越来越不明智，同时也越来越没有竞争力。对于一家拥有 40 或 50 名以上员工的公司来说，在管理出勤记录表和绩效评价表等方面所需花费的时间可能会倍增至数周。因此，许多中小企业往往就是从这个时候开始，将它们的各项人力资源管理工作实施计算机化处理的。

系统软件包　在这方面仍然有各种可用的资源。例如，在国际人力资源信息管理协会的网站（www. ihrim. org）上，你会发现，在采购者指南选项卡中，有一个人力资源软件供应商的分类目录。[73]这些公司实际上提供针对各种人事工作的软件，从福利管理到工伤保险管理，再到遵守法律要求、员工关系、薪酬，以及工时和出勤管理系统等。

尼尔公司出售的软件包中包括：出勤监控、员工信息记录、职位描述撰写、员工手册编写以及电子化绩效评价的实施。人力资源直达公司也提供很多软件来帮助企业编写员工手册、撰写绩效评价结果、创建职位描述、跟踪员工出勤记录及每位员工的工作小时数、安排员工的工作日程表、创建组织架构图、进行薪酬管理、开展员工调查、规划和跟进员工培训活动，以及遵守美国职业安全和健康管理局制定的各项规章制度等。人事经理（People Manager）软件则能够帮助企业维护员工的各项信息记录（其中包括姓名、地址、婚姻状况、家属人数、紧急联系人与电话号码、入职日期以及工作经历等）。它还使得管理者能快速创建 30 种标准化的报告，其中涵盖出勤、福利和族裔等方面的信息。

随着企业的进一步成长，企业所有者可能就会决定过渡到一种综合性的人力资源管理系统，下面我们就将对此加以介绍。

18.5.4 人力资源管理信息系统

很多企业都需要各种信息系统来帮助自己完成各项工作。例如，销售团队需要以某种方式告知财务人员去向客户收账，同时告知生产部门去完成订单的生产。信息系统是指一家公司用来收集、处理、存储和传播信息的彼此之间存在关联性的人员、数据、技术与组织程序。信息系统有可能是计算机化的，也有可能不是，但一般情况下都会被计算机化。我们所描述的人力资源管理文档系统——如收集新员工信息以及跟踪记录员工绩效评价、员工福利、培训等方面的信息等——都属于信息系统的组成部分，尽管它们并不是计算机化的。当然，随着公司的发展，将这些信息系统加以计算机化处理就很有必要。

信息系统的层次 很多公司往往会按照组织的层级高低，一层一层自下而上地建立信息系统。各种日常事务处理系统通常是最先建立的，这些系统能够为公司的管理者以及财务人员提供关于各种短期和日常活动的信息，比如应付账款、税务以及订单状态等。

管理信息系统（MIS）是更高一级的信息系统，这种系统通过定期提供标准化的总结报告来帮助管理者作出更好的决策。例如，一个管理信息系统可以通过获得原始数据（例如，各地区的销售额），为销售经理展示过去两周的销售额变动趋势，或者是为生产经理展示一份每周的库存水平图，还可以为首席执行官展示公司在本季度中的收入、支出以及利润情况的总结报告。

更高一级的信息系统就是高层管理人员支持系统，这种信息系统可以为高层管理者提供制定未来 5 年规划等这样一些决策时需要的信息。例如，福特汽车公司的首席执行官可以利用自己的高层管理人员支持系统，把本公司上个月每款汽车的销量与竞争品牌的销量进行对比。

随着公司的发展，管理者开始运用整体人力资源管理信息系统（HRIS）。我们可以将人力资源管理信息系统定义为：通过收集、处理、存储和传播信息，支持组织各种人力资源管理活动的决策、协调、控制、分析及其可视化的彼此相互关联的构成要素。[74]企业建立人力资源管理信息系统的原因有很多，其中的第一个理由就是它可以提高各种事务的处理效率。

日常事务处理效率的提高 日复一日地维护和更新员工记录这样的琐事会占用企业的大量时间。一项研究发现，人力资源部门员工把 71%的时间都花在了核查剩余休假时间、维护员工的家庭住址信息、监控员工的福利发放情况等方面。[75]人力资源管理信息系统软件包可以用强大的计算机化处理系统来替代各种人力资源管理的日常事务。例如，在某位员工结婚之后，人力资源管理信息系统就会自动更新所有表格中这位员工的信息。

在线自助信息处理 人力资源管理信息系统使得公司有可能（或更容易）把员

工纳入其中。例如，远见银行（Provident Bank）就有一种名为 Benelogic 的人力资源薪酬系统，这种系统可以让员工自己通过一个安全的网址来注册他们想要的福利项目。同时，该系统还能够“帮助解答员工提出的‘如果……’的问题，例如，各种福利选择对于员工可支配的薪酬所产生的影响、W-4 表格信息的变化、各种保险的覆盖范围、退休规划等”。[76]这些都是原本需要该银行的人力资源部门的员工完成的工作。

提高报告能力　由于人力资源管理信息系统整合了大量的单项人力资源管理任务（例如培训记录、绩效评价和员工个人资料记录等），因此使用人力资源管理信息系统可以大大提升人力资源方面的报告能力。在实践中，可以提供的报告类型可以是多种多样的，只要管理人员能够想到，这种系统基本上就能做到。举例来说，该系统可以提供的报告包括（整个公司以及各个部门中的）每一位员工的医疗保健费用、薪酬与福利在运营成本中所占的百分比、雇用一位员工的平均成本、培训成本、自愿离职率、离职成本、填补职位空缺所需的时间以及人力资本投资（比如根据培训和教育费用来计算）的回报率等。

人力资源系统的整合　由于人力资源管理信息系统软件的各个组成部分（信息记录、薪酬发放、绩效评价等）得到了整合（也就是建立了彼此之间的联系），企业就可以大幅对其人力资源管理职能进行再造了。仁科软件（PeopleSoft，现为甲骨文公司旗下的子公司）在自己的办公室中安装的这种软件系统就是一个很好的例证。该公司的人力资源管理信息系统会自动将晋升、加薪、岗位调动等各种表格，逐一自动传送给相关的管理人员审批。当前面的一个人签字之后，表格会自动传递给下一个需要签字的人。如果某个人忘记签署一份文件，智能助手就会向其发出提醒，直到整个流程完成为止。这种软件的出现就使得企业不再需要雇用过去专门负责完成这些工作的员工了。

人力资源管理信息系统供应商　现在很多公司都提供人力资源管理信息系统软件包。例如，国际人力资源信息管理协会的网站（www. ihrim. org）上就列出了自动数据处理公司（Automatic Data Processing，Inc.）、商业信息科技公司（Business Information Technology，Inc.）、人力资源微系统公司（Human Resource Microsystems）、诺森软件公司（Lawson Software）、甲骨文公司、美国 SAP 公司（SAP America，Inc.）以及其他大约 25 家人力资源管理信息系统供应商。

人力资源与内网　我们看到，很多企业都在努力建立基于内网的人力资源管理信息系统。例如，LG&E 能源公司（LG&E Energy Corporation）利用内部网来进行福利方面的沟通。员工可以访问员工福利信息主页，从中了解公司的 401（k）计划可以选择的投资方向，迅速得到一些与公司的医疗与牙科保健计划有关的常见问题的答案，报告家庭状况的变更情况。人力资源内部网的其他一些用途包括职位空缺公告、求职者追踪、培训注册、提供电子薪酬支付存根、电子化员工手册以及让员工更新自己的个人档案，访问他们的 401（k）账户等。

本章内容概要

1. 正在阅读本书的很多人将来都会到小企业中工作或者是经营自己的小企业，所以理解小企业所面临的挑战显得格外重要。就人力资源管理领域而言，小企业与大企业的差异主要体现在规模（不可能在一位专业的人力资源经理手下配置足够多的员工）、关注重点（首先关注的是销售）、非正式性以及创业者的特质上。如果缺乏有效的人力资源管理，小企业所有者将会面临这样一种风险，要么是在竞争中处于不利地位，要么是在没有人力资源管理专家帮助的情况下，因忽视犯下错误而招致法律诉讼。

2. 由于小企业规模较小，所以可以特别注意利用免费的互联网以及各种政府工具为自己的人力资源管理工作提供支持。例如，可以用美国劳工部的电子法律助手来回答加班工资的问题，利用美国公平就业机会委员会的网站来解决“应当如何解决面临的指控?”等问题，还可以到美国劳工部下属的职业安全和健康管理局网站上查阅小企业手册等资料。为了更好地进行竞争，小企业管理者还可以使用第 5 章中讨论的在线招募工具，此外，还可以从 puresafety. com 等公司、美国中小企业管理局以及美国制造商协会等机构获得一些在线培训项目。

3. 小企业需要充分利用自身的优势，这就意味着要充分利用自己所具有的熟悉性、灵活性以及非正式性的特点。例如，在很多方面，小企业都更容易在额外休假时间、压缩的工作周以及工作丰富化等方面保持更大的灵活性。小企业还可以使用那些相对非正式但却很有效的员工甄选程序，例如我们曾经讨论过的工作样本测试。非正式的培训方式则包括各种在线培训机会、鼓励同事之间分享最佳实践、让员工参与研讨会等。由于小企业通常都是家族企业，所以让非家族成员得到公平的对待就显得格外重要，而这就要求小企业制定一些基本的规则（例如关于晋升的规则）来公平地对待员工、处理家庭内部成员之间的冲突以及取消家族成员的特权。小企业还可以采用一些简单的方法——比如在线的时事通讯等——改善沟通。

4. 很多小企业在审视了管理人力资源方面所要面对的所有各种挑战之后，都会选择使用专业性雇主组织的服务。这些组织也被称为人力资源外包商或员工租赁公司，这些公司一般会把客户公司的员工转到自己的薪酬支付账户上，并且成为这些客户公司员工名义上的雇主。小企业之所以求助于专业性雇主组织，其原因包括缺乏专业化的人力资源支持、想要减轻文档工作负担、避免与人力资源管理有关的法律诉讼、为员工提供更好的福利以及达到更好的员工绩效和组织绩效。

5. 小企业管理者需要了解自己需要涉及的人力资源管理系统、程序以及文档工作的演变发展过程。最初的时候，企业可能会有一个简单的手工人力资源管理系统，例如使用办公用品公司提供的表格模板以手工方式保存和维护各种员工信息。后来，企业所有者可能会购买某种或成套的人力资源管理系统，以实现各单项人力资源管理事务的自动化，例如，求职者的追踪以及绩效评价等。随着公司的发展，企业开始寻求运用一种综合性的人力资源管理信息系统，将各个独立的人力资源管理系统整合在一起，也就是说，具有相互关联的系统各个组成部分彼此合作，通过收集、处理、存储和传播信息来支持一家公司的人力资源管理活动所涉及的决策、协调、控制、分析以及可视化。

讨论题

1. 为什么小企业与大公司在人力资源管理方面存在区别？为什么会有这种区别？

2. 解释为什么人力资源管理对于小企业是很重要的。

3. 解释并举出至少四个例子说明创业者应当如何运用互联网与各种政府工具来支持人力资源管理工作。

4. 解释并举出至少五个例子说明创业者

可以怎样利用规模小的优势——熟悉性、灵活性及非正式性——改善人力资源管理流程。

5. 讨论你将如何持续地寻找、留住一个专业性雇主组织并与之达成合作。

6. 举例说明你将如何为一家新建小企业创建一套刚刚起步的手工的人力资源管理系统。

个人和小组活动

1. 组成若干个由 5～6 人组成的团队，每个小组中至少要有一个人拥有一家小企业或者是曾经为小企业工作过。请根据他们的经验，列出小企业经历的“各种人力资源不足风险”，即竞争劣势、缺乏专业的人力资源管理专家、工作场所法律诉讼、工伤保险法的遵守以及文档或数据输入错误等。

2. 如果你拥有一家小企业，并且让你感到困惑的一点就是哪些员工有资格领取加班工资。这些员工包括你的秘书、两名会计员、一名工程师以及两名销售内勤人员。单独或与其他 4～5 位同学组成一个小组，运用美国劳工部的加班安全顾问以及劳工部的计算程序，确定谁应该获得加班工资。

3. 假设你的工厂中有 32 名员工。请单独或与其他 4～5 位同学组成一个小组，寻找并创建一个你可以用来对他们进行培训的五种零成本在线资源的名录。

4. 本书末附录中的美国人力资源认证机构提供的“考试指南”部分，列出了想要通过人力资源资格认证考试的人需要了解的各个方面的人力资源管理知识（例如战略人力资源管理、员工队伍规划、人力资源开发等）。请以 4～5 人为一组，完成下列四项任务：（1）浏览该附录中的内容；（2）明确在本章所讲授的内容中有哪些与附录中列出的需要参加考试者掌握的知识是相关的；（3）根据这些与考试相关的内容，编写出你们认为适合作为这种人力资源认证资格考试考试题的 4 道多项选择题；（4）如果时间允许的话，你们小组派出一个人将你们编写的考试题在课堂上展示给大家，这样各个小组的学生就能够回答其他小组编写的考试题了。

体验式练习

建立一个人力资源管理信息系统

目的：本练习的目的是为你提供一个建立人力资源管理信息系统的演练机会。

必须理解的内容：你应该充分掌握本章中讲授的全部内容。

如何进行练习/指导：将全班分为各自由 4～5 个人组成的若干个小组，每个小组都应当能够访问互联网。

假设一家小企业的老板找你们咨询以下问题。该企业只有不到 40 名员工，并且以非正式的方式处理公司的各种人力资源文档工作，其中大多数都记在小纸条上或者备忘录中。他想让你帮助企业建立一个人力资源管理信息系统，这套系统的电子化程度由你们确定，但是他只能负担 5 000 美元的前期预算（不包括支付给你们的咨询费用），同时每年能够为这一信息系统提供的维护费用为 500 美元。你们从自己得到的人力资源培训中知道，有多种纸质版的和在线的人力资源管理系统。请根据已有的相关知识以及在网上做的一些调查研究，写出一份两页纸的计划书，告诉他你们团队的具体建议。

应用案例

流动性危机与新对冲基金[77]

艾米丽·托马斯（Emily Thomas）在各种对冲基金工作了 12 年，2009 年 1 月她从正在担任的一个中等规模的基金公司总经理的位置上被解雇。尽管次贷危机和流动性危机越来越严重，但是她经营的这个媒体行业的基金却绩效尚佳。遗憾的是，在其他行业中经营的一些对冲基金同事尽管下了大赌注，但却收获平平。在这种情况下，对冲基金的投资者纷纷要求赎回他们的投资，艾米丽也就在公司的精简和合并过程中被裁员了。于是，她与自己的两位朋友盖伊（Guy）和比尔（Bill）坐在了下曼哈顿水街上的一个小餐厅里，三个人认为，如果想要开始经营自己的对冲基金，现在正是时候。盖伊认为，“要想从头开始做一件事情，就应该在这种事情处于低谷的时候，而不是在这种事情正处于高潮的时候。”于是，这三个人就开始制定计划。他们投入了自己的全部积蓄，注册成立了一个 EGB 基金。

由于政府管制和税收方面的问题，要想成立一个对冲基金，需要做的事情要远比在门上挂个牌子多得多。[78]基金必须有本地的会计师和评估专家。例如，美国的投资者希望财务报告能够遵守美国的“公认会计准则”（generally accepted accounting procedures，GAAP）。许多对冲基金通过一种在税收方面比较有效率的“主从结构”来吸引投资者。这种结构包括建立一些在岸和离岸的子基金，然后将这些基金直接投资到主基金之中，从而使所有的交易活动都发生在主基金的所在地。过去，大多数基金都要完成从交易到后台支持的全部各项工作。一个基金之所以要完成所有各项工作，其主要原因在于，基金运营者想要通过自行完成每一项专业化的工作，全面控制对冲基金的全部运营过程。不过，现在越来越普遍的做法是，很多基金经理开始将一些工作活动外包出去，以便降低成本。但是，即使 EGB 基金也将一些业务外包出去，它还是需要任命一位内部基金经理，而这位基金经理也将会成为公司的运营负责人。这位负责人需要与律师一起建立基金公司的法律结构，即确保所有必要的政策、程序都清晰记录在案。对于这样的金融机构来说，必要的政策和程序不仅包括日常性的办公室行政管理事务，还包括针对投资者的反洗钱程序等。此外，基金经理还需要寻找和租赁办公地点，确定员工需求（在这方面，此人要与艾米丽、盖伊、比尔一起合作完成）。

鉴于他们所面临的所有法规、准则与会计方面的问题，公司的人员配置以及人力资源管理的政策、程序建立等琐事似乎是次要的。但另一方面，他们并不愚蠢，他们内心非常清楚，自己的对冲基金能否取得成功，关键还是取决于他们能否成功地雇用到合适的人才。他们计划雇用大约 7 个人，其中包括一名基金经理、一名首席财务官、四名分析师、一名秘书或接待员。他们知道你是人力资源管理专家，所以向你请教。下面是他们想弄清楚的一些问题。

［问题］

1. 从人员配置或人力资源管理方面来说，我们应该首先从何处着手？我们是应该先建立人力资源管理系统，还是应当先雇用员工？

2. 我们是应该先雇用基金经理，然后让他来做所有必须完成的人员配置或人力资源管理工作，还是应该首先制定一些人力资源管理流程，从而确保我们能够雇用到更好的基金经理？

3. 如果我们准备先建立人力资源管理系统，那么怎样做最好？你会对我们需要的各种人力资源管理政策、程序和实践提出何种建议？我们如何才能得到上述这些资源？

4. 我们知道，有一些专业性雇主组织可以帮我们处理基金的大部分人事问题。在我们的案例简要说明中，我们已经告诉你关于建立一个对冲基金的一些情况，以及我们需要哪些类型的员工。根据上述这些信息，你会建议我们寻求专业性雇主组织的帮助吗？为什么？

连续案例

卡特洗衣公司

充满挑战时期的清洁工作

随着经济衰退的进一步恶化，卡特洗衣公司的收入也急剧下降。公司的很多顾客由于失业而不再需要（或者无法负担）干洗服务，有工作的顾客也尽可能减少衣服的干洗次数。卡特公司实际上发现，自己不得不提供一些免费的衣物清洗服务。它启动了一项新的计划，即如果公司现在的顾客需要参加工作面试，则公司可以每个月为他们免费清洗一套西装或礼服。

在这种经济低迷的形势下，卡特公司知道它必须采取某些措施来控制自己的雇佣成本。可问题在于，从现实情况来看，在单独的一家店中并没有可以降低人工成本的空间。当然，如果一家连锁店的业务量很少，公司可以减少一半的人员，让洗衣工用一些时间来做熨烫衣物的工作，或者是让洗衣店经理承担柜员的工作。但是，如果每家洗衣店的业务量仅仅下降 15%～20%，那么，每一家洗衣店中就确实没有降低人工成本的空间，这是因为在一开始的时候，每家洗衣店就没有雇用太多的员工。

这样，一个问题自然而然地就产生了，卡特公司有没有可能在不解雇太多员工的情况下降低雇佣成本。詹妮弗·卡特有以下这样一些问题需要咨询你。

［问题］

1. 假设我们不想解雇任何一位员工。我们需要在工作时间表上做哪些调整，才能使每周支付的薪酬总额下降比如 20%，同时又不解雇任何一位员工？

2. 目前我们自己处理大多数人事方面的工作，例如以手工的方式进行员工注册、福利管理、绩效评价等。在使用软件系统来实现公司人力资源管理业务自动化方面，你对我们有什么具体的建议？

3. 请至少提供五个有助于我们降低雇佣成本的互联网资源。

将战略转化为人力资源管理政策和实践的案例

巴黎酒店

案例

巴黎酒店的竞争战略是："通过卓越的顾客服务将自己与同行区别开来，以吸引顾客延长入住时间，提高顾客再次入住比率，从而提高酒店的收入和利润水平。"酒店人力资源经理莉萨·克鲁兹现在必须制定和实施战略性人力资源管理政策和活动，通过帮助酒店获得战略所需的员工行为和胜任素质来支持酒店的这一竞争战略。

在这种充满挑战的经济时代，巴黎酒店规模相对小的劣势显得格外严峻。像万豪连锁酒店那样的大型酒店具有强大的网上预订服务能力，它们所拥有的集中处理系统可以很容易并且很经济地处理来自全世界的预订要求。相比之下，巴黎酒店还在像 20 年前一样处理顾客的预订要求，即要么是通过集团下属的每一家酒店自己的单独网站来处理，要么是通过电话来处理。它的人力资源管理信息系统同样也很原始。莉萨已经成功地建立了很多独立的人力资源管理信息系统，例如绩效评价系统。但是，有一天，当她与公司的首席财务官在午饭时讨论到这个问题的时候，她发现这些系统并没有整合起来。因此，如果某位员工因为结婚而需要变更其姓名时，莉萨所在办公室的员工就需要以手工方式修改所有的员工名册以及各种福利计划中的员工姓名。

这种缺乏整合的人力资源管理信息系统在经济繁荣时期已经够糟糕的了，随着经济的日益恶化，这种情况更加让公司难以接受。在莉萨与首席财务官的一次最为艰难的讨论中，他指出，本酒店花费在人力资源管理方面的行政费用比万豪那样的大型酒店要高30%。他很清楚，规模大会产生规模经济。但另一方面，他也深信，巴黎酒店集团可以通过采取某些措施降低人力资源管理成本。

［问题］

1. 运用你可以找到的基准数据，其中也包括本书中提供的一些数据，说明莉萨可以使用哪些基准指标来评价该酒店的人力资源管理工作效率？巴黎酒店的高质量服务定位在多大程度上应当进入莉萨对这些指标进行对比的方式？

2. 我们在本书中讨论了人力资源管理部门为降低人力资源服务费用而采取的具体措施的很多案例。请在牢记巴黎酒店的高质量服务定位的前提下，列举并举例说明莉萨·克鲁兹可以怎样运用其中的至少五种例子。

3. 单纯从人力资源管理信息系统的角度来说明，对于巴黎酒店而言，你会建议莉萨考虑采用哪些类型的系统。

4. 用具体的例子来解释莉萨可以怎样运用免费的网络与各种政府工具来实现你在问题3中向她提出的那些建议。

5. 请举出你建议莉萨使用的三种收费的网络工具的例子。

6. 你会建议莉萨求助于专业性雇主组织的服务吗？为什么？

附录——人力资源认证机构测试说明

本附录包括人力资源认证机构（HRCI）主办的认证考试的全部考试说明。这份说明具体指明了在每一个人力资源职能中需要掌握的知识领域。（请注意，和这里不同，人力资源认证机构是以连续的方式对所有知识点中的每一个进行编号的，例如，战略管理知识中的最后一个编号为6，而员工队伍规划知识中的第一个的编号为7。）

人力资源认证机构主办的考试说明

在人力资源管理各职能领域后面标准的百分比分别是人力资源管理专业人员（PHR）与高级人力资源管理专业人员（SPHR）的应用百分比。

1. 战略管理（12%，26%） 它是指确定人力资源管理的目标、实践以及政策的全过程与各种活动，其目的是配合组织的短期和长期需要以及机会，指导和领导变革过程，同时评估人力资源管理对于组织有效性作出的贡献。

主要职责

1. 利用各种组织内部信息来源（包括财务会计、市场营销、运营、信息技术以及员工个人）对与组织运营有关的各种信息加以解释，以参与组织的战略规划和政策制定过程。

2. 利用各种组织外部信息来源（包括各种出版物、政府文件、媒体以及行业组织），对组织所处的总体经营环境、行业实践及行业发展、技术发展等方面的信息加以解释，以参与组织的战略规划和政策制定过程。

3. 以伙伴的身份参与组织的战略规划过程。

4. 与组织成员建立战略关系，以影响组织的决策。

5. 与所在领域以及专业领域中的核心人员建立关系或联盟，帮助组织满足其战略需要。

6. 评估人力资源管理对于组织有效性所作出的贡献，其中包括根据衡量人力资源目标的战略指标和组织指标，对各种人力资源管理活动进行评估、设计、实施和评价。

7. 在组织的流程、运营、规划、干预、领导力培训以及文化变革过程中提供方向和指导，以平衡组织、员工及其他利益相关者（包括客户）的期望与需求。

8. 开发并制定与组织的人力资源管理相关的组织政策。

9. 通过榜样塑造和教学来培养自己以及他人的领导力和伦理价值观。

10. 为组织的预算程序（其中包括预算的编制与审查）提供信息。

11. 监控法律环境，以提出法律调整方面的建议，同时采取适当的措施来支持、修改或者终止某种建议实施的行为（例如，给国会议员写信，在听证会上提供专家证词，游说立法者等）。

所需知识

1. 立法与行政管制过程方面的知识。

2. 内部、外部环境扫描技术。

3. 战略规划过程及其实施方面的知识。

4. 组织的社会责任（例如，从支付福利到慈善、与社区组织之间的联盟）方面的知识。

5. 各种管理职能（包括计划、组织、领导和控制等）方面的知识。

6. 保持创造与创新的技术方面的知识。

2. 员工队伍规划与雇佣（26%，16%） 它是一个对招募、雇佣、新员工定位以及组织的人员退出进行规划、开发、执行、管理并实施持续性评估的过程，其目的是确保员工队伍能够满足组织的远期目标和近期目标的要求。

主要职责

1. 确定组织的员工需求，以满足组织的远期目标和近期目标的要求。

2. 通过进行职位分析撰写职位描述，并开发职位的胜任素质。

3. 确定并记录职位的核心工作职能。

4. 根据职位所要求的胜任素质建立雇佣标准。

5. 评估内部员工队伍、劳动力市场与招募机构，以确定合格求职者的可获得性。

6. 根据组织的远期目标和近期目标确定内部招募与外部招募的方法并予以实施。

7. 制定战略以把组织推销给潜在的求职者。

8. 建立包括面试、测试、推荐以及背景核查等内容在内的甄选程序。

9. 实施包括面试、测试、推荐以及背景核查等内容在内的甄选程序。

10. 制作并（或）寄送录用通知书。

11. 执行或管理录用通知书发出后的各种活动（例如雇佣协议的签订、I－9 验证表格的填写、重新安置协议以及体检等)。

12. 为使非美国公民能在美国合法工作而协调以及（或）管理相关程序。

13. 设计、协调以及（或）实施新员工入职培训，其中包括让新员工和岗位调整的员工了解绩效标准。

14. 评估甄选和雇佣过程的有效性，在必要的方面（例如员工保留）作出改变。

15. 设计一个继任规划程序。

16. 设计、执行组织的人员退出管理程序，包括对离职者提出的失业保险申请作出回应。

17. 按照可能的要求，设计、执行、管理以及评估积极的反歧视行动计划。

所需知识

7. 联邦政府、州政府、地方政府颁布的与雇佣有关的法律（例如，《民权法案》第七章、《美国残疾人法》、《反年龄歧视法》、《越战退役军人法》、《员工调整与再培训告知法》)，以及其他一些法规（例如公平就业机会委员会颁布的《员工甄选程序规范指南》)。

8. 移民法（例如，签证、I－9 表)。

9. 为评估原有的和未来的员工需求而需要完成的定量分析（例如，成本—收益分析、人均雇佣成本、甄选比率、不利影响)。

10. 招募方法及其来源。

11. 招募员工的各种替代方案（例如，远程办公、业务外包等)。

12. 各种规划技术（例如，继任规划、预测等)。

13. 各种甄选测试、工具或方法的信度与效度。

14. 对各种甄选测试（例如，心理或人格测试、认知与动机或生理评估等）的结果作出解释。

15. 面试技术。

16. 重新安置的做法。

17. 薪酬和福利计划对于招募和留住员工所产生的影响。

18. 国际人力资源以及国际员工队伍对于员工队伍规划和雇佣所产生的影响。

19. 裁员与重新谋职。

20. 国际员工队伍规划与雇佣的政策、实践以及程序。

3. 人力资源开发（15%，13%）　它是一个开发、实施、评价涉及员工培训与开发、变革与绩效管理以及满足特定员工群体的具体需要的活动和方案的过程，其目的是确保员工队伍的技能、知识、能力和绩效能够满足组织和个人在当前以及未来的需要。

主要职责

1. 进行需求分析，以确定各种人力资源开发活动的优先顺序。

2. 设计培训方案。

3. 实施培训方案。

4. 评估培训方案。

5. 制定评估员工在组织中的成长与发展潜力的方案。

6. 实施评估员工在组织中的成长与发展潜力的方案。

7. 对评估员工在组织中的成长与发展潜力的方案进行评估。

8. 设计变革管理的方案和活动。

9. 实施变革管理的方案和活动。

10. 评估变革管理的方案和活动。

11. 设计绩效管理的方案和程序。

12. 实施绩效管理的方案和程序。

13. 评估绩效管理的方案和程序。

14. 设计满足特定员工的具体需求的方案（例如，工作—家庭平衡计划、多元化计划、重新谋职计划、外派回国计划以及快速成长计划）。

15. 实施满足特定员工的具体需求的方案（例如，工作—家庭平衡计划、多元化计划、重新谋职计划、外派回国计划以及快速成长计划）。

16. 评估满足特定员工的具体需求的方案（例如，工作—家庭平衡计划、多元化计划、重新谋职计划、外派回国计划以及快速成长计划）。

所需知识

21. 适用的与版权和专利有关的国际性以及联邦政府、州政府和地方政府的法律法规。

22. 人力资源开发理论及其应用（包括职业发展和领导力开发）。

23. 组织发展理论及其应用。

24. 培训方法、方案以及技术（设计、目标、方法等）。

25. 员工参与战略。

26. 任务或流程分析。

27. 绩效评价与绩效管理的方法。

28. 适用的国际性问题（例如，文化、地方管理方法或实践、社会规范等）。

29. 教学方法与培训计划的实施（学习内容、计划中的模块确定、演示或传递机制的选择）。

30. 对人力资源开发方案的有效性进行评估的技术（例如，满意度、学习效果、培训项目参加者的工作绩效以及离职率和生产率等组织成果）。

薪酬与福利（20%，16%） 它是一个对所有员工群体的整体薪酬和福利体系进行分析、设计、实施、管理以及持续评估的过程，其目的是确保薪酬和福利体系与组织的人力资源管理的目标保持一致。

主要职责

1. 确保薪酬和福利计划符合适用的联邦政府、州政府以及地方政府的法律规定。

2. 分析、设计、实施、维护薪酬政策以及薪资结构，以确保其与组织的战略目标保持一致。

3. 根据内部价值和外部市场条件分析与评价薪酬水平。

4. 设计或选择并实施一套薪酬支付系统。

5. 管理薪酬支付职能。

6. 评价薪酬政策，以确保其能够根据组织的战略目标，恰当地做好组织内部定位和外部定位。

7. 根据组织的战略目标，进行福利计划需求分析，并决定或选择组织需要提供的各种福利计划。

8. 实施与管理各种福利计划。

9. 评估福利计划，以确保其能够根据组织的战略目标，恰当地做好组织内部定位和外部定位。

10. 分析、选择、实施、维护以及管理高层管理人员的薪酬、股票购买、股票期权和各种奖励计划以及年终奖。

11. 分析、设计、选择、维护以及实施外派员工和国外员工的薪酬和福利计划。

12. 与全体员工沟通薪酬和福利计划以及政策。

所需知识

31. 联邦政府、州政府、地方政府颁布的薪酬与福利方面的法律（例如，《公平劳工标准法》、《员工退休收入保障法》、《综合预算调节法》）。

32. 与薪酬和福利有关的财务会计实践（例如，额外团体定期寿险、加班补休时间）。

33. 各种职位评价方法。

34. 职位定价与薪酬结构。

35. 奖励性和可变薪酬设计方法。

36. 高层管理人员的薪酬。

37. 非现金性薪酬方法（例如，股票期权计划）。

38. 福利需求分析。

39. 各种福利计划（例如，健康险、寿险、养老金、教育金、健身俱乐部等）。

40. 国际上与薪酬相关的法律和惯例（例如，外派人员薪酬、社会化医疗、法定退休时间等）。

员工关系与劳资关系（21%，24%）　它是一个对雇主和员工在工作场所中的关系进行分析、开发、实施、管理以及持续评价的过程（其中包括集体谈判过程和工会关系），其目的在于维持一种有助于在雇主需要和员工权利之间实现平衡的有效关系和工作条件，从而帮助组织实现战略目标。

主要职责

1. 确保遵守所有适用的联邦政府、州政府和地方政府的法律法规。

2. 制定并实施有助于塑造积极的组织文化的员工关系管理方案。

3. 促进、监控及衡量员工关系管理活动的有效性。

4. 协助制定工作规则，监控其运用与实施，以确保其公平性和一致性（对有工会环境和无工会环境都是如此）。

5. 沟通并确保员工能够理解法律、法规以及各种组织政策。

6. 解决员工向联邦政府、州政府以及地方政府提起的指控。

7. 制定争议处理以及惩戒方面的政策和程序，以确保其公平性和一致性。

8. 实施并监控争议处理以及惩戒方面的政策和程序，以确保其公平性和一致性。

9. 对组建工会的活动作出反应。

10. 参与集体谈判活动，其中包括集体合同的谈判与管理。

所需知识

41. 适用的影响有工会环境和无工会环境的联邦政府、州政府以及地方政府的法律法规，例如反歧视法、反性骚扰法、劳资关系法、隐私保护法等。

42. 促进形成积极的员工关系的各种方法（例如，小组推进、争议解决、劳资合作战略与方案）。

43. 员工参与战略（例如，可选工作时间表、工作团队）。

44. 个人就业权利问题和实践（例如，自由雇佣、疏忽雇佣、诽谤、员工的集体谈判权）。

45. 工作场所行为问题或实践（例如，确切和惩戒）。

46. 各种评价员工态度、意见和满意度的方法（例如，意见调查、态度调查、焦点小组等）。

47. 不正当的劳资关系管理实践。

48. 集体谈判程序、战略和理念。

49. 公共部门员工关系问题及其管理实践。

50. 员工外派和归国问题及其管理实践。

51. 当地员工的员工关系和劳资关系（也就是其他国家的员工关系）。

职业健康、安全与保卫（6%，5%） 它是一个对有助于在工作场所中促进员工的生理与心理健康的方案、实践以及服务进行分析、开发、实施、管理和持续评价的过程，其目的是保护员工和工作场所免受不安全行为、不安全工作条件和暴力的损害。

职责

1. 确保遵守所有适用的联邦政府、州政府以及地方政府制定的与工作场所健康与安全有关的法律法规。

2. 确定组织需要的安全计划。

3. 制定并（或）选择工伤或/职业疾病预防计划。

4. 实施工伤或职业疾病预防计划。

5. 制定并（或）选择安全培训及其奖励计划。

6. 实施安全培训与奖励计划。

7. 评估安全防范、培训及其奖励计划的有效性。

8. 实施工伤或职业疾病管理程序（例如，工伤保险、《职业安全与健康法》）。

9. 确定组织需要的健康和身心修炼计划。

10. 制定或选择、实施以及评估（或提供）健康和身心修炼计划。

11. 制定或选择、实施以及评估安全计划，以避免组织承担不必要的法律责任。

12. 制定或选择、实施以及评估安全计划，以保护员工（例如，由于工作场所暴力导致的伤害）。

13. 制定或选择、实施以及评估事故与紧急事件响应计划（例如，针对自然灾害、工作场所安全隐患、紧急疏散等）。

所需知识

52. 联邦政府、州政府以及地方政府颁布的关于工作场所健康与安全问题的法律法规（例如，《职业安全与健康管理法》、《无毒品工作场所法》、《美国残疾人法》）。

53. 工伤与职业疾病保险方面的法律及方案（例如，工伤保险）。

54. 相关执法机构对于工作场所安全、健康以及保卫等问题进行调查的程序（例如，职业安全和健康管理局）。

55. 工作场所的安全风险。

56. 工作场所的保卫风险（例如，盗窃、企业间谍活动、信息系统或技术入侵、恶意破坏等）。

57. 潜在的暴力行为与工作场所暴力条件。

58. 一般的健康与安全管理实践（例如，消防疏散、危险化学品、人体工程学评估）。

59. 突发事件与紧急状况响应计划。

60. 内部调查与监测技术。

61. 员工援助计划。

62. 员工身心健康修炼计划。

63. 与化学品的使用和依赖有关的问题（例如，识别相关征兆、药物测试以及惩戒）。

人力资源管理专业人员需要掌握的核心知识

64. 需求评价与分析。

65. 第三方合同管理，其中包括投标申请书的设计。

66. 各种沟通战略。

67. 档案记录要求。

68. 成人学习过程。

69. 动机的概念及其应用。

70. 各种培训方法。

71. 领导力的概念及其应用。

72. 项目管理的概念及其应用。

73. 多元化的概念及其应用。

74. 人际关系的概念及其应用（例如，人际关系与组织行为）。

75. 人力资源伦理道德和职业标准。

76. 支持人力资源管理活动的技术和人力资源管理信息系统。

77. 用于分析、解释和进行决策的定性与定量方法及工具。

78. 变革管理。

79. 法律责任与风险管理。

80. 职位分析与职位描述方法。

81. 员工档案管理（例如，文件的保留和处理等）。

82. 跨职能人力资源管理活动和计划中的内部关系处理。

认证手册的再认证指南

简介

什么是资格认证？ 资格认证（certification）是指某一专业团体通过建立一套系统，对那些受过一定的培训并具备一定的工作经验的专业人士予以认可的一种自愿性行为。被认证者通常会被授予资格证书，以证明他们达到了资格认证主办方所制定的各种标准，这份证书通常会在他们的姓名后面加上一个缩写（比如，人力资源管理专业人员（PHR）、高级人力资源管理专业人员（SPHR）、全球人力资源管理专业人员（GPHR）），从而能够使社会公众识别被认证者所达到的资格水平。

资格认证与资格认证培训项目有所不同，因为从定义上看，在资格认证中，工作经验是组成部分之一。然而，在资格认证培训项目中，受训者要想获得证书，只需完成一次培训课程即可，并不要求他们具有过去的工作经验。

为什么资格认证受到追捧？　资格认证能够把已经获得认证的人——或超过认证水平的人——与那些还没有得到这种认证的人区分开来。寻求获得认证的好处还有很多。资格认证是对被认证者的专业成就给予的一种公开认可——得到的不仅是专业内部的认可，还包括来自专业外部的认可。对很多人来说，得到资格认证已经成为他们个人在专业领域的一个目标——它是对自己的知识进行测试以及与同行进行比较的一种途径。还有一些人认为资格认证是对自己事业发展的一种帮助。

资格认证的目的与作用　人力资源管理专业人员与高级人力资源管理专业人员资格认证表明，证书持有者已经掌握了人力资源管理的整个知识体系，并且通过再次认证表明，证书持有者已经接受了持续了解人力资源管理领域的最新发展这样一种挑战。

人力资源管理专业人员与高级人力资源管理专业人员考试完全是自愿的。组织或个人是否决定把这类资格认证作为雇用或晋升的条件，完全取决于他们自己的决断。个人需要在考虑到这种资格认证的效力和再认证要求以及自己或组织的其他要求的情况下，自行决定是否完成这一认证过程，以确保这种资格认证既能满足个人和组织的需要，同时又符合法律的规定。

人力资源管理专业人员与高级人力资源管理专业人员的资格认证还能够让被认证者的同行和同事意识到他们所取得的显著专业成就。人力资源管理专业人员与高级人力资源管理专业人员可以自豪地展示他们的资格证书，并且将这种资格用在商业信函的署名中。

否决认证与撤销认证　资格认证可能会由于以下原因被否决或被撤销：

- 在申请考试时伪造工作经验或其他信息。
- 在申请考试时虚报工作经验或其他信息。
- 违反测试程序。
- 未通过认证考试。
- 不能满足再认证要求。

如果请求认证者的资格认证被否决或被撤销，他应该与人力资源认证机构取得联系，了解如何就认证被否决或被撤销的问题提出申诉。但是，不能因为未通过认证考试或再认证过程而提起申诉。

考试简介

- 225 道选择题。
- 要求在 4 小时内完成。
- 考试通过计算机进行管理。
- 只能用英文参加考试。

你准备好了吗？

- 那就请参加人力资源认证机构的在线考试吧（www.hrci.org）。

资格认证有两个级别：人力资源管理专业人员（PHR®）以及高级人力资源管理专业人员（SPHR®）。[79]这两个级别的考试所要认证的都是人力资源管理通才（即考试将评估被认证者所掌握的人力资源管理各个职能领域的知识），但是这两种考试在关注点以及考试题的认知水平方面又有所区别。人力资源管理专业人员的考试题更侧重于操作或技术层面。而高级人力资源管理专业人员的考试题则更侧重于战略和（或）政策层面。人力资源认证机构只提供英文考试。

这两种考试的考试题都会体现最新公布的测试说明（见前面的“人力资源认证机构测试说明附录”）。考试题都是选择题，其中包括 200 道计分的考试题，以及在考试中随机分布的 25 道预测试题（共计 225 个问题）。每个问题有 4 个选项，但只有一个是正确的或者“最佳选项”。每个问题的答案都可以在不参考其他问题的答案的基础上得出。考生需要在 4 小时之内完成答题。所有的考试都要在 250 多个普尔文考试中心的计算机上完成，该考试已经不提供纸笔测试。

预测试题并不计入成绩，但是这些问题对于建立人力资源管理专业人员与高级人力资源管理专业人员考试的试题库十分重要，也可以从统计学的角度来判断这些试题的难度高低，以及在区分能够通过这种考试的考生和未能通过这种考试的考生方面所具有的有效性。在预测试过程得出的信息会决定在未来的正式考试中是否会使用这些考试题。

在考试当天，考生应先回答一些比较简单的问题，如果遇到较难的问题，可先做一个记号，做完容易的题目之后再回来做。考生猜测答案不会倒扣分，所以要尽量回答所有的问题。没有回答的问题会视同为答案错误。

在试卷的末尾会安排一份调查问卷，如果时间允许的话，考生最好是回答一下。考生回答这些问题完全凭自愿，并且答案是保密的。通过问卷收集这些信息的唯一目的是进行统计研究。

考试题展示了人力资源管理中的下列职能领域。其中的百分比表明在这两种考试中，每一个职能领域得到强调的程度。

考试反映了下面列出的这些百分比，这些百分比是由一组经过认证的具有专门经验的专家审定的，以确保这些题目能够做到与时俱进，同时反映之前公布的测试说明。

人力资源管理专业人员考试与高级人力资源管理专业人员考试中涉及的各职能领域

	人力资源管理专业人员认证	高级人力资源管理专业人员
战略管理	12%	26%
员工队伍规划与雇佣	26%	16%
人力资源开发	15%	13%
薪酬与福利	20%	16%
员工关系与劳资关系	21%	24%
职业健康、安全与保卫	6%	5%

合格分数线 两种考试的合格分数线（基于标准分）都是 500 分。考生能够得到的最低分数为 100 分，最高分是 700 分。

若想知道更多关于标准分计算的信息，请参见人力资源认证机构的专门手册中关于“了解分数报告”以及“及格分数线是如何设置的”两个问题的内容。

人力资源认证机构在线评估测验 人力资源认证机构提供一种在线的评估测试考试，在这种测验中包括一些在以前的正式考试中曾经出现过的，而现在已经从题库中删除的考试题。在注册登记参加资格认证考试之前，最好是先去参加一下这些在线评估测验。这种在线测验能够让考生了解到实际考试中涉及的试题类型。要想得到关于这种在线测验（及其费用）的相关信息，请访问人力资源认证机构的网站 www. hrci. org。

关于计算机化的考试（CBT）　从 2004 年开始，人力资源认证机构的所有人力资源管理专业人员认证考试和高级人力资源管理专业人员认证考试都要在普尔文考试中心（Prometric test centers）的计算机上完成。以下就是你需要了解的关于这种令人振奋的新工具的内容。

在计算机上进行考试的优势

- 考试将完全由计算机管理，不再需要提供纸笔形式的考试。
- 考试将在位于美国本土、美国领土范围内以及加拿大的 250 多个考试中心进行。此外，在全世界任何拥有普尔文考试中心的国家，也可以进行这类认证考试。
- 2009—2010 年度的两次考试开放时期分别为：2009 年 5 月 1 日—6 月 30 日，2009 年 12 月 1 日—2010 年 1 月 31 日。
- 在美国人力资源管理协会的会议期间将不再举行考试。
- 考生可以在考试开放期间，选择周一到周五的时间安排自己的考试，但是从周一到周六都可以进行答题。
- 在考试时考生将可以看到一个在计算机中内置的时钟和计算器。
- 每个考场都允许进行更多的隐私保护和考试安全保卫工作。
- 在考生离开考试中心前，考生马上就能知道自己的考试分数是否通过了（初步的）。正式的成绩单会在考试后的 2～3 周内邮寄给考生。
- 考试开放日将更多。
- 考试中心的设立地点将更多。
- 考试管理和考试环境能够变得更加具有一致性。
- 考生可以把比较难回答的问题标注出来，做完其他考试题再回来做这些题目。
- 计算机上的考试操作起来比较方便（并不要求太多的电脑使用技能）。
- 有专门的自学教程教考生如何参加这种计算机化的考试（包括如何做标记，然后回头再来做这些考试题），以确保考生能够适应考试过程。
- 考试由在提供计算机化的考试领域处于领先地位的普尔文公司提供。

依然保持不变的是

- 考试内容、试题数量（225 道）、考试时间（4 小时）。
- 参试资格要求。
- 严格的截止日期。
- 给考生邮寄正式成绩单。
- 专业考试服务组织（PES）负责审查考试申请、付款、评分以及邮寄成绩单的工作。

关于计算机化的考试的更多信息，请访问人力资源认证机构的主页 www. hrci. org。

注释

[1] Dina Berta, "Job Trekker's Odyssey Offers HR Insights," *Nation's Restaurant News* 42, no. 6 (February 11, 2008), pp. 1, 12.

[2] Dina Berta, "IHOP Franchise Employs Post-Hiring Surveys to Get Off Turnover 'Treadmill,'" *Nation's Restaurant News* 41, no 39 (October 1, 2007), p. 6.

[3] "Statistics of U.S. Businesses and Non-Employer Status," www.sba.gov/advo/research/data.html, accessed November 5, 2009.

[4] "Small Business Economic Indicators 2000," Office of Advocacy, U.S. Small Business Administration (Washington, D.C., 2001), p. 5. See also "Small Business Laid Foundation for Job Gains," www.sba.gov/advo, accessed March 9, 2006.

[5] Studies show that the size of the business impacts human resource activities such as executive compensation, training, staffing, and HR outsourcing. Peter Hausdorf and Dale Duncan, "Firm Size and Internet Recruiting in Canada: A Preliminary Investigation," *Journal of Small-Business Management* 42, no. 3 (July 2004), pp. 325–334.

[6] Society for Human Resource Management, *SHRM Human Capital Benchmarking Study 2007*, p. 12.

[7] Graham Dietz et al., "HRM Inside UK E-Commerce Firms," *International Small Business Journal* 24, no. 5 (October 2006), pp. 443–470.

[8] Bernice Kotey and Cathleen Folker, "Employee Training in SMEs: Effect of Size and Firm Type—Family and Nonfamily," *Journal of Small-Business Management* 45, no. 2 (April 2007), pp. 14–39.

[9] Graham Dietz et al., op cit.

[10] Ibid.

[11] Mary Coulter, *Entrepreneurship in Action* (Upper Saddle River, NJ: Prentice Hall, 2001), p. 18.

[12] Ibid. See also N. Wasserman, "Planning a Start-Up? Seize the Day . . . Then Expect to Work All Night," *Harvard Business Review* 87, no. 1 (January 2009), p. 27.

[13] Jill Kickul and Lisa Gundry, "Prospecting for Strategic Advantage: The Proactive Entrepreneurial Personality and Small Firm Innovation," *Journal of Small-Business Management* 40, no. 2 (April 2002), pp. 85–98.

[14] S. McKenna, "The Darker Side of the Entrepreneur," *Leadership & Organization Development Journal* 17, no. 6 (November 1996), pp. 41–46. See also L. Farrell, "Welcome to The Dark Side," *Conference Board Review* 44, no. 6 (November/December 2007), pp. 63-64.

[15] The following four points based on Kathy Williams, "Top HR Compliance Issues for Small Businesses," *Strategic Finance*, February 2005, pp. 21–23.

[16] However, one study concluded that the increased labor costs associated with high-performance work practices offset the pay productivity increases associated with high-performance work practices. Luc Sels et al., "Unraveling the HRM–Performance Link: Value Creating and Cost Increasing Effects of Small-Business HRM," *Journal of Management Studies* 43, no. 2 (March 2006), pp. 319–342. For supporting evidence of HR's positive effects on small companies, see also Andrea Rauch, et al., "Effects of Human Capital and Long-Term Human Resources Development and Utilization on Employment Growth of Small-Scale Businesses: A Causal Analysis," *Entrepreneurship Theory and Practice* 29, no. 6 (November 2005), pp. 681–698; Andries de Grip and Inge Sieben, "The Effects of Human Resource Management on Small Firms' Productivity and Employees' Wages," *Applied Economics* 37, no. 9 (May 20, 2005), pp. 1047–1054.

[17] Dawn Carlson et al., "The Impact of Human Resource Practices and Compensation Design on Performance: An Analysis of Family-Owned SMEs," *Journal of Small-Business Management* 44, no. 4 (October 2006), pp. 531–543.

[18] Graham Dietz et al., op cit.

[19] Gilbert Nicholson, "Automated Assessments for Better Hires," *Workforce*, December 2000, pp. 102–107.

[20] www.EEOC.gov/employers/overview.html, accessed February 10, 2008.

[21] www.DOL.gov/elaws, accessed February 10, 2008.

[22] Paul Harris, "Small Businesses Bask in Training's Spotlight," *Training & Development* 59, no. 2 (Fall 2005), pp. 46–52.

[23] Ibid.

[24] Ibid.

[25] www.employeeappraiser.com/index.php, accessed January 10, 2008.

[26] www.halogensoftware.com/products/halogen-eappraisal/, accessed January 10, 2008.

[27] Jan de Kok, "Precautionary Actions Within Small and Medium-Sized Enterprises," *Journal of Small-Business Management* 43, no. 4 (October 2005), pp. 498–516.

[28] Sean Smith, "OSHA Resources Can Help Small Businesses Spot Hazards," *Westchester County Business Journal*, August 4, 2003, p. 4. See also www.osha.gov/as/opa/osha-faq.html, accessed May 26, 2007.

[29] Lisa Finnegan, "Industry Partners with OSHA," *Occupational Hazards*, February 1999, pp. 43–45.

[30] Graham Dietz et al., op cit.

[31] Gina Ruiz, "Smaller Firms in Vanguard of Flex Practices," *Workforce Management* 84, no. 13 (November 21, 2005), p. 10.

[32] Ibid.

[33] These are from Ty Freyvogel, "Operation Employee Loyalty," *Training Media Review*, September–October 2007.

[34] Ibid.

[35] Ibid.

[36] Based on Bob Nelson, *1001 Ways to Reward Employees* (New York: Workman Publishing, 1994), p. 19. See also Sunny C. L. Fong and Margaret A. Shaffer, "The Dimensionality and Determinants of Pay Satisfaction: A Cross-Cultural Investigation of a Group Incentive Plan," *International Journal of Human Resource Management* 14, no. 4 (June 2003), p. 559(22).

[37] Jeffrey Marshall and Ellen Heffes, "Benefits: Smaller Firm Workers Often Getting Less," *Financial Executive* 21, no. 9 (November 1, 2005), p. 10.

[38] www.dol.gov/ebsa/pdf/ppa2006.pdf, accessed February 18, 2008.

[39] Bill Leonard, "New Retirement Plans for Small Employers," *HR Magazine* 51, no. 12 (December 2006), p. 30.

[40] Kristen Falk, "The Easy Retirement Plan for Small Business Clients," *National Underwriter* 111, no. 45 (December 3, 2007), pp. 12–13.

[41] Ibid.

[42] Adrienne Fox, "McMurray Scouts Top Talent to Produce Winning Results," *HR Magazine* 51, no. 7 (July 2006), p. 57.

[43] Colin Gray and Christopher Mabey, "Management Development: Key Differences Between Small and Large Businesses in Europe," *International Small Business Journal* 23, no. 5 (October 2005), pp. 467–485.

[44] Ibid. See also Essi Saru, "Organizational Learning and HRD: How Appropriate Are They for Small Firms?" *Journal of European Industrial Training* 31, no. 1 (January 2007), pp. 36–52.
[45] From Stephen Covey, "Small Business, Big Opportunity," *Training* 43, no. 11 (November 2006), p. 40.
[46] Phillip Perry, "Welcome to the Family," *Restaurant Hospitality* 90, no. 5 (May 2006), pp. 73, 74, 76, 78.
[47] Ibid.
[48] Ibid.
[49] Ibid.
[50] Ibid.
[51] Dina Berta, "IHOP Franchisee Employs Post-Hiring Surveys to Get Off Turnover 'Treadmill,'" *Nation's Restaurant News* 41, no 39 (October 1, 2007), p. 6.
[52] Kate Leahy, "The 10 Minute Manager's Guide to . . . Communicating with Employees," *Restaurants & Institutions* 116, no. 11 (June 1, 2006), pp. 22–23.
[53] Ibid.
[54] Ibid.
[55] Jane Applegate, "Employee Leasing Can Be a Savior For Small Firms," *Business Courier Serving Cincinnati–Northern Kentucky*, January 28, 2000, p. 23.
[56] Robert Beck and J. Starkman, "How to Find a PEO That Will Get the Job Done," *National Underwriter* 110, no. 39 (October 16, 2006), pp. 39, 45.
[57] Layne Davlin, "Human Resource Solutions for the Franchisee," *Franchising World* 39, no. 10 (October 2007), pp. 27–28.
[58] Robert Beck and Jay Starkman, "How to Find a PEO That Will Get the Job Done," *National Underwriter* 110, no. 39 (October 16, 2006), pp. 39, 45.
[59] Lyle DeWitt, "Advantages of Human Resources Outsourcing," *The CPA Journal* 75, no. 6 (June 2005), p. 13.
[60] Harriet Tramer, "Employee Leasing Agreement Can Ease Personnel Concerns," *Crain's Cleveland Business*, July 24, 2000, p. 24.
[61] Max Chafkin, "Fed Up with HR?" *Inc.* 28, no. 5 (May 2006), pp. 50–52.
[62] Ibid.
[63] Ibid.
[64] Ibid.
[65] Jane Applegate, op cit.
[66] Max Chafkin, op cit.
[67] Robert Beck and J. Starkman, op cit.
[68] Lyle DeWitt, op cit and www.peo.com/dnn, accessed April 28, 2008.
[69] The following items are from Layne Davlin, "Human Resource Solutions for the Franchisee," *Franchising World* 39, no. 10 (October 2007), p. 27.
[70] Ibid.
[71] Sondra Servais, *Personnel Director* (Deerfield Beach, FL: Made E-Z Products, 1994).
[72] Office Depot, Winter 2003 Catalog (Delray Beach, FL: Office Depot, 2008).
[73] www.ihrim.org, accessed April 28, 2008.
[74] Adapted from Kenneth Laudon and Jane Laudon, *Management Information Systems: New Approaches to Organization and Technology* (Upper Saddle River, NJ: Prentice Hall, 1998), p. G7. See also Michael Barrett and Randolph Kahn, "The Governance of Records Management," *Directors and Boards* 26, no. 3 (Spring 2002), pp. 45–48; Anthony Hendrickson, "Human Resource Information Systems: Backbone Technology of Contemporary Human Resources," *Journal of Labor Research* 24, no. 3 (Summer 2003), pp. 381–395.
[75] "HR Execs Trade Notes on Human Resource Information Systems," *BNA Bulletin to Management*, December 3, 1998, p. 1. See also Brian Walter, "But They Said Their Payroll Program Complied with the FLSA," *Public Personnel Management* 31, no. 1 (Spring 2002), pp. 79–94.
[76] "HR Execs Trade Notes on Human Resource Information Systems," *BNA Bulletin to Management*, December 3, 1998, p. 2. See also Ali Velshi, "Human Resources Information," *The Americas Intelligence Wire*, February 11, 2004.
[77] 2009 Copyright © Gary Dessler PhD.
[78] Portions based on Gustavo Rodriguez, "Starting a Hedge Fund," *LatinFinance* 47, no. 201 (2008), http://vnweb.hwwilsonweb.com.ezproxy.fiu.edu/hww/results/results_single_fulltext.jhtml;hwwilsonid=VIMPEAQW53NMFQA3DIKSFGOADUNGIIV0, accessed March 26, 2009.
[79] Not addressed here is the more specialized GPHR global human resources certification.

词汇表

行动学习（action learning）：一种能够使管理培训者可以全日制地到其他部门分析和解决问题的培训技术。

适应性甄选（adaptability screening）：一个对外派人员（及其配偶）成功适应外派工作的可能性进行评估的过程。

消极影响（adverse impact）：某些使少数族裔劳动者和其他受保护劳动者群体在雇佣、调动或者晋升等方面被淘汰比例较大的企业管理实践产生的总体性不良后果。

积极的反歧视行动（affirmative action）：雇主付出额外的努力来雇用和晋升那些受保护群体中的劳动者，尤其是这些群体中的劳动者在就业和晋升方面的比例不足的情况下。

1967 年《反雇佣年龄歧视法》（Age Discrimination in Employment Act of 1967）：该法案禁止雇主对劳动者实行年龄歧视，它特别保护那些年龄在 40 岁以上的劳动者。

工会代理制企业（agency shop）：它是工会保障的一种形式，在这种情况下，即使是未加入工会的员工也要向工会缴纳会费，其基本假设是：工会在保护劳动者利益方面所作出的努力实际上会使所有的员工都受益，无论其是否加入工会。

交替排序法（alternation ranking method）：根据某一具体特征将员工从最好到最差进行排列的一种做法，其具体操作方法是：首先选出最好的员工，然后找出最差的员工，接着再从剩下的员工中分别找出次最好的和次最差的员工，以此类推，直到所有的员工都排列完毕。

建设性争议处理计划（alternative dispute resolution or ADR program）：一种将具有约束力的仲裁作为最后解决步骤的争议处理程序。

非常规性配员（alternative staffing）：一种利用非常规性渠道来招募临时员工的做法。

《美国残疾人法》（Americans with Disability Act）：这一法案要求雇主必须针对残疾人的情况提供合理的便利；它禁止雇主对残疾人实施歧视。

年终奖（annual bonus）：为激励管理人员达成短期绩效而设计的奖励计划，这种奖励计划往往是与企业的盈利性挂钩的。

求职者跟踪系统（applicant tracking system）：一种能够帮助企业吸引求职者、收集求职申请表、筛选简历、整理结果并管理求职者的电子系统。

求职申请表（application form）：提供求职者教育背景、工作经验以及技能信息的表格。

绩效评价面谈（appraisal interview）：在工作绩效评价完成之后，直接上级和下级一起对下级的最终评价结果进行讨论，然后共同制定帮助下级改正缺点、强化优点的计划。

学徒制培训（apprenticeship training）：通过课堂讲授与在职培训相结合的方式使劳动者成为技术工人的一个结构化过程。

仲裁（arbitration）：一种最为权威的第三方干预形式。仲裁者通常有权决定争议解决办法并且负责监督其执行。

风险型可变薪酬计划（at-risk variable pay plan）：让员工周薪的一部分承受一定的风险，即与企业的财务目标达成情况挂钩的一种可变薪酬计划。

职权（authority）：作出决策、指挥他人工作以及发布命令的权力。

授权卡（authorization card）：为了举行成立工会的选举活动，工会必须证明企业中至少有 30%的员工对于组建工会感兴趣。而员工则通过在授权卡上签名表示自己对于组建工会感兴趣。

谈判单位（bargaining unit）：授权工会代表自己进行集体谈判的员工群体。

行为模仿（behavior modeling）：培训技术的一种，它首先让受训者通过观看电影了解良好的管理技术，然后再让他们在一个模拟环境中扮演一些角色，最后让指导者对他们提供反馈和表扬。

行为塑造（behavior modification）：一种通过给予及时的奖惩改变员工行为的方法。

行为面试（behavioral interview）：一种集中考察求职者过去是如何对某些现实场景作出反应的一系列与工作有关的面试问题。

行为锚定等级评价法（behaviorally anchored rating scale）：一种试图将描述性的关键事件与量化评价技术结合在一起的绩效评价技术，它利用关于优秀绩效或不良绩效的一些具体描述性事件，对量化的绩效等级加以行为界定。

行为安全教育（behavior-based safety）：确定引发事故的行为，然后培训工人在工作中避免出现这类行为。

标杆职位（benchmark job）：作为界定企业薪酬等级及其薪酬水平的职位，其他职位则要根据与这些职位相比的相对价值来确定薪酬位置。

福利（benefits）：员工由于持续为企业服务而获得的各种间接的经济收入或非经济收入。

个人偏见（bias）：导致年龄、种族、性别等个人特征对员工得到的绩效评价结果产生影响的评价者倾向。

真实职业资格（bona fide occupational qualification，BFOQ）：如果要求求职者必须具有某一宗教信仰、性别或原国籍，则企业必须能够证明这种要求是组织正常经营必需的一个条件。这种要求是在美国 1964 年颁布的《民权法案》中具体规定的。

联合抵制（boycott）：员工以及其他一些利益群体拒绝购买或使用企业所生产的产品的做法。

薪酬宽带（broadbanding）：将薪资等级以及薪资区间合并成少数几个浮动范围更大的薪酬水平或“薪酬带”，从而在每一个“薪酬带”中包括更多类型的职位和更多的薪酬水平。

临时解雇程序（bumping/layoff procedures）：决定在无工作可做时首先临时性地解雇那些人的详细程序规定；这种程序使员工可以利用自己的资历来保住自己的工作岗位。

工作倦怠（burnout）：指为了达到某种不现实的工作目标而作出过分努力，从而导致的体力和脑力的过度耗费。

商业计划书（business plan）：一份提供公司的现状以及整个公司及其各部门在未来 3～5 年的目标和计划的文件。

求职者面试顺序误差（或对比误差）（candidate-order or contrast error）：由于面试考官在面试当前求职者之前刚刚对一位或几位非常优秀或非常糟糕的求职者进行面试，结果导致他们在对当前求职者进行面试时出现的判断偏差。

职业生涯（career）：员工在若干年里从事过的各个职位。

职业锚（career anchor）：一个人的职业发展所围绕的中心，它要求一个人了解自己的才干和能力、动机和需求以及态度和价值观。

职业周期（career cycle）：一个人的职业生涯发展所经历的各个阶段。

职业发展（career development）：对一个人的职业探索、职业确立、职业成功以及职业满足有作用的各种终身性活动。

职业管理（career management）：一个使员工更好地理解、开发并且最为有效地利用其职业技能和兴趣的过程。

职业发展规划（career planning）：一个能够使人们意识到自己的技能、兴趣、知识、动机及其他特质，并且制定行动计划的实现特定职业目标的有目的的过程。

案例研究法（case study method）：一种对管理人员进行开发的技术，它首先向管理人员提供一份描述组织当前存在的问题的书面文件，然后要求他们对问题进行诊断，并提出解决问题的办法。

现金余额养老金计划（cash balance plans）：一种收益确定制的福利计划，在这种计划中，企业每年根据员工当前薪酬的一定百分比向员工的养老金账户中缴纳一定的养老金，员工则可以得到这笔养老金的利息。

居中趋势（central tendency）：一种对所有员工的工作绩效都作出相同评价的倾向，比如将所有员工的绩效都评为中等。

传讯（citations）：一种告知企业或员工在工作场所中违反了某种法律规定或标准的法律文件。

1991 年《民权法案》（Civil Rights Act of 1991）：该法案将提供证据的责任重新界定给企业方，并且允许法庭对违法者课以补偿性罚金和惩罚性罚金。

职级（class）：根据每一个职位等级或职位群所对应的一整套规则——比如职位所要求的独立判断程度、技能水平、体力等——将职位划分到不同的等级之中。通常情况下，在同一职级中包括很多类似的职位。

封闭型企业（closed shop）：工会保障的一种形式，它要求企业只能雇用工会会员。这种要求在 1947 年已经被宣布为非法，但这种情况在某些行业（如印刷行业）中依然存在。

教练辅导（coaching）：教育、指导和培训下属人员。

共决制（codetermination）：员工享有参与公司政策制定的法定权利。

集体谈判（collective bargaining）：资方和工会各自的代表就一份劳资协议进行谈判的过程。

大学校园招募（college recruiting）：企业派代表到大学校园中对求职者进行预先甄选并建立由应届毕业生构成的人才库。

可比价值（comparable worth）：薪酬水平通常比男性员工低的女性员工可以利用此概念向法庭提出指控，宣称那些所从事的工作与自己具有可比性，但并不完全相同的男性员工得到的薪酬比自己高。

报酬要素（compensable factor）：一个职位所包含的最基本的、应当为之支付报酬的那些要素，比如技能、努力、责任以及工作条件。

胜任素质（competencies）：那些展示出来的有助于提升工作绩效的个人特质，其中包括知识、技能和行为。

胜任素质模型（competency model）：对一个人为了做好工作所必须具有的各种胜任素质（知识、技能和行为）的一种精确概述，通常是以一张合成的表格形式出现的。

基于胜任素质的职位分析（competency-based job analysis）：根据一位员工为了把工作做好所需展现出来的各种可衡量的、可观察的行为性胜任素质，对一个职位进行的描述。

能力薪酬体系（competency-based pay）：企业根据员工所掌握的技能和知识的深度、广度和类型而非员工实际承担职位的名称支付的薪酬。

竞争优势（competitive advantage）：任何能够使组织提供的产品和服务与市场上的竞争对手相区别，从而增加企业产品的市场份额的因素。

竞争战略（competitive strategy）：为明确企业如何培育和强化自己在市场上的长期竞争地位而制定的战略。

压缩工作周（compressed workweek）：一种使员工每周的工作时间少于5天，但是每天的工作时间相应延长的工时安排计划。

内容效度（content validity）：如果测试工具中包含求职者在实际工作中需要完成的任务以及需要具备的各种技能的样本，则说明此测试工具是有内容效度的。

控制实验法（controlled experimentation）：一种评价某种培训方案的有效性的方法，其做法通常是，在受训者接受培训之前和之后各进行一次测试，并且设置一个对照组。

联合施压运动（corporate campaign）：工会向公司的其他工会、股东、董事、客户、债权人以及政府机构施加压力——通常是直接、有组织地对某一公司施压的做法。

公司战略（corporate-level strategy）：一种明确构成公司总体的业务领域以及这些业务领域之间的联系方式的战略类型。

效标关联效度（criterion validity）：一种表明测试分数（预测指标）与实际工作绩效（效标）之间相关的效度。

关键事件法（critical incident method）：先将下属人员在工作中表现出来的非同寻常的优秀事例或不良事例记录下来，然后在预定时间里与员工就这些事例进行审查和讨论。

1931年《戴维斯-贝肯法案》（Davis-Bacon Act，1931）：美国国会于1931年通过的一项法案，该法案规定了美国联邦政府承包商必须向它们雇用的体力劳动者支付的工资水平。

工会授权取消（decertification）：一种员工终止一个工会对他们的代表权的法律程序。

衰退阶段（decline stage）：很多人在职业生涯中都必须面对的一个阶段，在这个阶段人们不得不接受权力和责任减少的现实，学会扮演一种新的角色，即成为年轻人的良师益友。

延期利润分享计划（deferred profit-sharing plan）：一种使每一位员工的账户中都可以分享一定数量企业利润的计划，不过这种计划只允许员工在退休、离职或去世时才能领取这些分享的利润。

收益确定制养老金计划（defined benefit pension plan）：一种包含一个固定的养老金福利计算公式的退休福利计划。

缴费确定制养老金计划（defined contribution pension plan）：一种确定了企业必须向员工的养老金账户或储蓄账户中缴纳的具体养老金数量的计划。

工作日记/日志（diary/log）：员工在每天的每一次工作活动发生时，都将它们的发生时间记录下来所形成的一份清单。

数字仪表盘（digital dashboard）：通过电脑屏幕上的图表，用计算机化的图片向管理者展示企业在人力资源计分卡的各项指标上所处的位置。

直接经济报酬（direct financial payment）：以工资、薪金、奖金、佣金以及年终奖等形式支付的薪酬。

解雇（dismissal）：在员工非自愿的情况下与其终止雇佣关系。

差别淘汰率（disparate rejection rate）：通过证明某种测试导致受保护劳动者群体的被淘汰概率与其他劳动者群体的被淘汰概率存在差异来表明存在消极影响的一种测试方式。

分配公正（distributive justice）：一项决定所产生的结果的公平公正性。

多元化（diversity）：一家公司的员工队伍在人口统计特征方面的多样性，特别是在种族、性别、文化、原国籍、残疾状况、年龄和宗教等方面的多样性。

裁员（downsizings）：一家企业减少（通常是大规模减少）自己所雇用的人员数量的过程。

提前退休窗口（early retirement window）：企业为鼓励员工提早退休而提供的一种优惠条件，其中包括比较慷慨的退休金福利以及一定的现金支付。

经济罢工（economic strike）：因为未能就包括工资、福利以及其他雇佣条件在内的合同达成一致谈判而导致的罢工。

电子通信保密法（Electronic Communications Privacy Act）：一部旨在部分限制企业对员工的口头和书面交流进行监听和监视的法律，但是这部法律规定了两种例外情况：一是企业能够为这种做法提供合法的商业原因；二是员工允许企业这样做。

电子绩效监控（electronic performance monitoring）：它能帮助管理者实现电子化监控员工每天处理计算机化数据的数量，进而监控员工绩效。

电子绩效支持系统（electronic performance support systems，EPSS）：具有自动培训、记录、电话支持等功能在内的一整套计算机工具和显示装置，这些东西通常会被整合为应用软件，能够比传统的绩效管理方法提供更快、更便宜和更有效的绩效管理支持。

员工援助计划（Employee Assistance Program，EAP）：一种针对员工出现的酗酒、赌博和压力过大等问题而为他们提供咨询以及（或）治疗的正式计划。

员工薪酬（employee compensation）：员工由于与企业之间形成雇佣关系而从企业获得的所有薪酬或报酬。

新员工入职引导（employee orientation）：一个向新员工提供企业的背景性信息的过程。

员工招募（employee recruiting）：为企业中的职位空缺寻找以及（或）吸引求职者的过程。

《员工退休收入保障法》（Employee Retirement Income Security Act，ERISA）：福特总统于 1974 年签署的一项法案，该法案要求员工的养老金权利必须被授予并且得到养老金福利担保公司（PBGC）的保护。

员工持股计划（Employee Stock Ownership Plan，ESOP）：一种能够得到减税待遇的股票奖励计划。在这种计划下，企业将自己的一部分股份交给一个信托机构，而这部分股票最终将会被分配给员工。

雇佣规划/人事规划（employment or personnel planning）：确定在企业中有哪些职位空缺需要填补以及如何填补的过程。

公平就业机会委员会（Equal Employment Opportunity Commission，EEOC）：根据《民权法案》第七章成立的一个国家委员会，该法案授权此委员会调查关于工作歧视的申诉并代表申诉方提起诉讼。

1963 年《公平薪酬法》（Equal Pay Act of 1963）：该法案要求无论员工性别如何，企业都必须向从事对等工作的人支付相同的薪酬。

确立阶段（establishment stage）：年龄在 24～44 岁的劳动者大多处于这个职业生涯发展阶段，这一阶段是职业生涯的核心阶段。

伦理道德（ethics）：规范个体或群体行为的各种原则，更具体地说，人们据此决定应该采取何种行为。

道德准则（ethics code）：企业对希望自己的员工能够遵守的行为标准所做的道德化描述。

民族中心主义（ethnocentric）：母国公司认为自己的态度、管理风格、知识、评价标准以及管理者等均优于东道国的一种观念。

高层管理人员教练（executive coach）：通过对高层管理人员的老板、同级、下属和他们家人的提问，识别高层管理人员的优势和劣势，为高层管理人员提供专业的建议，使其可以充分利用自己的优势并且克服自身劣势的一位外部咨询顾问。

离职面谈（exit interview）：与即将离开公司的员工进行的面谈，其目的是获得与职位有关的信息或其他相关信息，从而帮助企业更好地了解组织中存在的各种问题。

外派人员（expatriates）：指在当地工作却不属于当地国民的工作人员。

期望（expectancy）：一个人对于其努力可能带来的绩效所产生的预期。

期望图（expectancy chart）：一种用来表明一群人的测试分数与其工作绩效之间关系的图形。

探索阶段（exploration stage）：人们致力于探索各种可能的职业选择的职业生涯发展阶段之一（通常在 15～24 岁）。

实情调查员（fact finder）：作为中立的第三方对争议双方的问题进行调查，并提出解决问题的合理建议的人。

要素比较法（factor comparison method）：这是一种广泛运用的职位排序法，它首先分别根据各种技能、难度等要素对职位进行多次排序，然后再将这些排序结果进行加总，从而得出对每个职位的总体量化评价。

公平日工作标准（fair day's work）：企业基于严谨科学的分析为员工设定的日产出标准。

1938 年《公平劳工标准法》（Fair Labor Standards Act）：该法案就最低工资、最高工时、加班工资以及童工保护等问题作出了规定。该法案经过多次修订，适用于大多数员工。

家庭友好型或工作—生活平衡型福利（family-friendly or work-life benefits）：指帮助员工更容易地兼顾工作和生活责任的诸如儿童看护和健身设施等福利项目。

1994 年《联邦政府反女性暴力侵害法》（Federal Violence Against Women Act of 1994）：该法案认定，那些由于性别动机而实施暴力犯罪的人应对受害者承担责任。

经济激励（financial incentives）：支付给那些产量超过预定标准的员工的经济报酬。

弹性福利计划（或自助餐式福利计划）（flexible benefits program/cafeteria benefits plan）：企业为了迎合员工对不同福利的偏好而设计的个性化福利计划。

弹性工作时间（flextime）：一种允许员工围绕一天中的核心时间（例如上午 11 点到下午 2 点）灵活安排自己的日工作时间的计划。

强制分布法（forced distribution method）：一种类似于按一条曲线形状确定等级分布的方法。在进行绩效评价时，它要求评价者按照事先确定好的百分比，将被评价者分配到各种不同的绩效等级中。

国外服务补贴（foreign service premiums）：公司向外派人员支付的一种高于基本薪酬的经济补偿，一般相当于基本薪酬的 10%～30%。

五分之四规则（4/5 rule）：美国联邦政府规定，如果任何被保护群体的被选用率低于人数最多群体被选用率的 80%，则表明存在对该被保护群体的消极影响。

401（k）计划（401（k）plan）：根据美国联邦政府《国内税收代码》第 401（k）节的规定而制定的一种缴费确定制养老金计划。

职能权力（或职能控制）（functional authority or functional control）：人力资源经理作为人事管理活动的协调者而行使的权力。

职能战略（functional strategies）：一种旨在明确各职能部门为帮助企业实现竞争目标需要完成哪些活动而制定的战略。

收益分享计划（gainsharing plan）：一种鼓励员工通过共同努力达成生产率目标，然后共同分享这种收益的激励计划。

全球中心主义（geocentric）：一种认为一家公司的管理人员应当在全球范围内搜寻的管理理念，它的基本假设是：适合某个地方的某个具体职位的最佳管理者可能会在公司开展经营活动的任何一个国家中。

全球化（globalization）：企业将其销售、所有权以及（或者）生产向海外新市场扩张的趋势。

金色降落伞（golden parachutes）：指一旦公司所有权或控制权改变，公司会向高层管理人员提供的丰厚补偿。

有诚意的谈判（good faith bargaining）：谈判双方都作出各种合理的努力来争取达成一致；一方提出的建议能够得到另一方的意见呼应。

善意努力战略（good faith effort strategy）：旨在改变因过去实施的对受保护劳动者群体进行排斥或使用不足的做法而采取的一种雇佣战略。

职位等级定义（grade definition）：对每一职位等级中的所有职位需要承担的责任以及需要具备的技能水平等作出的书面描述。类似的职位就可以被纳入同一个职位等级之中。

职等（grades）：一种与划分学生年级类似的职位分类系统，不过，在同一职位等级中可能会包括各种不太类似的职位，比如秘书、机械师以及消防队员等。职位等级描述是根据在职位分类系统中包括的报酬要素编写的。

图评价尺度（graphic rating scale）：一种列举出各种特征及每一种特征对应的绩效变动范围的评价尺度。在对员工进行评价时，评价者只需要确定评价尺度上的哪一个绩效水平描述的情况与员工的实际表现一致。

申诉程序（grievance procedures）：当员工因工资、工时或雇佣条件等方面的问题对雇主不满时可以依照的一种正式程序。

团体寿险（group life insurance）：以较低的费率为企业或员工提供的保险项目，它覆盖包括新员工在内的全体员工，同时它也不考虑员工在健康程度或身体状况方面的差异。

成长阶段（growth stage）：一个人从出生到 14 岁之间都属于这一阶段，在这一阶段人们通过自我认知和与他人的互动来逐步形成自我概念。

晕轮效应（halo effect）：在绩效评价中经常会出现的一个问题，其典型表现是：一位主管人员对员工在某一绩效要素上的表现所做的评价，影响到了他对这位员工在其他绩效要素上的表现所做的评价。

艰苦补贴（hardship allowances）：当外派人员因到国外某地工作而处于艰苦的生活和工作条件时，企业为员工提供的一种补偿。

健康维护组织（health maintenance organization，HMO）：一种预付款形式的医疗保健系统，它通常提供常规性的 24 小时医疗服务，同时以门诊形式提供预防性医疗服务。雇主需要向该组织缴纳固定的年费，接受服务的员工个人还需要再额外缴纳一定的医疗费。

高绩效工作系统（high-performance work system）：指能够带来卓越员工绩效的各种人力资源管理政策和实践活动的整合。

母国公民（home-country nationals）：跨国公司总部中有本国居民身份的员工。

人力资源审计（HR audit）：企业为了衡量自己目前所处的位置以及决定需要采取哪些行动来改进自己的人力资源管理职能而实施的一种分析。

人力资源计分卡（HR Sorecard）：旨在衡量人力资源管理职能在塑造实现企业战略目标所需的员工行为方面所具有的效率和有效性而采用的一种人力资源管理工具。

人力资本（human capital）：一家企业的员工所具有的知识、教育、培训、技能以及经验。

人力资源管理（human resource management，HRM）：为了完成一个组织中的"人"方面的工作或者一个管理职位上与人力资源有关的任务而制定和实施的各种政策和实践，其中包括招募、甄选、培训、支付报酬以及绩效评价等。

人力资源指标（human resource metric）：评价各项人力资源管理活动状态及其进展情况的各种财务性和非财务性的指标。

非法谈判项目（illegal bargaining items）：法律禁止在集体谈判中协商的一些问题，比如，在颁布了就业权力法的各州中，在集体协议中出现"排他性地只雇用工会会员"的条款就属于违法。

僵持（impasse）：在集体谈判中可能会出现的一种情况，这时的谈判双方都无法在解决方案方面继续向前推进，通常是因为其中一方提出的要求超过了另一方能够接受的限度。

间接经济报酬（indirect financial payment）：以保险等经济福利的方式体现的报酬。

企业内部开发中心（in-house development centers）：一种通过让未来的管理人员在企业内部完成各种实际的练习来开发和改善他们的管理技能的方法。

禁令（injunction）：法院强制一方或几方当事人从事或不得从事某种行为的正式命令。

内部博弈（inside games）：工会为促使员工阻止或破坏生产而作出的努力——例如放慢工作节奏等。

关联性（instrumentality）：员工所感知到的达成工作绩效和获得报酬之间存在的关系。

违抗上级（insubordination）：有意不理会或不服从上级的权威或合法命令；在公开场合批评责备上级。

职业兴趣库（interest inventory）：一种个人开发和甄选工具，它通过将个人目前的职业兴趣与目前在其他各种岗位上的人的职业兴趣进行对比来确定更适合此人从事的职位。

工作助手（job aid）：为了在工作场所中对员工进行指导而设立的一系列指导语、图表等。

职位分析（job analysis）：确定一个职位需要履行的职责、任职者需要具备的技能以及应当雇用何种类型的人来承担这一职位的程序。

职位分类（分级）法（job classification（or grading） method）：一种对职位进行分类或分组的方法。

职位描述（job description）：关于一个职位所承担的职责、责任、工作汇报关系、工作条件以及监督职责等的一份清单——它是职位分析的一个结果。

职位扩大化（job enlargement）：为员工增加一些与其现有工作活动难度水平相同的其

他工作，增加他们需要完成的工作活动数量。

职位丰富化（job enrichment）：一种为员工提供体会责任感、成就感以及成长和被认可感等的职位再设计方式。

职位评价（job evaluation）：为了确定一种职位相对于另外一种职位的价值而进行的一种系统比较过程。

工作指导培训（job instruction training，JIT）：为了对员工进行由浅入深的培训，将每一种工作所要完成的基本任务以及这些任务的关键点都列举出来的一种做法。

职位公告（job posting）：将职位空缺通告给员工（通常是以文字形式张贴在公司公告栏中），同时列举关于空缺职位的一些基本特征，比如任职资格条件要求、上级职位名称、工作时间安排以及薪酬水平等。

职位相关性面试（job-related interview）：为集中考察求职者过去的工作行为而设计和提问一系列与职位有关问题的面试。

职位轮换（job rotation）：系统地将受训者从一个部门调动到另外一个部门，从而增强他们的工作团队能力，扩大他们的工作经验范围，发现他们的优势或不足，以便为他们胜任公司中未来更重要的职位做好准备。

职位分享（job sharing）：允许两人或多人共同分担同一个全日制职位的做法。

任职资格条件（job specification）：一份列举职位的"人员要求"的文件，其中包括从事该职位的工作所必需的教育、技能、人格特点等——它是职位分析的另外一个结果。

1959 年《兰德勒姆-格里芬法》（Landrum-Griffin Act（1959））：一项旨在保护工会会员免受他们所加入的工会对他们实施不公平对待的法案。

终身学习（lifelong learning）：企业为员工提供的在任职期内持续学习的机会，旨在确保员工有机会学习胜任工作所需的技能，并拓宽他们的视野。

直线权力（line authority）：人力资源经理在指导本部门员工以及公司服务领域（比如工厂餐厅）员工的工作活动时所行使的职权。

直线管理人员（line managers）：得到指挥下属工作的授权并负责完成组织任务的管理人员。

闭厂（lockout）：企业拒绝提供工作机会的情形。

维持阶段（maintenance stage）：一个人所处的 45～65 岁这一年龄段，这时许多人从职业稳定阶段进入职位地位确定阶段，并且主要关注如何维持这种地位。

管理评价中心（management assessment center）：让管理候选人在一个假设的情景中完成各种现实性的任务，然后再对他们的表现进行打分评价。管理评价中心通常包括各种测试以及一些管理游戏。

目标管理法（management by objectives，MBO）：一种与每一位员工共同制定具体的可衡量工作目标，然后再定期与员工就工作目标的达成进度进行回顾和讨论的管理方法。

管理技能开发（management development）：通过传授知识、改变态度或提高技能等手段来改善当前及未来管理者的管理绩效的一切努力。

管理游戏（management game）：一种让分组的管理人员通过在一个模拟现实的计算机环境当中做决策来进行相互竞争的管理能力开发技术。

管理过程（management process）：指计划、组织、人事、领导、控制等五种基本的管理职能。

管理者（manager）：负责实现组织目标并且通过管理组织成员的努力水平来达到目的的人。

多元化管理（managing diversity）：通过使员工队伍多元化的潜在利益最大化，同时尽可能消除其可能会对企业绩效提升产生的潜在阻碍。

强制性谈判主题（mandatory bargaining items）：在集体谈判中，如果谈判一方提出则另外一方必须进行谈判的条款——比如薪酬问题。

群体面试（mass interview）：一种面试小组同时对多位求职者进行面试的做法。

调解（mediation）：中立的第三方介入争议，力图帮助争议双方达成协议的一个干预过程。

导师指导计划（mentoring）：中层或高层管理人员为经验不足的管理者提供帮助的一种正式或非正式的指导计划——比如，给他们提供一些职业发展建议以及帮助他们克服一些政治缺陷等。

绩效加薪（merit pay /merit raise）：根据员工个人的工作绩效确定的基本薪酬增长。

职业中期危机子阶段（midcareer crisis substage）：在这一阶段，人们常常会根据自己最初的理想和目标对自己的职业进步情况做重要的重新评价。

小型工作培训和评价法（miniature job training and evaluation）：培训求职者完成岗位工作中的若干项任务，然后对求职者在被雇用前的绩效进行评价。

使命陈述（mission statement）：对于"我们企业处于何种业务领域?"这一问题所做的一种概括性回答。

混合动机案件（mixed motive case）：一种涉及就业歧视指控的案例，此时企业会声称自己的雇佣行为并非基于歧视因素，而是因为一些非歧视性的原因，例如求职者的绩效水平较低。

迁移补贴（mobility premiums）：当员工因工作需要从一个地方迁移到另外一个地方时，企业通常向他们支付的一次性补贴。

全国紧急罢工（National Emergency Strikes）：即有可能会"危害到国家的健康和安全"的罢工。

《国家劳资关系（或瓦格纳）法》（National Labor Relations（or Wagner）Act）：该法案禁止劳资双方当中的任何一方采取某些类型的不公正行为，并且规定，在确定一家企业的员工是否有组建工会的意愿时，必须进行秘密投票选举并且遵循大多数原则。

国家劳资关系委员会（National Labor Relations Board，NLRB）：根据《瓦格纳法案》建立的一个机构，其主要作用是调查任何一方针对他方的不公正劳资关系行为而提起的申诉，同时组织秘密选举投票，并且按照大多数原则来确认某一企业的员工是否愿意组建工会。

雇佣疏忽（negligent hiring）：由于没有采取适当的安全措施而雇用了背景有问题的员工。

培训疏忽（negligent training）：企业由于未能向员工提供充分的培训而导致员工产生损害第三方利益的情况。

非惩罚性惩戒（nonpunitive discipline）：一种不带惩罚措施的惩戒，通常包括口头批评和提供带薪的"决策假"等方法，而不是对员工采取传统的惩罚措施。

1932 年《诺里斯-拉瓜迪亚法》（Norris-LaGuardia Act（1932））：该法案开辟了鼓励工会活动的划时代开端，它保证每一位员工都有在"不受干预、限制或威胁"的情况下参与集体谈判的权利。

职业病（occupational illness）：员工因受雇而暴露于某些环境因素，进而导致的身体异常或者紊乱。

《职业安全和健康法》（Occupational Safety and Health Act）：美国国会于 1970 年通过的一项法案，其目的是"尽可能地确保本国的每一位男性和女性劳动者在安全、健康的环境中工作，从而保护我们的人力资源"。

职业安全和健康管理局（Occupational Safety and Health Administrations，OSHA）：在美国劳工部中下设的一个机构，其主要任务是为几乎所有的美国劳动者制定工作场所安全与健康标准。

联邦政府合同执行办公室（Office of Federal Contract Compliance Programs，OFCCP）：负责执行政府行政命令以及确保联邦政府的合同承包商执行合同的机构。

离岸经营（offshoring）：由国外的员工来完成原本由本国员工完成的工作。

即时招募服务（on-demand recruiting services，ODRS）：为特定的项目提供短期的、专门的招募服务，不需要支付传统猎头公司所要求的费用。

在职培训（on-the-job training，OJT）：让一个人边工作边接受培训的做法。

组织（organization）：分别有各自被指派的角色，同时通过通力合作来实现该组织目标的一群人。

组织结构图（organizational chart）：显示整个组织范围内的工作分配情况的结构图，图中显示各职位的名称以及报告关系和沟通关系的连接线。

组织文化（organizational culture）：一家企业员工共享的能将企业与其他企业相区别的价值观、传统和行为方式。

组织发展（organizational development）：让员工自己制定和执行组织所需变革的一种特殊的组织变革方法。

组织绩效奖励计划（organizationwide incentive plans）：一种包括公司全部或者绝大多数员工的绩效奖励计划，员工的绩效奖金往往与一些衡量公司整体绩效表现的指标挂钩。

重新谋职咨询（outplacement counseling）：为被解雇员工提供帮助的一个系统过程，其中包括对他们进行培训、运用自我评价技术为他们提供咨询以及帮助他们获得新的职位等。

配对比较法（paired comparison method）：根据每一个绩效要素分别将各种可能的员工配对情况放到一张图表之中，然后通过比较得出在每一对员工中，哪一位员工的绩效更好。

小组面试（panel interview）：这是一种由多位面试考官对一名被面试者提问的面试方法。

薪酬等级（pay grade）：在同一个薪酬等级中包括的在难度上大体相同的若干职位。

薪酬区间（pay ranges）：在同一个薪酬等级内部的一系列薪酬档级或薪酬水平，具体金额通常根据服务年限确定。

养老金福利担保公司（Pension Benefits Guarantee Corporation，PBGC）：根据美国《员工退休收入保障法》成立的一家公司，负责确保养老金计划达到法定的授予要求；它还负责确保那些没有足够资金，从而不能达到法定授予要求的养老金计划被终止。

养老金计划（pension plans）：一种当员工达到预定的退休年龄或因伤残而不能工作时，向他们提供一个总数量固定的养老金的计划。

绩效分析（performance analysis）：发现绩效缺陷并且确定应当如何通过培训或其他手段（例如员工岗位调动）来纠正这种绩效缺陷的过程。

绩效评价（performance appraisal）：根据绩效标准评价员工当前以及（或者）过去的绩效。

绩效管理（performance management）：采用系统的、目标导向的方法安排工作任务、提供培训、评价绩效以及对员工绩效提供报酬的管理过程。

人事替代图（personnel replacement charts）：为确定企业内员工的当前工作绩效，同时考察他们是否具备被晋升到那些最为重要职位上的潜力而做的一种记录。

纠察（picketing）：工会让员工在企业的办公地附近携带各种标语口号来表达他们所关心的问题。

计件工资制（piecework）：按照每一位员工在单位时间内生产的产品数量（如每小时或者每天生产多少件产品）来计算劳动报酬的薪酬制度。

计点法（point method）：一种职位评价方法，它首先确定一系列的报酬要素，然后再确定某一个职位在每一个报酬要素上的表现程度或等级。

多国中心主义（polycentric）：认为只有本国管理人员才能真正理解该国市场的文化和行为的一种理念。

可转移性（portability）：一种方便离职员工在退休时带走他们积累的养老基金的规定。

职位分析问卷（position analysis questionnaire，PAQ）：一种用来收集关于各种职位的工作职责和责任的量化信息的问卷。

职位替代卡（position replacement card）：在一家公司中为每个职位分别准备的一张卡片，它表明哪些人可以被调配到这一职位上，同时指明这些人当前的任职资格条件。

工会会员优先企业（preferential shop）：加入工会的劳动者可以得到优先录用，但企业仍可以雇用非工会会员。

自选医疗服务组织（preferred provider organizations，PPOs）：一个由医疗保健服务机构形成的团体，它们与企业、保险公司或第三方医疗保健经费提供者签订合同，以较低的收费提供医疗服务。

《反怀孕歧视法》（Pregnancy Discrimination Act，PDA）：《民权法案》第七章的修正案，它禁止由于女性员工“怀孕、生育或处于相关医疗状况”而对她们实施性别歧视。

程序公正（procedural justice）：过程方面的公正。

工作流程图（process chart）：一种描绘某个特定职位所要求的投入的流向及其产出结果的图形。

利润分享计划（profit-sharing plan）：一种能够让员工分享企业利润的计划。

程序化学习（programmed learning）：一种传授工作技能的系统方法，首先提出问题或陈述事实，然后要求受训者作出回答，接着再立即对他们回答的精确程度提供反馈。

晋升（promotions）：员工被提升到职责更为重要的职位上工作。

受保护群体（protected class）：少数族裔和女性等受到包括《民权法案》第七章在内的公平就业机会立法保护的群体。

任职资格或技能数据库（qualifications or skill inventories）：在确定被晋升和提拔的内部候选人时使用的一种人工或计算机化的信息资料，它详细记录了员工的教育背景、职业和发展兴趣、语言能力、特殊技能等方面的情况。

合格者（qualified individuals）：根据《美国残疾人法》的规定，指那些能够履行基本工作职能的人。

排序法（ranking method）：一种最简单的职位评价方法，通常根据各职位的总体难度对每一种职位进行排序。

比率分析（ratio analysis）：一种运用比率来确定组织未来人力资源需求的预测技术，比如，它通过销售额与员工人数之间的比例关系预测组织未来的销售人员需求。

现实震荡（reality shock）：当一位新员工刚刚进入职业发展初期时经常会出现的一种情

况，主要是因为新员工对工作的较高期望遭遇了现实中枯燥且不具有挑战性的工作所产生的冲击。

招募甄选金字塔（recruiting yield pyramid）：在一个组织中，在招募渠道和求职者人数之间、求职者人数和进入面试的人数之间、面试人数和准备雇佣的人数之间、准备雇佣的人数和实际接受雇佣的人数之间存在的一种历史比例关系。

信度（reliability）：当对同一个人用同一种工具或对等的工具进行多次测试时，每一次所得到的分数都具有一致性。

限制性政策（restricted policy）：对消极影响的另外一种衡量方式，它想要证明企业的雇佣实践在有意或无意中将某一受保护劳动者群体排除在组织之外。

逆向歧视（reverse discrimination）：认为由于采取积极的反歧视性配额雇佣制度，结果反而导致男性受到歧视的一种观点。

工作权利（right to work）：描述州法律或者宪法条文禁止将工会会员作为雇用的前提条件的一种概念。

角色扮演（role playing）：一种让受训者扮演现实的管理情境中的各种角色的培训技术。

薪资压缩（salary compression）：一种薪资不平等问题，通常是由通货膨胀造成的，它导致长期在某一职位上工作的员工的薪酬反而比刚入公司的员工还要低。

薪酬调查（salary survey）：一种旨在确定通行市场薪酬水平的调查。一项良好的薪酬调查能够提供各种具体职位的薪酬水平数据。正式的书面问卷调查是最为全面的薪酬调查方式，而电话调查和报纸上的招募广告也同样是获取薪酬信息的重要来源。

储蓄计划（savings and thrift plan）：员工将自己劳动收入的一定比例投入某一基金之中的一种计划，企业通常也会根据员工投入的比例向此计划中投入相同的或部分比例的配套资金。

斯坎伦计划（Scanlon plan）：约瑟夫·斯坎伦于 1937 年制定的一种激励计划，其目的在于鼓励合作、参与以及收益分享。

散点分析（scatter plot）：一种有助于找到两种变量之间关系的图表分析方法。

科学管理（scientific management）：一种基于观察和分析来不断改进工作方法的管理方式。

遣散费（severance pay）：一些企业在解雇员工时向他们提供的一次性补贴。

性骚扰（sexual harassment）：一种涉及性的骚扰活动，具有对某人的工作绩效产生较大不良影响的目的或效果，或者导致工作环境变得具有胁迫性、敌对性或侵犯性。

病假（sick leave）：在员工因病不能工作的这段时间，企业仍然向他们支付工资。

情境面试（situational interview）：为了考察求职者在某一既定情境中会作出何种举动而向求职者提出的一系列与工作有关的问题。

情景测试（situational test）：检验求职者对于一些代表实际工作的情景所作出的反应。

社会保障（social security）：美国联邦政府的社会保障系统会提供三种类型的福利：为 62 岁以上的劳动者提供的退休收入；当员工死亡时，向他们的抚养对象提供的遗属福利或丧葬福利——这种福利在发放时不考虑员工死亡时的年龄；向残疾员工及其抚养对象提供的伤残福利。这些福利只有在员工能够得到《社会保障法》保护的前提下才能得到。

稳定子阶段（stabilization substage）：人们在职业发展的这一阶段往往已经确定了较为坚定的职业目标，并制定了较为明确的职业发展规划。

参谋权力（staff authority）：赋予管理者的向其他管理者或员工提建议的权利。

职能管理人员（staff managers）：向直线管理人员提供帮助和建议的管理人员。

标准工时计划（standard hour plan）：每一位员工都会被按照一个基本的小时工资率支付报酬，但如果他们能够超额完成规定的小时或日标准工作量，企业对于超额的工作量部分会再根据基本小时工资率的一定比例，额外支付一笔奖励性的工资。与计件工资制类似，但是根据基本工资的百分比给予的额外奖励。

国家标准职业分类系统（Standard Occupational Classification，SOC）：该系统将所有的美国劳动者划分到 23 个主要职位群中，每个职位群又进一步被划分为更小和更细的职位族和职位。

股票期权（stock option）：在未来的某个时点上可以按照今天的股票价格购买某一既定数量的公司股票的权利。

简单计件工资计划（straight piecework）：企业根据员工所生产或销售的每一个单位产品支付一笔固定报酬的一种激励性工资计划，在员工的工作结果和他们所获得的报酬之间存在一种严格的比例关系。

战略性人力资源管理（strategic human resource management）：通过制定和执行有效的人力资源管理和实践来获得实现企业战略目标所需的员工能力和行为。

战略管理（strategic management）：通过将组织自身的能力同外部环境需求相匹配来明确和执行组织使命的过程。

战略规划（strategic plan）：为了保持竞争优势，企业作出的关于如何使内部优势和劣势同外部机遇和挑战相匹配的一种计划。

战略（strategy）：公司为了在面对外部机会和威胁时，平衡自己的内部优势和劣势，从而保持竞争优势所制定的一种长期规划。

战略地图（strategy map）：通过一张图表概括实现公司成功所需的各种主要活动之间的因果关系链。

压力面试（stress interview）：面试考官试图用一些非常规性的较为粗暴的问题使被面试者感到不自在。

严格/宽大倾向（strictness/leniency）：一种主管人员将所有员工的工作绩效都评价得很高或很低的倾向。

罢工（strike）：员工拒绝工作的一种情形。

结构化面试（或指导性面试）（structured or directive interview）：按照预先确定的问题先后顺序进行的面试。

结构化系列面试（structured sequential interview）：一位求职者会先后接受几位面试考官的面试，每一位面试考官都会根据一张标准化的表格对求职者进行评价。

结构化情境面试（structured situational interview）：面试考官依照预先准备好标准答案的与职位相关的一系列问题对所有求职者进行相同提问的面试。

继任计划（succession planning）：一个系统性地识别、评价、开发组织未来领导者的持续过程。

补充薪酬型福利（supplemental pay benefits）：在员工没有工作时向他们支付的薪酬，其中包括失业保险以及在休假、节假日和病假期间支付给员工的薪酬。

补充失业保险（supplemental unemployment benefits）：在某些行业中，企业由于改变机器设备或工作量减少而不得不裁员时为员工提供的一种“有保障的年收入”。这些福利是由公司提供的，是国家失业保险的一种补充。

同情罢工（sympathy strike）：一个工会因支持另外一个工会的罢工而举行的罢工。

《塔夫托-哈特利法》（Taft-Hartley Act）：又称《劳资关系法》，该法案禁止工会采取某些不正当的劳资关系行为，并列举了作为工会会员的员工所应享有的权利。同时，它也列出了企业享有的权利。

人才管理（talent management）：一个贯穿整个组织始终的人力资源规划、招募、培训开发、管理以及薪酬支付的端到端的管理过程。

任务分析（task analysis）：为了确定一个职位要求任职者具备的技能而对该职位进行的详细研究。

团队或群体激励计划（team or group incentive plan）：首先为某一特定工作群体制定一个生产标准，如果这一群体最终超过了既定生产标准，则所有的小组成员都得到奖励。

自由雇佣（termination at will）：企业和员工双方不签订劳动合同，企业和员工中的任何一方均可以由于任何原因终止雇佣关系。

解雇面谈（termination interview）：一个告知员工他已经被解雇的面谈过程。

测试效度（test validity）：指一种测试、面谈或其他测量方式在多大程度上确实衡量出了它所要衡量的东西或达成了它预定要实现的功能。

第三国员工（third-country nationals）：指来自母国和东道国之外的其他国家员工。

1964 年《民权法案》第七章（Title Ⅶ of the 1964 Civil Rights Act）：该法案的这一部分规定，企业在进行雇佣决策时，任何针对种族、肤色、宗教、性别或原国籍等实施的歧视都是非法的。

培训（training）：一个向新员工传授完成工作所必需的基本技能的过程。

调动（transfers）：一个将员工重新安排到公司内其他类似职位上的过程。

趋势分析（trend analysis）：一种通过分析一家企业过去的人员需要来预测在未来一段时期企业的人力资源需求的预测方法。

尝试子阶段（trial substage）：人们在 25～30 岁之间可能会处于的一个职业发展阶段。这时人们会决定此前选择的职业是否适合自己，一旦发现并不适合，则可能会尝试改变自己的职业。

模糊性绩效标准（unclear standards）：一种由于界定得过于开放，因而可以作出各种不同解释的绩效评价标准。

失业保险（unemployment insurance）：当员工由于某种非个人原因而不能工作时向他们支付的一种福利。

反不正当劳资关系行为罢工（unfair labor practice strike）：一种为抗议企业的非法劳资关系行为而举行的罢工。

统一指南（uniform guidelines）：为了确保企业遵守联邦政府关于公平就业方面的立法，由联邦政府机构制定的一些指导方针，这些方针详细解释了建议企业采用的雇佣程序。

工会渗入（union salting）：工会的一种组织策略，它让被工会全日制雇用的一些劳动者在不公开自己的身份的情况下受雇于企业，然后作为企业中的潜在工会组织者。

工会制企业（union shop）：工会保障的一种形式，企业可以雇用非工会会员，但是他们被雇用之后就必须在预定时间里加入工会，并且缴纳工会会费（如果他们不这样做，就会被开除）。

不安全的工作条件（unsafe conditions）：各种容易引起事故的机器设备或物理条件。

非结构化面试（或非指导性面试）（unstructured or nondirective interview）：一种没有结构的谈话式面试，面试考官可以根据自己的兴趣提出各种问题。

非结构化系列面试（Unstructured sequential interview）：每一位面试考官都会对求职者进行面试，并且在面试后提出自己的独立意见，但是他们在面试时提出的问题可能不同。

效价（valence）：个体对报酬所具有的价值的感知。

价值链（value chain）：确认企业能够为顾客创造价值的主要活动及其他一些相关的支持性活动。

可变薪酬（variable pay）：任何一种将薪酬与生产率或盈利水平挂钩的薪酬计划，通常一次性支付。

视频情景测试（video-based simulation）：要求被测试者对视频中提供的真实工作场景作出反应的一种情景测试。

虚拟课堂（visual classroom）：通过专门的合成软件，使远程学习者可以利用台式或笔记本电脑参与现场的实时视听讨论，并可以借助写字板进行在线交流，还可以共同学习演示文稿中的内容等。

愿景陈述（vision statement）：对于组织的预期发展方向所做的概括，并且从广义上展示出"我们想要成为什么样子"。

1973 年《职业康复法》（Vocational Rehabilitation Act of 1973）：该法案要求联邦政府的合同承包商必须为促进残疾人就业采取积极的反歧视行动。

自愿或允许谈判项目（voluntary or permissible bargaining items）：在集体谈判中属于既不非法但也非法律强制要求的一些谈判项目——集体谈判中的任何一方都不能强迫另外一方就这些项目进行谈判。

工资政策曲线（wage curve）：一条用来表达职位的价值与其平均工资水平之间关系的曲线。

《沃尔什-海雷公共合同法》（Walsh-Healey Public Contract Act）：该法案规定了承包政府合同的金额在 1 万美元以上的企业必须向其员工支付的最低工资水平和提供的工作条件。

野猫罢工（wildcat strike）：在集体合同有效期内，在未得到授权的情况下举行的罢工。

工作样本（work samples）：为了测试求职者的工作绩效而使用的实际工作任务。

工作样本测试技术（work sampling technique）：一种根据实际的基本工作任务对求职者的工作绩效进行衡量的测试方法。

工作分享（work sharing）：在经济衰退时期，为阻止临时解雇的发生，一些员工临时性地减少工作时间的做法。

工伤保险（workers' compensation）：在出现工伤事故时，向受伤员工及其抚养对象支付的收入及医疗福利——不需要考虑谁是工伤事故的过错方。

工作场所灵活性（workplace flexibility）：通过为员工提供各种信息技术工具使其能够随时随地完成工作。

不正当解雇（wrongful discharge）：企业方面实施的不符合法律规定的解雇、不符合雇佣合同条款规定的解雇或者不符合企业通过求职表格、员工手册或其他承诺表达的意思的解雇。

图书在版编目（CIP）数据

人力资源管理：第12版/（美）德斯勒著；刘昕译．—北京：中国人民大学出版社，2012.6
（工商管理经典译丛）
ISBN 978-7-300-15723-8

Ⅰ.①人… Ⅱ.①德…②刘… Ⅲ.①人力资源管理-教材 Ⅳ.①F241

中国版本图书馆 CIP 数据核字（2012）第 088746 号

Authorized translation from the English language edition, entitled Human Resource Management, 12th Edition, 9780136089957 by Gary Dessler, published by Pearson Education, Inc, publishing as Prentice Hall, Copyright © 2011, 2008, 2005, 2003, 2000 by Pearson Education Inc.

工商管理经典译丛
人力资源管理（第12版）
［美］加里·德斯勒　著
刘　昕　译
Renli Ziyuan Guanli

出版发行	中国人民大学出版社		
社　　址	北京中关村大街31号	**邮政编码**	100080
电　　话	010－62511242（总编室）		010－62511398（质管部）
	010－82501766（邮购部）		010－62514148（门市部）
	010－62515195（发行公司）		010－62515275（盗版举报）
网　　址	http://www.crup.com.cn		
	http://www.ttrnet.com（人大教研网）		
经　　销	新华书店		
印　　刷	涿州市星河印刷有限公司		
规　　格	185 mm×260 mm　16开本	**版　　次**	2012年6月第1版
印　　张	48.5 插页2	**印　　次**	2012年6月第1次印刷
字　　数	1 146 000	**定　　价**	79.00元

PEARSON ALWAYS LEARNING

尊敬的老师：

您好！

为了确保您及时有效地申请培生整体教学资源，请您务必完整填写如下表格，加盖学院的公章后传真给我们，我们将会在2～3个工作日内为您处理。

请填写所需教辅的开课信息：

采用教材			☐ 中文版 ☐ 英文版 ☐ 双语版
作　者		出版社	
版　次		ISBN	
课程时间	始于　年　月　日	学生人数	
	止于　年　月　日	学生年级	☐ 专科 ☐ 本科 1/2 年级 ☐ 研究生 ☐ 本科 3/4 年级

请填写您的个人信息：

学　校			
院系/专业			
姓　名		职　称	☐ 助教 ☐ 讲师 ☐ 副教授 ☐ 教授
通信地址/邮编			
手　机		电　话	
传　真			
official email (必填) (eg：×××@ruc. edu. cn)		email (eg：×××@163. com)	
是否愿意接受我们定期的新书讯息通知：☐ 是 ☐ 否			

系/院主任：________________（签字）

（系 / 院办公室章）

________年____月____日

源说明：

常规教辅资源（PPT、教师手册、题库等）：请访问 www. pearsonhighered. com/educator（免费）

MyLabs/Mastering 系列在线平台：适合老师和学生共同使用，访问需要 Access Code（付费）

0013　北京市东城区北三环东路 36 号环球贸易中心 D 座 1208 室

话：(8610) 57355169

真：(8610) 58257961

ease send this form to：Service. CN@pearson. com

ebsite：www. pearsonhighered. com/educator

教师教学服务说明

中国人民大学出版社工商管理分社以出版经典、高品质的工商管理、财务会计、统计、市场营销、人力资源管理、运营管理、物流管理、旅游管理等领域的各层次教材为宗旨。为了更好地服务于一线教师教学，近年来工商管理分社着力建设了一批数字化、立体化的网络教学资源。教师可以通过以下方式获得免费下载教学资源的权限：

(1) 在“人大经管图书在线”（www. rdjg. com. cn）注册并下载“教师服务登记表”，或直接填写下面的“教师服务登记表”，加盖院系公章，然后邮寄或传真给我们。我们收到表格后将在一个工作日内为您开通相关资源的下载权限。

(2) 如果您有“人大出版社教研服务网络”（http：//www. ttrnet. com）会员卡，可以将卡号发到我们的电子邮箱，无须重复注册，我们将直接为您开通相关专业领域教学资源的下载权限。

如您需要帮助，请随时与我们联络：
中国人民大学出版社工商管理分社
联系人：刘玉仙（010-62515735） 李文重（010-82501704）
传真：010-62515732，62514775 电子邮箱：rdcbsjg@crup. com. cn
通讯地址：北京市海淀区中关村大街甲 59 号文化大厦 1501 室（100872）

教师服务登记表

<table>
<tr><td>姓 名</td><td></td><td>□先生 □女士</td><td>职 称</td><td colspan="2"></td></tr>
<tr><td>座机/手机</td><td colspan="2"></td><td>电子邮箱</td><td colspan="2"></td></tr>
<tr><td>通讯地址</td><td colspan="2"></td><td>邮 编</td><td colspan="2"></td></tr>
<tr><td>任教学校</td><td colspan="2"></td><td>所在院系</td><td colspan="2"></td></tr>
<tr><td rowspan="3">所授课程</td><td>课程名称</td><td>现用教材名称</td><td>出版社</td><td>对象（本科生/研究生/MBA/其他）</td><td>学生人数</td></tr>
<tr><td></td><td></td><td></td><td></td><td></td></tr>
<tr><td></td><td></td><td></td><td></td><td></td></tr>
<tr><td colspan="2">需要哪本教材的配套资源</td><td colspan="4"></td></tr>
<tr><td colspan="2">人大经管图书在线用户名</td><td colspan="4"></td></tr>
<tr><td colspan="6">院/系领导（签字）：
院/系办公室盖章</td></tr>
</table>